儒學文獻通論

下

舒大刚　主编

国家出版基金资助项目
教育部人文社会科学重点研究基地重大项目

海峡出版发行集团
THE STRAITS PUBLISHING & DISTRIBUTING GROUP
福建人民出版社

《儒学文献通论》

主　编　舒大刚

副主编　杨世文　李冬梅　王小红　张尚英

撰　著

引　言　舒大刚

第一编　舒大刚

第二编　舒大刚　第一章、第十一章、第十四章之第一节、第二节

金生杨　第二章

王小红　第三章

李冬梅　第四章、第十四章之第三节前半

夏　微　第五章

潘　斌　第六章、第七章、第八章、第十三章之第一节至第五节

田　君　第九章

张尚英　第十章

霞绍晖　第十二章

詹　勇　第十三章之第六节

刘平中　第十三章之第七节

汪舒旋　第十五章

李东峰　第十六章、第十四章之第三节后半

彭　华　第十七章

第三编　李　梅

第四编　杨世文

第十五章　谶纬文献

在经学文献中，谶纬类文献也占据相当的数量。谶纬之学，盛行于西汉中后期和东汉时期，当时称之为“内学”、“秘学”，地位甚高，几与经相等，诸儒解经也多有援引。历经南北朝，到隋炀帝下令禁纬学，后世各朝也从维护统治出发，禁止民间传习天文、图谶，谶纬之学遂衰微，图籍散佚。但汉唐诸儒解经，多有引用。唐宋类书之中，也保存了一些纬书残余。宋学兴起，以谶纬为不经，欧阳修等学者倡议删除经传注疏中所引谶纬之说，其学几亡。明清以降，复有博学好古者，拾遗补阙，采辑佚文，谶纬文献之大貌，千年之后始又略见，为我们研究汉代学术提供了资料。

第一节　谶纬文献的源流

谶纬之学，是汉代儒学与阴阳家结合的产物。侈言灾异、夸饰谶纬，是汉代儒学的一大特点。汉儒以儒家的天人合一思想为依据，吸收了秦汉之际阴阳五行家的宇宙图式，也参考了当时天文、历法、医学等自然科学方面的成就，对儒家经典和思想进行新的阐释，建立了一套天人感应理论体系。他们运用灾异、谶纬，解释社会政治变革、朝代的更迭，强调政治生活与灾异、谶纬之间的密切关系，一方面作为政治批评的工具，一方面论证现实政治的合理性。同时，把儒家的社会政治、伦理道德原则纳入阴阳五行的思想框架之中。

董仲舒倡导“罢黜百家，表章六经”，使儒家学说获得了皇权的支持。汉代儒家对政治理想的表述，往往采用解经的形式。朝廷设立“五经”博士后，经义在国家政治生活中的重要性是不容置疑的。但是，有理想的儒生绝非仅仅笺注先师的思想。空洞的说教并不能使君主悚然而惧。因此，汉儒一反

“罕言天道”、“不语怪力乱神”的儒学传统，将阴阳家的神秘学说作为表达儒家政治理想的外壳。《汉书·艺文志》说，儒家者流，助人君“顺阴阳、明教化”。班固对儒家的理解显然体现了汉儒的特征。孔子《春秋》记灾变，《尚书·洪范》言天人之际，儒家与阴阳家有着源远流长的关系。正因为如此，两家能够在新的基础上认同。①

汉代儒学以阴阳家学说附会儒家经典，其中著名的有治《尚书》的夏侯始昌、夏侯胜、李寻，治《易》的京房、谷永，治《齐诗》的夏侯始昌、翼奉，治《春秋经》的眭孟，治《公羊传》的董仲舒，治《穀梁传》的刘向。上述各家皆明于象数，善推祸福，以著天人之应，而除刘向外皆属齐学之传。阴阳家本源于燕齐方士，齐地儒学以阴阳家之说入经，有其得天独厚的优势。阴阳灾异思想对汉代经学也有很大的影响。如汉初易学家大都以《易传》解释《易经》，并不注重图书象数；孟喜最先专以阴阳灾异和图书象数之学来解释《易经》。西汉晚期以后，灾异说又与谶纬结合。

“谶”与“纬”原本是有区别的。“谶”有广义和狭义之分。狭义的“谶”指对未来的神秘的预言。如《史记·秦始皇本纪》所载燕人卢生“奏《录图书》曰：‘亡秦者胡也。’”这里，“亡秦者胡”就是谶语，载有这种谶语的《录图书》就是谶书，简称也叫谶。广义的“谶”则泛指一切讲占验的文字，如贾谊《鵩鸟赋》说：“发书占之，谶言其度，曰‘野鸟入室，主人将去’。”《淮南子·说山训》说：“六畜生多耳目者不详，谶书著之。”《鵩鸟赋》和《淮南子》所引，都是普通占书，但也称为谶书。不过在既有神秘预言又有大量占验内容的《河图》、《洛书》流行以后，普通的占书也就很少再被称作谶，而“谶”之一词，一般也就专门用以指《河图》、《洛书》这一类书。所以东汉许慎《说文》曰：“谶，验也，有征验之书。河、洛所出书曰谶。”《仓颉篇》曰：“谶书，河洛书也。”（《文选》张衡《思玄赋》李善注引）《三苍》曰：“谶，秘密书也，出河洛。”（玄应《一切经音义》卷九引）由于谶书隐秘，故刘熙《释名》曰：“谶，纤也，其义纤微也。”纬是相对于经而言的，经本义是织纵线，纬则是织横线。刘熙《释名》：“纬，围也，反复围绕，以成经也。”刘咸炘认为：“经之本训为织之纵丝，织物先立纵丝为本，而后加横线，则名为纬，经、纬之名因含正、副之义。……而欲明经体，必以纬体对观。”②

---

① 杨世文：《汉代灾异说与儒家君道论》，载《中国社会科学》1991年第3期。
② 刘咸炘：《校雠述林·经传定论》。

至于“谶”“纬”的关系，学界的看法大致有二：一曰谶、纬实同，一曰谶、纬有别。主张二者实同者如清人王鸣盛说：“纬者经之纬也，亦称谶。”① 俞正燮说：“纬故在谶，谶，旧名也。……其名纬者，以经名定之，通考古事，知纬是古史书。”② 徐养原说：“此三者（案：指纬、图、谶）同实异名，然亦微有分别。盖纬之名所以配经……若谶之依附六经者，惟《论语》有谶八卷，余皆别自为书，与纬体制迥别。”③ 姜忠奎说：“纬之所包，有候有谶，有符有图，又有所谓箓者。候，候望也；谶，纤微也；符，符信也；图，图度也；箓，刻录也。揆兹六名，实同一类。……凡此皆非人事之常，而亦人事所不能外，故用以翼经，而统名之曰纬。”④ 主张谶纬有别的，如胡应麟《四部正讹》说：“世率以谶纬并论，二书虽相表里而实不同。纬之名所以配经，故自六经、《语》、《孝》而外，无复别出。《河图》、《洛书》等纬皆《易》也。谶之依附六经者，但《论语》有谶八卷，余不概见，以为仅此一种。偶阅《隋经籍志》，注附见十余家，乃知凡谶皆托古圣贤以名，其书与纬体制迥别。盖其说尤诞妄，故隋禁之后永绝，类书亦无从援引。”刘秉璋《纬攟序》：“纬以辅经，谶则杂之荒诞。”任道镕《纬攟序》：“纬自纬，谶自谶，谶者，纬之流。极言治者不当以谶病纬，读书者不可以谶比纬也。”赵在翰《七纬叙》：“七纬之外复有候，有图，最下而及于谶，而经训愈漓。不知纬自为纬，谶自为谶，不得以谶病纬也。”

实际上，谶是预言，多一语或一诗，或附一图；纬则长篇大论，多援经立论，其间有虚妄之说，但也有义理之论，体制显然有别。但是后来纬中引谶，谶语附纬，所以谶与纬又合流。只不过，亦有未附纬的谶，亦即与经无关的谶，如后世所谓《推背图》等，则与儒家无关，有的则是道教或其他方术的文献了。《四库全书总目》卷六“经部·易类六”《易纬坤灵图》案曰：“儒者多称谶纬，其实谶自谶，纬自纬，非一类也。谶者诡为隐语，预决吉凶，《史记·秦本纪》称卢生‘奏《录图书》’之语，是其始也。纬者经之支流，衍及旁义。《史记自序》引《易》‘失之毫厘，差以千里’，《汉书·盖宽饶传》引《易》‘五帝官天下，三王家天下’，注者均以为《易纬》之文是也。盖秦汉以来，去圣日远，儒者推阐论说，各自成书，与经原不相比附。如伏

① 王鸣盛：《蛾术编》卷二《谶纬》。

② 俞正燮：《癸巳类稿》卷一四《纬书论》。

③ 徐养原：《纬候不起于哀平辨》，见严杰辑《经义丛钞》，《皇清经解》本。

④ 姜忠奎：《纬史论微》卷一，上海书店出版社，2005年。

生《尚书大传》、董仲舒《春秋阴阳》，核其文体，即是纬书。特以显有主名，故不能托诸孔子。其他私相撰述，渐杂以术数之言，既不知作者为谁，因附会以神其说，迨弥传弥失，又益以妖妄之辞，遂与谶合而为一。然班固称‘圣人作经，贤者纬之’；杨侃称‘纬书之类谓之秘经，图谶之类谓之内学，河洛之书谓之灵篇’；胡应麟亦谓‘谶纬二书，虽相表里，而实不同’；则纬与谶别，前人固已分析之。后人连类而讥，非其实也。”四库馆臣之说当得其实。

至于谶纬的起源，学界也有多种不同的说法。刘师培总结说：“世之论谶纬者，或谓溯源于孔氏，或谓创始于哀平，吾谓谶纬之言，起源太古，然以经淆纬，始于西京，以纬俪经，基于东汉。”① 谶纬之学及其文献的起源，各家争议颇多。虽然各自有据，但是立论的标准却不尽相同。其中一个最大的问题，就是将谶和纬混起来讲；将萌芽的状态与后来泛滥成熟状态混起来讲。标准不一，当然就难得有统一的结论。

作为预言性的“谶”语无疑产生很早，但是作为系统的依附于经典的“纬”却产生偏晚。我们可以将“谶”的起源追溯到周秦甚至更早，应当说与上古巫史传统极有渊源，此点在姜忠奎《纬史论微》中所论尤详，所谓“人天鬼物，正变感应，其迹与术，尽在于斯矣”，“诸官之世业而史氏之遗籍也”②。刘师培亦谓：“盖史官失职，方技踵兴，故说杂阴阳，仍出羲和之职守，而家为巫史，犹存苗俗之遗风，是为方士家言，实与儒书异轨。”③ 但附经或托圣而作的“纬”的出现，即形成系统的谶纬学及较为成熟的文献，当于西汉后期，亦即哀、平时期。因为只有在这个时候，经学经历了齐学、鲁学，④ 又今、古文二学在竞争和较量中，双方都感到力量不足，有必要造作新的依据来作为自己的支撑。同时社会也面临着许多矛盾，要解决这些矛盾，当时各种说法都出来了，有要求更始的，有要求让位的，于是大量托圣而作的谶言、纬书就出现了。这是时代的需要，也是经学内部斗争的需要，故可说谶纬之学起自哀平之际，盛行于东京。

《汉书·李寻传》记李寻说王根曰：“太微四门，广开大道，五经六纬，尊术显士。”但此处的经、纬都指星象而言。在范晔《后汉书》中，固然有

---

① 刘师培：《左盦外集》卷三《谶纬论》，《刘申叔先生遗书》，宁武南氏校印本，1934 年。

② 姜忠奎：《纬史论微》卷二、卷三。

③ 刘师培：《左盦外集》卷三《谶纬论》。

④ 刘师培《谶纬论》认为：“大约齐学多信谶纬，鲁学则不信谶纬。”

"图纬"、"谶纬"乃至"七纬"的名称，但这只是汉以后史家的叙述。从其他有关东汉的史料来看，大多皆称"谶书"、"图谶"、"春秋谶"、"诗谶"。其他东汉早期著作，如王充《论衡》、桓谭《新论》、班固《白虎通义》等，也都不见"纬书"这一名称。"纬书"这一名称只是到东汉末才流行起来的。

纬书最初只指与六艺有关的经谶，与经无关的谶如《河图》、《洛书》之类并不称纬。大约自汉、魏之际开始，则纬有时也可包括《河图》、《洛书》谶书。以纬指汉代的"经谶"，以谶指纬以外的《河图》、《洛书》等其他谶书，这就是现在流行的谶纬概念。

纬书是《河图》、《洛书》与汉代今文经学合流的产物，所以《河图》、《洛书》所有的内容，如灾异符命、天文占验，在纬书中也都有。纬书中的符命说，主要是论历代圣人、帝王自伏羲、神农、黄帝至孔子、刘邦，都有受天命的各种祥瑞。如《礼含文嘉》说："伏羲德洽上下，天应以鸟兽文章，地应以龟书。"《春秋演孔图》说鲁哀公获麟之后，"天下血书鲁端门曰：'趋作法，孔圣没，周姬亡，彗东出，秦政起，胡破术，书记散，孔不绝。'子夏明日往视之，血书飞为赤鸟，化为白书，署曰'演孔图'，中有作图制法之状。"大概是儒生为奉承统治者和抬高儒家经典的地位而作。

从西汉末期起，贯穿东汉一代，谶纬对于当时的政治和学术都发生了巨大的影响。自汉武帝后期起，国用匮竭，灾害频仍，人心浮动，西汉王朝就显出没落的趋势。昭帝时有眭孟，宣帝时有盖宽饶，都公然要求刘氏皇帝禅让。《汉书·谷永传》记载，成帝即位，元年正月，有白气起东方，四月又有黄浊之气覆冒京师。谷永上书说这是"贱人将兴"，"王道微绝之应也"。元延元年，谷永又上书说："夫去恶夺弱，迁命贤圣，天地之常经。……陛下承八世之功业，当阳数之标季，涉三七之节纪，遭《无妄》之卦运，直百六之灾厄。三难异科，杂焉同会。"谷永所说，实际上都是谶纬的议论。西汉王朝就是在这种汉家气运已衰的浓重的社会心理阴影笼罩下，以王莽的夺取政权告结束。光武帝刘秀是靠利用图谶制造舆论，取得政权的。《河图赤伏符》说："刘秀发兵捕不道，卯金修德为天子。"刘秀就据此而起事以至最后称帝。宛地豪强李通因谶记有"刘氏复兴，李氏为辅"，遂成为光武起事的首谋。建武三十二年（中元元年，公元56年），光武又据《河图会昌符》"帝刘之九，会命岱宗"，《河图合占篇》"帝刘之秀，九名之世，帝行德，封刻政"等谶文举行封禅大典。并就在这一年"宣布图谶于天下"[①]。东汉献帝末年，魏国群臣

① 《后汉书·光武帝纪》。

为曹丕代汉制造舆论也是利用谶纬。

汉光武帝刘秀既靠图谶起家，所以对图谶极其重视。建武初年就令经师尹敏、薛汉等校定图谶。命官、制礼，往往依图谶决嫌疑。曾诏群臣会议建造灵台之处，问桓谭："吾欲以谶决之，何如?"桓谭极言谶之非经，几乎因此而被杀。又曾问郑兴郊祀事，说要以谶断之，郑兴回答"臣不为谶"，也引起了光武的震怒，郑兴也终因不善谶而不受重用。由于统治者的提倡，东汉乃谶纬之学最鼎盛时代。朱彝尊《经义考》卷二九八总结西汉末到汉魏之际谶纬之学流行情况说：

> 迨新莽之篡，丹书白石，金匮铜符，海内四出。于是刘京、谢嚣、臧洪、哀章、甄寻、西门君惠等，争言符命。遂遣五威将军王奇等乘乾文车，驾坤六马，将军持节，称天一之使，帅持幢，称五帝之使。颁符命四十二篇于天下，不过藉以愚一时之耳目尔。乃光武笃信不疑，至读之庑下，终东汉之世，以通《七纬》者为内学，通《五经》者为外学。盖自桓谭、张衡而外，鲜不为所惑焉。其见于范《史》者无论，谢承《后汉书》称：姚浚"尤明图纬秘奥"，又称姜肱"博通《五经》，兼明星纬"。载稽之碑碣，于有道先生郭泰则云"考览《六经》，探综图纬"；于太傅胡广则云"探孔子之房奥"；于琅邪王傅蔡朗，则云"包洞典籍，刊摘沉秘"；于郎中周勰，则云"总六经之要，括河洛之机"；于大鸿胪李休，则云"既综七籍，又精群纬"；于国三老袁良，则云"亲执经纬，櫽括在手"；于太尉杨震，则云"明河洛纬度，穷神知变"；于山阳太守祝睦，则云"七典并立"，又云"该洞七典，探赜穷神"；于成阳令唐扶，则云"综纬河洛，咀嚼七经"；于酸枣令刘熊，则云"敦五经之纬图，兼古业核其妙，七业勃然而兴"；于高阳令杨著，则云"穷七道之奥"；于合阳令曹全，则云"甄极毖纬，靡文不综"；于藁长蔡湛，则云"少耽七典"；于从事武梁，则云"兼通河洛"；于冀州从事张表，则云"该览群纬，靡不究穷"；于广汉属国都尉丁鲂，则云"兼究秘纬"；于广汉属国候李翊，则云"通经综纬"。至于颂孔子之圣，称其"钩河摘雒"，盖当时之论，咸以内学为重。及昭烈即位，群臣劝进，广引《洛书》、《孝经纬》文，萧绮所云"谶辞烦于汉末"，不诬也。然郑康成注《周官》引《孝经纬》为说；贾公彦疏，"以汉时禁纬故"，则又未始不禁之矣。

另外蒋清翊稽考史传中涉习谶纬者，其中引《汉书》属西汉者9人，而引《后汉书》、《华阳国志》及碑传属东汉者111人，引《三国志》、《华阳国志》属三国者8人，引《晋书》、《高僧传》、《神仙传》属两晋者19人，引《宋书》、《南史》、《魏书》、《北齐书》、《北周书》属南北朝者11人，引《隋书》属隋代者4人。可见纬学东汉最盛。①

汉光武议定制度以图谶为准绳，此后便成为东汉一代的风气。如章和二年（88）曹褒受命制礼，“依准旧典，杂以《五经》谶记之文，撰次天子至于庶人冠婚吉凶终始制度，以为百五十篇”②。经学方面的争议也同样如此。东汉时谶纬被尊为“秘经”，号为“内学”，有很大的权威性。因此《隋书·经籍志》载汉明帝时，“诏东平王苍，正五经章句，皆命从谶”。《后汉书·樊儵传》载其“以谶记正《五经》异说”。又如建初中，大会诸儒于白虎观，考详五经同异，章帝亲称制临决，并令班固等将讨论结果撰集为《白虎通义》一书。今存《白虎通义》中，往往称引《孝经钩命决》等经谶，还多有不标书名而实际上出于经谶的内容，说明当时讨论，也是以经谶为是非的标准。

汉代古文学家与今文学家在学术取向上本来不同，不少古文学者是反对谶纬的。《隋书·经籍志》说：“言五经者，皆凭谶为说。唯孔安国、毛公、王璜、贾逵之徒独非之，相承以为妖妄，乱中庸之典。故因汉鲁恭王、河间献王所得古文，参而考之，以成其义，谓之‘古学’。”又如桓谭批评谶纬曰：“凡人情忽于见事而贵于异闻，观先王之所纪述，咸以仁义正道为本，非有奇怪虚诞之事。盖天道性命，圣人所难言也。自子贡以下，不得而闻，况后世浅儒，能通之乎！今诸巧慧小才伎数之人，增益图书，矫称谶记，以欺惑贪邪，诖误人主，焉可不抑远之哉！臣谭伏闻陛下穷折方士黄白之术，甚为明矣；而乃欲听纳谶记，又何误也！其事虽有时合，譬犹卜数只偶之类。”③张衡也说：“谶书始出，盖知之者寡。……至于图中讫于成帝。一卷之书，互异数事，圣人之言，势无若是，殆必虚伪之徒，以要世取资。往者侍中贾逵摘谶互异三十余事，诸言谶者皆不能说。……此皆欺世罔俗，以昧执位，情伪较然，莫知纠禁。且律历、卦候、九宫、风角，数有征效，世莫肯学，而竞称不占之书（李贤注：谓竞称谶书也）。譬犹画工，恶图犬马而好作鬼魅，诚以实事难形，而虚伪不穷也。宜收藏图谶，一禁绝之，则朱紫无所眩，典籍无瑕玷矣。”④

但是，由于汉代特别是东汉最高统治者的提倡，一些古文学者或阿俗学，或投主好，或出于其他目的，也往往牵引谶纬为说。如贾逵在永平年间上言

---

① 蒋清翊：《纬学原流兴废考》卷中《师承篇》，《续修四库全书》本。
② 《后汉书·曹褒传》。
③ 《后汉书·桓谭传》。
④ 《后汉书·张衡列传》。

《左氏》与图谶合，后又上书说："又五经家皆无以证图谶明刘氏为尧后者，而《左氏》独有明文。五经家皆言颛顼代黄帝，而尧不得为火德。《左氏》以为少昊代黄帝，即图谶所谓帝宣也。如令尧不得为火，则汉不得为赤。其所发明，补益实多。"古文学大师郑玄不仅不排斥谶纬，且为之作注。《后汉书·郑玄传》："会（马）融集诸生考论图纬，闻玄善筭，乃召见于楼上，玄因从质诸疑义。"则郑玄尝从马融受图纬之学。玄《传》又说："凡玄所注《周易》、《尚书》、《毛诗》、《仪礼》、《礼记》、《论语》、《孝经》、《尚书大传》、《中候》、《乾象历》。"《中候》即《尚书中候》。《隋书·经籍志》说，纬"宋均、郑玄并为之注"。《旧唐书·经籍志》、《新唐书·艺文志》著录郑玄注《书纬》3卷、《诗纬》3卷。现在《易纬》8种，除《乾坤凿度》外，其余7种都署名"郑康成注"。

纬书与西汉今文经学的关系，可以《春秋纬》为例。郑玄《六艺论》说"《公羊》善于谶"，意思是说《公羊传》内容多与谶合。所以何休作《公羊解诂》、徐彦作《公羊疏》都往往引《春秋纬》。如解释首句"元年春，王正月"，《公羊疏》引《春秋说》（即《春秋纬》）："元者，端也。""王不上奉天文以立号，则道术无原，故先陈春，后言王；天不深正其元，则不能成其化，故先起元，然后成春矣。是以推元在春上，春在王上矣。""以元之深正天之端，以天之端正王者之政。"许多《春秋纬》亦言孔子受命为汉制法等神话。汉代今文经说，除了董仲舒《春秋繁露》、班固《白虎通义》、何休《春秋公羊解诂》等书中保存一部分外，绝大部分都已湮灭。谶纬既然依附于经术，其中当然也有不少解说儒家经典的文字，与汉代经学关系极为密切。经谶书36篇及后出的杂谶纬，大多是抄撮当时的各种现成书籍，拼凑而成，因而使西汉的今文经学也借此而保存了一鳞半爪。因而纬书就成了我们今天了解汉代今文经学的重要资料。①

灾异谴告说在后世儒家的话语中一直延续。但谶纬因为是一把双刃剑，汉代以后，统治者出于维护统治的需要，多次禁绝，不准传习，所以谶纬大部分失传了。据《晋书·石季龙载记》云："禁郡国不得私学星谶，敢有犯者诛。"《苻坚载记》云："禁老庄图谶之学。"又《魏书·高祖纪》云："太和九年（485）春正月戊寅，诏曰：'……自今图谶秘纬及名为《孔子闭房记》者，一皆焚之，留者以大辟论。'"南朝到隋，据《隋书·经籍志》云："宋大明中始禁图谶，梁天监已后，又重其制。及高祖受禅，禁制逾切。炀帝即位，乃

① 参见王铁：《汉代学术史》第六章《谶纬》，华东师范大学出版社，1995年。

发使四出搜天下书籍与谶纬相涉者，皆焚之，为吏所纠者至死，至是无复其学，秘府之内，亦多散亡。”《隋书·高祖纪》云：“开皇十三年（593），制私家不得隐藏纬候图谶。”[①] 到宋代，欧阳修曾上书朝廷请求删去《九经正义》中的谶纬之说；[②] 南宋魏了翁起而响应之，其删取《九经正义》而成的《九经要义》，几乎尽去其中谶纬之说。此后谶纬文献皆淡出经学领域，若非好奇希古，学人罕有问津。至于将纬书作为散佚文献，进行辑校和研究的，则集中于明清以降。

第二节 谶纬文献的篇名及内容

东汉前期得到普遍承认的谶纬书81篇，其中《河图》、《洛书》45篇，经谶36篇。郑玄注《易纬·乾凿度》说“孔子将此应之而作谶36卷”，指的就是这36篇纬书。《隋书·经籍志》也说七经纬有36篇。除了这些以外，还有《尚书中候》及各种杂谶纬。[③]

一、谶纬文献的篇目

唐人注《后汉书·樊英传》列出了七纬的篇目。包括《易纬》6篇：《稽览图》、《乾凿度》、《坤灵图》、《通卦验》、《是类谋》、《辨终备》；《书纬》5篇：《琁机（璇玑）钤》、《考灵耀》、《刑德放》、《帝命验》、《运期授》；《诗纬》3篇：《推度灾》、《氾（泛）历枢》、《含神务》；《礼纬》3篇：《含文嘉》、《稽命征》、《斗威仪》；《乐纬》3篇：《动声仪》、《稽耀嘉》、《汁图征》；《孝经纬》2篇：《援神契》、《钩命决》；《春秋纬》13篇：《演孔图》、《元命包》、

---

① 蒋清翊《纬学原流兴废考》卷上《燔禁篇》搜集正史关于谶纬被禁史料，姜忠奎《纬史论微》卷一〇征引更详，钟肇鹏《谶纬论略》亦列表说明，兹不赘述。

② 欧阳修《论删去九经正义中谶纬札子》曰：“士之所本，在乎《六经》。……至唐太宗时，始诏名儒，撰定九经之疏，号为‘正义’，凡数百篇。……然其所载既博，所择不精，多引谶纬之书，以相杂乱，怪奇古僻，所谓非圣之书，异乎‘正义’之名也。臣欲乞特诏名儒学官，悉取九经之疏，删去谶纬之文。使学者不为怪异之言之所惑乱，然后经义纯一，无所驳杂。其用功至少，其为益则多。臣愚以为：欲使士子学古励行，而不本六经，欲学六经而不去其诡异驳杂，欲望功化之成，不可得也。”见《文忠集》卷一一二，文渊阁《四库全书》本。

③ 《后汉书·张衡列传》李贤注。

《文耀钩》、《运斗枢》、《感精符》、《含诚图》、《考异邮》、《保乾图》、《汉含孳》、《佐助期》、《握诚图》、《潜潭巴》、《说题辞》。① 共35篇，比前述36篇少了1篇。

《隋书·经籍志》著录《尚书中候》5卷，郑玄注。注云：梁有8卷，残缺。其篇名包括《敕省图》、《握河纪》、《运衡》、《考河命》、《题期》、《立象》、《义明》、《苗兴》、《契握》、《洛予命》、《稷起》、《我应》、《洛师谋》、《合符后》、《摘洛戒》、《霸免》、《准谶哲》、《觊期》。

《论语》、《孝经》非六艺之属，而有“论语谶”、“孝经谶”，也属于杂谶，也称为“论语纬”、“孝经纬”。《隋书·经籍志》称梁有《论语谶》8卷，宋均注，亡。其篇名为：《比考谶》、《撰考谶》、《摘辅象》、《摘衰圣》、《素王受命谶》、《崇爵谶》、《纠滑谶》、《阴嬉谶》。至于《孝经》杂谶，数量更多，达数十种。②

二、谶纬文献的主要内容

谶纬文献内容博杂，举凡天文、地理、历法、数术、占卜、制度、训诂、神话无所不包。钟肇鹏指出：“谶纬囊括自然、社会、人事各方面，其中不仅有解释六艺经典、文字训诂的，也有讲天文、历法、地理、古史、神话传说、典章制度等各方面的。把当时的自然科学和社会科学通通纳入依傍经义的神学系统——谶纬之中，构成一个包罗万象的神学体系……而其主导思想则是以阴阳五行为骨架的天人感应神学目的论。”③ 至于谶纬篇名怪诞，言辞不经，姜忠奎则以为：“盖三古以前，人事纯朴，所见皆自然之象；六代而降，世故浇驳，相与多机械之心。是以权变之端，古简而今繁；物理之征，今疏而古密。夫事与时移，情随事涣，古人所习见者，今人或罕觏焉，在昔以为常者，在今或称奇焉。”④ 前者从今人角度看，后者从传统眼光论，其立论适成对比。因古今悬隔，以上所列谶纬文献之名，今日看来，颇为奇怪，兹据安居香山、陈槃、钟肇鹏等学者之说，略作解题。

---

① 《后汉书·樊英传》李贤注。

② 钟肇鹏认为：“《七经纬》36种，《尚书·中候》18篇及《论语谶》8种，共62种是谶纬中的主要部分。除这以外，谶纬还很多，我们把这62种以外的总称为杂谶纬，还有《河图》《洛书》也是谶纬之类。”见《谶纬论略》，辽宁出版社，1991年，第63页。钟先生并列有详表，兹不赘述。

③ 钟肇鹏：《谶纬论略》，第89页。

④ 姜忠奎：《纬史论微》，第383页。

(一)《易纬》文献

《易纬》在《隋书·经籍志》中著录作8卷，郑玄注。《旧唐书·经籍志》、《新唐书·艺文志》作9卷，宋均注。其余各书记载互有异同。①。今通行本乃乾隆间修《四库全书》时四库馆臣从《永乐大典》中辑出8种，篇目为上引李贤注之6种加上《乾坤凿度》、《乾元序制记》②。此8种《易纬》在其后各辑佚丛书中都有收录。

1.《乾凿度》

乾者，天也，健也，壮健不息，日行一度。凿者，开也。度者，路也。圣人凿开通天之路，以彰显万物本源。此书在《易纬》中最为完整，可考见汉代纬书之大概。其内容多本孟喜、京房《易》学。

此书有单行本、《古微书》本、《四库全书》本及《纬书集成》等多种辑本。

2.《稽览图》

有图画之书，以备帝王稽览。以节候征应为主，依卦立言，按六日七分论述。即用《易》六十四卦配合四季、十二月、二十四节气、七十二候，论述占验吉凶。

此书有《说郛》(宛委山堂本)、《古微书》、《经义考》、《四库全书》、《武英殿聚珍版书》、《古经解汇函》、《七纬》、《集纬》、《黄氏逸书考》、《纬攟》、《玉函山房辑佚书续编》、《纬书集成》等多种辑本。

3.《通卦验》

通释卦气征验以占吉凶灾祥。由卦气以配季节、物候及人的疾病和国家政令，并收有药方。

此书有《说郛》(宛委山堂本)、《古微书》、《经义考》、《四库全书》、《武英殿聚珍版书》、《古经解汇函》、《七纬》、《集纬》、《黄氏逸书考》、《纬攟》、《经籍佚文》、《纬书集成》等多种辑本。

4.《辨终备》

小辨中备无遗，辨其吉凶，以作事前准备。此书佚文极少，且前人有将其与《易中备》相混为一书，实为二书。

---

① 详见安居香山《关于易纬乾凿度、乾坤凿度解说》，陈槃《古谶纬研讨及其书录解题》七《易纬》，钟肇鹏《谶纬论略》第二章《易纬篇目及解题》，兹不赘述。

② 此二篇，学者多认为系后人伪作，如安居香山《关于易纬乾凿度、乾坤凿度解说》即曰“这两篇被视为宋代的伪作”。

此书有《古微书》、《经义考》、《四库全书》、《武英殿聚珍版书》、《古经解汇函》、《七纬》、《集纬》、《黄氏逸书考》、《纬攟》、《纬书集成》等多种辑本。

5.《是类谋》

一作《筮类谋》，卜筮可行之类，以为筹谋。行文用韵，多言机祥推验，并及姓辅名号。

此书有《古微书》、《经义考》、《四库全书》、《武英殿聚珍版书》、《古经解汇函》、《七纬》、《集纬》、《黄氏逸书考》、《纬攟》、《纬书集成》等多种辑本。

6.《坤灵图》

坤，地也。灵，妙也。以图配之。孙瑴以为此书配《乾凿度》名篇，残存亦颇少。

此书有《说郛》(宛委山堂本)、《古微书》、《经义考》、《四库全书》、《武英殿聚珍版书》、《古经解汇函》、《七纬》、《集纬》、《黄氏逸书考》、《纬攟》、《玉函山房辑佚书续编》、《纬书集成》等多种辑本。

7.《乾坤凿度》

亦作《坤凿度》。上卷题《乾凿度》，与前论《易纬乾凿度》名同实异，下卷题《坤凿度》。其书文词晦涩，道理浅易。

此书有《古微书》本、《四库全书》本、《纬书集成》本等。

8.《乾元序制记》

后人多认为此书乃宋以后杂抄诸纬而成，亦易卦与气候相配。

此书有《四库全书》、《武英殿聚珍版书》、《古经解汇函》、《七纬》、《集纬》、《黄氏逸书考》、《纬攟》、《纬书集成》等多种辑本。

(二)《书纬》文献

《书纬》于《隋书·艺文志》、《旧唐书·经籍志》、《新唐书·艺文志》俱作3卷，郑玄注。《书纬》文献的范围颇有争议，[①] 此处将上述《书纬》5种及《尚书中候》略作解题。

1.《璇玑钤》

“璇玑”者，帝王治历观天之器。钤者，关键也。论述上古至汉代之符瑞征验。

此书有《古微书》、《七纬》、《集纬》、《玉函山房辑佚书》、《黄氏逸书

① 详见安居香山《关于尚书纬、尚书中候解说》，兹不赘述。

考》、《纬攟》、《玉函山房辑佚书续编》、《纬书集成》等多种辑本。

2.《考灵耀》

一作《考灵曜》。灵耀者，日月星辰也。论述天文之学，考其运行。

此书有《说郛》(宛委山堂本)、《古微书》、《经义考》、《四库全书》、《武英殿聚珍版书》、《古经解汇函》、《七纬》、《集纬》、《黄氏逸书考》、《纬攟》、《玉函山房辑佚书续编》、《纬书集成》等多种辑本。

3.《刑德放》

德为政本，刑以辅之，仿效天行。现存佚文极少。论治民之术，有刑德两种，如天道之有阴阳。

此书有《古微书》、《七纬》、《集纬》、《玉函山房辑佚书》、《黄氏逸书考》、《纬攟》、《玉函山房辑佚书续编》、《纬书集成》等多种辑本。

4.《帝命验》

帝王之运，天之所命，征验于人。论朝代兴衰与五行更替相配。

此书有《古微书》、《七纬》、《集纬》、《玉函山房辑佚书》、《黄氏逸书考》、《纬攟》、《玉函山房辑佚书续编》、《纬书集成》等多种辑本。

5.《运期授》

命运之期度，天所授也。论帝王受命运数，为天所授，合于五行生克。

此书有《古微书》、《七纬》、《集纬》、《玉函山房辑佚书》、《黄氏逸书考》、《纬攟》、《纬书集成》等多种辑本。

6.《尚书中候》

候者，观测、占验也。《隋书·经籍志》著录5卷，郑玄注，共18篇，保存佚文相对较多。

此书有《说郛》(宛委山堂本)、《古微书》、《汉魏遗书钞》、《经义考》、《四库全书》、《武英殿聚珍版书》、《古经解汇函》、《高密遗书》、《郑氏遗书》、《郑学十八种》、《七纬》、《集纬》、《黄氏逸书考》、《纬攟》、《玉函山房辑佚书续编》、《纬书集成》等多种辑本。皮锡瑞著有《尚书中候疏证》，收入《皮氏经学丛书》。

(三)《诗纬》文献

《隋书·经籍志》著录18卷，宋均注。《旧唐书·经籍志》、《新唐书·艺文志》均著录3卷郑玄注、10卷宋均注两种。《诗纬》承西汉今文《齐诗》之学，言《诗》有五际六情，律历气运与人事相通。

1.《推度灾》

以阴阳五行，推测天之行度，以占验吉凶。

此书有《说郛》(宛委山堂本)、《古微书》、《七纬》、《集纬》、《黄氏逸书考》、《纬攟》、《玉函山房辑佚书续编》、《纬书集成》等多种辑本。陈乔枞辑并集证《推度灾》1卷，收入《左海续编》。胡薇元撰有《诗纬推度灾训纂》1卷，收入《玉津阁丛书》甲集。

2.《汜（泛）历枢》

一作《汎历枢》，汜览五际，其枢在水。以《诗》三百篇配五行干支，《诗·大明》在亥，亥为水始，为革命之时，是运数之关键。

此书有《说郛》(宛委山堂本)、《古微书》、《七纬》、《集纬》、《黄氏逸书考》、《纬攟》、《玉函山房辑佚书续编》、《纬书集成》等多种辑本。陈乔枞辑并集证《汜（泛）历枢》1卷，收入《左海续编》。胡薇元撰有《诗纬泛历枢训纂》1卷，收入《玉津阁丛书》甲集。

3.《含神雾》

蕴涵神灵奥义，幽隐如雾。列上天五帝座之神名，以五音六律与国风地理相配。

此书有《说郛》(宛委山堂本)、《古微书》、《经义考》、《七纬》、《集纬》、《黄氏逸书考》、《纬攟》、《玉函山房辑佚书续编》、《纬书集成》等多种辑本。

（四）《礼纬》文献

《隋书·经籍志》著录《礼纬》3卷，郑玄注。《旧唐书·经籍志》、《新唐书·艺文志》也著录3卷，宋均注。

1.《含文嘉》

礼者，区别文质，文明而蕴涵嘉美。言及礼制源流，论述三纲五常、九锡等。

此书有《说郛》(宛委山堂本)、《古微书》、《七纬》、《集纬》、《黄氏逸书考》、《纬攟》、《玉函山房辑佚书续编》、《纬书集成》等多种辑本。

2.《稽命征》

稽古同天，由文质以征命。此篇论三统及禘祫宗庙祭祀之礼。

此书有《说郛》(宛委山堂本)、《古微书》、《经义考》、《七纬》、《集纬》、《黄氏逸书考》、《纬攟》、《玉函山房辑佚书续编》、《纬书集成》等多种辑本。

3.《斗威仪》

斗居天中，而有威仪，王者取法。此篇论五德终始，五声政教相配，及日月星辰风物相感。

此书有《说郛》(宛委山堂本)、《古微书》、《经义考》、《七纬》、《集纬》、《黄氏逸书考》、《纬攟》、《玉函山房辑佚书续编》、《纬书集成》等多种辑本。

（五）《春秋纬》文献[①]

《隋书·经籍志》著录《春秋纬》30卷，宋均注。《旧唐书·经籍志》、《新唐书·艺文志》并著录38卷，宋均注。

1.《演孔图》

孔子获麟而作《春秋》，九月书成，端门受命，天降血书，中有作图。此篇多有神化孔子之言。

此书有《说郛》（宛委山堂本）、《古微书》、《七纬》、《集纬》、《黄氏逸书考》、《纬攟》、《纬书集成》等多种辑本。

2.《元命包》

一作《元命苞》。元者，大也。命者，理之深隐也。包者，无所不包。此篇乃《春秋纬》中现存较多者。涉及三才、五行、帝运等天人合一之道。

此书有《说郛》（宛委山堂本）、《古微书》、《经义考》、《七纬》、《集纬》、《黄氏逸书考》、《纬攟》、《纬书集成》等多种辑本。

3.《文耀钩》

一作《文曜钩》。文成耀翔，而幽曲言之曰钩。此篇论地理分野，以上配星宿。

此书有《说郛》（宛委山堂本）、《古微书》、《七纬》、《集纬》、《黄氏逸书考》、《纬攟》、《玉函山房辑佚书续编》、《纬书集成》等多种辑本。

4.《运斗枢》

文以道运，其枢在斗。此篇论政教当取法天之北斗，北斗乃制历法之枢纽，历法为政教所取则。

此书有《说郛》（宛委山堂本）、《古微书》、《经义考》、《七纬》、《集纬》、《黄氏逸书考》、《纬攟》、《纬书集成》等多种辑本。

5.《感精符》

山川精气，感召人事，天人相符。此篇述三统、三正，孔为赤制，明天人相感。

此书有《说郛》（宛委山堂本）、《古微书》、《经义考》、《七纬》、《集纬》、《黄氏逸书考》、《纬攟》、《玉函山房辑佚书续编》、《纬书集成》等多种辑本。

6.《合诚图》

天人之合，以诚相通，其象著于图。此篇言及古圣王形貌与受命符瑞。

---

① 据《后汉书·樊英列传》李贤注，《春秋纬》有13种，此处解题据钟肇鹏《谶纬论略》所列今存者14种，增入《命历序》1种。

此书有《说郛》(宛委山堂本)、《古微书》、《七纬》、《集纬》、《黄氏逸书考》、《纬攟》、《玉函山房辑佚书续编》、《纬书集成》等多种辑本。

7.《考异邮》

考其灾异，溃败有由，王侯之德，天下归邮。此篇言气候物象与人事政教之符应。

此书有《说郛》(宛委山堂本)、《古微书》、《经义考》、《七纬》、《集纬》、《黄氏逸书考》、《纬攟》、《玉函山房辑佚书续编》、《纬书集成》等多种辑本。

8.《保乾图》

乾者，天也。于时保之，应运受图。此篇言帝王所受天命。

此书有《古微书》、《经义考》、《七纬》、《集纬》、《黄氏逸书考》、《纬攟》、《玉函山房辑佚书续编》、《纬书集成》等多种辑本。

9.《佐助期》

圣王代出，辅佐应期。此篇言帝王运期而生，其辅佐之臣，亦如是。

此书有《说郛》(宛委山堂本)、《古微书》、《经义考》、《七纬》、《集纬》、《黄氏逸书考》、《纬攟》、《玉函山房辑佚书续编》、《纬书集成》等多种辑本。

10.《汉含孳》

圣人为汉制法，火德孳萌。此篇论汉室受天之命。

此书有《说郛》(宛委山堂本)、《古微书》、《经义考》、《七纬》、《集纬》、《黄氏逸书考》、《纬攟》、《玉函山房辑佚书续编》、《纬书集成》等多种辑本。

11.《握诚图》

诚者天道，王者所握，以图呈之。此篇今存甚少。

此书有《古微书》、《黄氏逸书考》、《纬攟》、《玉函山房辑佚书》、《纬书集成》等多种辑本。

12.《潜潭巴》

潜潭者，水之深沉也。巴者，水之屈曲也。此篇言日食与灾异，其理幽曲。

此书有《说郛》(宛委山堂本)、《古微书》、《经义考》、《七纬》、《集纬》、《黄氏逸书考》、《纬攟》、《玉函山房辑佚书续编》、《纬书集成》等多种辑本。

13.《命历序》

帝王受命，历数有序。此篇序列自开辟以来之帝王世系。

此书有《古微书》、《黄氏逸书考》、《纬攟》、《玉函山房辑佚书》、《纬书集成》等多种辑本。

14.《说题辞》

解说经题之辞也。此篇泛论六经旨意，有似叙论。

此书有《说郛》(宛委山堂本)、《古微书》、《经义考》、《七纬》、《集纬》、《黄氏逸书考》、《纬攟》、《玉函山房辑佚书续编》、《纬书集成》等多种辑本。

（六）《乐纬》文献

《隋书·经籍志》、《旧唐书·经籍志》、《新唐书·艺文志》皆著录《乐纬》3卷，宋均注。

1.《动声仪》

歌咏舞蹈，声能感人，仪动则心动。此篇言五声律吕与风物之相感。

此书有《古微书》、《经义考》、《七纬》、《集纬》、《黄氏逸书考》、《纬攟》、《玉函山房辑佚书续编》、《纬书集成》等多种辑本。

2.《稽耀嘉》

良器制备，稽同天行，光耀永嘉。此篇论乐理光耀，通乎天人。

此书有《古微书》、《经义考》、《七纬》、《集纬》、《黄氏逸书考》、《纬攟》、《玉函山房辑佚书续编》、《纬书集成》等多种辑本。

3.《叶图征》

又作《汁图征》、《协图征》、《什图征》。乐协，则可以征，征则可以图。此篇多言乐通于政教。

此书有《古微书》、《经义考》、《七纬》、《集纬》、《黄氏逸书考》、《纬攟》、《玉函山房辑佚书续编》、《纬书集成》等多种辑本。

（七）《孝经纬》文献

《隋书·经籍志》在经部、子部皆著录有《孝经纬》。《旧唐书·经籍志》、《新唐书·艺文志》著录5卷，宋均注。历代文献征引《孝经纬》篇题繁多，安居香山《关于孝经纬、论语纬解说》认为：“存在于东汉的《孝经纬》只有《援神契》和《钩命决》。”

1.《援神契》

孝通神明，天人合契，援引众义。此篇论以孝道统一五德、明堂及三科九旨。

此书有《说郛》(宛委山堂本)、《古微书》、《经义考》、《七纬》、《集纬》、《黄氏逸书考》、《纬攟》、《玉函山房辑佚书续编》、《纬书集成》等多种辑本。

2.《钩命决》

钩稽天命，以决人伦。此篇论孝道，言及礼乐政刑。

此书有《说郛》(宛委山堂本)、《古微书》、《经义考》、《七纬》、《集纬》、《黄氏逸书考》、《纬攟》、《玉函山房辑佚书续编》、《纬书集成》等多种辑本。

(八)《论语谶》文献

《隋书·经籍志》著录《论语谶》8卷，宋均注。《旧唐书·经籍志》、《新唐书·艺文志》皆著录有《论语纬》10卷，宋均注。《论语谶》中唯《比考谶》、《撰考谶》、《摘辅象》、《摘衰圣》4篇所存佚文较多。

1.《比考谶》

孔子上比三王，下自考也。论述黄帝、尧、舜至孔子及其弟子等事迹。

此书有《古微书》、《黄氏逸书考》、《纬攟》、《玉函山房辑佚书》、《纬书集成》等多种辑本。

2.《撰考谶》

比考之外，别有撰考，撰述以自考校也。此书与《比考谶》相类。

此书有《古微书》、《经义考》、《黄氏逸书考》、《纬攟》、《玉函山房辑佚书》、《纬书集成》等多种辑本。

3.《摘辅象》

据形象而选摘圣王以辅佐之。此篇言圣王及其辅佐者，并记孔子及弟子形貌。

此书有《古微书》、《经义考》、《黄氏逸书考》、《纬攟》、《玉函山房辑佚书》、《纬书集成》等多种辑本。

4.《摘衰圣》

全名《摘衰圣承进谶》。圣人处衰世，麟死道穷。此篇记西狩获麟，孔子往观之事。

此书有《古微书》、《经义考》、《黄氏逸书考》、《纬攟》、《玉函山房辑佚书》、《纬书集成》等多种辑本。

除以上所举之外，尚有大量的《河图》、《洛书》之类的谶纬。钟肇鹏《谶纬论略》列有《河图纬》、《洛书纬》篇名表，其中《河图》类40种，《洛书》类13种。[①] 陈槃《古谶纬书录解题》(五)至(七)对《河》《洛》纬书篇名有详解。安居香山《关于河图、洛书解说》对《河》《洛》纬书篇名形成问题也有讨论。大体而言，现存称为《河图纬》、《洛书纬》者，既有如纬书解说经义的内容，亦有如谶书占卜预言之类的内容，与前论诸纬书内容皆相似。其问题复杂，名目繁多，兹不赘述。

---

① 钟肇鹏：《谶纬论略》，辽宁教育出版社，1991年，第71～73页。

第三节　谶纬文献的辑佚与研究

谶纬文献自魏晋南北朝以来屡遭禁绝，至唐代已多散失。《隋书·经籍志》著录13部92卷，《旧唐书·经籍志》、《新唐书·艺文志》著录9部84卷，马端临《文献通考·经籍考》著录《易纬》8种和《礼纬·含文嘉》1种，可见其散佚之况。对谶纬文献的研究，可以大致分为辑佚和考述两种。钟肇鹏指出："到了元朝、明朝才有人注意谶纬的选辑工作。到了清代辑佚书的工作……成为古籍整理中的一项重要的工作。"①

明清关于谶纬文献辑佚的有十多家。其中孙瑴《古微书》可谓开谶纬专书辑佚之先河。而日本内阁文库藏有明代杨乔岳编纂、杜士芬校订之《纬书》10卷，该书成为日本学者安居香山、中村璋八所辑《纬书集成》的资料来源之一。清乾隆时四库馆臣从《永乐大典》辑有《易纬》8种，因是皇家辑本，为此后清代谶纬辑佚著作《易纬》部分所本。清代又有殷元正辑、陆明睿增订《纬书》12卷（一名《集纬》），有上海图书馆藏写本，② 上海古籍出版社所编《纬书集成》影印收录，但编者称篇幅不足12卷，已非完帙。又有赵在翰辑《七纬》38卷。又刘学宠所辑《诸纬拾遗》，一本《说郛》，不见《说郛》者，取自他丛书。乔松年辑有《纬攟》14卷。又顾观光以赵在翰辑《七纬》失于过严，辑《七纬拾遗》，为补赵书所作。今人辑佚，以日本学者安居香山、中村璋八所辑之《纬书集成》和上海古籍出版社所辑之《纬书集成》最为完备。③

明清以来各种辑佚丛书之中，亦有辑录纬书者。元明之际陶宗仪《说郛》辑有纬书，清代两大辑佚丛书——《玉函山房辑佚书》、《黄氏逸书考》——亦专门辑有纬书部分。王仁俊《玉函山房辑佚书续编》亦对纬书有所补充。

---

① 钟肇鹏：《谶纬论略》，第246页。

② 李梅训、庄大钧《谶纬文献的禁毁和辑佚》一文（载《山东大学学报》2002年第1期）言殷氏《纬书》今存抄本6种，流传较广者为上海图书馆藏本与北京图书馆藏本，内容以北图本为多。

③ 李梅训、庄大钧《谶纬文献的禁毁和辑佚》一文还列有：清末姚东升《古微书补缺》稿本，藏于北京图书馆；孔广林辑《尚书中候郑注》5卷；袁钧辑《郑氏佚书》中有《尚书中候郑注》1卷；毕裕辑《纬候佚文》。并统计有辑佚书40种、120余种印本，其中清人刻本、稿本、抄本90种左右，民国至今影印本30余种。

至于对谶纬的考辨与评论，钟肇鹏认为最早的可上溯至汉代的桓谭、张衡。而对谶纬之学的评述，历代多有，若按篇幅论，可将其分为单篇论述与专书研究两类。①

若论单篇研究，唐前则以《文心雕龙·正纬》最为著名。随后因历代禁令，关注者几绝。清代汉学复兴，故作为经学辅翼之纬学，复又被关注。开有清一代学术规模的大儒顾炎武在其《日知录》中便有《图谶》、《孔子闭房记》两条，论述谶纬。② 朱彝尊《经义考》卷二六三至卷二六七为《毖纬》，著录谶纬文献185种，皆注明存佚、加以解说。又卷二九八为《说纬》，辑录由汉至清历代关于谶纬之议论。俞正燮《癸巳类稿》卷七有《纬字论》，论纬书文字学。又卷一四有《纬书论》，论纬书起源。严杰辑《经义丛钞》，收有徐养原、汪继培、周治平、金鹗、李富孙论"纬候不起于哀平辨"之文，专论谶纬起源，驳斥前儒之说。③ 孙诒让《札迻》对《易纬》亦有论述。④ 刘师培《谶纬论》辨谶纬源流，论谶纬五善：补史、考地、测天、考文、征礼。⑤ 顾颉刚《秦汉的方士与儒生》中有专章论"谶纬的造作"和"谶纬的内容"，且以政治史的视角解读谶纬的源流、内容、影响。⑥

若论专书研究，则从清代以降，又大致可分为谶纬注疏与谶纬学史考述两类。其注疏者，如张惠言之《易纬略义》，陈乔枞之《诗纬集证》，廖平《诗纬新解》，皮锡瑞《尚书中候疏证》，胡薇元之《诗纬训纂》，吴翊寅之《易纬考》；关于谶纬学史者，如蒋清翊《纬学原流兴废考》，姜忠奎《纬史论微》，陈槃《古谶纬研讨及其书录解题》，钟肇鹏《谶纬论略》，徐兴无《谶纬文献与汉代文化建构》，等等。⑦

---

① 按：此为大略区分，若析言之，则有论其他而涉及谶纬者，一二言语，不在本文"单篇论述"之列。又若朱彝尊《经义考》，既非专论，亦不只单篇，但因其全书非仅为谶纬，故归为"单篇论述"。我国典籍浩瀚，搜罗完备几无可能，故此处所论，仅就目之所及而言，挂一漏万，在所难免。

② 顾炎武：《日知录》卷三〇。

③ 严杰：《经义丛钞》，收入《皇清经解》卷一三九〇。

④ 孙诒让：《札迻》卷一。

⑤ 刘师培：《左盦外集》卷三《谶纬论》。

⑥ 顾颉刚：《秦汉的方士与儒生》，上海古籍出版社，2005年。

⑦ 按：钟肇鹏《谶纬论略》中关于谶纬学史者，还记有台湾吕凯《郑玄之谶纬学》和王令越《纬学探原》，及日本安居香山、中村璋八《纬书之基础的研究》，安居香山《纬书之成立及其发展》、《谶纬思想之综合研究》、《纬书与中国的神秘思想》等。

综上可见，谶纬之学大兴于东汉，其后衰微，历经各朝禁令，文献散失殆尽。今日所见，大多是元明以降所辑之本。兹对这些重要辑本作一略说，兼及部分研究考证之作。

1.《说郛》，(元) 陶宗仪辑

陶宗仪（1329—1410），字九成，号南村，浙江黄岩（今属浙江）人。元至正八年（1348）举进士不第，避兵出游。入明后寓居松江南村，因号南村，开馆授课，终身不仕。善书法，勤于笔记。著有《书史会要》、《南村辍耕录》、《南村诗集》等，辑笔记式丛书《说郛》。

此书乃采摭了汉魏至宋代的经、史、传、论及百家杂说的作品600余种，纂成100卷，凡数万条。《说郛》之名据扬雄《法言》"天地，万物郭也；五经，众说郛也"。此书属杂抄，而非专为辑佚，不注佚文出处，辑佚亦有误。但所辑范围甚广，《四库全书总目》称："断简残编，往往而在，佚文琐事，时有征焉，固亦考证之渊海也。"《说郛》虽非纬书的专门辑佚著作，但是却抄录了谶纬大量佚文，可视为现存最早的纬书辑本。120卷本卷五上下，抄录《易纬》4种、《书纬》4种、《诗纬》2种、《春秋纬》10种、《礼纬》3种、《乐纬》1种、《孝经纬》5种、《河图》5种、《洛书》1种，共35种。清人刘学宠据此本抄撮成《诸经纬遗》1卷，刻入《青照堂丛书》中。100卷本卷二"古典录略"只抄14种，计有：《尚书璇玑钤》、《孝经援神契》、《孝经纬》、《礼含文嘉》、《诗含神雾》、《春秋汉含孳》、《春秋考异》、《春秋说题》、《春秋运斗枢》、《春秋元命苞》、《春秋感精符》、《春秋潜泽巴》、《春秋纬》、《春秋符》。

此书目前通行有两种本子：一种是明抄本，有张宗祥据原北平图书馆藏隆庆、万历间抄本，傅氏双鉴楼藏明抄本三种（弘农杨氏、弘治十八年抄本、吴宽丛书堂抄本），涵芬楼藏明抄残存91卷本和瑞安玉海楼藏明抄本18册校理成书，于民国十六年（1927）由上海商务印书馆排印出版，即涵芬楼100卷本。另一种是清顺治间陶珽重编120卷本，即宛委山堂本，亦收入《四库全书》中。1986年上海古籍出版社将上述两种及《说郛续》，还有张宗祥用休宁汪季青所抄明抄本25册校涵芬楼本的校记10余万字，合并出版，称为《说郛三种》。其书出版说明言："至此《说郛》三种所收内容，合而观之，已多于《中国丛书综录》著录，虽尚未敢称为全璧，以目前而论，庶几近之。"此外，还有汲古阁藏明抄60卷本，此本现藏临海市博物馆。

2.《古微书》36卷，(明) 孙瑴辑

孙瑴（生卒年不详），字子双，号贲居子，一号双甫，湖南华容人。明末南郡华容诸生。孙氏采辑旧文，分为四部，总谓之《微书》。一曰《焚微》，辑秦以前佚文；一曰《线微》，辑汉晋间笺疏；一曰《阙微》，征皇古七十二代之文；一曰《删微》，即今存之《古微书》，其他部分已亡佚。

此书共 36 卷，前有孙氏自序、《古微书略例》、《说纬》各一篇。辑《尚书纬》12 种，《春秋纬》15 种，《易纬》7 种，《礼纬》3 种，《乐纬》3 种，《诗纬》3 种，《论语谶》5 种，《孝经纬》7 种，《河图》10 种，《洛书》5 种，共计 70 种。孙氏序其书言："纬有七，俪经而行，顾其文，皆删余也。相传孔子既叙六经，知后世不能稽同其意，别立纬及谶八十一首，以遗来世，故东汉谓之'古学'，魏晋以降，倚为符图，图令人讳，讳令人惮，至隋而毁，遂绝不传。噫！伤哉！使孔门知百世之学而今无闻也……尝读历代史'经籍'、'艺文志'，空标其目，而书竟隐泯矣。间有存者，亦复如裂锦碎璧，声味不联，予苦心于兹且十年，顾简不一遘，遘不连行，于是考其班部，推其宗旨，敷其讹阙，聚其落离，盖句累而章，章累而篇，篇累而帙焉，虽非其本卷本文之先后，要亦可以大义征，以文律准也。"此乃其辑书之由。

《古微书》乃今可见之最早专门辑佚谶纬文献者。其辑佚亦只粗存梗概，辨别谶纬文献有误，如将非谶纬者《尚书五行传》辑入《尚书纬》中。又不注明佚文出处，致佚文查考困难。然筚路蓝缕，功不可没，此后清儒关于纬书辑佚，多本孙书。

此书最早有明崇祯本。而后诸家版本则可分为单行本和丛书本两大系统。单行本系统可分抄本、活字本和刻本及各家影印本三类。崇祯本以下，《古微书》先以抄本形式流传，如陈世望所据抄本等；活字本有嘉庆十五年（1810）山渊堂活字本；刻本则有秀水章全《考正古微书》本。丛书本系统则以《四库全书》本为首，而后有张海鹏《墨海金壶》本和钱熙祚《守山阁丛书》本等。《守山阁丛书》本是《古微书》各版本中唯一增补佚文出处的一种，它也因此成为通行本。

3.《七纬》38 卷，（清）赵在翰辑

赵在翰（生卒年不详），字鹿园，侯官（今福建闽侯）人。嘉庆时诸生，辑有《逸论语》、《晋书补表》、《七纬》等书。

《七纬》卷端依次有阮元序、叶绍本序和张师诚序。正文 37 卷，首《易纬》8 卷，即照录武英殿聚珍本《易纬》8 种。次录《书》、《诗》、《礼》、《乐》、《春秋》、《孝经》诸纬，篇目一准《后汉书·樊英传》李贤注所列。其中除《易纬》外，6 种纬书末皆附本纬佚文 1 篇，名之为《七纬附录》。卷三八为《七纬叙录》和《叙目》，包括《总叙》1 篇、《叙录》7 种、《叙目》37

种(《易纬》8 种仅列目录)。末附李大瑛、杨应阶跋语各一节。赵氏于《七纬总叙》曰:“纬书之亡者不可考已，其幸存者又或疑而不之信，散佚无纪，将就湮灭……乃屏弃举业，抄撮群书。”此当为其撰书之由。其书严别谶、纬，故如《论语谶》等皆不收入，体例极严谨，且佚文多注明出处，并附按语。其《叙录》论及各纬书的源流、著录情况，考订篇目顺序、涵义。此后黄奭《通纬》、陈乔枞《诗纬集证》、顾观光《七纬拾遗》和《河洛纬》等辑本，皆以此书为基础。

此书初成后，又经赵在田、杨应阶、李大瑛等校订，于嘉庆九年（1804）付梓印行。印成后，赵氏请阮元为之作序，阮氏建议其将《五行大义》、《唐开元占经》中佚文补入《七纬》。因书已刻成，故每种列《补遗》于后，迄嘉庆十四年（1809）刻成。今有上海古籍出版社《纬书集成》据上海图书馆藏小积石山房嘉庆十四年序刊本影印本。

4.《纬攟》14 卷，(清）乔松年辑

乔松年（1815—1875），字鹤侪，一说字健侯，号鹤侪，徐沟（今山西清徐）人。道光十五年（1835）进士，授工部主事，迁郎中。历松江府知府、苏州府知府、两淮盐运使、江宁布政使、安徽巡抚、陕西巡抚、河东河道总督，为清代著名将领。《清史稿》有乔松年传。著有《萝藦亭札记》、《乔氏载记》，辑《纬攟》等书。

乔氏以为孙瑴《古微书》不甚完备，亦有错讹，故以孙书为基础重辑《纬攟》。刘秉璋序此书言:“订讹补缺，可为双甫诤友。”其书所录内容:《易纬》8 种已有武英殿聚珍本成书，故不录原文，只辑《乾凿度》、《乾坤凿度》、《通卦验》、《稽览图》、《是类谋》、《辨终备》之佚文，又录《易中孚传》、《泛引易纬》等 15 种；辑《尚书纬》及《尚书中候》23 种；辑《诗纬》之《含神雾》、《推度灾》、《汜（泛）历枢》、《泛引诗纬》4 种；辑《春秋纬》23 种；辑《礼纬》之《含文嘉》、《稽命征》、《斗威仪》、《泛引礼纬》4 种；辑《乐纬》之《动声仪》、《稽曜嘉》、《叶图征》、《泛引乐纬》4 种；《孝经纬》10 种；《论语谶》9 种；《河图纬》31 种；《洛书纬》8 种，共计 131 种。佚文每条均注出处，并注明孙书漏辑条数。其书末两卷为《古微书订误》、《古微书存考》，纠孙氏之误，疑者存疑。但乔氏此书亦有错讹，如《易中孚传》即《易稽览图》，乔氏误分为二。

此书于乔氏去世后，由其弟子整理成书，编定于光绪三年（1877），次年刊行。民国时被收入《山右丛书初编》排印流行。今有上海古籍出版社《纬书集成》据光绪四年强恕堂初刊本影印本。

5.《玉函山房辑佚书》，（清）马国翰辑；《玉函山房辑佚书续编》，（清）王仁俊辑

马氏性好收书，藏书处曰“玉函山房”。玉函山，又名兴隆山，位于济南市南郊。马氏一生从事辑佚事业，所辑佚文在其生前均未刊，由其后人或乡人陆续整理、刊布，原稿、原刊版片几经辗转，故关于此书之所辑种类、数量说法不一。《玉函山房辑佚书》现今所见最早的印本是同治十年（1871）济南皇华馆补刊匡源序本，共计585部、691卷、5748页、约207万字，其中经编429部、535卷，其下纬书类40部、51卷。

该书所辑之“经编纬书类”以《易纬》8种已有武英殿聚珍本，没有再辑；《河图》、《洛书》不在“纬书”之列，亦不予辑入。其余辑有：《尚书纬》5种，《尚书中候》1种，《诗纬》3种，《礼纬》3种，《乐纬》3种，《春秋纬》15种，《孝经纬》8种，《论语谶》8种。并对所辑佚文详注出处。又援引孙瑴相关解题。虽所辑仍有遗漏，但善于孙书。

王仁俊（1866－1913），字捍郑，江苏吴县人。光绪十八年（1892）进士。先后任存古学堂教员、京师大学堂教授、学部编译图书馆副局长等职。辑有《辽文萃》、《玉函山房辑佚书续编》、《玉函山房辑佚书补编》、《经籍佚文》等书。

《玉函山房辑佚书续编》一书“纬书类”辑有谶纬40种，以补马氏不足。

6.《汉学堂丛书》，（清）黄奭辑

黄奭（1809－1853），字右原，江苏甘泉（今江苏扬州）人。为盐商之家，道光十二年（1832）钦赐举人。早年肄业扬州安定书院，后师从江藩，服膺郑学，因称室名曰“汉学堂”。黄氏一生专事辑佚，与马国翰并为有清两大辑佚家。其辑佚书近300种。但此书在黄氏生前未及刊成定本，故光绪以来先后有《汉学堂丛书》、《黄氏逸书考》、《汉学堂知足斋丛书》数种版本行世，收录种数亦各不同。1934年江都朱长圻据甘泉黄氏原版补刊印行称《黄氏逸书考》，较《汉学堂丛书》有所增补。

《黄氏逸书考》中的《通纬逸书考》，体例仿《七纬》，并将《七纬》各篇内容收入其中，作校勘补遗于《七纬》所列条目之后，且补入赵在翰未辑的《河图》、《洛书》、《论语谶》等，每条并注明出处。另外，黄氏从《清河郡本纬书》和别本《唐开元占经》等书中辑得大量谶纬佚文，为《通纬逸书考》所独有。且《清河郡本纬书》今已不可见，赖此而存。又黄氏于注文中重新比勘所见《古微书》和宛委山堂本《说郛》，并以《清河郡本纬书》作校勘。其书辑录《河图》28种、《洛书》4种、《易纬》13种、《尚书纬》6种、《尚

书中候》1 种、《诗纬》4 种、《礼纬》4 种、《乐纬》4 种、《春秋纬》15 种、《论语谶》8 种、《孝经纬》12 种、杂谶 1 种，收录较为完备。

7.《易纬略义》3 卷，(清) 张惠言撰

《易纬略义》3 卷，张惠言自序认为："纬者其原出于七十子之徒相与传夫子之微言，因以识阴阳五行之序，灾异之本也。盖夫子五十学《易》而知天命，子贑曰：'夫子之言性与天道，不可得而闻。'是以其可言者六艺之文著之，其难言者游夏之徒或口受其传恉，益增埘推阐以相传授。秦汉之间，师儒第而录之，其亦有技术之士以其所能推说于篇，参错间出，故其书杂而不能醇。刘歆之于纬精矣，当其时河洛之文大备，而《七略》不著录。将以符命之学出于其中，在所禁秘耶？郑康成氏汉之大儒，博通古文，甄录而为之注，则纬之出于圣门而说经者不可废者审矣。"而《易纬》八书之中，《乾坤凿度》为伪书，《乾元序制记》是宋人抄撮而成，《坤灵图》、《是类谋》、《辨终备》三书又残缺不全，无甚价值。只有《稽览图》讲六日七分，《通卦验》讲八卦晷气，《乾凿度》讲阴阳消息，这三种保存《易纬》大义，于是撰《易纬略义》，将三书分类编次，加以阐述。其书卷一为易三义、易数一七九、上下经、六位、八卦用事、六日七分、七十二候、六十四卦主岁；卷二为卦轨、八厄、卦气、风雨、雷、霜、水旱、杂异；卷三为通卦验八卦候、六十卦候、二十四气候、图书。

此书有清嘉庆间扬州阮氏刻本、《茗柯全书》本等。

8.《诗纬集证》4 卷、《附录》1 卷，(清) 陈乔枞撰

乔枞为经学家陈寿祺之子，长于《诗经》研究，著有《鲁诗遗说考》、《齐诗遗说考》、《韩诗遗说考》、《毛诗郑笺改字考》、《诗经四家异文考》、《诗纬集证》、《齐诗翼氏学疏证》等。

是书意在搜辑《齐诗》遗说，成于《齐诗翼氏学疏证》之后。乔枞以为汉儒翼奉、郎觊之《诗》说，多出于纬。其自序言："经明其义，纬陈其数。经穷其理，纬究其象。纬之于经，相得日彰。"又言隋火之后，诗纬渐失，间有存者，或与杂谶比例齐观，学者弃置勿道，书遂尽亡。故辑而注之，以成《诗纬集证》。辑录诗纬佚文共达 170 条，辑佚取材之书凡 32 种，有《开元占经》、《太平御览》、《说郛》、《乙巳占》、《易纬注》、《史记索隐》、《五行大义》、《毛诗正义》等。书中对明代孙瑴《古微书》、陆明睿订殷元正《集纬》在辑录诗纬方面的舛误和疏失亦有所指陈。

《诗纬集证》是首次将诗纬佚文辑以成书并作有详尽疏解的一部著作。今核其书，征引材料广，疏解文字精，对于搜辑《齐诗》遗说，了解诗纬，均

有重要价值。江瀚为此书作提要就评论说："第此编网罗散佚，视各家辑本增十之三，而引证亦详，其于后之言《齐诗》者，固不为无裨矣。"①

此书版本主要有《左海续集》本，《续修四库全书》据道光刻本影印本，上海古籍出版社《纬书集成》据道光二十六年刊本影印收入。

9.《诗纬新解》1卷，廖平撰

廖平为近代著名经学家，学凡六变。其论六经，多别出心裁，而于《诗》则主《齐诗》。光绪三十年（1904）著《诗经新解》，专研《齐诗》，故此书又名《齐诗学》。廖氏以为《齐诗》多本《诗纬》，故光绪三十二年（1906）以后，又专治《诗纬》，并相继出版《诗学质疑》、《诗纬搜遗》、《诗纬新解》，阐发《诗纬》之天人之学。《诗纬新解》成书于民国三年（1914），乃其晚年之作，并由其弟子为之补正出版。此书解《推度灾》、《汜（泛）历枢》、《含神雾》，篇末附有《补遗》，又附《豳诗七月合于素问五运六气》。其书论"四始"、"五际"、"六情"等《齐诗》概念，及篇什配用的规律，引典籍而证。

此书收入《六译馆丛书》第17册。

10.《尚书中候疏证》1卷，（清）皮锡瑞撰

皮锡瑞《尚书中候疏证》撰成于光绪二十五年（1899）。此书依袁钧辑本，参以马国翰《玉函山房辑佚书》之《尚书中候》3卷，加以疏证，推其原意，以明两汉天人之学。其书自序云："《中候》之文，与《书》同出，郑君之论六艺，以为孔子定书百篇，百二篇为《尚书》，十八篇为《中候》，是则渊源不二，表里互明。……又况龟龙之神，鱼鸟之兆，具存经义，匪独纬文……矧至诚可以前知祯祥，初非附会，政起胡破，尚传《演孔》之图，摘《洛》钩《河》，不比《闭房》之记。岂必神道设教，隐开赵宋之天书，帝命锡畴，并疑胥于之诳语耶。"

此书有光绪二十五年（1899）湖南思贤书局刊本，又收入《续修四库全书·经部·书类》。

11.《纬学原流兴废考》3卷，（清）蒋清翊撰

蒋清翊（生卒年不详），字敬臣，江苏吴县人，诸生。学识渊博，好金石之学，官浙江武义县知事。

蒋氏此书分为上中下3卷，卷上列《河洛》、《名义》、《流别》、《题目》、《崇尚》、《燔禁》诸题，卷中为《师承》，卷下为《论说》，末附有蒋氏之子蒋黼跋语曰："先大夫博览之余，留心内学，将作《群纬释文》，谓欲探义蕴，

① 《续修四库全书总目提要·经部·诗类》之《诗纬集证》提要。

当先考源流。《隋志》之外，惟竹垞先生《经义考》于谶纬之学甄微索隐，蔚为巨观。然兴废师承诸类，仅粗述大概。近江宁顾氏补《后汉艺文志》，罗举习纬诸儒，而限于时代，未能该备。乃辑为《纬学原流兴废考》三卷。每谓黼曰：'此书规模粗举，然遗漏尚多，倘尘事少暇，尚当相加搜讨，而《群纬释文》，尤须肆力数年，方可成书。'乃天不假年，此志未竟。黼深惧手泽散失，谨就遗稿覆校一过，手写成帙。将来倘有所得，当辑补遗，以终先志……至《群纬释文》，丛稿纵横，体例未定，末学肤受，未敢续貂。"由此可见蒋氏辑书之由，而黄曙辉谓其"精博固不及《纬史论微》"，亦当可理解为其因"天不假年、此志未竟"。又可知蒋氏还有《群纬释文》一书未成。

此书体例，为综录各家论述，间下按语。其书以资料辑录为主，归于各主题下。作者虽少发议论，但其所辑之资料，已颇可说明主题。对谶纬之学、谶纬文献及后世研究概况，都有所讨论。资料虽不甚完备，但纬学之兴废源流确已可见，故为论纬书者所当读。

蒋黼跋语云"光绪癸巳七月"（即光绪十九年，1893），则抄本当在此时。此外尚有光绪二十三年（1897）吴县蒋氏双唐碑馆刻本。又有会稽徐氏铸学斋抄本，收于徐氏《初学堂群书辑录》中，现藏上海师范大学图书馆，《续修四库全书》据此本影印。今人黄曙辉亦据此本整理附于《纬史论微》后。

12.《纬史论微》12 卷，姜忠奎撰

姜忠奎（1896—1945），字叔明，号韡斋，山东荣成人。1918 年毕业于北平大学中国文学系，历任中州中学、山东大学及北平大学教职。抗战时，任教北平大学，鼓励诸生以民族大义，遂于 1945 年 2 月 18 日为日军所害。著有《说文转注考》、《大戴礼记训纂》、《儒学》、《荀子性善证》、《纬史论微》等书。

其书前有胡玉缙序、张尔田书、姜氏自序，正文 12 卷。正文用骈体，其下泛引资料以证其说。胡玉缙序曰："姜君叔明爰考群籍……凡源流之变迁，崇尚之得失，论议之纯驳，皆别白而定一是。其体例似杜氏《读史论略》，其语句近刘氏《史通》。"卷一区别谶纬含义、纬之起源，又附以诸家对谶纬学之褒贬。卷二述作者对谶纬起源之看法，以为源于上古，并述及其古史观。卷三承上卷论两周史事。卷四论战国至西汉纬学变迁。卷五承上卷论西汉纬学，以为纬学不起于哀、平。卷六论东汉纬学之盛，区别内容，列举人物。卷七论后汉三国谶纬之滥用。卷八论三国至南北朝纬学之偏颇、流弊。卷九论两晋南北朝纬学之流入释道，精微尽失，又遭禁令。卷十论唐宋通谶纬者，以为道术乃谶纬之流变。卷十一论宋代至清代纬学，并以理学为纬学之流变。

卷十二总结前文，通论纬史，并一抒其对纬学态度。此书以时间为线索，勾勒出完整的纬学史。胡玉缙序赞曰："昔范蔚宗作《后汉书》，自称体大思精，此书殆亦无媿。"张尔田书赞曰："文采炳焕，征引详缛，足与彦和（刘勰）《正纬》同传。"钟肇鹏亦谓："其搜讨之功力，采摭之博富，均远过蒋氏《纬学原流兴废考》，可谓后来居上。"（《谶纬论略》，第 280 页）虽鲁鱼之误不能免，而论述精到，引证宏富，乃治纬学者所必读。

此书 1934 年撰成，翌年石印行世，今有黄曙辉点校、上海书店出版社 2005 年版本。

13.《古谶纬研讨及其书录解题》，陈槃著

陈槃（1905－1999），字盘庵，号涧庄，广东五华人。广州中山大学文学院国文系毕业，入中研院史语所。1949 年赴台，任台湾大学文学院教授、"中研院"史语所第一组主任、院士。著有《左氏春秋义例辨》、《大学中庸今释》、《春秋大事表列国爵姓及存灭表譔异》、《不见于春秋大事表之春秋方国考稿》、《汉晋遗简识小七种》、《古谶纬研讨及其书录解题》等书。

作者自序言研习古谶纬之学，始于民国二十六年（1937）冬，该书是其历年不断研究增订之集结，涉及谶纬学史、谶纬文献研究等方面。此书所收，计论著 4 种，《书录解题》7 组，《附录》3 组，《全佚书存目解题》2 篇，《史语所集刊》曾予以刊行。论著 4 种为：《秦汉间之所谓"符应"论略》、《论早期谶纬及其与邹衍书说之关系》（增订本）、《谶纬命名及其相关之诸问题》、《战国秦汉间方士考论》。《书录解题》7 组计有：《河图》35 种、《洛书》10 种、《春秋纬》2 种、《尚书》1 种、《尚书中候》3 种、《礼纬》1 种、《孝经纬》9 种、《易纬》4 种、杂谶纬 8 种。《附录》3 组收有：《敦煌唐咸通钞本三备残卷》（增订本）并附校记、补记，《孙氏瑞应图》、《敦煌钞本瑞应图残卷》（增订本）并附补记，《影钞敦煌写本占云气书残卷》（三订本）附《残卷、太公占及晋隋两书天文志异同表》。《全佚书存目解题》2 篇为：《孝经内事星宿讲堂七十二弟子图》、《河图》。

作者认为符应之说由来已久，邹衍五德终始、海上燕齐方士及秦汉间思想皆以此为主。谶纬即此符应说下之产物。又列各家论谶纬起源说法，而以为《河》《洛》谶纬当为方士所造。又考谶纬分类，以为谶纬互辞，不可区分。又讨论谶纬作者及其与经书关系。因以为谶纬由方士造作，故又详论战国秦汉方士之思想与行事。解题诸篇，基于各家研究，广引材料予以阐释。尤可贵者，解题并及敦煌出土材料，附有原件图，补前之论谶纬者所阙。出土文献与传世文献互证之法，亦为今后论谶纬者所应注意。作者所论周全，

用功深厚，为研究纬书者所必读。

该书由台北“国立”编译馆于 1991 年出版。

14.《谶纬论略》，钟肇鹏撰

钟肇鹏（1925－），四川成都人。1948 年毕业于四川大学中文系，1956 年考入中国科学院哲学研究所，后任中国社会科学院世界宗教研究所研究员、中国孔子研究会理事。从事儒学、道教及谶纬学的研究工作。著有《孔子研究》、《王充年谱》、《中国道教史》、《桓谭评传》、《春秋繁露校释》、《管子简释》、《中国哲学范畴丛刊》、《谶纬论略》等书，并主持编辑了《道藏提要》和《新编道藏目录》。

此书共分 12 章，前有《前言》论“经”“纬”关系，后附《综合索引》。正文 12 章为：谶纬的起源和形成，谶纬篇目及纬书解题，谶纬的实质和主要内容，谶纬中的孔子及其弟子，谶纬与汉代今文经学，谶纬与政治，谶纬中的哲学思想，谶纬与宗教，谶纬与历史及自然科学，谶纬的流变和影响，谶纬的辑佚和研究。由此可见，此书涉及谶纬之学、谶纬之书、谶纬之史，内容全面，引诸家之言，断以已见，是一部很好的谶纬研究读本。

作者认为谶纬之学乃先民神道设教、政教合一的产物，是由自然科学水平低下而不能科学解释自然现象而来，同时也是封建统治者利用神权愚民以巩固其统治所需。谶、纬名异实同。谶纬的核心是董仲舒的天人感应，是以阴阳五行为骨架附会儒学的神学体系，汉代成熟后适应了政治需要，后来又流变为扶乩与求签，与后世的起义革命、民间信仰相关。作者坚持历史唯物主义和辩证法的观点，以为谶纬虽荒诞迷信，但亦有涉及古代如天文、历法、气象、地理、典制、训诂等材料，可为今日研究所用。

此书由辽宁出版社于 1991 年出版。

15.《纬书集成》3 册，（日本）安居香山、中村璋八辑

安居香山（？－1998），日本人。1944 年毕业于日本大正大学文学部中国哲学文学社，次年入该校研究科继续学习。自 1951 年始，历任该校助教、讲师、副教授、教授，后担任该校文学部长，乃至校长。著有《纬书的基础研究》、《谶纬思想的综合研究》、《预言与革命》、《纬书的形成及其发展》、《中国神秘思想在日本的发展》、《纬书与中国神秘思想》等书。

中村璋八（1926－），日本人。1951 年毕业于日本东京文理科大学文学科汉文学专业，后继续于该校读研究生。自 1956 年开始，在驹泽大学先后担任讲师、教授，还在包括大阪大学、京都大学等多所大学兼职。著有《五行大义》、《五行大义的基础研究》等书。

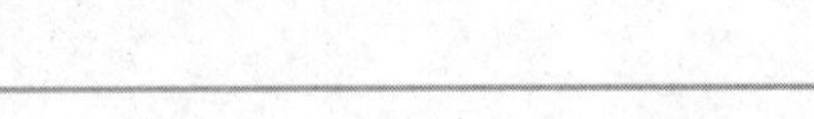

《纬书集成》分凡例、解说、正文、附录4部分。“凡例”介绍其书之构成，本文所用底本，校勘问题。“解说”有六篇：一是关于《诗纬》、《礼纬》、《乐纬》；二是关于《孝经纬》、《论语纬》；三是关于《尚书纬》、《尚书中候》；四是关于《河图》、《洛书》；五是关于《易纬乾凿度》、《乾坤凿度》；六是关于《易纬》除《乾凿度》、《乾坤凿度》以外各篇。论述诸纬书之版本源流，篇目存佚等。佚文辑有：《易纬》24种，《尚书纬》8种，《尚书中候》22种，《诗纬》4种，《礼纬》4种，《乐纬》4种，《春秋纬》29种，《孝经纬》15种，《论语谶》9种，《河图》43种，《洛书》15种。“附录”收有《历代史书和笔记中的谣谶》、《中国大预言九种》。

此书搜罗甚广，两位学者态度严谨，用功甚巨，校勘亦勤。李学勤序称此书“对于中国学术史、文化史研究是一项重要贡献”，“是纬书辑佚的集大成之作”。吕宗力、栾保群前言称其书“对丰富中国思想文化的研究宝库，无疑是其功甚伟的”。但错误亦所难免，钟肇鹏《谶纬论略》便列有此书句读、校理、文字等方面之舛误。

《纬书集成》于1954年至1964年间在日本先有8册6卷油印本，后由日本明德出版社于1971年至1992年间出版重修本。1994年，河北人民出版社以《纬书集成》之名分上中下3册出版。

16.《纬书集成》2册，上海古籍出版社编

此书分为前言、例言、正文、附录、篇目索引几部分。正文计有2148页，附录163页。汤志钧序此书言：“上海古籍出版社……将元末以来，有关‘纬书’的辑本……加以汇集，并将未经刊布的顾观光《七纬拾遗》、王仁俊《玉函山房辑佚书续编》、殷元正《纬书》等稿本一并付印。其中已刊诸本，有的流传已稀，查阅不易；未刊诸本，又辑录佚文，拾遗补阙。今汇成一帙，不仅集‘纬书’之大成，较日本安居香山、中村璋八所编《纬书集成》更为完备；并且为哲学、历史、宗教以至自然科学的研究工作者提供丰富素材……本书的出版，其意义之深远，也就可想而知了。”其评价甚高。

所收谶纬书有：《易纬》，据文渊阁《四库全书》本影印；陶宗仪《说郛》，据明宛委山堂本摘印纬书35种；孙瑴《古微书》，据文渊阁《四库全书》本影印；殷元正《纬书》，据上海图书馆藏写本影印，赵在翰《七纬》，据上海图书馆藏小积石山房嘉庆十四年（1809）序刊本影印；刘学宠《诸经纬遗》，据道光十五年（1835）《青照堂丛书》第二函摘印；顾观光《七纬拾遗》，据上海图书馆藏写本影印；陈乔枞《诗纬集证》，据道光二十六年（1846）刊本影印；马国翰《玉函山房辑佚书》，据清代通行本摘印卷五三至

卷五八之“经编纬书类”部分摘印；乔松年《纬攟》，据光绪四年（1878）强恕堂初刊本影印；黄奭《通纬》，据光绪年间印本影印；王仁俊《玉函山房辑佚书续编》，据上海图书馆藏稿本摘印其中纬书部分。

附录收有：张惠言《易纬略义》、孙诒让《札迻》（卷一），皆据通行本影印；姚振宗《隋书经籍志考证》（卷九）、朱彝尊《经义考》（卷二六三至卷二六七），据通行本断句重排；陈槃《古谶纬研讨及其书录解题》系据其在中国大陆时发表于《史语所集刊》者重排。

此书出版于1994年，正与安居香山本《纬书集成》在大陆出版同年。本书之最大价值在影印诸本，保存辑佚书之原貌，又刊布难得之稿本，不仅便于谶纬本身研究，于谶纬学史、辑佚史之研究亦大有帮助，这是较安居香山本《纬书集成》优越处。此书所附《纬书佚文辑录》系该社编此书时，搜集中国、日本古籍中尚未为本书影印诸书所收入之纬书佚文编成，计有《易纬》11种，《尚书纬》3种，《尚书中候》4种，《诗纬》4种，《礼纬》4种，《乐纬》4种，《春秋纬》5种，《孝经纬》7种，《论语谶》3种，《河图》18种，《洛书》11种，查漏补缺，亦属可贵。但此书未有校勘、解说，且此书字号太小，不甚清晰，不便阅读，是其不足。

总之，谶纬作为汉代经学的一个组成部分，对当时的政治与学术文化产生了非常重要的影响，并形成数量不少的谶纬文献。隋唐以后，由于官府禁令，加上学术转向，谶纬文献逐渐澌灭。明清以来，一些学者搜奇好古，辑佚考存，钩稽爬梳，做了很多文献搜集与整理工作，为深入研究奠定了基础。

第十六章　儒家石经文献

第一节　儒家石经文献的源流

据前所述，今存印本儒家经典直接源于明代的“监本”系统，而其远源又可上溯到五代时期的后唐，若追寻五代后唐“监本”的底本，则是唐代所刻的“开成石经”，可见“石经”实乃今传儒家经典的“祖本”。追寻儒家经典的石经形态，并非好为“思古”或“反古”，也不是仅仅为了“述古”的需要，而是因为“石经”文献保留了更早的经典形态，具有更可信据的版本价值。

早期儒家经典或书于竹帛，或摹勒上石，其经本无疑更接近早期儒经经本的原貌。为公示或公正计，石经往往由当世名儒进行校刊和书石，因而超越了师弟子间私相传授的狭小范围，其权威性及影响力自然远超私家转相誊录的手抄本。不仅如此，作为对经本及其文字规范与统一的手段，石经常被树立于太学，从而具有浓厚的官方标准色彩。正是在此意义上，石经才成了我们追寻儒家经典文献“源头”的重要对象之一。昔人曾言“饮水思源”，诚哉斯言!

一、儒经刻石的萌芽

作为记录并保存人类经验与智慧的方式，文字刻石与书之竹帛同样的古老，据考古发掘实物显示，至迟至商代已有石刻铭文。不过据文献记载，文字刻石甚至可以上溯到上古的传说时代。《墨子·天志》载“昔三代圣王，尧舜禹汤文武者是也……爱人利人顺天之意，得天之赏者也，不止此而已，又书其事于竹帛，镂之金石，琢之盘盂，传遗后世子孙”。之所以在书写材质竹帛之后，还继之金石、盘盂，在《墨子·明鬼》篇中，墨子解释说“古者圣王……又恐后世子孙不能知也，故书之竹帛，传遗后世子孙；或恐其腐蠹绝灭，后世子孙不得而记，故琢之盘盂，镂之金石，以重之”。显然，金石、盘盂抗耐“腐蠹绝灭”的优点足以补竹帛之不足，同时，镂琢于金石、盘盂为表示郑重其事。《吕氏春秋·求人》言“得陶、化益、真窥、横革、之交五人佐禹，故功绩铭乎金石，著于盘盂”，其中不言竹帛也就不难理解了。

至于儒经刻石的出现，依现存的东汉熹平石经残片，则是很晚的事情，不过，倘若我们的理解不至于过于狭隘，那么墨子所提到的历代圣王“爱人利人顺天之意，得天之赏者”的内容，也应为早期儒家“六经”的“源泉”。历代圣王，晚至文王、武王的嘉言懿行刻石，很有可能包括后世“六经”的内容，一定意义上，这也是经典的刻石。即便有人对墨子所言的可信度不以为然，但保存至今的石鼓韵文所反映的信息却不容忽视，先秦石鼓韵语描写了周王田猎、鱼钓及出师征伐等活动。在唐代甫一发现时，石鼓韵语就被视为“《诗经》遗篇”，韩愈甚至在诗中还责怪孔子为什么不编入《诗经》。今存所谓“《诗经》遗篇”虽不足以将儒经刻石上推至墨子盛称的“三代”，但今存“六经”的部分内容刻石出现在两周时期却无疑有一定的合理性，是为儒经石刻的萌芽期。

值得一提的是，除了与盘盂、金属同样具有抗耐“腐蠹绝灭”的优点外，文字刻石还具有取材便利，便于公告或公示的特点，这在社会文化教育不断发展的背景之下，从保存并传播的效果而言，文字刻石无疑是较为经济的办法。在印刷技术发明之前，作为竹帛的补充，这大概是石刻从其他书写材质中脱颖而出的主要原因。

二、历代儒家经典的刻石

尽管先秦时期出现了儒经刻石的萌芽，但随着周室衰微，王官失守，刻石这类兴师动众的活动也就为之消歇了。不过，学术下移使文化知识得到了前所未有的普及，这为智慧的星火形成燎原之势准备了必要条件，最终酝酿出了包括儒家在内的百家争鸣的学术大繁荣局面。然而随后的“秦政灭学”将政治与学术之博弈推向了“零和”的边缘，两败俱伤后，历史的发展又逐渐步入学政结合的一端。伴随着政治上的振兴，儒学得到了以武帝为首的统治者的大力扶持，汉廷不仅比照官秩，设立五经博士，并增设弟子员，而且学优则仕，从而使政学趋于合一。“缘经术饰吏事”，这种制度化安排确立了儒学学术正统的地位，从而在学术史上，开启了主导整个中国封建社会的"经学时代"。在这一肥沃的土壤中，儒经的传写，包括刻石方有茁壮成长的条件。

1. 相传最早的儒家刻石——孝平石经

从现今的考古实物证据看，最早的儒经刻石当始于东汉熹平年间，这也是从古至今绝大多数人的认识。不过明末名宿徐世溥却不以为然，在《榆墩集·跋石经》中，徐氏言之凿凿，"孝平元始元年，王莽命甄丰摹古文《易》、《诗》、《左传》于石，此石经初刻也"。西汉平帝元始元年，即公元1年也。依徐氏之见，儒经刻石竟始与"公元"纪年同时诞生！当时的宰辅权臣王莽命令甄丰摹刻于石，而且所刻为《易》、《诗》、《左传》等三经。较之惯常认识，徐氏将石经初刻年代上推了170余年，而且与熹平石经相比，西汉孝平石经字体并非当时通行的隶书，而是由未经誊写转录的六国文字写成。

对于徐氏的说法，除了受孤证不用的谨慎态度影响外，在同篇中，因为徐氏在历数以往的19次刻石时不无疏漏，故除江藩、徐嵩外，少有人关注。徐嵩在不知道作者的情况下，曾引用《榆墩集·跋石经》中有关石经初刻的记载，并加按语"正史无此文……所称石经始于新莽，不知何据?"并在推断作者为明代人后，以为"非可尽信，断自熹平始"。大概，徐嵩的观点代表了对于《榆墩集·跋石经》相关记载的普遍看法。

尽管徐嵩不识徐世溥，但作为晚明"名宿"，徐世溥"好读书，为诗古文，潜思论撰"(《大清一统志》)，还被誉为"真读书人"(施闰章语《居易录》)，其以读书而知名是显然的，因此，徐世溥所言或许并非空穴来风。除了徐世溥的孤证外，还有其他材料佐证孝平石经的确有存在的可能。

首先，孝平时期的确曾将古文经立为官学，这为经古文刻石提供了必要条件。众所周知，西汉武帝以来，为经师"隶定"的经今文学被立为官学。在民间，尚有保持古文（六国文字）原貌的儒经被私相授受。雅好古学的刘歆一度主张将之立于学官，后因今文家的反对而作罢。王莽当权后，其打着"托古"的旗号，行篡位、改制之实，为替政治活动张本，王氏遂增列有复古倾向的经古文学为官学。《汉书·儒林传赞》言"平帝时，又立《左氏春秋》、《毛诗》、逸《礼》、古文《尚书》，所以罔罗遗失，兼而存之，是在其中矣"。显然，为了使古文经学在正统学术园地中与有上百年积淀的经今文学分庭抗礼，从而最大限度地服务于"托古改制"的政纲，仅仅立经古文于官学是远远不够的，因此，经济而又高效的推广经古文学——古文经刻石或为不错的选择之一。

其次，甄丰在王莽的授意下曾厘定古文字体，这往往是石经摹刻之前的准备工作。经学兴起于秦火之余，当时幸存下来的儒家经典本是用古文写成。古文并非汉代通行的文字，且汉末距先秦已200年以上，因此辗转传抄中的古文不规范的情况可想而知，因此当古文经甫一立学官，规范、统一古文字体则是一项迫切的工作。《说文解字序》载“及亡新居摄，使大司空甄丰等校文书之部，自以为应制作，颇改定古文。时有六书，一曰古文，孔子壁中书也。二曰奇字，即古文而异者也。三曰篆书，即小篆，秦始皇帝使下杜人程邈所作也。四曰佐书，即秦隶书。五曰缪篆，所以摹印也。六曰鸟虫书，所以书幡信也”。像唐石经刻石时先行对文字进行厘定一样，甄丰对古文的厘定，既是古文经立于官学的需要，同时，还可能为进一步的儒经刻石做准备。

再次，在元始年间，王莽的确对经义的统一与规范做过努力。《汉书·王莽传》言“莽奏起明堂、辟雍……立《乐经》，益博士员，经各五人。征天下通一艺教授十一人以上，及有逸《礼》、古《书》、《毛诗》、《周官》、《尔雅》、天文、图谶、钟律、月令、兵法、《史篇》、文字，通知其意者，皆诣公车。网罗天下异能之士，至者前后千数，皆令记说廷中，将令正乖缪，壹异说云”。其中对经古文解说的统一与后世儒经刻石对文本的规范实相为表里。

最后，甄丰曾是汉末刻石的标志性人物，将儒经刻石与他联系起来显得合乎情理。在《广川书跋·窆石铭》中，宋人董逌言“尝谓墓之有铭，在汉则杜邺、甄丰”。尽管这里并非儒经的刻石，但甄丰作为石刻能手，将儒经刻石的任务分派给他，增加了孝平儒经刻石的可信度。

另外，从平帝元始元年至新莽始建国二年（公元10年）甄丰受牵连自杀，约为9年，且甄丰一直身居要职，从刻石的时机言之，甄丰完成《易》、《诗》、《左传》三经刻石的可能性无疑是存在的。

值得一提的是，今人翦伯赞《中国史纲要》也认为：“王莽命甄丰摹写几部古文经典，镌刻石上，这是我国最早的石经。”①

总之，通过对所谓孝平石经相关信息的探赜索隐，种种迹象表明徐世溥所言并非无稽之谈，孝平石经存在的可能性是不容作简单否定的。保守些言之，至少在孝平年间，曾有过古文经刻石的动议。倘若这一估计能成立的话，尽管可能没有付诸实践，但在儒家石刻文献学史上，其实际开启了后世儒经刻石的先声。此后，作为接续大统，振兴文教的政治符号，厘定文字，统一经义，乃至摹勒上石，遂成为“经学时代”中最为亮丽的一道风景线。

① 翦伯赞：《中国史纲要》第一册，人民出版社，1979年，第201页。

2. 有实物证明的最早的儒经刻石——熹平石经

随着新莽政权的夭折，由王莽所立的经古文学，在经今文学的打压下，其学术正统地位转瞬即逝，不得已又回归民间，为下一轮的东山再起蓄积力量。相反，经今文学则伴随着刘氏政权的中兴迎来梅开二度的大好局面。

东汉初，因为今文经有师说家法的法定权威存在，故在师弟子间的授受颇能中规中矩。尽管诸家经本之间不无异同，经文学内部安定团结的局面尚能掌控，然而，在东汉末期，随着“党锢之祸”的肆虐，作为法定权威的经师群体力量被严重削弱，从而打破了今文经学内部原有的规范机制，导致了学术失范状况。范晔在揭示熹平石经产生的背景时，已注意到了这一问题。《后汉书·儒林列传序》言“党人既诛，其高明善士多坐流废，后遂至忿争，更相告言，亦有私行金货，定兰台漆书经字，以合其私文”。显然，作为经学权威的“高明善士”人员流失严重，是导致学风败坏的主要原因。政治腐败的深层矛盾使“高明善士”的经师队伍的稳定在短期内难以实现，于是，从“治标”层面上，规范经典本文，并公告天下，便成为不得已情况下的替代办法。既经济又耐用的儒经刻石便提上了议事日程。

熹平石经，又称“一字石经”（《隋书·经籍志》）、“今字石经”（《旧唐书》）、“鸿都石经”（唐宋人所称）。由蔡邕、李巡、堂溪典、杨赐、马日磾、张驯、韩说、单扬等于汉灵帝熹平四年（175）发起儒经刻石的倡议并参与校订，由蔡邕一人书丹，讫工于光和六年（183），历时 9 年，共完成了七经《周易》、《尚书》、《鲁诗》、《仪礼》、《春秋》、《公羊传》、《论语》的刻石任务，树立于洛阳太学。

熹平石刻儒经由一种书体——隶书写成，相对于用古文、大篆与隶书等三种字体书写的曹魏“正始石经”而言，故有《隋书·经籍志》所谓“一字石经”之名。又因为隶书为当时通行的文字字体，因此，《旧唐书》称之为“今字石经”。

关于所用文字字体是“一字”还是“三字”的讨论曾是围绕熹平石经的最大聚讼之一。之所以会引发这样的问题与魏石经的出现有较大的关系。熹平石经完工后，被安置于洛阳太学，而接踵其后的魏石经也安放于同一地点。东晋南北朝之后，人们在洛阳太学遗址上发现了两种不同书体形制的石经，一种为“一字”隶书石刻，另一种由古文、篆书与隶书“三体”所刻写的石经。这些石经因在西晋末受到了一定程度的损毁，客观上，为人们的辨识带来了一定的困难。东汉一朝历史流传后世主要有赖于《后汉书》之功，《后汉书·儒林列传序》言“熹平四年，灵帝乃诏诸儒正定五经，刊于石碑，为古文、篆、隶三体，书法以相参检，树之学门大学门外”。于是所谓的熹平“三体”石经借正史的影响力传播开来。后来，《洛阳伽蓝记》、《北史·刘芳传》、《集古录》等书皆从之。至唐代时，因有秘府拓本的存在，故魏徵等明言蔡邕所刻乃“一字石经”。《隋书·经籍志》言“《一字石经周易》一卷（梁有三卷），《一字石经尚书》六卷（梁有今字石经郑氏尚书，八卷，亡），《一字石经鲁诗》六卷（梁有毛诗两卷，亡），《一字石经仪礼》九卷，《一字石经春秋》一卷（梁有一卷），《一字石经公羊传》九卷，《一字石经论语》一卷（梁有二卷）……后汉镌刻七经，著于石碑，皆蔡邕所书”。由以上 7 种书言之，《后汉书》所记当讹误无疑了，但《隋书·经籍志》又接着说“魏正始中，又立一字石经，相承以为七经正字”，却似乎暗示《后汉书》所言不虚。《隋书》的暧昧立场最终为专业性较强的《金石录》所澄清，赵明诚言“石经遗字者……盖灵帝熹平四年所立……《后汉书·儒林列传序》云‘为古文、篆、隶三体者’非也，盖邕所书乃八分，而三体石经乃魏时所建也。”才为这一历史聚讼画上了句号。后来，尽管部分清人穿凿附会，但终无法撼动宋人的这一定论。

因为熹平石经刊刻的起因是为解决经今文学内部诸家经本文字的纷争，所以，所采用版本，应为所立于官学的今文经无疑。而官学每经往往立有数家，那么，以一家为刻本，于其后附录官学诸家异同，也就不难理解了。由传世的拓片或实物言之，其中《易》用京氏本，兼存荀、虞、董、张、蜀才诸家异同；《书》用欧阳本，兼存大小夏侯异字；《诗》用鲁诗为刻本，兼存齐韩二家异字；《仪礼》用大戴本而兼小戴异同；《公羊传》用严氏本而兼存颜氏异字；《论语》用鲁论本而兼存盍、毛、包、周诸本异字。如此以来，熹平石经等于囊括了当时立于官学今文学诸家经本，其具有权威性自不待言。

据《洛阳记》记载，熹平石经共计 46 碑，碑石为长方形，碑高一丈许，宽约 4 尺，骈罗相接。自洛阳太学讲堂前西行列 28 碑，分别为《尚书》、《周易》、《公羊传》，王国维考证应还有《鲁诗》、《春秋》。南行为《礼记》（即今传《仪礼》）共 15 碑。东行列《论语》。石经经文自右至左书写，每经自为起讫，表里书石，先表后里。每经的每篇小题在上，大题在下，占一行。据王国维以现存宋拓片《尚书》、《论语》的情况估算，每碑一面约 35 行，每行 75 字左右，每碑表里两面共可刻字约 5450 字，字体为标准的八分体隶书。由谢承《后汉书》可知，碑下有座，碑身插于座中。上有瓦屋覆之，四面栏障，开门于南，并由河南郡专设吏卒予以保护。

石经刻成后，由于校出名儒，书出蔡邕，可谓双美，学术价值和艺术价值都很高，起到了经本、文字的统一和规范作用，在当时影响颇大，《后汉书·蔡邕传》载“后儒晚学咸取正焉。及碑始立，其观视及摹写者，车乘日千余两，填塞街陌”。

《熹平石经》刻成后七年，经董卓之乱，石经遂遭一厄。再经元嘉之乱，石经的损毁程度更为严重，仅存曰 17 碑。李贤注引《洛阳记》曰：“本碑凡四十六枚……《尚书》、《周易》、《公羊传》，十六碑存，十二碑毁……《礼记》十五碑悉崩坏……《论语》三碑，二碑毁。”

此后石经屡遭损毁，于后魏被用于建寺庙，于齐在被运往邺城途中沉没水底，先后被周和隋两代用作攻城的炮石。至唐初时已十不存一。所幸大部分拓片尚存，《隋书·经籍志》记载，《周易》1 卷（梁有 3 卷），《尚书》6 卷（梁有今字石经郑氏《尚书》，8 卷，亡），《鲁诗》6 卷（梁有《毛诗》2 卷，亡），《仪礼》9 卷，《春秋》1 卷（梁有 1 卷），《公羊传》9 卷，《论语》1 卷（梁有 2 卷）。

自宋代至今，实物石经只剩残石若干。长期以来，石经文字以宋代《隶释》保存最多。其中，《尚书》存 547 字，《鲁诗》存 181 字，《仪礼》存 45 字，《公羊传》存 375 字，《论语》存 971 字。直到 20 世纪 20 年代，随着洛阳汉魏石经残石的出土，汉石经的经典种类及遗文数目较之宋代才有所突破，依清末民初人罗振玉搜集，新出土的《周易》与《春秋经》遗文为前所未见，且出土诸经总字数已超过 3000 字，稍能补《隶释》之缺憾。

3. 魏正始石经——最早的“三字”古文经刻石

在三国争雄之际，魏石经之所以得以刊刻，与曹魏政权重视文教不无关系。魏武帝“横槊赋诗”，于武功之外，亦颇能振兴教育。文帝以文章名世，并于“黄初五年四月，立太学于洛阳，制五经课试之法，置《春秋縠梁》博士”（《三国志·魏书·文帝纪》）。明帝在诏书中更开宗明义：“尊儒贵学，王教之本也。”（《三国志·魏书·明帝纪》）齐王曹芳亦修习儒经，崇祀圣教。加之，统一北方的曹魏政权标举“受禅”于汉，颇以正统自居。作为振兴文教，接续大统的政治符号——儒经刻石颇为统治者所青睐。在曹魏政权存在的短短 40 多年中，儒经刻石在魏国大概进行过两次，其一、魏文帝对熹平石经的补刻，其二、正始年间，“三字”古文经的刻石。

关于魏文帝补刻熹平石经一事见于《魏略》遗文，全祖望在为杭世骏《石经考异》所作序文中始表而出之。鱼豢《魏略·儒宗传序》言“黄初元年之后，新王乃始扫除太学灰炭，补旧石碑之阙坏”。至于书刻之人，全祖望认为应为邯郸淳。在《石经考异序》中，全氏推测说“时淳（邯郸淳）方以博士给事中，是补正熹平隶字旧刻者，淳也”。邯郸淳，汉末魏初人，是当时著名的书法家，加之如全氏所言“邯郸石经之上接熹平者，是《隋书·经籍志》以‘一字’为魏刻之误所自也。其下开正始者，是范书以‘三字’为汉刻之误所自也”。史书中有关石经误记因此可得以理解，显然，全祖望推测不无道理。另外，至于黄初时所刻写之内容，除了补全汉石经缺损外，全祖望推测当时还增刻了所谓的“一字”《毛诗》6 卷与郑氏《尚书》8 卷。唯其如此，方和《隋书·经籍志》所载“一字”石经卷目相契合。然而《三国志》、《洛阳记》、《洛阳伽蓝记》、《水经注》等均无只言片语的记载，且无相关的遗字或残石予以证实，对于后者存疑。

关于魏正始石经的相关情况，《三国志》失载，最早的记载见于《水经注·谷水》。在介绍汉石经后，郦道元接着说“魏正始中，又立古、篆、隶三字石经……石经古文转失（邯郸）淳法，树之于堂西，石长八尺，广四尺，列石于其下”。再结合《洛阳伽蓝记》、《西征记》及新旧《唐书》的记载其大致情况即可明了。

魏正始石经，由古、篆、隶三字书石，共 35 碑，所刻儒经包括《尚书》《春秋》二经及《左传》（止于庄公）。至于刻石具体时间，据 1957 年 6 月，西安市青年路出土的三体石经残石正面右下方刊有“始二年三”四个直书小字，且正面还有《尚书·梓材》经文 10 行 30 字，大概石经应刻于正始二年三月。①

正始石经最引人注意之处有二，即经本与字体。其中所谓的“经本”，即古文经，用六国文字传写的儒经。秦火之余，古文经一直在民间流传。自刘歆标举古学以来，曾在王莽当权时被立为官学，后随着新莽政权旋即覆灭，经古文学回复到先前的民间学术位置。但自东汉末期以来，作为官学的今文经在谶纬化道路上走入了烦琐、分歧和空疏的死胡同。加之“高明善士”群体因“党锢之祸”而流失严重，于是，今文经几陷于群龙无首之境地。这给蛰伏于民间的经古文学带来了发展机会，在贾逵、马融、许慎、荀爽等一批兼通五经的古文学大师推动下，经过数十年发展，经古文学以其学风朴质笃实，实事求是，赢得了越来越多学者的重视。这为三国时古文经立于官学奠定了坚实的基础。

至三国魏文帝时已有“五经课试之法”。正始六年（245）十二月“诏故

① 刘安国：《西安市出土的“正始三体石经”残石》，载《人文杂志》1957 年第 3 期，第 67～68 页。

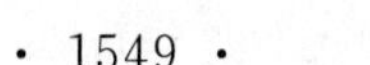

司徒王朗所作《易传》，令学者得以课试”，《三国志·魏书·王朗传》言“朗著《易》、《春秋》、《孝经》、《周官》传，奏议论记，咸传于世”。《王肃传》言“初肃善贾马之学而不好郑氏，采会同异为《尚书》、《诗》、《论语》、《三礼》、《左传解》及撰定父朗所作《易传》，皆立于学官”。显然，迟至正始年间，王氏父子的古文学均被立为官学。甘露元年（256），高贵乡公曹髦太学问对，其中《易》有郑玄注，《书》有马融、郑玄、王肃注，《礼》亦为郑玄、王肃注。故近人王国维言“魏时学官所立诸经已为贾、马、郑、王之学，其时博士可考者亦多古文学家，且或为郑氏弟子”（《魏石经考》）。既然魏时所立诸经多为古文学，而洛阳太学原有石经为今文学，故继文帝补刻汉石经，明帝将《典论》刻石之后，作为填补太学石经有今文而无古文的空白，以古文刻石就不令人奇怪了，其中《尚书》用马、王、郑三家注本，《春秋》用贾逵三家经本训诂（以《左传》为底本）。于是，齐王正始年间，古文经《尚书》、《春秋》及《左传》部分内容得以刊刻，立石于太学，与原汉今文经石刻荟萃一处，交相辉映，构成了一道独特的风景线！

其二为字体，即所谓古、篆、隶三字石经。依常理，既然魏时古文学立于学官，为统一文本，依熹平石经旧例，碑刻文字当为“一字”古文，但是正始石经为什么却有古、篆、隶三体呢？其实这与当时因古文经而派生的“字指之学”有很大的关系。所谓的“字指之学”，王国维认为即“古今字之学”（《魏石经考》）。大概注重汉字的形体演变，属于“小学”范畴。《后汉书·卢植列传》载“古文科斗，近于为实，而厌抑流俗，降在小学”。汉魏之间“字指之学”颇为兴盛，东汉许慎之后，魏博士邯郸淳、苏林、张揖等皆精通之，因为“字指之学”是研习古文经学的基本功，甚至在儒生课试时对之亦有要求。《魏略·儒宗传序》有“太和青龙中，太学课试，台阁举格太高，加不念统其大义而问字指墨法点注之间”。而“字指之学”考究文字形体之演变，因此，在古文经摹刻上石同时，辅以篆隶两体，既作为对古文注解，又可保留先秦至魏时汉字形体的演变之迹，可谓一举两得。

关于正始石经历史上最大的聚讼是书碑者究竟为何人的问题。分别有邯郸淳、张揖、嵇康、邯郸淳弟子等诸说。除了将嵇康“写石经”之临摹误作书石不论外，其他诸说都与邯郸淳有关。究其原因，大概因为史载魏初传古文者出于邯郸淳，石经古文应与其有一定的关系。《魏书·江式传》首倡正始石经为邯郸淳所书。在《请修古今文字表》中，江式言“魏初博士张揖，著《埤仓》……陈留邯郸淳亦与揖同时……特善《仓》《雅》……精究闲理，有名于揖，以书教诸皇子，又建三字石经于汉碑之西”。但是宋人洪适的《隶续》首以邯郸淳年寿稍显过长而发难，以为“自元嘉至正亦九十余年，谓淳所书，非也”。《通鉴》胡注亦和之。清人朱彝尊更为之补证，在引《晋书·卫恒传》“正始中立石经，转失淳法”后，即言“其非淳所书明矣”。这样基本上排除了邯郸淳亲自书石的可能性。

然而《六艺之一录》依据相同的《论书表》原文，清人倪涛却讹传“北齐江式传云，魏初博士清河张揖所著二字石经于汉碑西，书记也”。大概受倪涛误导，故有人回过头来怀疑今传《魏书·江式传》通行本，遂有增字以附会书石者为张揖之说。此说以为“有名于揖”句系“有名于世，揖……”之漏。增一“世”字，且“揖”从下读。这样一来，“以书教诸皇子，又建三字石经于汉碑之西”句的逻辑主语就由原来的“邯郸淳”变为“张揖”了。因增字求解，故张揖书石之说很难令人信从。

既然魏初传古文出于邯郸淳，若非出于其手，可能性较大者当为其弟子所为。清人全祖望、近人章太炎则主是说。章氏言“其弟子逮事淳者，是时尚众，得据所写古文经典，明文字指授所自也”，其说颇为合理。邯郸淳高弟中，韦诞颇为出众，《晋书·卫瓘传》有“韦诞师淳而不及也，太和中，诞为武都太守，以能书留补侍中，魏氏宝器铭题皆诞书也”。故至少由韦诞来领衔书石似较为合理。大概韦氏学书别有心得，故其书法在邯郸淳师传另一脉——卫恒看来，反而“转失淳法”了。

魏正始石经树立于太学讲堂前西侧，南北行列，碑长8尺，宽4尺，广30丈。石经的行款有四种：其一为“品字式”，即古文一字居上，篆隶两体稍小并列于下，呈“品”字型逐字依次竖列。其一为“直下式”，即每字亦古文、篆、隶三体依次竖列，三体大小相当。依据石经残石与残字，王国维考证，“品字式”每碑约25或26行，每行74字；“直下式”每碑30余行，每行60字，表里书石。另有今人王献唐别增两种：一曰古篆两体，别无隶书；一曰仅出古文，无篆隶二体。

较之熹平石经的完备，正始石经稍显得虎头蛇尾，仅完成《尚书》、《春秋》二经及《左传》近万余言后即搁浅，因此，在古文经本的统一上，大打折扣，不过从保存古文古体上，熹平石经望尘莫及。尽管《晋书》有“转失淳（邯郸淳）法”之讥，但却填补了洛阳太学无古文的空白。故今人王献唐称誉其为“百经字之式典”。

正始石经搁浅后，至永嘉之乱即遭一劫。35碑中仅存18碑，余皆崩坏（《西征记》）。后历经丧乱，至唐初魏徵收集时仅余十数段，而流传至今仅余残石若干。魏石经文字多赖《隶续》等而保存至今，经臧琳、孙星衍等考订，

《尚书》有294字，《左传》存498字。

4. 唐开成石经——后世儒经印版之“祖”

至唐代，洛阳太学儒经碑刻十不存一，且传拓之本已无完轶，其昔日对经典的正定功能几近式微。初唐颜师古受诏率先进行五经的厘定工作，后经安史之乱，“两京所藏一为炎埃，官滕私楮，丧脱几尽”（《唐书·儒林传序》）。在经籍搜求恢复中，“经典不正，取舍无准”的问题又成为颇令人困扰的问题，于是在大历年间，重新校定经本便不难理解了，唐太学壁经及《五经文字》即应运而生了，尤其是后者，为石经刊刻前的文字规范做了必要的铺垫。

其实，早至天宝年间，封演已有请立“大唐石经”的想法，因安史之乱后，局势长期动荡，于失望之余，封氏曾有“石经之事亦俟河之清也”的慨叹(《封氏闻见录·石经》)。此后，被誉为上承李斯的唐代著名篆书书法家李阳冰曾主动请缨：“故实诚愿刻石作篆，备书六经，立于明堂，为不刊之典，号曰‘大唐石经’，使百代之后无所损益。”（李阳冰《上李大夫论古篆书》）后来，建立“大唐石经”的宏愿并未因李氏的壮志难酬而消歇，唐元和年间，重修太学壁经后，更有生徒428人“请金石刻”（刘禹锡《国学新修五经壁记》）。有志者事竟成，在工部侍郎郑覃力促下，建立“大唐石经”的倡议终获批准。“太和七年二月，敕唐玄度覆定石经字体，十二月，敕于国子监讲论堂两廊，创立石九经并《孝经》、《论语》、《尔雅》共一百五十九卷，《字样》十四卷（应为四卷）”（《唐会要》）。

唐石经，即“开成石经”，又称“雍石经”或“秦本石经”。始刊于唐文宗太和七年（833），历时四年，完成于开成二年（837）。刻石《周易》、《尚书》、《毛诗》、《周礼》、《仪礼》、《礼记》、《春秋左氏传》、《春秋公羊传》、《春秋穀梁传》九经，及《孝经》、《论语》、《尔雅》，共十二经，外加《五经文字》、《九经字样》两种，计163卷。后清陕西巡抚贾汉复补刻《孟子》7卷，玉成“秦本石刻十三经”。

刻石工程由郑覃领衔。此外，参与校勘者，据《郑覃传》载：主要有起居郎周墀、水部员外郎崔球、监察御史张次宗、礼部员外郎孔温业等四位。另据石经末题名，还有：艾居晦、陈玠、文学馆明经失名、段绛、栢暠、陈庄士、唐玄度、章师道、杨敬之。另《册府元龟》有韩泉一人，前后约15人之多。

唐石经经本无注，详情大致如下：《周易》9卷（附《周易略例》），其中上下《经》用王弼注本，《系辞》、《说卦》用韩康伯注本，合24437字。《尚书》13卷，用孔氏传本，27134字。《毛诗》20卷，用郑氏笺本，40848字。“三礼”皆用郑氏注本，其中《周礼》12卷，49516字；《仪礼》17卷，57111字；小戴《礼记》20卷，首《月令》篇，用李林甫等奉敕注本，98994字；《春秋左氏传》30卷，用杜氏集解本，198945字；《春秋公羊传》11卷，用何休学本，44748字；《春秋穀梁传》12卷，用范宁集解本，42085字；《孝经》1卷，用唐明皇注本，2000余字；《论语》10卷，用何晏集解本，16509字；《尔雅》3卷，用郭璞注本，10791字。(《唐石经校文》)“十二经”共约65万余字。唐石经经本后来为蜀石经及五代以来雕版“监本”所沿袭，成为流传至今的唯一完整的权威儒家经本，对于儒家经籍，乃至儒学的流播产生了积极的影响。

唐石经刻石《周易》有9碑，《尚书》10碑，《毛诗》15碑，《周礼》18碑，《仪礼》20碑，《礼记》33碑，《春秋左氏传》69碑，《春秋公羊传》17碑，《春秋穀梁传》16碑，《孝经》1碑，《论语》7碑，《尔雅》4碑，《五经文字》8碑，《九经字样》1碑，另年月衔名敕状1碑，共计229碑。每碑经石高约1.8米，面宽0.8米。下设方座，中插经碑，上置碑额，通高约3米。开成石经的版面格式与汉魏石经不同，每碑上下分列8段，每段约刻37行，每行刻10字，均自右至左，从上而下，先表后里雕刻碑文。每一经篇的标题为隶书，经文为正书，刻字端正清晰，按经篇次序一气衔接，卷首篇题俱在其中，一石衔接一石，故不易凌乱。可见当年刻石是颇费一番构思的。

唐石经刻成后并未如熹平石经一样受到士人的欢迎，甚至不如此前直接写在太学论堂墙壁的“壁经”。《旧唐书·文宗纪》言“字体又乖师法，故石经立后数十年，名儒皆不窥之，以为芜累甚矣”。究其原因，大概与当时通行的书体应用规范相抵牾。《唐六典》言“校书郎正字所掌字体有五：一古文；二大篆，皆不用；三小篆，印玺、旗旛所用；四曰八分，石经、碑碣所用；五曰隶，典籍、表奏、公私文疏所用”。显然，石经应用“八分”书，即汉隶。然而，开成石经则用脱胎于欧阳询、虞世南等的楷体，即当时通行的“今字”，有悖常例的同时，似失之于“俗”，这或为其受诟病的原因，这也可从此前李阳冰请缨欲立篆书“大唐石经”窥见一二。然而，后来恰恰是这种结构严谨的书体发展成为了印刷书体的主流，一直延续至今，这对儒学传播，乃至文化发展影响不可估量。正如唐人王履贞《太学创制石经赋》所言“用启千年之圣，将遗万古之风。玄化式敷，厥德既彰于有载；诗声再阐，斯文庶表于无穷”。

唐石经刻成后，历经劫难，然所幸于朱梁、宋、金、明四代得到不同程

度的修复。而且，此后全国性的政治经济中心距唐石经所在地——古长安渐行渐远，于是，免受因王权更迭而起的战火所造成的损毁，故较之与后来的蜀石经、嘉祐石经及御书石经，至清代以前，唐石经是保存最完好的儒家刻石。至清人增补《孟子》以锦上添花，于是，后世所谓的“秦本十三经”成矣！

5. 蜀石经——历史上唯一的一部经注齐备的儒经刻石

五代分裂割据时期，所在学校废绝，文教事业跌入低谷。然偏安于西南的后蜀政权，先有儒家经籍的刻石，后有经典的刻版雕印，其在文教上的成就令人刮目相看，像暗夜中的灯火，照亮了文明前行的道路。这一切主要归功于极具传奇色彩的后蜀宰相——毋昭裔。毋昭裔出身寒门，从小就喜好读书，年少时在借书而读时看惯了别人的脸色，遂发下宏愿，异日若富贵当解决天下寒士的读书难问题。后毋氏官至宰辅之际，便大兴学校，主持官方的儒经刻石，并散家财以雕印经典，为读者提供方便廉价的经典读本，以酬夙愿。与此前政治色彩浓厚的其他石经相比，后蜀石经经本与注解并行，成为首部充分照顾到读者阅读需要的儒经刻石，这大概与上述主持者毋昭裔成长经历有一定的关系。

蜀石经，即“广政石经”、“孟蜀石经”、“后蜀石经”，或称“石室石经”、“成都石经”、“益郡石经”。之所以有这么多称呼，大概因为蜀石经是由前后相继的两个政权共同完成。因为石经的草创与部分经典摹勒上石发生在孟蜀广政时期，故有政权色彩较浓的如“广政石经”、“孟蜀石经”、“后蜀石经”之名。而石经的其余部分为宋成都地方政府完成，若特指这一部分，或统称含有宋人刊刻部分的石经时，弱化政权色彩的中性称谓如“蜀石经”、“石室石经”、“成都石经”、“益郡石经”等，显然要更恰当些。

蜀石经的草创与最先刻石发生在孟蜀时期，于后蜀广政七年（944），由宰相毋昭裔发起并主持，以唐开成石经经本为蓝本，并附有注解。由毋昭裔、张德钊、孙逢吉、孙朋吉、张绍文、周德贞等书石，讫于宋乾德三年（965）后蜀灭亡(《石经铺叙》与《通鉴·后周纪》)。历时21年，完成了《孝经》、《论语》、《尔雅》、《周易》、《毛诗》、《尚书》、《周礼》、《仪礼》、《礼记》及《春秋左传》前17卷的刻石工作。孟蜀政权覆灭，但原有的“蜀石经”的刊刻并未因此中断，尚未完成的儒经刻石任务为宋蜀地地方政府接续起来。至皇祐元年（1049），《春秋左氏传》剩余部分（第十八卷至第三十卷），《春秋公羊传》《春秋穀梁传》完卷由宋田况完成。又席贡、彭慥于宣和六年（1124）补刻《孟子》，于是，经后蜀与北宋两个政权的接力刻石，在发起刻石 180 年后，后世所谓儒学“十三经”终于完工。“十三经”的最早结集、附带注文、历时 180 年，这几项指标创造了儒经刻石史上的新纪录。

“蜀石经”最大的特点是有“经”有“注”，是我国历代石经中体例完备、资料价值高、规模最大的一种。在唐开成石经经本基础上，补足注文，较早完成了“经”与“注”的和合，总字数达上百万之多。现以宋人《石经铺叙》所载拓本移录如下：

《孝经》1 册，2 卷，唐明皇注：“序”439 字，“正经”1798 字，“注”2748 字。孟蜀广政七年（944）三月二日，毋昭裔以雍经石本校勘，张德钊书，镌工颍川陈德谦。

《论语》3 册，10 卷，何晏集解：“序”372 字，“正经”15913 字，“注”19454 字。广政七年（944）四月九日校勘，书镌姓名皆同（按同上）。

《尔雅》1 册，2 卷，郭璞注，不载经注数目。广政七年甲辰六月，毋昭裔、张德钊书，镌者武令升。

《周易》4 册，12 卷，上下《经》用王弼注；《系辞》以下用韩康伯注又《略例》1 卷，邢琦注：“正经”24052 字，“注”42792 字。广政十四年辛亥（951）仲夏刊石，孙逢吉书。

《毛诗》8 册，20 卷，郑玄笺：“正经”41021 字，“注”105719 字。张绍文书，镌工张延族。

《尚书》4 册，13 卷，孔氏传：“正经”26286 字，“注”48982 字。周德贞书，镌工陈德超。

《仪礼》8 册，16 卷，郑氏注：“正经”52802 字，“注”77891 字。

《礼记》10 册，20 卷，郑氏注：“正经”98545 字，“注”10649 字。以唐元宗所删《月令》为首，《曲礼》次之，亦张绍文书。

《周礼》9 册，12 卷，郑氏注：“正经”50508 字，“注”112595 字。孙朋吉书。

《春秋左氏传》28 册，30 卷，杜氏集解：“序”1617 字，“经传”197265 字，“注”146962 字。

《穀梁传》6 册，12 卷，范宁集解：“传”41890 字，“注”39730 字。

《公羊传》，6 册，12 卷，何休学：“传”44738 字，“注”77037 字。毕工于皇祐元年已丑（1049）九月望日，田况、曹颖叔、孙长卿、倅佥皆镌衔于石。

《孟子》12 卷，宣和五年九月，席贡、彭慥，逾年乃成，计 4 册。

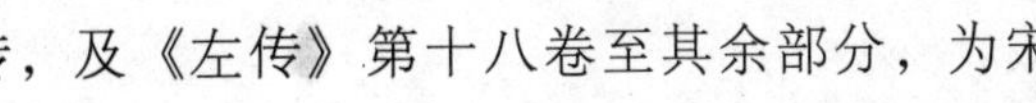

其中《公羊》、《穀梁》二传，及《左传》第十八卷至其余部分，为宋皇

祐中田况等续补；《孟子》为宋宣和年间席贡补刻，余皆孟蜀时期所镌。晁公武称蜀石经“石凡千数”。因流传至今多为碎石，故碑石行数不详。正文为大字，注为小字。当时陈列于成都府学（原址在今成都石室中学）石经堂(《成都记》)。

“蜀石经”刻成后，为蜀学一时奇观，北宋学人即推为“冠天下”的壮举。南宋洪迈评价道：“孟蜀所镌字体清谨，有正观遗风，续补经传殊不逮前。”它与当时雕版“监本”并为儒经两权威版本，晁公武命学官将两者对校，其经文不同者约 302 科，撰成《石经考异》，于乾道年间刻石附于正文末。后张奂又校石经注文，撰有《石经注文考异》。大概在宋元之际，毁于战乱，惜哉！数千碑石的这部鸿篇巨制却湮没不传。

蜀石经拓本，《石刻铺叙》记其完本为 96 册。至明时内府尚存全帙。清末民初刘体乾所藏《宋拓本蜀石经》是现存最佳的《蜀石经》拓本，现由国家图书馆收藏，为宋、元拓本之合璧残本。此本共 9 册、99 卷，含墨拓本《左传》2 册（36 卷），《穀梁传》2 册（23 卷），《周礼》2 册（38 卷），《公羊传》1 册（2 卷），清道光间木刻印本《蜀石经》1 册，《题跋姓名目录》1 册。

6. 赵宋石经——嘉祐石经与御书石经

之所以将嘉祐石经与御书石经并列，除了突出宋代统治者对儒经刻石的热衷外，因为二者刻石都发生在儒经雕印之后，石经功能发生了此消彼长的嬗变之际。自五代以来，儒经雕印以其规范与高效优势在文化传播上发挥了愈来愈大的作用。传统中，由石经所承担的规范经本并促进经典传播的功用逐渐淡出了历史舞台，但是，作为接续大统与注重文教的政治符号，作为满足人们审美需求的书法艺术，石经仍然得到统治者的青睐，而且还逐渐深入基层，走进了士人生活之中。

有着“右文”传统的宋代统治者颇热衷于儒经刻石。赵宋占领四川后，便接续后蜀所未竟的石经刊刻工作。当续刻工作进行之际，宋仁宗又启动了国都开封的石经刊刻工程。南渡后不久，宋高宗的御书石经则在杭州府学紧锣密鼓地摹勒上石。与此同时，由蜀石经所引发的地方单经或儒经篇章的刻石也渐趋活跃，经籍刻石的功能也随之转入陶冶性情、艺术审美的轨道之上。

（1）嘉祐石经——唯一的真、篆“二体”石经

关于嘉祐石经的来龙去脉，《宋史》与《金史》均不载。《续资治通鉴长编》仅在记载表彰章友直的原因时，附带提及。正史的语焉不详给我们了解其详情带来了困难。现今对嘉祐石经的了解主要依靠《玉海》及其他零星记载。

嘉祐石经，又称“北宋石经”、“汴学石经”，或“开封府石经”。始刊于宋仁宗庆历元年（1041），完工于嘉祐六年（1061）。与唐石经一样，以讫工时间命名。书石者多是当时书法名家，有杨南仲、谢飶、赵克继、张次立、胡恢、章友直等。所刻儒经有《易》、《诗》、《书》、《周礼》、《礼记》、《春秋》、《孝经》、《论语》等8种，所用经本大概不出唐石经的范围。石经刻成后树立于汴京太学。

值得一提是石经的书体，即真、篆二体。当时成都已有附“注”楷书十二经刻石，其中“三传”的绝大部分为宋廷续补。与后蜀小国相比，作为接续大统的统一王朝，宋更应有自己此类标志性的文化工程。然而，宋廷应树立什么样的石经，尤其是有别于后蜀的儒经刻石文化工程呢？显然，这或许应从先前石刻，尤其是开成石经的教训中寻求答案。开成石经完工后，儒林反应冷淡。其原因之一即书体未用篆书，不合《唐六典》中书体规范。其实，还在唐石经的倡议阶段，著名书法家李阳冰曾请缨以篆书刻立“大唐石经”。无疑，与通行的楷书相比，篆书更接近经典的原貌，且字体古雅庄重，无论从经义理解，还是从审美上，篆书都要优于楷书。源于唐石经的后蜀刻石，从方便读者的角度，增益注文，从而形成了自己的特色，但在书体选择上却未能尽善尽美。倘若要区别于先前两部石经，从而建构自己独特价值，选择篆书刻石不失为方便门径。以古雅的篆书刻石，俾补此前两部石经书体之遗憾，再辅真书以为注解，可谓雅俗共赏。故全祖望《鲒埼亭集外编》言“宋仁宗勒石经用篆，有志于复古矣!”

关于嘉祐石经最为扑朔迷离之处为刻经种类。依王应麟记载，嘉祐石经原计划刻经《易》、《诗》、《书》、《周礼》、《礼记》、《春秋》、《孝经》7种，但在15年里，仅完成《孝经》刻石，《尚书》、《论语》两部尚未刻完。于是，在至和二年（1055），判国子监王洙上书要求“乞促近限毕工，余经权罢”[①]，并获批准。显然，以《玉海》所言，北宋石经仅完成《孝经》、《尚书》、《论语》3部，其余经典书石计划被取消。但《水心集》言“石经《春秋》一代奇宝，王氏为熙丰学，废不用。瑞安沈彬老蜡而有之，后世孙体仁阁以庋焉，余为名曰深明”。显然，《春秋》亦刻石。另元李师圣《汴梁泮宫修复石经记》言“惟汴梁旧有‘六经’、《论语》、《孝经》石本……其残缺漫剥，不啻十之五六……奈何《孟子》七篇犹阙遗焉。公习读‘四书’而明于大义者也。亟

① 王应麟：《玉海》卷四三《艺文·嘉祐石经》。

欲增置，适期拘迫，有司请为后图，公默然。盖有待于后举也”①。以元人所见，“‘六经’、《论语》、《孝经》石本”皆已刻石。因此，王应麟所记有缺漏无疑。至于后世有关《孟子》是否刊刻的争议，由此亦有答案，不仅宋时并未曾刊刻《孟子》，至少李师圣写《汴梁泮宫修复石经记》时，“欲增置”而未果，只好“有待于后举也”。显然，清人丁晏所见《孟子》拓本，当此后为好事者所为，既不在李师圣书《记》时，更不在宋代。石经《孟子》最早刊石，依今存史料看，当在宋宣和时，席旦为蜀石经续刻《孟子》。另外，宋人大概当时受到了自啖助、赵匡以来重“经”轻“传”观念的影响，故嘉祐石经有《春秋》而无“三传”。

嘉祐石经刻成后，因王安石的“熙丰学”流行，被废而不用（叶適语）。随后受当时大行天下的印本儒经的冲击，嘉祐石经的影响有限。元代时嘉祐石经曾得到过大规模的修复，后有好事者增置《孟子》，整部石经大概毁于元明之际的战乱。后有零星残石出土。

嘉祐石经纸本有两种，即石经稿本与拓本。其中稿本元人所编《宋史·艺文志》有“石经七十五卷，杨南仲书，《周易》十卷，《书》十三卷，《诗》二十卷，《春秋》十二，《礼记》二十”，后亡佚。拓本至清代约存3万余字，除《论语》外，均有残石拓片流传。今存《周礼》、《礼记》、《孝经》等残石拓片。

(2) 南宋石经——唯一的皇帝手书石经

南宋石经，或称绍兴御书石经，高宗御书石经。其特别之处不仅在于它的缮写者——宋高宗赵构与皇后，还在于它看似随机却颇具匠心的产生方式。本来宋高宗打算通过抄录包括儒经在内的经籍，在提高书法水准的同时，又学习了治国安邦之道。但是，后来逐渐发展为手书儒家经典有针对性赐予臣下以劝勉之。日积月累，御书儒经颇具规模。为了取悦高宗，秦桧遂奏请“镌石以颁四方”，并获批准。从学习与练笔兼顾，到面对面“赐书”臣下以勉励之，再到刻石府学，扩充推衍开去，高宗凭借其独特的身份，在弘扬儒学、发挥其教化功能以经世致用上，做出了有益尝试。

南宋御书石经，为高宗赵构与宪圣皇后手书，从建炎元年（1127）至绍兴十三年（1143），断断续续写成，历时19年，御书有小楷《周易》、《尚书》、《毛诗》、《春秋左传》四经，及《礼记》5篇：《中庸》、《儒行》、《大学》、《经解》、《学记》。另有《论语》、《孟子》用章草书就。由秦桧于绍兴十三年七月发起，临安府张澄刊石立于太学三礼堂之廊庑。孝宗时建“光尧石

---

① 李濂：《汴京遗迹志》卷一五《艺文二》，文渊阁《四库全书》本。

经之阁”用以贮藏石经。

当时所用经本当不出唐开成石经经本的范围，其中《孟子》大概与宣和年间席旦所续刻成都石经经本相同。所刻石碑数不详，所书字体有二：一为楷书，字体稍小，刻石有《周易》、《尚书》、《毛诗》、《春秋左传》四经，及《礼记》5篇；一为章草，字体稍大，仅刻《论语》、《孟子》二经。之所以出现不同石经而字体有别的状况，大概因为南宋石经乃“无心插柳”之作，系高宗拿儒经练笔学习，并赐“书”臣下以勉励之的“副产品”。故不像此前的其他石经规范与整齐。

南宋石经刻成后，于元初即遭一厄，西洋传教士杨琏真嘉拆取碑石以建佛塔，最终虽被制止，但对石经却造成一定的破坏。岁久阁废，石经断折零落，自明以来，仅剩86碑。1953年经浙江省文物管理委员会整理，存放于杭州劳动路孔庙内，计《周易》2碑、《尚书》7碑、《毛诗》10碑、《中庸》1碑、《春秋左传》48碑、《论语》7碑、《孟子》11碑。碑文中，每遇避讳字，均本字缺笔，而《语论》、《孟子》则多改字，如敬作“钦”字。现孔庙建为“杭州碑林”，石经陈列于大成殿内。

7. 金刻石经——少数民族学习中原文化的硕果之一

金刻儒家经籍的记载不多。金刻石经的贡献有二：其一，正隆四年(1159)耶律隆所补刻“唐石经”。《经义考》引撰有《天下金石志》的明人于奕正言“惟文宗以群经刻于碑院，至今嘉惠学者，乃经宋中叶之乱沦于燕，几不能存。迨正隆四年(1159)方为耶律隆所修，则石经之所以长至今日者，皆其功也。其记字仿石经，亦稍形似，夫以金人之凶猛宜不知经为何如物，而能树立如此，亦可嘉也”。若于氏记载无误，则今存的所谓“开成石经”其实大多出于金人修补。

也许正是借着补刻唐石经的契机，金人还仿效中原政权做法，在国都燕京国子学刻石九经，这是“金石经”对儒学传播的贡献之二。可以推测，燕京国子学石刻九经应为开成石刻楷体九经的仿制品。此燕京石刻九经，为元人王恽所亲见，王氏的评价是“刊琢极精”，时间大约在南渡之初。

8. 清石经——现存最完整的“十三经”刻石

自汉唐以来的儒家刻石，皆因历年久远，率多残缺，或间有片石流传，均非全经完本。清统治者在崇儒重道、光大文教的旗帜下，遂决定镌刻全本的石刻“十三经”。鉴于此前诸石刻书出于多人，散漫不一，故选用蒋衡一人手书楷体《十三经》作为稿本。

“清石经”，亦称“乾隆石经”。开雕于乾隆五十六年(1791)十一月，由和

珅领其事，彭元瑞等负责校勘，历时 4 年，至乾隆五十九年（1794）九月间刊刻完竣。石经刻成后立于国子监太学，后于嘉庆年间进行过摹改，更为完善。

清石经所用经本，以复古为宗。《周易》12 卷，依朱子《周易本义》所自吕大防、吕祖谦《周易》古经本，上下《经》与“十翼”分置，与王弼从费氏《易》，以《彖传》《象传》《文言》分入每卦中，别为《系辞》上下，《说卦》《序卦》《杂卦》为 5 篇者不同。《尚书》用孔《传》本，唯《书序》从马融、郑玄本，统为一卷附经后，与伪孔传本各列于篇首不同。《诗经》分卷同今《毛诗》本，唯《诗序》据郑玄说，合为 10 篇附经末，以复古本。其余诸经则俱用今本(《石经补考·国朝石经考异》)。

清石经，计有《周易》6 碑、《尚书》8 碑、《诗》13 碑、《周礼》15 碑、《仪礼》17 碑、《礼记》28 碑、《左传》60 碑、《公羊传》12 碑、《穀梁传》11 碑、《论语》5 碑、《孝经》1 碑、《尔雅》3 碑、《孟子》10 碑，凡 189 碑，约 63 万字，刻竣后皆立于北京国子监。

9. 历代地方的单经或儒经篇章的刻石

相对于维系王权一统，乃至长治久安的文化策略——中央的儒经刻石，地方的单部儒经或篇段的刻石主要为服务于地方，服务于地方的移风易俗。因此，简易可行的《孝经》常为首选，也就是这里所谓的“单经”。除此之外，《周易》以哲理见长，其片段不乏精练隽永之语，颇资涵咏。此两者在地方文化建设上较有市场，绝大多数地方儒经刻石不出其范围。大概发挥一方的教化功能的场所不外乎学校与寺院，故地方儒经刻石也多见于此两处。当然，地方文化建设还离不开地方的经济及教育的繁荣发达，尤其是儒学的大繁荣。历数各个王朝，自汉代之后，唯宋代能当之，这也就不难理解地方儒经刻石大量出现在赵宋一朝的原因。

最早的单经——《孝经》刻石为唐初中央政府所为，其与其他全国性大型石经的功能相似。但是直到宋代，随着地方经济文化的繁荣，大量的单经刻石才走到基层，走到民众的生活之中，也正是这时，其移风易俗的文化功能才得以落实。

在宋代单经《孝经》刻石最初也是皇家所为，真宗咸平三年（1000），句中正以费 15 年之功手书大小篆、隶书三体《孝经》进献，后刻石藏于秘府。南渡之初，高宗御书草书《孝经》刻于密阁。这些单经刻石活动多藏于内府，供皇家消遣，其影响有限。大概受皇家私刻《孝经》的垂范作用影响，宋代地方儒经刻石活动便兴盛起来。

依现存文献记载，宋代地方至少有六处《孝经》单立石刻，其中北宋有吴江、昌州二处，南宋有湖州等四处。有明确时间记载较早的地方《孝经》刻石为元祐元年（1086），由李师德刻于吴江县学。另有昌州石刻《古文孝经》由范祖禹手书，立于昌州（今重庆大足）北山，依南宋初王象之记载，或刻于南宋孝宗之后。

南宋时，高宗御书刻石颇为流行，绍兴十四年（1144），湖州太守张宇刻御书《孝经》于州学。此前或有晁歉之刊刻真草相间御书《孝经》于建康郡学。淳熙中，林祖洽刻宋高宗御书《孝经》于常州州学。另吉安府学真楷小字《孝经》刻石，不具名氏，大概为宋人所立御书《孝经》。

儒经片段刻石主要集中在《周易》，最早的记载为唐中期，芜湖县民家有李阳冰篆书《易·谦卦》爻辞，约20余字，字方3寸，有四扇板门大小。唐李阳冰为李斯之后的篆书名手，字体与内容俱佳，石经无疑已走进士人生活。

至宋代，临安府南屏山兴教寺摩崖《家人卦》、《中庸》、《大学》等篇，叶绍翁阐发其刻石初衷，曰："钱唐自五季以来，无干戈之祸，其民富丽，多淫靡之尚，其于齐家之道或阙焉，故司马公书此以助风教，非偶然为之也。"① 此是否为司马光手笔尚存争议，但石刻的移风易俗之功用应无太大的异议。南渡初，秦梓刻高宗书《乾卦》并诸大臣书诸卦《系辞》于溧阳。淳熙中，宋休阳县县令邹补之摩崖隶书《兑卦》本文于山上，因名"兑卦峰"。宋昌州（重庆大足）除有《孝经》刻石外，还有石刻六十四卦象碑。另有朱熹曾刻石《系辞》以下百余字，后被重刻于常德府学。

值得一提的是，在宋代，对《周易》的阐发——周子《太极图说》分别刻于南安府学、抚州府学、道州府学。其实，不止于此，南宋府县学大多有石刻存在，除了志兴学盛举外，多录名宿大儒言行以砥砺后学，或可看作石经之流风余韵。

此外，其他诸经片段刻石，还有唐韩滉石刻《春秋通例》，明石刻《鲁颂·駉篇》等。

第二节　儒家石经文献的文字及其价值

《旧唐书·钟传传》载，唐末，西京石经拓片文字市价为"十金易一笔，

① 叶绍翁：《四朝闻见录》卷一"南屏兴教摩崖"条，文渊阁《四库全书》本。

百金偿一篇”。石经文字之所以珍贵，不仅在于书体所具有的艺术审美功用，还在于，作为当时儒经的范本，石经具有规范文字、统一经本的作用。另外，作为今存儒经版本的源头之一，对于今通行本儒经的勘正还具有一定的参考价值。下面让我们逐一去考究历代石经文字的存佚状况及其影响。

一、熹平石经文字及其价值

因为熹平石经刊刻的起因是为解决经今文学内部诸家有关经本文字纷争的问题，所以，石经版本应为立于官学的今文经无疑，而官学每经往往立有数家，那么，以一家为刻本，于其后附录官学诸家异同则就不难想象了。

依《隋书·经籍志》记载，汉石经传拓之本已无全帙，其中《周易》1卷，较之梁时的3卷，缺2卷。《易》用京氏本，兼存荀、虞、董、张、蜀才诸家异同。今传《十三经注疏》本则用稍晚的魏王弼注本，而石经所立今文诸家皆已亡佚，唯余《经典释文》所引一条，今本《系辞》有“圣人以此洗心”，石经作“先心”，经冯登府等考证，此应以石经为准。

《隋书·经籍志》有《石经尚书》6卷。《书》用欧阳本，兼存大小夏侯异字。今传《十三经注疏》为东晋时人所上汉孔安国《传》经古文本，而永嘉之乱后，今文三家并亡。从《隶释》所存547字看，《孔氏传》比石本多10字，少21字，不同者55字，借用者8字，“鸿”、“艾”、“逸”犹之类是也，通用者11字，“于戏”“毋”、“女”之类是也。另，孔氏叙商三宗，以年多少为先后，此碑独阙祖甲，计其字盖在中宗之上，以传序为次也，且较之孔《传》“高宗享国五十九年”，石本作“百年”。还有石经“永建乃家”下石经空一字，显然，今本所分上中下篇之名系后人所为。

《隋书·经籍志》有《鲁诗》6卷。《诗》用鲁诗为刻本，兼存齐韩二家异字。今传《十三经注疏》本用毛《传》郑《笺》本，今文诸家西晋已亡佚。从《隶释》所存魏、唐《国风》遗文173字看，与《毛诗》不同者约10处，如“猗”作“兮”，“贯”作“宦”，“枢”作“蓲”等。

《仪礼》，《隋书·经籍志》有9卷，即《洛阳记》所谓“《礼记》”，用大戴本而兼小戴异同。今《十三经注疏》用小戴本，大戴《礼》单行。《隶释》所存《大射仪》仅45字。

《公羊传》，《隋书·经籍志》记有9卷，用严氏（彭祖）本而兼存颜氏（安乐）异字，皆师自孟眭，属董仲舒一系。后汉张霸减定《颜氏春秋》为20万言，是为今本，而严氏学唯赖石经以存。《隶释》存遗文375字，自“隐公四年”至“威公元年”及“哀公十四年”之文。所书者皆是公羊氏传辞，而无《春秋》正经。以今版本校之唯易 4 字，省 4 字。如“踖”版本作“碏”，“放”版本作“昉”等。

《论语》，《隋书·经籍志》记有《论语》1 卷，较之梁时 2 卷，缺 1 卷。用鲁论本而兼存盍、毛、包、周诸本异字。石本以《鲁论》为主，兼采《齐论》、《古论》，冯登府以为“足以与郑孔本、黄侃本、高丽本相参校以阐明古义”。《隶释》存遗字 971 字，皆《论语》前 4 篇及后 4 篇之文。以今所行版本校之，亦不至甚异。其文有增损者，其字亦有假借及用古者，有字异而训不远。

二、魏石经文字及其价值

曹魏代汉，学官所立乃贾、马、郑、王之学。其时洛阳太学已有汉石经今文刻立，故依汉旧例，增列石经古文于其旁。古文重考证，故于古文之下，附篆隶以明字体孳乳。后仅刻《尚书》、《春秋》二经及不足万余字的部分《左传》。

《尚书》，《隋书·经籍志》记“梁有三字石经《尚书》十三卷”，此为马融、郑玄、王肃三家本。若以所刻碑石数目及字数计算，应无梅赜本所增之 25 篇。另以《吕刑》与《文侯之命》相接处空间计之，尚无容纳《书序》之处，故可以推测，《书序》当自为一卷，验之马郑本合，相反，却与梅本相异。

《春秋》，《隋书·经籍志》载“梁有三字石经《春秋》十二卷”，其与《汉书·艺文志》所列《公》《穀》二家经各 11 卷者不同，当为贾逵三家经本训诂之卷数，贾氏所据之底本即为《左传》。

魏石经遗字多保存在《隶续》中，系自苏望遗字重刻，并非直接得自原文，故对文字重新排列，以恢复原貌便很有必要。今人王国维在清人臧琳、孙星衍及冯登府研究的基础上，将 819 个遗字分 14 段，即五碑规模排列，分别为春秋襄公经“公如晋”一节，《尚书·大诰》“事不吊”一节，《春秋·宣公》“如晋”一节，《尚书·文侯之命》“文侯”一节，《春秋·襄公》“（楚杀其）大（夫）”，《春秋·宣公》“（晋侯败狄）于欑”一节，《尚书·吕刑》“（庶民罔有）令正”一节，《春秋·襄公》“（七年）春”一节，《尚书·文侯之命》“（我国）家纯”一节，《春秋·宣公》“冬十（月）”一节，《尚书·大诰》“鳏寡”一节，《春秋·桓公》“御廪”一节，《尚书·吕刑》“五刑”一节，《左氏·桓公十七年》“疆事”一节。以行款为据，颇为合理。另附黄县丁氏所藏《尚书·君奭》109 字遗文。

魏石经志在存古，《隶续》遗文中古文无重复者 140 字，今人王国维将之与《说文》、《汉简》、《古文四声韵》参照，并兼及敦煌写本，古器物铭文，颇见功夫。经王氏考证，魏石经古文上多同许氏古文，下多同未改字《尚书》，盖壁中书之支流，而为梅赜所窃取者。与战国文字较近，则与殷周古文相去颇远。

三、唐石经文字及其价值

唐末，唐石经拓本以字而论价，可见其珍贵。清人丁溶言“经之有版本，昉后唐，彼时依石本句读抄写，相沿至今，是今人所读者，毋论非汉魏六朝之旧，亦非陆孔所据之本矣，句皆石经之句，字皆石经之字，读经而不读石经，饮水而忘其源可乎?”这里的“石经”即指唐石经而言。相对于历代其他儒经刻石或毁或缺，“唐大和石壁二百二十八石，岿然独存，此天地间经本之最完整最旧者”。(严可均语）唯其如此，石经文字的价值才非同寻常。

唐石经共十二经，无注文。共约 65 万余字。唐石经经本后来为蜀石经及五代以来雕版“监本”所沿袭，成为清代以前，流传至今的唯一完整的儒家经本。

清人严可均以明万历国子监《十三经注疏》本，毛氏汲古阁《十三经注疏本》为主与石本互校，异文共 3185 科（含《五经文字》与《九经字样》校文)。下面以严可均《周易校文》为例，对石经文字及其价值作简单说明。

《周易校文》校出异文共 141 科，其中石本对于印本有考订价值的约有 11 处，如《大有》“明辩晢也”，监本、毛本均误“晢”为“皙”；《复》“无祗悔”，各本误作“祇”；《颐》“自求口实观其自养也”，监本、毛本误“养”为“食”；《升》“彖曰”，毛本误“彖”为“象”；《系辞》“力少而任重”，各本误“少”为“小”；《说卦》“日以烜之”，元本误“烜”为“晅”；《序卦》“必反于家”，监本、毛本误“于”为“其”；《说卦》“决必有遇”，监本、毛本于“有”后衍“所”；《略例》“物竞而独安于静者”，监本脱“于”，又“言生于象”，监本误“生”为“主”，又“合乃疑亡也”，监本误“合”为“始”。这些足以作为校正通行印本之错讹的重要参考，颇用功于经学。

除经文外，通过比较石本与印本，为考察文字字形演化提供了丰富的素材。以《周易校文》为例，其中“隶借”为 3 处，“隶省”为 7 处，“隶变”为 8 处，“隶俗”为 7 处，甚至有所谓的“不体”多达 11 处。这些均为文字经由隶书向楷书演化的痕迹，对于了解汉字此阶段字形演变，尤其是楷书文字形成提供了便利。

当然这里仅以《周易校文》为例，其他十一经与《五经文字》、《九经字样》对于后世印本及文字的作用亦如之。

四、蜀石经文字及其价值

蜀石经经文源自唐石经，所不同的是还附有注文，这在历代石经中绝无仅有的，是体例完备，资料价值高，规模最大的一种。今存文字最多的为《毛诗》。经文起自《鹊巢》“之子于归，百两御之”，讫于《二子乘舟》“愿言思子，不瑕不害”；注文（毛《传》郑《笺》）起自“爵位，故以兴焉”，讫于“有何不可而不去乎”。合计经文有4808字，注文有11446字。

清人王昶将之与北监本互校，今择其要者抄录如下：

《鹊巢》《笺》“谕犹国君夫人来嫁”，监本无“谕”字；《传》“送迎之车皆百乘”，监本作“送御”；《笺》“是子如鳲鸠之子”，监本无“子”。《采薇·序》《笺》“早夜在于公事”，监本无“公事”两字；“言事有仪”，监本作“去事”。《草虫·序》《注》“卿大夫之妻待礼而行，随从君子也”，监本此序无。《采苹·序》《注》“能循其所为女子之时”，监本无“所”；“沈曰苹，浮曰藻”，监本此处无此六字，为篇首《序》所引；“湘烹也”，监本作“享”；《笺》“是钘羹之芼”，监本“钘”作“铏”；《笺》“主妇设羹者”，监本无“妇”。《甘棠》“芆，草舍也”，监本此四字是《传》而非《笺》；“重烦劳百姓”，监本“重”上有“不”。《行露》“强暴之男”，监本作“今强暴之男”；“仲春行事必以昏昕之时”，监本作“行事必以昏”。“室家之道不足谓不以媒妁之言”，监本作“室家不足谓媒妁之言”；“不知六礼之来”，监本作“不和”；“何以穿我墉”，监本“墉”作“墙”。《羔羊》“故可自得公仓也”，监本无“公仓”二字；“得其杀也”，监本作“得共制”。《殷其雷》笺“所命之四方”，监本无“四”字；“江有渚传水坡或曰渚”，监本作“水岐成渚”。《野有死麕》《传》“群畋之所获”，监本作“群田之获”；《柏舟》“责之不以兄弟之道”，监本无“不”字；《笺》云“悄悄忧也”，监本无此四字。“道常明如月”，监本作“日”。《雄雉》笺“或有所遣”，监本无此四字。《匏有苦叶》《传》“由膝以下为揭”，监本无此六字。《笺》“雌鸣反求其牡”，监本作“雉鸣”。《谷风》“弃其相与室家之道也”，监本无“室家”二字。《二子乘舟》《传》“不瑕不害”，监本作“不瑕有害”。这些对于监本文字，尤其是注文的考校颇有价值。

五、北宋、南宋石经文字及其价值

北宋石经是在唐石经尚存、成都石经新刻、印本儒经方兴未艾的背景下

产生的。其版本不出唐石经范围，经注兼备上不如成都石经，满足读者需求度上不及印本书籍，因此，较之以往其他石经，其规范文字，统一经本的价值与意义无疑大打折扣。大概正因为如此，15 年间仅刻完《孝经》，另有《尚书》、《论语》尚未完工，从工程进度或可反映其产生的社会需求程度。经清人丁晏以诸经与三万多汴学石经遗文互校，“小有异同”。其中《周易》中，“升谐”今作“阶”；《革》象“治历”作“歴”，“和兑”作“咊”；《未济》“辩物居方”，唐石经多作“辨”。《尚书》在篇题下有小序；“思”、“于”、“以”、“明”、“柴”、“前”、“昔”、“钺”等字皆用古体字。《诗》如“寝”、“尔”等，《春秋》“年”、“华”等，《礼记》“耇”、“勤”、“修”、“丧”等亦皆用古体。因为汴学石经兼具篆隶两体，故保存了此前许多古字。

北宋石经用篆、隶两体，且书出名家，故在书法艺术上，颇可称道。南宋御书石经的产生，实属“无心插柳柳成阴”，又处于北宋汴学石经之后，连石经所附带的书法价值也为其抢走了风头。

尽管南宋石经残石保存仅次于唐石经，其文字价值却少有人关注。不过，较之今传的儒经多为明代版本，作为真正的“宋本”南宋石经版本还有一定的参考价值。

南宋石经所用经本当不出唐开成石经的范围，其中《孟子》大概与宣和年间席旦所续刻成都石经经本同。从清人冯登府《南宋石经考异》看，时代愈后，其与今本更趋于一致。石本与明监本之间的文字差异日趋变小了。绝大多数异文为古今字通用，或笔画上的增损，篇目、段落、词句上的差别基本已消失。

六、清石经文字及其价值

历经元、明两代，印本一统天下，今传儒家经典版本均诞生于此一时段。除官刻监本系统外，民间涌现出来坊本更是五花八门，儒家经典在印刷技术的推动下，得到了空前的普及。然而，出于商业利益的考虑，坊间儒经印本的质量亦参差不齐，文字的脱衍错讹往往并存，且为数不少。官本虽精，但限于成本、价格等因素，流传颇稀少。于是，儒经通行本的考校问题便提上了历史日程。

至清代，官刻武英殿本及清石经的刻石即是着眼于经本的规范与统一，这也是继唐石经之后，石经经本规范与统一功能的恢复。而这一功能的发挥则是由石经及文字的考校专著共同完成的，后者如《石经考文提要》、《国朝石经考异》等。

今以《石经考文提要》之《周易》、《尚书》、《诗经》、《周礼》、《仪礼》为例，凡石经对于监本有考校之参考价值者，择要录之如下：

清石经所用经本，以复古为宗。《周易》12卷，依朱子所引吕大防、吕祖谦《周易》古经本，上下《经》与“十翼”分置。其中可考订监本条列如下：《否》“枯杨生稊”，坊本作“生梯”；《彖传上》“刚健笃实辉光”，监本作“辉光”；《大有》“明辩晳也”，监本作“晳”；《系辞》“天一（以下二十字）”，今本在“夫易何为者也”之上。石经依《汉书·律例志》例，放在“天数五”之上，遵从古本；又“可与祐神矣”，坊本作“佑”，《说卦》“日以晅之”，监本作“烜”。

《尚书》用孔《传》本，唯《书序》从马融、郑玄本，统为一卷附经后，与伪孔《传》本各列于篇首不同。《洪范》“无偏无陂”，石经作“颇”，为唐以前未改本。《君牙》“亦惟先正之臣”，石经作“先王”。《太甲》“视乃厥祖”，坊本作“烈祖”；《武城》“师逾孟津”，坊本作“师渡”。

《诗经》分卷同今《毛诗》本，唯《诗序》据郑玄说，合为10篇附经末，以复古本。《齐风·东方未明》“不能辰夜”，监本作“晨”；又“不我知者”，监本作“不知我者”；《正月》“天夭是椓”，坊本作“天夭”；《雨无正》“维曰于仕”，监本作“予仕”；《小旻》“如彼泉流”，坊本作“流泉”；《四月》“爰其适归”，坊本作“奚”。《小明》五章、三章，章十二句，二章六句，监本脱；《大雅皇矣》“匪用为教”，监本伪为“为用”；《长发》“降予卿士”，坊本作“降于”；《无衣》“美晋武公也”，监本作“刺晋武公也”；《小宛》“大夫刺幽王”，监本作“宣王”。

《周礼》郑《注》孔《疏》本，《天官大宰》“三曰邦甸之赋”，监本作“郊甸”；《小宰》“赞王币爵之事”，坊本作“赞玉”；“凡令禽献”，坊本伪为“禽兽”；《春官序》“眡瞭三百人”，监本此下衍“府四人，史八人……徒百有二十人”；《大司乐》“乃分乐而序之”，监本作“祀之”；《瞽蒙》“萧管弦歌”，监本作“弦细”；《车仆》“凡师共革车”，监本伪为“其革车”；《夏官序》“史一人”，监本作“二人”；《庭氏》“救月之矢，夜射之”，监本无“夜”；《小行人》“凡此五物者”，监本无此五字；《掌客》“醯醢八十瓮”，监本脱“八”字；《都则》、《都士》、《家士》监本俱脱。

《仪礼》用郑《注》贾公彦《疏》本，《士冠礼》“啐醴建柶”，监本作“捷柶”；“遂以挚见于卿大夫乡先生”，监本作“乡先生”；“枇者逆退”，监本作“匕”；“拜奠于席”，监本伪为“拜郑”；“壻授绥，姆辞曰：‘未教不足与为礼也’”，监本脱此节。《士相见礼》“司正升立于序端”，监本作“席端”；

"宾之席前北面"，监本作"不面"；"主人拜送觯"，监本作"拜受"；"其牲狗也"，监本脱此一节；"大史在乾侯之东北"，监本作"大夫"；"主人洗觚"，监本作"洗酬"；"上射降三等"，监本作"二等"；"司马师坐乘之卒"，监本无"卒"；"北面告与公"，监本无"告"；"公答拜宾反位"，监本无"宾"；"米禾皆二十车"，监本作"十车"；"对曰：非礼也，敢辞"，监本无"辞"；"君贶寡君……又拜送"，监本作"又拜送，君贶寡君……"；"栗阶升不拜"，监本"栗"上有"宾"字；"左拥簠粱"，监本作"右"；"归宁乃邦"，监本伪为"乃拜"；《丧服》"持重于大宗者"，监本作"特重"；"妇人不能贰尊也"，监本作"二"；"大夫去君，埽其宗庙"，监本作"归其宗庙"；《士丧礼》"受用箧"，监本作"箧"；"皆繶缁纯"，监本"纯"上有"絇"；"御者四人皆坐持体"，监本此下衍"男女改服"一节；"卜日吉"，监本作"曰"字；"亦张可也"，监本作"可张"；"哭止，告，事毕，宾出"，监本脱此节；《特牲馈食礼》"出立于户西"，监本无"户"字；"宾立卒觯"，监本作"于觯"；"与觯者祭，卒觯，拜，长皆答拜"，监本"长皆答拜"下脱此一节；"各酌与其尊"，监本作"奠"字；《少牢馈食礼》"皆设扃鼏"，监本作"扃幕"；"衣移袂"，监本作"衣侈"；"以授尸坐取箪兴"，监本"振之"下脱此节；"宾户西北面拜送爵"，监本作"宾尸"；"主人降列于祚阶东"，监本作"祭列"；"尸却手受匕枋"，监本脱"枋"；"立于主人席北西面"，监本脱"北"；"主人降洗觯"，监本作"洗爵"；"宰夫执荐以从"，监本作"执爵"；"受爵，酌献侑，侑拜受，三献，北面，答拜"，监本重衍此 14 字。"尸降筵，受三献爵"，监本无"爵"字；"酌以醋之"，监本作"酢之"；"主人洗酌酳尸"，监本作"户"；"主妇受爵"，监本作"主人"；"宾户西北面答拜"，监本作"尸"。

第三节　儒家石经文献的著录与研究

自东汉熹平以来，随着洛阳太学石经规模与影响的进一步扩大，儒家刻石作为一项文化工程，越来越受到统治者的重视。明元帝、孝文帝曾先后都参观过洛阳石经。孝明帝时，崔光还表奏请补刻洛阳石经。稍后的东魏、北齐、北周及隋四朝时，石经随政治中心的转移而辗转搬迁。显然，石经越来越成为国家政治文化生活领域不可或缺的一部分。这为"石经学"——对石经的著录与研究——发生发展奠定了坚实的基础。

像此前的北朝统治阶层重视石经一样，唐魏徵在收集零落残石的同时，还向前迈出了一大步——在修史时对石经的“传拓之本”进行了特别说明。《隋书·经籍志·经》“小学”类下有“《一字石经周易》一卷（梁有三卷），《一字石经尚书》六卷（梁有《今字石经郑氏尚书》八卷，亡），《一字石经鲁诗》六卷（梁有《毛诗》二卷，亡），《一字石经仪礼》九卷，《一字石经春秋》一卷（梁有一卷），《一字石经公羊传》九卷，《一字石经论语》一卷（梁有二卷），《一字石经典论》一卷，《三字石经尚书》九卷（梁有十三卷），《三字石经尚书》五卷，《三字石经春秋》三卷（梁有十二卷）……后汉镌刻七卷，著于石碑，皆蔡邕所书”。这里，“一字石经”即汉“熹平石经”（即汉石经），“三字石经”即曹魏时的“正始石经”（即魏石经），区别甚明。《隋书·经籍志》还对石经纵向流变史有所考察，并附有当前的存亡情况，于是，石经文献研究于此雏形粗具。不仅如此，《隋书·经籍志》将石经传拓本作为独立的文献形式，归入“经部”之下“小学”类中，从而首次在正史中确定了石经拓本这一独特文献的独立地位，首开石经学研究之先河。踵武《隋书·经籍志》，对于石经文献，《旧唐书·经籍志》、《新唐书·艺文志》均于《经部》“小学”类中予以著录。“石经”之入小学，是适应唐代学校教育和科举选举中“书学”的需要，当时“石经”是书学的法帖。张参《五经文字·序例》云：“今制国子监置书学博士，立《说文》、《石经》、《字林》之学。”两《唐书》亦载：书学博士2人，学生30人，“以《石经》、《说文》、《字林》为专业”①。又载：“凡书学，《石经》三体限三岁，《说文》二岁，《字林》一岁。”②“石经”只作为临摹书法的范本。至宋郑樵《通志》，将石经文献分拆而附于“经部”各经之后，正式恢复了“石经”经典文本的地位。

有宋一代，在求新、求异学风的影响下，包括石经在内的古器物及其铭文受到上层社会的广泛关注与追捧。对古器物的描述与鉴别，对古器物铭文记录与考释的作品大量涌现。于是，金石学迎来了大发展的春天。作为金石学的一枝奇葩，宋人的石经研究随之“绽放”。其中最早的成果出自宋代金石研究的集大成之作——赵明诚《金石录》。是书以赵氏所藏三代彝器及汉唐以来石刻2000卷，仿欧阳修《集古录》体例，编排成帙，并与李清照“同共勘校，正集籤题”。是书共30卷，前10卷皆以时代为次，2000种均予著目，每题下注年月、撰书人名。后20卷为史料辨证，凡《尾跋》共502篇。对石经的研究较为全面，既有对石经及其流变的考察，又有对石经文字的考证。前

① 《旧唐书·职官三》。《新唐书·百官志》略同。

② 《新唐书·选举二》。

者有对汉石经的年代、书丹者、书体、经数及行款等论说，其中赵氏力纠《后汉书》以汉石经为“三体”之误，从而最早为有关熹平石经书体的争议画上了句号。另外，对石经文字的记录与考证，赵氏同样为先行者。其不仅将“汉石经”遗字分上、中、下录为3卷，即卷一三七至卷一三九。而且以当时通行本与石经数千遗字对校，“其不同者已数百言，又篇第亦时有小异”。并“取其文字不同者具列于卷末云”（《金石录·汉石经遗字尾跋》）。较为遗憾的是，今本《金石录》仅余《尾跋》，而数千遗字竟亡佚殆尽。

对于今本《金石录》的汉石经遗字不传之憾，今传南宋洪适《隶释》却有补阙之功。《金石录》乃赵氏费尽毕生心血之作，其器物文字的搜集整理之不易可想而知。在《汉石经遗字尾跋》中，赵明诚言家藏经种类数“有《尚书》、《公羊传》、《论语》，又有《诗》、《仪礼》”，石经“数千字”，且与当时通行本不同者有“数百言”，而洪氏《隶释》所载，不仅经数与赵氏俱同，而且石经遗字2175字及与通行宋本不同者计136处，多与赵氏所言相契合，加之洪适《石经遗字》实照录赵明诚《汉石经遗字尾跋》内容，由此大概可以推知，《隶释》卷一四所载《石经尚书残碑》、《石经鲁诗残碑》、《石经仪礼残碑》、《石经公羊残碑》、《石经论语残碑》、《石经尚书残碑》文字，应为今本《金石录》所亡佚之篇什，即今本所存目的汉石经遗字上、中、下3卷（从卷一三七至卷一三九）所含内容。

如果说汉石经遗字，洪适抄录自原本《金石录》，那么今存最早的魏三体石经残字则有赖于洪氏方得以流传。《隶续》卷四中的魏石经遗字实际来自苏望的遗字重刻。在《魏三体石经左传遗字》中，洪氏共记录了魏石经《左传》遗字共计819字，其中古文307字，篆文217字，隶书295字。尽管后来经清人臧琳、孙星衍考证，所谓的“《左传》遗字”中还夹杂有《尚书》遗字。但是对于魏石经遗字保存而言，迄今为止，洪适首创之功是不容抹杀的。

另外，洪适还补录了《石经仪礼残碑》约56字，分别属于《聘礼》、《士虞礼》两节。值得一提的是，大概受赵氏影响，洪适的研究同样全面，除石经文字著录考证外，还有对于石经及其流变的考订。

至南宋，随着器物铭文考校的兴盛，继赵明诚、洪适等对汉魏石经文字的考校之后，最早的两部石经文字研究专著便诞生了。乾道中，晁公武居蜀期间，命人以蜀石经本与监本互校，编成《石经考异》，并勒石附于蜀石经之后。除了《周易·说卦》“乾，健也”下有韩康伯注，《略例》有邢璹注，《月令》从李林甫改定本，监本不取外，其中经文不同者，《周易》有5科，《尚书》有10科，《毛诗》有47科，《周礼》有42科，《仪礼》有31科，《礼记》

有32科，《春秋左传》有46科，《公羊传》有22科，《穀梁传》有23科，《孝经》有4科，《论语》有8科，《尔雅》有5科，《孟子》有27科，共计302科。鉴于是书仅为对经文之校考，故稍后的张奭校石经注文，编为《石经注文考异》40卷。尽管两书今已不存，但从只言片语的记载看，其赡详可以想见。蜀石经文字研究的两部专著的出现，说明了南宋石经文字研究已达到较高的水平，这标志着作为新知识门类——“石经学”的诞生。

金石学著作之外，对于历代石经及其流变记载最周全的当数王应麟的《玉海》。因为是书为顺应南宋博学鸿词科课试需要，于百科知识与掌故，分门别类，广收博采。作为最后一级子目，石经隶属于“艺文门”之下“经解类”，并非“小学类”，最终与“雠正五经”并列为一目。这与《隋书·经籍志》以来正史往往将石经安排在“经部”的“小学”子目中略有不同，其地位似有所提高。在《玉海》卷四三中，王氏以简明的条目分别对南宋御书石经及其以前的所有儒经刻石逐一罗列，并将见于经史子集、百家杂记相关记载分条汇总，资料颇为翔实，其中对本朝即宋代的儒经刻石记载最为可贵，如对嘉祐石经、南宋御书石经的记载是最早且较可信的第一手史料。另外，在对蜀石经相关情况的记载上，宋人曾宏父《石刻铺叙》、晁公武《郡斋读书志》两者却在准确与详细程度上，同样值得注意。

宋代以来，随着儒经雕印的日益普及，抄本市场的急剧萎缩，石经在规范文字、统一经本、传播儒学等方面的功用渐趋式微，越来越沦为仅具象征意义的文化符号。另外，在印本市场的冲击下，儒经摹勒上石失去了其取材方便、经济耐用的优势，加之空疏学风的推波助澜，于是，在印本方兴未艾的宋代一波儒经刻石热过后，元明两代，儒经刻石恍如明日黄花。受现实环境影响，元明两代的石经研究遂裹足不前了。在元人所修《宋史·艺文志》中，对于嘉祐石经的记载，有“杨南仲石经七十五卷”。对于蜀石经，仅有“张奭《石经注文考异》四十卷”。而对于南宋御书石经仅及建石经阁一事，其对宋代儒经刻石忽略可见一斑。相比之下，马端临《文献通考·经籍考》较重视石经的文献价值，但也仅止于抄录晁公武的成果而已。明代《内阁藏书目录》特有“金石部”，张萱曾记载蜀石经拓片共100册，保存完好，还著录晁公武《石经考异》相关内容，但不及其他石经。唯有朱睦㮮《授经图义例》对于历代石经颇为重视，著录有石经“古文”、“今字”、“蜀本”、“秦本”，稍微遗憾的是，对于宋代的二部石经则失载，而且所记不注明来源，大概系从以前书目抄录而成编。

由明入清，在重实证、重考据的时代风气下，从事石经学研究的队伍日

益壮大，石经研究逐渐从金石学中独立出来，这一时期涌现出了大量以石经为论题的专著。依石经研究的侧重点不同，大致可分为两类：一为考察儒经刻石的流变，一为考订石经文字。其中对历代石经流变的考察，顾炎武、万斯同、李兆洛与徐爔庆四人先后分别以《石经考》为题对这一问题进行探讨，还有杭世骏《石经考异》、桂馥《历代石经略》、瞿中溶《汉石经考异补正》、刘传莹《汉魏石经考》等，另外，考订石经文字者主要有顾炎武《唐国子学石经（金石文字记）》、翁方纲《汉石经残字考》、孙星衍《魏三体石经残字考》、严可均《唐石经考文》、王昶《后蜀毛诗石经残字考》、冯登府《石经考异》等。这些或通论性、或专题性研究将石经学推到了前所未有的高度。

明末清初石经研究的开山人物为顾炎武，四库馆臣言“昆山顾炎武始辑诸家之说，为《石经考》，实有创始之功”。顾炎武的《石经考》与《唐国子学石经（金石文字记）》为清初较早的石经研究成果。其中《石经考》历数从汉石经至南宋御书石经之间儒经刻石的来龙去脉，其内容、体例与王应麟《玉海》卷四三中相关部分相类似，只不过，较之后者明显的区别是，顾氏多抄录了汉石经遗字而已。最值得一提的是，此编并非如《玉海》所载仅为“艺文门”之下“经解类”的子目，相反，顾氏却以“石经考”为标题，并单独成书。尽管内容与体例上原创性不足，但其标题形式却上承晁公武《石经考异》，从而彰显了石经话题的自身价值。

较之《石经考》的资料汇编性质，顾炎武的《唐国子学石经（金石文字记）》却是今存的较早研究唐石经文字的成果之一。顾氏以通行本与唐石经互校，并将互异之处抄录并予以注明。这是继洪适对汉魏石经遗字进行整理考校，晁公武等对蜀石经考校后，较早对唐石经文字所进行的研究。

倘若说顾炎武对历代石经资料收集还停留在宋人的水平，那么晚顾氏一辈的朱彝尊则远远超过了顾炎武。尽管石经研究在300卷的《经义考》中仅占5卷，尚未获得独立的地位，但在《刊石》5卷中，无论在资料收集，还是在体例上，朱氏均有所突破。以顾炎武用力较多的汉石经资料为例，顾氏仅列《后汉书》等10余条材料，朱彝尊则在此基础上，增补从谢承《后汉书》至清初顾炎武《金石文字记》历代相关石经资料约20余条，较之《石经考》的相关记载字数多出数倍以上，《经义考·刊石》采摘史料的宏富可见一斑。另外，朱彝尊于清以前六大全国性石经外，还用整一卷的篇幅列举了地方、乃至民间所刻石经的简况，朱氏的这些成绩都是前所未有。不仅如此，朱氏还以加按语形式，提出自己的观点，不乏创见。如对历史上，宋人已解决汉石经字体争议问题，朱氏不仅补充材料予以支持，并于标题直书“汉一字石经”。这较之清初顾炎武、万斯同、杭世骏等人，无疑高出一筹。值得一提的是朱彝尊所创的考据式研究，即以历代石经为单元，条列史料，间或加按语考订的研究方式。后来雪樵（冯世瀛）对此有两处改进：其一，在条列史料时，按照事物的内在逻辑，再划分为若干专题，如“诸家论辩”、“残碑书目考”、“石经遗文考”等。其二，除了加按语外，对相关联的一组史料，归纳出其观点，如“右数条皆以……”颇类似于章旨。经雪樵改进后，此法颇为流行。除雪樵《石经考辨》外，类似的石经研究还有万斯同《石经考》、桂馥《历代石经略》、李兆洛《石经考》、瞿中溶《汉石经考异补正》、吴骞《唐开成石经考异》等。

在清人研究基础之上，近人张国淦《历代石经考》颇有些总结的意味，不仅将资料汇编加按语的研究方式发挥到极致，而且将考证结论条理化为《提纲》，置于各经资料之前，令人有先睹为快之感，兼顾了传播效能与读者需要，独具匠心。

有鉴于顾炎武《石经考》长于资料收集而失于辨析的不足，杭世骏《石经考异》归纳出有关历代石经的18条论题，结合史料逐一辨析。尽管其论证或结论不无可商榷之处，但是杭氏立足于史料记载互异而欲辨析之的努力与此前的资料汇编划清了界线，从而拉开了清人真正的石经研究序幕。大概正是如此，故在当时令人耳目一新，赢得了厉鹗、全祖望、符元嘉、赵昱与许燫等人喝彩。杭世俊之后，对于历代石经流变考察，摆脱资料汇编性质较彻底的为徐嵩的《石经备考》。与杭氏《石经考异》相比，《石经备考》在结构上更趋完备，在内容上更为充实。徐氏开首以图表的方式，按从汉代至明代十朝分栏，历数各朝石经刊刻的概况，包括书体、经目、参与人员等，令人一目了然。正文分源流、卷目、异同、稽疑、摹刻、杂记等六章，其中“源流”，即概述历代石经的变迁；“卷目”列各石经所刻卷数；“异同”，着重于版本，若汉石经今文诸家异同，唐石经、蜀石经分别与当时通行本的异同；“稽疑”，即解答围绕各石经的争议，如汉石经字体、版本，汉魏石经的经数，魏石经的书丹者，唐石经的评价等。所谓“摹刻”约相当于今天的“行款”；“杂记”大概为以上各章所不能容纳的史料。徐氏的《石经备考》首次勾勒出了历代石经研究的初步框架，对现代石经学研究与编撰极具借鉴意义。

另外，于上述两种研究取向之外，还有以刘传莹《汉魏石经考》为代表的折中方案，即史料加按语式研究与论点论证并行。三卷本的《汉魏石经考》为刘氏未完稿，后经黄元吉、田明昶与姚晋圻三人补订。前两卷“汉石经”与“魏石经”以史料加按语方式进行，后一卷为关于汉魏石经的12个研究结

论，如“《隋志》‘《一字石经春秋》一卷’在汉刻六经说”、“《洛阳伽蓝记》不可据说”、“《一字石经毛诗》《一字石经郑氏尚书为魏晋间刻说》”等，颇有见地。是书为晚清石经研究不可多得的佳作之一。

除作为政治文化符号外，石经大多在当时还承担着规范文字、统一经本的功用。一般而言，时代愈早，愈接近经本原貌，因而石经版本价值往往愈大。因此石经文字历来为后世所重视。清以前的石经经本较之清代的通行本而言均为更古的版本，于是，对历来石经遗字的研究，尤其是石经文字与当时通行本的校考便成为清代考据学的一大热门话题。此前已有赵明诚考校过汉石经遗字，晁公武命人考校过蜀石经。至清代，随着考据学渐趋兴盛，清人的历代石经文字研究出现了盛况空前的局面。不仅有对前人研究成果的进一步深化，又有新的研究领域的不断开辟。前者如瞿中溶《汉石经考异补正》、孙星衍《魏三体石经遗字考》、冯登府《石经补考》；后者有对顾炎武《唐国子学石经》、彭元瑞《石经考文提要》、王朝璩《唐石经考正》、严可均《唐石经校文》、陈宗彝《蜀石经残字》、吴骞《蜀石经毛诗考异》、蔡赓年《奏修石经字相册》等。

清初顾炎武颇重视对石经文字的研究，《隶释》所载汉石经遗字及其与当时通行本的百余条互异之处均为顾氏《石经考》全文收录，而且顾氏还最先对唐石经与当时印本异同进行过考校，这为清人石经文字研究开了风气之先。

对于汉石经文字的研究，继顾炎武与万斯同全文收录宋人成果之后，颇能有所增益的要数活动于乾隆、嘉庆及道光年间的瞿中溶。尽管《汉石经考异补正》并非研究石经文字的专著，但对石经遗字的搜罗与考校用墨颇多。他在吸取包括《隶释》相关成果的基础上，还旁及《东观余论》、《广川书跋》、《邵氏闻见录》、《困学纪闻》等其他宋人的成果，另外还征引同时代的惠栋《九经古义》的相关内容。不仅如此，瞿氏还以加按语形式，与惠栋无说处予以补充，有二十三处之多。另在校考中瞿氏发现，较之通行本，皇侃本与汉石经本多有所合。稍后冯登府的《汉石经考异》较之瞿氏显得更为专业。在《隶释》基础上，兼及《东观余论》，还增补陆德明《释文解字》、孔颖达《尚书正义》、王应麟《诗考》、何休《公羊注》等所载石经与通行本的文句异同，并征引包括古器铭文、《汉简》在内广博资料，并对之一一考订。冯氏汉石经文字研究条理清晰，内容甚为赡详，颇能代表清人研究的新水平。除在宋人研究基础上进一步深化外，对清以来新出土的汉石经残石遗字收集整理也为学者所重视，其中成就较大的为晚清的罗振玉，其《汉熹平石经残字集录》又出了《续编》、《三编》、《四编》、《又续编》、《续补》，共六种，所得文字已超过《隶释》所录，尤其有宋人不传的《周易》、《春秋经》及诸经序记，《仪礼》、《鲁诗》二经遗字较宋人尤多，其图文并茂的著录方式尤其值得称道，实为后来者研究之津梁。

“魏石经”文字遗字，随着唐内府本与北宋摹刻俱损之后，善本三体石经学几近于灭绝，仅有洪适《隶续》、郭忠恕《汉简》及夏竦《古文四声韵》等，所存不足千字，其中以《隶续》保存最接近原貌。《隶续》所存来自于宋皇祐时苏望遗字摹刻本，当时苏氏以《左传》、《尚书》错杂成文，遂不加区别，统之以“《左传》遗字”。然而，这在以严谨著称的清初考据家看来是不能接受的，故有臧琳率先对之校考，臧氏对照《左传》，从所谓的“《左传》遗字”中析出《尚书》的《大诰》、《吕刑》、《文侯之命》诸篇遗字，然后，将这些文字依旧本以《尚书》全句予以注明，并收入《经义杂记》一书，是书由其孙臧庸刻于嘉庆四年（1799）。

约六年后，孙星衍的《魏三体石经遗字考》亦刊行。孙氏依据《隶续》、《汉简》、《古文四声韵》相关记载，钩稽考订，同样发现“《左传》遗字”中有《尚书》的《大诰》、《吕刑》、《文侯之命》诸篇遗字。只是在具体划分上，两人尚有出入，似乎孙氏尚未读过《经义杂记》。也正因为如此，稍后的冯登府因对孙星衍划分的不满，才有对所谓的“《左传》遗字”的重新整理，而冯登府的分段列次依据的正是臧琳的成果。冯氏《石经补考·魏石经考异》分《尚书》为六段，以经文属之，连重文294字；又分《左传》为八段，连重文共489字。又撰《魏石经拾遗》，收录《汉简》中魏石经遗字，古文105字。与《隶续》合者29字，可订正伪缺者26字，其余63字足以补《隶续》之阙文。显然，冯登府在借鉴吸收臧琳与孙星衍两人成果之上，对于《尚书》、《左传》两经遗字分属更趋合理，加之对遗文的增益，无疑将魏石经遗文研究推向了更高水平。

正是在冯登府研究的基础上，近人王国维才利用石经行款知识，以复原经碑为思路，将《左传》、《尚书》共计14段残文，间隔排列，构想为五碑的规模。王氏的结论或可商榷，但是以经碑而非经本为中心的思路无疑是可取的，故其代表着魏石经遗文研究最新水平。

对于“唐石经”文字的研究首推顾炎武，然顾氏或惑于补刻，或蔽于装裱，以为石经文字“谬戾非一”，多少刺激了那些唐石经拥护者的神经，于是唐石经文字的研究引起了更多人的关注。其中以专门研究唐石经文字而知名者为钱大昕、王朝璩与严可均。

踵武顾炎武，较早从事唐石经文字研究的为钱大昕，较之与顾氏的简略，钱氏则详为考校，在《唐石经考异》中，对“旁添字之谬误”、“摩改字之异同”一并指出，又依据石经本以订正版本，多发前人所未发，初步奠定了唐石经文字研究的体例与规模。钱氏虽考订精审，然尚有遗漏，是书后曾经臧庸、瞿中溶等补订。因《唐石经考异》未经刊行而由钱氏弟子私相传抄，故其对后来者的影响尚无从判断。

后起的王朝璩曾在西安亲见石经，有鉴于顾炎武与朱彝尊对于石经文字“未遑详别”，王朝璩依今本考校石经字句的“增减衍脱”，兼及“旁注改镌”，对互异之处间或附以简短说明而汇集为《唐石经考正》。较之钱大昕《唐石经考异》，王氏的考校更为周全。

约在王朝璩《唐石经考正》成书而尚未付印期间，乌程人严可均同样基于顾氏《金石文字记》“刺取寥寥，是非寡当，又误信王尧惠之补字以诬石经”，于是，凡石经“摹改者”、“旁增者”及“与今本互异者”皆录出，并据“《注疏》、《释文》，旁稽史传及汉唐人所征引者为之佐证”，共计3226科，是为《唐石经校文》。较之钱大昕的精审、王朝璩的周全，严可均发凡起例，详为考校，并逐一为之疏证，兼有二氏之长，代表了清人唐石经研究的最新水平。后来的冯登府的唐石经文字研究，仅局限于对顾氏考校的订正，于王、严二氏已不能同日而语了。

随着“蜀石经”于宋元毁于战火及拓片难求，加之最早两部宋人石经文字研究专著（晁公武编的《石经考异》、张奂编的《石经注文考异》）不传于世，于是，蜀石经研究几近于绝学。至近世，有赖于清人搜访及考证之功，蜀石经文字研究迎来了久违的春天。清人对于蜀石经的研究大概分为两类：其一，对蜀石经残石文字的搜集，如陈宗彝《蜀石经残字》、刘体乾《宋拓本蜀石经》。其二，对石经文字的考校，如王昶《后蜀毛诗石经残本》、缪荃孙《蜀石经校记》、吴骞《蜀石经毛诗考异》及冯登府《石经补考》等。

蜀石经“石凡千数”，在宋代，尤其南宋颇受重视。此后史书失载。至明代，在《蜀中广记》再次出现时，材料显示蜀石经已损毁殆尽。尽管当时拓片尚存，但在经历了明清之际的战乱后，拓片已世所罕见。于是，对蜀石经残石残字的搜集整理便颇为清人所关注。陈宗彝的《蜀石经残字》即为其中较引人注目的成果。陈氏收录蜀石经残本有《毛诗》、《左传》两种，其中《毛诗残本》存卷一之后半部分和卷二，抄自吴门黄氏手抄本，系《十三经校勘记》所据有武林广仁义学印本。经文起自《鹊巢》“之子于归，百两御之”，讫于《二子乘舟》“愿言思子，不瑕不害”；注文（毛《传》郑《笺》）起自“爵位，故以兴焉”，讫于“有何不可而不去乎”。合计经文有4808字，注文有11446字。其中《左传》残字为昭公二年《左传》第二十卷的部分内容。传文起自昭公二年传“子也，君子有信其有以知之矣”，讫于“女罪之不恤而”。注文起自“夫子韩起”，讫于“褚师市官”。合计传395字，注文267字。

除《毛诗》、《左传》外，蜀石经遗字还有《周礼》卷三六、卷三七及卷三八的一部分，即“秋官司寇下”至少至“曰薮十薮曰秉”，《周礼》卷四一与卷四二的一部分，即“冬官考工记下”至少至“若今令辟裓也”（据缪荃孙《蜀石经校记》推测）。

对于蜀石经文字的考校主要集中在《毛诗》，较为知名的是王昶《后蜀毛诗石经残本》、吴骞《蜀石经毛诗考异》及冯登府《石经补考》。此三书所依据《毛诗》残本均为吴门黄氏手抄武林广仁义学印本。前二书大约同时，均早于冯氏《石经补考》。对于石经的考校，王昶依据的校本为北监本；稍晚于王氏的吴骞所依据的是更为通行的毛氏汲古阁本。北监本为内府藏本，流传颇稀，相反，后起的毛扆汲古阁本系对官本辗转传刊，文字多误，但流布较广。显然，对于后者的勘正无疑更为急迫，因而社会价值更大。这大概是继王昶氏以北监本与石经互校后，吴骞却选用流传颇广的毛氏汲古阁本重校石本的主要原因。值得注意的是，毛氏汲古阁本还是《七经孟子考文》的主要校本，或许吴骞在选校本时受到了日人山井鼎的启发，在考校过程中，吴氏还多次引用《七经孟子考文》的相关内容。另外，从校考的精细程度言之，吴骞的《蜀石经毛诗考异》要远胜于王昶的《后蜀毛诗石经残本》。在校本的选用上，后起的冯登府则颇为精审，其选本有唐石经本、宋小字本、闽本、明监本及汲古阁注疏本。较之王氏、吴氏的考校仅列出文字异同而言，《石经补考》却逐条考证，技术含量颇高，代表着清人研究的最新水平。因此，在一定意义上，对于蜀石经《毛诗》文字的研究，吴氏《蜀石经毛诗考异》与冯氏《石经补考》两相参照当为研究参考之最佳方案。

还有缪荃孙的《蜀石经校记》1卷，实为缪氏对蜀石经《周礼》遗文的考校。所考遗文大概为《周礼》卷三六、卷三七及卷三八的一部分，即“秋官司寇下”至少至“曰薮十薮曰秉”，《周礼》卷四一与卷四二的一部分，即“冬官考工记下”至少至“若今令辟裓也”。所选校本以岳氏本为主，参以唐石经本与今本。今《周礼》遗文与岳本俱已不存，二者颇为珍贵的资料全赖缪氏《蜀石经校记》得以保存。另，冯登府《石经补考》有对《周礼·夏官》遗文“齐右”一节自“陪乘”至“驭夫种马一”的考校。冯登府还有对蜀石经遗文《左传》、《礼记》残字的数条考异文字，及辑录几条《左传》、《尚

书》、《毛诗》、《孟子》的异文。

北宋“嘉祐石经”沦亡至清前期，关于石经及其文字的消息颇为渺茫。直至咸丰年间，随着石经拓片残卷为丁晏发掘于书肆，嘉祐石经文字方大规模重现天日。嘉祐石经共存七经，391纸，文字约30000余字。其中《周易》有28纸，《尚书》有42纸，《诗经》有20纸，《礼记》有220纸，《春秋》有24纸，《周礼》28纸；特别值得一提的是《孟子》有37纸，《宋史》、《玉海》所记嘉祐石经俱无《孟子》，此足以补史传之阙文。经丁晏以诸经与拓本互校，“小有异同”。在《北宋汴学二体石经记》中，丁晏简要介绍了诸经残本的起讫、纸数及文字的具体异同。后王秉恩亲见原丁氏所藏嘉祐石经拓本，又对之进行了简略的考校，收入《北宋汴学篆隶二体石经跋》中。另冯登府曾就北宋嘉祐石经《周礼》所余残本卷首九页进行过考校，其中还包括真篆二体之间的字体互校，并逐一加按语说明，兼补他书所见之遗字，颇有章法。故王秉恩多引用之。

南宋“御书石经”保存稍好，《周易》存2碑，《尚书》存7碑，《毛诗》存10碑，《礼记·中庸》余残1碑，《左传》存48碑，《论语》存7碑，《孟子》存11碑。冯登府以今本对之进行了考校，并逐一加按语说明，兼补他书所见之遗字，是为《石经补考·南宋石经考异》，颇为赡详。

对于“清石经”文字的研究颇为知名的是彭元瑞《石经考文提要》、冯登府《石经补考》及蔡赓年《奏修石经字像册》。清石经之前，民间多用刊刻不精的坊本（毛本），或多有衍缺的明监本。官刻《十三经》虽颇为精审，但卷帙繁多且价格不菲，非人人所能尽读。石经简约，与内府所藏、官刻诸书参稽印证多相吻合，但列于太学亦非常人所能见。于是，彭元瑞领谕旨命，效法唐石经之后的《五经文字》与《九经字样》成例，将石经与坊本、监本互异之处逐条摘出，并列出所从诸本，编为《石经考文提要》，部头不大，却足资匡谬正俗。当时因急于竣工，石经错讹较多，而彭元瑞对于坊本、监本的考校，未及尽改。故冯登府以嘉庆摩改过的石本，重校监本、坊本，间采彭氏《石经考文提要》、阮元《十三经校勘记》，较之六册本的《石经考文提要》，冯登府《石经补考》仅为一编，更为简明经济，尤利于囊中羞涩的“草野寒儒”购置。与前两书勘正版本、嘉惠士林的宗旨不同，蔡赓年《奏修石经字像册》则是对年久失修的清石经较全面的诊断，以备量料计工以修复之。蔡氏统计需要修复的文字有863科，详密至文字的点画，用功颇勤。

第四节　儒家石经文献举要

石经文献的著录与研究之后，特列相关文献举要，一则勾勒出笔者的思考范围，二则或为读者进一步的石经研究提供便利。

1.《金石录》30 卷，(宋) 赵明诚撰。

赵明诚 (1081－1129)，字德父，密州诸诚（今属山东）人。其妻为宋代著名词作家李清照。赵明诚曾知湖州、军州事。性嗜金石，不惜质贷以购求，曾集金石刻 2000 卷。著有《金石录》行世。

对于碑刻文献的集录，梁元帝始为之，其所录《碑英》120 卷，实为裒辑金石文献之祖，今已不传。宋人曾巩欲作《金石录》而未就，欧阳修继之，采摭佚逸，撮其大要为《集古录》75 卷。然其书系随集随录，有卷帙而无时世之先后，实美中不足。赵氏遂有志于完善其事，故有是书之作。是书得名或受曾巩之启发。

是书以赵氏所藏三代彝器及汉唐以来石刻 2000 卷，仿欧阳修《集古录》体例，编排成帙，并与李清照"同共勘校，正集籤题"。是书有赵明诚《自序》及李清照《后序》。其中前 10 卷皆以时代为次，自第 1～2000 种均予著目，每题下注年月、撰书人名。后 20 卷为史料辨证，凡《尾跋》共 502 篇。题跋的内容包括金石刻铭的时间、出处、收藏及其流传等情况。今传本中对于石经的记载有两处：其一、于"目录一"载有汉石经遗字目录，分上、中、下 3 卷，即卷一三七至卷一三九。其二、在卷一六中有《汉石经遗字尾跋》。

是书为宋代金石研究的集大成之作。不仅在体例上较《集古录》完善，而且在内容上对之多有纠补，且援碑以证史，对两《唐书》尤多补正。对于石经研究而言，《汉石经遗字尾跋》不仅简介了石经遗文的相关情况，还终结了长期以来关于汉石经书体的争议。更值得一提的是，赵氏还对汉石经遗文做了考校，"以世所传经书本校此遗字，其不同者已数百言，又篇第亦时有小异，使完本具存，则其异同可胜数邪……余既录为三卷，又取其文字不同者具列于卷末云"。这实开后世石经文字研究的先河。另外从此条尾跋看，今本并非如四库馆臣所言为全本。这里"余既录为三卷"大概对应目录中的卷一三七、卷一三八、卷一三九，应为汉石经遗文，紧接着赵氏说"又取其文字不同者具列于卷末云"。显然，与通行本互校的异文记录在石经遗文之后。但今本仅有目录却无遗文，更无所附之考异结果，其非完本是一目了然的。退

一步言之，若无金石文字，何来之《尾跋》？加之，文字是器物之魂，倘若不具列金石文字，实难符“《金石录》”之名。或赵氏之作亦如欧阳氏有《集古录》与《集古录目》之别，后来金石文字亡佚，好事者将所余《尾跋》与《目录》裒辑为一编，伪为“《金石录》”之名。此外，南宋洪适《隶释》全文录入《汉石经遗字尾跋》内容。其中还有汉石经遗文及考校，且遗文字数与考异条数均于赵氏《尾跋》所言相符，似可以推测，与抄录《汉石经遗字尾跋》一样，《隶释》所录汉石经遗文及其考校同样为赵氏成果。这或可为今本“《金石录》”并非完本，或非赵氏原版添一旁证。

是书绍兴中由李清照表上于朝，大概随后刊行。对于其版本，四库馆臣论说甚详。简言之，是书初刻于龙舒，开熙元年重刻，其本今已罕见。除多种抄本外，顾炎武言有章邱刻本。另清代还有济南谢氏重刻本，扬州刻本。今有金文明《金石录校证》，上海书画出版社 1985 年版。

2.《隶释》27 卷，《隶续》21 卷，（宋）洪适撰

洪适（1117—1184），字景伯，饶州鄱阳人（今属江西省）。系洪皓长子，《宋史》有传。绍兴壬戌中博学宏词科，官至尚书左仆射，同中书门下平章事，谥“文惠”。少小即喜爱临摹汉隶，自壮及老专心于收藏汉碑。著有《隶释》、《隶韵》、《砚说》、《壶邮》、《盘州文集》等。

有宋一代，在求新、求异学风的影响下，包括石经在内的古器物及其铭文受到上层社会的广泛关注与追捧。对古器物的描述与鉴别，对古器物铭文记录与考释的作品大量涌现。欧阳修、赵明诚等已表率于前，洪适的《隶释》及其续编大概为对二氏的响应之作。

《隶释》、《隶续》原为一编。《隶释》初成于乾道二年（1166），洪适以观文殿学士知绍兴府安抚浙东时。乾道三年正月序而刻之，后陆续有四次补入，大概于淳熙年间合为一编。洪氏自跋“淳熙《隶释》目录五十卷，乾道中书始萌芽，十余年间，拾遗补阙，一再添刻，凡碑版二百八十五（今《隶续后跋》作二百五十八）”。今《隶释》、《隶续》共 48 卷，较之淳熙《序跋》尚少 2 卷。今本《隶释》于万历年间为王云鹭所刻，凡《汉魏碑》19 卷、《水经注碑目》1 卷、欧阳修《集古录》2 卷、欧阳棐《集古目录》1 卷、赵明诚《金石录》3 卷、无名氏《天下碑录》1 卷，共 27 卷。今本《隶续》为元泰定宁国路儒学所刻，后朱彝尊将传是楼含经堂所藏残本与琴川毛氏旧抄本汇编整理，其中第 7、8 卷为碑图，第 9、10 卷阙，21 卷不全，洪适自跋乃在第 21 卷首，其前后参错如此。是书以文字考校为主，故每篇皆依楷书转录其隶文，异体字保留原状，然后附以考释，兼核其关切史事者，为之论证。对于石经

的记载，《隶释》除录有赵明诚《汉石经遗文尾跋》外，还有汉石经遗文及其考校，《隶续》有魏石经遗文。

是书考释隶文，兼及经史。四库馆臣称许说“自有碑刻以来，推是书为最精博”。是书不仅保存有汉以后的大量碑文，而且欧阳修、赵明诚等的不传之文亦有赖是书保存下来。其中汉石经《尚书》、《鲁诗》、《仪礼》、《公羊传》、《论语》诸经遗字 2175 字，与通行宋本不同者计 136 处，这是今传最早的汉石经遗字及其考校，足以补赵明诚《金石录》考释不传之憾。是书还最早保存有绝对多数魏石经遗文，即所谓的“《左传》遗字”819 字。因此，是书为研究汉魏石经遗文的必备参考。

今传《隶释》为明刻本，《隶续》经朱彝尊整理自元刻本。两种均收入文渊阁《四库全书》。今两书合一收入古代字书辑刊，中华书局 1986 年出版。

3.《玉海·艺文·石经》（宋）王应麟撰

自宋绍圣年间（1094—1097）开始设置宏辞科，后于大观年间（1107—1110）改为辞学兼茂科，至绍兴（1131）而定为博学宏辞之名，并重立试格。王应麟曾中此科，尤为博洽。或有鉴于“今之事举子业者沽名誉，得则一切委弃，制度典故漫不省，非国家所望于通儒”（王应麟语），其作此书即为词科应用而设，或兼以普及知识。此大概为是书产生的背景。

是书之名，或受于南北朝时张融同名文集启发，张氏自解曰“玉以比德，海崇上善”。四库馆臣以为是书实则效仿梁武帝所集《金海》之例而变其称也。是书属类书性质，即类辑故事之谓，凡一事一物，古今记载，网络齐备以备问对。全书以话题分为天文、律宪、地理、帝学、圣制、艺文、诏令、礼仪、车服、器用、郊祀、音乐、学校、选举、官制、兵制、朝贡、宫室、食货、兵捷、祥瑞等 21 门，每门各分子目，凡 240 余类。胪列条目，采录故实。其中关于石经相关记载隶属于卷四三《艺文门》之“经解”类中，自熹平石经至宋御书石经均列有条目。

是书首次以“石经”标题，将此前六部石经相关情况囊括无余，并将见于经史子集、百家杂记有关石经的记载分条汇总。资料颇为翔实，粗具石经专题资料汇编的规模，实为石经学入门者之津梁。其中对本朝即宋代儒经刻石记载最为可贵，如对嘉祐石经、南宋御书石经的记载，是最早且较可信的第一手史料。

由贝琼《清江文集》卷三〇《故福建儒学副提举王公墓志铭》可知，是书尚未脱稿即丢失，复得时已多阙误，由王应麟孙王厚“考究编次，请于阃帅，锓梓并他书十二种（笔者按，原《序》言十三种）以传”，即庆元本。今本仅附有《辞学指南》4卷，其他附刻者均析出单列，均收入文渊阁《四库全书》。还有清嘉庆刻本，今有台湾大化书局股份有限公司1986年版，江苏古籍出版社1987年版。2006年收入中华再造善本丛书，北京图书馆出版社2006年影印本，影自元至元六年本。

4.《石经考》1卷，《唐国子学石经（金石文字记）》1卷，（清）顾炎武撰

继宋人金石学研究热后，经元明消歇，在清代重实证、重考据的时代风气下，金石学获得了突飞猛进的发展。不仅从事石经学研究的队伍日益壮大，而且，除在宋人研究基础上有所深化外，还开拓了不少研究的新领域。其中石经研究逐渐从金石学中独立出来即是明证。清代石经研究的开山人物则当推顾炎武。

《石经考》为历代石经资料汇编，同类作品王应麟《玉海》为较早且全面者。顾氏对于历代王朝，从东汉至清乾隆年间，所刻七部石经相关资料，颇能择其精要予以罗列。与宋人《玉海》卷四三所辑相关内容相比，顾氏资料稍多，如《石经历代存毁之迹》、《集著论跋》、《汉石经遗文》等，为王氏所不载。另外，顾氏的《石经考》主题更为突出，颇能彰显石经的自身价值。相反，石经在《玉海》中仅为“艺文门”之“经解类”之子目，其附属地位不言而喻。正因为如此，顾氏是书才吹响了清人石经研究的号角。

是书有光绪十六年（1890）四川尊经书局刻《石经汇函》本，今收入贾贵荣编《历代石经研究资料辑刊》第一册，北京图书馆出版社2005年版。

《唐国子学石经（金石文字记）》为首部唐石经文字的研究著作。此前对于石经文字的研究首推北宋人赵明诚，其率先对汉石经遗文进行了考校，今《隶释》中存有对汉石经遗文考校详情的最早记录。此后南宋人晁公武等将全本的蜀石经经本文字与监本互校，其相异者汇为《石经考异》，此专著性质石经文字研究著作今已不存。此后至清代尚没有人对唐石经文字进行过研究，不仅如此，唐石经还是后世儒经印本之源，它不仅在当时具有校正经本的作用，尽管有所残损，或为补刻，对于后世经本文字考订仍然具有一定参考价值。这大概为顾氏是书的产生背景。

是书于文字考校前，先列石经文字的相关情况，包括字数、参与人等、事件及其影响，相当于序言之类。接着分诸经逐一考校，为正文。顾氏虽未言所依今本，但从其考校结果推测，当为传自明代监本或毛本一系。对于考校结果，顾氏略分为五类：其一，正石本之误；其二，石本与今文不同而两通者；其三，石本一字儿前后不同者；其四，旁注者；其五，石本先误而后

改者。每经不必五类俱全，但结果总不出此范围。

此前《隶释》中所存汉石经遗文考校，其中仅列文字异同之结果，没有体例之别。但顾氏是书则对考校结果进行了分类，其具体类别或可商榷，但是其分类思想，其对考校体例的借鉴价值无疑是值得关注的。考虑到是书的探路者性质，故其简略、甚至讹误之处，似不必过分苛责。

是书有嘉庆十六年（1811）川上草堂刻《秋浦丛抄》本，今收入贾贵荣编《历代石经研究资料辑刊》第7册，北京图书馆出版社2005年版。

5.《经义考·刊石》5卷，（清）朱彝尊撰

对于历代石经流变历史的研究，宋人王应麟开其端，清人顾炎武继之。但上述作品均限于资料汇编，尚处于研究的初级阶段。较之宋人，后来者仍少有突破。随着清人考据学发展，这种局面注定了不会维持太久。这即是朱彝尊《经义考·刊石》出现的背景。

《刊石》5卷大概分为两部分：前4卷为历代石经源流资料的汇编，从熹平石经至南宋御书石经，这一范围与顾氏并无区别。不同的是朱彝尊于资料编排时所加的按语，或对此前章旨的概括，或对相关资料的辨析。后1卷则多为地方的单经或儒经片段的刻石。

《刊石》5卷无论在资料收集，还是在体例上，均有所突破。以顾炎武用力较多的汉石经资料为例，顾氏仅列《后汉书》等10余条材料，朱彝尊则在此基础上，增补从谢承《后汉书》至清初顾炎武《金石文字记》历代相关石经资料约20余条，较之《石经考》的相关记载字数多出数倍以上，《经义考·刊石》采摘史料的宏富可见一斑。另外，朱彝尊还于清以前六大全国性石经外，还用整一卷的篇幅列举了地方，乃至民间所刻石经的简况，朱彝尊的这些成绩都是前所未有。不仅如此，朱彝尊还以加按语形式，提出自己的观点，不乏创见。如对历史上，宋人已解决汉石经字体争议问题，朱氏不仅补充材料予以支持，并于标题直书"汉一字石经"。这较之清初顾炎武、万斯同、杭世骏等人，无疑高出一筹。值得一提的是朱氏所创的考据式研究，即以历代石经为单元，条列史料，间或加按语考订的研究方式，后来经雪樵改进，此种研究形式在清代颇为流行，甚至波及近现代。

是书文渊阁《四库全书》收录。今有中华书局1998年版，另有台湾"中央研究院"中国文哲研究所筹备处1999年出版《点校补正经义考》。

6.《石经考异》2卷，（清）杭世骏撰

昔者南宋人晁公武曾校考蜀石经而编有《石经考异》一书，今已不存。全祖望则申言"吾友杭君堇浦……盖惜昭德晁氏之书之佚而为亭林顾氏拾遗

者也”。杭氏自言“石经考异者，何以补亭林顾氏之考也。盖众说龃龉者莫石经若矣……顾氏述矣而不详，详矣而不辨，吾特引而疏通之”。这即是书产生的背景。

是书前有厉鹗、全祖望及符元嘉序言，后有赵昱、许燏尾跋。既因顾炎武《石经考》犹有采摭未备、辨正未明者，乃为纠谬补缺。因此，较之《石经考》资料汇编形式，是书更多了些论辩色彩。是书选取了历代石经认识上的若干争议问题，逐一辨析，如对汉石经，分“延熹石经”以辨正刻石之“五经”与“七经”之别，“书碑者姓名”以释参与人员的出入，“书丹不止蔡邕”的论说色彩更明显，“三字一字”为辨正汉石经的书体。如此之类上下两卷共有 18 个论题。

杭氏是书简明扼要，勇于立论，较之以往繁芜的资料堆积，不啻为石经研究带来了一股清新的风气。是书对于汉魏石经的经数、书体、碑数、书手及迁徙等论断，颇为厉鹗称许。因其中多有前人所已发者，较之厉氏“左袒”，全祖望并未附和之，相反，对于杭氏的具体结论有的还提出了商榷与补充。但是他们均着眼于杭氏的具体结论，却未意识到杭氏研究方法上创新，即初步划清了研究与资料汇编之间的界线，从而拉开了清人高水平的石经研究序幕。

是书有浙江巡抚采进本，后收入文渊阁《四库全书》。另有清光绪十六年(1890) 四川尊经书局刻《石经汇函》本，今收入贾贵荣编《历代石经研究资料辑刊》第一册，北京图书馆出版社 2005 年版。

7.《石经备考》1 卷，(清) 徐嵩撰

徐嵩，常州府金匮人，生平事迹不详。

有清一代，自顾氏开石经研究风气之先后，历代石经流变历史的研究逐渐地摆脱了资料汇集的初级阶段，先有朱彝尊首倡资料罗列与按语相结合的研究方式，后有杭世骏为从资料堆积转向辨析论断的努力，清人有关历代石经流变的研究水平日益提高。这即是徐嵩《石经备考》一书产生的背景。

是书由《历代石经表》与正文两部分构成。其中《历代石经表》依朝代为单元分栏，共分汉、魏、晋、北魏、唐、后蜀、宋、金、元及明等 10 栏，后缀连依字体为特征的石经名称，如汉代一栏，紧接着即为“一字石经”，其他各体石经亦以朝代对号入座。若无字体特征，则以通名标识。然后，依次展开诸刻石的相关信息。正文部分，共分为源流、卷目、异同、稽疑、摹刻、杂记等 6 章，“源流”即概述历代石经的变迁；“卷目”列各石经所刻卷数；“异同”着重于版本考订，如汉石经今文诸家异同，唐石经、蜀石经分别与当时通行本的异同；“稽疑”即解答围绕各石经的争议，如汉石经字体、版本，汉魏石经的经数，魏石经的书丹者，唐石经的评价等。所谓“摹刻”约相当于今天的“行款”；“杂记”大概为以上各章不容纳的史料。显然，徐氏对于石经研究颇有想法。

是书较明显的特点即图文并茂，尤其将头绪繁复的历代刻石信息条理化、图表化的努力，颇有借鉴意义。只是，徐嵩《历代石经表》的设计不太合理，仅列纵向诸石经一轴，还不足以反映历史长河中儒经刻石活动的动态过程。其实，若再加以时间横轴，这样，不仅可反映刻石活动在不同朝代的发展，还可以直观表现原有石经在后代的修补损毁的不同遭遇，令人对石经及其存毁情况一目了然。另外，是书的结构安排同样值得注意。徐嵩设五个主题，总括历代石经流变史，这一设计是对原来以石经为中心视角的补充，颇便于依类别集中分检查找。当然，具体门类如何划分还可商量，但是对于拓展石经研究视野无疑有一定的借鉴意义。

是书有王雪岑抄本，今收入贾贵荣编《历代石经研究资料辑刊》第三册，北京图书馆出版社 2005 年版。

8.《汉魏石经考》3 编，（清）刘传莹撰，黄元吉、田明昶、姚晋圻补订

刘传莹（1817－1848），字椒云，实甫，湖北汉阳人。道光十九年(1839) 举人。其笃嗜胡渭与阎若璩之书，凡方舆六书九数之学，及古文诗家之法皆得其要领，曾国藩颇推许之。后移疾归养，家居授徒至殁。著有《群经大义录》、《书札》、《襄城三说》、《日记》、《遗嘱》等。

经过清前期的拓展，至清中叶，石经研究在广度与深度上都有所创获。刘传莹《汉魏石经考》则是其中颇精审者。

是书为刘传莹未竟之作，经黄元吉、田明昶、姚晋圻三人补订考校后，方较为完善。是书分上、中、下三编。上编为“汉石经”，俱载汉魏石经刻石相关情况，以时间先后排比材料，后逐条加按语考证。中编为“魏石经”，包括汉石经在内的洛阳太学刻石的迁徙损毁。下编为关于汉魏石经的十二个研究结论，如“《隋书·经籍志》‘《一字石经春秋》一卷’在汉刻六经说”、“《洛阳伽蓝记》不可据说”、“《一字石经毛诗》《一字石经郑氏尚书为魏晋间刻说》”等。其中有六则有目而无内容，为田明昶辑补。

是书资料采摘精要，考证细密，多中肯之论。值得注意的是，其前二编采用资料加按语的研究方式，最后一编则全为对观点的论证，或者反映了作者在石经研究方式上的摇摆与折中。从中不难看出，正是资料加按语的研究方式的局限，故有观点论说方式的补缺。

是书有清光绪十二年（1886）沌城黄氏试馆写刻本。今收入贾贵荣编《历代石经研究资料辑刊》第一册，北京图书馆出版社 2005 年版。

9.《石经补考》11 卷，（清）冯登府撰

冯登府（1783－1841），字云伯，号勺园主人，浙江嘉兴人。嘉庆二十五（1820）进士，改庶吉士，曾任宁波府教授。博通经史诸子百家之学，于声音训诂尤为深邃，在石经学方面致力颇勤，是唯一的对七大石经文字均有研究的学者。曾补朱彝尊《遗经补正》，另有《十三经诂答问》6 卷、《石经阁日钞》及《石经补考》作品传世。

除作为政治文化符号外，石经大多在当时还承担着规范文字、统一经本的功用。一般而言，时代愈早，愈接近经本原貌，因而石经版本价值往往愈大。因此石经文字历来为后世所重视。于是，对历来石经遗字的研究，尤其是与当时通行本的校考便成为清代考据学的一大热门话题。这即是书产生的背景。

冯登府可谓清代研究历代石经文字第一人。大概因为学识博洽，又终生从事教职，故于学问颇能钻研。对于七大全国性石经文字，冯氏均有研究，且成绩斐然，在清儒中，无人能出其右。标题虽为"《石经补考》"，其实相当于"历代石经文字通考"。是书共收《汉石经考异》2 卷，《魏石经考异》1 卷《拾遗》1 卷，《唐石经考异》1 卷，《蜀石经考异》2 卷，《北宋石经考异》1 卷，《南宋石经考异》1 卷《遗字》1 卷，《国朝石经考异》2 卷。

冯氏的《汉石经考异》代表了清人汉石经文字研究的新水平。此前《隶释》中的汉石经文字研究过于简略，清人瞿中溶资料收集颇多，而自己创建较少，这在冯氏研究中有了较大的改观。除了在《隶释》基础上辑补了异文外，对于每条异文，冯氏先依今本，录出所在文句，然后列出石经与之相异之处，再注明异文来源，最后，另起一行加按语通过考证以判断优劣。条理分明，较有章法，考证颇见功夫。

冯氏的《魏石经考异》集前人研究之大成。魏石经遗文来自《隶续》，系抄录苏望遗字重刻，苏氏不加甄别，笼统曰"《左传》遗字"。清人臧琳与孙星衍均从中分出《尚书》遗文。臧氏侧重文字内容，以复古《尚书》为目的。孙氏着眼于文字形式，重文字考释。冯氏倾向于臧琳，将遗文按内容分为 6 段，而文字考释上兼采两家，并补充《汉简》所收魏石经遗字，颇有魏石经文字研究总结的意味。

冯氏《唐石经考异》稍有成绩。唐石经文字为顾炎武最先考校，不无讹误且颇为简略。冯氏仅限于对顾氏成果的考订上，稍显保守。远不如钱大昕、

王朝璩及严可均等以我为主，对于唐石经重新考校与辨正。

冯氏《蜀石经考异》颇具专业水准。对于《毛诗》残卷考校，此前有王昶与吴骞的研究，冯氏较之两者，更加专业。从校本选用上，王氏用北监本，吴氏用毛本，而冯氏则用唐石经本、宋小字本、闽本、明监本合汲古阁注疏本，校本精良。另外，对于异文，王氏仅列出，吴氏则以权衡《七经孟子考文》，而冯氏逐条考证，技术含量颇高，代表着清人研究的最高水平。除此之外，冯氏还有《周礼》、《左传》残碑考校数条。

冯氏《北宋石经考异》占有资料少，仅26条。《周礼》残碑9页的考校，《礼记》残碑6列的考校。另有《周礼》、《尚书》、《孟子》遗字各一条。显然，冯氏并未见到丁晏所藏七经391纸的北宋汴学石经遗文。

冯氏《南宋石经考异》填补了南宋石经文字考校的空白。此前尚无人考校南宋石经文字。冯氏以土著的优越条件，捷足先登。校本有石经诸本、宋本、闽本、监本、毛本，甚至有高丽本。以上诸考证体例，每经之前，先就石经碑数、遗文、行款作简要说明，然后逐条对异文考证辨析。

冯氏《国朝石经考异》为清石经文字研究的最新成果。此前已有彭元瑞《石经考文提要》，但当时因急于竣工，石经错讹较多，而彭氏对于坊本、监本的考校，未及尽改。故冯氏以嘉庆磨改过的石本，间采彭氏《石经考文提要》、阮元《十三经校勘记》，重校闽本、监本及坊本之错讹，较之13卷的《石经考文提要》，冯氏《石经补考》仅为2卷，更为简约精要，尤利于一心向学的“草野寒儒”购置。

冯氏石经文字研究蔚为大观，其对校本精选，对异文考校，乃至其校勘成果皆为后来者留下了一笔宝贵的财富。

是书有清光绪十六年（1890）四川尊经书局刻《石经汇函》本。今收入贾贵荣编《历代石经研究资料辑刊》第二册，北京图书馆出版社2005年版。

10.《唐石经校文》10卷，（清）严可均撰

严可均（1762—1843），字景文，号铁桥，浙江乌程人。嘉庆二十三年（1818）举人。弱冠出游，足迹半中国。道光二年（1822），赴建德县教谕，后以老病归里。精于考据之学，校定诸经文字，成果斐然，撰辑有《四录堂类集》1200卷，辑成《全上古三代秦汉三国六朝文》，又有诗文集《铁桥漫稿》行世。

顾炎武对唐石经文字的研究成就很高，然顾氏或惑于补刻，或蔽于装裱，以为石经文字“谬戾非一”。严氏的唐石经文字研究即是在顾氏的激发下产生的，用严氏自己的话讲，“《金石文字记》刺取寥寥，是非寡当，又误信王尧惠之补字以诬石经……余不自揆，欲为今版本正其误，为唐石经释其非，为

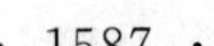

顾氏等祛其惑”。

是书前有叙例，一方面介绍本书的缘起，另一方面说明是书考校的体例，如石本与校本选用、对正文确定、对旁增者处理、校勘语言规范等。严氏所选石本为未经补缀的新摹本，以免受王尧惠补刻干扰。其所选校本为通行的万历国子监注疏本与毛晋汲古阁注疏本，兼据之宋元本，坊本不载。正文即对诸经逐一考校，并一并包括《五经文字》、《九经字样》与《石台孝经》。凡是石经之磨改者，旁增者及其与今本互异者皆录列出来，并依据今注疏本、《释文》，旁稽史传、汉唐人所征引者为之佐证。对于顾氏的考校结果予以检查，辨其正误。另对于王尧惠补字重要者加以说明。包含《五经文字》、《九经字样》与《石台孝经》等在内，共摘录 3226 科，其详细程度可想而知。

是书校勘体例科学、规范，考校周详、严谨，代表了清人唐石经文字研究的最高水平。清人姚文田称许是书使“唐石经之胜处以显而由是以求复于古，则后学之津筏，六艺之梯杭皆于是乎！”丁溶称赞严氏考校“专且勤，精且敏”，“读石经者，其以严氏校文为圭臬可矣！”

是书有清光绪十六年（1890）四川尊经书局刻《石经汇函》本，今收入《影刊唐开成石经》（附贾刻《孟子》、《严氏校文》），中华书局 1997 年版。另收入贾贵荣编《历代石经研究资料辑刊》第七册，北京图书馆出版社 2005 年版。

11.《蜀石经毛诗考异》（上、下），（清）吴骞撰

《蜀石经》本为五代后蜀毋昭裔组织刊刻。毋昭裔，五代龙门（今山西河津）人。博学多才，曾投靠后唐庄宗李存勖的姐夫孟知祥部。先后历官后唐成都尹、剑南西川节度副大使，后蜀御史中丞、中书侍郎同平章事。一生为政稳重，颇热衷于文教事业，蜀石经即是在其主持下摹勒上石的。《蜀石经》后来毁于战火失传，此书系残拓中《毛诗》的考校。

吴骞（1733－1813），字槎客，又号兔床先生，浙江海宁人。诸生，笃嗜典籍，遇善本不惜倾囊购之，或借读手抄校勘。所得不下 5 万卷，筑拜经楼藏之。多宋元珍本，自题其居曰“千元十驾”，学林传为佳话。所辑《拜经楼丛书》以校勘精审而著称，另有诗文集多种行世。

对于蜀石经文字的研究，最早为南宋时人晁公武，编有《石经考异》，稍后的张奂编有《石经注文考异》40 卷。此两书在清代均已不传。随着蜀石经残毁殆尽及拓片难得，于是蜀石经学几成“绝学”。清代蜀石经拓片残卷发现，为蜀石经研究带来了转机。这大概为是书产生的背景。

是书所依据的拓本残卷为吴门黄氏手抄《十三经校勘记》所据武林广仁义学印本，约为今《毛诗》卷一与卷二的部分内容。吴氏依据的校本为明虞

山毛氏汲古阁刊本，兼及唐石经，《孟子七经考文》，所校内容包括毛《传》郑《笺》的内容。共校异文约 810 余处。

是书之前，对于蜀石经《毛诗》遗文的考据，还有王昶《后蜀毛诗石经残本》，王昶依据的校本为北监本。北监本为内府藏本，流传颇稀，相反，后起的毛氏汲古阁本系对官本辗转传刊，虽文字多误，但流布较广。显然，对于后者的勘正无疑更为急迫，因而社会价值更大。为广大读者提供方便，以蜀石经考订毛本，大概为是书最大的优点。

是书有民国十一年（1922）上海博古斋影印《愚谷丛书》本。今收入贾贵荣编《历代石经研究资料辑刊》第八册，北京图书馆出版社 2005 年版。

12.《蜀石经残字》1 卷，（清）陈宗彝撰

陈宗彝（生卒年不详），原名秋涛，字雪峰，号嗜古，江宁（南京）人。诸生。不屑制举业，酷嗜金石，所手拓遍荒崖丛莽，毡椎无虚日。其校勘古籍亦甚富，其中有关金石著述有《汉蜀石经残字考》、《钟鼎古器录》、《古砖文录》、《续古篆》、《重编金石文跋》、《重编访碑录》。校勘古籍有《景泰本尔雅郭注》、《章草急就篇》、《华严音义》等。另有诗文作品《读礼识疑》等 10 种，皆亡佚。

蜀石经石凡千数，在宋代，尤其南宋颇受重视。此后史书失载。至明代，在《蜀中广记》中再次出现时，材料显示蜀石经已损毁殆尽。蜀石经拓片估计在元代已较罕见，马端临《文献通考》凡言之均有“晁氏曰”，已非其亲见。明代张萱重修《内阁藏书目录》记成都石经拓本诸经尚全。在经历了明清之际的战乱后，拓片已世所罕见。在清代考据学风潮中，对蜀石经残石残字的搜集整理便颇为人所关注。这即为是书产生的背景。

是书实为蜀石拓本残卷，含《毛诗》、《左传》两种。前有陈宗彝之父所写序文，除介绍了蜀石经残卷的来龙去脉外，还简要指出其与通行本互异之处。正文为残卷文字内容，其中《毛诗残本》存卷一之后半部分和卷二，抄自吴门黄氏手抄本，系《十三经校勘记》所据有武林广仁义学印本。经文起自《鹊巢》“之子于归，百两御之”，讫于《二子乘舟》“愿言思子，不瑕不害”；注文（毛《传》郑《笺》）起自“爵位，故以兴焉”，讫于“有何不可而不去乎”。合计经文有 4808 字，注文有 11446 字。其中《左传》残字为昭公二年《左传》第二十卷的部分内容。传文起自昭公二年传“子也，君子有信其有以知之矣”，讫于“女罪之不恤而”。注文起自“夫子韩起”，讫于“褚师市官”。合计传文 395 字，注文 267 字。

之所以在此特录蜀石经残卷，算是对经石千数、经注齐备而下落不明的

蜀石经及那段峥嵘岁月的告慰。另，蜀石经尚有《周礼》遗文传世，缪荃孙曾对之做了考校，详见缪荃孙《蜀石经校记》。又有清末民初刘体乾藏《宋拓本蜀石经》99卷，今藏国家图书馆。

是书有清道光六年（1856）三山堂陈氏重刻本。今收入贾贵荣编《历代石经研究资料辑刊》第八册，北京图书馆出版社2005年版。

13.《北宋汴学二体石经记》1卷，（清）丁晏撰

关于嘉祐石经的来龙去脉，《宋史》与《金史》均不载。依王应麟记载，嘉祐石经原计划刻经《易》、《诗》、《书》、《周礼》、《礼记》、《春秋》、《孝经》7种，但后来仅完成《孝经》、《尚书》、《论语》3部，其余经典书石计划被取消。但从《水心集》、元李师圣《汴梁泮宫修复石经记》来看，王应麟所记有缺漏，似乎诸经均已刻石。后来嘉祐石经毁于元明之际的战乱，其刻石详情终无从求证。清丁晏在淮安书肆却意外地得到了《北宋汴学石经残字》一束，于是丁氏便将之做了简要的说明，此即是书产生的缘起。

是书记载嘉祐石经共存七经，391纸，文字约3万余字。其中《周易》有28纸，与今本异文有“升谐”今作“阶”等4处；《尚书》有42纸，石经“协咊万邦”今作“和”等异文约13处；《诗经》有20纸，多有古字。《礼记》有220纸，多用古体字。《春秋》有24纸，其中字体有大小不一者。《周礼》28纸，有二处异文。特别值得一提的是《孟子》有37纸，有二处异文。除正文外，尚有何绍基阅丁氏所送石经及记文后的诗作1篇，另有丁氏酬和诗作4篇，再加叶名沣尾跋1篇。

是书虽仅有数篇，但信息量相对丰富。尤其《孟子》37纸拓本残卷的存在，不仅足以补史传之阙文，而且引发学界重新对于宋代《孟子》入“经”时间的考论。

是书有清光绪十六年（1890）四川尊经书局刻《石经汇函》本。今收入贾贵荣编《历代石经研究资料辑刊》第八册，北京图书馆出版社2005年版。

14.《石经考文提要》13卷，（清）彭元瑞撰

彭元瑞（1731－1803），字掌仍，云楣，江西南昌人。乾隆二十二年（1757）进士。历官至礼部尚书、工部尚书，加太子少保。博通群籍，先后奉敕编撰《秘殿珠林》、《石渠宝笈续编》诸目，另有未完稿《五代史记补注》。

清代，民间《十三经注疏》多用刊刻不精的坊本（毛本），或多有衍缺的明监本。官刻《十三经》虽颇为精审，但卷帙繁多且价格不菲，非人人所能尽读。清石经虽较为简约，与内府所藏、官刻诸书参稽印证多相吻合，但列于太学亦非常人所能见。于是，彭元瑞领谕旨，效法唐石经之后的《五经文

字》与《九经字样》成例，将石经与监本、坊本互异之处逐条摘出，并列出所从诸本，编为《石经考文提要》，部头不大，却足资匡谬正俗。

是书依清石刻十三经为准以校正监本、坊本，故每经别为一卷。其中有监本或坊本与清石经异文者，先列石经文字，以示标准，再列监本或坊本的所异之文，最后引内府所藏、官刻诸书以辅翼石经，间或加按语以考证。因为彭氏官居高位，颇能览内府所藏之珍本，故所引版本宏富，颇具说服力。

对于是书的价值，阮元言“石经列在太学，乡曲之士或不能尽见，而正伪补脱略具《提要》中，使学者先见此书，不至于为坊本所惑，由是以窥石经之涯涘矣”。的确，经由是书所搭建的简易实用的平台，石经对于经本的规范与统一功能才得以发挥，从而在一定意义上延长了石经生命。

是书有清光绪十六年（1890）四川尊经书局刻《石经汇函》本，今收入贾贵荣编《历代石经研究资料辑刊》第二册，北京图书馆出版社 2005 年版。

15.《魏石经考》（上、下），王国维撰

王国维（1877—1927），字伯隅、静安，号观堂、永观，浙江海宁人。清末秀才。22 岁时，任《时务报》书记校对。工作之余，在“东文学社”研习外交与西方近代科学，后结识罗振玉，并在其资助下于 1901 年赴日本留学。后归国执教于北京大学、清华研究院等高等学府，期间先后从事文学、金石文字、史学等多领域研究。后于国民革命军进逼北京之际，或纠结于自己的清遗民之身份而投湖自尽。王氏对于金石学的研究始于辛亥革命后旅居日本期间。其著述由清华研究院同仁等编成《海宁王忠悫公遗书》四集，1940 年由赵万里、王国华合编之《王静安先生遗书》刊行，1983 年上海古籍出版社又据此刊本影印，名为《王国维遗书》，1984 年中华书局始出版《王国维全集》，但仅出《书信》一册。在台湾，1976 年大通书局影行《王国维先生全集》；2010 年，浙江教育出版社与广东教育出版社联合出版《王国维全集》，为目前收罗最备之本。

汉魏石经均树立于洛阳太学，自永嘉之乱以来，历遭损毁，至唐时已十不存一。南北朝以来，相关记载已抵牾错出，聚讼不断。有关石经字体问题、刻石经数问题、书丹者为谁问题、经本为何问题，以及围绕存毁的相关问题等等，自宋人首开石经研究始，这些都是学界讨论的焦点。清人石经研究热的大潮退去后，现代学人该如何回应这些热点问题呢？

是书名为“《魏石经考》”，实际兼及汉石经。全书可分上、下两卷，上卷包括《汉石经经数石数考》、《魏石经经数石数考》、《汉魏石经经本考》、《魏石经古拓本考》、《魏石经经文考》、《魏石经篇题考》等 6 篇文章。下卷包括

《魏石经古文考》与《魏石经书法考》两部分。

尽管是书所涉及的内容几乎前人均有提及，但王氏却梳理得眉目清楚。不仅如此，王氏对石经的研究，较以往最大的区别是其研究视角以经碑而非经文为中心，较重视出土残石及其行款等。其除了一如既往作纸上探讨外，还附以实物文字的互证，这使以前许多有争议的问题多迎刃而解。如对汉魏石经经数、石数的考证，对魏石经遗文的整理等。另外，王氏为现代学术研究的开山人物之一，其所讨论“石数”、“经数”、“经本”等术语及论点论证的方式均为现代石经研究奠定了坚实基础。

是书有民国五年（1916）上海仓圣智大学印《广仓学窘丛书》本，今收入贾贵荣编《历代石经研究资料辑刊》第六册，北京图书馆出版社2005年版。

16.《汉熹平石经残字集录》续编、三编、四编、又续编及续补，罗振玉辑

罗振玉（1866—1940），字叔蕴、叔言，号雪堂、贞松，祖籍为浙江上虞县，江苏淮安人。是中国近代学术史上与王国维并提的著名学者。幼年接受乾嘉朴学训练，对经史、训诂潜心学习，留意于金石名物的收藏，尤倾心于经史考据之学，后于经史、器物文字用力颇勤，潜心研究金石学，致力于搜集和整理甲骨、铜器、简牍、明器、石经、佚书等考古资料。一生著作189种，校刊书籍642种。在金文研究方面，著有《殷文存》、《秦金石刻辞》、《贞松堂集古遗文》、《补遗》、《续编》、《三代吉金文存》等。

1921年在洛阳先后出土了部分汉魏石经残石，引起了好古者的重视。1928年闽人陈承修遂有了汇集诸家所藏，拓而传之的想法，并委托其友孙壮来落实这一工作，后由马衡对汉石经72石进行编次，是为《汉魏石经集拓》。后罗振玉在此基础上，将其中本为一石者合并，仅存一字而不可附丽者删去，整理为52石。又以中笥所藏以补充之，罗氏命儿子福葆、福颐仿写原拓。因罗氏还亲为考证，已不只为拓片汇集，故名之以《汉熹平石经残字集录》，这大概为此系列书产生的背景。

是书对于残字的整理以各经为单位，先列某经石数或字数，再录拓片原文，最后予以考证，如石本与今本的异同，所推测行数及每行的字数等。文字之后，附以仿描的原石拓片，以存原貌。其中残字《周易》约632字，《鲁诗》（含校记）约810字，《仪礼》约353字，《公羊春秋经》约469字，《公羊传》（校记）约349字，《论语》约（含校记）234字，《序记》约304字，另有若干字不知何经所有。是书收录汉石经遗文约略超过3000字，较之《隶释》所存多出近1000字。

是集图文并茂，又经多次增补，故资料价值颇高。值得一提的是，较之《隶释》所存五经，《隋书·经籍志》所列汉石经七经均有发现。其中《周易》《春秋经》二经，计1100余字，足以补《隶释》相关内容之空白。其他诸经亦有与《隶释》所出入者，或可补《隶释》之阙。自《隶释》所录汉石经文字以来，是书所汇集汉石经遗文为最多。若两者相互比堪，对汉石经遗文研究无疑大有裨益。

是书有《贞松堂集古遗文》民国印本，另今收入贾贵荣编《历代石经研究资料辑刊》第五册，北京图书馆出版社2005年版。

17.《历代石经考》，张国淦撰

张国淦（1876—1959），字乾若、仲嘉，号石公，湖北蒲圻人。1902年中举人，1904年考取内阁中书。后历任国务院铨叙局局长、国务院秘书长、总统府秘书长、内务次长、教育总长等民国政府高官。国民革命军北伐时去职而潜心于史地调查。1949年后，初为上海文史馆馆员，1953年赴京任中国科学院近代史研究所研究员。1954年任北京市政协委员，次年任全国政协委员。著述颇丰，有《中国古方志考》、《辛亥革命史料》、《北洋述闻》、《〈永乐大典〉方志辑本》及《潜园文集》《潜园诗集》等。

1921年洛阳先后出土了部分汉魏石经残石，这在当时收藏界、学界颇为轰动。从是书写成于1926年来推断，是书可能与洛阳石经残石出土有关，或为是书产生的背景。

是书大概为清人石经考证的总结之作，侧重于对历代石经源流的梳理。书前有《例言》，引出石经话题，兼及该书写作相关情况。全书由正文与附录两部分构成，其中正文又分为两部分，即历代诸石经考证与历代石经一览表；附录为七朝以外石经资料。正文文字部分将从汉至近代以前的历代诸石经分为七单元。其中每单元先列出具体某石经的考证提纲，大概属于某具体石经的概貌之类，内容包括解题、经数、碑石数、书石者、处所、流变（碑石、拓片的命运及修补情况）。下来为主体部分，对于提纲中的相关内容逐一考证。往往先列《提纲》的相关内容，再围绕所考证对象铺排相关资料，最后以加按语方式，提出自己意见。如《汉石经考提纲》共注明67处所需考证的内容，其每条相关资料汇集及按语考证，均属于《汉石经考》的内容。

在《例言》中，张氏言“考证之学，非可凭空结撰”，且成书后，历经4年“不知凡几”的补足修订，由此可见作者严谨笃实的研究态度。是书开门见山先将考证结果汇为简要的“提纲”和盘托出，然后再附考证的资料及其过程，既考虑到传播效能，又照顾到不同读者的需要，颇具匠心。另外，于主体文字部分外，附以图表，在清人徐嵩基础上增加时间横轴，与纵向历代石经栏相配合，于历代石经源流变迁，令人一目了然。值得一提的是，凭借着“后来者的优势”，从资料汇集到结论提出，是书较之清人作品多少有些总结的意味，故还可作为了解历代石经流变，或了解清人石经学的必备参考。不过论点加材料加按语的形式，稍显资料堆砌，且对于周详论证多少有所束缚，在研究方法与撰写体例上，尚未能超越清人徐嵩的水平。

是书有民国十九年（1930）燕京大学国学研究所铅印本。今收入贾贵荣编《历代石经研究资料辑刊》第 4 册，北京图书馆出版社 2005 年版。

18.《宋拓本蜀石经》99 卷，（清）刘体乾藏

刘体乾所藏《宋拓本蜀石经》为毋昭裔倡刻石经拓本之残卷。

刘体乾，字健之，安徽庐江人。著名收藏家。清光绪年间四川总督刘秉璋长子。民国初年，曾任四川宣慰史，后即潜心学术，与弟刘体仁、刘体智、刘声木，均为著名金石、史学学者兼收藏家。1918 年，刘体乾因得宋元间拓本《蜀石经》7 册，矜为至宝，颜其堂额为“蜀石经阁”（或称“蜀石经斋”）。

《蜀石经》创刻于五代后蜀广政年间，为儒家《十三经》经注齐备的最早的完整辑刻。经注文数达 1414585 字，“其石千数”①，是中国历代石经中字数最多、历时最长、体例最备、资料价值最高的一种，也是规模最大的一种②。当时即有人注意到其版本价值，将之与通行印本“监本”互校。然而可惜的是，《蜀石经》至宋末元初已大多毁亡，而其拓片全本，宋时内府有拓本 96 册，明代《文渊阁书目》、《国史经籍志》尚有完整著录，至清则唯有残卷矣。

刘体乾所藏《宋拓本蜀石经》，是现存最佳的《蜀石经》拓本，现由国家图书馆收藏，为宋、元拓本之合璧残本。考其渊源，则相继由宋内府、刘体乾、陈澄中等递藏。此本共 9 册、99 卷，含墨拓本《左传》2 册（36 卷），《穀梁传》2 册（23 卷），《周礼》2 册（38 卷），《公羊传》1 册（2 卷），清道光间木刻印本《蜀石经》1 册，《题跋姓名目录》1 册。其中《左传》册页上钤有“东宫书府”印，为宋代内府官印，可知此本系宋拓无疑。又有清及近代以来名家题跋及题签、题首、观款达上百条，还有何维朴、金蓉镜、林纾、吴昌硕等十数人的绘图，拓本藏印累累，递藏有绪。尤其是乾嘉以来著名学

① 晁公武：《石经考异序》，曹学佺《蜀中广记》卷九一《著作记第一》，文渊阁《四库全书》本。

② 《开成石经》立石 114 通 228 面、650252 万字，《乾隆石经》立石 190 通 380 面、68 万余字。

者如翁方纲、段玉裁、钱大昕、瞿中溶、梁章钜、何绍基、祁寯藻、潘祖荫、王懿荣、缪荃孙、杨守敬、王闿运、沈曾植等数十人的题跋。

是书为今存内容最多的蜀石经拓片，也是现存最早的宋拓本。1956 年，在周恩来总理关怀下，从香港购回，藏于北京图书馆（今国家图书馆），2008 年 3 月入选国务院公布的首批《国家珍贵古籍名录》（编号为 00391）。

19.《影印唐开成石经》163 卷（含《五经文字》3 卷，《九经字样》1 卷）附贾刻《孟子》，严氏《校文》皕，忍堂刻

皕忍堂，为北洋军阀张宗昌的斋号，张宗昌主政山东时提倡尊孔读经，规定学校里必须设经学课，以期挽回道德人心。其间，聘名流杨度为总参议。杨氏力劝张宗昌要多做好事，并具体建议他重刻《唐开成石经》（十三经）等。张宗昌遂指令著名藏书家、版刻家陶湘专司此事。民国十五年（1926）陶湘以皕忍堂斋号为张氏摹刻《影印唐开成石经》，同时还刊刻了《资治通鉴》、《武经七书》等。

陶湘（1871—1940），字兰泉，号涉园，江苏武进人。清末官至道员，后进入实业界及金融界，民国十八年（1929）应聘故宫博物院专门委员。嗜藏书，不专重宋元古本，而以明本及清初精刊为搜求之目标，数十年共得明版 1000 部，毛刻 540 种。颇讲究书籍形式及外表装潢，每得书，遇残本则整修之，遇珍本则函以红木匣。还曾致力于刻书，刻有《儒学语》、《百川学海》、《程雪楼集》、《喜咏轩丛书》、《涉园所见宋版书影》等计 250 种左右。目录学著作除《明毛氏汲古阁刻书目录》外，尚有《涉园鉴藏明版目录》、《清代殿版书目》、《武英殿聚珍版书目》、《内府写本书目》、《故宫殿本书库现存目》等，均已行世，室名“涉园”、“百嘉室”、“喜咏轩”等。

石刻儒家经典，自汉代以来，共有 7 种，保存最古老而且比较完整的为唐开成石经。唐末，唐石经拓片文字市价为“十金易一笔，百金偿一篇”。至晚近，其价值远非金钱所能衡量，清人丁溶言“经之有版本，昉后唐，彼时依石本句读抄写，相沿至今，是今人所读者，毋论非汉魏六朝之旧，亦非陆孔所据之本矣，句皆石经之句，字皆石经之字，读经而不读石经，饮水而忘其源可乎?”显然，作为今天儒经印本的“源头”，唐石经文字价值不言而喻。这大概是影印《唐开成石经》的主要原因。唐开成石经仅刻十二经。后宋代《孟子》由“子”入“经”，于是，儒学“十三经”的规模粗具。因是之故，方才有清人贾三复锦上添花，补刻《孟子》。唐石经文字是今存最古老而且比较完整的儒经经本，故与儒经通行本互校，对于厘定今本无疑具有重要的参考价值。这或为附录后两者的原因。

是书由民国十五年（1926）皕忍堂唐石经影摹刻本适当缩印而成。皕忍堂取新拓整张经文与魏稼孙《开成石经图考》相符者，依原拓字体影摹刻版。残缺处按阮元覆刻宋椠十行本经文双钩补足。仅有经文，其内容包括《周易》9卷，其中上下《经》用王弼注本，《系辞》、《说卦》用韩康伯注本；《尚书》13卷，用孔氏传本；《毛诗》20卷，用郑氏笺本。“三礼”皆用郑氏注本，其中《周礼》12卷，《仪礼》17卷，小戴《礼记》20卷，首《月令》篇，用李林甫等奉敕注本。《春秋左氏传》30卷，用杜氏集解本；《春秋公羊传》11卷，用何休学本；《春秋穀梁传》12卷，用范宁集解本；《孝经》1卷，用唐明皇注本；《论语》10卷，用何晏集解本；《尔雅》3卷，用郭璞注本。《五经文字》3卷，《九经字样》1卷，同时附刻清康熙年间贾三复补刻石壁之末的《孟子》7卷，严可均所著《唐石经校文》10卷，共成书线装74册。

是书虽为刻本，但是采用了影摹刻版技术，以拓本与石经《图考》相结合，最大限度地保存了经本原貌，残缺处依宋本补足，并用双钩字体以示区别，更接近于原刻。是书刻印精美，内容完整，不仅方便阅读，而且对研究和保存儒家经典极有价值。值得一提的是，《历代石经资料辑刊》所收严可均《唐石经校文》缺卷四与卷五两卷，是书所录严氏《校文》则为足本，足以补前者缺佚之憾。

是书较之皕忍堂原刻本，除适当缩印外，还删去张宗昌和潘复《序》各一篇。由中华书局于1996年出版发行。

20.《历代石经研究资料辑刊》（全8册），贾贵荣辑

贾贵荣，北京图书馆出版社编审、总编辑。

自熹平石经树立于洛阳太学以来，作为规范文字、统一经本的文化策略，乃至接续大统、振兴文教的政治符号，先后有汉、曹魏、唐、后蜀、宋、清等六朝创建过儒经刻石的文化工程。自《隋书·经籍志》首次对于石经文献的著录，乃至首部石经研究专著——晁公武《石经考异》的诞生，于是，作为一门新的独特的知识门类——石经学便规模粗具了。乘着清代考据学的东风，从事石经学研究的队伍日益壮大，涌现出了一批以石经为论题的专著。于是，以四川尊经书院编《石经汇函》为代表，荟萃众说的石经研究丛书便应运而生了。除专题性研究丛书外，尚有《昭代丛书》、《丁丑丛编》等收录有石经的相关资料。这大概为是书产生的背景。

是书是在对北京图书馆现存石经资料整理后的成果，共收有历代石经研究文献54种，依通考、汉石经、魏石经、唐石经、后蜀石经、宋石经、清石经的顺序排列，编为8册。其中第一册收书8种，分别为《大学石经古本》

(附《序引》、《旁释》、《申释》)、李兆洛《石经考》、雪樵《石经考辨》、桂馥《历代石经略》、马国翰《石经鲁诗》、刘传莹《汉魏石经考》、顾炎武《石经考》与杭世骏《石经考异》。第二册含 2 种，即彭元瑞《石经考文提要》与冯登府《石经补考》。第三册含 11 种，分别为阮元《仪礼石经校勘记》、《石经考》(稿本)、李兆洛《石经考》(抄本)、张邦伸《石经》、徐嵩《石经备考》、张萱《石经》、徐世溥《跋石经》、曾宏父《石刻铺叙》、万斯同《汉魏石经考》和《唐宋石经考》、吴维孝《新出汉魏石刻考》。第四册含 2 种，即张国淦《历代石经考》与陈绳甫《汉魏石经残字》。第五册收书 10 种，分别为陈宗彝《熹平石经残字》，方若药《旧雨楼汉石经残石记》，翁方纲《汉石经残字考》，瞿中落《汉石经考异补正》，罗振玉《汉熹平石经残字集录》、《续编补遗》、《三编》、《四编》、《又续编》、《续补》等。第六册含 8 种，分别为孙星衍《魏三体石经遗字考》、冯登府《魏石经考》（稿本)、王国维《魏石经考》和《魏正始石经残石考》、吴宝炜《魏三体石经录》、孙次舟《论魏三体石经古文之来源并及两汉经古文写本的问题》、章炳麟《新出三体石经考》、王小航《增订三体石经时代辩误》。第七册含 5 种，分别为《唐石经考异》、顾炎武《唐国子学石经》、严可均《唐石经校文》、魏锡曾《开成石经图考》、吴骞《唐开成石经考异》。第八册有 9 种，分别为钱大昕《唐石经考异》、《附补》，陈宗彝《蜀石经残字》，王昶《后蜀毛诗石经残本》，缪荃孙《蜀石经校记》，吴骞《蜀石经毛诗考异》，丁晏《北宋汴学二体石经记》，王秉恩《北宋汴学篆隶二体石经跋》、《钦定石经目录》、《奏修石经学像册》。

是书对清人的石经研究搜罗较为全面，既有历代石经流变的考察，又有石经文字的考异，基本代表了清人石经研究水平，并附带部分民国时期的优秀成果，为读者研究提供了便利。但是本书的不足之处也是显然的，首先，内容编排凌乱，编者所谓的“依通考、汉石经、魏石经、唐石经、后蜀石经、宋石经、清石经的顺序排列”并未很好的贯彻。例如，在开首的“通考”中夹杂着《石经鲁诗》、《大学石经古本》这类具体文字考异的内容。其次，编辑不够精审，多处有明显的常识性错误。如有冯登府《石经补考》完整刻本情况下，还收录冯氏《魏石经考》（稿本)，而并未见稿本价值所在。又如宋人曾宏父、明人徐世溥、张萱等均被误归入“清”籍。另外，《唐石经校文》居然缺四、五两卷，即对《仪礼》、《礼记》文字的考校，而严氏《叙例》中二者皆有存目，显然，原稿当有之。如果所收为残卷，似当予以注明为妥。

是书为北京图书馆出版社古籍影印编辑室贾贵荣编，2005 年由北京图书馆出版社出版。

第十七章 出土儒学文献

在纸张发明和大量使用之前，人类用以书写文字的材料是多种多样的。以世界文明古国为例：古埃及人选择的是纸草，亚述人选择的是泥版，古印度人选择的是贝叶，古代西亚与古代欧洲人选择的是羊皮，古希腊人选择的是蜡版，而古中国人选择的是甲骨、金石、简帛。王国维尝云："书契之用，自刻画始。金石也，甲骨也，竹木也，三者不知孰为后先，而以竹木之用为最广。"① 夷考载籍，参验实物，王氏所谓"以竹木之用为最广"，洵然之论也。时至今日，我们所发现的先秦两汉的"古书"（古代书籍）、"典籍"（经典古籍），基本上都是书写于简牍或缣帛之上，此即墨子所说"书于竹帛"（《墨子·兼爱下》、《天志中》）、"书之竹帛"（《墨子·尚贤下》、《天志下》、《明鬼下》等篇），《晏子春秋·外篇下》所说"著之于帛，申之以策"。

这些文献由于长期埋葬于地下，未被舛误和篡改，与传世文献相比，往往保留着更为原始的面貌，一旦发掘出土，它们或可校正传世文献的讹脱与衍倒，或可补充传世文献的缺佚和不足，故出土文献常常被视为历史研究的重要补充。事实上，重大的出土文献的发现和研究，常常会引起学术的革新和进步，甚至可能改写已知的学术史和文化史。

在出土文献中，属于儒学的文献也非常丰富。就目前所掌握的材料（实物资料）而言，最早的出土文献是甲骨文，其中就有早期儒者（作"需"或

---

① 王国维著，胡平生、马月华校注：《简牍检署考校注》，上海古籍出版社，2004年，第1～2页。

“丘需”）的记载，① 虽然他们还不能说是“儒家”（或儒学）的先驱，但是对于我们考察“儒”的得名和起源颇有帮助。至于后来出土的郭店楚简、上博楚简、清华简、马王堆帛书、阜阳竹简、银雀山汉简、定县竹简、武威汉简、敦煌文书等，更是具有丰富的儒学文献资料，自然是儒学研究不可或缺的。因此，我们研究儒学及其历史，除了要充分了解和掌握传世文献外，也不能忽略出土的儒学文献；不仅不能忽略，甚至还要加意关注、着力利用。

第一节　出土文献的源流：古代部分

关于出土文献的发现及其利用，早在 80 多年前，一代国学大师王国维就有清晰的意识和热情的阐述。1925 年 7 月 27 日，王国维应清华学校学生会之邀，为暑期留校学生讲演《近二三十年中所发见之学问》。② 王国维在讲演中欣喜地指出，“今日之时代，可谓之发见时代，自来未有能比者也”，并列举了殷墟甲骨文字、敦煌塞上及西域各地之汉晋木简、敦煌千佛洞之六朝及唐人写本书卷、内阁大库之元明以来书籍档册、中国境内之古外族遗文等；但王国维同时又特意提醒，“然则中国纸上之学问赖于地下之学问者，固不自今日始矣”，并列举其中二例，“一为孔子壁中书，二为汲冢书”。③

王国维所言甚是，但历史上的出土文献之发现与利用，实不止此二例。现结合各类史料和信息，综述中国古代地下文献出土之简史如下。

1. 西汉孔壁书

西汉武帝时（前 140—前 87），鲁共（恭）王坏孔子宅得古书，此事见于《汉书·艺文志》、《尚书正义序》等载籍。据《汉书·艺文志》记载：

① 徐中舒：《甲骨文中所见的儒》，《四川大学学报》1975 年第 4 期，第 70～74 页；后收入《徐中舒历史论文选辑》，中华书局，1998 年，第 1216～1232 页。该文收入《徐中舒历史论文选辑》时，标题被改作“论甲骨文中所见的儒”，且文字改动较大。又，关于古今学人对儒家起源研究的介绍与评述，可参看舒大刚、彭华：《忠恕与礼让——儒家的和谐世界》，四川大学出版社，2008 年，第 2～4 页。

② 吴宓著、吴学昭整理：《吴宓日记》第三册，北京：三联书店，1998 年，第 49 页。

③ 王国维：《静庵文集续编·最近二三十年中中国新发见之学问》，《王国维遗书》第五册，上海古籍书店，1983 年；彭华选编：《王国维儒学论集》，四川大学出版社，2010 年，第 341 页。

武帝末，鲁共王坏孔子宅，欲以广其宫，而得《古文尚书》及《礼记》、《论语》、《孝经》凡数十篇，皆古字也。共王往入其宅，闻鼓琴瑟钟磬之音，于是惧，乃止不坏。孔安国者，孔子后也，悉得其书，以考二十九篇，得多十六篇。安国献之。遭巫蛊事，未列于学官。刘向以中古文校欧阳、大小夏侯三家经文，《酒诰》脱简一，《召诰》脱简二。率简二十五字者，脱亦二十五字，简二十二字者，脱亦二十二字，文字异者七百有余，脱字数十。

按：王充《论衡·正说》亦记载此事，但系年于“景帝时”。周寿昌《汉书注校补》认为，鲁恭（共）王坏孔子宅以广其宫，“当在王鲁之初，为景帝时，非武帝时也”。王先谦《汉书补注》亦云，“《论衡》以为孝景时，是也”①。张舜徽赞成王充、周寿昌的说法。② 但顾实《汉书艺文志讲疏》认为此事当发生在武帝初年，《汉书·艺文志》所云“武帝末”当属“武帝初”之讹。③ 李零认为，这批书也许是战国时的鲁国写本。④

2. 西汉河内老屋书

西汉宣帝之时（前73—前49），河内女子发老屋得古书。据《论衡·正说》记载：

至孝宣皇帝之时，河内女子发老屋，得逸《易》、《礼》、《尚书》各一篇，奏之。宣帝下示博士，然后《易》、《礼》、《尚书》各益一篇，而《尚书》二十九篇始定矣。

河内，治所在今河南省武涉县一带（一说在今河南沁阳），战国时期属于魏国。李零认为，这些书也许是战国时期的三晋写本。⑤

3. 东汉杜林漆书本《古文尚书》

东汉光武帝时（25—57），杜林于西州获漆书本《古文尚书》，事见《后汉书·杜林传》：

河南郑兴、东海卫宏等，皆长于古学。兴尝师事刘歆，林既遇之，欣然言曰：“林得兴等固谐矣，使宏得林，且有以益之。”及宏见林，闇

① 陈国庆：《汉书艺文志注释汇编》，中华书局，1983年，第31～32页。

② 张舜徽：《广校雠略　汉书艺文志通释》（合订本），华中师范大学出版社，2004年，第196页。

③ 顾实：《汉书艺文志讲疏》，上海：商务印书馆，1929年第四版，第33～34页。

④ 李零：《简帛古书与学术源流》，北京：三联书店，2004年，第83页。

⑤ 李零：《简帛古书与学术源流》，北京：三联书店，2004年，第83页。

然而服。济南徐巡，始师事宏，后皆更受林学。林前于西州得漆书《古文尚书》一卷，常宝爱之，虽遭难困，握持不离身。出以示宏等曰：“林流离兵乱，常恐斯经将绝。何意东海卫子、济南徐生复能传之，是道竟不坠于地也。古文虽不合时务，然愿诸生无悔所学。”宏、巡益重之，于是古文遂行。

西州，在今甘肃省陇县一带。在古汉语中，墨亦可称为漆，而《后汉书·儒林列传》亦有“定兰台桼（漆）书经字”语，故杜林所得漆书“恐怕仍然是墨书”①。李零推测，杜林所得漆书本《古文尚书》，可能是东汉时用隶书转写古文的本子。② 出土文物表明，用漆是可以写字的，在曾侯乙墓的一个衣箱上（E. 61）就有 20 个漆书文字。③

4. 晋代汲冢书

简称“汲冢书”。晋武帝太康二年（281），汲郡人不准盗发魏襄王墓（或言安釐王冢），得竹书数十车，内有《纪年》、《易经》、《易繇阴阳卦》、《卦下易经》、《公孙段》、《国语》、《名》、《师春》、《琐语》、《梁丘藏》、《缴书》、《生封》、《大历》、《穆天子传》、《图诗》及杂书《周食田法》、《周书》、《论楚事》、《周穆王美人盛姬死事》等，共计 75 篇。竹书皆先秦“科斗字”。晋武帝命荀勖撰次，以为《中经》。原简早已不传。事见《晋书·束皙传》、《荀勖传》。《晋书·束皙传》云：

初，太康二年，汲郡人不准盗发魏襄王墓，或言安釐王冢，得竹书数十车。其《纪年》十三篇，记夏以来至周幽王为犬戎所灭，以事接之，三家分，仍述魏事至安釐王之二十年。盖魏国之史书，大略与《春秋》皆多相应。其中经传大异，则云夏年多殷；益干启位，启杀之；太甲杀伊尹；文丁杀季历；自周受命，至穆王百年，非穆王寿百岁也；幽王既亡，有共伯和者摄行天子事，非二相共和也。其《易经》二篇，与《周易》上下经同。《易繇阴阳卦》二篇，与《周易》略同，《繇辞》则异。《卦下易经》一篇，似《说卦》而异。《公孙段》二篇，公孙段与邵陟论《易》。《国语》三篇，言楚晋事。《名》三篇，似《礼记》，又似《尔雅》、《论语》。《师春》一篇，书《左传》诸卜筮，“师春”似是造书者姓名也。《琐语》十一篇，诸国卜梦妖怪相书也。《梁丘藏》一篇，先叙魏之世数，

① 陈梦家：《汉简赘述》，中华书局，1980 年，第 300 页。

② 李零：《简帛古书与学术源流》，北京：三联书店，2004 年，第 84 页。

③ 湖北省博物馆：《曾侯乙墓》，北京：文物出版社，1989 年，第 356 页。

次言丘藏金玉事。《缴书》二篇，论弋射法。《生封》一篇，帝王所封。《大历》二篇，邹子谈天类也。《穆天子传》五篇，言周穆王游行四海，见帝台、西王母。《图诗》一篇，画赞之属也。又杂书十九篇：《周食田法》，《周书》，《论楚事》，《周穆王美人盛姬死事》。大凡七十五篇，七篇简书折坏，不识名题。冢中又得铜剑一枚，长二尺五寸。漆书皆科斗字。初发冢者烧策照取宝物，及官收之，多烬简断札，文既残缺，不复诠次。武帝以其书付秘书校缀次第，寻考指归，而以今文写之。皙在著作，得观竹书，随疑分释，皆有义证。迁尚书郎。

按：此事《晋书·束皙传》系年于太康二年（281），《晋书·武帝纪》系年于咸宁五年（279），《晋书·荀勖传》系年于咸宁（275－280）初，杜预《春秋经传集解后序》系年于太康元年（280），前后有数年的差距。汲郡，在今河南省汲县。至于简牍的形式，荀勖《穆天子传序》谓“皆竹简素丝编”，“简长二尺四寸，以墨书，一简四十字”。陈梦家说：“汲冢所出为真正之战国典籍，对于研究古史，最为重要。”① 汲冢书的发现与整理，是古中国学术史上的一件大事。参加整理工作的学者，有荀勖、和峤、杜预、卫恒、束皙、挚虞、徐广、傅瓒、干宝等十几位饱学之士，堪称极一时之选。但让人遗憾的是，除《穆天子传》和《竹书纪年》② 外，余皆亡佚。

5. 晋代嵩山竹简

嵩山科斗书之发现，明见于《晋书·束皙传》：

时有人于嵩高山下得竹简一枚，上两行科斗书，传以相示，莫有知者。司空张华以问皙，皙曰：“此汉明帝显节陵中策文也。”检验果然，时人伏其博识。

此事亦见于《世说新语·雅量》刘孝标注引《文士传》，无异词，唯将年代明确为晋惠帝元康中（291－299）。李零推测，此简似是奏牍类的“两行”简，内容则可能是哀册、遣策类的简文，不是古书。③

所谓“科斗字”（汲冢竹书）、“科斗书”（嵩山竹简），切不可“泥其名以

---

① 陈梦家：《汲冢竹书考》，《尚书通论》（外二种），河北教育出版社，2000年，第596页。

② 说明：《竹书纪年》已于唐宋之际散佚，今所见《古本竹书纪年》系后人辑佚而成。重要的辑佚之作有：（1）朱右曾《汲冢纪年存真》，（2）陈逢衡《竹书纪年集证》，（3）王国维《古本竹书纪年辑校》、《今本竹书纪年疏证》，（4）范祥雍《古本竹书纪年辑校订补》，（5）方诗铭、王修龄《古本竹书纪年辑证》。

③ 李零：《简帛古书与学术源流》，北京：三联书店，2004年，第85页。

求之”。王国维说，“魏晋之间所谓‘科斗文’，犹汉人所谓‘古文’”，“而谓之科斗书，则魏晋间凡异于通行隶书者，皆谓之科斗书”。①

6. 刘宋季札庙木牍

刘宋顺帝昇明二年（478）冬，有人于延陵县季子庙井中得木简，此事明见于《南史·齐本纪上》：

> 昇明二年冬，延陵县季子庙沸井之北，忽闻金石声，疑其异，凿深三尺，得沸井，奔涌若浪。其地又响，即复凿之，复得一井，涌沸亦然。井中得一木简，长一尺，广二分，上有隐起字，曰：“庐山道人张陵再拜，诣阙起居。”简木坚白，字色乃黄。《瑞应图》云“浪井不凿自成，王者清静，则仙人主之”。

延陵县，治所在今江苏省丹阳市西南，延陵古邑故址即今江苏常州市，系春秋时期吴国公子季札受封（一说让国避居）之地。② 季子庙，即季札之庙。今人的评论是，“此事迷信色彩太多，但所云木简事并非不可能。木简出于吴季札庙北，则可能是吴国的遗物”③。

7. 南齐科斗（蝌蚪）书《考工记》

《考工记》今收入《周礼》之《冬官》，但此属附骥之举，因为《周礼》之《冬官》自西汉初年即求而不得。至于南齐建元年间（479－482），《考工记》又突然现身。《南齐书》卷二一《文惠太子传》载：

> 建元元年，封南郡王，邑二千户。江左未有嫡皇孙封王，始自此也。进号征虏将军。
>
> 先是，梁州刺史范柏年诱降晋寿亡命李乌奴讨平氐贼杨城、苏道炽等，颇著威名。沈攸之事起，柏年遣将阴广宗领军出魏兴声援京师，而候望形势，事平，朝廷遣王玄邈代之。乌奴劝柏年据汉中不受命，柏年

① 王国维：《科斗文字说》（1916 年），收入以下三书：（1）《观堂集林》卷七，《王国维遗书》第一册，上海古籍书店，1983 年；（2）谢维扬、房鑫亮主编：《王国维全集》第八卷，浙江教育出版社·广东教育出版社，2009 年；（3）彭华选编：《王国维儒学论集》，四川大学出版社，2010 年。

② 《史记·吴太伯世家》：“季札封于延陵。”《公羊传·襄公二十九年》：“（季札）去之延陵，终身不入吴国。”何休注：“延陵，吴下邑。”

③ 张显成：《简帛文献学通论》，中华书局，2004 年，第 21 页。此前，骈宇骞、段书安已用大致相同的文字表达过这层意思，见骈宇骞、段书安编著：《本世纪以来出土简帛概述》，台北：万卷楼图书有限公司，1999 年；《二十世纪出土简帛综述》，北京：文物出版社，2006 年，第 40 页。

计未决，玄邈已至，柏年迟回魏兴不肯下，太子虑其为变，乃遣说柏年，许启为府长史，柏年乃进襄阳，因执诛之。柏年，梓潼人，徙居华阳，世为土豪，知名州里。宋泰始中，氐寇断晋寿道，柏年以仓部郎假节领数百人慰劳通路，自益州道报命。除晋寿太守。讨平氐贼，遂为梁州。柏年强立，善言事，以应对为宋明帝所知。既被诛，巴西太守柳弘称启太祖，敕答曰："柏年幸可不尔，为之恨恨！"

时襄阳有盗发古冢者，相传云是楚王冢，大获宝物玉屐、玉屏风、竹简书、青丝编。简广数分，长二尺，皮节如新。盗以把火自照，后人有得十余简，以示抚军王僧虔，僧虔云是科斗书《考工记》，《周官》所阙文也。是时州遣按验，颇得遗物，故有同异之论。

会北虏南侵，上虑当出樊、沔。二年，征为侍中、中军将军，置府，镇石头。

襄阳，治所在今湖北省襄樊市，战国时期属于楚国。楚墓所出遣策多用长简（如长台关、包山、望山），简文也有可能是遣策，因为所记内容多器物名，而被误认为是《考工记》。①

8. 项羽妾冢书

北齐后主武平五年（574），彭城（治所在今江苏徐州）人盗发项羽妾冢，得《古文孝经》和《老子》。事见夏竦《古文四声韵序》。

9. 北周居延竹简

北朝周静帝宇文阐在位之时（579－581），居延部落主勃都骨低于居延得竹简书若干。《太平广记》卷三六八引唐李德裕《玄怪录》云：

周静帝初，居延部落主勃都骨低，凌暴，奢逸好乐，居处甚盛。忽有人数十至门，一人先投刺曰："省名部落主成多受。"因趋入。骨低问曰："何故省名部落？"多受曰："某等数人各殊，名字皆不别造。有姓马者，姓皮者，姓鹿者，姓熊者，姓獐者，姓卫者，姓班者，然皆名受。唯某帅名多受耳。"骨低曰："君等悉似伶官，有何所解。"多受曰："晓弄碗珠，性不爱俗，言皆经义。"骨低大喜曰："目所未睹。"有一优即前曰："某等肚饥，臈臈怡怡皮漫绕身三匝。主人食若不充，开口终当不舍。"骨低悦，更命加食。一人曰："某请弄大小相成，终始相生。"于是长人吞短人，肥人吞瘦人，相吞残两人。长者又曰："请作终始相生耳。"于是吐下一人，吐者又吐一人，递相吐出，人数复足。骨低甚惊，因重赐赍遣之。明日又至，

① 李零：《简帛古书与学术源流》，北京：三联书店，2004年，第86页。

戏弄如初。连翩半月，骨低颇烦，不能设食。诸伶皆怒曰："主人当以某等为幻术，请借郎君娘子试之。"于是持骨低儿女弟妹甥侄妻妾等，吞之于腹中。腹中皆啼呼请命，骨低惶怖。降阶顿首，哀乞亲属。伶者皆笑曰："此无伤，不足忧。"即吐出之，亲属完全如初。骨低深怒，欲用衅杀之。因令密访之，见至一古宅基而灭。骨低令掘之，深数尺，于瓦砾下得一大木槛，中有皮袋数千。槛旁有谷麦，触即为灰。槛中得竹简书，文字磨灭，不可识。唯隐隐似有三数字，若是"陵"字。骨低知是诸袋为怪，欲举出焚之。诸袋因号呼槛中曰："某等无命，寻合化灭。缘李都尉留水银在此，故得且存。某等即都尉李少卿般粮袋，屋崩平压。绵历岁月，今已有命。见为居延山神收作伶人，伏乞存情于神，不相残毁。自此不敢复扰高居矣。"骨低利其水银，尽焚诸袋。无不为冤楚声，血流漂洒。焚讫，骨低房廊户牖，悉为冤痛之音，如焚袋时，月余日不止。其年，骨低举家病死。周岁，无复孑遗。水银后亦失所在。

这是历史上最早发现的居延汉简。今人的评论是，"此记载亦带有很浓的迷信色彩，但所述在居延古屋遗址槛中得竹简书事，却颇有史料价值，因它与20世纪初至今在居延不断出土简牍正好相合，这是史籍中出土居延简的最早记载，说明我国古代很早就有在居延出土简牍的历史"①。

10. 唐灞水石函素绢《古文孝经》

在孔壁发现竹简《古文孝经》外，唐代又出土一种绢本《古文孝经》。李士训《记异》云：

大历初，予带经钼瓜于灞水之上，得石函，中有绢素《古文孝经》一部，二十二章，壹仟捌伯叁拾贰言。初传李太白，白授当涂令李阳冰。阳冰尽通其法，上皇太子焉。②

李士训说他"大历初"（766）在灞水（在陕西省中部）上发现一个石函，其中有一部用古文字写在素绢上的《孝经》。他先将这部《古文孝经》传给李白，李白又传给李阳冰，李阳冰将《古文孝经》全部研究清楚了，又献给了皇太子（即后来的唐德宗）。此本后来又为韩愈、张籍、归登、贺拔恕、郭忠恕、句中正等人所传。

11. 北宋天都木简

北宋徽宗崇宁（1102－1106）初年，有人在天都地下瓦罐中获得一批木

① 张显成：《简帛文献学通论》，中华书局，2004年，第23页。

② 李士训：《记异》，郭忠恕《汗简》卷七《目录略叙》引。

简。事见邵伯温《邵氏闻见后录》卷二七：

崇宁初，经略天都，开地得瓦器，实以木简札，上广下狭，长尺许，书为章草，或参以朱字，表物数曰缣几匹、绵几屯，钱米若干，皆章和年号。松为之，如新成者。字遒古，若飞动，非今所畜书帖中比也。其出于书吏之手尚如此，正古谓之札书。见《汉武纪》、《郊祀志》，乃简书之小者耳。张浮休跋王君求家章草《月仪》云尔。

天都，北宋时属秦凤路西安州，在今宁夏固原西北。木简以松木制成，字体是章草，间杂朱字。内容是关于一些物品的记录，“可能当属簿籍类文书”①。简文中有“章和”年号，说明木简的下限年代应当是东汉章帝章和年间（87—88）。

12. 北宋关右檄书

北宋徽宗政和年间（1111—1118），有人于关右（在今陕西省境内）获得东汉竹简若干。宋人黄伯思《东观余论》卷上云：

近岁关右人发地，得古瓮，中有东汉时竹简甚多，往往散乱不可考，独永初二年讨羌符文字尚完，皆章草书，书迹古雅可喜。其词云：“永初二年六月丁未朔二十日丙寅，得车骑将军莫府文书：‘上郡属国都中二千石守、丞、廷义县令三水，十月丁未到府受印绶发夫讨畔羌，急急如律令。’”按范晔《后汉书·安纪》：永初元年夏，先零种羌畔，遣车骑将军邓骘、征西校尉任尚讨之。二年正月，骘为羌所败于冀西。七月戊辰，诏有羌貊畔戾夙夜克己之语。其年十月庚寅，任尚与羌战于平襄。十一月辛酉，拜骘大将军，召还。则此简所谓“车骑将军”者，即邓骘也。所讨畔羌者，即先零也。

按：此事又见《云麓漫钞》卷七，但系年于宋徽宗宣和间（1119—1125）。对照《后汉书·邓骘传》等传世文献的记载，邓骘征讨先零羌之事发生于汉安帝永初二年（108），黄伯思的考证是完全可信的。迄今为止，这是我们所知道的历史时期所出土而又被保存下来的唯一的简牍檄文材料，为研究邓骘征讨羌人的历史事实提供了准确的时间依据，“而且有订正《后汉书·安帝纪》及《邓骘传》的巨大史料价值”，“简牍作用的重要性，于此可见一斑”。②

---

① 骈宇骞、段书安编著：《二十世纪出土简帛综述》，北京：文物出版社，2006年，第40页。

② 高敏：《简牍研究入门》，广西人民出版社，1989年，第42、44页。

第二节　出土文献的源流：20 世纪

令人遗憾的是，中国古代所发现的出土文献，除《竹书纪年》、《穆天子传》等少数几种流传后世外，余皆亡佚于滚滚历史长河之中。我们今天所能看到的出土文献，实始于 1901 年斯坦因在中国西北的探险与发掘。据不完全统计，20 世纪所发现的战国至六朝的简帛文献，其总数已经超过 23 万枚（包括已经正式发表的和尚未公开发表的）；如果加上唐、宋、元的简牍，则超过 26 万枚（件）。[①] 出土简帛的地域，遍及全国 16 个省、市、自治区。就内容而言，涉及的范围非常广泛，既有《汉书·艺文志》所列六艺、诸子、诗赋、兵书、数术、方技等书籍，也有中央和地方的各类官文书以及私文书，还有日常生活中所使用的书札、历谱、遣策等。毫无疑问，它们是全面研究中国历史文化的宝贵资料。本章所绍述的对象，是作为古书、古籍的儒学出土文献。

接下来，本节将择要叙述 1901 年以来出土文献的发现情况。所叙述的对象，主要是与经学（含辅翼经学的小学）和儒学有关者；所叙述对象的排列，大致以墓葬、遗址、遗物（特别是简帛）的年代先后为序。另外需要说明的是，没有纳入本章第四节着重叙述的对象，本节将略述其整理情况与研究状况。

1. 子弹库楚帛书

1942 年 9 月，湖南长沙东郊的一座战国时期的楚墓（即子弹库楚墓）被盗，出土了一件震惊世界的帛书（现藏美国赛克勒美术馆）。帛书长 38.7 厘米，宽 47 厘米，是至今为止所能看到的最早的帛书。1973 年，湖南省博物馆对该墓进行了一次抢救性的发掘，出土的器物有陶器、漆器、玉器、帛画等。[②] 1996 年，商承祚（1902—1991）之子商志
譚将收藏的帛书残片捐赠给湖南省博物馆。

研究者认为，楚帛书属于数术类作品，与明堂月令之说关系密切；前者较后者更原始，且为后者取法。[③] 关于长沙楚帛书，中外人士所发表的论文

---

① 骈宇骞、段书安编著：《二十世纪出土简帛综述》，北京：文物出版社，2006 年，第 175 页。据该书该页交代，其统计数字来源于何双全《中国简牍的世纪综述》（《中国文物报》2001 年 12 月～2002 年 2 月）。

② 湖南省博物馆：《长沙子弹库战国木椁墓》，《文物》1974 年第 2 期。

③ 李零：《长沙子弹库战国楚帛书研究》，中华书局，1985 年；李零：《中国方术考》，北京：东方出版社，2001 年第二版（修订本），第 178～196 页。

举不胜举，并且业已有专著问世。如，（1）蔡季襄：《晚周缯书考证》，蓝田：石印本，1944年；台北：艺文印书馆，1972年。（2）N. Barnard：The Ch'u Silk Manuscript－Translation and Commentary（《楚帛书——翻译与笺释》），Canberra：The Australian National University，1973.（3）饶宗颐、曾宪通：《楚帛书》，香港：中华书局，1985年。（4）李零：《长沙子弹库战国楚帛书研究》，北京：中华书局，1985年。（5）刘信芳：《子弹库楚墓出土文献研究》，台北：艺文印书馆，2002年。

2. 长台关楚简

1957年3月，河南省文化局文物工作队在信阳市发掘了长台关一号楚墓，共出土竹简148枚。竹简多已残断，依据内容，可分为两组：一组是古书（119枚），一组是遣策（29枚）。古书组竹简长42.5厘米，宽0.7～0.8厘米，厚0.1～0.15厘米，三道编绳，记载了申徒狄与周公的谈话，仅残存470余字。遣策一般长68.5～68.9厘米、宽0.5～0.9厘米、厚0.1～0.15厘米，共存957字，主要记载墓葬中的随葬物品。① 详明的考古报告、图像资料及竹简释文，可参看以下三书：（1）河南省文物工作队：《河南信阳楚墓出土文物图录》，河南人民出版社，1959年。（2）河南省文物考古研究所：《信阳楚墓》，北京：文物出版社，1986年。（3）商承祚：《战国楚竹简汇编》，齐鲁书社，1995年。

起初（20世纪五六十年代），学者多认为这组古书是儒家书籍，因为它讲"三代"、讲"周公"、讲"君子"，还引用了《诗经》中的话语。② 后来（70年代），中山大学古文字研究室楚简整理小组发现简文与《太平御览》卷八〇二引《墨子》佚文相似，③ 但并未引起重视。进入90年代后，李学勤撰文进一步讨论，认为简文是《墨子》佚篇。④ 这一结论现在已经被大家接受，而李零又有所补充。比如，"简文虽与今本《墨子》的佚篇或佚文有关，但原来却并不一定属于《墨子》，而很可能只是周公、申徒狄问对中的一种"，"简

---

① 河南省文化局文物工作队：《我国考古史上的空前发现——信阳长台关发掘一座战国大墓》，《文物参考资料》1959年第9期。

② 李学勤：《信阳楚墓中发现最早的战国竹书》，《光明日报》1957年11月27日第三版；李学勤：《战国题铭概述》（下），《文物》1959年第9期；史树青：《信阳长台关出土竹书考》，《北京师范大学学报》1963年第4期。

③ 中山大学古文字研究室楚简整理小组：《一篇浸透着奴隶主思想的反面教材——谈信阳长台关出土的竹书》，《文物》1976年第6期。

④ 李学勤：《长台关竹简中的〈墨子〉佚篇》，《简帛佚籍与学术史》，江西教育出版社，2001年。

文题篇当以作《申徒狄》更为合适”。①

3. 慈利楚简

1987 年 5 月至 6 月，湖南省慈利县石板村 36 号战国墓出土了一批竹简。发掘时，由于隔板下陷，淤泥侵入，使竹简严重残碎，以致无一完整。后经清理，共得碎片 4557 件。根据残简情况推断，原简大约有 800～1000 枚，字数可达 2 万余字。简文具有鲜明的楚系文字特征，内容为纪事性先秦古书。简文以记述吴、越二国史事为主（如黄池之盟、吴越争霸等），当与传世古籍《国语》、《战国策》、《越绝书》等有关。同时，也发现了可能属于《管子》、《宁越子》等古书的佚文。②

这批材料尚未整理发表，从发掘简报及《慈利楚简概述》的介绍来看，《宁越子》应属儒家著作。③

4. 郭店楚简

1993 年 10 月，荆州市博物馆在湖北省荆门市沙洋区四方乡郭店村对一座战国楚墓（M1）进行了抢救性发掘，墓中发现了一批竹简。该墓曾经被盗，劫余竹简 804 枚，其中有字竹简 703 枚，共计 1.3 万余字。

发掘报告说，该墓入葬年代当为战国中期偏晚，即“当在公元前四世纪中期至前三世纪初”，墓主为贵族，很有可能就是“东宫之师”（另有鸠杖）。④ 李学勤进一步推断，郭店一号墓的年代约在公元前 4 世纪末，不晚于公元前 300 年；墓中所出古书的书写年代，可能还更早一些，楚简各篇的年代均在《孟子》成书之前。⑤ 罗运环的考证则更为精确，他认为墓主下葬于公元前 302 年之后，竹简的书写则在公元前 303 年之前。⑥ 王葆玹认为，根

① 李零：《长台关楚简〈申徒狄〉研究》，《简帛古书与学术源流》，北京：三联书店，2004 年，第 176～192 页。

② 湖南省文物考古研究所等：《湖南慈利石板村 36 号战国墓发掘简报》，《文物》1990 年第 9 期。张春龙：《慈利楚简概述》，《古代文明研究通讯》总第六期，2009 年 9 月。

③ 骈宇骞、段书安编著：《二十世纪出土简帛综述》，北京：文物出版社，2006 年，第 216 页。

④ 湖北省荆门市博物馆：《荆门郭店一号楚墓》，《文物》1997 年第 7 期。

⑤ 李学勤：《先秦儒家著作的重大发现》，《人民政协报》1998 年 6 月 8 日第三版；《郭店楚简研究》（《中国哲学》第二十辑），辽宁教育出版社，2000 年第二版，第 13～17 页。

⑥ 罗运环：《论郭店一号楚墓所出漆耳杯文及墓主和竹简的年代》，《考古》2000 年第 1 期。

据文献记载，楚国曾经收复失地，因此郭店一号楚墓的年代下限未必就是公元前278年；相反，公元前278年为其上限，公元前227年为其下限。①

刘宗汉指出，漆耳杯上的“东宫之师”很可能就是楚顷王之师，他应是实现儒道融合的第一人。② 姜广辉推测，墓主极有可能是《孟子·滕文公上》中的陈良。③ 廖名春推断，“东宫之师”可能是孔子七十子之后学，尤其是子思之徒的可能性最大。④ 但裘锡圭将“东宫之师”的“师”解释为工匠，说明这杯子是某人所作。⑤ 无论如何，墓主人属于贵族阶层是无疑的。另外，有人甚至认为，墓主就是屈原，但此说一出即遭到驳斥。⑥ 周建忠曾经比较全面地论述过这一问题。他认为，漆耳杯上的铭文当释为“东宫之杯”；根据《左传》等书记载，楚太子的老师称“太傅”或“傅”；八十、九十加赐鸠杖之礼始于汉代，墓中所出乃手杖而非鸠杖；墓主与屈原无关。⑦

最近，李零从古文字的角度指出，漆耳杯上的四个字，发掘者原来考释的“东宫之杯”要比“东宫之师”更合理，实与“太子的老师”或“东宫的工师”并没有关系，而且它们对判定墓主本人的身份或墓中出土书籍与墓主的关系都没有太大帮助。⑧

整理后的竹简可分为两部分：一部分是道家著作，一部分是儒家著作。道家著作共计2种4篇，即《老子》(三组)、《太一生水》；儒家著作共计11

---

① 王葆玹：《试论郭店楚简各篇的撰作时代及其背景——兼论郭店及包山楚墓的时代问题》，《郭店楚简研究》，辽宁教育出版社，2000年第二版，第366～389页。

② 刘宗汉：《有关荆门郭店一号楚墓的两个问题——墓主人的身份与儒道兼习》，《郭店楚简研究》(《中国哲学》第二十辑)，辽宁教育出版社，2000年第二版，第390～395页。

③ 姜广辉：《郭店一号墓墓主是谁?》，《郭店楚简研究》(《中国哲学》第二十辑)，第396～399页。

④ 廖名春：《郭店楚简儒家著作考》，《孔子研究》1998年第3期（后收入《郭店楚简研究》)。

⑤ 王博：《美国达慕思大学郭店〈老子〉国际学术讨论会纪要》，《道家文化研究》第十七辑“郭店楚简专号”，北京：三联书店，1999年，第3页。

⑥ 高正：《论屈原与郭店楚墓竹书的关系》，《光明日报》1999年7月2日；纪健生：《郭店一号楚墓是屈原墓吗？——〈论屈原与郭店楚墓竹书的关系〉质疑》，《光明日报》1999年11月26日。《新华文摘》2000年第3期转载了此二文。

⑦ 周建忠：《荆门郭店一号楚墓墓主考论——兼论屈原生平研究》，《历史研究》2000年第5期。

⑧ 李零：《郭店楚简研究中的两个问题》，《郭店楚简国际学术研讨会论文集》，湖北人民出版社，2000年，第47～48页。

种 14 篇，即《缁衣》、《鲁穆公问子思》、《穷达以时》、《五行》、《唐虞之道》、《忠信之道》、《成之闻之》、《尊德义》、《性自命出》、《六德》、《语丛》(4 篇)。

5. 上海博物馆藏战国楚简

1994 年 5 月，上海博物馆斥巨资从香港古玩市场购回一批战国楚简，总计 1200 余枚。同年冬，五位香港友人联合出资收购竹简 497 枚，并将其捐赠给上海博物馆。出土地点与时间不明，传闻出自湖北，可能与郭店楚简出土地点相去不远。年代测定表明，这批竹简属于战国晚期。竹简共约 3 万余字，内容非常丰富，涉及的先秦古籍有近百种（部），以儒家文献为主，兼及道家、阴阳家、兵家等。这些古籍多数为古佚书，只有少数几种可与流传至今的先秦古籍相对照，计有《易经》、《孔子诗论》、《性情论》、《缁衣》、《子羔》、《民之父母》、《容成氏》、《彭祖》、《内豊》、《中弓》、《武王践阼》、《恒先》、《凡物流形》、《曹沫之陈》、《鲁邦大旱》、《季康子问于孔子》、《弟子问》、《采风曲目》等。

6. 清华大学藏战国简

2008 年 7 月，清华大学收到一批由校友捐赠的竹简（简称“清华简”)。据专家们观察鉴定，认为这是十分珍贵的战国竹简。后经综合研究与技术测定，其年代可推断为战国中晚期之际，即公元前 300 年上下。① 经过清点统计，清华简共有 2388 枚（包括完整的竹简与不完整的断片)。据介绍，这批竹简的性质是书籍而不是文书，并且大多与历史有关；尤其令人震惊的是，在这批竹简中赫然就有《尚书》。② 李学勤曾经介绍过 9 篇简文的内容，即《尹至》、《尹诰》、《程寤》、《保训》、《耆夜》、《金縢》、《皇门》、《祭公》、《楚居》。③

7. 香港中文大学藏简牍

香港中文大学文物馆历年购藏简牍 240 枚，其中空白简 11 枚。战国简 10 枚，内容多属文献典籍，估计与上博楚简属于同一批出土物。战国简中的一枚为《缁衣》简，一枚为《周易》简。汉简占大多数（229 枚），有西汉《日书》简 109 枚，簿籍类简 69 枚，河堤简 26 枚，予宁简 14 枚，遣策简 11 枚。另有晋代木牍 1 枚。

---

① 李学勤：《论清华简（保训）的几个问题》，《文物》2009 年第 6 期。

② 李学勤：《初识清华简》，《光明日报》2008 年 12 月 1 日。李学勤、刘国忠：《清华简：先秦历史悬疑有待揭开》，《社会科学报》2009 年 6 月 11 日第六版。

③ 李学勤：《清华简九篇综述》，《文物》2009 年第 5 期。

2001年，香港中文大学文物馆出版《香港中文大学文物馆藏简牍》，“简牍经陈松长整理注释，已基本可读，但释文有较多可商之处”①。

8. 睡虎地秦简

1975年12月，湖北省博物馆等单位在云梦县睡虎地发掘了战国末至秦代的墓葬，其中11号秦墓出土了大量的秦代竹简。通过对墓中出土文字资料的考察，确定墓主人是秦始皇时期一个名叫喜的狱吏，卒于秦始皇三十年(前217)。经清理和拼复，共有秦简1155枚，另有残简80余片。竹简保存较好，字迹清晰，内容主要是秦律和日书等。计有以下10种：《编年纪》、《语书》、《秦律十八种》、《效律》、《秦律杂抄》、《法律答问》、《封诊式》、《为吏之道》、《日书》甲种、《日书》乙种。

睡虎地秦简的释文，先于1976年在《文物》第5～8期陆续发表，后又结集出版。具体如下：

睡虎地秦墓竹简整理小组：《睡虎地秦墓竹简》，北京：文物出版社，1977年。8开线装本。除《日书》两种未收外，公布其余竹简的释文，并附录图版。

睡虎地秦墓竹简整理小组：《睡虎地秦墓竹简》，北京：文物出版社，1978年。32开平装本。除《日书》两种未收外，公布其余竹简的释文，但无图版。

睡虎地秦墓竹简整理小组：《睡虎地秦墓竹简》，北京：文物出版社，1990年。

在睡虎地秦简10种作品中，与儒家有关的作品是《为吏之道》。《为吏之道》共有竹简51枚，出土于墓主的腰腹部下。《为吏之道》分上下五栏抄写，内容多为官吏的常用语，有些地方的文义不很连贯，推测是供学习做吏的人使用的入门书。《为吏之道》以四字为句，与秦代的字书《仓颉》、《爰历》相似，故有人推测其为识字课本。就其内容而言，不少研究者已经注意到《为吏之道》与诸子思想的关联，注意揭示《为吏之道》与儒家、法家、道家的关系。②

---

① 胡平生、李天虹：《长江流域出土简牍与研究》，湖北教育出版社，2004年，第454页。

② 高敏：《秦简〈为吏之道〉中所反映的儒法融合倾向——兼论儒法诸家思想融合的历史演变》，《云梦秦简初探》（增订本），河南人民出版社，1981年。吴福助：《〈为吏之道〉法儒道家思想交融现象剖析》，《睡虎地秦简论考》，台北：文津出版社，1994年。

9. 王家台秦简

1993 年 3 月，荆州地区博物馆在湖北省江陵县荆州镇郢北村王家台发掘了 16 座秦汉墓葬，其中王家台 15 号秦墓出土了 800 余枚秦代简牍（竹简 813 枚，竹牍 1 枚）。其内容为《易占》、《效律》、《日书》，有些内容系首次发现。①

《易占》，约有竹简 394 枚，其详情如下：就体例言，均以易卦开头，随后是卦名及解说之辞。就卦画言，都是以“—”表示阳爻，以“∧”或“/ \”表示阴爻。就卦名言，大多与今本《周易》的卦名相同（如人、旅、兑、师等），也有部分卦名使用的是假借字（如“离”作“丽”、“颐”作“臣”等）。就解说词言，与今本《周易》都不相同，多采用古史中的占筮之例，涉及的古史人物有黄帝、炎帝、羿、夏后启、穆天子、共王、武王等。根据《周礼·春官·大卜》的记载：中国上古有“三《易》之法”，“一曰《连山》，二曰《归藏》，三曰《周易》，其经卦皆八，其别皆六十有四”。另外，《礼记·礼运》又有关于《坤乾》的记载：“孔子曰：‘……我欲观殷道，是故之宋，而不足征也，吾得《坤乾》焉。’”金景芳先生认为，《坤乾》、《归藏》其名虽异，实为一书。《坤乾》六十四卦的排列是以坤为首，乾卦次之，这是“殷道”特点的反映。② 当今研究王家台秦简的多位学者都认为，作为“三易”之一的《归藏》其实不伪，而王家台所出《易占》其实就是《归藏》，③ “可见古书所引《归藏》确是先秦之书”④。

10. 敦煌汉简（含玉门汉简）

1907 年 2 月，斯坦因（Mark Aurel Stein，1861—1943）在敦煌以北的疏勒河汉代烽燧遗址中发掘汉文木简 708 枚（一说 705 枚）。1913 年，沙畹（Édouard Chavannes，1865—1918）出版了《斯坦因在东突厥斯坦考察所获

---

① 荆州地区博物馆：《江陵王家台十五号秦墓》，《文物》1995 年第 1 期。王明钦：《王家台秦墓竹简概述》，《古代文明研究通讯》总第六期，2009 年 9 月。

② 金景芳：《中国奴隶社会史》，上海人民出版社，1983 年，第 100 页。

③ 李家浩：《王家台秦简〈易占〉为〈归藏〉考》，《传统文化与现代化》1997 年第 1 期。林忠军：《王家台秦简〈归藏〉出土的易学价值》，《周易研究》2001 年第 2 期。廖名春：《王家台秦简〈归藏〉管窥》，《周易研究》2001 年第 2 期。王明钦：《王家台秦墓竹简概述》，《新出简帛研究》，北京：文物出版社，2004 年。宋镇豪：《谈谈〈连山〉和〈归藏〉》，《文物》2010 年第 2 期。

④ 裘锡圭：《中国出土简帛古籍在文献学上的重要意义》，《中国出土古文献十讲》，复旦大学出版社，2004 年，第 87 页。

汉文文书》(Les documents chinois découverts par Aurel Stein dans les sables du Turkestan oriental)，刊布了大部分实物照片。1914 年，罗振玉（1866—1940）、王国维（1877—1927）出版了《流沙坠简》，对沙畹公布的部分简文做了考释。

1913 年至 1915 年 4 月，斯坦因在敦煌汉塞烽燧遗址掘得汉简 84 枚，又在安西、酒泉采集汉简 105 枚。斯坦因所获得的这批简牍，由沙畹的学生马伯乐（Henri Maspero，1883—1945）致力研究。1953 年，马伯乐的遗著《斯坦因第三次中亚考察所获汉文文书》（Les documents chinois de la troisiéme expédition de Sir Aurel Stein en Asie centrale）出版。在马伯乐遗著出版之前，中国学者张凤（1887—1966）所著《汉晋西陲木简汇编》于 1931 年由上海有正书局出版，公布了简牍的图版，并对文字加以考释。

1920 年，周炳南在玉门关外小方盘城附近掘得汉简 17 枚。木简所记内容为屯戍之事，收录在夏鼐（1910—1985）1948 年所著《新获之敦煌汉简》一文中。①

以上几批出土简牍，其简影与释文又见于《敦煌汉简》(中华书局，1991 年）和《敦煌汉简释文》(吴礽骧著，甘肃人民出版社，1991 年)。

1944 年，西北科学考察团历史考古组在敦煌西北的小方盘城遗址附近掘得汉简 49 枚。大部分是汉代遗物，所简年号最早者为西汉武帝天汉三年（前 98)，最晚者为东汉顺帝永和二年（137)。释文见夏鼐《新获之敦煌汉简》一文(《考古学论文集》，科学出版社，1961 年）和《敦煌汉简》（中华书局，1991 年)。

1977 年 8 月，嘉峪关市文物保护管理所在玉门花海农场附近的汉代烽燧遗址中采得简牍 91 枚。其中，有 3 枚木简的内容与《仓颉篇》相关。又，在此发现了“汉武帝遗诏”。简影和释文发表于《汉简研究文集》（甘肃人民出版社，1984 年）和《敦煌汉简》(中华书局，1991 年)。

1979 年 6 月，甘肃省博物馆与敦煌县文化馆组成的汉代长城调查组在敦煌马圈湾发掘汉代烽燧遗址时，共获汉简 1217 枚，这是有史以来敦煌出土简牍最多的一次。马圈湾汉简的内容以文书类为多，但其中两支简上也有《仓颉篇》的内容。马圈湾汉简的释文，发表于《敦煌汉简》（中华书局，1991 年）和《敦煌汉简释文》(甘肃人民出版社，1991 年)；其中，前者既有释文

---

① 原载《历史语言研究所集刊》19 本，1948 年，第 235～265 页；后收入《夏鼐文集》中册，北京：社会科学文献出版社，2000 年，第 92～113 页。

也有照片。

1990年10月至1992年12月，甘肃省文物考古研究所在敦煌甜水井附近发掘悬泉置遗址时，获得3.5万枚简牍，其中有字者2.3万余枚；还有汉代帛书10件，汉代纸文书9件，晋代纸文书1件。这批简牍的内容，涉及汉代中央到地方以及邮置系统的各种文书、簿籍以及信札、日书、历谱、医方、相马经、佚书等。其中，有关于《急就篇》、《仓颉篇》的简牍数枚。发掘报告与简牍释文，可参看：(1) 甘肃省文物考古研究所：《甘肃敦煌悬泉置遗址发掘简报》，《文物》2000年第5期。(2) 甘肃省文物考古研究所：《敦煌悬泉汉简内容概述》，《文物》2000年第5期。(3) 甘肃省文物考古研究所：《敦煌悬泉汉简释文选》，《文物》2000年第5期。(4) 胡平生、张德芳编撰：《敦煌悬泉汉简释粹》，上海古籍出版社，2001年。(5) 中国文物研究所、甘肃省文物考古研究所编：《敦煌悬泉月令诏条》，中华书局，2001年。

11. 居延汉简

1930年至1931年，西北科学考察团在汉代居延旧地掘得简牍1.1万余枚，年代从西汉武帝末至东汉光武帝建武年间。因出土地点位于汉代张掖郡居延县，故被称作"居延汉简"。前后从事居延汉简整理、研究的国内学者，有刘半农（1891—1934）、马衡（1881—1955）、傅振伦（1906—1999）、向达（1900—1966）、劳榦（1907—2003）、贺昌群（1903—1973）以及傅明德、余逊、沈仲章等人。相关材料，可参看劳榦的"居延汉简"系列著作（分为"释文之部"、"考证之部"、"图版之部"、"考释之部"），以及《居延汉简甲编》(科学出版社，1957年)、《居延汉简甲乙编》(中华书局，1980年)、《居延汉简释文合校》(文物出版社，1987年)、《居延汉简新编》(马先醒主编，1981年，台湾)、《居延汉简补编》(1998年，台湾)。

1972年至1974年，由甘肃省文化厅文物处、甘肃省博物馆文物队、酒泉地区及当地驻军等单位联合组成居延考古队，对额济纳河流域的居延汉代遗址进行了初步发掘，发掘的重点是北部地区的甲渠候官（今称破城子，发掘代号EP)、甲渠塞第四燧（EPS4）和南部的肩水金关（EJ)。发掘面积4500平方米，共出土汉代简牍1.97万余枚，超过以往出土的居延汉简。这一批汉简，被称作"居延新简"。① 对居延新简的整理，始于1975年春。至

① 甘肃居延考古队：《居延汉代遗址的发掘和新出土的简册文物》，《文物》1978年第1期。甘肃居延考古队：《居延考古发掘的新收获》，《文物》1978年第1期。

1984年初，甲渠候官与第四燧汉简的整理工作已经完成。两地所出汉简的释文，分别刊载于《居延新简——甲渠候官与第四燧》(文物出版社，1990年)和《居延新简——甲渠候官》(中华书局，1994年)。居延新简可分为文书、书籍、历书等三大类，其中文书类简牍的数量最多。书籍类简牍，计有《相利善剑刀》、《算术书》、《九九术》、《仓颉篇》、《急就篇》、《论语》。

1999年至2002年，内蒙古自治区文物考古研究所在额济纳旗汉代烽燧遗址进行考察清理时，采获汉简500余枚。时代以西汉中期至东汉早期者居多，最早的纪年简为汉宣帝神爵三年（前59），晚者为东汉光武帝建武四年(28)。内容以当时的行政文书居多，涉及汉代的政治、军事、经济、民族关系等，如王莽登基诏书、分封单于诏书、行政条例等均属首见。此外，还出土了《晏子》、《田章》、《仓颉》及医方、日书等残简。2005年，广西师范大学出版社出版了《额济纳汉简》一书，刊布了该遗址出土简牍的图版、释文及考述。

12. 武威汉简

1959年7月，甘肃省博物馆在武威市新华乡缠山村磨咀子发掘了6号汉墓。该墓共出土竹木简600余枚（多数为木简），其中完整简385枚，残简约225枚。该批汉简的内容，是《仪礼》的部分篇章。1959年秋，甘肃省博物馆又继续发掘了磨咀子18号汉墓。该墓出土木简10枚，内容是汉宣帝、成帝时关于“年始七十者授之以王杖”的两份诏令，学术界称之为“王杖十简”①。

1972年11月，甘肃省武威市柏松公社下五畦大队在旱滩坡修水利时发现了一座东汉墓葬，墓中出土木简78枚、木牍14枚。这些简牍的内容全是医方类，涉及内科、外科、妇科、五官科、针灸科等。②

1981年9月，武威县文物管理委员会在保护调查重点文物时，新华乡缠山大队社员袁德礼交出一份近年在磨咀子汉墓出土的《王杖诏书令》木简26枚。其图版、释文，见《汉简研究文集》(甘肃人民出版社，1984年)。

---

① 甘肃省博物馆：《甘肃武威磨咀子六号汉墓》，《考古》1960年第5期。甘肃省博物馆：《甘肃武威磨咀子汉墓发掘简报》，《考古》1960年第9期。甘肃省博物馆：《武威汉简在学术上的贡献》，《考古》1960年第8期。甘肃省博物馆：《武威磨咀子汉墓出土王杖十简释文》，《考古》1960年第9期。甘肃省博物馆等编：《武威汉简》，北京：文物出版社，1963年（包括释文、校记、摹本、图版）。

② 甘肃省博物馆：《武威汉代医简》，北京：文物出版社，1975年。

13. 银雀山汉简

1972 年 4 月，山东省博物馆和临沂县文物组在临沂发掘了银雀山 1 号、2 号两座西汉墓，墓葬年代属汉武帝时期。两座墓葬均有汉简出土，主要出土于 1 号墓。1 号墓出土竹简 4942 枚，另有若干残片，主要是一些先秦古籍和古佚书。根据研究，竹简写成于西汉文帝、景帝至武帝初年。①

1 号墓所出土的竹简，计有以下数种：(1)《孙子兵法》及佚文 4 篇——《吴问》(记吴王与孙子关于晋国六卿政事的问答)、《黄帝伐赤帝》、《地形二》、《四变》。(2)《尉缭子》5 篇。(3)《六韬》14 组。(4)《晏子》16 篇。(5)《孙膑兵法》16 篇。(6)《守法守令十三篇》10 篇。(7)《唐勒》篇，为唐勒、宋玉赋。(8)《论政论兵之类》50 篇。(9)《阴阳时令占候之类》12 篇。(10)《其他之类》13 篇。2 号墓出土竹简 32 枚，基本完整，与经学、儒学无关。

1 号墓所出土的《晏子》16 篇，与儒家有关系。在《汉书·艺文志》中，《晏子》被列入《诸子略》的儒家类。银雀山所出《晏子》共有 102 简，分为 16 章。简本《晏子》16 章的内容，散见于传世本《晏子春秋》8 篇中的 18 章。两相比较，二者不但在文句上有差异，而且在篇章分合上也不尽相同。研究者认为，“简本《晏子春秋》的出土对研究该书的流传及成书年代都有重大意义”，“从该书的内容及书中语言用字来看，该书最早可能产生于战国时期，西汉末又经刘向等所编定，流传至今”。② 简本《晏子春秋》业已有专书，即骈宇骞《银雀山汉墓竹简〈晏子春秋〉校释》(书目文献出版社，1988 年)。

14. 马王堆汉墓简牍、帛书

1973 年 12 月至 1974 年初，湖南省博物馆在长沙马王堆发掘 1、2、3 号汉墓，3 座汉墓出土了一大批具有重要历史价值的帛书和竹简（以 3 号墓最为突出)。

1 号墓出土竹简 312 枚（遣策)，木楬 49 枚。2 号墓仅出土了 1 支竹简。3 号墓出土竹木简 610 余枚竹简 593 枚，木简 10 枚，木牍 7 枚。除 200 枚为古代医书外，其余均为遣策。根据 3 号墓出土的一件纪年木牍，可以断定该墓主下葬的年代是汉文帝前元十二年（前 168)。帛书出土于 3 号墓东边箱的一个漆盒内，计 28 种，共 12 万多字。它们是：(一) 1.《老子》

① 山东省博物馆和临沂文物组：《山东临沂西汉墓发现〈孙子兵法〉和〈孙膑兵法〉等竹简的简报》，《文物》1974 年第 2 期。

② 骈宇骞、段书安编著：《二十世纪出土简帛综述》，北京：文物出版社，2006 年，第 215、216 页。

甲本，无篇题。2.《老子》甲本卷后佚书4篇(《五行》、《九主》、《明君》、《德圣》)，均无篇题。(二) 1.《老子》乙本。2.《老子》乙本卷前佚书4篇(《经法》、《十六经》、《称》、《道原》)，或认为即《汉书·艺文志》所载《黄帝四经》。(三) 1.《周易》(《六十四卦》)，无篇题。2.《系辞》，无篇题。3.《周易》卷后佚书(《要》、《缪和》、《昭力》、《二三子问》、《易之义》)。(四) 与《战国策》有关的书一种，无篇题 (后定名为《战国纵横家书》)。(五) 与《左传》类似的佚书一种，无篇题 (后定名为《春秋事语》)。(六) 关于天文星占的佚书。1.《五星占》，无篇题。2.《天文气象杂占》，原无篇题。3. 彗星图。(七) 关于相马的佚书一种，无篇题 (后定名为《相马经》)。(八) 医书类：A：1.《五十二病方》，无篇题。2.《五十二病方》卷前佚书4种，均无篇题 (后定名为《足臂十一脉灸经》、《阴阳十一脉灸经》甲本、《脉法》、《阴阳脉死候》)。3.《杂疗方》，无篇题。4.《养生方》，无篇题。5.《胎产书》，无篇题。B：1. 导引图一幅。2. 导引图卷前佚书2种(《却谷食气》、《阴阳十一脉灸经》乙本)，均无篇题。3. 导引图卷后街坊图1幅。C：《十问》(竹简)、《合阴阳》(竹简)、《杂禁方》(木简)、《天下至道谈》(竹简) 等。(九) 关于刑德的佚书3种(《刑德》甲、乙、丙本)，均无篇题，整理者据内容拟题为《刑德》。(十) 关于阴阳五行的佚书2种，均无篇题，《篆书阴阳五行》(后改名为《式法》)、《隶书阴阳五行》。(十一) 地图2幅，《长沙国南部地形图》、《驻军图》。(十二)《丧服图》及其他杂图，均无篇题。(十三)《神图》、《筑城图》、《园寝图》、《木人占》、《符录》等。

15. 阜阳双古堆汉简

1977年，安徽省阜阳县双古堆1号汉墓出土了大量简牍 (共计6000多件)。根据出土器物及铭文 (“女阴侯”、“十一年”) 等材料，确认墓主是西汉第二代汝阴侯夏侯灶 (西汉开国功臣夏侯婴之子)。据史书记载，夏侯灶卒于汉文帝十五年 (前165)，故墓葬时间当与此同时。因墓葬曾经被盗，致使竹简损毁严重。通过长期的细致的整理，辨析出其中包括十多种古代文献，计有《诗经》、《周易》、《仓颉篇》、《年表》、《大事记》、《万物》①、《作务员程》、《行气》、《相狗经》及辞赋、《刑德》、《日书》等。②

---

① 整理小组起初称之为“杂方”，后改称“万物”。

② 安徽省文物工作队、阜阳地区博物馆、阜阳县文化局：《阜阳双古堆西汉汝阴侯墓发掘简报》，《文物》1978年第8期；《阜阳汉简简介》，《文物》1983年第2期。

16. 八角廊汉墓竹简

1973年，河北省定县（今定州）八角廊西汉墓（M40）出土了一批竹简(数量不详)。墓主中山怀王刘脩卒于汉宣帝五凤三年（前55)，故竹简的抄写年代应在此之前。其中，属于儒家的著作有《论语》、《儒家者言》、《哀公问五义》、《保傅传》等,[①] 属于道家的著作有《文子》,[②] 属于兵家的著作有《六韬》。[③]

17. 楼兰、尼雅魏晋简牍

1901年1月至2月、1906年4月至1907年初，英籍匈牙利探险家斯坦因两次踏勘尼雅遗址，获得汉文简牍55枚，年代属于东汉至隋唐之际。1901年3月，瑞典探险家斯文赫定（Sven Anders Hedin，1865－1952）在楼兰遗址获得魏晋时期的汉文简牍121枚。1906年，斯坦因又在楼兰发现木简173枚。1909年，日本大谷光瑞（1876－1948）考察队成员橘瑞超（1890－1968）在海头故城发现了著名的"李柏文书"及其他纸文书39件、晋代木牍6枚。1915年，斯坦因重访楼兰，又在此发现木简48枚。1905年至1928年间来楼兰、尼雅两地考察的，还有美国的亨廷顿（Huntington)、瑞典的伯格曼（Folke Bergman)。1930年2月，西北科学考察团团员黄文弼（1893－1966）在罗布淖尔的默得沙尔获得汉简71枚。

据统计，尼雅、楼兰遗址所出的汉文简牍文书共有728件，绝大部分为魏晋时期的遗物。纪年文书中，以曹魏嘉平四年（252）的残纸为最早，前凉建兴十八年（330）的木简为最晚。内容主要是魏晋时期西域长史统辖西域时进行屯戍活动的官府文书，其次是楼兰与中原及西域各地的公私往来书信，涉及内容相当广泛。[④] 此外，还有各种古代书籍和各种医书的抄本残简，如《急就篇》、《左传》、《战国策》、《孝经》、《九九术》。相关资料，详见以下

① 定县汉墓竹简整理组：《定县40号汉墓出土竹简简介》,《文物》1981年第8期；定县汉墓竹简整理组：《〈儒家者言〉释文》,《文物》1981年第8期；河北省文物研究所定州汉墓竹简整理小组：《论语》，北京：文物出版社，1997年。

② 河北省文物研究所定州汉简整理小组：《定州西汉中山怀王墓竹简〈文子〉释文》、《定州西汉中山怀王墓竹简〈文子〉校勘记》、《定州西汉中山怀王墓竹简〈文子〉的整理和意义》,《文物》1995年第12期。

③ 河北省文物研究所定州汉简整理小组：《定州西汉中山怀王墓竹简〈六韬〉释文及校注》,《文物》1995年第12期。

④ 林梅村：《楼兰尼雅出土文书》，北京：文物出版社，1985年，第2～4、90～127页。

各书：

黄文弼：《罗布淖尔汉简考释》，《黄文弼历史考古论文集》，北京：文物出版社，1989年。

吴礽骧、李永良、马建华释校：《敦煌汉简释文》，甘肃人民出版社，1991年。

林梅村、李均明：《疏勒河流域出土汉简》，北京：文物出版社，1984年。

林梅村：《楼兰尼雅出土文书》，北京：文物出版社，1985年。

18. 敦煌文书

本处所说的"敦煌文书"，特指敦煌藏经洞文书。敦煌古籍藏于甘肃省敦煌县鸣沙山第288石窟几及千年，至1900年（一说1899年）始被发现。敦煌文书给古代历史文化研究提供了极其丰富的资料，广泛涉及儒学、历史、语言、经济、宗教、文学、艺术等，故有所谓"敦煌学"之说，"敦煌学者，今日世界学术之新潮流也"①。提起敦煌学，国人无不倍感伤心，诚如陈寅恪（1890－1969）所说，"敦煌者，吾国学术之伤心史也"②。

1907年和1914年，斯坦因两次来到敦煌莫高窟，从道士王圆箓（约1850－1931）手中骗走写卷1万多件、绢纸画500多幅。斯坦因所劫掠的这部分资料，现藏伦敦大英图书馆、英国博物馆、印度事务部图书馆。1908年2月到5月，法国人伯希和（Paul Pelliot，1878－1945）又从王圆箓手中骗走写卷六七千件、绢纸画200多件，现藏巴黎国立图书馆。伯希和所劫掠的资料虽然总数不如斯坦因所劫掠之多，但属于敦煌文书的菁华部分。被劫掠残余的部分，直到1910年才由清政府学部接收。在运送至北京的途中，又被护送人员和地方官员盗劫其中的重要部分。最后残余的8000多卷，都入藏于北京图书馆（今中国国家图书馆）（陈垣编有目录③）。1911年，日本人橘瑞超和吉川小一郎从王圆箓手中弄走经卷约600件，现藏京都龙谷大学图书馆。1914年，俄国人奥登堡（S. F. Oldenburg，1863－1934）又从敦煌拿走一批经卷写本，现藏俄罗斯科学院东方研究所圣彼得堡分所。

---

① 陈寅恪：《敦煌劫余录序》（1930年），《金明馆丛稿二编》，上海古籍出版社，1980年，第236页。

② 陈寅恪：《敦煌劫余录序》（1930年），《金明馆丛稿二编》，第236页。

③ 陈垣：《敦煌劫余录》（六册），中央研究院历史语言研究所，1931年。

1909年、1913年、1917年，伯希和曾经送给蒋黼（伯斧）、罗振玉等人一些敦煌四部书的影片。王仁俊编有《敦煌石室真迹录》(1909年)，罗振玉次第印成《敦煌石室遗书》(1909年)、《鸣沙石室佚书》(1913年)、《鸣沙石室古籍丛残》(1916年)、《鸣沙石室佚书续编》(1917年）等，引起国内学者如王国维、刘师培（1884－1919)、曹元忠（1865－1923)、缪荃孙（1844－1919）等人注意。1925年，刘半农从巴黎抄回一批语言文学资料，辑印为《敦煌掇琐》(3册)。1934年8月，王重民和向达分别到伦敦和巴黎，摄取了更多的四部书和文学资料照片，共计有数万张之巨。向达编有《伦敦所藏敦煌卷子经眼目录》，多为佛经以外的重要典籍；王重民编有《敦煌写本书目》，所作序跋辑成《巴黎敦煌残卷叙录》。

敦煌文献的主体是佛教典籍，总计不下千种，道教典籍有大约数百种。依照传统的四部分类法统计，经部大约有二三十种（213卷①或261卷②)，史部大约有六七十种（不含大批实用文书），子部大约有七八十种，集部大约有三四十种，四部典籍合计大约有二百种。目前，随着《敦煌大藏经》(63册)（台北：前景出版社，1989—1991年)、《敦煌宝藏》(140册)（台北：新文丰出版公司，1981—1986年)、《英藏敦煌文献（汉文非佛经部分)》(15卷）（四川人民出版社，1990—1995年)、《法藏敦煌西域文献》(34册）（上海古籍出版社，1995—2005年)、《俄藏敦煌文献》（17卷）(上海古籍出版社，1992—2001年）和《中国国家图书馆藏敦煌遗书》(5卷)（江苏古籍出版社，1999年)、《北京大学图书馆藏敦煌文献》(2册）(上海古籍出版社，1995年)、《天津艺术博物馆藏敦煌文献》(7册)（上海古籍出版社，1996—1998年)、《上海博物馆藏敦煌吐鲁番文献》（2册）(上海古籍出版社，1993年)、《上海图书馆藏敦煌文献》(4册)（上海古籍出版社，1999年)、《甘肃藏敦煌文献》（6册）（甘肃人民出版社，1999年)、《浙藏敦煌文献》(1册)（浙江教育出版社，2000年）等大型资料汇编的出版，为敦煌学的深入研究奠定了基础，也为中国古代文化的研究提供了丰富的宝藏。

现据诸家叙录，将敦煌、吐鲁番、楼兰、尼雅、武威、郭店、阜阳、王家台、定县、银雀山、马王堆等地出土文献中的六艺类、小学类、儒家类著

① 陈铁凡：《三近堂读经札记》，《敦煌学》第一辑，1974年。

② 张弓主编：《敦煌典籍与唐五代历史文化》上卷，北京：中国社会科学出版社，2006年，第1页。

作列为一表①：

六艺类：

(1)《周易》(包括《易传》)。敦煌本：P. 2530、2532、2616、2617(《经典释文》)、2619、3640、3683、3872b，S. 5735(《经典释文》)、5992、6162、9219、12282，傅图 188071；俄藏本：дх. 11773、11860a、11860b、11880、11911、11945、12004、12023、12653、12718；上博楚简本；香港中文大学简牍本；王家台秦简本；阜阳汉简本；马王堆汉墓帛书本。

(2)《尚书》。敦煌本：P. 2516、2523 (piece3)、2533、2549、2630、2643、2748、2980、3015、3169、3315(《经典释文》)、3462a(《经典释文》)、3469、3605、3615、3625、3628、3670、3752、3767、3871va、3871vb、4033、4509、4874、4900a、5522、5543、5557，S. 799、801、2074、3111v3、3111v4、5626、5745、6017、6259、8464、9935、10524a、11399，北图新 881 (现编号：BD14681)、57862 (现编号：BD15695)、L. 2409；吐鲁番本：Ch. 3698，历博藏本 (黄文弼所获)，72TAM179：16，S. Toy. 044，S. Toy. III. ii03 [f]；俄藏本：дх. 02883、02884、08672、10698、10838；清华简本。

(3)《诗经》。敦煌本：P. 2129、2506、2514、2529、2538、2570、266a、2669、2978、3383(《毛诗音》)、3737、4072d、4634b、4636、4994，S. 10、134、498、541v、789、1442、1722b、2049、2729b (《毛诗音》)、3330、

① 资料来源：王重民：《敦煌古籍叙录》，中华书局，1979 年新 1 版；王重民原编、黄永武新编：《敦煌古籍叙录新编》，台北：新文丰出版公司，1986 年；李零：《简帛古书与学术源流》，北京：三联书店，2004 年；许建平：《敦煌文献丛考》，中华书局，2005 年；许建平：《敦煌经籍叙录》，中华书局，2006 年。说明：(1) 所收录的“六艺类”经籍，含陆德明《经典释文》，且于编号后标明。(2) 本列表中的简称，综合参考《简帛古书与学术源流》、《敦煌经籍叙录》而成。(3) P 指法国国家图书馆藏敦煌汉文写本伯希和编号，S 指英国国家图书馆藏敦煌汉文写本斯坦因编号，Ch 指英国国家图书馆藏敦煌汉文写本编号，дх 指俄罗斯科学院东方研究所圣彼得堡分所藏敦煌汉文写本敦煌编号，ф 指俄罗斯科学院东方研究所圣彼得堡分所藏敦煌汉文写本弗鲁格编号，“大谷”指日本龙谷大学图书馆藏大谷光瑞探险队收集品编号，BD 指中国国家图书馆藏敦煌汉文写本北敦编号，L 指中国国家图书馆藏敦煌汉文写本临编号，“北图殷”指中国国家图书馆藏敦煌汉文写本千字文编号，“北图”指中国国家图书馆藏敦煌汉文写本编号，“历博”指中国历史博物馆藏敦煌汉文写本编号，“上博”指上海博物馆藏敦煌吐鲁番文献编号，“北大”指北京大学图书馆藏敦煌文献编号，“敦研”指敦煌研究院藏敦煌文献编号，“傅图”指台北“中央研究院”傅斯年图书馆藏敦煌卷子编号。

3951、5705、6196、6346v，北图新 836（现编号：BD14636）；吐鲁番本：Ch. 121、2254，66TAM59：4/1［a］，73TAM524：33，大谷 3326，历博藏本（黄文弼所获）；俄藏本：дх. 01068、01366a(《毛诗音》)、01640、08248、09328、11933b、11937、12697、12750、12759；阜阳汉简本；上博楚简本(《孔子诗论》)。

(4)《仪礼》。俄藏本：дх. 03452；武威汉简本。

(5)《礼记》。敦煌本：P. 2500、2523（piece2）、2973、3106v、3311、3380，S. 575、621、1057、2053va、2590、6070；吐鲁番本：Ch. 2068，737TAM222：54；北图殷 44（现编号：BD09523）（《经典释文》）；俄藏本：дх. 02173v、03016、03936、06753、07892、16721、16839、16884、17463；郭店楚简本(《缁衣》)；上博楚简本(《缁衣》)；香港中文大学简牍本(《缁衣》)。

(6)《大戴礼记》。上博楚简本；阜阳汉简本；定县汉简本。

(7)《左传》。敦煌本：P. 2489、2499、2509、2523、2540、2562、2764、2767、2973（piece6）、2981、3611、3634、3635a、3729、3806、4058c、4636d、4904，S. 85、133、1443、1943、2984、3354、5625、5743、5857、6070、6120、6227、6258、11563，北图 8155（吕 009）；楼兰本：LM. I. i. 016（斯坦因所获晋写本残纸）；吐鲁番本：Ch. 1044、1246、1298v、2432，李鸣南藏本；书道博物馆藏本；静嘉堂文库藏本；俄藏本：ф356，дх. 00362、01252、01263、01367、01456、01463、01712、02945、02975、03016、04512、04657、05067、11029。

(8)《穀梁传》。敦煌本：P. 2486、2535、2536、2590、4905，北图新 1545（现编号：BD15345）。

小学类：

(1)《尔雅》。敦煌本：P. 2661、3719、3735、5522；吐鲁番本：Ch. 1246v、1577v、2917v、Ch/U. 6779、6783、7111、U. 560、U. 564a、564b、564c，大谷 8095。

(2)《仓颉篇》、《爰历篇》、《急就篇》及《史籀篇》。敦煌汉简本；居延汉简本；阜阳汉简本。吐鲁番本：60TAM337：11/1。北大汉简本。① 另，王国维作有《史籀篇疏证》。②

---

① 朱凤瀚：《北大汉简〈仓颉篇〉概述》，《文物》2011 年第 6 期。

② 收入以下二书：(1)《王国维遗书》第六册，上海古籍书店，1983 年；(2) 谢维扬、房鑫亮主编：《王国维全集》第五卷，浙江教育出版社·广东教育出版社，2009 年。

儒家类:

(1)《论语》。敦煌本: P.2123、2496、2510、2548、2597、2601、2604、2618、2620、2628、2663、2664、2676、2677、2681、2687a、2699、2716、2766、2880、2904、3192、3193、3194、3254、3271、3305、3359、3402、3433、3441、3467、3474、3534、3573、3606、3607、3643、3685vb、3705、3745、3783、3962、3972、4643、4686 (piece2)、4732、4742、4875, S.618、747、782、800、966、1586、3011、3339、3992、4696、5726、5756、5781、5789、5792、6023、6079、6121、7002、7003a、7003b、11910, L.0083、0739; 吐鲁番本: 72TAM169: 83, 67TAM67: 14, Toy.III.032 [i] b, 书道博物馆藏本, 静嘉堂文库藏本; 俄藏本: дх.00953、01399、01460、02144、02174 (摘抄)、02666、02844b、05307、05322、05919、08580、11081、11082、12760、18944r、18286; 定县汉简本。

(2)《孝经》。敦煌本: P.2545、2556、2674、2715、2746、2757v、3243 (piece15)、3274、3369、3372、3378、3382、3416c、3428、3643 (piece1)、3698、3816、3830、4628、4775、4897, S.707、728、1386、3011v/1、3824va、3993、5545、5739、5821、6019、6165、6177、9213、9956、12911、10056a、10060b、10312、10726a; 吐鲁番本: 历博藏本 (黄文弼所获), 72TAM169: 26 [a], 66TAM67: 15, 60TAM313: 07/3, 交河古城出土 68TGI: 1, Ch.2547; 俄藏本: дх.00838、01318、02784、02962、02979、03867、04646。

(3)《晏子》。银雀山汉简本、额济纳汉简本。

(4)《孟子》。古写本: 北大 D224。

(5)《荀子》。定县汉简本《哀公问五义》, 其内容见于今本《荀子·哀公》、《大戴礼记》、《孔子家语》。

(6)《孔子家语》。敦煌本: S.1891; 阜阳汉简本 (篇题)。

第三节 出土文献的价值

一、历史学研究的价值

(一) 方法论的启示

先贤与时彦之治学问道, 素重方法与门径。方法得当、门径中正, 可谓势如破竹、迎刃而解；否则，南辕北辙、去道愈远。兹事体大，且限于篇幅，故难以细述、不容详论。诚因如此，故本处仅以“二重证据法”为例，略述传世文献与出土文献之关系与地位，兼及证实与证伪诸问题。①

众所共知，王国维“二重证据法”之提倡与践履，既是治学方法的自觉，也是时代际遇的馈赠。王国维明言，“古来新学问起，大都由于新发见”；而他所生活的时代，更是前所未有的“发现时代”，“今日之时代，可谓之发见时代，自来未有能比者也”，如殷墟甲骨文字、敦煌塞上及西域各处之汉晋木简、敦煌千佛洞之六朝及唐人写本书卷、内阁大库之元明以来书籍档册等，“此四者之一，已足当孔壁、汲冢所出，而各地零星发见之金石书籍，于学术有大关系者尚不及与焉”②。但王国维同时又提醒，新材料固然重要，而旧材料亦不可偏废，故他主张结合新旧史料综合以求真，“此新出之史料，在在与旧史料相需，故古文字、古器物之学与经史之学实相表里。惟能达观二者之际，不屈旧以就新，亦不绌新以从旧，然后能得古人之真，而其言乃可信于后世”③。时至今日，地下新材料更是空前涌现，但时下的研究却不无趋“新”（新材料）而废“旧”（旧材料）之嫌；回头审视王国维所采取的态度、所遵守的精神，实又有莫大的启示与警醒。

王国维旗帜鲜明地提倡“二重证据法”，旨在新旧材料的“互证”以“求真”；所谓“求真”，既包括全部“证实”（“证明古书之某部分全为实录”），亦包括部分“证实”（“不无表示一面之事实”）。至于暂时不可“证实”而又不可“证伪”者，亦不可贸然弃绝，更不可断然否定，故王国维又济之以“阙疑”，“虽古书之未得证明者，不能加以否定；而其已得证明者，不能不加以肯定，可断言也”④。王国维既高度倡扬“二重证据法”以“求真”，又在提醒“阙疑”以“留真”，这并不是以“阙疑”为懒惰之遁词，更不是以“阙

① 关于王国维“二重证据法”之要义与精义，尤其是“阙疑”之旨的精神与实质，读者不妨参阅彭华所撰《王国维之生平、学行与文化精神》一文（《儒藏论坛》第四辑，巴蜀书社，2009年，第44～70页）。该文后略经修订，作为“代前言”收入《王国维儒学论集》（彭华选编），四川大学出版社，2010年。

② 王国维：《最近二三十年中中国新发见之学问》（1925年），《静庵文集续编》，《王国维遗书》第五册，上海古籍书店，1983年。

③ 王国维：《殷虚文字类编序》（1923年），《观堂别集》卷四，《王国维遗书》第四册，上海古籍书店，1983年。

④ 王国维：《古史新证——王国维最后的讲义》，清华大学出版社，1994年，第2～3页。

疑”束裹学者“求真”之手足。王国维斯言斯论之初衷，旨在培养一种学术风气——严谨而审慎的“信而有征”①、客观而谦虚的“实事求是”②。如此而为，学风方可谓“正”，学术亦因之而“进步”；套用王国维的话说，此乃“以阙疑为进步第一关键”③ 者也。

对照王国维关于“古来新学问起，大都由于新发见”的论述，其后傅斯年所云“凡一种学问能扩张他所研究的材料的便进步，不能的便退步”④，以及陈寅恪所云“预流”与“不预流”，实后先继作、踵武相承。⑤ 陈寅恪说：“一时代之学术，必有其新材料与新问题。取用此材料，以研求问题，则为此时代学术之新潮流。治学之士，得预于此潮流者，谓之预流（借用佛教初果之名）。其未得预者，谓之未入流。此古今学术史之通义，非彼闭门造车之徒，所能同喻者也。敦煌学者，今日世界学术之新潮流也。”⑥ 问题的症结在于，古人为我们留下的材料其实是颇为支离而不全面的，要证明其“有”很容易，但要反驳其“无”实“难”（“说有易，说无难”），⑦ 研究的正确理路应当是——只有首先在熟悉“旧材料”的基础上，才能充分利用“新材料”；“群经诸史，乃古史资料多数之所汇集，金文石刻则其少数脱离之片断，未有不了解多数汇集之资料，而能考释少数脱离之片断不误者”⑧。

（二）解决历史问题的价值

出土文献有助于历史问题的解决，古人和近人其实业已有比较自觉、比较清醒的认识，且有比较成功、比较光辉的示范。本章第一节所述宋人黄伯思关于邓骘征讨先零羌史事的考证，即其成功例证之一。而被傅斯年（1896—

---

① 《左传·昭公八年》：“君子之言，信而有征。”

② 《汉书·河间献王刘德传》：“（河间献王德）修学好古，实事求是。”颜师古注：“务得事实，每求真是也。”

③ 王国维：《致罗振玉》（1917年10月28日），《王国维全集·书信》，中华书局，1984年，第226页。

④ 傅斯年：《历史语言研究所工作之旨趣》（1928年），《傅斯年全集》第三卷，湖南教育出版社，2003年，第6页。

⑤ 刘知幾《史通·鉴识》：“逮《史》《汉》继作，踵武相承。”

⑥ 陈寅恪：《敦煌劫余录序》（1930年），《金明馆丛稿二编》，上海古籍出版社，1980年，第236页。

⑦ 罗香林：《回忆陈寅恪师》，《陈寅恪先生编年事辑》（增订本），上海古籍出版社，1997年，第249～250页。

⑧ 陈寅恪：《杨树达积微居小学金石论丛续稿序》，《金明馆丛稿二编》，上海古籍出版社，1980年，第230页。

1950）推为样板的《殷卜辞中所见先公先王考》、《续考》，[①] 更是王国维以“二重证据法”治史，在史学研究中所取得的最典型、最光辉的范例。新中国成立以来所陆续发现的出土文献，其有助于历史上具体问题的解决，更是不遑枚举。兹举燕国为例：

燕国在历史上是一个比较弱小的诸侯国，“［外］迫蛮貊，内措齐、晋，崎岖强国之间，最为弱小，几灭者数矣”（《史记·燕召公世家》），但因文献材料的缺乏（至于其早期历史，记载更是阙如），致使司马迁在撰写《史记·燕召公世家》时是空余慨叹。研究燕国历史在材料上（传世文献）的独有困难，[②] 尤以其早期历史（西周至春秋）为甚。主要记载燕国史事的“燕之《春秋》”（《墨子·明鬼下》），可惜早已亡佚；《竹书纪年》原书已于宋代散失；《国语》没有专门的《燕语》，而其他诸“国语”中附带提及燕国者，又少得可怜；《左传》记载燕国的材料，也不过屈指可数的几条。而《史记·燕召公世家》则以“自召公已下九世至惠侯”一语带过燕国的原初历史，接下来罗列的数条，也不过是“某某卒”、“某某立”一类“断烂朝报”式的“流水账”，并且还有把姞姓南燕误作姬姓北燕的地方。进入战国以后，记载燕国历史的材料逐渐增多，但随即又出现了另外一个情况——材料真伪难辨。《战国策》记载的本是策士们的纵横捭阖之语，所序历史编年本就杂乱无章；而司马迁假以入《燕召公世家》，愈发滋生舛误，其舛误之最大者，恐莫过于苏秦之事。研究者多利用《竹书纪年》来校正《史记》的六国纪年，可惜的是，《竹书纪年》后来虽多有辑佚，但难以复其原貌。幸运的是，1973年在长沙马王堆汉墓出土了《战国纵横家书》以及《春秋事语》，学者们借助于《战国纵横家书》这一“司马迁所没有见过的珍贵史料”[③] 研究燕国历史，使得燕国的战国史明晰了许多。[④]

① 傅斯年说，二《考》“实在是近年汉学中最大的贡献之一”，是直接材料与间接材料“互相为用”的“一个再好不过的例子”。（傅斯年：《史学方法导论》第四讲《史料论略》，《傅斯年全集》第二卷，湖南教育出版社，2003年，第311、312页。）

② 陈平在《燕史纪事编年会按》下册的“后记”中说，“燕史资料的匮乏散缺、淆乱讹误为先秦史列国之最”（北京大学出版社，1995年，第363页），于此深有感触。

③ 唐兰有同名论文《司马迁所没有见过的珍贵史料》，后作为附录，收入马王堆汉墓帛书整理小组编：《战国纵横家书》，北京：文物出版社，1976年，第123～153页。

④ 彭华撰有《燕国史稿》一书（北京：中国文史出版社，2005年），系统、全面、细致地论述了燕国八百余年的历史文化。以上一段文字，即摘自《燕国史稿》第一章《绪论》第三节《研究的材料与方法》。

二、文献学研究的价值

（一）古书校读的价值

晚清以来，学者们已经清醒地认识到金石资料、出土文献在古书校读上的价值——尤其是在校读先秦秦汉典籍上的价值，并且取得了为人所称道的成就。

裘锡圭指出，从历史上看，我国学者自来都很注意利用考古发现的古抄本和其他古代文字资料来校读传世古籍。比如说，清代学者王懿荣（1845－1900）、吴大澂（1835－1902）、孙诒让（1848－1908）等根据金文中“文”字的写法，指出《尚书》中“寧王”、“前寧人”、“寧武”、“寧考”的“寧”是“文”字之误，① “这些都是校勘学上为人称许的发现”②。王国维在利用铜器铭文校读《诗经》、《尚书》方面，也有了较多的贡献。如，王国维结合铜器史颂敦铭文，指出《尚书·酒诰》的“越百姓里居”当作“越百姓里君”③。

裘锡圭一再强调，在先秦秦汉古籍整理工作中，一定要充分利用地下材料，而简帛古籍的用字方法更是校读传世先秦秦汉古籍的重要根据。④ 在传世先秦秦汉古籍的整理工作中，地下材料所能起的作用可以粗分为两方面：一是有助于研究古籍的源流，包括古籍的成书时代和过程、资料来源以及篇章的分合变化等问题；二是有助于古籍的校读，如校正文字、阐明词义文义等等。“总之，为了提高先秦秦汉古籍整理工作的水平，我们必须对有关的各种地下材料都给予足够的注意”⑤。有时候，考古发现的文字资料还能帮助解决古书里比较重大的问题。例如，由于马王堆帛书《老子》卷后古佚书的发

---

① 裘锡圭：《谈谈清末学者利用金文校勘〈尚书〉的一个重要发现》，《中国出土古文献十讲》，复旦大学出版社，2004年。

② 裘锡圭：《考古发现的秦汉文字资料对于校读古籍的重要性》，原载《中国社会科学》1980年第5期；后收入《中国出土古文献十讲》，第94页。

③ 吴其昌：《王观堂先生尚书讲授记》，原载《国学论丛》第一卷第三号，1928年4月；后收入《古史新证——王国维最后的讲义》，清华大学出版社，1994年，第231～258页。刘盼遂：《观堂学书记》，原载《国学论丛》第二卷第二号，1930年12月；后收入《古史新证——王国维最后的讲义》，第259～299页。

④ 裘锡圭：《简帛古籍的用字方法是校读传世先秦秦汉古籍的重要根据》，《中国出土古文献十讲》，复旦大学出版社，2004年。

⑤ 裘锡圭：《谈谈地下材料在先秦秦汉古籍整理工作中的作用》，原载《古籍整理出版情况简报》1981年第6期；后收入《中国出土古文献十讲》，第156页。

现，才弄清《荀子·非十二子》所说思、孟五行就是仁、义、礼、智、圣，[①]“从而为思想史家深入研究思、孟学说提供了坚实的基础”[②]。

（二）古书通例的认识

近代学者对中国古书的研究可谓夥矣众矣，但义例谨严、论证客观、结论可靠的论著则为数不多；其中，要以余嘉锡（1884—1955）的《古书通例》最为人所称道。余嘉锡所揭示的“古书通例”，有“古人不自著书”、“古人著书不自出名”、“古书世传非成于一手”、“书名非著者之名”等，[③]许多结论均为后来的出土文献和研究成果所证实。当然，由于《古书通例》成书于20世纪30年代，其时简帛古书尚未大量出土，“因此，《古书通例》还有必要借助新出简帛文献进一步完善”[④]。继余嘉锡之后，李学勤、李零、裘锡圭、谢维扬等学者又踵事增华，可谓辉光日新。

李学勤指出：“从地下发掘出大量战国秦汉的简帛书籍，使人们亲眼看到未经后世改动的古书原貌，是前人所未曾见过的。在这种条件下，我们将能进一步了解古籍信息本身，知道如何去看待和解释它们，这可以说是对古书的新的、第二次的反思，必将对古代文化的再认识产生重要的影响，同时也能对上一次反思的成果重加考察。”在《对古书的反思》一文中，李学勤对古书产生和传流过程中“值得注意的情况”做了详细的归纳。他提到了以下10种情况：第一，佚失无存；第二，名亡实存；第三，为今本一部；第四，后人增广；第五，后人修改；第六，经过重编；第七，合编成卷；第八，篇章单行；第九，异本并存；第十，改换文字。总之，“对古书形成和流传的新认识，使我们知道，我国古代大多数典籍是很难用‘真’、‘伪’二字来判断的”[⑤]。

通过对大量新出土文献的深入研究，并与余嘉锡《古书通例》中所归纳的古书体例特征相参照，李零归纳了“古书体例”的八大特征：（一）古书不题撰人；（二）古书多无大题，而以种类名、氏名及篇数、字数称之；（三）

① 详见彭华：《阴阳五行研究（先秦篇）》第五章第一节，长春：吉林人民出版社，2011年。

② 裘锡圭：《阅读古籍要重视考古资料》，《中国出土古文献十讲》，第168页。

③ 余嘉锡：《古书通例》，上海古籍出版社，1985年。

④ 李锐：《新出简帛与古书书名研究——〈古书通例·古书书名之研究〉补》，《文史哲》2010年第5期。

⑤ 李学勤：《对古书的反思》，《简帛佚籍与学术史》，江西教育出版社，2001年，第29～32页。

古书多以单篇流行，篇题本身就是书题；（四）篇数较多的古书多带有丛编性质；（五）古书往往分合无定；（六）古书多经后人整理；（七）古书多经后人附益和增饰；（八）古人著述之义强调“意”胜于“言”，“言”胜于“笔”①，“对古书成书情况问题的含义及意义等作了深入的论述”②。

20世纪二三十年代，“古史辨”派学者花费大力气考辨古史，而其重点之一便是对古书的考辨。学者们在古书真伪和成书年代问题上，“一方面廓清了传统古典学的不少错误观念；一方面又‘对古书搞了不少冤假错案’，为古典学和一些相关学科的发展带来了负面影响”③。20世纪大量简帛古籍的出土，“为一批被人视为伪书的先秦古籍恢复了名誉”④；“竹简帛书的出土，无疑将重新鉴定被怀疑及被否定的古籍的真伪，同时也将考验千多年来辨伪学成绩”⑤。对于出土简帛古籍在文献学上的重要意义，裘锡圭的总结明白清晰而又高屋建瓴，一是提供了大量有价值的佚书，二是提供了一些目前尚有传本的古书的最早本子，三是使我们对古书的真伪、时代和源流等方面的问题有了进一步的认识。“总之，出土简帛古籍使我们更清楚地认识到，在古书真伪问题上应该注意古书形成和流传等方面的特点，不能把问题看得太简单”⑥。

谢维扬先生指出，“古史辨”派学者虽然对古书发表了批判性意见，“其关于古书成书情况的认识并未受到严重的质疑，但这恰恰是其方法上最致命的缺陷”。故自20世纪80年代以来，李学勤首先提出要对古书做“二次反思”，李零提出了对于“古书的体例的研究”的问题。“古书成书情况的研究当然是十分复杂的课题。从迄今对于新出土文献研究的成果来看，在中国古史

---

① 李零：《出土发现与古书年代的再认识》，《李零自选集》，广西师范人学出版社，1998年，第27～31页。

② 谢维扬：《序》，谢维扬、朱渊清主编：《新出土文献与古代文明研究》，上海大学出版社，2004年。

③ 裘锡圭：《中国古典学重建中应该注意的问题义》，原载《北京大学中国古文献研究中心集刊（二）》，北京燕山出版社，2001年；后收入《中国出土古文献十讲》，复旦大学出版社，2004年，第5页。按：“对古书搞了不少冤假错案”一语，出自李学勤：《走出疑古时代》，辽宁大学出版社，1994年，第9页。

④ 裘锡圭：《中国出土简帛古籍在文献学上的重要意义》，《中国出土古文献十讲》，第86～87页。

⑤ 郑良树：《竹简帛书与校雠学、辨伪学》，《古文字研究》第十辑，中华书局，1983年。

⑥ 裘锡圭：《中国出土简帛古籍在文献学上的重要意义》，《中国出土古文献十讲》，复旦大学出版社，2004年，第89页。

史料学基本概念建立中主要要回答的三个主要问题上，我们都必须有一些反思和新的思考”，“首先是古史真伪的问题”，“一是拿古书体例范畴内的特征作为证伪的依据是十分危险的。这是因为，先秦古书体例范畴内的真实情况远比研究者想象的要复杂和富于变动。还有就是与证伪标准有关的问题”，“在同现代古书史料学概念的建设有关的另两个主要问题，即关于古书内容来源判别的问题和对早期文献文本之间关系的整理的问题上，随着对新出土文献研究的深入展开，对这两方面工作的意义和含义，我们也应有更深的认识”。①

（三）文献传统的彰明

在分析上海博物馆藏战国楚竹书的重要价值时，谢维扬先生特意指出，“上海博物馆藏战国楚竹书是有史以来出土的最大宗的早期文献文本实物资料，其简文的数量和对古代文献文本情况反映的广度与深度均超过了郭店楚简。有了这宗资料，人们对古代文献总体和文献传统的全面表现的认识无疑将大大推进，建立起具有现代水准的古代研究史料学基本概念与规范的任务可望有真正实质性的重大突破。这对于古史和其他中国古代问题研究的意义很可能是革命性的。这应该是包括郭店楚简、上海博物馆藏楚简在内的新出土古代文献文本实物对于整个中国古代历史与古代文献研究的最重要的价值，对这方面问题研究的意义将是极其深远的”，“而其中最重要的一点是，这些珍贵资料的出土，前所未有地丰富和深化了我们对中国古代文献传统的真实情况的认识，也促使我们根据对新、老资料的通盘研究，来认真思考中国古代文献传统的完整的特征”。②

对于古中国的文献传统，谢维扬先生曾经给以言简意明的概括：“中国古代文献不是一些相互孤立的资料，它们在总体上是中国古代特有的文献传统的产物。……这些传统的内容包括：具备完善的原始记录系统（史官制度）、很高水平的资料整理系统（实用文献文本和古书的出现）、具有专业水准的资料著录系统和检索系统（目录学的雏形和对古书引用的传统）、一定意义和水平上的批评系统（史官职业准则的形成和非官属著作活动的雏形）以及文献作为国家政治活动一部分的严肃的地位与品格等。从世界文化史的角度看，中国古代文献传统的这些表现是非常具有特点的，是与中国古代发展全部特

---

① 谢维扬：《序》，谢维扬、朱渊清主编：《新出土文献与古代文明研究》，上海大学出版社，2004年，第1～2页。

② 谢维扬：《序》，上海大学古代文明研究中心、清华大学思想文化研究所编：《上博馆藏战国楚竹书研究》，上海书店出版社，2002年。

征有关的一项十分独特的因素。”[①]

三、古典学研究的价值

（一）学科建设的价值

世人皆知，随着甲骨卜辞、敦煌文书、内阁大库书籍档册的发现，相继形成了“甲骨学”、“敦煌学”、“档案学”（明清历史档案学）。毋庸置疑，随着简牍帛书的大量发现，“简牍学”业已应运而生，而比“简牍学”包容性更大的“简帛学”亦随之破土而出。（放眼国外，其情形早已如此，“埃及学”、“亚述学”、“玛雅学”等即其显例。）

早在20世纪末，已有学者就“简牍学”、“简帛学”的学科性质进行过讨论。[②] 李学勤一再指出，“简帛学作为一门学科来建立的时机，应该说已经成熟了”[③]，“简帛学已经形成一门羽毛丰满的分支学科了”[④]。到目前为止，我们基本上可以这样说，“同其它几大发现一样，现在已经形成了一门新兴的独立的学科——简帛学”。所谓“简帛学”，就是以简帛为对象，运用考古学、文献学、历史学、语言学、文字学，及其他文理相关学科（如文学、民俗学、军事学、法律学、中医药学、天文学、数学等）的知识方法，研究科学发掘、科学整理、科学保存简帛，研究其形态和内容，藉以反映简帛时代历史面貌的专门学科。[⑤] 所谓“简牍学”，“即以简牍时代和简牍载体为主的文字文物为对象范围，在历史唯物主义和唯物辩证法的指导下，运用考古、历史、文字、文献学等多学科的知识方法，发现并整理、研究其形式、内容，恢复其真实历史面貌的一门专学”，“具有多学科的综合、边缘特点”。[⑥]

诚因如此，故有的著作径直以“简牍学”、“简帛学”命名。以“简牍学”

---

① 谢维扬：《序》，上海大学古代文明研究中心、清华大学思想文化研究所编：《上博馆藏战国楚竹书研究》，上海书店出版社，2002年，第2页。

② 何兹全：《简牍学与历史学》，《简帛研究》第一辑，北京：法律出版社，1993年。高敏：《略谈简牍研究与简牍学的联系和区别——兼与谢桂华先生商榷》，《秦汉魏晋南北朝史论考》，中国社会科学出版社，2004年。

③ 李学勤：《序》，载连云港市博物馆等：《尹湾汉墓简牍综论》，科学出版社，1999年。

④ 李学勤：《序》，载张显成：《简帛文献学通论》，中华书局，2004年。

⑤ 张显成：《简帛文献学通论》，中华书局，2004年，第12页。

⑥ 初师宾：《简牍学百年的思考》，《简牍学研究》第三辑，甘肃人民出版社，2002年，第306页。

命名的作品，有郑有国编著的《中国简牍学综论》（华东师范大学出版社，1989 年）。而以“简帛学”命名的作品，则为数甚多。如台北新文丰出版公司于 2003 年推出的《饶宗颐二十世纪学术文集》，有一种即以“简帛学”命名。又如沈颂金的《二十世纪简帛学研究》（北京：学苑出版社，2003 年），更是径直以 20 世纪的“简帛学”为研究对象，且以“简帛学”命名。

从另一个角度看，出土文献极大地有助于科学的、完整的“古史史料学”的建立。谢维扬先生说，“新出土文献研究的上述进展，其意义是多方面的。但有一点是尤其需要看到的，那就是：古代早期文献文本的不断发现对于治古史而言，除提供给我们大批新数据而外，最深远的意义也许莫过于对古史研究的史料学基本概念的问题，促使人们根据对新资料的研究从更多方面作一些反思，以获得某些新的认识，而这正是新世纪古史研究要有突破性进展的关键问题之一。通过对真正古代文献文本实物的研究来检讨以往的古史史料学概念，进而建立新的科学和完整的古史史料学基本概念，这是古史界多年的夙愿，而在今天的条件下似乎可以期望有一些真正的突破性的进展了，这无疑是很令人兴奋的”；“现在看来，建立合理的古史史料学概念的核心问题不是别的，而是对古书成书情况的再认识”①。当然，科学的、完整的“古史史料学”的建立，仍然是任重而道远，“古史研究需为发展古史史料学新规范继续努力”②。

（二）古典学重建的价值

在裘锡圭看来，近代以来中国古典学的重建经历了前后两次。第一次重建，“可以认为是从二十世纪一二十年代开始的”。50 年代以后，尤其是 70 年代以来，由于简帛古书资料的大量出土，我们已经“走出疑古时代”，开始了古典学的第二次重建。裘锡圭在在提醒，“我们走出疑古时代，是为了在学术的道路上更好地前进，千万不能走回到轻率信古的老路上去。我们应该很好地继承包括古书辨伪在内的古典学各方面的已有成果，从前人已经达到的高度继续前进。只有这样做，古典学的第二次重建才能正常地顺利地进行下去”③。

---

① 谢维扬：《序》，谢维扬、朱渊清主编：《新出土文献与古代文明研究》，上海大学出版社，2004 年，第 1 页。

② 谢维扬：《“层累说”与古史史料学合理概念的建立》，《社会科学》2010 年第 11 期。

③ 裘锡圭：《中国古典学重建中应该注意的问题义》，原载《北京大学中国古文献研究中心集刊（二）》，北京燕山出版社，2001 年；后收入《中国出土古文献十讲》，复旦大学出版社，2004 年，第 2、4、14 页。

在2003年3月举行的"新出楚简与儒学思想国际学术研讨会"上，来自美国的艾兰（Sarah Allan）、顾史考（Scott Cook）以及来自日本的谷中信一等学者，在论及上博楚简所涉及的相关问题时，提出了"重定古书年代"，并对"古史辨派"疑古过勇的弊端进行了检讨，且予以重新评价。这是国内外学术界的一种呼声，表示"走出疑古时代"、"重建中国古典学"的时机已经来临。①

中国古典学的重建，不仅直接牵涉到古书、古史的考辨，而且广泛涉及对古人和古代思想的理解。陈寅恪说，"对于古人之学说，应具了解之同情"②；贺麟（1902—1992）说，"在对儒家思想加以善意同情的理解，得其真精神与真意义所在，许多现代生活上、政治上、文化上的重要问题，均不难得到合理、合情、合时的解答"③。毫无疑问，文献资料（传世的/出土的④）是我们进入古人精神世界的桥梁和通道，藉此方可善意同情地理解古人和古代思想。⑤ 准此，出土文献对于重建中国古典学的重大价值，便昭然自明矣。

由上可知，古中国与其他文明古国一样，文字的发明可谓渊源久远，并且同样久远地将文字用于记录，使文字在文明的形成与国家的成熟上扮演了重要角色。但与其他文明古国有所不同的是，古中国又有自己独特的个性：一是在书写材料上，古中国情有独钟地选择了简帛（甲骨、金石等均不可与简帛相提并论），简帛在纸张发明和大量使用之前一直居于主导地位，历时逾二千载；二是古中国特别注重使用文字记录历史，由此而形成了浓厚的历史意识；三是古中国尤其注重文献的保存、整理、著录，并且文献业已成为国家政治活动的一部分，由此而形成了一脉相承的文献传统；四是因此而留下了极其丰富的文献资料，使中华民族在文献上独步于世界民族之林；五是因此而护卫了文化与文明的连续性，而古埃及、古巴比伦、古印度等文明古国

---

① 沈颂金：《二十世纪简帛学研究》，学苑出版社，2003年，第648页。

② 陈寅恪：《冯友兰中国哲学史上册审查报告》（1930年），《金明馆丛稿二编》，上海古籍出版社，1980年，第247～248页；北京：三联书店，2001年，第279～280页。

③ 贺麟：《儒家思想的新开展》（1941年），《文化与人生》，北京：商务印书馆，1988年，第17页。

④ 此指传世文献与出土文献，即王国维所说的"二重证据"（《古史新证——王国维最后的讲义》，清华大学出版社，1994年，第2～3页）。

⑤ 彭华：《"同情的理解"略说——以陈寅恪、贺麟为考察中心》，初稿载《"中国传统学术的近代转型"国际学术研讨会论文集》，中国·上海，2009年10月；修订稿刊《儒藏论坛》第五辑，四川文艺出版社，2010年。

只有破裂而无连续。①

第四节　出土文献的整理与研究

一、郭店楚简

1993年10月，湖北省荆门市沙洋区四方乡郭店村的一座战国楚墓（M1）出土竹简804枚（其中有字竹简703枚），共计1.3万余字。1998年5月，《郭店楚墓竹简》由文物出版社出版，除释文外，还有竹简照片、注释。

郭店楚简的出土，是中国学术界的一大盛事，也是学术史上的一件大事。为此，中外学术界召开了几次学术讨论会，发表了若干篇论文，出版了多部专著。大陆地区先后推出的重要作品（含翻译作品），论文集有五种：(1)《郭店楚简研究》(《中国哲学》第二十辑，辽宁教育出版社，1999年)，(2)《郭店简与儒学研究》(《中国哲学》第二十一辑，辽宁教育出版社，2000年)，(3)《道家文化研究》第十七辑“郭店楚简专号”（三联书店，1999年)，(4)《郭店楚简国际学术研讨会论文集》（湖北人民出版社，2000年)，(5)《郭店〈老子〉：东西方学者的对话》(［美］艾兰、［英］魏克彬原编、邢文编译，学苑出版社，2002年)。文字编一种：《郭店楚简文字编》（张守中等编，文物出版社，2000年)。个人著作十余种：(1)《荆门郭店楚简〈老子〉研究》(崔仁义，科学出版社，1998年)，(2)《郭店楚墓竹简〈老子〉校读》(侯才，大连出版社，1999年)，(3)《楚简与帛书〈老子〉》(邹安华，民族出版社，2000年)，(4)《郭店楚墓竹简思想研究》（丁四新，东方出版社，2000年)，(5)《楚简〈老子〉辨析》（尹振环，中华书局，2001年)，(6)《郭店竹简〈老子〉校读》(彭浩，湖北人民出版社，2001年)，(7)《郭店楚简与先秦学术思想》(郭沂，上海教育出版社，2001年)，(8)《简帛老子研究》(［美］韩禄伯著、邢文改编、余瑾翻译，学苑出版社，2002年)，(9)《郭店楚简校读记》(李零，北京大学出版社，2002年；中国人民大学出

---

①　已故考古学家张光直（1931—2001）撰有《连续与破裂：一个文明起源新说的草稿》一文，高屋建瓴，颇具启发性。该文初刊《九州学刊》1986年9月总第1期第1～8页，后收入氏著以下二书：(1)《美术·神话与祭祀》，辽宁教育出版社，2002年，第108～118页；(2)《中国青铜时代》，北京：三联书店，1999年，第484～496页。

版社，2007 年)，(10)《郭店楚简〈老子〉校释》(廖名春，清华大学出版社，2003 年)，(11)《郭店竹书别释》(陈伟，湖北教育出版社，2003 年)，(12)《郭店楚简〈老子研究〉》(聂庆中，中华书局，2004 年)，(13)《郭店竹书〈老子〉论考》(李若晖，齐鲁书社，2004 年)，(14)《郭店楚简校释》(刘钊，福建人民出版社，2005 年)，(15)《郭店楚简〈老子〉释读》(邓各泉，湖南人民出版社，2005 年)，(16)《郭店竹简与思孟学派》(梁涛，中国人民大学出版社，2008 年) 等。港台方面，出版了：(1)《郭店竹简〈老子〉释析与研究》(丁原植，万卷楼图书有限公司，1998 年)，(2)《郭店楚简研究》第一卷《文字编》(张光裕主编，艺文印书馆，1999 年)，(3)《竹帛〈五行〉篇校注及研究》(庞朴，万卷楼图书有限公司，2000 年)，(4)《简帛〈五行〉笺释》(魏启鹏，万卷楼图书有限公司，2000 年)，(5)《简帛〈五行〉解诂》(刘信芳，艺文印书馆，2000 年)，(6)《郭店儒简论略》(欧阳祯人，台湾古籍出版有限公司，2003 年) 等。

《缁衣》，共有 47 枚竹简，简长 32.5 厘米，两道编绳。现存 1156 字。原无篇题，篇名系整理者据内容所加。简文内容与《礼记·缁衣》大体相同，但在分章、章次上差别较大，而且文字也有不少出入。

李学勤认为，《缁衣》、《五行》、《鲁穆公问子思》和别的子思一系的作品，称为《子思子》是恰当的；同其他子书一样，它不一定是子思一人的手笔；估计竹简《子思子》不会晚于子思的再传弟子，年代当不迟于孟子一辈。① 廖名春说，该篇章次与今本颇有不同，引《诗》、《书》之序与今本颇有不同 (当如楚简之序先《诗》后《书》)，简本优于今本，简本应较今本更接近故书原貌，它确实出于《子思子》；② “晚书”《君牙》、《君陈》当系后出，《祭公之顾命》原属先秦《书》。③

《鲁穆公问子思》、《穷达以时》两篇抄写在形制相同的竹简上，竹简两端呈梯形，简长 26.4 厘米，两道编绳。

《鲁穆公问子思》，共有竹简 8 枚。简文约 149 字，重 2 字、残 7 字。廖名春认为，《鲁穆公问子思》的记载真实，当出于子思弟子之手，属于《子思子》完全符合古书惯例。④ 但学术界对该篇的研究稍显薄弱。

---

① 李学勤：《荆门郭店楚简中的〈子思子〉》，《郭店楚简研究》，第 75～80 页。

② 廖名春：《郭店楚简儒家著作考》，《孔子研究》1998 年第 3 期；廖名春：《郭店楚简〈缁衣〉引〈诗〉考》，《华学》第四辑，北京：紫禁城出版社，2000 年。

③ 廖名春：《郭店楚简〈缁衣〉引〈书〉考》，《西北大学学报》2000 年第1期。

④ 廖名春：《郭店楚简儒家著作考》，《孔子研究》1998 年第 3 期。

《穷达以时》，共有竹简15枚。每简平均约20.5字，约残17字。廖名春认为，《穷达以时》当出于孔子，可能是孔子自作，故不称“孔子曰”；它应当是《荀子·宥坐》、《韩诗外传》卷七记载的源头；它在思想上一是强调“时”，一是强调“反己”。①

《五行》，共有竹简50枚，竹简两端呈梯形，简长32.5厘米，两道编绳。长沙马王堆汉墓曾经出土过帛书本《五行》，这次又出土了战国竹简本《五行》，二者可资对照。为此，台湾至少推出了三部这样的著作：一是庞朴的《竹帛〈五行〉篇校注及研究》（台北：万卷楼图书有限公司，2000年），二是魏启鹏的《竹帛〈五行〉笺释》（同上），三是刘信芳的《简帛〈五行〉篇解诂》（台北：艺文印书馆，2000年）；另外还有不少论文致力于此。②

廖名春认为其成书不会晚于孟子，它作为子思作品的可能是相当大的。③与帛书《五行》比较，帛书有《经》有《说》，而竹简有《经》无《说》；大概是由于荀子的批评，思孟学派的弟子们觉得应该将他们的经典《五行》篇施以解说，以杜讨伐，以广流传，于是有了解说本（如马王堆帛书本），而在郭店时代是本无经、说的。④

《唐虞之道》，共有竹简29枚，竹简两端平齐，简长28.1～28.3厘米许，两道编绳。共存704字。

李学勤认为，它与《忠信之道》“虽有近于儒学的语句，但过分强调禅让，疑与苏代、厝毛寿之流游说燕王禅让其相子之（前三一六年）一事有关，或许应划归纵横家”⑤。李存山认为，将《唐虞之道》归入纵横家的说法根据不足。⑥ 廖名春认为，该篇无“子曰”，当是孔子的佚文，简文是正统的儒家学说无疑。⑦ 王博认为与《尧典》关系密切，属儒家学派。⑧ 台湾的周凤五也专门研究过该篇。⑨

---

① 廖名春：《郭店楚简儒家著作考》，《孔子研究》1998年第3期。

② 如李存山的《从简本〈五行〉到帛书〈五行〉》，载《郭店楚简国际学术研讨会论文集》。

③ 廖名春：《郭店楚简儒家著作考》，《孔子研究》1998年第3期。

④ 庞朴：《竹帛〈五行〉篇比较》，《郭店楚简研究》，第221～227页。

⑤ 李学勤：《先秦儒家著作的重大发现》，《郭店楚简研究》，第13～17页。

⑥ 李存山：《读楚简〈忠信之道〉及其它》，《郭店楚简研究》，第263～277页。

⑦ 廖名春：《郭店楚简儒家著作考》，《孔子研究》1998年第3期。

⑧ 王博：《关于〈唐虞之道〉的几个问题》，《中国哲学史》1999年第2期。

⑨ 周凤五：《郭店楚墓竹简〈唐虞之道〉新释》，《“中央研究院”历史语言研究所集刊》70本3分，1999年。

《忠信之道》，共有竹简 9 枚，竹简两端平齐，简长 28.2～28.3 厘米，两道编绳。共存 256 字。

廖名春认为该篇很可能就是子张本于孔子之说而成的论文。① 陈鼓应认为该篇似乎是孔、老思想的融合，其主题“忠信”为孔、老所共同肯定，文中套用了许多老子习用的语式。②

《成之闻之》，共有竹简 40 枚，简长 32.5 厘米许，两道编绳。

郭沂认为，该篇的作者当为子思之后学、孟子之前辈，文中屡引“君子”之语，此“君子”盖为子思。③ 但廖名春认为，该篇很可能出于孔门高弟县成之手。④

《尊德义》，共有竹简 39 枚，竹简两端呈梯形。简长 32.5 厘米许，两道编绳。

该篇前一部分专论音乐，可以称之为《乐记》。⑤ 廖名春认为，简文当出于孔子，是孔子之作。⑥《尊德义》的论证义正词严，与“民本政治中所彰显的政治正义”有关。⑦

《性自命出》，共有竹简 67 枚，竹简两端呈梯形，简长 32.5 厘米许，两道编绳。

赵建伟曾经做过《忠信之道》和《性自命出》的文字校释。⑧ 廖名春认为“简文当属子游之作”⑨，陈来倾向于当属公孙尼子之作。⑩ 李学勤认为，“《性自命出》的六十七支，恐怕原来不是一篇，而是两篇。从简号一到三六为一篇，中心在于论乐；从简号三七至六七乃另一篇，中心在论性情”；并建议把《性自

① 廖名春：《郭店楚简儒家著作考》，《孔子研究》1998 年第 3 期。

② 陈鼓应：《〈太一生水〉与〈性自命出〉发微》，《道家文化研究》第十七辑，第 394 页注释①。

③ 郭沂：《郭店楚简〈成之闻之〉篇疏证》，《郭店楚简研究》，第 278～292 页。

④ 廖名春：《郭店楚简儒家著作考》，《孔子研究》1998 年第 3 期。

⑤ 李学勤：《透过竹简》，武汉大学“郭店楚简国际学术研讨会”。

⑥ 廖名春：《郭店楚简儒家著作考》，《孔子研究》1998 年第 3 期。

⑦ 陈明：《民本政治的新论证——对〈尊德义〉的一种解读》，《郭店楚简国际学术研讨会论文集》。

⑧ 赵建伟：《郭店楚简〈忠信之道〉、〈性自命出〉校释》，《中国哲学史》1999 年第 2 期。

⑨ 廖名春：《郭店楚简儒家著作考》，《孔子研究》1998 年第 3 期。

⑩ 陈来：《郭店楚简之〈性自命出〉篇初探》，《孔子研究》1998 年第 3 期。

命出》的前半部分独立出来，称为《乐说》，余下部分称为《性情》。①

《六德》，共有竹简49枚，竹简两端呈梯形，简长32.5厘米许，两道编绳。当然，该篇在编连上还可做深一步的工作。② 陈伟、颜世铉等做过该篇的文字考释和义理梳理工作。③ 廖名春认为，它当成于子思《中庸》之前；如果不是出自孔子，也当出于其弟子之手（很可能是孔子弟子县成之作）。④

该篇谈夫妇、父子、君臣关系时，先列夫妇、父子，后序君臣，这种由自然而社会的顺序，包含着儒家特有的重血缘、重生生的观念，与后期儒家迥然不同。有人认为，这反映了儒家反对君权的思想，但诚如刘乐贤所言，这与丧服制度有关，与反对君权无涉。⑤

《六德》还说："为父绝君，不为君绝父。为昆弟绝妻，不为妻绝昆弟。为宗族杀朋友，不为朋友杀宗族。"关于这句话的理解，颇有分歧。魏启鹏认为，"绝"当改释为"继"，"为父绝君，不为君绝父"是指当父丧与君丧同时发生时，应当使为君所着丧服次于为父所着丧服，以父丧重于君丧，体现父子之恩重君臣之义。但彭林认为，"为父绝君"意为当父丧与君丧同时发生时，应服父丧而绝君之丧服；"为昆弟绝妻"与《礼记·丧服》妻服重于昆弟之服叙不同，但更为合理，当是早期丧服制度的反映；"杀"，旧释"减杀"，不确，当训为"杀止"，字义的指向，在丧服的边界。⑥

《语丛》（4篇），共有竹简265枚（依次为112枚、54枚、72枚、27枚），两端平齐，都抄写于最短的一种竹简上，竹简长度在15.1～17.7厘米之间（依次为17.2～17.4厘米，两道编绳；15.1～15.2厘米，三道编绳；17.6～17.7厘米，三道编绳；15.1～15.2厘米，两道编绳）。有些话语既与道家有关系，也与儒家有关系。

廖名春认为，《语丛一》至《语丛三》虽为名言的汇集，但基本上以儒家

---

① 李学勤：《郭店简与〈乐记〉》，《重写学术史》，河北教育出版社，2002年。

② 陈伟：《关于郭店楚简〈六德〉诸篇编连的调整》，《郭店楚简国际学术研讨会论文集》。

③ 陈伟：《郭店楚简〈六德〉诸篇零释》，《武汉大学学报》1999年第5期；颜世铉：《郭店楚简〈六德〉笺释》，《"中央研究院"历史语言研究所集刊》72本2分，2001年。

④ 廖名春：《郭店楚简儒家著作考》，《孔子研究》1998年第3期。

⑤ 刘乐贤：《郭店楚简〈六德〉初探》，《郭店楚简国际学术研讨会论文集》，第386页。

⑥ 魏启鹏：《释〈六德〉"为父绝君"——兼答彭林先生》；彭林：《再论郭店简〈六德〉"为父绝君"及相关问题》（二文载于《中国哲学史》2001年第2期）。

之说为主。[①] 庞朴认为，《语丛四》既非儒家思想，也非道家思想，倒更近乎法家、纵横家。[②] 在《郭店楚简国际学术研讨会论文集》中，有几篇文章专门论及《语丛》。[③]

利用郭店楚简对儒家作综合研究，有不少论著发表。

庞朴在《孔孟之间：郭店楚简的思想史地位》中指出，[④] 孔子学说的核心是“仁”和“礼”，“仁”是内部性情的流露，“礼”是外部行为的规范。孔门弟子对“仁爱”的解释有两派：一派向外探索，认为人的善性继阴阳之道而成，人间社会的尊卑贵贱完全脱胎于天地、效法于自然，从宇宙本体推演到社会功利，即由“天”而及“人”；另一派向内求索，抓住“人之所以异于禽兽者几希”(《孟子·离娄下》)，明心见性。后一派的发展脉络，由子思而孟子而《中庸》，郭店楚简正是反映从孔子向孟子过渡时期儒学发展状况的学术资料，代表了孔子之后儒家向内求索的为学之路。这一主题奠定了思孟学派的基本思想格局，一直影响到后来，其意义特别重大。在其后发表的《三重道德论》中，庞朴又系统地梳理了儒家的道德观，认为儒家道德是由人伦道德（六德）、社会道德（四行）、天地道德（五行）三者组合成的完整的学说体系。儒家有一套把三重道德贯穿下来的德目，针对不同的人有不同的道德要求，其实用性和可操作性都很强，这使得它成为中国几千年封建统治者稳定社会秩序的重要道德规范之一。[⑤] 关于儒家的“圣”与“圣人”观念、天道观、德治思想等，都有人做专门的研究。[⑥] 有人还探讨过郭店楚简与《曾子》的关系，认为《大戴礼记》中的《曾子》10 篇就是曾子及其弟子思想学说的汇编。[⑦] 比较全面地研究郭店楚简的著作，有丁四新《郭店楚墓竹简思想研究》（东方出版社，2000 年）、郭沂《郭店竹简与先秦学术思想》(上海教育出版社，2001 年）等。

---

① 廖名春：《郭店楚简儒家著作考》，《孔子研究》1998 年第 3 期。

② 庞朴：《〈语丛〉臆说》，《郭店楚简研究》，第 327～330 页。

③ 如林素清的《郭店竹简〈语丛四〉笺释》、罗运环的《郭店楚简有关君臣论述的研究——兼论〈语丛四〉的问题》、朱喆的《〈语丛四〉学派性质刍议》等。

④ 庞朴：《孔孟之间：郭店楚简的思想史地位》，《中国社会科学》1998 年第 5 期。

⑤ 庞朴：《三重道德论》，《历史研究》2000 年第 5 期。

⑥ 晏昌贵：《郭店儒家简中的“圣”与“圣人”的观念》，《江汉考古》2000 年第 3 期；韩星：《郭店楚简儒家天道观述略》，《西北大学学报》2000 年第 2 期；王美凤：《郭店楚简的德治思想》，《西北大学学报》2000 年第 2 期。

⑦ 罗新慧：《郭店楚简与〈曾子〉》，《管子学刊》1999 年第 3 期。

郭店楚简的学术价值，至少有以下几方面①：

（一）它提供了大量前所未见的佚书，填补了学术空白

如《太一生水》，就是一篇早已亡佚的先秦道家文献，是迄今所见关于宇宙生成论的最完整的文字资料。而儒家“思孟学派”著作(《子思子》) 的出土，反映了儒家由孔子向孟子过渡时期儒学发展的状况。因此杜维明认为，“郭店楚墓竹简出土以后，整个中国哲学史、中国学术史都需要重写”，“甚至对整个中国传统文化，都需要重新定位”。②

（二）它提供了重新审视儒道关系的新材料

以前受《史记·老子韩非列传》的影响，多认为先秦时候的儒道是水火不容的，但是根据郭店楚简简文，知道实际情形恐怕并不是如此，“早期的道儒关系远没有达到冲突尖锐化和激化的程度”③。如《老子》丙并不反对仁义圣智，“提醒我们应重视老子的守中思想，并提示我们老子可能并不必然反对法制，尤其不排斥仁义学说”④。

（三）有必要重新审视儒家著作

《尚书》的重新检讨。现被判为伪《古文尚书》的《君牙》、《君陈》、《君诰》的文句，在简文《缁衣》中皆被引用，这与流行的伪孔《传》是东晋梅赜伪造的结论似乎无法兼容；尽管目前还不能判定《古文尚书》的真实性，但至少为我们重新审视这桩学术公案提供了极为珍贵的线索。

再如《逸周书》，以前认为是“伪书”而否认其史料价值，但其中确实保存了许多真实的西周历史文件，有些篇章的重要性甚至超过《尚书·周书》。⑤ 关于其来源，刘向认为“盖孔子所论百篇之余”(《汉书·艺文志》颜师古注引)；但最近的研究表明，以《祭公》等为代表的《逸周书》，并非“仲尼删《书》之余”，而是秦以后新编《尚书》之余，它们本来就是先秦

---

① 彭华：《郭店楚简研究述评》，《古籍整理研究学刊》2011 年第 3 期。

② 杜维明：《郭店楚简与先秦儒道思想的重新定位》，《郭店楚简研究》(《中国哲学》第二十辑)，辽宁教育出版社，2000 年第二版，第 4 页。

③ 李存山：《从郭店楚简看早期道儒关系》，《郭店楚简研究》，第 187～203 页；《道家文化研究》第十七辑，第 423～439 页。

④ 陈鼓应：《〈太一生水〉与〈性自命出〉发微》，《道家文化研究》第十七辑，第 395 页。

⑤ 杨宽：《论〈逸周书〉》，原载《中华文史论丛》1989 年第 1 期，后收入其《西周史》作为“附录”。

《书》里的一部分。①

又如《礼记》的成书年代，当不晚于战国时期，其真实性也是可靠的。②又如《子思子》的发现，李学勤认为《缁衣》、《五行》、《成之闻之》、《尊德义》、《性子命出》、《六德》6篇就是久佚的《子思子》，为孔子之孙孔伋的作品。③

二、上海博物馆藏战国楚简

1994年5月，上海博物馆从香港购回战国楚简1200余枚。同年冬，香港友人联合出资收购竹简497枚，并将其捐赠给上海博物馆。竹简共约3万余字，内容非常丰富，涉及的先秦古籍有近百种（部），以儒家文献为主，兼及道家、阴阳家、兵家等。自2001年起，释文和图版相继发表。具体如下：

马承源主编：《上海博物馆藏战国楚竹书》（一）上海古籍出版社，2001年。收录《孔子诗论》、《缁衣》、《性情论》的释文和照片。

马承源主编：《上海博物馆藏战国楚竹书》（二）上海古籍出版社，2002年。收录《民之父母》、《子羔》、《鲁邦大旱》、《从政》（甲篇、乙篇）、《昔者君老》、《容成氏》的释文和照片。

马承源主编：《上海博物馆藏战国楚竹书》（三）上海古籍出版社，2003年。收录《周易》、《中弓》、《亙先》、《彭祖》的释文和照片。

马承源主编：《上海博物馆藏战国楚竹书》（四）上海古籍出版社，2004年。收录《采风曲目》、《逸诗》、《昭王毁室》、《昭王与龚之脽》、《柬大王泊旱》、《内豊》、《相邦之道》、《曹沫之陈》的释文和照片。

马承源主编：《上海博物馆藏战国楚竹书》（五）上海古籍出版社，2005年。收录《竞建内之》、《鲍叔牙与隰朋之谏》、《季康子问于孔子》、《姑成家父》、《君子为礼》、《弟子问》、《三德》、《鬼神之明》、《融师有成氏》的释文和照片。

马承源主编：《上海博物馆藏战国楚竹书》（六）上海古籍出版社，2007年。收入《竞公瘧》、《孔子见季趄子》、《庄王既成》、《申公臣灵王》、《平王问郑寿》、《平王与王子木》、《慎子曰恭俭》、《用曰》、《天子建州》（甲本、乙

---

① 廖名春：《郭店楚简〈缁衣〉引〈书〉考》，《西北大学学报》2000年第1期。

② 李学勤：《郭店楚简与〈礼记〉》，《中国哲学史》1998年第4期；彭林：《郭店简与〈礼记〉的年代》，《郭店简与儒学研究》，第41～59页。

③ 李学勤：《荆门郭店楚简中的〈子思子〉》，《文物天地》1998年第2期（后收入《郭店楚简研究》）。

本）的释文和照片。

马承源主编:《上海博物馆藏战国楚竹书》（七）上海古籍出版社，2008年。收入《武王践阼》、《郑子家表》（甲、乙）、《君子者何必安哉》（甲、乙）《凡物流形》（甲、乙）、《吴命》的释文和照片。

“这部资料集印刷精美，文字经显微放大，纤毫毕现，极有利于释读”①；“而其整理的精湛和用心，也令人叹服”②。《文艺研究》2002年第2期有一组关于上博楚简的笔谈，共收录了6篇文章。《齐鲁学刊》2002年第2期也有一组笔谈，共收录了3篇文章。上海大学古代文明研究中心、清华大学思想文化研究所联合编辑的《上博馆藏战国楚竹书研究》（上海书店出版社，2002年）和《上博馆藏战国楚竹书研究续编》（上海书店出版社，2004年），谢维扬、朱渊清主编的《新出土文献与古代文明研究》（上海大学出版社，2004年），比较及时、全面地收录了海内外学者的相关研究成果。

《孔子诗论》（竹简原无书题，书名系马承源据内容所拟），共有竹简31枚，完整竹简长55.5厘米，宽0.6厘米，厚0.11厘米。共计980余字，记载了60篇诗。

整篇内容都是孔子弟子对孔子传授《诗》的追记，其中孔子对诗歌的有些论述不见于以往古书，如“诗毋离志，乐毋离情，文毋离言”③ 等。今本《诗经》有《国风》、《小雅》、《大雅》和《颂》，竹简《孔子诗论》的顺序与此相反，称为《讼》（颂）、《大夏》、《小夏》（夏、雅古可通用）和《邦风》（汉儒为避汉高祖刘邦之讳，改邦为风）；《孔子诗论》序中的论次也和今本《诗经》中的大序相反，许多诗句用字和今本不同；“竹简《孔子诗论》没有今本《诗经》小序中‘讽刺’、‘赞美’的内容”；简文还记载了“《诗经》以外的佚诗和若干诗篇篇名以及弦歌时规定的音高等内容，填补了先秦文献的空白”④。李学勤认为，《孔子诗论》并非出自孔子之手，也不像《论语》那样直接记载孔子言行，“而是孔门儒者所撰，内中多引孔子亲说”；“《诗论》的作者能引述孔子论《诗》这么多话，无疑和子思一般，有着与孔子相当接近的关系。符合这个条件、能传《诗》学的人，我认为只能是子夏”，“从传

① 赵超：《简牍帛书发现与研究》，福建人民出版社，2005年，第25页。

② 廖名春：《出土简帛丛考》，湖北教育出版社，2003年，第1页。

③ 裘锡圭认为，“诗毋离志，乐毋离情，文毋离言”应释作“诗毋隐志，乐毋隐情，文毋隐言”。（裘锡圭：《关于〈孔子诗论〉》，《经学今诠三编》，《中国哲学》第二十四辑，辽宁教育出版社，2002年。）

④ 马今洪：《简帛：发现与研究》，上海书店出版社，2002年，第37页。

世文献推考，子夏很可能是《诗论》的作者”。[①] 彭林持论与李学勤近似，推测该篇是某位传《诗》者（很可能就是子夏）；[②] 而廖名春认为，儒家传《诗》系统是多元的而非单一的，如子羔亦属传《诗》者。[③] 陈立则认为，《孔子诗论》的作者不是孔子本人或当时弟子，而是孔门弟子记录先生论诗之言，很可能是孔门再传弟子。[④]《孔子诗论》的发现，为我们进一步认识先秦时期《诗》的编次、孔子与《诗》的关系以及诗学理论等，都提供了前所未有的“新知”。

专门研究《孔子诗论》的著作，目前已有刘信芳的《孔子诗论述学》（安徽大学出版社，2003 年）。

《周易》，原无书题，书名系整理者根据内容所定。简长 44 厘米，三道编连。共计 58 简，约计 1800 余字，涉及 34 卦内容，有 25 个卦画。这是目前所见最早的《周易》本子。

该本《周易》在形式上有三种表现方法，分别为卦画、文字与符号。其中简中出现的红、黑两色组成的六种符号既不见于其他出土文献，也不见于传本《周易》。这些符号分别出现在每卦的首简和末简上。该本《周易》的内容与今本《易经》有一些相异之处，它每卦书写的格式为：一、卦画，二、卦名，三、首简符号，四、卦辞，五、尾简符号。它的发现，对解决易学研究中所谓“九六”之争等问题有重要意义。[⑤]

《性情论》，现存可编序竹简 40 枚，另有 5 枚竹简残破过甚，整理者将其作为“附一”列于篇末。完整简长约 57 厘米，共存 1200 余字。廖名春对郭店简《性自命出》、上博简《性情论》进行比较，指出两者在内容上小异，但在编次结构上却有相当的不同；他认为上博简本的编次不如郭店简本，后者应较前者更接近《性自命出》篇的原本。[⑥] 陈丽桂通过研究发现，《性情论》

① 李学勤：《〈诗论〉的体裁和作者》，上海大学古代文明研究中心、清华大学思想文化研究所编：《上博馆藏战国楚竹书研究》，上海书店出版社，2002 年。

② 彭林：《关于上海博物馆藏〈战国楚竹书·孔子诗论〉的篇名与作者》，《清华简帛研究》第二辑，2002 年。

③ 廖名春：《上博〈诗论〉简的作者和作年——兼论子羔也可能传〈诗〉》，《齐鲁学刊》2002 年第 2 期。

④ 陈立：《〈孔子诗论〉的作者与时代》，上海大学古代文明研究中心、清华大学思想文化研究所编：《上博馆藏战国楚竹书研究》，上海书店出版社，2002 年。

⑤ 骈宇骞、段书安编著：《二十世纪出土简帛综述》，北京：文物出版社，2006 年，第 188 页。

⑥ 廖名春：《上海简〈性自命出〉篇探原》，《清华大学思想文化研究所集刊》第二辑，清华大学出版社，2002 年。

所言“道”是等同于“德”的，它是儒学思想教化内容的总称，其核心内容是“礼”。①

《缁衣》，现存竹简24枚，简长54.3厘米，共存978字。上博简《缁衣》与郭店简《缁衣》的内容大同小异，但与今本《缁衣》有较大的出入。虞万里通过对郭店简《缁衣》、上博简《缁衣》异文、句式、章次的考证，发现两种竹简本都来源于同一祖本，但却来自不同的传本；今本《缁衣》的文字之所以不同于竹简本，是由汉人杜撰或按别本移入的，汉儒已做过较多的修改和补充，已经不是战国时代的原貌。②

《民之父母》，现存竹简14枚，简长约45.7厘米，共存397字。《民之父母》的内容与今本《礼记·孔子闲居》前半部分基本相同，主要讲述为民父母的几个要素——“五至”、“三无”、“五起”，但二者在字句上存在不少差异。

《子羔》，现存竹简14枚，共存395字。有篇题“子羔”，书写于5号简的背面；但整理者认为，这也可以看作是与《鲁邦大旱》和《孔子诗论》合为一册的书题。全篇讲述孔子答子羔所问尧、舜及禹、契、后稷（即“三王”）之事。由于竹简残断，难以排列简序，整理者根据篇末标识将关于尧、舜的内容列于前，将关于禹、契、后稷“三王”的内容列于后。

《鲁邦大旱》，现存竹简6枚，完整简一长55.4厘米、一长54.9厘米，共存208字。鲁哀公十五年（前480），鲁国发生大旱，鲁哀公向孔子请教驭旱之策；孔子明确提出要加强刑德之治，而不必用瘗埋圭璧币帛的惯例向山川神灵求雨。而后，孔子和子赣（贡）就应对之策进行了分析和讨论。

《从政》，分为甲篇和乙篇。甲篇有竹简19枚，计519字；乙篇有竹简6枚，计140字。竹简两端平齐，完整简长约42.6厘米。两篇的主题十分明确，即围绕如何从政进行阐述；通篇多次强调“从政”所应具备的道德及行为标准，如“敦五德，固三誓，除十恶”等。

《昔者君老》，仅存竹简4枚（3枚完整、1枚残缺），完整简长44.2厘米，计158字。该篇记述太子在国君从衰老至亡故间所具备的礼仪，如朝见、入宫探视、居丧等行为及其规范，可与《礼记》等书的相关记载相比照。

《容成氏》，共存竹简53枚，完整简长44.5厘米，每简约42～45字。篇

---

① 陈丽桂：《〈性情论〉说“道”》，上海大学古代文明研究中心、清华大学思想文化研究所编：《上博馆藏战国楚竹书研究》，上海书店出版社，2002年。

② 虞万里：《上博简、郭店简〈缁衣〉与传本合校补证》，《史林》2002年第2期。

题书写于53号简的背面，作“讼成氏”。该篇记述有关古帝王的传说，如赫胥、仓颉、轩辕、神农、尧、舜、禹、汤、周文王、周武王等。

《内豊》，即“内礼”，全篇反映了儒家“君君、臣臣、父父、子子”以及“兄兄、弟弟”的思想。一般认为，简文当与传世文献《大戴礼记·曾子立孝》、《礼记·内则》有密切关系。

李学勤认为，这批竹简处于先秦至汉初的经典形成阶段，涉及传统文化最核心的部分，对于学术和思想研究，具有重要意义。①

三、清华大学藏战国简

“清华简”自2008年7月入藏清华大学以来，便为海内外学界所瞩目。为了有序推进“清华简”的整理，清华大学专门成立了“出土文献研究与保护中心”。由于“清华简”的内容特别重要（“涉及中国传统文化的核心内容，是前所罕见的重大发现”），故《光明日报》自2009年4月13日起开辟“解读清华简”专栏，给予关注。

2009年夏以来，“清华简”的部分释文（如《保训》）开始公布。② 2010年底，清华大学出土文献研究与保护中心编、李学勤主编《清华大学藏战国竹简（壹）》由上海中西书局出版。2011年1月5日，《清华大学藏战国竹简（壹）》在北京正式发布。清华大学出土文献研究与保护中心主任李学勤教授介绍了该成果的五大学术贡献：一是重现了《尚书》及类似典籍；二是澄清了一些学术史上长期争论的疑难；三是发现了前所未知的周代诗篇；四是复原了楚国历史及历史地理；五是提供了古文字特别是楚文字研究的珍贵材料。中国文字学会会长黄德宽教授认为，“清华简”再现了失传2000多年的文化典籍，它涉及中国传统文化的核心内容，已经受到国内外学者的高度重视，将会对历史学、考古学、古文字学、文献学等许多学科产生广泛深远的影响，对于中华传统文化的发扬光大具有巨大作用。③

---

① 转引自沈颂金：《二十世纪简帛学研究》，北京：学苑出版社，2003年，第633页。

② 李学勤：《“清华简”研究初见成果：解读周文王遗言》，《光明日报》2009年4月13日。清华大学出土文献与保护中心：《清华大学藏战国竹简（保训）释文》，《文物》2009年第6期。李零：《读清华简〈保训〉释文》，《中国文物报》2009年8月21日第7版。

③ 王洪波：《“清华简”首批研究成果发布　五大贡献震惊学界》，《中华读书报》2011年1月12日第1版。

四、武威汉简

甘肃武威磨咀子6号汉墓所出土的《仪礼》简共有469枚，分为三种写本，分别写在三种长度不同的竹木简上。发表时称作甲本、乙本、丙本，以示区别。

甲本，存398枚木简，计22971字；木简长55.5～56厘米，宽0.75厘米，厚0.28厘米。共计7篇，包括传本《仪礼》的《士相见之礼第三》，《服传第八》，《特牲第十》，《少牢第十一》，《有司第十二》，《燕礼第十三》，《泰射第十四》。

乙本，存37枚木简，计3042字；木简长50.5厘米，宽0.5厘米。仅存今本《仪礼》1篇：《服传第八》。

丙本，存34枚竹简，计1285字；竹简长56.5厘米，宽0.9厘米。仅存今本《仪礼》1篇：《丧服》经。

武威汉简本《仪礼》共计9篇，27400余字。较熹平石经七经残存8000多字，多了将近20000字。研究者认为，收入《十三经注疏》的今本《仪礼》（郑玄注、贾公彦疏）是杂糅今古文的本子，而武威甲本《仪礼》很可能是后苍、庆普传下来的没有被郑玄打乱家法以前的今文本，丙本则代表未附传文以前更早的一个本子。沈文倬认为，西汉晚期传《礼》学者只有后氏一家，大小戴和庆氏都出于庆氏之传，其经本实则相同，均属于今文本系统；而汉简本当是以今文读古文，实属糅合今古文的另外一个传本，故可称之为“古文或本”；郑玄所注《仪礼》之本，实则来源于“古文或本”。① 研究武威汉简本《仪礼》的专著，有《仪礼汉简本考证》（王关仕著，台湾学生书局，1975年）。

武威汉简本《仪礼》的发现，为研究汉代经学和《仪礼》的版本、校勘提供了重要的启示和第一手资料，具有重大的学术价值。

五、马王堆汉墓帛书

1973年12月，长沙马王堆3号汉墓出土了一大批帛书，儒学类文献有《周易》（《六十四卦》、《系辞》、《要》、《缪和》、《昭力》、《二三子问》、《易之义》）、《丧服图》等。关于这批帛书的释文，读者可集中参阅马王堆汉墓帛书整

① 沈文倬：《〈丧服传〉脱文》，《菿闇文存》，北京：商务印书馆，2006年；沈文倬：《汉简〈服传〉考》、《〈礼〉汉简异文释》，《宗周礼乐文明考论》（增补本），浙江大学出版社，2006年第二版。

理小组所编《马王堆汉墓帛书》（壹—肆，文物出版社，1980、1983、1985年）。

帛书《周易》，原无篇题，或称其为帛书《六十四卦》。[①] 包括《系辞》在内，约计5200余字，其中《系辞》2700余字。其卦辞、爻辞虽与今本基本相同，但六十四卦的排列次序则完全不同。又，今本《周易》分为上下经，上经三十卦（始于乾、终于离），下经三十四卦（始于咸、终于未济）；而帛书则不分上下经，始于键（乾），终于益。研究者认为，帛书本《周易》保存了比较简单的原始形式，或者说是另一系统的传本。李学勤指出，由帛书的卦序，至少可以看出以下几个特点："第一，帛书《周易》的经传是互相结合、密不可分的"，"第二，帛书卦序已经包含了八卦取象的观念"，"第三，帛书的卦序充分贯穿了阴阳对立交错的观念"；另外，帛书的卦序蕴涵了阴阳学的哲理，在体现阴阳规律这一点上显然胜于传世本。[②]

帛书《系辞》，始于今本上篇的首章，终于今本下篇的末章，没有今本的第八章（即"大衍之数五十"一章）和今本《系辞下》的第五、六、八章及第七章的一部分；但有今本"昔圣人之作《易》也"至"是故易逆数也"一段，而该段在今本中属于《说卦》。

帛书《周易》卷后佚书，都是解释《周易》本文的。

第一篇卷尾残缺，存36行，约2500余字。原无篇题，张政烺根据内容将其定名为《二三子问》。《二三子问》主要是以问答的形式，分别对乾、坤、鼎、晋、屯、同人、大有、谦、豫、中孚、少过、恒、解、艮、丰、未济等卦的部分卦辞、爻辞进行了具有儒家哲理色彩的解说。于豪亮曾提出，本书应分为二篇来分析，[③] 李学勤对此表示赞同。[④] 从思想内容看，全篇充满敬天保民、举贤任能、进德修身等思想，故廖名春认为这是孔门弟子保留下来的孔子说《易》的遗教。[⑤]

第二篇卷首残缺，篇题为《要》，存18行，1648字，篇末有题记（"要

---

① 马王堆汉墓帛书整理小组：《马王堆帛书〈六十四卦〉释文》，《文物》1984年第3期。

② 李学勤：《马王堆帛书〈周易〉的卦序卦位》，《简帛佚籍与学术史》，江西教育出版社，2001年。

③ 于豪亮：《帛书〈周易〉》，《文物》1984年第3期。

④ 李学勤：《帛书〈周易〉的几点研究》，《简帛佚籍与学术史》，江西教育出版社，2001年。

⑤ 廖名春：《帛书〈二三子问〉简说》，《道家文化研究》第三辑，上海古籍出版社，1993年。

千六百卌八"），标明篇名及全篇字数。帛书《要》篇云："夫子老而好易，居则在席，行则在囊。"《史记》、《汉书》说孔子"晚而喜《易》"、读《易》"韦编三绝"，看来绝非虚语。①

第三篇题为《昭力》，存13行，930余字，比较完整。《昭力》全篇都是以昭力问《易》、先生作答的形式，来阐发君、卿、大夫之义，借以阐发《易经》师卦九二爻辞、六四爻辞及大畜卦九三爻辞等，所阐发的政治思想充满浓厚的儒家色彩。具有浓厚的儒家政治思想的色彩。研究者认为，《缪和》这种大量利用历史故事来解说《易》卦爻辞之旨的方法，可以说是开了以史证《易》派的先河。②

第四篇是《缪和》，篇末有篇题"缪和"二字。存70行，5000余字。《缪和》以问答的形式阐述易理，问答的对象有缪和、吕昌、吴孟、张射、李平等，所见人名多不可考。这种以史证《易》的方法和《韩诗外传》以史证《诗》完全一样，是迄今所知以史证《易》的最早著作之一。③

《易之义》，原无篇题，韩仲民、张立文据首句"子曰易之义"定名，符合古书命名通例。④ 廖名春后来在帛书照片中找到了该篇尾题残片，作"衷二千"，故将其改题为《衷》⑤。学者认为，"通篇来看，这种古佚书主要是对阴阳关系在《易》学中的重要性的阐述，其思想有较多儒家思想的倾向"⑥，"它不是纯粹的儒家思想，可能编成于受到黄老思想影响的儒生之手"⑦。

《丧服图》，图中有6行、计56字的有关丧服制度的记载。此56字主要记叙了汉初丧服的有关规定，其中提到了三年、期年、九月、七月等丧服期，

① 李学勤：《从〈要〉篇看孔子与〈易〉》，《简帛佚籍与学术史》，江西教育出版社，2001年。

② 廖名春：《帛书〈缪和〉、〈昭力〉简说》，《道家文化研究》第三辑，上海古籍出版社，1993年。

③ 廖名春：《帛书〈缪和〉、〈昭力〉简说》，《道家文化研究》第三辑，上海古籍出版社，1993年。

④ 韩仲民：《帛书〈系辞〉浅说》，《孔子研究》1988年第4期。张立文：《帛书〈周易〉浅说》，《中国文化与中国哲学》，北京：三联书店，1990年。

⑤ 廖名春：《试论帛书〈衷〉的篇名和字数》，《帛书〈周易〉论集》，上海古籍出版社，2008年。

⑥ 骈宇骞、段书安编著：《二十世纪出土简帛综述》，北京：文物出版社，2006年，第190页。

⑦ 廖名春：《帛书〈易之义〉简说》，《道家文化研究》第三辑，上海古籍出版社，1993年。

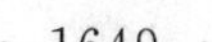

但没有提及三月及其以下的丧服。这与汉文帝遗诏短丧的规定似乎不太吻合，与传统的丧服记载也有区别。因此，有人认为，该图或许是墓主人轪侯家族自己所奉行的丧服制度的一种图文式的记载。①

六、阜阳双古堆汉简

1977 年，安徽省阜阳县双古堆 1 号汉墓出土简牍 6000 余枚。通过长期的细致的整理，辨析出其中包括十多种古代文献，计有《诗经》、《周易》、《仓颉篇》、《年表》、《大事记》、《万物》、《作务员程》、《行气》、《相狗经》及辞赋、《刑德》、《日书》等。

另外，还有三件木牍。1 号木牍出土时比较完整，上面存有篇题 47 个。篇题的内容记载了孔子及其弟子的言行，这些内容大都能在先秦两汉的传世文献，如《荀子》、《大戴礼记》、《吕氏春秋》、《孔子家语》、《淮南子》、《韩诗外传》、《孔丛子》、《说苑》、《新序》等，找到篇题或相关内容。研究者认为，其内容与《孔子家语》有关。木牍原无书题，“儒家者言”系整理者据篇题内容所定。研究者认为，这说明《孔子家语》并非伪书，它的原型早在汉初就已经存在，后经从孔安国到孔猛等数代孔氏学者的陆续编辑增补。（其实，早在上述两种出土文献公布前，詹剑峰就指出，《孔子家语》“虽为王肃所编造，然无一无根据，作为辑佚书来看，固不伪也”②。）

2 号木牍出土时严重残破，后经拼接缀合，上面总计有 37 个篇题。简文所记载的应当是春秋战国时期贵族阶层的逸闻趣事，与马王堆帛书《春秋事语》相类。韩自强认为，2 号木牍所记篇题内容是“讲史记言的书，就是当时的教学课本”，属于“事语”类型，2 号木牍所记篇题就是这本“事语”类书籍的目录。③

3 号木牍出土时也严重残损，目前尚未发表。据发掘简报称，3 号木牍单面书写，所记篇题都比较简短，如有“乐论”、“智（知）遇”、“颂学”等，内容似乎与《荀子》等儒家文献有关。④

---

① 陈松长：《帛书史话》，中国大百科全书出版社，2000 年。

② 詹剑峰：《驳“原始五行说”是朴素的唯物论》，《中国哲学》第四辑，北京：三联书店，1980 年，第 138 页。

③ 韩自强编著：《阜阳汉简〈周易〉研究》附录二：《阜阳西汉汝阴侯二号木牍〈春秋事语〉章题及相关竹简》，上海古籍出版社，2004 年。

④ 安徽省文物工作队等：《阜阳双古堆西汉汝阴侯墓发掘简报》，《文物》1978 年第 8 期。

《仓颉篇》，存残简124枚，有541字，包括《仓颉》、《爰历》、《博学》3篇。四字为句，有韵可寻。文字中出现了避秦始皇名讳的句子（“饬端修法”），再综合根据其他特征考察，可以推定这是未经汉人改易、修订的本子。① 在对于了解秦代字书的原貌以及文字校勘等方面，简帛《仓颉篇》都具有重要的参考价值。

《诗经》，有100多件破碎的简片，包括今本《毛诗》的《国风》和《小雅》，涉及305篇《诗经》的69篇；而《大雅》及三《颂》，均阙如。其中，《国风》存残诗65首（有的仅存篇名），有《周南》、《召南》、《邶风》、《鄘风》、《卫风》、《王风》、《郑风》、《齐风》、《魏风》、《唐风》、《秦风》、《陈风》、《曹风》、《豳风》等残片；《小雅》存残诗4篇，系《鹿鸣之什》4首诗的残句。简本《诗经》的篇名，有与今本《毛诗》全同者，有与今本大异者。李学勤认为，阜阳简本《诗经》“可以肯定不属于齐、鲁、韩三家诗”，“它不属于传统上习知的经学系统”②。阜阳汉简本《诗经》是目前所知年代最早的抄本，简本《诗经》的最大特点，是存在大量与齐、鲁、韩、毛四家诗不同的异文（近百处），对于进一步研究《诗经》有重要参考价值。③ 胡平生、韩自强将简本《诗经》异文分为四类：一是意义相同或相近的异文，包括古今字、异体字、假借字；二是意义可能不同的异文；三是虚词的异文；四是因今本《毛诗》或简本《诗经》错字造成的异文。④

《周易》，有300多个破碎的简片，包括今本《易经》的40多个卦。其中，既有卦画又有卦辞的9片，有爻辞的60多片。简本《周易》与今本《周易》相较，存在不少异文，多为通假字。又，简本《周易》的卦画留存下来的很少，仅见于临、离、大有三卦，阴爻作“∧”形，丰富了我们对卦画的知识。⑤

七、八角廊汉墓竹简

1973年，河北省定县（今定州）八角廊西汉墓（M40）出土了一批竹简

① 阜阳汉简整理组：《阜阳汉简〈仓颉篇〉》，《文物》1983年第2期。胡平生、韩自强：《〈仓颉篇〉的初步研究》，《文物》1983年第2期。

② 李学勤：《新发现简帛与秦汉文化史》，《李学勤集》，黑龙江教育出版社，1989年。

③ 文化部古文献研究室、安徽省阜阳地区博物馆、阜阳汉简整理组：《阜阳汉简〈诗经〉》，《文物》1984年第8期。

④ 胡平生、韩自强：《阜阳汉简〈诗经〉简论》，《文物》1984年第8期；《阜阳汉简〈诗经〉研究》，上海古籍出版社，1988年。

⑤ 韩自强编著：《阜阳汉简〈周易〉研究》，上海古籍出版社，2004年。

(数量不详)。其中，属于儒家的著作有《论语》、《儒家者言》、《哀公问五义》、《保傅传》等。关于前二者的释文，可参看：(1) 河北省文物研究所定州汉墓竹简整理小组:《论语》，北京：文物出版社，1997 年。(2) 定县汉墓竹简整理组:《〈儒家者言〉释文》，《文物》1981 年第 8 期。

《论语》，由 620 多枚简组成，残简居多。简长 16.2 厘米，宽 0.7 厘米，三道编绳。残存 7565 字，不足今本《论语》的二分之一。原书无书题和篇题，有的篇尾有计章计字尾题。竹简本《论语》与传世本《论语》存在不少差异，如分章便不一样。李学勤认为，竹简本《论语》"不会是《鲁论》系统的本子"，"考虑到《古论》流传不广，《齐论》的可能性更大一些"。① 王素认为，竹简本《论语》是"一个比《张侯论》更早的融合本"，"这种融合本与《张侯论》相同，也是以《鲁论》为底本，以《齐论》为校本。不同的是，简本《论语》的章句保存了《鲁论》原貌更多，而《张侯论》的章句主要根据是《齐论》"。王素又进一步推测，西汉时期《论语》的传习者曾经编撰过不少类似的融合本。安昌侯张禹的《张侯论》是为汉成帝编撰的，并且幸运地流传了下来；而竹简本《论语》是为中山怀王编撰的，非常不幸地成为了随葬品。竹简本《论语》的出土，"使我们对西汉时代有关《齐》、《鲁》的融合问题以及《张侯论》的性质问题，有了新的认识"②。

《儒家者言》，原无书题，书名系整理者据内容而定。现存竹简 104 枚，分为 27 章。内容是对儒家忠、孝、礼、信等道德的阐发。上述商汤、周文王之仁德，下记乐正子春的言行，其中以记孔子及其弟子的言行为最多。《儒家者言》的大部分内容散见于先秦两汉典籍，尤其以见于《孔子家语》和《说苑》者为多。李学勤认为，《儒家者言》和安徽阜阳双古堆简牍中的一种性质相类，两者应该都是《孔子家语》的原型，"可称为简本《家语》"③。有人认为，这部书的成书年代是战国晚期。④

《哀公问五义》，其内容见于今本《荀子・哀公》、《大戴礼记》、《孔子

---

① 李学勤：《八角廊汉简儒书小议》，《简帛佚籍与学术史》，江西教育出版社，2001 年。

② 王素：《河北定州出土西汉简本〈论语〉性质新探》，《简帛研究》第三辑，北京：法律出版社，1998 年。

③ 李学勤：《竹简〈家语〉与汉魏孔氏家学》，《孔子研究》1987 年第 2 期；此文后收入《简帛佚籍与学术史》，第 380～387 页。在该书第 392～393 页，李学勤又一次申述此旨。

④ 何直刚：《〈儒家者言〉略说》，《文物》1981 年第 8 期。

家语》。

《保傅传》，其内容见于今本《新书》（贾谊）的《保傅》、《傅职》、《胎教》、《容经》诸篇和《大戴礼记》的《保傅》篇。简文与二书基本相同，但比《大戴礼记》和《新书》多出“昔禹与夏王”以下的文字，又比《新书》多出《连语》的两节。

八、敦煌文书

众所周知，“敦煌学”业已成为20世纪引人注目的“显学”，其研究业已成为有目共睹的全球现象。在藏经洞发现后的十多年里，英、法、俄、日、德、美的一些汉、藏学家掠夺了一大批文献、文物，使国外敦煌学具备了资料基础。“自发见以来，二十余年间，东起日本，西迄法英，诸国学人，各就其治学范围，先后咸有所贡献”①。国外的敦煌学，法国和日本处于领先地位。国内从事敦煌学研究的学者，早期有罗振玉、王国维、蒋伯斧、王仁俊、刘师培、陈垣、陈寅恪、刘复、向达、王重民、姜亮夫等；晚近以来，队伍不断壮大，新秀陆续涌现，学会、刊物，林林总总，中国业已成为敦煌学研究的当然中心。

敦煌文书中的经学、儒学、小学文献甚众，“其四部书为我国宋以后所久佚者，经部有未改字《古文尚书》孔氏传、未改字《尚书释文》、糜信《春秋穀梁传解释》、《论语郑氏注》、陆法言《切韵》等”②。近人对专经文献的整理与研究，其成果亦甚夥。仅以《尚书》、《春秋》、《论语》、《孝经》为例，即有小林信明《古文尚书研究》（东京：大修馆书店，1958年）、陈铁凡《敦煌本尚书校证》（台北：长期发展科学委员会，1965年）、吴福熙《敦煌残卷古文尚书校注》（甘肃人民出版社，1992年），李索《敦煌写卷〈春秋经传集解〉校证》（中国社会科学出版社，2005年），金谷治《唐抄本郑氏注论语集成》（东京：平凡社，1978年）、王素《唐写本论语郑氏注及其研究》（北京：文物出版社，1991年）、陈金木《唐写本论语郑氏注研究——以考据、复原、诠释为中心的考察》（台北：文津出版社，1996年）、李方《敦煌〈论语集解〉校正》（江苏古籍出版社，1998年），陈铁凡《敦煌本孝经类纂》、《孝经

① 陈寅恪：《陈垣敦煌劫余录序》，《金明馆丛稿二编》，北京：三联书店，2001年，第266页。

② 王国维：《最近二三十年中中国新发见之学问》（1925年），《静庵文集续编》，《王国维遗书》第五册，上海古籍书店，1983年；彭华选编：《王国维儒学论集》，四川大学出版社，2010年，第342页。

郑氏解抉微》、《孝经郑氏解校诠》（台北：燕京文化事业股份有限公司，1977年）、《孝经郑注校证》（台北："国立"编译馆，1987年），等等。

2008年，张涌泉主编的《敦煌经部文献合集》由中华书局出版。《敦煌经部文献合集》套装11册，琳琅满目，蔚为大观。《敦煌经部文献合集·凡例》称："《敦煌文献合集》收录敦煌莫高窟藏经洞发现的除佛经以外的所有汉文写本和刻本文献，按传统的四部分类法分类编排。本书为合集，经部含括群经类和小学类；群经类下设《周易》、《尚书》、《诗经》、《礼记》、《左传》、《穀梁传》、《论语》、《孝经》、《尔雅》等小类；小学类下设韵书、训诂、文字等小类，群书音义、佛经音义附此。"《敦煌经部文献合集》援引广博，核定精审，堪称敦煌经部文献的集大成之作。

第五节　出土文献举要

本节择要介绍的著作（包括个人论文集），大致以其内容为序排列。所选择的作品，以个人独立撰写的文献考释作品、专题研究作品为主（如《郭店楚简校读记》、《上博楚简三篇校读记》、《新出楚简试论》、《出土简帛丛考》、《阜阳汉简〈周易〉研究》、《阜阳汉简〈诗经〉研究》、《帛书五行篇研究》、《马王堆汉墓帛书〈德行〉校释》、《马王堆汉墓帛书五行研究》、《简帛〈五行〉解诂》、《敦煌文献丛考》等），兼及叙录类作品（如《敦煌古籍叙录》、《敦煌古籍叙录新编》、《敦煌经籍叙录》等），并适当考虑带有学科专题研究的作品（如《简牍检署考》、《汉简赘述》）。至于资料汇编性质的作品，如《郭店楚墓竹简》、《上海博物馆藏战国楚竹书》、《清华大学藏战国竹简》、《马王堆汉墓帛书》、《武威汉简》、《敦煌汉简》等，则未列入。对于资料汇编性质的作品的介绍或列举，敬请读者参阅本章的第二至四节。

1.《郭店楚简校读记》与《上博楚简三篇校读记》，李零著

李零（1948—　），祖籍山西武乡县，生于河北邢台。1977年，进入中国社会科学院考古研究所参加金文资料的整理和研究。1979年，考入中国社会科学院研究生院考古系，师从张政烺（1912—2005）。1982年毕业，获历史学硕士学位。1982—1985年，先后在中国社会科学院考古研究所、农业经济研究所工作。1985年至今，执教于北京大学中文系。现为北京大学中文系教授。主要从事考古、古文字、古文献研究。主要著作有《长沙子弹库战国楚帛书研究》（1985年）、《中国方术考》（1993、2001年）、《中国方术续考》（2001年）、《李

零自选集》(1998年)、《郭店楚简校读记》(2002、2007年)、《上博楚简三篇校读记》(2002、2007年)、《简帛古书与学术源流》(2004、2008年)、《〈孙子〉十三篇综合研究》(2006年)、《李零文史论集》(2007年)等。

《郭店楚简校读记》,首刊于《道家文化研究》第十七辑"郭店楚简专号"(三联书店,1999年)。后经修订,同样以"郭店楚简校读记"为名,由北京大学出版社于2002年出版。2007年,中国人民大学出版社推出了"李零作品",共计三种,即《上博楚简三篇校读记》、《郭店楚简校读记》(增订本)、《李零文史论集》。但2007年的人大版与2002年的北大版相较似乎无甚修订,因为人大版的"前言"作于2001年10月11日,"后记"作于2001年11月5日,均在2003年1月之前。

《郭店楚简校读记》,全书17.9万字,共计304页。除"前言"、"后记"、"凡例"、"引用书目及索引"外,其正文分为五大部分。前四部分,分别对四组简文进行释读;紧随其后的是四个附录,即《郭店楚简研究中的两个问题——美国达慕思学院郭店楚简〈老子〉国际学术讨论会感想》、《老李子和老莱子——重读〈史记·老子韩非列传〉》、《读郭店楚简〈太一生水〉》、《再读郭店楚简〈太一生水〉》。

《郭店楚简校读记》颇具可读性。但读者在阅读该书之时,最好与湖北省荆州市博物馆所编《郭店楚墓竹简》(文物出版社,1998年)相对照。相对照的地方至少有二:一是篇名。如该书将《语丛》的一、二、三、四分别改题为《物由望生》、《名数》、《父无恶》、《说之道》。二是简序的重新编排。该书的排序可为一家之言,但并非定论。

《上博楚简三篇校读记》,全书9.2万字,共计167页。其主体部分有二:第一部分是3篇《上博楚简校读记》,分别对《孔子诗论》、《缁衣》、《性情》进行释读;第二部分是"相关论文",一是对郭店楚简《缁衣》、《性自命出》的释读,二是《参加"新出简帛国际学术研讨会"的几点感想》。殿后的是5篇附录("作者校订后释文"),即上博楚简《孔子诗论》、《缁衣》、《性情》及郭店楚简《缁衣》、《性自命出》的释文。

李零是上海博物馆藏战国楚竹书的最初整理者,"对材料比较熟悉",但没有参加上博楚简的进一步整理工作,"也没有机会修改剪贴本的旧稿"。《上海博物馆藏战国楚竹书(一)》于2001年出版后,李零"把自己的心得写成读书笔记,向参加整理的学者请教,也向其他读者请教",① 于是便有了《上

① 本段引号内的文字,均出自《上博楚简三篇校读记》,第3~5页。

博楚简三篇校读记》的问世。

《上博楚简三篇校读记》的版本有二：一是台北万卷楼图书有限公司2002年版，二是中国人民大学出版社2007年版。

2.《新出楚简试论》与《出土简帛丛考》，廖名春著

廖名春（1956— ），湖南武冈人。1988年毕业于武汉大学，获文学硕士学位；1992年毕业于吉林大学，师从金景芳（1902—2001），获历史学博士学位。同年进清华大学思想文化研究所工作，现为清华大学历史系教授、博士生导师。并任湖北省"楚天学者计划"湖北大学中国古典文献学学科特聘教授，山东大学周易与中国古代哲学研究中心、中国人民大学孔子研究院、首都师范大学中国诗歌研究中心、四川大学古籍所等单位兼职教授。

廖名春是马王堆帛书《易传》最早的整理者之一，在郭店楚简和上海博物馆藏楚简的研究中是国内外最为前沿的学者。论著甚丰，先后出版的著作有《周易研究史》（合著，1991年）、《荀子新探》（1994年）、《帛书易传初探》（1998年）、《中国学术史论集》（2001年）、《〈周易〉经传与易学史新论》（2001年）、《新出楚简试论》（2001年）、《郭店楚简〈老子〉校释》（2003年）、《出土简帛丛考》（2004年）、《中国学术史新证》（2005年）、《〈周易〉经传十五讲》（2004年）、《帛书〈周易〉论集》（2008年）等。

《新出楚简试论》于2001年5月由台湾古籍出版有限公司出版，系"出土思想文物与文献研究丛书"之一（丁原植主编）。《新出楚简试论》收录了作者1997年以来研究郭店楚简和上博楚简的部分论文，因为《郭店楚简〈老子〉校释》单独成书，故基本未收入该书。除一篇目录外，其余十八篇都是考证之作。收入本书的十八篇论文，按内容编排，分为四编十八章。第一编《郭店简专论》，共四章，即《郭店楚简与先秦儒学》、《郭店楚简引〈诗〉论〈诗〉考》、《郭店楚简引〈书〉论〈书〉考》、《从郭店楚简论先秦儒家与〈周易〉的关系》。第二编《郭店简丛考》，共五章，即《郭店简〈性自命出〉篇校释札记》、《郭店简〈六德〉篇校释札记》、《郭店简〈成之闻之〉篇校释札记》、《郭店简文字考释五则》、《〈老子〉"无为而无不为"说新证》。第三编《简序探原》，共四章，即《郭店简〈性自命出〉篇的编连与分合问题》、《郭店简〈六德〉篇的缀补编连和命名问题》、《郭店简〈成之闻之〉的编连和命名问题》、《上博简〈性自命出〉篇探原》。第四编《新出简管窥》，共五章，即《上海博物馆藏〈武王践阼〉篇简管窥》、《上海博物馆藏〈孔子闲居〉〈缁衣〉篇管窥》、《上海博物馆藏楚简〈周易〉管窥》、《上海简〈诗论〉篇管窥》、《王家台秦简〈归藏〉管窥》。《郭店楚墓竹简研究论著目录》搜集1997

年至2000年8月研究郭店楚简的论著目录（361种），是作者研究郭店楚简的副产品。

《出土简帛丛考》于2004年2月由湖北教育出版社出版，系“新出简帛研究丛书”之一（李学勤主编)。《出土简帛丛考》收集的是作者研究上博楚简、郭店楚简、张家山汉简、马王堆帛书的论文，其主体是廖名春跟随李学勤从事清华大学“九八五”重点项目“出土简帛与中国思想史”所获得的成果。全书分为三编十八章。第一编《上博简初探》，共六章，对上海博物馆藏战国楚竹书（特别是《诗论》简）做了系统的探讨。第二编《郭店简刍议》，共七章，涉及郭店楚简的文字考释、简序编排，并利用郭店楚简材料探讨学术史上的问题。第三编《其他简帛发微》，共五章，探讨的对象从马王堆帛书、银雀山汉简、张家山汉简扩展到部分传世文献。

3.《帛书五行篇研究》(外四种)，庞朴等著

庞朴（1928－　），原名声禄，字若木，江苏省淮阴县人。1954年中国人民大学哲学系研究生毕业，曾任山东大学讲师、《历史研究》主编等职。现为中国社会科学院研究员，联合国教科文组织《人类科学文化发展史》国际编委，国际简帛研究中心主任。致力于中国哲学史、思想史、文化史以及出土简帛方面的研究，为学善于小中见大，喜用“汉学”方法钩稽“宋学”课题，写出别具风格的文章。著述颇丰，除《帛书五行篇研究》（齐鲁书社，1980年初版，1988年第二版）外，还有《公孙龙子译注》(1974年)、《公孙龙子研究》(1979年)、《沉思集》(1982年)、《儒家辩证法研究》(1984年)、《文化的民族性与时代性》（1988年)、《稂莠集——中国文化与哲学论集》(1988年)、《白马非马·中国名辩思潮》(1993年)、《一分为三——中国传统思想考释》(1995年)、《当代学者自选文库：庞朴卷》(1999年)、《东西均注释》(2001年)、《一分为三论》（2003年）等，主编《中国儒学》（四册）(1997年)。2005年，山东大学出版社推出《庞朴文集》(4卷)，收入其大部分著述。

庞朴对阴阳五行一直情有独钟，发表过研究阴阳五行的论著多种，其研究独步于学林。早在马王堆汉墓帛书出土前，庞朴就已经致力于研究阴阳五行思想；① 一俟马王堆汉墓帛书出土（1973年12月)，庞朴遂深入其中，并

① 庞朴：《先秦五行说之嬗变》，原系山东大学历史系1963学年讲义；后收入《稂莠集》，上海人民出版社，1988年。《五行思想三题》，原载《山东大学学报》1964年第1期；后收入《沉思集》，上海人民出版社，1982年。

且创获良多。他在这方面的代表作品，就是《帛书五行篇研究》。该书初版本虽然只有薄薄的 88 页，且仅有区区 4.4 万字，但颇有分量。该书的主体部分，是帛书《五行》篇的校注（庞朴首次将此篇定名为“五行”）；同时收入该书的文字，有作为“代序”的论文《马王堆帛书解开了思孟五行说古谜》（原刊《文物》1977 年第 4 期）、作为附录之二的论文《思孟五行新考》（原刊《文史》第七辑，中华书局，1979 年），帛书《五行》篇的图版及佚书之四的释文。

1998 年 5 月，《郭店楚墓竹简》出版，其中恰好有堪与马王堆帛书相比较的《五行》篇，庞朴随即展开竹、帛《五行》篇之比较研究。他先是发表论文，[①] 后来又于台湾出版了专著《竹帛〈五行〉篇校注及研究》，台北：万卷楼图书有限公司，2000 年。

研究同一问题的，还有魏启鹏的两部作品：

《马王堆汉墓帛书〈德行〉校释》，魏启鹏著

魏启鹏（1944－ ），四川巴县人，生于重庆。1967 年毕业于四川大学中文系，1975 年 5 月调《四川大学学报》（哲学社会科学版）编辑室工作，1981 年 4 月调历史系工作，1993 年 5 月升任教授。2002 年 1 月，应聘至四川师范大学文学院执教。主要从事出土文献与思想史、书法史研究，代表性作品除《马王堆汉墓帛书〈德行〉校释》（巴蜀书社，1991 年）外，还有《马王堆汉墓医书校释》（1992 年）、《楚简〈老子〉柬释》（1999 年）、《简帛〈五行〉笺释》（2000 年）；书法史作品则有《郭店楚简〈老子〉摹本》、《郭店楚简〈太一生水〉摹本》等。

《马王堆汉墓帛书〈德行〉校释》的主体部分是“帛书《德行》校释”、“帛书《四行》校笺”、“帛书《德行》研究札记”，并附以“主要词语索引”。与庞朴大为不同的是，魏启鹏将马王堆帛书《老子》甲本后的第一篇古佚书定名为“德行”。[②] 郭店楚简《五行》篇出土后，证明庞朴的定名正确无误。魏启鹏的定名虽然有误，但并不影响《马王堆汉墓帛书〈德行〉校释》的价值。龙晦（1924－2011）序云，该书“不管在从哲学史上，或词句考订上都是化（花）了工夫而且很有见地”；李学勤序云，该书的优点“正在于能比较

① 庞朴：《竹帛〈五行〉篇比较》，《郭店楚简研究》（《中国哲学》第二十辑），辽宁教育出版社，2000 年第二版。

② 魏启鹏：《马王堆汉墓帛书〈德行〉校释·例言》，巴蜀书社，1991 年。魏启鹏详细申述将此篇定名为“德行”理由的文字，见于该书第 87～88 页。

全面地把握帛书基本思想，指出其在儒学思想史上所居的位置”，“这不仅对帛书研究，对整个古代儒学的探索也是一个贡献”。池田知久在撰写《马王堆汉墓帛书五行篇研究》时，曾以未能及时阅读《马王堆汉墓帛书〈德行〉校释》而感到遗憾，《马王堆汉墓帛书〈德行〉校释》“是在本书脱稿后的1992年6月才拿到手的，所以很遗憾不能在本书中有效利用其内容了”①。

与庞朴惊人相似的是，魏启鹏后来也结合郭店楚简《五行》篇作对比研究，而且于同年由同一出版社公布了自己的研究成果，此即《简帛〈五行〉笺释》，台北：万卷楼图书有限公司，2000年。

另外，也有必要在此附带提一下刘信芳的《简帛〈五行〉解诂》。

刘信芳（1951－），湖北宜昌人。硕士，教授，安徽大学历史文献学博士生导师。主要从事古文字与简帛文献研究。著作有《包山楚简解诂》、《子弹库楚墓出土文献研究》（2002年）、《孔子诗论述学》（2003年）、《睡虎地秦简文字编》（1993年）、《云梦龙岗秦简》（1997年）、《简帛〈五行〉解诂》（2000年）等。《简帛〈五行〉解诂》有台北艺文印书馆2000年版。

4.《马王堆汉墓帛书五行研究》，［日］池田知久著

池田知久（1942－　），日本东京人。东京大学文学部及同大学院人文科学研究科卒业。东京大学大学院人文社会系研究科教授、中国思想文化研究室前主任教授。现任大东文化大学文学部教授，日本周易学会会长、中国社会文化学会理事长、东方学会理事、日本中国学会理事、日本道教学会理事、中国出土资料研究会原会长，国际儒学联合会理事。“池田知久先生在当今日本学术界被称为中国思想史研究的第一人，在中国出土资料研究方面有很深的造诣”（《马王堆汉墓帛书五行研究·译后记》）。主要从事中国出土文献、思想史研究，专攻战国后期到西汉初期思想史。论著丰厚，学术著作除本书外，还有《庄子》（1983年，1986年）、《老庄思想》（1986年）、《郭店楚简老子研究》（1999年）、《郭店楚简儒教研究》（2003年）等。

《马王堆汉墓帛书五行研究》是作者长期研究帛书《五行篇》的结晶。据该书《后记》交代，“真正意义上的研究”始于1985年4月；之所以致力于帛书《五行篇》的研究，是因为对以往的论文和著作“感到不满足”，“研究《五行》的著作和论文，在中国和日本发表了几篇，但是这些论著对本篇的思想内容的分析和其在思想史中位置的确定，都是不正确的，或是有偏颇的”，

① ［日］池田知久著、王启发译：《马王堆汉墓帛书五行研究》，北京：线装书局、中国社会科学出版社，2005年，第139页。

“于是，以这种不满足为直接的契机，最主要的是首先在尽可能地正确复原本文，尽可能妥当地解释文意，尽可能在视野开阔的透视图之下，尽可能精确地在思想史的来龙去脉中确定其位置，我想必须自己动手做这些基础工作”。《马王堆汉墓帛书五行研究》的基础，是《〈马王堆汉墓出土老子甲本卷后古佚书五行篇〉译注 1—4》(1989 年 3 月—1992 年 3 月发表)、《译注 5》(1992 年 10 月出版)。全书正文分为两大部分：第一部分是“研究编”，分为三章，分别讨论《马王堆汉墓帛书五行》的出土、成书年代及其作者、基本思想；第二部分是“译注编”，对《马王堆汉墓帛书五行》经、说二十八章加以详细译注。该书的出版情况如下：

[日] 池田知久：《马王堆汉墓帛书五行篇研究》，东京：汲古书院，1993 年。

[日] 池田知久著、王启发译：《马王堆汉墓帛书五行研究》，北京：线装书局、中国社会科学出版社，2005 年。

5.《阜阳汉简〈诗经〉研究》与《阜阳汉简〈周易〉研究》，胡平生、韩自强编著

胡平生（1945—　），祖籍浙江，出生于上海。1967 年北京大学中文系古典文献专业毕业，1981 年北京大学中文系古文字研究生毕业，获文学硕士学位。现任中国文物研究所（前国家文物局古文献研究室）出土文献与文物考古中心主任、研究员，中国诗经学会理事、古文字研究会、秦汉史学会会员。长期从事出土简牍帛书、古文献与文化史研究，主持阜阳汉简、长沙走马楼三国吴简等整理工作。主要著作除此二书外，还有《孝经译注》（1996 年)、《胡平生文物简牍论集》（2000 年)、《长沙走马楼三国吴简·嘉禾吏民田家莂》（2001 年)、《龙岗秦简》（2001 年)、《敦煌悬泉四时月令诏条》(2001 年)、《敦煌悬泉汉简释粹》（2001 年)、《长江流域出土简牍与研究》(2004 年)、《简牍检署考校注》(2004 年）等。

1977 年，安徽省阜阳县双古堆一号汉墓出土了大批简牍（共计 6000 多枚)。阜阳汉简出土时已变黑变朽，大部分非常破碎，给整理工作带来了很大困难。阜阳汉简的整理工作始于 1980 年 9 月，先后参加整理工作的是文物局古文献研究室的于豪亮、胡平生和阜阳博物馆的韩自强。在整理成果公布之前，于豪亮不幸病逝，故整理工作便由胡平生和韩自强联手承担。而《阜阳汉简〈诗经〉研究》和《阜阳汉简〈周易〉研究》的推出，便属水到渠成。

《阜阳汉简〈诗经〉研究》除提供释文外，还辅之以专题论文，如《阜阳

汉简〈诗经〉简论》、《阜阳汉简〈诗经〉异文初探》、《阜阳汉简〈诗经〉简册形制及书写格式之蠡测》、《〈阜诗〉简书长度拟测》等；同时配有竹简的照片、摹本，以及《毛诗》与《阜诗》对照表、《阜诗》复原图等，颇方便读者。

由韩自强独立编著的《阜阳汉简〈周易〉研究》，其体例与《阜阳汉简〈诗经〉研究》相近。该书提供了阜阳汉简本《周易》的照片及摹本、释文，辅之以专题论文《阜阳汉简〈周易〉研究》。为方便读者比较全面地了解阜阳汉简的内容，该书特意安排了两个附录，一是《阜阳西汉汝阴侯一号木牍〈儒家者言〉章题》，二是《阜阳西汉汝阴侯二号木牍〈春秋事语〉章题及相关竹简》。

当然，跟所有出土文献整理成果一样，《阜阳汉简〈诗经〉研究》和《阜阳汉简〈周易〉研究》也难免有误释和漏释之处。对于后者，濮茅左《楚竹书〈周易〉研究——兼述先秦两汉出土与传世易学文献资料》(上海古籍出版社，2006 年)、侯乃峰《〈周易〉文字汇校集释》(台湾古籍出版有限公司，2009 年)、邬可晶《读阜阳汉简〈周易〉释文小札》(《周易研究》2010 年第 5 期）都有所纠正。

《阜阳汉简〈诗经〉研究》，由上海古籍出版社于 1988 年出版。《阜阳汉简〈周易〉研究》，由上海古籍出版社于 2004 年出版。

6.《简牍检署考》与《汉简赘述》

(1)《简牍检署考》，王国维著

王国维是近代中国享有国际盛誉的杰出学者，学界推许为学术巨擘，世人推允为国学大师。① 王国维的治学之路，大致可以辛亥革命为界，分为前后两个阶段。辛亥革命前（1877－1911)，主要从事哲学、美学、伦理学、教育学、心理学、文学研究。辛亥革命后（1912－1927)，治学重点转向经、史、小学。

1912 年春，王国维时寓居日本，着手起草《简牍检署考》；后四易其稿，于该年 10 月写定。该文于 1912 年连载于日本《艺文》杂志（第三年）第 4—6 号（铃木虎雄译)，其中文稿于 1914 年首次发表于《云窗丛刻》。后收入《王国维遗书》第九册，上海古籍书店，1983 年（据商务印书馆 1940 年版《海宁王静安先生遗书》影印)；又收入《王国维全集》第二卷，谢维扬、房

① 彭华：《王国维之生平、学行与文化精神》，《儒藏论坛》第四辑，巴蜀书社，2009 年，第 44～70 页。本处关于王国维的评价及介绍，主要采自该文。

鑫亮主编，浙江教育出版社、广东教育出版社，2009 年。该书的最佳读本，恐怕莫过于胡平生、马月华的《简牍检署考校注》（上海古籍出版社，2004 年）。在《〈简牍检署考〉导言》中，胡平生比较详明地论述了《简牍检署考》的写作背景、成就与意义，并结合更多的新资料对王国维的说法做了补充和修正。

《简牍检署考》的成就，首先在于它阐明了中国古代的简册制度。王国维所论简册制度，其中的一个重要观点后来被学术界概括为“分数、倍数说”：一是古策长短皆为二尺四寸之分数；一是牍之长短皆为五之倍数。当然，《简牍检署考》的成就远远不止这一点。套用李学勤的话说，《简牍检署考》“创获甚多，妙义纷呈”①。诚如余嘉锡所说，在王国维之前诸人，均未能讲明中国书册制度之源流，且多有疏漏，“皆不免时有舛误”；“至近世王静安先生作《简牍检署考》（在《云窗丛刻》及《王忠悫遗书》中），而后简册之制大明”②。

《简牍检署考》发表之后，堪称佳评如潮。沈曾植（1850－1922）曾当着罗振玉的面，手指案头放置的《简牍检署考》，啧啧称赏：“即此戋戋小册，亦岂今世学者所能为!”③ 今人亦高度评价《简牍检署考》，“文中博采文献所记，详考简牍制度，为 20 世纪综合研究简牍制度之开山大作，对后世影响深远”④。诚因如此，《简牍检署考》被学界归入“经典”之列。李零说，对于简帛形制与使用的讨论，王国维的《简牍检署考》是“这方面的经典之作”；“此文写于 1912 年，当时材料很少，只有旧敦煌汉简一类发现。但王氏对文献很熟，对考古发现的悟性很高，他的论述，就是今天看来，也还是入门读物”⑤。

当然，由于当时出土的简牍实物还不是很多，兼之数量品种都不够丰富，并且这些实物王国维亦不可能一一目验，故《简牍检署考》的有些观点存在

---

① 李学勤：《序》，载钱存训：《书于竹帛：中国古代的文字记录》（第四次增订本），上海书店出版社，2002 年，第 1 页。

② 余嘉锡：《书册制度补考》，《余嘉锡论学杂著》，中华书局，2007 年第 2 版，第 540 页。

③ 罗振玉：《五十日梦痕录》，乙卯二月二十九日（1915 年 4 月 13 日）“访沈子培（曾植）方伯”后记。

④ 骈宇骞、段书安编著：《二十世纪出土简帛综述》，北京：文物出版社，2006 年，第 41 页。

⑤ 李零：《简帛古书与学术源流》，北京：三联书店，2004 年，第 115 页。

修正的余地。除上文所云胡平生《〈简牍检署考〉导言》以及《简牍制度新探》(《文物》2000年第3期)外，陈梦家的《汉简赘述》实已著先鞭。

(2)《汉简赘述》，陈梦家著

陈梦家(1911－1966)，祖籍浙江省上虞县，生于江苏南京。著名的诗人、历史学家、古文字学家和考古学家。1932年毕业于中央大学，历任青岛大学、燕京大学、西南联合大学、清华大学教授，1952年调任中国科学院考古研究所研究员，直至1966年含恨去世。早年喜爱文学，与徐志摩、闻一多等人为伍，系“新月派”著名诗人。后转而从事历史学、古文字学、考古学研究，并卓尔名家。主要学术著作有《尚书通论》、《西周年代考》、《六国纪年》、《殷墟卜辞综述》、《西周铜器断代》、《汉简赘述》、《老子今释》等。2004年，中华书局推出了《陈梦家著作集》。《陈梦家著作集》收入上述全部著作以及新诗集《梦家诗集》，还将搜集陈梦家已刊和未刊的(包括未定稿)论文，辑为《陈梦家论文集》出版。

1959年7月，甘肃省博物馆在武威市新华乡磨咀子发掘了6号汉墓。出土竹木简600余枚(其中完整简385枚，残简约225枚)，竹简内容是《仪礼》的部分篇章。1959年秋，甘肃省博物馆又发掘了磨咀子18号汉墓。出土木简10枚，内容是汉宣帝、汉成帝时的两份诏令，即学术界所习称的“王杖十简”。

1960年6～7月，陈梦家被中国科学院考古研究所派往兰州，协助甘肃省博物馆整理武威出土的汉简。陈梦家对这两批汉简做了进一步的考释和研究，写出释文、校记和叙论。陈梦家的这些研究成果，都发表在甘肃省博物馆、中国科学院考古研究所编著的《武威汉简》(北京：文物出版社，1964年)一书中。

继武威汉简的整理研究之后，陈梦家的研究兴趣陡然从金文铜器方面转到了汉简方面。1962年初，在武威汉简编写完毕后，陈梦家接着对居延汉简、敦煌汉简、酒泉汉简进行了大量的整理工作，并广而及于对居延汉简的出土地点与额济纳河的汉代烽燧遗址的分布和形制的研究。从1962年初到1966年9月逝世前，陈梦家共完成了14篇论文，约计30万字。除5篇已经公开发表外，其余9篇都没有发表过(有的还是初稿，有的已经是修改誊清稿)。“看来当时梦家先生是准备将它编辑成集的，《汉简赘述》就是他自己题的集名”(《汉简赘述·编后记》)。20世纪90年代末，陈梦家的这部遗稿被人整理成书(全书的编校由陈公柔、徐苹芳承担)。1980年12月，《汉简赘述》作为考古学专刊甲种第十五号，由北京中华书局出版。

《汉简赘述》共计40万字。全书分为“汉简考述”、“汉简所见居延边塞与防御组织”、“汉简所见太守、都尉二府属吏”、“西汉都尉考”、“汉简所见奉例”、“关于大小石、斛”、“汉代烽燧制度”、“河西四郡的设置年代”、“玉门关与玉门县”、“汉武边塞考略”、“汉居延考”、“汉简年历表叙”、“西汉施行诏书目录”、“武威汉简补述”、“由实物所见汉代简册制度”等部分。其中与儒学、经学关系最为密切的内容，见于“武威汉简补述”、“由实物所见汉代简册制度”等部分。比如说，“文学弟子”一词不见于《汉书》和两汉碑刻，而首见于磨咀子6号汉墓所出日忌杂简的背面（“河平□年四月四日，诸文学弟子出谷五千余斛”）。陈梦家指出，“汉代所谓‘文学’，乃指经学而言。它同时又是一种资历和学官的称谓。所谓‘弟子’，自然是对业师而言，太常博士以至郡国县都有弟子，郡国或称诸生”（第286页）。陈梦家进而考察西汉的学校选举制度，由此分析汉简所见“文学弟子”的含义，“武威汉简记‘诸文学弟子’于成帝河平年间，在郡举文学或郡文学已不盛行之时，那末‘文学弟子’最可能指郡国文学官的弟子”，“墓主人记诸文学弟子出谷事，他本人当时很可能为专于一经的‘礼掾’之类的经师”（第290页）。在《由实物所见汉代简册制度》中，陈梦家结合传世文献与实物资料（汉简本《仪礼》），综合考察汉代的简册制度，在王国维《简牍检署考》的基础上又有所推进，“可以补充王说，修正王说”①。“较之马衡《中国书籍制度变迁之研究》，又前进了一步，对了解中国书籍制度的起源和演变，帮助极大。陈梦家对简册制度的研究，是简牍学史上的一场革命，也是简牍研究的发展方向”②。

诚如今人所指出的那样，“将历史学、古文字学、考古学应用于简牍研究，是陈梦家《汉简赘述》的最大特点，尤其是与考古学的结合，标志着简牍学科的正式形成”③，“为用考古学方法科学地研究居延汉简准备了良好的条件，使汉简研究此次进入了一个新的发展阶段”④。“可以说，陈梦家的《汉简赘述》是简牍学研究史上具有里程碑式的巨著”，是“简牍学与考古学结合的典范”。⑤

---

① 李零：《简帛古书与学术源流》，北京：三联书店，2004年，第115页。

② 沈颂金：《二十世纪简帛学研究》，北京：学苑出版社，2003年，第141页。

③ 沈颂金：《二十世纪简帛学研究》，第131页。

④ 王世民：《陈梦家》，《中国史学家评传》下册，中州古籍出版社，1985年，第1706页。

⑤ 沈颂金：《二十世纪简帛学研究》，第128页。

7.《敦煌古籍叙录》与《敦煌古籍叙录新编》(外二种)

(1)《敦煌古籍叙录》,王重民著

王重民(1903—1975),字有三,河北高阳人。1924年考入北京高等师范学校(今北京师范大学)国文系,从高步瀛(1873—1940)、杨树达(1885—1956)、陈垣(1880—1971)等专攻文史。1928年毕业,曾兼任保定河北大学国文系主任和北京辅仁大学讲师,但主要在北平图书馆(即后来的北京图书馆,今中国国家图书馆)整理古籍和主持编制大型书目、索引。1930年,任该馆编纂委员会委员兼索引组组长。1934年被派往国外,先后在法、英、德、意、美等国著名图书馆工作,刻意搜求流散于国外的珍贵文献。1947年回国,仍任职于北平图书馆,兼任北京大学中文系教授,主持该系图书馆学组的教学。1947年,在北京大学中国文学系创办图书馆学专科(后改本科),任系主任。1949年北平和平解放后,兼任北京图书馆副馆长。1952年,辞去副馆长职务,专事教学。1956年,任北京大学图书馆系主任。1975年4月16日,步王国维之后尘,自尽于颐和园长廊。一生从事文史教学与研究,著述颇丰,共有专著、论文160余部(篇)。主要著作有《清代文集篇目分类索引》(1965年新1版)、《中国目录学史论丛》(1984年)、《敦煌古籍叙录》(1979年新1版)、《敦煌遗书论文集》(1984年)、《校雠通义通解》(1987年)、《中国善本书提要》(1983年)、《中国善本书提要补编》(1991年)等。

据王重民1957年自述,① 1934年以后,他和向达分别到达伦敦和巴黎,摄取了更多的四部书和文学资料照片。但由于抗日战争不久开始,多数学者避居西南,得不到资料,没有把敦煌学的研究深入下去。"自从全国解放,在党和政府的领导之下,我们的科学研究,有了极大的发展。每个和敦煌学有关的科学部门,都争取利用敦煌古籍和文献资料,所以有关敦煌古籍和文献的目录,在目前是迫切需要的"。"我在巴黎和伦敦为北京图书馆选择并且摄制敦煌古籍影片的时候,曾顺手写过一些题记,略记卷轴的起讫和内容","所以我把这些有关的参考资料,和我自己的题记,一起汇编成为'敦煌古籍叙录'"。编写体例如下:一、每种古籍的著录,先著书名(或兼著篇名)及著者姓氏,次著原藏号码,次著该古籍之各种影印或排印本。二、每种古籍的题记有在一篇以上者,均依编写年月排列。三、有关敦煌古籍的论文,斟

① 王重民:《编辑"敦煌古籍叙录"述例》,《敦煌古籍叙录》,中华书局,1979年新1版。按:《编辑"敦煌古籍叙录"述例》作于1957年8月22日。

酌读者需要，或全录，或节录，或不录而只著名原文所在，以便参考。四、凡非自撰之题记与论文，均按自撰题记的标点方式，统加标点和分段。五、敦煌所出写本或刻本韵书很多，用于周祖谟拟汇编为专书，为避免重复，本编不收此类题记和论文。又关于佛经、道经、单篇诗文、金石拓本的题记，也不收录。六、全编凡5卷，依四部分类法排列（卷一经部、卷二史部、卷三子部上、卷四子部下、卷五集部）。凡古宗教书排在子部佛道之后，变文排在集部之后。《敦煌古籍叙录》对敦煌文献古籍钩抉深细，考核精博，筚路蓝缕，厥功至伟。

《敦煌古籍叙录》的版本有：北京：商务印书馆，1958年；北京：中华书局，1979年新1版。

(2)《敦煌古籍叙录新编》，王重民原编、黄永武新编

黄永武（1936— ），浙江嘉善人。毕业于台湾师范大学国文研究所，获博士学位。历任高雄师范学院、中兴大学、成功大学、台北师范学院教授。著有《敦煌的唐诗》、《敦煌的唐诗续编》、《中国诗学》（四编）等，主编《敦煌宝藏》、《敦煌遗书目录》。

据黄永武《敦煌古籍叙录新编体例》可知："新编"的收书对象，以王重民《敦煌古籍叙录》为范围。每种古籍之后，配以敦煌原卷之影本，让初学"敦煌学"者有直接研究敦煌原卷的方便。王书出版已20年，而中日学者对各种敦煌古籍之研究，为王书所未及收录者甚多，今附以文献目录，以便循览。本书原有误字，均已更正。敦煌缩微胶卷中有残缺、不如清末所见时完整者，则以清末所摄影者补足之。敦煌缩微胶卷照片影印有不甚清晰者，仍取清末影印旧本两存之，以便对照参读。旧时卷子编号今已合并者，今据合并的编号影印。

《敦煌古籍叙录新编》的版本有：台北：新文丰出版公司，1986年。分经史子集4部，共计十八册。

另，黄永武作有《敦煌遗书最新目录》（台北：新文丰出版公司，1986年）。"此目的最大贡献，是给一大批过去没有定名的佛经定了名。遗憾的是每个卷号只有标题，没有卷子题记，没有任何说明，也没有索引"①。有鉴于此，激起了在敦煌工作了几十年的施萍婷弥补《敦煌遗书最新目录》之不足的念头。于是，便有了《敦煌遗书总目索引新编》的问世（北京：中华书局，

① 施萍婷：《前言》，敦煌研究院编，施萍婷主撰稿、邰惠莉助编：《敦煌遗书总目索引新编》，中华书局，2000年，第2页。

2000 年)。《敦煌遗书总目索引新编》除前言、凡例、索引外，正文的“总目部分”分为以下三大部分：斯坦因劫经录、伯希和劫经录、北京图书馆藏敦煌遗书简目。与《敦煌遗书总目索引》[①] 相较，“‘新编’虽然未脱旧目格局，但内容有很大的补充，也订正了许多错误”[②]。

8.《敦煌文献丛考》与《敦煌经籍叙录》，许建平著

许建平（1963—），浙江慈溪人。1985 年毕业于杭州大学历史系，1987 年毕业于杭州大学古籍研究所，获文学硕士学位。1987 年至 1994 年在杭州师范学院中文系任教，1994 年 5 月起在杭州大学古籍研究所（今浙江大学古籍研究所）任教。2005 年，至兰州大学敦煌学研究所攻读博士学位。现为浙江大学教授。

兰州大学的郑炳林教授说，“许建平同志是敦煌学领域涌现出来的又一位新秀，多年来他在敦煌经部文献的研究上做出了突出的贡献，展现在读者面前的这部论著就是其研究成果的结晶，读后使人深感敦煌学研究后继有人，对敦煌学的明天充满了信心与希望”（《敦煌文献丛考·序》，中华书局，2005 年)。

收入《敦煌文献丛考》的论文共计有 21 篇，除关于《庄子》、《刘子》的少数三两篇论文外，其余都是专论经部文献的作品。其中，又以专论《尚书》、《诗经》、《礼记》为大宗，计有“敦煌本《尚书》叙录”、“BD14681《尚书》残卷考辨”、“北敦 14681 号《尚书》残卷的抄写时代及其版本来源”、“敦煌出土《尚书》写卷研究的过去与未来”、“敦煌《诗经》卷子研究札记二则”、“跋国家图书馆所藏敦煌《诗经》写卷”、“法藏敦煌《毛诗音》‘又音’考”、“潘重规先生对《诗经》研究的贡献”、“唐写本《礼记音》著作时代考”、“唐写本《礼记音》所见方音考”、“《礼记音》补校”、“BD09523《礼记音义》残卷跋”、“北图藏殷 42《论语音义》残卷跋”等。

《敦煌经籍叙录》是作者向兰州大学提交的博士学位论文，后于 2006 年 9 月由中华书局出版。作者在《后记》中交代，“虽然本书从开始撰写到定稿，前后化了不到一年的时间，但为撰写本书所做的准备工作，却耗费了我整整十年光阴”。

《敦煌经籍叙录》专门收录敦煌藏经洞所出汉文写卷，且仅局限于儒家经

---

① 商务印书馆编：《敦煌遗书总目索引》，商务印书馆，1962 年；中华书局，1983 年新 1 版。

② 荣新江：《敦煌学十八讲》，北京大学出版社，2001 年，第 370 页。

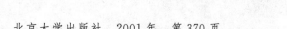

籍。敦煌藏经洞所出汉文儒家经籍，所存者仅“十三经”中的九经，即《周易》、《尚书》、《诗经》、《礼记》、《左传》、《穀梁传》、《论语》、《孝经》、《尔雅》。该书以此九经为纲，每经1卷，共计9卷。同一经下，再按各书的著作时代先后为序；同一书下的各篇叙录，按其首句出现的前后次序编排。附录有二：一是《卷号索引》，二是《经籍篇目与写卷卷号对照表》。张涌泉为该书作序，认为该书有以下三个特点：一是收集全面，资料丰富，“其收采之全之富，令人叹服，称其为敦煌经籍文献研究的集大成之作，当不为过”；二是内容丰赡，论述详尽，“达到了宏观研究与微观研究的统一”；三是考订按断，富有创见，“在定名、缀合、断代、辨伪等方面都有很多自己的创获，纠正了前人的许多疏失”。

第三编

儒论文献

第一章　儒论文献概论

儒论文献是指在儒家经典启发下所产生的儒学诸子的理论著作，重点研究传统目录中“子部”的儒学文献，兼及其他各类中以“论”的形式出现的儒学文献。凡是以儒学理论为主体的儒家子学、性理、礼教、政论、史论、文论等著作，都属于儒论文献。

从广义上说，经学作为儒学理论的源头，也是儒学的一种理论形态，儒家经学文献当然也可视作儒论文献。但是，从存在形式上说，早在汉代“经”已由先秦时期对典籍的泛称一变而为对儒家“五经”的专称，从班固据刘歆《七略》所撰的《汉书·艺文志》开始，传统目录著录体系中，经部文献都是单列为一部；从理论地位来说，自汉代以来，跟儒学独尊地位相适应，“经”具有了“常久不易”的含义。《释名·释典艺》：“经，径也，如径路无所不通，可常用也。”《文心雕龙·宗经篇》：“经也者，恒久之至道，不刊之鸿教也。”《玉海》卷四一引郑玄《孝经注》：“经者，不易之称。”“五经”也被与即“五常”仁、义、礼、智、信对应起来而进行解说。经书由先秦时代的教科书而获得了“与天地为终始”的神圣地位，其后，在汉代由“五经”而“七经”，在唐代由“七经”而“九经”，直至北宋的“十三经”，凡是上升到“经”的儒学著作，都被神圣化为永恒的真理和准则。另一方面，尽管儒学理论总是需要在经学文献中寻找依据，而儒论文献则往往是儒家经学入世化的理论产物，但讲究“述而不作”的经学著作，与可以发挥已见的儒论著作还是判然有别。故儒论文献，指的是不包括十三经经学文献在内的，其他从不同角度、在不同层面上阐发儒学理论的著作。从这个角度来说，儒学理论著作虽有独立的内涵，其外延的确定，却又要依赖于经部文献的范围，如《孟子》，虽与《荀子》曾经同为儒家子学著作，但《孟子》在北宋时已被增入“经部”，成为“十三经”之一，因此便不再属于儒论文献的论述范围。

此外，记载和反映儒学发生、发展及其流派史的文献资料，如儒者传记、学案、学校、教育、选举、儒林轶事和儒林掌故等儒学史著作，虽然其中也有各时代儒者、学派的理论阐述，但这种以儒学史为主体的史料著作，与儒学诸子的理论著作也有显著区别，不可混为一类。因此，从外延上来说，儒论文献是排除了经学文献、儒学史文献之后的儒学文献。

本编所涉及的儒论文献，主要为1911年之前产生的儒学著作。

第一节　儒论文献的研究现状与意义

中国古代没有对儒论文献直接进行研究和综述的书目，但中国古代目录学发达，不仅史籍中有艺文志、经籍志，还有大量的官方藏书目录及私家目录，而目录学既以“辨章学术，考镜源流”为宗旨，并非仅仅部次甲乙，而儒论文献又是儒学文献的重要组成部分，那么自这些书目中也可以约略窥见儒论文献发展的一些线索，然而这些线索却只能是草蛇灰线，就四部分类法而言，经、史、子、集四部中，都著录有儒论文献，过于分散，而无法形成体系，更不能看作是系统的考订、整理和研究。

清人朱彝尊详考历代经籍存佚情形，所撰《经义考》可被视为中国现存真正意义上的儒学文献目录。是书共300卷，《四库全书总目》述其结构说：“是编统考历朝经义之目，初名《经义存亡考》，惟列存、亡二例。后分例曰存，曰阙，曰佚，曰未见，因改今名。凡御注敕撰一卷，易七十卷，书二十六卷，诗二十二卷，周礼十卷，仪礼八卷，礼记二十五卷，通礼四卷，乐一卷，春秋四十三卷，论语十一卷，孝经九卷，孟子六卷，尔雅二卷，群经十三卷，四书八卷，逸经三卷，毖纬五卷，拟经十三卷，承师五卷，宣讲、立学共一卷，刊石五卷，书壁、镂版、著录各一卷，通说四卷，家学、自述各一卷。其宣讲、立学、家学、自述三卷，皆有录无书，盖撰辑未竟也。”另有原属某经但又自成卷帙的经籍，如《周易》之《系辞注》，《尚书》之《洪范五行传》、《大戴礼记》之《夏小正》等，均一并附于该经之后。全书搜罗广博，考证赅洽，资料丰富，体例严整，只是该书所考书籍，主要为经部文献，只有“拟经”类中有扬雄《太玄》、司马光《潜虚》、邵雍《皇极经世书》、文轸《信书》等寥寥几种儒论文献，因此《经义考》只能为儒论文献的整理提供体例上的借鉴。

20世纪自“五四”运动以来，儒学被当作检视与批判的对象，对于儒学本身缺少深入的研究，更谈不上对于儒论文献的系统的整理。80年代以来，随着对儒学的全面检视与深入研究，各种儒学史纷纷出版，如庞朴《中国儒学》、李申《简明儒学史》、张秋升《中国儒学史研究》、赵吉惠《中国儒学简史》、姜林祥《中国儒学史》、杜金铭《中国儒学史纲要》等，这些儒学史不仅按年代顺序描述、总结了儒学在各个历史时代的面貌，而且还对儒学性质、内容、理论结构等方面进行了归纳、提炼、反思。对儒学史进行归纳与总结，当然离不开对儒论文献的阐释与解读，但是儒学史是对儒学理论发展的总体概括，其中所涉及的儒论文献数量太少，而且即使是对所涉及的有限的这几种儒论文献，着眼点还是在于这些著作的思想史意义，缺少从文献学角度的阐述和研究。

由于中国古代哲学中的大部分重要篇章都与儒学相关，因此哲学史史料学对于儒论文献也有所涉及，较典型的史料学著作如冯友兰《中国哲学史史料学初稿》、萧箑父《中国哲学史史料源流举要》、刘建国《中国哲学史史料学概要》，对于一些重要的儒论文献都有涉及，尤其是刘建国《中国哲学史史料学概要》，还列出了历史上一些重要的儒论文献的版本源流。但这些著作是从哲学史研究的角度出发甄别、罗列、考论史料，所涉及文献既有诸子百家，又有道教佛教，其中提及的儒论文献数量太少，既不是儒论文献的系统构建，也没有对儒论文献作全面的普查。

近现代学者早已展开对于经学文献的整体扫描与研究，也取得了丰硕的成果，如刘师培《经学教科书》、范文澜《群经概论》、周予同《群经概论》、蒋伯潜《十三经概论》等。近时又有夏传才《十三经概论》、郑杰文《经学十二讲》等，在经学文献的研究和概述方面亦取得新成绩。随着出土文献的不断发现，裘锡圭、李学勤、马承源、廖名春、濮茅左等先生整理和研究了一批有关先秦儒家的经学和子学文献，为儒学研究打开了一扇新窗口。不过，与经学文献整体研究所产生的丰硕成果形成鲜明对比的是，以上所述诸作对于儒论文献的全面考察以及儒论文献体系的构建，尚处于起步阶段，中华民族宝贵思想财富的儒论文献还没有得到普查和系统研究，同时也缺少系统的目录体系。

近代以来，巨大的社会变革已使儒学不再是中国社会秩序和权力合法性的依据，但是作为一种绵延几千年的传统，儒家文化依然是在现代性背景下寻求文化认同的重要基准。正如余英时所言：“在道德和知识的来源多元化的现代，儒家自然不可能独霸精神价值的领域。但是中国人如果也希望重建自

已的现代认同，那么一味诅咒儒学或完全无视于它的存在恐怕也是不行的。"①

要探索儒学在现代中国的意义，必须就儒学本身，如起源、发展、内在特性等问题进行深入理解。而这一切，需要建立在对于儒学文献进行系统整理、分析、著录的基础之上。先秦儒学（原始儒学）是儒学的基本思想特质与理论结构的形成期，儒学文献已有以六艺为主体的经典文献与子学文献两种形态，汉代以后的儒学基本上是沿着训解儒家经典和援引儒外观念对儒家思想学说进行增益扩展两个有所区别的方向发展，前一方向的发展形成了丰富的经学文献，后一方向的发展则形成了繁多的儒论文献。因此，对于儒论文献进行系统研究，成为儒学研究的重要的基础性工作之一，对于儒学研究具有重要意义。

本编的主要目的，在于对儒论文献进行普查与研究，尝试评述儒论文献的状况和类型；并针对历史上儒论文献具体实际，结合现代学术研究需求，试图构建儒论文献体系，在综合研究和介绍儒家理论文献的整体状况和基本类型基础上，将儒论文献分门别类（如儒家、性理、政治、礼教、杂论等），介绍各自的结构、内容和思想特色，并对儒学理论要籍进行述评，以期为儒学及儒学史研究提供参考和方便门径。

第二节 儒论文献的构成、类型与分布

自汉代"罢黜百家，表章六经"之后，一直绵延发展着的儒学理论，已由一个观念性、学术性的伦理道德思想体系，逐渐具有了国家意识形态性质，成为封建统治者用以维护社会等级秩序、协调人际关系从而保障社会稳定的基本理论工具。与儒学的国家意识形态性质相一致的，是儒学功能的广泛扩展，从内政外交到礼仪刑制，从职官设置到风俗器物，政治、经济、法律、文化、教育，乃至人们的衣食住行，无不渗透并体现出儒学思想理论的规范和影响，从广泛的意义上说，经、史、子、集四部中的大部分著作，都与儒学理论相关。从科举考试国家颁布的经义，到儿童教育所用的蒙学读物，从文人的诗文，到民间的艺文，无不体现了儒家思想的影响，正如《汉书·艺文志》所说"合其要归，亦六经之支与流裔"，而《隋书·经籍志》则将兵家

① 余英时：《现代儒学论》，上海人民出版社，1998年，第42页。

与医方也说成是“圣人之道”在“治世”的各个领域表现出来的“圣人之政”，但是那些都只是儒学之变或儒学之用，不是儒学之本、儒学之体。[1] 显然，我们不能也无法将所有这些文献都纳入儒论文献的范围，我们所说的儒论文献，只能是直接阐述而不是间接反映了儒学思想理论的那部分文献。此处的关键，在于对“理论”二字的理解。

中国古代的“理论”，指辩论，讨论。当西方的 theory 被引入中国时，“理论”这一词汇又被赋予了新意义。《现代汉语词典》解释为：“人们由实践概括出来的关于自然界和社会的知识的有系统的结论。”《辞海》说，理论是“概念、原理的体系。是系统化了的理性知识。……科学的理论是在社会实践基础上产生并经过社会实践的检验和证明的理论，是客观事物的本质、规律性的正确反映”。关于“儒学理论”的界定，尚无明确定义，我们可借鉴社会学研究中的“理论”含义来考虑“儒学理论”的含义。不同的社会学学者，由于强调理论的不同方面，对于理论的定义也不相同。有的社会学研究者强调理论是一组命题，如美国著名社会学家默顿认为，理论“是指逻辑上相关联并能推导出实验一致性的一组命题”[2]；美籍华裔社会学家林南认为“理论是一组相互联系的命题，其中一些命题可以通过经验检验”[3]；还有一批学者则侧重把理论看成对经验现象的解释性陈述，美国社会学家乔纳森·H·特纳认为，理论“是一个提出观念的过程，这些观念使得我们能够解释事件如何以及为什么发生”[4]。由于儒学本身重实践的特征，如果只有形成理论体系的纯理论才算理论，而应用理论（近似于古代所谓“术”）不算理论的话，那么以儒家而论，《论语》中将没有理论，《孟子》、《荀子》也只是理论的雏形；只有宋代理学、儒学才形成理论。因此，我们倾向于从后一角度来定义“理论”的概念，即理论是将经验世界中某些被挑选的方面概念化并系统组织起来的一组命题，是对于经验实践的一种抽象、系统的认识与解释。儒学理论即是在儒学基本思想观照下对于经验实践的一种抽象、系统的认识与解释。

社会学研究中，理论是一个具有不同层次的命题体系。有的理论十分抽

---

① 舒大刚：《试论儒藏“论部”的分类方法》，载《古籍整理研究学刊》2006年第1期。

② ［美］罗伯特·默顿：《论理论社会学》，华夏出版社，1990年，第54页。

③ ［美］林南：《社会研究方法》，农村读物出版社，1987年，第18页。

④ ［美］乔纳森·H·特纳：《社会学理论的结构》，浙江人民出版社，1987年，第6页。

象，具有很强的一般性，有的理论又相对具体，具有较强的特殊性，因此，社会学中的理论一般被分为三个层次：宏观理论、中观理论（中层理论）、微观理论。宏观理论（或者说一般性理论）往往以全部社会现象或各种社会行为为对象，提供一种高度概括的解释框架。它的体系通常十分庞大，结构十分复杂，概念十分抽象，有时人们将这种类型的理论称为“巨型理论”。比如马克思主义理论，达尔文的进化论，社会学中的结构功能主义理论、交换理论、冲突理论等等，就是这种理论的例子。这种宏观理论往往并不直接与具体的、经验的社会研究发生联系，它们更多的是作为研究者观察问题、分析问题时所采取的一种理论视角或所依据的一种理论背景。中观理论（中层理论）则“既非日常研究中大批涌现的微观而且必要的操作性假设，也不是一个包罗一切、用以解释所有我们可观察到的社会行为、社会组织和社会变迁的一致性的自成体系的统一理论，而是介于这两者之间的理论”①。这种理论是以某一方面的社会现象或某一类型的社会行为为对象，提供一种相对具体的分析框架。它由有限的几组假定所组成，通过逻辑推导可以从这些假定中产生能接受经验研究证实或证伪的具体假设。它只涉及有限的社会现象。比如，社会学中常见的社会流动理论、社会分层理论、角色理论、参照群体理论等等，都是这种中层理论的例子。微观理论则是一组陈述若干概念之间关系、并在逻辑上相互联系的命题，其中一些命题可以通过经验检验。这种理论具有三个重要特征：(1) 它是由一组命题组成的；(2) 这些命题在逻辑上是相互联系的；(3) 这些命题中的一部分是可以通过经验来检验的。在具体的社会研究中，大多数理论都是属于这种形式的理论。在最简单的意义上，一个陈述两个变量之间关系的命题就是一个理论。比如“工业化导致人际关系疏远”、“酒后开车会造成交通事故”等，这些说法都试图概括出一个变量对另一个变量的影响，也可以说是一种“理论”。由于研究者在一项具体研究中往往只能掌握数量非常有限的变量，因此他们在社会研究中所涉及的通常并不是上述宏观意义上的理论，而是相对简单、相对具体、相对小型的理论，以及所谓中观层次的理论。② 借鉴社会学关于理论层次的划分，我们可以将儒学理论也分作三个层次，主要阐述宏观理论的，有性理类文献与部分儒家类文献；而部分儒家类文献、部分政治类文献所阐述的，则主要是中观理论；

① [美] 罗伯特·默顿：《论理论社会学》，华夏出版社，1990年，第54页。

② 参见风笑天：《社会学研究方法》（第二版），中国人民大学出版社，2005年，第23～24页。

阐述微观理论的，则有部分儒家类、政治类文献及礼教类、杂论类文献。

一、儒论文献的构成

如前所述，早在先秦时期，儒学文献已有以“六艺”为主体的经典文献与子学文献两种形态，汉代以后的儒学基本上是沿着训解儒家经典和援引儒外观念对儒家思想学说进行增益扩展两个有所区别的方向发展，前一方向的发展形成了丰富的经学文献，后一方向的发展则形成了繁多的儒论文献。可以看到，自先秦以来的儒论文献，呈现一个由“雅”至“俗”、由“道”至“器”的构成格局。

儒论文献中，既有“诵法先王之道”的儒家学派所写的“成一家之言”的理论书籍，也有出于教化需求而以一般民众和儿童作为读者对象的蒙书俗训，故由儒家类、性理类的书籍，到蒙书俗训等礼教类书籍，儒论文献又呈现出由“雅”到“俗”的分布规律。

较早用“道”、“器”来概括文献性质的是章学诚。在《校雠通义》里，章学诚提出了目录学中的道器统一编次原则：

> “形而上者谓之道，形而下者谓之器”，善法具举，本末兼该，部次相从，有伦有脊，使求书者可以即器而明道，会偏而得全，则任宏之校兵书，李柱国之校方技，庶几近之。其他四略，未能称是，故刘《略》班《志》不免贻人以口实也。夫《兵书略》中孙吴诸书，与《方技略》中内外诸经，即《诸子略》中一家之言，所谓形而上之道也。《兵书略》中形势、阴阳、技巧三条，与《方技略》中经方、房中、神仙三条，皆著法术名数，所谓形而下之器也。任、李二家，部次先后，体用分明，能使不知其学者，观其部录，亦可瞭然而窥其统要，此专官守书之明效也。充类求之，则后世之仪注当附《礼经》为部次，《史记》当附《春秋》为部次，纵使篇帙繁多，别出门类，亦当申明叙例，俾承学之士得考源流，庶几无憾。而刘、班承用未精，后世著录又未尝探索其意，此部录之所以多舛也。①

在章学诚眼中，古代书目类例，无论是大小类的布列，还是款目的编次，都要反映出事物间的内在联系，而这个内在联系，首先表现为“道”、“器”关系，即“理论”与“应用技术”的关系，二者之间首位应该是“道”，而后

① 章学诚著，王重民通解：《校雠通义通解》，上海古籍出版社，1987 年，第 47～48 页。

才可以是“器”，即应当先理论而后应用，以《汉书·艺文志》为例，六艺、诸子、诗赋三略是“道”，故置之于前；而兵书、数术、方技三略是“器”，故置之于后。“善法具举”是节取《孟子·离娄上》“徒善不足以为政，徒法不能以自行”，“善”就是上文中所说的“仁心”，也就是好的思想意识；“法”就是方法。“善法具举，本末兼该”，就是说，在一个大类中，一定备有关于“善”、“本”的理论书籍，和关于“法”、“末”的方法、名数书籍，对于这些类目的排列，要达到“部次相从，有伦有脊”，就需要把理论类的书籍排在前边，属于方法名数的依次相从。章学诚认为由于刘向、班固承用任宏、李柱国的方法“未精”，刘、班以后的目录工作者又“未尝探索其意”，这就使得后世的目录排类发生了许多错误。①

据王重民的解释，章学诚的“道”与“器”是两个一虚一实的抽象名词，可以代表任何理论和事物。章学诚引用在这个地方的意义，是用“道”来代表理论书籍，“器”代表讲方法和名数的书籍，就是他说的成“一家之言”的“所谓形而上之道也”，“皆著法术名数”的“所谓形而下之器也”。章学诚把书籍分为阐述理论和方法的两大类，而在图书分类的大类中，又把讲理论的书籍放在前边，讲方法的书籍依次排类，可以说是对于目录排类次序中的一个杰出的思想。②

章学诚没有具体指明儒家略里的文献，何为道，何为器，但据他所举的例子，大致可以判断。如他认为，可将萧何所次《律令》附于法家之后，申韩议法家之言，为“所谓道也”的书籍，而《律令》之属，则可作为“所谓器也”的书籍；“后世故事之书甚多，就诸子中掇取论治之书，若《吕氏春秋》，贾谊、董仲舒诸家之言，部于首条，所谓道也；其相沿典章故事之属，附条别次，所谓器也”。③“《秦大臣奏事》当与汉《高祖传》、《孝文传》（注称论述册诏）诸书同入《尚书》部次。盖君上诏诰、臣下章奏，皆《尚书》训诰之遗，后世以之掺入集部者，非也。凡典章故事，皆当视此”。④

章学诚所言的“道”与“器”的概念，当然与《易传·系辞》中所称“形而上者谓之道，形而下者谓之器”有所不同。在此，我们不妨借用章学诚的“道”与“器”的概念，把书籍分为阐述理论和方法的两大类，如果我们

① 章学诚著，王重民通解：《校雠通义通解》，第48页。

② 章学诚著，王重民通解：《校雠通义通解》，第46～59页。

③ 章学诚著，王重民通解：《校雠通义通解》，第53页。

④ 章学诚著，王重民通解：《校雠通义通解》，第61页。

将论述规律、理论、思想的书籍看成论“道”的书籍的话，那么也可以将专门说明具体的政治举措、法律制度、仪式规程、风俗礼仪、衣食住行、行为规范、典章制度等的书籍视为论“器”的书籍，与儒学鲜明的伦理特色有关，中国古代的儒学理论书籍中，往往“道”、“器”混杂，除了以性理为主要内容的文献外，基本没有纯粹的论“道”的书籍，在阐述“道”的同时，常常会同时提出具体的政治、经济措施，而书中对于儒学理论的阐述，目的就在于为具体的政治、经济、刑法、外交等措施规定张本，如贾谊《新书》、桓宽《盐铁论》等，中国古代儒论文献中纯粹论“道”的书籍少之又少，因此，我们将既论述“道”，又描述“器”的文献都列为儒论文献。

具体而言，儒论文献在发展过程中，其“道”、“器”含量呈现出一定的变化规律。儒家哲学本身，由先秦至宋明，“经历了一个从伦理到哲理逐步发展的历史过程”，先秦儒学宣扬礼乐仁义，主张德治仁政，将伦理与政治结合起来，虽然提出了基本的哲学理论命题，开儒家哲学与儒学理论之先河，但其学说主要以道德教化的形式出现，缺乏哲学上的逻辑论证，理论色彩不够突出，与此相对应，先秦儒论文献呈现“道”、“器”混杂的状态；汉唐儒学主要限于政治、伦理和教育领域，从哲学史的角度来看，汉唐儒学“对先秦儒学没有大的突破，仍显得理论水平不高，不能为儒家伦理学提供有力的哲学论证”①，与此相应，汉唐时期儒论文献中，论述“器”较多的政治、礼教类儒学文献得到了长足发展；宋代儒学以理学为鲜明特色，而从哲学的角度来说，“宋代理学家对缺乏思辨哲学的传统儒学进行改造”，“使儒家伦理与思辨哲理紧密结合，尤其是二程、朱熹创‘天理’论哲学体系，从而大大丰富、发展了儒家哲学以及整个中国哲学”②。与儒家哲学的发展阶段相应，宋明儒论文献中，以论“道”为主、甚至纯粹论“道”并试图构筑宏伟理论大厦的性理类文献呈现出压倒性的优势。另一方面，当儒家伦理与思辨哲理在宋明理学中得到紧密结合，从而使儒学理论色彩越来越明显时，以政治、礼教为主要内容的文献，尤其是礼教文献，反而因理学的昌明而蓬勃发展，此时，不仅汉唐时代已有的蒙学、家训、女诫类文献数量激增，并且进而发展出劝学、乡约、俗训等小类别，以论“道”为主的儒论文献的产生，更好地促进了“道”、“器”混杂的儒论文献的进一步发展。

---

① 蔡方鹿：《华夏圣学——儒学与中国文化》，四川人民出版社，1995 年，第 93 页。

② 蔡方鹿：《华夏圣学——儒学与中国文化》，第 94 页。

二、儒论文献的类型

儒论文献目录体系的构建，是儒论文献研究与整理的重要基础。传统的四部分类法中，儒论文献分居四部，就儒论本身而言，破碎不见体系。以《隋书·经籍志》、《明史·艺文志》为例，《隋书·经籍志》的经部《论语》类之后附有《孔丛子》、《孔子家语》，经部小学类录有东汉蔡邕《劝学》，晋束皙《发蒙记》、顾恺之《启蒙记》等儒论文献，史部则著录有伪燕卫尉明岌《明氏家训》1卷；而《明史·艺文志》更是将包括周思兼《家训》，孙植《家训》，吴性《宗约》、《家训》，杨继盛《家训》在内的家训类文献列入经部小学类，将包括洪武中命儒臣编《女诫》、王敬臣《妇训》、黄佐《姆训》、王直《女教续编》等女诫类文献归为女学类，也列入经部，而史部里又著录有《御制官箴》、《为政要录》、《醒贪简要录》、《臣戒录》、《存心录》、《省躬录》、《精诚录》等政治理论、为官之道方面的文献。至于集部所著录的文集中，更是含有数量众多、在儒学史中具有重要地位的学术论文，如唐代韩愈的《原道》、《原性》、《原毁》、《原人》、《原鬼》、《师说》诸篇，被收入《昌黎先生集》中，李翱的《复性书》3篇被收入《李文公集》中，柳宗元《天对》、《天说》、《答刘禹锡天论书》、《封建论》、《四维论》、《守道论》、《时令论》、《断刑论》、《六逆论》诸篇被收入《柳河东集》中。四部分类法中，子部儒家类虽是儒论文献比较集中的部类，但是却又缺少体系与分类，如《隋书·经籍志》将《晏子春秋》、《曾子》、《子思子》、《袁子正论》、《新论》等传统子书与《诸葛武侯集诫》、《众贤诫》等格言汇编，以及同《女篇》、《女鉴》、《妇人训诫集》、《娣姒训》、《曹大家女诫》、《贞顺志》等女教闺训杂列在一起。这种侧重于图书管理，而忽视了学术源流的分类法，为今天的儒学研究带来了不便。

兹编把儒论文献分成五大类：历代沿袭先秦儒家“游文六经，留意仁义”特征的著述被归于“儒家类”；宋代之后专讲心性、命理的儒学理论著作归为“性理类”；以礼乐教化为内容的著作归为“礼教类”，其下又分“蒙学”、“劝学”、“女教”、“家训”、“俗训”、“乡约”等子目，以便更专门、更具体地展示儒家礼教的具体内容和成果；“政治类”收录儒家议政言治的著作，包括“政治理论”（主要为政论著作）和“为官之道”（如官箴）两个主题；将主题不一，内容不纯，或议及百科，或事涉三教，不可以归入以上四类者归入“杂论类”，此类下又分“杂说”、“杂考”、“杂论”三目，“杂说”包括内容不纯一（或论儒学义理，或论儒者轶事，或论儒林掌故等）而又不可分析改编的著作，“杂考”为重在考证儒学名物故实、文献百科的著作，“杂论”主要包括儒者论史或以史辅儒的著作（如《史通》、《文史通义》之属）①。

对于儒家理论文献的整理与研究，首先需要对它们进行分门别类。分门别类，这是人类认识客观世界的一种最基本的方法。概言之，分类就是根据事物属性的异同，亦即根据事物之间的相似与差异，将事物区分为不同种类的一种思维方法，是人们认识事物、区分事物、组织事物的一种逻辑方法。如上所述，我们根据儒家学派的理论特点和儒学文献现存的状况，参照古今目录分类方法，将儒家理论著作分为“儒家类”、“性理类”、“礼教类”、“政治类”、“杂论类”五类。五类之下，又根据文献的多寡和内容的状况分若干小目。如“礼教类”下再分为“蒙学”、“劝学”、“女教”、“家训”、“俗训”、“乡约”等；“杂论类”下再分“杂说”、“杂考”、“史论”等。②

我们将历代沿袭先秦儒家“游文六经，留意仁义”特征的著述通归在“儒家类”，而将儒术在诸领域之运用者另立专题性类目，以便区别对待。因此，“儒家类”不仅包括周秦诸子的儒家著作，而且也应该包容两汉以后仍然坚持先秦儒家特色和风格的儒学著作。

“性理类”是著录理学家讲心性、理欲的著作，以宋儒、明儒为代表。孔门已有“尚思”、“贵学”的区别，以子思、孟子为代表的心性一派，实为“性理”之学的鼻祖。两汉时期，儒学内部有“经学”的今文和古文、家法和师法的区别。魏晋以至明代，儒学受到佛教、道教的挑战，又产生了“玄学”、“理学”乃至“心学”，从而在方法上和理论上与原始儒学立异。为了与传统儒学相区别，元人修《宋史》时，将坚持儒家本色、运用经学方法研究儒学的学者仍然列在《儒林传》，而对着意于心性、道学研究的儒者另创《道学传》来加以表彰。这是符合当时儒学历史情况的，是反映学术实际的做法。《四库全书总目》却加以指责：“追托克托等修《宋史》，以《道学》、《儒林》分为两传，而当时所谓‘道学’者，又自分二派，笔舌交攻。自时厥后，天下惟朱、陆是争。门户别而朋党起，恩雠报复，蔓延者垂数百年。明之末叶，

① 参见舒大刚：《试论儒藏“论部”的分类方法》，载《古籍整理研究学刊》2006年第1期。

② 儒论文献的分类方法，主要采用了四川大学古籍所《儒藏》编纂的先期成果。本节以下内容参见舒大刚：《谈谈〈儒藏〉编纂的分类问题》，载《四川大学学报》（哲学社会科学版）2004年第4期；《试论〈儒藏〉“论部”的分类方法》，载《古籍整理研究学刊》2006年第1期；《〈儒藏〉编纂之分类体系初探》，载《国际儒学研究》第13辑，成都时代出版社，2004年。

其祸遂及于宗社。惟好名好胜之私心不能自克，故相激而至是也。圣门设教之意，其果若是乎?”① 是否因儒学内部门户之争而导致明朝的社稷倾覆这里姑且不论，但说宋代以后儒学内部“二派笔舌交攻”，“天下惟朱、陆是争，门户别而朋党起，恩雠报复，蔓延者垂数百年”却是历史的事实。学术的门户之争肯定不好，但是已经成为历史又何必讳言呢？就反映学术史实际而言，客观公正地反映历史倒也是历史研究所必要也是必需的态度。可惜《宋史》只在传记类区别对待，而在目录上却未作区分，《艺文志》只有儒家而无道学，周敦颐《太极通书》、张载《正蒙书》、二程《遗书》和《语录》以及《诸儒鸣道集》(周敦颐、司马光、张载等书)、《近思录》(朱熹、吕祖谦编类，周敦颐、程颢、程颐、张载等书）等标准的理学家即道学家著作，也都列在《子部》“儒家类”中。

明永乐中，胡广等受命修《五经大全》，汇集宋儒以下经学成果；又奉诏将周敦颐、二程、张载、朱熹诸儒的性理之书，类聚编成《性理大全》70卷。王圻《续文献通考》将儒家之书“各以学派分之，以示区别”。对于展现和研究儒家的学术流派，考察宋明以后儒学分而为道学的演变历程，具有积极作用。可惜这一做法没有传承下去，反而遭到《四库全书总目》的批评：“然儒者之患，莫大于门户。后人论定，在协其平。圻仍以门户限之，是率天下而斗也，于学问何有焉。”因此《四库全书》所录“但以时代先后为序，不问其源出某某”②。这实际上是一种倒退，还自以为是地认为“不失孔孟之旨”③，其实不然。《中国丛书综录》第二册“子部·儒学类”专列“性理之属”著录宋人林逋《省心录》以下宋邵雍《渔樵问对》、周敦颐《太极图说》和《通书》、张载《西铭》和《正蒙》、二程《遗书》和《语录》、朱熹《近思录》和《朱子语类》、陆九渊《象山先生要语》以及明王阳明《传习录》等，最为可取，今兹从焉。

“政治类”收录儒家议政言治的著作。儒家乃“助人君顺阴阳、明教化”的学派，孔门四科，“德行”以修身力行为本，宋明儒学崇尚心性，即此派之光大者。“语言”以游谈折冲为事，衍为后世之“纵横术”，已在儒术之外。“文学”则依经说事，即后世之“经学”，自有经编各类概述研究。“政事”具有“经世先王”之志，力倡“仁政德治”之说，为儒家一贯不二之法门。《庄

① 永瑢等:《四库全书总目》卷九一“子部·儒家类”小序。

② 永瑢等:《四库全书总目》卷九四“子部·儒家类”案语。

③ 永瑢等:《四库全书总目》卷九四“子部·儒家类”案语。

子》概括儒学为“内圣外王”之道，正是孔门“德行”、“政事”二科进一步发展的结果。“政事”系儒门四科之一，“治平”系《大学》至高之教，《周官》、《为政》昔曾载于周公之《书》，《周制》、《周法》亦复著于《汉书》之“志”，说政言治固为儒者专门。

后世人文日修，政事益繁，制度法规，越演越烈。讲制度则有官体、政体之分，言法规则有治道、治法之别，易而言之，即政治制度、官僚制度、政治理想、为政方略，是皆“政治”之属。其讲制度者多近于“历史”，其讲道法者实属于“子部”。《隋书·经籍志》于“史部”立“职官类”以纪设官分职之书，固无不可；然而该类又兼及为官之道的书，却不伦不类。唐太宗撰《帝范》、武则天撰《臣轨》，讲求君臣之道，书目诸家列在“子部”儒家，是为得之。明钱溥《秘阁书目》又立“政书类”兼录政治各书，于是政论著作又脱离“子部”而入于“史”。《文渊阁书目》“史部政书类”除了著录《元典章》、元《风宪宏纲》、元《省部政典举要》、元《成宪纲要》、元《谕民政要》、元《通制》等制度法规的书籍，还著录有苏子启《为官龟鉴》、刘漫塘《荒政续编》、陈石灵《莅民提纲》和《州县提纲》、张养浩《庙堂忠告》和《风宪忠告》及《牧民忠告》、李元弼《作邑自箴》、秦辅之《资政格言》、蒲登辰《救荒续录》等官箴性文献。由此可见，关于政治类的书籍，传统目录或分在“子部”儒家，或列在“史部”政书、职官等处，分布既广，翻检为难；而又子史混同，专题不明，故无可取。

“论部”今将立足于“政治理论”和“为官之道”的主题，选录儒家政论性、官箴性文献，自旧题马融《忠经》、唐太宗《帝范》、武则天《臣轨》以下，至于清末徐栋、丁日昌《牧令书辑要》，凡百余种，以备“政治类”。

“礼教类”著录以礼乐教化为内容的著作，其下可分：“蒙学”、“劝学”、“女教”、“家训”、“俗训”、“乡约”、“劝善”等子目，以便更专门、更具体地展示儒家礼教的具体内容和成果。孔子曰：“导之以政，齐之以刑，民免而无耻；导之以德，齐之以礼，有耻且格。”荀子亦主张：“杀诗书而隆礼乐。”《大学》之道在正心、诚意、修身、齐家、治国、平天下。“修齐”为“治平”之本，而蒙训为修身之端，《易》曰“蒙以养正”是也。故历代儒者致力礼乐教化不遗余力，礼教之书实繁其编。礼的内容至广，下而童蒙之教，上而君臣之礼，外而社会风俗，内而家庭伦理，莫非礼也。故士有蒙训劝学，女有女教闺训，家有家法家规，乡有乡规乡约，纯风俗则见之俗训之篇，正人心则见诸劝善之书。从而构成一个从人心到风俗、从家庭而社会的移风易俗、淑世济人的高度自律自觉的礼教体系。

《汉书·艺文志·六艺略》："古者八岁入小学，故《周官》保氏掌养国子，教之六书。"遂将文字学著作、识字课本概称为"小学"，而列在"六艺略"。又将《弟子职》等蒙训书籍列在"孝经类"，亦居《六艺略》。这一分类方法为后世目录所继承。《文献通考·经籍考》在"经部·小学类"著录"《弟子职》等五书"，陈振孙谓即："漳州教授张时举以《管子弟子职篇》、班氏《女诫》、吕氏《乡约》《乡礼》、司马氏《居家杂仪》合为一篇。"《千顷堂书目》"经部·小学类"有：吴讷《小学集解》、丘陵《婴教声律》、廖纪《童训》(《女训》附)、湛若水《古今小学》、朱升《小四书》(集方逢时《名物蒙求》、程若庸《性理字训》、陈栎《历代蒙求》、黄继善《史学提要》)等。《明史》承之，亦将蒙训读物列在"经部·小学类"，甚至还有16种家训（朱有炖《家训》、王士觉《家则》、杨荣《训子编》、曹端《家规辑略》、杨廉《家规》、何瑭《家训》等），10余种闺训（洪武《女诫》、高皇后《内训》、王敬臣《妇训》等）以及一种劝俗文（文皇后《劝善书》)。这些书籍之所以归在"经部"主要是出于对古志所谓"小学"乃"学小道焉，践小节焉"的理解，当然也有重视礼教的一面。

至清《续文献通考》根据思想内涵，将礼教类著作调归"子部·儒家"，使其成为儒家子学著作的一个部分。其《经籍考》"经部·小学类"序说："马端临《通考》'小学类'自训诂、音韵、字学各书之后，如《兰亭考》、《十七史蒙求》、《弟子职》等书皆列焉。今续辑此门，惟训诂、字书、韵书以类相从。余如《帖考》则归'目录'，《蒙求》则附'类书'。其有关于养正闲家者，皆入'儒家类'，庶区分部别，不使错杂云。"这一分类法较之以前更为合理，《中国丛书综录》在"儒学类"特设"礼教之属"，并分成"鉴戒、家训、妇女、蒙学、劝学、俗训"等六目。四川大学修《儒藏》将继承这一传统而稍事损益，特立"蒙训、劝学、女教、家训、俗训、劝善、乡约"等目，而成"论部"的"礼教类"。

"杂论类"系收录论杂、体杂的儒家子学著作。所谓"论杂"是说其书主题不一，内容不纯，或议及百科，或事涉三教，不可以归入以上四类。所谓"体杂"是其撰述体例没有成宪，著作方法也不系统。此类之下，又拟分"杂说"、"杂考"、"史论"三目。

先秦诸子有"兼儒墨、合名法"的"杂家"，后世儒学议论多端实有"杂学"之实。自孔孟创教，后儒沿波，学随世变，论从心生，一人一是非，一派一主张，于是"杂说"、"杂论"生焉。又载籍既博、编亦广，学理不辨不明，掌故不考不清，于是"杂考"、"杂纂"出焉。《汉书·艺文志》将战国秦汉的“杂家”列于《诸子略》。历代目录，亦复如是。至明黄虞稷《千顷堂书目》的“杂家类”在概念上发生了改变，以为“前代《艺文志》列名、法诸家，后代沿之。然寥寥无几，备数而已。今削之，总名之曰‘杂’”。黄氏的“杂家”已经不专指“义兼儒墨、学包名法”的杂家了，而是将后世已经不传其学而空存其书、虽有其目却文献太少的墨家、名家、法家、纵横家统统归在一起视为杂家了。《明史·艺文志》子部从之。“杂家”概念从《汉书·艺文志》所录一书兼“儒墨名法”之说，变为一类兼收众家之书了。

清修《四库全书》对《千顷堂书目》的分类有继承也有扬弃，一方面批评“其墨家、名家、法家、纵横家并为一类，总名‘杂家’，虽亦简括。然名家、墨家、纵横家传述者稀，遗编无几，并之可也。并法家删之，不太简乎”①。但是另一方面又不得不承认，诸子百家，后世“绝续不同，不能一概著录，后人株守旧文，于是‘墨家’仅《墨子》、《晏子》二书；‘名家’仅《公孙龙子》、《尹文子》、《人物志》三书；‘纵横家’仅《鬼谷子》一书，亦别立标题，自为支派。此拘泥门目之过也。黄虞稷《千顷堂书目》于寥寥不能成类者，并入‘杂家’。‘杂’之义广，无所不包。班固所谓‘合儒墨、兼名法’也。变而得宜，于例为善，今从其说”。② 故《四库全书总目》的“杂家类”也是将名、墨、纵横合为一类。不过《四库全书》的“杂家”范围更加广泛，共有六小类：“以立说者谓之‘杂学’；辨证者谓之‘杂考’；议论而兼叙述者，谓之‘杂说’；旁究物理，胪陈纤琐者，谓之‘杂品’；类辑旧文，涂兼众轨者，谓之‘杂纂’；合刻诸书，不名一体者，谓之‘杂编’，凡六类”③。六类之中，杂学、杂考、杂说、杂品是就著作的内容而言，杂纂、杂编是就文献的体例而言，举凡“子部”其他各类无法包容的书都可以统统捡入“杂家”其中。

我们看到，儒论文献所分的五个部类，由“性理类”而“儒家类”而“礼教类”、“政治类”，其理论色彩程度明显不同，“道”、“器”含量有所不一。在由“儒家类”、“性理类”到“礼教类”、“政治类”的文献演进中，明显地呈现出由“道”向“器”的分布规律。而纯粹述“器”的书籍，如《通典》、《文献通考》、《唐会要》、《五代会要》、《大明会典》、《大清会典》、《唐律疏义》、《大清律例》等记述历代王朝经济制度、政治制度的政书，只可视

① 永瑢等：《四库全书总目》卷八五《千顷堂书目》提要。

② 永瑢等：《四库全书总目》卷一一七“子部·杂家类”小序。

③ 永瑢等：《四库全书总目》卷一一七“子部·杂家类”小序。

作儒学之用，不必列入儒论文献之列。

三、儒论文献的数量与分布

从文献样式上来说，儒论文献主要分为专书与单篇两种样式。在传统目录分类体系中，专书类儒论文献主要分布于子部儒家类，另外经部的小学类、史部的史评类等类目中也有少量儒论文献，而单篇类儒论文献则主要集中于集部，如唐代刘禹锡《刘梦得文集》中《天论》3篇以及《辩迹论》、《答饶州元使君书》、《训氓》等，李觏《盱江集》中卷二《礼论》7篇，卷三《易论》13篇，卷四《删定易图序论》，卷五《周礼致太平论》51篇，卷一六《富国策》10首，卷一七《强兵策》，卷一八《安民策》，卷一九《平土书》等，都是单篇儒论文献。单篇儒论文献中，很多文献对儒学史产生重大的影响，如唐韩愈《昌黎先生集》中的《原道》、《原性》、《原毁》、《原人》、《原鬼》、《师说》诸篇，李翱《李文公集》中《复性书》3篇等，实开宋代理学之端绪，故在儒学思想史上格外受到重视。但是，单篇儒论文献数量庞大而又过于分散，暂时无法进行全面、确切的数量统计，故本文主要就专书文献数量做出初步的统计与分析。

（一）经部中的儒论文献

儒论文献是指经学文献之外的论述儒学理论的文献，其外延的确立，与经学文献外延的发展变化密切相关。今天我们把十三经及其相关著述视为经学文献，而将十三经之外的阐述儒学理论的著作视为儒论文献，从逻辑上说，经部不应该有儒论文献，然而，虽然自《隋书·经籍志》确立了经、史、子、集四部分类法后，大部分书目都按此四部分类，但这只是一个大致的书目范围的划分，在一些更具体细致的、相对小的分类标准上，不同时代、不同编者，依然有不同的书目分类标准以及文献归类观念，因此，按照今天的经部分类标准，大部分书目当中，经部中所录的文献，并不完全都是经部著作，依然存有少量的儒论文献，而经部儒论文献的数量，遂跟不同时代、不同书目的不同文献分类标准有关。即使这样，历代史志及书目著录中，经部所著录的儒论文献数量大都十分有限，除了《论语》类中的《孔子家语》、《孔丛子》，《孝经》类中的《弟子职》等外，其他几种儒论文献主要集中在小学类文献中。

《汉书·艺文志·六艺略》所录图书，大致相当于后世的书目中的经部。在“六艺略”《论语》类中，著录有《孔子家语》27卷；“六艺略”《孝经》类中，著录有《弟子职》一篇。《隋书·经籍志》经部《论语》类中共著录了

5种儒论文献，包括孔鲋《孔丛》7卷、王肃解《孔子家语》21卷两种，[①] 以及梁太尉参军刘被撰《孔志》10卷、魏博士张融撰《当家语》2卷、梁武帝撰《孔子正言》20卷三种已亡佚的书。《崇文总目》经部《论语》类中，则只有《孔子家语》10卷一种儒论文献。

《隋书·经籍志》"经部小学类"中，共著录小学类著作148（含亡书）部，其中，除了包括《急就章》、《说文》、《字林》等字书，《音书考源》、《声韵》、《声类》、《韵集》、《四声韵林》等韵书，以及训诂、音义、体势及后汉、魏正始石经拓本等文献外，还著录有蔡邕《劝学》1卷、《女史篇》1卷，朱育《幼学》2卷，项峻《始学》12卷、《月仪》12卷，束皙《发蒙记》，顾恺之《启蒙记》3卷、《启疑记》3卷，周兴嗣《千字文》1卷，萧子云注《千字文》1卷，胡肃注《千字文》1卷、《篆书千字文》1卷、《演千字文》5卷、《草书千字文》1卷、《秦皇东巡会稽刻石文》1卷共15种儒学理论礼教类著作。而《崇文总目》卷二"小学类"中，唯有《千字文》、《急就章》两种，其余为雅书、字书、韵书、书法。《宋史·艺文志》"小学类"所著录的213种文献中，则包括周兴嗣《千字文》，吴开《童训统类》1卷，吕本中《童蒙训》3卷，史浩《童丱须知》3卷，朱熹《小学之书》4卷、《四子》4卷，程端蒙《小学字训》1卷，吕祖谦《少仪外传》2卷，陈淳《北溪字义》2卷，洪迈《次李翰蒙求》3卷，集斋彭氏《小学进业广记》1部，王应麟《蒙训》44卷、《小学绀珠》10卷、《小学讽咏》4卷共14种儒理文献。而清倪灿撰、卢文弨校正《宋史艺文志补》"经部小学类"中尚有陈录《善诱文》1卷，罗黄裳《发蒙宏纲》2册，虞俊《达斋告蒙》1卷[②]三种儒论文献。

无论《旧唐书·经籍志》还是《新唐书·艺文志》，经部《论语》类中，都有王肃注《孔子家语》10卷、孔鲋撰《孔丛子》7卷两种儒论文献。而"经部小学类"中，又都著录有蔡邕《劝学篇》1卷、朱嗣卿《初学篇》1卷、项峻《始学篇》12卷、杨方《少学集》10卷、顾凯（恺）之《启疑》3卷、萧子范《千字文》一卷、周兴嗣《次韵千字文》1卷（《旧唐书·经籍志》作

① 《隋书·经籍志》经部又称："梁有《孔志》十卷，梁太尉参军刘被撰，亡。"《册府元龟·学校部·注释类》曰："汉孔鲋为陈胜博士，撰《论语义疏》三卷。"又曰："刘被为太尉参军，撰《论语孔志》十卷，述孔鲋义疏。"姚振宗：《隋书经籍志考证》："孔鲋《论语义疏》三卷，前史不载，《册府》此两条不知所据何书。楚汉之际未有义疏名目，大抵刘被从《孔丛》及他书编为《孔鲋义疏》，又引而申之，为此十卷，名曰《论语孔志》欤？故《七录》次《孔丛》之后也。"（《二十五史补编》本）

② 倪灿撰、卢文弨校正：《宋史艺文志补》，《二十五史补编》本。

“《千字文》一卷，萧子范撰。又一卷，周兴嗣撰”)、《演千字文》5卷、《篆书千字文》1卷共9种儒论文献。

宋王尧臣等撰《崇文总目》经部《论语》类共著录13部文献，包括《孔子家语》10卷、《论语井田义图》1卷两种儒论文献。① 经部小学类28部文献中，只有周兴嗣撰《千字文》一种可视为儒论文献，其余则为训诂、文字、音韵及论书法之作。

宋代晁公武《郡斋读书志》经部著录有邵康节《皇极经世》12卷（见《易》类）、柳宗元《非国语》2卷（见《春秋》类）、王肃序注《孔子家语》10卷（见《论语》类）3种儒论文献。

《明史·艺文志》采用断代体，只记有明一代著述，故其所著录的经部文献中，只有经部小学类、女学类著录有礼教类儒论文献。明代著述繁富，正如倪灿《明史·艺文志序》所说，“第有明一代以来，君臣崇尚文雅，列圣之著述，内府咸有开板。而一时作者，亦自彬彬”，明代君臣都尚著书，虽然只有小学类著录有礼教类儒论文献，文献种类却远远超过前代。其中，小学类包括黄裳《小学训解》10卷，朱升《小四书》5卷，集宋元儒方逢辰《名物蒙求》、程若庸《性理字训》、陈栎《历代蒙求》各1卷，黄继善《史学提要》2卷，何士信《小学集成》10卷、《图说》1卷，赵古则《学范》6卷、《童蒙习句》1卷，方孝孺《幼仪杂箴》1卷，张洪《小学翼赞诗》6卷，郑真《学范》6卷，朱逢吉《童子习》1卷，吴讷《小学集解》10卷，刘实《小学集注》6卷，丘陵《婴教声律》20卷，廖纪《童训》1卷，陈选《小学句读》6卷，王云凤《小学章句》4卷，湛若水《古今小学》6卷，钟芳《小学广义》1卷，黄佐《小学古训》1卷，王崇文《蒙训》1卷，王崇献《小学撮要》6卷，朱载玮《困蒙录》1卷，耿定向《小学衍义》2卷，吴国伦《训初小鉴》4卷，周宪王有燉《家训》1卷，朱勤美《谕家迩谈》2卷，郑绮《家范》2卷，王士觉《家则》1卷，程达道《家教辑录》1卷，周是修《家训》12卷，杨荣《训子编》1卷，曹端《家规辑略》1卷，杨廉《家规》1卷，何瑭《家训》1卷，程敏政《贻范录》30卷，周思兼《家训》1卷，孙植《家训》1卷，吴性《宗约》1卷、《家训》1卷，杨继盛《家训》1卷，王祖嫡《家庭庸言》2卷等45种，而女学类则著录了明洪武中命儒臣编《女诫》

---

① 《崇文总目》卷二《论语井田义图》下自注：“不著撰人名氏，述周井田之法，其曰《论语》者，盖为《论语》学者引用云。”故将《论语井田义图》视为儒论文献。

1卷，明高皇后《内训》1卷，明文皇后《劝善书》20卷，明章圣太后撰献宗序世宗后序《女训》1卷，明慈圣太后《女鉴》1卷，嘉靖中命方献夫等撰《内则诗》1卷，黄佐《姆训》1卷，王敬臣《妇训》1卷，王直《女教续编》1卷等9种礼教类儒理文献。

《清史稿·艺文志》虽然因其收录标准及其大量应收而未收的文献备受诟病，但其四部分类法的分类标准相对于之前的史志目录，已比较完善。《清史稿·艺文志》将《孔子家语》及《孔丛子》的相关著作，如陈士珂《孔子家语疏证》10卷，孙志祖《孔子家语疏证》6卷，姜兆锡《孔丛子正义》5卷等；以儒家思想教育为主体的小学类儒论著作，如张伯行《小学衍义》86卷、黄澄《小学集解》6卷等；以及任启运《女教经传通纂》2卷，蓝鼎元《女学》6卷等女诫类文献，都放到了子部儒家类，其经部四书类中的《论语》著作，只收录严格的《论语》类文献，不再同时收录《孔子家语》、《孔丛子》等相关著作，而小学类则只限于训诂、文字、音韵文献，因此，到了《清史稿·艺文志》，经部已不再有儒论文献了。

（二）史部中的儒论文献

汉代刘歆《七略》将有限的几部史籍列入《六艺略》的《春秋》类，班固《汉书·艺文志》依《七略》义例，直到西晋荀勖因郑默《中经》而著《新薄》，才将群书分为甲、乙、丙、丁四部，其中的丙部系史记、旧事、皇览簿等，约略相当于今天的史部，而直到唐代魏徵修《隋书·经籍志》时以经、史、子、集正式命名四部时，史部才正式成为图书中的一大部类。

与经部中的儒论文献情况相似，历代书目史部中的儒论文献数量，除了跟不同时代实际的文献撰著情况有关，也跟不同时代、不同书目的不同分类标准有关。就史部来说，儒论文献多集中在史钞类、故事类、传记类、职官类等类别中。史部中儒论文献的类别，主要包括女诫、家训等礼教类儒论文献及阐述政治理论、为官之道的政治类儒论文献。此外，中国古代以史为鉴的鉴戒史观，使儒者格外重视对于历史事件的评论分析、归纳总结，《左传》中大量的“君子曰”即通过对历史事件的评论来展现、说明儒家理论，而北宋范祖禹《唐鉴》则是儒家理论指导下的较早的历史理论专书，宋代晁公武《郡斋读书志》中，史部已列史评类。史评类著述中，如晁公武《郡斋读书志》史部史评类所著录的唐刘知幾《刘氏史通》20卷、柳璨（字炤之）《史通析微》10卷和《历代史赞论》54卷，宋孙甫《唐史要论》10卷、范祖禹《唐鉴》20卷、吕大忠《吕氏前汉论》30卷、杨祐甫《三国人物论》3卷等7种史评著述，以儒家理论为主体来分析史书编撰，评论历史事件，应也可视为儒论文献。

《隋书·经籍志》史部分史书为13类：正史、古史、杂史、霸史、起居注、旧事、职官、仪注、刑法、杂传、地理、谱系、簿录。13类817部书中，只有杂传类中著录《明氏家训》1卷，其所记内容，虽已不可详论，却可视为《颜氏家训》一类，应可算作儒论文献。

《旧唐书·经籍志》史部分正史、古史、杂史、霸史、起居注、旧事、职官、仪注、刑法、杂传、地理、谱系、略录13类。将曹大家撰《女诫》1卷，辛德源和王邵等撰《内训》20卷，以及文德皇后《女则要录》10卷、张后《凤楼新诫》20卷等女诫类儒论文献放到了子部儒家类，故史部只有杂传类中有《内范要略》10卷可视为儒论文献。

《新唐书·经籍志》史部则分正史、编年、伪史、杂史、起居注、故事、职官、杂传记、仪注、刑法、目录、谱牒、地理13类，其中，职官类26种文献中，杜英《师职该》2卷似儒论文献，惜今已无考。杂传记类146部著作中，包括王方庆《王氏训诫》5卷及曹植《列女传颂》1卷，孙夫人《列女传序赞》1卷，曹大家《女诫》1卷，辛德源、王劭等《内训》20卷，徐湛之《妇人训解集》10卷、《女训集》6卷，长孙皇后《女则要录》10卷，武则天《古今内范》100卷、《内范要略》10卷、《凤楼新诫》20卷，王方庆《王氏女记》10卷，尚宫宋氏《女论语》10篇，薛蒙妻韦氏《续曹大家女训》12章，王抟妻杨氏《女诫》1卷等女诫类儒论文献共15种。

《宋史·艺文志》史部分为正史、编年、别史、史钞、故事、职官、传记、仪注、刑法、目录、谱牒、地理、霸史等13类，而儒论文献主要集中在传记、故事、史钞3类中。其中，史钞类83种中，吕夷简《三朝宝训》30卷、林希《两朝宝训》21卷、范祖禹《帝学》8卷、李埴《续帝学》1卷等可视为政治类儒论文献；周护《十七史赞》30卷、佚名《三代说辞》10卷、张栻《通鉴论笃》4卷、孙甫《唐史论断》2卷、石介《唐鉴》5卷、范祖禹《唐鉴》12卷等，可视为以儒学理论为主体的史论著作。

《宋史·艺文志》史部故事类206种，除蔡邕《独断》2卷外，包括有王綝《魏郑公谏录》5卷，吴兢《贞观政要》10卷、《开元升平源》1卷，苏瓌《中枢龟鉴》1卷，李宗谔《永熙宝训》2卷，张唐英《君臣政要》40卷，王安石《熙宁奏对》78卷，陈模《东宫备览》1卷，曾巩《宋朝政要策》1卷，不知何人编《仁宗君臣政要》20卷，范祖禹《仁皇训典》6卷，曾巩《德音宝训》3卷，曾布《三朝正论》2卷，林虙《元丰圣训》20卷，不知集者《明堂诏书》1卷，张戒《政要》1卷，李源《三朝政要增释》20卷，欧阳安永《祖宗英睿龟鉴》10卷等40种左右政治类儒论文献。

《宋史·艺文志》史部传记类423部中，包括班昭《女戒》1卷，吕希哲《吕氏家塾广记》1卷，吕祖谦《阃范》3卷、《古今家诫》2卷等4种礼教类儒论文献；刑法类221部中，包括许洞《训俗书》1卷、李商隐《家范》10卷、卢僎《家范》1卷、司马光《家范》1卷等4种礼教类儒论著作及李元弼《作邑自箴》1卷一种政治类儒论文献。

《清史稿·艺文志》史部中，只有史评类聚集了以史论为主题的儒论著作，包括刘统勋等奉敕编《评鉴阐要》12卷、《古今储贰金鉴》6卷，元王恽撰、光绪时徐郙等奉敕补图《承华事略补图》6卷，王夫之《读通鉴论》30卷、《宋论》15卷等50种左右，为通过历史理论来反映儒学理论的文献。

（三）子部中的儒论文献

儒论文献主要集中于子部文献，尤其是子部儒家类文献中。《汉书·艺文志·诸子略》大抵与后世子部相当，《诸子略》儒家类所列53家著述，除《孟子》后世被尊为经书外，其余都可视为儒论文献。杂家类中，《吕氏春秋》中也阐述了大量儒家理论，故也可视为儒论文献。

《汉书·艺文志·诸子略》53家儒论文献之外，姚振宗《汉书艺文志拾补》的《诸子略》儒家类又据《汉书》、《风俗通义》等文献补录8家，其中包括《窈窕德象女师篇》、《根牟子》7篇、《成公政事》12篇、刘歆《列女传颂》1卷、扬雄自序、王莽诫8篇、王莽诰1篇7种西汉儒论文献。

《隋书·经籍志》子部儒家类著录文献67家74种（计亡书），除去赵岐注《孟子》14卷、郑玄注《孟子》7卷、刘熙注《孟子》7卷，及綦毋邃注《孟子》9卷（梁有，隋时已亡）4种外，其余70种均为儒学理论著作。此63家70种著作中，既包括儒家类文献，如《曾子》2卷、《子思子》7卷、《公孙尼子》1卷、《孙卿子》12卷等，还包括杂家类儒论文献《晏子春秋》7卷，政治理论类儒论文献桓宽《盐铁论》10卷、荀悦《申鉴》5卷，以及《诸葛亮集诫》2卷、《众贤诫》13卷、《女篇》1卷、《女鉴》1卷、《妇人训诫集》11卷、《妇姒训》1卷、曹大家《女诫》1卷、《贞顺志》1卷等礼教类儒论文献。《隋书·经籍志》子部儒家类中，著录先秦儒论文献7种，今存2种；西汉儒论文献7种，今存7种；东汉儒论文献12种，今存5种；魏晋六朝44种，今皆已不存。

《隋书·经籍志》子部杂家类著录兼儒墨之道，通众家之意的著作97部130种（含佚书），包括主要谈兵法的《尉缭子》，主要内容为道家的《淮南子》，以及类书、佛家著述等。其中，去掉因亡佚不可考的诸书，如应奉《洞序》、苏道《立言》等，可以析为儒论著作的，包括《尸子》20卷、目1卷，蒋济《蒋子万机论》8卷，杜恕《笃论》4卷，傅玄《傅子》120卷，张俨《默记》3卷，裴玄《裴氏新言》5卷，张显《析言论》20卷，《刘子》10卷，何翌之《谏林》5卷，陆澄《述政论》13卷、《缺文》13卷、《政论》13卷，《正训》20卷，《内训》20卷等18种。其中，先秦2种，今存2种；汉代3种，今存3种；魏晋六朝13种，今皆已不存。通计《隋书·经籍志》子部儒家类与杂家类，共著录儒论文献92种，今存19种。

《旧唐书·经籍志》子部儒家类著录有81种文献，去掉《孟子》及其相关著述4种，及陆澄《缺文》等因亡佚无法断定类别的19种文献，其余58种为儒论文献，包括《曾子》2卷、《子思子》8卷、《公孙尼子》1卷、《孙卿子》12卷、《鲁连子》5卷等44种儒家类儒论文献；桓宽《盐铁论》10卷、荀悦《申鉴》5卷、章怀太子《君臣相发起事》3卷等8种政治类儒论文献；诸葛亮《集诫》2卷、曹大家《女诫》1卷、章怀太子《修身要录》10卷、辛德源和王邵等《内训》20卷、文德皇后《女则要录》10卷、张后《凤楼新诫》20卷等6种礼教类文献，以及陆澄《缺文》等因亡佚无法断定类别的19种儒论文献。就时间上来说，《旧唐书·经籍志》著录有先秦儒论文献7种，今存2种；汉代儒论文献11种，今存11种，魏晋六朝39种，今皆不存；隋唐20种，今存4种。

《旧唐书·经籍志》子部杂家类著录文献70部，与《隋书·经籍志》子部杂家类比，缺少张显《析言论》，《刘子》10卷（题刘勰撰），陆澄《缺文》、《政论》、《正训》、《内训》归在子部儒家类，共计13种。

《崇文总目》子部儒家类共录书39部47种，除掉《孟子》相关著述3种，共有44种儒论文献。44种儒论文献中，包括《曾子》等儒家类文献24种（今存13种），《晏子》等杂论类文献3种（今存2种），《帝范》等政治理论文献17种（今存2种）。《崇文总目》子部杂家类著录文献38种，今天能够辨识的儒论文献包括《帝王略论》3卷、《十代兴亡论》10卷、《牧宰政术》2卷、《两同书》2卷、《治乱集》3卷、《子书要略》1卷、《法语》20卷、《帝道书》10卷、《帝王旨要》1卷、《正训》10卷、《正性论》1卷等18种。《崇文总目》子部小说类33种文献中，则包括《续论衡》30卷、《三教论》1卷、《颜氏家训》7卷、《家范》1卷、《开元御集诫子书》1卷、《卢公范》1卷、《诫子拾遗》4卷、《家学要录》2卷、《先贤诫子书》2卷、《古今家诫》1卷、《诫文书》1卷、《正顺孝经》1卷、《家诫》1卷、《女孝经》1卷、《忠经》1卷等15种儒论文献，其中主要为礼教类文献。

《宋史·艺文志》子部儒家类著录文献169部171种，包括汉宋衷解、吴陆绩释《玄测》1卷，关朗《洞极元经传》5卷2种文献无法考查类型，以及《孟子》相关著作26种，其余139种全部为儒论文献。其中，数量最多的为《太极通书》、《正蒙》等性理类文献，总数量达55种；其次为《曾子》等儒家类文献，数量为44种；再次，为桓宽《盐铁论》等政治类文献，数量达17种；此外，又有司马光《家范》10卷等15种礼教类儒论文献，以及韩熙载《格言》等6种杂论类文献。由《宋史·艺文志》子部儒家类所著录文献，可见各类型儒论文献，发展至宋代，均已形成完备的体例与成熟的样态。

《宋史·艺文志》子部杂家类中录书168部170种，其中，不计沈颜《聱书》、《尹子五机论》因亡佚而内容无考的著作之外，可厘出儒论文献45种，包括陆贾《新语》2卷、贾谊《新书》10卷、边谊《续论衡》20卷、陆机《正训》10卷、傅玄《傅子》5卷等10种儒家类儒论文献；李文博《治道集》10卷，虞世南《帝王略论》5卷，魏徵《时务策》1卷，朱敬则《十代兴亡论》10卷，杨相如《君臣政要论》3卷，杜佑《理道要诀》10卷，牛希济《理源》2卷、《治书》10卷，徐融《帝王指要》3卷，张辅《宰辅明鉴》10卷，赵湘《补政忠言》10卷，吕本中《官箴》1卷，邓绾《驭臣鉴古论》20卷、《之官申戒》1卷等14种政治类儒论文献；郑至道《谕俗编》1卷、彭仲刚《谕俗续编》1卷、张时举《弟子职女诫乡约家仪乡仪》1卷、李宗思《尊幼仪训》1卷、袁采《世范》3卷等5种礼教类儒论文献；吕不韦《吕氏春秋》26卷，应劭《风俗通义》10卷，蒋济《蒋子万机论》10卷，刘昼《刘子》3卷，奚克让《刘子音释》3卷，杜正伦《百行章》1卷，李贤《修书(身)要览》10卷①，罗隐《两同书》2卷，元结《元子》10卷②，马总《意林》3卷，林慎思《伸蒙子》3卷，邱光庭《规书》1卷、《兼明书》12卷，葛澧《经史摭微》4卷，叶適《习学记言》45卷，项安世《项氏家记》10卷等16种杂论类儒论文献。

《宋史·艺文志》子部小说类包括侯莫陈邈妻郑氏撰《女孝经》1卷，李大夫《诫女书》1卷，海鹏《忠经》1卷，《正顺孝经》1卷，《三教论》1卷5种儒论文献。

---

① 《宋史·艺文志》子部儒家类著录有章怀太子《修身要览》，此处《修书要览》疑"书"为"身"之讹。参见袁咏秋、曾季光主编：《中国历代图书著录文选》，北京大学出版社，1997年，第88页。

② 《宋史·艺文志》"集部别集类"又有元结《元子》，与"子部杂家类"重出。

《明史·艺文志》子部儒家类 140 部文献，主要为性理类儒论文献。子部杂家类包括明太祖《资治通训》1 卷 14 章、《公子书》1 卷、《务农技艺商贾书》1 卷，明成祖《务本之训》1 卷及仁孝皇后《劝善书》20 卷 5 种儒论文献。

《清史稿·艺文志》子部儒家类著录 271 家 343 种儒论文献，以及 63 种辑佚著作。子部杂家类著录 28 种儒论文献，辑佚类儒论文献 8 种。

（四）集部中的儒论文献

《隋书·经籍志》始立集部。西汉末年刘歆《七略》首创诗赋略，魏晋以降，书目的四部分类多以“甲乙丙丁”为次；南朝宋王俭改“诗赋略”为“文翰志”，梁阮孝绪又改“文翰志”为“文集录”，大体走完了“集部”正式确立以前的发展演变历程①。唐朝初年，魏徵等所撰《隋书·经籍志》，是继《汉书·艺文志》以后我国现存第二部重要的古代综合性图书分类史志目录，它在《汉书·艺文志·诗赋略》的基础上，“引而伸之”，进一步变“文集录”为“集部”。阮孝绪《七录》文集录已分楚辞、别集、总集、杂文四部，《隋书·经籍志》又在此基础上，删去“杂文”而析分为楚辞、别集、总集三类，这便在中国目录学史上第一次正式确立“集部”。

唐宋时期，像晋宋“文章志”那样汇集诸家诗赋文章的总目录不复易见，出现较多的是专录一种文学体裁的解题目录或专录一家诗文作品的个人著述目录；而从总体上看，最具时代特点且在整个古代文学目录学史上有着重要影响的变化，却是正史史志乃至各种官修、私撰综合性图书目录中“集部”的确立，以及南宋时期郑樵《通志·艺文略》“文类”的产生。②

从《隋书·经籍志》开始，集部文献便大致分楚辞、别集、总集三类，儒论文献主要存在于总集与别集当中。无论总集还是别集，书中内容往往奏议对策、序跋碑文与诗词赋作混杂，不可一概以儒论文献视之，故需进行单篇分析。由于历代集部著作繁富，单指有清一代，孙殿起《贩书偶记》及续编，著录清人诗文集约 4000 种，《清史稿·艺文志》著录的别集 1685 部，武作成《清史稿艺文志补编》收 2890 部，王绍曾《清史稿艺文志拾遗》集部又补录前二志所无者 22535 部，柯愈春《清人诗文集总目提要》亦称录清代诗

---

① 参见何新文：《从诗赋略到文集录：论两汉魏晋南北朝文学目录的发展》，载《湖北大学学报》1996 年第 2 期。

② 参见何新文、刘国民：《集部的确立与文类的产生》，载《湖北大学学报》1999 年第 6 期。

文别集约两万家，这样浩繁的数量，在短期内，以个人的力量，很难将其中的单篇儒论文献析出并加以统计，故本文只择要介绍以下几种比较集中地阐述了儒学理论的部分别集。包括韩愈《昌黎先生集》、李翱《李文公集》、柳宗元《柳河东集》、刘禹锡《刘梦得文集》、石介《徂徕集》、王安石《临川先生文集》、李觏《盱江集》、陈亮《龙川文集》、薛季宣《浪语集》、陈傅良《止斋文集》、耿定向《耿天台先生全书》、焦竑《澹园集》12 种儒家类儒论文献；周敦颐《周濂溪集》，程颢、程颐《二程文集》及《二程遗书》，游酢《游廌山先生集》，杨时《龟山集》，罗从彦《豫章文集》，张栻《南轩集》，朱熹《朱文公文集》，黄榦《勉斋集》，陈埴《木钟集》，真德秀《西山文集》，谢枋得《叠山集》，陆九渊《象山集》，杨简《慈湖遗书》，李觏《直讲李先生文集》，吕祖谦《东莱集》，魏了翁《鹤山集》，许衡《鲁斋遗书》，方回《桐江续集》，刘因《静修集》，吴澄《吴文正公集》，吴与弼《康斋集》，陈献章《白沙集》，王畿《王龙溪先生全集》，邹守益《东廓邹先生文集》，罗洪先《念庵罗先生集》，张履祥《杨园张先生全集》，陆世仪《陆桴亭先生遗书》，汤斌《汤子遗书》29 种性理类文献。

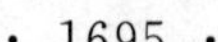

第二章 儒论文献的产生与发展

对于儒论文献，我们不主张在广泛意义上进行穷尽式的列举，而是着重考察那些集中体现了儒学理论、对于儒学的发展和普及产生过重要影响的文献，试图对它们的产生与源流、分布和种类进行梳理，而这也是儒学理论发展研究所需要的。

儒论文献的产生与发展情况，与儒学本身的学术特点密切相关。传统儒学的基本特征，首先表现在强烈的现实性与巨大的包容性。不同的历史时期对学术有不同的理论要求，而儒学总能以“入世”的精神，直面现实的政治、社会需求，通过对其他学派的强大的包容性，来完成传统儒学与现实需求的衔接。

第一节 先秦时代：儒论文献的产生

西周时期为官学时代，彼时周天子为天下宗主，封邦建国，世卿世禄，一方面贵族以官为氏，代守其业，另一方面学在王官，官师合一，不仕无学，不学无仕，贵族子弟入官学习，很多情况下是子就父学，称为“畴官”，故又有“畴人子弟”之说。无论“左史记言，右史记事”的说法在多大程度上是事实，西周时期都是“六经”作为历史文献的形成时期。这些历史文献又逐渐成为贵族学习的课本，如《国语·楚语上》中记楚国大夫申叔时就教育太子所发的议论：“教之《春秋》，而为之耸善而抑恶焉，以戒劝其心；教之《世》，而为之昭明德而废幽昏焉，以休惧其动；教之《诗》，而为之导广显德，以耀明其志；教之《礼》，使知上下之则；教之《乐》，以疏其秽而镇其浮；教之《令》，使访物官；教之《语》，使明其德，而知先王之务用明德于民也；教之《故志》，使知废兴者而戒惧焉；教之《训典》，使知族类，行比义焉。”① 此时，儒家赖以资取的学术思想已在萌芽成长，然而当学术文化控制于官府之时，王官仅能世代因循，父子相传，坚守成规，很难在理论上有所突破和发展。只有在官学传布社会并渐而演育出各个学派，原被禁锢于官府的学术文化才能得到空前发展，儒家理论文献及一切子学文献才可能出现。正如章太炎《原学》所说，“九流皆出王官，及其发舒，王官所不能与官人守要，而九流究宣其义，是以滋长”②。

一、儒家的诞生与先秦第一部私学著作

尽管殷商时期可能已有儒者存在，至少在西周时期，儒者已通过承担民间或官方的相礼服丧及礼、乐、射、御、书、数的基础教学活动，在社会生活中发挥了重要作用，但是儒者并非儒家学派，正如冯友兰所说，“儒家与儒两名，并不是同一的意义。儒指以教书相礼等为职业之一种人；儒家指先秦诸子中之一学派”③，此时的“儒”，与士农工商一样，只是一种职业类型，还没有独立的学术主张，不能称之为学派，但儒者集团的产生与发展，却为孔子创立儒家学派提供了一定的社会基础和思想资源，而孔子创立儒家学派，也对作为职业类型的儒者进行了改造，用胡适的话来说，即“把殷商民族的部落性的儒扩大到‘仁以为己任’的儒”；“把柔懦的儒改变到刚毅进取的儒”。④

春秋时代社会剧变，天子式微，一方面，西周时确立并完善的国野制渐至崩溃，宗法世袭制出现动摇，春秋时期出现的礼治思潮使贵族阶级必须要精通礼乐才能胜任各项内政外交的职责，庶人工商等小人阶层在春秋末期已获得了“学而后入政”的“仕进”机会，希望精通礼乐的贵族与渴望仕进的小人阶层，为孔子开设私学提供了充足的生源，⑤ 孔子在春秋末期开私人讲学之风，“有教无类”，广收门徒，开启民智，这是孔子符合社会发展方向的

---

① 据《左传》记载，申叔时活动的时期，主要在楚庄王时候（前 613—前 590），比孔子（前 551 年出生）生活的年代要早。

② 章太炎：《国故论衡》，上海古籍出版社，2003 年，第 101～102 页。

③ 冯友兰：《原儒墨》（1935 年），载《三松堂学术文集》，北京大学出版社，1984 年，第 305 页。

④ 胡适：《说儒》，载《胡适学术文集》（《中国哲学史》下册），中华书局，1991 年，第 613 页。

⑤ 参见吴龙辉：《原始儒家考述》，中国社会科学出版社，1996 年，第 3～19 页。

伟大创举；另一方面，王官失守，世代掌握学术文化之业的“畴人子弟”奔散四方，原来由王官严密控制的文献逐渐流布社会，王官之学下移，这既为孔子个人提供了良好的学习条件，又保证了孔子可以为弟子提供切合社会现实政治所需要的教学内容。

孔子之前，儒者也承担教学活动，但教学地点在乡校，教学对象为万民，教学内容主要为包括礼、乐、射、御、书、数在内的“六艺”，并非诗、书、礼、乐、易、春秋之“六艺”，前者是周代贵族社会用以“造士”（即培养武士）的基础课程，国子和万民都可以学习，后者则只有国子等贵族阶级才能够学习，[①] 因此，官学时代即使儒者也无法有机会学习六经等历史文献，[②] 直到孔子开设私学，“六经”等历史文献才成为平民的教科书，只有在“学在官府”变为“学流民间”，以诗、书、礼、乐、易、春秋之“六艺”为代表的经传被相当数量的人所学习，如孔子的弟子三千，贤人七十二，“游文于六经之中，留意于仁义之际”的儒家学派才可能形成，并进而促成战国诸子并起、百家争鸣的学术繁荣景观。

儒家学派的产生，除了跟王权没落，礼崩乐坏引起社会结构和社会秩序变动的社会背景，以及学术下移，典籍文化由官府走向民间，各种思想可以自由发表的学术条件有关外，还有着久远的内在学术渊源。熊十力《原儒》中指出，儒家学派的产生有两方面的学术渊源：一个是尧舜至文武的政教垂范，“可称为实用派”；一个是伏羲易卦所导源的穷神知化之辩证思维，“可称

---

① 《周礼·地官》中介绍“保氏”职责的“掌谏王恶，而养国子以道，乃教之六艺”，又称“以乡三物教万民而宾兴之……三曰六艺：礼、乐、射、御、书、数”，既提到国子，又提到万民，可见“六艺”是国子和万民共同的基础课程。此处万民并非指全体民众，而是指不包括农、工、商在内的士乡子弟。除了国子与万民都可以学习的这六种基本课程，周代还有专为贵族子弟设置的“以培养高级政治人才为目标的、以各种历史文献为教材的课程体系”。参见吴龙辉：《六艺的变迁及其与六经的关系》，载《中国哲学史》2005 年第 2 期。

② 《国语·楚语下》记载楚国大夫申叔时谈论如何教育太子时曾说，“教之《春秋》，而为之耸善而抑恶焉，以戒劝其心；教之《世》，而为之昭明德而废幽昏焉，以休惧其动；教之《诗》，而为之导广显德，以耀明其志；教之《礼》，使知上下之则；教之《乐》，以疏其秽而镇其浮；教之《令》，使访物官；教之《语》，使明其德，而知先王之务用明德于民也；教之《故志》，使知废兴者而戒惧焉；教之《训典》，使知族类，行比义焉”。据《左传》记载，申叔时活动的时期，主要在楚庄王时候（前 613—前 590），比孔子（前 551 年出生）生活的年代要早，由《国语》的记载，可知孔子之前贵族统治者对前代典籍的学习状况。

为哲理派”。孔子综汇“尧舜政教”和“大易辩证”两大学术传统，创立了儒家学派。①

春秋时期，正是中国思想文化史上由卜筮的宗教迷信文化，向以人为中心的理性人文文化的历史转型期，德、礼、仁、天道等观念已引起人们的注意并得到讨论，这样的思想文化背景，为儒家学派的产生提供了充分的学术土壤。此时，几乎各诸侯国都产生了否定天命迷信，肯定人的自觉理性的政治家或思想家，这些人的言论与思想，虽然只是散见于《诗经》、《左传》、《国语》等典籍的只言片语，没有独立成篇，却为孔子形成原始儒家学说并创立儒家学派奠定了理论基础。② 如《论语·颜渊》孔子用“克己复礼”来说明礼对仁的制约，相似的说法，又见于《左传·昭公十二年》：“仲尼曰：‘古也有《志》：“克己复礼，仁也。”信善哉！’”依照此说，则“克己复礼”的说法，便是由孔子引用前人的观点。孔子本人，也极力尊崇尧、舜、禹及周公、文王，《论语·泰伯》中孔子说，“泰伯，其可谓至德也已矣”，“大哉尧之为君也！巍巍乎！唯天为大，唯尧则之”；“巍巍乎，舜禹之有天下也而不与焉”，“卑宫室而尽力乎沟洫，禹，吾无间然矣”；《论语·子罕》中，孔子说，“文王既没，文不在兹乎”；孔子自称继承周礼，《论语·八佾》里孔子说“周监于二代，郁郁乎文哉！吾从周”；《论语·述而》中孔子年老时，感叹“甚矣吾衰也！久矣吾不复梦见周公！”

儒家学派的产生，促使最早的私学著作《论语》诞生。就现实情况而言，东汉儒生采纳文翁石室的办法，于“五经”之外增加《论语》与《孝经》为“七经”，使《论语》由私学著作上升为经部著作，因此，不能再以普通儒家理论文献视之。但作为最早的私家著述，《论语》的纂辑成书，对后世儒论文献的产生与发展产生了重大影响，在说到儒论文献的产生时，又不能不提到《论语》的纂辑。

孔子自称“述而不作”，首先提到了“述”与“作”不同。《礼记·乐记》说：“作者之谓圣，述者之谓明。”孔颖达疏：“明者，辨说是非，故修述者之谓明，则子游、子夏之属是也。”清代焦循则解释得更明确，“人未知而己先知，人未觉而己先觉，因以所先知先觉者教人，俾人皆知之觉之，而天下之知觉自我始，是为作。已有知之觉之者，自我而损益之，或其意久而不明，

① 熊十力：《原儒》（上卷），上海：龙门联合书局，1956年，第47页。

② 春秋时期思想文化的导源与发展，详见黄开国、唐赤蓉：《诸子百家兴起的前奏——春秋时期的思想文化》，巴蜀书社，2004年，第2～18页。

有明之者，用以教人。而作者之意复明，是之谓述”①。

“作”、“述”之外，东汉王充又提到“论”。在《论衡·对作篇》中，当有人称赞王充《论衡》为“作”时，王充解释说：“〔非〕作也，亦非述也，论也。论者，述之次也。《五经》之兴，可谓作矣。太史公《书》、刘子政《序》、班叔皮传，可谓述矣。桓君山《新论》、邹伯奇《检论》，可谓论矣。今观《论衡》、《政务》，桓、邹之二论也，非所谓作也。造端更为，前始未有，若仓颉作书，奚仲作车是也；《易》言伏羲作八卦，前是未有八卦，伏羲造之，故曰作也。”在王充看来，只有原创性的五经才可称为“作”，而前有依仿的《史记》、《新序》、《汉书》则是“述”，据事衍说的《新论》、《论衡》等则为“论”。关于“论”，张舜徽解释：“论者，侖之借字也。于文，亼册为侖，盖即比次群言之意。”② 按照上述“作”、“述”、“论”的标准，对于孔子来说，《论语》中所记载的孔子言论可称为“述”，即述明经书之意，③ 而就《论语》成书的过程来说，据《汉书·艺文志》，“《论语》者，孔子应答弟子时人及弟子相与言而接闻于夫子之语也。当时弟子各有所纪。夫子既卒，门人相与辑而论纂，故谓之《论语》”，对于孔子门人来说，《论语》是纂辑比次孔子言论，因此又称“论”，正如张舜徽所说“别《论语》之名，盖取义于纂辑”④。

《论语》中孔子“述而不作”的态度，以及孔子门人“辑而论纂”的成书方法，对于后世层出不穷的儒论文献造成了很大影响。在《论语》之后，儒论文献都自认以“宗经”、“征圣”为出发点，而南宋之后讲学之风兴盛，洛学闽学等学派的弟子纂辑老师言行录以成书的方法，如《二程语录》、《朱子语类》等，则可看作《论语》“辑而论纂”成书方法的进一步发展。

二、考古材料所见孔子后学文献

《论语·先进》记载孔子说：“从我于陈、蔡者，皆不及门也。”德行：颜渊，闵子骞，冉伯牛，仲弓；言语：宰我，子贡；政事：冉有，季路；文学：子游，子夏。《史记·仲尼弟子列传》中记载澹台灭明（子羽）“从弟子三百人，设取予去就，名施乎诸侯”。孔子闻之，曰：“吾以言取人，失之宰予；以貌取人，失之子羽。”可见孔子在世时，他的弟子因各有专长，已经有所分

① 焦循：《雕菰集》卷七《述难二》，苏州文学山房刊本。

② 张舜徽：《广校雠略》，华中师范大学出版社，2004年，第12页。

③ 正是在此意义上，赵岐《孟子题辞》称“《论语》者，五经之錧辖，六艺之喉衿也”。

④ 张舜徽：《广校雠略》，第13页。

化，有的弟子自己还独立门户，广招弟子。孔子之后，儒家学派进一步发展壮大并因主张与观点不同而发生了分化，形成了不同派别，从不同方面对孔子思想进行了继承和发展。

关于春秋战国时期，孔门后学的分化情况，《荀子·非十二子》中批判思孟“僻违而无类，幽隐而无说，闭约而无解”，又称子张氏、子夏氏、子游氏为“贱儒”；《韩非子·显学》中则提到“儒分为八”，“自孔子之死也，有子张之儒，有子思之儒，有颜氏之儒，有孟氏之儒，有漆雕氏之儒，有仲良氏之儒，有孙氏之儒，有乐正氏之儒”。对于“儒家八派”，很多学者都提出见解，如郭沫若《十批判书·儒家八派批判》中，认为子思之儒、孟氏之儒、乐正氏之儒，师承相接，而子思受学于子游，因此他们事实上也是《荀子·非十二子》中提到的子游氏之儒，而子夏开三晋法家先河，韩非子以法家自居，所以《韩非子·显学》对子夏氏之儒避而不论。吴龙辉《“儒分为八”别解》则据《孟子·离娄下》得“率弟子‘七十人’”的曾氏之儒（曾参）；据《史记·仲尼弟子列传》得“‘从弟子三百人’”的澹台氏之儒（澹台灭明），提出“韩非所提到的八氏，乃是孔子死后在孔门后学争正统的斗争中，先后涌现的以孔子真传自居的八大强家”。①

关于“儒分为八”和三家“贱儒”有很多争论，孔子之后儒家学派的分化情况究竟如何，因史文阙佚，至今未决。②《汉书·艺文志·诸子略》“儒家类”著录的孔子后学著作，包括《子思》23篇、《曾子》18篇、《宓子》16篇，据《汉书·艺文志》自注，子思名伋，为孔子孙，而曾子名参，宓子名不齐，字子贱，《汉书·艺文志》还著录《漆雕子》13篇、《世子》21篇、《李克》7篇、《公孙尼子》28篇，自注称漆雕子为孔子弟子漆雕启之后，世子名硕，为七十子之弟子，李克为子夏弟子，公孙尼子也为七十子之弟子。还著录有《景子》3篇，说宓子语，似宓子弟子。七十子及七十子弟子的著作今已不存，只有经学著作中被认为保存有他们的著作，如《礼记》之《缁衣》、《中庸》、《坊记》、《表记》被认为出于子思，而《乐记》出于公孙尼子，《大学》、《曾子问》出于曾子门人，《大戴礼记》中《曾子》十篇出于曾子③，

---

① 吴龙辉：《“儒分为八”别解》，载《文献》1994年第3期。

② 顾炎武《日知录》卷一三《周末风俗》指出，周贞定王二年（前467）至周显王三十五年（前334）凡一百三十三年间“史文阙轶，考古者为之茫昧”，这个时代正是子思、孟子所处的时代。

③ 《隋书·音乐志》引沈约语：“《中庸》、《表记》、《防（坊）记》、《缁衣》，皆取《子思子》，《乐记》取公孙尼子。”又参见赵曰生：《孔门后学著述考》，载《船山学报》1934年第4期。

此外，历代也不乏对于孔子后学著作的辑佚者，规模较大的辑佚主要有宋代汪晫《曾思二子全书》、清代冯云鹓辑《圣门十六子书》，又见于清代马国翰《玉函山房辑佚书》、洪颐煊《经典集林》等。

孔子之后、孟子之前的儒论文献早已亡佚不存，可喜的是近年来考古发现的竹简，为我们提供了研究这一时段儒论文献的根据。1993 年湖北荆门市郭店一号战国楚墓中出土的 804 枚竹简中，有字简 730 枚，总字数经整理得 1.3 万余字，其中包括儒家文献 11 种 14 篇，分别为《缁衣》、《鲁穆公问子思》、《穷达以时》、《五行》、《唐虞之道》、《忠信之道》、《成之闻之》、《尊德义》、《性自命出》、《六德》各 1 篇，《语丛》4 篇。其中，《缁衣》、《鲁穆公问子思》、《五行》经考证为"子思氏之儒"所作，尽管《缁衣》篇与今本《礼记·缁衣》大致相合，但李学勤认为，先秦时只有七十子后学的种种著作，尚没有《礼记》这个名称，因此《缁衣》、《五行》、《鲁穆公问子思》以及其他子思一系的作品，应称为《子思子》，今从此说。① 《性自命出》被认为与公孙尼子或世硕有关。② 姜广辉则将孔子之后的早期儒家分为四大派，推断《郭店楚墓竹简》中《唐虞之道》、《缁衣》、《五行》、《性自命出》、《穷达以时》、《求已》(即《成之闻之》前半部)、《鲁穆公问子思》、《六德》诸篇均为子思一系所作。③

1994 年，上海博物馆购自香港的 1200 多枚战国楚简，经整理，得字数

① 参见李学勤：《荆门郭店楚简中的〈子思子〉》，载《中国哲学》第 20 辑《郭店楚简研究》，第 75～79 页。

② 参见陈来：《郭店楚简之〈性自命出〉篇初探》，载《孔子研究》1998 年第 3 期；丁四新：《论〈性自命出〉与公孙尼子的关系》，载《武汉大学学报》1999 年第 5 期。

③ 姜广辉的四系分别为：(一) 子游、子思、孟子一系的"弘道派"，秉承孔子"天下为公"的思想，主张"君宜公举"，"民可废君"，是早期儒家的嫡系和中坚；(二) 子夏一系的"传经派"，与子游一派注重"上达"不同，子夏一系注重"下学"，荀子除了继承子弓一系之外，也继承子夏一系的学说，成为传经之儒；(三) 曾子一系重孝道的"践履派"，包括曾参、乐正子春等，重孝道的践履，认为居处不庄、事君不忠、莅官不敬、朋友不信、战阵无勇甚至不以时伐山林、杀禽兽等，会给父母带来恶名，皆不可谓孝；(四) 子张一系的"表现派"，子张即孔子弟子颛孙师，孔子曾多次批评他行为过分、偏激。他一方面敢作敢为，勇于担当，一方面派头很大，追求轰动效应，"在邦必闻，在家必闻"。子游、曾子称赞他的担当精神，但又认为很难与他"并为仁"。子张氏之儒在社会上一度有很大影响，但很快就销声匿迹了。参见姜广辉：《郭店楚简与子思子——兼谈郭店楚简的思想史意义》，载《哲学研究》1998 年第 7 期。

3.5万字左右，涉及儒家、道家、兵家、杂家等80多种（部）先秦战国的古籍，多数古籍为佚书，个别见于今本，如《缁衣》、《易经》、《孔子闲居》等，但与传本不同。根据竹简尺寸、编绳、字体、内容等各方面分类排定，保留在竹简上的80多种（部）古籍的主要篇名有《易经》、《缁衣》、《子羔》、《孔子闲居》、《彭祖》、《乐礼》、《曾子》、《武王践阼》、《赋》、《子路》、《恒先》、《曹沫之陈》、《夫子答史蒥问》、《四帝二王》、《曾子立孝》、《颜渊》、《乐书》等。① 此外，1973年湖南长沙马王堆汉墓出土的帛书中，于《老子》甲本卷后附有《五行》，包括经、说两部分，庞朴认为文中所表达的五行思想被认为是“思孟五行说”，并得出“马王堆帛书《老子》甲本卷后古佚书之一，是‘孟氏之儒’或‘乐正氏之儒’的作品”，② 李学勤则认为经部分可能与子思有关，说部分可能为世硕所作。③ 这些出土文献，部分地揭示了孔子之后儒家理论文献的发展面貌，为研究孔孟之间的儒学理论发展提供了弥足珍贵的资料。

三、战国中晚期的儒学理论著作

战国时期，是社会发生重大变革的时期，春秋时代，虽然天子衰微，但诸侯在名义上还要尊礼重信，宗周王，严祭祀，重聘享，而战国时代则侯王分土，各自为政，战争频繁，时局的动荡，思想的自由，经济的迅速发展，以及各诸侯贵族对于士阶层的礼遇与重视，形成了战国百家争鸣的学术繁荣景象。诸子百家，层出不穷，纷纷对政治、思想、学术提出自己的看法：儒家讲“仁”、“礼”，主张行“王道”；法家讲刑名，强调正君臣上下之分；名家主张正名实；道家主张无为无不为；墨家主张非攻、兼爱、节俭、平定争斗……不仅各家之间相互批评，如庄子批评儒家、墨家、辩家，墨家批评儒家，法家批评儒家，各家内部也互不相让，如荀子批评子思、孟子和三家“贱儒”，正是《庄子·天下》所谓“道术将为天下裂”的局面。另一方面，战国时期下启秦汉大一统的封建帝国时代，又是一个由分裂割据走向天下一统的时代，各家各派在批判别家的同时，又兼容各家学说，而齐国稷下学宫、

① 朱渊清：《再现的文明：中国出土文献与传统学术》，华东师范大学出版社，2001年，第146页。

② 参见庞朴：《马王堆帛书解开了思孟五行说之谜——帛书〈老子〉甲本卷后古佚书之一的初步研究》，载《文物》1977年第10期。

③ 参见李学勤：《荆门郭店楚简中的〈子思子〉》，载《中国哲学》第20辑《郭店楚简研究》，第75～79页。

燕国武阳学馆，楚国兰台学宫等机构的设立，以及各诸侯国贵族的“重士”、“养士”之风，为学术融合提供了必要的客观条件，战国中晚期的学术由分崩离析、百家争鸣呈现出走向百家融合的趋势，如稷下黄老学派以儒补道，名家与墨家在名辩逻辑方面互相吸收，杂家更是以融合百家为其特色。融合百家的大趋势，在《荀子》当中已有所体现，而《吕氏春秋》则更是自觉地顺应了这一趋势。

（一）体例完备的先秦儒论文献《荀子》

战国时期，儒家以孟子、荀子两派最显，《史记·儒林列传》称：“于威、宣之际，孟子、荀卿之列，咸遵夫子之业而润色之，以学显于当世。”《荀子》曾将子思、孟子连称，因此后世将子思和孟子为代表的儒家学派称“思孟学派”。子思是由孔子到孟子的中间环节，孟子之学出自人称“述圣”的子思，被后世封为“亚圣”。《孟子》七篇是继《论语》之后最重要的儒家经典，记述了孟轲一生的主要言行，除了进一步阐述儒家“仁”的主张外，还提出了“义”的观念，以及“性本善”、“养浩然之气”等一系列对后世儒学理论发展有重大影响的命题，突出了“民为贵，社稷次之，君为轻”的民本主义思想。汉代赵岐作《孟子章句》，宋代程颐、程颢加以提倡，孙奭为赵岐所注《孟子》撰疏，朱熹又作《孟子集注》，《孟子》被列为“四书”之一，南宋尤袤《遂初堂书目》已将《孟子》由子部移入经部，附著于《论语》类之后，《直斋书录解题》将《论语》、《孟子》合类著录，称“论孟类”，《文献通考·经籍考》又分立《论语》类与《孟子》类。《孟子》虽然是儒论文献产生与发展的重要一环，但由于它已由子部进入经部，前文已有专文论述，此处不再赘述。要之，《孟子》七篇，就作者而言，《孟子》一书，可能为孟轲与弟子合著，① 虽然有弟子参与编写，但因有本人参与，与《论语》成于众门人之手，弟子们“各有所记”不同；就文体而言，《孟子》虽然仍属语录体，但《论语》现存20章头绪散乱，每章内部以语句为单位，语句之间缺乏逻辑关联，而《孟子》的每段言论篇幅较长，以问对、答辩的形式展开文章，采用了驳论的论证方法，论辩犀利，逻辑严密，气势跌宕，文采飞扬，可以看作由《论语》的语录体向《荀子》的论说文体过渡的中间阶段，反映了儒论文献在

① 《孟子》之成书，有孟轲自著说（汉赵岐、元何异孙、清阎若璩等持此说）、弟子辑成说（唐韩愈、宋晁公武、清崔述等持此说）、再传弟子辑成说（清周广业等持此说）、师生合著说（宋朱熹、清魏源、今人杨伯峻等持此说），本文采最末一种说法。

当时的长足发展。

《论语》、《孟子》被后世列为经书，而孔子后学著作，如《子思子》、《曾子》等书俱已亡佚，只能从辑佚及考古发现当中一窥风貌，只有《荀子》才称得上是今存最早的保存相对完整的一部儒论文献。

荀子继承和发展了孔子思想，却对儒门后学子夏、子张、子游、子思、孟子等不满，在《荀子·非十二子》中对他们提出了批判，《荀子》与《孟子》主张的主要区别表现在：在人性论上，"孟子道性善"（《孟子·滕文公上》），而荀子主张"人之性恶，其善者伪也"（《荀子·性恶》）；在道德问题上，孟子主张尽心知性，"人皆有不忍人之心"（《孟子·公孙丑上》），"学问之道无他，求其放心而已矣"（《孟子·告子上》），而荀子则主张隆礼重法，"今人之性，生而有好利焉……然则从人之性，顺人之情，必出于争夺，合于犯分乱理而归于暴。故必将有师法之化，礼义之道，然后出于辞让，合于文理，而归于治"（《荀子·性恶》）；在天人关系问题上，孟子主张"天人合一"，"尽其心者，知其性也。知其性，则知天矣。存其心，养其性，所以事天也"（《孟子·尽心上》），人生修养的极致就是"天人合一"，"上下与天地同流"（《孟子·尽心上》），而荀子则主张"天人相分"，认为"天行有常，不为尧存，不为桀亡。应之以治则吉，应之以乱则凶。……故明于天人之分，则可谓至人矣"（《荀子·天论》）。

"于诸经无不通"，作为战国经学传承关键一环的荀子，① 是战国晚期儒家思想的集大成者。唐代杨倞《荀子序》对于荀子在儒学发展中的地位给予了高度评价，"至于战国……则孔氏之道几乎息矣，有志之士所谓痛心疾首也。故孟轲阐其前，荀卿振其后。观其立言指事，根极理要，敷陈往古，掎挈当世，拨乱兴理，易于反掌，真名世之士，王者之师"。战国晚期学术已开始由之前的分化、争鸣呈现出融合会通的趋势，最能体现这种趋势的为稷下学派，而作为稷下学派的代表人物之一，也是战国学术的集大成者，清代傅山注意到了《荀子》融合百家的特点，却没有从战国晚期的学术大背景以及儒学发展的大趋势着眼，反倒站在"醇儒"的角度对《荀子》的这一特点做出了负面评价："《荀子》三十二篇，不全儒家者言，而习称为儒者，不细读其书也。有儒之一端焉，是其辞之复而啴者也。但少精鬈处则即与儒远，而

① 汪中《述学》："荀卿之学，出于孔氏，而尤有功于诸经。""六艺之传赖于不绝者，荀卿也。周公作之，孔子述之，荀卿子传之，其揆一也。""荀卿于诸经无不通。"清同治间扬州书局刻本。

近于法家，近于刑名家，非墨而又近于墨家者言……《性恶》一篇，立义甚高，而又不足副之。”①

论说文体是儒论文献中最重要的文体之一，这一文体发展到《荀子》才基本定型，《荀子》结构严密、内容充实、论点突出、论证充分、组织严密、逻辑性强，已不再采用之前理论文献的问答体或述言体形式，成为论说文体的优秀范例。

（二）史官文化对于儒论文献形成的影响

作为先秦文化的主干与重要特点，史官文化背景不可能不对儒论文献的形成与发展产生重要影响，而最直接的表现，便是《晏子春秋》、《孔子家语》、《吕氏春秋》等直接导源于先秦“春秋”、“国语”、“家乘”、“家语”等体裁的儒论文献。

就文体渊源来说，作为史官文化向诸子学术转变的关键性著作——《论语》，即与史官文献具有密切的关系。徐中舒认为“论语”之“语”，本是瞽矇传诵的历史，到春秋末期经笔录后“成为一种新兴的书体”，“记录孔子遗言就被称为《论语》，记录古代传说就称为《说苑》。后来禅宗和理学有语录，小说有话本，皆以记录‘语’‘话’得名”；② 过常宝更明确地提出：“《论语》的文体源自史官文献中以‘王若曰’、‘君子曰’为标志的‘语’体。”③《史记·秦始皇本纪》中记载秦时焚书，“非博士官所职，天下敢有藏《诗》、《书》、百家语者，悉诣守、尉杂烧之”，将后世称为“诸子”的书称为“《诗》、《书》、百家语”，恰好说明在司马迁意识里，诸子书自家史发展而来。④ 先秦的儒论文献，基本都为子书，诸子之书与国史家乘的关系，也正是先秦儒论文献与国史家乘之间的关系。

春秋前期，《春秋》为诸侯国史，主要意图在于记载国家历史，附带记录了某些政治家、思想家的言论。春秋晚期，《春秋》由诸侯国史发展成为大夫家史，以大夫个人作为记载中心，反映个人思想的议论在作品中的比重大大提高，⑤ 而《晏子春秋》的命名，当与这种史官文化背景有关。

---

① 傅山：《荀子淮南子评注》，上海古籍出版社，1990 年，第 272 页。

② 徐中舒：《〈左传〉的作者及其成书年代》，载《历史教学》1962 年第 11 期。

③ 过常宝：《〈论语〉的文体意义》，载《清华大学学报》2007 年第 6 期。

④ 周秦子书与国史、家乘的关系，详见蒙文通：《周代学术发展论略》，载《学术月刊》1962 年第 10 期；吴国武：《周秦诸子书多出于国史、家乘论》，载《古籍整理研究学刊》2005 年第 4 期。

⑤ 蒙文通：《周代学术发展论略》，载《学术月刊》1962 年第 10 期。

《吕氏春秋》之《十二纪》作于秦灭东周后八年（秦政六年，庚申，前241）①，《汉书·艺文志》将《吕氏春秋》列入杂家，载26篇，“秦相吕不韦辑智略士作”。《吕氏春秋》以封建大一统的政治需要为宗旨，代表了战国末期学术由“将为天下裂”而走向百家融合的大趋势，兼采儒、道、法、墨、名、阴阳家言，取各家所长而自成条贯，全书分《十二纪》（除《季冬纪》有6篇外，其余每纪各5篇）、《八览》（每览8篇）、《六论》（每论6篇），以为天地万物古今之事，都充备其中，其中，《劝学》、《尊师》、《诬徒》、《用众（一作善学）》诸篇讲教育，《大乐》、《侈乐》、《适音》、《古乐》、《音律》、《音初》、《制乐》篇讲音乐，均为儒家思想。虽也名为“春秋”，却与《晏子春秋》零散地记录晏婴的言论及事迹不同，而是具有一定逻辑系统的理论著作，故蒙文通说：“到了战国时代，《春秋》由大夫家史发展成为诸子，便是专以理论阐述为中心的作品了。虽然它也引用一些历史故事，但其目的只是为阐明其思想理论。”② 《汉书·艺文志·诸子略》儒家类还著录有《李氏春秋》和《虞氏春秋》两部以“春秋”为名的著作，前者但称“《李氏春秋》二篇”，他无可考，《虞氏春秋》又见于《史记·十二诸侯年表》及《史记·虞卿列传》，据《史记·平原君虞卿列传》，虞卿“上采《春秋》，下观近世，曰《节义》、《称号》、《揣摩》、《政谋》，凡八篇，以刺讥国家得失，世传之曰《虞氏春秋》”。《虞氏春秋》早已佚亡，但就其篇目来看，应是阐发作者理论主张的理论著作。

另一部直接与国史家乘相关的儒学理论著作，为《孔子家语》，蒙文通认为，“诸侯国史称《春秋》，大夫家史也称《春秋》，诸侯国史称《国语》，则大夫家史自可称为《家语》。《孔子家语》便是一例”③。《孔子家语》一度被认为是三国时魏王肃伪作，但随着出土文献的不断发现整理以及学者们的不断深入研究，《孔子家语》被证明确实是先秦时代的早期儒家著作。《孔子家语》中，《七十二弟子解》、《本姓解》、《相鲁》、《始诛》之类的篇目，与家史的内容、体例接近，而《王言解》、《儒行解》、《五仪解》等篇目，又与论说文体接近。从《晏子春秋》到《孔子家语》，再到《吕氏春秋》，可以看到，虽然“春秋”、“家语”的名字未变，但内容、体例却在逐渐发生变化，原来

① 《吕氏春秋·序意》有“维秦八年，岁在涒滩，秋，甲子朔，朔之日，良人请问《十二纪》”，清代学者孙星衍考证“秦八年”为庄襄王灭东周后八年，即秦始皇六年（前241）。参见孙星衍：《太阴考》，载《问字堂集》，中华书局，1996年。

② 蒙文通：《周代学术发展论略》，载《学术月刊》1962年第10期。

③ 蒙文通：《周代学术发展论略》，载《学术月刊》1962年第10期。

由以记事为主、记言为辅的历史著作，渐渐增加了反映个人思想的言论，并最终发展而为如《吕氏春秋》这样的有一定体系的理论著作了。

第二节　汉魏六朝的儒论文献

强烈的现实性，使儒论文献总是与政治、经济密切相关，这一优秀传统，始自孔子于“礼坏乐崩”之际创立儒家学派，为传统的周礼注入了“仁”的内核，从而建立起“以仁释礼”的仁学体系。周秦汉唐之际，儒者著书立说，多起于救世之急，出乎用世之心，著书目的在于以其论行之天下，传乎后世，故早期儒论文献的内容未及分化，常融哲学思想、政治主张、经济理论、军事策略于一体，如《荀子》中，《正名》、《解蔽》与认识论、方法论、逻辑学相关；《性恶》探讨人性论；《劝学》、《修身》涉及教育学、伦理学；《礼论》、《王制》则论述社会政治思想；《富国》、《议兵》中分别表述了经济思想与军事理论见解；《非十二子》则是对诸子学术的批判；《成相》、《赋》篇则对文学发展产生重要影响。汉初陆贾《新语》、贾谊《新书》尚不别哲学思想与政治理论，至西汉桓宽据汉昭帝始元六年（前 81）的盐铁会议所整理的《盐铁论》，已就专门的经济政治问题展开讨论，而东汉荀悦《申鉴》则以儒术专谈政治，由北齐入隋的颜之推《颜氏家训》以专书的形式训诫子孙，儒论文献开始渐渐分化为政治类、礼教类等专题文献。至唐代，专题儒论文献蓬勃发展，已有政治类文献如唐太宗《帝范》、武则天《臣轨》；礼教类文献如郑氏《女孝经》、宋若昭《女论语》。唐代之后，各种针对现实问题、指导现世生活的专题儒论文献更是蔚为大观。

一、汉代儒论文献

公元前 221 年，秦败六国，建都咸阳，公元前 213 年，李斯提出焚书禁书的四条法令，“史官非秦记皆烧之。非博士官所职，天下敢有藏《诗》、《书》、百家语者，悉诣守、尉杂烧之。有敢偶语《诗》《书》者弃市。以古非今者族。吏见知不举者与同罪。令下三十日不烧，黥为城旦。所不去者，医药卜筮种树之书。若欲有学法令，以吏为师”。焚书禁书的主要目的在于钳制思想，并非彻底根绝儒家思想，事实上，由于儒家学说所主张的“序君臣父子之礼，列夫妇长幼之别”有利于统治者维护社会等级秩序，秦代文献中也时时可见儒家思想的渗透与影响，李斯的刻石制文中，即有儒家思想的表现，如琅邪台刻石中的“以明人事，合同父子。圣智仁义，显白道理”，“端直敦忠，事业有常”等，《睡虎地秦墓竹简·为吏之道》中有“为人君则鬼（怀），为人臣则忠；为人父则兹（慈），为人子则孝”，“君鬼（怀）臣忠，父兹（慈）子孝，政之本殹（也）”① 之语，都是儒家思想的表现，但这些简短的刻石简文，毕竟不是系统的儒论文献，直到汉定天下，儒论文献才呈现繁荣景象。

汉代儒论文献在思想内容上，往往直接针对社会、政治、经济、文化问题而发论，这既是儒者通经致用主张的具体落实，也是先秦儒学理论的具体化和现实化。汉代“独尊儒术”之后，儒学由先秦显学逐渐转变为官方意识形态，儒家所传授的六艺获得了“经书”的神圣地位，与这样的时代背景和社会政治需要相适应，汉代儒论文献也呈现出与先秦完全不同的风貌。作为显学，先秦儒学广泛讨论了政治、人性、思维、礼义等问题，先秦儒论文献深受先秦史官文化的影响，与国史家乘有着密切的联系；而作为官学，汉代儒学则与现实政治的结合更为紧密。如西汉初期，汉承秦后，建立了统一的封建王朝，如何建立与大一统的中央集权政治相适应的政治、经济理论，就成为儒论文献的重要命题。因此，西汉初期儒论文献的主题，主要围绕总结秦亡教训、加强中央集权、重农抑商、以礼治国、教化百姓等几个主题，而西汉中期的儒论文献则格外关注宗庙制度、等级制度等编，这既是现实政治的需要，也是先秦儒学理论的具体化与制度化。许多儒论文献，如陆贾的《新语》、贾谊《新书》的大部分、董仲舒的《天人三策》等，其本身即为臣下直接呈给最高统治者以资政事的策论奏疏，其中既有儒学理论的探讨，又有在儒学理论探讨基础上对于时政所做的批评建议，抽象的理论与具体的政治文化经济措施并存，真正目的是要解决现实问题。东汉时期，虽然统治者广开言路的风气渐弱，尤其东汉末期宦官当政，兴党锢之祸，儒论文献主要为得不到重用的文人自著，如王充“盖内伤时命之坎坷，外疾世俗之虚伪”②，故著《论衡》；王符“独耿介不同于俗，以此遂不得升进。志意蕴愤，乃隐居著书三十余篇，以讥当时失得，不欲章（彰）显其名，故号曰《潜夫论》”；仲长统“性俶傥，敢直言，不矜小节，默语无常，时人或谓之狂生。每州郡命召，辄称疾不就”，著作《昌言》也并非如西汉初期陆贾、贾谊等

① 简文及释文，参见睡虎地秦墓竹简整理小组编：《睡虎地秦墓竹简》，文物出版社，1990 年，第 169～170 页。

② 永瑢等：《四库全书总目》卷一二〇《论衡》提要。

人，乃是为统治者提供借鉴，但依然指切现实，做出了采用儒学理论指导现实政治的努力。《论衡》"释物类同异，正时俗嫌疑"，《潜夫论》"指讦时短，讨谪物情，足以观见当时风政"；《昌言》也是由仲长统"每论说古今及时俗行事，恒发愤叹息"而作，因此《后汉书》将三人合传，并评论说"数子之言当世失得皆究矣，然多谬通方之训，好申一隅之说"（《后汉书·王充王符仲长统列传》）。可见，与汉代通经致用的经学思想相对应，汉代儒论文献中，往往抽象的儒家思想理论阐述与切近现实的具体政治经济措施往往交融一体，无法分割。

汉代经学存在与发展的动力，即在于通过对经典的阐释为现实政治提供理论依据，作为经学时代的特点之一，汉代儒论文献往往大量征引六经，并以"六经"经文为理论出发点，故焦竑有"董仲舒、匡衡、扬雄、刘向说理之文也，而宗《春秋》左氏"之论①，而唐晏则指出"平当儒者，其学出于《尚书》，观其奏议，固知从经术而来"；"故（匡）衡之奏议，除引《诗》传外，一无动人之语"。② 儒家经典在西汉获得了神圣的地位，遂有扬雄的模仿经书之作，《汉书·扬雄传》记载："（扬雄）实好古而乐道，其意欲求文章成名于后世，以为经莫大于《易》，故作《太玄》；传莫大于《论语》，作《法言》。"扬雄之后，又有西晋王长文仿《周易》作《通玄经》，仿《论语》作《无名子》；③ 隋代王通仿《论语》做《文中子》等比拟经书进行著作的行为。东汉时经学对儒论文献的影响更为明显，在内容方面更加注重以儒家经典为依据，正如刘勰《文心雕龙·时序》所说，"然中兴之后，群才稍改前辙，华实所附，斟酌经辞，盖历政讲聚，故渐靡儒风者也。"④

汉中叶起，谶纬之说兴起，到了东汉初年，谶纬大盛，故西汉末期有扬雄作《太玄》，试图用天文学的周天行度重建儒学理论，而东汉初期桓谭作《新论》，其后王充作《论衡》，都有反对谶纬迷信和天人感应学说的内容。针对谶纬之说的兴盛，张衡不仅作《请禁绝图谶书》公开反对谶纬，还高度评价了扬雄的《太玄》："吾观《太玄》，方知子云妙极道数，乃与'五经'相似，非徒传记之属，使人难论阴阳之事，汉家得天下二百岁之书也。复二百

---

① 焦竑：《澹园集》卷一二《与友人论文》，《续修四库全书》本。

② 唐晏：《两汉三国学案》，中华书局，1986年，第115、273页。

③ 常璩《华阳国志·先贤志》："王长文……著《无名子》十二篇，依则《论语》。又著《通（玄）经》四篇，亦有卦名，拟《易》、《玄》。"见常璩撰、刘琳校注：《华阳国志校注》，巴蜀书社，2000年，第862页。

④ 周振甫：《文心雕龙注释》，人民文学出版社，1981年，第477页。

岁，殆将终乎所以作者之数，必显一世，常然之符也。汉四百岁，《玄》其兴矣。”张衡还注《太玄经》，及撰《玄图》、《灵宪》，试图通过自己对自然科学与技术科学的研究来体认与理解儒家精神，以期通过天文、阴阳和历算的途径来阐释儒学经典，重建儒学权威。

汉代廷议、辩论之风兴盛，经学问题要在朝廷上进行公开辩论，据《汉书·儒林传》汉武帝时治《韩诗》的韩婴、治《穀梁春秋》的瑕丘江公都曾与治《公羊春秋》的董仲舒，奉命在朝廷上公开进行经学辩论；汉宣帝时举办石渠阁会议讲论五经异同。政治、经济、法律问题，也常作为宫廷辩难的主题，而《盐铁论》即是汉武帝令桑弘羊与充任贤良文学的儒生就盐铁榷酤问题进行辩难的直接结果。

东汉经学论辩之风更加兴盛，汉光武帝时尚书令韩钦倡议立《费氏易》、《左氏春秋》于学官，与经学博士范升进行过激烈的廷辩；汉章帝时则召集群儒，章帝本人称制临决，举行白虎观会议，议五经异同，讨论谶纬与经学的关系。在东汉的经学论辩中，不同学派的儒者相互问难，各家各派的家法、师说都可能遭到质疑。汉和帝时，鲁丕曾上疏提议：“臣闻说经者，传先师之言，非从己出，不得相让；相让则道不明，若规矩权衡之不可枉也。难者必明其据，说者务立其义，浮华无用之言不陈于前，故精思不劳而道术愈章。”（《后汉书·卓鲁魏刘列传》）经学论辩要求各家学者“明其据”，“立其义”，也就是要求参加论辩的学者充分举证，严密析理，这种经学辩论培养了儒家学者思辨析理的能力，不仅促使东汉产生了诸如班固《白虎通》、许慎《五经异义》等通论性经学著作以及何休的《公羊墨守》、《左氏膏肓》、《穀梁废疾》和郑玄《发墨守》、《针膏肓》、《起废疾》等经学论难之作，还使东汉儒理文献表现出强烈的怀疑、思辨与探求真理的精神，王充《论衡》即采用大量问难的形式表达见解，如《问孔》篇先列举《论语》中的记载，然后逐条加以问难批驳，《感类》篇以“问曰”、“少应曰”、“少又问之曰”、“少应曰”、“少难曰”的形式逐条诘难天人感应之说。王符《潜夫论》的《释难篇》则采用了秦子向“潜夫”问难，再由“潜夫”释难的问难形式以增加论述难度，说明事理。经学论辩提高了人们的理论兴趣，东汉后期，析理渐成时尚，一些理论性更强的问题被提出来加以探讨，如荀悦《申鉴·杂言》中论述了情性问题，在提出“性不独善，情不独恶”的观点之后，又讨论了神、气、形等概念，具有极强的理论性，而延笃《仁孝论》就仁孝问题展开论述，刘梁的《辨和同论》分析了“得由和兴，失由同起”，这些篇既与现实密切相关，又超越了具体的现实问题而更具抽象的理论色彩，某些篇已开魏晋时期玄学讨

论的先声。

随着汉代儒家思想在国家政治、百姓生活中的影响越来越大，儒论文献向着两个方向发展。一方面，如上所述，受经学辩论等因素影响，部分儒论文献越来越具有抽象的理论色彩；另一方面，随着儒家思想对于政治、经济、生活的渗透，儒家思想不仅被用来指导现实的政治生活，还被用来规范百姓的日常生活，形成了礼法结合，以礼为主的礼治思想，儒学理论被具体化和现实化，西汉时期扬雄作《十二州箴》共 25 箴，至东汉时有 9 箴亡阙，崔骃、崔瑗、刘騊駼增补 16 篇，胡广又继作 4 篇，并“悉撰次首目，为之解释，名曰《百官篇》”①。此外，东汉则出现了崔寔《政论》、王充《政务书》、李尤《政务论》、② 班昭《女诫》等专门的政治类、礼教类儒理文献。

二、魏晋南北朝儒论文献

魏晋南北朝时期，在玄学思潮、外来佛教，以及本土道教的冲击下，儒学独尊的地位受到冲击，统治者采取“九品中正制”选拔人才，更是对儒学尤其是经学的重大打击。陈述撰《补南齐书艺文志》，子部列道家类、释家类、杂家类、类书类、小说家类、历算类、五行类、杂艺术类、医术类九家；徐崇撰《补南北史艺文志》，子之类凡十，曰道家，曰名家，曰纵横家，曰杂家，曰小说家，曰兵家，曰天文，曰历数，曰五行，曰医方，竟都没有儒家类。但这并不意味着魏晋南北朝就没有儒论文献。这一时期，既是儒学与佛、道思想交融、批判的时期，也是儒论文献分化的重要时期。两汉的儒理文献，主要为儒学思想与治术礼教等内容合为一书的混一状态，西汉时有扬雄作《十二州箴》，东汉时出现了班昭《女诫》、崔寔《政论》等专门的礼教类儒理文献与政治类儒理文献，魏晋南北朝，这些专门儒理文献进一步发展，形成规模。

魏晋时期被认为是“精神史上极自由、极解放，最富于智慧、最浓于热情的一个时代”③，这个时期的儒理文献，在援道入儒的玄学背景下，表现出三个明显特点：第一，魏晋清谈影响了儒理文献的产生，儒学理论玄学化，产生了一批围绕如“崇有”与“贵无”、名教与自然等玄学问题进行讨论的儒

① 钱大昭：《补续汉书艺文志》，《二十五史补编》本，第二册，第 2100 页。

② 曾朴：《补后汉书艺文志并考》，《二十五史补编》本，第二册，第 2458 页。

③ 宗白华：《论世说新语和晋人的美》，载《美学与意境》，人民出版社，1987 年，第 183 页。

论文献；第二，魏晋时期的门阀制度使统治阶级格外强调礼学，儒学对日用生活的影响继续加大，儒论文献中，以家诫、女诫为名的儒论文献数量增多，产生了独立成书的如《诸葛亮家诫》等礼教类的儒论文献；第三，由于儒学对佛、道思想挑战的回应，产生了批判或融合佛、道思想的儒论文献。

魏晋清谈之风促进了魏晋的论著之风，刘永济在《文心雕龙校释·论说第十八》中总结了魏晋清谈与魏晋论著之间的关系："魏晋之际，世极乱离，学靡宗主，俗好臧否，人竞唇舌，而论著之风郁然兴起。于是周成、汉昭之优劣，共论于庙堂；圣人喜怒之有无，竞辨于闲燕。文帝兄弟倡其始，钟、傅、王、何继其踪。迨风会既，成编弥广。"① 魏晋清谈的主要内容为人物品藻与谈玄说理，前者促使魏晋产生了大量如刘劭《人物志》这样品评人物的儒理文献，后者则造成了儒学理论玄学化。

东汉末期，即有清议品评人物的风气，当时郭泰、许劭即以品鉴人物而出名，"天下言拔士者，咸称许、郭"（《后汉书·许劭传》），"泰之所名，人品乃定，先言后验，众皆服之"②，许劭和他的从兄许靖"俱有高名，好共核论乡党人物，每月辄更其品题，故汝南俗有'月旦评'焉"（《后汉书·许劭传》）。风气所及，三国魏晋时便产生了不少品评人物的论文，严可均所辑《全三国文》和《全晋文》中，既有专评一人的儒理文献，如魏文帝的《孝武论》，夏侯玄的《乐毅论》等；也有比较人物的，如孔融的《周武王汉高祖论》，魏文帝的《周成汉昭论》，曹植的《汉二祖优劣论》，钟会的《太极东堂夏少康汉高祖论》，张辅的《管仲鲍叔论》、《班固司马迁论》等；还有人物综论，如戴逵《竹林七贤论》，两地人物风格比较如孔融的《汝颍优劣论》，伏滔的《青楚人物论》等；此外还有庙堂共论，如钟会的《太极东堂夏少康汉高祖论》即称："甘露元年二月丙辰，帝宴群臣于太极东堂，与侍中荀顗、尚书崔赞、袁亮、钟毓、给事中中书令虞松等并讲述礼典，遂言帝王优劣之差。……于是侍郎钟会，退论次焉。"③ 这些人物品评基本以儒家人格理想为标准。也有个人借为儒家标准中已有定论的历史人物翻案来影射现实，如嵇康的《管蔡论》即通过周公影射挟持曹魏少帝并以周公摄政自拟的司马氏父子，认为管叔、蔡叔原是"服教殉义，忠诚自然"的贤者，成王继位后周公摄政，管叔、蔡叔远在东隅，"不达圣权"、"不能自通"，所以才"抗言率众，

---

① 刘永济：《文心雕龙校释·论说第十八》，中华书局，1962年，第65页。

② 《后汉书·郭太传》注引《谢承书》言。

③ 《全三国文》（上），商务印书馆，1999年，第248～249页。

欲除国患，翼存天子，甘心毁旦”，虽然嵇康为之翻案的是按儒家标准早有定论的管叔、蔡叔，但在论述过程中，也依然是遵循儒家道德标准，因此，这些人物评论著作，就成为魏晋儒理文献的重要组成部分。

魏晋清谈的主要内容是玄学义理。玄学是儒、道思想在魏晋社会特定条件下融合的产物，魏正始时期，儒家传统经训被玄学改造。《文心雕龙·论说》曰：“江左群谈，惟玄是务。”鲁迅曾从清谈主题的变化分析由汉末清议到晋代清谈的历史变迁说：“汉末政治黑暗，一般名士议论政事，其初在社会上很有势力，后来遭执政者之嫉视，渐渐被害。……所以到了晋代底名士，就不敢再议论政事，而一变为专谈玄理。清议而不谈政事，这就成了清谈了。”① 魏晋玄学的争论，主要集中在才性四本、有无本末、儒道异同、言意象、圣人有情无情、声有无哀乐、生死与养生、自然与名教关系等八个方面，② 作为对玄学的回应，这一时期也有相当数量的儒理文献集中在这几个玄学主题。如在有无本末的问题上，裴頠的《崇有论》、《贵无论》对以王弼、何晏为代表的“贵无派”提出了批评，认为“无”的意义在于生“有”。③ 又如有关言、意、象的论争中，以王弼、欧阳建为主要代表。王弼《周易例略·明象篇》主张“得意忘象，言不尽意”，而欧阳建则主张“言可尽意”，作《言尽意论》。④

魏晋时期清谈辩难之时，最终常会将双方往复论难之文集录成书。如嵇康与张辽叔关于宅之吉凶的争论论文，晋代阮侃将之集为《摄生论》2卷；何晏、钟会、王弼等关于圣人情感有无的争论论文，被人辑为《圣人无情》6卷。二书已佚，《隋书·经籍志》列入子部道家类，虽不能列为儒论文献，但受魏晋清谈辩难之风的影响，魏晋儒论文献也出现了不少观点对立的论争之文。要研究参与论争的儒家观念的儒理论文，就不能忽略那些持非儒家观念

---

① 鲁迅：《中国小说史略》附录《中国小说的历史变迁·六朝时之志怪与志人》，人民文学出版社，1973年，第277页。

② 萧箑父：《中国哲学史史料源流举要》，武汉大学出版社，1998年，第170页。

③ 裴頠集，《隋书·经籍志》著录9卷，亡佚，现仅存《崇有论》。《三国志·魏书·裴潜传》裴松之注引陆玑《惠帝起居注》：“頠理具渊博，赡于论难，著《崇有》、《贵无》二论，以矫虚诞之弊，文辞精富，为世名论。”《世说新语·文学篇》注引《晋诸公赞》：“裴疾世俗尚虚无之理，故著《崇有》二论以折之。”孙盛《老聃非大圣论》：“裴逸民作《崇有》、《贵无》二论。”

④ 《艺文类聚》卷一九，上海古籍出版社，1982年。

的参与论争的论文，如阮瑀、应玚则都曾就文质问题做过《文质论》，应玚所著乃是维护孔子的文质观，对阮瑀观点进行反驳。又如钟荀《太平论》与王粲《难钟荀太平论》，阮籍《乐论》与夏侯玄《辨乐论》，都是观点对立的论文。何晏著《圣人无喜怒哀乐论》，王弼就著《难圣人无喜怒哀乐论》加以驳正；夏侯玄的《本无论》、裴頠的《崇有论》、王衍的《难崇有论》是对有无四本的争论；荀粲、荀俣、钟会、蒋济等进行过有关言尽意与言不尽意问题的争论；钟会、傅嘏、李丰、王广进行过才性四本问题的论争；桓玄的《四皓论》和殷仲堪的《答四皓论》也是对同一主题的不同看法。每组论文之间的关系紧密，以至于刘大杰认为："这种文字，完全是辩论的形式，很有点像清谈时候的记录。"①

作为对玄学的回应，有的儒家学者反对玄学，除了上文提到的裴頠《崇有论》、欧阳建《言尽意论》，还有傅玄从政治上反对玄学，认为玄谈者是"好言而饰辩"的伪君子，做《傅子》120卷（该书早亡，元陶宗仪以来有各种辑本，以清人叶德辉3卷辑本较精）。此外，杨泉《太玄经》14卷、《物理论》16卷（其书亡佚，清代孙星衍辑有《物理论》），以及严可均辑《全晋文》中所录仲长敖《核性论》，继承荀子，主张性恶，都是对玄学的批判之作。

与玄学之风相关，三国时期学者对扬雄的《太玄》十分重视，已开启对儒论文献的专门训释与研究。《隋书·经籍志》著录有宋衷注《扬子太玄经》8卷，陆绩、宋衷注《扬子太玄经》10卷，蔡文邵注《扬子太玄经》10卷，虞翻注《扬子太玄经》14卷，陆凯注《扬子太玄经》13卷，王肃注《扬子太玄经》7卷；清姚振宗《三国艺文志》又有王肃《太玄解》、李譔《太玄指归》、范望《太玄经义注》等。② 除了给《太玄经》做注，还有人模仿扬雄仿《易》作《太玄》的方式，如王长文撰《通玄经》，据《晋书·王长文列传》，王长文"著书四卷，拟《易》，名曰《通玄经》，有《文言》、《卦象》，可用卜筮，时人比之扬雄《太玄》"。

东晋南北朝时期的民族分裂与社会动乱的现实，又成为宗教发展的温床。北方少数民族统治者以"佛是戎神，正所应奉"为名提倡佛教，南方逃亡士族也迫切需要"柔化人心"的精神武器，梁武帝萧衍正式宣布佛教为国教，佛教的生死轮回、因果报应、神不灭等思想越来越为民众所接受，而在上层

① 刘大杰：《魏晋思想论》，上海古籍出版社，1998年，第184页。

② 参见姚振宗：《三国艺文志》，《二十五史补编》本，第三册，第3249页。

知识分子那里，佛教思想借玄学思潮逐渐中国化，佛教对社会生活的影响越来越大，不能不引起儒家学者的关注。较早对佛家思想与儒家学说进行比较的是《牟子理惑论》，该书旧题东汉牟融撰，汤用彤《汉魏两晋南北朝佛教史》第六章评论说："何、王在正始之世，老庄玄谈隆盛。而牟子作论，兼取释老，则佛家玄风已见其端。《理惑》三十七章之可重视，盖在此也。"魏晋南北朝时，更多学者看到了佛教传播对于儒学所构成的威胁，孙盛在《与罗君章书》中较早对佛教生死轮回说进行了批判。此后，儒家学者戴逵著《释疑论》、《放达非道论》、《流火赋》、《贻仙城慧命禅师书》等文对佛教思想提出批判；刘峻（孝标）著《辨命论》，反对定命论；朱世卿《法性自然论》、《因缘无性论》，谢灵运《辨宗论》，刘勰《灭惑论》等都是对佛教思想的批判，上述论著主要保存在《弘明集》、《广弘明集》、《昭明文选》等文集中。此外，《北齐书·杜弼传》载邢邵与杜弼辩论，杜弼《与邢劭议生灭论》文中引述了邢邵以烛火喻形神的反佛无神论言论（《隋书·经籍志》著录《邢子才集》31 卷，已佚）。何承天《答宗居士书》3 篇，以慧琳《白黑化》为题，与佛教徒宗炳辩难，主张神灭论。又《达性论》、《答颜光禄书》3 篇，与信佛者颜延之辩难，反对轮回说；又《报应论》与刘少府辩难，批判报应说。张溥辑《何衡阳集》、严可均辑《全晋文》，均辑录了何承天全部诗文。范缜是有神论的批判者，《梁书·范缜传》记范缜初在齐代，已与萧子良直接争论，退而著《神灭论》。梁代天监三年（504）梁武帝宣布佛教为国教，天监六年（507）范缜重新发表《神灭论》并改为问答体。《隋书·经籍志》著录《范缜集》11 卷，已佚。现存《神灭论》、《答曹思文神灭论》二文，收入《弘明集》。此外，刘昼（约 514—565）《刘子新论》，评及诸子百家，反对佛教。①

魏晋时期儒论文献中，除了回应玄学，还有继承儒学与现实政治密切结合的西汉遗风，即论述当世要务的著述。如周生烈著《周生子》13 卷，《隋书·经籍志》载："梁有……《周生子要论》一卷，录一卷，魏侍中周生烈撰。亡。"清姚振宗《三国艺文志》引马总《意林》曰："周生烈子序云……张角败后天下溃乱，哀苦之闲故著此书，以尧舜作幹植，仲尼作师诫。"② 又如谯周《五教志》，"《尚书》'敬敷五教'注'五常之教'，是书命名以此"。③

---

① 《刘子新论》，余嘉锡《四库提要辩证》定为刘昼所作。王重民《敦煌古籍叙录》则认为该书是刘勰所作。

② 姚振宗：《三国艺文志》，《二十五史补编》本，第三册，第 3251 页。

③ 姚振宗：《三国艺文志》，《二十五史补编》本，第三册，第 3252 页。

而谯周又撰《谯子法训》(原书亡佚，明人陶宗仪、清人严可均各录有辑本，除《齐交篇》有篇名外，余者皆为散条)，根据是书辑本，此书以格言形式，讲论了道德修养、男婚女嫁、治学自力等方面的内容。谯周又有《五经然否论》(原书亡佚。朱彝尊、马国翰等人皆有辑本)，就辑录所知，该书以诠解古代礼仪制度的内容为主。据《隋书·经籍志》载，关注现实政治与生活的文献还有徐幹《徐氏中论》、王肃《王子正论》、杜恕《杜氏体论》等，其中，杜恕《体论》中议兵事较多，清侯康《补三国艺文志》据《太平御览》卷二七一所引佚文，以及《三国志》裴松之注引《杜氏新书》，称此书大旨有胜残去杀莫善于用兵之语，认为“宜其论兵事者多也”。①

魏晋时期采用“九品中正制”代替汉代以经术取士的选举制度，门阀制度使统治阶级格外强调礼学，故在经学衰微的时代，却出现了礼学昌盛的景观。这方面的文献，主要有袁准《袁子正书》、王肃《政论》等。据黄逢元：《补晋书艺文志》中袁准《袁子正书》自序称“论五经滞义，圣人之微言”②，而考严可均《全三国文》中所辑《袁子正书》佚文，则多为礼制议论之文。姚振宗《三国艺文志》“王肃《政论》”条下提出：“《太平御览》引王肃议礼虽不显标书目，要是佚说之散见者，并据辑录，其说于礼制加详，多所驳纠，盖在当日欲与郑氏角胜，拔帜自成一队，抗颜高论亦足名家矣。”王肃为了驳斥郑玄礼学，又注《孔子家语》以与郑玄立异。③

魏晋时期礼学发达，儒家经学虽因玄学的冲击，佛、道的影响而一度衰微，但儒家思想对于现实生活的影响却进一步加大，儒论文献中，以家诫、女诫为名的儒论文献数量增多，产生了独立成书的如诸葛亮《家诫》、张烈《家诫》等礼教类的儒论文献。《隋书·经籍志》子部儒家类共录先秦两汉至魏晋南北朝典籍 62 部，其中，礼教类文献就有《诸葛武侯集诫》2 卷、《众贤诫》13 卷、《女篇》1 卷、《女鉴》1 卷、《妇人训诫集》11 卷、《娣姒训》1 卷、曹大家《女诫》1 卷、《贞顺志》1 卷共计 8 种。而张鹏一《隋书经籍志补》子部儒家类又录后魏清河张烈《家诫》，后魏中山甄琛《家诲》20 篇、

① 侯康：《补三国艺文志》，《二十五史补编》本，第三册，第 3184 页。

② 黄逢元：《补晋书艺文志》，《二十五史补编》本，第三册，第 3933 页。

③ 王肃《孔子家语序》：“郑氏学行五十载矣。自肃成童，始志于学，而学郑氏学矣。然寻文责实，考其上下，义理不安，违错者多，是以夺而易之。然世未明其款情，而谓其苟驳前师以见异于人。乃慨然而叹曰：‘岂好难哉！予不得已也！圣人之门方壅不通，孔氏之路枳棘充焉，岂得不开而辟之哉？若无由之者，亦非予之罪也！’是以撰经礼，申明其义；及朝论制度，皆据所见而言。”

《笃学文》1卷，后魏勃海刁雍《行孝论》4种。① 黄逢元《补晋书艺文志》又录有慕容皝《典诫》，虞潭撰《家记》，黄容撰《家训》，慕容廆撰《家令》，李充撰《起居诫》等8种家训文献以及女诫类文献贾充妻李氏所撰《女训》②。

第三节 唐宋元明清儒论文献

唐宋元明清时期，儒学占据绝对的统治地位。如果说唐代中期之前还是经学时代的话，经过唐代中后期儒学革新，到宋代庆历年间“学统四起”，洛学、濂学、关学、王学、蜀学等相继勃兴，形成不同的学派争鸣的局面。到南宋，理学逐渐居于主流地位。元代定程朱理学为科举考试标准，此后直到明清，理学的官学地位一直保持不变。在这个时期，有关儒学的理论著作也大量涌现。

一、隋唐五代的儒论文献

隋朝结束了南北分裂、社会混乱的历史局面，儒家的礼义道德及大一统理念由于适合统治者的需求而受到提倡，如开皇三年（583）隋文帝杨坚下诏“行仁蹈义，名教所先，厉俗敦风，宜见褒奖”③，而开皇九年（589）又亲自“整万乘，率百僚，遵问道之仪，观释奠之礼”④。隋炀帝杨广继位之后，则“复开庠序，国子郡县之学，盛于开皇之初。征辟儒生，远近毕至，使相与讲论得失于东都之下”⑤，《隋书·儒林列传》序称此时儒学盛况说：“自正朔不一，将三百年，师说纷纶，无所取正。高祖膺期纂历，平一寰宇，顿天网以掩之，贲旌帛以礼之，设好爵以縻之，于是四海九州强学待问之士靡不毕集焉。天子乃整万乘，率百僚，遵问道之仪，观释奠之礼。博士罄悬河之辩，侍中竭重席之奥，考正亡逸，研核异同，积滞群疑，涣然冰释。于是超擢奇隽，厚赏诸儒，京邑达乎四方，皆启黉校。齐、鲁、赵、魏，学者尤多，负

① 张鹏一：《隋书经籍志补》，《二十五史补编》本，第四册，第4936页。

② 黄逢元：《补晋书艺文志》，《二十五史补编》本，第三册，第3954、3955页。《世说新语·贤媛》：“贾充妻李氏作《女训》行于世。”据黄逢元《补晋书艺文志》考证，《女训》又名《典氏》，8篇。

③ 《隋书·高祖纪上》。

④ 《隋书·儒林列传》。

⑤ 《隋书·儒林列传》。

笈追师，不远千里，讲诵之声，道路不绝。中州儒雅之盛，自汉、魏以来，一时而已。”在隋朝统治者的扶植与提倡下，儒学在一定程度上得到了发展。但隋文帝由于自以为“我兴由佛法”，同时又进行大规模崇佛佞僧的活动，所以在隋朝占统治地位的学术思想，实际上是佛学。① 据《隋书·隐逸传》记载，曾有人问隋朝名士李士谦三教优劣，士谦曰：“佛，日也；道，月也；儒，五星也。”由此可见儒、释、道三教的地位，汉代的儒学独尊，此时已成为三教并立，再加上隋朝国祚短暂，故隋代儒理文献数量很少。较有影响的只有由北齐入隋的颜之推所做《颜氏家训》，以及王通模仿孔子、拟《论语》作《中说》，拟春秋作《元经》，拟《尚书》作《续书》，拟《诗经》作《续诗》(王通著作今存只有《中说》)，此外，《新唐书·艺文志》著录的又有辛德源《正训》20卷、《内训》20卷。

唐代安史之乱（755—762）之前，统治者励精图治，社会安定，经济繁荣，国力强盛，中外文化交流盛况空前。唐朝统治者采取了平衡开放的文化政策，对儒、释、道三教兼收并蓄，调节利用，尽管儒、释、道三教都得到发展，但儒家思想由于适应大一统的政治背景和君主专治统治，仍处于宗主地位。唐高祖李渊即位之始，就下令恢复学校，置国子、太学、四门生，合三百余员，郡县学亦各置生员，为儒学的恢复提供了基本前提和条件。贞观四年（630），“（唐）太宗又以经籍去圣久远，文字多讹谬，诏前中书侍郎颜师古考定《五经》，颁于天下，命学者习焉。又以儒学多门，章句繁杂，诏国子祭酒孔颖达与诸儒撰定《五经》义疏，凡一百七十卷，名曰《五经正义》，令天下传习”。大规模地整顿儒学，在于对儒家学说的意识形态功能的重视，据《旧唐书·儒林列传序》，唐太宗即位后“于正殿之左，置弘文学馆，精选天下文儒之士虞世南、褚亮、姚思廉等，各以本官兼署学士，令更日宿直。听朝之暇，引入内殿，讲论经义，商略政事，或至夜分乃罢”②。“讲论经义”乃是为了“商略政事”，重视儒学是重视儒学治国安邦、经世致用的一面，在这样的政治与学术气氛下，产生了大量以儒家思想为核心，对现实政治经济决策做出指导的儒论文献。如王勃《百里昌言》③，魏徵《谏事》、《自古诸侯王善恶录》，崔灵童《崔子至言》，张大素《平台百一寓言》④，杨相如《君臣

① 赵吉惠、郭厚安、赵馥洁、潘策：《中国儒学史》，中州古籍出版社，1991年，第455页。

② 《旧唐书·儒学列传序》。

③ 《旧唐书·经籍志》、《新唐书·艺文志》“王勃”并作“王滂”。

④ 《新唐书·艺文志》“张大素”作“张大玄”。

政理论》等。唐代统治者注重学习前朝政治经验，吴兢撰《贞观政要》、《开元升平源》，苏瓌《中枢龟鉴》都受到了统治者的重视，其中，吴兢《贞观政要》对宋代统治者编撰宝训，产生了重要影响。此外，尤可注意的是初唐及盛唐时期皇室成员亲自撰写政治类、礼教类文献的风气，据《旧唐书·经籍志》与《新唐书·艺文志》子部儒家类，计有唐太宗撰《太宗序志》1卷，唐太宗撰、贾行注《帝范》4卷，唐高宗撰《天训》4卷，武则天撰《紫枢要录》10卷、《青宫记要》30卷、《少阳正范》30卷、《臣轨》2卷、《百僚新诫》4卷、《列籓正论》30卷，章怀太子《春宫要录》10卷、《君臣相发起事》3卷、《修身要录》10卷等12种，又有文德皇后撰《女则要录》10卷，张后撰《凤楼新诫》20卷等2种女教类文献。《旧唐书·经籍志》子部儒家类共录28部，其中有13部初唐皇室成员撰写的儒论文献，《新唐书·艺文志》子部儒家类共录69部，其中有12部是皇室成员撰写的儒论文献，这12部著述都与现实政治密切相关，由这个数字可见唐代前期的撰述风气。

唐初所定《五经正义》，对于儒家经典进行了版本和经义上的统一，被用来作为科举取士的定本，"自《正义》、《定本》颁之国胄，用以取士，天下奉为圭臬。唐至宋初数百年，士子皆谨守官书，莫敢异议矣。故论经学，为统一最久时代"①。《五经正义》固然有统一经文和字义的作用，但在一定程度上也封闭和束缚了儒学，扼杀了儒学向前发展的生机。儒学在《五经正义》经学框架下遭到束缚，一些学者或趋向诗文，以诗文来猎取功名，或逃入佛门，用佛教来安身立命，② 这种状况发展到中唐时期，激起了以韩愈为代表的一批关心社会政治教化的儒家学者们的不满，这个时期的儒论文献，致力于求圣人之志，明先王之道，恢复儒学在社会政治中的指导地位。这方面的著作大多为收录在作者文集中的单篇文献，典型代表如韩愈的《原道》、《原人》、《原性》、《原鬼》、《原毁》、《天之说》、《谏迎佛骨表》、《答刘秀才论史书》、《送孟东野序》、《与孟尚书书》、《与卫中行书》，以及李翱《复性书》上中下3篇，柳宗元《天对》、《天说》、《答刘禹锡天论书》、《贞符》、《封建论》、《非国语》、《天爵论》、《断刑论》、《六逆论》、《送薛存义之任序》、《送元十八山人南游序》、《符元饶州论政理书》、《答吕道州温论非国语书》、《与

---

① 皮锡瑞：《经学历史》七《经学统一时代》。

② 参见赵吉惠、郭厚安、赵馥洁、潘策：《中国儒学史》，中州古籍出版社，1991年，第473～474页。

韩愈论史官书》，白居易《三教论衡》等。

二、宋元儒论文献

唐末五代至北宋初年，出现了佛、道的儒化思潮和儒学的复兴。儒学的复兴，首先得力于统治者的需要、爱好和提倡。赵匡胤登基伊始，即令增修国子监学舍，修饰先圣十哲像，赵普号称“半部《论语》治天下”等，都是这种风气的反映。

宋代儒论文献突出特点在于性理学文献的产生与繁荣，形成了濂、洛、关、闽诸派，各家各派都有专著，会通人伦物理，阐发性理之学，内容涉及本体论、认识论、价值论、人性论诸方面，再加上宋代印刷技术的成熟，一时之间，儒论文献因理学昌明而数量激增。

“宋初三先生”孙复、石介、胡瑗提倡“以仁义礼乐为学”，被认为是“上承洙泗，下启闽洛”的理学先驱者。孙复张扬韩愈的道统说，作《儒辱》主张弘扬儒家道统，以佛、道与儒学并存为儒辱，其著作《睢阳子》今已亡佚。石介则作《辨惑》、《怪说》否定佛、道，认为“释、老之为怪也，千有余年矣，中国蠹坏亦千有余年矣”，明言天地之间“无神仙，无黄金术，无佛”，有《徂徕石先生文集》传世。胡瑗最先探讨身心性命义理之学，他的易学研究开启宋儒以性命道德之学解说《周易》之先河，其儒论著作《安定言行录》今有清代许正绶辑本。“宋初三先生”以其批判性的思考启发后儒，从而对理学的形成具有先导意义。

宋代理学文献自周敦颐《太极图说》、《通书》发端，《太极图说》只有两百多字，《通书》篇幅较长，但也只有 40 章 2601 个字。这样篇幅短小的著作，因为提出了“太极”、“主静”等理学重要命题，经过南宋朱熹、张栻的极力推崇与发扬，却对理学产生了重要影响。由于二者在理学史上的重要地位，后世对于这两篇文献的述解、解说、发挥也层出不穷。《太极图说》有明代曹端《太极图说述解》、舒芬《太极绎义》、左辅《太极后图说》、唐枢《太极枝辞》，清代毛奇龄《太极图说遗议》、高奣映《太极明辨》、王建常《太极图集解》、成蓉镜《太极衍义》等；《通书》则有宋代朱熹《通书解》，元保八《周子通书训义》，明曹端《通书述解》、舒芬《通书绎义》，清李光地《榕村通书篇》和《周子通书注》、方宗诚《周子通书讲义》等。

由于理学注重对儒学理论范畴的精确探讨，故在形成《二程全书》、《朱子大全》等“全书”类文献的同时，一些篇幅虽然短小却提出了理学重要命题的单篇文献也受到了极大重视，这种情况除了上述周敦颐的《太极图说》

与《通书》，还有张载的《西铭》。《西铭》本与《东铭》合称《二铭》，原属《正蒙·乾称篇》的首尾两段文字，后单独录出书于学堂东西两窗，名《砭愚》、《订顽》，为学者而作。后来由程颐将《砭愚》改称《东铭》，将《订顽》改称《西铭》。南宋朱熹注解《正蒙》时，将其分出，独立成篇。由于程朱对于《西铭》的重视，后世也产生了不少对于《西铭》的注解、研究著作，除了朱熹《西铭解》，还有明曹端《西铭述解》，清代李元春《张子东西铭全注》、罗泽南《西铭讲义》等。

周敦颐之后，理学经邵雍、二程、张载、朱熹及他们后学的发扬，形成学派，理学文献可谓洋洋大观。宋代学者重视师承与教育，讲学之风盛行，这种风气反映到文献上，于是产生了大量记录师说的言行录、讲学语录，如前文提到的《安定言行录》，以及程颢《明道先生语录》、程颐《伊川先生语录》、谢良佐《上蔡先生语录》、朱熹《朱子语类》等。朱熹等人重视对前代学者理论的吸收与学习，与吕祖谦合编《近思录》，裒诸儒之言以成一书，依次辑录北宋新儒家周敦颐（濂溪）、程颢（明道）、程颐（伊川）、张载（横渠）"四君子"语录622条，从宇宙生成的世界本体到孔颜乐处的圣人气象，按照宋明理学的修身、齐家、治国、平天下的修养程序为标准编排成十四门。《近思录》之后，后世产生了数量众多的采众儒之说分门别类编辑成书的总集类文献，如王孝友《性理彝训》、熊节《性理群书句解》、胡广《性理大全》、李光地《性理精义》等。

宋代儒论著作，融会玄、佛，思辨程度大大提高。这一时期不仅出现了专门的儒学理论范畴，如道、无极、太极、理、气、心、性、才、性、诚、敬等，还出现了专门阐释儒论范畴的专著，如陈淳的《北溪字义》等。

宋代商品经济的发展以及理学的兴盛，促进了对性理之学的反动，并由此促进了实学理论文献的大量产生，如讲求事功，倡导实事实功之学的永康学派、永嘉学派，其代表人物陈亮、叶適等人也有不少儒论文献存世。

宋代理学家主张通过伦理道德的教育达到治理社会的目的，这一主张不仅促进了蒙学读物的繁荣，如朱熹曾亲自编订《童蒙须知》，还促使宋代产生了乡约、俗训等样式的儒论文献。其目的是为了将抽象的伦理道德通俗化，并在普通的民众中传播，以达到"化民成俗"的目的，如范仲淹《义庄规矩》，吕大忠兄弟的《蓝田乡约》，真德秀《谕俗文》，郑玉道、彭仲刚撰，应俊辑补《琴堂论俗编》等。

此外，宋代统治者十分注重学习前朝故事与祖训，故有宋一代，单朝廷敕修的宝训，据《宋史·艺文志》，就有吕夷简、林希《五朝宝训》60卷，沈该《神宗宝训》100卷，洪迈《哲宗宝训》60卷、《钦宗宝训》40卷、《高宗圣政》60卷、《高宗宝训》70卷、《孝宗宝训》60卷，史弥远《孝宗宝训》60卷等。此外又有张唐英《君臣政要》40卷、王安石《熙宁奏对》78卷、陈模《东宫备览》1卷、曾巩《宋朝政要策》1卷、不知何人编《仁宗君臣政要》20卷、范祖禹《仁皇训典》6卷、曾巩《德音宝训》3卷、曾布《三朝正论》2卷、林虙《元丰圣训》20卷、不知集者《明堂诏书》1卷、张戒《政要》1卷、李源《三朝政要增释》20卷、欧阳安永《祖宗英睿龟鉴》10卷等，可见政治类儒论文献在宋代得到了长足发展。

元朝建立不久，蒙古族统治者就开始借鉴中国传统儒家思想以巩固统治。元成宗即位时，诏中外崇奉孔子；元武宗则加封孔子为"大成至圣文宣王"；元仁宗时以宋儒周敦颐、程颢、程颐、张载、邵雍、司马光、朱熹、张栻、吕祖谦及本朝许衡从祀孔子庙庭；元文宗时遣儒臣至曲阜代祀孔子，诏修孔庙、建颜回庙。1330年，加封孔子父母及诸弟子，如颜子、曾子、子思等，封孟子为邹国亚圣公，封程颢豫国公、程颐洛国公，以董仲舒从祀孔庙，位在七十子之下。

元代科举考试主要从《大学》、《论语》、《孟子》、《中庸》四书中设问，以朱熹的《四书章句》和《四书集注》为准，此外，加试《诗经》则用朱熹的注释本，加试《周易》兼用程注及朱注。科举考试明文规定使用朱熹的注释，实自元朝始。由此可见元蒙统治者所尊奉的儒学，主要为宋代理学，尤其是程朱理学的思想内容。自元代开始，程朱理学上升到官方学术的地位，理学独尊地位开始确立。元代的儒论文献主要为理学家的著作，代表文献如许衡《鲁斋遗书》、方回《桐江续集》、刘因《静修集》、吴澄《吴文正集》等。

三、明清儒论文献

明朝尊崇儒家思想，实际只是尊崇程朱理学。洪武三年（1370），朱元璋下令科举制度的乡试、会试中，一律采用程朱一派理学家对儒家经典的标准注本。永乐年间，明成祖令胡广、杨荣等人编修程朱理学著作，编成《五经大全》、《四书大全》、《性理大全》，这标志着程朱理学官学化的完成和确立。

程朱理学定于一尊，限制了明代前期儒家学者思想上的创造力，明代尤其是明代前期学者在学术上极少创新，这一政治、学术背景不仅促使明代产生了如曹端《太极图说述解》、《通书述解》、《西铭述解》，吕柟《张子抄释》、《朱子抄释》、《二程子抄释》、《周子抄释》这样的解释、述解甚至抄释宋代理学著作的文献，还促使明代前期产生了大量以读书札记为形式的儒论文献，如薛瑄《读书录》11卷、又《读书续录》12卷即为读书札记。而吴与弼《康斋集》、胡居仁《居业录》、徐问《读书札记》等也以读书札记为主要内容。

明代中期商品经济的发展，使儒家伦理道德与现实社会产生了冲突，而程朱理学格物穷理的思想方法不能满足儒家学者渴望获得解决社会问题良方的现实需要，于是以陈献章为转折点，出现了抛弃程朱理学而向陆九渊心学靠拢的思想倾向，至王守仁创立阳明学派，终于使陆九渊心学得到继承与发展，从而产生了一系列心学儒论文献。王阳明的心学理论体系，以"辅君"、"淑民"为根本目的，故除了《传习录》等理论文献，王阳明又仿《吕氏乡约》订《南赣乡约》，今有《阳明先生乡约法》传世。

尽管王阳明死后，其学一度受到排斥，但由于王门弟子的不懈努力，阳明心学依然辉煌一时。《明儒学案》所列阳明后学，共有浙中、江右、南中、楚中、北方、粤闽、泰州七个学案，其他以王学为宗的学者也不在少数。阳明后学留下了大量儒论文献，如王畿《王龙溪先生全集》、黄绾《明道编》、季本《说理会编》、邹守益《东廓邹先生文集》、聂豹《双江先生困辨录》等。阳明后学中，泰州学派的王艮"入山林求会隐逸，至市井启发愚蒙"，将传道对象由传统士大夫扩大至下层民众，结合百姓实际情况而发议论。李贽则以其对宋明理学家的道德说教和神秘主义的尖锐批判被视为异端，王艮《心斋约言》，李贽《焚书》、《藏书》等皆丰富了明代儒论文献。

明代万历年间以东林书院为中心的清流运动，认为程朱陆王之学均有流弊，但又大体以程朱之学为宗，批评王学末流谈空说玄、引儒入禅的学风，提倡治国救世的务实之学。东林学派的代表人物顾宪成早年曾潜心王学，后转向朱学，其学术倾向试图调和朱陆，代表著作有《小心斋札记》、《证性编》、《商语》、《泾皋藏稿》等。

清代康熙皇帝重用理学家熊赐履、李光地，"二人盖以理学为得君之阶梯，上有好者，下必甚焉，天下不敢以世俗之见菲薄理学，而儒生得用矣"。① 李光地还奉敕将胡广《性理大全》简化为12卷，名《性理精义》，颁行天下。清代宗程朱学派的儒论著作主要有张履祥《杨园张先生全集》、陆世仪《思辨录辑要》、陆陇其《读朱随笔》等，而调和朱陆的著作以孙奇逢《四书近旨》、《夏峰先生语录》为代表。

清代理学虽然仍为朝廷正统学术，但在思想上已经式微，反理学思潮已

---

① 杨向奎：《清儒学案新编·缘起》，齐鲁书社，1985年。

十分强盛。明朝灭亡的惨痛教训使清初学者将注意力转移至现实的政治、经济，黄宗羲、傅山、顾炎武、方以智、王夫之、颜元等大力反对理学空谈性命，不务实际。黄宗羲《明夷待访录》、颜元《四存编》等是这方面的代表作。

乾隆时期朴学大盛，朴学最初为针对玄学而言，由顾炎武、阎若璩奠基，戴震、惠栋等学者都反宋学而倡汉学，朴学兴而理学不见重于世，乾嘉学派成为正统，这样的学术背景产生了大量的考据性文献，与儒学理论相关的，包括顾炎武《日知录》、阎若璩《潜邱札记》、全祖望《经史问答》等。

明末清初西学东渐，对于清代儒学理论新体系的建立提供了新的思想资源，也为清代儒论文献的发展提供了新契机，如康有为《大同书》、谭嗣同《仁学》即是清末今文经学与西方哲学结合的产物。

第三章 儒家类文献

统而言之，“儒学”与“儒家”都可以用来指称孔子所开创的思想传统，如冯友兰“儒家是中国封建社会的正统思想”① 的说法，“儒家”此处即指儒家思想而言。析而言之，“儒家”与“儒学”又各有侧重，“儒家”又指与道家、墨家、法家相区分的学派，侧重于强调学派的区分，而“儒学”则强调了儒家思想作为学术体系方面的含义。

“儒学”与“儒家”两个称谓都始于汉代，《史记·五宗世家》：“河间献王德……好儒学，被服造次必于儒者。”《汉书·艺文志》：“儒家者流，盖出于司徒之官，助人君顺阴阳明教化者也。”早在孔子开创儒家学派之前，儒者已在国家生活和人们日常生活中占据了重要地位，在儒学五经还仅作为历史文献而存在的西周时期，儒学思想已经萌芽。儒家学派将自己的发生，说成“祖述尧舜，宪章文武”，不仅孔子本人在《论语》中多次称道尧、舜、禹及文、武、周公并明确表示自己继承周礼，《荀子·儒效》也称周公为大儒，而《淮南子·要略》则将儒学传统明确地上溯至周公，“孔子修成康之道，述周公之训，以教七十子，使服其衣冠，修其篇籍，故儒者之学生焉”，基于这样的认识，后世儒者将尧、舜、禹、汤、文、武、周公、孔子、孟子作为儒学道统，后来又因尧是道家黄老道统的黄帝曾孙帝喾的儿子②，又将儒学道统继续上溯，一直上溯到伏羲，而儒家学派则公认为创始于孔子。因此，由发生时间来看，儒学与儒家，两个概念不可统而无别，在此意义上儒学又可以看作一个比儒家更具包容性的概念，而儒家则特指孔子所开创的儒家学派对西周时期业已萌芽滋长的儒学理论的继承与发展。在本文中，儒家类文献则

① 冯友兰：《中国哲学史新编》第五册，人民出版社，1985年，第6页。

② 《史记·五帝本纪》。

特指儒论文献中坚持先秦儒家特色和风格的著作。①

儒学思想的萌芽，虽然可以“祖述尧舜，宪章文武”，但儒学发展和形成体系，还是在孔子兴办私学，开创儒家学派之后。在两千多年的发展过程中，儒学经历了先秦子学、两汉经学、魏晋玄学、宋明理学与清代朴学的不同发展时期，虽然儒学在发展过程中，各个时期都以孔子为宗师，以儒家经书为尊奉和研究对象，而且，都是“以周孔之学的发生、发展、演变为对象，以求索自然、社会、人生的所当然和所以然为宗旨”，是“以仁礼贯通天、地、人为核心，以天人、义利、心性的融突和合为目标，以成圣为终极关怀的学说”，② 但不同时期的儒学，又表现出各不相同的理论风貌，如果说先秦儒学在百家争鸣的学术背景下，在与其他诸家以及自家各派的相互论争又相互融合的过程中，以解决现实的社会、政治、人生问题为目的，经由孟子、荀子而发展起来的，那么汉代儒学则是在此基础上，由以董仲舒为代表的儒生，吸收阴阳、名、法各家思想，建构了一套“天人感应”理论体系来“究天人之际，通古今之变”，虽然给儒学带来了浓重的神秘主义色彩，但却是对战国后期所呈现的各家融合趋势的进一步发展，也是对先秦儒学紧密联系现实试图提出对策的传统的继承和发扬；魏晋儒学由两汉重名物训诂的经学向重义理的玄学转化，玄学虽然以道家有无之辩为主要，但会通儒道，融合名教与自然，依然呈现的是本土学术的融合趋势；隋唐儒释道三教冲突融合，韩愈坚决扬儒排佛，柳宗元则主张“统合儒释”，儒学逐渐由汉学向义理之学转变，在隋唐儒释道三教兼容并蓄的背景下，宋元明儒学最终落实到以儒统释、具有明显本体论色彩的理学之上，并达到中国理论思维的最高形态。可以说，一部儒学理论发展史，同时也是一部儒学随着现实社会的发展，批判地吸收、统合其他各家学说以获得自身进一步发展的历史。在这个既批判又统合的过程中，先秦两汉魏晋南北朝的儒学，实现的是对本土各学派的兼容并蓄，而理学则除了继续面临本土道教哲学的挑战之外，还需要直接面对迥异于本土理论特点的外来佛教的挑战，这迫使理学开始关注原本不为原始儒学所关注的本体论问题，最终和合而成的是明显有别于先秦儒学的，以理和心为核心的道德形而上学。因此，我们为了便于儒学文献的分类，将儒论文献中坚持先秦儒家特色和风格的著作，列为儒家类文献，而将理学文献单列为性理类

① 舒大刚：《〈儒藏〉编纂之分类体系初探》，载《儒藏论坛》第一辑，四川大学出版社，2006年。

② 张立文：《儒学意蕴新析》，载《现代哲学》2001年第1期。

文献。

第一节　先秦儒家类文献

先秦时期为儒学文献形成的重要时期，这一时期产生了儒家最重要的文献，如《易》、《诗》、《书》等，自汉代开始，这部分文献陆续被尊为经学文献，至北宋正式确立包括《诗经》、《尚书》、《周礼》、《仪礼》、《礼记》、《周易》、《左传》、《公羊传》、《穀梁传》、《论语》、《尔雅》、《孝经》、《孟子》在内的“十三经”。排除掉经学文献之后，先秦儒家类文献的数量本就不多，又因时代久远，中间经历包括秦火在内的数次大规模的书籍之厄，保存至今的先秦儒家类文献，数量十分稀少。

在《汉书·艺文志》的著录中，先秦儒家类文献主要集中在诸子略的儒家类之中。但今天这些文献，除了《荀子》，其他已只能在后人辑佚之中窥其踪迹了。所幸随着考古事业的发展，出土文献日益丰富，今日尚可由出土文献中窥见先秦时期儒家类文献之一斑。

1. 出土文献中所见的先秦儒家类文献

出土文献中所见先秦儒家类文献，主要集中在郭店楚墓竹简与上博简中。1993 年湖北荆门市郭店一号楚墓中出土竹简 804 枚，有字简存 730 枚，经整理得 1.3 万余字。考古专家从墓葬形制和器物特征判断，郭店一号墓具有战国中期偏晚的特点，因而断定下葬年代当在公元前 4 世纪中期至公元前 3 世纪初，墓主人的身份为有田禄的上士。竹简字体有明显的战国时期楚国文字的特点。①

郭店楚墓竹简中的儒家文献共有 11 种 14 篇，分别为《缁衣》、《鲁穆公问子思》、《穷达以时》、《五行》、《唐虞之道》、《忠信之道》、《成之闻之》、《尊德义》、《性自命出》、《六德》各 1 篇，《语丛》4 篇。《缁衣》篇与《礼记·缁衣》大致相合。《五行》篇内容与湖南长沙马王堆帛书《五行》篇的经部相似。《缁衣》被认为是子思所作②，而《五行》篇也被认为是思孟学派的

① 荆门市博物馆：《荆门郭店一号楚墓》，载《文物》1997 年第 7 期。

② 《隋书·音乐志上》引沈约语：“《中庸》、《表记》、《坊记》、《缁衣》皆取《子思子》，《乐记》取《公孙尼子》。”孔颖达《礼记正义》则于《缁衣》篇题下云：“刘瓛云：公孙尼子所作也。”

作品。《忠信之道》提出“忠，仁之实也；信，义之期也”，教导、要求当权者“忠信”；① 《成之闻之》中讨论了“中人之性”与“圣人之性”的区别以及“天常”与“人伦”关系，是对孔子思想的发展，篇中“民皆有性”可与《中庸》“天命之谓性”，“慎求之于己”可与《大学》“慎独”相参照②；《性自命出》的主要内容为性说与心说，提出“性自命出，命自天降”，“情出于性”，认为好恶是性，诗书礼乐之教能养性理情，治民者为政关键在于有情、有德、修身，学者认为此篇可能与世硕、子思、公孙尼子及其后学有关③。《语丛》四篇主要为儒家道德格言警句，由于墓中还出土了一件铭有“东宫之师”的漆耳杯，有学者据此猜测《语丛》四篇为曾经担任过“东宫之师”的墓主为教育太子所编写的格言集。④ 廖名春将除了《语丛》之外的其他 10 种文献，根据它们所表述的思想推断其作者，又根据作者将它们分为三类，第一类是孔子之作，分别是《穷达以时》、《唐虞之道》、《尊德义》；第二类是孔子弟子之作，分别是《忠信之道》、《成之闻之》、《六德》、《性自命出》，其中《忠信之道》是子张之作，《性自命出》是子游之作，《成之闻之》、《六德》可能是县成之作；第三类是《子思子》，为子思及其弟子所作，它们是《缁衣》篇，《五行》篇、《鲁穆公问子思》。⑤ 姜广辉则推断《郭店楚墓竹简》中《唐虞之道》、《缁衣》、《五行》、《性自命出》、《穷达以时》、《求己》（即《成之闻之》前半部）、《鲁穆公问子思》、《六德》诸篇均为子思一系所作。⑥ 总之，虽然认为这些文献主流为子思学派的著作尚显证据不足，但郭店简文中的思想的确与子思学派关系密切。郭店楚墓竹简的图像与简文资料，主要有荆门博物馆整理《郭店楚墓竹简》（文物出版社，1998 年），及李零《郭店楚简校读记》（北京大学出版社，2002 年）等书。

1994 年，上海博物馆从香港的古董市场买进 1200 多枚战国楚简，被学

---

① 李存山：《先秦儒家的政治伦理教科书——读楚简忠信之道及其他》，载《中国文化研究》1998 年第 4 期。

② 李学勤：《试说郭店简〈成之闻之〉两章》，载《烟台大学学报》2000 年第 4 期。

③ 陈来：《郭店楚简之〈性自命出〉篇初探》，载《孔子研究》1998 年第 3 期；丁四新：《论〈性自命出〉与公孙尼子的关系》，载《武汉大学学报》1999 年第 5 期。

④ 李学勤：《荆门郭店楚简中的子思子》，载《中国哲学》第 20 辑《郭店楚简研究》；罗运环：《论郭店一号楚墓所出漆耳杯文及墓主竹简的年代》，载《考古》2000 年第 1 期。

⑤ 廖名春：《郭店楚简中的儒家类文献》，载《孔子研究》1998 年第 3 期。

⑥ 姜广辉：《郭店楚简与子思子——兼谈郭店楚简的思想史意义》，载《哲学研究》1998 年第 7 期。

界简称为“上博简”。经过3年的保存处理，这些楚简的解读与整理工作从1997年起启动。截至2008年底，《上海博物馆藏战国楚竹书》出版了7辑。上博楚简的出土地点不明，被陪葬的时期也不清楚，于是在中国科学院上海原子核研究所进行碳[14]的年代测定。测定结果显示是距今2257±65年前，由于碳[14]测定是以公元1950年为国际定点，上博楚简就成为公元前308±65年，亦即公元前373年至公元前278所写下的作品。① 上博楚简与郭店楚简是战国时期陪葬于楚墓中，近乎同时期的资料。上博简中，儒家文献主要有《孔子诗论》、《缁衣》、《性情论》、《民之父母》、《子羔》、《鲁邦大旱》、《从政》、《昔者君老》、《容成氏》、《周易》、《仲弓》、《恒先》、《彭祖》、《采风曲目》、《逸诗》、《昭王毁室·昭王与龚之脽》、《柬大王泊旱》、《内礼》、《相邦之道》、《曹沫之陈》、《竞建内之》、《鲍叔牙与隰朋之谏》、《季庚子问于孔子》、《姑成家父》、《君子为礼》、《弟子问》、《三德》、《鬼神之明》、《融师有成氏》。

上博简中有《子路初见》篇，“内容与今本《孔子家语·子路初见》篇相仿”②，这证明了《孔子家语》的原始材料，在战国中晚期已开始流传，为证实《孔子家语》非王肃伪造提供了证据。《讼成氏》，李零认为是指《庄子·胠箧》中最古的帝王容成氏，因而以《容成氏》为篇名，主要借助讲述古史来阐述尧舜禅让和汤武革命，理论思想与《大戴礼记·少闲》相似，所宣扬的理想社会与《礼记·礼运》相一致③；《性情论》与郭店楚墓竹简中的《性自命出》相近④；《中弓》是对传世本中“仲弓”言论的丰富，为研究早期儒学分化与流传提供了文献依据，印证了儒学南传；《民之父母》篇中的“五至”说，证实了《孔子家语·论礼》篇“子夏侍坐于孔子”章与《礼记·孔子闲居》篇及楚简《民之父母》篇所据祖本不同，《家语·论礼》篇所记更真实，更符合原意，并非抄袭《礼记》而来。⑤《武王践阼》以问答形式，记述

① 《马承源先生谈上海简》，载《上博馆藏战国楚竹书研究》，上海书店出版社，2002年。

② 濮茅左：《关于上海战国竹简中“孔子”的认定》，载《中华文史论丛》第67辑，上海古籍出版社，2001年。

③ 王青：《论上博简〈容成氏〉篇的性质与学派归属问题》，载《河北学刊》2007年第3期。

④ 参见陈来：《郭店楚简〈性自命出〉与上博藏简〈性情论〉》，载《孔子研究》2002年第2期。

⑤ 廖名春、张岩：《从上博简〈民之父母〉“五至”说论〈孔子家语〉论礼的真伪》，载《湖南大学学报》（社会科学版）2005年第5期。

了师尚父告武王以丹书，武王铸铭器以自戒之事，内容与《大戴礼记·武王践阼》篇相合。

此外，马王堆汉墓帛书《五行》也是重要的先秦儒家类文献。1973 年湖南长沙马王堆汉墓出土 26 件帛书，计 12 万余字，大部分以朱丝栏墨书，字体有篆、隶两种，篆书抄写于汉高祖十一年（前 196）左右，隶书约抄写于汉文帝初年。其中《老子》甲本卷后有 4 篇佚书，第一篇被称为《五行》篇，此篇又分为两部分，第一部分论述仁、义、礼、智、圣为“五行”，第二部分是对第一部分的逐句解说与发挥。庞朴依照战国时文献往往有经有说的旧例，提出全篇应分为经和说两部分，书中表达的五行思想即是《荀子·非十二子》中所批评的子思、孟子一派的“五行”说，即“思孟五行说”，并得出“马王堆帛书老子甲本卷后古佚书之一，是‘孟氏之儒’或‘乐正氏之儒’的作品”。①

2.《荀子》12 卷，（战国）荀卿撰

《荀子》是保存至今完整的先秦儒家类文献。荀子（约前 313—前 238），名况，时人尊其为“卿”。汉人避宣帝讳，曾改称孙卿，赵国人。游学于齐，曾三任稷下学宫祭酒，后至楚国，春申君任其为兰陵（今山东苍山兰陵镇）令，著书教学以终，清汪中《荀卿子通论》说：“荀卿之学出于孔氏，而尤有功于诸经。……盖七十子之徒既殁，汉诸儒未兴，中更战国暴秦之乱，六艺之传赖以不绝者，荀卿也。”他的弟子中有韩非、李斯、浮丘伯等。

《荀子》一书，西汉刘向、刘歆父子《别录》《七略》称之为《孙卿新书》，校定为 32 篇，《汉书·艺文志》称之为《孙卿子》，著录为 33 篇。有人将 32 篇分为 12 卷，唐杨倞据 12 卷本《孙卿新书》作注，分为 20 卷，并改书名为《荀子》。《荀子》一书在流传过程中，形成了复杂的注解与版本系统，② 高正《荀子版本源流考》已有详细考辨。一般认为《荀子》一书大体可分三类：一为荀子所作，包括《劝学》、《修身》、《不苟》、《荣辱》、《非相》、《非十二子》、《王制》、《富国》、《王霸》、《君道》、《臣道》、《致士》、《天论》、《正论》、《礼论》、《乐论》、《解蔽》、《正名》、《性恶》、《君子》、《成

① 庞朴：《马王堆帛书解开了思孟五行说之谜——帛书老子甲本卷后古佚书之一的初步研究》，载《文物》1977 年第 10 期。

② 《荀子》主要版本的流传及得失，参见高正：《荀子版本源流考》，中国社会科学出版社，1992 年。该书考察了《荀子》各家注解及 52 种主要版本的刊刻流传，将《荀子》重要版本归纳为 18 个系统，制订了详细的《荀子》版本源流示意图，并附有详细的《荀子》宋椠善本重要异文校勘记。

相》、《赋》等22篇；二为荀子弟子所记述的荀子言行，它们是《儒效》、《议兵》、《强国》、《大略》、《仲尼》5篇；三为荀子所整理、纂集的资料，其间也插入了弟子之作，它们是《宥坐》、《子道》、《法行》、《哀公》、《尧问》5篇。一般将上述所列举的第一、二类共27篇作为研究荀子思想和学说的主要依据。

对于《荀子》的评价，经历了一个肯定与否定的反复过程。司马迁《史记》将孟、荀并列，作《孟子荀卿列传》，但与《孟子》自汉代便有赵岐作注，并受到统治阶级重视不同，自唐代韩愈对《荀子》提出“大醇而小疵”的批评（《韩愈文集·读荀》），并将荀子排除在儒家道统之外以后，《荀子》一书不断遭到各种批评。宋代理学家推崇孟子的“性善”说，对《荀子》的批评尤其猛烈，如程颐认为荀子仅提出人性恶一说，就该彻底否定：“荀子极偏驳，只一句‘性恶’，大本已失。”① “荀卿才高学陋，以礼为伪，以性为恶，不见圣贤，虽曰尊子弓，然而时相去甚远。圣人之道，至卿不传。”②“荀子，悖圣人者也。”③ 苏轼认为“荀卿者，喜为异说而不逊，敢为高论而不顾者也。其言，愚人之所惊，小人之所喜也”④。朱熹则认为荀子“不惟说性不是，从头到底皆不识。当时未有明道之士，被他说用于世千余年”⑤。

自刘向校定《荀子》为32篇后，直到唐代中期始有杨倞为之注，清代《荀子》研究得到长足发展，对《荀子》一书也得到高度评价，如郝懿行称赞《荀子》“其学醇乎醇，其文如《孟子》，明白宣畅，微为繁富，益令人入而不能出”⑥。李慈铭在《越缦堂读书记》中说：“其实诸子惟荀最醇，四子书外，所当首屈一指。……荀子生周衰，力尊仲尼，与孟子之识学无稍差。”⑦

《荀子》注本不多，主要有唐代杨倞的《荀子注》20卷，常见版本主要有《四库全书》本、《四部丛刊》本等，又有经清代卢文弨和谢墉校勘补遗的

---

① 《河南程氏遗书》卷一九《伊川先生语五·杨遵道录》，载《二程集》第一册，中华书局，1981年，第262页。

② 《河南程氏外书》卷一〇《大全集拾遗》，载《二程集》第二册，第403页。

③ 《河南程氏遗书》卷二五《伊川先生语十一·畅潜道录》，载《二程集》第一册，第325页。

④ 《经进东坡文集事略一》卷七，《四部丛刊》本。

⑤ 黎靖德编：《朱子语类》卷一三七《战国汉唐诸子》，中华书局，1994年，第3254页。

⑥ 钱大昕：《潜研堂文集·跋荀子》，商务印书馆，1935年，第418页。

⑦ 李慈铭：《越缦堂读书记》，辽宁教育出版社，2001年，第564～565页。

《抱经堂丛书》本、《十子全书》本、《丛书集成初编》本、《四部备要》本等。清王先谦作《荀子集解》，是常见的《荀子》注解本，版本主要有《诸子集成》本、《万有文库》本等。1950 年至 2005 年《荀子》注、译本中国内地至少出版了 40 余部，其中选译、选注的有近 20 部，全文注释、注译有 20 余部。较有影响的是梁启雄的《荀子简释》（北京古籍出版社，1956 年）、章诗同的《荀子简注》（上海人民出版社，1974 年）、北京大学《荀子》注释组的《荀子新注》（中华书局，1979 年）、杨柳桥的《荀子诂译》（齐鲁书社，1985 年）、张觉的《荀子译注》（上海古籍出版社，1995 年）、董治安和郑杰文的《荀子汇校汇注》（齐鲁书社，1997 年）、骆瑞鹤的《荀子补正》（武汉大学出版社，1997 年）、王天海《荀子校释》（上海古籍出版社，2005 年）。

3.《孔子家语》27 卷

《孔子家语》本是一部重要的儒家著作，最早著录于《汉书·艺文志》"六艺略·论语类"，凡 27 卷，题"周孔丘门人撰"。今传《孔子家语》详细记录了孔子与其弟子门生的问对诘答和言谈行事，生动塑造了孔子的人格形象，对研究儒家学派（主要是创始人孔子）的哲学思想、政治思想、伦理思想和教育思想，有巨大的理论价值。同时，由于该书保存了不少古书中的有关记载，这对考证上古遗文，校勘先秦典籍，有着巨大的文献价值。今传《家语》系王肃注。

王肃曾遍注群经，采今、古文说，反对郑玄学派，又注《孔子家语》，还根据《孔子家语》立论撰《圣证论》，以讥短郑玄，遂形成新的经学派别——王学。

由于《孔子家语》汉以后不见记载，唐代颜师古注《汉书》时，指出《汉书·艺文志》著录 27 卷本"非今所有家语"。颜师古所云今本《孔子家语》乃三国魏王肃收集并注的 10 卷本。此后，学者对于《孔子家语》的真伪一直聚讼纷纭。宋王柏《家语考》，清姚际恒《古今伪书考》、范家相《家语证伪》、孙志祖《家语疏证》均认为传世《家语》是伪书。《四库全书总目》也说："其书流传已久，且遗文轶事，往往多见于其中。故自唐以来，知其伪而不能废也。"而宋朱熹《朱子语录》、黄震《黄氏日钞》，清陈士珂、钱馥等则持有异议。近代反对《孔子家语》"伪书说"的学者以李学勤为代表。李学勤认为，"《家语》一书，王肃自序得自孔子二十二世孙孔猛，当为可信。又有源自孔安国的传说，这与汉魏时期的孔氏家学有关"。杨朝明在《〈礼记·孔子闲居〉与〈孔子家语〉》一文中讨论了与《孔子闲居》内容相对应的《家语·论礼》篇，认为"《礼记》本于《家语》"，从另一方面说明了《家语》非

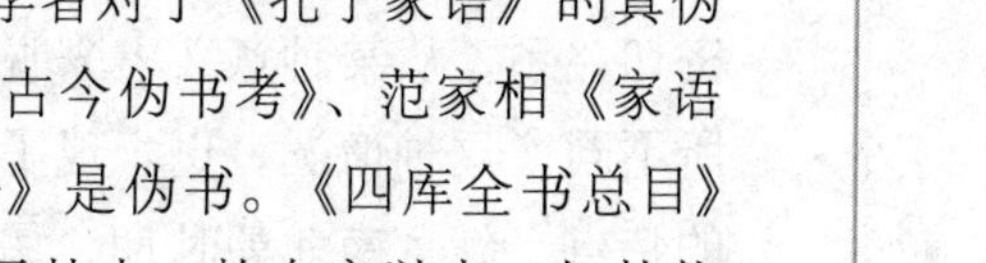

王肃伪造之书。根据近年考古出土的秦汉时期的竹简，已经证实《孔子家语》确实是先秦时代的早期儒家著作。胡平生在《阜阳双古堆汉简与〈孔子家语〉》一文中以阜阳双古堆汉简为切入点，认定《家语》非伪书①。濮茅左认为，上博简中有《子路初见》篇，“内容与今本《孔子家语·子路初见》篇相仿”②，这证明了《孔子家语》的原始材料，在战国中晚期已开始流传。廖名春、张岩认为，上博简《民之父母》篇中的“五至”说，证实了《孔子家语·论礼》篇“子夏侍坐于孔子”章与《礼记·孔子闲居》篇及楚简《民之父母》篇所据祖本不同，《家语·论礼》篇所记更真实，更符合原意，并非抄袭《礼记》而来。③ 诸如此类，都为证实《孔子家语》非王肃伪造提供了证据。

《孔子家语》的版本，明代主要有何孟春《孔子家语注》8卷，清代主要有孙志祖《家语疏证》及姜兆锡《孔子家语正义》10卷，可以作为阅读研究此书中的参考。传本较多，除诸多注疏本外，尚有明末毛晋汲古阁刻本，清《四库全书》本。另外，《四部丛刊》、《四部备要》亦收录，并为现今最通行之本。今人注本有杨朝明、宋立林《孔子家语通解》（齐鲁书社，2009年）。

第二节　汉魏六朝儒家类文献

汉代儒学以经学为主要表现形态，而汉代经学又以“通经致用”的今文经学为盛。与汉代对于儒学、经学态度相一致，汉代儒家类文献往往与现实政治联系紧密，其儒家理论探讨的出发点，往往在于解决政治、经济等方面问题的现实需求，这一倾向，从西汉陆贾《新语》一直持续到东汉末年徐幹《中论》、仲长统《昌言》。因此，汉代所谓儒家类儒论文献，因与现实政治的密切关系，从某种意义上来说，亦可视为政治类文献，但又与专门的政论有所不同，这种情况，也表现了早期儒学文献中儒学理论、政治理论混而为一的特点。魏晋南北朝时期，儒学走上了玄学化的道路，此后很长时期里，儒学一直在与佛、道的纷争与融合中求发展。魏晋之学注重探求义理，广采众

① 《国学研究》第7卷，2000年，第515～543页。

② 濮茅左：《关于上海战国竹简中“孔子”的认定》，载《中华文史论丛》第67辑，上海古籍出版社，2001年。

③ 廖名春、张岩：《从上博简〈民之父母〉“五至”说论〈孔子家语·论礼〉的真伪》，载《湖南大学学报》（社会科学版）2005年第5期。

说，自说新义。魏晋六朝儒家类文献多已亡佚，今天对于魏晋六朝儒家类儒论文献的研究，所依据的主要为前人的辑佚文献。兹举其要：

1.《新语》2卷，(西汉) 陆贾撰

陆贾（约前240—前170），其先为楚人，陆贾以客从刘邦定天下，授太中大夫。陆贾学本儒家，他根据大乱之后需要休养生息的社会要求，著《新语》12篇。此外，陆贾尚有《楚汉春秋》一书。

《新语》又名《陆子》，系陆贾论述君臣政治得失之书。该书引述《诗》、《书》、《春秋》、《论语》，主张崇王道，黜霸术，识贤任贤，以德教化，休养生息，宣扬儒家贵仁义、贱刑威的思想。《汉书·艺文志》将该书列为儒家，篇目为：《道基》第一，《术事》第二，《辅政》第三，《无为》第四，《辨惑》第五，《慎微》第六，《资质》第七，《至德》第八，《怀虑》第九，《本行》第十，《明诫》第十一，《思务》第十二。《论衡·案书篇》称其“皆言君臣政治得失，言可采行，事美足观，鸿知所言，参贰经传，虽古圣之言，不能过增”，严可均《铁桥漫稿·新语叙》则谓“(汉代) 子书，《新语》最纯最早，贵仁义，贱刑威，述《诗》、《书》、《春秋》、《论语》，绍孟、荀而开贾、董，卓然儒者之言”。徐复观认为：“(《新语》) 是陆贾所身历的现实政治兴亡的经验教训；此与书生闭户著书，自抒由书本而来的心得，或解决书本上的问题者大不相同。他在本书中所提出的结论，是面对着秦汉兴亡，亲自观察反省所得出的结论。换言之，他是以政治上的具体利害为出发点，而不是以道理上的应当不应当为出发点。”①

《汉书·艺文志》著录该书为27篇，与今本12篇不同，但《史记》、《汉书》之《陆贾传》皆云12篇，可知今本非残本，盖《汉书·艺文志》所记，兼有他论之篇。《隋书·经籍志》作2卷。

据严可均《铁桥漫稿·新语叙》，《新语》大约宋时佚而复出，但已不全。至明弘治年间，莆阳李廷梧始得12篇足本，刻版于桐乡县治，后此有姜思复本、胡维新本、《子汇》本以及程荣、何镗《汉魏丛书》本，皆以李廷梧本为主。传本较多，主要有《汉魏丛书》本，《四库全书》本，《四部丛刊》影印明弘治刊本。唐晏有《陆子新语校注》2卷（《龙溪精舍丛书》本），王利器有《新语校注》(中华书局，1986年)。

2.《新书》10卷，(西汉) 贾谊撰

贾谊（前200—前168)，世称贾太傅，又称贾长沙，也称贾生，西汉雒

① 徐复观：《两汉思想史》第二卷，华东师范大学出版社，2001年，第58页。

阳（今河南洛阳）人。早年受学于李斯学生河南守吴公，又受学于张苍，18岁时即以能诵诗书、善文章称誉郡中，后被汉文帝召为博士，请改正朔、易服色、制法度、兴礼乐，后被贬为长沙王太傅。除《新书》外，贾谊尚撰有《贾谊赋》、《春秋左氏传训诂》及《治安策》诸书。

《新书》是贾谊政治思想和经济思想的集中反映，系经西汉后期刘向整理编辑而成。主要阐述政治思想，有一些篇章也包含一定的哲学思想。《新书》认为道德造化以成万物，事物之间可以回旋转化，如制陶器的陶轮般旋转不息，对待认识对象，要"清虚而静"，历史的发展是有规律可循的。故此，开篇即总结了秦朝灭亡的历史教训，提出了一系列政治主张。他的政论散文体现了汉初知识分子，在汉帝国大一统创始期之积极进取、意气风发，力图建功立业的豪情壮志，代表汉初政论散文的最高成就。鲁迅说，贾谊文章"为西汉鸿文，沾溉后人，其泽甚远"（《汉文学史纲要》）。

有些学者认为《新书》为后人伪作。《四库全书总目》认为"其书不全真，亦不全伪"。目前学术界普遍认为《新书》基本上保持刘向编辑的原貌，其中可能有后人改动之处，这也是古书一般都存在的问题，不能因此否定《新书》为贾谊所作。

《汉书·艺文志》著录"贾谊五十八篇"，列入儒家类，《隋书·经籍志》作10卷，题作《贾子》，《旧唐书·经籍志》则作9卷，《新唐书·艺文志》又著录为10卷，并始称《新书》之名。今《新书》共10卷57篇，其中《问孝》、《礼容语上》两篇有录无书，实际为55篇。

此书的版本甚多，或者题作《新书》，或为《贾子》，其中以明万历中新安程氏《汉魏丛书》本、万历二十年（1592）刻《广汉魏丛书》本流传最广，清卢文弨《抱经堂丛书》本最善，《四部备要》本为通行本。上海人民出版社1976年出版的《贾谊集》中有《新书》，采用清代卢文弨抱经堂本校勘，还收录有疏7篇、赋5篇，附录有佚文、传、大事年表和序跋等，资料收集较全，最便使用。又有吴云、李春台的《贾谊集校注》（中州古籍出版社，1989年），方向东《贾谊新书集解》（河海大学出版社，1994年），王洲明、徐超《贾谊集校注》（人民文学出版社，1996年），阎振益、钟夏《新书校注》（中华书局，2000年）。

3.《春秋繁露》17卷，（西汉）董仲舒撰

《春秋繁露》内容详见第二编《春秋》学文献中《春秋繁露》条。

4.《新序》10卷，（西汉）刘向撰

刘向（约前77—前6），字子政，本名更生，楚元王交后裔，今江苏沛县

人。西汉经学家、目录学家，治《春秋穀梁传》。刘向针对西汉中期外戚专政的现实，采取“述而不作”的方式，通过采集编撰历史故事来阐发政治思想，撰成《新序》与《说苑》，希冀对现实有所补益。除此之外，刘向尚撰有《洪范五行传》、《世说》、《列女传》等。

《新序》成书于阳朔元年（前 24），采集舜、禹至汉代以来的各种传说及文献记载的嘉言懿行，是刘向以历史故事阐发其政治思想的著作，分杂事、刺奢、节士、义勇、善谋五类加以编纂，内容皆秦汉间事，而以春秋时事尤多，汉事不过数条。大抵采百家传记，以类相从，多与《春秋》、《战国策》、《史记》互有出入。《四库全书总目》谓其主旨在“正纪纲，迪教化，辨邪正，黜异端”。“其推明古训，以衷之于道德仁义，在诸子中尤不失为儒者之言也”。

《汉书·艺文志》著录刘向所序 67 篇，但包括《说苑》等在内，并在儒家类。唐马总《意林》谓《新序》30 卷。《隋书·经籍志》仍著录为 30 卷，又录 1 卷。现存 10 卷，为北宋曾巩校定，内《杂事》5 卷，《刺奢》1 卷，《节士》2 卷，《善谋》2 卷。《四库全书简明目录》谓“盖不知为合并为残阙也”。清严可均《全汉文》辑有佚文凡 52 条，可知今本非宋以前旧貌。

《新序》传本有《汉魏丛书》本，《四库全书》本，《四部丛刊》本（影明嘉靖翻宋本），《丛书集成初编》本。又有台湾商务印书馆卢元骏《新序今注今译》（1977 年）、中华书局赵仲邑《新序详注》（1997 年）、石光英《新序校释》（陈新整理，中华书局，2001 年）。

5.《说苑》20 卷，（西汉）刘向撰

此书成于鸿嘉四年（前 17），内容乃据《说苑杂事》和编写《新序》的剩余材料，并加自编之事，按类记述春秋战国至汉代的故事、佚事、传说、寓言，借以阐明儒家的政治社会思想、伦理道德。每类前首列总说，事后多加按语。所集以诸子言行为主，多记有关国家兴亡的哲理格言。

《隋书·经籍志》、《旧唐书·经籍志》及《新唐书·艺文志》皆作 20 卷，《崇文总目》则著录为 5 卷，是北宋初仅余 5 卷；经曾巩集补校理，重编为 20 卷，639 章，是为今本，然较原本 784 章仍有佚失；至清代，又补入 24 章，合成 663 章，共分作《君道》、《臣述》、《建本》、《立节》、《贵德》、《复恩》、《政理》、《尊贤》、《正谏》、《敬慎》、《善说》、《奉使》、《权谋》、《至公》、《指武》、《丛谈》、《杂言》、《辨物》、《修文》、《反质》20 类。

《说苑》通行本有《四部丛刊》本、《四部备要》本、《丛书集成》本。注本有向宗鲁《说苑校证》，中华书局，1987 年。

6.《法言》13卷，(西汉) 扬雄撰

《法言》系扬雄仿《论语》而作，成书于汉哀帝元寿元年（前2)。章太炎曾称赞扬雄“持论至剀易”①。基本宗旨是用孔孟礼义之道批判先秦诸子及谶纬、神仙迷信，维护儒家正统观念，故名之曰“法言”。《法言》包括《学行》、《吾子》、《修身》、《问道》、《问神》、《问明》、《寡见》、《五百》、《先知》、《重黎》、《渊骞》、《君子》、《孝至》13篇，末为《自序》。《法言》在宋代受到某些学者的批评，《四库全书总目》说：“自程子始谓其蔓衍而无断，优柔而不决。苏轼始谓其以艰深之词，文浅易之说。至朱子作《通鉴纲目》，始书莽大夫扬雄死。雄之人品著作，遂皆为儒者所轻。”

此书的主要版本有《诸子集成初编》本、《四部丛刊》本。注释本主要有晋代李轨的《扬子法言注》，宋代司马光的《法言集注》，清代有汪荣宝的《法言义疏》等，内容较为详备。宋刻大字本为现存最早刻本，《四库全书》收载并司马光《集注》，题《法言集注》，又有汪荣宝《法言义疏》，中华书局1987年版。

7.《太玄》3卷，(西汉) 扬雄撰

《太玄》，内容详见第二编《易》学文献中《太玄》条。

8.《新论》1卷，(东汉) 桓谭撰

桓谭（约前23—50)，字君山，沛国相（今安徽淮北西北濉溪）人。好音乐，善鼓琴，精天文，遍习五经，尤善为文。曾任掌乐大夫、议郎给事中。汉光武帝信谶纬，桓谭极言其非，触怒汉光武帝，出为六安郡丞，卒于道。

《新论》，主要是言“当时行事”。据《后汉书·桓谭传》，原书当为29篇。其篇名有《本造》、《王霸》、《求辅》、《言体》、《见徵》、《造非》、《启寤》、《祛蔽》、《正经》、《识通》、《离事》、《道赋》、《辨惑》、《述策》、《闵友》、《琴道》等。其中，除了《本造》、《述策》、《闵友》、《琴道》各一篇外，其余均分上下篇。《隋书·经籍志》、《旧唐书·经籍志》、《新唐书·艺文志》皆著录为17卷，并题《桓子新论》，入儒家类。

唐宋之间，此书亡佚。《新论》共有5种辑本，元陶宗仪辑《桓谭新论》，仅引二十七事，所辑入《说郛》中。清孙冯翼辑《桓子新论》，注明史料来源，但收集不全，重复太多，收入《岱南阁丛书》；严可均从《群书治要》、《意林》诸书中辑出《桓子新论》4卷，最为全面，是目前较好的辑本。严辑

---

① 章太炎：《学变》，见《訄书》重订本，《章太炎全集》(三)，上海人民出版社，1985年，第144页。

本除收录在《全上古三代秦汉三国六朝文》中外，尚有湖北黄冈王统藻刻本。1967年，上海人民出版社依严辑本印行的新排印本，增加了补遗，更便于阅读。

9.《论衡》30卷，(东汉) 王充撰

王充 (27—约97)，字仲任，会稽上虞 (今属浙江) 人。曾师事班彪，博通百家之言，历任郡功曹、扬州治中等职，后罢职著书，历30余年撰成《论衡》。

此书30卷，85篇，其中《招致》篇已亡佚。《论衡·对作》提到《论衡》的写作动机："《论衡》之造也，起众书并失实、虚妄之言胜真美也。故虚妄之语不黜，则华文不见息；华文放流，则实事不见用。故《论衡》者所以铨轻重之言，立真伪之平，非苟调文饰辞，为奇伟之观也。"因此《论衡》中对孔、孟、荀、墨、名、法、道、阴阳诸家，以及当时流行的"天人感应"说、谶纬迷信等，都有批判。其中，《率性》、《本性》、《问孔》、《刺孟》是对儒家思想及孔子、孟子、荀子的批判，《谢短》、《案书》是对汉代儒生的批判。长期以来，《论衡》也受到以正统儒家自居的学者批判，如清钱大昕《论衡跋》："以予观之，(王充) 殆所谓小人而无忌惮者乎。观其《问孔》之篇，掎摭至圣；《自纪》之作，訾毁先人……后世误国之臣，是今而非古，动为天变不足畏、诗书不足信、先王之政不足法，其端盖自充启之。小人哉!"① 王充《论衡》也一度被列入"杂家"，不被视为儒家著作。近世以来，《论衡》才开始受到学者推崇，章太炎曾评论说："东京作者，《论衡》为先，亦推《法言》、《新论》之旨，取之说，一切破之。"②

《论衡》的版本较多，主要有明代嘉靖中吴郡苏氏通津草堂刻本，《四部丛刊》本，《四部备要》本，《诸子集成》本等。注解本又有黄晖《论衡校释》(长沙商务印书馆，1938年)，刘盼遂《论衡集解》(北京古籍出版社，1957年)，北京大学历史系注释小组《论衡注释》(中华书局，1979年) 等。

10.《潜夫论》10卷，(东汉) 王符撰

王符 (约86—162)，字节信，自号潜夫，安定 (今甘肃镇原) 人。王符"少好学，有志操"，但由于出身细族孤门，在豪门大族垄断仕途的历史条件下不得仕进。王符一直生活于民间，并自认为自己是隐居下位的"潜夫"，故其著作名为《潜夫论》。

---

① 钱大昕：《潜研堂文集》卷二七《论衡跋》。

② 章太炎：《论中古哲学》，载《制言》第30期。

《潜夫论》凡 10 卷，系论时政得失，反对谶纬迷信之书。加叙录共 36 篇，分别为《赞学》、《务本》、《遏力》、《论荣》、《贤难》、《明暗》、《考绩》、《思贤》、《本政》、《潜叹》、《忠贵》、《浮侈》、《慎微》、《实贡》、《班录》、《述赦》、《三式》、《爱日》、《断讼》、《衰制》、《劝将》、《救边》、《边议》、《实边》、《卜列》、《巫列》、《相列》、《梦列》、《释难》、《交际》、《明忠》、《本训》、《德化》、《五德》、《志氏姓》、《叙录》。《四库全书总目》对此书评价极高："符书洞悉政体似《昌言》，而明切过之。辨别是非似《论衡》，而醇正过之。"

《潜夫论》传本极多，现存最早刻本为元大德间刻本；丛书本中较佳者主要有《汉魏丛书》本、《广汉魏丛书》本、《百子全书》本、《四部丛刊》本、《四部备要》本、《诸子集成》本等。今本有 1978 年上海古籍出版社铅印本，1979 年中华书局又出版清人汪继培笺、今人彭铎校正本，为古今诸本中最佳者。

11.《中论》2 卷，（东汉）徐幹撰

徐幹（171—218），字伟长，北海剧（今山东昌乐）人。"建安七子"之一。

《中论》，在《隋书·经籍志》、《旧唐书·经籍志》、《新唐书·艺文志》中皆著录为 6 卷。晁公武《郡斋读书志》、陈振孙《直斋书录解题》则著录为 2 卷，与今本卷数相同。今残本分作 20 篇，卷上为《治学》、《法象》、《修本》、《虚道》、《贵验》、《贵言》、《艺纪》、《核辨》、《智行》、《爵禄》；卷下为《考伪》、《谴交》、《历数》、《夭寿》、《务本》、《审大臣》、《慎所从》、《亡国》、《赏罚》、《民数》。书中主要发挥以孔孟为代表的儒家经义。魏文帝曹丕称赞《中论》20 余篇"成一家之业"，"辞义典雅，足传于后"。① 《四库全书总目》称其内容"大都阐发义理，原本经训，而归之于圣贤之道"。

此书主要版本有《四库全书》本、《四部丛刊》本、《百子全书》本等②。今人注本有 2000 年巴蜀书社出版徐湘霖《中论校注》本。

12.《昌言》12 卷，（东汉）仲长统撰

仲长统（179—220），字公理，山阳高平（今山东邹县西南）人。敢直言，不拘小节，时人称为"狂生"，曾任尚书郎参曹操军事。

---

① 《三国志·魏书·文帝纪》。

② 徐幹《中论》版本情况，参见韩格平：《徐幹〈中论〉版本考》，载《古籍整理研究学刊》1988 年第 1 期。

《昌言》，又名《仲长子昌言》，“昌”即“当”意，“昌言”也就是“当言”之意。《昌言》“凡三十四篇，十余万言”（《后汉书·仲长统传》）。《隋书·经籍志》著录为12卷、《录》1卷，列子部儒家类。《新唐书·艺文志》著录为10卷，仍列儒家类。《宋史·艺文志》在儒家类中著录为2卷，可知此书大部分内容佚失在两宋时期。

今本《昌言》的内容，仅具原来的十分之二三。其中，《理乱》、《损益》、《法诫》3篇见于《后汉书》本传，唐魏徵《群书治要》节引《昌言》9段，分属于《道教》、《寿考》、《君臣》诸篇；后魏贾思勰《齐民要求》亦有几处引文。《昌言》的行世，标志着东汉“清议”的结束，魏晋“清谈”的开始，两汉儒学至此遂告一段落。

明代《昌言》始有辑本，明叶绍泰辑1卷本，入《增订汉魏六朝别解》中；其后清马国翰辑2卷本，入《玉函山房辑佚书》中；严可均辑2卷本，入《全后汉文》卷八八、卷八九中；王仁俊辑有《仲长子昌言》1卷，收入《玉函山房辑佚书续编》中。又有《丛书集成初编》本，所收系明胡维新辑1卷本，书名题为《仲长统论》。

13.《孔丛子》7卷，旧题（汉）孔鲋撰

孔鲋字子鱼，一名甲，魏相子顺之子，孔子八世孙。秦并六国，召鲋为鲁国文通君，拜少傅。始皇三十四年（前213），丞相李斯议令焚书，鲋惧遗典灭亡，与其弟子襄归，藏书壁中。陈涉起为楚王，聘鲋为博士，死于陈下，或曰以目疾辞。

此书不见于《汉书·艺文志》，三国魏王肃撰《圣证论》最早引用其内容，《隋书·经籍志》始有著录，后人多疑此书不出孔鲋之手，疑为王肃或其门徒依托而作。《朱子语类》谓：“《孔丛子》文气软弱，不似西汉文字，盖其后人集先世遗文而成之者。”陈振孙《直斋书录解题》：“案《孔光传》，孔子八世孙鲋，魏相顺之子，为陈涉博士，死陈下，则固不得为汉人。而其书记鲋之没，则又安得以为鲋撰？”至清，《四库全书总目》进一步肯定其“出于唐以前”，黄彭年在《陶楼文钞》中说：“予则谓多魏、晋以后人语，如伪《孔传》、伪《家语》之类。”此书为伪托之作，几成定论。

《孔丛子》载孔子以下，子上、子高、子顺的言论。《隋书·经籍志》、《文献通考》皆作7卷，今本3卷，凡21篇，其目为《嘉言》、《论书》、《记义》、《刑论》、《记问》、《小尔雅》、《公孙龙》、《儒服》等。相传汉武帝时，太常孔臧又以所著赋与书上下篇，合为1卷，附缀于后，别名《连丛子》。其中第11篇《小尔雅》篇，经常为研究中国文字训诂学者所引用。

此书传本较多，主要有《四库全书》本、《子书百种》本等。邵懿辰有影写宋刊本。宋人宋咸为此书作注，收入《宛委别藏》，可供参考。

14.《圣证论》，(魏晋) 王肃撰

《圣证论》大都援引《孔子家语》等书，借孔子名义驳斥郑玄，与郑学对立。通过《圣证论》可以考见郑玄、王肃经学思想的异同。《隋书·经籍志》著录12卷，《新唐书·艺文志》著录11卷。

《圣证论》原书已佚，清马国翰《玉翰山房辑佚书》辑有1卷，皮锡瑞撰《圣证论补评》2卷。

15.《傅子》1卷，(西晋) 傅玄撰

傅玄 (217—278)，字休奕，北地泥阳 (今陕西耀县) 人。曾任散骑常侍、驸马都尉，并与修《魏书》。

据《晋书·傅玄传》记载，傅玄“撰论经国九流及三史故事，评断得失，各为区例，名为《傅子》，为内、外、中篇，凡有四部、六录，合百四十首，数十万言”。《隋书·经籍志》、《新唐书·艺文志》著录该书120卷，列儒家类。宋以后渐佚，宋编《崇文总目》著录该书仅23篇，《宋史·艺文志》作5卷。明清之际，原本佚失。四库馆臣自《永乐大典》中辑出，文义完具者共12篇，分别为《正心》、《仁论》、《义信》、《通志》、《举贤》、《重爵禄》、《礼乐》、《贵教》、《检商贾》、《校工》、《戒言》、《假言》；文义未全者12篇，分别是《问政》、《治体》、《授职》、《官人》、《曲制》、《信直》、《矫违》、《问刑》、《安民》、《法刑》、《平役赋》、《镜总叙》，并附录48条。晋司空王沈对该书评价很高，认为该书“言富理济，经纶政体，存重儒教，足以塞杨墨之流遁，齐孙孟于往代”(《晋书·傅玄传》)。《四库全书总目》则盛赞该书“皆关切治道，阐启儒风，精意名言，往往而在，以视《论衡》、《昌言》，皆当逊之”①。

除了《永乐大典》，清人还从《太平御览》、《群书治要》等书中采辑佚文成编，辑本较多，分别有钱熙祚、严可均、孙星华、钱保塘、傅以礼、叶德辉、王仁俊、张鹏一等人辑校本。

第三节 隋唐儒家类文献

隋唐时期，对于后世儒学理论发展有重大影响的儒家类文献，主要存在

① 永瑢等：《四库全书总目》卷九一《傅子》提要。

于文集之中，如韩愈的道统理论经北宋周敦颐、程颐，再到南宋朱熹的发挥逐渐构成了一套完整的理学体系，《昌黎先生集》中的《原道》、《原性》、《原毁》、《原人》、《原鬼》、《师说》等篇章，都成为儒学发展史中的重要文献。现存隋唐儒家类专书文献主要有隋代王通《中说》，唐代张弧《素履子》、林慎思《续孟子》等几种，更多有思想价值的儒家类文献以单篇形式存在于韩愈《昌黎先生集》、李翱《李文公集》、柳宗元《柳河东集》、刘禹锡《刘梦得文集》等文集之中。唐代重要的儒家类文献主要见于文集之中，故本节择要介绍了对于儒学理论发展起过重大作用的单篇文献所在的文集和隋唐较为重要的儒家类专书文献。兹举其要：

1.《中说》10卷，（隋）王通撰

王通（584—618)，字仲淹，绛州龙门（今山西河津）人。其《中说》是隋代最具代表性的儒学理论著作。王通去世后，其门人私谥为“文中子”，故此编别称《文中子》。

王通标榜孔学，以儒学为宗。据杜淹《文中子世家》，王通曾“学《书》于东海李育，学《诗》于会稽夏琠，问《礼》于河东关子明，正《乐》于北平霍汲，考《易》于族父仲华”。其书以《王道篇》为首，次之以《天地》、《事君》、《周公》、《礼乐》诸篇。王氏虽主儒学，但也主张“三教于是乎可一矣”(《中说·问易篇》)。王通的这一思想，对后世儒学的发展产生了一定影响。据《旧唐书·王勃列传》，王通“依《孔子家语》、扬雄《法言》例，为客主对答之说，号曰《中说》”。《旧唐书·经籍志》、《新唐书·艺文志》皆著录为“五卷”，而王福畤《王氏家中杂录》则云：“辨类分宗，编为十编，勒成十卷。”马端临《文献通考·经籍考》及王应麟《玉海》均作10卷。今本10篇依次为：《王道篇》、《天地篇》、《事君篇》、《周公篇》、《问易篇》、《礼乐篇》、《述史篇》、《魏相篇》、《立命篇》、《关朗篇》。书末附《叙篇》，以及杜淹《文中子世家》，王福畤《录唐太宗与房魏论礼乐事》、《东皋子答陈尚书书》、《王氏家书杂录》等。宋人阮逸为此书作注，题为《文中子中说注》。

此书传本主要有《四库全书》本、《四部丛刊》本、《续古逸丛书》本、《四部备要》本等。宋阮逸，明归有光、焦竑，清俞樾均有校注本。

2.韩愈的儒论文献

韩愈《原道》、《原性》、《原毁》、《原人》、《原鬼》、《师说》诸篇重要儒论文献，皆存于《昌黎先生集》中。《昌黎先生集》为韩愈门人李汉编，凡文30卷，诗赋10卷，宋人又辑外集10卷。

魏晋至隋唐之际，儒、佛、道三教斗争，互有消长，韩愈反对佛老，作《原道》以序儒家之统绪。“原道”意为探求“道”之本原，韩愈将儒家的“仁、义、道、德”作为先王之道，“君者出令者也，臣者行君之令而致之民者也，民者出粟米麻丝、作器皿、通货财以事其上者也”，先王之道自尧时即已开端，“尧以是传之舜，舜以是传之禹，禹以是传之汤，汤以是传之文、武、周公，文、武、周公传之孔子，孔子传之孟轲，轲之死，不得其传焉”，而自己的历史使命就是继承从尧舜到孟子的道统。韩愈还指责佛教、道教“去仁与义”，违背伦理纲常，导致财政危机，提倡“有为”，反对“虚无”，用《大学》修身、齐家、治国、平天下的理论来反对佛教只讲个人修身养性的出世原则，主张文化与历史皆由圣人创造，“如古之无圣人，人之类灭久矣”。这些篇章坚持孔孟儒学，其道统理论，经北宋周敦颐、程颐，再到南宋朱熹的发挥，就逐渐构成了一套完整的理学体系，对以后中国社会生活产生了巨大影响。

韩愈文集传至宋代，诸本互异，故有方崧卿参校众本，撰《韩文举正》一书。后朱熹复加详考订正，编为10卷。体例首摘正文一二字大书，考夹注于下，又于全集外别行。《四库全书总目》收录朱子撰《原本韩文考异》10卷、王伯大编《别本韩文考异》40卷《外集》10卷《遗文》1卷两种。后者为宋末王伯大音释本，《四部丛刊》影印元刊本附王伯大音释本，题《朱文公校昌黎先生文集》；又《西京清麓丛书续编》收此集，题《韩文考异》40卷附《外集考异》10卷、《遗文考异》1卷首1卷末1卷。1981年上海古籍出版社影印出版宋本《昌黎先生集考异》。屈守元、常思春等有《韩愈全集校注》，四川大学出版社，1996年。

3. 李翱的儒论文献

李翱《复性书》三篇，是唐代重要的儒论文献，收入《李文公集》中。李翱追随韩愈“性三品”说而修正其观点，以《中庸》为理论根据，发展孟子“性善”说，提出“性善情恶”说，认为“性”是先天的内在本质，是善的，是第一性的；“情”是后天的外在表现，是恶的，是第二性的。“无性则情无所生矣”，“情不自情，因性而情；性不自性，由情以明”，受喜、怒、哀、惧、爱、恶、欲七情的迷惑，性善不能得到扩充。因此李翱主张去情复性，通过“视听言行，循礼而动”，“忘嗜欲而归性命之道”，“能尽其性，则能尽人之性”，“能尽物之性”，“弗虑弗思”，“知本无有思，动静皆离”等方法，最后达到“广大清明，照乎天地，感而遂通天下”的至诚境界，这便是复性。

李翱在《复性书》中所推崇的《中庸》，与其师韩愈所推崇的《大学》，到了南宋与《论语》、《孟子》并称为“四书”，成为古代学者必读的经典。李翱虽然与韩愈一样，也反对佛教，但并不彻底，《复性书》中被认为夹杂了佛教思想。韩愈与李翱，同开宋明理学的先河。

除《李文公集》外，《习之先生全集录》中亦收载有《复性书》。前者主要有明季海虞毛氏汲古阁《三唐人文集》本、《四部丛刊》本，后者主要以《唐宋十大家全集录》本行世。四川大学古籍整理研究所编《诸子集成续编》（四川人民出版社，1998年）中，亦收有李翱《复性书》。

4. 柳宗元的儒论文献

柳宗元（773—819），字子厚，河东（今山西永济）人。世称“柳河东”、“河东先生”。贞元进士，曾参与王叔文政治革新集团，败后贬永州司马，后改柳州刺史，故又称“柳柳州”。《柳河东集》45卷、《外集》2卷、《补遗》1卷，又称《河东先生集》。

《柳河东集》中，《天对》、《天说》、《答刘禹锡天论书》、《封建论》、《四维论》、《守道论》、《时令论》、《断刑论》、《六逆论》、《曹溪第六祖赐谥大鉴禅师碑》、《送元十八山人南游序》、《送僧浩初序》等文，为儒学理论重要文献。《天说》、《与刘禹锡论周易九天书》诸文，驳斥了韩愈的天有意志的观点，认为“彼上而玄者，世谓之天。下而黄者，世谓之地。浑然而中处者，世谓之元气。寒而暑者，世谓之阴阳。是虽大，无异果蓏、痈痔、草木也”。在《天对》、《答刘禹锡天论书》等文中，柳宗元回答了屈原《天问》中提出的一系列问题。《时令论》、《断刑论》等批判了天人感应说。《封建论》批驳了复古主义论点，指出“封建非圣人意也，势也”。《曹溪第六祖赐谥大鉴禅师碑》主张儒、释、道三教合流。《送元十八山人南游序》称赞元十八对于儒、释、道“悉取向之所以异者，通而同之，搜择融液，与道大适。咸伸其所长，而黜其奇衰，要之与孔子同道”。柳宗元虽主张三教合流，但基本思想仍为儒家思想，认为“儒以礼立仁义，无之则坏，是故离礼于仁义者，不可与言儒”，“圣人之为教，立中道以示于后。曰仁、曰义、曰礼、曰智、曰信，谓之五常，言可以常行者也”。

《柳河东集》原本为刘禹锡编辑，共30卷，《新唐书·艺文志》、《宋史·艺文志》及《明史·艺文志》皆有著录。至北宋时期，传本已稀，宋仁宗时有穆修编辑45卷本，宋徽宗时有沈晦《四明新本河东先生集》本等，今皆不传。今本为宋代世彩堂刻本，题为《河东先生集》。南宋以后，此书传本很多，为此书作注释者也较多，主要版本有《四库全书》本、《四部丛刊》本、

《四部备要》本、《万有文库》本、《国学基本丛书》本，又有1960年中华书局排印本等。

5.《续孟子》2卷，（唐）林慎思撰

林慎思，字虔中，长乐（今属福建）人。咸通十年（869）进士，十一年又中宏词拔萃魁，授秘书省校书郎，兴平尉，除尚书水部郎中，守万年县令。黄巢义军起，被执而死。

《续孟子》一书，《崇文总目》及郑樵《通志·艺文略》皆著录为2卷，与今本合。《崇文总目》载慎思之言曰："《孟子》七篇，非轲自著书，而弟子共记其言，不能尽轲意，因传其说演而续之。"其书共14篇，大抵就孟子之言，推阐以尽其义，其间不自己立论，而必假借姓氏，与《庄子》、《列子》之寓言相类。《四库全书总目》云："昔扬雄作《太玄》以拟《易》；王通作《中说》以拟《论语》，儒者皆有僭经之讥。蔡沈作《洪范九畴数》，《御纂性理精义》亦以其僭经，斥之不录。慎思此书，颇蹈此弊。然唐时《孟子》不号为经，故马总《意林》与诸子之书并列，而韩愈亦与荀、扬并称，固不能以后来论定之制为慎思责矣。"① 四库馆臣所言颇为公允，《孟子》一书，宋代以前颇类诸子，研究者甚少，故《续孟子》2卷，价值自在，《四库全书》收入此书，也是颇有眼光的。

此书主要版本有《函海》本，《知不足斋丛书》本、《子书百种》本等。

6.《素履子》1卷（一说3卷），（唐）张弧撰

张弧，生平、里籍皆不可考。其书《新唐书·艺文志》、晁公武《郡斋读书志》、陈振孙《直斋书录解题》、尤袤《遂初堂书目》皆未著录。唯郑樵《通志·艺文略》、《宋史·艺文志》有之。《通志·艺文略》、《宋史·艺文志》皆作1卷，今本3卷，可能系后人析而分之。

《素履子》以《履道》、《履德》、《履忠》、《履孝》等名分目，凡14篇。《四库全书总目》云："盖其词义平近，出于后代，不能与汉魏诸子抗衡，故自宋以来，不甚显于世。宋濂作《诸子辨》，亦未之及。然其援引经史，根据理道，要皆本圣贤垂训之旨，而归之于正，盖亦儒家者流也。"②

此书主要有《道藏》本、《范氏奇书》本、《函海》本、《廿二子全书》本、《百子全书》本、《艺海珠尘集》本、《养素轩丛录第三集》本、《丛书集成初编》本等。

---

① 永瑢等：《四库全书总目》卷九一《续孟子》提要。

② 永瑢等：《四库全书总目》卷九一《素履子》提要。

第四节　宋元儒家类文献

宋元明三代，理学昌明，儒论文献著作虽然数量激增，但却大都与理学相关，今将传统上认为与理学关联较小、而又阐发了儒学理论的重要专书文献，举要如下：

1. 孙复的儒论文献

孙复儒论文献今主要存于《孙明复小集》中。他提倡儒家“道统”：“吾之所以道者，尧、舜、禹、汤、文、武、周公、孔子之道也；孟子、荀卿、扬雄、王通、韩愈之道也。”（《信道堂记》）排斥佛、道二教，号召儒者“鸣鼓而攻之”（《儒辱》、《无为指》等）。主张“文以载道”：“文者，道之用也；道者，文之本也”（《睢阳子集补》）。欧阳修曾说：“师道废久矣！自明道、景祐以来，学者有师，惟先生（故瑗）暨泰山孙明复、石守道三人”（胡先生墓表）。《宋史》本传说：“泰山先生授学不如安定先生，然治经胜之，颇有陆淳之风，然又增新意。”

孙复著作除《春秋尊王发微》外，其余久佚，后人自《宋文鉴》、《宋文选》中搜集遗文，编为《孙明复小集》1 卷，共存文 19 篇，诗 3 篇，并附欧阳修所作墓志铭。

《孙明复小集》主要版本有《四库全书》本、《全宋文》本。

2. 石介的儒论文献

石介（1005—1045），字守道，一字公操，兖州奉符（今山东泰安东南）人。曾讲学徂徕山下，故学者称为徂徕先生，因以名集。石介是孙复弟子，与其师及胡瑗并称“宋初三先生”。

《徂徕集》较为全面地反映了石介的儒家立场，他批判杨亿“盲天下人目，聋天下人耳，不闻有周公、孔子、孟轲、扬雄、文中子、韩吏部之道”（《怪说中》）。他盛赞韩愈，认为孔子是“圣人之至”，而韩愈是“贤人之至”，儒家的道统“塞辟于孟子，而大明于吏部”；“不知更几千万亿年复有孔子，不知更几千百数年更有吏部。孔子之《易》、《春秋》，自圣人来未有也；吏部《原道》、《原人》、《原毁》、《行难》、《禹问》、《佛骨表》、《诤臣论》，自诸子以来未有也。”（《尊韩》）石介的道统思想上承韩愈、李翱，下启有宋一代，影响深远。

《徂徕集》有清康熙五十五年（1716）刻本、乾隆中刊本、《四库全书》

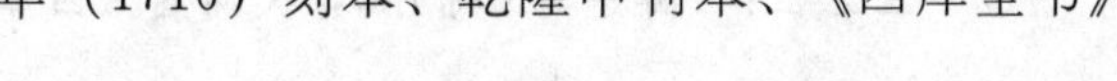

本、振绮堂抄本、《全宋文》本传世。

3.《节孝语录》1卷，（宋）徐积撰

徐积（1028—1103），字仲车，楚州山阳（今江苏淮安）人。登进士第，政和六年（1116）赐谥节孝处士，事迹入《宋史·卓行传》。

《节孝语录》一书，为其门人江端礼所录，马端临《文献通考·经籍考》载录1卷，与今传本相合。《四库全书总目》认为，该书说经之条，颇多纰缪，“然积笃于躬行，粹于儒术……大致皆论事论人，无空谈，性命之说，盖犹近于古之儒家”①。

关于《节孝语录》的版本，明刻本为现存最早刻本，又有清康熙间刻本、《四库全书》本，《楚州丛书》第一集《节孝先生集》附《节孝先生语录》1卷、《事实》1卷。

4.《儒志编》1卷，（宋）王开祖撰

王开祖，字景山，永嘉（今浙江温州）人。皇祐五年（1053）进士，试秘书省校书郎，佐处州丽水县，既而退居郡城东山，设塾授徒，学者尊称儒志先生，年仅32岁而卒。其著作多湮没不存。

据《四库全书总目》，此编为作者生平讲学之语，旧无刊本。而据原序，本书系明代王循官永嘉时，搜访遗佚，编辑成帙，因王开祖当时有儒志先生之称，故题作《儒志编》。但是，《宋史·艺文志》著录王开祖《儒志》1卷，则此书并非汪循所辑，或者原本残缺，汪氏为之补订刊刻而已。当时濂洛之学尚未大盛，诸儒为学犹各尊所闻，各自为说。孙复号为名儒，而尊扬雄为模范；司马光三朝耆宿，亦疑孟子而重扬雄。而王开祖独不随波逐流，相与讲明孔孟之道：“述尧舜之道，论文武之治，杜淫邪之路，辟皇极之门。”②此书是研究永嘉学派的重要文献，对研究北宋时期的儒学发展有较高参考价值。

此书有《四库全书》本，乾隆间童基刊本，冒广生《永嘉诗人祠堂丛刻》本。

5.《孔子集语》3卷，（宋）薛据辑

薛据，字叔容，永嘉（今浙江温州）人。官至浙东常平提举。宋人林景熙《二薛先生文集序》曰：“薛氏世学盖三百年，最后玉成公学于慈湖杨敬仲，刊华据实，犹程门绪余……以弓冶授其子叔容。公志弘力毅，负荷千年，

① 永瑢等：《四库全书总目》卷九二《节孝语录》提要。
② 王开祖：《儒志编·原序》，文渊阁《四库全书》本。

念圣远言湮，为《孔子集语》二十卷。”[①] 今本仅有3卷20篇，盖旧时以一篇为一卷，后人并之，是为今本3卷。

此书共采录书籍30余种，《凡例》称《曾子》、《大戴礼》、《孔丛子》、《孔子家语》4种全书及《左氏》、《庄子》、《荀子》、《列子》概不采及，唯见于他书者采之。四库馆臣云：“《孔子世家》列在正史，不僻于《孔丛》、《家语》；且既云不录《大戴礼记》，而‘颜叔子第十二’乃又引其一条，亦自乱其例。至引《说文》‘黍可为酒、禾入水也’，‘一贯三为王’，‘推一合十为士’等语，并数条为一条，义不相贯，尤为失伦。他若《韩非子·说林下》、《内储说上》、《内储说下》、《外储说左上》、《外储说右下》、《难一》、《难三》诸篇，可采者几二十条，而此书所引仅三条；若《淮南子·主术训》、《缪称训》、《齐俗训》、《道应训》、《人间训》、《泰俗训》诸篇，所可采者不下十余条，而此所引者亦仅三条。则其余挂漏，可以概知。”[②] 但此书所录，尚多秦、汉古书，残篇断句，或可藉此以仅存，资料价值自存其间。

《中国丛书综录》将此书排在《孔子家语》之后，盖因此书之序列，乃按书中所载内容之时代先后，而非最初撰辑者时代之先后。《四库全书总目》将其排于宋陈模撰《东宫备览》之后，按最初撰辑者时代先后顺序。

此书有明代钟人杰刊本，《唐宋丛书》本，《四库全书》本及《子书百种》本等；以范钦天一阁刊本为佳。

6.《西畴老人常言》1卷，（宋）何坦撰

何坦，字少平，号西畴，南宋江西广昌盱江人。淳祐十一年（1251）进士。历官靖州、江陵府教授，知将乐县，擢知连州。累迁宝谟阁学士、广东提刑。坦精于吏治，弹劾贪官，不徇私情，史有“廉平之行，为岭南首称”之赞。著有《常言》、《南华要旨》等。

是编分讲学、律己、应世、明道、莅官、原治、评古、用人、正弊9门，大抵因旧说而衍之。其《讲学》篇谓“子贡谓性与天道不可得而闻”，而以后世学者“窃袭陈言，自谓穷理尽性，亦妄矣”。《明道》篇：“儒者之待异端，甚于拒寇敌”，盖皆有为而发。至于《讲学》篇：“人心如槃水也，措之正则表里莹然，微风过之，则湛浊动乎下，而清明乱乎上矣。夫水方未动时，非有以去其滓污也，澄之而已；风之过，非有物入之也，挠动则浊起而清自乱也。”所见颇近于禅。又谓孟子之辟杨、墨，深排峻拒，词费而力殆，其说皆

① 林景熙：《霁山文集》卷五，《知不足斋丛书》本。

② 永瑢等：《四库全书总目》卷九二《孔子集语》提要。

不可训也。

此书有《说郛》本、《百川学海》本、《丛书集成初编》本等。

7.《迩言》12卷，（宋）刘炎撰

刘炎字子宣，括苍（今浙江丽水东南）人。

此编共分十二章，分别为《成性》、《存心》、《立志》、《践行》、《天道》、《人道》、《君道》、《臣道》、《今昔》、《经籍》、《习俗》、《志见》等。《四库全书总目》认为："其立言醇正笃实，而切于人情，近于事理。无迂阔难行之说，亦无刻核过高之论。"① 这在南宋诸儒著作中，殊为难得。如论"井田"、"封建"云："成之非一日，其坏也亦非一朝之故，不必泥其制也。能存其意，亦足以为治矣。"② 再如论"节义之士如之何而党锢"曰："君子百是，必有一非；小人百非，必有一是。天下士至不少矣，岂必登龙门仙舟者皆贤，不在此选者皆不肖耶？更相题表，自立祸的者也，人岂能祸之哉？"③ 又如"或问学圣贤之道者，其流亦有偏乎？曰：近闻之真公，学而至之，乌得偏；学而不至，虽孔、孟门人，不能无偏。能溯其源，归于正矣；不然，毫厘之差，其谬逾远"。④《四库全书总目》对作者所论倍加称许，认为"是足为学二程而不至者之戒也。如此之类，皆他儒者心知其然而断不出之于口者。炎独笔之于书，可谓光明磊落，无纤毫门户之私矣"⑤。

此书主要版本有《四库全书》本等。

8.《公是先生弟子记》4卷，（宋）刘敞撰

此编题作"弟子记"，似由其弟子记录而成，但晁公武《郡斋读书志》却认为，此书为刘敞自记问答之言，并非由其弟子记录而成；书中以问答体阐述自己研经后的体会，并对王安石的"新学"观点进行了批驳，对程颢、程颐、欧阳修、苏轼等人亦有所指斥，认为"淫声出乎律吕，而非所以正律吕也"，"小道生乎仁义，而非所以明仁义也"。"八音不同物而同声，同声乃和；贤能不同术而同治，同治乃平"。"忘情者自以为达，悖情者自以为难，直情者自以为真，三者异造而同乱"。"学不可行者，君子弗取也；言不可用者，君子弗询也"。"无为而治者，因尧之臣，袭尧之俗，用尧之政，斯孔子谓之无为也"。诸如此类，都为有感而发。至于其称老子之"无为"，

① 永瑢等：《四库全书总目》卷九二《迩言》提要。
② 刘炎：《迩言》卷八，文渊阁《四库全书》本。
③ 刘炎：《迩言》卷九，文渊阁《四库全书》本。
④ 刘炎：《迩言》卷十，文渊阁《四库全书》本。
⑤ 永瑢等：《四库全书总目》卷九二《迩言》提要。

则为王安石新法所发；辨孟子之人皆可以为尧舜，则为王安石自命为圣人发，故其说不免稍激。作者为学独抱遗经，狷于声誉，不与伊、洛诸人倾意周旋，故其著作亦一仍其人，在北宋诸儒著作中，独树一帜，有很高的学术价值。

刘敞《墓志》及《宋史·刘敞传》均著录是书为5卷，《郡斋读书志》作1卷，清修《四库全书》厘为4卷。有《四库全书》本及《知不足斋丛书》本。

9.《项氏家说》10卷、《附录》2卷，（宋）项安世撰

项安世（？—1208），字平父，湖北江陵人。孝宗淳熙二年（1175）进士，光宗时官至校书郎，庆元党禁时上书请留朱熹，为言者劾罢；开禧用兵，起知鄂州，除户部员外郎、湖广总领，后被免职。著有《周易玩辞》、《平安悔稿》诸书。

此编为项安世阅读经史，条记所得，积以成编。陈振孙《直斋书录解题》记载，庆元中，项安世得罪时论，谪居江陵，杜门潜心，起居不出一室。该书《宋史·艺文志》著录为10卷，《附录》4卷，又别出《孝经说》1卷，《中庸说》1卷。《直斋书录解题》著录情况与此相同。

《项氏家说》自明初以来，传本久佚。唯散见于《永乐大典》中，清修《四库全书》时，馆臣自《永乐大典》中按篇辑出，是为今本。卷一、卷二为《易说》；卷三《书说》；卷四《诗说》；卷五《周礼》；卷六《礼记》；卷七《论语》、《孟子》，以上为说经篇。卷八至卷一〇先为《说事篇》，次《说政篇》、《说学篇》。陈振孙《直斋书录解题》记载，《附录》4卷分别为《孝经》、《中庸》、《诗篇次》、《邱乘图》，各为1卷。原各为单书并行，以后才取之附于此书之后。四库馆臣从《永乐大典》中仅得《考经说》、《中庸臆说》两书，附于书后，仍为《附录》2卷，其余则已散佚。《四库全书总目》对本书及作者评价颇高："安世学有体用，通达治道，而说经不尚虚言，其订核同异，考究是非，往往洞见本原，迥出同时诸家之上。"①

《项氏家说》除《四库全书》收载外，还有清代许氏刊卢文弨校本、闽刻本及杭州刻本，而以卢校本为最佳。

10. 陈亮的儒论文献

陈亮（1143—1194），字同甫，永康（今属浙江）人。浙东事功学派中永康学派的代表人物，曾被誉为"人中之龙，文中之虎"，著有《龙川文集》

① 永瑢等：《四库全书总目》卷九二《项氏家说》提要。

30卷。

《龙川文集》是陈亮一生著述的总汇，卒后不久由其子陈沆编辑而成，人称陈亮为“龙川先生”，故以之名集。此书《宋史·艺文志》、《明史·艺文志》均著录为40卷，题《龙川集》；叶適为此书序亦称40卷，故《四库全书总目》认为，今本30卷，“盖流传既久，已多佚阙，非复当时之旧帙”①。今本虽属残本，所幸散佚不多。其中《上孝宗皇帝书》、《中兴论》、《问答》、《酌古论》、《四铭说》、与朱熹辩论“王霸”的七封书信，以及《与应仲实》、《西铭说》等，为研究陈亮儒学思想的重要文献。《龙川文集》为永康学派学说的集大成著作，为研究陈亮思想、永康之学的学术思想体系，与其他学派的关系及其渊源、发展等许多重要问题，提供了丰富的材料。

《龙川文集》有明成化年间刻本、《四库全书》本、《金华丛书》本、《四部备要》本等。1974年中华书局标点本，题《陈亮集》；《全宋文》亦收录陈亮有关儒论的文章。

11. 薛季宣的儒论文献

薛季宣少师袁溉，传河南二程之学，后与朱熹、吕祖谦等相往来，多所商榷。薛季宣一生学问淹博，自六经、诸史、天官、地理、兵、农、乐律、乡遂、司马法以至于隐书、小说、名物、象数，无不搜采研贯。学术源自二程，但又重视事功，突破了二程的传统，其书《浪语集》主张学问必须“经世”，要能够“施之实用”，提出了理学要兼重事功的观点，所论重于人事而略于天道，所言亦颇切于实事，主张“教人就事上理会，步步着实，言之必使可行，足以开物成务”，提出“求经学之正，讲明时务本末利害”以及“无为空言，无庚于行”的主张。同时，不同意朱熹、陆九渊的理学，认为“道”存在于事物本身之中，离开了具体的客观事物就不可能有抽象的“道”存在；在提倡功利之学的同时，反对脱离实际的烦琐议论，反对空谈天命性理，认为“彼天之道何与于人之道”，主张天道与人道不一定彼此相符。薛季宣之后，陈傅良、叶適等递相祖述，遂成永嘉之学。

薛季宣一生著述亦颇多，薛季宣侄孙，知抚州事薛旦于宝庆二年（1226）编辑刊行《浪语集》，其中包括《中庸解》、《大学解》、《考正握奇经》等内容。该集至明已佚，有抄本流传，讹脱颇甚。《四库全书》据抄本重新校正收录。又有金陵书局刊本，《永嘉丛书》收录时书名题作《艮斋先生薛常州浪语

---

① 永瑢等：《四库全书总目》卷一六一《龙川文集》提要。

集》；《全宋文》亦收录季宣有关儒论的文章。

12. 陈傅良的儒论文献

陈傅良（1137—1203），字君举，号止斋，温州瑞安（今属浙江）人。陈傅良师事薛季宣，与其师共同继承周行己、许景衡、刘安宗、刘安上等“永嘉九先生”思想，为学重“经世致用”，主张“一事一物，必稽于极而后已”，反对性理空谈，开永嘉学派先声。著有《止斋文集》51卷、《附录》1卷。

《止斋文集》为陈傅良一生著作的汇编，由门人曹叔远编辑，前后各有叔远序1篇，正文中诗9卷，文42卷，杂文8篇为1卷，《附录》所载为楼钥所撰《神道碑》，以及叶適、蔡幼学所撰《墓志》与《行状》。陈傅良的儒学理论思想，主要集中在正文及杂文部分。在文集中，陈傅良反对性理空谈，力主“师古而实自用”、“经世致用”、“实事实理”。曹叔远编辑文集时，凡乾道以前少年之作，尽削不存，所取断自乾道三年丁亥（1167），迄于嘉泰三年癸亥（1203）。

《止斋文集》有《四库全书》本、《摛藻堂四库全书荟要》本、《永嘉丛书》本、《四部丛刊》本（题作《止斋先生文集》）；《全宋文》亦收录傅良有关儒论的文章。

13.《习学记言》50卷，（宋）叶適撰

叶適（1150—1223），字正则，永嘉（今属浙江）人。晚年居永嘉城外水心村，人称水心先生。其思想源于薛季宣、陈傅良，为永嘉学派集大成者。

据其门人孙之宏《习学记言序》称：“初，先生辑录经史百家条目，名《习学记言》，未有述。自金陵归，间研玩群书，更十六寒暑，乃成《序目》五十卷。”可知这部带有批判性的学术著作，是作者于开禧三年（1207）被劾归里后，于晚年写成的。全书包括论经14卷，论诸子7卷，论史25卷，论文鉴4卷。作者在书中阐述了自己的儒学理论思想。叶適怀疑《大学》中格物、致知、正心、诚意、修身、齐家、治国、平天下的程序，指出一个心未正、意未诚、国家天下之事都没有接触过的人，是谈不上“格物穷理”的，认为怎样格物穷理，《大学》本身没有讲清。此书标志着宋学中以叶適为集大成者的永嘉学派与程朱理学、陆氏心学的鼎足而立。

此书主要版本有明抄本、《四库全书》本、光绪十一年（1885）瑞安黄体芳刻本、民国十七年（1928）永嘉黄群校《敬乡楼丛书》本，1976年中华书局将叶適《习学记言序目》分上下两册出版。

除了《习学记言》，《水心先生文集》也是研究叶適儒学思想以及浙东永嘉学派系统学说的重要参考文献。此书主要版本有明抄本、《四库全书》本、

《四部丛刊》本。中华书局于 1961 年将叶適的《水心文集》与《水心别集》合编为《叶適集》出版。

第五节 明代儒家类文献

明代官方尊崇程朱理学，科举以程朱理学家对经书的注释作为标准注本，程朱理学出现前所未有的盛况。但由于程朱理学自身的思想体系局限，使有社会责任感的部分儒者感到不满，开始向陆九渊心学靠拢，经陈献章而湛若水、王阳明，心学大盛。无论程朱理学还是陆王心学，都还是性理之学，与明代理学昌明成对比的是，同时出现了个别对理学进行批判的声音，其中的主要代表为泰州学派。泰州学派的创始人王艮为王阳明高足，但王艮主要是面向下层民众说法，发挥百姓日用之学，使原本神圣的儒家道学成为愚夫愚妇能知能行者。王艮的学说预示着宋明理学危机的加深和崩溃，已与王阳明的思想相差甚远，而泰州后学中，更有罗汝芳、李贽等被认为是异端的儒者，他们的著作更是对理学提出了尖锐的批判，不宜再列为性理类，因此归入儒家类文献。此外，王廷相《雅述》、《慎言》等著作，也都对宋以来的理学思想提出了批判，一并列入儒家类文献。举要如下：

1.《近溪子明道录》8 卷，(明) 罗汝芳撰

罗汝芳 (1515—1588)，字惟德，号近溪，江西南城人。

泰州之学开创者王艮有"良知现在自在"的思想，经王襞、徐樾等人推阐发挥，至罗汝芳融合易与禅，提出"赤子良心，不学不虑"的宗旨，将良知现成的思想发展到极端。

本书主要版本有明万历十三年刻本。罗汝芳又有《盱江罗近溪先生全集》12 卷传世。又有陈履祥辑《罗子要录》1 卷，万历十八年孙一奎刻本。

2.《耿天台先生全书》16 卷，(明) 耿定向撰

耿定向 (1524—1596)，字在伦，号天台，黄安 (今湖北) 人。

泰州之学的中心观念"百姓日用即道"、"顺适自然"至罗汝芳达其极，泰州后学中力量无过于罗汝芳者。颜山农与何心隐，特立独行耸动当时，但哲学理论皆甚平淡。耿定向继承王阳明、王艮的学说。是书卷一《耿子庸言》，卷三《与李公书》、《与焦弱侯》、《与周柳塘》、《与王龙溪先生》等篇阐述了"真机不容已"的观点，所谓"真机"，即良知，此良知合心性为一；卷七《宗教译》、《净土译》、《六通译》、《心经译》等篇主张儒佛同一，佛为

儒用。

《耿天台先生全书》主要版本有明万历二十六年刘元卿刻本《耿天台先生文集》20卷。

3.《澹园集》49卷，（明）焦竑撰

焦竑（1541—1620），字弱侯，号漪园，又号澹园。师耿定向。著《养生图解》，取历代太子可为效法之事编为一书，配以绘图，欲进上太子，以同官反对未上。著作有《澹园集》49卷，《澹园续集》27卷，《焦氏笔乘》6卷，《笔乘续》8卷，《老子翼》、《庄子翼》等书。

泰州之学以修身立本为宗旨，百姓日用为途径，有极强平民色彩，至焦竑研究经史，旁通释道典籍，熔铸成一个融合儒释道三教，以知性求仁为宗旨，经史百家为辅翼，由博反约为方法的新系统，在泰州后学中别开一脉。《澹园集》卷一四《国朝从祀四先生要语序》提出“知性”作为为学宗旨，卷四《原学》、卷一二《答友人问》、卷四八《古城问答》、卷四九《明德堂问答》等篇讨论了知性复性问题。卷一二《答耿师》、《答友人问》，卷一六《刻大方广佛华严经序》，卷三六《释家》，卷四六《刻苏长公集序》等篇中论述了儒释不二的观点。焦竑还吸收了道家的性命之说，《澹园集》卷一四《老子翼序》、《庄子翼序》，卷一六《盘山语录序》，卷二六《读庄子七则》都有焦竑对道家的专论。

是书主要传本有明万历三十四年黄云蛟刻本《焦氏澹园集》49卷，1999年中华书局出版校点本《澹园集》。

4.《焚书》6卷，（明）李贽撰

李贽（1527—1602），本姓林，原名载贽，后易姓李，名贽，字卓吾，号宏甫，福建泉州人。因泉州为宋温陵禅师居地，故又自号温陵居士。曾受学于王畿，又从罗汝芳问学，他的中心观念“童心说”就是得自泰州之学。嘉靖三十一年（1552）举人，弃会试不赴。曾官共城知县、国子监博士、姚安知府。后弃官寓居黄安、麻城等地。曾讲学于麻城，听者数千，兼杂妇女。晚年往来于南北两京各地，被诬下狱，自刎死。著述极富，主要有《藏书》、《续藏书》、《焚书》、《续焚书》、《李温陵集》等。

李贽的思想体现了传统观念压抑下知识分子要求返归本真自我，还人性以自由的时代潮流。他的思想是自王艮开创，由王畿、罗汝芳推阐发挥的自信自立、一空依傍、面向下层民众生活、不空谈心性的泰州之学基本精神在明代后期社会背景下发展的结果。《焚书》中提出了著名的“童心说”。《藏书》中对古人提出批评。李贽的学说受到张鼐、袁中道、汤显祖等具有自由

精神的学者的赞扬，却遭到了据守儒家营垒的正统派儒者多方批判。如明末东林党领袖顾宪成批评“李卓吾大抵是人之非，非人之是，又以成败为是非而已。学术到此，真成涂炭，惟有仰屋窃叹而已，如何如何！”① 此外，王夫之、方以智、黄宗羲等人都对李贽提出过批评。

《焚书》主要传本有明清间贝叶山房刻本、1961年中华书局点校本（1974年重印）。

5.《困知记》2卷、续记2卷、附录1卷，（明）罗钦顺撰

罗钦顺（1465—1547），字允升，号整庵，江西泰和人。弘治六年（1493）进士，授编修，迁南京国子监司业。历任至吏部右侍郎，转左侍郎，摄尚书事，迁南京吏部尚书、礼部尚书。后辞官归里，潜研“格物致知”之学20余年，究心于穷理、存心、知性之际。时王守仁“心学”大盛，大江南北翕然从之。罗却不以为然，尝与王阳明往返探究致知与格物的关系，认为“通天地，亘古今，无非一气而已”。著有《困知记》、《整庵存稿》、《罗整庵集》。

本书又名《罗整庵先生困知记》，为罗钦顺理学言论汇编。是书前记凡百五十六章，成于嘉靖七年（1528），续记补《困知记》意犹未尽者，共百十三章，成于嘉靖十年（1531），附录为罗氏与当时人论学书信6篇。该书每章少则数十字，多则数百字，论述了理气、心性、格物穷理、理一分殊、道心人心等方面的问题，批判了释氏“明心见性”之说，以及谈道者“往往假儒书以弥缝佛学”的做法。

《困知记》主要版本有明刊《三先生语录》本（还包括胡居仁《居业录》、薛瑄《读书录》），清康熙九年（1670）刘炳刊本、《四库全书》本、日本万治元年刊本、《丛书集成初编》本等。清王绂撰《读困知记》，见《汪双池先生丛书·浙刻双池遗书十二种》。又有阎韬点校本，中华书局1990年出版。

《整庵存稿》20卷，主要版本有《四库全书》本，《正谊堂丛书》本，《丛书集成初编》本。《罗钦顺集》1卷，有清康熙中五经堂刻道光五年（1825）洪洞张恢等修补印《广理学备考》本。

6.《慎言》13卷，（明）王廷相撰

王廷相（1474—1544），字子衡，号浚川，潞州（今山西长治）人。弘治八年（1495）21岁乡试中举，正德三年（1508）进士及第，授翰林院庶吉士。任兵部给事中，因忤中官刘瑾、廖镗，被诬下狱，谪赣榆县丞。后历官

① 顾宪成：《泾皋藏稿》卷五，清光绪刻《顾端文公遗书》本。

山东提军副史、湖广按察史、四川巡抚右副御史、南京兵部尚书、都察院右都御史、兵部尚书、太子少保、太子太保等职。后因事革职为民。卒谥肃敏。主要著作有《慎言》、《雅述》和《王氏家藏集》等。

《慎言》成于嘉靖六年（1527），共13篇，分别为《道体篇》、《乾运篇》、《作圣篇》、《问成性篇》、《见闻篇》、《潜心篇》、《御民篇》、《小宗篇》、《保傅篇》、《五行篇》、《君子篇》、《文王篇》、《鲁两生篇》。王廷相于《慎言序》中批评诸儒"旁涉九流，淫及纬术，卒使牵合傅会之妄，以迷乎圣人中庸之执"，是书为积30余年所记，因"义守中正，不惑非道，此非'慎言其余'乎"，因以"慎言"为书名。

《慎言》见于《王氏家藏集》（41卷本除外）和《王浚川所著书》。王廷相著作今整理为《王廷相集》，由王孝鱼点校，中华书局1989年出版。

7.《雅述》2卷，（明）王廷相撰

是书撰于嘉靖十七年（1538），欲"挽返洙、泗之风"，以见"孔门之景"，而"述其中正经常足以治世者"，故书名"雅述"（《雅述序》）。

王廷相对周敦颐、邵雍、二程、张载、朱熹等理学家都有批评，故《明史》称其"博学好议论，以经术称，于皇历、舆图、乐律、河图、洛书及周、邵、程、张之书，皆有所论驳。然其说颇乖僻"。他有朴素的进化观，《雅述》下篇中说："儒者曰'天地间万形皆有敝，惟理独不朽'，此殆类痴言也。理无形质，安得而朽？以其情实论之，揖让之后为放伐，放伐之后为篡夺，井田坏而阡陌成，封建罢而郡县设，行于前者不能行于后，宜于古者不能宜于今，理因时致宜，逝者皆刍狗矣，不亦朽敝乎哉？"

是书有明嘉靖十七年（1538）谢镒刻本，又见于《王氏家藏集》（41卷本、54卷本除外）、《王浚川所著书》。王孝鱼点校《王廷相集》收入，中华书局1989年版。

第六节　清代儒家类文献

针对明末居敬主静、明心见性的理学及"束书不观、游谈无根"的王学末流所造成的种种积弊，清初儒学在理性反思与深层批判的基础上，形成了一股社会变革思潮。主要代表包括顾炎武、黄宗羲、王夫之、方以智等人，他们力矫晚明颓习，试图易主观玄想为客观考察，改空谈为实证，把学术研究领域扩大到自然和社会的众多实际领域。清初颜李学派对清代儒学思想的

发展，也产生了重要影响。颜李学派因创始人颜元与李塨而得名，主张“实文、实行、实体、实用”（《习斋记余》），批评宋明理学的空疏，崇尚“实学”，效法三代，力主复古。晚清的中国民族危机严重，儒学作为中国传统文化的主流面临西方思想文化的冲击。在此背景下，儒学为应对西方文化的挑战，产生了一些新主张。以唐鉴、倭仁、曾国藩为代表的宋学派重视“辅世”、“救时”，最为典型的是以“中学为体，西学为用”思想；以康有为为代表的维新派打出“孔教复原”的旗帜，继承今文经学传统，发挥《春秋公羊传》的思想学说，对传统儒学实行尊孟抑荀，对宋明理学实行崇陆王贬程朱，并用西方的进化论将儒家的变易思想、三世说改造为进化史观；以章炳麟、刘师培、邓实等为代表的“国粹派”主张发明国学，保存国粹，宣传儒家重夷夏之防的思想，借以鼓吹反清排满的民族主义，并通过为古文经辩诬，批驳康有为的孔子托古改制说。

清代儒学思想更为丰富，儒学文献也更为复杂，更多的儒学著述以单篇文献的形式存在，数量众多，内容丰富，尚需要进一步的整理与研究。本编仅举部分专书文献如下，并将已查到的部分单篇文献附列于后。

1.《思问录》2卷，（清）王夫之撰

《思问录》第一卷内篇以探讨哲学问题为主，提出“目所不见，非无色也，耳所不闻，非无声也”，不赞同程、朱“理在气先”、“理在气上”之说，认为“气者，理之依也，气盛则理达”，又批判“废然无动而静”，认为“方动即静，方静即动，静即含动，动不舍静”，“一动一静，阖辟之谓也，由阖而辟，由辟而阖皆动也”。第二卷外篇涉及许多科学问题，包括阴阳、五行、历数、医学等，肯定自然和人类都是进化的。

《思问录》收入《船山遗书》中，有清光绪二十四年（1898）刻《王船山先生四种》本，1956年北京古籍出版社出版王伯祥点校《思问录》、《俟解》合刊本等。也收入岳麓书社1992年版《船山全书》。

2.《黄书》1卷，（清）王夫之撰

《黄书》为作者重视黄帝、倡导种族思想之代表著作，成书于顺治十三年（1656）。在本书中，王夫之提出“畛”之观念：“人不自畛以绝物，则天维裂矣。华夏不自畛以绝夷，则地综合利用裂矣。”① 他视黄帝时代为华夏畛域之界定者，对其他族系只“讲其婚姻，缔其盟会……甥舅相若，死丧相闻，水

① 《船山全书》编辑委员会：《船山全书》第12册，岳麓书社，1992年，第501页。

旱相周，兵戎相卫……名系一统，实存四国”①。

本书收入清光绪二十四年（1898）刊印的《王船山先生四种》。1956年北京古籍出版社出版《噩梦》、《黄书》合刊本。也收入岳麓书社1992年版《船山全书》。

3.《噩梦》1卷，（清）王夫之撰

《噩梦》成书于康熙二十一年（1682），自序云此书系“因时之极弊而补之”，因自知主张难以被采纳，故以“噩梦”名书。

关于田制，王夫之认为土地并不是“王者之所得私”，指出三代以下的弊政就在于赋税沉重，强豪兼并，他提出“有其力者治其地”的主张。王氏还在其他方面，如赋役、军制、吏治、科举等方面均提出具体改革主张。

本书收入《船山遗书》。有清光绪二十三年（1897）丰城余氏刻《宝墨斋丛书》本；次年刊印的《王船山先生四种》（一名《船山经世文钞》）亦收录《噩梦》、《黄书》、《俟解》、《思问录内篇》及《外篇》诸书。1956年北京古籍出版社出版《噩梦》、《黄书》合刊本。本书也收入岳麓书社1992年版《船山全书》。

4.《潜书》4卷，（清）唐甄撰

唐甄（1630—1704），原名大陶，字铸万，后更名甄，别号圃亭，四川达州人。顺治十四年（1657）举人，官山西长子县知县，不久罢归。侨居苏州，著述不辍。主要有《潜书》、《毛诗传笺合义》、《春秋述传》、《圃亭集》等。

《潜书》为其学术思想和政治思想之代表作。前后历经30年而成书。自谓“不忧世之不我知，而忧天下之民不遂其生。郁结于中，不可以已，发而为言”（《潜存》）。书仿《论衡》之体，初名《衡书》，意在权衡天下；以连蹇不遇，有“潜龙勿用”之象，遂改为《潜书》，意为潜而待用。全书先分上下两篇，每篇又各分上下，合4卷之数，共97目。上篇自《辨儒》始，至《博观》止，共50目，多言学术；下篇自《尚治》始，至《潜存》止，共47目，多言政治。其言学大旨上尊孟子，下及陆九渊、王阳明，宗王阳明致良知之说，认为事功出于心性之修养，心性修养应表现为事功，主张知行合一、气在理先。反对空谈心性。其论治则批判君主专制，主张均等，提出革新政治、整顿吏治、重用贤才、赏罚分明、重视学兵、鼓励农桑、富民为先等措施。《尊孟》一目以孟子为圣人，《宗孟》则谓治学应以孟子为宗。孟子主张民贵君轻，唐甄则谓“天子之尊，非天帝大神，皆人也”（《抑尊》），“天子虽尊，

① 《船山全书》编辑委员会：《船山全书》第12册，第534页。

亦人也”（《善游》）。还提出“位在十人之上者，必处十人之下；位在百人之上者，必处百人之下；位在天下之上者，必处天下之下”（《抑尊》），“接贱士如对公卿，临鄙夫如对上帝”（《善施》），“处身如农夫，殿陛如田舍，衣食如贫士”（《尚治》）等一系列主张，对后世影响很大。拒绝为唐甄撰写墓志的王源亦谓“其论学、论兵诸篇，卓识伟论，非近代所有”（《书唐铸万潜书后》）。梁启超更以此书为王符《潜夫论》、荀悦《申鉴》、徐幹《中论》、颜之推《家训》之亚（《中国近三百年学术史》）。章太炎称此书上承孟子、孙卿、王守仁，下启戴震（《章氏丛书·文录·征信论上》）。现代学者谓此书是我国启蒙思想史上的重要著作，开后世资产阶级思潮之先河。

此书初刻本仅13目，名《衡书》，后增为97目，更名《潜书》，唐甄婿王闻远为刻于康熙间。清修《四库全书》，馆臣以为是两本书，分别撰有提要，列入《存目》。又有光绪九年（1883）李氏刻本和三十一年邓氏翻刻本以及北京中华书局1955年点校本、1963年增订本、1984年重印本。1984年四川人民出版社出版有南充师范学院傅平骧、王璞等注释本。

5.《四存编》11卷，（清）颜元撰

颜元（1635—1704），字易直，又字浑然，号习斋，直隶博野（今属河北）人。8岁发蒙，从学于吴持明，得其器械、医药、术数之术。19岁，又师从贾珍，提倡“讲实话，行实事”。同年，中秀才，但无意仕进，“遂弃举业”。20岁“究天象、地理及兵略”。21岁“阅《通鉴》，忘寝食”。22岁学医。23岁“学兵法，究战守机宜”。26岁始知程朱理学之学旨，34岁以“周公之六德、六行、六艺，孔子之四教”为“正学”，静坐读书；而斥“程朱王为禅学、俗学所浸淫”，以为“非正务也”。力主恢复尧舜周孔之道，猛烈抨击程朱陆王学说，从原来笃信理学变成批判理学的杰出代表。62岁应郝公函之聘，主讲肥乡漳南书院，亲制“宁粗而实，勿妄而虚”的办学宗旨，弟子众多，其著名者100余人。高足李塨（1650—1733）继承和发展颜氏学说，后称“颜李学派”。颜氏主要论著有《四存编》及《总论诸儒讲学》、《上太仓陆桴亭先生书》、《性理评》、《漳南书院记》等文，初入《畿辅丛书》、《颜李丛书》，今编有《颜元集》上、下册。

《四存编》包括《存性编》2卷、《存学编》4卷、《存治编》1卷、《存人编》4卷。《存性编》旨在阐明“理气俱是天道，性形俱是天命”，反对程朱理学“气恶性善”之说。《存学编》则强调“习”、“行”的重要性，反对程朱理学空谈心性之弊。《存治编》本名《王道论》，主张“复井田”、“复封建”、“兴学校”。《存人编》原名《唤迷途》，劝世人不要迷信，反对佛教、道教思想。

颜元著述丰富，而流传不广，清修《四库全书》，只将其《存性编》、《存学编》、《存治编》、《存人编》列入《存目》。《四存编》版本，主要有清康熙刻本，清光绪五年（1879）定州王氏谦堂刻《畿辅丛书》的《颜习斋遗书》本，民国十二年（1923）北京四存学会出版的《颜李丛书》本，1957 年古籍出版社出版王星贤校点本等。1987 年中华书局出版《颜元集》，即以《颜李丛书》本为底本，以《畿辅丛书》本参校、整理而成，所收包括了颜元现存的全部学术著作，其中便有《存性编》、《存学编》、《存治编》、《存人编》。

颜元的主要研究资料还有钟錂辑《颜习斋先生言行录》2 卷，主要版本见于《畿辅丛书·颜习斋遗书·四存编》、《颜李丛书·四存编》、《丛书集成初编·哲学类》。又有民国徐世昌辑《习斋语要》2 卷，主要版本有《颜李学》本。

6.《圣经学规纂》，（清）李塨撰

李塨，21 岁拜颜元为师，不喜仕进，平居以行医、讲学、著述为事。李塨认为理在事中，“天事曰天理，人事曰人理，物事曰物理”。在知行关系上，主张知先行后。在政治理想上，赞同颜元“复井田”、“复学校”的主张，但不同意颜元的“复封建”说。

本书主要版本有《畿辅丛书·李恕谷遗书》本，《颜李丛书》本，《丛书集成初编》本。

李塨著作宏富，重要著作还有《论学》2 卷，主要版本有《畿辅丛书·李恕谷遗书》本、《颜李丛书》本、《丛书集成初编》本等；《讼过则例》1 卷，主要版本有《颜李丛书》本。又有民国徐世昌辑《恕谷语要》2 卷，主要有《颜李学》本。

7.《孔子集语》17 卷，（清）孙星衍撰

历代辑孔子之言者，见于著录的有梁武帝《孔子正言》20 卷，王勃《次论语》10 卷，以上二书已佚。现存者，有宋杨简《先圣大训》10 卷、薛据《孔子集语》2 卷、潘士达《论语外篇》20 卷，清人曹廷栋有《孔子逸语》10 卷，以上诸书皆不完备。嘉庆十六年（1811）孙星衍命族弟孙星海、侄婿龚庆检阅子史书籍，采录孔子遗言，仿刘向《说苑》、《新序》之例，各为篇目，以类相从，沿薛據之旧，仍名《孔子集语》。又就质于顾广圻、严可均，颇有增改，前后六年而书成。书分劝学、孝本、五性、六节、主德、臣术、交道、论人、论政、博物、事谱、杂事、遗谶、寓言等 14 篇，其中六艺、事谱、寓言又各分上下，共 17 卷。这些篇目，作者认为均是儒者立身行

政之要义。

《易》十翼、《小戴礼记》、《春秋左传》、《孝经》、《论语》、《孟子》中之孔子遗言，因举世皆知，故未采录；《孔子家语》、《孔丛子》，因行世已久，亦不采录；《史记·孔子世家》及孔门弟子传记，因容易见到，故不采录。该书采辑的范围，为上述诸书以外群经、传注、秘纬、诸史、诸子以及唐宋类书，凡涉孔子遗言，无论篇幅大小，一概录入，并注明出处。如两书所录不同，则兼收并蓄。遇有疑文脱句，酌加按语以证。此书广搜博采，至为繁富，较薛据、曹廷栋之书多出三倍之上，堪称历代辑孔子言论的集大成之作。

是书有《平津馆丛书》本、浙江书局刻本、《百子全书》本、《二十二子》本、《子书二十五种》本、1936 年上海广益书局叶慧晓校本（题《孔子集语集解》）、1989 年上海古籍出版社影印浙江书局刻本。今有郭沂整理本《孔子集语校补》，齐鲁书社 1998 年出版。

8.《默觚》3 卷，（清）魏源撰

《默觚》分《学篇》、《治篇》，《学篇》14 篇，《治篇》16 篇，编入《古微堂内集》。这是魏源的代表性哲学著作，主张经世致用。在《默觚》中发挥了“变古愈尽，便民愈甚”和“及之而后知，履之而后艰”的主张，实为近代中国改良思想的前驱。

《古微堂集》又有外集 7 卷，包括《孔子年表》、《孟子年表考》、《筹河篇》、《畿辅河渠议》及序、传、碑铭等文，论及社会政治、经济、文化等。

光绪四年（1878）淮南书局刻本《古微堂集》、宣统元年（1909）国学扶轮社印行的《魏默深文集》、1976 年中华书局出版的《魏源集》等书，均有收录。

9.《大同书》10 卷，康有为撰

《大同书》始作于光绪十一年（1885），而主要成于二十七年至二十八年（1901—1902）康有为避居印度期间，后又屡加增补。初稿名《人类公理》，后改《大同书》，取自《礼运》“大同”说。康氏依据公羊学说，把社会发展分为“据乱”、“升平”、“太平”三世，结合《礼运》“小康”、“大同”说，谓“升平世”为“小康”，“太平世”为“大同”。又参考佛学慈悲、基督教博爱、卢梭天赋人权、达尔文进化论以及西欧空想社会主义，设计了他的“大同世界”。全书分为人世界观众苦、去国界合大地、去级界平民族、去种界同人类、去形界保独立、去家界为天民、去产界公生业、去乱界治太平、去类界爱众生、去苦界至极乐等十部，以十天干标序。康有为认为当时的中国“据乱世”，须向已进入“升平世”的欧美各国看齐，然后才能进入“太平世”即

“大同”世界。其所描绘的“大同之世”，“既无帝王、君长，又无官爵、科第，人皆平等”，“天下为公，无有阶级，一切平等”。《大同书》是继黄宗羲《明夷待访录》之后又一篇反映儒家“经世”思想的大著，是清末今文经学与西方资产阶级哲学的结合。

此书原是未完的初稿，其中甲、乙两部曾刊载于1913年的《不忍杂志》，1919年印成单行本，全稿直到1935年才由中华书局出版。1956年北京古籍出版社出版了章锡琛、周振甫点校本。1985年江苏古籍出版社据上海博物馆、天津图书馆藏康有为原稿以坷理版影印出版，附有释文。

10.《訄书》，章炳麟撰

章炳麟（1869—1936），初名学乘，字枚叔，后更名绛，号太炎，后又改名炳麟，浙江余杭人。主要著作由后人编入《章氏丛书》、《章氏丛书续编》和《章氏丛书三编》，自1982年起上海人民出版社陆续出版《章太炎全集》，网罗繁富，有中国文化百科全书之称。

《訄书》始撰于甲午战争以后，光绪二十五年（1899）在苏州付梓，次年出版。共50篇，另补佚2篇，后经增订，删去戊戌变法时期主张改良的文章13篇，增加宣传反清革命以来文章24篇，编为63篇，另有前录2篇。1914年又做了修订，更名为《检论》。其中，《公言》、《原变》、《原人》、《原教》诸篇认为“天与上帝未尝有”，认识的源泉在客观世界，否认鬼神，宣传进化论，《订孔》、《儒法》、《学变》、《学蛊》诸篇是对儒家思想的审视与批判，《刑官》、《定律》诸篇受资产阶级民主观念影响。

此书版本较多，主要有光绪间苏州刻本、光绪三十一年（1905）排印本、1958年中华书局本、上海古典文学出版社本等。

11.《翼教丛编》6卷，苏舆撰

苏舆（1872—1914），一字厚庵，湖南平江人。光绪三十年（1904）进士，改庶吉士，官邮传部郎中。曾学于王先谦之门，反对变法维新派的民权平等说，此书即其所辑反对变法维新的文章汇编。

自序谓“邪说横溢、人心浮动，其祸实肇于南海康有为”，“其言以康之《新学伪经考》、《孔子改制考》为主，而平等、民权、孔子纪年诸谬说辅之。伪六籍，灭至经也；托改制，乱成宪也；倡平等，堕纲常也；伸民权，无君上也；孔子纪年，欲人不知有本朝也”。苏舆“以为匪发其覆，众醉不可醒也。爰倡辑诸公论说，及朝臣奏牍，有关教学者，都为丛编，命之《翼教》”，“专以明教正学为义”。所收均为光绪二十四年（1898）七月以前朱一新、洪良品、安维峻、许应揆、文悌、孙家鼐、孙宝箴、张之洞、王仁俊、屠仁守、叶德辉、梁鼎芬、王先谦等 13 人反对变法维新的文章。其中有张之洞《劝学篇》中的《教忠》、《明纲》、《知类》、《正权》、《非强兵》诸篇，安维峻的《请毁新学伪经考折》，叶德辉的《辅轩今语评》、《长兴学记驳义》，朱一新的《答康有为书》、《湘绅公呈》等，均猛烈攻击康梁变法主张，特别是民权思想，竭力维护封建纲常名教思想，以维护封建统治。《湘绅公报》称“君为臣纲，父为子纲，夫为妻纲”，“董子所谓‘道之大原出于天，天不变道亦不变’之义本此”。朱一新《答康有为第五书》谓“理则实宰乎气，人得是理以生，苟无是理以宰是气，则人物之生，浑然一致，而人之性真同于犬牛之性矣。人之所以异于禽兽者，以其有此五常之全理”，以宋明理学的“理在气先”及先验人性论作为纲常名教的理论基础。《长兴学记驳议》称康有为“居光天之下而无父无君，与周、孔为仇敌，苟非禀禽兽之性，何以狂悖如此”。反映了戊戌变法时期维新派与顽固派、新学与旧学在政治、学术方面的激烈斗争情况。

此书有光绪二十四年武昌重刻本、上海书店出版社 2002 年本、台北“中央”研究院中国文哲研究所 2005 年点校本。

第四章　性理类文献

由宋至明，道学分为理学、心学两大派别，其中，宋代理学又有濂、洛、关、闽等几大家。从理论体系来分，道学又可分为理本论、心本论、气本论三大系统。下文大致以时间顺序为经，以学派分别为纬，分别介绍性理类文献的重要著作。

第一节　宋代性理类文献

北宋庆历之际，“学统四起”，出现了中国思想文化史上又一次“百家争鸣”。宋学各派纷纷登场，大多注重心性义理的探讨和建设，以重建儒家的道德形上学，与佛道二教抗衡，从而涌现了众多的思想家，形成大量的性理文献。

一、濂学文献

濂学是北宋周敦颐创立的理学学派。由于周敦颐晚年曾于庐山莲花峰下建濂溪书堂讲学，世称其学为“濂学”。周敦颐在北宋理学崛起时影响较小，濂学虽然为宋代四大学派濂洛关闽之首，北宋五子周（敦颐）、程（颢）、程（颐）、张（载）、邵（雍）又以周敦颐领衔，但濂学在北宋时没有形成很大的学派①，经过南宋朱熹、张栻的极力推崇与发扬，才确立了周敦颐“理学开

① 洛学创始人程颢、程颐是否曾师事周敦颐，学术界历来有争论，一般认为二程少年时曾短暂问学于周敦颐，但二程本人却不承认自己的思想与周敦颐有关，曾说“吾学虽有所受，‘天理’二字却是自家体贴出来”（《河南程氏外书》卷一二），也不十分推崇周敦颐，曾说“周茂叔穷禅客”（《河南程氏遗书》卷六），此外，程颐以义理说《易》，也不同于周敦颐的《太极图说》。

山”的地位。周敦颐的著作，据周敦颐弟子潘兴嗣《濂溪先生墓志铭》，周敦颐曾“作《太极图》、《易说》、《易通》数十篇，诗十卷”①，周敦颐的理学思想集中反映在《太极图说》和《通书》里。

周敦颐弟子很少，据《宋元学案》，除了程颢、程颐兄弟曾“弱龄从学”之外，曾从周敦颐问学的人尚有李初平、王拱辰、许渤。据《宋元学案》，许渤曾于病中“为文二篇以示子孙，其大旨皆穷理尽性之言”②，今已无存，而李初平、王拱辰也没有著作记载。二程所著文集见“洛学文献举要”。

1.《太极图说》，（宋）周敦颐撰

《太极图说》只有200多字，是周敦颐以儒家《易》说来说明道教《太极图》③意蕴的重要理学文献。《太极图说》将无极视为宇宙本原，无极而太极，太极动而生阳，动极而静，静而生阴，阴阳生五行，阴阳五行生万物，生男女，五行统一于阴阳，而阴阳统一于太极。万物之中突出人的灵秀，“惟人也，得其秀而最灵”，人群之中突出圣人的价值，圣人通过主静、无欲发挥自己仁义道德的本性，故能“立人极”，进而明确圣人与天地的关系，即“圣人与天地合其德，日月合其明，四时合其序，鬼神合其吉凶”，君子修习圣人之道则吉，小人悖此道则凶。被《宋史·周敦颐列传》称作“明天理之根源，究万物之终始”的《太极图说》，主要涉及宇宙生成论、万物化生论、人性论三方面问题，一般被概括为“无极而太极”的本体论问题，“物则不通，神妙万物”的动静问题，“主静立人极”的伦理观问题，正是这三个问题的提出与解决，为宋明理学提供了本体论方面的理论基础。

此书主要版本有清康熙间刻《朱子三书》本、乾隆元年（1736）李清植刻本、嘉庆六年（1801）补刻《李文贞公全集》本、1990年中华书局点校《周敦颐集》本、2002年岳麓书社点校《周敦颐集》本等。

南宋时陆九韶、陆九渊兄弟曾对周敦颐做《太极图说》表示怀疑，理由主要为《太极图说》中称“无极而太极”，而“无极”为道家宇宙本原的术语，周敦颐是儒家，其《通书》不言“无极”，故《太极图说》可能非周之作。《象山集》卷一二《与朱元晦》云，“梭山兄（陆九韶号梭山居士）谓

① 周沈柯编：《周元公集》卷四，文渊阁《四库全书》本。

② 《宋元学案》卷一二，中华书局，1986年。

③ 《宋史·朱震列传》转引朱震《汉上易解》称，《太极图》出自陈抟，由陈抟“传种放，放传穆修，穆修传李之才，之才传邵雍。放以《河图》、《洛书》传李溉，溉传许坚，许坚传范谔昌，谔昌传刘牧。穆修以《太极图》传周敦颐，敦颐传程颢、程颐”。相似记载又见晁说之《嵩山集》卷一八《王氏双松堂记》。

《太极图说》与《通书》不类，疑非周子所为”，对此朱熹根据与周敦颐同时代的潘兴嗣、胡五峰的记述进行了反驳①，后世大部分学者也都认可《太极图说》为周敦颐所作。

关于《太极图说》的版本争论，主要围绕《太极图说》首句的校定增删问题展开。今天所见《太极图说》的首句有四种：一作“无极而太极”（朱熹校定本及用来校定《太极通书》诸本）；二作“无极而生太极”（九江周子故家本）；三作“自无极而为太极”（《国史·周敦颐传》）；四作“无极太极”（据《黄氏日钞》卷三三推论）。北宋时邵雍、二程对《太极图说》都未言及，《太极图说》最早由朱熹在南宋乾道间整理刻书，② 版本的论争最早也起于南宋朱熹，据朱熹淳熙十五年（1188）所作《记濂溪传》，朱熹于洪迈处借得洪迈所修《国史·濂溪传》，录有《太极图说》，首句作“自无极而为太极”，认为“自”、“为”二字为妄增，恐怕“为前贤之累，启后学之疑”，请求洪迈修改，而洪迈最终没有修改。关于《太极图说》首句的争论，各家都有所据，坚持“无极而太极”者，认为“无极”是说明“太极”的无形，“无极而太极”，即“无形而但有理”③，论据主要为朱震《汉上易·卦图上·周子太极图》中所言“茂叔曰无极而太极”，以及以周敦颐所传《太极图》为据；坚持“自无极而为太极”，“无极而生太极”者，则将无极与太极的关系，理解为自“无”生“有”，“无极”即无可穷极，认为洪迈修史，应当有据，而“九江故家传本”为周敦颐后代家藏原本，原本无《太极图》。《太极图说》首句的论争，表面是关于版本校订之争，实际关涉各家对于“无极”与“太极”关系的理解，以及各家对于援道入儒的态度。

由于《太极图说》在理学史中的重要地位，历代还有不少对《太极图说》的注解或阐释，现择要者列表如下：

表 3－4－1　《太极图说》研究文献表

作　者	书　目	常见版本
（明）曹　端	太极图说述解	《四库全书》本
（明）舒　芬	太极绎义	《梓溪文钞》本

① 朱熹：《晦庵集》卷三六《答陆子静》。周敦颐传《太极图》，作《太极图说》一事，自宋至清，一直有争议，除了宋时朱熹与陆九渊辩难，清代朱彝尊在《太极图授受考》中则暗示《太极图》出自程颢（明道）。

② 见毛奇龄：《太极图说遗议》，《西河合集》本。

③ 朱熹：《晦庵集》卷三六《答陆子美》。

续表

作　　者	书　　目	常见版本
(明) 左　辅	太极后图说	道光本《泾川丛书》本
(明) 唐　枢	太极枝辞	《木钟台全集初集》本
(清) 毛奇龄	太极图说遗议	康熙本《西河合集》本
(清) 高奣映	太极明辩	《云南丛书二编》本
(清) 王建常	太极图集解	《刘氏传经堂丛书》本
(清) 成蓉镜	太极衍义	《成氏遗书》本

2.《通书》,(宋) 周敦颐撰

《通书》又名《易通》。该书以《中庸》"诚"的思想对《周易》中的部分经文进行阐述和发挥,被称为"周子传道之书"。《通书》与《太极图说》互为表里,是对《太极图说》的进一步发挥。《通书》力图将《中庸》里的"诚"纳入《周易》的义理体系中,并涉及《论语》、《春秋》、《大学》、《乐记》中的内容。《通书》以《周易》中的"大哉乾元,万物资始"解释"诚之源",以"乾道变化,各正性命"解释"诚斯立"。"圣,诚而已矣",作为"内圣之本"的特征,"诚"是人最理想的道德境界,与此相关,合乎"中"(中正仁义)的人性才是最完善的,"惟'中'也者:和也,中节也,天下之达道也,圣人之事也",要达到"中",又需要通过"无欲"、"主静"的修养方法,而"主静"的关键又在于"寡欲"。《通书》虽然又名《易通》,还涉及《周易》里的卦名如乾、损、益、家人、睽、复、无妄、讼、噬嗑、蒙等,但却不是一般对《周易》的经传解析,而是"通论其大旨,而不系于经者也"①,将《周易》的宇宙哲学转化为思孟心性哲学,建立了一个融宇宙自然、社会政治、精神道德为一体的理学体系,《四库全书总目》也说,"考周子《通书》、邵子《皇极经世》,虽皆阐《易》理,而实于《易》外别自为说,可以引为义疏者少"②,因此将《通书》列于性理类文献之中。

《通书》的常见版本主要有《吉林探源书舫丛书初编》本、《四部备要》本、《周子全书》本、《周敦颐集》本等。

历代有不少学者对《通说》进行了注解或阐释,现择要者列表如下:

---

① 朱熹:《再定太极通书后序》,见《周敦颐集》卷二,中华书局,2009年。
② 永瑢等:《四库全书总目》卷三《丙子学易编》提要。

表 3-4-2 《通说》版本表

作　者	书　目	常见版本
（宋）朱　熹	通书解	《朱子三书》本
（元）保　八	周子通书训义	元刻本
（明）曹　端	通书述解	《四库全书》本
（明）舒　芬	通书绎义	《梓溪文钞》本
（清）李光地	榕村通书篇	《四部备要》本
（清）李光地	周子通书注	《榕村全集》本
（清）方宗诚	周子通书讲义	《柏堂遗书》本

3.《周濂溪集》，（宋）周敦颐撰

现存由朱熹编纂的《周濂溪集》，又名《周子全书》、《周濂溪先生全集》，该书实际为周敦颐资料汇编，其主要内容如下：卷一为《太极图》、《太极图解》和《朱子图解》；卷二《诸儒太极论辩》，为朱熹与陆九渊等人有关太极的书札问答；卷三《诸子语类附见》，为《朱子语类》中所抄出的有关对太极解释的语录；卷四《诸儒太极发明》，包括陈北溪的《太极字义》、黄勉斋《中庸太极体用说》、度正《书晦庵太极图解后》、薛文清《读书录·论太极图》；卷五、卷六包括《通书》40 章、朱熹《通书》解和《朱子书答语类附见》；卷七《诸儒通书论序》，为胡宏、祁宽、张栻、朱熹等人为《通书》所作的序、跋；卷八《周子遗文并诗》，以周敦颐著作为主，另有别人题跋；卷九《周子遗事》，为他人语录和对周敦颐的赞词；卷一〇至卷一三为《年谱》、《附录诸记》和《历代褒典》。

《太极图说》本附于《通书》之后，朱熹编次《周濂溪集》时，将《太极图说》移至《通书》之前。《周濂溪集》中，绝大部分内容不出周敦颐之手，只有卷一、卷五、卷六、卷八里有周敦颐本人的著作，其他部分则是朱熹等人对敦颐著述的说解以及诸儒论辩、序、跋等等，但这部分资料对研究周敦颐理学思想也很有价值。

此书版本主要有宋刊本、明刊本、康熙四十七年张伯行参校的《正谊堂全书》本、《丛书集成初编》本、2002 年岳麓书社《周敦颐集》点校本。

二、洛学文献

程颢、程颐所创理学学派被称为洛学，因二程为洛阳人，二人讲学于伊洛之间，故二程之理学又称伊洛之学。洛学直接导源于濂学，为北宋理学的最大学派，而且洛学的二传、三传弟子又各自创立学派，故此派的著作在宋代理学文献中占了很大的比例。由于二程各自建立的哲学本体论倾向不同，影响了宋明理学中程朱理学和陆王心学两大学派的形成和发展。程颢强调“心是理，理是心”，其理论由谢良佐继承，后经张九成（无垢）、林光朝（艾轩）之传绪，至陆九渊（象山）而集大成，到明代由王守仁发扬光大为陆王心学。

二程弟子很多，二程故里（河南嵩县程村）程祠内《二程门人碑》中所记载有名姓者即有88人。二程兄弟虽同时讲学，但程颢早逝，师事程颢的人，后来又大都问学于程颐，因此对于这些弟子，统称二程门人。除了整理老师的语录与文集外，二程门人中不少人也有自己独立的著作，这些著作对洛学的发展也产生了不同的影响。北宋末年和南宋初年，洛学由于二程弟子在不同地区讲学，又形成了一些地域性的学派。如吕大临、吕大忠、吕大钧在陕西传播张载关学及二程洛学；谯定、谢湜、马涓在四川传播二程洛学，称涪陵学派；谢良佐、胡安国、胡宏、张栻在湖北、湖南传播二程洛学，形成湖湘学派；杨时、游酢、罗从彦在福建传播二程洛学，后经朱熹集大成，是谓闽学派；周行己、许景衡、刘安节、鲍敬亭在浙江传播二程洛学，是谓洛学别派事功之学的永嘉学派；王苹在江苏传播二程洛学，为吴学派，这一派主要反映程颢的学术思想，因此与江西陆学又有学术渊源。这些学派由于受二程学说差异的影响，逐渐形成了程朱理学、陆九渊心学、事功之学三大学术体系，它们都在洛学的基础上有所发挥、发展和修正。举要如下：

1.《皇极经世》12卷，（宋）邵雍撰

《皇极经世》又称《皇极经世书》，邵雍所撰，而由其子邵伯温编纂而成，《宋史·艺文志》著录为12卷，包括《元会运世》34篇、《声音律吕》16篇、《观物内篇》12篇、《观物外篇》2篇，末两篇为门弟子张岷所记。该书编次与卷数历代屡有改并，但内容大致相同。《皇极经世》内容广博，黄百家称“书甚浩繁，近世不能得其全书，无传其学者”①。64篇中，最为历代学者重视的是《元会经世》、《观物内篇》及《观物外篇》，而《观物内篇》与《观物外篇》又最能体现邵雍的理学思想。

《皇极经世》试图通过先天象数学来推究宇宙起源、自然演化和社会历史变迁，书名“皇极”一词始自《尚书·洪范》“建用皇极”，“皇极经世”可以

① 《宋元学案·百源学案下》，中华书局，1986年。

理解为以最大的规范经纬世事。邵雍认为，天地万物由太极遵循“一分为二、二分为四”的加一倍法演化而来，以元、会、运、世之数即可推演天地运化终始、治乱兴衰时节，另一方面，太极即心，心为太极，因此天地万物又生于心，心物不分无二，因此致知之途在于返求于心，而不是外求于物。

由于《皇极经世》试图通过先天象数学阐释世界的形成与演化，除了对理学有重要影响，对易学、术数也有很大影响，《宋史·艺文志》将它归于“经部易类”，而《四库全书》则将它归于“子部术数类”。《皇极经世》常见的版本主要有明正统万历续刻《道藏》本、《四库全书》本等。

历代研究《皇极经世》的书很多，今择要者列表于下：

表 3－4－3　《皇极经世》研究文献表

作　者	书　目	常见版本
（宋）张行成	皇极经世通变	《四库全书》本
（宋）张行成	皇极经世索隐	《四库全书》本
（宋）张行成	皇极经世观物外篇衍义	《四库全书》本
（宋）祝　泌	观物篇解附皇极经世解起数诀	《四库全书》本
（元）朱隐老	皇极经世解	明刻递修本
（明）杨向春	皇极经世心易发微	清抄本
（明）余　本	皇极经世观物篇释义	明嘉靖四十四年杜思重修本
（明）冷逢震	推衍皇极经世先天历数纲要	明万历十五年刻本
（明）黄　畿	皇极经世书传	明嘉靖三十三年黄佐刻本
（清）王　植	皇极经世书解	《四库全书》本

2.《渔樵问对》、《伊川击壤集》，（宋）邵雍撰

邵雍的思想还反映在《渔樵问对》和《伊川击壤集》中。

《渔樵问对》通过樵者与渔者的问答，以发明天地万物、社会人事之义理，常见版本有《百川学海》本、《丛书集成初编》本；《伊川击壤集》为哲理诗，常见版本有《道藏》本、《四部丛刊》本等。

3.《二程文集》，（宋）程颢、程颐撰

《二程文集》为程氏兄弟的合集。今存的程氏兄弟著作或语录，都经过二程弟子及后人的编集或整理。二程弟子杨时曾编有《明道先生文集》5 卷、《伊川先生文集》8 卷，陈振孙《直斋书录解题》著录有《河南程氏文集》12 卷，二程共为一集，为建宁所刻本，后胡安国家又出《二程文集》，由刘珙、张栻刻于长沙。胡安国对于二程原文颇有改削，据《四库全书总目》，所改削

之处，包括《定性书》、《明道行述》、《上富公谢帅书》中删落至数十字，《辞官表》则颠倒次第等。胡安国的改动，引起朱熹等人不满，故朱熹又另编《二程遗文》，对胡安国本《二程文集》加以改动。元代时临川谭善心与蜀人虞槃商榷考订，根据朱熹所改重新校刊《二程文集》，其《定性书》、《上富公谢帅书》二书所删的字，也都据别本补足，另又搜辑《程子遗文》16 篇、《遗事》11 条以及朱熹论胡安国本错误，别为 2 卷，附于《二程文集》之后。

《二程文集》常见版本有《正谊堂全书》本、《丛书集成初编》本以及各种版本的《二程全书》等。1981 年中华书局出版标点本《二程集》。

4.《二程遗书》25 卷，(宋) 程颢、程颐撰

《二程遗书》又《附录》1 卷，又名《河南程氏遗书》，朱熹编次。

程门弟子李籲、吕大临、谢良佐、游酢、苏昞、刘绚、刘安节、杨迪、周孚先、张绎、唐棣、鲍若雨、邹柄、畅大隐诸人各记有二程讲学语录，但各人所记散乱失次，各随己意，无所统一。朱熹根据自己的家藏旧本，将诸弟子所记语录，大体依据所闻年月先后编次，并以“行状”之属 8 篇为《附录》，于南宋乾道四年 (1168) 成书。该书卷一至卷一〇为“二程语录”，程颢语下标“明”字，程颐语下标有“正”字，分不清楚的则不标明；卷一一至卷一四为“明道先生语”；卷一五至卷二五为“伊川先生语”。《二程遗书》为程门弟子所记二程的嘉言善行，因此能相对原始地反映二程的人性论、天理论、本体论、格物致知论等思想。

该书常见版本主要有《西京清麓丛书正编》本、《四库全书》本、《四部备要》本以及其他各种版本的《二程全书》等。1981 年中华书局出版标点本《二程集》。

5.《二程外书》12 卷，(宋) 程颢、程颐撰

《二程外书》又名《河南程氏外书》，朱熹编次。书总成于乾道九年 (1173)，比《二程遗书》晚 5 年成帙。

《外书》包括二程门弟子朱光庭、陈渊、李参、冯忠恕、罗从彦、王蘋、时紫芝 7 家所录，以及自胡安国家本等别本当中、王得臣《麈史》等传闻杂记当中所辑语录共 152 条，由于《外书》所搜集的是《二程遗书》中所没有的语录，故每卷中都以“拾遗”两字标目。《外书》是研究二程理学思想的重要资料，但与《遗书》相较，该书取录较杂，有些内容没有详审出处，故在使用时需要精择审取。

该书常见版本主要有《西京清麓丛书》本、《四库全书》本、《四部备要》本以及其他各种版本的《二程全书》等。1981 年中华书局出版标点本《二

程集》。

6.《二程粹言》2卷，（宋）程颢、程颐撰

《二程粹言》又名《河南程氏粹言》，南宋张栻汇辑整理。

二程著作卷帙已多，诸弟子记录又庞杂浩繁，互相抵牾，使读者无法骤窥其要，杨时将其师讲学语录择其要者，并将讲学所用的口语译成文言，足成10篇，分别为《论道》、《论学》、《论书》、《论政》、《论事》、《天地》、《圣贤》、《君臣》、《心性》、《人物》，大致展现了二程的理学思想体系，因此《四库全书总目》称："程氏一家之学，观于此书亦可云思过半矣。"①

此书常见版本主要有《西京清麓丛书正编》本、《丛书集成初编》本、《四库全书》本、《四部备要》本等。

《二程文集》、《二程遗书》、《二程外书》以及《程氏经说》被合在一起，又称《程氏四书》。朱熹曾将二程著作合编为《河南程氏全书》，又称《二程全书》，其后历代不断有刻书改版者，因此《二程全书》又有64卷、65卷等卷数不同的版本。中华书局1981年曾出版《二程集》标点本，包括了《遗书》、《外书》、《文集》、《易传》、《经说》、《粹言》6种。

7.《上蔡先生语录》3卷，（宋）谢良佐撰

本书又题《上蔡语录》，为谢良佐讲学语录。谢良佐对程颢心学多有发明，《上蔡语录》以生论心，以仁切己，直承程颢《识仁篇》思想，常为人所称道的论述如对程颢"以仁为生"思想的阐释：仁是人心，心就是仁，仁是天理，这天理乃是具有生机活力的本体。"仁者，天之理，非杜撰也"。是"天理当然而已矣"。② 于是"心"、"理"、"仁"都成为天地万物的最高范畴，都具有了宇宙本体的意义。

尽管谢良佐因"以禅证儒"受到包括朱熹在内的理学家的批判，但是《上蔡先生语录》中通过以生论心，以仁切己来阐释程颢"以仁为生"的思想，还是受到理学家的称赞，朱熹评价谢良佐及其思想说：

> 先生（谢良佐）为人，英明果决，强力不倦，克己复礼，日有课程。如以生意论仁，以实理论诚，以常惺惺论敬，以求是论穷理，其命意皆精当，而直指穷理居敬为德之门，则又最得明道教人之纲领。③

绍兴二十九年（1159），朱熹以胡安国、曾恬所录谢良佐言行录相参校，

---

① 永瑢等：《四库全书总目》卷九二《二程粹言》提要。

② 谢良佐：《上蔡语录》卷上，《正谊堂丛书》本。

③ 谢良佐：《上蔡语录》卷下《上蔡祠记》。

加以删定增辑，乾道四年（1168）又重新编次而成。该书曾恬辑本有罗卷汇编本，朱熹辑本主要有《西京清麓丛书正编》本、《正谊堂全书》本、《丛书集成初编》本、《复性书院丛刊》本等。

8.《游廌山先生集》4卷，（宋）游酢撰

该书又名《游廌山集》，首卷为《论语杂解》、《中庸义》（后附《拾遗》）、《孟子杂解》，次卷包括《易说》、《诗二南义》，第三卷为《师语》、《师训》，末卷包括文7篇、诗13首，并附以墓志、年谱，其中《孟子杂解》仅8条，《诗二南义》仅2条。《师训》、《师语》为二程的讲学语录，末卷《论士风奏疏》、《书明道先生行状后》也对研究洛学思想有一定的作用。《四库全书总目》因书中《春日山行》诗中有"风咏舞雩正此日，雪飘伊洛是何年"之句，认为采用了程门立雪的典故，似不类游酢所作。此书虽非完本，其中所录诗句又有异议，然而游酢对于洛学南传具有重要影响，而著作除此外别无他本，故只能将此书列出。

该书主要有《四库全书》本。

9.《龟山集》42卷，（宋）杨时撰

本书又题《龟山先生集》、《龟山先生全集》。杨时注重六经之学，强调"六经中自有妙理"，他借用《中庸》中的"诚"阐述二程的"格物致知论"，提出"致知必先于格物"，"学始于致知"。① 杨时还发挥二程的"理一分殊"说，认为按照儒家道德观念立言行事，就可以与"天理"合一。《龟山集》中除了包括杨时的理学著作，还辑有杨时的政论文章，内容涉及时势、经济、治安、边防等方面，体现了理学家对于世务政治的见解。

该书《宋史·艺文志》著录为35卷，旧版散佚，明弘治十五年（1502）将乐知县李熙等重刊时并为16卷（存国家图书馆、南京图书馆等），后常州东林书院刊本分为36卷，又有明正德十二年（1517）沈晖刻本并为35卷（存国家图书馆、四川省图书馆等处），明万历十九年（1591）将乐知县林熙春重刊，定为42卷（存国家图书馆、山东省图书馆等处）。

42卷本《龟山集》包括书、奏、表、劄、讲义、经解、史论、启、记、序、跋各1卷，语录4卷，答问2卷，辨2卷，书7卷，杂著1卷，哀辞祭文1卷，状述1卷，志铭8卷，诗5卷。该书的常见版本为42卷本，主要有《四库全书》本。

除了《龟山集》，杨时还有《龟山语录》存世，主要版本有《诸儒鸣道》

① 《宋元学案·龟山学案》。

本、《续古逸丛书》本、《四部丛刊续编》本等。

此外，明代葛鼒等编《葛端调编次诸家文集》22家21卷中有《龟山先生文集选》1卷，明崇祯九年（1636）刻本（存湖北省博物馆、武汉大学图书馆等处）；清代杨妍辑《黄茅冈四贤合璧》4卷，其中包括《杨龟山集选》1卷，该书有顺治刻本（存湖南省图书馆等处）。

10.《豫章文集》13卷，（宋）罗从彦撰

罗从彦（1072—1135），字仲素，人称豫章先生，追谥文质。南剑州溆浦（今福建南平）人。受业杨时，朱熹称其为杨门中独能潜思力行者。罗从彦着重发挥了二程的"圣人之道"，在修养论上强调"以主静为宗"，其学师从杨时，又下传李侗，因此与杨时一样，他不仅是洛学发展的重要人物，还是闽学的奠基者。

《豫章文集》又名《豫章罗先生文集》，原集5卷，元至正三年（1343）延平进士曹道振得罗从彦遗稿，厘为13卷，又有附录3卷，外集1卷，年谱1卷，凡18卷，明人重刻时分为《遵尧录》8卷、二程及杨龟山语录1卷、杂著2卷、诗1卷、附录3卷、外集1卷，又有年谱1卷不入卷数，故题为17卷，第一卷有目无文，因此实16卷。

此书主要版本有元至正三年（1343）许源堂刊本，明正德丁丑姜文魁刊本。又有《丛书集成初编》本10卷，题《罗豫章先生集》；《赵氏藏书》本12卷首1卷末1卷，题《罗豫章先生文集》。

此外，罗从彦还有《豫章要语》1卷，有《艺海汇函》本。明代雷翀撰有《豫章语录》1卷，有《雷刻八种续刻》本。

洛学其他文献择要者列表如下：

表3－4－4　尹焞文献版本表

作　者	书　目	常见版本
（宋）尹　焞	和靖先生语录	明抄本
（宋）尹　焞	和靖集	《四库全书》本
（宋）吕希哲	发明义理	陶宗仪《说郛》本
（宋）胡　宏	胡子知言	《粤雅堂丛书初编》第十集本
（宋）李　侗	延平先生要语	《艺海汇函》本
（宋）张九成	无垢张状元心传录	明沈氏野竹斋抄本

一些宋代洛学人物的文集中，也有部分文章反映了理学思想。如周行己《浮沚集》（常见版本有广雅书局本、《丛书集成初编》本等）中的卷一至卷七；陈渊《默堂集》（常见版本如《四库全书》本）卷二〇《存诚斋铭并序》、

《定交篇》、《讲论语序》、《邓德恭字序》、《无净道人辩》、《代廷试策》、《解论语十二段》等；王苹《王著作集》（常见版本如《四库全书》本）卷二《寅冬上殿札子》、《题论语后》，卷七《与尹和靖讲易》，卷八《震泽记善录》等；许景衡《横塘集》卷一一的《上修德劄子》、《策问试士》；张九成《横浦集》（常见版本如《四库全书》本）卷五《少仪论》、《四端论》、《乡党统论》及卷六至卷一一《书传统论》、卷一二《状元策》等。

三、湖湘学派文献

湖湘学派由胡安国之子胡宏创立，经张栻发扬光大，著名弟子有胡大时、彭龟年、游九言、游九功、吴猎、赵方、陈琦等人。胡安国与二程高足游酢、谢良佐、杨时等学者交往密切，为南宋《春秋》名家，所著《春秋传》被宋高宗赞为“深得圣人之旨”。胡宏的兄弟胡寅、胡宁及堂兄弟胡宪、胡实，也均为著名学者。朱熹、吕祖谦和张栻均曾问学于胡氏兄弟，朱熹、吕祖谦曾为胡宪的学生，张栻则为胡宏的高足，而朱熹的父亲朱松，又与胡寅有师生之谊。可见胡氏之学思想观点与理学关联深厚。

湖湘学派的主要著作除了下面介绍的胡宏《五峰集》、《知言》，张栻《南轩集》之外，还有游九言《默斋遗稿》、吴猎《畏斋文集》、彭龟年《止堂集》等著作。其中，彭龟年继承张栻思想，提倡以义理治天下，如《止堂集》卷一《论雷雪之异为阴盛侵阳之证疏》，谏议皇帝以德修身，亲近儒者，按理学原则办事。此外，湖湘学派学者的学术观点，如胡大时曾作《湖南答问》，游九言为《太极图》作序等，还见存于《宋元学案·岳麓诸儒学案》。举要如下：

1.《知言》6 卷，（宋）胡宏撰

《知言》为胡宏的主要学术著作，属随笔札记，屡经改定才刊行于世。胡宏在书中提出了“性无善恶，心以成性”，“天理人欲，同体异用”及“同行异情”的命题，“指名其体曰性，指名其用曰心”，认为“性不能不动，动则心矣”，以“天命”即是“性”，“性”即是“心”，强调“圣门功夫要处只在个敬”。胡宏继承了李觏、张载诸儒的思想，认为“井田”与“封建”制度绝不可废，企图借古制改良当时社会制度中的一些弊端，以利于富国强兵，以与外敌相对抗。此编比较完整地反映了作者的思想体系，对研究宋学流派的发展、演变有重要的参考价值。书行以后，吕祖谦认为其价值在《正蒙》之上；但受到了朱熹的极力排斥，朱子曾作《知言疑义》，与吕祖谦及胡宏门人张栻互相论辩。

书中阐述的一系列观点，系统地表明了湖湘学派的思想宗旨，标志着湖湘学派思想理论体系的成熟与定型。因此，历代学者多视胡宏与其父胡安国为湖湘学派的主要代表。胡宏的学生张栻评价《知言》："其言约，其义精，诚道学之枢要，制治之蓍龟也。"朱熹也称"湖湘学者崇尚胡子《知言》"。宋代学者吴儆《题五峰先生知言卷末》则高度评价《知言》一书，"凡后学之自伊洛者皆知，敬信服行，如洙泗之有孔氏"。清代学者全祖望也有一段相关的议论："绍兴诸儒所造，莫出五峰之上。其所作《知言》，东莱以为过于《正蒙》，卒开湖湘之学统。"上述诸儒言论肯定了《知言》三点：第一，胡宏及其《知言》在两宋理学思想的传播与发展中，发挥过承上启下的历史作用。第二，在一部分学者看来：《知言》一书在宋代学术思想领域中的地位，超过了张载的代表著作《正蒙》。第三，《知言》一书是南宋湖湘学派的经典著作。

宋刻《知言》今已佚失。据陈振孙《直斋书录解题》、马端临《文献通考》及晁公武《郡斋读书志》著录《胡子知言》1卷，可知最早的宋刻本《知言》不分卷。《四库全书总目》说："自元以来，其书不甚行于世，明程敏政始得旧本于吴中，后坊贾遂有刊版。然明人传刻古书，好意为窜乱，此本亦为妄人强立篇名，颠倒次序，字句舛谬，全失其真。惟《永乐大典》所载尚属宋椠原本，首尾完备，条理厘然。"①

除《永乐大典》所载的宋刊原本《知言》外，程敏政所得吴中刻本今已不见，但从清道光三十年（1850）的粤雅堂重刻本可知程刻本已经分卷，其他的明清刻本如：明嘉靖五年正心书院刻本、明《诸子萃览》本、明吴中坊刻本、《子书百家》本、《格致丛书》本、复性书院本、《百子全书》本等，均分类，并有附录，可见《知言》多为经过明儒修订后的版本辗转刻印。

1987年中华书局将原是单本的《知言》与胡宏的另一部文集《五峰集》合为一书，名《胡宏集》，校点出版。全书总约3万字，章目采用《论语》的体例，取章首的文义或字样立为标题，共15章：《天命》、《修身》、《阴阳》、《好恶》、《往来》、《仲尼》、《文王》、《事物》、《纷华》、《一气》、《义理》、《大学》、《复义》、《汉文》、《中原》。

胡宏又有《五峰集》5卷，胡宏号五峰，学者称五峰先生，因以为集名。此本题其季子大时所编，门人张栻为之序。凡诗106首为1卷，书78篇为1卷，杂文44篇为1卷，《皇王大纪论》80余条为1卷，经义3种为1卷，计5

① 永瑢等：《四库全书总目》卷九二《知言》提要。

卷。其《易外传》皆以史证经，《论语指南》乃取黄祖舜、沈大廉二家之说折中之。《释疑孟》则辨司马光疑孟之误。

2.《南轩集》44卷，（宋）张栻撰

《南轩集》又称《南轩先生文集》，由朱熹编定并作序，但张早年著作有所未收。反映作者学术思想的史料，主要在记、序、史论及答问等著作中；因为张栻与朱熹最为友善，书中录张氏与朱子书信凡73件。张氏为学赞同朱子分辨义利“乃儒者第一义”的观点，他以“天理”为义，“人欲”为利，强调“学莫先于义利之辨”。在二程及朱子的基础上，进一步把天理与人欲绝对对立起来，警戒学者在潜心孔孟之学的同时，只有彻底抛弃“利”，也即“人欲”，才能达到圣人之境，才能学有所成。他把仁、义、礼、智看作是人生所固有的道德，断言“所谓礼者，天之理”，即把封建秩序看成永恒不变的规律。他极力提倡自己的“明理居敬”思想，认为“居敬有力，则其所穷者益精；穷理浸明，则其所居者亦有地”，他同朱子一样，强调“居敬”和“穷理”密不可分，二者互相发明。张栻推崇周敦颐，认为周敦颐之学渊源精粹，实“自得于其心，而其妙乃在太极一图”。张栻虽然出胡宏门下，但对其师及胡宏父胡安国之学，却能不持门户之见，所评多能据实而言，他认为胡安国的《春秋传》在大旨上有功于“扶三纲，明大义，抑邪说，正人心”，但同时又指出，其书中间又多有“合商量处”；对胡安国之侄胡寅所撰《读史管见》，他认为“病败不可言；其中有好处，亦无完篇”。张栻为南宋著名理学家，此书对于研究他的理学思想，与朱子理学思想的关系等方面，有很重要的参考价值。

宋淳熙十一年（1184）刻本为现存最早版本；另有元刻本，明缪氏刻本；清康熙间锡山华氏刊本最为精审，《四库全书》收载；道光间又有蜀刻本。《张南轩先生文集》7卷本，有《正谊堂全书》本和《丛书集成初编》本。

《南轩集》1卷，有《两宋名贤小集》本。清绵竹知县陈钟祥将《南轩文集》44卷、《南轩论语解》10卷、《南轩孟子说》7卷合编为《张宣公全集》，有道光二十九年绵邑洗墨池刊本和咸丰四年绵邑南轩祠刊本。目前收录张栻著作最全的是杨世文、王蓉贵校点的《张栻全集》，长春出版社1999年版。

四、关学文献

关学是宋代理学的重要一支，源于北宋张载，其学以躬行礼教为特点，大抵言性言命，以礼为教，不言理而言礼，认为“理虚而礼实也，儒道宗旨，就世间纲纪伦物上着眼脚，故由礼入最为切要”（《张子全书·序》）。张载的主要著作是《易说》、《正蒙书》、《西铭》、《经学理窟》。《西铭》原为《正蒙书》的一部分，后因朱熹单独为之作注而独立成篇。张载一生苦心治学，蓝田吕大忠、吕大临、吕大钧及范育、苏昞、潘拯、李复等都学于张载。张载逝后，弟子中有数人东入洛阳，从二程问学。弟子多归程门，关学式微。吕大临后为程门高足，撰《横渠先生行状》，在关学师承关系上不顾事实，抑张扬程，受到过程颐指摘。但“吕大临转归程门，对朱熹在理学中容纳某些关学思想有一定影响，可能是张、朱之间的中间环节”①。关学传人李复，《宋史》无传，生卒年月不详，黄宗羲据宋人洪迈《容斋笔记》所记为其立传。李复著有《潏水集》16卷，清代从《永乐大典》中抄出，收入《四库全书》。李复还有《易说》，论“太极”即是元气，又有《物吾诗》讲物吾同气。《静斋记》中主张动静一体，这些思想实是横渠学说向王夫之哲学发展的过渡环节。从北宋至明代中期，关学虽不至断绝，但其中无有力人物。明代成化、正德之后，王恕、薛敬之、吕柟等播声光于关中。宋代张载的关学，其弟子学风大致相近，师徒授受，学说传承，有学派的规模。而明代关中学者，仅以其皆为陕人，其仕宦及学术活动，皆主要不在关中，且无大致相同的学术宗旨和相近的学风，也无明确的师承关系，尚不足以称“关学”。举要如下：

1.《正蒙》9卷，(宋) 张载撰

《正蒙》今本9卷17篇，乃张载晚年收集一生言论，编著而成。原书数万言，死后由弟子苏昺“辄就其编，会归义例，略效《论语》、《孟子》篇次章句以类相从，为十七篇”(《正蒙·门人苏昺序》)，包括《太和》、《参两》、《天道》、《神化》、《诚明》、《大心》、《乾称》等篇，取《易经》“蒙以养正”之意名书，认为从蒙童起，即应培养其做圣贤的志向。

《正蒙》是张载的重要著作。在这部书中，张载利用《周易》、《诗经》、《论语》、《孟子》的思想资料，着重发挥儒学天道学说，以期建立以气为一元本体的宇宙论。张载认为，宇宙间一切现象都是由于气的变化。这种气就是太虚。从自己方面看，其中间有活动性，称为太和；从本性看，其德为虚明之气。气凝聚的时候，便成物；气分散的时候，便是虚空。其聚其散，都是太虚所变化的客形，而本体就是太虚。张载就在理论上真正解决了前儒曾经提出而并未解决的宇宙本体问题。据此，张载进一步推论为人要穷理尽性，要通过不断地反省自己，以改变气质之性，以发现自己的本然之性，以使性与天道合一，以达到内外一致的诚的境界。也就是说，人有各种脾气，有才

① 萧箑父：《中国哲学史史料源流举要》，武汉大学出版社，1998年，第222页。

与不才，这是气质之性；养真气，令其返本而不偏；去情欲，以天之德性为其之德性，此即尽性。

历代学者为之作注解者甚多，较著名者有朱熹《正蒙解》，刘玑《正蒙会稿》，王夫之《张子正蒙注》等。这些注解，既可帮助理解原书，又可视作《正蒙》的不同版本。刘玑《正蒙会稿》收入《惜阴轩丛书》中；王夫之《张子正蒙注》有《船山遗书》本，《船山遗书》有1956年古籍出版社和1975年中华书局版，为注解本中最善者。无注本中，今存最早刻本是宋端平年间闽川黄壮猷补刊《诸儒鸣道》本，为8卷，书名作《横渠正蒙》；清光绪年间《吉林探源书舫丛书》本，作1卷；1978年中华书局版《张载集》中收录《正蒙》，为无注本中最佳者。

由于《正蒙》在理学史上的重要地位，历代研究《正蒙》的书很多，今择要者列表于下：

表3－4－5 《正蒙》版本表

撰辑者及年代	书目	常见版本
（宋）张载撰，朱熹注	《正蒙》2卷	《朱文端公藏书》（康熙至乾隆本、光绪本）本、《张子全书》（嘉庆本、光绪本）本、《西京清麓丛书正编》本、《洪氏唐石经馆丛书》本，《四部备要》本
（明）刘玑撰	《正蒙会稿》4卷	《惜阴轩丛书》（道光本、光绪本）本、《丛书集成初编》本
（清）王夫之撰	《张子正蒙注》9卷	《船山遗书》（同治本、民国本）本
（清）李光地撰	《正蒙注》2卷	《李文贞公全集》本、《榕村全书》本
（清）王植撰	《正蒙初义》17卷	《四库全书》本
（清）杨方达撰	《正蒙集说》17卷	《杨符苍七种》本
（清）方潜撰	《正蒙分目解按》1卷	《毋不敬斋全书》本

2.《西铭》，（宋）张载撰

《西铭》，与《东铭》合称“二铭”，原属《正蒙·乾称篇》的首尾两段文字，后单独录出书于学堂东西两窗，名《砭愚》、《订顽》，为学者而作。后来由程颐将《砭愚》改称《东铭》，将《订顽》改称《西铭》。南宋朱熹注解《正蒙》时将其分出，独立成篇。

《西铭》从儒家“天人合一”思想出发，论证了人在自然界中的地位：“乾称父，坤称母。予兹藐焉，乃浑然中处。”在肯定封建宗法制度前提下，提出“民吾同胞，物吾与也”，提倡“尊高年，所以长其长，慈孤弱，所以幼其幼”，“凡天下疲癃残疾孤独鳏寡，皆吾兄弟之颠连而无告者也”，要求视民为兄弟，视物为同类，尊老慈幼，同情残孤鳏寡。又提出“富贵福泽，将厚吾之生也；贫贱忧戚，庸玉汝于成也”，“存，吾顺事；没，吾宁也”，宣扬君臣父子、忠孝节义的封建道德原则及乐天安命的人生态度。这种把全宇宙看作一个大家族，并说明个人道德义务的思想，深受后世儒者所重。程颐认为张载堪为孟子的继承人：“《订顽》之言，极纯无杂，秦、汉以来学者所未到。……孟子之后，只有《原道》一篇，其间言语固多病，然大要尽近理。若《西铭》，则是《原道》之宗祖也。《原道》却只说道，元未到《西铭》意思。……自孟子后，盖未见此书。”①

《西铭》的版本，无注本主要有清嘉庆六年（1801）刻本，《吉林探源书舫丛书》本，1978 年中华书局《张载集》将此编归入《正蒙》原篇中。注解本主要有：朱熹《西铭解》1 卷，有康熙间刻《朱子三书》本。又有题名《西铭》1 卷的《朱文端公藏书》（康熙至乾隆本、光绪本）本、《张子全书》本、《西京清麓丛书正编》本、《洪氏唐石经馆丛书》本、《四部备要》本等。清李元春《张子东西铭全注》，有道光十年（1830）刊《关中道脉四种书》本。与《西铭》有关的研究著作主要有：明曹端撰《西铭述解》1 卷，主要有《四库全书》本、《曹月川先生遗书》、《复性书院丛刊》本；清代罗泽南撰《西铭讲义》1 卷，主要有《罗忠节公遗集》本。

3.《经学理窟》5 卷，（宋）张载撰

《经学理窟》一书，主要反映了作者的政治思想。张载十分推重《周礼》，并企图借《周礼》所论来改良北宋时期的一些制度，特别是土地制度。在《理窟》中，作者提出了“井田”和“封建”两项政治主张。他认为，实行《周礼》式的“井田制”，可以解决当时的贫富不均问题，具体做法是：将土地收归国有，然后分给农民，“先以天下之地棋布画定，使人受一方”，取消“分种”、“租种”的办法。关于“封建”，他说“井田卒归于封建乃定”，作者看到了过分集权的弊病。特别是当时边防的无力，他认为一切都由中央朝廷来管，必有许多事情管理不好，所以，要实行“封建”，“所以必要封建者，天下之事分得简，则治之精，不简则不精。故圣人必以天下分之于人，则事无不治者”。张载所讲的“井田”，主观上是解决土地不均；所讲“封建”，主观上是为调整中央与地方权限，在当时仅是一些空想方案而已。但这些空想方案，却具有十分积极的进步意义。《经学理窟》中作者还对儒家经典《礼》、《乐》、《诗》、《书》及学校、宗法、丧祭等进行了精审的论述。

① 《百子全书》卷一《西铭》，文渊阁《四库全书》本。

张载著作主要收录在《张子全书》中。明代沈自彰将《西铭》1 卷、《正蒙》2 卷、《经学理窟》5 卷、《易说》3 卷、《语录钞》1 卷、《文集钞》1 卷、《拾遗》1 卷编为《张子全书》，又采宋元诸儒所论及行状等作为《附录》1 卷，万历年间成帙。与《宋史·艺文志》所载《易说》3 卷、《正蒙》10 卷、《经学理窟》10 卷、《文集》10 卷不合，沈氏所辑盖非完帙，系后人选录之本。《张子全书》中除《经学理窟》、《语录钞》、《文集钞》及《附录》世无单行本外，余皆有单刻本行世。《张子全书》是研究张载儒学思想最全面、最重要的参考资料。1978 年中华书局出版了整理本《张载集》。

张载理学著作后人辑录、研究的著作及版本还有很多，今择要列表如下：

表 3－4－6　张载文献版本表

撰辑者及年代	书　目	常　见　版　本
（宋）张载撰	《经学理窟》5 卷	《朱文端公藏书》（康熙至乾隆本、光绪本）本、《张子全书》（嘉庆本、光绪本）本、《西京清麓丛书正编》本、《洪氏唐石经馆丛书》本、《四部备要》本
（宋）张载撰	《横渠语录》3 卷	《诸儒鸣道》本
（宋）张载撰	《张子语录》3 卷《后录》2 卷	《续古逸丛书》本
（宋）张载撰，校勘记张元济撰	《张子语录》3 卷《后录》2 卷附《校勘记》1 卷	《四部丛刊续编》本
（宋）张载撰	《事天谟》1 卷	《留余草堂丛书》本
（明）吕柟撰	《横渠张子抄释》6 卷	《宋四子抄释》本、《惜阴轩丛书》本
（宋）张载撰，（民国）周馥节录	《张横渠文集》1 卷	《周氏师古堂所编书》本
（宋）张载撰，（明）归有光辑评	《横渠子》	《诸子汇函》本
（清）李元春撰	《张子释要》3 卷	《桐阁全书》本
唐文治撰	《张子大义》4 卷	《性理学大义》本

五、朔学文献

朔学又称涑水学派。以北宋司马光为代表，主要人物有刘安世、范祖禹、刘攽、晁说之等。主张“尊卑有分，大小有伦”（《资治通鉴》卷二二〇），认为“民生有欲，无主则乱”（同上书），圣人制礼乃为遏欲致治。认为礼义纲纪是最高的道德准则，人们必须自觉遵守。司马光还发挥扬雄的人性“善恶混”论，认为善恶皆为人性所固有而“杂处于身中”（《传家集》卷六六）。同时提倡“毋意”、“正心”的修养方法。朔学治史有很高成就。朔学的文献数量较少，除了司马光《潜虚》（具体内容详前“易学文献”《潜虚》），还有刘安世《刘先生谭录》（主要版本有《诸儒鸣道》本）、晁说之《儒言》1卷（收入《四库全书》子部儒家类、《学海类编》子类，《丛书集成初编》中又题为《晁氏儒言》1卷）。

六、闽学文献

儒学在北宋时代发生的最大变化，就是新理学的创立。理学经过周（敦颐）、张（载）、邵（雍）、程（颢）、程（颐）等人的努力，至二程后学已基本成型，思想体系基本构成，主要概念已基本提出。然而真正将理学构成一个庞大的思想体系，并真正使儒学发生重大转折的，还要数南宋时期朱熹思想体系的建成。从这个意义上说，朱熹对儒学的突出贡献不在于创造，而在于总结和综合；正是由于他的总结与综合，才使得儒学真正完成从经学到理学的转变，理学的思想体系也才真正建立起来。

朱熹重视儒家经典的文本整理和义理化的解释，将义理之学与章句训诂之学相结合。在文本的整理方面，朱熹涉及的范围极为广泛，著作极多，大凡儒家的基本经典差不多都经过他的整理，《诗》有《诗集传》，《易》有《周易本义》、《易学启蒙》、《周易参同契考异》、《蓍卦考误》，《礼》有《仪礼经传通解》，于《春秋》有《资治通鉴纲目》，于《孝经》有《孝经刊误》，《论语》、《孟子》、《大学》、《中庸》则有《四书集注》、《四书或问》等。朱熹还编次了前人的理学著作，整理了宋代理学的基本史料，如《伊洛渊源录》、《近思录》、《程氏遗书》、《程氏外书》、《上蔡语录》、《太极图说解》、《通书解》、《西铭解义》等。此外，朱熹还编撰了《韩文考异》、《小学书》、《宋名臣言行录》、《家礼》等著作。全祖望《宋元学案·晦翁学案》说朱子之学“致广大，尽精微，综罗百代”。朱熹对《诗》、《书》、《易》、《礼》无不研习，著述之丰可谓空前，仅《宋史·艺文志》著录著作即达40余种，未著录的著作有20多种，弟子为其编纂的还有20多种，总共有七八十种之多，实为学术大家，思想巨匠。

在朱熹生前，其学其说并不被官方所重，甚至被编入“伪学逆党籍”。只是在他死了之后，其学术地位才逐步得到提升，至元代而下至明清，朱熹学说成为官方学说，受到官方的高度重视，并在13世纪以后流传到海外，在日本、朝鲜等地都有相当大的影响。

朱熹弟子中以二蔡一陈（蔡元定、蔡沈、陈淳）最为有名。蔡元定（1135—1198），字季通，建宁府建阳县（今属福建）人。其子蔡沈（1167—1230），字仲默，号九峰。全祖望曾说，“蔡氏父子，皆为朱学干城”。蔡元定著作主要有《皇极经世指要》、《洪范解》等。蔡沈著作主要有《书集传》。现将闽学文献举要如下：

1.《近思录》14卷，（宋）朱熹、吕祖谦合编

朱熹论及编写《近思录》的目的云：“（与吕祖谦）相与读周子、程子、张子之书，叹其广大宏博，若无津涯。而惧夫初学者不知所入也，因共掇取其关于大体而切于日用者，以为此编。”名书曰“近思”者，切问而近思之意也，谓之与人伦日用密切相关，语出《论语·子张》：“博学而笃志，切问而近思，仁在其中矣。”是编成于南宋淳熙二年（1175），为朱熹、吕祖谦合编之理学入门书。依次辑录北宋理学家周敦颐（濂溪）、程颢（明道）、程颐（伊川）、张载（横渠）“四君子”语录622条，从宇宙生成的世界本体到孔、颜乐处的圣人气象，按照宋明理学的修身、齐家、治国、平天下的修养程序为标准编排成14门。

此书版本主要有正德十四年（1519）汪伟刻本、清康熙中御儿吕氏宝诰堂《朱子遗书》本、光绪二十五年（1899）梁鼎芬等辑番禺端溪书院刻《端溪丛书》本、2002年黄山书社《朱熹全书》本。

注本主要有南宋叶采《近思录集解》，清张伯行《近思录集解》、江永《近思录集注》、茅星来《近思录集注》。

2.《延平答问》1卷、附录1卷，（宋）朱熹撰

是书为朱熹与其师李侗往来论学之书信集。侗号延平，故以书名。程颐之学，一传于杨时，再传于罗从彦，又传于李侗。李侗61岁时，24岁的朱熹始从其受学。朱子从李侗学，前后不过数月而李侗即卒，故书札往来，问答为多。后朱子辑而录之，又载其与刘平甫二条，以成此书。朱子门人又采录朱子平时论延平语，兼及祭文、行状别为1卷，题作《附录》。李侗一生著述不多，其理学思想唯赖此书以存，故书中内容是研究李侗理学思想及师承渊源的重要参考资料，对考察程朱理学的发展演变亦具有很高的价值。

此书《宋史·艺文志》著录，题作《延平师弟子问答》1卷。主要有明刻大字本、《朱子遗书》本、清代吕氏刊本、《西京清麓丛书正编》本、《四库全书》本、《复性书院丛刊》本、2002年黄山书社《朱熹全书》本等。

3.《杂学辨》1 卷、《记疑》1 卷，（宋）朱熹撰

本书系朱子辩驳当时诸儒杂于佛老之著作。书后有乾道二年（1166）何镐跋。朱熹认为，晋宋以来，佛老的异言异学盛行，人们深受其影响。苏轼、苏辙、张九成、吕希哲为显贵名誉之士，其学乃不知德性命之根源，反引老庄、浮屠不经之说，而紊乱先王之典籍①，贻误后学。朱熹以孟子之心为心，大惧孔孟之道不明，不顾流俗讥议，撰著此书。凡载苏轼《易传》19 条，苏辙《老子解》14 条，张九成《中庸解》52 条，吕希哲《大学解》4 条，皆摘录原文，各为驳正于下。朱子认为，吕氏之家学最为纯正，但也不免“惑于浮屠、老子之说”。全书主旨在于使学者悟疑辨惑，知异端为非，圣言为正。反映了作者反对佛道的思想，是一部比较重要的正统儒学卫道著作。

此书主要传本有《朱子遗书》本、《四库全书》本、《西京清麓丛书》本、2002 年黄山书社《朱熹全书》本等。亦收入《晦庵集》中。

4.《朱子语类》140 卷，（宋）黎靖德编

《朱子语类》，又称《朱子语录》，为南宋黎靖德所编朱熹讲学语录。

朱熹一生从事讲学，诸弟子对其讲话和答疑各有所记。朱子卒后，诸弟子对这些记录加以整理汇辑，并逐渐刊刻于世，致使朱子语录一时间多本并出，详略不一。嘉定八年（1215）蜀人李道传取 33 家，刻之于池州，曰“池录”；嘉熙二年（1238）道传弟性传取 42 家语录刻之于饶州，曰“饶录”；淳祐九年（1249），建安蔡杭取 23 家，亦刻于饶州，称“饶后录”；咸淳初年，吴坚采三录未收者 29 家，又增入 4 家，刊于建安，称“建录”，同时又有诸弟子将朱子语录按类编排，名曰“语类”而刊行于世者，主要有嘉定十二年（1219）黄士毅取百家语录编成的 100 卷“蜀本”；淳祐十二年（1252）王佖续编“徽本”。上述四种《语录》、两种《语类》，诸书并行，互有出入，未尽完善。

咸淳六年（1270），黎靖德以黄士毅《语类》为本，将诸书合并，以类条列，编辑成今本。分《理气》、《鬼神》、《性理》、《学》、《大学》、《论语》、《孟子》、《中庸》、《易》、《书》、《诗》、《孝经》、《春秋》、《礼》、《乐》、《孔孟周程张邵朱子》、《吕伯恭》、《陈叶》、《陆氏》、《老氏》、《释氏》、《本朝》、《历代》、《战国汉唐诸子》、《杂类》、《作文》26 门。书中除对儒家经典十三经均有解说外，还对佛、老之学及汉唐诸子进行了学术阐释，对孔子、孟子、周敦颐、程颢、程颐、张载、邵雍、吕祖谦、陈亮、叶適、陆九渊以及对自

---

①　朱熹《杂学辨·后序》。

己及诸门人弟子亦进行了论述。《朱子语类》反映了朱熹“有理有气，以理为本，理在气先”的理论体系，认为“有理便有气，流行发育万物”，指出“未有天地之先，毕竟也只是理，有此理，便有此天地”，强调这“理”为永恒存在，“且如万一山河大地都陷了，毕竟理却只是在这里”；朱子所谓的“理”，实际上指封建伦理纲常，“理在气先”，也就是说封建伦理纲常是永恒的，朱熹还提出了“格物致知”，“天命之性”、“气质之性”，强调“天理”、“人欲”的对立等。

此书又名《朱子语录》或《朱子语类大全》。宋咸淳间刻本为现存最早刻本，元覆宋刻本，书名题《朱子语录》，另有明成化九年（1473）陈炜刻本，清《西京清麓丛书》本及《刘氏传经堂丛书》本附《正伪》、《记疑》各1卷，1986年中华书局出版《理学丛书》，内收此书。又收入2002年黄山书社版《朱熹全书》。

5.《朱文公文集》100卷、《续集》11卷、《别集》10卷，（宋）朱熹撰

《朱文公文集》，又名《晦庵集》、《朱子大全文集》、《晦庵先生朱文公文集》或《朱子大全》、《朱子文集大全》及《朱子文集》等。《文集》100卷主要由其子朱在编辑。《别集》主要出自余师鲁之手，唯《续集》不知编者为何人，正集等部分约成于南宋理宗时期。书中搜集了朱熹的诗、奏稿、书札和论文。比较全面地反映了他的理学观点、政治思想等。

在《答黄道夫》、《答陆子美》、《答陆子静》、《答陈卫道》等书信中，朱子阐述了他的有理有气，以理为本，理在气先的客观唯心主义体系，这一体系的表述，仍是借周敦颐“无极而太极”这一理论；他说：“太极篇首一句，最是长者所深排。然殊不知，不言无极，则太极同于一物，而不足为万化之根；不言太极，则无极沦为空寂，而不能为万化之根。只此一句，便见其下语精密微妙无穷。”认为太极也好，理也好，道也罢，实质是一个东西，所以他又说：“局子所以谓之无极，正以其无方所，无形状，以为在无物之前，而未尝不立于有物之后，以为在阴阳之外，而未尝不行乎阴阳之中，以为通贯全体，无乎不在，则又初无声臭影响之可言也!”在他的宇宙观中，“理”无疑已变成了“神”。在《答姜叔权》、《答钦夫仁说》、《答郑子上》、《答蔡季通》、《答陈器之》等书札中，朱子继续阐述了他的天命之性和气质之性的唯心主义人性论和人心与道心、天理与人欲对立的封建伦理道德观念，进一步强调了去人欲，存天理的必要性，对由仁、义、礼、智所构成的“天理”，朱子又做了一番归纳，指出“故仁者，仁之本体；礼者，仁之节文；义者，仁之断制；智者，仁之分别”，总而言之，“仁者，人也”，“仁”就是人性的

"太极"，就是人性的全体。在《读大纪》、《答张敬夫》、《送张仲隆序》、《甲寅行宫便殿奏札》等著作中，朱子论及了自己的政治理论和倒退的历史观，他认为"天理"总战不胜人欲，故世道越来越坏，两汉不如三代，唐不如汉，认为唐太宗"无一念之不出于人欲"，因此，人类的历史是退化的，"千五百年之间正坐如此，所以只是架漏牵补过了时日。其间虽或不无小康，而尧舜三王周公孔子所传之道，未尝一日得行于天地之间也!"虽然危机越来越重，但朱子认为"周孔"之道还是常存不废的，"若论道之常存，却又初非人所能预，只是此个自是亘古亘今常在不灭之物，虽千五百年被人作坏，终殄灭他不得耳"；这就是朱子头脑中的"周孔"之道万古永存论。在知行关系上，朱子继续维护自己的"即物穷理"、"格物致知"的命题，指出"凡有一物，必有一理，穷而致之，所谓格物者也"，对陆九渊的"即心明理"说进行了辩驳。在《答陈师德》、《答吕子约》及有关著作中，全面反映了朱子的理学教育思想，他提出了许多教学原则和教育方法，认为"为学之道，莫先于穷理；穷理之要，必在于读书；读书之法，莫贵于循序而致精；而致精之本，则又在于居敬而持志"，"读书之法，当循序而有常，致一而不懈；从容乎句读文义之间，而体验乎操存践履之实，然后心静理明，渐见意味"。并多次强调熟读精思，潜心玩味，指出"务广而不求精"为读书大病，贪多务得，不是读书之法，并譬喻说："所读书太多，如人大病在床，而众医杂进，百药交下，决无见效之理"，告诫人们正确的读书方法"只且立下一个简易可常的课程，日日依此积累工夫"则可。此书收罗宏富，内容全面，正如黄仲昭于此书后序所言"见其经国之谋，济民之政，出处之义，交际之道，上而天道之妙，下而物理之微明"，靡不尽括于内，既可为研究朱子思想及程朱理学思想体系提供最基本的参考材料，又可为研究当时社会政治、经济、文化、教育、学术等等各方面提供丰富的参考材料。

《朱文公文集》传本较多，书名与卷数亦有差别，宋刻大字本题《晦庵文集》100卷，为朱在原本；清康熙二十七年（1688）蔡方炳刻闽小字本，题《晦庵集》，正集100卷，《续集》5卷，《别集》7卷，《四库全书》据此本著录；宋刻明修补本，题《朱文公集》，正集100卷，《续集》11卷，《别集》10卷；《四部丛刊》据上海涵芬楼藏明刊本影印，题《晦庵先生朱文公集》100卷、续集11卷、别集10卷、目录2卷。今有郭齐、尹波校点《朱熹集》（四川教育出版社，1996年），兼容历代学者研究成果，并蓄海内外善本、孤本之长处，收集了朱熹佚诗和佚文，弥补了以往朱熹著述版本纷繁、文字脱讹、断句困难、检索不便、佚文分散的缺失，是《朱熹文集》迄今最为完备的版本。

又有《朱子全书》，康熙五十二年（1713）李光地、熊赐履等奉敕编纂。共66卷，将原有朱熹文集、语录等经过整理删节，撮取精要，以类排比，分为19门，每门又各分细目。此书所选，以《朱子语类》、《朱文公文集》为底本，重新编次，设立类目，又校以各本，为南宋朱熹著作的分类汇编，实际是对朱熹著作的摘编，但质量不高①，只能用作参考。有清康熙五十二年敕编本、殿本、《四库全书》本等。

当代朱杰人等整理出版《朱子全书》（上海古籍出版社、安徽教育出版社，2002年），将今人对已失传的朱熹文字的考订辑录亦编成册，并附有历代文献家对各种版本朱熹著作的著录、序跋、考订等，为朱熹研究提供了更为丰富的资料和更便捷的门径。

6.《经济文衡》前集25卷、后集25卷、续集22卷，（宋）滕珙编

滕珙字德章，号蒙斋，宋江西婺源人。淳熙十四年（1187）进士，官合肥令，师事朱熹。该集三编，宋时不著辑者名氏。此书初刻于明正德十六年（1521），有杨一清序，但称先儒所辑。再刻于万历三十四年（1606），有朱吾弼序，但称其为董崇相家藏本，亦不能指出作者为何人。黄虞稷《千顷堂书目》载此书为马季机编，所著录之《前集》、《后集》、《续集》之目，亦皆相合。清乾隆四十年（1775），南昌杨云服重刻此书，程恂为之序，称为宋滕珙编。

书中取《朱子语录》、《文集》分类编次，《前集》论学，《后集》论古，《续集》则兼录二集所遗而补之。每一论先著其缘起，次标立论之意。比较别家所编《经世大训》之类，或简而不详，或繁而少绪者，远在其上。所以，即使不出滕珙之手，亦非学有渊源者则绝不能编辑如此。但《四库全书总目》认为，“惟是朱子平生学问大端，具见于此，而独以‘经济’为名，殆不可晓。即以开卷一篇论之‘太极’‘无极’，有何经济可言耶？其门目亦太烦碎，多不应分而分之，《前集》尤甚，亦为一瑕。读者取其宏旨可耳”②。此书可与《朱子语类》、《朱子文集》互为表里，相与补充。

有明刻两种版本及清乾隆刻本，今皆传世。尚有《四库全书》本。

朱熹著作及后人研究著作还有很多，今择要者列表如下：

---

① 萧箑父：《中国哲学史史料源流举要》，武汉大学出版社，1998年，第223页。

② 永瑢等：《四库全书总目》卷九二《经济文衡》提要。

表 3-4-7　朱子文献版本表

撰辑者及年代	书　目	常　见　版　本
（宋）朱熹撰	《性理吟》1卷	《西堂全集》（康熙本）本，《槐轩全书》附
（清）刘鸿典撰	《续性理吟》1卷	《槐轩全书》附
（清）尤侗撰	《后性理吟》1卷	《西堂全集》（康熙本）本，《槐轩全书》附
（宋）朱熹撰	《朱子五书》2卷	《西京清麓丛书正编》本
（宋）朱熹撰	《朱子书》3卷《首》1卷	《圣门十六子书》本
（明）丘濬辑	《朱子学的》2卷	《正谊堂全书》本、《丛书集成初编》本
（明）吕柟撰	《朱子抄释》2卷	《宋四子抄释》本、《惜阴轩丛书》（道光本、光绪本）本
（明）高攀龙撰	《朱子节要》14卷	《高子全书》本
（明）叶廷秀纂评	《抄朱子札言》4卷	《叶润山辑著全书》本
（清）潘世璜辑	《朱子节要钞》6卷	《不远复斋遗书》（道光本、光绪本）本
（清）陆陇其撰	《读朱随笔》4卷	《四库全书》本、《正谊堂全书》本、《陆子全书》本
（清）郑端辑	《朱子学归》23卷	《畿辅丛书》本、《丛书集成初编》本
（清）谢丕振撰	《考亭遗矩》1卷	《青云洞遗书初刻》本
（清）贺瑞麟撰	《朱子遗书重刻记疑》1卷	《西京清麓丛书正编》本
（清）张伯行撰	《朱子类语辑略》8卷	《丛书集成初编》本
唐文治撰	《朱子大义》8卷	《性理学大义》本
	《程朱粹言》	《吉林探源书舫丛书初编》本

7.《北溪字义》2卷，（宋）陈淳撰

陈淳（1159—1223），字安卿，号北溪，世称北溪先生，漳州龙溪（今福建闽侯）人。曾两次至朱熹门下求教。

《北溪字义》原名《字义详讲》，又称《四书字义》、《四书性理字义》，是陈淳晚年的讲学记录，由弟子王隽笔录，并经陈淳改定而成。是书主旨在于阐释朱熹《四书集注》中的理学概念与范畴，分为命、性、心、情、才、志、意、仁义礼智信、忠信、忠恕、一贯、诚、敬、恭敬、道、理、德、太极、皇极、中和、中庸、礼乐、经权、义利、鬼神、佛老等26门，是研究程朱理学，特别是研究《四书章句集注》一书的重要参考资料。

是书传本主要有明弘治三年（1490）与弘治五年（1492）林同刻本，清康熙五十三年（1714）顾仲、戴嘉禧、顾秀虎刻本，后世各家翻刻大体据此二家。顾刻本据《性理大全》补入“补遗”一卷，因此更完备。1983年中华书局出版熊国祯、高流水点校本，以明弘治五年林同刻本为底本，以清康熙顾刻本为主要校本，除“补遗”外，还收《严陵讲义》4篇（《道学体统》、《师友渊源》、《用功节目》、《读书次第》）及《似道之辨》、《似学之辨》等篇目，为常见版本。

8.《勉斋集》40卷，（宋）黄榦撰

黄榦（1152—1221），字直卿，号勉斋，闽县（今福建闽侯）人。少师朱熹，后为其婿，被视为朱熹学统继承人，对朱子学的发展做出过较大的贡献。以荫补官，历知新淦县、汉阳军、安庆府等，多有善政。以大理丞转承议郎终仕。卒谥文肃。

《勉斋集》又题《宋儒文肃公黄勉斋先生文集》。《宋史·艺文志》著录此书，所载与今本卷数相同。《勉斋集》包括《讲义》、《经学》3卷，《杂文》36卷，《诗》1卷。《讲义》为黄榦代替朱子讲学的讲稿，在朱熹理学道统思想的基础上又有所发挥。《经说》是黄榦研究儒家诸经典的汇编。《杂文》部分多存守郡公移案牍之辞。

此书传本有清康熙四十三年（1704）黄若金刻本、《四库全书》本等。《全宋文》收录有黄榦的文章。

9.《心经》1卷，（宋）真德秀编注

真德秀（1178—1235），字景元，后更为希元，建州浦城（今属福建）人。本姓慎，因避孝宗讳改姓真。真德秀是南宋后期与魏了翁齐名的一位著名理学家，也是继朱熹之后的理学正宗传人，他同魏了翁二人在确立理学正统地位的过程中发挥了重大作用。

《心经》，陈振孙《直斋书录解题》、马端临《文献通考·经籍考》均名为《心经法语》。此书采集《书》、《诗》、《易》、《论语》、《中庸》、《大学》、《孟子》等论心、论仁格言，再于各条下分别列二程、朱熹等理学家的解说。首列“人心惟危，道心惟微，惟精惟一，允执厥中”，末附《西山心经赞》称“舜禹授受，十有六言，万世心学，此其渊源”。《四库全书总目》载“明程敏政尝为作注，而疑其中有引及真《西山读书记》者，非德秀之原文。殆后人又有所附益，非旧本也”①。

此书主要版本有《四库全书》本、《西京清麓丛书续编》本等。此外，

① 永瑢等：《四库全书总目》卷九二《心经》提要。

《真西山全集》也收载此书。

10.《读书记》61卷，(宋) 真德秀撰

《读书记》，又名《西山读书记》、《真西山读书记》。陈振孙《直斋书录解题》载，《西山读书记》有甲、乙、丙、丁4集，宋元之际，仅有《甲集》37卷，《丁集》2卷传世，而《乙集》、《丙集》却不传，故马端临《文献通考·经籍考》著录此书为39卷。今传本为明刊本，《甲集》、《丁集》卷数与《直斋书录解题》及《文献通考》所记相同，分别为37卷及2卷；中间多出《乙集》22卷，三集相加，总成61卷。书前有开庆元年（1259）德秀门人汤汉序，称《读书记》唯甲、乙、丁为成书，甲、丁二集先刊行，《乙集》上即为《大学衍义》，进于朝廷已久，下半部未及缮写而真德秀即卒，汤汉从其子真仁夫处抄得，厘为22卷，刊于福州。据此，则《丙集》原本未成，《乙集》一半为《大学衍义》，一半由汤氏整理续成。《甲集》自论“天命之性”至论“鬼神”，各分标目，前有纲目1篇，详细论述编排先后顺序之用意。《乙集》论虞夏以来名臣事迹，略仿编年体，前亦有纲目1篇，称所论止于五代，但书中却止于唐代李德裕，亦属未完。《丁集》上卷，论出处大义；下卷分处贫贱、处患难、处生死、安义命、审轻重诸目，与上卷互相发明。因性命为义理之源，故以为编之首。“性之发为情，而心则统乎性、情者也，故以性、心、情三者一编之纲领”。

全书分类注录，自身心、性命、天地、五行以及先儒授受源流，列举阐述，并征引名言绪论，皆有裨于研究宋末理学发展情况。至于“致治之法”，真德秀在《大学衍义》中未及详述者，则于《乙集》中复加以详细阐述，古今兴衰治忽之故，亦在此犁然可睹。在宋儒诸书中，此编所论比较注重实际，不尚空言论理，是宋代正宗理学思想体系中的一部重要著作，具有多方面的参考价值。特别是作者避免了一般理学家不注重历史的特点，而是史论结合，别具特色。

此书主要有《四库全书》本。另外，各种版本的《真西山全集》均给予收录。

11.《西山文集》55卷，(宋) 真德秀撰

是集马端临《文献通考·经籍考》著录为56卷；《四库全书总目》著录55卷，所依据的版本是明代万历间福建巡抚金学曾初刻、清浦城知县王允元补刻本。

集中所载除诗、赋而外，唯有《对越甲乙稿》、《经筵讲义》、《翰林词草》三种自分卷帙。其余序、记等作，仅以类排列，而不别分名目。真德秀学术

出自朱熹，对程朱理学推崇备至，集中所反映的真德秀理学思想，或者羽翼朱熹之说，或者在程、朱基础上发挥。真德秀曾认为“天下未尝有无理之器，无器之理；若舍器而求理，未有不蹈于空虚之见”。在《文集》的有关篇章中，他继承了朱子“学者工夫，唯在居敬穷理二事，此二事互相发挥能穷理，则居敬工夫日益进；能居敬，则穷理工夫日益密”的命题，强调“居敬”与“穷理”不可分，认为“自天道而言，则曰元亨利贞，自人道而言，则曰仁义礼智，其实一而已矣”，主张天道与人道合一；认为“穷理”须与“居敬”相辅而行，提出“为学之大本，敬与致格而已”，反映了他正统理学家的道德修养和认识方法。集中诸多阐发儒家理学，多承朱子，由于书中对于释老亦颇有吹嘘，如《不止韩愈罗池庙碑》等，故为时人所讥。此书对研究真德秀的学术思想、师承渊源及宋末理学的发展、演变提供了参考资料。

此书主要版本有明万历二十六年（1598）刻本，《四库全书》本，民国间《四部丛刊》本题为《西山先生真文忠公文集》。

朱门后学著作还有很多，如蔡沈《至书》1卷（《十万卷楼丛书三编》本、《丛书集成初编》本）。又如浙江金华朱学的代表及著作也比较多，主要有：何基（1188—1629），字子恭，人称北山先生，学于朱门高足黄榦。著有《大学发挥》、《易启蒙发挥》、《近思录发挥》，著作大都佚失，今存《何北山遗集》4卷。王柏（1197—1274），字会之，号鲁斋，学于何基，著述达800多卷，大部佚失，今存《书疑》、《诗疑》，在《金华丛书》中有《文集》10卷；又有《研几图》1卷（主要有《金华丛书》民国补刊本、《丛书集成初编》本）。金履祥（1232—1303），字吉父，号次农，人称仁山先生，学于王柏。现存《仁山集》4卷，附录1卷。许谦（1270—1337），字益之，号白云山人，人称白云先生，学于金履祥，现存《许白云先生文集》4卷。

七、象山学派文献

象山学派为南宋陆九渊所创，是宋明理学“心学”一派别开生面之学派。治学以明理、立心、做人为旨，主张“六经注我”，明言“心即理”，其心学，与朱熹理学长期并峙。现将象山学派文献举要如下：

1.《象山集》36卷，（宋）陆九渊撰

陆九渊（1139—1192），字子静，号象山，江西抚州金溪人。曾结茅讲学于今江西贵溪象山，故学者称其为象山先生，此编之名，即源本于此。

陆九渊一生不喜著书，故此编所收，多为往来书信及短篇杂著等。开禧元年（1205）由其子陆持之编成，嘉定五年（1212）由其门人袁燮刊行，共32卷。《宋史·艺文志》、《文献通考》并作《象山集》28卷，《外集》4卷，与袁氏刊本相合。今本则别加《语录》4卷，总成36卷。前28卷，为书、表、奏、记、杂说、行状、墓志、墓碣等；《后集》4卷皆为程氏之文。陆九渊是宋代理学中心学一派的代表人物，其学与其兄九韶、九龄并称“三陆之学”，此编即包含了他的全部学说。在此书卷一《与曾宅之书》，卷一一《与李宰书》，卷二二《杂说》，卷一九《敬斋记》，卷三四《语录》等篇中，提出了著名的“心即理”说，断言天理、人理、物理只在吾心之中，心是唯一的实在，强调“宇宙便是吾心，吾心即是宇宙，千万世同此心此理”。认为“人心至灵，此理至明，人皆有是心，心皆具是理”，提出“心”和“理”为永无变化之物，“千万世之前有圣人出焉，同此心，同此理也；千万世之后有圣人出焉，同此心，同此理也；东南西北海有圣人出焉，同此心，同此理也”。卷一《与胡季随书》，卷五《与舒西美书》，卷三二《养心莫善于寡欲》，卷三五《语录》中，陆九渊阐述了存心、养心的认识方法论，他主张为学应以悟为宗，方法是“立大”、“知本”、“发明本心”。认为只要悟得本心，不必多读书，提出“学苟知本，六经皆我注脚”的著名命题，在卷一《与朱元晦书》的三封信中，陆九渊与朱子辩论了太极图的问题，朱子认为“无极”即无方所、无形状，是太极的形容词，“太极本无极也”，太极无形而有理，是天地万物的本源；陆九渊认为，“太极”之上不能再有“无极”，“以无极字加之太极之上”，“正是叠床上之床”。此书全面反映了作者的理学思想，是研究陆九渊思想最重要的参考资料；亦是研究宋学中心学一派及宋明理学中陆王学派学术思想的基本材料。

陆著由其子持之辑为《象山先生全集》，较完整地保存了象山著述。明代成化年间陆和刻本为现存最早版本。另外，明正德十六年（1521）、嘉靖三十八年（1559）、万历四十三年（1615）、崇祯十三年（1640）递有刻本传世；清有《四库全书》本；民国有《四部丛刊》本、《四部备要》本。1980年中华书局出版标点本，题《陆九渊集》，附录各本序跋、朱熹书信及《象山学案》，为最佳版本。

此外，明清以来，又多有此书节本传世，或者题作《陆象山先生集节要》、《陆象山尺牍》、《象山粹言》、《陆象山先生语要》、《象山先生集》等，所辑内容及卷数亦颇不一致，计有6卷本、4卷本、3卷本及1卷本等。

陆九渊其他辑录、研究著作还有《象山先生要语》3卷，明耿定向辑，有《陆王二先生要语》抄本；《陆学订疑》1卷，明张吉撰，有《张古城先生文集》本。

2.《慈湖遗书》18卷，(宋) 杨简撰

《慈湖遗书》由杨简门徒编辑而成。陈振孙《直斋书录解题》著录3卷；《宋史·杨简列传》载杨简撰有《甲稿》、《乙稿》、《冠记》、《昏记》、《丧礼》、《家记》、《祭记》、《释菜礼记》、《石鱼家记》及《己易启蔽》诸书，所著甚多。今本自6卷以前为杂文及诗；7卷至16卷为《家记》，皆是杂录论经史治道之说，类似于语录体；17卷记先训；18卷乃是钱时行状及真德秀跋；又编《杂文》1卷及《孔子闲居解》1卷于后，谓之《续集》。与陈振孙所记卷数差别较大，而集中《家记》内各条，又有别标曰“见遗书”者，故《四库全书总目》疑其先有《遗书》3卷，初本别行，后其诸门徒又搜集谱编，共成此集，但却仍然以“遗书”为名。如此，则陈振孙所著录当为初本《遗书》。杨简继承并发展了陆氏心学，其思想又稍杂禅理，此编即比较全面地记载或反映了杨简的全部学术思想。杨简认为，心是万事万物之源的精神实体，在陆九渊的基础上，又提出“吾心即道，不可更求”的命题，他宣称天地为“我”之天地，变化为“我”之变化，而非他物，把宇宙变化的总过程说成是主观的“心”的变化过程。他宣扬“人心自明，人心自灵”的观点；并提倡无思无虑的蒙昧主义，认为“有知则有意”，“无思无虑是谓道心”。在论学上。杨简主张应“先读孔子之书，俟心通德纯司可观子史”，指出“人之大患在乎自满，而以己为贤，故终其身学无所成”。在政治思想上，杨简认为当时社会中“治务最急”者有五事，“次急”者有八事，大抵为罢科举，以恢复乡举里选；限民田，以恢复“井田”等，反映了他并不空言论理的学术思想。全书所论，皆不尚于凿空论道，所述多切实之言，是研究杨简理学思想、心学一派学术思想体系及宋明理学陆王学派学术思想的基本参考材料。

此书有明刊本，嘉靖四年(1525)刊本，文渊阁《四库全书》本等。

3.《先圣大训》6卷，(宋) 杨简撰

此编搜辑孔子之遗言，排比成55篇，而各为其作注解。钱时撰杨简《行状》，称其家食者十四载，筑室于德润湖上，更名慈湖；始取先圣大训间见诸杂说中者，刊伪别诬，萃成6卷，而为之解。即指此编而言。杨简继承了九渊“心”为世界本体的思想，是象山学派的主要代表人物之一，他主张“易者己也……天地我之天地，变化我之变化，非他物也”，把宇宙变化的总过程说成是主观的“心”的变化过程；他宣扬“人心自明，人心自灵”的观点。嘉定三年(1210)，杨简面试对策，称舜曰：“道心明，心即道。”孔子曰：“心之精神是谓圣。”孟子曰：“仁，人心也。”此心虚明无体，广大无际，日用云为，无非变化，无思无为而万物毕照。其立言宗旨，已开新会、余姚之学派。故所注此书，往往借以抒发“心学”，阐述自己的“心学”观点。其所注虽不免时有牵附，但秦汉以来，百家诡激之谈，纬候怪涎之说，无一不依托孔子之言为重，庞杂无稽，鱼目混珠，加之学者爱博嗜奇，不能一一抉择；此书却能削除伪妄，搜取其精纯，刊落琐屑，而存其正大。其间字句异同，文义舛互、杨简均给予参订斟酌，归于一是，颇为典核，这是研究宋学中象山学派思想体系的一部重要参考资料。

此书有明万历四十三年（1615）刻本，《四库全书》本、《四明丛书》本、《复性书院丛刊》本及清嘉庆间刻本等。

八、其他

除上述宋学诸派外，还有许多在宋代儒学史上产生过影响的人物及著作，兹举其要。

1.《盱江集》37卷、《年谱》1卷、《外集》3卷，（宋）李觏撰

李觏敢于抒发己见，推理经义，成为“一时儒宗”。其儒学理论，主要保存在《盱江集》中：卷二《礼论》7篇，卷三《易论》13篇，卷四《删定易图序论》，卷五《周礼致太平论》51篇，卷一六《富国策》10首，卷一七《强兵策》，卷一八《安民策》，卷一九《平土书》。

李觏在哲学上持“气”一元论观点，认为事物的矛盾是普遍存在的；在认识论上，承认主观来自客观，成为宋代哲学唯物主义学派的先导。他反对道学家们不许谈“利”言“欲”的虚伪道德观念，而从实际物质利益是人类社会生活的根本这一基本观点出发，解释社会历史现象。他认为“治国之实，必本于财用”（《富国策》第一）。治理国家的基础，是经济，是物质财富。所以，他反对把实际物质利益和道德原则，即“利”和“义”对立起来。为了解决土地问题，他专门写了一篇《平土书》，提出“均田”、“平土”的主张。为了拯救北宋日趋贫弱的局面，缓和阶级矛盾，他提出富国、强兵、安民的主张，写了《富国策》、《强兵策》、《安民策》各10首。李觏哲学上的唯物主义观点和政治上的革新思想，为稍后于他的王安石实行变法做了哲学理论上的准备。

李觏本有《退居类稿》12卷，《皇祐续稿》8卷。明成化间南城左赞编为《盱江集》（亦作《直讲李先生文集》）。有《四库全书》本、《四部丛刊》影明左赞刻本，共37卷，《外集》3卷前附年谱，后附《门人录》。中华书局1981年出版的《李觏集》，即据《四部丛刊》本校点。

2.《荆公论议》10 卷，（宋）王安石撰

王安石博学通经，诗词清新高峻。还是宋代较早提倡道德性命之学的先驱人物。《淮南杂说》、《字说》及《三经新义》、《临川先生文集》等著作均有这方面的著述。《荆公论议》选自《临川先生文集》卷六二至卷七一，收载了王安石的重要儒学理论文章，集中反映了他的儒学思想。此外王安石的文集中还有大量儒学文章。

《荆公论议》收入《丛书集成续编》（杨世文等选编，四川人民出版社，1998 年）。《临川先生文集》今存《四部丛刊》等多种版本。1974 年上海人民出版社出版了唐武标点的《王文公文集》100 卷。

3.《丽泽论说集录》10 卷，（宋）吕祖谦撰

吕祖谦为浙江婺学的代表，与朱熹、张栻齐名。全祖望《宋元学案》称“宋乾淳以后，学派分而为三：朱学也，吕学也，陆学也”。

吕祖谦生前讲学，门人记录，因其所记多有舛误，祖谦生前训诫不可传习。及吕祖谦殁后，门人记录却广为流传，又无所是正，故其弟祖俭广为搜录，为其整理；祖俭子乔年补充整理，始成此书。“丽泽”为祖谦所创办的书院之名，故以其作书名。内容包括：《易说》2 卷，《诗说拾遗》1 卷，《周礼说》1 卷，《礼记说》1 卷，《论语说》1 卷，《孟子说》1 卷，《史说》1 卷，《杂说》2 卷。书中祖谦的学术思想，即力主“明理躬行”，治经史以致用，反对空谈阴阳性命之说等有所反映。卷一称“人之性本同，一有所随，便分善恶”，作者阐述的这一人性论观点，与朱子把人性分作天命之性和气质之性，认为每个人的禀性都是“天所命”有所不同，吕祖谦强调了客观环境对人们的性格有所影响。卷五指出“《大学》致知，《中庸》明善”，强调经世致用；主张“以立志为先，以持敬为本”，不主张空谈性理。诸如此类，均为研究作者儒学思想的重要材料。此书为研究浙东学派中金华一派的必读参考文献，对研究宋代的儒学流派及发展演变亦有重要的意义。

此书有明成化八年（1472）刻本，《东莱集》附刊本，《四库全书》本及《续金华丛书》本。

吕祖谦著作还有《左氏博议》（又名《东莱博议》，《传统蒙学丛书》中有新校点本）及《吕东莱遗集》，此外，又有明代赵鹤辑《金华吕东莱先生正学编》1 卷，有《率祖堂丛书》附本。

4.《东莱集》40 卷，（宋）吕祖谦撰

吕祖谦号东莱，遂以为集名。是书包括《文集》15 卷，又以家范、尺牍之类为《别集》16 卷，程文之类为《外集》5 卷，《拾遗》1 卷，年谱、遗书

则为《附录》。吕祖谦理学思想集中在《家范》、《尺牍》、《读书杂记》、《师友问答》、《策问》诸篇目中。《四库全书总目》称其“所撰文章关键，于体格源流，具有心解。故诸体虽豪迈骏发，而不失作者典型，亦无语录为文之习，在南宋诸儒之中，可谓衔华佩实”。是研究浙东学派中金华学派的重要参证资料。需要注意的是，由于吕祖俭等人失于详辨，书中亦编入了部分他人之作，研究参取时要仔细甄别。

此书主要有《四库全书》本，《续金华丛书》本（题《东莱太史公文集》，作 39 卷），《丛书集成初编》本（作 20 卷，题《吕莱先生文集》）。

5.《鹤山集》110 卷，(宋) 魏了翁撰

《鹤山集》110 卷，又名《鹤山全集》或《鹤山大全集》，包括诗 12 卷，笺表、制诰、奏议等 18 卷，书牍 7 卷，记 13 卷，序铭字说跋启等 18 卷，志状 21 卷，祭文挽诗 3 卷，策问 1 卷，长短句 3 卷，杂文 4 卷，制举文 2 卷，《周礼折衷》4 卷，拾遗 1 卷，《师友雅言》2 卷。元明时期，宋刊本多有散佚，而重刻者校订欠精审，复加改窜，使《全集》多失旧貌。清修《四库全书》，重加校订，厘为 109 卷，故令传本卷数稍有差别。《四库全书总目》称赞此书曰：“所作醇正有法，而纡徐宕折，出乎自然；绝不染江湖游士叫嚣狂诞之风，亦不染讲学诸儒空疏拘腐之病，在南宋中叶可谓翛然于流俗外矣。”

此书有明嘉靖三十年（1551）邛州官舍副本，明锡山安氏活字本，均为 109 卷；宋淳祐间刻本为 110 卷，《四部丛刊》据此影印，亦作 110 卷。

宋代理学著作还有很多，今择其要者列表如下：

表 3－4－8 宋代其他理学著述表

撰辑者及年代	书目	常见版本
(宋) 刘子翚撰	《刘屏山先生圣传论》1 卷	《南园丛书》本
(宋) 刘荀撰	《明本释》3 卷	《畿辅丛书》本、《复性书院丛刊》本
(宋) 李元纲撰	《圣门事业图》1 卷	《百川学海》(咸淳本、景刊咸淳本) 本
(宋) 程端蒙撰	《程蒙斋性理字训》1 卷	《西京清麓丛书续编》本
(宋) 吴如愚撰	《准斋杂记》2 卷	《四库全书》本
(宋) 吴如愚撰	《准斋杂说》2 卷	《墨海金壶》(嘉庆本、景嘉庆本) 本、《丛书集成初编》本
(宋) 吴如愚撰	《准斋杂说》2 卷《附录》1 卷	《武林往哲遗著》本
(宋) 熊节辑 (宋) 熊纲大注	《性理群书句解》23 卷	《四库全书》本

续表

撰辑者及年代	书　目	常 见 版 本
（宋）程若庸撰	《程氏性理字训》1卷	《津河广仁堂所刻书》本、《小四书》本
（宋）区仕衡撰	《理学简言》1卷	《岭南遗书第二集》本
（宋）潘音撰	《读书录存遗》1卷	《学海类编》（道光本、景道光本）本、《荫玉阁五种》本
作者待考	《崇安圣传论》2卷	《诸儒鸣道》本
作者待考	《安正忘筌集》10卷	《诸儒鸣道》本
（宋）江公望撰	《江民表心性说》1卷	《诸儒鸣道》本

第二节　元明性理类文献

自元代始，不仅心学进一步禅学化，理学也更显支离，朱、陆之学都走向极端，故朱、陆后学中出现了融会朱、陆之学的致思倾向。自元代许衡、刘因、吴澄始即有这种倾向，明代薛瑄、吴与弼、陈献章著作中更为明显，至湛若水时，虽师承程、朱，实则公开主张心学了。可以说吴与弼、陈献章已开王阳明学说之先声。王学产生并非完全是陆门心学的承袭发展，而是朱、陆之学融会的结果。兹举其要：

1.《鲁斋遗书》8卷、《附录》2卷，（元）许衡撰

明正德十三年（1518），许衡七世孙婿郝亚卿初辑《鲁斋全书》，由河内教谕宰廷俊继成，何瑭校正，高杰刊行，成7卷6册。其后萧鸣凤因《鲁斋全书》尚多讹阙，于嘉靖四年（1525）校刊于开封，并更名为《鲁斋遗书》。《四库全书总目》介绍其内容："首二卷为《语录》；第三卷为《小学大义直说》、《大学要略》、《大学直解》；第四卷分上下，上为《中庸直解》，下为《读易私言》、《读文献公揲蓍说》及《阴阳消长》一篇；第五卷为奏疏；第六卷亦分上下，上为杂著，下为书状；第七、第八卷为诗、乐府；附录二卷，则像赞、诰敕之类及后人题识之文。其书为后人所裒辑，无所别择。"①

是书主要版本为《四库全书》本。此外，又有明万历二十四年（1596）江学诗、郑道兴等辑14卷本《鲁斋遗书》，是书有张泰征、江学诗序，收入《北京图书馆古籍珍本丛刊》中。还有清乾隆五十五年（1790）刻《许文正公

① 永瑢等：《四库全书总目》卷一六六《鲁斋遗书》提要。

遗书》12 卷本。许衡文章收入李修生主编《全元文》。又有王成儒校点《许衡集》，东方出版社，2007 年出版。

2.《静修集》30 卷，(元) 刘因撰

刘因曾自订《丁亥诗集》5 卷，余皆尽焚而不存；及其卒后，门人、故友搜其遗稿，得《樵阉词集》1 卷，《遗文》6 卷，《拾遗》7 卷，最后杨俊民又得《续集》2 卷，一例编辑，合成一帙；后房山贾彝又增入《附录》2 卷，总成 30 卷，至正中，由官署为之刊行，是为今传本《静修集》，又称《静修先生文集》。

是书有元至正九年 (1349) 刻本，《四库全书》本 (题《静修集》)，《畿辅丛书》本，《四部丛刊》本题《静修文集》，22 卷。刘因文章收入李修生主编《全元文》。

3.《吴文正公集》100 卷，(元) 吴澄撰

《吴文正公集》又名《草庐吴文正公全集》、《支言集》，由吴澄之孙吴当编辑成书，今传本为其五世孙吴爟重刊于明永乐四年 (1406)，前 90 卷为文，包括杂著、答问、说、书、启疏、序、记、碑铭、题跋、墓志铭、祭文、制诰、表笺等，后 10 卷为诗。吴澄的思想主要反映在答问、杂著、说、书、序等部分。

是书传本有明宣德十年 (1435) 刻本，《四库全书》据此本收录，又有明成化间刊本、清乾隆五十一年 (1786) 万氏刻本等。文章收入李修生主编《全元文》。

4.《太极图说述解》1 卷，(明) 曹端撰

曹端 (1376—1434)，字正夫，号月川，河南渑池人。永乐进士，授山西霍州、蒲州学正，终老于霍州。是书为曹氏注解宋周敦颐《太极图说》的著作。主要版本有《四库全书》本。

5.《读书录》11 卷、《读书续录》12 卷，(明) 薛瑄撰

薛瑄 (1389—1467)，字德温，号敬轩，山西河津 (今山西万荣) 人。永乐中登进士第，历官大理寺正卿、礼部侍郎、翰林院学士等职。晚年辞官，居家讲学著书。著有《读书录》、《续读书录》、《薛文清公集》等。

薛瑄推崇程朱理学，曾言："自考亭 (朱熹) 以还，斯道已大明，毋烦著作，直须躬行耳。"为明初理学的代表人物。《读书录》11 卷，为薛瑄读书札记，积而成帙，其后续有所录，为《读书续录》12 卷。四库馆臣云："其书皆躬行心得之言，两录之首皆有自记，言其因张子'心有所开，不思则塞'之语，是以自录随时所得，以备屡省。"① 主要版本及卷数异同见下表：

---

① 永瑢等：《四库全书总目》卷九三《读书录》提要。

表 3-4-9 《读书录》版本表

撰辑者及年代	书 目	常 见 版 本
(明) 薛瑄撰	《薛公读书录》1 卷	《金声玉振集》本
(明) 薛瑄撰	《读书录》11 卷《续录》12 卷	《四库全书》本、《西京清麓丛书正编》本
(明) 薛瑄撰	《薛文清公读书录》8 卷	《记过斋藏书》本、《正谊堂全书》本、《丛书集成初编》本
(明) 薛瑄撰 (清) 陆纬辑	《薛文清公读书录钞》4 卷	《啸园丛书第二函》本
(明) 薛瑄撰 (清) 纪大奎辑	《薛文清公读书录钞》1 卷 《读书续录钞》1 卷	《纪慎斋先生全集》本
(明) 薛瑄撰 (清) 潘世璜辑	《薛子读书录钞》4 卷	《不远复斋遗书》(道光本、光绪本) 本
(清) 汪绂撰	《读读书录》2 卷	《汪双池先生丛书》本

6. 《明道编》6 卷，(明) 黄绾撰

黄绾 (1480—1554)，字宗贤，号久庵、石龙，浙江黄岩人。与王阳明、湛甘泉为友，后归于阳明门下，执弟子礼。

黄绾曾撰《久庵日录》8 卷、《习业录》4 卷，嘉靖二十六年 (1547) 黄绾之子黄承德合二书刻《明道编》12 卷。今存 6 卷，为黄绾晚年所手定《日录》6 卷，其他已佚。刘厚祜、张岂之曾据北京图书馆藏明刻本胶片整理此书，1959 年由中华书局出版，为此书主要版本。

7. 《泾野子内篇》27 卷，(明) 吕柟撰

吕柟 (1479—1542)，字仲木，号泾野，陕西高陵人。世居泾水北，自号泾野，世人尊称为泾野先生。被视为关学之集大成者。

《明儒学案·师说》载吕柟"讲席几于阳明氏中分其盛，一时笃行自好之士，多出先生之门"。《内篇》为吕柟讲学语录汇编，由其门人按讲学时间先后辑录整理而成。明代冯从吾修订《内篇》，并更名《泾野先生语录》，包括《云槐精舍语》、《东林书屋语》、《东林书院语》、《端溪问答》、《解梁书院语》、《柳湾精舍语》、《鹫峰东所语》、《过江北行途中语》、《再过解州语》、《太常南所语》、《乙未邵伯舟中语》、《太学语》、《春官外署语》、《礼部北所语》。

此书有明刻本、《四库全书》本、光绪七年刻本等。中华书局 1987 年出版赵瑞民点校《泾野子内篇》，为目前通行的主要版本。

8. 《张子抄释》6 卷，(明) 吕柟辑

《张子抄释》一书首列《西铭》、《东铭》，次列《正蒙》19 篇，以下依次

为《经学理窟》11篇、《语录》，最后是书、记、戒、贺书、策问、边议、论边事状、经略司画一等，而以张载《行状》殿后。每条各附简释，较《张子全书》为精要。

此书有《四库全书》本、《惜阴轩丛书》本、《丛书集成初编》本。

9.《朱子抄释》2卷，（明）吕柟辑

朱熹著述丰富，门人所录，就有《池录》、《饶录》、《饶后录》、《建录》等，黎靖德所编《朱子语类》，系刊除重复、分类编辑而成，仍有140卷。而吕柟所选仅2卷，260多条，每条之下附有解释，简明扼要，便于初学。

有《四库全书》本、《惜阴轩丛书》本、《丛书集成初编》本。

10.《周子抄释》2卷、附录1卷，（明）吕柟辑

吕柟据《周子全书》摭其精要而成。卷一包括《太极图解义》、《通书》，卷二为遗文遗诗，《附录》辑有《宋史道学本传》、周氏《墓碣铭》、《墓室记》、《事状》、《行录》等周氏传记资料。《四库全书总目》谓此编"较《全书》特为简洁，每条之下各释以一二语，或标其大旨，或推所未言之隐，较诸家连篇累牍之辨，亦特淳实"①。

此书有《四库全书》本、《惜阴轩丛书》、《丛书集成初编》本。

11.《康斋集》12卷，（明）吴与弼撰

吴与弼（1391—1469），字子傅，号康斋，江西崇仁人。初习诗、赋、经制，年十九师事明代"三杨"之一的太子洗马杨溥。得读《伊洛渊源录》，"于是思自奋励，窃慕向焉，而尽焚当时举子文字，誓必至乎圣贤而后已"。一生不应科举，讲学家乡，屡荐不出。生活清贫，笃志理学，躬耕自食，然淡泊自乐。所著《康斋集》12卷，主要为吴与弼的读书札记。

此书主要有明弘治七年吴泰刻本、《四库全书》本。

12.《白沙集》9卷，（明）陈献章撰

陈献章（1428—1500），字公甫，号石斋，广东新会白沙里人，世称白沙先生。曾师从吴与弼，其学称江门之学。陈献章曾自述为学经历："仆才不逮人，年二十七，始发愤从吴聘君学。其于古圣贤垂训之书，盖无所不讲，然未知入处。比归白沙，杜门不出，专求所以用力之方，既无师友指引，惟日靠书册寻之，忘寝忘食，如是者亦累年，而卒未得焉。所谓未得，谓吾此心与此理未有凑泊吻合处也。于是舍彼之繁，求吾之约，惟在静坐。久之，然后见吾此心之体隐然呈露，常若有物，日用间种种应酬，随吾所欲，如马之

① 永瑢等：《四库全书总目》卷九三《周子抄释》提要。

御衔勒也。体认物理，稽诸圣训，各有头绪来历，如水之有源委也。于是涣然自信曰：作圣之功，其在兹乎?"①

《白沙集》9卷，门人湛若水校定。凡文4卷，诗5卷，《行状》、《墓志》等附于后。弘治十八年（1505）罗讲始刻其诗文集行世，诗文各10卷。正德三年（1508）林齐重订补刻，卷帙依旧。后屡次重刊，万历二十九年（1601），林裕阳又刻之，分为9卷。入清，版本亦多，主要有康熙四十九年何九畴重刊6卷本，于原本有所增益。《四库全书》本，则据万历四十年（1612）何祥熊重刊9卷本录入。1987年中华书局出版孙通海点校本，系以康熙四十九年何氏刊本为底本而校以各本，是目前最完备的本子。

13.《居业录》8卷，(明）胡居仁撰

胡居仁（1434—1484)，字叔心，号敬斋，江西余干人。青年时曾从学吴与弼，后筑室梅溪山中，专意著书讲学，曾应聘主白鹿洞书院。

《居业录》8卷，胡居仁的讲学语录。由胡居仁门人、女婿余祐（1465—1528）于弘治十七年（1504）整理编辑成书。据余祐序称，此书取《易》"修辞立其诚，所以居业"之意为书名。书分8卷，分别是心性、学问、圣贤、帝王、古今、天地、老佛、经传等。《居业录》与薛瑄《读书录》同被理学家推为醇正之作。

正德中张吉曾删此书为《居业录要语》，吴廷举删此书为《居业录粹言》，陈凤梧又有《居业录类编》31卷，所传均不广。《四库全书》据余祐编本录入，又有《正谊堂全书》本，《丛书集成初编》本等。明人曾将此书与薛瑄《读书录》、罗钦顺《困知记》合刊，名《三先生语录》。

14.《圣学格物通》100卷，(明）湛若水撰

湛若水，学者称甘泉先生。为陈献章亲定的江门之学传人，又与王阳明"一见定交，共以倡明圣学为事"。

《圣学格物通》又名《格物通》，体例略仿邱浚《大学衍义补》，分为6格，计"诚意格"17卷，分审几、立志、谋虑、感应、儆戒、敬天、敬祖考、畏民8细目398则。"正心格"3卷84则。"修身格"9卷，分正威仪、慎言动、进德业3细目198则。"齐家格"13卷，分谨妃匹、正嫡庶、事亲长、养太子、严内外、恤孤幼、御臣妾7细目270则。"治国格"14卷，分事君使臣、立教兴化、事长慈幼、使众临民、正朝廷、正百官、正万民7细目329则。"平天下格"44卷，分公好恶、用人、理财3细目986则，其中用人

① 陈献章：《陈白沙集》卷二《复赵提学佥宪》，文渊阁《四库全书》本。

又分学校、举措、课功、任相、任将、六官 6 目，理财又分修虞衡，抑浮末、伤百工、屯田、马政、漕运、劝课、禁夺时、省国费、慎赏赐、田租、薄敛、恤穷、赈济 14 目。大体杂引经书、诸儒及明代皇帝的“圣谕圣制”，附以湛若水自己的见解。内容广泛，主旨在“明圣学”，为修身与治国、平天下提供借鉴。《四库全书总目》谓“此书多引前言，以为讲习之助”。

此书有明嘉靖刊本、清《四库全书》本等。

15.《酬物难》1 卷，《积承录》1 卷，（明）唐枢撰

《酬物难》书名取于韩非子《说难》，唐枢有引称：“予之难于酬物也，有所惩而苦之于思，于思鬼神有庇焉。盖任心太过，故坚僻至此。即其所言，可以知其所蔽矣。”该书目的在于阐明心学。首篇末云：“迹其意之所求，道其往之所止，明通而通，力极而极，势驻以驻，详于参伍之变，因于性情之宜。以此七语，别为七篇附于后。”《积承录》1 卷，为唐氏门人吴思诚所编。以其承受于师门者积为一书，故曰《积承录》。

此书主要版本有《木钟台全集》本。

16.《读书札记》8 卷，（明）徐问撰

徐问字用中，号养斋，江苏武进人。弘治十五年（1502）进士，进广平推官，召为刑部主事，累迁南京户部尚书，卒谥庄裕。学者称养斋先生。生平为学，一宗朱熹，著有《山堂萃稿》及此书。

《读书札记》为徐问巡抚贵州时与从学诸人问答随时札记而成。所记包括天文、历象、山川、性理、六经、四子书等。

此书有明嘉靖十四年（1535）刻本、清《四库全书》本。

17.《传习录》3 卷，（明）徐爱、钱德洪等编

徐爱（1487—1517），字曰仁，号横山，浙江余姚人。官至工部郎中，从王守仁学。钱德洪（1496—1574），本名宽，字德洪，改字洪甫，浙江余姚人。累官刑部郎中，后以讲学为事，学者称绪山先生。

《传习录》为王守仁讲学语录汇编，取曾子“传不习乎”之意命名。上卷为徐爱、陆澄、薛侃等与王守仁论学问答；中卷为王守仁与人论学的书信，下卷为陈九川、黄以方、黄省曾、钱德洪等与王守仁论学问答。《传习录》上卷原为徐爱所编，卒后薛侃得其遗稿，于正德十三年（1518）刊行。中卷为嘉靖三年（1524）南大吉所增刻，下卷主要为钱德洪整理。

此书有明嘉靖间刻《王文成公全书》本、清康熙五十一年（1712）日本冈田群玉堂刻本、《学海类编》本、《四部丛刊》本、《四部备要》本（并作《传习录》3 卷，附《朱子晚年定论》）。吴光等校点《王阳明全集》本，上海

古籍出版社 1995 年版。

王阳明重要理学著作及常见版本又有：

表 3－4－10　王阳明重要著述版本表

撰辑者及年代	书　目	常　见　版　本
（明）王守仁撰	《传习则言》1 卷	《百陵学山》本，《学海类编》（道光本、景道光本）本，《景印元明善本丛书十种》本
（明）王守仁撰 （明）萧廪辑	《阳明先生要语》3 卷	《陆王二先生要语类抄》本
（明）王守仁撰 （明）施邦曜评辑	《理学集》4 卷	《阳明先生集要》本
（明）王守仁撰	《理学编》4 卷	《四部丛刊》本
（明）王守仁撰 （民国）周学熙节录	《阳明理学集》3 卷	《周氏师古堂所编书》本

18.《王龙溪先生全集》20 卷，（明）王畿撰

王畿（1498—1583），字汝中，别号龙溪，山阴（今浙江绍兴）人。嘉靖十一年（1532）中进士，任南京职方主事，升南京武选郎中。后因其学不为当时首辅夏言所容而被黜。讲学于两都及吴、楚、闽、越、江、浙等地，达 40 余年，为王学主要传人之一。讲学往往"杂以禅机，亦不自讳也"。其思想受佛教影响较深，渐失阳明本旨而流入于禅。

《王龙溪先生全集》20 卷，主要有明万历十五年（1587）萧良干刻本，明万历四十三年（1615）丁宾、张汝霖刻本，清道光二年莫晋刻本等。

19.《心斋约言》1 卷，（明）王艮撰

王艮（1483—1541），原名银，王阳明取《周易》艮卦义，为易其名曰艮，字汝止，号心斋，泰州安丰场（今属江苏东台）人。王阳明的弟子，泰州学派代表人物。世代为灶户，"七岁受书乡塾，贫不能竟学"，11 岁时家贫辍学，随父兄淋盐。19 岁时随父王守庵经商至山东，在山东拜谒孔庙时，深有感触，认为"夫子亦人也，我亦人也，圣人者可学而至也"。于是日诵《孝经》、《论语》、《大学》，置书于袖中，逢人质难，"久而信口谈解，如或启之"。38 岁时远赴江西往游王阳明之门，执弟子礼。但"时时不满师说"，既"反复推难、曲尽端委"，又"不拘泥传注"、"因循师说"，自创"淮南格物说"。主张："即事是学，即事是道。人有困于贫而冻馁其身者，则亦失其本非学也。"

《约言》1 卷，《四库全书总目》谓其"皆发明良知之旨"。主要版本有《四库全书》本、《学海类编》本。

20.《说理会编》16卷，（明）季本撰

《说理会编》为仿朱熹、吕祖谦《近思录》而作。《四库全书总目》比较是书与《近思录》之别，称："《近思录》分类十四，此分类十二。其先之以性理、圣功者，犹《录》之首及道体论也。继之以实践、贤才者，犹《录》之次及于致知、存养、克治也。推之于政治者，犹《录》之有治道、治法也。终之以异端诸子者，犹《录》之辨别异论、总论圣贤也。其间巧借程、朱之言以证良知之说，则犹守仁、朱子晚年定论之旨耳。"

此书有明刻本，收入《续修四库全书》中，为常见版本。

21.《双江先生困辨录》8卷，（明）聂豹撰

聂豹（1487—1563），字文蔚，号双江，江西永丰人。王阳明弟子。

《双江先生困辨录》为聂豹嘉靖二十年（1541）因遭诽谤而入诏狱时所记，8卷分别题为《辩中》、《辩易》、《辩心》、《辩素》、《辩过》、《辩仁》、《辩神》、《辩诚》。罗洪先作批注，岳和声校阅。嘉靖三十一年（1552），阮鹗得此书写本，为之校刻传世。

22.《东廓邹先生文集》12卷，（明）邹守益撰

邹守益（1491—1562），字谦之，号东廓，江西安福人。王阳明弟子。其著作由门人编为《东廓邹先生文集》12卷。

是书主要版本有明隆庆六年邵廉刻本《东廓邹先生文集》12卷，明嘉靖十七年洪垣刻本《东郭先生文集》9卷，以及明刻本《邹文庄公全集》12卷等，又收入《四库全书存目丛书》、《阳明后学文献丛书》。

23.《念庵罗先生集》13卷，（明）罗洪先撰

罗洪先（1504—1564），字达夫，号念庵，江西吉水人。嘉靖八年（1529）中状元，授翰林院修撰，迁左春房赞善。被罢归后，终日著书讲学。卒后赠光禄少卿，谥文庄。著有《念庵集》。其学以阳明为宗，闭门谢客，默坐一榻，考图观史，上至天文、礼乐、典章、阴阳、术数，下至地理、水利、边塞、战阵、攻守，无不精心探究。

此书今存重要版本有明嘉靖四十二年刘玠刻本《念菴罗先生集》，明嘉靖四十三年甄津刻本《念庵罗先生集》13卷，明隆庆元年苏士润等刻本《念菴罗先生文集》8卷《外集》15卷《别集》4卷等。

24.《胡子衡齐》8卷，（明）胡直撰

胡直（1517—1585），字正甫，号庐山，江西泰和人。曾从欧阳德及罗洪先学习，故其学以王守仁为宗。《四库全书总目》云："尝与门人讲学螺水上，辑其问答之语为是书。分言末、理问、亡锢、博辨、明中、征孔、谈言、续

问、申言，凡九篇，篇有上下。其名《衡齐》者，意谓谈理者视此为均平云尔。大要以理在心而不在天地万物，意在疏通守仁之旨。"①

此书主要版本有《豫章丛书》本。

25.《学蔀通辨》12卷，(明) 陈建撰

陈建 (1497—1567)，字廷肇，号清澜，东莞（今属广东）人。嘉靖七年 (1528) 举人。以后两次会试，皆中副榜，选授福建侯官教谕。在任期间，与督学潘潢论朱陆异同，作《朱陆编年》两编，与巡抚白贲论李东阳《西涯乐府》，作《西涯乐府通考》2卷。督学江以达命校《十三经注疏》，书成，朝廷颁行天下。任满，迁江西临江府学教授，集编《周子全书》，又为《程氏遗书类编》。先后主江西、广西、湖广、云南乡试。循资升山东信阳县知县，著《小学古训》。嘉靖二十三年 (1544年)，以母老告请归养。潜心著述，隐居不出。嘉靖二十七年 (1548)，改定《朱陆编年》，成《学蔀通辨》。又为《治安要议》6卷，《皇明通纪》凡24卷。尚著有《经世宏词》、《明朝捷录》、《古今至鉴》、《滥竽录》、《陈氏文献录》等。

据清张夏《洛闽源流录》称："嘉靖壬寅朝议进宗儒陆九渊于孔庙。时清澜以进士令南闽，闻之，忧道统将移，学脉日紊，乃发愤著《学蔀通辨》，以破王氏所编《朱子晚年定论》。"《四库全书总目》该书提要云："大旨以佛与陆、王为学之三蔀，分前编、后编、续编、终编。每编又自分上、中、下，而采取朱子《文集》、《语类》、《年谱》诸书以辨之。前有嘉靖戊申自序云：专明一实，以抉三蔀。前编明朱、陆早同晚异之实，后编明象山阳儒阴释之实，续编明佛学近似惑人之实，而以圣贤正学不可妄议之实终焉。"② 自王学盛行而朱学式微，《学蔀通辨》乃起而为朱学张本。

《学蔀通辨》主要版本有《西京清麓丛书续编》本，《正谊堂全书》本，《丛书集成初编》本等。清乾隆年间，李绂又著《学蔀通辨辨》，以反驳陈建《学蔀通辨》。

26.《呻吟语摘》2卷，(明) 吕坤撰

吕坤 (1536—1618)，字叔简，号新吾，宁陵（今属河南）人。万历进士，历官山西巡抚，擢刑部侍郎。

《呻吟语摘》为吕坤亲自删削50余年为学笔记而成。上卷为内篇，分性命、存心、伦理、谈道、修身、问学、应务7门；下卷为外篇，分天地、世

① 永瑢等：《四库全书总目》卷九六《胡子衡齐》提要。

② 永瑢等：《四库全书总目》卷九六《学蔀通辨》提要。

运、圣贤、品藻、治道、人情、物理、广喻、词章等9门，所论多为应时治世之理。名为“呻吟”寓“病道之弗明弗行”、“疲癃颠连而无告者”。

《明史·艺文志》据初刻本著录此书为4卷。有万历四十四年（1616）刊本，《四库全书》本。

27.《小心斋札记》18卷，（明）顾宪成撰

顾宪成（1550—1612），字叔时，号泾阳，江苏无锡人。万历八年（1580）进士，授户部主事。直道事人，宦途多乖，先以上疏语侵执政，谪桂阳州判官；后又以廷推阁臣忤旨，削籍归田。在里中，复与弟顾允成倡修东林书院，偕高攀龙等讲学其中，讽议朝政，朝野应合，东林之名由是大著，而遭忌益深，终至禁毁。而宪成名益著，与赵南星、邹元标号为“三君”，又同顾允成、高攀龙、安希范、刘元珍、钱一本、薛敷教、叶茂才时称“东林八君子”。著有《小心斋札记》、《证性编》、《商语》、《泾皋藏稿》等，后人编为《顾端文公遗书》。

《小心斋札记》18卷，为顾氏万历二十二年（1594）至三十九年（1611）读书及答门人问学的笔记，按年编次，为其代表作。明万历三十六年蔡献臣初刻本为12卷，所记止于万历三十三年；后又有顾宪成之子顾与淳刻本，增益万历三十四年至三十九年所记，为16卷。康熙间顾宪成曾孙顾贞观刻《顾端文公遗书》，收入此书，作18卷。又顾宪成曾依朱熹《白鹿洞书院院规》订《东林会约》，亦能助其思想研究。

28.《枫山语录》1卷，（明）章懋撰

章懋（1437—1522），字德懋，别号闇然子，晚号谷滨遗老，浙江兰溪人。成化二年（1466）进士，累官至南京礼部尚书。曾讲学枫木山，世称枫山先生。著有《枫山集》等。

《枫山语录》为章懋语录汇编，分学术、政治、艺文、人物、拾遗5类。拾遗为拾前四类之遗。后附行实，录湛若水、蔡清、王守仁诸人对章氏的评论。

此书有《四库全书》本、《指海》本、《金华丛书》本。

29.《东溪日谈录》18卷，（明）周琦撰

周琦（生卒年不详），字廷玺，马平（今广西柳江）人。成化十七年（1481）进士，官至南京户部员外郎。

周琦曾受学于洛阳阎先生，而阎受学于薛瑄，故其学以程朱为本，复性为主。一生体验天地万物之性，以会经传之旨，每有心得，辄笔录之，积久成书。《东溪日谈录》共分13类，为性道谈1卷，理气谈1卷，祭祀谈2卷，

学术谈1卷，出处谈1卷，物理谈1卷，经传谈3卷，著述谈1卷，史系谈2卷，儒正谈1卷，文词谈1卷，异端谈1卷，阙异谈1卷。每条或十几字或数百字。

此书有嘉靖十六年（1537）刊本、《四库全书》本。

30.《简端录》12卷，（明）邵宝撰

邵宝（1460—1527），字国贤，号二泉，江苏无锡人。成化二十年（1484）进士，历官江西提学副使、右副都御史、户部侍郎、南礼部尚书。曾修白鹿书院学舍以处学者，教人以致知力行为本，学者称二泉先生。著有《左觿史》、《定性书说》、《容春堂集》等书。

《简端录》为邵氏门人王宗元辑录邵氏读书笔记而成。包括《易》3卷326条、《书》2卷182条，《诗》1卷93条，《春秋》3卷292条，《礼记》（《孝经》附）1卷106条，《大学》、《中庸》合1卷共43条，《论语》、《孟子》合1卷共63条。

此书有明崇祯四年（1631）刊本、清《四库全书》本。

31.《圣学宗要》1卷，（明）刘宗周撰

《圣学宗要》为刘宗周以友人刘去非所著《宋学宗源》为蓝本增订而成。书中选录了周敦颐《太极图说》，张载《东铭》、《西铭》，程颢《识仁说》、《定性书》，朱熹《中和说》，王守仁《良知问答》等，并加以诠解。《四库全书》著录此书与刘宗周讲学语录汇编《学言》3卷为《刘子遗书》，书前提要亦同，而《四库全书总目》则著录《圣学宗要》1卷、《学言》3卷，分别著录。

此书有明姜希辙刊本、《四库全书》本、《刘子全书》本。

32.《人谱》3篇、《人谱类记》2卷，（明）刘宗周撰

刘宗周是晚明儒学殿军，针对“王学”末流严重的禅化现象，在其主讲蕺山书院时撰此二书，以纠“王学”末流之偏，以定人伦之极。《人谱》正编《人极图说》，仿周敦颐《太极图说》例，对人性本质进行定位，为全书总纲。续编二《证人要旨》乃针对人性流行阶段提出了修持六事功课。续编三是《记过格》，是对人性六类缺点（微、隐、显、大、丛、成）的刻画，并附以《讼过法》、《改过说》。《人谱类记》则分体独、凝道、知几、考疑、作圣诸类，辑录古人嘉言懿行，以为榜样。二书合观，则成人生修养之重要指南。

此书有《刘子全书》本、《四库全书》本。

33.《榕坛问业》18卷，（明）黄道周撰

《榕坛问业》18卷为黄道周部分讲学语录汇编。前16卷即其崇祯七八年

(1634、1635）的讲学语录；第17卷为黄氏崇祯八九年间答复友人问难之书；第18卷为答同学蒋德璟所问，为黄氏命弟子代答者，并附蒋氏原问18条于后。全书以问答的形式整理而成，多署明时间，每卷分载所编弟子姓名，每卷前后又各缀以黄氏题识。

此书有明刊本、清刊本、《四库全书》本。

除上述重点举要之外，明代尚有大量理学著作，今择要列表如下①：

表3-4-11 明代其他理学著作表

撰辑者及年代	书目	常见版本
（明）程晢撰	《曼先生语录》1卷	《大亭山馆丛书》本
（明）薛敬之撰	《思庵野录》3卷	《关中丛书第四集》本
（明）陈琛撰	《正学编》1卷	《今献汇言》本、《说郛续卷一》本、《景印元明善本丛书十种》本
（明）徐问撰	《读书札记》8卷	《四库全书》本、《得月簃丛书次刻》本、《丛书集成初编》本
（明）崔铣撰	《后渠子》4卷	《六子书》（于孔兼辑）本
（明）崔铣撰	《士翼》3卷	《崔洹野集》本
（明）崔铣撰	《士翼》4卷	《四库全书》本
（明）崔铣撰	《松窗寤言》1卷	《金声玉振集》本、《今献汇言》本、《说郛续卷三》本、《借月山房汇钞》（嘉庆本、景嘉庆本）第十一集本、《泽古斋重钞第九集》本、《丛书集成初编》本、《景印元明善本丛书十种》本
（明）崔铣撰	《松窗寤言摘录》1卷	《纪录汇编》本、《景印元明善本丛书十种》本
（明）毛宪撰 （清）谢珍录	《三近斋语录》1卷	《酌古准今》本
（明）薛蕙撰	《约言》1卷	《百陵学山》本、《景印元明善本丛书十种》本、《丛书集成初编》本、《说郛续卷四》本
（明）朱得之撰	《宵练匣》1卷	《百陵学山》本、《说郛续卷三》本、《景印元明善本丛书十种》本
（明）雷翀撰	《豫章语录》1卷	《雷刻八种续刻》本
（明）潘府撰	《南山素言》1卷	《今献汇言》本、《说郛续卷四》本、《景印元明善本丛书十种》本
（明）周琦撰	《东溪日谈录》18卷	《四库全书》本

① 据《中国丛书综录》整理。

续表

撰辑者及年代	书　目	常　见　版　本
（明）程瞳辑	《闲辟录》10卷	《西京清麓丛书续编》本
（明）陈琛撰	《正学编》1卷	《今献汇言》本、《说郛续卷一》本、《景印元明善本丛书十种》本
（明）徐问撰	《读书札记》8卷	《四库全书》本、《得月簃丛书次刻》本、《丛书集成初编》本
（明）蔡叆撰	《汶滨语录》20卷	《畿辅丛书》本
（明）薛应旂撰	《纪述》1卷	《百陵学山》本、《景印元明善本丛书十种》本
（明）薛应旂撰	《薛方山纪述》1卷	《宝颜堂秘笈》（万历本、民国石印本）普集本、《丛书集成初编》本
（明）薛应旂撰	《照心犀》1卷	《广快书》本
（明）薛应旂撰	《方山纪述》1卷	《说郛续卷四》本
（明）薛应旂撰	《方山纪述》4卷	《学海类编》（道光本、景道光本）本
（明）徐阶撰	《学则辩》1卷	《四部备要》本
（明）王烨撰	《樗庵日录》1卷	《碧琳琅馆丛书丙部》本、《芋园丛书》本
（明）侯一元撰	《二谷读书记》3卷	《学海类编》本、《丛书集成初编》本
（明）赵维新撰	《感受述录》6卷 《叙录》4卷	《茌邑三先生合刻》本
（明）罗洪先撰	《念庵子》2卷	《六子书》（于孔兼辑）本
（明）周怡撰	《讷溪杂录》3卷	《周恭节集》本
（明）王慎中撰	《遵岩子》2卷	《六子书》（于孔兼辑）本
（明）翟台撰	《惜阴书院绪言》1卷	《泾川丛书》本、《丛书集成初编》本
（明）翟台撰	《水西答问》1卷	《泾川丛书》本、《丛书集成初编》本
（明）查铎撰	《楚中会条》1卷	《泾川丛书》本、《丛书集成初编》本
（明）查铎撰	《水西会条》1卷	《泾川丛书》本、《丛书集成初编》本
（明）查铎撰	《水西会语》1卷	《泾川丛书》本、《丛书集成初编》本
（明）赵仲全撰	《梅峰语录》2卷	《泾川丛书》本、《丛书集成初编》本
（明）萧良幹撰	《稽山会约》1卷	《泾川丛书》本、《丛书集成初编》本
（明）萧良幹撰	《拙斋学测》1卷	《泾川丛书》本、《丛书集成初编》本
（明）许孚远选 （清）周汝登解 （清）王炜疏	《九谛解疏》1卷	《昭代丛书丁集新编》本

续表

撰辑者及年代	书　目	常见版本
(明) 冯时可撰	《黔中语录》1卷 《续语录》1卷	《冯元成杂著》本
(明) 管志道撰	《东溟粹言》1卷	《复性书院丛刊》本
(明) 唐鹤徵撰	《桃溪札记》1卷	《武进唐氏所著书》本
(明) 方学渐撰	《性善绎》1卷	《桐城方氏七代遗书》本
(明) 方学渐撰	《东游纪》3卷	《桐城方氏七代遗书》本
(明) 方学渐撰	《庸言》1卷	《桐城方氏七代遗书》本
(明) 方学渐撰	《心学宗》2卷	《龙眠丛书》本
(明) 杨起元撰	《贞复杨先生学解》1卷	《杨贞复六种》本
(明) 杨起元撰	《杨先生冬日记》1卷	《杨贞复六种》本
(明) 杨起元撰	《归善杨先生证学编》2卷	《杨贞复六种》本
(明) 郝敬撰	《时习新知》6卷	《山草堂集内编》本
(明) 郝敬撰	《闲邪记》2卷	《山草堂集内编》本
(明) 高攀龙撰	《就正录》1卷	《高子全书》本
(明) 高攀龙撰	《东林书院会语》1卷	《高子全书》本
(清) 潘世璜辑	《高子讲义》1卷	《不远复斋遗书》本
(明) 方大镇撰	《宁澹语》2卷	《桐城方氏七代遗书》本
(明) 岳元声撰	《圣学范围图说》1卷	《广百川学海甲集》本、《宝颜堂秘笈》普集本、《说郛续》本
(明) 徐榜撰	《白水质问》1卷	《泾川丛书》本、《丛书集成初编》本
(明) 萧雍撰	《赤山会约》1卷	《泾川丛书》本、《丛书集成初编》本
(明) 萧雍撰	《赤山会语》1卷	《泾川丛书》本、《丛书集成初编》本
(明) 艾自新撰	《艾云苍语录》1卷	《云南丛书初编》本
(明) 艾自修撰	《艾雪苍语录》1卷	《云南丛书初编》本
(明) 张舜典撰	《致曲言》1卷	《关中丛书第三集》本、《鸡山语要》本
(明) 张舜典撰	《明德集大旨总论》1卷	《关中丛书第三集》本、《鸡山语要》本
(明) 曹胤儒撰	《盱坛直诠》2卷	《复性书院丛刊》本
(明) 徐祯稷撰	《耻言》2卷	《艺海珠尘土（己集）》本、《丛书集成初编》本

续表

撰辑者及年代	书 目	常 见 版 本
(明) 徐祯稷撰	《耻言》1卷	《西京清麓丛书外编》本、《有诸己斋格言丛书》本
(明) 颜茂猷撰 (明) 叶廷秀评	《四大恩论》1卷	《叶润山辑著全书》本
(明) 陈龙正撰	《学言》3卷	《几亭全书》本
(明) 陈龙正撰	《续学言》3卷	《几亭再集》本
(明) 陈龙正撰	《学言详记》17卷	《几亭全书》本
(明) 陈龙正撰	《随时问学再集》8卷	《几亭再集》本
(明) 蔡懋德撰	《蔡忠恪公语录》1卷	《乾坤正气集》本
(明) 方孔炤撰	《知生或问》1卷	《桐城方氏七代遗书》本
(明) 黄淳耀撰	《吾师录》1卷	《艺海珠尘匏集(戊集)》本、《陶庵集》本、《南园丛书》本、《丛书集成初编》本
(明) 叶廷秀撰	《讲学大义》1卷	《叶润山辑著全书》本
(明) 叶廷秀撰	《偶言》4卷	《叶润山辑著全书》本
(明) 叶廷秀撰 (明) 张玮参 (明) 巢子梁订	《叶先生偶言》1卷	《叶润山辑著全书》本
(明) 文翔凤撰	《南园讲录》3卷	《皇极篇》本
(明) 徐汝廉撰	《枕余》1卷	《快书》本
(明) 昌岩撰	《玉振》1卷	《快书》本
(明) 朱苞撰	《读书些子会心》1卷	《泾川丛书》本、《丛书集成初编》本
(明) 黄渊耀撰	《存诚录》3卷	《谷帘先生遗书》本
(明) 郁法撰	《省身录》1卷	《娄东杂著丝集》本
(明) 冯柯撰	《迴澜正论》1卷	《四明丛书第六集》本
(明) 冯柯撰	《求是编》4卷	《四明丛书第六集》本

第三节　清代性理类文献

清代理学虽为官方正统,但是反理学思潮也十分强盛,傅山、顾炎武、方以智、王夫之、颜元等开其端,迨至乾隆朝而朴学大盛。朴学对玄学言,顾炎武、阎若璩奠基,戴震、惠栋等学者都反宋学而倡汉学,即所谓汉、宋之争。朴学兴而理学不见重于世，于是乾嘉学派又成为正统。《訄书·清儒》："清世理学之言，竭而无余华。"但康熙即位后重用熊赐履、李光地，为朝廷尊重理学所自始，故清代也有相当数量的理学著作，分属于程朱派与陆王派或折中于其间。① 兹举其要：

1.《夏峰先生语录》2卷，（清）孙奇逢撰

孙奇逢（1584—1675），字启泰，一字钟元，直隶容城（今属河北）人。明万历二十八年（1600）举人，明亡归隐。后因田园被圈入旗，移居新安，又南徙河南辉县苏门山，工部郎马光裕奉以夏峰田庐，学者尊称为夏峰先生。清廷屡召不仕，人称孙征君。与李颙、黄宗羲齐名，合称明末清初三大儒。孙奇逢一生著述颇丰，主要有《理学宗传》、《夏峰先生集》、《四书近旨》、《道一录》、《北学编》等。《清史稿》本传称："奇逢之学，原本象山、阳明，以慎独为宗，以体认天理为要，以日用伦常为实际。其治身务自刻厉。人无贤愚，苟问学，必开以性之所近，使自力于庸行。"杨向奎认为："夏峰之学实亦以朱注王，但结果则非朱非王。"

《夏峰先生语录》收入《畿辅丛书·孙夏峰遗书》以及《孙夏峰先生全集》中，主要版本有道光二十五年（1845）大梁书院重刊本、光绪刊本等。2003年中州古籍出版社出版《孙奇逢集》。

2.《杨园张先生全集》54卷，（清）张履祥撰

张履祥（1611—1674），字考夫，号念芝，浙江桐乡人。学者称杨园先生。曾师事刘宗周，明亡不仕，在乡讲学。

《杨园张先生全集》，又名《张杨园全集》、《杨园先生集》等。主要版本有清同治九年（1870）山东尚志堂16卷本、清同治十年（1871）江苏书局54卷本、《四库全书存目丛书》28卷本等，中华书局2002年出版陈祖武点校本。

江苏书局54卷本内容包括骚、诗、书、上书、序、记、说、论、题跋、铭、吊祭告文、杂著、《问目》、《愿学记》、《读易笔记》、《读史》、《言行见闻录》、《经正录》、《初学备忘》、《近鉴》、《备忘录》、《近古录》、《训子语》、《补农书》、《训门人语》等。

3.《思辨录辑要》35卷，（清）陆世仪撰

陆世仪（1611—1672），字道威，号刚斋、桴亭，别署"眉史氏"，江苏太仓人。清初编辑《儒家理要》一书，后在无锡东林书院等地讲学，学生几

① 杨向奎：《清儒学案新编·缘起》，齐鲁书社，1985年。

百人。著有《思辨录》、《学酬》、《复社纪略》、《春秋考》、《诗鉴》、《书鉴》等。

陆世仪所撰《思辨录》，为其历年札记，后由江士韶、盛敬等摘其要旨，分类编辑，成《思辨录辑要》。其后张伯行又重为编次，分《小学》、《大学》、《立志》、《居敬》、《格致》、《诚正》、《修齐》、《治平》、《天道》、《人道》、《诸儒》、《异学》、《经子》、《史籍》等十四类，为后来较流行的本子。

此书主要版本有康熙元年（1662）毛天麒22卷刊本、康熙四十八年（1709）张伯行正谊堂35卷刊本以及《四库全书》本等。

4.《汤子遗书》10卷，（清）汤斌撰

汤斌（1627—1687），字孔伯，别号荆岘，晚号潜庵，河南睢州（今睢县）人。顺治九年（1652）进士，由庶吉士授国史院检讨。竟日读书，不妄交游。累擢江宁巡抚，澄清吏治。历官至工部尚书，卒谥文正。汤斌之学源出孙奇逢，沈潜《易》理。所著有《汤子遗书》10卷及《洛学编》、《潜庵语录》、诗文集等，并行于世。他的一生清正廉明，是实践朱学理论的倡导者，所到之处体恤民艰，弊绝风清，政绩斐然，被尊为“理学名臣”。

汤斌卒后遗稿曾为田兰芳刻于中州，彭成又刻《节要》于吴门，蔡彬与蔡方炳谋刻全集，惜未刊成。康熙四十二年（1703），王廷灿搜遗文，补所未备，编为10卷，名《汤子遗书》。卷一语录，卷二奏疏，卷三序文，卷四碑记，卷五书牍，卷六赋、颂、论、辩，卷七传、墓志、行述、事状，卷八杂文，卷九告谕，卷十诗、词，卷末附汤氏《年谱》、《行实》、《墓志》、《祭文》。其中语录、书牍、记、论、辩等多关理学。语录为汤氏门人所记，沈佳、窦克勤、姚尔申手述22条，窦克勤日录49条，汤溥手述6条，王廷灿手述5条，范景手述15条，后附《志学会约》11条。

此书有乾隆二十八年（1763）王氏树德堂刻本、《四库全书》本、同治九年（1870）汤氏宗祠重刻本。

5.《读朱随笔》4卷，（清）陆陇其撰

陆陇其（1630—1692），初名龙其，字稼书，平湖（今属浙江）人。清康熙九年（1670）进士，乾隆元年（1736）追谥“清献”，与陆世仪并称“二陆”。

陆氏为学，推崇程朱，力辟阳明，一以居敬穷理为主，在清初为理学代表人物。《读朱随笔》4卷，《四库全书总目》云：“是编乃其读《朱子大全集》时取所心得，随笔标记。於《正集》二十九卷以前，凡诗赋劄子人所共知者，即不复置论。自《正集》三十卷起至《别集》五卷止，则摘其精蕴，分条纂录，而各加案语以申之。”“陇其之学，一以朱子为宗，在近儒中最称醇正。是编大意，尤在于辟异说以羽翼紫阳。故于儒释出入之辨，金溪、姚江蒙混之弊，凡朱子书中有涉此义者，无不节取而发明之。其剖析疑似，分别异同，颇为亲切。其他一字一句，亦多潜心体察，而深识其用意之所以然。盖于朱子之书，诚能融会贯彻，而非徒以口耳佔毕为事者。虽不过一时简端题识之语，本非有意著书，而生平得力所在，亦概可见矣。”①

此书有《陆子全书》本、《正谊堂全书》本、《四库全书》本等。

6.《榕村语录》30卷，(清) 李光地撰，徐用锡、李清植纂辑

徐用锡 (1657—?)，字坛长，号昼堂，一号鲁南，江苏下相 (今宿迁) 人。为李光地门人。著有《圭美堂集》。李清植 (1690—1744)，字立侯，号穆亭，李光地之孙。

徐用锡于康熙三十三年 (1694) 以后从学于李光地，凡闻于李光地者皆留心记录，康熙五十四年至五十七年，徐用锡将记录稿整理誊清，受到李光地赞许，李光地去世后，徐用锡将书稿交给李清植，李清植据李光地遗稿及他人记录又加增补，题名《榕村语录》。此书卷一至卷八为经书总论及论“四书”，卷九至卷一七分别论《易》、《书》、《诗》、《三礼》、《春秋》、《孝经》，其后为论宋六子、诸儒、诸子、道释3卷，论史1卷，论历代1卷，论学2卷，论性命、理气2卷，论治道2卷，论诗文2卷，末附韵学。条末每每标出记录者，以李光地自记与李清植记或为李清植记者居多。

此书主要传本有《榕村全书》本、《四库全书》本等。陈祖武点校《榕村语录》1995年由中华书局出版，为目前常见本。

7.《濂洛关闽书》19卷，(清) 张伯行撰

张伯行 (1652—1725)，字孝先，开封兰考县人。康熙二十四年 (1685) 进士，历官内阁中书，福建、江苏巡抚，礼部尚书。代表作有《困学录》、《续困学录》、《居济一得》、《正义堂文集》、《子学集解》、《广近思录》等。

《濂洛关闽书》为诠解宋周敦颐、张载、程颢、程颐、朱熹著述而作。张伯行将平日对周、张、程、朱著作的诠解，令书院诸生相互参酌，由陈绍濂等汇订，于康熙四十八年 (1709) 成书。分为周子1卷、张子1卷、程子10卷、朱子7卷。每人先为小传，简介生平及学术、著述，每一书、每一篇先揭其大旨，然后疏解。周子包括《太极图说》与《通书》40章；张子包括《西铭》、《正蒙》、《经学理窟》、语录文集；二程子根据宋杨时编《二程粹言》

① 永瑢等：《四库全书总目》卷九四《读朱随笔》提要。

编次原本，参考文集、语录、遗书并《近思录》补入；朱子根据文集、语类、遗书等撮要选取7篇，进行注释。

此书主要有《正谊堂全书》本、《丛书集成初编》本。

8.《读书偶记》3卷，（清）雷鋐撰

雷鋐（1697—1760），字贯一，一字翠亭，福建宁化人。雍正十一年（1733）进士，其学受业于李光地、方苞。著有《经笥堂集》等。

《读书偶记》又名《雷翠庭先生读书偶记》，为雷氏读书札记。主要有清乾隆刻本、《四库全书》本等。

9.《正蒙初义》17卷，（清）王植撰

王植，字槐三，深泽（今属河北）人。康熙六十年（1721）进士，官邳州知州。著有《四书参注》、《崇德堂集》等。

《正蒙初义》为张载《正蒙》所作注解。有乾隆刊本、《四库全书》本等。

除上述重点举要之外，清代尚有大量理学著作，今择要列表如下①：

表3－4－12　清代其他理学著述表

撰辑者及年代	书　目	常　见　版　本
（清）凌鸣喈撰	《东林粹语》3卷	《凌氏传经堂丛书》本
（清）张锦蕴撰	《镜谭》1卷	《云南丛书初编》本
（清）白胤谦撰	《学言》2卷《续》1卷	《东谷全集》本
（清）贾开宗撰	《溯园语商》1卷	《溯园全集》本
（清）原良撰	《身世要则》1卷	《三山存业十编》本
（清）原良撰	《明宗正学》1卷	《三山存业十编》本
（清）王宏撰撰	《正学隅见述》1卷	《四库全书》本
（清）刁包撰	《潜室札记》2卷	《用六居士所著书》本、《畿辅丛书》本、《丛书集成初编》本
（清）刁包撰	《斯文正统》12卷	《用六居士所著书》本
（清）邱志广撰	《蝶庵自药》1卷	《柴村全集》本
（清）陈瑚撰	《淮云问答》1卷	《娄东杂著石集》本
（清）陈瑚撰	《淮云问答》1卷《续编》1卷	《小石山房丛书》本
（清）陈瑚撰 （清）陆世仪辑	《淮云问答辑存》1卷	《陆桴亭先生遗书》本

① 主要据《中国丛书综录》整理。

续表

撰辑者及年代	书　目	常 见 版 本
(清) 陈瑚撰	《讲义条约》1卷	《娄东杂著续刊》本
(清) 鄁成撰	《朱陆异同书》1卷	《鄁冰壑先生全集》本
(清) 鄁成撰	《仰思记》1卷	《鄁冰壑先生全集》本
(清) 鄁成撰	《三训俚说》1卷	《鄁冰壑先生全集》本
(清) 鄁成撰	《致知阶略》1卷	《鄁冰壑先生全集》本
(清) 鄁成撰	《儒者十知略》1卷	《鄁冰壑先生全集》本
(清) 鄁成撰	《日知录》1卷	《鄁冰壑先生全集》本
(清) 王建常撰	《复斋录》6卷	《西京清麓丛书正编》本
(清) 王弘撰撰	《正学偶见述》1卷	《四库全书》本、《王山史五种》本
(清) 谢文洊撰	《程门主敬录》1卷	《留余草堂丛书》本
(清) 谢文洊撰	《程山先生日录》3卷	《畿辅丛书》本、《丛书集成初编》本
(清) 魏裔介撰	《琼琚佩语》1卷	《魏贞庵遗书》本
(清) 魏裔介撰	《论性书》2卷	《魏贞庵遗书》本
(清) 魏象枢撰	《庸言》1卷	《说铃续集》本、《昭代丛书》本
(清) 朱用纯撰	《毋欺录》1卷	《小石山房丛书第四册》本
(清) 申涵光撰	《荆园进语》1卷	《聪山集》本、《借月山房汇钞》本、《泽古斋重钞》本、《昭代丛书》本、《式古居汇钞》本、《畿辅丛书》本、《永年申氏遗书》本、《有诸己斋格言丛书》本、《留余草堂丛书》本、《丛书集成初编》本
(清) 申涵光撰 (民国) 周学熙节录	《荆园进语》1卷	《周氏师古堂所编书》本
(清) 申涵光撰	《荆园小语》1卷	《聪山集》本、《借月山房汇钞第十一集》本、《泽古斋重钞第九集》本、《昭代丛书丙集第四帙》本、《式古居汇钞》本、《花近楼丛书》本、《畿辅丛书》本、《有诸己斋格言丛书》本、《留余草堂丛书》本、《丛书集成初编》本
(清) 申涵光撰 (民国) 周学熙节录	《荆园小语》1卷	《周氏师古堂所编书》本
(清) 申涵光撰	《荆园语录》2卷	《啸园丛书》本
(清) 甘京撰	《夙兴语》2卷	《昭代丛书》本
(清) 甘京撰	《夙兴语》1卷	《昭代丛书》本、《逊敏堂丛书》本

续表

撰辑者及年代	书目	常见版本
(清) 诸士俨撰	《勤斋考道日录》1卷 《续录》1卷	《太昆先哲遗书》本
(清) 毛先舒撰	《螺峰说录》2卷 《附稚黄子文浒》1卷	《思古堂十四种书》本
(清) 毛先舒撰	《圣学真语》2卷《首》1卷	《思古堂十四种书》本
(清) 毛先舒撰	《格物问答》3卷《首》1卷	《思古堂十四种书》本
(清) 毛先舒撰	《语小》1卷	《昭代丛书》本
(清) 秦钺撰	《慈湖家记》10卷	《复性书院丛刊》本
(清) 张贞生撰	《唾居随录》4卷	《张箦山三种》本
(清) 张烈撰 (清) 陆陇其辑	《王学质疑》5卷《附录》1卷	《正谊堂全书》本、《西京清麓丛书续编》本、《丛书集成初编》本
(清) 郝浴撰	《郝雪海先生笔记》3卷	《畿辅丛书》本、《丛书集成初编》本
(清) 毛奇龄撰	《逸讲笺》3卷	《西河合集》本
(清) 毛奇龄撰	《折客辨学文》1卷	《西河合集》本
(清) 蔡方炳辑	《正学矩》1卷	《息关三述》本
(清) 蔡方炳辑	《愤助编》1卷	《息关三述》本
(清) 李颙撰 (清) 倪元坦选	《二曲集录要》4卷 《附录》1卷	《读易楼合刻》本
(清) 申涵煜撰	《省心短语》1卷	《畿辅丛书》本、《丛书集成初编》本
(清) 中庵子撰	《道统中一经》1卷	《息斋藏书》本
(清) 中庵子撰	《学镜约》1卷	《息斋藏书》本
(清) 中庵子撰	《心圣直指》1卷	《息斋藏书》本
(清) 中庵子撰	《嘉言存略》3卷	《息斋藏书》本
(清) 中庵子撰	《公余证可》1卷	《息斋藏书》本
(清) 中庵子撰	《廛谭摘》1卷	《息斋藏书》本
(清) 陈荩撰	《修慝余编》1卷	《艺海珠尘》本、《丛书集成初编》本
(清) 萧继炳撰	《论学俚言》1卷	《泾川丛书》本、《丛书集成初编》本
(清) 马棫士撰	《卷石斋语录》2卷	《马氏丛刻》本
(清) 郑起泓撰	《省心杂录》1卷	《荥阳杂俎》本
(清) 戴望撰	《颜氏学记》10卷	《国粹丛书第一集》本、《吴兴丛书》本、《清代学术丛书第一集》本
(清) 熊赐履撰	《迩语》1卷	《说铃续集》本、《昭代丛书》本

续表

撰辑者及年代	书　目	常　见　版　本
（清）席启图辑 （民国）周学熙节录	《畜德录选》2卷	《周氏师古堂所编书》本
（清）杨甲仁撰	《北游日录》1卷	《愧庵遗集》本
（清）杨甲仁撰	《忧患日录》1卷	《愧庵遗集》本
（清）杨甲仁撰	《自验录》2卷（存卷上）	《愧庵遗集》本
（清）杨甲仁撰	《下学录》2卷	《愧庵遗集》本
（清）杨甲仁撰	《芙城录》1卷	《愧庵遗集》本
（清）陶圻撰	《业儒臆说》1卷	《学海类编》本、《丛书集成初编》本
（清）陈迈撰	《敬学录》1卷	《娄东杂著竹集》本
（清）谢丕振辑	《河东先儒遗训》1卷	《青云洞遗书初刻》本
（清）谢丕振辑	《河东先儒醒世文》1卷	《青云洞遗书初刻》本
（清）彭定求辑	《儒门法语》1卷	《记过斋藏书》本
（清）彭定求辑 （清）汤金钊辑要	《儒门法语辑要》1卷	《长州彭氏家集》本
（清）彭定求撰	《密证录》1卷	《长州彭氏家集》本
（清）彭定求撰	《姚江释毁录》1卷	《长州彭氏家集》本
（清）张伯行撰	《困学录集粹》8卷	《正谊堂全书》本、《丛书集成初编》本
（清）张伯行辑	《广近思录》14卷	《正谊堂全书》本、《丛书集成初编》本
（清）张伯行集解	《续近思录》14卷	《正谊堂全书》本、《丛书集成初编》本
（清）窦克勤撰	《事亲庸言》20卷	《窦静庵先生遗书》本
（清）窦克勤撰	《理学正宗》15卷	《窦静庵先生遗书》本、《吉林探源书舫丛书初编》本
（清）李来章撰	《达天录》2卷	《礼山园全集》本
（清）李来章撰	《书绅语略》1卷	《礼山园全集》本
（清）劳史撰	《迩言》1卷	《昭代丛书已集广编》本
（清）周梦颜撰 （清）胡珽校讹	《质孔说》2卷附《校讹》1卷	《琳琅秘室丛书第一集》本
（清）周梦颜撰 （清）胡珽校讹 （清）董金鉴续校	《质孔说》2卷附《校讹》1卷《续校》1卷	《琳琅秘室丛书第一集》本、《丛书集成初编》本
（清）秦遵宪撰	《小天集》2卷	《四明丛书第六集》本
（清）焦袁熹撰	《此木轩枝叶录》2卷	《此木轩全集》本

续表

撰辑者及年代	书　目	常　见　版　本
（清）焦袁熹撰	《此木轩尚志录》2卷	《此木轩全集》本
（清）杨名时撰	《经书言学指要》1卷	《杨氏全书》本、《江阴丛书》本、《粟香室丛书》本
（清）杨名时撰	《程功录》4卷	《杨氏全书》本
（清）程作舟撰	《心经》2卷	《藏书五种》本
（清）王澍辑	《学案》1卷	《积书岩六种》本
（清）沈近思撰	《励志录》2卷	《沈余遗书》本
（清）蓝鼎元撰	《棉阳学准》5卷	《鹿洲全集》本
（清）王兰生撰	《国学讲义》2卷	《西京清麓丛书外编》本
（清）陈法撰	《明辨录》1卷	《西京清麓丛书续编》本
（清）陶成撰	《四书讲习录》8卷	《五庐遗书》本
（清）陶成撰	《日程》4卷	《五庐遗书》本
（清）李清植撰	《澍嗳存愚》2卷	《李文贞公全集》本、《榕村全书》本
（清）尹会一撰	《健余札记》4卷	《畿辅丛书》本、《丛书集成初编》本
（清）汪绂撰	《理学适源》12卷	《汪双池先生丛书》本
（清）汪绂撰	《读问学录》1卷	《汪双池先生丛书》本
（清）桑调元 （清）沈廷芳辑	《切近编》1卷	《当归草堂丛书》本
（清）黄永年撰	《静子日记》1卷	《黄静山所著书》本
（清）李清馥撰	《道南讲授》13卷	《榕村全书》本
（清）李清馥撰	《榕村续语录》20卷	民国初傅氏藏园刊本
（清）申居郧撰	《西岩赘语》1卷	《畿辅丛书》本、《丛书集成初编》本
（清）迟祚永撰	《道南录初稿》1卷	《云南丛书初编》本
（清）廖鸿章撰	《紫阳书院题解》1卷	《求可堂两世遗书》本
（清）赵青藜撰	《星阁正论》1卷	《泾川丛书》本、《丛书集成初编》本
（清）赵青藜撰	《箴友言》1卷	《泾川丛书》本、《丛书集成初编》本
（清）马翮飞撰	《翊翊斋笔记》2卷	《马氏家刻集》本
（清）刘绍攽辑注	《卫道编》2卷	《西京清麓丛书续编》本、《津河广仁堂所刻书》本
（清）邵嗣宗撰	《洗心录》1卷	《娄东杂著土集》本

续表

撰辑者及年代	书　　目	常 见 版 本
（清）范尔梅撰	《明儒考》1卷	《读书小记》本
（清）范尔梅撰	《语录》1卷	《读书小记》本
（清）周翥华撰	《立学先基条说》1卷	《娄东杂著土集》本
（清）王道升撰	《王勉轩查山问答》1卷	《书三味楼丛书》本
（清）周宗濂撰	《日省录》1卷	《书三味楼丛书》本
（清）戴震撰	《原善》3卷	《微波榭丛书》本、《国粹丛书第一集》本、《戴氏三种》本、《安徽丛书第六期》本
（清）戴震撰	《原善》1卷	《昭代丛书戊集续编补》本
（清）戴震撰	《绪言》3卷	《粤雅堂丛书初编》本、《戴氏三种》本、《安徽丛书第六期》本、《丛书集成初编》本
（民国）王永祥撰	《里堂思想与戴东原》1卷 《附雕菰楼集选录》1卷	《孝鱼丛著》本
（清）阎循观撰	《困勉斋私记》4卷	《西涧草堂全集》本
（清）余元遴撰	《庸言》4卷	《沈余遗书》本
（清）程瑶田撰	《论学小记》3卷	《通艺录》本、《安徽丛书第二期》本
（清）程瑶田撰	《论学外篇》2卷	《通艺录》本、《安徽丛书第二期》本
（清）杨国杰撰	《一斋书绎说》1卷	《一斋温溪丛刻》本
（清）杨国杰撰	《劝学浅说》2卷	《一斋温溪丛刻》本
（清）杨国杰撰	《退闲录》1卷	《一斋温溪丛刻》本
（清）郝玶纪	《郝正阳语录》1卷	《一斋温溪丛刻》本
（清）郝玶撰	《一斋札记》1卷	《一斋温溪丛刻》本
（清）吴文溥撰	《慎余编》1卷	《南野堂全集》本
（清）孟超然撰	《晚闻录》1卷	《亦园亭全集》本
（清）孟超然撰	《焚香录》1卷	《亦园亭全集》本
（清）孟超然撰	《求复录》4卷	《亦园亭全集》本
（清）孔毓焞撰	《絅斋随笔》1卷	《求恕斋丛书》本
（清）景安撰	《深省堂自箴录》3卷	《深省堂集》本
（清）景安撰	《深省堂自箴续录》4卷	《深省堂集》本
（清）倪云坦辑	《箴铭录要》1卷	《读易楼合刻》本
（清）倪云坦辑	《儒学入门》1卷	《读易楼合刻》本

续表

撰辑者及年代	书　目	常 见 版 本
(清) 倪云坦辑	《儒门语要》6卷	《读易楼合刻》本
(清) 陈庚焕撰	《庄岳谈》2卷	《惕园全集》本
(清) 陈庚焕撰	《童子摭谈》1卷	《惕园全集》本
(清) 陈庚焕撰	《谬言意言附识》1卷	《惕园全集》本
(清) 陈庚焕撰	《日记仅存》1卷	《惕园全集》本
(清) 王豫撰	《蕉窗日记》2卷	《读画斋丛书庚集》本
(清) 王豫撰	《蕉窗日记》1卷	《昭代丛书》本
(清) 马时芳撰	《马氏心得》4卷	《平泉遗书》本
(清) 马时芳撰	《来学纂言》1卷	《平泉遗书》本
(清) 潘世璜撰	《得心编》1卷	《不远复斋遗书》本
(清) 彭兆荪撰	《忏摩录》1卷	《书三味楼丛书》本、《娄东杂著革集》本、《小谟觞馆全集(同治本、光绪本)》本、《小石山房丛书第四册》本、《啸园丛书第二函》本、《东仓书库丛刻初编》本、《刻鹄斋丛书》本、《南园丛书》本、《喜咏轩丛书甲编》本
(清) 徐润第撰	《臆说》2卷	《敦艮斋遗书》本
(清) 徐润第撰	《杂言》1卷	《敦艮斋遗书》本
(清) 徐润第撰	《敦艮斋札记》1卷	《敦艮斋遗书》本
(清) 张秉直撰	《开知录十》4卷	《西京清麓丛书续编》本
(清) 张鉴辑	《浅近录》6卷	《周氏师古堂所编书》本
(清) 刘沅撰	《子问》2卷《又问》1卷	《槐轩全书》本
(清) 李元春撰	《阁居镜语》1卷	《桐阁全书》本
(清) 李元春撰	《正学文要》8卷	《桐阁全书》本
(清) 李元春撰	《夕照编》1卷	《桐阁全书》本
(清) 李元春撰	《余生录》1卷	《桐阁全书》本
(清) 李元春撰	《桐阁性理十三论》1卷	《西京清麓丛书续编》本
(清) 李元春撰	《桐阁关中三先生语要》4卷	《桐阁全书》本
(清) 方东树撰	《跋南雷文定》1卷	《方植之全集》本、《房山山房丛书》本
(清) 方东树撰	《未能录》2卷	《方植之全集》本
(清) 方东树撰	《进修谱》1卷	《方植之全集》本

续表

撰辑者及年代	书 目	常 见 版 本
(清) 方东树撰	《山天衣闻》1卷	《方植之全集》本
(清) 方东树撰	《向果微言》2卷《述旨》1卷	《方植之全集》本
(清) 方东树撰	《大意尊闻》1卷	《有诸己斋格言丛书》本
(清) 方东树撰	《大意尊闻》1卷	《方植之全集》本
(清) 刘沅撰	《恒言》1卷	《槐轩全书》本
(清) 刘沅撰	《剩言》1卷	《槐轩全书》本
(清) 刘沅撰	《家言》1卷	《槐轩全书》本
(清) 刘沅撰	《杂问》1卷	《槐轩全书》本
(清) 刘沅撰	《槐轩约言》1卷	《槐轩全书》本
(清) 刘沅撰	《槐轩俗言》1卷	《槐轩全书》本
(清) 刘沅撰	《下学梯航》1卷	《槐轩全书》本
(清) 刘沅撰	《正讹》8卷	《槐轩全书》本
(清) 谢珍撰	《踵息庐粹语》1卷	《酌古准今》本
(清) 钱敬堂撰	《呓语偶存》1卷	《太昆先哲遗书》本
(清) 梁彣撰	《正念斋语》2卷	《月山遗书》本
(清) 梁彣撰	《近思斋答问》1卷	《月山遗书》本
(清) 周因培撰	《榕荫书屋笔记》1卷	《桂林周氏家集》本
(清) 宋其沅撰	《求己笔记》1卷	《宋湘驲先生遗著》本
(清) 徐元润撰	《困知长语》1卷	《蜕学翁遗集》本
(清) 余潜士撰	《困学迩言初编》1卷 《续编》1卷《三编》1卷	《耕邨全集》本
(清) 李惺撰	《药言》1卷《药言剩稿》1卷	《西沤全集外集》本、《南园丛书》本、《格言汇编》本
(清) 李惺撰	《冰言》1卷《补》1卷	《西沤全集外集》本、《南园丛书》本、《格言汇编》本
(清) 朱文烋撰	《从学札记》1卷	《朱慎甫先生遗集》本
(清) 朱文烋撰	《五子见心录》3卷	《朱慎甫先生遗集》本
(清) 方坰撰	《生斋日识》1卷《续》1卷	《方学博全集》本
(清) 方坰撰	《生斋自知录》3卷	《方学博全集》本
(清) 丁大椿撰	《来复堂学内篇》4卷《外篇》6卷	《来复堂全书》本
(清) 黄式三撰	《朱吕问答》1卷	《儆居遗书》本

续表

撰辑者及年代	书　目	常 见 版 本
（清）夏炘撰	《述朱质疑》16卷	《景紫堂全书》本
（清）王检心辑	《传心要语》1卷	《景紫堂全书》本
（清）王检心撰	《惺斋答问》2卷	《复性斋丛书》本
（清）王检心辑	《心学小印》1卷	《复性斋丛书》本
（清）王检心撰	《闇修记》4卷	《复性斋丛书》本、《津河广仁堂所刻书》本
（清）黄秩模撰	《学道粹言》1卷	《逊敏堂丛书》本
（清）高骧云撰	《说性》1卷	《湫琴室存稿》本
（清）沈汝瀚撰	《我师录》2卷	《戎马风涛集》本
（清）李棠阶撰	《语录》2卷	《李文清公遗书》本
（清）顾广誉撰	《悔过斋札记》1卷	《平湖顾氏遗书》本
（清）王景贤撰	《性学图说》1卷	《义停山馆集》本
（清）王景贤撰	《困学琐言》1卷	《义停山馆集》本
（清）杨凤昌撰	《知陋轩迂谈》1卷	《云南丛书初编》本
（清）罗泽南撰	《人极衍义》1卷	《罗忠节公遗集》本、《周氏师古堂所编书》本
（清）罗泽南撰	《姚江学辨》2卷	《罗忠节公遗集》本、《西京清麓丛书续编》本
（清）宝埒撰	《铢寸录》2卷	《津河广仁堂所刻书》本
（清）宝埒撰	《铢寸录》8卷	《云南丛书初编》本
（清）牛振声撰	《训士琐言》1卷	《泾阳文献丛书》本
（清）牛振声撰	《省克捷诀》1卷	《泾阳文献丛书》本
（清）顾淳庆撰	《鹤巢老人语录》1卷	《顾氏家集》本
（清）顾淳庆撰	《衍洛图书》1卷	《顾氏家集》本
（清）马先登撰	《释命》1卷	《马氏丛刻》本
（清）王景洙辑	《养正录》1卷《复性图》1卷	《太昆先哲遗书》本
（清）沈汝瀚撰	《沈氏遗书》2卷	《清隐山房丛书续编》本
（清）谢兰生辑	《十家语录摘要》2卷	《酌古准今》本
（清）谢兰生撰	《咏梅轩札记》1卷《咏梅轩札记增订》1卷《剩稿》1卷《存要》1卷	《酌古准今》本

续表

撰辑者及年代	书目	常见版本
(清) 谢兰生撰	《咏梅轩杂记》1卷 《补遗》1卷	《咏梅轩丛书》本
(清) 方潜撰	《性述》8卷	《毋不敬斋全书》本
(清) 方潜撰	《心述》3卷	《毋不敬斋全书》本
(清) 方潜撰	《胶西讲义》1卷	《毋不敬斋全书》本
(清) 方潜撰	《毋不敬斋札记》1卷	《毋不敬斋全书》本
(清) 方潜撰	《辨心性书》2卷	《毋不敬斋全书》本
(清) 苏源生撰	《省身录》10卷	《记过斋藏书》本
(清) 邵懿辰撰	《忱行录》1卷	《当归草堂丛书》本
(清) 王希人撰	《课心录》1卷	《复性斋丛书》本
(清) 郭长清撰	《性理浅说》1卷	《津河广仁堂所刻书》本、《种树轩遗集》本
(清) 方金彪撰	《寅甫日记》1卷	《方学博全集》本
(清) 刘熙载撰	《持志塾言》2卷	《古桐书屋六种》本
(清) 刘熙载撰	《古桐书屋札记》1卷	《古桐书屋六种附》本
(清) 马徵庆撰	《仙源砺士参语》1卷	《淡园全集》本、《马锺山遗书》本
(清) 成蓉镜撰	《我师录》1卷	《成氏遗书》本
(清) 成蓉镜撰	《必自录》2卷	《成氏遗书》本
(清) 成蓉镜撰	《庸德录》1卷	《成氏遗书》本
(清) 成蓉镜撰	《心巢困勉记》1卷	《成氏遗书》本
(清) 成蓉镜撰	《校经堂学程》1卷 《附劝约》1卷《学议》1卷	《成氏遗书》本
(清) 成蓉镜撰	《国朝师儒论略》1卷	《成氏遗书》本
(清) 何桂珍撰	《续理学正宗》4卷	《云南丛书初编》本
(清) 陈浚撰	《性理阐说》2卷	《求在我斋全集》本
(清) 方宗诚撰	《读诸子诸儒书杂记》1卷	《柏堂遗书》本
(清) 方宗诚撰	《志学录》8卷《续录》3卷	《柏堂遗书》本
(清) 方宗诚撰	《俟命录》10卷	《柏堂遗书》本
(清) 方宗诚撰	《辅仁录》4卷	《柏堂遗书》本
(清) 杨树椿撰	《学旨要略》1卷	《西京清麓丛书续编》本
(清) 杨树椿撰	《损斋语录钞》3卷	《损斋全书》本

续表

撰辑者及年代	书　目	常　见　版　本
（清）许锡祺撰，附（清）夏震武撰	《寤言》30卷 附《质疑》1卷	《许松滨先生全集》本
（清）许锡祺撰，附（清）叶裕仁撰	《许松滨先生条答》4卷附《评》	《许松滨先生全集》本
（清）许锡祺撰	《初学入门》1卷	《许松滨先生全集》本
（清）张楚钟撰	《小学近思理话》1卷	《务实胜窝汇稿》本
（清）张楚钟撰	《小学近思理画》1卷	《务实胜窝汇稿》本
（清）张楚钟撰	《性理理话》1卷	《务实胜窝汇稿》本
（清）张楚钟撰	《性理理画》1卷	《务实胜窝汇稿》本
（清）张楚钟撰	《管见理话》2卷	《务实胜窝汇稿》本
（清）张楚钟撰	《管见理画》2卷	《务实胜窝汇稿》本
（清）张楚钟撰	《理画括例》4卷	《务实胜窝汇稿》本
（清）陈锦撰	《学庐自镜语》1卷	《桔荫轩全集》本
（清）方炳奎撰	《退思录》1卷	《中隐堂杂著》本
（清）杨光仪撰	《耄学斋晬语》1卷	《屏庐丛刻》本
（清）贺瑞麟撰	《清麓日记》5卷	《西京清麓丛书正编》本
（清）贺瑞麟撰	《信好录》4卷	《西京清麓丛书正编》本
（清）刘光蕡撰	《修斋直指评》1卷	《烟霞草堂遗书续刻》本、《关中丛书第三集》本
（清）祝垲撰	《体微斋遗编语录》1卷 附《诗》1卷	《体微斋遗编》本
（清）姜国伊撰	《蜀记》1卷《赜说》1卷 《补说》1卷	《守中正斋丛书》本
（清）张谐之撰	《读书记疑》4卷	《为己精舍藏书》本
（清）陈伟撰	《诲尔录》2卷	《耐安类稿》本
（清）陈伟撰	《居求录》1卷	《耐安类稿》本
（清）于荫霖撰	《南阳商学偶存》1卷	《于中丞遗书》本
（清）宝廷撰 （清）夏鼎武撰	《庭闻忆略》2卷 《附竹坡先生遗文》1卷	《富阳夏氏丛刻》本
（清）李钠撰	《论学诸篇》1卷	《自得庐集》本
（清）李钠撰	《道学内篇注释》1卷	《自得庐集》本
（清）李钠撰	《言学书》1卷	《自得庐集》本
（清）李钠撰	《自得庐杂著》1卷	《自得庐集》本

续表

撰辑者及年代	书　目	常 见 版 本
(清) 刘象豫撰	《顺甫遗书》4 卷	《雪华馆丛编》本
(清) 刘谊撰	《藏拙居遗文》1 卷	《云南丛书初编》本
(清) 周文龙撰	《郁云语录》1 卷	《云南丛书初编》本
(清) 邹泽撰	《反身要语》1 卷	《云南丛书初编》本
(清) 吴昌南撰	《存真录》1 卷	《云南丛书初编》本
(清) 于弼清撰	《恒斋日记》2 卷	《津河广仁堂所刻书》本
(清) 胡薇元撰	《三州学录》2 卷	《玉津阁丛书甲集》本
(清) 夏震武撰	《悔言》6 卷	《富阳夏氏丛刻》本
(清) 夏震武撰，附记 (清) 夏鼎武撰	《悔言辨正》6 卷《首》1 卷 附《记》1 卷	《富阳夏氏丛刻》本
(清) 吕存德撰	《尚志斋慎思记》1 卷 《讼过记》1 卷	《云南丛书初编》本
(清) 谢化南辑	《清麓答问》4 卷《遗语》4 卷 《遗事》1 卷	《西京清麓丛书正编》本

第四节　性理总集文献

性理著作汇编、类编、总集类文献，也是儒论文献的重要组成部分。兹举其要：

1.《诸儒鸣道集》72 卷，不著撰辑人名

《诸儒鸣道集》72 卷，包括：濂溪（周敦颐）《通书》，涑水（司马光）《迂书》，横渠（张载）《正蒙》8 卷、《经学理窟》5 卷、《语录》3 卷，二程（程颢、程颐）《语录》27 卷，上蔡先生（谢良佐）《语录》3 卷，元城先生（刘安世）《语录》3 卷、《谭录》1 卷、《道护录》1 卷，江民表（江公望）《心性说》1 卷，龟山（杨时）《语录》4 卷，安正《忘筌集》10 卷，崇安《圣传论》2 卷，横浦（张九成）《日新》2 卷。

此书主要版本有宋端平中黄壮猷修补本（藏上海图书馆）及影宋抄本（藏北京图书馆）。

2.《性理群书句解》23 卷，（宋）熊节编、熊刚大注

熊节字端操，建阳（今属福建）人。官至通直郎，知闽清县事。熊刚大，宋理宗时建阳人。受业于蔡渊、黄榦，嘉定进士，掌建安书院朱文公诸贤从祝祠。

《性理群书句解》采摭宋代诸儒遗文，分类编次，首列周敦颐、程颢、程颐、张载、邵雍、司马光、朱熹遗像及各人传道支派，按序内容包括《赞》、《训》、《戒》、《箴》、《规》、《铭》、《诗》、《赋》、《序》、《记》、《说》、《录》、《辨》、《论》、《图》、《正蒙》、《皇极经世》、《通书》、《文》、《七贤行实》等20门目。《四库全书总目》称“盖为训课童蒙而设，浅近之甚，殊无可采”。

此书主要有元刻本、明代范氏天一阁刻本、《四库全书》本等传世。

3.《理学类编》8卷，（明）张九韶辑

张九韶，字美和，后以字行，江西清江人。明洪武三年（1370）为县学教谕，迁国子助教，改翰林编修。

《理学类编》成书于元至正二十六年（1366）。初名《格物编》，后因吴当建议，以是书所辑只为格物之一方面，不足以尽格物之义，故更名为《理学类编》。分天地、天文、地理、鬼神、人物、性命、异端七类，其中天文类2卷，余皆各1卷。所收以周敦颐、张载、邵雍、程颢、程颐、朱熹著作和言论为主，以荀子、扬雄、谷永等53家儒者之说为辅。所引经书冠各部之首，再列周、程、张、邵、朱五家言论，再列对上述各家言论进行训释、发明的言论。辑者自已见解则加“愚按”二字，列于最后。《四库全书总目》称其对历史各家之说“并加摭集，以参观互证，亦不蹈讲学家门户之见。其《异端》一门，于阴阳、相术、谶纬诸家，斥驳明切，尤足以破世俗之惑”。

此书主要版本有明成化七年（1471）杨杲刻本、明嘉靖二十一年（1542）益府刻本、《四库全书》本、《豫章丛书》本等。

4.《性理大全》70卷，（明）胡广撰

《性理大全》又名《性理大全书》，明胡广、杨荣、金幼孜等奉敕于永乐十三年（1415）编成。明成祖亲撰序言，颁行于两京、六部、国子监及国门府县学。胡广等于《进书表》中概括《四书五经大全》与《性理大全》之编撰目的称“非惟备览于经筵，实欲颁布于天下。俾人皆由正路，而学不惑于他歧，家孔孟而户程朱”，“以斯道维持世教”。

《性理大全》前25卷收入朱熹等儒者著作9种，包括周敦颐《太极图说》、《通说》，张载《西铭》、《正蒙》，邵雍《皇极经世书》，朱熹《易学启蒙》、《家礼》，蔡元定《律吕新书》，蔡沈《洪范皇极内篇》，即《四库全书总目》所谓“自为卷帙者”。卷二六之后分理气、鬼神、性理、道统、圣贤、诸儒、学、诸子、历代、君道、治道、诗、文十三类汇编各家言论。由于《性理大全》的编撰只用了不到一年的时间，诸儒之言不暇精择，故受到四库馆臣“庞杂冗蔓”的批评。

此书主要版本有明嘉靖二十二年（1543）应天府学刊本、明景泰六年（1455）书林魏氏仁实堂刊本、明万历二十五年（1597）吴勉学刊本、清康熙十二年（1673）内府重修明版印本、《四库全书》本等。

5.《性理大中》28卷，（清）应撝谦编

应撝谦（1615—1683），字嗣寅，号潜斋，钱塘（今属杭州市）人。康熙十七年（1678）诏征博学鸿儒不就，有《教养全书》、《潜斋文集》等著述。

《性理大中》系据胡广《性理大全》增损而成。应撝谦对《性理大全》首列周敦颐《太极图》及其注解繁芜不满，其《性理大中自序》批评《性理大全》并自叙编撰主旨说："尝谓《性理》一书颇易明了，但当时辑书诸儒，不以平易之说，人道之常，先之为教，而冠以《太极》一图，又诸儒之解，繁然杂出，使有志者困于榛芜，无志者坚其怠厌，心颇病之，意欲更其篇籍，删其繁支，订以己意，补其阙略。"

此书主要版本有清康熙二十五年（1686）刻本、清初抄本（丁丙跋），又收入《续修四库全书》、《四库全书存目丛书》中。

6.《御纂性理精义》12卷，（清）李光地辑

胡广《性理大全书》内容庞杂冗蔓，文字浩瀚无归，清康熙五十四年李光地等奉旨取《性理大全书》，删繁就简，存其纲要，诠解详注，将《性理大全》简化为12卷，名《性理精义》，并以"御纂"的名义颁行全国。是书集前人性理之精华，共分为《太极图说》、《西铭》、《皇极经世》、《家礼》等，为后人研读提供了便利。

此书主要版本有清康熙五十四年（1715）内府刻本、清乾隆内府朱墨抄本、《四库全书》本、《摛藻堂四库全书荟要》本、《西京清麓丛书续编》本、《四部备要》本等。

7.《正谊堂全书》525卷，（清）张伯行辑

《正谊堂全书》68种525卷，清康熙年间张伯行编，同治年间（1830—1891）杨浚重编。张伯行曾于福州创建鳌峰书院，取《汉书·董仲舒传》"正其谊不谋其利"，其堂称正谊堂，"搜求先儒遗书，手自校刊，合理学、经济、气节各集共五十余种，所自纂辑者若干种，此《正谊堂全书》之缘起也"（杨浚：《正谊堂全书跋》）。此书原收宋代以来理学著作及张伯行自己的著作55种，同治五年（1866）左宗棠至闽，是书仅存44种，而鳌峰书院藏版已遭蠹蛀毁坏，因设正谊书局，以杨浚为总校官，厘定重刊，增是书为68种。

此书主要版本有同治五年（1866）福州正谊书院刊，及八年、九年续刊本。

第五章 政治类文献

儒家本是“助人君顺阴阳，明教化”的学派，故自其诞生之初，就与政治紧密联系在一起。一方面，孔子开办私学，有教无类，将原本为贵族垄断的学术文化传播到民间；另一方面，“学而优则仕”，孔子门下由贤人七十、弟子三千所组成的儒家团体，他们求学问礼的直接目的，就是为了迈入仕途，参与各诸侯国的政治。《论语》中多次提到“使之以政”，因此，阐述儒家政治理论观念、为官之道的政治类文献，就成了儒家理论文献的一个重要组成部分。

第一节 政治理论文献

简述儒家政治理论的儒学文献，兹举其要：

1.《盐铁论》10 卷，（汉）桓宽撰

桓宽，字次公，汝南（今河南上蔡西南）人。治《公羊春秋》，汉宣帝时被推举为郎，曾任庐江太守丞。

汉昭帝始元六年（前 81）二月，朝廷从全国各地召集贤良文学之士六十多人到京城长安，与以御史大夫桑弘羊为首的政府官员共同讨论民生疾苦问题，后人把这次会议称为“盐铁会议”。会上，双方对盐铁官营、酒类专卖、均输、平准、统一铸币等财经政策，以至屯田戍边、对匈奴和战等一系列重大问题展开了激烈争论。贤良文学们认为盐铁官营和“平准均输”等经济政策是造成百姓疾苦的主要原因，所以请求废除盐、铁和酒的官府专营，并取消均输官。御史大夫桑弘羊站在中央政府的立场，强调法治，崇尚功利，对盐铁官营、平准、均输等重大政策措施采取坚决维护的态度，认为它“有益于国，无害于人”，因而决不可废止。《盐铁论》原为盐铁会议的文献，后经桓宽整理而成此书，全书分为10卷60篇，前41篇是会议上的正式辩论，第42至第59篇是会后的余谈，最后一篇“杂论”是作者的后序。

《汉书·艺文志》著录《盐铁论》10卷60篇，列入儒家类。自此以后，《隋书·经籍志》、《旧唐书·经籍志》、《新唐书·艺文志》皆入儒家，作10卷。

此书主要版本有明万历中新安程氏《汉魏丛书》本、清《四库全书》本、民国《诸子集成》本、《四部备要》本；注本有明嘉靖间张之象注本，清张敦仁考证本，今人郭沫若《盐铁论读本》（上海人民出版社，1975年）和王利器《盐铁论校注》（中华书局，1992年）。

2.《申鉴》5卷，（汉）荀悦撰

荀悦（148—209），字仲豫，颍川颍阴（今河南许昌）人。东汉献帝时，曾任黄门侍郎、侍中等职。

《申鉴》5卷，卷一为《政体》，卷二为《时事》、卷三为《俗嫌》，卷四为《杂言》上，卷五为《杂言》下。

《后汉书·荀悦传》记载其作《申鉴》的原因：“时政移曹氏，天子恭己而已。悦志在献替，而谋无所用，乃作《申鉴》五篇。其所论辩，通见政体，既成而奏之。”《隋书·经籍志》、《旧唐书·经籍志》、《新唐书·艺文志》皆著录《申鉴》5卷，列入儒家类。明正德中，吴县黄省曾为之撰注。

此书主要版本有《汉魏丛书》本、《广汉魏丛书》本、《四库全书》本、《四部丛刊》本、《四部备要》本及《百子全书》本等。

今将历代《申鉴》其他注本及相关著作择要列表如下：

表3-5-1 《申鉴》版本表

撰辑者及年代	书目	常见版本
（汉）荀悦撰	《申鉴》1卷	《增定汉魏六朝别解》本
（汉）荀悦撰 （清）钱培名札记	《申鉴》5卷《札记》1卷	《小万卷楼丛书》本、《丛书集成初编》本
（汉）荀悦撰 （明）黄省曾注	《申鉴》5卷	《汉魏丛书》本、《两京遗编》本、《广汉魏丛书》本、《四库全书》本
（汉）荀悦撰	《申鉴》5卷《附录》1卷	《龙溪精舍丛书》本
（明）明有光辑评	《小荀子》	《诸子汇函》本
（清）卢文弨撰	《申鉴校正》1卷	《抱经堂丛书》本、《丛书集成初编》本、《绍兴先正遗书》本

3.《帝范》4卷，(唐) 李世民撰

李世民 (599—649)，祖籍陇西成纪 (今甘肃秦安)，唐王朝建立者李渊次子，626—649年在位。在位期间，任人唯贤，虚心纳谏，重视农业，开创“贞观之治”，为之后的“开元盛世”奠定了基础。

《帝范》12篇，系唐太宗于贞观二十二年 (648) 撰以赐太子，《新唐书》、《旧唐书》皆云“四卷”，而宋晁公武《郡斋读书志》则称六篇，陈振孙《直斋书录解题》著为1卷，可见宋时已佚。据《四库全书总目》，《永乐大典》中存12篇完本，其书后有元吴莱跋，称征云南僰夷时始得完书。《新唐书·艺文志》载有贾行注，《旧唐书·敬宗本纪》载宝历二年 (826) 秘书省著作郎韦公肃注是书以进。今本注者无姓名，《四库全书总目》称“观其体裁，似唐人注经之式，而其中时称杨万里、吕祖谦之言，盖元人因旧注而补之”。是书12篇分别为《君体》、《建亲》、《求贤》、《审官》、《纳谏》、《去谗》、《诫盈》、《崇俭》、《赏罚》、《务农》、《阅武》、《崇文》。

此书主要版本有《四库全书》本、《知不足斋丛书》本、《丛书集成初编》本等。

4.《贞观政要》10卷，(唐) 吴兢撰

吴兢 (670—749)，汴州浚仪 (今河南开封) 人。通晓经史著述，参修《唐史》、《唐书》、《唐春秋》、《则天实录》、《中宗实录》、《高宗后修实录》等。

《贞观政要》为吴兢在史馆期间参详旧史，采摘贞观年间李世民与魏徵、王珪、房玄龄等大臣的政论、奏疏等编纂而成。分君道、政体、任贤、求谏、纳谏，君臣鉴戒、择官、封建、太子诸王定分、尊敬师傅、教诫太子诸王、规谏太子、仁义、忠义、孝友、公平、诚信、俭约、谦让、仁恻、崇儒学等40篇。

此书主要版本有国家图书馆藏明洪武三年王氏勤有堂刊本、明成化元年戈直集论本等，常见版本包括《四库全书》本、《四部丛刊续编》本、《四部备要》本及上海古籍出版社1978年整理本等①。

5.《千秋金鉴录》5卷，(唐) 张九龄撰

张九龄 (678—740)，一名博物，字子寿，韶州曲江 (今广东韶关市) 人。唐中宗景龙初年进士，唐玄宗开元时历官中书侍郎、同中书门下平章事、中书令，唐代有名的贤相，被誉为“岭南第一人”。

---

① 《贞观政要》的详细版本情况，参见彭忠德：《〈贞观政要〉的版本和佚文》，载《历史研究》2002年第6期。

《千秋金鉴录》乃张九龄奉唐玄宗之谕总结历代治国安邦、长治久安之策所整理的著作，书成后于开元二十四年（736）八月献上，受到唐玄宗赏识。

此书主要版本有清雍正十三年（1735）张世纬、张世绩、张世纲刻本，《四部备要》本等。又载《曲江集》。

6.《唐大诏令集》130卷，（宋）宋敏求编

宋敏求（1019—1079），字次道，赵州平棘（今河北赵县）人。赐进士及第，官至史馆修撰、累迁龙图阁直学士。曾预修《唐书》（《新唐书》），撰《春明退朝录》、《长安志》等。

宋仁宗时，宋敏求之父宋绶曾汇集唐代皇帝诏令，之后宋敏求又将其父所辑唐代诏令汇编成《唐大诏令集》130卷。《四库全书总目》称誉此书说："唐朝实录，今既无存。其诏诰命令之得以考见者，实藉有是书，亦可称典故之渊海矣。"① 此书卷一四至卷二四、卷八七至卷九八已亡佚，其他各卷也有残缺。

此书主要版本有《适园丛书》本，1959年商务印书馆、2008年中华书局排印本等。

7.《两汉诏令》23卷，（宋）林虙编，楼昉续

林虙（一作宓），字德祖，福清（今属福建）人。宋哲宗绍圣四年（1097）进士，教授常州，历河北路提举、开封府左司录。后隐居大云坊，自号大云翁。楼昉，字旸叔，号迂斋，鄞县（今属浙江宁波）人，早年从吕祖谦学，绍熙四年（1193）进士，授从事郎，嘉定间为太学博士。

《两汉诏令》乃汉代诏令文书汇编。初林虙自《史记》、《汉书》中采集诏令原文401篇，以世次先后编成12卷，名《西汉诏令》，徽宗大观三年（1109）程俱作序；后南宋宁宗时楼昉采集《后汉书》所载诏令，依林虙之体例续编11卷，名《东汉诏令》。后人合二为一，成《两汉诏令》23卷。该书以帝王谱系分类，每类下诏令以时序排列，重要诏令下注有原文出处。《四库全书总目》赞誉是书"两汉诏令，最为近古，虙等采辑详备，亦博雅可观"②。

此书主要版本有元至正九年苏天爵刻本、明抄本、清抄本、《四库全书》本等。

8.《帝学》8卷，（宋）范祖禹撰

《帝学》成书于宋哲宗元祐初年，曾进呈哲宗。是书选取自上古伏羲、神

① 永瑢等：《四库全书总目》卷五五《唐大诏令集》提要。

② 永瑢等：《四库全书总目》卷五五《两汉诏令》提要。

农至宋神宗共32位帝王的嘉言善行，每条后间附论断，自宋太祖至宋神宗六帝，叙述尤为翔实。《四库全书总目》云："今观此书，言简义明，敷陈剀切，实不愧史臣所言"①。

此书主要版本有《四库全书》本、乾隆永璇抄本、省园刻本等。

9.《朱文公政训》1卷，(宋）朱熹语，(明）彭韶辑

《朱文公政训》系明彭韶于成化十二年（1476）辑朱子语而成。录朱熹与其弟子问答时政之语。朱熹曾经做过南康等地的地方官，有相当丰富的为政经验。《政训》中的言论都是朱熹从自己的从政经历出发，对当时治国安民中存在的若干问题，提出自己的看法。它不仅部分地反映了朱熹的政治思想，而且，由于朱熹的地位，对后世官吏为政都产生过不小的影响。

此书主要版本有民国十一年（1922)《宝颜堂秘笈续编》本、《丛书集成初编》本、《四库全书存目丛书》本等。

10.《太平经国之书》11卷，(宋）郑伯谦撰

郑伯谦，字节卿，温州永嘉人。曾为修职郎，衢州府学教授，是南宋时代永嘉学派学者之一。

《太平经国之书》为郑伯谦发挥《周礼》之义而成，书名取刘歆"周公致太平之迹"，故称"太平经国"。

此书主要有明刻本（藏北京图书馆)、《通志堂经解》本、《四库全书》本、《学津讨原》本等。

11.《治世龟鉴》，(元）苏天爵撰

苏天爵（1294—1352)，字伯修，真定（今河北正定）人。少师安熙，后以吴澄、虞集等为师。元延祐四年（1317）国子学生公试，名列第一。历任翰林国史院典籍官、湖广行省参知政事、陕西行台侍御史、集贤侍讲学士兼国子祭酒、江浙行省参知政事、大都路总管等职。撰有《名臣事略》、《滋溪文稿》、《元文类》等。

《治世龟鉴》系采经史百氏之书切于治道者成书，分治体、用人、守令、爱民、为政、止盗6门编录。

此书主要有明成化二十二年刊本、《四库全书》本等。

12.《圣学心法》4卷，(明）朱棣撰

《圣学心法》系明成祖朱棣亲自编纂，成书于永乐七年（1409)。分"君道"、"臣道"、"父道"、"子道"四部分，前3卷及第4卷前半部分言君道，

---

① 永瑢等：《四库全书总目》卷九一《帝学》提要。

第 4 卷后半部分为父道、子道、臣道。采经史子集之文成书，每条后各有附注。

此书主要有《四库全书》本、台北《中国子学名著集成》本。

13.《衡门芹》1 卷，（明）辛全撰

辛全字复元，号天斋，绛州（今属山西）人。万历末贡生。

《衡门芹》专论治天下之法，分治本三纲与治具八目，其中治本为君治、君心、君学，治具包括选贤才以转士习、破资格以定臣品、行限田以足民生、定里甲以防奸宄、驱游民以务生业、正礼乐以兴教化。

此书主要版本有明晋淑健等刻白棉纸本、齐鲁书社 1997 影印本。

14.《明夷待访录》1 卷，（清）黄宗羲撰

《明夷待访录》原名《南雷黄子留书》，约撰成于康熙二年（1663），书名取自《周易》"明夷"卦，其爻辞有曰："明夷于飞，垂其翼；君子于行，三日不食。有攸往，主人有言。"所谓"明夷"指有智慧的人处在患难地位。"待访"，等待后代明君来采访采纳。《明夷待访录》计有《原君》、《原臣》、《原法》、《置相》、《学校》、《取士上》、《取士下》、《建都》、《方镇》、《田制一》、《田制二》、《田制三》、《兵制一》、《兵制二》、《兵制三》、《财计一》、《财计二》、《财计三》、《胥吏》、《奄宦上》、《奄宦下》，共 21 篇。对于君主专制做了尖锐批评，对历史经验教训做了深刻反思，披着夏、商、周三代外衣的理想，主张托古改制。《原君》批判现实社会之为君者"以我之大私为天下之大公"，实乃"为天下之大害"。《原臣》指出，臣之责任，乃"为天下，非为君也；为万民，非为一姓也"。《原法》批评封建国家之法，乃"一家之法，而非天下之法"。《学校》主张扩大学校的社会功能，使之有议政参政的作用，说："天子之所是未必是，天子之所非未必非，天子亦遂不敢自为是非，而公属是非于学校"，"必使治天下之具，皆出于学校，而后设学校之意始备"。黄宗羲所设想的未来学校，相似于近代社会舆论中心和议会的机构。《明夷待访录》反对君主专制，主张民权，对清末的维新变法运动影响很大。梁启超在《清代学术概论》一文中说过："梁启超、谭嗣同辈倡民权共和之说，则将其书节抄印数万本，秘密散布，于晚清思想之骤变，极有力焉。"①

该书在清乾隆时期被列为禁书，至嘉庆间始有刻本印行。主要版本有《海山仙馆丛书》本、民国四年（1915）上海时中书局《梨洲遗著汇刊》本、

① 梁启超：《清代学术概论》六《黄宗羲和王夫之》，上海古籍出版社，2000 年，第 18 页。

《丛书集成初编》本、1955年北京古籍出版社点校本、浙江人民出版社吴光等编校《黄宗羲全集》本。

15.《切问斋文钞》30卷，（清）陆燿辑

陆燿（1723—1785），字青来，号朗夫，吴江芦墟人。

《切问斋文钞》30卷，分学术、风俗、教家、服官、选举、财赋、荒政、保甲、兵制、刑法、时宪、河防12门，是一部以经世致用为目的的书。后来贺长龄聘魏源编《皇朝经世文编》，多少也受到该书的影响。徐世昌等编《清儒学案》称其为“耐庵《经世文编》之先导”。

此书主要版本有清道光四年崇阳杨氏刻本、清乾隆四十年刻本。

16.《皇朝经世文编》120卷，（清）贺长龄、魏源编

贺长龄（1785—1848），字耦庚，一作耦耕，号耐庵，湖南善化（今长沙市）人。

《皇朝经世文编》虽署名贺长龄，实为魏源所代编，成书于道光六年(1826)，次年刊行。分学术、治体、吏政、户政、礼政、兵政、刑政、工政八纲，收文章2236篇。

此书主要版本有清道光七年（1827）得复轩刻本、清光绪十三年（1887）石印本、清光绪二十八年焕文书局（1902）铅印本等、岳麓书社2004年出版《魏源全集》亦收入此书。

17.《皇朝经世文续编》120卷，（清）葛士濬辑

葛士濬（1848—1895），字季源，号子源，上海人。肄业于上海龙门书院，沉潜好学，留心世务。

光绪时，葛士濬因贺长龄、魏源《皇朝经世文编》成于道光六年(1826)，已历60年，时殊世易，于是复辑道光、咸丰、同治、光绪历朝名人匡济时世之文，而成此编。光绪十三年（1887）成稿，后又有所增补。计分学术、治体、吏政、户政、礼政、兵政、刑政、工政、洋务九纲，隶七十余子目。

此书主要有清光绪十四年（1888）铅印本、光绪二十八年（1902）石印本。

18.《皇朝经世文三编》80卷，（清）陈忠倚辑

光绪二十二年（1896），陈忠倚继贺长龄《皇朝经世文编》、葛士濬《皇朝经世文续编》辑是书，次年告成，光绪二十四年（1898）复校助补正。于九纲学术、治体、吏政、户政、礼政、兵政、刑政、工政、洋务等与《续编》同，于子目有所增改，多中日甲午战争以后有关时务之论述，外国人议论亦

采入。

此书主要版本有光绪二十三年（1897）刊本。

19.《皇朝经世文续编》120 卷，（清）盛康辑

光绪十七年（1891），盛康辑道光、咸丰、同治、光绪间有关时势之文，于光绪二十三年（1897）成是编。体例据《皇朝经世文编》，亦分学术、治体、吏政、户政、礼政、兵政、刑政、工政八纲，于子目有所损益。

此书主要版本有光绪二十三年（1897）刊本。

20.《皇朝经世文新编》21 卷，（清）麦仲华辑

清末麦仲华为宣传变法，倡开新政所辑。分通论、君德、官制、法律、学校、国用、农政、矿政、工艺、商政、币制、税则、邮运、兵政、交涉、外史、会党、民政、教宗、学术、杂纂二十一门。

此书主要版本有光绪二十四年（1898）上海大同译书局刊本。

21.《皇朝经世文统编》107 卷，（清）邵之棠辑

光绪二十七年（1901）三月，清政府下令举行经济特科考试，邵氏应时而取《皇朝经世文编》、《续编》、《三编》诸文别择、补辑，依经济八科之分科重为分部而成此编。分文教、地舆、内政、外交、理财、经武、考工、格物、通论、杂著十部，各部别隶子目。

此书主要版本有光绪二十七年（1901）上海宝善斋石印本。

22.《皇朝经世文四编》52 卷，（清）何良栋辑

清末何良栋继葛士濬《皇朝经世文续编》、陈忠倚《皇朝经世文三编》，搜辑新出救时济世之文成此编。

此书主要有光绪二十八年（1902）刊本。

第二节　官箴类文献

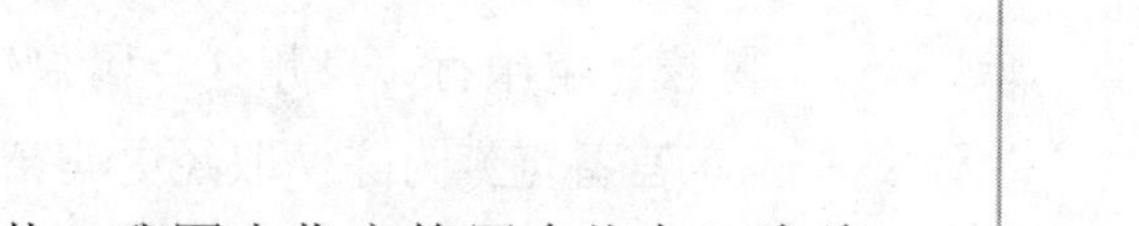

官箴是阐述为官之道的儒理文献的主体。我国古代官箴历史悠久，连绵不断，均以儒家思想为基础。官是国家机关中有一定等级的公职人员，箴是古代的一种文体。撰写官箴目的是劝诫官员从政为善。中国从先秦开始，几乎各代都有官箴，文献十分丰富。文献所见最早的官箴有“虞人之箴”。据《左传·襄公四年》载，“昔周辛甲之为大史也，命百官官箴王阙”，这也是周文王、周武王对百官的要求。“虞人之箴”称：“芒芒禹迹，画为九州，经启九道。民有寝庙，兽有茂草，各有攸处，德用不扰。在帝夷羿，冒于原兽，

忘其国恤，而思其麀牡，武不可重，用不恢于夏家，兽臣司原，敢告仆夫。”在这则官箴中，掌管田猎的官员劝告周王要吸取夏界沉于田猎灭亡的教训。

据《汉书·扬雄传》，扬雄曾仿虞箴作十二州二十五箴。《后汉书·胡广列传》载：“初，扬雄依《虞箴》作《十二州二十五官箴》，其九箴亡阙，后涿郡崔骃及子瑗又临邑侯刘騊駼增补十六篇。广复继作四篇，文甚典美。乃悉撰次首目，为之解释，名曰《百官箴》，凡四十八篇。”宋代官箴的数量增多，如宋代陈古灵的《州县提纲》、许月卿的《百官箴》、胡太初的《昼帘绪论》等。元代有张养浩的《三事忠告》。明清时期，由于皇帝提倡官箴，各种官箴纷纷问世。如明代杨显的《牧鉴》，就是如何当官的资料汇编。清代官箴的内容集历史之大成，除清世祖的《御定人臣儆心录》外，还有收入《皇朝经世文编续编》中的《从政要言》等十多篇。清代陈弘谋所撰《五种遗规》中，设有《从政遗规》等篇，列“官箴”、“官鉴”20余篇短文。随着封建王朝的崩溃灭亡，官箴的历史使命也就结束了。① 兹略举要：

1.《臣轨》2卷，旧题（唐）武则天撰

武则天（624—705），唐高宗李治皇后，后为周武则天皇帝。元万顷，官著作郎，武则天召入禁中，参与机密。

《臣轨》一名《臣范》，旧题武则天撰，实则元万顷等奉敕撰。书成于上元二年（675），一说成于垂拱元年（685），论述为臣者正心、诚意、爱国、忠君之道，仿唐太宗《帝范》，分《同体》、《至忠》、《守道》、《公正》、《匡谏》、《诚信》、《慎密》、《廉洁》、《良将》、《利人》10章。各章均有注文，不著撰人。

原书久佚，今主要版本有《粤雅堂丛书》本，民国罗振玉曾为校勘，并撰校记，收入《东方学会丛书初集》。

2.《东宫备览》6卷，（宋）陈模撰

陈模，字中行，泉州（今属福建）人，庆元二年（1196）进士。

《东宫备览》为陈模取经史典籍中有关课训储君之文整理而成，故以“东宫”为书名，分《始生》、《入学》《立教》、《师傅》、《讲读》、《宫僚》、《择术》、《广诲》、《谨习》、《主器》、《正本》、《问安》、《友涕》、《戒逸》、《崇俭》、《辨分》、《正家》、《规谏》、《几谏》、《监国》等20条。《宋史·艺文志》著录此书为1卷，但传本中《进〈东宫备览〉表》及《序》皆称作6卷。今

① 参见时运生：《中国古代的为官之道——古代“官箴”述论》，载《人文杂志》1996年第6期。

传本中第 2 卷、第 6 卷皆有亡缺。

此书主要版本有《四库全书》本、《学海类编》本、《丛书集成初编》本等。

3.《仕意篇》2 卷，(明) 黄省曾撰

黄省曾，字勉之，号五岳山人，吴县（今江苏吴县）人。曾从王守仁、李梦阳学。

《仕意篇》上卷论欲登科进仕之人，不明所以登科进士，不以天下为公为己任；下卷鞭笞以骄奢淫逸为进仕之目的者。

此书主要版本有《百陵学山》本。

4.《治谱》10 卷、《续集》1 卷，(明) 佘自强撰

佘自强，字健吾，官副都御史。

《治谱》共分初选、到任、堂事、词讼、钱粮、人命、贼盗、狱囚、待人、杂事十门，《续集》收宪约、慎刑两篇。

此书主要版本有崇祯十年（1637）刻本、崇祯十二年（1639）刻本。

5.《庭训格言》1 卷，(清) 胤禛述

清世宗爱新觉罗·胤禛（1678—1735），1723—1735 年在位，年号雍正。

《庭训格言》系雍正八年（1730）清世宗追述康熙皇帝语教子格言，亲录成编，凡 246 则。

此书主要版本有《四库全书》本、津河广仁堂本、《吉林探源书舫丛书初编》本、《西京清麓丛书外编》本、《丛书集成续编》本等。

第六章 礼教类文献

教化是儒家学说的核心概念，儒家思想需要通过教化的途径，才能由理论的价值系统，转换为现实的社会规范，而儒家的理想，也需要通过教化的途径，才能达成现实。《论语·为政》篇中，孔子主张“道之以政，齐之以刑，民免而无耻；道之以德，齐之以礼，有耻且格”，而《大学》之道在正心、诚意、修身、齐家、治国、平天下，礼教类文献正反映了儒学理论经由教化途径转化为社会规范的过程，“世俗儒家伦理与精英儒家伦理不同，它主要不是通过儒学思想家的著述去陈述它，而是由中下层儒者制定的童蒙教育读物形成的，并发生影响”①。除了童蒙教育读物，记载、讨论、灌输世俗儒家伦理的著作，还有劝学类、女诫类、家训类、乡约类、俗训类文献，我们将这六类文献统称为礼教类文献。

儒家思想能够在人们的思想道德领域中确立根深蒂固的统治地位，除了它本身适应了封建统治的需要和一般民众的心理、习俗外，对它的着力宣扬传播，是一个十分重要的原因，而礼教类文献，则对于儒家思想向民间普及传播起到了重要作用，为圣人之学向民间的深入搭建了桥梁。

第一节 蒙学文献

我国蒙学读物最早可以追溯到周宣王时期，相传太史籀以大篆编成四字为句的字书《史籀篇》。《管子·弟子职》是先秦时期最有代表性的礼仪伦理

① 陈来：《蒙学与世俗伦理》，载北京大学中国传统文化研究中心编《国学研究》（第三卷），北京大学出版社，1995 年。

蒙学文献，主要讲述了儿童的学习、生活的规则和态度，尊师敬学，待人接物的礼仪和规范。秦统一后，采取“书同文”的政策，这一时期，新编了许多字书，有李斯《仓颉篇》、赵高《爰历篇》、胡毋敬《博学篇》等，汉代，又有人将这三部书合并，题名为《仓颉篇》。汉代影响较大的字书还有司马相如《凡将篇》、史游《急就篇》等。南北朝时期，梁周兴嗣所编《千字文》，是一本以识字为主兼有常识教育和道德教育的综合性蒙学文献，和宋代出现的《三字经》、《百家姓》合称为“三、百、千”。隋唐五代时期蒙学文献的数量虽然不多，但内容和形式相对丰富多样。隋唐五代时期新编的蒙学文献主要有《初学记》、《俗务要名林》、《杂字》、《太公家教》、《蒙求》、《兔园策》、《女论语》等，其中以《太公家教》、《蒙求》、《兔园策》影响最大。

北宋以后，蒙学文献空前繁荣。宋元明清时期的这套蒙学文献主要包括四个门类：第一，综合类蒙学文献，主要有《三字经》、《百家姓》、《名贤集》等；第二，知识类蒙学文献，主要包括《十七史蒙求》、《叙古千文》、《史学提要》、《名物蒙求》、《龙文鞭影》、《幼学琼林》等；第三，伦理道德类蒙学文献，主要有《训蒙诗》、《小学》、《少仪外传》、《童蒙训》、《童蒙须知》、《性理字训》、《小学诗礼》、《小儿语》、《续小儿语》等；第四，诗歌属对类蒙学文献，主要有《千家诗》、《神童诗》、《对类》、《声律启蒙》、《唐诗三百首》等。

自周以来两千多年间，我国历史上涌现出难以数计的蒙学文献。蒙学读物的主要目的，包括宣扬封建道德伦常、灌输封建伦理、教授常用文字、基础的音韵、对仗知识，传授一定的自然知识、生活知识和历史知识；为进一步的经学学习及科举考试做准备等。其中，伦理道德类蒙学文献以及综合类蒙学文献是儒学理论的直接体现，更是儒学理论具体化到现实生活当中的重要媒介之一，因此可以列为儒论文献。其他蒙学文献的侧重点虽然不同，但是都或多或少地包含了伦理道德知识，但相比较而言，《仓颉篇》、《百家姓》等识字蒙学读物，知识类蒙学读物《十七史蒙求》、《叙古千文》、《史学提要》、《名物蒙求》、《龙文鞭影》，诗歌属对类蒙学文献如《千家诗》、《神童诗》、《对类》、《声律启蒙》、《唐诗三百首》等，则离儒学理论较远，不在本文讨论之列。兹略举要：

1.《千字文》1卷，（南朝梁）周兴嗣撰

周兴嗣（？—521），字思纂，陈郡项（今河南沈丘）人。博学善属文。

《千字文》原名《次韵王羲之书千字》，1卷，全书共1000字，250句，每句4字，文字基本上不重复。内容包括天文、自然、历史、地理、建筑、社会、文化、伦理道德、人身修养以及语言等各方面的知识，是一本寓道德教育于识字中的蒙学教材。周兴嗣的《次韵王羲之书千字》在《隋书》、《旧唐书》的《经籍志》，以及《新唐书》、《宋史》的《艺文志》等史志目录中都有著录，在敦煌文献中也有周本《千字文》。后有各种注本，如《千字文考略》、《叙千文》、《训蒙千文》等。

《千字文》版本很多，如有明万历十年（1582）汪以成经义斋刻本、清嘉庆十七年（1812）刻本、清光绪十七年（1891）成文堂刻本、民国九年（1920）博古斋影印本等。

2.《蒙求》1卷，（唐）李瀚撰

《蒙求》作者李瀚，一作李翰。书取《周易·蒙卦》“匪我求童蒙，童蒙求我”，“蒙以养正”之义为书名，采辑历史人物言行故事，形式上仿《千字文》，四字一句，二句一韵，但字数超过《千字文》。

此书主要版本有敦煌抄写本、辽刻本、《四库全书》本等。

3.《太公家教》1卷，佚名撰

《太公家教》1卷，佚名撰，唐安史之乱之后的蒙学教材①。全文约1500多字，后人因书中有“太公未遇，钓鱼渭水”句，取以为名。此书以四言为主，为选编古代典籍中的嘉言粹语和民间流行的格言、谚语连缀而成。

此书主要版本有元女真文本、清满文本、敦煌石室写本及《鸣沙石室佚书》影印本等。

4.《小学》2卷，（宋）朱熹撰

《小学》为朱熹撰，朱熹弟子刘子澄编定，成书于淳熙十四年（1187）。杂取经传论幼仪者，分类编排而成，内篇包括立教、明伦、敬身、稽古四类，外篇包括嘉言、善行二类。

此书主要版本有明弘治十八年（1505）刻本、清雍正五年（1727）八旗官学刻本、《四库全书》本、民国十八年（1929）中华书局铅印本等。

5.《童蒙须知》1卷，（宋）朱熹编订

《童蒙须知》又名《朱子童蒙须知》、《训学斋规》，为朱熹编订规范儿童生活礼仪、行为的童蒙读物。由《衣服冠履第》、《言语步趋》、《洒扫涓洁》、《读书写字》、《杂细事宜》组成。

此书主要版本有清同治十二年（1873）传经堂刻《养蒙书九种》本（后

---

① 汪泛舟：《〈太公家教〉考》考订是书作于安史之乱以后，今从是说。载《敦煌研究》1986年第1期。

入《西京清麓丛书续编》)、清光绪二十七年（1901）刻《东听雨堂刊书》本等。

6.《袁氏世范》3卷，(宋）袁采撰

袁采，字君载，信安（今属浙江）人。

《袁氏世范》由袁采撰于淳熙五年（1178）任乐清县令时。初题《训俗》，后更名《世范》。分睦亲、处已、治家三门，《睦亲》凡60则，论及各种家庭成员关系的处理。《处已》计55则，论及立身、处世、言行、交游之道。《治家》共72则，基本上是持家兴业的经验之谈。《四库全书总目》誉为“《颜氏家训》之亚”。

此书明陈继儒曾刻入《宝颜堂秘笈》，又载入《永乐大典》。主要版本有《四库全书》本。

7.《童蒙训》3卷，(宋）吕本中撰

吕本中（1084—1145)，字居仁，寿州（今安徽寿县）人，世称东莱先生。有《春秋集解》、《紫微诗话》、《东莱先生诗集》等著作。

《童蒙训》又名《吕氏童蒙训》，为吕本中辑师友遗闻及立身、处世、读书、从政等言论计181条而成，为吕氏家塾训课之本。《童蒙训》一书曾在社会上广为流传。

此书主要版本有南宋绍定间刻本、《四库全书》本、1925年陶氏涉园翻刻本等。

8.《三字经》1卷，(宋）王应麟撰

《三字经》，传为南宋王应麟撰①，与《百家姓》、《千字文》合称“三百千”。明代吕坤《社学要略》称“初入社学，八岁以下者，先读《三字经》以习见闻，《百家姓》以便日用，《千字文》以通义理”。

《三字经》影响很大，曾经历代增补，注本与版本也较多。国内较早的注本有明代赵南星注本，收入《味檗斋遗书·教家二书》中，又有清代王相《三字经训诂》(《重刻徐氏三种》本)、王琪《三字经故实》(有道光间自刻

① 关于《三字经》的作者，说法大致有四种：一、宋末区适子。明黄佐《广州人物传》、屈大均《广东新语》，清恽敬《大云山房记》持此说；二、明代黎贞。清代邵晋涵持此观点，其诗句“读得贞黎三字训”有自注称“《三字经》，南海黎贞撰”。三、区适子撰，黎贞增广。四、世传王应麟撰。清夏之翰《〈小学绀珠〉序》、清贺兴思《〈三字经〉注解备要叙》持此观点。此处取王应麟说。近年来对于《三字经》作者依然争议不断，参见宁波市鄞州区政协文史资料委员会编：《蒙学之冠：〈三字经〉及其作者王应麟》，宁波出版社，2007年，第465～616页。

本)、贺兴思《三字经注解备要》(有李光明庄刊本)、尚兆鱼《三字经注图》(有李光明庄刊本)、《三字经集注音疏》(光绪三年刘氏校经堂刊本)以及章太炎先生删节本等①。

9.《少仪外传》2卷,(宋)吕祖谦撰

《少仪外传》又名《辨志录》,为吕祖谦训课幼学而撰,体例略同于朱熹《小学》。《四库全书总目》云:"其书为训课幼学而设,故取《礼记·少仪》为名。然中间杂引前哲之懿行嘉言,兼及于立身行己,应世居官之道,所该繁富,不专于洒扫进退之末节。故命之曰《外传》,犹韩婴引事说诗,自题曰《外传》云尔。"②

今本原载于《永乐大典》中,清修《四库全书》,自《永乐大典》中辑出。又有《墨海金壶》本、《守山阁丛书》本、《金华丛书》本、《丛书集成初编》本等行世。

10.《龙文鞭影》2卷,(明)萧良友撰

萧良友,字汉冲,湖广汉阳人。明万历时人。

《龙文鞭影》,原名《蒙养故事》,编撰者萧良友,夏广文作注。清初杨臣诤增补修订,分上下卷,改书名为《龙文鞭影》,"龙文"意即良马,见鞭疾驰,故以为书名。又有李晖吉、徐兰畦二人合编《龙文鞭影二集》两卷,体例与杨臣诤增订者相同,故杨臣诤增订本又称初集,清末民国时一般将初集、二集合在一起出版。《龙文鞭影》在传统蒙学中起着承前启后、由浅入深的作用。它广泛地汲取了前人的若干蒙书的材料,溶入了不少历史典故和神话、小说、笔记,是一部集自然知识、历史掌故于一体的骈文读物。这对后来的《幼学琼林》起了催生作用,影响很大。

此书主要版本有清光绪十一年(1885)李光明庄刻本、清光绪十二年(1886)刻本等。

11.《幼学琼林》4卷,(清)程登吉撰

程登吉,字允升,明末西昌(今江西新建)人。

《幼学琼林》,一说为明景泰年间进士邱睿所作。原名《幼学须知》,又称

① 《三字经》版本较为复杂,详细情况参见陈永起:《〈三字经〉版本情况》,载《语文天地》2007年第5期;李健明:《〈三字经〉主要版本内容研究》,载《学术研究》2008年第8期。国外流传情况参见许然、卢莉:《略论〈三字经〉在海外的传播》,载《天中学刊》2009年第3期;谭健川:《〈三字经〉在日本的流播与衍变》,载《西南大学学报》(社会科学版)2010年第1期。

② 永瑢等:《四库全书总目》卷九二《少仪外传》提要。

《成语考》、《故事寻源》，嘉庆年间经邹圣脉增补，改题《幼学故事琼林》，又称《幼学琼林》。全书为骈语，共分 33 类：卷一包括天文、地理、岁时、朝廷、文臣、武职；卷二包括祖孙父子、兄弟、夫妇、叔侄、师生、朋友宾主、婚姻、妇女、外戚、老幼寿诞、身体、衣服；卷三包括人事、饮食、宫室、器用、珍宝、贫富、疾病死丧；卷四包括文事、科第、制作、技艺、讼狱、释道鬼神、鸟兽、花木。

此书注本与版本很多，如民国九年（1920）上海广益书局刻本，民国十二年（1923）上海会文堂石印本等。

第二节　劝学读物

儒家文化中的劝学是指中国古代儒家以一定的形式，来鼓励个体或群体践仁、修礼、尚德、学习，它包括劝学形式和劝学内容两个方面。在儒家文化的发展史上，儒家劝学形成了相对独立的体系和传统，儒家文化中的劝学是指中国古代儒家以一定的形式，来鼓励个体或群体践仁、修礼、尚德、学习，它主要以学则及教规等形式存在。兹略举要：

1.《管子·弟子职》，旧题（周）管仲撰

管仲（？—前 645），字夷吾，春秋齐国人。曾任齐国相，佐桓公进行改革，九合诸侯，北攘夷狄，一匡天下，深为孔子称赞。

该篇见于《管子·杂篇》，分学则、早作、受业、对客、馔馈、乃食、洒扫、执烛、退习等节，述弟子事先生之礼。旧说乃三塾师相传教弟子之法，近人则认为是战国稷下学宫的学则。

此书注本有清洪亮吉《弟子职笺释》、庄述祖《弟子职集解》等，近人郭沫若《管子集校》等。

2.《白鹿书院教规》，（宋）朱熹撰

《白鹿书院教规》，共 5 条，规定书院教育的目标和教学内容，生徒学习方法、程序，以及修身、处事、接物的纲领等。

此书主要版本有据《学海类编》本排印之《丛书集成初编》本，又收入四川教育出版社 1996 年出版郭齐、尹波校点《朱熹集》。

3.《朱子学归》23 卷，（宋）朱熹撰、（清）郑端辑

郑端字司直，清直隶枣强（今属河北）人。顺治进士，官江苏巡抚，有《政学录》、《日知堂文集》等著作。《朱子学归》，系仿明代高攀龙《朱子节

要》，读《朱子文集》、《朱子语类》随笔摘录成书。

此书主要版本有《畿辅丛书》本、《丛书集成初编》本等。

4.《程董二先生学则》，（宋）饶鲁撰

《程董二先生学则》，为南宋饶鲁所辑乡塾学生守则。首列塾师程端蒙、董铢二先生为门徒所定 18 条日常起居规矩礼节，并附朱熹淳熙十四年（1187）所赞款题，末尾有编者宝祐六年（1258）所作跋。

此书主要版本有据《学海类编》本所印之《丛书集成初编》本。

5.《学规类编》27 卷，（清）张伯行编

张伯行（1651—1725），字孝先，晚号敬庵，河南仪封（今兰考）人。康熙二十四年（1685）进士，累官礼部尚书。历官二十余年，以清廉刚直称。其政绩在福建及江苏为尤著。学宗程、朱，及门受学者数千人。谥清恪。康熙称他为“天下清官第一”。

张伯行于福建设正谊堂，辑宋、元、明时程朱学派修身、治学之道而成是编，用作教育课本。

此书主要版本有《正谊堂全书》本、《丛书集成初编》本。

6.《棉阳学准》5 卷，（清）蓝鼎元撰

蓝鼎元（1680—1733），字玉霖，又字任庵，号鹿洲。福建漳浦人。少孤力学，通达治体。雍正元年（1723）以选拔入京师分修《一统志》。雍正五年（1727）授潮州府普宁知县，在官有惠政，听断如神。又兼任潮阳知县，因忤监司罢职。后用署广州知府，抵官一月，卒。入《清史稿·循吏传》。

棉阳，潮阳古地名。雍正年间，蓝鼎元以普宁县知县署理潮阳，因而经理棉阳书院，作是编以训士。卷一曰同人规约，卷二曰讲学礼仪、丁祭礼仪、书田志，卷三、卷四曰闲存录，卷五曰道学源流、太极要义、西铭要义。

此书有清闲存堂刊本、1997 年文海出版社有限公司影印本、《四库全书存目丛书》本。

7.《圣学入门书》3 卷，（清）陈瑚撰

陈瑚字言夏，号确庵，江苏太仓人。明崇祯十五年壬午（1642）举人，明亡后曾隐居于直塘。与陆世仪、江士韶、盛敬并称“太仓四先生”。《圣学入门书》包括《小学日程》、《大学日程》、《内训日程》。

此书主要版本有民国十一年（1922）吴兴刘氏留余草堂刻本、《四库全书存目丛书》影印本。

8.《弟子规》，（清）李毓秀撰

李毓秀（1662—1722），字子潜，山西绛州人。康熙年间秀才，创办敦复

斋讲学，被人尊称为“李夫子”。著作有《四书正伪》、《学庸发明》、《读大学偶记》等。

《弟子规》原名《训蒙文》，后经贾有仁修订，改名《弟子规》。以《论语·学而》篇“弟子入则孝，出则悌，谨而信，泛爱众，而亲仁，行有余力，则以学文”为中心，以三字韵语分五部分列述弟子在家、出外、待人、接物、学习所应恪守的规范。该书流传极广，是一部非常重要的童蒙课本。

此书主要版本有清同治五年传经堂刻《蒙养书十三种》本（后入《西京清麓丛书外编》）、咸丰六年慎修堂刻《复性斋丛书》本、清光绪六年李光明庄刻本等。

9.《劝学篇》2卷，（清）张之洞撰

张之洞（1837—1909），字孝达，号香涛、香岩、无竞居士，晚自号抱冰老人，谥文襄，直隶南皮（今属河北）人，学者又称南皮公。同治二年（1863）进士，历任编修、侍讲、四川学政、山西巡抚、两广总督、湖广总督、大学士、军机大臣等职，清末洋务派代表人物。

《劝学篇》分内、外篇，内篇包括《同心》、《教忠》、《明纲》、《知类》、《宗经》、《正权》、《循序》、《守约》、《去毒》，外篇包括《益智》、《游学》、《设学》、《学制》、《广译》、《阅报》、《变法》、《变科举》、《农工商学》、《兵学》、《矿学》、《铁路》、《会通》、《非弭兵》、《非攻教》。《自序》称“内篇务本，以正人心；外篇务通，以开风气”，此书深得慈禧太后赏识，下令颁行天下，亦遭到维新派批驳。

此书主要版本有湖北两湖书院刻本、袁氏渐西村舍汇刊本、光绪二十四年（1898）重刻本、《张文襄公全集》本等。

第三节　家训文献

家训又称家诫，本是名臣仕宦、世族大家训诫子孙及族人，为后世子孙所规定的立身处世、居家治生的原则和教条。家训的基本内容一般包括为人处世与齐家守业两方面，主要侧重于家庭成员的伦理道德、人伦关系教育，在我国传统文化中属伦理哲学范畴。家训的主旨主要是儒家思想，从某种意义上说，家训是儒家伦理道德思想步入寻常百姓家的重要桥梁。汉代士大夫训诫子弟的家训现存文献主要有孔臧《与子琳书》、东方朔《诫子歆书》、疏广《告兄子书》、尹赏《临死诫诸子》、马援《诫兄子严敦书》、樊宏《戒子》、崔瑗《遗令子实》、陈寔《训子》、张奂《诫兄子书》与《遗命诸子》、赵岐《遗令》、郑玄《戒子益恩书》等，都是单篇文献，最早成书的便是流传至今的由北齐入隋的颜之推的《颜氏家训》。兹举其要：

1.《颜氏家训》7卷，(北齐) 颜之推撰

颜之推 (531—590)，字介，原籍琅玡临沂 (今属山东)。历仕梁、北齐、北周，至隋，召为学士，自称“三为亡国之人”。

《颜氏家训》成书于隋仁寿 (601—604) 年间，述个人经历、思想、学识，旨在以修身、治家、处世、为学之法训教子弟。卷一包括《序致》、《教子》、《兄弟》、《后娶》、《治家》，卷二包括《风操》、《慕贤》，卷三包括《勉学》，卷四包括《文章》、《名实》、《涉务》，卷五包括《省事》、《止足》、《诫兵》、《养生》、《归心》，卷六包括《书证》，卷七包括《音辞》、《杂艺》、《终制》。陈振孙《直斋书录解题》称其为“古今家训，以此为祖”。《新唐书·艺文志》著录，列入儒家类；《宋史·艺文志》载作7卷，亦入儒家类。

此书主要版本有清卢文弨《抱经堂丛书》校订本、《四部丛刊》本、《四部备要》本、《诸子集成初编》本。上海古籍出版社1980年出版的王利器《颜氏家训集解》，为最常见版本。

2.《家范》10卷，(宋) 司马光撰

《家范》见于《宋史·艺文志》、《文献通考·经籍志》，卷目均与今本相合。唐代狄仁杰曾撰《家范》10卷，而书不传。司马光取狄仁杰书旧名，采辑可为后代法则之史事，间有己论，作为家教课本与后学准绳。首载《周易·家人》卦辞，并节录《大学》、《孝经》、《尚书·尧典》、《诗·思齐》之语为序，正文自《治家》至《乳母》凡19篇。《四库全书总目》认为：“与朱子《小学》义例差异，而用意略同。其节目备具，简而有要，似较《小学》更切于日用。且大旨归于义理，亦不似《颜氏家训》徒揣摩于人情世故之间。朱子尝论周礼师氏云，至德以为道本，明道先生以之；敏德以为行本，司马温公以之。观于是编，犹可见一代伟人修己型家之梗概也。”

此书主要版本有明万历间刻本、《四库全书》本、《留余草堂丛书》本等；清康熙年间，朱轼曾评点此书，朱氏评点本见于《朱文端公藏书》及《洪氏唐石经馆丛书》。

3.《朱子家训》，(清) 朱用纯撰

朱用纯 (1617—1688)，字致一，自号柏庐，江苏省昆山县人。有《删补易经蒙引》、《四书讲义》、《大学中庸讲义》、《愧讷集》等著作。

《朱子家训》亦称《朱子治家格言》，简称《治家格言》，全文仅五百余

字，以修身、齐家为宗旨，其中许多内容继承了中国传统文化的优秀特点，比如尊敬师长，勤俭持家，邻里和睦等。自问世以来，其书广为流传，影响甚大，坊间多有刻本，各本字句小有差异。

4.《五种遗规》16 卷，（清）陈宏谋编

陈宏谋（1696—1771），字汝咨，号榕门，谥文（一作文恭），广西临桂（今桂林）人。雍正元年（1723）进士，官至东阁大学士兼工部尚书。

《五种遗规》系陈宏谋分门别类采辑儒者养性、修身、治家、为官、处世、教育等方面的著述事迹而成。包括《养正遗规》2 卷《补编》1 卷、《教女遗规》3 卷、《训俗遗规》4 卷、《从政遗规》2 卷、《在官法戒录》4 卷。《养正遗规》成书于乾隆四年（1739），《从政遗规》、《教女遗规》、《训俗遗规》分别成书于乾隆七年（1742）七月、九月、十月，《在官法戒录》成书于乾隆八年（1743）四月。合刻本《五种遗规》始行于乾隆八年（1743），为南昌府学教授李安民集校本。

各《遗规》单行本甚多，以单本形式收入各类丛书、类书亦甚多。合刻本除李安民集校本外，还有同治七年（1868）的金陵书局本、光绪二十一年（1895）浙江书局本、《四部备要》本等。除通行本外，另有一种刊本，去《在官法戒录》，改列陈宏谋晚年于乾隆三十四年（1769）所辑的《学仕遗规》4 卷与《补编》4 卷，主要有光绪十九年（1893）上海振华堂刊本和宣统二年（1910）学部图书局本。

5.《曾文正公家训》2 卷，（清）曾国藩撰

《曾文正公家训》是曾国藩写给兄弟子侄的书信汇编，共收有给儿子的书信 115 封，给弟和侄的信各一封，给妻欧阳夫人信两封，另有遗嘱一篇，日记一则。内容非常广泛，包括经世致用、内政外交、治学修身到居家治生、人际交往、家庭琐事等。因其是集百余封书信而成，所以是非规范性家训。曾国藩提倡对子女"爱之以其道"，"教之以其方"，戒除骄奢陋习，使本书成为中国近代最有影响的家庭教育著作。

该书版本众多，流传很广。主要版本有清光绪五年（1879）传忠书局刻本、光绪十二年（1886）著易堂本、民国十五年（1926）扫叶山房本、民国二十二年（1933）南京大中书局本、民国二十五年（1936）上海世界书局本、民国三十年（1941）上海商务印书馆本等。1986 年岳麓书社出版社据钟叔河对《家训》的选编整理，出版《曾国藩教子书》。

第四节 女教读物

女教读物，收录专门训诫女子的文章，最早有东汉班昭的《女诫》，之后又有荀爽《女诫》，蔡邕《女训》、《女诫》等，都以单篇文章出现。唐代时始出现如《女论语》、《女孝经》等专书文献。兹举其要：

1.《女诫》，(汉）班昭撰

班昭（49—120)，字惠班，又名姬，东汉扶风安陵（今咸阳市）人。父亲班彪，长兄班固，次兄班超。嫁给扶风曹世叔为妻，人称“曹大家”。

《女诫》7篇，为班昭据古礼与儒典阐述女子修身齐家之道，教育妇女柔顺之礼的书，包括《卑弱》、《夫妇》、《敬顺》、《妇行》、《专心》、《曲从》、《和叔妹》，可说是中国最早的一本女教专著。存于《后汉书·列女传·曹世叔妻传》中。

2.《女论语》12章，托名（汉）班昭著

《女论语》12章，分《立身》、《学作》、《学礼》、《早起》、《事父母》、《事舅姑》、《事夫》，《训男女》、《营家》、《待客》、《和柔》、《守节》12章，四言韵文。

据《旧唐书·宪宗女学士尚宫宋氏传》，唐女学士宋若莘（？—820）曾仿《论语》撰《女论语》10篇，由其妹宋若昭注释订正，学者疑二者非一书。

《女论语》12章自明至清以及民国初年期间，各地广为刻印，版本繁多。明末清初王相将其编入《女四书》，天启四年（1624）由多文堂合刻为《闺阁女四书集注》。

3.《女孝经》1卷，(唐）侯莫陈邈妻郑氏著

《女孝经》为唐侯莫陈邈妻郑氏所著。首载《进书表》，称侄女册为永王妃，因作此书规诫。模仿《孝经》，共18章。章首皆假借班昭立说，强调男尊女卑。详见《孝经》类。

《女孝经》五代时盛行于世，清有内府藏本。坊间刻本、铅印本甚多，流行较广。

4.《女四书》4卷，(明）王相辑

王相，字晋升，明末清初临川人。生平不详。《女四书》，又名《闺阁四书集注》，仿《四书》之例，选取东汉班昭《女诫》，唐宋若莘《女论语》、明

成祖徐皇后《内训》、王相母刘氏《女范捷录》4 种著述辑为一册，并为之笺注，天启四年（1624）由多文堂汇辑刻为《闺阁女四书集注》，世间简称《女四书》。

《女四书》广泛流传于明末清初，坊间刻本很多，如清光绪十一年（1885）状元阁本、清光绪十九年（1893）熙记书庄本等。

第五节　乡约俗训

宋代理学家主张通过伦理道德的教育达到治理社会的目的，如何将抽象的伦理道德通俗化，并在普通民众中传播，以达到化民成俗的目的，成为许多儒者考虑的重要问题。在这样的背景下，产生了以乡约、俗训为形式的儒理文献。

印刷技术的成熟，可以使儒者采用向基层民众发布文告的方式来宣传儒家伦理道德。这种文告语言简明，被称为“俗训”。“俗”义，《说文解字》解释为“习也”，《汉书·地理志》云：“凡民函五常之性……好恶取舍，动静亡常，随君上之情欲，故谓之俗。”说明“俗”是可以引导的。“训”字，《说文解字》解释为：“说教也。”“俗训”就是地方官员对民众行为习俗的说教，其内容多为伦理道德的劝诫。中国古代的“循吏”对民众多有“教民以孝悌，劝民以农桑”的活动，但多以口头的方式进行，这些可以称为俗训的早期形态，并影响到宋代的一些官吏，如北宋张载在任云严令时，“政事以敦本善俗为先，每月吉，具酒食，召乡人高年会县庭，亲为劝酬，使人知养老事长之义，因问民疾苦，及告所以训戒子弟之意”。乡约、俗训的目的，在于把抽象、理性的儒家生活秩序和生活伦理道德通俗化或规范化后，劝导民众遵循，使民众的观念和生活规范具有同一性。兹举其要：

1.《蓝田乡约》，（宋）吕大防、吕大忠、吕大钧撰

吕大防，字微仲。吕大忠，字进伯。吕大钧，字和叔。

《蓝田乡约》，也称《吕氏乡约》，北宋吕大防、吕大忠、吕大钧兄弟在自己家乡蓝田（今陕西省内）与邻里亲友共同制定的乡约，以“德业相劝”、“过失相规”、“礼俗相交”、“患难相恤”为纲，把社会民众相互帮助的要求用契约规范的形式确定下来，为后世乡约之楷模。宋朱熹曾进行修订，明代王守仁曾仿《吕氏乡约》订《南赣乡约》，1931—1937 年，梁漱溟亦曾仿《吕氏乡约》于山东邹平倡办“农乡学校”。

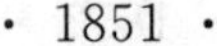

《蓝田乡约》收入《重订杨园先生全集·经正录》，有明末刻《居家必备》本、民国五年南陵徐氏刻《随菴徐氏丛书续编》本（据宋嘉定本影刻）、《续修四库全书》本（影印北图藏宋嘉定五年李大有刻本）。

2.《阳明先生乡约法》1卷，（明）王守仁撰

是书崇祯间由陈龙正于《阳明全书》录出别行，设约长、约副、约正、约史、知约、约赞诸人，又规定争关、赋役、诸事，以及寄庄人户纳粮当差，皆约长主之，极尽古法。

此书《学海类编》中收入，有民国间涵芬楼影印本。

3.《证人社约言》1卷，（明）刘宗周撰

刘宗周以顺天府尹罢归后，与陶奭龄讲学王守仁祠，会集同志讲学，而以“证人”名社，《证人社约言》就是刘宗周撰写的证人社章程，分为学檄、会仪、约言、约戒四部分。

此书主要版本有清道光十一年六安晁氏木活字《学海类编》本，收入《四库全书存目丛书》。

第七章 杂论类文献

“杂论类”文献，包括“论杂”或者“体杂”的儒家理论著作。“论杂”是指其书主题不一，内容不纯，议及百科，事涉三教；“体杂”是指其书撰述体例没有成宪，著作方法也不系统。这两类文献虽说无法归入儒家类、性理类、礼教类和政治类，但又具有鲜明的儒家理论特色，是对于儒学发展具有较大影响的文献，因此用“杂论类”文献来对它们进行概述。

“杂论类”文献又分杂说、杂考、杂论三个小类。其中，杂说文献包括儒家著作中内容不纯一（兼说众家而儒学理论占重要地位，或事涉三教而儒家学说得到宣扬）而又不可分析改编的著作，如《吕氏春秋》、《三教论衡》等；杂考文献包括重在考证儒学名物故实、文献百科的著作，如顾炎武《日知录》；杂论文献包括儒者论史、儒者论文或者以史辅儒的著作，在儒者论史的著作中，有的著作以评论史书的编撰为主，如刘知幾《史通》，有的以评论史事为主，如王夫之《读通鉴论》之属，而更多的著作，则既有对史事的评论，又有对史书的评论。

第一节 杂说

一个概念或者名词的产生，至少有部分原因在于为了与其他概念或者名词进行区别。先汉之“儒”或“儒家”、“儒学”，主要相对于道、法、墨诸家而言；魏晋之后之“儒”、“儒家”或“儒学”，往往与道家、佛家对立。学术史中这样的情况，使杂说类儒论文献根据内容的不同，又呈现为三种样貌：一为兼说诸子百家，以儒家学说为主的儒论文献，如《晏子春秋》、《吕氏春秋》、《人物志》、《郁离子》等；二为三教论衡，申扬儒学的儒论文献，如

《牟子理惑论》、《夜行烛》、《无何集》等；三为杂糅诸子道释，而又不离儒学理论的儒论文献，如《仁学》等。兹举其要：

1.《晏子春秋》8卷，旧题（周）晏婴撰

晏婴（？—前500），字平仲，继父晏桓子为齐卿，于灵公、庄公、景公三朝为正卿，执齐政50余年，以节俭力行、谦恭下士著称于时。

《晏子春秋》全书所述皆晏婴遗事，当为后人摭集而成。《汉书·艺文志》但称"晏子"，列于儒家类。《晏子春秋》书名最早见于《史记·管晏列传》，张守节《正义》引《七略》云："《晏子春秋》七篇，在儒家。"蒙文通认为，"春秋"为先秦史著通称，世传《晏子春秋》，应当是晏婴家史的遗存者。既是家史，当然就不会也不能是由晏婴亲自撰写了①。1971年安徽阜阳西汉汝阴侯夏侯灶墓出土了《晏子春秋》残简，1972年山东临沂银雀山汉墓出土了《晏子春秋》残简，1973年，河北定县汉墓出土了《晏子春秋》、《论语》等8种残简，这批简牍的出土使《晏子春秋》的研究逐步深入。

《汉书·艺文志》儒家著录《晏子》8篇，《隋书·经籍志》、《旧唐书·经籍志》、《新唐书·艺文志》并同。自唐代柳宗元作《辩〈晏子春秋〉》，提出"吾疑其墨子之徒有齐人者为之。墨好俭，晏子以俭名于世，故墨子之徒尊著其事，以增高为己术者。且其旨多尚同、兼爱、非乐、节用、非厚葬久丧者，是皆出墨子"②，宋人晁公武在《郡斋读书志》中将其列入墨家，并作12卷；马端临《文献通考·经籍考》用晁公武、柳宗元说将其入墨家，而《四库全书总目》则将其列入史部传记类。

《晏子春秋》今本8卷，包括内篇6卷，分别为《谏上》、《谏下》、《问上》、《问下》、《杂上》、《杂下》，外篇分上、下，为两卷，与《汉书·艺文志》8篇之数相合。《晏子春秋》内篇多孔子称许晏子之语，而外篇则多晏子抨击孔子及儒家之语，故宋以前诸家书目将其入儒家类，而宋以后又入其他类，都有一定根据。由于《晏子春秋》中既有儒家思想，又杂有兼爱、非乐之说，故将其列入杂说类。

该书版本很多，有《四库全书》本、《四部丛刊》本等；近人张纯一有《晏子春秋校注》（收入《诸子集成》），1962年中华书局出版有吴则虞《晏子

---

① 蒙文通：《周代学术发展论略》，载《学术月刊》1962年第10期，第45～51页。

② 柳宗元：《辩晏子春秋》，《柳宗元集》第一册卷四，中华书局，1979年，第114页。

春秋集释》，最为流行。清代王仁俊曾辑有《晏子佚文》1卷，见《经籍佚文》，卢文弨《群书拾补》中有《晏子春秋校正》，刘师培辑有《晏子春秋佚文》（见《刘申叔遗书·晏子春秋斠补附》），可参用。

2.《吕氏春秋》26卷，（秦）吕不韦主编

吕不韦（？—前235），卫国濮阳（今河南濮阳西南）人。助秦公子子楚即位而受任为相，封文信侯。秦始皇亲政，因罪罢相，流放四川，途中忧惧自杀。

《吕氏春秋》系吕不韦令门客各著所见所思，汇辑而成，又称《吕览》。《吕氏春秋》代表了战国末期学术由"将为天下裂"而走向百家融合的大趋势，兼采儒、道、法、墨、名、阴阳家言，取各家所长而自成条贯，全书分十二纪（除《季冬纪》有6篇外，其余每纪各5篇）、八览（每览8篇）、六论（每论6篇），共160篇，以为天地万物古今之事，备载其中。《四库全书总目》认为，"不韦固小人，而是书较诸子之言独为醇正。大抵以儒为主，而参以道家、墨家。故多引六籍之文典与孔子、曾子之言，其他如论音则引《乐记》，论铸剑则引《考工记》，虽不著篇名，而其文可案。所引庄、列之言，皆不取其放诞恣肆者；墨翟之言，不取其《非儒》、《明鬼》者；而纵横之术、刑名之说，一无及焉，其持论颇为不苟"。① 高诱《吕氏春秋序》亦言："此书所尚，以道德为标的，以无为为纲纪，以忠义为品式，以公方为检格，与孟轲、孙卿、淮南、扬雄相表里也。"

《汉书·艺文志》列《吕氏春秋》入杂家，载26篇，《隋书·经籍志》、《新唐书·艺文志》并仍《汉书·艺文志》所注，列为"杂家"。最早为《吕氏春秋》作注的为汉代高诱，其注本有《四部丛刊》本及《诸子集成》本。校本最佳者为清毕沅校本，有《二十五子汇函》本、《子书二十八种》本及《子书四十八种》本等。近人蒋维乔等合撰《吕氏春秋汇校》，有民国二十六年（1937）中华书局排印本，今本又有1955年文学古籍刊行社铅印高诱注、许维遹集释《吕氏春秋集释》，1984年学林出版社铅印陈奇猷《吕氏春秋校释》等。

3.《人物志》3卷，（魏）刘劭撰

刘劭（劭或作邵），字孔才，广平邯郸（今河北邯郸）人。约生于汉灵帝初年（168—172），卒于魏正始年间（240—249）。正始年间执经讲学，赐爵关内侯。

---

①《四库全书总目》卷一一七《吕氏春秋》提要。

《人物志》3卷，为刘劭以儒家标准品评人物之作，共18篇。刘劭在自序中阐述撰著目的："夫圣贤之所美，莫美乎聪明，聪明之所贵，莫贵乎知人，知人诚智，则众材得其序而庶绩之业兴矣。"是书把人分为"圣人"、"兼材"、"偏材"，又分为12个流品，即："有清节家，有法家，有术家，有国体，有器能，有臧否，有伎俩，有智意，有文章，有儒学，有口辩，有雄杰。"君主应使"十二材各得其任"。十六国时刘昞曾为之作注。明万历十二年（1584）河间刘用霖用隆庆六年（1572）本旧版合官私书校之，去其重复，成为定本。

此书主要版本有《汉魏丛书》本、明万历刘氏刊本、《四库全书》本、《四部丛刊》本等。是书自《隋书·经籍志》以后皆列于名家，《四库全书》则归入子部杂家类。

4.《郁离子》3卷，（明）刘基撰

刘基（1311—1375），字伯温，青田（今属浙江）人。元末进士，曾任江西高安县丞，江浙儒学提举，旋弃官归隐。元至正二十年（1360）受聘至金陵，为朱元璋筹划军事，开创帝业。明初授太史令，累迁御史中丞，封诚意伯，谥文成，有《诚意伯文集》等著作。

《郁离子》3卷，刘基元末官居青田时所作。"郁离子"为作者自号，又作书名，徐一夔《郁离子序》释书名为："离为火，文明之象，用之其文郁郁然，为盛世文明之治。"吴从善《序》称："夫郁郁，文也；明两，离也，郁离者，文明之谓也。非所以自号，其用意谓天下后世若用斯言，必可底文明之治耳。"全书共18篇，195条。

《郁离子》版本较多，又收入《诚意伯刘先生文集》中。主要版本有明初龙泉章氏刻本、明隆庆六年（1572）刻本、清振绮堂重刻本、《四部丛刊》本等。1981年上海古籍出版社出版魏建猷、萧善芗点校本为常见版本。

5.《牟子理惑论》2卷，旧题（汉）牟融撰

牟融（？—79），字子优，安丘（今属山东）人。汉时授大夏侯（胜）《尚书》，教授门徒数百人，官至太尉。

《牟子理惑论》2卷，或作1卷，又名《牟子》、《理惑论》，《隋书·经籍志》儒家类有《牟子》2卷，题后汉太尉牟融撰。《出三藏记》及《弘明集》只作《牟子理惑》，不著撰人。《弘明集》注云"一名苍梧太守牟子博传"，自称"锐志于佛道"而兼研《老子》与儒家五经，假设"惑人"之问而解答之，故名曰《牟子理惑》。全书37条，以为佛经之要有37品，老子《道经》亦37篇，故以此为法。以儒家五经之言、老子《道德经》之文解种种非议佛教之

言论，多有巧辩。

此书收入《百子全书》，有民国间扫叶山房本。

6.《夜行烛》1 卷，(明) 曹端撰

曹端 (1376—1434)，字正夫，号月川，河南渑池人。永乐六年 (1408) 举人。5 岁见《河图》、《洛书》，即画地以质之父。及长，专心性理。其学务躬行实践，而以静存为要。读宋儒《太极图》、《通书》、《西铭》，叹曰："道在是矣。"笃志研究，坐下著足处，两砖皆穿。其学以躬行实践为务，而以存养性理为大端，对理学重要命题多有修正、发挥，被推为"明初理学之冠"。

曹端之父好佛老之说，曹端因采经传格言切于日用者，辑为一编，名曰《夜行烛》，谓人处流俗中如同夜行，常看此编则如同烛引之于前。主要观点认为："佛氏以空为性，非天命之性；老氏以虚为道，非率性之道。"批评佛教学说。

此书收入《曹月川先生遗书》，有《津河广仁堂所刻书》本；又见《曹月川集》，有《四库全书》本。

7.《无何集》14 卷，(清) 熊伯龙撰

熊伯龙 (约 1617—约 1669)，字次侯，号塞斋，别号钟陵，汉阳 (今属湖北) 人。顺治进士。

《无何集》，系熊伯龙选录王充《论衡》中驳斥谶纬神学言论重新编排，参以他论，附以己见而成。书本名《论衡精选》，因所选以辟神怪祸福之说为主，故改名曰《无何集》。卷一至卷一二，分为天地、古今、鬼神、祸福、灾祥、感格、宜忌、人事、儒术、道教、杂家、百物十二类。卷一三选录诸家"辟佛教"之说，题"委宛续貂集"；卷一四为熊伯龙之子熊正笏杂取经、史、子、集、名人百家之言合于《论衡》者所作，题"勿广余言集"。原为 12 卷，现通行 14 卷本，是在原编本基础上，由其几代子孙增订而成。

此书主要版本有乾隆五十九年 (1794) 原刻本 (藏北京大学图书馆)，1925 年沔阳卢弼曾据原刻本影印，1979 年中华书局据影印本整理出版排印本。

8.《仁学》2 卷，(清) 谭嗣同撰

谭嗣同 (1865—1898)，字复生，号壮飞，湖南浏阳人。曾任南京候补官，与梁启超、唐才常等办时务学堂，由徐致靖推荐，被光绪封为四品军机章京，变法失败遇害。

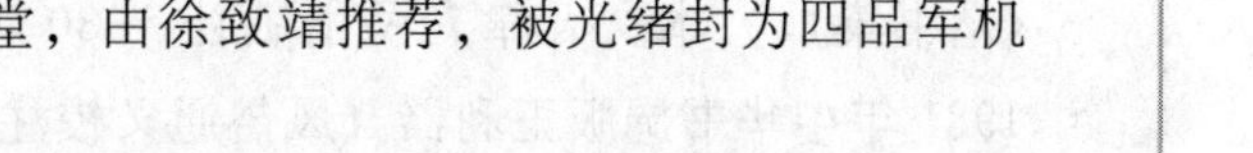

《仁学》乃谭嗣同杂糅儒、释、道、墨各家学说与西方科学、哲学，向旧学挑战之书。自叙谓"初当冲决利禄之网罗；次冲决俗学若考据；若词章之

网罗；次冲决全球群学之网罗；次冲决君主之网罗；次冲决伦常之网罗；次冲决天之网罗，终将冲决佛法之网罗”。

此书曾署“台湾人所著书”，由梁启超等在日本出版，又有清光绪二十八年（1902）上海国民日报社排印本、1958年中华书局排印本、1981年中华出局出版周振甫《谭嗣同文选注》本、《谭嗣同全集》本等。

第二节　杂考

儒学掌故的考订、名物制度的追本溯源，往往体现在与儒学理论的辨析中。如蔡邕《独断》。我们将考订儒学掌故、辨正儒学学理的著作，归为杂论类儒论文献中的杂考之属。兹举其要：

1.《独断》2卷，（汉）蔡邕撰

《独断》系蔡邕考订典制之书，记载自汉高祖元年（前206）至灵帝嘉平元年（172）370余年间礼、乐、舆服制度及诸帝世次，兼及前代礼、乐，并加以考论。

传本主要有《四库全书》本、《百川学海》本、卢文弨抱经堂校刊本、《四部丛刊三编》本。又有《独断佚文》1卷，为清代胡玉缙从《后汉书·光武纪》注、《续汉书·舆服志》注及《太平御览》卷一三辑得三节，见《经籍佚文》。

2.《风俗通义》10卷，（汉）应劭撰

应劭（约153—196），字仲远，汝南南顿（今河南项城西北）人。汉献帝时官至太山太守，后事袁绍官军谋校尉，博学多识，有《汉官仪》等著作。

《风俗通义》又称《风俗通》，原书32卷，今存10卷，经北宋苏颂整理，包括皇霸、正失、愆礼、过誉、十反、声音、穷通、祀典、怪神、山泽10目137条。《四库全书总目》对其评价颇高：“其书因事立论，文词清辨，可实博洽，大致如王充《论衡》，而叙述简明则胜充书之冗漫。”清人严可均、卢文弨均辑有《风俗通》逸文多条。

此书主要版本有《四库全书》本、《四部丛刊》本、《四部备要》本及《丛书集成》本。天津人民出版社1980年出版的吴树平《风俗通义校释》、1981年中华书局版王利器《风俗通义校注》为常见注本。

3.《容斋随笔》16卷、《续笔》16卷、《三笔》16卷、《四笔》16卷、《五笔》10卷，（宋）洪迈撰洪迈（1123—1202），字景卢，号容斋，饶州鄱阳（今属江西）人。绍兴年间进士，历端明殿学士，有《夷坚志》、《唐人万首绝句》等书传世。

《容斋随笔》共五笔，74 卷，1220 则。其中，《容斋随笔》16 卷，329 则；《容斋续笔》16 卷，249 则；《容斋三笔》16 卷，248 则；《容斋四笔》16 卷，259 则；《容斋五笔》10 卷，135 则。《容斋随笔》卷第一自序说："予老去习懒，读书不多，意之所之，随即纪录，因其后先，无复诠次，故目之曰随笔。"该书写作时间历经近 30 年，内容涉及经、史、百家、医、卜、星、算诸学，十分丰富，对宋代典章制度记述尤详。《四库全书总目》推它为南宋笔记之冠。该书与沈括《梦溪笔谈》、王应麟《困学纪闻》是宋代三大最有学术价值的笔记。

此书元明均有刻本传世，《四库全书》、《洪氏晦本斋丛书》及《四部丛刊续编》均有收录，1978 年上海古籍出版社又出版标点本（全二册）。

4.《脚气集》2 卷，（宋）车若水撰

车若水（约 1209—1275），字清臣，号玉峰山民，黄岩（今属浙江）人。

《脚气集》2 卷，据其从子车惟一跋，此书成于咸淳十年（1274），作者因病脚气，著书自娱，故名之曰"脚气集"。《四库全书总目》云："此书体例，颇与语录相近。其论《诗》，攻小序；论《春秋》，主夏正；论《礼记》，掊击汉儒，皆坚持门户之见。论《周礼》冬官，讥俞庭椿断定拨置，其说甚正，然必证以周官尚存三百五十，谓冬官不亡，则仍留柯尚迁等割裂之根。论《诗》三百篇为汉儒所伪托，与王柏之说相同。论《礼记》之畏压溺，以畏为疫气传染，尤为杜撰。"

此书主要版本有《四库全书》本、光绪间陈氏《宝颜堂秘笈》本、民国间商务印书馆刊《涵芬楼秘笈》本等。

5.《能改斋漫录》18 卷，（宋）吴曾撰

吴曾字虎臣，抚州崇仁（今属江西）人，应试不第。绍兴十一年（1141）献所著书，补右迪功郎；秦桧当国，以议加九锡等相阿附，历叙令所删定官、宗正寺主簿、太常远、吏部郎官等，知严州，被劾致仕卒。

《能改斋漫录》为吴曾笔记，书末吴曾之子吴复跋称所记共 2000 余条。全书分事始、辨误、事实、沿袭、地理、议论、记诗、谨正、记事、记文、方物、乐府、神仙鬼怪共 13 类。

自元初以来，传本罕见，今传本为明人自秘阁中抄出，原缺首尾两卷，后人遂以第 2 卷第 17 卷各分作 2 卷，以足旧本之数。主要版本有《四库全书》本、《丛书集成初编》本、《笔记小说大观》本、1960 年中华书局标点本等。

6.《四如讲稿》6卷，(宋)黄仲元撰

黄仲元，字善甫，号四如，黄绩之子，莆田（今属福建）人。咸淳七年(1271)进士，宋亡后，更名黄渊，字天叟，号韵乡老人，教授乡里以终，有《经史辨疑》、《四如文集》等著作。

《四如讲稿》乃传述朱熹之学所作。《四库全书总目》云："今观是书所讲，实兼及诸经，不止'四书'。其说多述朱子之绪论，然亦时出新义，发前儒所未发。如'行夏之时'，则据《礼运》'孔子得夏时于杞'注，谓夏四时之书而不取三正之说。《周官》井田，则谓周时皆用井田而不取郑氏畿内用贡、都鄙用助之说。伯鱼为《周南》、《召南》，则据《诗·鼓钟》及《内传》季札观乐，谓南即是乐。又谓周、召为二公采邑，非因二公得名。虽按之经义，不必一一吻合，要为好学深思，能自抒所见者也。"朱彝尊《经义考》仅载黄仲元《经史辨疑》一书，此书失载。

此书主要版本有明嘉靖二十五年（1546）刊本（藏福建图书馆)、《四库全书》本、《经学五种》本等。

7.《困学纪闻》20卷，(宋)王应麟撰

《困学纪闻》为王应麟所撰札记，以论述经学为重点。全书包括"说经"8卷（内包括《易》、《书》、《诗》、《周礼》、《仪礼》、《春秋》、《公羊》、《孝经》、《孟子》，小学、经总等)，"天道"、"地理"、"诸子"2卷，"考史"6卷，"评诗文"3卷，"杂识"1卷。书行以后，后世儒者均深以为重。入清，阎若璩、全祖望、程瑶田、何焯、钱大昕、屠继绪、万希槐七人为其作笺注，世称"七笺本"，后翁元圻更为作详注，称《翁注困学纪闻》。

此书传本甚多，主要有明弘治刊本、清乾隆间祁门马氏刊阎笺本、《四库全书》本、桐乡汪氏刊何笺本、金氏刊七笺本及《四部备要》本等。

8.《汉制考》4卷，(宋)王应麟撰

《汉制考》包括《周礼》2卷，《仪礼》、《礼记》1卷，《诗》、《书》、《论语》、《孟子》、《国语》、《公羊春秋》、《说文》1卷。以两汉史志于制度细目尤多疏略，因采诸经之文，以诸经为次，随文条列，胪列汉唐注疏，引据史文，详为笺释补订，以补其缺遗。对旧注时异名殊，难于详知之处，亦予辨证疏通。

此书有《四库全书》本、《津逮秘书》本、《学津讨原》本等。

9.《准斋杂说》2卷，(宋)吴如愚撰

吴如愚（1167—1244)，字子发，钱塘（今浙江杭州）人。有《易》、《诗》、《书》说，《大学》、《论语》、《中庸》、《孟子》及《阴符经解》等著作，今皆佚亡。

《杂说》2卷，散见于《永乐大典》诸韵中，清修《四库全书》，馆臣自《大典》中辑出，共得40余篇，基本上还其原貌。

此书主要版本有《四库全书》本、《墨海金壶》本、《珠丛别录》本等。

10.《滹南遗老集》45卷，（金）王若虚撰

王若虚（1174—1243），字从之，号慵夫，藁城（今属河北）人。承安进士，历官左司谏、延州刺史、翰林直学士，金亡，自称滹南遗老，著有《慵夫集》等。

《滹南遗老集》包括“五经辨惑”2卷，“论语辨惑”5卷，“孟子辨惑”1卷，“史记辨惑”11卷，“诸史辨惑”2卷，“新唐书辨”3卷，“君事实辨”2卷，“臣事实辨”3卷，“议论辩惑”1卷，“著述辨惑”1卷，“杂辨”1卷，“谬误杂辨”1卷，“文辨”4卷，“诗话”3卷，“杂文及诗”5卷。

此书主要版本有《畿辅丛书》本、《四库全书》本、《丛书集成初编》本等。

11.《少室山房笔丛》32卷、《续集》16卷，（明）胡应麟撰

胡应麟（1551—1602），字元端，后更字明瑞，号石羊生，又号少室山人，浙江兰溪人。万历四年（1576）举人，曾筑室山中，以读书著述为业，被王世贞置于明末五子之列，有《少室山房类稿》等著作。

《少室山房笔丛》32卷、《续集》16卷，为胡应麟研究旧籍古义、参校疑义之笔记，包括《经籍会通》4卷，《史书占毕》6卷，《九流绪论》3卷，《四部正讹》3卷，《三坟补逸》2卷，《二酉缀遗》3卷，《华阳博议》2卷，《庄岳委谈》2卷，《玉壶遐览》4卷，《双树幻钞》3卷。《续集》续甲部《丹铅新录》8卷，续乙部《艺林学山》8卷。

此书主要版本有明万历三十四年（1606）吴勉学校刻本、光绪间广雅书局刻本、1958年中华书局上海编辑所标点本等。

12.《经典稽疑》2卷，（明）陈耀文撰

陈耀文，字晦伯，确山（今属河南）人。万历三十八年（1610）进士，有《天中记》、《正杨》、《学圃萱苏》、《学林就正》等著作。

《经典稽疑》2卷，陈耀文采辑汉唐以来说经异于宋儒者成书。上卷为“四书”，下卷为《易》、《书》、《诗》、《春秋》、《礼记》、《周礼》。《四库全书总目》云：“盖耀文因当时帖括之士墨守方隅，稍为裒集异同，以存古义，而不必一一悉从其朔，故所采亦未尽精纯。然嘉、隆之间，心学盛而经学衰，耀文独能远讨遐搜，潜心训诂，亦可云空谷之足音矣。”

此书主要版本有澹生堂余苑本、《四库全书》本等。

13.《蒿庵闲话》2卷，（清）张尔岐撰

《蒿庵闲话》2卷，为清张尔岐20年所记读书札记，于康熙九年（1670）校录成书，共296条，杂考经传、历史、书籍等。卷末蒋因培附记有云："此书自叙谓无关经学不切世务，故命为'闲话'，然书中教人以说闲话看闲书管闲事为当戒。先生邃于经学，达于世务，凡所杞记皆多精义，固非闲话之比。"

此书主要版本有乾隆四十年（1775）刻本、《粤雅堂丛书》本等。

14.《日知录》32卷，（清）顾炎武撰

《日知录》是顾炎武积30余年读书札记而成，内容宏富，贯通古今。共32卷，取《论语·子张》"日知其所亡，月无忘其所能，可谓好学也已矣"之意为书名，以示好学之笃。大体按经义、政事、财赋、世风、礼治、科举、史地、兵事、艺文等以类相从，条列子目达一千多条。关于写作此书的目的，顾炎武本人说得很明白："别著《日知录》，上篇经术，中篇治道，下篇博闻，共三十余卷。有王者起，将以见诸行事，以跻斯世于治古之隆。"（《又与人书二十五》）撰写《日知录》，"意在拨乱涤污，法古用夏，启多闻于来学，待一治于后王"（《亭林文集》卷六《与杨雪臣》）。该书考据精辟，文辞博辨，思想深邃，内容丰富，目的在于经世致用，影响深远。其学术价值、思想价值为后世所重。书成后百余年间，为《日知录》作注者90余家，如李光地、惠栋、江永、顾栋高、戴震、庄存与、全祖望、钱大昕、王鸣盛、赵翼、邵晋涵、方苞、姚鼐等，均受此书影响而为之作注。

此书主要版本有康熙九年（1670）符山堂初刻8卷本、康熙三十四年（1695）潘耒得校勘遂初堂刻本、《四库全书》本、《皇清经解》本等。

道光十四年（1834）黄汝成以遂初堂本为底本，参以诸家校本刊《日知录集释》，1985年上海古籍出版社据黄刻影印《日知录集释》，1989年花山文艺出版社出版栾保群、吕宗力《日知录》整理本，2007年安徽大学出版社出版陈垣《日知录校注》，为常见版本。

15.《松阳抄存》2卷，（清）陆陇其撰

陆陇其（1630—1692），字稼书，浙江平湖人。康熙九年（1670）进士，任河北省灵寿县知县，十四年四月授嘉定（今属上海）知县。以清正廉洁著称，康熙二十二年（1683），魏象枢以"天下第一清廉"荐举陆陇其补转知灵寿（今属河北）。官至四川道监察御史。著有《困勉录》、《松阳讲义》、《三鱼堂文集》。

其为学专宗朱子，撰《学术辨》，大旨谓王守仁以禅而托于儒，高攀龙、顾宪成知辟守仁，而以静坐为主，本原之地不出守仁范围，诋斥之甚力。《松阳抄存》为陆陇其为官灵寿知县时，从其所著《问学录》、《日记》二书中摘录成编。灵寿为古松阳地，故名《松阳抄存》。共75条，分道体、为学、处事、教学、辨学术、观圣贤6门。此书原本78条，张伯行曾为刊行，而删其与《问学录》相重复者28条。

此书主要版本有乾隆十六年（1751）金山杨开基重刊本、《四库全书》本等。

16.《三鱼堂剩言》12卷，（清）陆陇其撰、陈济编

此书为陆氏治学札记，原名《日钞》，未分门类，其甥陈济为排次成编，亦不标题立目，而基本有类可寻。卷一至卷四为五经，卷五至卷六为《四书》，卷七至卷八为诸儒得失，卷九至卷十二为子史。间及杂事。其中卷五至卷六后附《太极图说》、《近思录》，小学数条。全书共359条。

此书有杨氏刊本、《陆子全书》本、乾隆间三蕉书屋刊本、《四库全书》本。

17.《潜丘札记》6卷，（清）阎若璩撰

《潜丘札记》为阎若璩读书笔记的汇编，初未成书，由后人搜辑整理成编。《四库全书总目》称此书传本有二：一为阎若璩之孙阎学林所刻本，一为吴玉缙所删定本，均6卷。并称："若璩学问淹通，而负气求胜，与人辨论，往往杂以毒诟恶谑，与汪琬遂成雠衅，颇乖著书之体。然记诵之博，考核之精，国初实罕其伦匹。虽以顾炎武之学有本原，《日知录》一书亦颇经其驳正，则其他可勿论也。兹编虽辑录而成，非其全豹，而言言有据，皆足为考证之资，固不以残阙废之矣。"

此书主要版本有乾隆十年（1745）阎学林眷西堂刊本、吴玉搢重刊本、《四库全书》本、《皇清经解》本等。

18.《经史问答》10卷，（清）全祖望撰

《经史问答》是全祖望与董炳纯、张炳、蒋学镛等门人研讨经传疑义之书，采用问答形式，前7卷论诸经，论《易》、《尚书》、《诗》、"三传"、"三礼"、《论语》各为1卷，《大学》、《中庸》、《孟子》合为1卷，后3卷为诸史。詹海云博士论文《全祖望学术思想研究》第六章谓《经史问答》的写作形式有《黄氏日钞》、《困学纪闻》的影子，与顾炎武、朱彝尊相比，"互有胜场"。而在经学上的辑佚，显示了两点意义：第一，他是我国学术史上很早知道《永乐大典》对辑佚学有很大的帮助的先知。第二，全氏所辑之书，可作

为研究浙东区域经学史、王安石新学史或明代经学史之助力。

《经史问答》收入《鲒埼亭集》，有《四部丛刊》本。2000 年，上海古籍出版社出版了《全祖望集汇校集注》。

19.《钟山札记》4 卷，(清) 卢文弨撰

卢文弨 (1718—1796)，字召弓，一作绍弓，号矶渔，又号檠斋、抱经，晚年更号弓父，人称抱经先生，仁和（今浙江杭州）人。乾隆十七年 (1752) 进士，历官侍读学士，充湖南学政，乞养归。主讲江浙书院 20 余年，以经术导士。与戴震、段玉裁友善，好校书，曾校刊《抱经堂丛书》15 种，著有《抱经堂集》、《仪礼注疏详校》等。为清代著名的校勘学家、经学家。

《钟山札记》为作者归田后，掌教于南京钟山书院前后所作校书随笔。此书共 149 则，杂掇四部书籍中误字、异义以校正，多精审之语。

此书主要有《抱经堂丛书》本、《皇清经解》本。

20.《蛾术编》82 卷，(清) 王鸣盛撰

《蛾术编》是王鸣盛晚年将 30 年考证所得汇编而成。原稿约百卷，王氏生前尚未有定稿。刻本为 82 卷，由迮鹤寿参校，分别为《说录》14 卷、《说字》22 卷、《说地》14 卷、《说人》10 卷、《说物》2 卷、《说制》12 卷、《说集》6 卷、《说通》2 卷。嘉庆、道光间，学者常将此书与洪迈《容斋随笔》、王应麟《困学纪闻》相提并论。该书内容丰富，以论经义、史地、小学为主，旁及制度、名物、人物、文字、诗文、碑刻等考证。凡 8 类，近 90 万字，议论淹博，考核精确。但因涉及较广，难免疏失，故赵彦修作序文、迮鹤寿作按语，均有若干驳正。

此书主要版本有道光二十一年世楷堂刻本、1958 年商务印书馆印本。

21.《读书丛录》24 卷，(清) 洪颐煊撰

洪颐煊 (1765—1833)，字旌贤，号筠轩、倦舫老人，浙江临海人。肄业于诂经精舍，嘉庆拔贡生，官广东新兴知县。后人阮元幕府。

《读书丛录》，为洪颐煊读书笔记，成书于道光元年 (1821)。包括经传 8 卷，小学 4 卷，诸子 4 卷，《史记》、《汉书》、《后汉书》7 卷，宋元刊本 1 卷。经传 8 卷包括《易》、《书》、《毛诗》、《周礼》、《仪礼》、《礼记》、《大戴礼》、《左传》、《公羊传》、《穀梁传》、《论语》、《孝经》、《孟子》、经总类等，小学述及《说文》、《方言》、《小尔雅》、《释名》、《广雅》、《字林》、《玉篇》、《一切经音义》、《五经文字》、《九经字样》、《广韵》、《汉简》等。多从各书中摘取字句，加“颐煊案”进行训解。

此书主要有道光二年 (1822) 广东富文斋刻本、光绪十三年 (1887) 吴

氏醉六堂重刊本等版本。

22.《拜经日记》12卷，（清）臧庸撰

臧庸（1767—1811），号拜经。本名镛堂，字在东，更字西成，号拜经，江苏武进人。与弟礼堂俱师从卢文弨，并与钱大昕、段玉裁等商榷学术。后入浙江巡抚阮元幕府。曾助阮元辑《经籍籑诂》、《十三经注疏校刊记》。臧庸治学严谨，长于校勘、释义，著作极多，有《拜经日记》、《拜经堂文集》、《月令杂说》、《说诗考异》、《乐记二十三篇注》、《孝经考异》等。

《拜经日记》，为臧庸读书札记，仿其高祖臧琳《经义杂记》之例而作。诠释古文疑义，校勘误字误读，发挥经义。

此书有嘉庆二十四年（1819）拜经堂自刻12卷本，又有《皇清经解》8卷本。

23.《古书拾遗》4卷，（清）林春溥撰

本书系搜集《易》、《书》、《周书》、《诗》、《竹书纪年》、《纬候》、《世本》、《春秋》、《礼》等逸文或逸篇，以及古铭、古祝、古歌、古谣、古语、古谚等，分类汇编以成此书。

此书主要有咸丰三年（1853）竹柏山房家刻本，后收入《竹柏山房十五种》。

24.《过庭录》16卷，（清）宋翔凤撰

《过庭录》为宋翔凤读书笔记，辑于道光二十九年（1849）。卷一至卷三为《周易考异》等，卷四至卷五为《尚书略说》，卷六为《尚书谱》，卷七至卷一〇杂说《诗》、《礼》、《春秋》、《论语》、《孝经》、《尔雅》、《孟子》，卷一一至卷一六杂考诸子及诗文。

此书主要有光绪七年（1881）会稽章氏《式训堂丛书》本、《皇清经解续编》本、民国十九年（1930）北平富晋书社影印本。

25.《东塾读书记》15卷，（清）陈澧撰

陈澧（1810—1882），字兰甫，一字兰浦，自号江南倦客，广东番禺（今广州市）人。因少时读书于东厢书塾，晚年自题著作为《东塾读书记》，故学者尊称“东塾先生”。少好为诗，及长，泛览群籍。凡小学、音韵、天文、地理、乐律、算术、古文、骈体文、填词及篆、隶、真、行书，无不研究。道光十二年（1832）举人。二十年（1840），被聘为学海堂学长，达27年之久，“作育人才”甚众，当时学者称为“东塾学派”。晚年讲学于菊坡精舍。著有《汉儒通义》7卷、《声律通考》10卷等。

《东塾读书记》原名《学思录》，仿顾炎武《日知录》形式，为陈澧晚年读书札记。此书目列25卷，实仅15卷，其余10卷或即未成之《东塾杂俎》。

是书包括《孝经》、《论语》、《孟子》、《易》、《书》、《诗》、《周礼》、《仪礼》、《春秋》三传、小学、诸子、郑学、三国、朱子札记。其书前后撰写达 30 年时间，是陈澧研究儒家经典和历代学术的专门著述，奠定了陈澧的学术地位。陈澧治学兼采汉宋，以义理为本，提倡通经致用，经世济民，是晚清“汇通汉宋”的代表人物。

此书主要有番禺陈氏《东塾丛书》本、《皇清经解续编》本、《四部备要》本、民国商务印书馆排印本及清刻本多种。

26.《惜抱轩笔记》8 卷，(清) 姚鼐撰

姚鼐 (1731—1815)，字姬传，一字梦谷，世称惜抱先生，安徽桐城人。乾隆二十八年 (1763) 进士，官至吏部郎中，曾入《四库全书》馆为纂修官。

《惜抱轩笔记》为姚鼐读书札记，包括说《易》3 条、说《书》56 条、说《诗》12 条，说《周礼》3 条，说《仪礼》2 条、说《礼记》19 条、说《春秋》1 条、说《左传》5 条、说《公羊传》1 条、说《论语》17 条、说《孟子》6 条、说《尔雅》7 条，说小学 13 条。

此书主要有嘉庆二十五年 (1820) 刻本、《惜抱轩全集》本。

27.《研六室文抄》10 卷、《补遗》1 卷，(清) 胡培翚撰

《研六室文抄》10 卷、《补遗》1 卷，共 80 余篇，包括论、考、辨、解、说、议、书、序、跋、记、行状、墓铭、传等各种体裁，其中多为论经之文。

此书主要有道光十七年 (1837) 泾川书院刻本、光绪四年 (1878) 胡氏世泽楼重刻本等。

第三节　杂论

儒者论史、儒者论文或者以史辅儒、以文辅儒的著作数量较多，兹略举数种：

1.《文心雕龙》10 卷，(南朝梁) 刘勰撰

刘勰 (约 465—532)，字彦和，莒县 (今山东) 人。官至东宫通事舍人，后出家为僧，名慧地。

《文心雕龙》，上编《原道》、《宗经》、《征圣》等 5 篇带有绪论性质，其他各篇如《明诗》、《诠赋》等篇着重论述各体作品的特征和历史演变，下编《神思》、《体性》、《风骨》、《通变》、《时序》、《物色》、《知音》等则探讨创作原则和方法、文学与时代关系等。《序志》为作者自序。《文心雕龙》以原道、

宗经、征圣为论文指导原则，体现了儒学理论对于古代文论的重要影响。

该书常见版本有《四库全书》本、《四部丛刊》本，以及范文澜、周祖谟、杨明照、王利器等人校注本。

2.《史通》20卷，（唐）刘知幾撰

刘知幾（661—721），字子玄，彭城（今江苏徐州）人。曾先后与李峤、朱敬则、徐彦伯、徐坚、吴兢等修成《唐书》80卷。

因受《白虎通》名称及王莽时求封司马迁后为“史通子”等事的启发，故其书称《史通》。写成于唐中宗景龙四年（710），包括内篇39篇、外篇13篇，其中内篇的《体统》、《纰缪》、《弛张》3篇已佚，全书今存49篇。内篇为全书的主体，着重讨论史书的体裁体例、史料采集、表述要点和作史原则，而以评论史书体裁为主；外篇论述史官制度、史籍源流并杂评史家得失。《史通》是中国历史上最早的从理论和方法上论述历史编纂学的专书，影响巨大。唐人徐坚认为，作史者应将《史通》置于座右。明清以来，《史通》流传渐广，注、释、评、续者不乏其人，现代学者也有不少研究《史通》的论著。

后世注本与版本较多，主要有明嘉靖年间陆深校刻本、明万历年间王惟俭注本、清乾隆年间黄叔琳《史通训故补》本等。常见版本有1978年上海古籍出版社出版清代浦起龙《史通通释》标点本、1980年中华书局出版程千帆《史通笺记》、1985年贵州人民出版社出版张振珮《史通笺注》、1990年重庆出版社出版赵吕甫校注本等。

3.《黄氏日钞》97卷，（宋）黄震撰

《黄氏日钞》，又名《东发日钞》，共97卷。第81卷和第89卷已佚。书中前68卷为黄震读经、史、诸子之札记，第69卷之后为奏札、申明、公移、讲义、策问、书记、序跋、启、祝文、祭文、行状、墓志等内容。黄震是南宋末年程朱理学的继承者，他继承了朱熹的天理论，但又有所修正，强调“道在事中”，把“道”释为“大路”，“夫道即日用常行人理，不谓之理而谓之道者，道者大路之行”，“而非超出于人事之外，他有所谓高深之道也”（《黄氏日钞》）四库馆臣为《黄氏日钞》所作提要中对黄震学术评论说：“大旨于学问排佛老，由陆九渊、张九成以上，溯杨时、谢良佐，皆议其杂禅，虽朱子校正《阴符经参同契》，亦不能无疑。”①

此书主要有元刊本、明正德中刻本、乾隆中汪佩锷校刊本、《四库全书》本等。

① 永瑢：《四库全书总目》卷九二《黄氏日钞》提要。

4.《读通鉴论》、《宋论》，(清) 王夫之撰

《读通鉴论》为明末清初王夫之读《资治通鉴》所撰笔记，包括秦1卷，西汉4卷，东汉4卷，三国1卷，晋4卷，宋、齐、梁、陈、隋各1卷，唐8卷，五代3卷。每卷据《通鉴》所列帝王系统分篇，每篇又择史实加以评论。《宋论》是王夫之评论史事与人物之作，体例与《读通鉴论》相同，自宋太祖至理宗共计14位皇帝各为1卷，宋末度宗、恭宗、端宗、祥兴帝合为1卷。二书集中反映了他的理势合一的历史进化观。

《读通鉴论》主要版本有1930年上海太平洋书店排印本等，又收入《船山遗书》中。1975年中华书局排印本为常见版本。《宋论》收入《船山遗书》中，主要版本有道光二十年（1840）刻本、同治二年（1863）曾国荃金陵重刻本。中华书局1964年点校出版《宋论》为常见版本。

5.《文史通义》8卷，(清) 章学诚撰

章学诚（1738—1801），字实斋，号少岩，浙江会稽（今绍兴）人。清代著名史学家。

《文史通义》是一部史学理论著作。分为内外篇，内篇5卷，泛论文史而侧重于史；外篇3卷，多论方志。它是清代著名学者章学诚的代表作，与刘知幾的《史通》一直被视作中国古代史学理论的双璧。梁启超《清代学术概论》称此书“实为乾嘉后思想解放之源泉”。《文史通义》开卷即宣称“‘六经’皆史也”。又说：“古人未尝离事而言理，‘六经’皆先王之政典也。”(《易教上》) 在《浙东学术》中，进一步阐述：“三代学术，知有史而不知有经，切人事也；后人贵经术，以其即三代之史耳；近儒谈经，似于人事之外别有所谓义理矣。”章氏提出“六经皆史”的命题，虽然不是他的创见，但是在乾嘉时期，客观上却有着积极的意义。《文史通义》还讨论了历史编纂问题，提出许多有价值的看法。对方志学理论也有积极的贡献。

此书版本较多，主要有道光十一年（1831）开封大梁本，光绪四年（1878）谭廷献、伍崇曜及章季真刻本，民国十一年（1922）吴兴嘉业堂刘承幹所刊《章氏遗书》本等。常见版本有1956年古籍出版社据《章氏遗书》本所印《文史通义》，1985年中华书局《文史通义校注》，1993年上海古籍出版社《文史通义新编》等。

第四编 儒史文献

第一章　儒史文献的源流与类型

第一节　儒史文献的流变

在中国历史上，设史官、修史书的传统甚早。《世本》曰："仓颉作书。"仓颉即"黄帝之史"，是则中国文字即成型于史官也。《尚书·多士》载："惟殷先人，有册有典。"所谓"册"、"典"，便是记事之书。周代有"五史"：一曰大史、二曰小史、三曰内史、四曰外史、五曰御史。《汉书·艺文志》说："古之王者世有史官，君举必书，所以慎言行，昭法式也。左史记言，右史记事，事为《春秋》，言为《尚书》，帝王靡不同之。"《礼记·玉藻》也有类似记载。左史、右史分职之说，自汉唐以来，人们皆信而无疑，然清代章学诚却提出了质疑，认为"其职不见于《周官》，其书不传于后世，殆礼家之愆文与？后儒不察，而以《尚书》分属记言，《春秋》分属记事，则失之甚也"①。但古有史官则是明确的。而且这一传统一直延续下来，渐成气候，形成特色，中国之号称"史官文化"，实远有端绪。

周代以前，凡职司记事的人，都称为"史"；那些为帝王记事的，地位稍高，常称为内史、大史。"大"读如"泰"，义同大小的大，犹如《周礼》的大卜、大祝一样。除王室有史官外，诸侯各国亦有史官，《左传》记各国史官的活动甚繁。各国也都有史书，故《墨子·明鬼篇》称"周之春秋"，"燕之春秋"，"宋之春秋"，又称"百国《春秋》"；《孟子·离娄下》称"晋之《乘》，楚之《梼杌》，鲁之《春秋》"。孔子取三代史官所记，删为《尚书》，

① 章学诚：《文史通义》卷一《内篇·书教上》。

又依鲁史记作《春秋》。

秦汉时期，有“太史令”世司史职。《汉书·艺文志》称“太史令胡毋敬”作《博学》七章，可见秦时便有太史令之称。司马迁说他的先世“世典周史”，是个史官世家。据《汉仪注》说：“天下计书先上太史公，副上丞相，序事如古《春秋》。”东观、兰台既为藏书之地，又为修史之所。自汉以后，历代皆重史官之设，形成了比较完善的史官制度与修史传统。魏晋以降，秘书、著作专掌史职。北齐始设史馆，唐代确立史馆制度，历代沿袭。宋时史馆分为国史院和实录院，起初都隶属于秘书省，后来分立。国史多以宰相兼领，下有提举国史、监修国史、提举实录院主管。史馆设有修国史、同修国史，史馆修撰、同修撰以及编修官、检讨官等职。元世祖中统二年（1261），翰林兼国史院。自史馆确立以后，史馆就主持编纂了大量的史籍。以史籍的性质区分，有纪传体的正史、编年体的实录以及典志、方志、类书诸类，此为官修史书。

三代时候，史官世掌典籍。其时学在官府，官师合一，无私人著述。至春秋末世，王官失守，学下民间。孔子观书周室，因鲁史记修《春秋》，寄意仁义，“窃取”国史以为教典，但亦首开私家修史之先例。司马迁效孔子修《春秋》之法，成为私家修史的典范。司马氏父子虽然世为史官，但司马迁著《史记》是继父遗志，有意而作。在《太史公自序》中，他自比孔子，其述先人之言曰：“‘自周公卒五百岁而有孔子。孔子卒后至于今五百岁，有能绍明世，正《易传》，继《春秋》，本《诗》《书》《礼》《乐》之际？’意在斯乎！意在斯乎！小子何敢让焉。”可见，司马迁实际上是继承孔子私家修史之风，寓论断于行事之中，成一家之言，而“藏之名山，传之其人”（《报任安书》）。班固因其父作而修《汉书》，也是一部私人撰述。此后私史猬兴，历代继踵，真是汗牛马而充栋宇焉。魏晋南北朝时期是私家修史的极盛时期。《隋书·经籍志》著录史部书 800 余种 13000 余卷，其中属于官修不过十之一二，而私家之史十居八九。唐、宋以降，至于明、清，虽官修史书数量众多，然私家修史，也成就不菲，涌现出大批有影响的史家、史著，创造了各种新的史书体例。其贡献和成就，远超官史。在这些数量众多的官私史籍中，有大量的内容跟儒学史相关。

儒家历来重史，从某种意义上说，儒即起于史。孔子论次《诗》《书》，修起《礼》《乐》，赞《易》修《春秋》，将记载“先王之陈迹”的“旧法世传之史”改造成为具有“仁义”内涵的“六经”，正是通过对历史文献的整理与诠释，传承了三代以来的礼乐文化和仁义精神，寄托了自己的政治理想，从而形成儒家的经典体系（“六经”）。“六经”之中，《尚书》与《春秋》是比较典型的史书。

《庄子·天下》称：“《书》以道事，《春秋》以道义。”《书》是一部记录尧、舜、禹、汤、文、武、周公以迄秦穆文诰为主体的政治文献汇编。春秋时代，人们在日常的言谈中经常引用《诗》、《书》中的语句，从中可以看到《夏书》、《商书》、《周书》等一些篇章的片言只语，这说明《书》在当时也是以单篇流行，还没有集合成书。孔子将《书》用来作为教育弟子如何为政的历史材料，因此，孔子对当时散佚的三代政治历史文献加以搜集、整理，使之汇为一编，从而形成了《书》的第一个原始版本。对此，司马迁《史记·孔子世家》说：“孔子之时，周室微而礼乐废，《诗》、《书》缺。追迹三代之礼，序《书传》，上纪唐虞之际，下至秦缪，编次其事。……故《书传》、《礼记》自孔氏。”班固《汉书·艺文志》也说：“《书》之所起远矣，至孔子纂焉。上断于尧，下讫于秦，凡百篇，而为之序，言其作意。”按班固的说法，孔子整理的《尚书》有百篇，并有解释性的序。

《春秋》则是孔子通过“是非二百四十二年”诸侯历史以为教典的历史教科书。《孟子·滕文公上》称：“世衰道微，邪说暴行有作，臣弑其君者有之，子弑其父者有之。孔子惧，作《春秋》。《春秋》，天子之事也；是故孔子曰：‘知我者其惟《春秋》乎？罪我者其惟《春秋》乎？’”孔子修《春秋》，通过寓褒贬、正名分，寄托自己的政治理想，而“使乱臣贼子惧”。正因为经过孔子整理的“六艺”倾注了孔子的政治期望和理想，故与普通的史书性质不同，被尊崇为“经”，包含了天地古今的所有真理，经天纬地，是修齐治平的教科书。《书》、《春秋》如此，其他四经，亦是孔子继承和修订前代文献以成之经典，就其大源而言，盖亦“史”之流也。前人矜言“六经皆史也”，殊不知“六经”亦经亦史，是史非史，源于史而高于史，端在其点石成金，化史为经矣！

儒者化“史”为“经”，因经成学，而学之流转复化为史，是即儒学史。儒学在中国已有2500余年的历史，经历了发生、发展、兴盛、转化、衰落和复苏的过程，呈现出“先秦子学”、“汉唐经学”、“宋明理学”及“清代朴学”等形态，其历史资料，也从零星评议、单篇记录，发展为专著记载和系统总结。自有儒学以来，即有儒学之史。早期儒学史以孔子弟子的撰述为主，记录孔子的言行与思想。《论语》一书，由孔子弟子或再传弟子编纂，以记言为主，可以看成是一部反映孔子及其弟子生平与学术的史料汇编。而《汉书·艺文志》所录《孔子三朝记》、《孔子弟子籍》则分别是有关孔子及其弟子事迹的记录。此外，儒学在中国的发展史，也是其接受学人世世代代评说的历史，在百家争鸣的“子学时代”，就有《庄子·天下篇》、《荀子·非十二子》、《韩非子·显学篇》等学术史文献，儒家也在其中受到批评，并得到初步总结。汉代司马谈《论六家要旨》、《淮南子·要略》也是这一传统的延续。秦汉以降，史学独立，史体众多，各类儒学史志也不断产生。特别是汉武帝实行“罢黜百家，表章六经”政策，儒学大兴，儒生众多，司马迁在《史记》中用专篇来记录儒学历史。如关于孔子生平、子孙后裔（自伯鱼至孔安国及子卬、孙驩）的传衍历史，《史记》有《孔子世家》，反映了“至圣”孔子起自布衣，创立儒学，“传十余世，学者宗之”的历程；关于孔门弟子，则有《仲尼弟子列传》，记录了颜回以下77位及门弟子的事迹。《史记》又有《儒林列传》，综合叙述“孔子卒后七十子散游诸侯”以下迄于汉武帝时，儒学的兴衰史，特别是对于汉初的专经传授着墨最多。《史记》对于像孟子、荀卿、陆贾、晁错等这样的大家名儒，又各专门立传，如《孟子荀卿列传》、《屈原贾生列传》、《郦生陆贾列传》、《袁盎晁错列传》等等。

班固《汉书》也继承《史记》这一传统，不仅有类传性的《儒林列传》，还有专传记录立言名儒和立功之儒；复于《艺文志》中设《六艺略》专纪儒家经学之书、于《诸子略》的“儒家类”中记儒家诸子著作。自是之后，历代“正史”都自觉配合“儒学独尊”的基本国策，将儒学历史摄入自己撰述的视野。于是传道授业、著书立说之儒，则有“类传”（如《儒林列传》或《儒学传》、《道学传》，个别还见于《文学传》、《文苑传》、《忠臣传》、《孝友传》、《循吏传》等）；其“学优而仕”、“用经学以润饰吏事”的治世之儒，则各有自家专传。儒家经学、子学诸文献，则入艺文（或经籍）之志。儒学在教育上、选举上的制度和成绩，又在选举（或学校）等志中得到反映。不仅“正史”如此，他如记录典制的“三通”（《通典》、《通志》、《文献通考》）或“十通”和历朝《会要》，以及与“正史”辅翼而行的“别史”、“杂史”、“方志”、“地理”、“野史”和私家“笔记”等著述，也无不给儒学人物、儒学文献、儒教制度和儒林轶事以相应的篇幅。

自魏晋南北朝以下，各地兴起撰修“先贤传”、“耆旧传”、“高士传”、“名士传”和“文士传”的热潮，儒学人物也是其中的主角。更有文人雅士之诗文、书信，官僚主司之策论、奏章，以及儒林人物之墓碑、行状、祭文、年谱等等，也常常关系斯文、反映儒史，这类材料大多分见于历代文人的别集和总集之内。在独尊儒术的时代里，儒学史文献几乎处处都有，比比皆是。

儒学史资料除了分见各书成为其中的一部分外，历代儒者还撰有各种类型的儒学史专书。继《汉书·艺文志》所载《孔子三朝》、《孔子徒人图法》

之后，在南朝时期就出现了《先圣本纪》、《孔子弟子先儒传》等儒林传记专书。至于宋代，随着儒学“道统”、“学统”观念的加强，有关儒家师传授受和学术渊源的内容也备受关注，于是以朱熹《伊洛渊源录》为代表的各类“渊源录”、“师承记”和“宗传”书籍便应运而生了。

在明代，这类“渊源录”与当时盛行的“语录”、“语类”体结合，并参考佛家《传灯录》体例，于是产生了以黄宗羲《明儒学案》为代表的专门学术史——“学案体”。“学案”以“辨章学术，考镜源流”为职志，既重视儒学人物活动的记录，也重视儒学流派和学术渊源的探讨，还注意儒学成就和学术精华的摘录，有的还辅以“师承表”，并“附录”评论和考辨资料，兼有学术流派史、学术成果荟要和研究资料类编等多重功能，对儒学成果的总结，学术流派的梳理和学术体系的构建，功能最全，作用也最大。中国古代学术史的编纂，至此而臻于完善。唐宋以后，随着儒学教育的普及特别是书院的广泛兴建，还出现了各种形式的学校志和书院记。大致而言，有关书院的文献，在唐代以诗歌题咏为多，宋代以篇章记录为主，至元明乃有专门《书院志》。如唐代卢纶《宴赵氏昆季书院因与会文并率尔投赠》（“诗礼挹余波，相欢在琢磨”、“咏雪因饶妹，书经为爱鹅”、“仍闻广练被，更有远儒过”）、《题耿拾遗春中题第五四郎新修书院》（“得接西园会，多因野性同”、“学就晨昏外，欢生礼乐中”）、顾非熊《夏日会修行段将军宅》（“爱君书院静，莎覆藓阶浓”）、于鹄《赠李太守》（“捣茶书院静，讲《易》药堂春”）、杨发《南溪书院》（“茅屋住来久，山深不置门”、“曾逢异人说，风景似桃源”）、贾岛《田将军书院》（“笋进邻家还长竹，地经山雨几层苔”、“行背曲江谁到此，琴书锁着未朝回”）① 等等，皆诗也。至宋代，则有王禹偁《潭州岳麓山书院记》（《小畜集》卷一七）、杨亿《南康军建昌县义居洪氏雷塘书院记》（《武夷新集》卷六）、吕祖谦《白鹿洞书院记》（《东莱集》卷六）、张栻《岳麓书院记》（《南轩集》卷一〇）、朱熹《石鼓书院记》（《晦庵集》卷七九），等等，皆文也。

“书院志”专著有可能在宋代已经出现，但无传世者。方大琮《铁庵集》卷一七提到江万里（古心）《白鹭书院志》、欧阳守道《巽斋集》卷二二提到李文伯《莱山书院志》，不知是否专书？由于史志无录，今亦无书，故未能考详。其可明确为书院专书者，以《明史》所录刘俊《白鹿洞书院志》6卷、孙存《岳麓书院图志》1卷为较早。

① 卢纶以下各篇，依次见《文苑英华》卷二一五、卷三一七、卷二一六、卷二五六、卷三一七。

清代，学术史研究日益发达，儒学史与经学史研究也渐趋系统，朱彝尊《经义考》300卷，是汇录先秦至清初经学文献之大型目录。至于皮锡瑞的《经学历史》，则又标志着系统地研究中国儒学的通史性著作的诞生。后之刘师培有《经学教科书》、日本本田成之有《支那经学史论》，皆是皮氏此举之继响者也。

第二节　儒史文献的分类与著录

百家多言儒学，文献浩如烟海。但是由于儒学本身自古无“藏”，儒学史料迄今未得到系统整理，也没有专门的著录体系。先秦两汉史书不多，史书还没有专门的目录分类。《汉书·艺文志》将史书附在《六艺略》的“春秋类”，儒学史料只随所在各书编入各自类目之中，如《孔子世家》、《儒林列传》、《仲尼弟子列传》、《孟子荀卿列传》等，都随《太史公》（即《史记》）列在“春秋类”。其他如《孔子三朝》、《弟子徒人图法》等明显的儒学史料，也只列在“论语类”，还没有被视为史书。

晋代荀勖《中经新簿》为史书立有专门—“丙部”，以记史记、旧事、皇览簿、杂事等书籍。南朝阮孝绪《七录》“记传录”亦记史书，分成十二类：国史、注历、旧事、职官、仪典、法制、伪史、杂传、鬼神、土地、谱状、簿录。由于二书久佚，其中有多少儒学史著作尚难考定。《隋书·经籍志》“史部”共分十三类：正史、古史、杂史、霸史、起居注、旧事、职官、仪注、刑法、杂传、地理、谱系、簿录，从此奠定了中国目录书“史部”的基本框架，后世目录都以《隋书·经籍志》为基础来增删损益。不过，这些目录的分类所面对的都是各种类型和各种内容的史书，没有特别在意儒学史著作，更没有将“儒学史”设为专目。

历代目录学著作囿于综合性目录的编纂体例，儒学史料只分散杂录于综合性“史部”之下，如《隋书·经籍志》将可与儒家经典相互补充的《逸周书》、何承天《春秋前传》及《春秋前杂传》、乐资《春秋后传》和刘绦记载圣贤事迹的《先圣本纪》等，统统与《战国策》、《楚汉春秋》、《越绝书》等同隶“杂史”。又将以儒学人物为主要内容的魏明帝《海内先贤传》，无名氏《先贤集》、《兖州先贤传》、《徐州先贤传》，陈寿《益部耆旧传》，白褒《鲁国先贤传》，无名氏《蜀文翁学堂画赞》，皇甫谧《高士传》，梁元帝等的《孝子传》、《孝德传》、《忠臣传》、《显忠传》，甚至《孔子弟子先儒传》、《王朗王肃家传》等，仍与《列女传》、《列仙传》、《名僧传》、《美妇人传》之类杂书同归“杂传”。

即使在儒学史著作已经大量涌现和广泛流行的宋、元、明、清时期，诸家目录也没有为儒学史单立一目。一些纯粹讨论儒学历史或学术渊源的著作，如《东家杂记》、《孔子年谱》、《孟子年谱》、《伊洛渊源录》、《明儒学案》、《宋元学案》、《关学编》、《洛学编》、《元儒考略》、《理学宗传》、《圣学宗传》、《闽中理学渊源考》和《学统》、《阙里文献考》等等，体例不可谓不纯，内容不可谓不正，数量也不可谓不多，却仍然被笼罩在“史部·传记”之下。不仅其内容和价值未得到应有彰显，而且与释家、道流、方士、神仙合编一处，学术源流也混淆不清。至于其他尚载在别集、总集之中的儒学传记、碑刻、品题、学录等史料，更成艺海尘珠，不见天日。

由于得不到系统收录和整理，许多儒学史料不仅未能充分重视和利用，而且不少有价值的史书，如前述刘绦《先圣本纪》、无名氏《孔子弟子先儒传》等，也在人们的疏忽之中亡佚了。如何系统地将分散各处的儒学史料搜罗起来，建立合理的著录体系，并在此体系下加以科学的整理、编录和出版，是从事儒学史和儒学文献研究者责无旁贷的主题。

当年梁启超《新史学》论史书分类，曾提议在史部设“学史”一目，著录学术史著作，“如《明儒学案》、《国朝汉学师承记》等”。又设“史学”目来统“史学理论类著作”，如《史通》、《文史通义》等；再设“事论”目来统史评著作，如《读通鉴论》、《宋论》等。可惜当时并没有得到目录学家的响应。

“儒史文献”研究应当对儒学史文献进行系统梳理、分类和著录。历史上的许多文献其实都是重要的儒学史研究资料。如：关于孔孟及其家族、门人弟子的文献，有补于先秦儒学传播史的研究。关于历代儒学人物生平传记的文献，如“正史”中“儒林传”（“儒学传”或“道学传”）和大儒专传，历代儒林传记专书，包括各种合传、独传、言行录、碑传集、年谱等，自然是研究儒家名流的重要史料。有关儒学师承、学术渊源的文献，包括历代学案、学统源流、经学师传、经籍艺文等，当然更是全面系统研究儒学发展衍变史的系统史料。还有关于古代教育机构、考试制度的文献，其中也蕴涵了大量儒家教育的信息。至于记载儒家礼乐制度以及反映儒家礼制思想的礼乐文献，如正史的礼志、历朝的礼典以及民间礼书、讳谥文献等等，也是研究儒家礼乐文化不可或缺的史料。此外，还有杂录儒学其他方面的杂记和杂考文献，也足资儒史面貌的探讨和勾勒。

根据以上儒学文献的实际，本编大致按“孔孟史志”、“学案源流”、“正史儒传”、“儒林别史”、“教育科举”、“名儒年谱”、“礼乐制度”等类别，分别对这些儒学史文献的源流及其要籍，举要钩玄，作一通览。

第二章　孔孟史志类

孔子是儒学的创始人，孟子是儒学的光大者，唐宋以后，孔、孟并称。

孔子一生的言行，记录于《论语》一书中最多。其次是《史记》，列孔子入《孔子世家》，并有《仲尼弟子列传》，这几篇对孔子的教学活动、周游情况以及生平事迹都有比较详细的叙述。后世研究孔子及门人，多以《论语》、《史记》为基础。此外《春秋》三传、《礼记》、《孔子家语》、《孔丛子》及先秦两汉诸子书中有孔子言行的记载。孔子（前 551—前 479）原为宋国的宗室，是宋愍公的十一世孙，从曾祖孔防叔起，便迁居于鲁国。父亲孔纥，字叔梁，是鲁国郰邑的邑宰，不幸早逝。孔子“为贫而仕”，做过乘田、委吏等小官，故“多能鄙事”，学会许多技能，精通礼、乐、射、御、书、数。他“好古敏求”，以“克己复礼”为职志。其时鲁国有三卿、五大夫，而政权掌握在季孙、孟孙、叔孙三家之手，即所谓“三桓”。孔子任司寇之职时，“欲去三桓”、“张公室”，未竟全功。遂周游列国，到过齐、卫、宋、陈、蔡等国，备历艰辛，曾畏于匡，厄于陈、蔡，流亡 14 年，于鲁哀公十一年（前 484）返鲁，授徒教学，整理典籍，删《诗》、《书》，正《礼》、《乐》，修《春秋》，传《周易》。

孔子弟子之数，素无定说。司马迁在《史记·孔子世家》中写道：“孔子以《诗》《书》《礼》《乐》教，弟子盖三千焉，身通六艺者七十有二人。”而《仲尼弟子列传》说“受业身通者七十有七人”，《孔子家语·弟子解》也列 77 人名（阙 1 名）。《孟子·公孙丑上》云“七十子之服孔子”，《韩非子·五蠹》亦言“为（仲尼）服役者七十人”，《吕氏春秋·遇合》谓“达徒七十人”，诸书所记亦多有不同。顾实对此曾有论述。他说：“七十子者，或言七十，或言七十二，或言七十七。盖七十七为确数，余皆随文便举之数与。”①其说可从。孔子的学说，经过曾子、子思、孟子等人的发扬光大，到汉武帝时“表章六经”，定为一尊，成为汉代以来的统治思想。

孟子的生平事迹及门人的情况，除《孟子》一书以及《史记·孟子荀卿列传》外，史文多缺，文献无征，历代众说纷纭，莫衷一是。其关系较大者，如受业子思之疑案，适梁适齐之先后，门人之数量，皆无定说。孟子（约前372—前289），名轲，鲁国邹（今山东邹城）人，其先为鲁公族孟孙氏。母贤，为子择邻，曾三迁居所，又为激勉励学，断机示警，孟子从此端正好学。及长，受业于子思门人，得儒家正传，倡导仁政，主张性善，攘异端，辟杨、墨。设教授徒，周游列国，到过齐、宋、梁、滕、薛等国，行事颇似孔子，故时人以“迂远而阔于事情”目之。孟子当战国之时，异说蜂起，乃独著书论道德，以仁义为本，述尧、舜、禹、汤、文、武、周、孔之意，作7篇之书。遭秦灭学，诸经或亡或微，而《孟子》一书得以幸存。汉文帝时，《孟子》一书曾立为博士，其后罢不复置。东汉诸儒著述，唯赵岐有注。历经魏晋六朝，学术分歧，孟子之书虽存，鲜有问津者。到唐韩愈作《原道》以明圣贤之绪，始表彰孟子，其后皮日休请以《孟子》为科目。宋兴，真宗时始诏孙奭等校刊《孟子》，从此学者翕然宗之。熙宁年间，王安石奏祀孟子于孔庙，以《孟子》作为科举命题。及程、朱诸儒出，更大力表彰，《孟子》与《论语》并列，跻于“四书”，孟子之道日益尊荣。元、明以来，其学大显。元文宗封孟子为“邹国亚圣公”，地位仅次于孔子，成为儒家的二号人物，称为“亚圣”。

在尊崇孔、孟的同时，孔、孟、颜、曾家族也受到历代统治者的特殊照顾。北宋以后，孔子嫡孙世袭“衍圣公”。明清时期，孟、颜等圣门高弟嫡孙也世袭五经博士。政治、经济、文化上都享有特权，极尽尊荣。

关于儒门人物的史料文献，《论语》、《孟子》等书固然为第一手材料，由于经部典籍对此有详述，故这里不谈，只就与孔孟及孔孟弟子相关的传记资料作概述。“孔孟史志文献”主要指历代考证、研究孔、孟及其家族、门人生平事迹、孔庙崇祀沿革典礼、圣门掌故等方面的著作。

这部分文献大体上可以分为四类。第一类：孔子及其家族史志，如《孔子世家》及同类文献，孔子年谱类文献，孔子家族及曲阜史志类文献。第二类：孔子弟子及家族史志，如《孔子弟子传略》、《孔门儒教列传》、《孔子弟

① 顾实：《汉书艺文志讲疏·序》，上海古籍出版社，1987年。

子考》、《圣门人物志》、《圣贤像赞》、《闵子世谱》、《仲志》、《宗圣志》、《孔孟颜三氏志》等。第三类：孟子及家族史志，如各种孟子年谱、《孟子事实录》、《孟子游历考》、《孟子弟子考》、《孟子弟子考补正》、《三迁志》、《孟志编略》等。第四类：孔庙礼乐志，包括《圣门礼志》、《圣门乐志》、《圣节会约》、《圣域述闻》、《文庙从祀弟子赞》、《文庙从祀位次考》、《文庙从祀先贤先儒考》、《文庙丁祭谱》、《文庙礼乐考》、《文庙乐谱》、《文庙贤儒功德录》、《学宫辑略》等。

第一节　孔子及其家族史志

由于孔子及其家族的特殊地位，后世有关孔子及其家族的史志文献数量极多。根据这部分文献的实际情况，可以分为两个小类：孔子传志，孔氏家族与阙里文献。

关于孔子的生平，最直接的材料来自于《论语》和《左传》，但是《论语》是语录体，没有编年，所记孔子的生平事迹并不很详尽，也没有一个系统；《左传》的记载更是零星。《史记·孔子世家》是第一篇为孔子写的专传，《史记》中还有《仲尼弟子列传》，主要记述孔门弟子的事迹，也与孔子生平有关。虽然其中有些内容并不一定准确，后世学者曾提出过诸多疑问，但主要材料仍然是真实可信的。司马迁根据孔氏家族及后学留传下来的史料，为我们刻画了一个有血有肉、学而不厌、诲人不倦的孔子。后世了解孔子、研究孔子，往往以此为据，因此司马迁的功绩甚大。但《史记》中的有些记载也不尽妥当，因此，后人对其做了一些订补。如宋欧阳士秀《孔子世家补》12卷（《千顷堂书目》著录），元吴迂《孔子世家考异》2卷（补《元艺文志》著录）、佚名《孔子世家考》（《菉竹堂书目》著录），清林春溥《孔子世家补订》、龚元玠《增删孔子世家》、张承燮《孔子世家后编》、郑环《孔子世家考》（《清史稿·艺文志》著录），民国宦懋庸《孔子世家稽》（《贩书偶记》著录）、叶瀚《孔子世家笺注》，等等。

此外，明代蔡复赏编有《孔圣全书》35卷，备录孔子生平、著述等资料，不避繁复，但问题较多。细密考订孔子生平的著作，则有清代崔述《洙泗考信录》、江永《乡党图考》及近人钱穆《孔子传》、匡亚明《孔子评传》、金景芳《孔子新传》等。近年来，各种孔子传记应运而生，如佐仁等《孔子传》（齐鲁书社，2002年）、杨力《千古孔子》（中国文联出版社，2003年）

等。而孟宪斌《孔子周游列国志》(辽海出版社，2001年)，内容涉及孔子周游列国之地理范围，孔子活动产生的人文景观，孔子与春秋时期列国人物，孔子对话和孔子语录，孔子周游列国史实综述等，也可视作这一类型之衍生物。晚近以来，有关孔子的生平事迹、学术思想、通俗读物等类著作达数百种，可谓洋洋大观①。宋元以后，还出现了一些用图画形式反映孔子生平事迹的书籍，如明吴嘉谟的《孔圣家语图》、佚名的《圣迹图》以及《圣迹图选》、《事迹图谱》、《事迹图说》、《画传》等。这些形式多样的著作对于宣扬孔子、普及儒学起到了重要作用。

由于孔子生平资料比较零散，有些学者注意做搜集整理工作。如姜义华、张荣华、吴根梁编纂了《孔子——周秦汉晋文献集》(复旦大学出版社，1990年)，以收录孔子言论为主，酌采孔子行迹及评论资料。李启谦、骆成烈、王式伦编纂了《孔子资料汇编》(收入《孔子文化大全》丛书，山东友谊书社，1990年)，从先秦到魏晋南北朝的129种古籍、碑刻、简帛等文献中，将孔子的言论、思想、事迹及后人的评述、阐发等材料加以系统辑录，并对所录资料的时代先后进行编排。该书为读者提供了详尽、丰富的孔子研究资料。此外还有不少与孔子、孔学关系很大的工具书，如张岱年主编的《孔子大辞典》(上海辞书出版社，1993年)、孔范今等主编的《孔子文化大典》(中国书店，1994年)、董乃强主编的《孔学知识辞典》(中国国际广播出版社，1990年)、赵吉惠等主编的《中国儒学辞典》(辽宁人民出版社，1988年)、吴枫等主编的《中国儒学通典》(南海出版公司，1992年)，等等。

曲阜孔氏家族，自汉代以来备受历朝统治者尊崇，故长盛不衰，名人辈出，有"天下第一家"之称。据统计，孔氏家族现已发展到400万人，活跃在社会政治、经济、文化等各个领域。宋元以后，有关孔子家族发展演变的文献层出不穷。这类文献往往取法于《孔子世家》，详细记录孔氏家族的历代传承、封谥等情况，是研究孔氏家族发展史的宝贵资料。而孔子故里曲阜，是儒家学派的发源地，孔氏后裔薪火相传，历代人文荟萃，儒风炽盛。当地人士受其熏染，雅好儒术。有关曲阜地方历史文化的文献，内容也多以孔氏家族为重。比较重要的文献如宋代孔传《东家杂记》2卷，元代孔元措《孔氏祖庭广记》12卷，明代陈镐纂、清孔衍植重纂《阙里志》24卷，清代宋际和宋庆长《阙里广志》20卷、郑晓如《阙里述闻》14卷、孔继汾《阙里文献考》100卷、徐镜泉《孔氏南宗考略》、杨庆《大成通志》、孔昭薰《至圣林

① 周洪才：《孔子文献类型探析》，载《孔子研究》2006年第3期。

庙碑目》，民国孔祥霖《曲阜碑碣考》、孔德成《孔子世家谱》，以及乾隆《曲阜县志》，民国《续修曲阜县志》，新编《孔子故里志》，今人周洪才《孔子故里著述考》、骆承烈《石头上的儒家文献》（曲阜碑文录）等。近年出版的孔德懋主编《孔子家族全书》（辽海出版社，2000年），煌煌15巨册，分为《家族春秋》、《家族世系》、《家族精英》、《家族礼仪》、《家族本末》、《文物古迹》、《典籍备览》、《诗词诠释》8个部分，荟集孔氏家族史料。孔范今等编纂的《孔子文化大典》，分生平卷、思想卷、孔学卷、裔胄卷等编，非常系统地勾画了孔子文化的轮廓。此外李鹏程、王厚香著有《天下第一家——孔子家族的历史变迁》（经济日报出版社，2004年），孟继卿也著有《孔子家史》（远方出版社，2003年）。这些文献有的汇集了孔氏家族的历史资料，有的论述了孔子家族的历史变迁和文化渊源，探讨了底蕴深厚的孔氏家族文化。

孔子及其家族史志形式多样，内容丰富，在历史文献宝库中占有一席之地，同时也是我们研究儒学发展演变史的重要参考资料。四川大学编纂的《儒藏·史部》有“孔孟史志”一类，收书近50种（四川大学出版社，2005年）。兹举要如下：

1.《东家杂记》2卷，（宋）孔传撰

孔传字世文，又字圣传，孔子四十七代孙。精易学，操行介洁。建炎初，随孔端友南渡，遂流寓衢州。绍兴二年（1132）除知郊州，移知陕州，改知抚州，官至右朝议大夫。晚号杉溪，卒年七十五，封仙源县开国男。续白居易《六帖》，谓之《六帖新书》。著有《孔子编年》、《东家杂记》、《杉溪集》。

《东家杂记》（原名《祖庭杂记》）根据孔氏谱牒，并参考其他文献，记载有关孔子的杂事旧迹，所记以简赅著称。上卷分9类，叙世系封爵，包括“姓谱”、“先圣诞辰讳日”、“母颜氏”、“娶亓官氏”、“追封谥号”、“历代崇奉”、“嗣袭封爵沿改”、“改衍圣公告”、“乡官”。下卷分12类，述孔庙古迹，包括“先圣庙”、“手植桧”、“杏坛”、“后殿”、“先圣小影”、“庙柏”、“庙中古碑”、“本朝御制碑”、“庙外古迹”、“齐国公墓”、“祖林古迹”、“林中古碑”。其时去古未远，旧迹多存。孔传又生长在仙源，事皆目睹，故所记特为简赅。该书为现存较早的孔子史志，对于考证、研究孔子生平事迹、孔氏家族史以及南宋以前历代崇祀沿革甚有价值。

此书传世宋本原为南宋初期衢州孔氏家庙刻本，自孝宗朝至南宋季年，又几经修版。此外有常熟毛氏汲古阁影宋抄本、《四库全书》本等。

2.《孔氏祖庭广记》12卷，（元）孔元措撰

孔元措（1182—约1252）字梦得，孔子五十一代孙。金章宗明昌二年

(1191) 袭封衍圣公，授中议大夫，赐四品勋，后敕封衍圣公兼曲阜县令。蒙古灭金，仍袭封衍圣公，曾上书劝太宗窝阔台整理礼乐。元朝礼乐，多由孔元措建立。

宋神宗元丰八年 (1085)，孔子四十六代孙孔宗翰曾纂修《家谱》，此为孔氏有谱之始。宣和六年 (1124) 孔子的第四十七代孙孔传又成《祖庭杂记》。孔元措在二书的基础上正误补阙，又参考载籍，述金皇统、大定、明昌以来崇奉孔子的故事，并冠以图像，将原来两书 3 卷 18 门 543 事增益为 12 卷 26 门 840 事，题曰《孔氏祖庭广记》。书成于金正大四年 (1227)，张行信为之序，镌版于南京 (今河南开封)。举凡祖庭事迹、林庙族世、古今名号、典礼沿革之始末，皆并列于一编。书中保存的大量阙里文献，多不见于其他典籍。特别是两汉以来孔氏庙林碑刻，旧书只录碑目，此书则尽载旧碑全文，可补诸家碑录之阙。曲阜文献，粲然完备，诚为考证孔子事迹、孔氏源流、孔庭规制、阙里遗迹以及元代之前崇祀典礼的重要资料。

该书初版久佚，蒙古乃马真后 (移制) 壬寅 (1242)，耶律楚材奏准皇帝，令孔元措赴阙里奉祀，增补校正，重雕此书，此为现存最早刻本，向为藏书家宝贵。末有钱大昕、孙星衍、黄丕烈等名家题识，对于研究版本之学亦有极高价值。

3.《阙里志》24 卷，(明) 陈镐纂修，孔胤植重修

陈镐，会稽 (今浙江绍兴) 人。成化二十三年 (1487) 进士。弘治、正德年间先后任山东提学副使、山东按察使。官至右副都御史，湖广巡抚。著有《金陵人物传》等。孔胤植，孔子六十五代孙，崇祯中袭封衍圣公。

弘治十七年 (1504)，吏部尚书、华盖殿大学士李东阳奉旨至曲阜祭告孔庙。此间，东阳与巡抚都御史等共议撰修一部《阙里志》，于是提学副使陈镐参阅衍圣公孔闻韶提供的孔府文献资料，着手纂修，至弘治十八年 (1505) 修成，李东阳亲自作序，刻版印行。该志原为 13 卷，详细记述了孔子生平事迹、阙里庙制、历代皇帝的封赐、祭孔礼乐等内容。崇祯年间，孔胤植取旧志再三研订，纲目无改于旧，而提笔纂要，斥赝登遗，重新修订补充，编为 24 卷。分为图像志、礼乐志、事迹志、《史记·世家》、祀典志、授官恩泽、人物志、林庙地产、山川志、古迹志、恩典志、弟子志、历代诰敕、御制祭文、谕祭圣裔文、御制赞、撰述、艺文志等内容。全书网罗文献，荟萃故实，尤其是有关孔子、孔门弟子、孔氏家族、孔庙礼乐、历代崇祀资料，极为丰富，可补史书之遗。

此书有明崇祯刻、清代修补印本等。

4.《阙里文献考》100卷，(清) 孔继汾撰

孔继汾（1725—1786），字体仪，号止堂，山东曲阜人。孔子六十九代孙，衍圣公孔传铎第四子。自幼博闻强识，淹通经史。乾隆中授内阁中书舍人。后任军机处行走、户部主事。

继汾通悉历朝掌故和典章制度。乾隆二十七年（1762）撰成《阙里文献考》100卷。同年接编《孔氏家仪》，因所述服制与《大清会典》不符，被人告发，发往伊犁做苦役。经次子多方营救，中途赦还。因不愿家居，南游杭州，客居友人梁同书家。

乾隆九年（1744）春，孔氏大修谱牒，继汾参与其事。修谱毕，即增辑志书。而继汾荏苒宦途，未成厥事。后告假家居，遂整理旧稿，剪芜刊谬，增补近年诸盛典，历时十余年，于乾隆二十六年（1761）始刻成书。分为16考，共100卷。《阙里文献考》分门别类记述了2300余年的史事，卷首有孔子七十一代孙衍圣公孔昭焕作的《阙里文献考序》及《进书折子》。书中前99卷共分15考，主要包括孔子世系、林庙、祀典、世爵职官、礼器、乐章、户田、学堂、城邑山川、宗谱、孔氏著述、艺文、圣门弟子、从祀贤儒、子孙著闻者等方面的内容。每考中又包括若干内容，如孔子世系，记述了孔子姓源、孔子年谱；世爵职官，记述了衍圣公、翰林院五经博士、太常寺博士、国子监学录、四氏学教授、圣庙执事官、世袭六品官、孔庭族长、掌书、伴官、奉祀生等。第100卷为“叙考”，撰述著书缘由、全书大体内容。卷末有《阙里志辨伪》。该书是一部体制严整、内容翔实的孔氏家族志，对孔氏家族人物、世系传承、林庙沿革、祀典变迁、孔庙礼乐、孔氏著述以及从祀、配享人物皆罗列详尽，类别门分，剔繁辨误，考辨精核。虽然字数仅60万，而2300余年之事，粲然大备。许多资料得自孔氏家藏，可补其他史志之不足。

此书有清乾隆刻本、山东友谊出版社1989年影印本（收入《孔子文化大全》）。

5.《阙里述闻》14卷，(清) 郑晓如撰

郑晓如，山东曲阜人。著有《夏时考》1卷。其母为孔子七十一代女孙。

晓如与母借居曲阜外祖父家，得遍览孔庭所藏孔子之书，撰成《阙里述闻》14卷。该书分《孔子世家考》、《圣门弟子考》、《圣门故交入庙从祀考》、《孔门后学入庙考》、《孔门后学改祀罢祀未复考》、《皇朝太学释奠考》、《临雍释奠礼仪考》、《皇朝经筵释奠考》、《圣庙殿庑位次考》等目，对孔子生平、孔子弟子、孔子后学、孔庙从祀、学校礼仪做了详尽的考述。郑氏家曲阜，与孔氏为世姻，因得尽观孔子文献，于圣迹之传疑、从祀诸贤之疏阙，多所

辨证。举凡谶纬传疑之说、稗官信笔之谈，刈而芟之，摒弃不录。而于褒成谱系、后贤事迹，则言之綦详。全书以孔氏之家牒为基础，佐以历朝之史籍，并以各种志乘相印证。各卷之末皆有“述曰”，总括各卷大旨及取舍之意，甚便观览。

此书有清同治七年（1868）广州西湖街华文堂刻本。

6.《阙里广志》20卷，（清）宋际、宋庆长同撰

宋际字峨修，庆长字简臣，俱为松江（今上海）人。

康熙十二年（1673），宋际为孔庙司乐，宋庆长为典籍，有感于旧志之无文，于是相与搜求典故，考核宪典，芟其不经，择其言尤雅训者，辑成20卷，名《阙里广志》。其书据旧志而加以增损。分《图像》、《世家》、《礼乐》、《林庙》、《山川》、《古迹》、《恩典》、《弟子》、《职官》、《圣裔》、《贤裔》、《艺文》12门。该书对圣门故实采录较详，荟萃资料，取材较旧志精严。后来居上，本为著述之规律。该书对于研究孔子生平、孔子家族以及孔学流传、孔庙典礼以及崇祀沿革有参考价值。

此书有清康熙十三年（1674）刻本。

7.《孔子通纪》8卷，（明）潘府撰

潘府字孔修，号南山，浙江上虞人。

该书分前纪、正纪、后纪三部分，“前纪一卷，推原其道统世裔之正；正纪三卷，叙述其出处言行之详；后纪四卷，先之以历代褒封祀典，次则及其当时弟子与夫后纪从祀之贤，而终则以其宗子世袭者附焉。上自六经，下及子史，凡有关于孔子者参考互订，皆特书而备书之”。[①] 该书对孔子的一生事迹、后世荣恩、孔门弟子、从祀名贤著录颇详，内容丰富。

此书有明刻本。

8.《大成通志》18卷，（清）杨庆撰

杨庆字宪伯，秦州（今甘肃天水）人。

该书成于康熙八年（1669），是杨庆积30年之力、三易其稿汇辑而成。正文凡13篇，分18卷，前集帝王崇学之事，后集圣贤为学之事，共列456目，146图，11谱，514条附录，332则附论。其中，卷一、卷二为诸纪，卷三、卷四为礼疏，卷五为律疏，卷六、卷七为乐疏，卷八为歌舞疏，卷九为学校略，卷十为先圣年表，卷十一、卷十二为先圣世家，卷十三、卷十四为启圣列传、先贤列传，卷十五、卷十六为先儒列传，卷十七、卷十八分别为

① 《孔子通纪》卷首，谢铎《序》。

《理斋说要》、《理斋节要》，系杨庆讲学之书。另有卷首上下2卷，实为20卷。该书是一部关于孔庭和儒学的巨编。书中摭拾历代制度，保存了大量孔氏家族史料，是研究孔子及其后裔、孔门弟子和儒家学派的重要参考书。

此书初刊于康熙八年（1669），后世又有补刻。

9.《洙泗考信录》4卷、《余录》3卷，（清）崔述撰

崔述为清代辨伪大家。前人称崔述之学，考据详明如汉儒，而未尝墨守旧说而不求其心之安；辨析精微如宋儒，而未尝空谈虚理而不核乎事之实。其所著书有《考信录》、《王政三大典考》、《读风偶识》、《尚书辨伪》、《论语余说》、《读经余论》、《五服异同汇考》等等，著作由门人陈履和汇刻为《东壁遗书》。

《洙泗考信录》考订孔子的生平事迹。篇目包括原始、初仕、在齐、自齐返鲁、为鲁司寇、适卫、过宋、厄于陈蔡之间、反卫、归鲁、考终、遗型诸篇。辨析疑伪，以经为主，传、注与经合者著之，不合者辨之，异端小说不经之言则删削之。务在去诬罔不经之说，还孔子本来面目。《余录》则以考辨孔子弟子为主。崔述勇于疑古，对孔子及弟子言行加以辨析，证诸文献，揆之情理，往往能指其谬妄，启人深思。虽间有疑古过勇、论据不坚之病，然瑕不掩瑜，足资考证。

此书有清道光四年刻本、上海古籍出版社1983年版《崔东壁遗书》本。

10.《圣迹图》1卷，（明）佚名撰

该图为孔府旧藏。孔庙有圣迹殿，世代相沿，代为增修，绘孔子诞降之初、历聘之终、言行问答之故事、常变顺逆之遭逢，无不详明切究，绘为全图，镌刻于石，以垂永久。《幸鲁盛典》卷七附录明张应登《圣迹图记》曰："阙里故有《圣迹图》若干幅，在枣梨，亦散在各籍。巡按御史何出光裒四千缗辟殿后之隙为殿，图圣迹入于石，为久远不磨计。知曲阜事弘复实肩厥役。壬辰（1592）十月朔，应登按部而来，释奠告成，仍商之弘复，增旧图所未有者定为百十二图，列之俎豆之上，可瞻而谒，可搨而传，升堂入室，开卷观德，庶几有儆。"张应登字玉车，四川内江人。登进士第，万历中做过彰德府推官（亦称司理）、林县知事、兵科给事中。据其文，则明万历之前已有《圣迹图》。又据乾隆《御制文集》卷十八《大禹治水图题语》称内府藏有周文矩《圣迹图》。考郭若虚《图画见闻志》卷二云："周文矩，建康句容人，事江南李后主，为翰林待诏。工画，人物、车马、屋木、山川尤精，士女大约体近周昉，而更增纤丽。有《贵戚游春》、《捣衣》、《熨帛》、《绣女》等图传于世。"由此可知《圣迹图》之作，昉于五代十国之时，历经宋元明清，代

有增补，非作于一人，亦非一时之作。是图始自“圣行颜随”、“尼山致祷”，终于“汉高祀鲁”、“真宗祀鲁”，共 106 幅，将孔子事迹绘制成图，每图都附以简要说明文字，原原本本，使后人瞻仰此图，而知所考据，登堂恍闻其声，入室如见其人，对了解孔子出身行事，诚有助益。

《圣迹图》有清同治三年刻本。

11.《孔子世家谱》108 卷，（民国）孔德成修

孔德成（1920－2008），字玉汝，号达生，山东曲阜人。系孔子第七十七代嫡长孙，袭封三十二代衍圣公、大成至圣先师奉祀官。1949 迁居台湾，历任台湾大学、台湾师范大学、辅仁大学、东吴大学、中兴大学教授，台湾地区“考试院”院长等公职。

孔氏有族谱，源远流长，但过去都是抄本流传，直到宋元丰中才将旧谱镂版刊印，明弘治二年（1489）始加以重修，并确定了“六十年一大修，三十年小修”的制度。民国十七年（1928），由族长孔传堉牵头纂修孔氏“合族大谱”，历 7 年完工，印 325 部。此谱共分 4 集，108 卷，分装 154 册，从一世祖孔子到七十七代孔德成都写入该谱。其记事范围几乎涉及宗族事务的各个方面，包括谱名、谱序、凡例、谱论、恩荣录、先世考（姓源）、嫡裔考、伪孔辨、嫡裔相承图、南宗相承图、内院真孔图、外院伪孔图、家规、家法、祠堂、传记、年谱、世系图（圣祖至四十二代图、中兴祖至分二十派世系图、二十派分六十户图）等。内容丰富，是一部孔氏家族的百科全书。合书、图、史、表、志、传为一体，体例完备。

《孔子世家谱》有民国时期刻本。

12.《孔子故里著述考》，周洪才著

周洪才（1957－ ），山东齐河人。现任山东大学图书馆古文献研究所所长、山东大学中国目录版本学与古籍整理研究中心兼职研究员。

该书著录历代曲阜人士（包括孔子、颜子后裔移居他邑、外籍人士寓居本邑而见于曲阜《志》者）著述情况的文献学专著。以乾隆《曲阜县志》与民国《续修曲阜县志》所载人物著述为基本依据，参以各史《列传》、《艺文志》，历代诗文集、类书杂著、方志家乘、孔府档案、敦煌文献、年谱碑传、公私藏目、个人知见，尤其注意吸收利用前人研究成果和新发现的有关文献。参考征引文献多达 400 余种。收录范围上起先秦，下至 1949 年，共录作者 490 人，著述 1700 余种（其中孔氏 288 家，著述 1000 余种）。分为经、史、子、集、从五部，57 类，每类按时代先后排列，举凡一书之书名、卷数、存佚残完、作者履历、所处时代、著述方式、写作缘起、大体内容、历代著录

异同、有关序跋品题、版本举列、秘本藏所等，以类相从，井然有序，无所不备。书中订正了上千条载纪讹误，披露了大量珍贵孔氏家学及儒学资料。

《孔子故里著述考》由齐鲁书社 2004 年出版。

13.《石头上的儒家文献》(曲阜碑文录)，骆成烈著

骆成烈，现为曲阜师范大学教授。

该书是一部历代尊孔碑文汇编。凡上下二册，约八十万言。历代统治者尊孔崇儒，不少帝王亲自到曲阜祭孔，并勒石阙里，以为盛举。文武百官、骚人墨客也纷至沓来，都以留名林庙为荣。年积代累，以孔庙、孔林为中心的曲阜，大大小小碑石如林，形成一座蕴藏丰富的儒学文化宝库。早在清道光年间，孔子七十一代孙孔昭薰就编有《至圣林庙碑目》一书。民国初期，孔祥霖又加增订，成《曲阜碑碣考》。但二书只录碑目，不收原文，而且还有不少讹漏。骆承烈教授用数十年之功，重新编成《石头上的儒家文献》(曲阜碑文录)，从曲阜境内星罗棋布的六七千块碑石中选出 1025 块，分为六个部分：汉魏碑石 38 块、隋唐至宋金 84 块、元代 129 块、明代 385 块、清代 316 块、民国 73 块，加以详考细录。每部分均依年代先后列出。年代相同者，依孔庙孔府、孔林、颜庙等顺序排列。有的碑刻具体年代不详，能确定是何年间者，便附于某年号之后。不能明确具体年间但大致可以确定为某一朝代者，附于该朝代之后。每幢碑除全录正文之外，又详细记述其长、宽、厚度、碑下之座、石基、龟趺、水盘的尺寸及立碑时间，对撰书、篆额者姓名、字体、每行字数以及该碑所处的方位，均尽量予以记录，并对各碑的作者情况及前人对此碑的评价、解释或著录附以简要说明，使人一目了然。该书不仅搜集、著录、保存了大量碑石文献，也是研究两千年尊孔史的重要参考资料。

《石头上的儒家文献》由齐鲁书社 2001 年出版。

第二节　孔子弟子史志

孔子一生从事教育与政治活动，门下聚集了大量仰慕孔子学行的弟子、门人，孔子与他们共同创立了儒家学派。孔子死后，他的学术思想、道德文章经门人、弟子的广泛传播，得以流传到各国，产生了巨大的影响。儒家学派也在门人、弟子的发扬光大下逐渐壮大，终成显学，为秦汉以后走上统治地位打下了坚实的基础。由于孔子一生与门人、弟子关系非常密切，因此有关孔子的文献中往往有大量与门人、弟子相关的记载，而在有关弟子的文献

中，也往往录有其师孔子的言行。因此有关孔子的资料和孔子弟子的资料事实上常常难以截然区分。孔门弟子数量，文献记载不一，至于弟子姓名，诸书所记亦多有不同。隋代之前，孔庙之中只有颜子一人配享。东汉时虽祀“七十二弟子”，但仅止于阙里。唐开元中加赠诸贤，悉从《史记》七十七人，又从《家语》、《文翁石室图》增蘧瑗、林放、琴张、琴牢、申枨五人，天下学宫并遵行之。到宋祥符、大观中加封从祀，唯除去琴牢，余并如开元。明嘉靖九年（1530）厘正祀典，删重复，易舛讹，重定孔门从祀弟子七十六贤，其中祀正殿者十二人，祀两庑者六十二人，祀启圣祠者二人。旧时公、侯封号都不再用，只称复圣颜子、宗圣曾子，“十哲”而下概称先贤，神主皆冠此二字。清朝沿袭明制，先师、先儒、先贤位号未改。

从汉代以来，就有人专门搜罗孔子弟子传记资料，作成专书。如汉代郑玄《论语孔子弟子目录》，佚名《孔子弟子先儒传》（《隋书·经籍志》），《孔子弟子传》（《旧唐书·经籍志》、《新唐书·艺文志》）；宋代李畋《孔子弟子赞传》（《宋史·艺文志》），苏过《孔子弟子别传》（《宋史·苏轼传》）；明代陈士元《孔子弟子考》，夏洪基《孔子弟子传略》，吴莱《孔门弟子列传》，吕兆祥《陋巷志》，张云汉《闵子世谱》，刘天和、周鼎《仲志》；清代朱彝尊《孔子弟子考》、《孔子门人考》，观頮道人《孔门弟子考》、《门人考》，熊赐履《孔子弟子传》，寇宗《七十二子列传》，卢存心《文庙从祀弟子赞》，费崇朱《孔子门人考》，王永《孔子暨七十二弟子赞》，林春溥《孔门师弟年表》，曾国荃《宗圣志》等等。近人有张立志《孔子弟子表》（济南齐鲁大学研究所铅印本《山东文化史研究》附），匡剑堂《孔门弟子孝传》、《孔子弟子忠经》，蔡仁厚《孔门弟子志行考述》，张弛等《孔子七十二弟子图谱》，胡兰江《七十子考》，李廷勇《孔门七十二贤》，高专诚《孔子·孔子弟子》、《孔子和他的弟子们》，汪林《孔子与弟子的故事》，等等。

在这些著作中，李启谦的《孔门弟子研究》（齐鲁书社，1987 年）及与王式伦合作的《孔子弟子资料汇编》（山东友谊书社，1991 年）二书最为全面系统。《孔门弟子研究》收入可考的孔子弟子 100 余人，并对每人生平思想、性格志趣加以论述。《孔子弟子资料汇编》广泛搜集古籍文献中的孔门弟子资料，加以整理编排，给学者研究孔门弟子提供了极大的便利。

另外还有不少著作将孔子、孔子弟子和其他儒门人物合传，如明代佚名的《孔门儒教列传》，蔡复赏《孔圣全书》，刘濬《孔颜孟三氏志》，郭子章《圣门人物志》，冯云鹓《圣门十六子书》，吕维祺《圣贤像赞》；清代沈德湄《圣门志考略》，黄本骥《圣域述闻》，卢存心《文庙从祀弟子赞》等等。兹略述如下：

1.《孔子弟子考》1卷、附《孔子门人考》，(清) 朱彝尊撰

朱彝尊 (1629—1709)，字锡鬯，号竹垞，浙江秀水 (今嘉兴) 人。康熙十八年 (1679) 举博学宏词科，授翰林院检讨、日讲起居注官，参修《明史》。继而归隐，以学者、诗人鸣，与王士祯为南北两大家。其时王士祯工诗，汪琬工文，毛奇龄工考据，独彝尊兼有众长，为一时儒宗。著有《经义考》、《日下旧闻考》、《曝书亭集》等。

孔子弟子之数，素无定说。《孔子家语》作七十七贤 (今本实列七十六人)，《史记》有七十二贤与七十七贤两说，《通典》作八十三贤。而孔子本人说受业身通者“七十有七人”，皆异能之士。至于弟子姓名，诸书所记也有差异。朱彝尊以为，孔氏之徒三千人，身通六艺者七十子。其云三千、云七十，都为概数。世儒据以考定弟子之籍，只用《史记》、《孔子家语》之解，论者纷纷，以臆断为进退，举凡《论语》、《春秋传》、《礼记》所记，漫不加省，甚至复姓者改姓一字，书于木主，上自国学，下至府州县学皆然，以讹传讹，悖礼伤教。于是归田之暇，作《孔子弟子考》1卷，专考孔子及门之弟子。又撰《孔子门人考》1篇，考证孔子门人之弟子。

《孔子弟子考》原收入《曝书亭集》卷五六、卷五七。曹溶编入《学海类编》。其对孔门弟子姓、名、字及生平事迹，皆有考辨，引证不少文献，可资研究孔学者参考。

2.《孔门儒教列传》4卷，(明) 佚名撰

全书图文结合，每页皆上图下文，表现儒门人物事迹、典故。卷一载孔子及颜回等十人，卷二载有若等十九人，卷三载曾子至孟子六人，卷四载陶潜至朱熹等九人。共有图150余幅，每图都以六字或八字命题，分刻于左右两柱。书前有三页残缺，下文也有部分残损，但全书总体保存尚为完好。本书以图文展现儒学人物的主要事迹，通俗易懂，不失为一种宣扬儒学思想主张的一种有效方式。图像刻工拙朴，文字大量使用简体，钱伯城推断撰者为元人或由元入明者，书刻于明初书坊 (《孔门儒教列传·跋》)。

3.《孔门弟子传略》2卷，(明) 夏洪基撰

夏洪基字元开，明末清初高邮人。其书合《孔子家语》、《史记》所载孔门弟子，得八十人。各传首叙圣贤教学，次及行事，最后是评语。对于无年岁可考的，就依先后顺序确定。诸儒言行见于经史，典要明确者，则用大字列为正传。对于“事琐文异”的，就用小字附在后面。至于有些荒诞不经的记载，也酌情杂录备考，并在其后进行论辩。诸儒议论及先儒问答之语，习

见经书，不能全录，就摘录与学行有关的文字。《四库全书总目》将该书列入史部存目，《提要》谓其搜择颇勤。然《论语》、《礼记》之文，人人习读，亦一字一句备录不遗，未免冗赘。卷末附录者九人，为仲孙何忌、仲孙说、左丘明、伯鱼、子思、孟子、颜涿聚、公罔之裘、序点，其考辨仲孙说与南宫适为二人，颜涿聚与颜雠由为二人，《论语》左丘明与传《春秋》者为一人，皆为典核。至公伯寮之列于弟子，虽据《史记》，然明代已罢其祀，洪基仍滥载入，则不免失考。

此书有明崇祯刻本。

4.《孔颜孟三氏志》6卷、《提纲》1卷，（明）刘濬编

刘濬，永嘉（今属浙江）人。乡贡进士，成化中官邹县儒学教谕。邹县为孟子所生地，有孟庙在。刘濬考证孔子、颜子、孟子三氏世系以及褒崇诸典，汇辑成书。书前为《三氏地总图》及《提纲》共1卷。正文6卷，包括《宣圣孔氏志事迹》4卷、《复圣颜氏志事迹》1卷、《亚圣孟氏志事迹》1卷。都是先考姓氏源流，然后依次列其出处事迹、庙宇林墓、历代封谥、褒崇、主祀、贤宦之典。至于历代赞咏颂美之诗、祭告修建之文，也都录于其后。网罗丰富，汇集艺文。该书之特色，对孔、颜、孟三氏世系及历代褒崇典礼记载较详，尤其是金、元时期之相关资料，可补史志之不足。但该书也有不少疏误。前列《提纲》1卷，则壬子四月紫阳杨奂所述《东游记》。壬子为元宪宗二年（1252），而刘濬于“壬子”下注云“元宪宗淳祐十二年”，纪年既误，又以宋理宗年号移之于元，殊为疏舛。而文字鲁鱼亥豕之误尤多，此盖明人编书、刻书之通病，不必讳也。

此书有明成化十八年张泰刻本。

5.《陋巷志》8卷，（明）吕兆祥撰

吕兆祥，海盐（今属浙江）人。元善子。

该书收录历代崇奉颜回的资料。颜回字子渊，春秋鲁国人，少孔子30岁。颜回是孔门第一高弟，最受孔子赏识。孔子许其好学，又赞其不迁怒、不贰过。《论语·雍也》又记：“子曰：‘贤哉回也！一箪食，一瓢饮，在陋巷，人不堪其忧，回也不改其乐。贤哉回也！’”颜子陋巷，相传在曲阜孔庙东北六百步，旧无记载。正德中，提学副使陈镐始为作志。万历中，御史杨光训又续编辑之。而吕兆祥在二家的基础上，重为订定。该书所载皆历代崇祀典礼，而冠以《退省》、《从行》诸图。分为8卷。卷一为《像图志》，列先师衮冕像、退省小像、从行小像、杞国公衮冕像、鲁国图、陋巷图、复圣林图、侍郎林图、元陋巷庙图、元杞国公庙图、国朝复圣庙图、嵫阳文庙图、

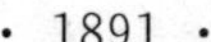

礼器图共13图。每图都有说明。卷二、卷三为《世家志》，有先师世家、宗子世家、支子世表、闻达列传，为颜回及后人的传记资料。卷四为《恩典志》，搜集历代号谥、祀典、章服、授官、给赐、优祀等。卷五、卷六、卷七为《艺文志》，搜集历代诰敕、御制碑文、御制祭文、御制赞、诏旨榜文、碑记、赞、颂、铭、论、说、祭文、奏疏、诗歌等。卷八为《艺文志附》，附录颜氏先贤的志铭、墓表。其书规制严整，眉目清晰，颇为得法。搜集资料也称完备。览此一编，历代对颜回之崇祀情况，可一目了然。

此书有明万历二十九年（1601）刻、明末清康熙间增修本。

6.《宗圣志》20卷，（清）曾国荃撰

曾国荃（1824—1890）字沅甫，湖南湘乡人。曾国藩之弟。

曾子为孔门高足，孔子尝许以好学，并以孝著称，相传《孝经》成于曾子。然自隋代之前，历代帝王没有尊祀曾子者。唐开元中始封曾子为郕伯，跻于“十哲”之次。宋大中祥符二年（1009）晋为侯，咸淳三年（1267）晋为郕国公，与颜子、子思、孟子升为四配。元至顺元年（1330）加号宗圣公，“宗圣”的名目始于此。明世宗访曾子裔孙于江西，乃设五经博士于嘉祥，俾奉祭祀。清沿明制。《宗圣志》，明万历二十三年（1595）曾子裔孙翰林院五经博士承业始撰，崇祯二年（1629）海盐吕兆祥续修，清初又有增益。曾国荃任两江总督时，南宗曾氏从江西邮寄吕志，请求重刊以永其传。国荃遂委托东湖王安定校订。安定以吕志所载曾子言行既多疏漏，而体例杂沓，于是尽变原体例，嘱丹徒陈庆年依类编次，采用吕志者什不及二三。吕志于曾氏世系邑里，伪托臆撰，舛戾殊多，王安定手加辨订，赝者纠之，漏者补之。尤其是自崇祯以来至光绪十六年（1890）250多年宗裔之袭代、祀典之增加、林墓祠庙之兴替、祭田户役之存没，补充较多。卷一、卷二为图像，卷三为传记，卷四为世系，卷五为邑里，卷六为述作，卷七、卷八为祀典，卷九为祠庙，卷十为林墓，卷十一为祭告，卷十二为荫袭，卷十三为祭田，卷十四为户役，卷十五为院第，卷十六为弟子，卷十七为私淑，卷十八为赞颂，卷十九、卷二十为旁裔。该书虽题署曾国荃重修，书成之前，曾国荃即已谢世。实成于王安定、陈庆年之手。全书规制严整，引用文献非常丰富。卷首有王安定序、卷末附录明万历初修《宗圣志》序2首（姚思仁、焦竑）、明崇祯续修《宗圣志》序2首（孔允植、吕化舜）。览此一编，曾子之生平事迹、曾氏之世系传承，以及历代祀典、林墓兴废等皆原原本本，尽收眼底，诚为曾子资料之大全。

此书有清光绪十六年（1890）刻本。

7.《仲志》4卷，(明) 刘天和撰，周鼎重订

刘天和字养和，湖北麻城人。正德三年戊辰（1508）进士，出按陕西。累迁湖州知府，多惠政。官至兵部尚书，提督团营，谥庄襄，事迹具《明史》本传。仲子即孔门高弟仲由（前542—前480)，字子路，一字季路，春秋时鲁国卞（今山东泗水东）人，少孔子9岁。有勇力才艺，为人果烈刚直。后死于卫乱。孔子曾说："由也升堂矣，未入于室也。"又说自有子路，恶言不入于耳。在圣门以政事著名。刘天和自序云：孔门之士半产于鲁，但因世事递改，文献无征，故子孙流落莫辨，至今袭官博士者，只有颜、曾二家，享有专祠者也仅仲、冉、闵三家而已。

该书为天和作总督河道都御史时，以济宁仲家浅有先贤仲子祠，故志其建置之由，而并及其生平行事大略，名之曰《令名志》。崇祯中，仲子裔孙于陛等复增损旧本，易以今名。又绘像列图于卷首。清初总督河道、工部尚书宜兴周鼎重新编写，济宁儒学训导崔如岱编次。正文共分4卷：第一卷前有崇祀像及仲夫子小像，后面将子路生平重要事迹绘像列图多幅，图后都有明人赞语，或一二篇，或三四篇，多用四言韵语。卷二首列子路年表，后为姓谱、史记列传、林墓、庙宇、钦定章服、礼仪、乐曲、历代谥号、历代祀典、仲氏子孙流寓、古迹、子路实迹、封赠奏疏及朝廷公文，以及宗子世纪。卷三收录从元到明有关子路的庙记、祠堂记、墓记、书堂记、书院记、祭田记、碑记等。卷四杂录宋代到清初的祭文以及赞、颂、论、诗、赋、谒文、对联、墓志铭等内容。是书汇集子路资料较为全面，尤其对历代崇祀情况搜罗较详。

此书《四库全书总目》列入存目。传本为明崇祯十三年（1640）刻，清康熙增修。

8.《闵子世谱》12卷，(明) 张云汉撰

张云汉字倬侯，宿州（今属安徽省）人。闵子即闵损，字子骞。少孔子15岁。以德行孝友著名。

《论语》记闵子不仕大夫，不食污君之禄。宿州旧有闵子墓，历代祠祀不绝。盖闵子本宿人，春秋时宿属青州，为齐地，故《孔子家语》以为齐人。该书兼及闵子后裔之事，故曰《世谱》。卷一《姓氏》，考证闵姓缘起及历世情况。卷二《里居》，反映闵子祠、闵子墓以及近墓山川景物，末附有图。卷三《特传》、《列传》，有闵子传记、图像、像赞等内容。卷四《祀典》，收录汉唐以来历代祭祀情况。包括祭器、祭品、祭文、祭田、祭田碑、祠田记等内容。卷五《修葺》，记录闵子祠庙、坟墓历代修葺情况，并附感应传。卷六《官生》，包括世袭奉祀始末。卷七《世系》，列有《迁九华世系图》、《再迁临

川世系图》、《复业宿州世系图》。卷八《迁徙》、《复业》，叙述闵氏迁九华始末，附小像避难图、九华唱和、小像方外四友图、迁抚州始末、复业宿州始末。卷九《列女》，记录闵氏家族烈女蒲氏、节妇马氏、徐武二氏事迹。卷十、卷十一《艺文》，收有宋苏辙《齐州闵子庙碑》、明刘三吾《宿州重修闵费公祠堂记》、闻人诠《重修闵子祠碑记》及其他多人所撰祠碑记、宋真宗御制宣圣赞、明钱学周等谒祠诗和赞等文字。卷十二《家约》，有认祖归宗、宗庙祭田、庆吊往来、婚冠丧祭等规定。该书收录闵氏资料较详，可补史传之不足。

此书《四库全书总目》列入存目。有清顺治十四年（1657）刻本。

9.《圣门十六子书》，（清）冯云鹓编

冯云鹓，字葆芝，崇川（今江苏南通）人。好古博学，曾与其兄合编《金石索》12卷，并辑《济南金石记》、《圣门十六子书》等。

所谓“圣门十六子”，即“四配”、“十二哲”：颜子、子思子、曾子、孟子、闵子、冉子（雍）、端木子、仲子、卜子、有子、冉子（耕）、宰予、冉子（有）、言子、颛孙子、朱子。该书裒集这些圣门人物的言行、古迹、世系，分之各为一书，合之称《十六子书》。仿史家体例，首列传，次论，次赞，俱采辑旧文，其有按语，则加“谨按”于后，以示存疑。其中《颜子书》7卷，《子思子书》6卷，《曾子书》8卷，《孟子书》7卷，《闵子书》6卷，《冉子书》4卷，《端木子书》7卷，《仲子书》6卷，《卜子书》5卷，《有子书》6卷，《冉子书》5卷，《宰予书》7卷，《冉子书》5卷，《言子书》3卷，《颛孙子书》6卷，《朱子书》3卷。该书卷数虽多，每卷篇幅却非常小，有的仅一二页。孔庆镕序称其“书传赞则备乎史也，详谱系则本乎志也，言行则通乎教也。盖自诸子百家以及志乘诸书，合之经集其成，详之以补其阙，存之以纪其实，删之以刊其误”，“俾圣贤之片言轶事昭然与《语》、《孟》并著”，“凡学士大夫网罗散失，凡稗官野史、衢谈巷议，下及妇孺之歌谣，其足资劝诫者，皆悉心采之，以为考镜，又于残编蠹简之中，或姓氏之不传者，或世代之无考者，或昔传之而今逸者，或昔未传而今始传者，莫不搜访无遗，汇为卷帙”。虽颇芜杂，但也保存了孔门弟子的一些相关资料。

此书有道光十二年壬辰（1832）昌平书院刻本。

第三节　孟子史志

有关孟子的生平事迹，以《孟子》七篇为第一手资料。司马迁著《史记》，为孟子和荀子立列传。后世了解、研究孟子生平事迹和他的学术思想，基本上以此二书为据。但孟子的地位，在宋代之前并不显赫。从唐代中期开始，韩愈等人尊崇孟子，出现所谓“孟子升格运动”。到宋代，理学家对孟子十分推崇，而理学家之外尊孟的学者也不少，其中以王安石为大宗。孟子政治地位、学术地位的提升，与他关系甚大。从此以后，孟子成为“亚圣”，地位仅次于孔子。而有关孟子生平事迹、崇祀历史的文献也应运而生，明代以来主要有明吕元善《三迁志》5卷，清孟衍泰《三迁志》12卷、孟广均和孙葆田《重纂三迁志》10卷、崔述《孟子事实录》2卷、潘眉《孟子游历考》1卷、孙葆田《孟志编略》6卷、孟经国《闲道集》4卷等。

至于孟子弟子人数，多有异说。赵岐注列孟子弟子十五人，学于孟子者四人，共十九人。尚有季孙、子叔二子，赵岐明言孟子弟子。宋政和中以程振请赠爵者十八人，皆本赵注，唯遗滕更一人。朱熹集注只取十三人。元吴莱《孟子弟子列传》取十九人。张九韶《群言拾唾》载孟子弟子十七人，去季孙、子叔、滕更、盆成括，增孟季子、周霄。宫梦仁《读书记数略》则去滕更、浩生不害、盆成括，增孟季子、曹交、周霄。清代学者朱彝尊《孟子弟子考》，增滕更，去季孙、子叔，共十七人。陈矩又对朱著做了《补正》。兹略述孟子史志如下：

1.《孟子生卒年月考》1卷，（清）阎若璩撰

阎若璩为清代考据名家。他认为，孔子生卒年月具见《史记·孔子世家》，而孟子独略，于是说者纷纭，乃以《孟子》7篇为主，博引诸书，考孟子出处始末。初辨孟子所生之邹是邾非鄹。次考来往梁、齐、滕、宋之年月，中间旁及万镒、百镒之数，与所以去齐不入燕之故。但对于孟子生卒年月，也没有定出一个确切的答案。明人彭大翼《山堂肆考》具载孔孟生卒，谓孟子生于周定王三十七年四月二日，卒于赧王二十六年（前289）正月十五日，年八十四。定王在位28年（前468—前441），无三十七年；若从赧王二十六年上推84年，为烈王三年（前373），与定王在位无涉；或谓“定王”为“安王”之误，安王在位26年（前401—前376），然从孟子卒年（前289），上推至安王末年（前376），为87岁，亦不合84岁之数。故此说若璩不予征引。清四库馆臣认为：“盖先儒诂经，多不取杂书。郑玄注《礼记》‘南风之诗’不引《尸子》，郭璞注《尔雅》‘西王母’不引《穆天子传》、《山海经》，皆义取谨严，非其疏漏也。”阎若璩又认为《孟子》一书为孟子自作，且曰：“《论语》成于门人之手，故记圣人容貌甚悉。七篇成于已手，故但记言语或出处耳。”该篇主于考证，历来为研究孟子生平者所重。

此书收入《皇清经解》。

2.《孟子事实录》2卷，(清) 崔述撰

崔述在《考信录提要》中称，若无孟子，不但异端之说惑世，即《周官》、《戴记》、《国语》、《逸周书》等书所述，也无从辨其是非真伪而识圣道之真。但孟子有功于圣道虽大，而其生平行事，文献所载多有出入。幸有《孟子》7篇之中，适梁、游齐、居滕、至鲁皆备载之，不难考其先后，故作《孟子事实录》以明之。全书分上下2卷，首考在邹，辨孟母三迁之说、孟母裂织、买豚之说并不可信，又辨孟子无受业子思之事。次考适梁，辨宋人疑孟子见诸侯之误、孟子救时之旨、利非不可言、孟子至梁在惠王后元之末、《竹书纪年》“今王”即襄王、孟子在梁未仕。次考游齐，辨孟子至齐在至梁之后、孟子不尊周室之故、孟子之王政、孟子救世苦衷、孟子用人之说与齐大夫、齐王悦服孟子、客卿与居官、《战国策》记齐伐燕事失孟子意、伐燕为齐宣王事、孟子去齐之故、孟子心事、孟子不受齐的采邑、齐宣王胜人三事等。次考由宋归邹、之滕、至鲁，主要依据《孟子》本文，辨孟子游历先后、孟子辟杨、墨之功等。附录孟子弟子乐正子、万章、公孙丑等人事迹，以及《孟子》7篇源流考。又附韩愈称述孟子三则，并附论孟子性善之旨，以及读《孟子》余说一则。其书有补、有备览、有附论、有附录诸例。孟子生平事迹，史文多缺，文献无征，历代众说纷纭，莫衷一是。《史记》云孟子“受业子思之门人”，而赵岐谓孟子“亲师子思”，隋人王劭遂谓《史记》“人”字为衍。崔述考证孔子之卒下至孟子游齐，燕人畔时，已166年，伯鱼之卒在颜渊前，则孔子卒时子思当不下10岁。即令子思享年八十，距孟子生时尚有30余年，孟子何由受业子思。孟子云：“予未得为孔子之徒也，予私淑诸人也。”若孟子亲受业子思，则当有言之。因此孟子必无受业子思之事，应以《史记》之说为定。崔述此论为近理。其他不少考证，皆可备一说。崔述勇于疑古，然有些地方并没有提出有力的证据，就下结论。如疑三迁、裂织等事，未免疑不当疑。但总的来说是书对于研究孟子生平事迹仍有较高的参考价值。

此书有《崔东壁遗书》本、《畿辅丛书》本。

3.《孟子游历考》1卷，(清) 潘眉撰

潘眉字寿生，江苏吴江人。官兴化知府。

该书虽名《孟子游历考》，但所考并不仅限于游历。对孟子之姓氏名字、国邑、生卒、丧葬、师承等都有所考证，而以孟子游历为其重点。有关孟子生平事迹，由于文献无征，诸书所言矛盾互出。潘眉是考引证诸家之言，断其得失。如考孟子生卒之年，以为唐司马贞《史记索隐》所云孟子生年有讹，而以卒年、存年推之，当以烈王四年（前372）生之说为近。孟子游历先后，更为关系孟子生平事迹之大者。欲稽孟子事实，必先考定七国之纪年，而《史记》多所漏略，幸有《竹书纪年》为证。《史记·田敬仲世家》说桓公六年卒。司马贞《索隐》引《纪年》说齐桓公十八年后威王始见。《史记·魏世家》说武侯九年齐威王初立，《索隐》引《纪年》说齐桓公之十八年而威王立，因《史记》脱去12年，遂与燕哙让国之年不合；司马光虽多有订正，但也未能尽合。谈孟子生平者，往往忽视《索隐》所引二条《竹书》。潘眉即据此以定田齐之纪年，并推定燕哙让国之年数，从而得出孟子先游梁、后游齐之年数。虽所引多为旧说，但具有证据。

此书有《昭代丛书》本。

4.《三迁志》5卷，（明）吕元善撰，吕兆祥、孙逢时续撰

吕元善字季可，号冠洋，海盐（今属浙江）人。天启中官山东布政司都事，遭乱死之。据刘向《列女传》记载，孟轲3岁丧父，其母躬自鞠育。始，其舍近墓，轲嬉游为墓间之事，踊跃筑埋，孟母曰："此非吾所以居处子也。"遂迁于市傍。轲又嬉戏为贾人炫卖之事，孟母又曰："此非吾所以居处子也。"复徙家学宫之傍。轲嬉游乃设俎豆，揖让进退，孟母喜曰："真可以居吾子矣!"遂安家于此。后孟子逐渐成人，学六艺，终成大儒。后人以"孟母三迁"之事谓孟母善于教育。孟子得蒙养之正，其学实基始于此。《三迁志》主要搜集孟子生平事迹、历代崇祀资料以及《孟子》一书的研究资料。先是，嘉靖时，沂州道佥事苍溪史鹗撰《三迁志》，万历中，邹县令汉川胡继先以原志疏略，重加纂订，易名《孟志》。吕元善所撰盖因史鹗、胡继先二家旧本为之订补，未脱稿而元善卒，其子兆祥、孙逢时乃续成之。是书凡5卷，每卷之中又各分三子卷（卷四仅上下），凡21类。卷一上为地灵、石像，中为祖德、母教、师授，下为年表。卷二上为佚文，中为赞注，下为崇习。卷三上为爵享、弟子（配享、从祀、附祀、拟祀），中为礼仪、恩赉，下为宗系、名裔。卷四上为祠庙，下为林墓。卷五上为祭谒，中为题咏，下为古迹、杂志。每类前为四言赞一首，概述宗旨。卷首附载天启七年李日华、贺万祚、吕浚诸家序，以及史鹗《三迁志序》、黄克缵《孟志前引》、胡继先《孟志引》、潘榛《孟志后引》、周希孔《孟志后序》、孟承光《孟志跋语》，显见其撰著源流。《四库全书总目》列入史部存目，谓其"记载颇详，而体例标目俱未能雅驯"。该书荟萃孟子家族、门人、著作、古迹及历代崇礼资料较详，可资治孟学者参考。

此书有明天启七年（1627）刻本。

5.《三迁志》12卷，（清）孟衍泰等撰

孟衍泰，孟子六十五代嫡孙，康熙五十九年（1720）承袭翰林五经博士。清康熙年间，孟衍泰与滕县王特选、济宁仲蕴锦以吕志漶漫，而清初尊崇之典及子孙世系、林庙增修亦未登于卷，于是以次补辑，成书12卷，凡21类。其书类目大体与吕元善本相同，而略有调整。吕本卷分上中下，而此本皆单成1卷，故卷多于前。卷一为灵毓、像图，卷二为祖德、母教、师授，卷三为年表，卷四为佚文、赞注、崇习，卷五为爵享、弟子、礼仪、恩赉，卷六为宗系，卷七为闻达与列女，卷八为庙记，卷九为墓记，卷十为祭谒，卷十一为题咏，卷十二为古迹、杂志。每类前为四言赞一首，正文记载颇详。卷首载史鹗、黄克缵、胡继先、潘榛、周希孔、贺万祚、吕浚、李日华、孔胤植、吴麟瑞、虞廷陛、施凤来旧序及于斐康熙六十一年（1722）序。是书虽在吕元善《三迁志》基础上增辑扩充而成，然增加内容亦不少。如卷一灵毓、像图，较吕本加详。吕本仅有孟子石像一幅，而此本增至三幅，每图之后皆增赞语或说明。此外还增入天震井图、桧柏图、礼器图等，内容大过吕本。其他各卷也增入不少内容。其所补清初资料，尤为可观。虽不免鱼龙混杂，疑信参半，然对于了解孟子生平事迹、历代崇祀沿革以及相关之历史古迹亦有一定参考价值。

此书有清康熙六十一年刻、雍正增修本。

6.《重纂三迁志》10卷，（清）孟广均原纂，陈锦、孙葆田重纂

孟广均，山东邹县人。孟子七十代孙、世袭翰林院五经博士。明代以来，《三迁志》经过数次增修。到道光末，孟广均又重纂，但稿未定。光绪中，山东盐运使候补道陈锦乃据广均之本加以损益，就原书发凡起例，定为10卷，为目十二，属孙葆田校订。葆田乃搜辑旧闻，修严体例，各述编纂之旨于卷末以发明之。由是可知是书由明迄清，历200余年，递加修订。卷首有御制文、圣像及诸图。卷一为孟氏世系、孟子年表。卷二为事实，辑录孟子生平事迹。卷三为经义，包括诸儒解经、历代尊经、诸儒传述，反映历代有关《孟子》一书的著作，末附佚文。卷四为历代祀典，包括爵享、林庙、祭仪、乐章、礼器。卷五为从祀。卷六至卷九为艺文，收录历代有关孟子的文字。卷十为杂志，记录一些异闻奇事。搜集资料比较全面，编纂体例也较严整，对于了解孟子生平、历代尊孟及祀典及有关《孟子》的著述等情况颇有助益。

此书有清光绪十三年（1887）刻本。

7.《孟志编略》6卷，（清）孙葆田撰

孙葆田（1842—1911）字佩南，山东荣成人。同治十三年进士，授刑部主事，改知县，铨授安徽宿松。葆田故从武昌张裕钊受古文法，治经实事求是，不薄宋儒。历主山东、河南书院，学者奉为大师。

《孟志编略》即以《三迁志》为基础编纂而成。书分为6卷：卷一年表，卷二事实，卷三祀典，卷四从祀贤儒传，卷五历代注解传述，卷六杂志。本书虽参考《三迁志》，但并非节略之本，而是加意之作。其间考证，往往吸收清儒成果，而加以裁断。如关于孟子生卒年的推定，《山堂肆考》具载孔、孟生卒，谓孟子生于周定王三十七年四月二日（按，此误，定王在位仅21年），卒于赧王二十六年（前289）正月十五日，年八十四。旧志据《孟氏世谱》定为周烈王四年（前372）四月二日生，赧王二十六年正月十五日卒。明人赦敬《孟子说解》论孟子生卒，以为当在安王时，非定王时，《四库全书总目》以为近是。清初阎若璩作《孟子生卒年月考》，博引诸书，考孟子出处始末，而于生卒年月没有确凿的证据。周贞定王无三十七年，或疑为安王之讹，然安王亦止二十六年，其二十七年为烈王元年（前375）。自烈王元年至赧王二十六年孟子当得87岁，与84岁之说亦不合。或又谓孟子89岁而卒。葆田以为纷纷异论，俱出臆测，非有确征，故《孟子年表》不载孟子生卒年月，以示慎重。该书首有葆田叙。其书荟萃孟子资料，简而得体，不枝不蔓，足资治孟学者参考。

此书有清光绪十六年（1890）刻本。

8.《闲道集》4卷，（清）孟经国撰

孟经国，浙江绍兴人。孟子后裔。道光中曾佐幕福建。据该书末孟经国《孟子年表跋后》称，其少时从塾师学《孟子》书，即心向往之，稍长治制艺，究心集注，然不过领会章节及句法段落，于此中精蕴未能深悉。后因家贫弃举业，游于公卿之门。禀牍余闲，取赵岐《孟子题辞》及孙奭《正义》读之，遂逐层体贴，悉心揣摩。又取《战国策》、《史记》、《竹书》、《通鉴》以及《注疏》、《大纪》、《考略》诸书参读，始知孟子抱道自重、游历诸侯，以仁义王道相期，虽屡见沮，却留下七篇之书，继往开来。

该书为经国佐幕余闲，荟萃各书而成。分为4卷：卷一为《孟子外书》，卷二为《孟子逸文》，卷三为《孟子年表》，卷四为《孟子注解》。书前有吴荣光、恒豫、韩克均序。卷首有孟子石像、孟子墓图。按赵岐《孟子题辞》云，《孟子》7篇之外“又有《外书》四篇：《性善辨》、《文说》、《孝经》、《为正》，其文不能弘深，不与内篇相似，似非孟子本真，后世依放而托之者也”。

应劭《风俗通》也称《孟子》11篇。但《外书》久佚。宋人刘昌诗《芦浦笔记》卷二“性善辨”条记：“予乡新喻谢氏多藏古书，有《性善辨》一帙。”但此一帙后世也不见。而明代人忽刻《孟子外书》4篇流传，学者多指其伪。至于《孟子》佚文，古文献中颇有征引而不见今本《孟子》者。如《扬子法言·修身篇》引《孟子》：“夫有意而不至者有矣，未有无意而至者也。”《周礼·大行人》注引《孟子》曰：“诸侯有王。”宋鲍照《河清颂》引《孟子》曰：“千载一圣，犹旦暮也。”《颜氏家训》引《孟子》曰：“图影失形。”《梁书·处士传序》引《孟子》曰：“今人之于爵禄，得之若其生。”《广韵》圭字下注曰：“《孟子》六十四黍为一圭，十圭为一合。”以及《孟子集注》中程子所引孟子三见齐王而不言事，门人疑之，孟子曰：“我先攻其邪心。”今《孟子》书皆无其文。孟经国用力搜辑，成《孟子逸文》1卷，诚有功于孟学。其《孟子年表》1卷，折中众说，于孟子生卒年考证尤详。但有些地方引伪《孟子外书》为证，不足为据。

此书有清道光刻本。

9.《孟子弟子考》1篇，(清) 朱彝尊撰

《孟子弟子考》一文共列孟子弟子乐正克、万章、公孙丑、浩生不害、孟仲子、陈臻、充虞、屋庐连、徐辟、陈代、彭更、公都子、咸丘蒙、高子、桃应、盆成括、滕更等17人，大多以赵岐《孟子章句》为据。如“乐正子克，宋政和中赠利国侯，赵岐曰：孟子弟子，为鲁臣”。“万子章，宋赠博兴伯，赵岐曰：孟子弟子”。“公孙子丑，宋赠寿光伯，赵岐曰：孟子弟子”。只有盆成括一条引“孙奭曰：盆成括，尝学于孟子”。虽未完备，考证亦少，但对于了解孟子学术传授，仍有裨益。

是篇原收入《曝书亭集》卷五七，曹溶辑入《学海类编》。

10.《孟子弟子考补正》1卷，(清) 朱彝尊原著，陈矩补正

陈矩 (1850—1939)，号衡山，贵阳人。

陈矩偶见朱彝尊《孟子弟子考》，病其简略，遂取《孟子外书》及其他资料而作《孟子弟子考补正》。《孟子外书》4篇，宋代以后少有著录，明代复出，学者多疑其伪，而林春溥作《孟子外书补证》，信其为真。陈矩亦以《外书》为可信。他在朱彝尊17人之外又补入告子、季孙、子叔、匡章、曼丘不择、孟季子、周霄等7人，共计24人。并广征群书，加以考证，篇幅较朱彝尊原本增加不下四五倍，于孟子弟子资料罗列颇详。

此书有《灵峰草堂丛书》本。

第四节　孔孟年谱

年谱始于宋代。宋代以来，学者不仅为当代人作年谱，也为古代人补作年谱，其中有关孔子的年谱数量就非常可观。根据杨殿珣《中国历代人物年谱总录》(书目文献出版社，1980 年) 及周洪才《孔子年谱谱目补遗》(《文献》1992 年第 2 期) 等著录，总计不下数百种之多。因此可以说，孔子可谓中国历史上年谱最多的谱主。当然这些年谱根据的基本材料还是《孔子世家》、《仲尼弟子列传》等，考订孔子生平活动，并加以系年。此外，也有一些人借鉴唐宋以来作品系年之法，将《论语》等文献记载的孔子言行，按照《史记》所叙孔子一生的经历，分别加以系年。如题元程复心（实系明人伪托）所作的《孔子论语年谱》、清人杨方晃作的《圣师年谱》一书，以及今人张秉楠所作的《孔子传》后所附《论语编年》等，都博征载籍，将《论语》各章节尽量系年。这些著作按照时间的先后顺序排比孔子的言行，为了解研究孔子一生经历、学术思想的发展演变提供了很大的便利。此外，为孔子弟子及孟子所作的年谱也不少。兹举其要。

1.《孔子编年》5 卷，(宋) 胡仔编，(清) 胡培翚校注

胡仔，安徽绩溪人，南宋名臣胡舜陟之子，卜居湖州，自号苕溪渔隐。

胡仔曾奉父命撰《孔子编年》5 卷，其父为作序，时在绍兴八年(1138)。该书是现存最早的一部孔子年谱。于诸经之外只采《史记》、《家语》。如果《史记》、《家语》所载事实与诸经相同则依诸经，诸经与《论语》相同则依《论语》。虽其分年纪录，略依司马迁《孔子世家》，但也有不尽从者。如孟懿子、南宫敬叔学礼，《世家》系之 17 岁，适周系之 30 岁，而该书俱载是于 34 岁。吴遣使问骨节专车，《世家》与羵羊事类叙，而该书载于自卫返鲁后。其他如野合、要经之曲说，都删削不录。对《家语》之说删弃尤多。该书清代之前流传甚少。乾隆中开四库馆，征集天下遗书，该书由浙江范氏天一阁抄呈，得著录于史部传记类。嘉庆间胡氏裔孙日光访得抄本，不惜巨费购写，归于家祠。胡培翚又亲为校勘，取所采各书原本核对，补脱字数十，正讹文数十。其中与今本文异而义可通者则仍其旧，并补注文献出处和后人考论圣迹之说。该书对孔子一生事迹大体考证详明，可资参考。

《孔子编年》有清同治九年 (1870) 刻本。

2.《孔子论语年谱》1卷，(旧题元) 程复心编

程复心字子见，婺源（今属江西）人。元皇庆中授徽州路教授致仕。

该书以《论语》各章分隶于《孔子年谱》之内，又杂采《左传》诸事附会之，体例颇为新颖。该谱也有一些值得称道之处，如考证孔子生于周灵王二十一年（前 551)，谱前小序又说："尝考得《论语》中'十五志学'一章，乃孔子自序一生年谱，都是实心实理、实事实话，节节可按年岁、履历而明其言。"其说也属有理，但其中也有不少牵强附会之处，清四库馆臣业已指出。如云 9 岁见季札，观乐于鲁。35 岁从昭公出亡，留齐 7 年，"此因旁文而牵合孔子者也"；又云 53 岁孔子聘于齐，执圭鞠躬如也云云，"此因《论语》而妄生旁文者也"；又云 63 岁厄于陈、蔡，不得已，浮海至楚，曰道不行，乘桴浮于海云云，"皆无根之谈"。至于所分隶之《论语》，以"钓而不纲"章为 31 岁，以"子以四教"章、"子所雅言"章、"子罕言"章、"子不语"章、"自行束脩以上"章为 34 岁，以"八佾"、"雍彻"诸章为 35 岁，以"君子食无求饱"章为 43 岁，"道千乘之国"章为 48 岁之类，不可殚数，"均不知其何所据而云然"。四库馆臣认为，"复心师朱洪范，友胡炳文，虽亦讲学之家，原不究心于考证，然不应缪妄至于如是"[①]。篇末原有辨季本《圣迹图考》之妄一篇。季本，王守仁门人，元人不可能见其书。故馆臣疑是编为明季妄人所为，而传录者伪题复心之名。今人谢巍列举证据，判定该书作者为明末谭贞默(1590—1665)。虽然该谱不算尽善，但对于了解孔子行事，亦可资参考。

《孔子论语编年》有《学海类编》本。

3.《孔子年谱纲目》1卷，(明) 夏洪基撰

夏洪基为当时名儒。孔子生平纪年，始于司马迁《史记·孔子世家》，至宋有胡仔《孔子编年》，其间有得有失。洪基取《史记》所载孔子事迹，参之《左传》、《国语》、《孔子家语》以及《通鉴纲目》等书，确见其误者正之，其不可考者仍之，并旁览《阙里志》、《孔圣全书》等，为之参互考订，三易其稿而成是编。采用纲目体，顶格大书者为纲，其词简要，所录皆为比较重要的孔子言行事迹，类似《春秋》之经。低格书者为目，其词详核，对"纲"所录之事加以详述，犹如《春秋》之传。采辑诸书，或直录原文，或参合众本。诸儒论断之语，间采其精确者，以备论世知人之意，并附自已的见解。该书对孔子事迹分年编辑，各提其要为纲，而详载其事为目，于诸书异同稍有订正，虽未必一一精当，亦自有其参考价值。

---

① 永瑢等：《四库全书总目》卷五九《孔子论语年谱》提要。

《孔子年谱纲目》有明崇祯刻本。

4.《至圣先师孔子年谱》5卷，（清）杨方晃编

杨方晃字东阳，号鹤巢，磁州（今属河北）人。

孔子事迹，多见史家、诸子记录，虽经秦火，而夫子之生平行事仍可按卷而得之。唯是史家义例，所闻异辞，所传闻又异辞，故信以传信，疑以传疑，所不能免。至于诸子百家，所言支离，率多寓言，不可尽信。故司马迁之后，为孔子作纪年者代不乏人。该书除首、尾各1卷外，中3卷为年谱，以天、地、人分纪。对《史记·孔子世家》、《历聘纪年》、《阙里旧志》诸书颇有纠正，但附注太冗琐，又参以评语，故卷帙颇繁。至于卷首本之《祖庭广记》作《麟吐玉书图》，殊未能免俗。卷尾泛引杂史，为身后异迹。如鲁人泛海，见先圣、七十子游于海上，及唐韩滉为子路转生诸事，连篇语怪，尤属不经。但是编网罗资料颇为丰富，记录孔子出生行事尤其详尽，研究孔子生平事迹者所不能废。

《至圣生师孔子年谱》有清乾隆二年（1737）刻本。

5.《孔子年谱辑注》1卷，（清）江永、黄定宜辑注

《孔子年谱》原为江永撰，主要据《史记》、《左传》、《公羊传》、《穀梁传》等文献撰成，颇简略。龙州人黄定宜为之作辑注，补充了大量资料，并广征阮元、阎若璩、姚鼐、毛奇龄、钱大昕、何焯等人之考据成果，资料丰富，侧重考证。

《孔子年谱辑注》有清道光二十七年（1847）萍乡文氏刻本。

6.《孔子编年》4卷，（清）狄子奇编

狄子奇，江苏溧阳人。通经史，精考据。论孔子生平，大抵以《史记·孔子世家》为据，但《史记》所记亦多彼此矛盾之处；子奇仿胡仔《孔子编年》体例，考孔子事迹，按先后次序编排，并对《史记》等文献记载有所厘正。如谓孔子以周岁增年、定公十四年、哀公六年孔子皆返鲁诸条，博引援据，立说有理。该书以纲目体例，凡孔子事迹有关于出处大节者皆总揭其要于各年之下，并分引经传以证明之。对孔子弟子有年名者概亦录入。所引资料以《论语》为主，参考《春秋》三传、《国语》、《礼记》、《家语》、《史记》，间亦采及《孔丛子》、《韩诗外传》、《琴操》、《水经注》、《说苑》诸书，取其信而有征者编入。先儒辩论足资考证者，也以小字双行分注于各条之下。其管见所及，则别加“愚按”以示区别。该编侧重考据，引用资料丰富，言多有据。

《孔子编年》有清光绪十三年（1887）刻本。

7.《孔孟事迹图谱》4卷，(明) 季本编

该谱共4卷，其中《孔子事迹图谱》2卷、《孟子事迹图谱》2卷。大抵所据为司马迁《史记》、司马光《通鉴》、刘恕《通鉴外纪》、邵雍《皇极经世书》、吕中《大事记》、金履祥《通鉴前编》、潘氏《孔子通纪》，以及《春秋》三传、《国语》、《战国策》、《礼记》、《孔丛子》等书，参考互证，正诸家之异同，而以《论语》、《孟子》二书为主。前为论，后为表，于孔孟事实，颇有考核。如谓孔子未尝至楚见昭王，孟子先至齐而后至梁，皆为有见。

《孔孟事迹图谱》有明嘉靖年间童汉臣刻本。

8.《卜子年表》，(清) 陈玉澍编

陈玉澍自幼勤学，治学严谨。入江阴南菁书院，得名家黄以周、王先谦指点，学业大进。知识渊博，诗文俱佳。光绪十四年中举，后倾心于历史、政治、掌故的研究。

子夏（前507—?）姓卜，名商，字子夏，后亦称“卜子夏”、“卜先生”，春秋末晋国温人（另有魏人、卫人二说，近人钱穆考定，温为魏所灭，卫为魏之误，故生二说）。少孔子44岁，才思敏捷，《论语》入“文学”科。孔子卒后，子夏至魏国西河讲学，“如田子方、段干木、吴起、禽滑釐之属，皆受业于子夏之伦”（《史记·儒林列传》），又为魏文侯师。汉代以来，学者多认为儒家经典主要是由子夏一系传授下来的，如东汉徐防说过：“《诗》、《书》、《礼》、《乐》，定自孔子；发明章句，始自子夏。”（《后汉书·徐防传》）南宋洪迈《容斋随笔》也有详论。唐玄宗时追封为“魏侯”，宋代又加封为“河东公”。该谱旨在表彰子夏传经之功。自叙云：“吾尝谓无曾子则无宋儒之道学，无卜子则无汉儒之经学。宋儒之言道学者，必由子思、孟子而溯源于曾子。汉儒之言经学者，必由荀、毛、公、谷而溯源于卜子。是孔子为宋学、汉学之始祖，而曾子、卜子为宋学、汉学之大宗也。”前人虽作孔子年谱，而于子夏尚无专谱，诚为憾事。故先定孔子行年，不取公、谷之说，而以《史记》为据，孔子生于襄公二十二年（前551)，则子夏生于鲁定公三年（前507)。《年谱》以年为经，以事为纬，排比事类，广集佐证，成此一编，子夏生平事迹，原原本本，厘然可观。末附《西河考》一篇，翔实可据。诚为治儒学史者不可忽视之作。

《卜子年表》有民国四年 (1915) 铅印本。

9.《孟子年谱》，(旧题元) 程复心编

程复心既作《论语年谱》，更取《孟子》七篇为之编年。前后各有自述一篇，称该《孟子年谱》意在补《孟子列传》之略。而各家记孟子行事多讹谬，

故该《年谱》以《孟子》七篇为本。认为《孟子》一书，其义之最大者在正人心、格君心、求放心、不失赤子之心、以不忍人之心行不忍人之政。《孟子》七篇，以义利始，以性命终。其说之新奇者，如谓孟子邹人为陬邑，非邹国。《四库全书总目》云："其以某章为某年之言，缪妄与《孔子（论语）年谱》相等。其谓孟子邹人乃陬邑，非邹国也。语极辩而不确，亦好异之谈。盖与《孔子（论语）年谱》一手所伪撰也。"又说朱彝尊《经义考》卷二三六载谭贞默《孟子编年略》1卷，今未见其书。然彝尊所载贞默《自述》一篇，则与此书之《自述》不异。故四库馆臣疑明人以贞默之书诡题元人，属于依托之作。案：贞默字梁生，号扫庵，嘉兴人，崇祯进士，官至国子监祭酒，著有《三经见圣编》180卷。该书虽有不少牵强之处，但对于研究孟子生平事迹也有一定的参考价值。

《孟子年谱》有民国九年（1920）影印本。

10.《孟子年谱》2卷，（清）曹之升编

曹之升，浙江萧山人。乾嘉学者，通经史，著有《四书摭余说》7卷、《续编》10卷、《孟子年谱》等。

该谱分上下两卷。编者称读史迁之书，见孔子生卒出处年月具载，而于孟子列传疏漏特甚。由是言人人殊，遵涑水者多抵牾龙门，信紫阳者辄龃龉汲冢，有非二千年后人所能悬决者。故认为"以他说解经，不如就经证经之尤足据也"（《自序》）。该谱对孟子游历出处考证详明，言多有据。虽以《孟子》七篇为主，但征引所及，自经传子史旁及地志、杂说，引用文献十分丰富，排比互证，堪称翔实。

《孟子年谱》有清道光九年（1829）刻本。

11.《孟子年谱》，（清）管同编

管同（1780—1831），字异之，江苏上元（今属江苏南京）人。道光举人。曾受业于姚鼐，为桐城派重要作家。

该谱前有识语，称阎百诗著《孟子生卒年月考》，虽甚辩博，但犹有舛误。故暇日无事，辄取《史记·六国年表》，参以他书，著成是谱，以补阎氏之阙。认为孟子生卒年月本不可知，其略可知者，某年有某事而已，故题为"年谱"。对前人之说，多有辩驳。如指出《史记》列传谓孟子始事齐宣王，宣王不能用；适梁，见惠王，而遂退而著书，其言略且舛矣。又以为宋苏辙《古史》虽言之稍详，但于游齐、适梁之后犯同样错误。而阎若璩所言，也仅仅游齐、游梁之次序不误，其他多出臆说。又如关于孟子邹人之问题、孟子受业子思之门人之问题，皆引证文献，论说详明，可正前人之误，补史传之缺。

《孟子年谱》有清嘉庆二十一年（1816）管氏刻本。

12.《孟子编年》4卷，（清）狄子奇编

该书前有程恩泽序及子奇自序。程氏序认为言孟子者有五误：谭贞默《编年略》以为邹即孔子陬邑，误一；孟子卒年多有异说，误二；金履祥、季本等以孟子游滕在赧王元年去齐之后，误三；孟子去梁之年多异说，误四；前人谓伐燕之役有二，误五。有此五误，孟子之里居、生卒、出处先后遂不可究诘。子奇《孟子编年》，于此五误起而正之，辟诸谬说，归之一是。以为其至之先后，则齐最先，宋次之，滕次之，梁又次之。去梁后乃仕齐，又由宋而薛、而归鲁。又以为前儒考孟子事迹者，往往互有得失，故有取有驳。该书征引文献，除《孟子》、《史记》而外，《列女传》、《韩诗外传》、《战国策》、《竹书纪年》、《通鉴纲目》等引证较多。作者长于考证，于孟子生平事迹辨析明白，可资参考。

《孟子编年》有清光绪十三年（1887）刻本。

13.《孟子年表》，（清）魏源编

魏源曾从刘逢禄学《公羊春秋》，与龚自珍同属主张“通经致用”的今文学派。此表依据《史记索隐》原本及《阙里志》考定孟子卒于周赧王二十六年壬申（前289），生于周安王十七年（前385），距孔子卒92年，时子思年已90余岁。后附《孟子年表考》5篇，一考适梁，二考适齐，三考适齐、宋、薛、邹、滕、鲁，四考纪年、孟子长历，五考生卒、著书，对于前儒异说及疑义，皆引证经典、比勘文献，折中至当，虽不必一一皆为定论，但多言之成理。

《孟子年表》原载《古微堂外集》卷二。

14.《孟子时事考征》4卷，（清）陈宝泉编

陈宝泉，安徽泾县人。博极群书，名冠侪辈。该书卷一自识称，《史记》于孔子生卒出处年月具详，而孟子与荀卿合传，寥寥数十言，于所游邹、滕、任、薛、鲁、宋之事无所记载。《通鉴纲目》虽特书适魏、之齐、去齐之事，以说明圣贤之去就，但由于不是专门为孟子一人发，故仅举其大略，而不详始末。并且适魏、去齐的时间，各家之说也不一致。后世考七国时事，不能知人以论世。因此作《孟子时事考征》一书，以《通鉴纲目》为经，杂取《史记》、《国策》、《竹书纪年》以及诸家编次孟子事迹、图谱信而可征者，合而录之，遇有未当于心，则存疑以俟考。既考孟子生平，兼及七国形势，征引赅洽，考证明备。前三卷为孟子时事考，卷四附考七国形势，取宋王应麟《通鉴地理通释》中《七国形势考》，删繁就简，释以今地，并绘地图于书中。

该书意在考战国形势，以说明“天时不如地利，地利不如人和”，以及“域民不以封疆之界，固国不以山溪之险”，六国有地利而不知仁义，终并于秦。其目的在于知人论世。

《孟子时事考征》有清嘉庆年间刻本。

15.《孟子年略》，（民国）易顺豫编

易顺豫，字由甫，一字卡由，湖南汉寿人。清光绪时进士，曾任江西吉安知府，辅仁大学、中国大学和山西大学中文系教授。近代诗人、易学名家。著《易释》，主要以史证经。

《孟子年略》有《前论》一篇，认为前人考孟子年代，自宋以来不下数十家，著有专书，但其错误皆不可胜言，究其原因，都是由于不知以孟子证孟子，不知据孟子以正《史记》之误，反据《史记》之误以淆孟子之真。至于像《秦本纪》、《战国策》、《竹书纪年》等可以用以考证孟子生平时事的文献，反而置于不顾。《孟子·公孙丑》篇记燕哙让国一事，最为确据，由此推断孟子仕齐之年，自当据为铁证。然后本之以读《孟子》，不必更为之注，7篇大义已昭然若日月之经天。故本斯义，以述《孟子年略》。该书对前人之说多有辨析，考证孟子生平，多以《孟子》7篇为据，故言多有征。

《孟子年略》有民国间铅印本。

第五节　孔庙礼乐志

孔、孟生前不遇于时，身后则受尊崇、享厚祀。公元前478年，即孔子死后第二年，鲁哀公下令在曲阜阙里孔子的旧宅立庙，将孔子生前使用的衣、冠、车、琴、书册等保存起来，并且按岁时祭祀。汉高祖十二年（前195），刘邦途经鲁国，以太牢祭祀孔子。汉元帝（前48—前33）征召孔子第十三代孙孔霸为帝师，封关内侯，号褒成君，赐食邑八百户。建武五年（29），汉光武帝派遣大司空宋宏到曲阜阙里祭祀孔子。汉明帝永平二年（59），于太学及郡县学祭祀周公、孔子；永平十五年（72），汉明帝亲赴曲阜祭祀孔子及“七十二弟子”，这是祭孔有配享的开始。汉献帝兴平年间（194—195），蜀守高眹在成都石室学宫“作为庙堂”①，“图画圣贤古人像及礼器瑞物”②，月祭岁

① 吕陶：《经史阁记》，《成都文类》卷三〇。

② 任豫：《益州记》，《艺文类聚》卷三八引。

祀，渐渐形成“庙学合一”制度。从此，中央和地方都在学校祭孔，祭孔成为全国性重要的教育和礼仪活动。唐玄宗开元二十七年（739）封孔子为文宣王，升祀孔为中祀。从此以后，祭孔活动逐代升格。从宋代开始，不仅祭祀孔子及“十哲”，还以历代大儒从祀。宋政和年间修新仪，始分两庑，但位次已有紊乱。《朱子语类》卷九十云：“孔子居中，颜、孟当列，东坐西向。七十二人，先是排东庑三十六人了，却方自西头排起，当初如此。自升曾子于殿上，下面趱一位，次序都乱了。”可见宋时位次即已紊乱。南宋建炎二年（1128），孔子四十八代裔孙孔端友随宋高宗南迁，在浙江衢州建孔庙，举行国祭。元代加封孔子为大成至圣文宣王，增设四圣神位：复圣颜回，宗圣曾参，亚圣孟轲，述圣子思；孔子之后袭封衍圣公，天下郡学书院皆修孔庙以时祀之。明宣德三年（1428）命礼部考正从祀先贤名位，颁示天下。嘉靖九年（1530）厘正祀典，删重复，易舛讹，重定孔门从祀弟子 76 贤，其中祀正殿者 12 人，祀两庑者 62 人，祀启圣祠者 2 人。清雍正二年（1724），命九卿等详议增祀、复祀诸贤儒，并通行直省，悉依国子监序列。乾隆十八年（1753）复命廷臣考史传，于先儒先贤分列之中，以年齿先后为序，垂为典章。自是从祀贤儒东西互列。但从道光二年（1822）以来，增祀者又不少，礼部随时酌拟位次，不便因增祀一人而移易原来位次，仅止约其辞曰“位在某庑某人之次”，而于对待之序则不明确。同治二年（1863）重加厘定，两庑先儒互易达 30 余位之多，皆遵乾隆十八年（1753）成例，以年齿先后为定。

从晋明帝太宁三年（325）开始，一年始有四大祭。以后历代加增，每年的祭孔活动大小五十多次。主要有“四大丁”，也叫“四大祭”，在每年春、夏、秋、冬的丁日举行；“四仲丁”，在大丁后的第十日举行；“八小祭”，在清明、端阳、中秋、除夕、六月初一、十月初一、生日、忌日举行。此外，每月初一、十五有祭拜，一年二十四节气还有二十四祭。但是，在所有祭祀中，历来以春、秋两次大祭为主，尤以秋祭为重。后来将每年的大祭定在农历八月二十七日孔子诞辰日举行。清代尊孔更是登峰造极，祭孔仪式也更加完备而隆重。作为“国之大典”，曲阜祭孔由皇家操办，各地孔庙（文庙）祭孔均由地方长官主持。清代以京师国子监为太学，立文庙；雍正中又追封孔子上五代王爵；同治中，祭孔上升为大祀，礼乐仪注拟于君王；阙里有颜子、曾子、子思、孟子四庙。清朝每年都要举行两次大型祭祀孔子的仪式，即仲春上旬丁日和仲秋上旬丁日的上丁祭祀，简称“丁祀”。祭孔活动一直延续到辛亥革命后。民国初年袁世凯借祭孔搞复辟。民国时期最后一次祭孔是在 1948 年。

至于孔庙用乐，起源甚早，历代相承，有因有革。东汉元和二年（85），章帝过鲁祀孔子，始作六代之乐。南朝刘宋元嘉二十二年（445），太子释奠，设轩辕之乐，舞六佾。陈至德二年（584），后主释奠太学，设金石之乐。隋开皇元年（581），始创释奠乐章。唐贞观二年（628），皇太子释奠先圣先师，创乐章。开元二十七年（739）诏祀先圣乐用宫悬，舞用六佾。宋建隆三年（962），裁定祭文宣王乐章。政和四年（1114），徽宗制释奠乐奏，颁布行天下。绍兴十四年（1144），颁大成乐舞于太学，令诸生肄习，释奠文宣王。元大德初，宣圣庙释奠用登歌雅乐。至大元年（1308），更定祭文宣王大成乐。明洪武十七年（1384），命礼官详议大成乐，二十六年（1393），颁大成乐器于天下，令府州县如式制造。嘉靖九年（1530），厘正孔子祀典，定乐舞六佾。清朝孔庙乐舞沿袭明制，有所损益。

学校祭祀之制，起源甚古。《礼记·文王世子》云："凡始立学者，必释奠于先圣先师。"郑玄注："先圣谓周公若孔子。"又《周礼春官·宗伯》曰："凡有道者，有德者，使教焉。死则以为乐祖，祭于瞽宗。"此之谓先师。又按《月令》，仲春上丁命乐正习舞释菜。历代在设立孔庙的同时，往往"因庙立学"。如汉代的"文翁石室"就存于孔子庙中。北魏孝文帝诏郡县立学祀孔。唐宋以后，因庙立学更加普遍。《宋史·地理志》记载，川陕路的224州县，兴学建孔庙的接近半数，大多庙学合一。宋代各地兴学成风，孔庙发展速度较之前朝更快，几乎在修学的同时，都设置孔庙。元、明、清时期，由于统治者尊孔，各地孔庙发展到极盛。在孔庙的建筑群中，出现了类似明伦堂、书院、国子监等学宫（校）的配套建筑。孔子庙的功能是祭祀孔子，这是对孔子家庙而言。其他各地的孔庙虽然也有祭孔的功能，但更重要的是传播儒家文化、推行伦理教化的作用。因此，曲阜孔庙有其独特的权威性，自始建至今，始终称之为孔庙。而其他各地，则有先师庙、圣庙、文庙、夫子庙、学宫之称，最常见的称呼是文庙。

历代以来，祭孔活动形成了一整套礼乐仪制，留传下来大量相关的文献资料。如元代无名氏的《庙学典礼》6卷，明代朱厚熜的《御制正孔子祀典说》1卷、瞿九思的《孔庙礼乐考》6卷、李之藻《頖宫礼乐疏》10卷、朱之瑜《改定释奠仪注》1卷，清孙承泽《学典》30卷、张安茂《頖宫礼乐全书》16卷、张行言《圣门礼乐统》24卷、彭其位《学宫备考》10卷、李周望和谢履忠辑《国学礼乐录》20卷、孔尚任《圣门乐志》1卷、孔令贻《圣门礼志》1卷、沈德涓《熙朝盛事》1卷、陈锦《文庙从祀位次考》1卷、蓝钟瑞《文庙丁祭谱》4卷、金之植和宋泓《文庙礼乐考》2卷、胡时忠《孔庭

神在录》8卷、边鸣珂《文庙贤儒景行录》、郎廷极《文庙从祀先贤先儒考》1卷、张僎《文庙贤儒功德录》3卷、余丙《学宫辑略》6卷、黄见三《学宫景仰编》8卷、洪若皋《释奠考》1卷、阎若璩《孔庙从祀末议》1卷、张行言《圣门礼乐统》24卷、康伟然《黉祀纪迹》10卷、萧大成《文庙礼乐器图考》2卷、顾沅《圣庙祀典图考》5卷、黄位清《圣庙祀典辑闻》14卷、牛树梅《文庙通考》6卷、应钟璐《文庙祀典考》50卷、张璇《太学典祀汇考》14卷、萧大成《文庙礼乐器图考》2卷，民国王元穉《文庙图像检校》1卷，等等。这类文献多记制度、典礼有助于学者了解历代尊孔崇儒的盛况，对于研究历代教育制度、孔庙制度也有价值。兹举其要。

1.《圣门礼志》1卷，（清）孔令贻汇辑

孔令贻（1872—1919），字谷孙，号燕庭，曲阜人。孔子七十六代嫡孙。光绪三年（1877）袭封衍圣公。次年，奉谕为翰林院侍讲，并正式主持府务。光绪十八年署理四氏学学务。光绪三十三年（1907）奉旨稽查山东学务。1915年袁世凯阴谋复辟帝制，组织“筹安会”，孔令贻为“名誉理事”，袁称帝后，加封孔令贻“郡王”衔。1919年春，孔令贻进京为溥仪祝寿，蒙赏紫禁城骑马。同年秋于北京太仆寺街衍圣公府病逝。孔令贻典礼庙庭，公余辑成《圣门礼志》一书，公之海内，专记孔庙车服礼器。分为13目：丁祭全礼、祭品制造法、陈设图、曲柄黄盖、镇圭、法琅铜器五、金龙朱漆几五、周器十供、礼器图、礼器名义、建官历履、礼生历履、礼学条规。于礼典程序、礼器名称样式、礼制沿革记录尤其详细。览此一编，可以使习礼者未登庙堂，而车服礼器皆如目睹，对于了解孔庙制度诚有助益。

《圣门礼志》有光绪十三年（1887）与《圣门乐志》二书汇辑合刻行世。

2.《文庙礼乐考》2卷，（清）金之植、宋泓编

金之植，官杭州府儒学教授。宋泓，官杭州府儒学训导。

《文庙礼乐考》成书于康熙年间。当时遂宁张鹏翮巡抚浙江，有鉴于孔庙礼乐间有错乱，于是集学博及郡之文献家，取姑苏刘氏《礼乐全书》，删繁补缺，正谬订讹，撰成此书。卷首有张鹏翮、马如龙序，末有苏良嗣后叙。正文分为二部：一为礼考，二为乐考。对于孔庙礼乐沿革、礼乐器形制、配祀位次、典礼仪式、乐舞技法都有详列，有图有文，极便读者观览。

《文庙礼乐考》有清代刻本。

3.《圣域述闻》28卷，（清）黄本骥辑

该书乃黄本骥教谕黔阳之时，遵县令龙光甸之属，编辑庙学典礼、圣贤事迹而成。古代有学而无庙，自唐代以来，乃因庙立学，是谓庙学，为“作育人

才”之地，而礼乐器数，代有沿革，学士儒生读书习礼于其间，对圣贤行事、从祀先后往往茫然不知其详，是为阙典。是编首述历代庙祀及位次先后，皆纂辑旧闻，述而不作，目的是“备后学之参稽，存膠庠之实录”（龙启瑞序）。书分28卷：卷一为历朝祀典，卷二为本朝祀典，卷三为文庙位次、大成殿正位、四配位，卷四为十二哲位，卷五为朱子，卷六为东、西庑先贤共77位，卷八至卷十七为东庑先儒26位，卷十八至卷二七为西庑先儒27位，卷二八为崇圣祠位次，包括正祀五位，东、西配先贤四位，东、西庑先儒四位。取材审慎，资料详实，对于了解古代庙学制度诚有裨益。

《圣域述闻》有清道光二十六年（1846）刻本。

4.《文庙贤儒功德录》3卷，（清）张倎撰

张倎，蔚州（今山西灵丘）人。该书作于康熙年间，原本于《圣门礼乐统记》，删其繁华，简其精要，推往哲之端委，阐理学之薪传，彰历朝隆师重道之制，以及历代帝王褒封诸贤之典。分上、中、下3卷。上卷为孔子及四配、十哲、东庑先儒；中卷列文庙祀典，包括祭物、祭器、祝文、仪式等；下卷为西庑先儒及启圣祠先儒。上、下两卷皆为孔庙人物，又在两卷之间插入文庙祀典一卷，未知何意。其书简明扼要，有助于了解孔庙享祀制度的沿革。

《文庙贤儒功德录》有清刻本。

5.《文庙从祀先贤先儒考》1卷，（清）郎廷极撰

郎廷极（1663—1715），字紫垣，一字紫衡，号北轩，奉天广宁（今辽宁北镇）人。官至两江总督、漕运总督。

郎廷极历官数省，每谒学宫，必展礼两庑，见先贤位次率多舛误，且东西多寡不齐，位次紊乱。又荒僻之处，诸贤姓名亦多互异。于是作《文庙从祀先贤先儒考》，厘正姓名、位次。至于先贤字籍，亦学者所宜熟晓，特系于姓名之下。先儒事迹之不甚显著者，也节录数语附于其后。计正殿四配十哲，两庑先贤先儒97人，启圣祠从祀贤儒8人。该书甚简明，先贤姓名、位次一目了然，对于了解孔庙祭祀制度很有用。

《文庙从祀先贤先儒考》有《学海类编》本。

6.《文庙从祀位次考》1卷，（清）陈锦撰

陈锦，号补勤，浙江绍兴人。光绪中任济南盐运使。

同治中曲阜重修林庙，陈锦奉宪监修，有鉴于文庙从祀位次紊乱，遂照楚刻文庙位次重加编次，截至光绪三年宋儒辅广从祀之日止，共得先儒68位，各依年齿排列先后。凡有并世而生者，悉遵部例，详考生年确定座次。

间或未详生卒，则附考其始仕终官，略推时世，务令东先而西后，东奇而西偶，以求所谓寓先后于对待之中者。编内附载事实，详略不同，皆专为座次而设，与此无关的都不录。至于哲配、两庑及崇圣祠祀位序次，则一成不变。该书虽较简略，但对文庙从祀先后位次的考订，有助于纠正舛讹。卷首自序对孔子及贤儒塑像沿革的考订，对学者亦有参考价值。

《文庙从祀位次考》有清光绪十二年（1886）刻本。

7.《文庙丁祭谱》4 卷，（清）蓝锺瑞等撰

清道光年间，湖南醴陵县廪生蓝锺瑞、拔贡黄文镇、增生罗文谦、附生锺英、贡生贺之熺、举人刘德瑛、职员易光焯、罗之壎、张存瀚、廪生史益谦、蔡运寅、附生袁家驹、监生锺璞等编纂。是书分 4 卷：卷一为典礼考，卷二为源流考，卷三为礼器图考、乐器图考，卷四杂录学宫、祭器、牺牲、乐器、仪注、乐舞等内容，并附录与本书编纂相关的往来公文。其中卷一为“典礼考”，多据《大清会典》、《大清通礼》二书。卷二为“源流考”，考证自汉至清孔庙祭祀源流。卷三为“礼乐器图考”，图文并茂，往往据朝廷颁布的定制、曲阜孔庙所藏原件以及其他文献记载绘图详说。卷四杂录钦颁礼乐全制、陈设举行各仪节，并录《圣门礼乐志》叙丁祭全礼。附呈定谱本缘由终篇。全书内容翔实，对孔庙礼乐制度记录极细，对于研究历代丁祭沿革，特别是清代丁祭制度有重要参考价值。

《文庙丁祭谱》有清道光间刻本。

8.《学宫辑略》6 卷，（清）余丙撰，李元春增辑

余丙（一作炳），字敬捷，河南禹州人。李元春（1769—1854），字时斋，陕西朝邑人。嘉庆三年举人。道光间官知县，改大理寺评事。博通经史，自号桐阁主人。有《学术是非论》、《诸经绪说》、《诸史闲论》、《学荟性理论》等。

《学宫辑略》对于先师孔子及从祀先贤、先儒考其事迹及世系、里居，编次成帙。对祀于崇圣祠的，则录其言行。将郑众以下改祀于乡的 3 人、公伯寮以下罢祀的 13 人也都皆附入，间加按语，记录从祀进退年月。叙述比较简略。卷一为至圣先师孔子事纪、四配列传、十二哲列传，卷二为东庑先贤列传，卷三为西庑先贤列传，卷四为东庑先儒列传，卷五为西庑先儒列传，卷六为崇圣殿五王列传、配享先贤列传、从祀先儒列传。材料大多采自经史，间加按语说明。虽无甚考证，但对于了解历代学宫祭祀诸儒及其升降亦有补益。

《学宫辑略》有道光十五年（1835）朝邑刘氏刻青照堂丛书本。

9.《圣门乐志》1卷，（清）孔尚任撰

孔尚任（1648—1718），字聘之，又字季重，号东塘，别号岸塘，曲阜人。孔子六十四代孙。康熙二十一年（1682），尚任受衍圣公孔毓圻之邀，续修《孔氏家谱》，广征博采，曾撰成《阙里新志》24卷。

《圣门乐志》共分26目：音器谱法、音谱、钟鼓齐鸣、钟磬谱、歌声谱、琴谱、瑟谱、笙谱、埙谱、篪谱、凤箫谱、双管谱、洞箫谱、笛谱、乐章、朝元歌、引道图、旌节、就位式、转班法、转班鼓谱、奏乐图、舞谱、乐器图、乐器名义、建官。有文字，有图示，对孔庙乐舞制度记载颇详。

《圣门乐志》原有康熙时孔氏刻本，光绪十三年（1887），孔令贻将《圣门礼志》、《圣门乐志》二书汇辑合刻。

10.《钦颁文庙乐谱》1卷，（清）孔继汾刊行

祭孔乐章，创自隋文帝开皇元年（581），祭先师尼父歌《诚夏》一章。唐贞观二年（628），创乐章用八奏。开元二十七年（739）又制《宣和》一章。宋建隆三年（962），诏用《永安》之曲。大中祥符元年（1008），又增兖国公配位二曲。宣和四年（1122）颁定八奏。金大定年间（1161—1189），定九奏。元至大二年（1309）颁降十四奏。明洪武四年（1371）详定孔子乐六奏，乐章兼采宋元旧曲。清沿明制，康熙二十九年（1690）重定乐奏，迎神、送神、彻馔仍依明旧，奠帛奏《宁和》，初献奏《安和》，亚献、终献并奏《景和》。乾隆敕修《大清会典》卷五八曰："先师六奏：迎神奏《昭平》，奠帛初献《宣平》，亚献《秩平》，终献《叙平》，彻馔《懿平》，送神《德平》，飨。"又《钦定大清会典则例》规定文庙六奏：迎神奏《昭平》之章，初献奏《宣平》之章，亚献奏《秩平》之章，终献奏《叙平》之章，彻馔奏《懿平》之章，送神奏《德平》之章。《钦颁文庙乐谱》，即据《大清会典》、《会典则例》刊行。首为乐章，次为箫壎篪谱、笛笙谱、钟磬排箫谱、瑟谱。对于研究孔庙及音乐史有一定的参考价值。

《钦颁文庙乐谱》有清刻本。

第三章 学案源流类

在中国儒学长期的发展过程中，出现过大量的学术源流史著作。

先秦是我国传统学术的滥觞期。历经夏、商，奠定了中国文化的基石。到西周初年，周公制礼作乐，在继承前代的历史遗产的基础上，建立了一整套礼乐制度和政治原则。西周时期，学在官府。到春秋时，由于王纲解纽，导致“礼坏乐崩”，过去由王室、官府掌握的学术文化也散落到民间。加之贵族的衰落，游士阶层兴起，成为这个时期学习、传播学术文化的主要阶层。于是各家学说竞起，诸子百家勃兴。王国维论曰：“自周之衰，文王、周公势力之瓦解也，国民之智力成熟于内，政治之纷乱乘之于外，上无统一之制度，下迫于社会之要求，于是诸子九流，各创其学说，于道德、政治、文学上，灿然放万丈之光焰。此为中国思想之能动时代。”① 孔子继承周公开创的文化传统，以复兴周礼为职志，对以往的文化典籍进行过整理和诠释，从而形成了儒家的经典体系——六经。《史记·孔子世家》称“孔子以《诗》《书》《礼》《乐》教，弟子盖三千焉，身通六艺者七十有二人”，由此可见学派之兴盛。孔子之后，儒家学派继续发展，曾子、子游、子夏、子思、孟子、荀子等都对儒家思想的发展和经典的完善与传播做出了贡献。除儒家学派外，其他各家也纷纷出现，形成“百家争鸣”的局面。到战国后期，随着统一步伐的加快，学术思想方面的综合也越来越深。杂家的出现，就是这种新的学术发展趋势的反映。而有些思想家也开始进行学术思想上的总结与批评。代表

① 王国维：《静庵文集·论近年之学术界》，商务印书馆，1940年。

作有《庄子·天下》、《孟子·滕文公下》、《荀子·非十二子篇》、《韩非子·显学篇》、《吕氏春秋·不二》等篇。到西汉初，又有《淮南子·要略篇》、司马谈《论六家要旨》等篇。这些具有学术史性质的论述，对于先秦到汉初的诸子百家之学，总结其学术宗旨，区分其学术派别，分析其学术成因，探究其学术源流，判别其学术优劣，大体具备了学术史著作的基本要素，完成了中国学术史的早期建构，成为后世学术史研究的源头。

司马迁创立的纪传体通史《史记》，"欲以究天人之际，通古今之变，成一家之言"①，也非常注重学术史的总结。在他作的《太史公自序》中，收录了其父司马谈的《论六家要旨》。司马迁对孔子及其创立的儒学非常推崇，《史记》专门设立了《孔子世家》，详细叙述了孔子的生平事迹、学术思想成就，并记录了孔子家族的历史。司马迁的记录成为后世研究孔子生平最重要、最可靠的资料之一。《孔子世家》还对孔子的历史地位给予高度评价："天下君王至于贤人众矣，当时则荣，没则已焉。孔子布衣，传十余世，学者宗之。自天子王侯、中国言《六艺》者折中于夫子，可谓至圣矣！"此外还有《仲尼弟子列传》、《孟子荀卿列传》等，对于先秦儒学的发展演变做了清晰的梳理。又有《儒林列传》，为汉代的儒学名家作传，叙述汉代的儒学成就。司马迁之后，史书中重视学术史总结的这一传统得到继承和发扬。班固作《汉书》，也设立《儒林传》，总结西汉的儒学成就，尤其注重经学源流的叙述、学派传承的清理。此后，所谓"二十五史"除《三国志》、《辽史》、《金史》、新旧《五代史》等少数几种外，大多设立了《儒林传》或《儒学传》。《宋史》除设立《儒林传》外，还另立《道学传》，专门叙述以程朱学派为主干的宋代理学发展史。历代史书中这一类专门的儒学史传，无疑为后世出现比较成熟和完善的学术史专著如学案类、学统源流类著作打下了基础。本章对学案源流类论著作一概述。

① 《汉书·司马迁传》。

第一节 历代学案

“学案”一名，起于晚明，于古无征，故如何定义，众说纷纭①。一般认为，自从黄宗羲编撰《明儒学案》之后，我国历史上有了第一部系统的儒学史专著。其实，“学案”一名，在黄宗羲之前就已经出现。最早使用“学案”一词并将其作为撰著体例的是耿定向（1524—1596），著有《陆杨学案》（案：陆象山、杨慈湖）。耿定向的弟子刘元卿（1544—1621）著有《诸儒学案》，即沿袭耿定向的用法。黄宗羲的老师刘宗周（1578—1645），也著有《论语学案》10卷。刘宗周之子刘汋（1613—1664）为其父所撰《年谱》说，明万历

① 关于“学案”的定义，诸家说法颇不统一。陈金生说：“什么叫学案？未见有人论定。我想大概是介绍各家学术而分别为之立案，且加以按断之意（“案”、“按”字通）。按断就是考查论定。因此，学案含有现在所谓学术史的意思。”（陈金生：《宋元学案编纂的原则与体例》，《书品》1987年第3期）罗炳良对“学”和“案”分别做了解释，他说：“学案体裁中的‘学’指学术、学派，而‘案’则谓考察、按据，是叙述学派源流及其学说内容、考按学术事件而加以论断的专门史学著述形式。”（罗炳良：《我国第一部完整的学术史著作——明儒学案》，《光明日报》2001年10月16日）台湾学者朱鸿林曾对早期各种以“学案”命名的著作，如耿定向的《陆杨二先生学案》、刘元卿的《诸儒学案》、刘宗周的《论语学案》、王甡的《学案》、黄宗羲与其子黄百家的《二程学案》、吴鼎的《东莞学案》等的性质进行过探讨，并总结出“案”字的四种不同含义：“综上对各种早期学案命名著作的论析可见，‘学案’的‘学’字指的都是儒学。‘案’字则有如下的几个不同意义：（1）管理意义上的档案（分类立卷，归档保存，备案、立案、具案）；（2）思考意义上的公案（用作参悟、参证的语言文字）；（3）法律意义上的案件（陈词、判案、断案、翻案）；（4）学习意义上的方案（行动指引）。这些不同意义都有一个共同意义：个案——与同类可以同也可以异的独立个体。”（朱鸿林：《中国近世儒学实质的思辨与习学》，第371～372页，北京大学出版社，2005年）关于“学案”的解释，现代学者中，以陈祖武较有代表性，陈氏认为：“所谓学案，就其字义而言，意即学术公案。‘公案’本佛门禅宗语，已故佛学大师吕澂先生释之为‘档案’、‘资料’，至为允当。明中叶以后，理学中人以‘学案’题名著述，实先得吕先生之心。顾名思义，学案体史籍以学者论学资料的辑录为主体，合其生平传略及学术总论为一堂，据以反映一个学者、一个学派乃至一个时代的学术风貌，从而具备了晚近所谓学术史的意义。”（陈祖武：《我与中国学案史》，《文史知识》1996年第5期）以上诸说参见周春健《伊洛渊源录与学案体》（《湖北大学学报》哲学社会科学版，第33卷第6期，2006年11月）一文的综述。

四十五年（1617），宗周居家设馆讲学，“与诸生讲《论语》，日书其大旨，久而成编”，题名《论语学案》。由此可知，姑不论这几种“学案”的体例如何，至少在明代后期，黄宗羲之前，已经有以“学案”为名的著作出现，黄宗羲作为刘宗周的高足，他使用“学案”一名，不能不让人联想到是受宗周的启发。

当然，“学案”之名虽然在黄宗羲之前业已使用，但刘元卿之书“辑周子、二程子、张子、邵子、谢良佐、杨时、罗从彦、李侗、朱子、陆九渊、杨简、金履祥、许谦、薛瑄、胡居仁、陈献章、罗钦顺、王守仁、王艮、邹守益、王畿、欧阳德、罗洪先、胡直、罗汝芳二十六家语录，而益以耿定向之说”①，实际上是一部自宋迄明的理学家语录汇编。刘宗周的《论语学案》，以《论语》为纲，逐章逐句加以阐发，显然是指一部“讲义”。无论是《诸儒学案》还是《论语学案》，都不是学术史意义上的“学案”，与黄宗羲的《明儒学案》完全不同。

作为中国传统学术史的一种表达方式，黄宗羲的《明儒学案》无疑具有典型意义。梁启超说：“中国自有完善的学术史，自梨洲之著《学案》始。”②这一论断无疑是经得起检验的。但问题在于，我们既然承认黄宗羲的著作是一种“完善的学术史”，那么在黄宗羲之前，是否还有一些“非完善的学术史”？这就涉及“学案体”或者“传统学术史”著作的起源问题。事实上，“学案”编纂体例通过黄宗羲得到完善，但是，我们也必须承认，黄宗羲也是继承和发扬了学术史研究与编纂的历史传统。

首先，前面我们已经指出，中国传统学术史著述，可以在先秦两汉找到源头。

其次，汉代以来的史学传统也重视学术史的总结与评述，这体现在历代正史中的儒林传（儒学传、道学传）、艺文志（经籍志）及其他儒学人物列传上。

再次，宋代以来各种专门儒学史传的出现，对“学案体”的最终完善产生了直接的影响。如朱熹编纂有《伊洛渊源录》，从全书的内容及体例看，它与黄宗羲开创的“学案体”非常相似：第一，《伊洛渊源录》也是按照“学派”的划分来进行叙述；第二，《伊洛渊源录》各传搜集材料也比较广泛，包括各家碑志传状；第三，对各家的著述、语录以及他人的评述也有辑录；第

① 永瑢等：《四库全书总目》卷九六《诸儒学案》提要。

② 朱维铮：《梁启超论清学史二种》，复旦大学出版社，1985年。

四，行文之中也有编者的按语。

由此看来，《伊洛渊源录》实际上已经具备了后世“学案体”的诸多要素。但是，它与成熟、完善的“学案体”还有一定的差距：第一，它专为以二程为代表的伊洛学派立案，不像《明儒学案》那样基本囊括了有明一代主要的学术派别；第二，它没有像《明儒学案》那样，每个专案前面有一篇规范的“小序”。不过，也必须承认，朱熹《伊洛渊源录》这类著述形式，与“学案体”最为接近，“学案体”这种史书体制应当是在其基础上发展演变来的。朱熹之后，类似“渊源录”的著述层出不穷，如明代宋端仪撰、薛应旂重辑的《考亭渊源录》24 卷、朱衡《道南源委录》12 卷、杨应诏《闽南道学源流》16 卷、过庭训《圣学嫡派》4 卷、周汝登《圣学宗传》18 卷，等等。此外黄宗羲的老师刘宗周著有《皇明道统录》。这类以“明统定位”、阐发学术源流为主的著述，无疑为完善的“学案体”的出现提供了源头活水。

一、学案的体制

我们从《明儒学案》这一“完善的学术史”著作中，可以概括出“学案体”必须包括的五大要素：

第一，梳理学术流派。《明儒学案》共设立 52 个学案，对于有明一代 19 个学派的兴衰演变、220 位学者的生平事迹与学术成绩，都有简明扼要的记录与评述。各学派的发展演变都不是孤立的，而是互相有影响、有吸收，尤其注意阐发各学派之间的内在关系（黄宗羲称之为“学脉”）。通过对学术流派的传述和梳理，展现出一代学术思想史的全貌与发展线索。《宋元学案》由黄宗羲草创，后经全祖望、王梓材和冯云濠等学人的修订、补充和完善，历时 140 余年才最终完成。它对《明儒学案》有继承，有发展。全书共 100 卷，分 91 个学案（其中，涑水、百源、濂溪、明道、伊川、横渠、晦翁、水心、沧州诸儒等九学案分上、下卷，最后 5 卷为元祐、庆元两“党案”和荆公新学、苏氏蜀学、屏山鸣道集说三“略”）。每一学案内部安排顺序是：学案表，序录，案主本传，对案主文集、其他著述、言行、时人评论等资料的纂要钩玄，为案主的学侣、同调、门人、私淑、家学等立小传并辑录选编其著述、时人评议等资料。每一部分都力图体现学统师承，辨明学术源流。每个学案前面首冠“学案表”。这是《宋元学案》的新发展。“学案表”通过对与案主有关的学术人物予以横向和纵向的排列，阐明其师承关系和传授情况。凡与案主属讲友、学侣和同调关系的则横向排列，凡与案主属家学、门人、私淑、续传、别传关系的则纵向排列。凡某学者在书中已立案的，则于表中注明

"别为某学案"，有已附于他学案的，则注明"别见某学案"。这种"以表为文"的形式，清楚地揭示了学术渊源与传授中错综复杂的关系。

第二，阐发学术旨要。黄宗羲强调，学案必须准确地提炼出案主学术思想的"宗旨"："大凡学有宗旨，是其人之得力处，亦是学者之入门处。天下之义理无穷，苟非定以一二字，如何约之，使其在我？故讲学而无宗旨，即有嘉言，是无头绪之乱丝也。学者而不能得其人之宗旨，即读其书，亦犹张骞初至大夏，不能得月氏要领也。是编分别宗旨，如灯取影，杜牧之曰：'丸之走盘，横斜圆直，不可尽知，其必可知者，是知丸不能出于盘也。'夫宗旨亦若是而已矣。"① 一部"完善"的学案，必然会对涉及的学术旨要有精到阐发。《明儒学案》在这方面做得相当成功。如《崇仁学案》论吴与弼云："先生上无所传，而闻道最早，身体力验，只在走趋语默之间，出作入息，刻刻不忘，久之自成片段，所谓'敬义夹持，诚明两进'者也。"又论胡居仁云："先生一生得力于敬，故其持守可观。"《白沙学案》论陈献章云："先生之学，以虚为基本，以静为门户，以四方上下、往古来今穿纽凑合为匡郭，以日用常行分殊为功用，以勿忘勿助之间为体认之则，以未尝致力而应用不遗为实得。"《师说》论王守仁云："先生承绝学于词章训诂之后，一反求诸心，而得其所性之觉，曰'良知'。因示人以求端用力之要，曰'致良知'。良知为知，见知不囿于闻见；致良知为行，见行不滞于方隅。即知即行，即心即物，即动即静，即体即用，即工夫即本体，即下即上，无之不一以救学者支离眩骛、务华而绝根之病。"除概括各派学术宗旨外，对一代学术发展演变大势的把握，也是"学案体"史书的优良传统。《宋元学案》开篇第一卷的"序录"追溯宋学之源，首句即为"宋世学术之盛，安定、泰山为之先河"。追溯宋代学术之源，推及宋初三先生。过去讲宋代学术，只强调"北宋五子"，对于安定、泰山的"流亚"——"古灵四先生"也予以忽略。全祖望认为："宋人溯导源之功，独不及四先生，似有阙焉。"由此可见，注重对学术宗旨的概括、学术发展大势的阐发，是"学案体"中的应有之义。

第三，叙述案主学行。"学案"的主体部分是学人传记。与史传相比较，它除具有一般的人物传记的基本特点外，更突出对案主的学术活动、学术著作、学术思想方面的叙述，因此可以弥补史传中这方面的不足，学术史的特征也更加明显。以《宋元学案·安定学案》中胡瑗的本传为例，通过比较《宋史》本传，发现其中很多内容是《宋史》所没有的。如关于胡瑗"力学攻

---

① 黄宗羲：《明儒学案·发凡》，《四部备要》本。

苦”的一段叙述：“（瑗）七岁善属文，十三通五经，即以圣贤自期许。邻父见而异之，谓其父曰：‘此子乃伟器，非常儿也。’家贫，无以自给，往泰山，与孙明复、石守道同学。攻苦食淡，终夜不寝。一坐十年不归。得家书，见上有‘平安’二字，即投入涧中，不复展，恐扰心也。以经术教授吴中。范文正爱而敬之，聘为苏州教授，诸子从学焉。”这段学习经历的介绍，无疑对于读者认识胡瑗的学术经历至关重要。又如介绍胡瑗教学法：“（胡瑗）教人之法，科条纤悉具备。立经义、治事二斋：经义则选择其心性疏通有器局可任大事者，使之讲明六经；治事则一人各治一事，又兼摄一事，如治民以安其生，讲武以御其寇，堰水以利田，算历以明数是也。凡教授二十余年。”传文最后还详述了他“明体达用”的治学特点。关于他的著述情况：“所著有《易》、《书》、《中庸义》、《景祐乐议》。”这些材料大多采自碑传、文集和各种史书，经过精心选择，突出了学术传记的特征。在其他传文中我们也不难发现诸如此类的为史传所无的材料。这正是“学案体”作为学术史与一般史传的区别所在。

第四，选录论学精粹。这是“学案体”的一个显著特点。在对学术流派进行系统梳理、对学术要旨进行阐发的同时，选录一些最能体现该案主或学派的学术论著附于其中。黄宗羲在这方面以其实践树起了很高标准：“每见抄先儒语录者，荟撮数条，不知去取之意谓何。其人一生之精神未尝透露，如何见其学术？是编皆从全集纂要钩玄，未尝袭前人之旧本也。”① 这里的要点是，一要用第一手资料，不可转手于他人；二要精选、选准，能够很好地凸显案主的学术思想。这样，《学案》就具备了学术史和学术史料选编的双重价值。

第五，评论学术得失。学案编撰者除了客观介绍案主的学术思想外，是否应当有所评论呢？这在黄宗羲看来是理所当然的，他自己就不是一个单纯的史家，而更是一个思想家。但黄宗羲把两件事分得很清，一件是作为编者介绍案主的学术观点，一件是作为论者来批评、衡估案主。前者的关键是严守“忠实”的原则，切不可按己意去取，在介绍时更不可掺以己见，否则便可能歪曲。他之所以批评周汝登的《圣学宗传》为“扰金银铜铁为一器，是海门一人之宗旨，非各家之宗旨也”，就因为周氏本人主张禅学，“辑《圣学宗传》，尽采先儒语类禅者以入”②。也就是说，周是按自己的偏好来选录案

① 黄宗羲：《明儒学案·发凡》，《四部备要》本。

② 永瑢等：《四库全书总目》卷六二《圣学宗传》提要。

主的言论，态度有欠客观公允。黄宗羲则要求学案编撰者在介绍时尽可能全面客观，而在评论中充分表述自己的观点。介绍的不客观和评论的无独见，都是黄宗羲所不满意的。

梁启超在《中国近三百年学术史》中以黄宗羲为范例，概括做学术史的四个必要条件："叙一个时代的学术，须把那时代重要各学派全数网罗，不可以爱憎去取；第二，叙某家学术，须将其特点提挈出来，令读者有很明晰的观念；第三，要忠实传写各家真相，勿以主观上下其手；第四，要把各人的时代和他一生经历大概叙述，看出那人的全人格。"① 四条的核心便是"全面客观"四个字。

体制完善的"学案体"应以黄宗羲《明儒学案》为典型，它标志着"学案体"的真正成熟。自黄宗羲以来，不少学者从事"学案"的编著工作，"学案"的体制也出现了一些变化，呈多样化趋势。综合各种类型学案，主要有以下两类：传统学案，新编学案。为了论述的方便，我们这里只涉及自黄宗羲以来既有"学案"之名、又有"学案"之实的"学案体"著作，其他那些仅有"学案体"的部分要素，但没有使用"学案"之名的学术史著，在其他章节中再作分析。

二、传统学案

传统学案指大体依照黄宗羲开创的"学案体"的编纂方式，以一代或几代学术史为观照对象，以汇集资料、梳理源流为特色，全面、系统地反映学术发展与演变、学术传承与分派的学案体著作。这类学案由黄宗羲创立，徐世昌《清儒学案》为殿军。四川大学编《儒藏》史部有"历代学案"一类，即收录传统学案。

1.《明儒学案》62卷，(清) 黄宗羲撰

黄宗羲于清初与顾炎武、王夫之齐名，号称三大家。《黄梨洲先生年谱序》说："国初所称三大儒者，北则容城孙夏峰先生，西则盩厔李二曲先生，东南则我遗献文孝公也。维时三峰鼎立，宇内景从，无所轩轾于其间。然身世之迍邅，著述之宏富，声气之应求，公视孙、李有加焉。"② 从学术思想的深度、治学的广度而言，黄宗羲实为清初诸先生之首。黄宗羲生逢晚明多事

① 梁启超：《中国近三百年学术史》五《阳明学派之余波及其修正》，东方出版社，1996年。

② 黄炳垕：《黄梨洲先生年谱》，清同治十二年刻本。

之秋，遭逢明亡清兴之变，希望通过自己的学术研究，总结历史教训，探讨历代兴亡之因，所以他研究历史的重点便落在明代。《明儒学案》就是他总结有明一代学术史的代表作。他对明代文史下过非常深的功夫，曾纂辑过《明史案》，后又选录《明文案》，汇编《明文海》。由于系统整理过明代的文史资料，对有明一代的学术发展大势及其流弊观察入微。如他批评明代学术之弊"科举盛而学术衰"，"党朱陆，争薛王，世眼易欺，骂詈相高"①。明代学术空疏无实，其原因就在于士子疲精劳神于科举时文，不读古书，目光短浅，知识狭隘。而讲学之家各树门户，相互攻诋，致使整个学术风气每况而愈下，这就是有明一代学术发展之大势。

《明儒学案》全书分 19 个学案，把明代 200 余名学者按时代、分学派加以叙述。大致分为三个时期，四个部分。明初 9 卷，以程朱之学为主，陆象山派为次。通过这 9 卷的叙述，明初学术思想的大体分派，跃然纸上。中期则专述王学，首立《姚江学案》，叙述这一学派创始人王守仁的学术思想。以下依次分立浙中、江右、南中、楚中、北方、粤闽各学案，并皆冠以"王门"二字，以见其传授之统系。同时还另立止修、泰州、甘泉三个学案，虽都出于王学，但宗旨各有不同，故别立学案以示区别。末期则立"东林"、"蕺山"两个学案。东林以顾宪成、高攀龙为首，蕺山则仅刘宗周一人。在中期与末期之间，又另立《诸儒学案》，收录那些学派以外之学者。《明儒学案》既是一部明代学术思想史，也体现了黄宗羲本人的学术宗旨。莫晋在所作的序中说："黄梨洲先生《明儒学案》一书，言行并载，支派各分，择精语详，钩玄提要，一代学术源流，了如指掌，要其微意，实以大宗属姚江，而以崇仁为启明，蕺山为后劲。凡宗姚江与辟姚江者，是非互见，得失两存，所以阐良知之秘而防其流弊，用意至深远也。"黄宗羲之学得自刘宗周，而宗周之学出阳明，故阳明之学是《明儒学案》叙述的重点。黄宗羲倡导治学要"有宗旨"，但不可有门户，故《明儒学案》在尊王学的同时，也给明代的朱学以应有的地位。

《明儒学案》完成于康熙十五年（1676），最初以抄本的形式在一定范围内流传。康熙三十年前后，《明儒学案》出现了两种有重大差别的版本，即郑性刻本和贾润、贾朴父子刻本。道光初年，又出现了调和郑、贾二本的莫晋刻本。三种不同版本系统由此形成。过去，学术界普遍认为郑本是众本所出的善本，郭齐通过对郑、贾二本次序、案题、内容等方面的详细比较分析，

① 黄宗羲：《李杲堂文钞》，见《南雷文案》卷二。

证明郑本乃作者初稿，贾本各方面均优于郑本，应是郑本的修订本，亦即黄宗羲的晚年定本，于现存诸本中为最善。今天使用《明儒学案》，应以贾本为准。莫本正确地采用了贾本的内容，但次序、案题从郑本则未妥①。后有《四部备要》、《国朝学案》、《国学基本丛书》等本。

2.《宋元学案》100卷，（清）黄宗羲原著，全祖望补修

该书与《明儒学案》一样，并称学术史巨著。黄宗羲先独力完成《明儒学案》的撰著后，又继续撰写《宋元学案》，历时19年（1676—1695），但直到他去世时，这部著作还没有完成。宗羲卒后，子百家承父志续修《宋元学案》，按照其父创立的体例和学术宗旨，进行补充、加工。现存《宋元学案》书中保存有黄百家的许多按语，不少都长达数百字。由此可见百家确实对该书的进一步完善做了不少工作。但百家仍然没有完成《宋元学案》的订补。在《宋元学案》成书过程中，全祖望所做的工作最多。全祖望自幼钻研经史，学识渊博，尤精史学。除完成《宋元学案》外，主要著述还有《鲒埼亭文集》38卷，《经史问答》10卷，《鲒埼亭文集外编》50卷以及《读易别录》、七校《水经注》、三笺《困学纪闻》等作。他对黄宗羲的学行极为推崇，称私淑弟子。自乾隆十一年（1746）起，直到他去世前一年，共历9年时间，全力补修《宋元学案》。他曾经提到："予续南雷《宋儒学案》，旁搜不遗余力。盖有六百年来儒林所不及知而予表而出之者。"② 因此对《宋元学案》做了大量的订补。但在全祖望去世时，《宋元学案》全书仍未最后完成。大约又历80年，至道光年间，由浙东人士王梓材、冯云濠搜访书稿，经过整理校定，又历7年而成，时为道光十八年（1838）。从宗羲始修至此书最后完成，前后约经过160年。但初刊本刻成不久，就因鸦片战争爆发，英军侵入浙东，书版毁于战火。王梓材收拾残稿，再历3年，校勘重刊，是书才得以流行于世。

《宋元学案》的最终完成经历了很长时间，凝聚了几代学人的心血。其主体部分由黄、全二人完成。那么，黄、全二人所做的工作各占多少？王梓材《刊例》说："梨洲原本无多，其经谢山续补者十居六七。"这一说法曾经很有影响，如金毓黻、仓修良等都认为《宋元学案》的大部分工作由全祖望完成。梁启超、张舜徽、吴枫等认为黄宗羲仅完成了17卷。近年有学者提出不同的看法，认为黄宗羲所立篇卷占《宋元学案》全书的三分之二，也就是说，黄宗羲所撰内容约占十分之六七。吴光在《宋元学案补考》中说："今存《宋元

① 郭齐：《说黄宗羲明儒学案晚年定本》，载《史学史研究》2003年第2期。

② 全祖望：《蕺山相韩旧塾记》，见《鲒埼亭文集》卷三〇。

学案》百卷何氏刻本中，有67卷属黄氏原本而由全氏修补而定。……由此可见，编纂《宋元学案》初稿的主要功绩，应归于黄宗羲和黄百家父子。”① 卢钟锋也说：“从案卷的设立情况看，全书一百卷，立案九十一个，而为宗羲所立者凡六十七卷，五十九个学案，占全书所立案卷三分之二左右。《宋元学案·刊例》谓‘梨洲原本无多，其经谢山续补者十居六七’，这显然与本书案卷设立的情况不符。”② 我们认为，两种看法其实并不矛盾。黄宗羲奠定了《宋元学案》的体例，设计了大部分篇卷，而只完成了十分之三四的撰写工作。由于天不假年，大部分修补工作由全祖望来完成。

全书收载91个学案，记宋元学者两千余人。每案首列一表，备举案主师友、弟子及其师承系统，继而阐述生平、思想、著作，末附诸人轶事及后人评论。

《宋元学案》在编纂体例上对“学案体”做了进一步的完善，通过其“序录”、“学案表”和人物传记，全方位地勾勒了宋元时期各学派的源流。同时，通过对这个时期学术史上一些问题的细致考察，为人们认识宋元学术史提供了许多有益的启示。如以安定、泰山为宋代学术之滥觞，将其列在《宋元学案》之首，就是全祖望深入具体考索的结果。他的这一见解，现在已经为学术界广泛接受。又如关于二程与周敦颐的关系，是历史的疑案，但它又关系到二程洛学思想的渊源、形成及特点，不能回避。全祖望依据很多史料做了详细考证，提出了自己的看法。《宋元学案》还通过“案语”等方式，适当提出自己对某些问题的意见。更为重要的是，《宋元学案》作者对大量文献材料钩玄提要，为我们提供了有关宋元学术思想许多具体生动的第一手资料。王梓材在《校刊宋元学案条例》中说，《宋元学案》比《宋史》“特加精详”的列传之文，“语多本之《永乐大典》”。这些材料我们很难再看到原本，弥足珍贵。此外，《宋元学案》在纂辑材料时，注意综罗各家文献，兼取各家之说，对材料多加以考证、鉴别，尤其对《宋史》的记载有很多补充、订正。正因为它资料翔实，考证精审，论断准确，从而成为后世研究宋元学术史思想最重要的参考文献之一。

该书目前通行本主要有商务印书馆排印本（《万有文库》本）、世界书局

---

① 吴光：《黄宗羲遗著考·宋元学案补考》，见《黄宗羲全集》第六册附录，浙江古籍出版社，1992年。

② 卢钟锋：《论宋元学案的编纂、体例特点和历史地位》，载《史学史研究》1986年第2期。

《四朝学案》本、中华书局《四部备要》本，以及中华书局1986年初版、后多次印刷之陈金生、梁运华点校本。

3.《宋元学案补遗》100卷，（清）王梓材、冯云濠编

王梓材（1792—1851），初名梓，字楚材，后更字梓材，以字行，学者称朦轩先生，鄞县（今属浙江宁波）人。著名学者。冯云濠，字五桥，浙江慈溪人。清末藏书家。他们经数年访求积累，对《宋元学案》书稿做了大量考订校补工作，该书即王、冯二人在校定《宋元学案》过程中增补而成，初编成42卷，有抄本存世。后扩展为100卷，别附《宋元儒博考》3卷。全书框架一依《宋元学案》，其所补内容，一是新增传主，二是增补《学案》已有传主的言行资料，三是补充标目。其《宋元儒博考》3卷所收为师承关系无考、在《宋元学案》中无学案可归，而又较重要、不能不收之人。全书有大量的按语，主要是对史实的考辨和对补辑工作的说明。

《宋元学案补遗》在《宋元学案》基础了做了较多的增补。除对《学案》已收人物补充其生平事迹、著述和评论资料外，还对《学案》未收或失收的人物做了增补，所增大多是名不见经传的士人，这就大大扩展了《宋元学案》的收录范围。该书的特点在于全面，往往巨细无遗。就史料而言，如果说《学案》的特点在"精"，则《补遗》的特点在"全"。当然，《补遗》也并不仅仅以多取胜，它对《学案》也做了不少重要的增补。所录传记大多节录史书原文，不以己语杂之。特别是传记、著述和语录节要、附录均注明出处，便于读者复查。但《补遗》分量超过《学案》，也存在收录较滥的缺点。此外，由于编者学识所限以及成稿后没能进一步修订，该书某些传记和著述节录在选择取舍上不尽得当，大量照录方志而未加甄别，一些内容可靠程度不高，资料前后尚多重复。但总的来讲，该书搜集了大量材料，仍不失为一部有价值的学术史资料汇编。

该书定稿于道光二十一年（1841）八月。民国二十六年（1937）刻入《四明丛书》第五集，近年上海书店《丛书集成续编》曾据此影印。人民出版社即将出版杨世文、舒大刚等人的校点整理本。

4.《国朝学案小识》14卷，（清）唐鉴撰

唐鉴（1778—1861），字镜海，善化（今湖南长沙）人。嘉庆十四年（1809）进士，改庶吉士，授检讨，历任浙江道监察御使、山西按察使、浙江布政使等。最后内召为太常寺卿。唐鉴治学"潜研性道，宗尚闽洛诸贤"（《清史稿》本传），是晚清著名的理学家，除本书外，还著有《读易小识》、《朱子年谱考异》、《省身日课》、《易反身录》等阐发理学的著作。

《国朝学案小识》成于道光二十五年（1845），集中体现了他的道统思想。此书的宗旨主要有两条：第一是“卫道”，第二是“辨学”。沈维序称此书之作“盖纯从卫道、辨学起见”，“以救阳儒阴释之弊而存道脉之真”[①]。所谓“卫道”，即护卫“孔孟程朱之道”，“道脉”，即程朱一脉。唐鉴在书中专门设立了“传道”、“翼道”、“守道”三个学案。凡是“心程朱之心，学程朱之学”，使其晦而复明、废而复行者，如陆陇其、张履祥、陆世仪、张伯行等四人，入“传道学案”；凡辅翼“孔孟程朱之道”，因而使其“道”不“孤”，使“乱道者不能夺其传”者，如汤斌等十九人，入“翼道学案”；凡信守“孔孟程朱之道”，“独立不惧，百折不回”，因而使其“道”不致“沦丧”、“灭裂”者，如于成龙等四十四人，入“守道学案”。这三个学案，都是为表彰“卫道”而设的[②]。所谓“辨学”，是指辨“训诂之学”和“阳儒阴释之学”。为此，唐鉴专门设立“经学”、“心宗”两学案。他认为，“孟子之后，传圣人之道以存经者，朱子一人而已矣，其他则大抵解说辞意者也，综核度数者也”[③]。就是说，自孟子之后，实际上存在着两种经：一种是朱熹所治的“传圣人之道”的经，一种是只“解说辞意”、“综核度数”而不“传圣人之道”的经。后人将唐鉴所说的这两种经解释为“道德性命之经”和“字里行间之经”。所谓“字里行间之经”，就是“但训诂其文字，考察其典章，重名物不重心身，知猎取不知格致”之经。正因为存在着两种经，所以有“辨”之必要。辨经的目的，是为了护卫“传圣人之道”的“道德性命之经”，贬抑非“传圣人之道”的“字里行间之经”。由此可见，“经学学案”之设立，是试图通过辨经以“卫道”。至于“心宗学案”之设立，则是旨在辨王学之非。唐鉴说：“夫学之所以异，道之所以歧，儒之所以不真”，“皆由不识格致诚正而已”。又说：王守仁“援象山之异，揭良知半语为宗旨，托龙场一悟为指归，本立地成佛，谓满街都是圣人，大惑人心”，“天下闻风者趋之若骛，骎骎乎欲祧程朱矣”。[④]而自“无善无恶之说倡，天下有心而无性矣。有心而无性，人非其人矣，世安得不乱！”[⑤]故必须设立“心宗学案”以辨其非。[⑥]

---

① 唐鉴：《国朝学案小识》卷首沈维《序》，商务印书馆《国学基本丛书》本。

② 唐鉴：《国朝学案小识》卷首《学案提要》。

③ 唐鉴：《国朝学案小识》卷首《学案提要》。

④ 唐鉴：《国朝学案小识》卷首《叙》。

⑤ 唐鉴：《国朝学案小识》卷首《学案提要》。

⑥ 参见卢钟锋：《中国传统学术史》，河南人民出版社，1998年，第427～429页。

唐鉴在晚清考据之学渐衰、理学复兴的学术背景下作《学案小识》，共收清初至嘉庆学者 261 人，对有清一代学术史进行“明统定位”，作较全面的总结。其书虽囿于门户之见，尊程朱，抑陆王，但对于研究清代理学史仍有重要参考价值。

《国朝学案小识》有光绪十年刻本、《四部备要》本、《万有文库》本、《四朝学案》本、川大《儒藏》本等。

5.《两汉三国学案》11 卷，(民国) 唐晏撰

唐晏 (1857—1920)，名震钧，字在廷，号涉江道人，满族人，本姓瓜尔佳氏，唐晏是他的汉名。曾任江苏江都知县。晚年执教于京师大学堂，又任江宁八旗学堂总办。博学多闻，好著述，除《两汉三国学案》外，尚有《八旗人著述存目》1 卷、《渤海国志》4 卷、《天咫偶闻》10 卷、《庚子西行记事》1 卷、《陆子新语新校注》2 卷、《洛阳伽蓝记钩沉》5 卷。

该书撰成于民国三年 (1914)，实际上是一部以两汉三国时期经学演变为对象的断代经学史。虽然借用“学案”之名，但与《宋元学案》、《明儒学案》、《清儒学案》皆有重大区别，其体裁属于“类传体”性质，因此是传统学案的变体。其特点是：以经为纲，因经分派，依派系人。全书为之立卷的儒家经典共 9 种，按《易》(2 卷)、《书》(2 卷)、《诗》(2 卷)、《礼》(附《乐》，共 1 卷)、《春秋》(2 卷)、《论语》、《孝经》、《孟子》、《尔雅》(共 1 卷) 顺序排列，最后是《明经文学列传》(1 卷)。卷首有按语，总序该经的流传概要；卷末有总论，总结两汉三国时期该经的传习大势。每经之首还有传经分派表，按各个流派详细罗列传习该经的重要人物。正文按派分传，摘录经学家的传记资料，以及有关经学的重要著述资料。有的地方唐晏还加按语，进行评论。其分门别类，结构谨严，层次清楚，脉络分明。

唐晏在该书《凡例》中明确地说：“是书之作，本期明道。故其人之学行无愧孔子徒者，无不备载。”故书中随处贯穿着他“尊经重道”的思想。在人物的取舍上，强调“事虽取之于史，而其义则必求合于经。必不倍圣门之旨者，乃始取之，以继孔孟之绪”。在此思想的指导下，该书重视对两汉三国时期的经学流派及其传承、演变的考察和辨析。而其考察和辨析之中，始终贯穿着尊鲁学、黜齐学，重今文、轻古文，重大义、轻训诂的学术倾向。唐晏认为西汉今文经学讲究“通经致用”，经术辅治，“此岂章句小儒所能望其肩背乎!”① 今文经学、鲁学与孔门之旨更为接近；至于古文经学、齐学，则已

① 唐晏：《两汉三国学案》卷二。

于圣人之旨有失。所以唐晏于《春秋》，尊《穀梁》而黜《左传》；于《诗》，尊《鲁诗》而斥《毛序》；于《论语》，尊《鲁论》而排《齐论》。对于以贾逵、马融、服虔、郑玄为代表的东汉古文学家，也颇有微词，认为汉儒传经至此而“变今从古”，指斥他们“菲薄前人”，尽废“两汉博士所传”而“别求古学”①。所谓“两汉博士所传”，是指今文经学而言。他引徐幹（伟长）之言曰：“凡学者大义为先，物名为后，大义举而物名从之。然鄙儒之学也，务于物名，详于器械，考于训诂，摘其章句，而不能统其大义之所极，以获先王之心。此无异于女史诵诗、内竖传令也。故使学者劳虑而不知道，费日月而无成功。”② 故他着重表彰今文经学的“微言大义”，体现了借尊经以明道、“继孔孟之绪”的思想意图。他的这一倾向是与晚清今文经学复兴一脉相承的。

该书取材范围比较广泛。人物传记主要取之于《史记》、《汉书》、《后汉书》、《三国志》等正史，此外，唐晏还留意到其他一些文献资料，如《华阳国志》、《会稽典录》、《高士传》、《列女传》、《隶释》及汉碑等，都在其搜罗范围之内。著述资料除正史所引之外，还旁及《通典》、《五经正义》、《周易集解》等。当然，该书摘录文献与原著不无出入，个别字句增减有损原意，尚需斟酌。对于两汉三国时期经学发展大势以及个别经学家的评价也不无可议之处。但这也只能算是白璧微瑕。该书荟萃资料，网罗放失，对于研究两汉三国时期儒学、经学的发展，具有较高的参考价值。

该书撰成之后，即由潮阳郑氏刊入《龙溪精舍丛书》。中华书局 1986 年出版吴东民点校本，是目前最通行的本子。

6.《清儒学案》208 卷，（民国）徐世昌撰

徐世昌（1855—1939），字菊人，号东海，别号“水竹村人”、“石门山人”、“退耕老人”，天津人。光绪十二年（1886）进士，以翰林院编修兼任国史馆及武英殿协修。历任东三省总督、军机大臣，民政部、邮传部尚书以及内阁协理大臣等。民国袁世凯时期，出任过国务卿（民国三年）、北洋军阀时期曾任大总统（民国七年）。晚年息隐津门，过着“隐居著述”的生活，仍以“清室遗老”自居。他出身翰林，博学多才，文章诗词书画皆精，传统文化造诣很深。退隐后，在北京班大人胡同设立“徐东海编书处”，历时十年，编成《清儒学案》，并创作诗词五千余首，楹联 1 万余对。他在思想上服膺旧文化，

① 唐晏：《两汉三国学案·序》。

② 唐晏：《两汉三国学案·凡例》。

对有清三百年来的学术文化尊崇有加。在《清儒学案·序》中说："吾国三百年来，名儒辈出，远绍宋明。……窃不自揆，谨撮举其言行著作，钩玄提要，汇为一编，以继梨洲二书之后，愿与世学人共相参考，裨知学术为天下之公，殊途同归，咸主于有用。因学以明道，修道以为教，冀以端本善俗，范围曲成。凡属斯民，各尽其天畀之聪明，尊所闻，行所知，皆优游于礼让道德之中，用臻一代文明之盛，岂不懿欤!"他主持编修《清儒学案》，目的就是通过对有清一代学术史的总结，达到"明道善俗"，尊孔崇儒，回应西学的挑战。

《清儒学案》的编修始于民国十七年（1928），成于民国二十七年（1938），历时十载。根据过溪《清儒学案纂辑记略》，《清儒学案》的具体纂修者，除闵尔昌外，前后还有夏孙桐、金兆蕃、王式通、朱彭寿、沈兆奎、傅增湘、曹秉章和陶洙，凡九人，后复聘张尔田，皆一时学界名流。虽然此书系集众人之力而成，但是，由于是在徐世昌主持下编修并由他发凡起例和审读定稿的，因此，将其挂在徐氏的名下实不为过。全书凡 208 卷，列入正案者 179 人，附案者 922 人，诸儒案者 68 人，共 1169 人。上起明清之际孙奇逢、顾炎武、黄宗羲，下迄清末民初宋书升、王先谦、柯劭忞，清代学林中人，举凡经学、理学、史学、先秦诸子、天文、历算、文字、音韵、方舆、地志、诗文、金石、校勘、辑佚等多种学科门类，无不囊括其中。无论是就其涵盖面之广，包容量之大，涉及学术门类之多，为之立传人物之众，时间跨度之长，都远在江藩、唐鉴诸书之上。正是从这个意义上说，《清儒学案》堪称为"清代的学术通史"。《清儒学案》体例虽仿《明儒学案》、《宋元学案》，但又有所变革。例如在处理"附案"方面，《宋元学案》附案有"学侣"、"同调"、"家学"、"门人"、"私淑"、"续传"六种，有的还有"再传"、"三传"，显得比较琐细，而《清儒学案》删繁就简，《附案》只有"家学"、"弟子"、"交游"、"从游"、"私淑"五类，眉目清朗。《清儒学案》每篇也有小序，概述各家宗旨。然后是学者传记。传记之后选录其代表著作，以经、史、子、集为序，先专著而后文集。传记取材极为广泛，几遍清人传记各书，且均注明出处。虽然不及《宋元学案》、《明儒学案》取材之精，但全书体例严整，内容宏富，取材广泛，少有门户之见，基本能反映有清一代的学术史，而所收经学家数量之多，更居各学案之冠，至今尚未有能取而代之者。

清代学术异彩纷呈，汉学宋学、经学理学、义理考据，争奇斗艳。《清儒学案》在对清代学术进行梳理的过程中，始终围绕着汉学与宋学以及程朱与陆王之间的相互关系这一主线进行的。事实上，汉宋之争、程朱陆王之争、

义理考据之争，构成了清代学术史的基本内容，决定了清代学术史的基本走向。《清儒学案》通过翔实可信的资料，对清代学术发展的基本线索做了非常清晰的勾画。对于清代学术的渊源流变的论述，也颇为精到。如清学开山，首推顾炎武。《亭林学案·序》论曰："亭林之学，实事求是，不分汉宋门户，经世致用，规模闳竣，为有清一代学术渊源所自出。后之承学者，因其端以引申之，各成专家，而兢兢以世道人心为本，论学论治，莫能外焉。此其学之所以大也。"清代中叶，汉学盛行，但其渊源可以上溯到清初顾炎武、张尔岐、朱彝尊以考证见长的治学传统。而按照《清儒学案》的观点，其直接的"先声"则肇始于徐乾学。《健庵学案·序》在论及康熙朝的"文治昌明，儒臣承法宣化"时，特将徐乾学与"理学名臣"熊赐履、李光地并提，谓"提倡理学则有熊孝感，荟萃群经则有李安溪，而健庵博识多通，史学、舆地、礼制、掌故，延纳众长，规模宏大，乾嘉学派之先声，于此肇焉"。按历来研究乾嘉汉学者，多以安徽婺源江氏（永）、江苏元和惠氏（周惕）为先河，卢钟锋认为："对徐乾学在清代学术史上的地位作如此高的评价，实为清学研究中所仅见。"①

《清儒学案》网罗文献非常丰富。与《清史稿·儒林传》相比，《清儒学案》的入案学者增加了数倍，搜求文献之广，用功之大，也不是《清史稿》所能比拟的。由于历史和认识的局限，《清儒学案》中的某些观点可能已经过时，疏失，错讹亦所在多有。然而其文献价值则无可取代，应予以充分肯定。陈祖武称："今日学人研究清代学术史，《清儒学案》实为不可忽视的重要参考著述。"②

该书目前已有多种整理本，如四川大学古籍所《儒藏》本（四川大学出版社，2005年），沈芝盈、梁运华点校本（中华书局，2008年），陈祖武点校本（河北人民出版社，2008年），舒大刚、杨世文等点校本（人民出版社，2010年）。

以上五部综合性学案，基本上构成了详尽、完备的两汉三国、宋元、明、清时期以儒学为主干的中国学术史。

三、新编学案

自从徐世昌纂辑《清儒学案》以后，传统"学案体"为主的学术史逐渐

① 参见卢钟锋：《中国传统学术史》，第520～521页。

② 陈祖武：《清代学术研究中的三个问题》，《人民日报》2004年8月27日第14版。

退出了历史舞台，代之而起的是各类新型的学术史，如梁启超的《清代学术概论》、《中国近三百年学术史》，以及钱穆与之同名的著作，等等。但是由于“学案体”在汇集学术资料、叙述学者学行方面具有独特的优势，因此仍然受到一些治学术史的学者青睐。何龄修、吴锐认为：“作为一种古老的著作形式，学案的独特作用至今仍具有生命力。它通过对学者的个案研究，表现学术成就和学术源流，成为别具特色的一种学术史。”① 现代学者或继承旧式“学案体”的编纂方法，略加变通，或借“学案”之名，加以损益，撰写学术史著作，从而形成新编学案。这些新编学案既有纵贯一代的综合性学案，还有一些专门性的学案，相当于专题性学术史。早在20世纪前期，就有这类学案，如梁启超的《墨子学案》、郎擎霄的《孟子学案》、熊公哲的《荀卿学案》和王恩洋的《老子学案》、《孔子学案》、《孟子学案》，等等。到20世纪后期，这类著作逐渐增多，体裁各异，以下介绍几部有代表性的新学案。

1.《朱子新学案》，钱穆撰

《朱子新学案》煌煌五巨册，百余万言，在20世纪60年代港台学界中，此书堪称巨著。钱氏对朱熹学术思想的各个方面都做了细致的梳理，举凡《文集》、《集注》等书所论相关的概念，都能采撷。对学者研究而言，此书搜罗朱熹思想资料非常详尽，甚便参考。内容约分为三大部分：1. 思想之部：分为“理气”与“心性”两部分；2. 学术之部：分为经学、史学、文学三部分，并添附校勘、考据、辨伪与游艺、格物之学；3. 行事之部：虽然已有清人王懋竑《朱子年谱》考证綦详，但钱氏也重点考述了朱子早年从游延平之始末，及其对北宋五子与南宋湖湘之学、浙东之学之评述，以及朱陆异同等篇，这些也与朱子生平学行关系甚大。书后有索引，颇利查考。书首有“朱子学提纲”，分32段论述朱子学之大要，为读者指示朱子学之门径。钱氏对朱子在中国学术史上承先启后之地位评价极高，认为“朱子崛起南宋，不仅能集北宋以来理学之大成，并亦可谓其乃集孔子以下学术思想之大成”②。有学者指出他的宋明理学著作可以说都是在为这个信念作注脚③。

《朱子新学案》1971年台北三民书局出版。1986年巴蜀书社出版。

2.《清儒学案新编》8卷，杨向奎撰

---

① 《百年学案·前言》，辽宁人民出版社，2003年。

② 钱穆：《朱子学提纲》，第1页。

③ 杨儒宾：《战后台湾的朱子学研究》，载《汉学研究通讯》第19卷第4期，台北：汉学研究中心，2000年11月，第572～580页。

杨向奎（1910—2000），字拱辰，现代中国史学家。先后致力于中国社会史、经济史、思想史、学术史、历史地理的研究，著述宏富。著有《西汉经学与政治》、《中国古代社会与古代思想研究》、《中国古代史论》、《清儒学案新编》、《大一统与儒家思想》、《宗周社会与礼乐文明》、《绎史斋学术文集》、《缮经室学术文集》和《中国屯垦史》（合著）等。

20世纪80年代初，杨向奎有感于徐世昌主编的《清儒学案》作为一代学术史资料长编虽然功不可没，但问题不少，未为尽善，故发愿重写《清儒学案》。1982年，杨氏提出即将编纂的《清儒学案新编》将以清代学术源流为纲而列出子目，其人或减于前，而文或繁于旧，从而避免"庞杂无类"之病，起到学术思想史及学术思想史料选编的双重作用。全书共8卷：第1卷收录自孙奇逢至李光地等18人的学案；第2卷收录自陈确至魏禧等18人的学案；第3卷收录自马骕至李绂等15人的学案；第4卷收录自庄存与至康有为等11位今文学家的学案；第5卷收录自江永至孙诒让等11位汉学家的学案；第6卷收录自邵晋涵至章炳麟等11人的学案；第7卷收录自朱筠、朱珪至蔡元培、罗振玉、王国维等近代学者共11人的学案；第8卷收录自王鸿绪到孟森、梁启超共12人的学案。90年代末在编写《杨向奎先生学术研究和著作编年》时，杨氏特意强调说：《清儒学案新编》第4卷和第5卷是全书的核心，"希望读者注意"。这是因为：两卷中所论述的今文学派和汉学派，可以说是清代学术界两大流派，都是主流①。

《清儒学案新编》共8卷，第1卷于1985年由齐鲁书社出版，到1994年3月，全书出齐。

3.《百年学案》，杨向奎等撰

该书分上、下册。《前言》写道："本课题采用学案的形式，每个学案5万字（但不严格限定字数），分两部分：一是研究者对所写人物作综合的学术评介，约3万字；二是研究对象本人的学术史料，约2万字。本课题是20世纪一批著名学者的学案。由于本课题所选20世纪著名学者具有代表性，通过提示20世纪学术薪火相传的宏大场面，为20世纪学术保存可信的史料。""本课题作者有的是所选著名学者的后代，有的是学派传人，有的是著名学者的专门研究者"。全书共写了13位著名学者的学案，其中孟森、鲁迅、刘半农等3位都生活在1949年以前，陈垣、熊十力、陈寅恪、胡适、郭沫若、顾

① 参见李尚英：《试述杨向奎教授的学术贡献》（下），载《中国社会科学院研究生院学报》2001年第4期。

颉刚、蒙文通、钱穆、冯友兰、傅斯年等10位则跨越了现代和当代。

该书由辽宁人民出版社2003年出版。

4.《现代新儒家学案》，方克立、李锦全撰

方克立、李锦全皆为当代学者、哲学史研究专家。

现代新儒家是“五四”前后我国学术界形成和发展起来的一个思想文化流派。其代表人物有梁漱溟、熊十力、马一浮、张君劢、钱穆、冯友兰、贺麟、方东美、唐君毅、徐复观、牟宗三等人。作为一种文化思潮，至今在海内外还很活跃。现代新儒家首先是相对于先秦原始儒学、宋明理学而言的，所以在学界又被称为“第三期儒学”。牟宗三在《儒家学术之发展及其使命》中曾经对儒学发展有一个总的概括，他认为，第一期儒学以孔、孟、荀的思想学说为代表，先秦是原始儒学“典型之铸造期”；第二期儒学，以濂学（周敦颐）、关学（张载）、洛学（程颢、程颐）、闽学（朱熹）与心学（陆九渊、王阳明）为代表，是一个为理学“彰显绝对主体性时期”。而到了第三期，也就是近代以来，儒家文化受到西方文明的冲击而陷入了前所未有的困境之中，传统价值、伦理观念受到空前的挑战。就在反传统的呼声甚嚣尘上之时，梁漱溟首先打出了“新孔学”的旗帜。现代新儒家作为一股文化思潮与文化、哲学派别，是在中西文化剧烈冲撞中诞生的，它是作为对东渐的西方科学主义、实证论哲学、尤其是作为“全盘西化即现代化”论的对立面出现的。它要重新倡导传统价值中“为天地立心，为生民立命，为往圣继绝学，为万世开太平”的信念宗旨。所以现代新儒家的思想中普遍带有一种本土文化中心论倾向。1986年底，“现代新儒家思潮研究”被列为国家哲学社会科学“七五”重点研究项目。接着以方克立、李锦全二教授为首，成立了全国性的现代新儒学研究课题组。课题组从搜集最基本的资料开始，十多年来持之不懈，取得了令人瞩目的成绩。首先，编辑了一套15册的《现代新儒学辑要丛书》，内容包括现代新儒家15位著名代表人物的论著辑要，计600多万字，分别于1992年和1995年由中国广播电视出版社出版。又编撰了一套《现代新儒家学案》，立案的有11位代表人物，分上、中、下三册，计216万字，由中国社会科学出版社1995年出版。

5.《王船山学案》，陆复初撰

陆复初，当代云南学者。侯外庐于1944年出版了一本《船山学案》，用马克思主义的观点方法系统总结王夫之的学术思想，影响很大。陆复初该书使用“学案”之称，与侯氏相似，实际上是一部关于王夫之学术思想的研究性著作。作者在通读船山全部著作的基础上编选原著资料，阐微钩沉，搜罗

颇富，不仅对其哲学思想诸层面广为采辑，且于人们所忽视的社会政治思想、经济思想、民族思想、军事思想和文艺思想也多方发掘。而且编选的纲目自成体系，每一主题下所加编者按语及一些重要段落的注释、评析，表明作者之用心，往往驰骋古今、吞吐各家，而时出新意。至于全书首列之《导言》，不仅论及船山“奋斗的一生”及其学术发展的三个阶段，而且为说明船山思想的来源及其特殊贡献，追溯到整个中国历史与文化发展的特点，并就船山思想的要点做出了新的概括（萧萐父序）。

该书由湖北人民出版社 1987 年出版。

6.《仲尼弟子学案》30 篇，吴静安撰

吴静安，1915 年生，江苏仪征人。好仪征刘氏《左传》之学，著有《春秋前传》、《春秋后传》、《春秋名字解沽补》、《郑注论语疏证》、《广春秋氏族谱》、《战国大事表》、《两周金石简帛丛录》、《乐记集存》、《杜预氏族谱补亡》、《先秦诸子辑佚七十种》、《夏殷春秋》、《春秋地理今释》、《笔录七略辑佚》、《春秋左传旧注疏证续》、《五胡十六国世袭表》等。

《仲尼弟子学案》共 30 篇，其中《伯鱼子思学案》发表于《南京晓庄学院学报》第 19 卷第 1 期（2003 年 3 月），分《伯鱼》、《子思生平》、《子思思想概要》等节。《曾子学案》发表于《南京晓庄学院学报》第 19 卷第 3 期（2003 年 9 月），分《曾子思想概述》、《曾子论孝与孝经》、《曾子十篇举要》、《曾子佚事》、《曾子门人》等节。以辑录有关古籍中所记孔子弟子的生平、思想、学术、门人资料为主，并将这些资料通过作者的叙述加以贯穿，并有评述。

此外，1999 年，北京图书馆出版社出版了《二十世纪中华学案》，收录 47 位对 20 世纪中华文化发展做出杰出或重大贡献的已故学者的学案。全套学案共分 10 卷，大体按学科、学派、年代分卷：综合 2 卷、史学 2 卷、哲学 4 卷、文学 2 卷。综合卷所收均是在学术上有多方面贡献的学者。文学卷只收文学研究论著，不收文学作品。2002 年，陕西人民教育出版社也出版的《20 世纪百年学案》，按哲学、历史、文学分卷，对百年中国的学术史进行了认真的总结和检视。柯兆利著有《阳明学案》（香港人民出版社，2005 年）。

另外值得一提的是，由四川大学古籍所十余位专家学者完成的一套大型儒学史研究丛书《中国儒学通案》，2010 年由人民出版社出版了首批成果。该套丛书由舒大刚、杨世文任主编，李文泽、郭齐、刁忠民、王智勇、邱进之、金生扬、张尚英等通力合作，花费 8 年心血，终于成书。全书共 10 种，达 1700 万字，是一部以“学案体”形式编纂的儒学发展演变史。《中国儒学通案》大体包含两方面的内容。第一，补撰《周秦学案》、《魏晋学案》、《南朝学案》、《北朝学案》、《隋唐五代学案》。由于这三个时段的儒学发展情况不同于宋元明清，故编纂方式亦有所差别。具体说来，主要从所谓“传道”与“传经”两个方面进行研究整理。以《周秦学案》来说，首先列出儒学传承表、儒学纪年表。在传道方面，着重儒学思想的传承、孔子及其弟子、所谓儒家八派、孟子学术源流、荀子学术源流的考订、学术思想资料的辑录，兼及儒家与诸子之关系的考订。在传经方面，考订六经的源流、师传关系。《魏晋学案》、《南朝学案》、《北朝学案》与《隋唐五代学案》将经典传授与人物、学派师承关系并重。在经典传授方面，详细考订了经典传授源流，全面反映经学研究的状况。在人物、学派方面，对这一时期学术史上有相当影响的儒学（经学）家设立专案，考订他们的师承源流，生平事迹，辑录他们的学术思想资料，全面反映这段时期的儒学学术成就。第二，对《两汉三国学案》、《宋元学案》、《宋元学案补遗》、《明儒学案》、《清儒学案》进行重新整理、校点工作。两汉、宋元、明代还有大量的儒学资料、儒学人物可以补充，原有标点本的校勘、标点也不无可议之处。清代、近现代学者的大量研究、校勘成果也需要加以吸收。为此，校点者做了大量的基础性工作，从版本、目录、校勘等方面对这些已有学案进行深度加工，力图为学术界贡献一套校勘精审、体例得当、方便实用的学术成果。通过新编与整理，形成一部以儒学传承为主干、采用传统“学案体”的著述方式、纵贯先秦到清朝末年的完整的学术史。它集人物传记、学术资料、学派传承、学术评价于一体，既是学术研究成果的结集，又是学术资料的汇编。它既可以为学术史研究提供非常丰富、完备的素材，其本身也是一部比较完备的中国儒学通史。

第二节 学统源流

除了上述“学案体”著作外，还有很多论学明统的“准学案体”著作。四川大学编《儒藏》史部“儒林史传”类收录了“学统源流”和“正史儒传”类著作（四川大学出版社，2009 年）。学统源流类著作体例可分为三种类型：一类是著述仅由传记构成，如魏一鳌的《北学编》、魏裔介的《圣学知统录》和《圣学知统翼录》、张伯行的《道统录》。第二类著述不仅有传记，还有作者的按语或附论，如熊赐履的《学统》、张夏的《洛闽源流录》、汤斌的《洛学编》、汪佑的《明儒通考》等。第三类著述除有传记、按语或附论外，还收录传主代表作的节录或语录，如孙奇逢的《理学宗传》，范镐鼎的《理学备考》、《国朝理学备考》及《广理学备考》，窦克勤的《理学正宗》等。按照叙述范围划分，可将这些著作归纳为三种情况：

第一种是通代性的源流史，叙述长时段的学术源流演变历程，或者起自先秦，或者始于汉、宋，如孙奇逢的《理学宗传》（汉代至明代）、熊赐履《学统》（先秦至明代）、魏裔介的《圣学知统录》（先秦至明代）和《圣学知统翼录》（先秦至明代）、范镐鼎的《理学备考》（汉代至明代）、窦克勤的《理学正宗》（宋代至明代）、朱显祖的《希贤录》（先秦至明代）、张伯行的《道统录》（先秦至宋代）等。

第二种是断代性的源流史，只论述一两个朝代的学术历史，涉及的时段较短。如冯从吾的《元儒考略》（元代）、汪佑的《明儒通考》（明代）、张夏的《洛闽源流录》（明代）、范镐鼎的《国朝理学备考》（清代）和《广理学备考》（明代）、张伯行的《伊洛渊源续录》（宋元两代）和《道南源委》（宋代）等。

第三种是区域性的源流史，叙述某一地区范围的学术历史，如汤斌的《洛学编》（河南）、耿介的《中州道学编》（河南）、魏一鳌的《北学编》（河北）、冯从吾的《关学编》（陕西）、李清馥的《闽中理学源流考》（福建），等等。

一、通代源流史

中国传统儒学文化虽然是一个整体，“宪章文武，宗师仲尼”，但它并非铁板一块，其间还出现过众多的流派。孔子死后，“儒分为八”，汉代经学，派分今古，学有齐鲁，家法师法，各自名学。南北对峙，则有南学、北学。宋代是中国文化发展的一个高峰，而宋代儒学，也表现出与此前的汉唐儒学不同的特征，重心得，喜发挥，鄙薄汉唐，崇尚义理，注重“内圣外王”，并对佛道二教的思想理论加以吸收，形成一种“新儒学”。庆历之际，学统四起，形成王安石新学、司马光涑水之学、张载关学、周敦颐濂溪之学、邵雍象数之学、二程洛学、苏氏蜀学等众多学派。至南宋，有胡宏、张栻的湖湘之学、朱熹的闽学、陆九渊的江西之学、吕祖谦的金华之学、叶適的永嘉之学、陈亮的永康之学等等学派。其中以朱熹为代表的理学和以陆九渊为代表的心学最有影响。这些学派之间既互相影响、吸收，又互相论战、拒斥，表现出空前活跃的学术气氛。宋代以后，降及元明，理学完全占据了统治地位，成为中国封建社会后期的官方意识形态。清代朴学兴起，宋学转衰，但仍然是官学的正统思想。学者士大夫标榜“六经尊孔孟，百行法程朱”，往往汉学、宋学兼宗。由于宋元明清时期程朱之学、陆王之学、许郑之学在学术宗旨、治学方法等方面存在一定的差异，因此，学术正统之争也凸显出来，出现了不少讲学统源流的著作。

1.《圣学宗传》18卷，(明) 周汝登编

周汝登 (1547—1629)，字继元，号海门，嵊县（今属浙江）人。万历五年 (1577) 进士，官至南京尚宝司卿。汝登宗阳明之学，王守仁传王艮，艮传徐樾，樾传颜钧，钧传罗汝芳，汝芳传杨起元及汝登。汝登又曾受业于王畿。

《圣学宗传》成书于万历三十三年 (1605)。该书站在陆王之学立场上叙述儒学道统，上自伏羲、神农、黄帝、尧、禹、汤、文、武、周、孔、孟、荀，中经董仲舒、扬雄、王通、韩愈、穆修、胡瑗、周敦颐、程颢、程颐、张载、邵雍、朱熹、陆九渊，终至王学诸子。该书站在以“心”为宗的圣学史观立场上，表彰陆王，贬抑朱学。在篇卷编排上，大体依朝代为序，一人一传，但在篇卷设置和人物位次安排上，也体现了编者的学派取向。因此黄宗羲批评：“且各家自有宗旨，而海门主张禅学，扰金银铜铁为一器，是海门一人之宗旨，非各家之宗旨也。”① 尽管该书旨在为陆王心学寻宗续统，但也不失为一部有参考价值的学术史著作。

此书有明万历三十四年 (1606) 刻本，收入《续修四库全书》、《四库全书存目丛书》、《孔子文化大全》。

2.《圣学嫡派》4卷，(明) 过庭训撰

过庭训，字成山，平湖人。万历三十二年 (1604) 进士，官至福建按察使，擢应天府丞，未及上而卒。其学宗陆氏，作者《小引》云：“夫学胡为也？凡以求至于圣人也。顾学自有派焉，犹水之有源、木之有根也。”

庭训读周汝登《圣学宗传》一书，知汝登潜心道学，笃志圣修，但“第六经论孟之言备矣，起自羲皇，或汗漫而难稽；实证之儒，间一遗漏，或遍举而未备。就中稍为删正增补，付之梓人，名曰《圣学嫡派》”。至于选录标准，“大都其言皆足以表彰圣经，而其行皆足以羽翼圣修者也”。该书收录起自汉儒董仲舒，终于明代罗洪先，共36人，各略录其言行。

此书有明万历刻本，收入《四库全书存目丛书》。

3.《历代道学统宗渊源问对》12卷，(明) 黎温编集，黎清誉正

黎温，号恕轩，临川（今属江西）人，约生活于天顺、成化之时。黎清

① 黄宗羲：《明儒学案·发凡》。

当为温之兄弟行。

是书首有黎温自序，末署“至治纪元有四戊子春正月”。然查“至治”为元英宗年号，无四年。而明宪宗成化四年干支为“戊子”。不知为何有此误。书首又有《小学总论订疑凡例》十条，最末一条云“当今大元官制以为一定”，则似作于元时。其间曲折尚待详考。据朱彝尊《曝书亭集》卷四二《六经奥论跋》云“世传《六经奥论》六卷，成化中盱江危邦辅藏本，黎温序而行之，云是郑渔仲所著”云云，似黎温为江西刻书之家。据是书内容，实为两大部分：卷一至卷六为“道统问对”，卷七至卷十二为“附集”，包括“小学总论订疑”、“大学总论订疑”、“论语总论订疑”、“孟子总论订疑”、“中庸总论订疑”及“读小学四书六经法”。其于道统，始于三皇五帝，终于元儒许衡、吴澄。自云历代道统、圣贤出处散见于诸经史传及编年、《通鉴》诸书，世人虽多费心稽考，难获全睹，故于讲暇之际，搜集诸书，会归一览，使学者有所资考。《小学总论订疑凡例》亦云，是书之作，乃会集诸先儒之说而为问对，俾初学之童蒙易览而易明。观其所问，皆简单明白，多为学习理学之基本问题。而所答亦多称述先儒之说，如二程、朱子及宋明理学家之言，以释疑难，诚不失童蒙了解理学基本知识之入门书。然通观全书，所问甚为琐细，所答亦颇繁碎。又文中小注往往有误，对地理知识尤其生疏，多有误释。盖明人著书，不求甚解，此为通病，不足论也。

此书有明成化本刻本。

4.《理学宗传》26 卷，（清）孙奇逢撰；《理学宗传辨正》16 卷，（清）刘廷诏撰

孙奇逢（1584—1675），字启泰，又字钟元。原籍河北容城，明天启时，曾参与营救东林党人左光斗，又曾于家乡守城抗清。后与家人避居易州五峰山。顺治七年以后，长期在河南辉县夏峰讲学著述，学者尊称为夏峰先生。孙奇逢早年研治当时流行的陆王之学，“以慎独为宗，而于人伦日用间体认天理”①。后来探研宋儒周敦颐、二程、张载、朱熹之学，以朱学解释王学，融二者于一体。晚年撰著《理学宗传》26 卷。

《理学宗传》以周敦颐、二程、朱熹、陆九渊至王阳明、顾宪成为理学道统传承。“正传”11 卷，包括周敦颐、二程、张载、邵雍、朱熹、陆九渊、薛瑄、王守明、罗洪先、顾宪成等十一子，卷十二至卷二五为其余诸子，分别列入《汉儒考》、《隋儒考》、《唐儒考》、《宋儒考》、《元儒考》和

---

① 李元度：《国朝先正事略》卷二七，台北：明文书局，1985 年。

《明儒考》，谓《备考》。卷二六为附录“端绪稍异者”。

该书建构了一个自周子以下平列程朱陆王十一子为“正宗”的儒学道统体系，并认为：“接周子之统者非姚江其谁与归?”① 几欲摈程朱于理学道统之外。这当然是程朱理学之士所不能接受的。于是道咸之际，河南永城儒生刘廷诏（虞卿）著《理学宗传辨正》，认为孙奇逢的《理学宗传》是“以异学乱正学，而宗失其宗，传失其传，裂道术而二之也”②。《辨正》共16卷，卷一至卷五为“正传”，只有周子、二程子、张子、朱子五人，“以上接邹鲁之传”；卷六至卷十五为“列传”，是自汉董仲舒至明吕坤的历代名儒传；卷十六为“附录”，“只陆氏、王氏及其门人等十余人而止”，即陆王心学诸儒传。显然，刘廷诏将《理学宗传》中与程朱“平列”的陆王学派排除在理学道统之外，而重构了一个非常“纯正”的程朱理学道统体系。

《理学宗传》有清康熙年间刻《孙夏峰全集》本、《续修四库全书》本、《孔子文化大全》本。《辨正》有同治十一年（1872）六安求我斋刊倭仁、吴廷栋校订本、洪氏石经馆丛书本、川大《儒藏》本。

5.《理学备考》3种，（清）范鄗鼎撰

范鄗鼎（1626—1705），字汉铭，号彪西，学者称娄山先生，山西洪洞人。

《明儒理学备考》始撰于康熙十七年（1678）正月，至十九年十月初步编成。二十年（1681），是书首次付梓。书凡16卷，卷一至卷六系辑录辛全《理学名臣录》而成，卷七至卷十为孙奇逢《理学宗传》之传记摘编，卷一一至卷一六乃鄗鼎本辛、孙二家意，博采诸家传记所作的续补。据著者自述，所征引诸书依次为《圣朝明世考》、《名臣言行录》、《仕国人文》、《道学正统》、《道学羽翼》、《圣学宗传》、《京省人物志》及诸家文集等。康熙二十八年（1689）春，鄗鼎得熊赐履著《学统》、张夏著《洛闽源流录》，复取二家所录理学诸儒传记，将《明儒理学备考》增补为20卷。三十三年（1694），鄗鼎得新刻《明儒学案》，于是再取张、黄二书，续辑《明儒理学备考》为34卷。

《广明儒理学备考》为《明儒理学备考》之姊妹篇。《理学备考》系明代理学诸儒传记汇编，以人存学，《广明儒理学备考》则专辑诸家语录、诗文，

① 孙奇逢：《理学宗传·叙》，清光绪六年浙江书局刻本。

② 刘廷诏：《理学宗传辨正》卷首《原叙》，刘廷诏原本，倭仁、吴廷栋校订，清同治十一年六安求我斋刊本。

以言见人，先行后言，相得益彰。《广明儒理学备考》亦以薛、胡、王、陈四家冠于书首，领袖群儒。凡于著录诸家，不分门户，无意轩轾，旨在一致百虑，殊途同归。《广明儒理学备考》的结撰，“见一集乃广一人”，续得续刻，多历年所。康熙二十七年（1688）正月，重订再刻。三十一年（1692）九月，三订三刻。尔后再经增补，于三十三年（1694）夏，终成48卷完书，著录一代理学诸儒凡80家。

《国朝理学备考》为鄗鼎晚年编纂，全书所录凡26家，书不分卷，一人一编，若人自为卷，则可视作26卷，编纂体例，与前二《备考》略异，系合著录理学诸儒言行为一。凡所著录诸儒，大体先为生平简历，并附鄗鼎按语，随后则是学术资料汇编。所录资料凡分四类：一为语录，二为文集，三为诗词，四为诸儒评论①。

此书有清康熙中范氏五经堂刻本。

6.《学统》53卷，（清）熊赐履撰

熊赐履（1635—1709），字敬修，一字青岳，湖北孝感人。清初理学名臣。

据赐履自序，《学统》之作，计凡十阅寒暑，三易其稿而后成书，盖为其用心之作，意在辨学晰理、明道尊统。全书将孔子以来古今学术分为五目：正统、翼统、附统、杂学、异学。以孔子、颜渊、曾参、子思、孟子、周敦颐、程颢、程颐、张载、朱熹等人为正统。认为孔孟之道唯朱熹得其正，周程之学唯朱熹汇其全。对王守仁之学则颇多责难，认为其学术掺杂禅学，其事功杂以霸道，其论性无善无恶，为害甚大，百余年来世道灰灭，阳明之学难辞其咎。以荀子、扬子之学驳而不纯，列入为杂学。又以老、庄、杨、墨、告子、佛、道为异学，力辨儒、佛之别。该书意在维护程朱理学的正统地位，虽杂采史册传记资料荟萃成书，但于资料去取亦多有考核剪裁，故所录多精炼可信。各条之末，附以自己的评论，阐发自己的理学思想。故是书既是理学资料汇编，也可以看成是反映熊氏理学思想之著作。在学术思想史上，是书自有其价值。但站在程朱正统理学立场上给古今学者、学派定性明统，难免门户之见，有的论述失之偏颇，这是需要指出的。

是书撰成于康熙二十四年（1685），随即由下学堂刊行。以后版别甚多，《湖北丛书》、《丛书集成初编》、《续修四库全书》等都收入。张廷琛撰有《续

① 参见陈祖武：《范鄗鼎与理学备考》，载《清史论丛》2007年号。

学统》3卷，夏成吉又做了增补，有清陵养正堂刻本。

7.《圣学知统录》2卷，《圣学知统翼录》2卷，（清）魏裔介撰

魏裔介（1616—1686），字石生，号贞庵，又号昆林，直隶柏乡（今属河北邢台）人。清初著名理学家，尊奉程朱，排斥陆王。

该书录载伏羲、神农、黄帝、尧、舜、禹、皋陶、汤、伊尹、莱朱、文王、太公望、散宜生、周公、孔子、颜子、曾子、子思、孟子、周子、二程子、张子、朱子、许衡、薛瑄26人。认为这26人是圣学正统，博征经史，各为纪传。又引诸儒之说附于各条之下，而折中己说。后又作《圣学知统翼录》2卷，自序谓以之羽翼圣道，鼓吹六经，亦犹淮、泗之归于江海，龟凫之侪于岱宗也。凡录伯夷、柳下惠、董仲舒、韩愈、胡瑗、邵雍、杨时、胡安国、罗从彦、李侗、吕祖谦、真德秀、赵复、金履祥、刘因、曹端、胡居仁、罗伦、蔡清、罗钦顺、顾宪成、高攀龙22人。二书都以程朱一系为道学正宗。

此书有清康熙七年戊申（1668）刻本，收入《四库全书存目丛书》。

8.《理学正宗》15卷，（清）窦克勤撰；《续理学正宗》4卷，（清）何桂珍撰

窦克勤，字敏修，号静庵，柘城人。清代理学家。康熙二十七年（1688）进士，改庶吉士，授检讨。何桂珍（1817—1855），字丹畦，别号丹谿，云南师宗人。道光十八年（1838）进士，选庶吉士。散馆授翰林院编修。历官提督贵州学政、上书房行走。

是编列宋周子、张子、二程子、杨时、胡安国、罗从彦、李侗、朱子、张栻、吕祖谦、蔡沈、黄榦，元许衡，明薛瑄共15人，人各一传，并取其语录、答问及著作之切于讲学者，附以己见。该书专门为宋、元、明的“理学正宗”立传，以“周、程、朱子”继孔孟道统，故“以濂溪为始，录程朱从详，明有宗也”①。道光、咸丰中何桂珍遵唐鉴之嘱，以“续”窦克勤此书为己任，撰《续理学正宗》，分正、续两编，“正编仍其旧”，照录《理学正宗》原本；“续编”则折中于唐鉴的意见，“续录”明之胡居仁、罗钦顺，清之陆陇其、张履祥，不仅为明代补立“理学正宗”，而且还为清代续道统之传。

《理学正宗》有清康熙间刻《窦静庵先生遗书》本、《四库全书存目丛书》本。《续理学正宗》有《云南丛书》本。

---

① 窦克勤：《理学正宗·凡例》。

9.《儒林宗派》16卷，(清) 万斯同撰

万斯同 (1638—1702)，字季野，号石园，浙江鄞县（今属宁波）人。清代著名史学家。著有《明史稿》、《历代史表》等。

万氏于康熙十二年前便著有史表体《儒林宗派》，与黄宗羲的《明儒学案》和黄宗羲、黄百家、全祖望先后完成的《宋元学案》以及董在中的《尊道集》并称清初浙东学派四大学术史著作。该书以朝代为次，分卷立表。每一朝代，据其学术思想特点，分立几个重要学派。如两汉以五经授受相区别。东汉则增加《国语》、《周官》、《礼记》、《论语》、《孝经》、《孟子》各学派，又设“兼通五经”、“皆通经学”两目。重要朝代，又设“诸儒博考”一目。对于重要学派或人物，列其师承传授系统。万氏治史首重“事信”，而他在《儒林宗派》卷一五“王氏学派”中便根据学术思想史的实际传承列出了王畿（龙溪）、周汝登（海门）、陶望龄、陶奭龄、刘塙这样一条谱系，将李材归入了邹守益的授受表，而耿定向、耿定理、焦竑等被黄宗羲归入“泰州学案”的这批人，则未被视作王门而归入了卷十六的“诸儒博考”。这与黄宗羲《明儒学案》颇有不同。万斯同该书力图超越门户之分，所录上自孔子、下至刘宗周，《四库全书总目》称赞其“除排挤之私，以消朋党，其持论独为平允”。有《四库全书》本、《四明丛书》本。

10.《圣宗集要》8卷，(清) 费纬祹撰

费纬祹，字约斋，鄞县（今属浙江宁波）人。

本书上溯皇古，下迄有明，凡大圣大贤及讲学之儒辑为一编。取“大宗”之义，故以“圣宗”为名。书前“凡例”称，兹集之辑，意在敦世道，正人心。君相师儒，学共一源，非傍门支户所得并驾。荀子道性恶，扬雄依违莽朝，大本已失，故削之不载。至于以佛语释儒书者，尽行删去；或阳儒阴释者，特为指责，以正儒宗。每传之后，皆有长篇议论，评述学术得失，于程朱陆王多有调和之论。

此书有康熙四十九年 (1710) 依庸堂刻本，收入《四库全书存目丛书》。

11.《正学续》4卷，(清) 陈遇夫撰

陈遇夫 (1658—1727)，字交甫，又字廷际，广东新宁人。

该书取名《正学续》，“取其续正学于不绝也，续正学所以续道也。唐续晋，晋续汉，圣人之道行于天下未尝绝也，屏汉唐则道绝矣”。认为汉唐诸儒，学统相承，未尝中绝，为直接孔孟之道的“正学”。这是针对宋明理学家所谓“道丧千载”的道统论而发的。所以，此书立传限于汉唐诸儒，且着重表彰他们在经学方面的“续道”之功，“其非深于经学得圣人之意者”，不予

立传[1]。认为"秦燔灭经书，圣学于是遂熄"，幸得"汉初诸儒""得所考据，旁搜远采"，才使"诸经毕集，圣道复明"，而以贾谊、董仲舒、儿宽、王吉、匡衡、龚胜诸经师，最有功于"圣门"[2]。在当时宋学声势颇盛的学术环境下，该书可谓独树一帜。

此书主要有《岭南遗书》本、《丛书集成初编》本。

12.《正学编》10卷，（清）潘世恩撰

潘世恩（1769—1854），字槐堂，一作槐庭，号芝轩，江苏吴县人。乾隆状元，授修撰。后历任侍讲学士、内阁学士、户部左侍郎等职。道光十三年拜体仁阁大学士、国史馆总裁。次年命在军机大臣上行走。卒谥文恭。

此书之所以用"正学"命名，仍出于"卫道辨学"之需要，而重点在于为"儒者之学"即儒学辨"正学"。始于北宋的周敦颐，终于清初的李颙，共43家，涵盖了宋、元、明以至清初的主要理学家，基本上展现了宋明理学发展的全过程，具有理学史的性质特点。

是编成书于道光二年（1822），有同治时家刻本。

13.《实学考》4卷，（清）云茂琦撰

云茂琦，海南文昌人。清嘉庆十一年（1816）进士。

据云氏所论，"实学"主要有二义：一是指治国安邦的经世之道，二是指理学家重躬行实践的心性修养功夫。该书以"实学"相标榜，专门考证自汉、晋、隋、唐，迄于宋、元、明、清历史上的"实学"源流。清代嘉、道以来，由于社会危机严重，经世致用思潮再度兴起，该书从学术史的层面对经世思潮做出回应。云茂琦此书所要考证之"实学"，实以经世、躬行为要义，而他所要考证之"实学"源流，实以儒家经世思想为主线。因此，凡是在这些方面卓有建树者，人无分今昔，学无分宗派，均分别为之立传，予以表彰，充分体现了云茂琦此书主经世、重躬行的务"实"精神。

此书有光绪二十一年（1895）刻本。

14.《儒史略》不分卷，（清）余炳文撰

余炳文（1883—1916），云南晋宁人。

该书成于光绪三十二年（1906），是一部编年体儒学简史。篇幅不太大，但涵盖的时间跨度很长，上起春秋末年，下迄清光绪末季，凡2450余载。故余炳文称之为"悉吾中国数千年学术流变略具是编"。采用编年体的形式，而

① 潘世恩：《正学续·凡例》。

② 潘世恩：《正学续》卷一。

以孔子纪年。余炳文在此书的《例言》里称："本《略》纪年法即以孔子生年为始，以后通称距生年若干年。"余氏的学术观点受晚清维新派的影响，表彰今文经学，旨在"兼冶"中、西二学，主张"中西会通"，反对割裂中西体用的二元文化观。

此书有清光绪三十二年（1906）京师学务处官书局刻本。

15.《道学渊源录》100卷，（清）黄嗣东撰

黄嗣东（1846—1910），字小鲁，号鲁斋，晚号鲁里，学者又称靖道先生。祖籍浙江余姚，居湖北汉口。为晚清著名诗人。

是书成于光绪三十四年（1908），为黄氏晚年之作。据陈三立所撰《靖道府君墓志铭》，此书是针对清末"变法之议"而作的。先是，李文炤撰有《道学渊源全录》30卷，黄嗣东认为其"持论"太"苛"。于是，他据李氏《道学渊源全录》重加增补、修订，时间上限由孔子往前追溯至伏羲，下限由明初延及清末，中间又递补上元代赵复、许衡和宋明陆九渊、王守仁，篇幅扩充至100卷。并按道学渊源流变分为《河洛录》、《洙泗录》、《两汉录》、《河汾录》、《濂洛录》、《江汉录》、《姚江录》、《圣清录》八编（亦称"八录"）。体例仿《宋元学案》，每录前面都有表冠于首，便于查阅。表前有小序，概述本编（录）大要；表后有传，记传主之行状，其对象"以道学为主，而其人之风节足以挽回世道人心者，虽非讲学家，间有采入"①。传后有附录或遗事，为本传补遗；有附识或按语，阐明编修者的观点。该书重在表彰程朱理学，以其为孔孟正统。虽罗列了不少陆王、汉学派人物，但尊程朱黜陆王、尊宋学抑汉学的倾向也很明显。

此书有清光绪三十四年（1908）凤山学舍刻本。

二、断代源流史

中国儒学的发展经历了几个阶段：先秦时期是以孔子、孟子、荀子为代表的原始儒学。这个阶段儒学处于创立和完善期，主要在民间流传。汉代以后，儒学获得了统治地位，成为国家意识形态。与此同时，儒家经典得到尊崇，经学研究进入极盛时期。西汉今文盛，东汉古文盛，董仲舒、刘歆、贾逵、马融、许慎、何休、郑玄等蔚为大师。魏晋南北朝时期，经学虽然分裂，但仍有发展。儒、佛、道三家思想互相吸收、融合，形成玄学，流行一时。唐代《五经正义》的撰成，标志经学的统一。但中唐以后，以韩愈、李翱、

---

① 黄嗣东：《道学渊源录·凡例》。

柳宗元为代表的一批学人倡导儒学革新，重视对儒家思想中心性义理的紬绎与发挥，并提出儒家道统学说，汉唐儒学开始向宋明儒学转化。对于宋明儒学的地位与特点，唐君毅论曰："宋明为中国儒学再度复兴之时代。汉代儒学之用，表现于政治，而宋明儒学之最大价值，则见于教化。中国民族之精神，由魏晋而超越纯化，由隋唐而才情汗漫，精神充沛。至宋明则由汗漫之才情归于收敛，充沛外凸之精神，归于平顺而向内敛抑。心智日以清，而事理日以明。故学术则有理学与功利之学。功利之学重明事，理学重明理，二者中唯理学能代表宋明人之心智之极。……然其中唯宋明理学之精神，为能由清明之智之极，觉内心之仁义礼智之理，以复见天地之心；而教人由智上觉悟，致知涵养并进之工夫，以希贤希圣，而以讲学教天下人之皆有此觉悟，此实同于孔子之使王官之学布于民间。然其所不同者，在孔子仍是先有意于政治，且孔子是以一人为天下之木铎；而宋明理学家之精神，则几全用于教化，而以一群人，共负起复兴学术、作育人才之大业也。"① 唐氏站在现代新儒家的立场上对宋明儒学进行反思，把握到根本。宋明理学注意"明统定位"，申严门户，排斥"异端"，因此特别注意"学脉"的清理。这一传统由朱熹开创。朱熹作《伊洛渊源录》14 卷，记周敦颐以下及二程交游、门弟子言行。"宋人谈道学宗派自此书始，而宋人分道学门户亦自此书始"②。从体例结构上说，《伊洛渊源录》等专门的儒学史著作的出现，与正史中的儒林传有一定的继承关系。司马迁《史记》中首创儒林列传，给汉代著名儒学人物立传，借以反映有汉一代儒学史的概貌。这一传统不但为后世正史所继承，也为专门的、以反映儒学发展与传承为主的儒学史著作的出现提供了一定的学术前提。不过，《伊洛渊源录》之类专门的儒学史与正史儒林传并不完全等同。正史《儒林传》是作为纪传体史书体制的一个有机组成部分，它的取材要服从整部史书的安排。它虽然是儒学人物传，但并不等于完全的"儒学史"，许多真正有重要影响的"大儒"不见于《儒林传》。如《史记·儒林列传》不载儒学大师董仲舒，《后汉书·儒林列传》亦不载经学大师郑玄。梁启超曾经指出："旧史中之《儒林传》、《艺文志》，颇言各时代学术渊源流别，实学术史之雏形。然在正史中仅为极微弱之附庸而已。"③ 《伊洛渊源录》等史书则不然，

---

① 唐君毅：《孔子以后之中国学术文化精神》，载《中国文化之精神价值》，台北中正书局，1984 年。

② 永瑢等：《四库全书总目》卷五七《伊洛渊源录》提要。

③ 梁启超：《中国近三百年学术史》，东方出版社，1996 年，第 359～360 页。

因为它已将人物传记从正史《儒林传》中剥离出来而成独立的学术史著作，学术人物的去取不再受正史体例的限制，故而它能够全面反映某一学派或某一时代的学术面貌。宋代以来，学者重视对断代学术源流史的清理与总结，出现了若干重要著作，举要如下。

1.《伊洛渊源录》14 卷，（宋）朱熹撰

本书成书于乾道九年（1173），主要根据周敦颐、二程、张载、邵雍及其弟子的行状、墓志铭、遗事等传记资料，记载宋理学家周敦颐、程颐、程颢及其门下弟子的言行。身列程门而言行无所表现者，亦录其姓名字号，旨在以前贤矜式后人。朱熹编排的理学谱系以二程为中心，溯源探流，自此宋人谈道学者分为两派，门户分明，水火相争。《宋史》“道学”、“儒林”诸传，多以此书为蓝本。续补者有明谢铎《伊洛渊源续录》6 卷，清张伯行《伊洛渊源续录》20 卷。

《伊洛渊源录》版本主要有元至正刻本，明成化九年（1473）张瓒刻书林叶氏印本，明嘉靖八年（1529）刻本，明万历四年（1576）积善堂陈氏刻本，清康熙中吕氏宝诰堂刊《朱子遗书》本，以及成都志古堂刻本（山东友谊出版社《孔子文化大全》据以影印）等。

2.《伊洛渊源续录》，（明）谢铎撰

谢铎（1435—1510），字鸣治，太平（今浙江温岭市）人，学者称方石先生。明代理学家。

此书是继朱熹《伊洛渊源录》而作。成书于明成化十六年（1480），共录 21 人，书以朱熹为宗主，上录朱熹之师承者罗从彦、李侗等，而佐以朱熹之友张栻、吕祖谦等，后录黄幹、何基、王柏等传朱子学者。其书专明朱子学源流，意在表彰朱学，确立其上承伊洛之学的历史统绪，续道统之传。

此书有明嘉靖八年（1529）刻本、《续台州丛书》本、《四库全书存目丛书》本。

3.《伊洛渊源录新增》14 卷，（明）杨廉撰

杨廉字方震，江西丰城人。与罗钦顺友善，为居敬穷理之学，学者称月湖先生。

该书分卷与《伊洛渊源录》同，书之体例是，先列朱子书原文，其后附新增之文，新增文字前皆注明“新增”二字。其“新增”的内容，主要来自朱子语录，另外还有一些语录以外的其他材料，有的还加杨氏本人的按语说明。

该书有成都志古堂刻本。

4.《伊洛渊源续录》20 卷，《道统录》2 卷、附录 1 卷，（清）张伯行撰

张伯行（1651—1725），字孝先，自号敬庵，河南仪封（今兰考）人。著名理学家。

书凡 20 卷，体例与《伊洛渊源录》同，人各为小传，载其行状、遗事，录其著述、言论，并录诸儒间往来书信及各家文集附录文字等。诸儒小传多取材于《宋史·道学传》及《宋史·儒林传》。全书立传诸儒 284 人，附传 23 人，无记述文字者 89 人，共载学者 396 人。意在梳理伊洛学脉，以程朱为道学正宗。该书补谢铎《伊洛渊源续录》之未备，纠薛应旂《考亭渊源录》之阙，有资料裒集之功。《四库全书存目丛书》收录此书。伯行又撰有《道统录》2 卷、附录 1 卷，为辑补仇熙《道统传》而作，所录均为先秦和宋代人物，以程朱接续尧舜孔子为儒家正统。

《伊洛渊源续录》有清康熙五十年（1711）正谊堂刻本。

《道统录》有《正谊堂丛书》本、《丛书集成初编》本、《四库全书存目丛书》本。

5.《考亭渊源录》24 卷，（明）宋端仪撰，薛应旂重修

宋端仪，字孔时，福建莆田人。成化十七年（1481）进士，官至广东提学佥事。薛应旂（约 1550 年前后在世），字仲常，号方山，江苏武进人。嘉靖进士。官南京考功郎中，因忤严嵩，贬为建昌通判，后任浙江提学副使，罢归。

此书仿《伊洛渊源录》体例，首列朱子师延平李侗、籍溪胡宪、屏山刘子翚、白水刘勉之 4 人，以溯师承之所自。然后备载朱子始末。后面是同时友人张栻以下 7 人。然后备列朱子门人自黄幹以下 293 人。卷第 23 则为门人之无记述文字者，只列其名，凡 88 人。末卷则为考亭叛徒赵师雍、傅伯寿、胡纮 3 人，亦用《伊洛渊源录》载邢恕之例。此书原本不传，世所通行的是薛应旂重修本。应旂撰有《四书人物考》、《宋元通鉴》等书，于道学宗派，多所纪录。但应旂初学于王守仁，讲陆氏之学。晚年乃穷研洛、闽之旨，兼取朱子。故其书《目录》后有云："两先生实所以相成，非所以相反。"遂以陆九渊兄弟 3 人列《考亭渊源录》中，四库馆臣讥其"名实未免乖舛"。该书对于朱子学派的资料搜集比较丰富。

此书有明隆庆三年（1569）林润刻本，收入《四库全书存目丛书》。

6.《洛闽源流录》19 卷，（清）张夏撰

张夏，字秋绍，江苏无锡人。

该书属稿于康熙十一年（1672）春，成于康熙二十年（1681）冬，历时

十载。取有明一代讲学诸儒，分别其门户，旨在阐扬程朱洛闽之学，析明其传承统绪。所载学人甚众，依在学派传承中的地位和影响分为三品。最上为“正宗”，传中称先生。其次为“羽翼”，传中称字。“羽翼”与“正宗”皆顶格书写。又次为“儒林”，亦称字，下一格书写。偶有非正宗而关系师友渊源者亦称先生，在“儒林”下一格书写，在“羽翼”则于目录下不标先生、字，以示区别。人各为传，传末附古今名家评论，以资发明。卷一至卷十三列洛闽学者，其中正宗16人、羽翼39人、儒林192人，并合传、附传共计250余人。卷十四列新会陈献章学人，卷十五至卷十七列余姚王守仁学人，其中羽翼8人、儒林39人，正宗则阙。卷十八、卷十九为“补编”，仅列儒林58人，正宗、羽翼皆阙。全书合计410余传，420余人。撰者服膺程朱之学，以孔孟为“儒之始祖”，而以程朱为“儒之大宗”[①]。故全书所载学人逾四百，而列为正宗者16人皆为程朱传人。由全书案卷的设置，可以见出撰者鲜明的“崇朱”倾向。

此书有清康熙二十一年（1682）黄昌衢彝叙堂刻本，《四库全书存目丛书》收录。

7.《元儒考略》4卷，（明）冯从吾撰

冯从吾（1557—1627），字仲好，号少墟，长安（今陕西西安）人。明代著名学者、关学代表人物。万历十七年（1589）进士，曾任御史，直言敢谏，传旨廷杖，遂“一时直声震天下”。后削籍归里，“林居北二十年”，一意讲学。“不关外事”。著有《冯少墟集》、《古文辑选》等。

该书记元代学者82人，各为一传。以《元史·儒学传》为主，兼采志乘资料附益之，主要记述元代理学家的行实，重在考察他们之间的授受源委，辨析这一时期理学的源流演变。因此，它实际上是一部元代理学的源流史。从案卷的内容看，卷一、卷二主要是记述理学北传的情况，卷三、卷四主要是记述理学在南方传衍的情况，旨在辨析元代理学的源流，略具一代学术专史梗概。

该书有明万历刻本，又收入《四库全书》。

8.《明儒通考》10卷、《补遗》1卷，（清）汪佑撰

汪佑，字启我，号星溪，安徽休宁人。明亡归隐，致力于紫阳、还古两书院30年，为学以“实心穷实理，实功成实修”，著有《诗传阐要》、《易传阐要》、《四书讲录》等书。

---

① 张夏：《洛闽源流录·自序》。

《明儒通考》系由他的《明儒崇正录》一书扩编而成的。汪佑自称，有明百年以来，儒宗辈出，因广为搜集，自正学醇儒外，凡理学、心学、阳儒阴释之学，皆详列之，特标四字名目，以别其宗派，共得 450 人，题名“通考”，“犹史氏之通鉴云尔”①。所谓“特标四字名目”，就是将有明一代的理学家，根据他们的学术特点以及在“圣道”传承中的地位和作用分成三派九等，即：“正学真儒”、“正学醇儒”、“正学名儒”；“理学真儒”、“理学名儒”；“心学真儒”、“心学名儒”、“心学学者”、“心学入禅”等。“正学”、“理学”诸儒均一宗程朱。作者虽然“所鄙者心学”，为了反映有明 300 年学术发展的全貌，也为心学派立传。

此书有清刻本。

9.《明儒讲学考》1 卷，（清）程嗣章撰

程嗣章，字符朴，号南耕，上元（今属江苏南京）人。

明代学术，自洪武、永乐以来多守宋儒矩矱。自陈献章、王守仁、湛若水各立宗旨，互兴毁誉。该书作者认为，明代道学固不及洛闽之醇，穷经通儒也不多有，独讲学之风较前代为甚。中叶以后，学者分门立户，缙绅士大夫以及草野之间莫不以讲学为事。神宗末年，王氏之学愈远愈失其真，于是顾宪成、高攀龙诸君子起而正之，躬行实践，一以程朱为的，以节义相矜尚，以声气相缘饰，终致党祸，迄于亡国，讲学之风与一代相始终。嗣章综括明代讲学诸儒大略，合为一篇，而各注仕履于其下。于源流授受，宗派甚明。该书考其支流派分，但疏其姓氏爵里，至于诸儒言语文章、著述德行，史册具在，故从略。

此书有乾隆元年（1736）东山草堂刊本、道光四年（1824）精刊本、《四库全书存目丛书》本。

10.《国朝汉学师承记》8 卷，（清）江藩撰

江藩（1761—1831），字子屏，号郑堂，晚号节甫，甘泉（今江苏扬州）人。早年受业于余萧客、江声，博综群经，为惠栋再传弟子。

《国朝汉学师承记》是历史上第一部以“汉学”命名的学术史著作，为乾嘉汉学家清理学脉，共为 57 位清代汉学家列传。卷一和卷八所记为清代汉学的创始期人物，卷二和卷三传记的是吴派人物，卷四所传人物在吴派、皖派之间，卷五、卷六所记的是皖派人物，卷七则为扬州一派。其中列入正传的有 40 人，入附传者 17 人，附传中还有若干人不见于目录。卷首先叙述了历

① 汪佑：《明儒通考·通论之一》。

代经学的源流，阐述了自己的师承渊源、经学史观、撰述主旨，类似总序。江藩认为，汉代是经学兴盛期，“专门之学兴，命世之儒起。‘六经’、‘五典’，各信师承，嗣守章句，期乎勿失”。自此以后，经学日渐衰落，经术一坏于东西晋之清谈，再坏于南北宋之道学。元、明以来，此道亦晦。清代诸帝尊汉学，“至本朝，三惠之学，盛于吴中；江永、戴震诸君，继起于歙。从此汉学昌明，千载沉霾一朝复旦”。该书将汉学作为清代学术史的主线，旨在重振汉学，突出汉学的地位。他认为宋学不能离开汉学而独存，“苟非汉儒传经，则圣经贤传久坠于地，宋儒何能高谈性命耶!”（《国朝宋学渊源记》卷上）批评后人对郑玄的攻击是“数典而忘其祖”。相反，汉学可以离开宋学而独存，汉儒之名物训诂可以“通圣人之言”而使“圣学”“自明”、“圣道”“自成”。江藩在撰成《国朝汉学师承记》之后，又认为传中所载各家撰述“有不尽关经传者，有虽关经术而不醇者”，为了使治实学的人能够“得所取资，寻其宗旨”，于是就仿照陆德明《经典释文》的先例，“取其专论经术而一本汉学者”，编成附记 1 卷，题作《国朝经师经义目录》，附于《国朝汉学师承记》之后刊行。书成之后，引起很大反响，并广为流传。此后多有续纂和仿作之作。其中完全依仿其体例进行续编的，有赵之谦《国朝汉学师承续记》、曾文玉《国朝汉学师承续记》并《续国朝经师经义目录》；仿其体例而略加变通的，则有张星鉴《国朝经学名儒记》、李慈铭《国朝儒林小志》和曹允源《国朝经师撰述略》。另外还有为之作注者，如谢章铤《国朝汉学师承记注》，今人漆永祥《汉学师承记笺释》。

该书初刊于嘉庆二十三年，有单行本，又收入《粤雅堂丛书》、《玲珑山馆丛书》中。后有 1936 年世界书局本、1983 年中华书局出版钟哲整理标点本。

11.《国朝宋学渊源记》2 卷《附记》1 卷，（清）江藩撰

江藩在撰述《国朝汉学师承记》、《国朝经师经义目录》之后，由于尊汉学、抑宋学的意图过于明显，遭到宋学家的反对，故又撰《国朝宋学渊源记》2 卷、《附记》1 卷，以示调停。江藩《国朝宋学渊源记》卷首的“绪论”说：“然本朝为汉学者，始于元和惠氏，红豆山房半农人手书楹帖云：‘六经尊服郑，百行法程朱’，不以为非，且以为法，为汉学者背其师承，何哉藩为是记，实本师说。”长白达三于道光二年为《国朝宋学渊源记》所作序中称“详阅其书，无分门别户之见，无好名争胜之心”。《国朝宋学渊源记》的编法与《国朝汉学师承记》略有不同，不是按学派来安排章节，而是按地域分卷。分上、下两卷，外加《附记》1 卷，共 3 卷，共为清代 40 位理学家立传。上卷

记北方的理学家，首孙奇逢，终孙景烈，凡10人；下卷记南方的理学家，首刘汋，终邓元昌，凡21人；《附记》专载理学家之“近禅”者，首沈国模，终程在仁，凡8人。与《国朝汉学师承记》相比，《国朝宋学渊源记》及《附记》较为粗疏，传记也非常简略，侧重于记载传主的生平与言论，而对其著述与学说很少涉及。梁启超经过比较后指出：“二书中汉学编较佳，宋学编则漏略殊甚，盖非其所喜也。”（《中国近三百年学术史》）

《国朝宋学渊源记》有道光三年（1823）刻本。1983年中华书局出版标点本等。

12.《清代朴学大师列传》，支伟成撰

支伟成（1899—1928），字懋祺，江苏镇江人。民国初著名学者，曾任教于东南大学。著述甚多，除《清代朴学大师列传》外，还有《墨子综释》、《庄子校释》、《楚辞之研究》等。

《清代朴学大师列传》是一部清代著名学者370余人传记资料的汇辑。支伟成在1924年撰成该书之后，曾将书稿交与章太炎审阅订正，章氏提出若干修订意见。该书出版时，将章氏对原稿的意见及章氏与作者讨论问答的文献列在卷首。作者认为：“江藩《汉学师承记》家法谨严，素为学者所推，惟坚持壁垒，摈绝今文，是未免失之隘焉。”（《凡例》）故本书所收人物，范围比较广泛，包括经学、小学、史学、地理学、金石学、校勘目录学、诸子、治事、历算、博物等学科，分门别类，几乎涵盖了清代朴学的所有方面。每一门类前均有作者撰写的叙目，“略疏学派之原委得失”，是比较精当的内容提要。各科人物的排列则以时代先后为序。自清初顾炎武以迄清末民初的王先谦，凡学有专长的，几乎网罗无遗。除介绍学者生平事迹，更注重于“各人授受源流，擅长何学，以及治学方法”，比较完整地体现了清代学术传授渊源。对于各家的生平著述，“无论已刊未刊，必尽载其中”（《凡例》），为读者提供了比较全面的信息。因此本书虽以“列传”为名，实际上可以看成是一部简明的清代学案。

此书1925年由上海泰东图书局出版，1928年重印。又有1986年长沙岳麓书社重印本。

三、地方学术源流

中国幅员辽阔，文化上也体现出“多元一体”的格局。传统观念认为中国古文明分布的主要范围是在黄河中下游。但20世纪的考古发现，使人们认识到：过去所谓的“中原文明中心论”是需要彻底改变了。中国古文明原是

多源并起、相互促进的。蒙文通曾经提出了中国上古民族可以江汉、海岱、河洛分为三系，其部落、姓氏、居处、地域皆各不同，其经济文化各具特征的学说。春秋战国时期已经形成区域文化的格局，齐鲁、燕赵、三晋、三秦、吴楚、巴蜀等区域文化特色鲜明。秦汉统一以后，虽然共同性渐增，差异性渐减，但各地区在经济、文化方面还是各有千秋。作为中国传统文化主体部分的儒学，也表现出地域性特征。如汉代关陇与齐鲁有差异，南北朝时南学与北学亦有别。到了宋代，学统四起，儒学内部不仅有学派之间的差别，各地区之间也呈现出多样性特征。许多学派都以地域命名。如濂学、洛学、关学、临川学、考亭学、永康学、永嘉学、蜀学、象山学等等。正如程民生指出的那样，“这一现象至少表明了人们地域文化意识的加强，同时也强调了文化的地域性或与中央相对称的地方性”①。宋代儒学的地域化及地域特色，可称中国思想史上的奇观。为了突出地域文化，保存地方文化，宣传和弘扬地方文化，教育乡人，培养乡土情感，增强地方凝聚力，明清以来，涌现出大量追溯地方学术史的著作，举要如下。

（一）洛学

1.《洛学编》4 卷，（清）汤斌辑；《洛学编续编》1 卷，（清）尹会一辑

汤斌，清初著名理学家。尹会一（1691—1748），字元孚，号健余。直隶博野（今属河北）人。雍正进士。历任吏部主事、扬州知府、河南巡抚、江苏学政等职。终身钦慕颜、李之学，但言义理仍宗程朱。后人汇其所著为《尹健余先生全集》。

《洛学编》乃汤斌奉其师孙奇逢之命而作。凡 4 卷，前有孙奇逢《序》，后有王廷灿《跋》。记述中州学派自汉迄明的源流演变，分为二编：首列汉杜子春、郑兴、郑众、服虔，唐韩愈，宋穆修，谓之“前编”，重在表彰汉代经师的言行；次列宋代二程、邵雍及其传人 13 人（附录 2 人），元许衡、姚枢（附录 1 人），明薛瑄、曹端、阎禹锡、王鸿儒等 20 人（附录 7 人），谓之“正编”，重在表彰宋明理学诸儒的言行。各为小传，评其学问行谊。本书将宋明理学家汇为《正编》，而将汉唐诸儒汇为《前编》，一方面表明撰者尊崇宋学，另一方面也体现了“汉宋兼采”的倾向。正如四库馆臣所言：“虽以宋儒为主，而不废汉唐儒者之所长。”② 乾隆三年（1738），尹会一为之作续编，而成《洛学编续编》1 卷，置于其后，列为第 5 卷。《续编》所载皆为清代诸

① 程民生：《略论宋代地域文化》，载《历史研究》1995 年第 1 期。
② 永瑢等：《四库全书总目》卷六三《洛学编》提要。

儒，凡7人，包括孙奇逢、汤斌、耿介、张沐、张伯行、窦克勤、冉觐祖。

《洛学编》有清康熙树德堂刻印本，《洛学编续编》有清乾隆三年（1738）怀涧堂刻本。

2.《中州道学编》2卷，（清）耿介辑

耿介（1622—1693），字介石，号逸庵，河南登封人。清初理学家。

是书凡2卷，前有李来章、窦克勤、冉觐祖、王桂、焦钦宠及耿介本人序。"道学渊源，其尤盛于中州"①，中州道学，即伊洛之学。该书意在弘扬程朱道学，以程朱之学为中州道学正宗。专载中州道学人物，将二程置于卷首，以示中州道学之所宗。下记邵康节、谢文肃，终于清朝陈元熙、许西山、钟尔知。卷一载宋儒16人、元儒6人，卷二载明儒30人、清儒7人，全书共载中州学人59人。人各有传，传后附学人语录或著述。"耿介作《中州道学编》，乃举唐以前人悉删之，则纯乎门户之私，所见又与（汤）斌异矣。"②清四库馆臣称：又言："介于汉儒、宋儒门户，判如冰炭，韩愈诸人乃所特黜，非其偶漏。"③ 乾隆十五年（1750）登封知县施奕簪曾作《补编》1卷，兼收汉杜子春以下传经诸儒。

《中州道学编》有清康熙三十年（1691）嵩阳书院刻补修本。

（二）闽学

1.《道南源委录》6卷，（明）朱衡撰，（清）张伯行重订

朱衡（1502—1574），字士南，江西万安人。嘉靖十一年（1532）进士。历知福建尤溪、江西婺源诸县，有治声。历官福建提学副使、山东布政使、巡抚，进南京刑部尚书，改工部尚书，兼右副都御史，总理河漕。

是书为朱衡视学闽中时所作，专门记述伊洛之学在闽中的传衍以及闽学自宋及明的渊源流变情况，旨在弘扬程朱理学。《四库全书总目》著录作《道南源委录》12卷，"托始于杨时，附以游酢、王苹。凡闽士之沿波而起者则载焉。明代惟录陈真晟、周瑛、黄仲昭、蔡清四人。盖时代既近，其余尚未论定云"④。该本《道南源委录》6卷本，是清康熙四十八年（1709）由张伯行据朱衡旧本重加考订而成。是书具有鲜明的地方色彩和学派特点。所录397人，大多原籍为闽，或原籍虽非闽，先世即已入闽定居。此书旨在为伊

① 王桂：《中州道学编序》，见耿介《中州道学编》卷首。

② 永瑢等：《四库全书总目》卷六三《洛学编》提要。

③ 永瑢等：《四库全书总目》卷六三《中州道学编》提要。

④ 永瑢等：《四库全书总目》卷六一《道南源委录》提要。

洛学派在闽中之传清理脉络。案卷的编排，前四卷主要是记述宋代道南学派的正传人物，后两卷主要是记述道南学派在元、明时期的续传人物。正是这些道南学派的正续传人物，前后相承，构成了“道南源委”的主线。

《道南源委录》12 卷本存明嘉靖刻本，收入《四库全书存目丛书》。6 卷本有《正谊堂全书》本、《丛书集成初编》本、《续修四库全书》本。

2.《闽南道学源流》16 卷，（明）杨应诏撰

杨应诏，福建建安人，嘉靖十年（1531）举人。

杨应诏认为：“闽南之学，以朱子为主，朱子吾闽道统之宗也。”故本书上而杨（时）、游（酢）、胡氏父子（胡安国、胡宏），何（兑）、林（光朝）诸儒之师传，下而黄（榦）、蔡（沈）、陈（淳）、刘（爚）之授受，都以朱子平时所论列者为断。而道南一脉，本于伊洛，故以伊洛门人及私淑者分三例列于前；朱子宗统于中，以朱子门人及私淑者分三例列于后，使观者知闽中诸儒源流有自。但朱子门人甚多，本书所取以闽人为限，首列朱子高弟，从游者附之于后，平日有往来书问、语录著述都附之于后，“以见传授之正之的，非强且诬也”（《凡例》）。载闽学诸儒事迹，从宋代的杨时到明代的蔡清，共 195 人，各记其言行以及师承渊源。

此书有明嘉靖四十三年（1564）建安杨氏华阳书院刊本、《四库全书存目丛书》本。

3.《闽中理学渊源考》（原名《闽中师友渊源考》）92 卷，（清）李清馥撰

李清馥，字根侯，福建安溪人，康熙朝大学士李光地之孙。

四库馆臣说：清馥作是编，“一禀家训，尚有典型。虽意崇桑梓，而无讲学家门户异同之见云”。该书既为闽中理学家修史，又为福建传经家立传，汉宋兼采。旨在继承闽中“前辈”之遗意，辨析闽中“传经说理”之“渊源”，表彰“素尚朴学”的闽学传统。由杨时所开启的闽中理学渊源，经罗从彦、李侗递传，至朱熹集其成，而蔚为闽中理学之大宗。因此，对于朱熹及其学派的论述是此书的重点。作者在考察闽中理学渊源的同时，也对闽中经学极力发掘和表彰，显示出“尊宋右汉”的思想特色。该书卷帙浩大，非常详尽地清理了福建的学术史，极有价值。

此书收入《四库全书》、《爱日精庐丛书》。此外，清代蒋垣撰有《八闽理学源流》，刘廷焜撰有《闽学宗传》，亦为表彰闽中理学之作。

4.《东越儒林后传》1 卷，（清）陈寿祺撰

陈寿祺自 40 岁退出官场，后 20 多年间，先后主讲清源书院、福州鳌峰书院，终成一方巨儒，“作育人才”无数。传世著作凡十余种，主要收入《左

海全集》、《左海续集》。其中最能代表其学术成就和学术倾向的则是对两汉经传佚书的辑佚和考证，而《五经异义疏证》、《尚书大传》、《三家诗遗说考》、《左海经辨》是其代表性著作，体现出陈寿祺博学通经、专精汉学、强于辑考的学术特点，具有较高的学术价值。

《东越儒林后传》主要是清代福建地方儒学人物传记，为拟上史馆之稿。收有郑开极、陈迁鹤、方迈、余正健、郑亦邹、蓝鼎元、陈梦林、雷鋐、童能灵、张鹏翼、官献瑶、李光坡、李光墺、李光型、钟伦、王士让、林一桂、万世美、谢震、庄亨阳、张甄陶、孟超然、郑重、王命岳、黏本盛等人物，详述其学行。虽难称完备，然而对探讨清初福建地区的儒学、经学状况亦有一定的文献史料价值。

此书有三山陈氏刻《左海全集》本。

（三）赣学

《江西理学编》8 卷，（清）尧祖韶撰

尧祖韶，字钦元，生平事迹不详。

该书专门记载宋明以来理学在江西地区的传承情况，具有地方学术史的特点。此外，此书还附有《友教江西理学编》上、下两卷，记述曾在江西任职任教或与江西有学术师承关系的外省籍理学家的生平事迹，如周敦颐、刘安世、杨时、张九成、吕祖谦、张栻、朱熹、真德秀、赵汸、汪克宽、陈献章、蔡清、王守仁等。尧祖韶《自序》认为“经术”与“性理”有着内在的联系，决不可将二者割裂开来。有鉴于此，此书虽以理学命名，但不排斥经学。又认为朱陆同本“孔孟遗教”，而“同异”之说纯属“后人”之鼓倡，因此不分别朱陆门户。

该书有清乾隆间刻本。

（四）皖学

1.《新安学系录》16 卷，（明）程瞳撰

程瞳，新安（今安徽徽州）人。明正德、嘉靖年间新安理学的重要代表人物，一生致力于排斥陆王学说，弘扬朱子之学。

《新安学系录》，不仅是一部新安理学的“学案”性著作，也是一部维护朱子学的力作。该书收录了 105 位著名新安学者的传记资料以及言行、遗事，记述新安朱学自宋迄明的渊源流变，是现存最早的一部地方学术史。新安系今安徽徽州的古郡名，南宋理学大师朱熹的祖籍，据说也是北宋理学奠基者程颢、程颐远祖“之所从出”，素有“东南邹鲁”之称，与孔孟的故里相伯仲。是书分卷立案，一本程朱学统，重点表彰朱子一系在新安的传授，突出新安朱学在道统传承中的地位。前3卷记理学奠基者程颢、程颐及其他新安的传人；后13卷，除卷五、卷六记朱熹在新安的讲友外，其余11卷专记朱熹及其在新安的传人。

此书有明正德中程启刻绿荫园重修本、《安徽丛书》本。

2.《皖学编》16卷，（清）徐定文撰

徐定文（？—1898），字质夫，皖之石埭（今安徽芜湖）人。尝官祠曹，以大理寺丞致仕。自幼即读宋朱熹所撰《宋名臣言行录》，及长受父命读明儒冯从吾《关学编》、清汤斌《洛学编》、魏一鳌《北学编》诸书，谓诸儒模范昭然，下学上达之基端在，借此探寻儒学源流，遂有编纂《皖学编》之志焉。

据该书《凡例》称：此书仿《关学编》、《洛学编》和《北学编》之例，专为安徽"本省古哲先儒""论学而作"，自汉迄清，渊源流变，考镜详明。分卷首和正编：卷首分上、中、下3卷，为皖学溯其源；正编按朝代分为13卷，为皖学衍其流。认为皖学渊源最早可追溯到孔子弟子闵子骞。至于徽省理学则自朱松始。朱熹集理学之大成，为皖省诸儒所宗。故"凡源本朱氏者，自详录无遗"①。但是徐氏所录，并不以朱学为限，对于汉唐经学、清代汉学和宋明理学中之陆王心学也兼收并录，体现其汉宋兼采、经学与理学兼收的学术特点。该书成于光绪十三年（1887），但迟至宣统元年（1909）才刊刻问世。期间因战乱，原稿遭毁。后经其子履谦整理订正，成现行清宣统元年万卷楼刊本。

（五）关学

1.《关学编》，（明）冯从吾撰

冯从吾为著名教育家、关学大师。此书成于万历三十四年（1606）。该书专辑关中理学诸儒，共5卷：首卷记关中的孔门弟子秦祖、燕伋、石作蜀和壤驷赤等4人；其余4卷记宋、金、元、明四朝的关中理学诸子，始于张载，终于王之士，立传共33人，内计宋9人，金1人，元8人，明15人。通过为关中理学诸子立传，述其为学之大略，辨其授受之源委，明其道学之统绪。体例有创新，在传记体的基础上，吸取学案体的某些体例特点，形成"学编体"。清初魏一鳌的《北学编》、汤斌的《洛学编》、耿介的《中州道学编》，乾隆间尧祖韶的《江西理学编》等，都继承和发展了这种"学编体"。

该书《冯少墟集》录为2卷，《桐阁全书》收录李元春订本5卷（另有卷

① 徐定文：《皖学编·凡例》。

首1卷)。王心敬等又辑《关学续编》3卷,与原编合刻入《西京清麓丛书》。

2.《关学宗传》56卷,(民国)张骥编撰

张骥字先识,成都双流人。尝寓居关中,留心关学,又多识前言往行,因潜心搜讨,于民国十年(1921)撰成本书。自南宋以来,学者多以关闽濂洛标宗立派,而述及濂洛、闽中理学源流者甚夥且详,唯关学则嫌不足。明冯从吾尝撰《关学编》4卷,后人有所增益,然多为笼统叙事之传记,"诸儒学说都付阙如,后学问津,茫无把握,关学之奥义未窥,邹鲁之渊源何接"(本书《自序》)。于是作者仿周海门(汝登)《圣学宗传》、孙夏峰(奇逢)《理学宗传》之例,辑宋代张横渠(载)至清末刘古愚,凡若干人,述其行事之概,兼附著述、语录,以成完篇。体例较为严谨。其选录以地域为准,即须为关中之人,若非此邦之人,即讲关中之学,亦概不附入。其学术范围则以理学为主,唯少数特达之士,虽不以理学见称,而言行粹然,间亦取之。又关学并非纯一,程朱陆王皆有传人,本书则不立宗派,节取众长,凡有关身心性命、发明圣学者,皆取之。又是书初稿原有作者按语,后皆删去,以俟读者自得,此亦慎言之至也。本书捃摭资料1300余种,三易寒暑,始克成编,用力可谓甚勤。

此书有民国十年(1921)陕西教育图书社排印本。

(六)北学

《北学编》4卷,(清)魏一鳌撰,(清)尹会一等续订

魏一鳌,字莲六,直隶新安人。明崇祯举人,从学于孙奇逢,官忻州知州。

是编专门为畿辅地区(即今河北省)自汉迄明的重要经学家和理学家修史立传。其中,既有董仲舒、毛苌、孔颖达等汉唐经学家,又有邵雍、刘因、黄润玉等宋明理学家,共30余人。乾隆初,尹会一又稍加校订,补入4人,又续入清代孙奇逢等13人。

有同治七年(1868)重刊魏一鳌辑、尹会一等续订本,收入《续修四库全书》。

(七)浙学

1.《浙学宗传》不分卷,(明)刘鳞长撰

刘鳞长字孟龙,号乾所,福建晋江人。万历四十七年(1619)进士,官至南京户部郎中。

此书为刘鳞长任浙江提学副使时所编。以周汝登所辑《圣学宗传》颇详

古哲，略于今儒，遂“采自宋讫明两浙诸儒，录其言行，排纂成帙。大旨以姚江为主，而援新安以入之”。故首列杨时，次以朱熹、陆九渊并列。陈亮则附载于末，题曰《推豪别录》。又以蔡懋德《论学》诸条及鳞长所自撰《扫背图》诸篇缀于卷后。作者认为，闽学、浙学皆以尧舜孔孟为大宗之祖，而“论浙近宗，则龟山、晦翁、象山三先生。其子韶、慈湖诸君子，先觉之鼻祖欤！阳明宗慈湖而子龙溪数辈，灵明耿耿，骨血相贯，丝丝不紊，安可诬也！”（自序）作者目的是要打通浙学与闽学，会通心学与理学。

此书有明崇祯十一年（1638）自刻本，收入《四库全书存目丛书》。

2.《台学源流》7 卷，（明）金贲亨撰

金贲亨，初冒高姓，字汝白，临海（今属浙江）人。

金贲亨认为，台州传圣人之学，始自宋治平、宣和年间二徐（徐中行、徐庭筠）传安定（胡瑗）之学。自朱子传道江南，而台学特盛。该书叙述台州学术源流，收录从宋代徐中行到明代方孝孺、陈选共 30 人，每人一传。另外还收录存疑而未能确考者 15 人，按时代附姓名于传末。

有同治八年（1869）刊本、《台州丛书》本、《四库全书存目丛书》本、《续修四库全书》本。

3.《台学统》100 卷，（清）王棻撰

王棻（1826—1899），字子庄，号耘轩，浙江黄岩人。同治六年（1867）举人，光绪二十四年（1898）以学行受赏内阁中书衔。深于经学，于文字、训诂、音韵治之尤力。究心于乡邦文献，晚年成《台学统》100 卷。

《台学统》集录乡先哲人物事迹。书成于光绪七年（1881），至光绪二十年，始刊行于世。王棻此书包含“张之以《台学》，崇之以《学统》”两层意思。所谓“张之以《台学》”，是指“其意本金氏（贲亨）《台学》之渊源而推广其类例”；所谓“崇之以《学统》”，是指“其统字之义本于熊文端（赐履）之《学统》”。①王棻论学不立门户，“以为古今学术大别有四：曰性理，曰经济，曰训诂，曰词章，而其归有三：性理者，志于立德者也；经济者，志于立功者也；训诂、词章者，志于立言者也。四者皆有用，但当辨其真伪，不当互相是非。其说经以经证经，不偏主于汉宋”②。该书将台州学术分为六派：“气节之学第一”，“性理之学第二”，“经济之学第三”，“词章之学第四”，“训诂之学第五”，“躬行之学第六”，为自晋至清凡 337

① 章梫：《台学统序》，见王棻：《台学统》卷首。

② 《王子庄先生传》，见王棻：《台学统》附录。

人立传。

此书有民国七年（1918）吴兴刘氏嘉业堂刊本，收入《续修四库全书》。

4.《金华正学编》12卷，（明）赵鹤编撰，唐邦佐重编

赵鹤，字叔鸣，扬州江都人。弘治九年进士，历官金华、建昌知府，以忤刘瑾谪官，后官至山东提学副使。平生嗜学，考论经史不辍。著有《书经会注》、《维扬郡乘》、《具区文集》、《金华正学编》、《金华文统》等。唐邦佐字维良，兰溪人，隆庆二年进士，历知泰和、如皋、仪真诸县，入为刑部主事，以事谪官，后官至光州知州。著有《比部集》3卷。《金华正学编》见于《明史》卷九八《艺文志三》著录。

明嘉靖间，赵鹤官金华知府，以宋吕祖谦、何基、王柏，元金履祥、许谦皆为乡邦名儒，遂辑录诸家文献涉于讲学者及其本传、行状、墓志等，编为10卷，人各2卷。万历中，唐邦佐继仕金华，复取赵鹤原书，修订补辑，增录明代章懋，衍为12卷。此书宗旨以程、朱理学为正统，谓金华理学奠基于宋，元明两代继有发扬，而吕祖谦为朱熹之友，何基为朱熹门人黄幹弟子，其后王、金、许、章递相授受，俱得理学正传，故标举此书曰“正学”，以明其统。后世学者多有称“金华六先生”者，当沿于此。是书编例以师弟子传授次第为序，脉络通贯，线索明晰。又于所选诸人之卷帙中，前卷载其治学格言，收录文章、语录等文献，以彰显其学术；后卷载其行实，收录传记、行状、墓志及时人祭奠之文，以见其影响。是书以个案形式反映宋元明时代儒学在金华地域的源流演变，所载资料对于研究其人之学术颇有裨益，同时也为探讨该地域学术思想提供了珍贵的史料。

此书有明万历十八年（1590）刊本。

5.《东嘉先哲录》（简称《东嘉录》）20卷，（明）王朝佐编纂

王朝佐，字廷望，浙江温州府平阳（今属浙江）人。弘治九年进士，授南京礼部主事，迁工部员外郎。此后辞官归乡，不再出仕。著有《东嘉先哲录》、《蛟川集》、《蛟川诗稿》，后二者已佚。

东嘉为温州古称，此地人文荟萃，多硕学耆儒。是书搜集宋以来先贤遗事，分为先达、程子门人、朱子门人、名儒、名臣、忠臣、孝子、气节、词章等九类，凡110人。意在表彰乡里先贤，弘扬正气，裨助教化。清代国学大师孙诒让在其所著《温州经籍志》中对此书评价颇高，称：是书“于宋、元两代及明成、弘以前魁儒硕彦，几于搜辑无遗。所采载籍自正史列传以及地志、志状，并胪列旧文，不加羼改，且一一详其出处。其体裁渊雅，在明人书中颇不易覯。至所引乡先达遗著，若戴仔《家传》，章喆《平阳州志》，

徐兴祖《横阳文集》，张谦《易本义集说》、《章恭毅文集》之类，今并散佚，仅借是《录》存其一二”。孙诒让也指出，该书因“网罗既富，舛驳亦复不免”。主要是所收之人有的并非温州人，如吕大圭为泉州南安人，倪涛为广德军人，苏伯衡为金华人。所收之文亦有误收者。此外，书中节引史传，亦多有取舍不当、剪接不周之处。但此类小小疵颣，无害于全书之精审，亦无害于其对历史、对文献、对地方志乘，尤其对了解温州理学传承所具之学术价值。

是书乃著者在南京任官期间于公务之暇编成，至正德元年捐俸付梓。清《四库全书》存目所著录即此明刊本。此本似已失传，存世者仅有几种抄本。川大《儒藏》据清代影明抄本影印。

（八）吴学

1.《吴郡名贤图传赞》20卷，（清）顾沅辑

顾沅（1799—1851），字澧兰，号湘舟，长洲（今江苏苏州）人。道光间名士，曾官教谕。喜收藏，所藏图籍金石之富，甲于三吴。建有书楼“怀古书屋”、“艺海楼”，收藏多为秘本、善本。辑有《赐砚堂丛书》四集。道光年间，顾沅辑刻的《圣庙祀典图考》、《吴郡名贤图传赞》和《历代古圣贤像传略》，共收人物图像1065幅，蔚为大观。

咸丰中顾沅藏书散出，尽为丁日昌所收购，丁氏《持静斋书目》中所著录之书，大半为顾氏旧藏。吴郡历代名贤甚多，游宦到此亦多杰出之士。为吴中名贤作传，其时久远。《隋书·经籍志》著录有《会稽先贤像赞》，已不传。宋绍兴中吴郡建瞻仪堂，绘有历代名贤画像，范成大为之作记。明杨循吉有《吴中往哲记》，王世贞有《吴中往哲像赞》（王世贞《像赞》只画明代诸贤，且仅及中叶而止），刘凤有《续吴中先贤赞》。其后钱谷、张蟾迭有增补。明崇祯中文震孟辑有《姑苏名贤小纪》2卷，有人为之绘像百余幅，但已散佚。

道光中顾沅闭门读书之暇，纂集吴郡先贤，旁及名宦、寓公，始于吴公子季札，共570人，各绘一图，并系以传。“其像或临自古册，或访得之于各家后裔，其冠服悉仍其旧，均有征信，无一凭虚造者”（卷首石韫玉序）。至于先贤事实，除史传、志传之外，嘉言懿行散见于遗老传闻、有关掌故者，本传之后也略志一二，以广见闻。画像悉出于玉峰孔继尧手笔，正像、小像悉照原本临摹，冠服有不合古制，皆予改正。而汇纂传略，则出自张廖之手。《吴郡名贤国传赞》所收名贤，有籍贯属于吴郡者，也有做官及流寓吴地者。既有名宦乡贤，亦多文人学士。如汉代的董仲舒，三国的陆绩，晋代的陆玑、陆云，南朝的皇侃、顾野王，隋朝陆德明，唐代的归崇敬、陆贽、刘禹锡、

陆龟蒙，宋代的范仲淹、胡瑗、欧阳修、司马光、朱长文、叶梦得、魏了翁、文天祥，元代的杨维桢、倪瓒，明代的况钟、祝允明、王世贞、海瑞、顾宪成、高攀龙，清代的顾炎武、徐乾学、陆陇其、朱彝尊、徐元文、彭定求、张伯行、惠栋、钱大昕、江声等人，既为名士，又为名儒。该书版刻精良，图绘生动传神，传赞简明扼要。

此书有清道光九年（1829）长洲顾氏家刻本，收入川大《儒藏》。

2.《毘陵正学编》1卷，（明）毛宪编纂

毛宪，字式之，南直隶武进（今属江苏）人。正德六年进士，官至黄门给事中。清沈佳《明儒言行录续编》称其谢病归后，与同志讲求理学，考濂洛关闽论说同异，会而通之。郡守陈实建道南书院，延之主教，一郡钦服，称为古庵先生。卒年七十有七。所著有《谏垣草》、《古庵文集》、《毘陵人品记》等书。

《毘陵正学编》所载凡12人，除杨时为剑州将乐人，于毘陵为流寓外，其余或籍晋陵，或籍宜兴，或籍无锡，或籍武进，皆自宋至明之毘陵硕儒。如卷末杨兆鲁《赞》所谓“毘陵道学一脉，首崇龟山（杨时）而次道乡（邹浩）”，故以杨时为首，其余诸子，如周孚先、周恭先、唐棣、邹柄、喻樗、胡珵、尤袤、李祥、蒋重珍、谢应芳，或曾游学程门，或为龟山高弟，或师弟相承，“可谓学之而得其正者也”，故号为“毘陵正学”。读者手此一编，既可研读所载人物传记个案，亦可了解宋明时代儒学在吴中之概况云。

此书有明嘉靖四十一年（1562）刻本，收入川大《儒藏》。

（九）蜀学

1.《蜀学编》2卷，（清）方守道、童煦章原著，高赓恩、伍肇龄重订

巴蜀自文翁启化，蔚为大邦，学风之盛，比于齐鲁，魁儒硕学，历代继踵，汉、唐以来，含章之彦史不绝书。清末方守道等人将自汉代张宽起，至清代的川籍学人传记汇编成书，谓之《蜀学编》。据书前伍肇龄序及凡例，是编为宁河高赓恩学使课士尊经书院时，以“蜀学编”命题，命肄业诸生搜集巴蜀先哲言行，考订学术。后来高赓恩因以方守道、童煦章所辑本加以厘正，汇为一编，与伍肇龄共同参订刊行。高氏差竣回京，复考正史及历朝学案、先儒传记、《理学备考》正续编，增入22人，并对前收诸人也增补了一些事迹，“大率增者什三，删者数十，而一其人皆无关于学脉者也”①。计收汉人十四，唐人一，宋人三十二，元人三，明人十五，清人九。该书参考《北学

① 高赓恩：《续刻蜀学编序》，见《蜀学编》卷首。

编》的体例，于文章、经济并有采录，但收录范围还是比较严格，“是编固以学问为归，而兼有经济者，也并述其政绩，采其奏议，以著体用兼备之谊。但或学术不传，第以勋业节烈著闻，蜀中名臣如何武、田锡、陈尧叟、杨栋、任伯雨者尚多，不敢泛入”①。此书之作，意在清理蜀学学脉。高氏认为：蜀学之脉凡四五，汉则传经重大师，为洙泗之脉。宋则有伊洛之脉、湖闽之脉。元承宋学，明初承元学，嘉靖之后薛、吕、陈、王之学皆有趋之者，是为津会姚泾之派。清代名儒宗派虽各不同，也应据此为断。其说虽较粗略，也可为研治蜀学者参考。至于引用文献，不下百种，大抵采自诸书，集腋成裘。

该书有光绪二十六年（1900）成都锦江书院刊本、川大《儒藏》本。

2.《四川儒林文苑传》，（清）戴纶喆撰

戴纶喆字吉双，四川綦江举人。官印州训导。工隶书，善吟咏。

汉唐以来，巴蜀学术文化繁荣，儒林、文苑，大师辈出，史不绝书。但至清世，达于国史、置之儒林、文苑者殆罕其人。体现清代经学成就的正、续二部《经解》之中，竟无蜀人之作。至于沈德潜之《清诗别裁集》、王昶之《湖海诗传》、张维屏之《国朝诗人征略》、李元度之《国朝先正事略》、贺长龄之《皇朝经世文编》，所收蜀人之作亦寥寥无几。虽然不能据此否认清代四川的学术文化成就，但也从一个侧面说明，至少在晚清之前，四川的学术文化与江、浙、皖等省的差距还是比较显著的。戴纶喆在该书中归结两点原因：一是四川遭受长期的战乱，影响了学术文化的发展；二是四川僻处西偏，远离政治文化重心。这大体上是不错的。此书意在征文考献，表彰清代四川学术文化。故搜集资料，撰写清代儒学、文学人物传记，共49人。计有“蕴真抱璞、笃志儒修者”16人，曰费密、杨甲仁、唐甄、彭王垣、韩士修、顾汝修、林愈蕃、龚有融、李漱芳、李书、李惺、范泰衡、王达琮、戴琛、颜启芳、余焕文等。“词华秀发、颖类倬群者”33人，曰刘道开、李瑁、费锡璜、傅作楫、李专、彭端淑、许如龙、何明礼、李调元、王汝璧、何人鹤、周立矩、张问陶、张怀泗、陈一津、汪仲洋、王怀曾、王劼、杨庚、孙澂、李崧龄、刘硕辅、冯世瀛、华暲、江国霖、孙缵、赵树吉、王再咸、朱鉴成、秦代馨、李汝南、武谦、陈树梁等。这些人物都在清代四川学术文化史上占有一定的地位，因此此书可以看成是一部简明的清代四川学术史。

此书有民国十一年（1922）刻本、川大《儒藏》本。

---

① 《蜀学编旧例》，见《蜀学编》卷首。

第三节 经学源流类

“五经”是上古、三代的历史文献，也是中华文明初期先民集体智慧的结晶。经过孔子的整理、诠释，注入了儒家的伦理学说和政治理想，“五经”逐渐变成儒家学派的专有文献。孔子以后，如曾子、子思、子夏、孟子、荀子等人通过发挥“五经”与孔子的思想理论接续文化传统，使儒家思想更加系统化。但是，先秦儒学还仅仅是诸子中的一家，秦时儒学发展又受到了极大的压制。汉朝建立以后，文、景二帝逐渐留意学术，广开献书之路，并为儒经置专经博士，如张生、晁错为《书》博士，辕固生、韩婴为《诗》博士，胡毋生、董仲舒为《春秋》博士。同时，诸子、传记也立有博士，反映汉初文、景之时学术文化兼收并蓄的特点。武帝即位后，用窦婴、田蚡为相，重视儒学。到元朔五年，又采纳公孙弘、董仲舒等的建议，为博士置弟子员50人，“复其身”。郡国县道邑有好文学、敬长上、肃政教者，由郡国守相荐举至京师，诣太常受业如弟子。博士弟子及受业如弟子者，能通一艺以上，可补文学掌故缺，其优秀者可以为郎中。其余官吏，也多用经学之士。“自此以来，则公卿大夫士吏斌斌多文学之士矣”①。通经可以作卿相，这是对汉初“无功者不得封侯”的祖宗家法的突破，利禄之途开，经学遂大盛。班固《汉书·儒林传赞》说：“自武帝立《五经》博士，开弟子员，设科射策，劝以官禄，讫于元始，百有余年，传业者寖盛，支叶蕃滋，一经说至百余万言，大师众至千余人。盖禄利之路然也。”由于利禄之途大开，儒学风气转盛，终于出现了两汉“经学昌明”与“经学极盛”时代②。

两汉经学在东汉后期达到高峰，表现之一是出现了众多兼通五经和今古文家法的大师，汉代经学进入了总结和集大成的阶段。今文经学最著名的大师，西汉有董仲舒，东汉有何休。而最为后人称道、被誉为“汉学正宗”的是以贾、马、许、郑为代表的所谓古文经学，以郑玄集其大成。郑玄之学行世，博士家法遂趋衰亡。随后王肃想借贬斥郑学标新立异，提高自己在学术上的地位，于是也遍注群经，用今文家的观点攻郑玄的古文说，用古文家的

① 《史记·儒林列传》。

② 皮锡瑞《经学历史》一书分两汉为“经学昌明时代”与“经学极盛时代”，见《经学历史》三、四，中华书局，1981年。

观点驳郑玄的今文说，同时又凭借政治权势，把所注《尚书》、《诗经》、《三礼》、《左传》以及其父王朗的《易传》立于学官，设置博士。在西晋时代，“王学”占据了统治地位。同时，战乱也导致了两汉今文家法的消亡。永嘉之乱以后，“《易》亡梁丘、施氏、高氏，《书》亡欧阳、大小夏侯，《齐诗》在魏已亡，《鲁诗》不过江东，《韩诗》虽存，无传之者，孟、京、费《易》亦无传人，《公》、《穀》虽在若亡。晋元帝修学校，简省博士，置《周易》王氏，《尚书》郑氏，《古文尚书》孔氏，《毛诗》郑氏，《周官》、《礼记》郑氏，《春秋左传》杜氏、服氏，《论语》、《孝经》郑氏博士各一人。太常荀崧上疏，请增置郑《易》、《仪礼》及《春秋公羊》、《穀梁》博士各一人，时以为《穀梁》肤浅不足立。王敦之难，复不果行。晋所立博士，无一为汉十四博士所传者，而今文之师法遂绝”①。

魏晋南北朝时期，前后历经数百年，干戈频兴，篡乱相乘，而太平统一时间不到十分之一。但是，动乱之政治环境并没有阻断学术文化之发展，“学术尚有传统，人物尚有规仪，在文化大体系上，亦多创辟”②。因此，这一时期的文化学术成就仍然可观。儒学的成就，也主要体现在经学上。《十三经注疏》是宋以前经学成果之总结，我们可以看到，《易》王弼注，《论语》何晏集解，《左传》杜预集解，《穀梁》范宁集解，《尔雅》郭璞注，伪《古文尚书》孔安国传，都出于魏晋时期。当时还创造了一种义疏新体，惜多佚失，今存皇侃《论语义疏》尚可见大略。唐孔颖达等编《五经正义》，疏之部分，十之八九取自南北朝。总的说来，这一时期经学独尊局面虽然被打破，但统治地位并没有丧失，儒学仍然是社会的支配力量和主要意识形态。这个时期既是经学由分而合的历史过程，也是儒、佛、道三教竞争、吸纳，不断充实自身理论体系的历史过程。到了唐代，唐太宗命孔颖达撰《五经正义》，对汉魏南北朝的经学成就做了总结。中唐以后，儒学发生了变革，以师法家法、章句训诂为特征的汉学开始向重视义理的宋学转变，汉学被宋学所取代。

对两汉以来经学源流的清理与考辨，很早就有学者做这项工作。南朝末年陆德明《经典释文序录》比较系统地叙述五经次第及两汉五经授受源流。宋代章如愚《山堂群书考索·六经门》中每门前边都有“传授图”，明代朱睦㮮有《授经图》，吴继仕有《六经源流》。到清代，以整理五经传承系统为主

① 皮锡瑞：《经学历史》五《经学中衰时代》。

② 钱穆：《略论魏晋南北朝学术文化与当时门第之关系》，载《中国学术思想史论丛》卷三，安徽教育出版社，2004年。

的谱表性质的著作大量涌现，如朱彝尊《经义考》，万斯同《儒林宗派》，毕沅《传经表》(附《通经表》)，吴之英《汉师传经表》，侯登岸《两汉经学会考》，赵继序《汉儒传经记》，汪大钧《传经表补正》，张金吾《两汉五经博士考》等。另外唐晏的《两汉三国学案》也以清理经学源流为主，前面已有介绍。借助这些研究经学传承及经学著述的著作，不仅有助于我们了解中国经学的发展脉络，也有助于我们考证群经的兴衰过程以及各个时期的重大事件、主要人物和著作。下面对一些重要著作做一概说。

1.《经典释文序录》1 卷，(唐) 陆德明撰

陆德明，由南北朝入唐的著名经学家。《经典释文》约于陈后主至德元年(583) 开始编纂，大约完稿于隋末唐初。总汇了汉魏六朝以来学者对《易经》、《书经》、《诗经》、《周礼》、《仪礼》、《礼记》、《左传》、《公羊传》、《穀梁传》、《孝经》、《论语》、《老子》、《庄子》、《尔雅》等 14 种典籍所作的音切及训诂，体大思精，内容繁博，是一部划时代的重要著作。它既总结了汉魏以来经学演变的历史情况，并且旁及《老子》、《庄子》；既归纳了不少学者对群经所作的音义，还有所取舍。其中第一卷为《序录》，总领全编，包括“序”、“条理”、“次第”、“注解传述人”四部分，依次说明编纂《释文》的目的，体例，取材等。其中“注解传述人”这部分对先秦两汉以来诸经的传承与流变做了细致的叙述，对于我们了解经学源流极有帮助。近人吴承仕对《序录》做了详尽的注释，著《经典释文序录疏证》，考订綦详，用力甚勤。《疏证》有北京师范大学出版社 1984 年版。

2.《授经图》20 卷、《经序录》5 卷，(明) 朱睦㮮撰

朱睦㮮 (约 1516—1585)，字灌甫，号西亭，学者称西亭先生，明宗室奉国将军朱安河之子。他学有渊源，据《明史》本传载：既长，“从河、洛间宿儒游”，精于经学，年十五即通五经，尤邃于《易》和《春秋》；又勤于搜访古书图籍，故“论者以方汉之刘向”。著述颇多，主要有《五经稽疑》、《易学识疑》、《春秋传辨疑》及《韵谱》、《河南通志》、《开封郡志》等。

此书是朱氏有感于“本朝经学一禀宋儒，古人经解残缺放失”① 而导致“汉学之失传”，故“溯其专门授受，欲儒者饮水思源”②。《授经图》之名，始于宋人程俱，后李焘有《五经传授图》1 卷，亡名氏有《授经图》3 卷，俱见《宋史·艺文志》，惜其书不传。朱氏此书因章如愚《山堂考索》中旧图，

① 《明史·周王橚传》—附《镇国中尉睦㮮》。

② 永瑢等：《四库全书总目》卷八五《授经图》提要。

重加厘正增订而成。主要在于辨析经学源流，全书20卷，按《易》、《书》、《诗》、《春秋》、《礼》的次序编排。每经分4卷：卷一为著录义例，卷二为授经之图，卷三为诸儒传略，卷四为诸儒著述（附历代经解）。先列书名卷数，次列著者或出处。该书体例上也有创新，图、传、目三者交相为用，条例明晰，是一部重要的经学源流史著作。但是《授经图》既没有著录图书的版本，也没有对图书存佚情况作说明。黄虞稷病其所载传注时有缺误，而类例也不尽善，故与龚翔麟等重为厘正，杂采诸家而作订补。但黄氏订补也不尽合朱氏原意。

《授经图》有明万历二年刻本、清抄本、《四库全书》本、《惜阴轩丛书》本、《丛书集成初编》本等。

朱睦㮮另撰有《经序录》一书，与《授经图》一样，也分《易》、《书》、《诗》、《春秋》、《三礼》五部分。每部分先列目录1卷，仅载书序与作者；次列正文1卷，后依目录顺序，分载各序全文。凡载文100篇，基本囊括了汉唐宋元诸儒重要的经解序文。该书的著述重心在序不在目，是一部有简目的经解序文汇编，它在目录学上的贡献，在于“开通古今经书移录原序之创例”。这为后来朱彝尊《经义考》所取则。

《经序录》有清抄本，收入《四库全书存目丛书》。

3.《传经表》1卷，附《通经表》1卷，（清）洪亮吉撰

洪亮吉，清代著名的经学家。《传经表》成于乾隆四十六年洪亮吉在陕西巡抚毕沅幕府之时，大约是毕沅嘱其代撰，故原序即署毕沅之名。章寿康辑《式训堂丛书》因之标作“毕沅撰”。该书上溯孔子，下迄于三国。分《易》、《书》、《诗》、《春秋》、《礼》五格，表格内容上大体分为三部分：第一部分为有师承渊源的经师及专治该经的经师，第二部分为传习该经但其师承无可考者，第三部分则为兼通数经的儒者。通过该表我们可以看出各经的授受源流及师法家法传承情况。如《易》由孔子十五传至刘轶，《尚书》伏胜十七传传至王肃，齐《诗》辕固七传至伏恭，鲁《诗》十五传至许晏，毛《诗》十六传至贾逵，韩《诗》韩婴六传至张就。《左传》十九传至马严，《公羊》十三传至孙宝，《穀梁》十一传至侯霸，《礼》高堂生六传至庆咸。但该书也存在一些疏漏，如《易》表中，第九传的7名经师中有主父偃，而按《汉书·主父偃传》“学长短纵横术，晚乃学《易》、《春秋》、百家之言”，可知其初未传经，而该书载入《通经表》中。又如《齐诗》表一栏中有乐恢，而据《后汉书·乐恢传》“恢长好经学，事博士焦永”，并没有说其学习《齐诗》。又《后汉书·儒林列传》载任末“少习《齐诗》”，景鸾“能理《齐诗》”，而该书并

未将其收入《齐诗》一栏中。又载召驯、杨仁习《韩诗》,《韩诗》表也未收。另外,《毛诗》表中,郑玄师承于张恭祖,注云“传《齐诗》”,但考《后汉书·郑玄传》则云:“从东郡张恭祖受《周官》、《礼记》、《左氏春秋》、《韩诗》。”可知恭祖所传为《韩诗》。从整体上来看,《传经表》的成就超越了前人,毕沅序称“较明朱睦㮮《授经图》、国朝朱彝尊《经义考·师承》所录,详实倍之,盖周秦汉魏经学授受之源,至此乃备也”,比较恰当。

该书有《洪北江合集》本、《式训山房丛书》本、《校经山房丛书》本、《丛书集成初编》本等。

《传经表》之后,还出现了若干种类似的著作,对《传经表》作纠谬和补逸的工作。如汪大钧作《传经表补正》13卷(附《经传建立博士表》1卷),增加了“家数无考”、“授受无考”两格,尤为详备。有光绪十九年愈妄阙斋自刻本。吴之英《汉师传经表》1卷,在洪亮吉《传经表》的基础上作增补,《齐诗》补任末、景鸾,《韩诗》补召训、杨仁、张匡。有《寿栎堂丛书》本。此外,蒋曰豫著有《两汉传经表》2卷(收入《蒋侑石遗书》),侯登岸有《两汉经学汇考》5卷(收入《掖海丛书》),孙葆田有《汉儒传经记》1卷(收入《岁余偶录》)。

4.《儒林传经表》2卷,(清)周廷寀撰

周廷寀,字霁原,一字赞平,又字子同,号寄园,新安(今安徽徽州)人。本书又名《西汉儒林传经表》,刻于乾隆五十六年,其时洪亮吉《传经表》早已完成,周氏大概未能见到。全书包括:《易家第一》,从商瞿一传到衡咸十二传;《易家第二》,从费直一传到母将永二传;《书家第三》,从伏生一传到冯宾九传,都是今文;《书家第四》,从孔安国一传到桑钦七传,都是古文;《诗家第五》,从申公一传到龚舍五传,都是鲁系;《诗家第六》,从辕固一传到皮容六传,都是齐系;《诗家第七》,从韩婴一传到发福六传,都是韩系;《诗家第八》,从毛公一传到陈侠五传,都是毛系;《礼家第九》,从高堂生一传到庆咸七传;《春秋家第十》,从董仲舒一传到左咸六传,都属《公羊》;《春秋家第十一》,从胡毋生一传到公孙弘二传,也是《公羊》;《春秋家第十二》,从江公一传到萧秉五传,都属《榖梁》;《春秋家第十三》,从贾谊一传到陈钦八传,都属《左氏》。其中也有小误,如《书家》欧阳高是欧阳生曾孙,而欧阳生子受书倪宽,列入四传,欧阳高应列入六传,列入五传不妥。《春秋家》左氏有贾谊而没有张苍,亦属疏失。

此书有乾隆五十六年(1791)周氏营道堂刻本。

5.《汉儒传经记》2卷、《历朝崇经记》1卷,(清)赵继序撰

赵继序，字芝山，号易门，休宁（今属安徽）人。作者认为："汉儒传经之功为大。虽其人未必皆闻圣人之道，而业有专门，世守家法，彬彬文学之选，要亦七十子之流裔也。"（自序）因此他批评"卑视章句、轻诋汉儒"的学风，表彰汉儒传经之功，著《汉儒传经记》，以两汉《儒林传》为宗，参照《经典释文序录》，兼及其他书中有明证者，上溯周秦，以标明源头，下至三国。晋代以后，无关于经义的，不尽记之。又著《历朝崇经记》，历记从汉至明崇经的递变。认为历代表彰经学之功，实为大道盛衰所系。

此书有嘉庆九年（1804）刊本。

6.《汉西京博士考》2卷，（清）胡秉虔撰

胡秉虔和胡匡衷、胡培翚三代祖孙皆攻三礼，为世所重。博士源于战国。秦及汉初，博士主要掌管图书，通古今以备顾问。《汉书·百官公卿表》说："博士，秦官，掌通古今，秩比六百石，员多至数十人。武帝建元五年初置五经博士，宣帝黄龙元年稍增员十二人。"据此可知，汉武帝建元五年始设五经博士，教授弟子，从此博士成为专门传授儒家经学的学官。但汉初，《易》、《书》、《诗》、《礼》、《春秋》五经每经只有一家，各置一博士，以家法教授，故称五经博士。后来家法增多，博士人数也有增加。这是西汉博士的大概情况。胡秉虔此书将散见于《汉书》纪、传、表、志中有关博士的材料汇录成编，借以考见西京博士的盛况，并略示当时尊崇师法之一斑。但该书亦有疏失，王国维曾指出其不知博士与博士弟子之别，于两汉制度有所未究。

此书有《艺海珠尘》本、《丛书集成初编》本。

7.《两汉五经博士考》3卷，（清）张金吾撰

张金吾（1787—1829），字慎旃，一字月霄。昭文（今江苏常熟）人。清代学者、藏书家。一生潜心于文献的收藏、整理以及著述，著有《爱日精庐藏书志》、《十七史引经考》、《白虎通注》等。

《两汉五经博士考》全书共3卷。卷一杂采两《汉书》、《史纪》、两《汉纪》及《通典》、《玉海》诸书所载博士之制，考证博士官的来历、博士所掌管之事、前后辟举之法，博士官的设置、数目增减情况，以及有关的诏、疏。卷二依诸经之次，载诸儒名家立学之始，考证五经各家博士立学的情况。卷三广征史传，辑考历代博士官，采摭甚备，系以考证。此书征引浩博，间或缀以按语，辨析疑伪，但也有失于鉴裁之处。

此书有道光十五年（1835）刊本、《丛书集成初编》本、《续修四库全书》本等。

8.《汉置五经博士考》1卷，（清）吴翊寅撰

吴翊寅，江苏阳湖（今武进）人。生平邃于易学。著有《易训故述》6卷、《彖传大义述》1卷、《周易消息升降爻例》1卷、《易汉学考》2卷、《易汉学师承表》1卷。

胡秉虔作《西京博士考》，所录仅限于西汉。吴翊寅在胡氏基础上又加以补充，首先辑录《史记》、《汉书》各注及类书所引涉及博士建置沿革的内容，总为一篇，以明汉代博士的基本情况。然后根据史传、杂书，凡某人在某时为某经博士，按《易》、《书》、《诗》、《礼》、《春秋》次序，每经又依今文古文家法，分别撰表。对那些曾为博士而不明治何经的人，则另立一表附于后，若各书记载互有矛盾，或事有可疑，则作案语加以考定。此书也有一些疏漏。如赵岐《孟子题辞》及《后汉书·翟酺传》中都曾提及置五经博士情况，此书失录。又《汉书·百官公卿表》云："宣帝黄龙元年，稍增员十二人。"吴氏定为14人，与史实不合。至于"五经博士表"中，也有不当录而录者，有次序排列有误者。

该书有广雅书局刻本。

9.《汉魏博士考》，（近代）王国维撰

王国维《汉魏博士考》一文先考博士源流，指出博士一官，设置于六国之末，而秦因之。汉兴，因秦制，员至数十人。汉文帝始置一经博士，并立传记。武帝始罢百家，专立五经博士，而员额大减。宣帝末增至12人。元帝复立《京氏易》博士，未几而废。平帝复立《古文尚书》、《毛诗》、《逸礼》、《乐经》、《左氏春秋》博士，增员至30人。后汉初博士共14人。后立《春秋左氏》、《穀梁》博士，未几而罢。自是讫后汉之末，无所增损。至魏立《穀梁春秋》、《礼记》博士，而古文家经如《费易》、《古文尚书》、《毛诗》、《周礼》、《左氏春秋》博士遂并立于学官，博士亦增于汉。蜀汉与吴亦置博士，虽员数无考，而风尚略同。然后考证了汉魏博士弟子的员额、博士职掌、官秩、选用方式等，资料翔实。在王国维之前，已有胡秉虔、张金吾二考行世。但王氏细读二书，发现问题尚多，作《书绩溪胡氏西京博士考昭文张氏两汉博士考后》，指出二书有"六失"，胡书西京博士114人中，其不可信者17人；张书两汉博士242人，其不可信者83人。

《汉魏博士考》收入《观堂集林》。

10.《两汉博士家法考》，钱穆撰

该书共分18节，详细讨论了博士渊源、秦博士议政与焚书坑儒、秦博士与诗书六艺的关系、秦汉之际的博士、汉武帝时的五经博士、博士家法、齐学与鲁学、今学与古学、图谶内学等问题，涉及汉代经学史的许多重大问题，

一些看法影响颇大。如谓刘歆请立博士的《左传》、《毛诗》、《逸礼》、《古文尚书》，主要因为这些都是古文旧籍，跟其他经学的出身一样正宗（那个时候说六艺也就是说“古文”），不是非得别立一个“古文经”名目来跟今文经抗衡。而今文经的14家博士，也彼此不同，根本没有自成体系的“今文经学”。东汉的经学，仍然没有今文、古文的划分，但有今学和古学的不同。那个时候的今学，是指专治章句的各家经说之学。因为光武喜欢说图谶，所以经学也跟着讲图谶，所以今学也叫做“章句内学”。而不说章句，讲经“古义”的，就是古学。治古学的人，“常治训诂，不为章句”。这种治学的风气，与西汉初年的经师比较接近。从这点来说，治经分为今学、古学，并不是因为经文字有古有今，而在于治经的方式不同而产生差异。

该文收入《两汉经学今古文平议》，台北联经出版事业公司1998年版《钱宾四先生全集》本。现有2001年北京商务印书馆版。

11.《儒林正纪》3卷，（清）蒋宝素撰

蒋宝素，号问斋，京口（今江苏镇江）人（一说丹徒人）。清代医学家，著有医著多部。经史方面亦有著述，有《儒林正记》及《诗略》、《文略》、《史略》和《游略》等。

该书成于咸丰元年（1851）。从案卷编排看，卷一主要是为孔子及其弟子立传，卷二主要是为西汉今文经学家立传，卷三主要是为东汉古文经学家立传。此书之所以由孔子开其端，在作者看来：“《史记》孔子当在《儒林列传》之首。孔子布衣，而反尊为世家，诬矣！余故作《儒林正纪》，以正史之不正，而记之自孔子始。”① 该书是一部汉代经学源流史，对于今文、古文一视同仁，皆大力表彰。

此书有清咸丰间刻本。

12.《国朝经学名儒记》1卷，（清）张星鉴撰

张星鉴，字纬余，号南鸿，又号问月，江苏新阳（一作常熟）人。诸生。著有《仰萧楼文集》、《国朝经学名儒记》等。

该书体例本之江藩的《国朝汉学师承记》，只是在内容上有较大的补充。他自称是《记》专以汉学为宗，诸儒撰述无关经学者概不录入②。在江藩的基础上，主要增补了一些清初经学家和乾嘉汉学家，如陈启源、朱鹤龄、万斯大、万斯同、徐乾学、朱彝尊、毛奇龄、顾栋高、秦蕙田、杭世骏、段玉

① 蒋宝素：《儒林正纪·自序》。
② 张星鉴：《国朝经学名儒记·例言》。

裁、程瑶田、王引之、阮元、毕沅、江藩等。张星鉴还注意为今文经学家立传，增补了若干有影响的清代今文经学家，如庄存与、庄述祖、宋翔凤、龚自珍等。该书草创于道光二十三年（1843），成书于同治二年（1863），历时二十载。

此书有清光绪九年（1883）刻本。

13.《经学历史》不分卷，（清）皮锡瑞撰

皮锡瑞景仰西汉伏胜之治《尚书》，署所居名"师伏堂"，学者因称之"师伏先生"。治经重今文经学。此书比较扼要地阐述了经学发展的历史。作者将经学史分为"经学开辟时代"、"经学流传时代"、"经学昌明时代"、"经学极盛时代"、"经学中衰时代"、"经学分立时代"、"经学统一时代"、"经学变古时代"、"经学积衰时代"、"经学复盛时代"共十个阶段。对每个阶段经学的概貌与特点、重要经学家与著作都有论说，其中不乏卓见。如认为经传当有分别，不得将传记概称为经。又说治经必宗汉学，而汉学也有区别：前汉主要是今文说，专明大义微言；后汉杂古文，多详章句训诂，两者均不能满足学者之心，于是宋儒起而言义理，这就是汉宋经学分立的原因。又谓汉学所以有用，在精不在博，欲通经致用，先求大义微言。而章句训诂之学，正如刘歆所讥，是分文析义，烦言碎辞，学者至老尚不能究其一艺。该书不失为一部简明的经学入门书。

此书有《师伏堂丛书》本、《皮氏经学丛书》本、《续修四库全书》本。

第四节　经籍艺文类

中国古代系统的图书分类法虽然始于《七略》，但其学术渊源在先秦时期就已经形成规模。司马迁《史记》虽然没有《艺文志》，但在各有关列传中，对于中国古代的学术及著作颇有论述，刘向、刘歆的《别录》、《七略》也并非凭空产生，而是其来有自。司马迁为太史令，"网罗天下放失旧闻"，"天下遗文古事靡不毕集太史公"，"厥协《六经》异传，整齐百家杂语"，"王迹所兴，原始察终，见盛观衰，论考之行事，略推三代，录秦汉，上记轩辕，下至于兹"①。清人章学诚说："读《六艺略》者必参观于《儒林列传》，犹之读《诸子略》必参观于《孟荀》、《管晏》、《老庄》、《申韩列传》也。（《诗赋略》

① 《史记·太史公自序》。

之《邹阳》、《枚乘》、《相如》、《扬雄》等传，《兵书略》之《孙吴》、《穰苴》等传……无不皆然。）孟子曰：‘诵其诗，读其书，不知其人，可乎？’《艺文》虽始于班固，而司马迁之列传实讨论之。观其叙述战国、秦、汉之间著书诸人之列传，未尝不于学术渊源、文词流别反复而论次焉。”①《七略》分为六艺、诸子、诗赋、兵书、数术、方技六大类，再分三十八小类。这一分类体系，比较全面地概括了先秦至西汉这一历史时期的学术面貌。

魏晋南北朝时期，学术的变化引起了图书分类法的演变，以《七略》为代表的六分法，逐步地被四分法所代替。到了唐代，以《隋书·经籍志》为标志，以经、史、子、集为类别的四部分类法在古籍分类领域确立了正统地位。其实，自《七略》的六分法到唐代以后的四部分类法，其间并无本质的区别，四部分类法正是在《七略》六分法的基础上分并离合而成。当然，这种变化是经过了长期的历史发展过程而形成的，并非简单的分合所使然。

经、史、子、集中的经部，最早在目录中出现，是《七略》中的“六艺略”。“六艺”即六经，原是周代的文化典籍。孔子对上古文化典籍做了搜集、整理和阐释的工作，并以之作为儒家学派授徒讲学的教科书。汉武帝时期确立为官学的儒家思想，是在孔子所创立的儒家学说的基础上，根据实际政治的需要，进行加工改造而形成的。之后历代的统治者及儒学家们随着时代的变化和政治的需要，不断地扩大和增加儒家经典的范围，不断地对儒家思想做加工改造工作。唐朝时，在汉代以来《易》、《书》、《诗》、《礼》、《春秋》五经的基础上，又增加为九经，即《易》、《书》、《诗》、《三礼》、《三传》。据晁公武《郡斋读书志》说，唐文宗太和年间，复刻十二经，立石国学。这十二经是在“九经”之后再加《论语》、《孝经》、《尔雅》。到宋代，孟子的地位提高。朱熹将《礼记》中《大学》、《中庸》两篇与《论语》、《孟子》相配，称为《四书》，并作《四书集注》。《孟子》在宋代被列入经书，“十三经”的格局至此完成。

两千年来的儒学，主要通过对经书的注释得到传播、阐释和发展。这些注释有的侧重名物训诂，有的注意阐发微言大义。而统治者利用经学，也正是从这些所谓微言大义、义理中寻找理论武器。儒家经典及其注释，自从《七略》以后，在两千年的中国古籍目录中，始终居于首位。这种在目录中地位的稳定性，正是儒家思想在中国古代社会中正统地位稳定的反映。当然，儒学作为统治思想，它本身绝不是一成不变的，也要根据时代的变化，从其

---

① 章学诚：《校雠通义》卷三《汉志六艺第十三》。

他学派汲取营养，使自己获得新的活力。经部书籍在历代的古籍目录中都有著录，保留到今天的数量也不少，估计至少在一万种以上。另外，列入“十三经”的十三部古籍并不属于同一性质的著作，所以经部所包含的古籍，就不仅仅限于思想史方面，它还包括哲学、历史、文学、语言文字等等。

中国古代目录分类中的经部，著录的典籍主要是儒家经典以及阐释儒家经典的著作。经部书籍的地位一直是比较稳定的：在《七略》中称为《六艺略》，在王俭的《七志》中称为《经典志》，在阮孝绪《七录》中为《经典录》。自从《隋书·经籍志》以后，公私目录中都称为经部。许多带有详细提要的官私目录书，其学术价值尤为突出。如晁公武《郡斋读书志》、陈振孙《直斋书录解题》、马端临《文献通考·经籍考》、纪昀总纂《四库全书总目提要》等等，这些都是研究儒学史的重要参考文献。还有一些别集、总集的篇目分类索引，如王重民、杨殿珣《清代文集篇目分类索引》（北平图书馆1935年出版，中华书局1965年重印），全书著录了428种清人别集，12种清人总集中的所有文章篇目。分学术文之部、传记文之部、杂文之部三部分，极便于查找和使用。但清代文集数量庞大，此书所收并不全面，故近年北京大学中国古文献研究中心安平秋、漆永祥等教授主持完成了《清人文集篇目分类索引全编》，对清代文集篇目做了更加全面系统的分类著录。此外，陆峻岭著有《元人文集篇目分类索引》（中华书局，1979年），与王、杨之书类似，但分类上有调整，将文章篇目分为人物传记、史事典制和艺文杂撰3类，共著录了170种文集中的文章篇目，其中包括元人别集151种，总集3种，涉及元代史事的明初人别集16种。还有冯秉文主编《全唐文篇目分类索引》（中华书局，2001年），也分人物传记之部、史事典制之部、艺文杂撰之部三部分，对《全唐文》所收文章进行分类著录。研究儒学史，可以参看相关的分类文章。由于数量众多，兹不赘述，仅就一些经学专科目录略叙如下。

两汉时期，儒术独尊，经学兴盛，经学专科目录由此应运而生。东汉末年，经学大师郑玄遍注群经，可谓集两汉经学之大成。《后汉书·郑玄列传》曰：“自秦焚《六经》，圣文埃灭。汉兴，诸儒颇修艺文；及东京，学者亦各名家。而守文之徒，滞固所禀，异端纷纭，互相诡激。遂令经有数家，家有数说，章句多者或乃百余万言，学徒劳而少功，后生疑而莫正。郑玄括囊大典，网罗众家，删裁繁诬，刊改漏失，自是学者略知所归。”郑氏所著《三礼目录》，程千帆《校雠广义·目录编》将其视为经学目录的鼻祖。《隋书·经籍志》著录：“《三礼目录》一卷，郑玄撰。”其后《旧唐书》、《新唐书》、《册府元龟》、郑樵《通志》、王应麟《玉海》均有著录。《三礼目录》大约在宋代便已亡佚，晁公武《郡斋读书志》、陈振孙《直斋书录解题》、尤袤《遂初堂书目》均不著录。不过，此书的相关内容在陆德明《经典释文》、孔颖达《礼记正义》、贾公彦《周礼义疏》和《仪礼义疏》等文献中均有引用。郑樵曾以此书为例，说明“书有名亡而实不亡”，认为“《三礼目录》虽亡，可取诸《三礼》”①。清代学者有多种辑本。从黄奭的辑本中可以看出，郑氏此书共可分为四部分：一为总序，言目录之大义，在于纠郑兴、郑众、卫宏、贾逵、马融等人《解诂》之失；二至四分别为《周礼》、《仪礼》、《礼记》的目录，对《礼记》各篇一一为之提要，或释名义，或辨异同，叙说各篇大要，要言不烦。张舜徽说：“顾后人徒以康成注经兼录异文，考订疑误，大有裨于遗经，而不知其不可泯灭之功，固犹在考镜源流，厘析篇帙间也。……观其为《易》、《书》作赞，为《诗》作谱，为《三礼》作目录，为《论语》作《篇目弟子注》，辨章学术，部次群书，向、歆之后，一人而已。”②评价非常高，也相当中肯。

《隋书·经籍志》史部簿录类著录有《陈承香殿五经史记目录》2卷，作者不详；《新唐书·艺文志》史部目录类著录有李肇《经史释题》2卷。在这两种经史专科目录中，经部仅居其一，还算不上经学的专门目录。到北宋时，才有欧阳伸《经书目录》11卷，但仅见于元修《宋史·艺文志》著录，此书久佚，其体制亦无从详考。学术界一般认为，从书名推断，该书应当是一部名副其实的经学目录。南宋时，高似孙撰述有《经略》、《集略》、《事略》、《史略》、《子略》、《纬略》等多种，但前三种均已不存，其体例与内容不详。从现存的《史略》、《子略》等书体例来看，既辑录诸家论说，又登载书目，并有作者的述评。如果《经略》的著述体例与《史略》、《子略》相近，那么，它也可以看成是一部经学专科目录。

到了明代，朱睦㮮撰《授经图》，考述诸儒传经世系。明末清初黄虞稷《千顷堂书目》卷十“簿录类”著录有《古经解目录》1卷，撰人与存佚情况不明。到清代，中国传统学术进入总结与集大成阶段，考据之学大兴，并且“以经学为中坚”，围绕经学的小学、校勘、辑佚、目录、金石等学科都达到了前所未有的水平。而在经学目录方面，以朱彝尊的《经义考》成就最高，我们在前面已经做了介绍。在朱彝尊之后，又出现了一系列的经学目录。这

---

① 郑樵：《通志》卷七一《校雠略第一》，中华书局，1987年。

② 张舜徽：《汉唐宋清学术论·论郑氏校注群经实寓辨章学术之意》，见《广校雠略》卷五，中华书局，1963年。

是考述历代儒学文献的重要依据，兹作举要。

1.《经义考》300卷，（清）朱彝尊撰

朱彝尊是清初著名学者，于朱彝尊归隐后致力于儒学文献考述，仿马端临《文献通考·经籍考》体例，经过近20年努力，撰成《经义存亡考》300卷，于乾隆二十年（1755）刊行，定名为《经义考》。共分26类，首隶御注、敕撰的经学书籍3卷，再录文献296卷，所收经书均先著录撰人姓名、书名、卷（篇）数，卷数有异同者，则注明某书作某卷；并注明存、阙、佚、未见和伪书等字样，以便考知图书流传情况；然后辑录原书序跋，介绍诸儒学说、经学派别及著者生平事迹，且依时代先后次序排列。最后是按语，发表本人的意见。这是一部以著录经学典籍为主，兼述经学流传形式、经学学术源流、经学评说以及经文辑佚的经学史研究资料之作。规模宏大、著录详细，对历代经学著作及其流传情况进行了全面系统的总结。卷二八一至卷二八五为《承师类》，叙述孔子以降到两汉时期经学的传承。首记孔子弟子、孔子门人，再分别记门人弟子、弟子之弟子等，按年代先后，以此类推。由于《易》、《书》、《诗》、《礼》都分若干学派，所以又分别记各派师承，如孟氏《易》，先列孟氏弟子，再列治孟氏《易》的经师。从所列各派弟子与经师人数来看，朱彝尊所做的考据功夫要比朱睦㮮大得多，如在孟氏《易》一栏中，朱睦㮮只依据《汉书·儒林传》列出了白、翟、盖、赵、梁五名弟子，《后汉书·儒林列传》本身也只提到了洼丹、任安两位经师治孟氏《易》。而朱彝尊则根据《后汉书》中其他传记资料及《东观汉记》、八家《后汉书》等指出袁良、袁安、袁京一脉，夏恭、鲑阳鸿、梁竦、徐淑、宗资等人均治孟氏《易》，补充了《后汉书·儒林列传》有关于后汉孟氏《易》的流传情况。该书搜集资料非常丰富，除正史《儒林传》外，史书列传、个人专书、类书、方志，以及文集中所载的序跋、碑志等等，都是参考的对象。不仅详尽地搜集有关作者的记述，以及前人对于某部著作的论说资料，而且加以按语，考辨文字异同，阐明自己的学术见解。通过这些按语，我们可以考知朱氏经学思想与成就。因此，它不仅是目录，更是一部价值很高的学术著作。后来万斯同《儒林宗派》、毕沅《传经表》和《通经表》、唐晏《两汉三国学案》等，都受到朱彝尊此书的影响。因此，《经义考》是学者研究经学流传、学术源流、经学著作、经学评说等问题的重要参考资料。该书缺点主要有三：一是引用原始材料时有删改，二是所注佚、阙、未见，由于见闻所限，也往往与事实不符，三是无详细目录。

该书原刻未毕，乾隆二十年（1755）德州卢氏雅雨堂补刻完成。收入

《四库全书》。有《摛藻堂四库全书荟要》本，清光绪二十三年（1897）浙江书局刊本，《四部备要》本等。由于规制宏大，难免疏误，故清人翁方纲作《经义考补正》12卷，补正其失，有《苏斋丛书》本、《粤雅堂丛书初编》本、《丛书集成初编》本等。罗振玉又作《经义考目录》8卷，并校记1卷，刻入《七经堪丛刊》。台北"中央研究院"中国文哲研究所林庆彰、杨晋龙、蒋秋华等对《经义考》做了点校补正，于1997年出版；2011年上海古籍出版社重版该书新校本。

2.《小学考》50卷，（清）谢启昆撰

谢启昆（1730—1802），字蕴山，号苏潭，江西南康人。该书为补《经义考》中形声训诂书之阙略而作。体例一依《经义考》之旧，把小学之书分为训诂、文字、声韵、音义四类加以著录。其中卷一和卷二为"敕撰"，卷三至卷八为"训诂"部分，卷九至卷二八为"文字"部分，卷二九至卷四四为"声韵"部分，卷四五至卷五十为"音义"部分。训诂部分补充了朱彝尊《经义考》"尔雅类"的阙佚，并将范围扩展到《方言》、《通俗文》之类的训诂著作；文字部分收录《史篇》、《说文》之类的文字学著作；声韵部分收录《声类》、《韵集》之类有关音韵学的著作；音义部分收录解释诸子百家的著作。总计收书1180种，凡历代史志、公私书目，乃至方志、文集、笔记所录之小学书，不论存佚，悉萃于编。所录每书首列撰人姓氏名字，书名、卷数，其卷数有异同者加以注明；次标存、佚、阙、未见字样；次列原书序跋、诸家论说；凡史传、笔记、方志有著者之爵里、生平者亦辑录于后；谢氏有所考证者，以按语形式附于末。搜罗之富，引征之博，与朱彝尊《经义考》、章学诚《古史考》同为学林所重。俞樾誉之为"自来言小学者之钤键"，"欲治小学者不可不读此书"。唯其搜辑、辨证尚未尽善，故后世为之作订补、别撰者不乏其人。郭昭文有《小学考补目》，今存抄本。其他如黎经诰有《许学考》、胡元玉有《雅学考》，台湾林明波有《清代许学考》、《清代雅学考》、《唐以前小学书之分类与考证》。这些著作都以谢书为基础，有的作断代搜辑，有的则偏重某一部分，可以与谢氏之书互参。该书原无总目，近人罗福颐《小学考目录》和王振声《补录小学考目录》可备查检。

《小学考》有嘉庆二十一年（1816）树经堂刊本，咸丰二年（1852）树经堂重刊本，光绪十五年（1889）上海鸿文书局石印本。

3.《雅学考》1卷，（清）胡元玉撰

胡元玉，字子瑞，号镜珠斋，湖南长沙人。晚清学者。

该书是一部雅学源流史，专门考录宋以前《尔雅》著作。卷首为"自识”。正文分为五类：首为“尔雅注”12家，次为“尔雅序篇”1家，次“尔雅音”15家，次“图赞”2家，次“尔雅义疏”2家。末为“祛惑”1篇，别录淆讹者9家。共录41家。每家皆汇录前人论说，并附以按语，考订精核。作者认为雅学由宋而衰歇，故邢疏之后的著作概付阙如，对于清代的雅学著作也不予收录，为其缺憾。

此书有光绪十七年（1891）《镜珠斋汇刻》本。另有北京大学1936年重刻本，该本卷尾附有周祖谟所编《续雅学考拟目》1卷，分校勘、辑佚、补正、文字、音训、节略、疏证、补笺、考释、释例十类，共录目70余家，宋以后《尔雅》著作大体已具，可补是编之未备。

4.《许学考》26卷，（清）黎经诰撰

黎经诰，字觉人，清末江西九江举人。除《许学考》外，还著有《六朝文絜笺注》等。

据黎氏自序，《许学考》乃继其乡先辈谢启昆《小学考》而作。《小学考》所录仅及谢氏之所见，嘉庆、道光以后的著作，都未录入。该书专取小学类中有关《说文》的著作，加以著录。每录一书，既录其序，又采各家论述，并将近人著作按类附于其下。体例一遵谢氏《小学考》而无变化，将谢氏以后续出之书，凡关于《说文》之义例、笺疏、句读、刊正及偏旁、部叙、逸字、重文、谐声、双声、叠韵、引经、读若、旧音及一切札记、杂识之属，悉行增入。所辑录之书达240余种，虽不免有所遗漏，亦可谓灿然大备。对于研究许学者了解历史上《说文》源流及学者、著述情况，颇为方便。

此书有民国十二年（1923）铅印本。

5.《国朝经师经义目录》1卷，（清）江藩撰

江藩既成《国朝汉学师承记》，认为传中所载各家撰述“有不尽关经传者，有虽关经术而不醇者”，为了使学者能够“得所取资，寻其宗旨”，遂仿照陆德明《经典释文》之例，“取其专论经术而一本汉学者”，编成附记1卷，题为《国朝经师经义目录》，附于《国朝汉学师承记》之后刊行。将经义分为《易》、《书》、《诗》、《礼》、《春秋》、《论语》、《尔雅》、《乐》八类，并在《论语》后附录《四书》类及经总义类，在《尔雅》后附《方言》、《释名》等“小学”诸书以及音韵类著作。由于在《师承记》中已详论各家学术贡献，故《目录》仅标书名、作者、卷数，不再作提要详加阐述。但在每一类前面都概述该经的授受源流，并列举清人的有关著述。除了《论语》、《尔雅》外，在概述授受源流时对清儒相关的著作作简要评述。该书对于了解清代经学研究状况有一定的参考价值。

此外，翁方纲有《通志堂经解目录》1卷，关文瑛有《通志堂经解提要》4卷，沈豫有《皇清经解提要》2卷（附《皇清经解提要续编》1种、《皇清经解渊源录》1卷），陶治元有《皇清经解缩版编目》16卷，尤莹有《式古堂目录》17卷（又题《皇清经解续编编目》），蜚英馆编有《皇清经解续编目录》17卷。

近现代学者在经学目录的编撰方面也取得了很大的成绩，如：吕思勉的《经子解题》，介绍了诸经和诸子，是一部比较通俗的读物。郑振铎编有《关于诗经研究的重要书籍介绍》。专录一经之书的目录还有：蒋复璁的《易经集目》、《四书集目》、《论语集目》、《孟子集目》、《孝经集目》；山东图书馆编有《易学书目》。

6.《三礼研究论著提要》，王锷撰

王锷，甘肃甘谷人。现为南京师范大学教授。著有《三礼研究论著提要》、《〈礼记〉成书考》等。

《三礼研究论著提要》一书，分上、下两编，上编收录汉至1999年历代学者研究《周礼》、《仪礼》、《礼记》（包括《大戴礼记》）的专著2683部。对民国以前的专著撰有提要，提要内容包括书名、卷数、作者简介、内容、价值、版本、存佚状况及藏书单位，对相关的版本源流等问题做了考证，有的提要非常详尽。下编收录1900年至1999年国内外研究《三礼》的论文2123篇，每篇论文著录篇名、作者、刊物名称、发表时间、卷（期）号和页码，为研究者省去查检之劳。

该书2001年由甘肃教育出版社出版。

7.《历代诗经著述考》（先秦至元代、明代），刘毓庆撰

刘毓庆，山西省洪洞人。现为山西大学教授。

该书根据历代文献记载，对明清以前的《诗经》研究著作做了著录。其中著录先秦两汉著述54种，三国南北朝著述110种，隋唐五代著述24种，宋代著述299种，元代著述77种，共564种。对现存的书，著者对原作者版本内容和相关问题作有考证；对佚书，著者根据所能搜列的资料，也作有说明，为学者研究、了解历史上的《诗经》研究状况和著述提供了极大的方便。

该书2005年由中华书局出版。

2008年，中华书局又出版了刘毓庆《历代诗经著述考》的明代部分。本书共收录明代《诗》学著作740余种，其中尚存者220余种。刘氏认为，明代《诗经》学为清以来学者所轻，人们多以“空疏”二字概之，实则明人于《诗》学贡献甚巨，其最大成就是一弃前人以经读《诗》之传统，而以诗读

《诗》，将《诗》作为诗之灵性及生命活力，一发无余。明代《诗经》著作，记录着有明一代文化思潮及主流文化精神的变迁，也记录着《诗经》学由经学向文学转变的历史，同时在经学阐释中，也体现着明代文学思想的变化。因而它对于经学史、文化史以及文论史研究，皆有着不可忽略的意义。本书收录的大多数资料过去鲜为人知，这些资料的公之于世，可以改变人们对明代学术的传统偏见，也可供《诗经》及明代文学思想、文学理论研究者参考。

另外还有几部台湾学者编纂的对于经学研究极有价值的工具书：

8.《经学研究论著目录》(1912—1997)，林庆彰等主编

林庆彰，现为台湾“中央”研究院中国文哲所研究员。

该书从1989年开始由汉学研究中心陆续出版。搜罗范围极为广泛，据附录的《收录期刊报纸一览表》，计收1540余种；《收录论文集一览表》，列680余种。分类得当，著录翔实清晰，对于了解民国元年以来整个20世纪经学研究的成绩极为有用。林氏还编有《日本研究经学论著目录（1900—1992)》，1993年台湾“中央”研究院中国文哲研究所出版。

9.《十三经论著目录》8册，周何等主编

周何（1933－2003)，字一田，江苏泗阳人。主要执教于台湾师范大学，是著名的经学专家。

该书原系周何等人初撰《十三经注疏》整理工作六大部分之二，原为“历代相关著述之目录”，后更名为《十三经论著目录》。该书系统搜罗历代经学论著，极便学者了解经学发展面貌。

此书2000年洪叶文化股份有限公司出版。

10.《十三经著述考》17种，周何等主编

该书搜集古今中外有关十三经之著述，结集成书。包括：《群经总义著述考》、《四书总义著述考》、《论语著述考》、《孟子著述考》、《仪礼著述考》、《礼记著述考》、《三礼总义著述考》、《周礼著述考》、《尚书著述考》、《春秋公羊传著述考》、《春秋穀梁传著述考》、《左传著述考》、《孝经著述考》等。书中所收各论著依内容分类，分为一般著录、小学、石经、注疏、纬书五类。每种书都撰有详细的提要，非常有参考价值。

此书由台北“国立”编译馆编、鼎文书局2003年陆续出版。

第四章　教育与科举类

第一节　古代教育与科举制度略述

古代儒家十分重视教育。《礼记·学记》说："建国君民，教学为先。"儒家文献记载，早在传说时代，已经有了带有学校性质的教学机构。《礼记·王制》说："有虞氏养国老于上庠，养庶老于下庠。"到了夏代，则有了正式以教学为主的学校，称为"校"。《孟子·滕文公上》说："设为庠、序、学、校以教之；庠者，养也；校者，教也。"到殷称为"序"，到周称为"庠"。大量的文献资料表明：西周的教育制度已经有了一个较完整的系统，已经明确地分别出小学和大学两级学制，而小学和大学又有中央设的和地方设的两种，分别称之为国学和乡学。国学专为贵族子弟而设，按学生入学年龄与教育程度分为大学、小学两级。乡学主要按照当时地方行政区域而定。因地方区域大小不同，亦有塾、庠、序、校之别。一般情况下，塾中优秀者，可升入乡学而学于庠、序、校；庠、序、校中的优秀者或升入国学而学于大学。国学为中央直属学校，乡学是地方学校。关于西周大学的设置，文献记载不一。《礼记·王制》："天子命之教然后为学……大学在郊，天子曰辟雍，诸侯曰泮宫。"何为辟雍，何为泮宫，吕思勉解释说："大学虽在郊，犹作池以环之，称为辟雍，诸侯减其半以示诎于天子，而称之为泮宫也。"① 陆佃《礼象》说："辟雍居中，其南为成均，北为上庠，东为东序，西为瞽宗。"② 由此可

① 吕思勉：《燕石续札·古学制》，上海人民出版社，1958 年，第 97 页。
② 王应麟：《玉海》卷一一一引。

见，西周学校制度已经比较完善。到西周中期，形成了以礼乐为中心的“六艺”教育体制。

春秋战国时代，由于“天子失官，学在四夷”（《左传·昭公十七年》），官学教育体制逐渐衰落，私学兴起，出现新兴阶层“士”，形成“百家争鸣”的局面。其中较著名的有儒家、墨家、道家、法家、阴阳家、名家、农家等。而真正开创一代私人讲学风气的大教育家应该首推孔子。孔子是儒家学派的创始人。他从30多岁开始，在长达40年的教学生涯中，所教弟子先后达到三千余人，身通六艺者七十二人。《史记·儒林列传》说：“自孔子卒后，七十子之徒散游诸侯，大者为师傅卿相，小者友教士大夫，或隐而不见。故子路居卫，子张居陈，澹台子羽居楚，子夏居西河，子贡终于齐。如田子方、段干木、吴起、禽滑釐之属，皆受业于子夏之伦，为王者师。”可见，孔子死后，学生从事私学教育之盛。这些学生来自各地，孔子去世后散布各国，对于儒家文化的传播起了非常大的作用。此后孟子、荀子在战国时期也主要从事教育活动，对儒家思想的发展、儒家经典的传授产生了重大影响。

秦代学校教育的发展，可以以“焚书坑儒”事件为界，分为前后两期。前期沿袭了战国以来的学校制度，私学盛行，而博士官学也有所发展。后期禁私学，要求“以吏为师，以法为教”，禁止传授诸子百家特别是儒家学说。但在民间，私学仍有不同形式的存在，博士担任的吏师制度，则有了进一步的加强，成为后期教育的主要形式。①

西汉官学、私学都得到较大发展。官学分中央官学和地方官学两大类。中央官学有大学性质的太学，有特殊性质的鸿都门学、四姓小侯学等。地方官学按行政区划，分别设立学、校、庠、序，其程度已有高低之分。汉武帝采纳董仲舒的建议，“罢黜百家，表章六经”《汉书·武帝纪》。在长安兴建太学，置《诗》、《书》、《礼》、《易》、《春秋》五经博士，设教官，招收博士弟子。而汉景帝末，文翁任蜀郡守，在成都设置学官，这是创建地方官学之始。经文翁倡导，巴蜀学风大兴，比于齐鲁。汉武帝嘉奖其成绩，下令“天下郡国皆立学校官”《汉书·循吏传》，地方官学才日渐推广。汉平帝元始三年（公元3年），令郡国普遍设立学官，规定“学”与“校”、“庠”与“序”各设经师一人。地方官学也以儒学为教学内容，以推广教化为主要任务。汉代私学也十分发达，在组织形式上，可分为两种：一为“蒙学”，二为“精舍”（或称“精

① 参见王志民、黄新宪：《中国古代学校教育制度考略》，首都师范大学出版社，1996年，第41页。

庐")。蒙学即童蒙学习的地方，也称为“书馆”，教师称之为“书师”。学习内容主要是识字习书。精舍或精庐，相当于太学，由经师大儒教授。西汉时就已出现，东汉时更为兴盛，大师弟子常达百人，甚至上千人。汉代官私学校都以儒家经书教育为主。

西晋武帝在太学外另设国子学，规定五品官以上子弟才能入国子学。这是门阀制度在教育上的反映。北魏在地方上普遍建立郡国学校教育制度。南朝宋文帝元嘉十五年（438）设立儒、玄、史、文四个学馆，这种分科的教学制度，对于隋唐以后专科学校的发展是有直接影响的。这一时期私人讲学也盛况空前。童蒙读物也有所发展。范岫著《字训》，王褒所写的《幼训》，已具童蒙课本的性质。梁武帝时周兴嗣所撰的《千字文》，是历史上流传最久的童蒙教材之一。

唐代京师设国子监，下设“六学”，包括国子学、太学、四门学、书学、算学、律学。“六学”直隶于国子监，长官为国子祭酒。“六学”中的前三学属大学性质，后三学属专科性质。另有“二馆”，即崇文馆和弘文馆。弘文馆归门下省直辖，崇文馆归东宫直辖。皇族子孙另立皇族小学。教师称博士。地方有府学、州学、县学，设博士、文学、助教与教官。另外，唐代长安是东方文化中心，有不少日本、朝鲜等国的留学生前来学习。

宋元时期学校设立更为普遍，学校种类增多，中央官学、地方官学及私学更加发达和成熟。北宋出现过庆历、熙宁、崇宁三次兴学高潮，促进了宋代文化高峰的形成。元朝的中央官学有国子学、蒙古国子学和回回国子学。又按路、府、州、县的行政区划，在地方上建起了路学、府学、州学、县学以及诸路小学、社学的系统。元朝还开设了诸路蒙古字学、诸路医学、诸路阴阳学等专门学校。

明代中央官学主要有国子监、宗学、武学等。国子监又有南、北之分。明代入国子监学习的，通称监生。地方官学有府学、州学、县学，按军队编制设立的都司儒学、行都司儒学、卫儒学，以及在谷物财货集散地设置的都转运司儒学，在土著民族聚居地区设立的宣慰司儒学和安抚司儒学等。

清代学校教育制度基本上沿袭明制，分中央官学和地方官学两大类。清代的国子监，亦称国学和太学，始设于顺治元年，置祭酒、司业、监丞、博士、助教、学正、学录、典簿等官。设六堂为讲习之所，六堂为率性、修道、诚心、正义、崇志、广业。又设号房 521 间，为学生读书之所。地方官学有府、州、县、卫学，府、州、县学同于明代，所谓卫学是在军队驻地设立以教育“武臣子弟”，后来一般的卫学也合并于府、州学。清代正式形成五贡——副贡、拔贡、优贡、岁贡、恩贡。明清时府、州、县设孔庙和学官(学校)，府学教官称教授，县学称教谕。

官学之外，从唐代开始，又出现了新型的教学组织形式——书院。到宋代，书院教育日趋成熟，影响和地位进一步扩大。宋初有四大书院——白鹿、岳麓、应天、嵩阳。南宋书院有“三舍”制度。元代书院教育也非常兴盛。书院成为名师大儒传播儒家文化、理学思想的重要场所。宋元时期是中国古代蒙学教育发展的新阶段，不仅在数量上得到了进一步的发展，而且在教育内容、教学方法以及教材方面，都形成了自己的特点，对后世的蒙学教育亦产生了重要的影响。明清时期书院也出现了前所未有的盛况。据曹松叶统计①，明代的书院共计 1239 所，其中嘉靖年间兴建最多，占总数的 37%左右；其次是万历年间 (1573—1620)，约占总数的 23%。学者士大夫往往借书院议论朝政，臧否人物，故朝廷曾多次禁毁书院。在明代众多书院中，最著名的是东林书院。著名学者到处建书院讲学，对于明代中期重议论的学风兴起起了极大的推动作用。清初书院一度沉寂，但后来在康熙、雍正等皇帝的提倡下很快兴盛起来。不过，清代书院已日趋官学化，官方控制书院的设立，掌握书院的经费，控制书院师长的选聘权，控制书院的招生和对学生的考试。多数书院已转向考课，成为科举考试制度的附庸。光绪二十七年 (1901) 八月，清廷采纳张之洞、刘坤一的建议，下诏将各省所有书院改为学堂。从此，延续千年的古代书院制度即宣告结束。

1904 年开始实行“癸卯学制”，1905 年开始废除科举制度。虽然“癸卯学制”的指导思想仍然是“中学为体、西学为用”，在课程设置上仍然注重读经，并排除了女子教育，学制年限也较长，但是“癸卯学制”的颁布与实行，标志着中国旧的学校教育制度在形式上的结束，近代化的学校教育制度开始形成和确立，从而完成了中国学校教育由古代到近代的历史性的转变②。

学校制度与选士制度紧密相关。我国选士考试的产生，可以追溯到上古时期。在《尚书·尧典》中，已有关于对鲧的推荐要“试可乃已”的叙述，《周礼》中更有“三年大比，考其德行、道艺，而兴贤者、能者”的记载。这是我国取士考试制度的原初形式。但在周代，实行的是世卿世禄制度。两汉时期，选士考试制度逐步程序化、制度化。汉代的选士制度（选官制度）形

---

① 曹松叶：《宋元明清书院概况》（续），见《中山大学语言历史研究所周刊》第 10 集第 113 期，1930 年 1 月。

② 郭齐家：《中国古代学校》，商务印书馆，1998 年，第 175 页。

式多样，有征聘、辟举、察举等方式。征聘和辟举是临时性的制度，并未经常实行，察举制则是两汉时期普遍实行的荐举与考试并行的选官制度，具有承前启后的意义。两汉的察举制，到东汉末年已完全腐败，无法继续实行，遂为“九品官人法”所代替。“九品官人法”，即“九品中正制”，是魏晋南北朝时期实行的一种取士制度。“九品中正制”从曹魏开始实行，到隋初逐渐废弃，被“分科取士”的科举制度所取代。

唐代科举制度逐渐完备，考试的科目分常科和制科两类。常科有秀才、明经、进士、俊士、明法、明字、明算等五十多科。其中明法、明算、明字等科，不为人重视。俊士等科不经常举行，秀才一科，在唐初要求很高，后来渐废。因此明经、进士两科便成为唐代常科的主要科目。唐高宗以后进士科尤为时人所重，许多宰相都由进士出身。宋代的科举基本上继承唐制，设有常科、制科和武举。常科之中，进士科仍然最受重视，吕祖谦说：“进士之科，往往皆为将相，皆极通显。”① 当时有“焚香礼进士”之语。进士科以外的其他科目总称诸科。宋代科举在形式和内容上都进行了重大的改革，比唐代更加完善。宋代的科举放宽了应试和录取的范围，确立了三年一次的三级考试制度（取解试、省试、殿试）。宋代开始，科举开始实行糊名和誊录，并建立防止徇私的新制度。宋初科举基本上沿袭唐制，进士科考帖经、墨义和诗赋。进士重视诗赋，多昧古今；明经强记博诵，不明义理。因此所习不切实用，难以选拔到经世致用之材。王安石对科举考试的内容进行改革，取消诗赋、帖经、墨义，专以经义、论、策取士。规定进士考试为四场：一场考大经，二场考兼经，三场考论，最后一场考策。殿试仅考策，限千字以上。王安石的改革，“欲变学究为秀才”，但遭到一些人的反对。后来随着政治斗争的变化，科举考试办法也不断变化，有时考诗赋，有时考经义，有时兼而有之。元代科举制度进入中落时期，但以“四书”试士，却是元代确立下来的。明代统治者对科举高度重视，科举方法之严密也超过了以往历代。明代以前，学校只是为科举输送考生的途径之一。到了明代，进学校却成为了科举的必由之路。参加乡试的，除监生外，还有科举生员。只有进入学校，成为生员，才有可能入监学习或成为科举生员。明代的府学、州学、县学称作郡学或儒学。凡经过本省各级考试进入府、州、县学的，通称生员，俗称秀才。取得生员资格的入学考试叫童试，也叫小考、小试。童生试包括县试、府试和院试三个阶段。院试由各省学政主持，学政又名提督学院，故称这级

① 吕祖谦：《历代制度详说》卷一，文渊阁《四库全书》本。

考试为院试。院试合格者称生员，然后分别分往府、州、县学学习。生员分三等，有廪生、增生、附生。由官府供给膳食的称廪膳生员，简称廪生；定员以外增加的称增广生员，简称增生；于廪生、增生外再增名额，附于诸生之末，称为附学生员，简称附生。考取生员，是功名的起点。一方面，各府、州、县学中的生员选拔出来为贡生，可以直接进入国子监成为监生；一方面，由各省提学官举行岁考、科考两级考试，按成绩分为六等。科考列一二等者，取得参加乡试的资格，称科举生员。因此，进入学校是科举阶梯的第一级。明代正式科举考试分为乡试、会试、殿试三级。殿试之后，状元授翰林院修撰，榜眼、探花授编修。其余进士经过考试合格者，叫翰林院庶吉士。三年后考试合格者，分别授予翰林院编修、检讨等官，其余分发各部任主事等职，或以知县优先委用，称为散馆。庶吉士出身的人升迁很快，英宗以后，朝廷形成非进士不入翰林，非翰林不入内阁的局面。明代乡试、会试头场考八股文。而能否考中，主要取决于八股文的优劣。八股文是由宋代的经义演变而成，它的内容和形式都很僵化，严重束缚人们的思想，把科举考试制度本身引向绝路。明末清初思想家顾炎武曾激愤地说："八股盛而六经微，十八房兴而廿一史废。"① 又说："愚以为八股之害，等于焚书。"② 清代的科举制度与明代基本相同，但它贯彻的是民族歧视政策。在雍正前，分满、汉两榜取士，旗人在乡试、会试中享有特殊的优待，只考翻译一篇，称翻译科。后来虽然改为满、汉同试，但参加考试的仍以汉人为最多。科举制发展到清代，日趋没落，弊端也越来越多。虽然清代统治者对科场舞弊的处分特别严厉，但由于科举制本身的弊病，它越来越成为社会进步的绊脚石，1905 年被废除。

无论历史上的官学还是私学，都是以传授儒家经典和思想为主。科举考试的内容也不出儒学文化的范围。可以说，通过学校教育和科举考试，儒学的传统得以延续。

第二节　教育史志文献

中国古代教育制度十分发达，有关教育的史料也十分丰富。但在唐宋以前，这些资料往往散见于各种著述之中，比较零散。唐宋之后，由于技术的

---

① 顾炎武：《日知录》卷一六《十八房》。
② 顾炎武：《日知录》卷一六《拟题》。

进步，印刷术的成熟，学术更加普及，著述条件大大改善，因而各类专门性著作增多，流传更为广泛，传世作品大增，因而唐宋以后留传下来的教育文献更加丰富，其中最重要的是书院史志文献。另外，国子监史志、近当代有关教育史志的研究文献也有相当数量。

一、书院史志

书院是中国古代一种独特的教育机构。它萌芽于唐，兴盛于宋，延续于元，全面普及于明清，是近千年来我国最重要、影响最大的教育形式和儒学文化载体，对我国古代文化教育、学术思想的发展产生过巨大的影响。正如有的学者所指出的那样，书院是孕育新的学术思想，产生新学派的孵化器。综观中国书院史，凡主要学派思想的形成、著作的完成、派别的产生，无一不是与书院的教学活动紧密相连的。如理学的集大成者朱熹，一生与近70所书院有关联，他的许多重要的著作，都是在书院中完成的。朱子考亭学派也正是在书院的讲学活动中逐渐形成的。他的门徒又以书院作为阵地，宣传和普及理学，在一代代的学术传承中，理学影响后世达数百年之久。至于历代书院的数量，高烽煜《历代书院若干经济问题述评》一文称，唐五代书院有47所，宋代书院有711所，元代书院有296所，明代书院有1699所，清代书院有3868所，创建年代不明的书院有424所，唐至清书院总数为7045所。① 当然，这些统计数字也只能说明大体的情况，随着研究的深入，新的文献资料的不断发掘，这些数字还有增加。

在书院的发展过程中，逐渐产生了记录书院历史的著作。宋元文集中有不少关于“书堂”、“书院”的“记”，如宋代王禹偁有《潭州岳麓山书院记》，石介有《泰山书院记》，吕祖谦有《白鹿洞书院记》，等等。这些文献可以视为早期的书院史料。而书院志这类文献，可能在宋代就已经出现了。如方大琮《铁庵集》卷十七提到江万里（古心）有《白鹭书院志》，欧阳守道《巽斋集》卷二二提到李文伯有《莱山书院志》。不过由于这几种史志没有流传下来，后人不知其详。目前学术界比较一致的看法认为，可考的最早书院志是明永乐年间徐琦所修《西湖书院志》。至于书院志的总数，有些学者也做过一些统计。如季啸风主编的《中国书院辞典》选介书院志60多种；《教育大辞典》第八册（上海教育出版社，1991年）所附《现存书院志一览表》著录97种志书；赵所生、薛

① 高烽煜：《历代书院若干经济问题述评》，载朱汉民、李弘祺主编《中国书院》，湖南教育出版社，1997年，第98～110页。

正兴主编的《中国历代书院志》收录115种，其中称得上志书的仅90种左右；陈谷嘉、邓洪波主编的《中国书院制度研究》（浙江教育出版社，1997年）附录《中国书院文献书目提要》，分总述、分省，介绍了365部著作，其中160多种为书院志（不分存佚），是较早全面汇录书院志提要的一篇重要文献；湖南大学图书馆与岳麓书院合作建设的《书院文化数据库》收录数据25000余条，其中“书院志”栏目下收有169种，有60种左右未见传本，另有20多种是否属书院志收书范围还值得进一步探讨。陈时龙《书院志述略》据现有成果分析认为，不考虑同一书的续刻、重刻本等情况，明代有64种，清代有110种以上。尽管上述统计数字不一，所反映的存佚情况不同，但可相互补充。如果再加上有些书院志未曾刊印或传抄、或不为人知等情况，王华宝估计历代编修书院志的总数不少于200种，至于现存书院志，应当不少于130种。①

书院志在文献分类学上属于地理专志，往往合书、图、史、志、表为一体，形式多样。书院志的编纂体例，主要有“纲目体”和“类目体”两种。如清代朱点易的《凤巘书院志》7卷，分为五纲十七目。五纲分别为艺文、崇祀、乐输、条例、田赋。“艺文”之下有藏书目录；“崇祀”之下有捐廉、捐名；“乐输”之下有修费、存费、主费、契据；“条例”之下有学规、学约、章程、仪节、祭文；“田赋”之下有丈额、递册、经理、什物、账目；共十七目。多数的书院志，采用的是“类目体”的编撰方法，即并列类目。由于书院志体例各异，详略不同，类目在设立上有较大的差异，有的只有二三个类目，而有的达到四五十个类目。体例比较完备的书院志包括院图与图说、建置沿革、祭祀、学规章程、经费、人物、藏书、艺文等等。有些书院志还著录有公移，即与书院的创建和兴复相关的公文，或者讲义、师生姓名、捐募人姓名，有帝王赐额的还有匾额，历史悠久的又有碑记。此外，有的书院志中还设立“会语”、“道统”等类目，理学教育的特色极为鲜明。②

简单地给书院志分类，可以分为“总志类”和“专志类”两种。

（一）总志类

“总志”包括全国性总志、分省总志与多个书院合志三种类型。

全国性的书院总志主要有：

---

① 王华宝：《中国的书院志及其学术价值》，载《南京晓庄学院学报》第21卷第6期，2005年11月。

② 参见陈时龙：《书院志述略》，载《湖南大学学报》（社会科学版）第14卷第3期，2000年9月。

1.《天下书院总志》12卷，（清）王昶编纂

这是第一部书院总志，以省、府、州、县为单位著录各书院历史沿革、历代有关书院之诗文，间收学规、章程。自序云："遂取各省志书及府州县志所载书院，汇而录之，将剞劂以贻诸大吏，俾之留心于教养。"直到嘉庆六年（1801）王昶受浙抚阮元之聘，主讲杭州敷文书院，"课士之暇，随发前此汇录"，"参校考订"，始成定稿。但书稿并未刊印。该志原为20卷，今台北"中央图书馆"有12卷抄本。各卷内容如下：卷首为御制诗文，收录康熙、雍正、乾隆三帝有关书院建设之诏令、游历各地书院之诗文。卷一为直隶（今河北、北京、天津）各地书院，卷二、卷三为江苏（今江苏、上海）书院，卷四为安徽省书院，卷五至卷八为江西省书院，卷九河南省书院，卷十山东省书院，卷十一福建省（今福建、台湾）书院，卷十二湖北、湖南省书院。每省皆以府、州、县为单位著录各书院历史沿革、历代有关书院之诗文，间收学规、章程。①

分省总志主要有：

2.《江苏书院志初稿》，柳诒徵撰

该稿刊于《江苏省立国学图书馆年刊》1931年第4期专栏，凡112页，据地方志等按时间、分地域介绍书院情况。

3.《安徽书院志》，吴景贤撰

该志连载于《学风》1932年第2卷第4期至第8期。《跋尾》称："右《安徽书院志》，系参合通志、府志、县志，及所请各县教育局代填之调查表，略加损益，编纂而成者也。"

4.《河北省书院志初稿》，王兰荫撰

该稿刊登于1936年北平《师大月刊》第25期及第29期。《序》称："今一省据方志百八十五种，得河北省之书院凡二百五十五，其前后易名者不复计焉。考其创立之年，凡宋代二，元十四，明七十二，清百四十一，未明者二十六。"

5.《山东省书院志初稿》，王兰荫撰

该稿刊登于1936年北平《师大月刊》第29期。文末称"未完"，有待续之，因该杂志停刊而未见下文。其文前小序称："根据方志百七十二种，得书院三百有九，其前后易名者仍不复计。创立时代，宋四，金二，元二十二，明八十一，清百四十，待考者六十。"今所载仅济南及历城一县书院，详于沿

① 参见邓洪波：《天下书院总志作于王昶考》，《华东师范大学学报》（教科版）1992年第5期。

革、章程、条规、藏书、经费等，碑记仅存其目，未录其文。

以上四种收入《中国历代书院志》第一册。

多个书院合志主要有：

6.《广东四书院总志》，（清）梁廷枏撰

梁廷枏《粤秀书院志·序》中曾说，当仿效王昶的体例，别撰广东四书院总志（粤秀书院、羊城书院、粤华书院、端溪书院），内容上更加详细。但这部总志未见写成。

7.《玉山县怀玉草堂斗山端明书院志》，（清）无名氏纂

该志约成书于同治年以后。将江西玉山县的四座书院志合编在一起，是典型的书院合志。此志为抄本，今藏上海图书馆。

8.《岳阳慎修两书院合志》不分卷，（清）曹广祺辑

该志不分卷，载两书院创建、重修、并院、增加膏火经费之公文、告示，课额、住斋、藏书、经费等章程，以及书目、田地铺屋契据、捐资姓氏等。公文中所提“诗课”、“米课”、“钱课”等为他院少见。有光绪二十二年(1896)刻本。

9.《杭州三书院纪略》4卷，末1卷，王同辑

三书院指敷文书院、崇文书院、紫阳书院。卷一为图说略，卷二为纪文略，卷三为纪诗略，卷四为院长纪略，卷末为考古略。未刊行，有抄本流传。

（二）专志类

大部分书院志都属于单个书院的专志。综合各家著录，兹列现存主要书院志简表如下：

表4－4－1 历代书院志举要

所属省	作者	书目	主要版本
江西	（明）郑廷鹄编	《白鹿洞志》19卷	明嘉靖三十三年刻、四十五年增刻
	（明）周伟编	《白鹿洞书院志》12卷	明万历二十年刻本
	（明）李应升编	《白鹿书院志》17卷	明天启二年刻本
	（清）廖文英编，钱正振补	《白鹿洞书院志》16卷	清康熙十二年刻本
	（清）毛德琦原订，周兆兰重修	《白鹿书院志》19卷	清宣统二年刻本
	（清）朱一琛编撰	《新淦凝秀书院志》2卷	清乾隆二十六年刻本
	（清）钟世桢编	《信江书院志》10卷	清同治六年刻本
	（清）刘绎编	《白鹭洲书院志》8卷	清同治十年刻本
	（清）朱点易编	《凤巘书院志》7卷	清光绪元年刻本

续表

所属省	作　者	书　目	主要版本
江西	(明) 张文化编	《二张先生书院录》不分卷	明末刻本
	(明) 岳元声编，岳和声订	《仁文书院志》11卷	明万历年间刻本
	(清) 王赓言，吴嵩梁编	《鹅湖书田志》5卷	清嘉庆八年刻本
广东	(清) 梁廷枏编	《粤秀书院志》16卷	清道光二十七年刻本
	(清) 王凯泰编	《应元书院志略》不分卷	清同治九年刻本
	(清) 林柏桐编，陈澧续补	《学海堂志》不分卷	清光绪九年刻本
	(清) 李来章编	《连山书院志》6卷	清康熙间刻
	(清) 傅维森编	《端溪书院志》7卷	清光绪二十六年刻本
	(清) 赵敬襄编	《端溪书院志》不分卷	清嘉庆年间刻本
湖北	(清) 董桂敷编	《紫阳书院志略》8卷	清嘉庆十一年刻本
	(清) 王会厘续修	《问津书院志》6卷	清光绪三十一年刻本
湖南	(明) 李安仁重修，王大韶重校	《石鼓书院志》2卷	明万历十七年刻本
	(清) 李扬华述	《国朝石鼓志》4卷	清光绪六年刻本
	(清) 赵宁纂修	《长沙府岳麓志》8卷	清康熙二十六年刻本
	(清) 丁善庆纂辑	《长沙岳麓书院续志》4卷	清同治六年刻本
	(清) 周在炽编撰	《新修宁乡县玉潭书院志》10卷	清乾隆三十二年刻本
	(清) 张思炯编辑	《重修玉潭书院辑略》2卷	清嘉庆五年刻本
	(清) 张作霖辑	《巴陵县金鹗书院志略》	清光绪年间刻本
	(清) 张亨嘉辑	《校经书院志略》不分卷	清光绪十七年刻本
	(清) 萧振声纂修	《浏东狮山书院志》8卷	清光绪四年刻本
	(清) 李临辑	《浏东洞溪书院志》2卷	清光绪二十五年刻本
	(清) 余正焕辑	《城南书院志》4卷	清道光五年刻本
	(清) 陈三恪辑	《群玉书院志》2卷	清乾隆四十一年刻本
	(清) 徐凤喈辑	《苉湖书院志略》不分卷	清道光四年刻本
	(清) 胡林翼辑	《益阳箴言书院志》3卷	清同治五年刻本
	(清) 周瑞松辑	《宁乡云山书院志》2卷	清同治年间刻本
	(清) 张颂卿纂修	《石山书院汇记》3卷	清光绪十年刻本
	(清) 曹维精纂	《郴侯书院志》3卷	清同治二年刻本
	(清) 刘青藜纂辑	《渌江书院志》6卷	清光绪三年刻本
	(清) 佚名辑	《崇义书院传书》9卷	清光绪年间刻本

续表

所属省	作者	书目	主要版本
陕西	（清）刘光蕡辑	《陕甘味经书院志》1卷	清光绪二十年印本
	（清）李元春著	《潼川书院志》不分卷	清道光咸丰间刻本
	（清）李元春著	《华原书院志》不分卷	清道光咸丰间刻本
	（明）来时熙辑录	《弘道书院志》不分卷	明弘治年间刻本
河北	（清）靳荣藩辑	《文蔚书院纪略》不分卷	清乾隆四十年刻本
	（清）方宗诚编	《枣强书院义仓志》不分卷	清光绪五年刻本
山东	（清）尹继美辑	《士乡书院志》不分卷	清同治十一年刻本
河南	（明）聂良杞辑	《百泉书院志》3卷	明万历六年刻本
	（清）李来章、李秀璞同纂	《敕赐紫云书院志》2卷	清康熙三十年刻本
	（清）史志昌辑	《彝山书院志》不分卷	清道光二十三年刻本
	（清）朱寿镛辑	《创建豫南书院考略》	清光绪年间刻本
	（清）吕永辉纂	《明道书院志》10卷	清光绪二十六年刻本
	（清）窦克勤辑	《朱阳书院志》5卷	清雍正年间刻本
江苏	（明）严瑴等	《东林书院志》2卷	清康熙八年刻本
	（清）许献、高廩、高廷珍、高陛、高崶等增辑	《东林书院志》22卷	清光绪七年重刻本
	（清）邹钟泉撰	《道南渊源录》12卷	清道光二十八年刻本
	（清）汤椿年纂辑	《钟山书院志》16卷	清雍正年间刻本
	（清）贵中孚编，赵佑宸等续编	《宝晋书院志》11卷	清光绪年间重刻本
	（明）张鼐等纂	《虞山书院志》10卷	明万历年间刻本
浙江	（民国）魏颂唐编	《敷文书院志略》不分卷	1936年铅印本
	（民国）张崟著	《诂经精舍志初稿》不分卷	《文澜学报》1936年第2卷第1期
	（清）方宏绶等纂	《四刻瀛山书院志》10卷	清乾隆年间刻本
	（清）程尚斐编	《五峰书院志》8卷	1936年重印本
	（清）书院弟子编	《姚江书院志略》2卷	清乾隆五十九年刻本
	（民国）郑兴恺等编	《东明书院志》不分卷	民国活字印本
	（清）佚名编	《鄮山书院志》不分卷	清光绪十六年活字本
	（清）余丽元续编	《龙湖书院志》2卷	清光绪十四年刻本

续表

所属省	作　者	书　目	主要版本
安徽	（清）刘作垣撰	《龙山书院志》3卷	清抄本
	（清）唐治编	《东山书院志略》不分卷	清咸丰二年刻本
	（清）施璜编	《还古书院志》18卷	清道光二十三年刻本
	（清）洪亮吉纂	《毓文书院志》8卷	清嘉庆九年刻本
	（清）施璜编，吴瞻泰、吴瞻淇补	《紫阳书院志》18卷	清雍正三年刻本
	（清）佚名编	《桐乡书院志》6卷	清末活字本
	（清）赵仁基编辑	《泾川书院志》不分卷	清道光十四年活字本
	（清）吴鹗等编	《泾川书院志略》不分卷	清光绪七年刻本
福建	（明）岳和声等纂修	《共学书院志》3卷	明万历年间刻本
	（清）游光绎等编	《鳌峰书院志》16卷	清嘉庆十二年刻本
	（清）来锡蕃等编	《鳌峰书院纪略》不分卷	清道光十八年刻本
	（清）王凯泰等编	《致用堂志略》不分卷	清同治十二年刻本
	（清）戴凤仪编	《诗山书院志》10卷	清光绪三十一年刻本
	（清）杨毓健纂修	《重修南溪书院志》4卷	清同治九年重刻本
四川	（清）朱霞堂辑	《潜溪书院志略》9卷	清光绪三年重刻本
	（清）李承熙辑	《锦江书院纪略》3卷	清咸丰八年刻本
广西	（清）崔书翻辑	《东坡书院志略》2卷	清道光二十九年刻本

上表并没有完全罗列现存所有的书院志。兹对一些重要书院志作简要介绍。①

1.《白鹿洞书院志》(4种)

白鹿洞书院位于江西九江庐山，又称白鹿洞书堂、白鹿书院、朱晦翁书院。本为唐贞元间李渤、李涉兄弟隐居读书之地，南唐升元四年（940）在此建庐山国学。宋开宝九年（976）改建为书院（书堂）。淳熙六年（1179）朱熹知南康军，兴复书院，自兼洞主，复定规章，立课程，讲学其中。陆九渊也曾来讲“君子喻于义，小人喻于利”章，留下著名的《白鹿洞书堂讲义》。朱熹之后，历代都有名儒在此讲学。元至正中毁于兵火。万历初张居正废书院，仅留祠祭，旋复。清代康熙帝赐“学达性天”匾额，乾隆帝复赐“洙泗

① 本节资料参考《书院文化数据库》、《中国书院史资料》、《中国书院辞典》、《中国书院史》等。

心传”额。咸丰间毁于兵火，同治间重修。明清时期多次修志，从而形成了7种《白鹿洞书院志》。此外还有众多的增补本、重刻本、递修本。1995年中华书局曾出版《白鹿洞书院古志五种》。据李才栋考证，初修、重修的主要版本有7种，在它们的基础上续修、递修、补刊的版本至少还有十四五种之多①。

第一部《白鹿洞书院志》刻于弘治七年，编者鲁铎，有张元祯序。但这部志书似已不传。正德中李梦阳编《白鹿洞书院新志》，分沿革、形胜、建造、劂刻、山田、池塘、姓氏、文艺、典籍、器皿等10个部分，共8卷。嘉靖初江西提学副使周广与知南康府张愈严续修重刻《白鹿洞书院新志》，补入李梦阳离任后以至嘉靖初年的史料。

嘉靖三十三年（1554）江西提学副使郑廷鹄又重修刻印了《白鹿洞书院志》，亦称《白鹿洞志》。共19卷，即山川、书院沿革、名贤、洞祠各1卷，洞规、洞牒各2卷，文翰7卷，经籍（附器皿）1卷，洞学田2卷，外志1卷。书中有不少珍贵史料，内容也有很大的增加。嘉靖四十五年（1566），南康知府张纯、教授李资元、主洞陈汝简又有校订、增补本。万历二十年（1592），南康知府田珍又重修书院志，称为《新修白鹿洞志》，田珍自为序。分沿革志、形胜志、人物志、祀典志、文志、田地山塘志、外志，共7类、12卷。

天启二年（1622），南康府推官兼主洞事李应升重修《白鹿洞书院志》，分7类，包括形胜、沿革、先献、明教、文翰、祀典、田赋，共16卷。李对“文翰”部分多有删削，较田志略为简约。

清康熙十二年（1673），知府廖文英又重修书院志。廖志共分7类，即形胜、沿革、先献、学规、艺文、祀典、田赋，共16卷。康熙二十八年，提学道邵延龄又请钱正振主洞，而后钱校订、增补了廖志。康熙五十七年（1718），星子知县毛德琦又重修《白鹿洞书院志》，五十九年刻成。毛志分形胜（1卷）、兴复（1卷）、沿革（1卷）、先献（1卷）、主洞（1卷）、学规（3卷）、书籍（1卷）、艺文（8卷）、祀典（1卷）、田赋（1卷），共10则，19卷。毛志是目前传世较广，也是历来最为完备的一部《白鹿洞书院志》。但毛志记载元代以前极为简略，是其缺点。毛志自康熙至民国初年，又经过至少八九次的重印、补刊。这些史志对于研究白鹿洞书院的历史沿革、办学成果以及中国文化史、教育史都有极大的参考价值。

2.《岳麓书院志》（2种）

唐末五代僧人智璿等在湖南长沙岳麓山下割地建屋，收藏经籍，首开办

① 李才栋：《白鹿洞书院志考述》，载《江西社会科学》1999年第9期。

学。宋开宝九年（976）潭州太守朱洞“因袭增拓”辟为书院。宋真宗赐“岳麓书院”额，由此享誉天下。南宋绍兴元年（1131）毁于兵火。乾道初重建，名儒张栻主讲其间，从游者甚众，史称湖南一派，当时为最盛，“岳麓”遂成为湖湘学派的基地。乾道三年（1167）朱熹来访，与张栻会讲，听讲者甚众，朱、张之学成为“岳麓”学统，影响数百年。此后许多名儒在此讲学。德祐元年（1275）元兵攻潭州，岳麓诸生据城共守，死者十之八九，书院亦被毁。元、明以来，或兴或废。大儒王守仁曾于此讲学，王夫之于此肄业。康熙十六年（1677）赐御书“学达性天”额及经史诸书，因建御书楼。雍正十一年（1733）列为省城书院。乾隆九年（1744）赐御书“道南正脉”额。咸丰二年（1852）院舍及藏书皆毁于太平军之役，同治七年（1868）巡抚刘崐重修。清代山长李文炤、王文清、旷敏本、袁文耀、罗典、欧阳厚均、丁善庆、王先谦等皆湖南名宿。著名学生有陶澍、魏源、贺长龄、贺熙龄、严如煜、曾国藩、胡林翼、左宗棠、郭嵩焘、曾国荃、刘长佑、唐才常、杨昌济、程潜、舒新城等，故有“惟楚有材，于斯为盛”之誉。光绪二十九年（1903）改为湖南高等学堂。辛亥革命后，相继改为湖南高等师范学校、湖南公立工业专门学校，1926年定名湖南大学至今。

明正德三年（1508），“学识端敏”、“志趣高迈”的陈论被学道陈凤梧聘为岳麓书院院长。九年，凤梧以参政分守再至长沙，授意陈论纂修院志，并亲为作序，是为岳麓书院历史上第一部史志，内附城南、湘西二书院概况。但此志已失传，主要内容则见于后来续修各志中。万历中，吴道行游学于岳麓，与张元忭相与“大畅良知孝弟之旨”。崇祯中，以“衡湘贤哲”出任岳麓山长，依本旧志、“更举原文，删其过繁，订其论谬，挈大纲，折款类，凡山水泉石亭台馆舍之属，简细不遗，而又为之修明文学，标举词咏，旁收二氏”。且“绘之以图，创之以论”（自序），修《岳麓书院志》10卷，崇祯六年（1633）刊印。

清康熙间，赵宁任长沙府同知，重建岳麓书院。院成，又组织人员，旁收广辑而成《新修长沙府岳麓书院志》8卷，并于二十六年（1687）刊印。卷一为新典恭纪、图，卷二为山水、古迹、新建、寺观、疆域，卷三为书院、庙祀、教条、射圃书器、列传、复兴公牍、紫阳遗迹、道乡遗迹、南轩遗迹、三书院说略、饩田，卷四以下为艺文。卷首为序文、凡例、同修姓名。此志上承明修旧志，下纪清初50余年之兴复，类目得当，体例完善。山长丁善庆尝于咸丰十一年（1861）重刊此志。

同治六年（1867）丁善庆又依重刊体例，采择《岳麓书院诗文钞》及档案文书，续修《岳麓书院志》4卷。卷一为书院、庙祀、田额、规条，卷二为列传、古迹、寺观，卷三以下为艺文。卷之首为新典恭纪，附奏疏。卷之终为书籍（旧记、条款、目录）。其中“书籍”为新创，专记当时社会各界捐赠图书之事，且“标明目录、姓名”，著录院藏书籍14130卷。该志系对赵宁旧志的续补增订，后人将两志配套合订，总称为《正续岳麓志》。

3.《东林书院志》(3种，附《道南渊源录》)

无锡东林书院创建于北宋政和元年（1111），原为龟山书院，是北宋理学家程颢、程颐嫡传高弟杨时（号龟山）长期讲学之地。后废。“东林书院”名称来自杨时游庐山时所写“东林道上闲步”一诗。南宋时，邑人建龟山祠堂于此。元至正十年（1350），建东林庵。明成化中僧信谅又加重修。明万历三十二年（1604），罢官里居的顾宪成偕弟允成及高攀龙、安希范、刘元珍、叶茂才、史孟麟、薛敷教、钱一本等人共同倡议捐资重建兴复，并于左偏建道南祠，以祀杨时。顾宪成等人在此聚众讲学，标榜气节，崇尚实学。顾宪成与高攀龙并称东林领袖。史书记载，东林讲学每年一大会，每月一小会，定期举行。提倡关心国事，振兴吏治，主张志在世道，躬行实践，革除社会积弊，反对贪赃枉法。讲习之余，他们还讽议朝政，裁量人物，指陈时弊，锐意图新，渐渐成为当时一个主要舆论中心，慕名前来者络绎不绝，盛况空前。东林诸君子的言行引起阉党与权臣的强烈嫉恨，诬称东林讲学是“挟制有司，凭凌乡曲”，矫旨大兴冤狱，对东林党人进行残酷迫害。高攀龙投水自尽，先已去世的顾宪成则被追夺一切功名，东林书院更被下令拆毁。崇祯即位后，为东林冤案平反昭雪，下旨修复。

早在明万历年间，刘元珍遵顾宪成之嘱编纂了书院志，高攀龙为其作序。这是第一部《东林书院志》。

明末，严瑴经历了“沧桑陵谷之变，而又穷搜往牒，肃咨方闻，于是东林之详始粲以析，因为雠订原稿，附益成书”（自序）。严志凡2卷，上卷分沿革、建置、先贤、祀典、公移五门，下卷分文翰、院规、灾祥、典守、义输、轶事六门。后附《两东林辨》、《东林或问》；清初樊维域《续志》1卷，收录有关东林公文及学子唱和诗等。是书刊于康熙八年（1669），流传极少。

后来高攀龙裔孙高嵀、高㠏、高廷珍、高陛、许献以严瑴《东林书院志》为基础扩充，凡22卷，分建置、院规、会语、祀典、列传、公移、文翰、典守、著述、轶事十门，首刊于雍正十一年（1733）。《四库全书总目》卷七七著录，称其“意在博搜广采，而体例冗杂颇甚，所附诸人又多牵附”。光绪七年（1881）又有重刊本。该本既吸取了旧志的优点，又补充了包括清初至雍正初年的材料，明史专家谢国桢称“是书体例，颇有法度，搜求亦富”①。2004 年中华书局出版了《东林书院志》标点整理本。

另外，邹钟泉的《道南渊源录》12 卷，虽没有使用“书院志”之名，实际上是一部非常详实的东林书院志。卷一为建置沿革，以及历代修道南祠、东林书院之记，卷二为院规，卷三、卷四为会语，卷五至卷八为列传，卷九为礼典，卷十为兴复，卷十一为典守，卷十二为杂记。从类目及所载内容看，都属于典型的书院志体例，但研究者似未重视。

《道南渊源录》有道光二十八年（1848）道南祠刻本。

4.《嵩阳书院志》

嵩阳书院位于河南登封嵩山南麓，原址为嵩阳寺。初建于北魏孝文帝太和八年（484），为佛教活动场所，僧众多达数百人。隋炀帝大业年间更名为嵩阳观，为道教活动场所。到五代后周改建为太室书院。宋太宗赐书院匾额和九经印书。北宋景祐二年（1035）改名嵩阳书院。宋代理学的“洛学”创始人程颢、程颐兄弟都曾在嵩阳书院讲学。嵩阳书院与河南睢阳书院（又名应天书院）、湖南岳麓书院、江西白鹿洞书院并称我国四大书院，是理学的发源地之一。南宋时嵩阳书院已废，清康熙年间重建。书院鼎盛时期，有学田 1750 多亩，生徒达数百人，藏书达 2000 多册。清乾隆帝游嵩山，曾写下“书院嵩阳景最清，石幢犹纪故宫名”的诗句。康熙三年（1664）起，名儒耿介主讲嵩阳书院近 30 年，其间曾被调入京，入值上书房，为太子讲授经书二年。耿介大倡理学，人称嵩阳先生，书院亦被誉为“中州之白鹿”，影响甚大。耿介曾纂集《嵩阳书院志》2 卷，卷一为图绘、形胜、沿革、祀典、藏书、学田、诗，卷二为记、赋、铭、表、序、书、文、讲、约、说、考、启。所收条约、学规、会约等颇具教学参考价值。刊于康熙二十三年（1684）。

5.《鹅湖书田志》

江西铅山鹅湖书院，又名文宗书院。宋淳熙二年（1175）朱熹、吕祖谦、陆九龄、陆九渊等人会讲鹅湖寺，朱、陆“相与讲其所闻”之学②，各持所见，不合而罢，史称“鹅湖之会”或“鹅湖之集”。十五年陈亮约朱熹、辛弃疾仿“鹅湖故事”，朱未至，陈、辛二人则“长歌相答，极论世事”③，逗留弥旬，此称为第二次“鹅湖之会”或“鹅湖之晤”。后人曾建四贤堂（祠）于

① 谢国桢：《增订晚明史籍考》，上海古籍出版社，1981 年，第 210 页。

② 朱熹：《晦庵集》卷九〇《曹立之墓表》。

③ 李幼武：《宋名臣言行录外集》卷一六。

鹅湖寺，以祀朱、吕、二陆。淳祐十年（1250）江东提刑蔡杭复请于朝赐额“文宗”。宋末朝廷设有司主之。元末毁于兵火。明代几经迁移重建。清顺治十年（1671）江西巡抚蔡士英捐资重建，并列名于江西四大书院之中。康熙帝亲书“穷理居敬”额，及“章岩月朗中天镜，石井波分太极泉”联。乾隆五年（1740）知县郑之侨修葺、清田。编有《鹅湖讲学会编》。咸丰间毁于兵火，同治间重建。清末改为鹅湖师范学堂。嘉庆十七年（1812）诗人吴嵩梁为山长，见郑之侨《鹅湖讲学会编》所附《田志》过于简略，乃扩充内容，编成《鹅湖书田志》4卷。卷一为请复山界、请核田租的文书，卷二为书院诗赋，卷三为题辞，卷四为田租、山租、房租、书籍、经费等。前有知府诸城王赓言、学政吴县潘世恩二序及嵩梁自序。

《鹅湖书田志》有嵩梁自著《香苏山馆全集》本传世。《清史稿·艺文志》著录此书，题作《鹅湖书院田志》4卷，书名稍异。

6.《粤秀书院志》

广州粤秀书院，清康熙四十九年（1710）总督赵宏灿、巡抚范时崇及诸官捐建，雍正八年（1730）知府吴骞重修，定为省会书院，所习以时文为主。原由广州府经理，乾隆九年（1744）改由粮道稽查。乾隆、嘉庆、同治间屡加修葺，规模宏大，为广东四大书院（羊城、越华、端溪、粤秀）之一，向全省招收生徒。乾隆二十六年（1761）、三十三年（1768）、嘉庆十四年（1809）相继订立规条，制度逐步完备。嘉庆间改章，以敦崇实学、屏去浮华为宗旨，课试以文道结合，义理训诂并重。院长多为词林贤达，经明行修者。藏书丰富，并设刻书局，有课艺刻本。经费主要来自官拨田产租银、基金、年息、皇帝赐银等。光绪二十九年（1903）十月废。

《粤秀书院志》16卷，清梁廷枏辑。廷枏，广东顺德人。道光十四年（1834）副榜，尝官教谕。道光、咸丰间，历充广州粤秀、越华二书院监院，学海堂学长。道光二十七年（1847），廷枏以监院身份辑刊此志，凡16卷。

《粤秀书院志》，《清史稿·艺文志》著录。有咸丰二年（1852）增刊本。

7.《学海堂志》

广州学海堂，清道光四年（1824）两广总督阮元为课全省举、贡、生、监经解诗赋，创建于粤秀山。依据杭州诂经精舍遗规，订立《学海堂章程》。不设山长，选举学长8人，同理课事。最初生徒无定额，十四年总督卢坤设立学额生童10名。不教制艺，“专勉实学”，以考据训诂之方法治经史，提倡“无征不信”、“实事求是”的学风。清代广东朴学风气，自学海堂而大兴。经费主要来自官拨田产、租银、捐款、年息等，较为充足。设刻书局，刻有阮元辑《皇清经解》，阮元著《揅经室集》、阮元选《学海堂集》、《学海堂丛刻》，明董斯张著《广博物志》，唐杜佑编《通典》，乾隆敕编《续通典》和《皇朝通典》等共1254册、3334卷，刻书之多仅次于广雅书院。藏书亦甚丰富。历时80年，于光绪二十九年（1903）十月废，改为阮太傅祠，祀阮元。所藏书籍版片均移交两广学务处，旋又移至图书馆。

《学海堂志》，林柏桐编，陈澧续补。伯桐，广东番禺人。嘉庆六年（1801）举人，官德庆州学正。道光六年（1826），始任广州学海堂学长，考据宗主汉儒，践履则服膺朱熹，成就甚众。是书辑刊于道光十八年九月，虽不分卷，但内分"文檄"、"建置"、"事宜"、"经费"、"题名"、"课业"、"经板"、"藏书"、"石刻"（木榜楹帖附）、"雅集"、"草木"、"典守"12志，各志之前皆有小序。卷首有图说，书后附文澜阁。书中备载学海堂创建始末、学海堂章程、藏版章程、藏书规条、守门条规，文澜阁章程，于学海堂之学长制、季课制、刊刻制等特色反映甚详。咸丰年间，陈澧曾续补此志，并将其收入伯桐之《修本堂丛书》。续补本又有光绪九年（1883）刊本。近人容肇祖又撰《学海堂考》，对学海堂始末考据甚详①。

8.《石鼓书院志》(3种)

湖南衡阳石鼓书院，原为唐元和中李宽中结庐读书之所。刺史吕温曾访之，并作《同恭夏日题寻真观李宽中秀才书院》以记其事。宋至道三年（997）宽中族人士真据其故事，复修书院，会儒士讲学其中。景祐二年（1035），仁宗皇帝赐学田及"石鼓书院"额，遂为天下四大书院之一。淳熙中朱熹曾作记。时戴溪为山长，与诸生讲《论语》，有《石鼓论语问答》3卷。淳祐七年（1247）林畊以州学教授兼山长凡3年，鼎新书院，并刊大字本《尚书全解》40卷。宋末、元末皆毁于兵火。明初多次修葺。正德四年（1509）叶钊为山长，为诸生讲圣贤身心之学，阐明道德之旨，剖析疑义，释幽发微，一时求学者云集。嘉靖间，湛若水、邹守益等名儒来此讲学。明末毁于兵。清顺治、康熙、雍正、乾隆、嘉庆、同治间，屡有修建，规模日广。山长多一时之选，然所授多为科举之业。光绪二十八年（1902）改为中学堂。

明嘉靖十二年（1533），富顺人周诏知衡州府，政暇到院与诸生论学，又取石鼓旧志，稍加增损，刊成《石鼓书院志》4卷，分地理、室宇、人物、辞翰4卷，附以当年有关兴复文移。但此本今不传。

万历中，迁安李安仁知衡州府，因周诏之志重修，成《石鼓书院志》10

① 容肇祖：《学海堂考》，见《岭南学报》第3卷第4期，广州，1934年。

卷，刊于万历十七年（1589），分上、下两部，上部纪地理、室宇、人物、名宦，下部载艺文。《四库全书总目》卷七七著录，称其“采据较诏志为详”。

光绪年间，李扬华重辑《国朝石鼓志》4卷，刊于光绪六年（1880）。

9.《姚江书院志略》

浙江余姚姚江书院，明崇祯十二年（1639）邑人沈国模等建，祀王守仁，并讲习其中。黄宗羲晚年亦曾主讲。清康熙四十一年（1702），知县韦钟藻移建于城南旧址，并请邵廷采主讲席，长达17年，以讲求程朱理学为主，竭力调和朱陆学说。雍正九年（1731）浙江总督李卫重修。乾隆间增建庑楼，添置膏火。

邵廷采曾撰《姚江书院记》，康熙二十八年（1689）辑刊《姚江书院志略》2卷。其自序云：“采承先人付托之重，取书院往迹，勒成一书，久而未能。己巳冬，偕同人请无休董隐君为诸先生立传。……隐君乃即旧本所载，合之《刘子全书》，洎乎谱志及诸门人称述诸先生者，博采而慎收之。凡匝月成大传六，小传十七，复为之记，并修次诸先生所著序言、纪事等篇，为上、下2卷，总名之曰《书院志略》。”康熙中，书院弟子对邵志加以增补，乾隆五十九年（1794）刊行。

10.《虞山书院志》

江苏常熟虞山书院，原名文学书院，元至顺年间创建，祀孔子弟子子游。明宣德、正统间兴复，改名“学道书院”。万历三十四年（1606）知县耿橘重建，改名“虞山书院”。与无锡东林书院相呼应，开文会，讲会于其中。诸生缙绅之外，市井平民及僧侣道士亦得入院听讲或讲学，盛极一时。

明万历中，孙慎行“虑其久而或湮”，遂偕张鼐共撰《虞山书院志》10卷，分地胜、古迹、建置、先贤、祀典、宗像、院规、文移、官师、书籍、什器、树艺、院田、会语、艺文诸志。前有慎行自序，张以行序及书院图。其中会约、会仪、会语、射仪、射歌等，颇能反映当年书院教学、会讲、习武之情形。而单立《树艺志》以纪院中树木，则为其他书院志所省。慎行，字闻斯，武进人。万历二十三年（1595）进士，官至礼部尚书。事迹见《明史》本传。

《虞山书院志》有万历年间刻本。

11.《鳌峰书院志》

鳌峰书院在福建福州，康熙四十六年（1707），巡抚张伯行创建，刊《正谊堂经解》于其中。雍正年间，定为省会书院。系清代福州四大书院之一。有书舍120间，后来规模逐渐扩大。藏书楼1座，内多贮藏御赐各种法帖，如《淳化阁帖》、《渊鉴斋法帖》等，以及御撰《古文渊鉴》、御批《资治通鉴》、钦定《佩文韵府》、《十三经注疏》等。另外还有数量可观的经、史、子、集藏书。书院讲学而兼课士，以八股文和试帖诗为主。历任山长多为名儒，如林枝春、朱仕琇、孟超然、陈寿祺诸人，皆通经博古。士子中也不乏经学名家、政坛名宿，如梁章钜、廖鸿荃、蔡世远、蓝鼎元、林则徐等。光绪末年改为校士馆。后来又改为福建法政学堂。

《鳌峰书院志》16卷，清游光绎辑。光绎，字彤卣，福建霞浦人。乾隆五十四年（1789）进士，由翰林院编修改御史。嘉庆七年（1802）起，任鳌峰书院山长达20年。此志刊于嘉庆十一年，分室宇、祠祀、院规、掌教、科目、藏书、绪论、院贤、杂述等类目。其中绪论、院规、院贤诸卷搜集资料尤为详备，从中可知当年讲学盛况。前有福建学政叶绍本等人序。

《鳌峰书院志》有道光十年（1830）正谊堂增补本刊行。

12.《诂经精舍志初稿》

浙江杭州诂经精舍位于西湖孤山，原为阮元任浙江学政时遴选浙士编纂《经籍籑诂》之地，嘉庆六年（1801），时任浙江巡抚的阮元在此创建诂经精舍。精舍楹帖云："公羊传经，司马著史。白虎论德，雕龙文心。"祀东汉许慎、郑玄，以穷经致用、实事求是为立教宗旨。舍内设掌教，又称主讲、山长或院长，由巡抚聘任。下设监院，职掌教课，又称学长，由巡抚委任。课程以经史、小学、天文、地理、算法、词章为内容，一变自宋以来专习理学之风。后因战乱，时兴时废。历任掌教者皆一代名流，自阮元后，有王昶、孙星衍、俞樾等，以俞樾为时最久，掌教长达31年。光绪三十年停办。曾刊行《经籍籑诂》、《十三经注疏校勘记》等书，又选诸生课艺精华，刊行《诂经精舍文集》，共8集，收文2000余篇。杭州诂经精舍历时100多年，在清代中后期影响甚大，造就人才甚多。李元度《阮文达公事略》称："不十年，上舍士致身通显及撰述成一家言者，不可殚述。东南人才，称极盛矣。"其著名者，早年如归安姚文田，仁和严元照，海宁陈鳝，临海二洪（颐煊、震煊），嘉兴二李（富孙、遇孙），双张（廷济、燕昌），仁和钱林，乌程施国祁、周中孚，平湖朱为弼，德清徐养原，萧山汪继培，青田端木国瑚，晚期如义乌朱一新，钱塘吴承志，定海黄以周，余杭章炳麟，归安崔适，德清戴望，无不述作斐然，有光学林。

1932年至1937年，张崟供职于浙江图书馆期间，编纂《诂经精舍志初稿》，分八个部分：一弁言、二沿革、三规制、四学风、五人物、六艺文、七流衍、八附录。其附录部分包括大事年表、官师表、参考书目、诂经精舍史征、诂经精舍兴废纪略五目。作者对诂经精舍的建置沿革、办学规模、治学风尚、著名人物、学术成果等等方面做了比较简明扼要的叙述和考证。

《诂经精舍志初稿》刊载于1936年《文澜学报》第2卷第1期。

13.《锦江书院纪略》

成都锦江书院，旧名文翁石室，清康熙四十三年（1704）按察使刘德芳建。康熙六十年（1721）学使方觐增葺。乾隆三十九年（1774）总督文绶、布政使钱鋆等重修。嘉庆二十三年（1818）总督蒋攸重建。光绪二十七年（1901）与尊经书院合并。第二年四川总督岑春煊奏准在锦江书院原址改办成都府师范学堂，光绪三十年又改办为成都府中学堂（今名成都石室中学）。锦江书院所在的成都文翁石室，是我国第一所地方官办学堂，设于汉景帝末，此后连绵不断，历代皆为府学所在。锦江书院是清代最早设置的省级书院之一。自康熙四十三年（1704）创建至光绪二十八年改制为学堂，共存在199年（1704—1902），没有间断中缀，历时较久，培养了不少人才。

《锦江书院纪略》编纂者李承熙，道光四年巴县优贡。咸丰元年（1851）、咸丰五年两任锦江书院监院。在任职期间，他通读锦江书院“旧植碑记”，遍览并考订《华阳国志》、《全蜀艺文志》、《四川通志》等典籍的有关记载，搜采官府有关锦江书院的谕饬条规和自己出任监院以来“补偏救弊，拾坠弥阙”之举，汇录了较为丰富的资料，概述了书院的发展沿革和自康熙四十三年至咸丰五年155年间（1704—1858）书院的主要情况。分上、中、下三册。上册包括李承熙撰写的卷首语“锦江书院纪略”以及“锦江书院考”和“锦江书院艺文”三个部分。中册全部内容均与锦江书院有直接关系，大多是李承熙任监院以前（即咸丰五年以前）的情况，主要包括书院内植立的各种碑刻和书院藏书目录，此外还有书院匾联文字和旧存新置器件清单。下册主要是编者李承熙任书院监院期间的书院情况，时间较短（咸丰五年至八年），但内容纷杂而丰富，有四川总督、按察使、布政使、盐茶道、成绵龙茂道、成都府等官府有关锦江书院的札饬示谕、章程条规、案卷公文和书院的请示报告、清单清册、实施细则、院内示谕等，包括院产、经费、设备、修建、章程、课规、生员膏火设置办法等。该书内容丰富，资料可靠，有较高的史料价值。①

《锦江书院纪略》有咸丰八年（1858）锦江书院刻本，不分卷。

---

① 胡昭曦：《锦江书院纪略——一部稀见的书院志》，载《四川文物》2000年第5期。

14.《钟山书院志》

江苏南京钟山书院，清雍正元年（1723）两江总督查弼纳倡建，选通省士子肄业其中，延师教训，世宗御赐“敦崇实学”额，十一年赐帑金千两，定为省城书院，复加修葺。乾隆时院内生徒已达数百人，规模甚大。卢文弨两主院事，历时10年，《钟山札记》即作于此。钱大昕掌教4年，教士以通经读史为先，《廿二史考异》在此写成。姚鼐自乾隆五十五年（1790）起先后掌教主讲20年，以古文义法教生徒，弟子多知名士。其后胡培翚倡导实学，唐鉴推尊程朱之学，皆有成就。道光九年（1829）布政使贺长龄筹款新建院中斋舍，为书院课艺集作序，并以所编《皇朝经世文编》教士子。咸丰间曾国藩借地重开，但“堂庑斋舍之制十不逮一”。光绪七年（1881）总督刘坤一“乃规旧址廓而新之”。同、光间主讲著闻者还有李联琇、梁鼎芬、缪荃孙等。清末改为江南高等学堂。

《钟山书院志》16卷，清汤椿年纂。分匾额、图像、形势、创建、扬言、文告、延师、养士、经籍、教条、讲义、艺文、肄业诸生姓氏等类目，卷首载查弼纳雍正三年（1725）序、凡例、创建书院者官爵姓氏。内容丰富，资料翔实。

《钟山书院志》有雍正年间刊本。

15.《白鹭（洲）书院志》（4种）

江西吉安白鹭洲书院，南宋淳祐元年（1241）知吉州军江万里建，宋理宗御赐“白鹭洲书院”五字，与庐山白鹿洞书院、铅山鹅湖书院、南昌豫章书院并称江西四大书院。书院的第一任山长欧阳守道，是南宋江西知名的学者，文天祥、刘辰翁、邓光荐等皆出其门。经历宋元明清易代，书院几毁几建。

明嘉靖二十一年（1542）何其高任吉安府知府，将白鹭洲书院迁至府城南门外仁寿山，改名“白鹭书院”。为纪其变迁，创修《白鹭书院志》。万历十四年（1586）钱一本、王时槐又加以重修。

万历十九年，汪可受任吉安府知府，将白鹭书院迁至宋代旧址白鹭洲，复名“白鹭洲书院”，甘雨以提督佥事参与其事，院成，即应可受之命纂辑《白鹭洲书院志》2卷，分沿革、建置、教职、祀典、储赡、名宦、人物、公移、贤劳、义助、纪述、书籍、生祠记13门。清康熙二十七年（1688）起，罗京任吉安府知府6年，捐俸倡修书院，并于三十年辑刊《白鹭洲书院志》。

乾隆十六年（1751），符乘龙、周作哲同辑《白鹭洲书院志》15卷，刊于十九年，分图、建置、沿革、（理学、忠节、名宦）列传、教学、书籍、义储、艺文诸类目，前有王铭琮、周作朋及乘龙、作哲四序。同治年间，刘绎以院志已百余年未修，且书院咸丰年间又遭兵毁，“深恐洲与志俱荒”，乃参考旧志，辑括新篇，而成《白鹭洲书院志》。刘绎，字瞻岩，江西永丰人。道光十五年（1835）进士，授翰林院修撰，归主白鹭洲书院讲席28年。《白鹭洲书院志》于同治十年（1871）冬刊印。凡8卷，卷一为洲图（书院图附）、建置（沿革附）、崇祀（附祠祀缘起、名宦列传），卷二为设教（启、帖、馆规、馆例等附）、书籍，卷三为义储，卷四至卷七为艺文，收各体诗赋170首，记、序、疏、上梁文等43篇，卷八为公移。卷首1卷载重修义例、原序、旧序。前有刘绎自序，记修志缘由甚详。后附历朝创修姓氏、历朝修志姓氏。该志资料丰富，比较全面地反映了书院的历史沿革。

二、国子监史志

除了内容丰富、资料集中的各种书院志外，有关古代学校教育的史料还散见在历代文集、地方史志之中，我们一定不能忽视这些零散的材料。另外，汉代以来，太学、国子学、国子监等中央官学机构，在教育史上也起了相当大的作用，其传授儒学文化的功能不容忽视。

“国子监”始于隋代，本为教育机关，到清代变为只管考试不管教育的考试机构；清末则成为卖官机构。国子监学生，等于秀才，分文、武两种，文称文生，武称武生。凡依照惯例规定缴纳一定数额的钱给朝廷，即可称为“例监生”。历史上关于太学、国子监的史志文献也有一些，而明清以来，则为数不少。如明代学政史料，除了《明史》、《明会典》之外，其专记国子监者，有《国子监规》1卷，录洪武以来训谕。另有邢让《国子监志》22卷、谢铎《国子监续志》11卷、吴节《南雍旧志》18卷、黄佐《南雍志》24卷、黄儒炳《续南雍志》18卷、王材《南雍申教录》15卷、崔铣《国子监条例类编》6卷、卢上铭《辟雍纪事》15卷，等等。专记地方学校者，有《苏州府学志》、《常熟县儒学志》等书。清代有陆宗楷等《钦定国子监志》、文庆等《清续修国子监志》、汪廷珍《国子监则例》、素尔讷等《钦定学政全书》，等等。这些文献，有的已不见传本，有的则完整保存了下来，兹举其要。

1.《南雍志》24卷，（明）黄佐撰

黄佐（1490—1566），字才伯，号泰泉，香山（今广东中山）人。正德十六年（1521）进士，任翰林院编修。嘉靖九年（1530）为广西提学佥事。担任过为南京国子监祭酒、少詹事。卒赠礼部右侍郎，谥文裕。

明永乐迁都后，南京、北京皆设国子监，南京国子监又称南雍。景泰七年（1456）南京国子祭酒吴节曾撰《南雍志》18卷付印，嘉靖初南京国子祭酒崔铣重纂未成。黄佐于嘉靖二十二年（1543）任南京国子监祭酒，在前任祭酒所修《南监志》基础上撰成此书。卷一至卷四为《事纪》，记南京国子监的设置、设官、历年国子监的“上谕”、皇帝的“临幸”。卷五、卷六为《职官表》，载历年南京国子监祭酒、司业、监丞等官员的姓名和任期。卷七、卷八为《规制考》，叙述南京国子监的建筑和建制。卷九、卷十为《谟训考》，载学规、课程设置、教材教法、学习要求、奖惩办法等。卷十至卷十二为《礼仪考》，卷十三、卷十四为《音乐考》。卷十五、卷十六为《储养考》。卷十七、卷十八为《经籍考》，记录该监图书情况。卷十九至卷二十四为《列传》。体例仿《史记》之纪、表、志、传，而略有不同。卷首凡例后还列有引用书目88种。该志是现存最早的国子监志，《四库全书总目》称其“书法一准史例，颇为详备”。

《南雍志》版本有明嘉靖二十三年（1544）初刻，隆庆、万历、天启增修本、清国子监精抄本，民国二十年（1931）江苏省立国学图书馆影印本，2002年上海古籍出版社《续修四库全书》本等。

2.《续南雍志》18卷，（明）黄儒炳撰

黄儒炳，万历年间进士，纂此书时任南京国子祭酒。

此志书前有天启三年（1623）著者序及六年李孙宸序。本书是黄佐《南雍志》一书的续集，记嘉靖元年至万历四十三年（1522—1615）间南监学制。体例仿《南雍志》一书，卷首为帝训。内分帝训纪、纪事、职官表、规制考、典式考、造士考、养贤考、礼仪考、音乐考、经籍考、列传等目。

《续南雍志》有天启初刻本。

3.《明太学志》12卷，（明）郭鎜撰

郭鎜（？—1558），字允新、号南泉，高平北庄人。嘉靖十四年（1535）进士。任翰林院检讨，改修撰，主编《大明会典》。后担任国子监祭酒，升南京工部右侍郎。郭鎜博闻强记，明《春秋》，善词赋，一生著述颇丰，有《翰林诗稿》、《国学文集》、《家居集》等。

此志修于嘉靖中，但书中有崇祯七年的资料，当为后来续增。该志根据大量档案文献，叙述明代北京国子监的各种制度及其变迁，分为6个部分：卷一、卷二为《典制》，卷三、卷四为《谟训》，卷五、卷六为《礼乐》，卷七、卷八为《政事》，卷九、卷十为《论议》，卷十一、卷十二为《人材》。全书对北京国子监的建筑设施、行政与教官设置、学生入学条件、经籍、俸廪、训谕、诰敕、学规、礼乐制度、师生人数等等内容，记录详细，史料丰富。

《明太学志》有明嘉靖三十六年（1557）刻本。

4.《辟雍纪事》15卷，（明）卢上铭、冯士骅撰

卢上铭，字尔新，广东东莞人。崇祯中官南京国子监典簿。

该书首有《辟雍纪事原始》1卷，记明太祖吴元年对太学的指示。《辟雍纪事》卷一至卷十五按时间顺序记录了洪武初至崇祯十年（1637）皇帝对国子监的诏令、政策举措等，如任命教官、副榜入监读书、派监生任地方官等。后面附有《辟雍考》，分为官秩考、职掌考、创修考、钱谷考四项。书末附《辟雍轶事》1卷，载历任祭酒、助教等的轶事。该书对于研究明代国子监制度有一定的史料价值。

《辟雍纪事》有《畿辅丛书》本。

5.《钦定国子监志》62卷，（清）梁国治等奉敕纂

梁国治（1723—1786），字阶平，一字丰山，号瑶峰，又号梅塘，浙江上虞人。乾隆十三年（1748）状元，先授编修，后充日讲起居官、国子监司业。历官江苏学政、湖南布政使、湖北巡抚。三十四年署湖广总督，兼荆州将军，移湖南巡抚。召还，命在军机处行走。累迁至东阁大学士兼军机大臣、户部尚书，并先后任广东、江西、顺天乡试正考官，又充任过《四库全书》副总裁。著有《敬思堂文集》。卒赠太子太保，谥文定。

据《四库全书总目》，先是国子祭酒陆宗楷等辑《太学志》进呈，而所述沿革故实，滥载及唐宋以前，殊失限断。于是下诏重为改定，断自元明。梁国治曾任国子监祭酒。该书完成于乾隆四十三年（1778）。首为《圣谕》2卷，以纪褒崇先圣，训示儒林之大法。次《御制诗文》4卷，备录列朝圣文，皇上宸翰。次《诣学》2卷，纪亲祀临雍之礼。次《庙制》2卷，前列图说，后志建葺年月规制。次《祀位》2卷，详载殿庑及崇圣祠诸位号。次《礼》7卷，分记释奠、释菜、释褐、献功、告祭诸仪，及祭器图说。次《乐》6卷，分记乐制、乐章，律吕、舞节二表，及礼乐诸器图说。次《监制》2卷，详述条规。次《官师》7卷，载设官、典守仪制、铨除、题名表。次《生徒》7卷，载员额考校甄用，及外藩之入学者。次《经费》4卷，备载恩赉岁支俸给。次《金石》5卷，冠以《钦颁彝器图说》、御制诸碑，并元以来《进士题名碑》，而殿以《石鼓图说》。次《经籍》2卷，具载赐书及板刻之目。次《艺文》8卷，则列诸臣章奏诗文及诸谕者。《识余》2卷，曰《纪事》，曰《缀闻》，并捃摭杂记，以备考核。其体例为先载制度、法令，然后具载事实，非常详尽地展示了清代国子监制度的源流变迁。

该书收入《四库全书》。道光年间，文庆等又续编为82卷，有道光年间

刻本。2000年北京古籍出版社出版郭亚南校点本。

6.《学典》30卷，(清) 孙承泽撰

孙承泽 (1592—1676)，字耳伯，一作耳北，号北海、退谷，别号退谷逸叟、退谷老人、退翁、退道人，室名万卷楼、研山斋、闲者轩、知止阁。山东益都人，世隶上林苑籍。崇祯四年 (1631) 进士，官给事中，十六年三月，李自成克北京，任四川防御史。入清，累官至吏部左侍郎。家富藏书籍、碑帖、书画。精鉴别书画。工书，法二米。著有《尚书集解》、《元朝典故编年考》、《山居随笔》、《春明梦余录》、《庚子销夏录》、《溯洄集》、《研山斋集》等。辑有《研山斋珍赏集览》。

《学典》一书，《四库全书》列入存目。所载皆历代建学、设官、行礼、讲学、科举之事，自虞讫明，分年编载。前代仅占8卷，而明代之事多达22卷。该书释奠之礼，凡各史、志、纪所载者皆未收入，既载国子监学兴废创置，而各朝学官之职、学宫之制又皆阙焉。至泮宫习射及各经列于学官者，如汉之石经、唐之写经石经、后唐之镂版，卷中皆未言及，而明代一切章疏毫无关于学典者乃一概滥入。因此存目《提要》批评说："盖门户之见既深，无往不用其标榜也。"但该书考索钩稽历代建学沿革、制度变迁、科举兴废，虽欠精详，毕竟有资料汇集之功，对研究历代学校制度亦有补益，未可尽废。

该书未见刻本，似皆抄本流传，故手书之误较多。该抄本藏台湾傅斯年图书馆，缺卷十七至卷十九、卷二四至卷二七，存23卷。又湖南省图书馆藏有徐松抄本2卷 (卷十七、卷二一)，原系何绍基所藏。其中卷十七正可补此本之缺。

另外，顺便介绍《学政全书》80卷，清素尔纳等撰。学政是派往各省按试各地童生和生员的官员。该书系统记载学政的工作规则，同时也包括了府州县学教学与管理制度，是一部集学政和地方官学制度之大成的史书。全书分为八十类，主要有：学宫事宜、学校规条、学政事宜、考试事例、童试事宜、考核教官、约束生监、优恤士子、整饬士习、举报优劣、季考月课、各地学额、旗学事例、商学事例、官学事例等等。每一类下按时间顺序排列有关的制度、法令和实施的事例，是研究清代学政和地方官学制度及其沿革变迁的重要文献。

《学政全书》有清乾隆三十九年 (1774) 武英殿刻本。

三、近当代的教育史志研究文献

自20世纪以来，掀起多次学校与教育史研究热潮，形成一支人数不少的研究队伍。其中书院研究方面的文献，数量也不少。概而言之，主要体现在两个方面：

其一是研究专著的大量涌现。这方面的成就相当显著，如丁钢、刘琪《书院与中国文化》（上海教育出版社，1992 年），李才栋《江西古代书院研究》（江西教育出版社，1993 年），陈谷嘉、邓洪波主编《中国书院制度研究》（浙江教育出版社，1997 年），李国钧主编《中国书院史》（湖南教育出版社，1994 年），胡昭曦《四川书院史》（巴蜀书社，2000 年；四川大学出版社，2006 年修订本），徐梓《元代书院研究》（社会科学文献出版社，2000 年）、刘少雪《书院改制与中国高等教育近代化》（上海交通大学出版社，2004 年）、邓洪波《中国书院史》（东方出版中心，2004 年），等等。这些著作全面细致地探讨了各个历史时期书院的发展演变，是近年来书院研究的代表性成果。

其二是书院史料文献的整理出版。如赵所生、薛正兴主编的大型丛书《中国历代书院志》16 册（江苏教育出版社，1993 年），选录历代书院志 115 种，每种均说明影印所据的版本。在种类上，包括书院志、书院章程、讲学会编（即教师讲学记录）、书院课艺、学田志。比较全面而典型地反映了历代书院文献的基本面貌。全国图书馆文献微缩复制中心也于 2005 年影印出版了一套共 12 册的《中国书院志》，收录了岳麓、嵩阳、白鹿洞、东大、虞山、南溪等著名书院志，还在地方志中辑录了一些书院史料。陈谷嘉、邓洪波主编《中国书院史资料》3 册（浙江教育出版社，1998 年），通过查阅大量文献资料，按朝代顺序分类汇编宋至清代书院史料，非常方便实用。所选资料以原始材料为主，分段标点，并注明出处。分七编：书院的兴起，书院制度的确立，书院的推广与官学化，书院制度的再度辉煌，书院的普及，书院制度的近代化进程，书院制度的影响。其分类既反映了各个历史时期书院发展的轨迹，又显示了书院制度的特点。最后附录“《四库全书》集部书院文献篇目索引”、“《四部丛刊》集部书院文献篇目索引”，非常实用。邓洪波编著的《中国书院学规》一书（湖南大学出版社，2000 年），汇集自宋代乾道四年（1168）吕祖谦的丽泽书院“规约”，至 1953 年钱穆的香港新亚书院“学规”，前后 800 年间有代表性的学规。这些学规或标示办学宗旨，或规定进德修身之方，或指示读书治学之门，内容非常丰富。这些都是书院史料文献整理方面的代表性成果，为研究书院史提供了丰富的素材。另外，季啸风主编的《中国书院辞典》（浙江教育出版社，1996 年），正文分为书院、人物、文献、制度及其他四类编排，其文献部分汇集了历代书院志、书院学规、章程、碑

记、诗文、课集等，按笔画排列，对每一种文献都作简明的解释。书末附有《中国书院名录》，收集各省、府洲、县志及书院志等资料所载书院和当代新建书院7300余所。读者可以借助其所提供的线索，进一步查找有关的书院文献。另外，湖南大学岳麓书院创建的“书院文化数据库”，内容十分丰富，为书院研究提供了极大的方便。

第三节　科举制度类文献

科举制度在中国古代实行了一千五六百年，对中国文化产生过重大的影响。科举考试以儒家经籍为核心，因此与儒学文化的发展演变关系极为密切。通过科举考试，儒生得以跻身上层阶级，部分实现自己“致君尧舜上”、“兼济天下”的理想。在历代实施过程中，科举制度出现了许许多多的弊端，但不可否认，它所体现出的公平竞争原则，值得后世借鉴和珍视。总的来说，科举制度对中华文化的发展起了积极作用，虽然这种作用到明清时期大为减弱，最终成为阻碍社会进步的消极因素，被现代考试制度所取代，退出了历史舞台。

在科举制度的发展演变过程中，出现了大量相关的史料文献，包括登科录、题名录、乡试录、会试录、同年录、科齿录、朱卷、闱墨，以及八股文、试帖诗选本和现存各类科举试卷、备考科举的专门书籍，等等，其数量非常庞大。

这里只介绍以下几类科举文献：历代选举志、历代登科记、历代贡举考、科举掌故、科举资料汇编。此外，后世研究科举制度、搜集科举史料，也有大量的著述问世。对于这些文献，也略有涉及。

一、历代选举志

在我国古代史书中，以“选举”立目，对官员的培养、选任和考核制度进行专门记述的，始于唐代杜佑《通典》，该书200卷，共设9门，分别记述自上古至唐代中叶的典章制度，而《选举》门共6卷，排在第二，顺序在《食货》门之后，体现了作者对选举制度的高度重视。纪传体正史中设《选举志》，则始于北宋薛居正等撰《旧五代史》。此后《新唐书》、《宋史》、《金史》、《元史》、《明史》、《清史稿》，都设立有《选举志》。政书之中，除《通典》有“选举典”外，《通志》有“选举略”，《文献通考》有“选举考”，后代续修的《通志》、《通典》、《通考》这类著作也采用相同的做法。明清的各种《会典》、《会典图说》、《会典则例》也有关于科举制度的内容。此外各种地方志中也多有《选举志》，记录各地区科举情况。这些记载历代选举制度的文献，是研究古代官吏选拔、考试制度的重要资料。有关历代科举制度的记载，最为系统的当数正史中的《选举志》、政书中的"选举"这类文献。兹择要介绍如下。

1.《旧五代史·选举志》，(宋）薛居正撰

五代各朝科举都沿袭唐代，原则上年年开考，中原五朝共52年，便考了47次，每次录取进士都不多。中原五朝，录取进士最多的一次是后汉高祖天福元年（947)，共25名；最少的是后唐庄宗同光二年（924)、明宗长兴二年(931）和后周世宗显德二年（955)，都只有4名。47科平均每科取进士13.49人。周边各国，仅南唐有17榜有取士数，最多的一科30人，最少时仅3人，平均每榜5.47人[①]。《旧五代史·选举志》对中原五朝的科举制度实行情况有比较概略的叙述。

2.《新唐书·选举志》，(宋）欧阳修撰

《新唐书·选举志》对唐代科举和学校制度有非常系统的叙述。如讲唐代取士之科，多因隋旧，科目有秀才，有明经，有俊士，有进士，有明法，有明字，有明算，有一史，有三史，有开元礼，有道举，有童子。而明经又有五经、三经、二经之别，有学究一经、有三礼、有三传、有史科。这是常选。另外还有天子临时下诏考试的，称为制举，"所以待非常之才焉"。而对于考试情况、科目设置、制度变迁，都追根溯源。后世了解、研究唐代科举制度，此为最重要的资料。

3.《宋史·选举志》，(元）脱脱撰

脱脱（1314—1355)，又译作托克托，蒙古族。元顺帝时累官御史中丞，后迁至中书右丞相。至正三年（1343）被诏修辽、金、宋三史。至正十五年(1356）被流放云南，遇害死。

两宋立国320年（960—1279)，共举行科举118次，制举22次，进士、诸科、制举等登第人数，达60000余人。至于通过其他途径得官者，更是难以计数。而有关宋代选举制度的各种材料，保存于宋代国史、实录、会要、文集和各类野史笔记之中，数量众多，这客观上为元人修撰《宋史·选举志》提供了丰富的资料。

---

① 周腊生：《五代科举概述》，载《孝感职业技术学院学报》2001年第3期。

《宋史·选举志》多达6卷，对宋代科举制度、学校制度做了非常详尽的叙述。从本志中我们可以知道，宋代的科举，和唐一样，有常科、制科和武举。但是，考试的科目、内容和方法则做了多次的变化，有关考试的规定也日益严密。不过，由于《宋史》仓促成书，也有不少失误，如史料取舍详略失当，时间颠倒、事情混淆、人物错乱等等情况也较多。

鉴此后代学者多有订正，其中最系统、全面的当数何忠礼的《宋史选举志补正》（浙江古籍出版社，1992年）。该书对《宋史·选举志》分段正误，并择要增补。书后附录《宋代科举一览表》、《崇宁三年至宣和二年贡举一览表》、《宋代进士科省试试艺内容变迁表（殿试附）》、《嘉祐六年赵抃充御试官日记》、《仁宗、孝宗两朝进士及第前五人授官一览表》、《宋代进士第一人终官表》、《宋代制举一览表》，非常方便实用。此外《宋会要辑稿·选举志》、《文献通考·选举考》也是研究宋代科举制度的第一手资料，可以与《宋史·选举志》互参。

4.《金史·选举志》，（元）脱脱撰

金代科举开始于太宗天会元年（1123），初无定期。自天会五年后才转入正常，三年一试。初分南、北两选，以词赋、经义取士，后来合并为一，设进士科和女直进士科，前者分词赋、经义两科目取士，后者以策论取士。金代共开科约40次，分乡试、府试、会试、殿试四级，状元有名可考者19人。《金史·选举志》是研究金代科举制度的重要资料。另外，今人薛瑞兆《金代科举》一书（中国社会科学出版社，2004年），包括制度论说、进士考订、资料附录等，对金代科举制度的形成、发展、衰落的历史过程做了系统的研究。并通过研究金代科举问题，论证了中原文化的北移、女真汉代与北方各民族融合问题。作者辑录了金代进士1000余名，书后附《金代科举年表》，考证详实。

5.《元史·选举志》，（明）宋濂撰

宋濂（1310—1381），字景濂，号潜溪，浦江（今属浙江）人。少时从柳贯、黄溍等学，讲学青萝山中。宋濂为明开国功臣，明初之典章制度，多参与制定。又是著名的文学家、学者，著述丰富。主修《元史》，著有《浦阳人物记》、《宋学士全集》等。

元代科举不仅开得晚，而且时开时停，总共只举行过16次考试，全部录取的人数只有1200人左右。和其他仕途相比，科举所占比重微不足道。选官主要从蒙古、色目人中挑选，或从吏员中提升，少量的选士则来自学校。直到元仁宗皇庆二年（1313），才重开科举。元代科举也有其特点，规定三年考试一次，分为两榜，蒙古、色目人为一榜，汉人、南人为一榜，分别考试。汉人、南人考三场，第一场考四书、五经义，第二场考赋、诏、诰、表、章等文体选一，第三场考经史时务策。元代首次把四书、五经纳入科举考试的范围，为明、清所继承。《元史·选举志》记录了元代的科举、学校制度的设立、演变情况。

6.《明史·选举志》3卷，(清) 张廷玉撰

张廷玉 (1672—1755)，字衡臣，号研斋，安徽桐城人。康熙三十九年进士。累官保和殿大学士、军机大臣、太子太保，封三等伯，历三朝元老，居官达50年。卒谥文和。

清修《明史》，数易其稿，自康熙十八年 (1679) 至乾隆四年 (1739)，先后经过了三个阶段的纂修，由万斯同等人草创，王鸿绪等人修订，张廷玉等人总其成。所据史料有《明实录》、《明会典》、黄佐《南雍志》、王世贞《弇山堂别集》、王沂《续文献通考》、张朝瑞《皇明贡举考》等重要的明史文献。《明史·选举志》比较全面系统地反映了有明一代学校、科举的历史情况。郭培贵长期从事《明史·选举志》研究，先出版了《明史选举志笺正》(内蒙古大学出版社，1997年) 一书，又出版《明史选举志考论》(中华书局，2006年)，对《明史·选举志》进行了逐节、逐条的考论：不仅索其史源、辨其正误、补其缺略、明其原委，而且对其涉及的每一制度和事件，都溯其源流、考其演变、论其得失、明其意义。考证出史实、人名、纪年等讹误70余处，纠正疏陋100余处；补充并论述相关重要史实2000余条，纠正1974年版中华书局点校本《明史》标点错误近30处，从而形成关于明史选举志迄今最为完善的一个文本，为人们正确使用该志提供了便利。

7.《清史稿·选举志》，(民国) 赵尔巽、柯绍忞等纂

赵尔巽 (1844—1927)，字公镶，号次珊，又名次山，号无补，祖籍铁岭，汉军正蓝旗人。同治进士，授翰林院编修。历官甘肃、新疆、山西布政使，湖南巡抚、盛京将军，湖广、四川、东三省总督等。1914年，任清史馆总裁。

柯绍忞 (1850—1933)，字凤荪，号蓼园，山东胶州人。清光绪十二年 (1886) 进士。授翰林院庶吉士，后改编修。历官国子司业、湖南学政、翰林院侍讲、侍读、贵州提学使、为典礼院学士、山东宣慰使。民国后，为溥仪侍讲，以遗老自居，主修《清史稿》。

《清史稿·选举志》对清代科举制度、选官制度和学校制度的发展演变做了历史的叙述，对清代乡试、会试、拟题、文体、乡会试考官、同考官、乡

试解额、会试取额、五经中式、副榜、明通榜、宗师科目、复试、磨勘、朝考、官卷、科场回避、翻译科、武科等问题的叙述比较系统，可以通过本志了解清代科举制度的大体情况。不过也有学者指出，《清史稿·选举志》中有关科举制度的记述只有2万字左右，叙述简略，很难反映出清代科举制度的整体状况，特别是难以体现其复杂的变化原因、过程、特点，以及科举制度的实施状况。对清代的科举制度的特点也反映得不够。另外，资料采摭不广，详略失当，对大库档案及部院档案多未加利用，私家著述利用更少，这使得所述内容不够细致、准确。

鉴此，下述几部有关清代科举制度的著作尤显重要。一是商衍鎏《清代科举考试述录及有关著作》（百花文艺出版社，2005年。按：该书是在三联书店1958年版、1983年重印的《清代科举考试述录》基础上增加了一些内容）。该书详细介绍了童生、举人、进士以及这三个级别系列内的各种考试，叙述了停科举后的各项考试及附属于科举中的各项考试。举例解释了八股文、试帖试，并涉及科场案件与轶闻。有照片50多幅。《太平天国科举考试纪略》介绍了太平天国存在的十几年里所实行的考试制度和考试内容。单篇文章主要回忆了亲身经历的科举考试及成为最后一届科举考试探花的经过。二是王德昭的《清代科举制度研究》（香港中文大学，1982年；中华书局，1984年影印本），讨论了明清科举制度的递嬗、清代科举入仕与政府、科举制度下的教育、科举制度下的民风与士习等问题。三是李世愉《清代科举制度考辨》（沈阳出版社，2005年）一书，由《释廷试》、《童生试中的审音制度》、《宗室科目的建立及其作用》、《搜落卷制度初探》、《状元的选拔及其地域分布》等10个相对独立的专题组合而成，因都是围绕着清代科举制度这个大题目进行的，所以又互有关系。全书偏重释疑，颇多考证。

8.《通典·选举典》6卷，（唐）杜佑撰

杜佑（735—812），字君卿，京兆万县（今陕西西安附近）人。以门资入仕，唐德宗贞元中官至同中书门下平章事。历顺宗、宪宗两朝，皆以宰相兼度支使、盐铁使。

《通典》是一部重要的典章制度史书，系统叙述了唐代中期以前我国政治制度的起源、沿革、演变，从远古时代的黄帝起，到唐玄宗天宝末年止（肃宗、代宗以后的变革，有时也附载于注中）。《选举典》对历代的选官举士制度记载尤详。其中关于两汉察举制度、魏晋南北朝的九品中正制度的记载，是后世研究这些制度的主要依据。关于唐代科举制度的记载也比较丰富、翔实。杜佑首创的“典制体”，为后世继承、发展，从而形成“三通”、“十通”

类文献。清高宗敕撰的《续通典》、《清朝通典》更直接沿袭《通典》体例。《续通典》所续从唐肃宗到明崇祯末，《清朝通典》则专记清代一朝之制。

9.《通志·选举略》2卷，(宋)郑樵撰

郑樵是南宋著名史学家，《通志》为其平生治史的代表作，也是古代典志体“三通”(另两通为《通典》、《文献通考》)之一。《通志》是一部采用纪传体写成的通史。全书200卷，共6部分，依次为：本纪18卷、谱4卷、略52卷、世家3卷、列传115卷、载记8卷。《通志》的纪、传、世家、载记，大都袭用前史旧文，经过删削，连缀而成。最有价值的是二十略。其中《选举略》叙述历代选官、选士(包括科举)制度。清高宗敕撰的《续通志》、《清朝通志》体例仿郑樵《通志》。《通志二十略》有王树民校点本(中华书局，1995年)。

10.《文献通考·选举考》12卷，(元)马端临撰

马端临(1254—1323)，字贵占，号竹洲，饶州乐平(今属江西)人。博极群书，咸淳年间漕试第一，以荫补承事郎。宋亡不仕，教授乡里，任慈湖、柯山二书院山长。

《文献通考》是马端临的重要著作。撰写历20余年。全书分为24门，348卷。其中《选举考》对历代选举制度叙述极为详尽，分举士、举官、辟举、考课等目，从远古到宋宁宗，追源竟流，原原本本，历代制度的发展、演变如在目前。记录宋代制度尤详，可与《宋史·选举志》相参证。清高宗敕撰的《续文献通考》、《清朝文献通考》和近代刘锦藻所撰的《清朝续文献通考》，也采用其体例。

二、历代登科录

在浩如烟海的科举文献中，登科录(或科举录)是最为重要的一个类别或一个部分。陈长文博士给“登科录”做了一个界定：进士登科录是每科进士放榜后，由官府组织编刊的以记载“进士家状”(包括进士姓名、字号、籍贯、年龄及其曾、祖、父三代名讳、职衔等等)为核心内容的有关科举考试的原始记录。除了“进士登科录”这个称呼外，唐代称登科记，宋代称小录、进士小录、同年小录、登科小录等，明清时期进士登科录又称殿试录、御试录、廷试录、进士题名录等①。刘海峰则将进士登科录、进士同年齿录、进士履历、进士履历便览、进士题名碑录、会试录、会试题名录、会试同年齿录、会试同年履历便览、

① 陈长文：《进士登科录探源》，载《浙江社会科学》2007年第5期。其博士论文《明代进士登科录》对相关问题亦做出非常系统的探研。

乡试录、乡试题名录、乡试同年齿录、乡试同年履历便览等，笼统称之为“科举录”。比较而言，刘氏的“科举录”范围更广一些。我们这里也采用“登科录”一词，以陈长文所界定的范围为主，兼及刘氏所举的一些内容。

（一）唐五代登科录

唐代从中宗神龙年间（705—707）开始有私人编纂记载历科进士的登科记，到穆宗长庆二年（822），已有十多种进士登科记，宣宗大中十年（856）还曾由官府在以往诸家登科记的基础上编成一部登科记。但到北宋欧阳修等人纂修《新唐书》时，仅著录了 3 种，今皆不传。宋初乐史补撰《登科记》30 卷，南宋洪适又重编《唐登科记》15 卷，也散佚不存。

目前最重要的唐代科举录是《登科记考》30 卷，清徐松撰。该书卷一至卷二四所录为唐人，卷二五至卷二六所录为五代时人。卷二七为附考，卷二八至卷三十为别录。徐松以《文献通考·选举二》中保存的唐登科记总目即乐史《登科记》总目为主，按年编次，各年之下首列朝廷大事，次于每科先列进士几人，再列诸科几人，杂采《旧唐书》、《新唐书》、《唐会要》、《文苑英华》、《册府元龟》、《玉海》、《太平广记》、《永乐大典》及唐宋以来文集、笔记、诗话、方志，掇取有姓名可考者，将有关科名掌故的佚事用小字注于其下。并据《文苑英华》及各家文集，将试文依年载入。共著录进士凡 2087 人，诸科凡 48 人，明经凡 303 人，制科和宏词、拔萃凡 562 人，以上数字相加约 3000 人，约占唐代科举人数的十分之一。该书取材广博，体例秩然，考据精博，是研究唐、五代科举制度以及历史文化的重要参考书。徐松《登科记考》有清光绪十四年（1888）《南菁书院丛书》刊本。1984 年中华书局出版赵守俨校点本。

近人岑仲勉有《登科记考订补》（《中央研究院历史语言研究所集刊》第 11 本）。有关《登科记考》的各种补充和订正文章已有十余篇，而集大成者为孟二冬的《登科记考补正》（北京燕山出版社，2003 年）。孟氏以 1984 年中华书局版赵守俨点校《登科记考》为底本，广泛吸收已有的研究成果，对徐松原著加以详尽补正，共计新增补进士凡 661 人，明经凡 434 人，诸科凡 65 人，制科和宏词、拔萃凡 302 人，数超过徐松原考登科人数的一半。该书是研究唐代科举制度的重要文献。

（二）宋代登科录

宋代是我国古代科举制度极为发达的时期，但宋代 118 榜进士，近 10 万登科人，每次科举发榜后出版登科录或同年录，却没有留下一部完整的《登科记》。宋人撰《登科录》，现存的仅《绍兴十八年同年小录》（内有朱熹）、

《宝祐四年登科录》（内有状元文天祥）两榜。此外，马端临《文献通考》卷三二《选举考》载有一份《宋登科记总目》，比较完整地保留了两宋历榜登科人总数及每榜状元、省元名录，惜缺南宋末十一榜进士总数。元人刘壎《隐居通议》所载《咸淳七年同年小录》仅为摘录，只保留了殿试唱名等诸节目与一甲前三名小传，其余五甲只记登科总人数而已。

为弥补宋代科举研究的这一空白，龚延明、祖慧经过十余年的努力，仿徐松《登科记考》体例，遍查宋代以来各种典籍，作《宋登科记考》，由两大部分内容构成：一为两宋科举大事记，按朝代、年号顺序，以年、月、日系之；一为两宋各种科目登科名录以及特赐第名录，登科名录系于相应年月之下。大事记与登科名录融为一体①。该书共搜集到宋代4万多人的登科名录。全书500余万字，分装五巨册，可谓洋洋大观。这是近年来两宋科举研究最重要的成果之一。2005年江苏教育出版社出版。

（三）元代登科录

元代开科16次，并开始设立乡试，因此有乡试录和乡试题名记。元代科举史料保存下来的不多，有《元统元年进士录》、《至正十一年进士题名记》等18种不很完整的科举录。清代著名学者钱大昕撰有《元进士考》。台湾学者萧启庆从正史、别史、文集、笔记、碑刻、方志等多种文献中广泛搜集资料，力求重现元代各科进士的面貌。先后发表的作品有：《元统元年进士录校注》（台湾《食货月刊》〔复刊〕12卷第1、2期，14卷第3、4期）、《元至正十一年进士题名记校补》（同上，16卷第7、8期）、《元延祐二年与五年进士辑录》（《台大历史学报》第24期）、《元至顺元年进士辑录》（《台大文史哲学报》第52期）、《元至治元年进士辑录》（《宋旭轩教授八十荣寿论文集》，台北）。其余各科进士的资料辑录亦已大体完成，陆续发表。②

（四）明代登科录

明代以后，登科录的刊刻更为规范，每科都要印行登科录。明代开科90次，就有90科的登科录、90科的会试录。据明代张弘道、张凝道《皇明三元考》和张朝瑞《皇明贡举考》所载，明初洪武三年（1370）、四年各设12个乡试考场，洪武五年设13个乡试考场，从洪武十七年开始，明代多数时间乡试设有14个贡院，至嘉靖十六年（1537）云南和贵州分闱，此后到明末各科都有15个闱场。这

① 龚延明、祖慧：《宋登科记考·凡例》，江苏教育出版社，2005年。

② 陈高华：《二十世纪的中国科举制度史研究的一点补充》，载《历史研究》2001年第3期。

样，明代共有1291榜乡试录。另外还有各种同年录或乡试齿录等等，数量非常庞大。《明史·艺文志》著录张朝瑞《皇明贡举考》8卷、《历科殿试录》70卷、《历科会试录》70卷。宁波天一阁保存了大量明代的科举文献，其中登科录为大宗。沈登苗曾对明代现存登科录做过统计，见下表①。

表4-4-2 明代现存登科录表

	进士登科录		会试录		乡试录		武举录		武乡试录		孤本合计	种类合计	内部复本合计	善本总计
	种类	孤本	种类	孤本	种类	孤本	种类	孤本	种类	孤本				
天一阁	41	29	38	32	272	261	11	11	8	8	341	370	37	407
中国大陆其他馆	15	6	15	7	35	27	0	0	1	1	41	66	3	69
台湾馆	14	7	11	4	31	25	2	2	1	1	39	59	1	60
合计	70	42	64	43	338	313	13	13	10	10	421	495	41	536
各馆复本	14		10		13		0		0			37		
实际种类	56	42	54	43	325	313	13	13	10	10	421	458		

1969年，台湾学生书局用“中央”图书馆藏本影印出版了《明代登科录汇编》22册、65种。2006年，宁波出版社影印出版了《天一阁藏明代科举录选刊·登科录》56种，2007年又出版了《天一阁藏明代科举录选刊·会试录》38种。此外，《天一阁藏明代乡试录》277种也列入该社出版计划之中。

以下几种明代科举录受到研究者重视：

1.《皇明进士登科考》12卷，（明）俞宪撰

俞宪，字汝成。嘉靖十七年（1538）进士，官至湖广按察使。好读书，工诗，风格萧雅。

这是现存第一部明代进士名录。此书依据的主要材料是《国初以来历科进士总录》等书，并加以续补。原为11卷，初刻于嘉靖二十七年。卷一为令典，为明朝考试之令谕。卷二至卷十一为历科进士名录，所录迄于嘉靖二十六年科。后来从范钦天一阁得到所缺的洪武间三科登科录材料，又补上嘉靖二十九年科，成12卷本。约嘉靖四十五年前后，俞宪又补了嘉靖三十二年至

① 沈登苗：《也谈天一阁藏明代登科录——与骆兆平、李大东先生商榷》，载《浙江学刊》1998年第2期。

嘉靖四十四年间五科，成13卷本①。

此书常见的版本有台湾学生书局影印出版《明代登科录汇编》本（用嘉靖刻本）。

2.《皇明贡举考》9卷，（明）张朝瑞撰

张朝瑞（1537—1609），字子祯，江苏海州（今连云港市）人。隆庆进士，官至鸿胪寺卿。

该书专考明代科举制度。卷首为《场屋事例》1卷，对于历代沿革，言之颇详。后附以《贡举纪略》，不入卷数。2卷以下则起于洪武三年（1370），迄于万历五年（1577）。但此后续刊本又有所增益，或至万历十一年，科，或至万历十四年，科。每科载会试考官、试题及所刻程文之目，殿试榜首尾全录，会试榜则只录前五名，乡试榜则只录各省第一名。其中有名臣硕儒足传于后者，都附注于制策之末，并附注名姓籍贯。该书考据颇为详核，保存了大量明代科举史料。

此书有万历中刻本，通行本有《续修四库全书》本。

3.《明贡举考略》2卷，（清）黄崇兰撰

黄崇兰，安徽怀宁人。他于嘉庆元年（1796）先撰成《国朝贡举考略》3卷。有感于明朝诸贡举著作详于正、嘉以前，略于隆、万以后，于是，根据陆子渊《科场条贯》、王世贞《史料》、张朝瑞《贡举考》、《明史·选举志》、《隆万十八科进士履历考》诸书，于嘉庆三年再成《明贡举考略》2卷。与前书合成《增补贡举考略》5卷，首1卷，道光中重镌，收入《续修四库全书》、《北京图书馆古籍珍本丛刊》。

4.《皇明三元考》，（明）张弘道、张凝道撰

二张为常州晋陵（今江苏武进）人，生平事迹不详。

此书体例，先列各省乡试主试官、解元，次列会试主试官、会元，后列殿试一甲状元、榜眼、探花，最后列某科进士所出同榜进士、少年进士、杂流中式、庶吉士、名臣、入阁、一二品大臣等掌故。此书采集资料比较可信，有较高参考价值。书前有焦竑序，没有标年月。此书记载至万历四十七年（1619）科，后面没有入阁、一品之类记载，但万历二十三年（1595）孙如游条下，有“泰昌元年由礼部尚书入东阁”一语。又考虑到焦竑卒于万历四十八年，钱茂伟据此推断刊于四十八年，即泰昌元年（1620）。

---

① 钱茂伟：《国家、科举与社会——以明代为中心的考察》第九章《明代科举名录编纂述论》，北京图书馆出版社，2004年。

此书收入《北京图书馆古籍珍本丛刊》。

5.《类姓登科考》6卷，（清）盛子邺撰

该书《四库全书总目》有著录，但不著作者名氏。据内容记载下逮崇祯之末，四库馆臣判断是清朝人所编。湖北图书馆有一部清抄本，明确题盛子邺编。子邺生平事迹不详。该书将有明一代登进士人按姓氏编排，而各注乡贯、科分、甲第于名下。其中仕宦显达者，并注其官阶爵谥。有的一家世膺是选，则注曰某为某子，某为某孙，某为某之兄弟。记载颇为详赅，这实际是一部按《百家姓》排列的分类明朝进士名录。至于《百家姓》中没有的，则附录于第六卷末。

此书有清抄本，收入《四库全书存目丛书》。

6.《明状元图考》5卷，（明）顾鼎臣、顾祖训编

顾鼎臣（1473—1540）初名仝，字九和，号未斋，苏州昆山（今属江苏）人。弘治十八年（1505）状元，授编修，累迁礼部右侍郎。后以礼部尚书兼文渊阁大学士入参机务，加官至少保、太傅、礼部尚书、武英殿大学士。卒谥文康。祖训，鼎臣孙。

该书书首有万历三十五年（1607）沈一贯序、霍林、汤宾尹序，然后是凡例九条，吴承恩识。后面为国朝廷试仪，然后罗列采用书目。另每卷前有该卷目。卷一为洪武四年至宣德八年（1371—1433），计三朝十八科；卷二正统元年至正德十六年（1436—1521），六朝二十九科；卷三嘉靖二年至万历四十一年（1523—1613），计三朝三十科；卷四为明三及第会元诗文；卷五为明三及第会元考。每人附精图一幅。该书图文并茂，人物刻画栩栩如生。共存七十四图。

此书《中国古籍善本书目》著录。有明万历三十五年（1607）黄氏刻本。

（五）清代登科录

清代登科录的刊刻十分规范，开科112次，那么清代的登科录和会试录同样也各有112种，总计明清两代全国一级的科举录则有404种。而明清历科进士题名碑基本上完整地保存下来，这样明清两代就有202次的进士题名碑录。清代乡试闱场从少到多，顺治二年（1645）乡试仅有6个场所，到顺治十七年后设15个贡院；雍正二年（1724）湖广分闱，湖南与湖北分设贡院，光绪元年（1875）甘肃从陕西分闱之后，全国共有17个乡试闱场。后来因为太平天国和八国联军等影响，一些科次有些省份暂停乡试。据法式善《清秘述闻》、王家相等《清秘述闻续》、徐沅等《清秘述闻再续》所录各科乡试情况统计，清代各直省共举行过1697次乡试，则应有1697榜乡试录。许多科年还刊有同年录或乡试齿录，甚至全国同科举人合刊同年录，可能有数

千种之多①。清代登科录传世数量众多，但没有得到很好的、系统的整理。

兹略举数种记录清代科举的文献：

1.《国朝贡举考略》3卷，（清）黄崇兰撰，赵学增、陆熊祥增辑

黄崇兰，号湘庭，安徽怀宁人。乾隆三十六年（1771）乡试中式，嘉庆六年（1801）任泾县教谕。卒于官。

该书对清代科举，凡历科典试官、官阶籍贯、首场题目、乡会试中式第一名、殿试一甲三名，无不备录。黄崇兰所撰，自清顺治二年（1645）至乾隆十六年（1751）止。赵学增所辑，自嘉庆元年（1796）至同治十三年（1874）；陆熊祥所辑，自光绪元年（1875）至三十年止。该书比较简明地反映了清代贡举的大体情况。

《国朝贡举考略》有道光中重镌本，收入《续修四库全书》、《北京图书馆古籍珍本丛刊》。

2.《国朝贡举年表》3卷，（清）陈国霖、顾锡中撰

陈国霖、顾锡中生平事迹不详。

该书第1卷记载清代历科典试官、谥号等，第2、3卷主要记载清代历科乡会试的主考官、考试题目，会试会元、殿试一甲三人、乡试解元的姓名。其记载内容始于清顺治二年乡试，迄于光绪十八年（1892）会试。但所载清代历科进士人数则仅至道光二十七年（1847）丁未科，其间乾隆三十一年（1766）丙戌科则缺载了相应的数字。全书实际记载了清代86科殿试的进士人数，其中数字准确的仅36科，合计所载进士共19886人。

《国朝贡举年表》有晚清石印本，又收入台湾文海出版社《近代中国史料丛刊》。

3.《国朝鼎甲征信录》4卷，（清）阎湘蕙编辑，张椿龄增订

阎湘蕙，山东昌乐人。张椿龄，字镜庄，扬州人。

该书编者"自序"说："余素信因果，喜谈科名。而科名中及第三人，尤世所艳羡。膺是选者大半官公孤，为社稷重臣，推其所自，端由种德而来。闲尝披览载籍，见阴骘事之有关鼎甲者，辄事胪采。历年既久，摭拾遂多。……夫以科名劝人，似与董子正谊明道之旨未免稍异。然修德获报，昭昭不爽。吾知案头展阅，为善之心必有油然动而勃然兴者，则此编虽抄撮旧书，非敢自比著述，而于世道人心，未必无小补云。"编纂者翻检了约250种

① 参见刘海峰：《科举文献与科举学》，载《台大历史学报》第32期，2003年12月。

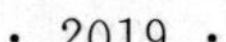

官私史籍及文集笔记，搜罗宏富，辑录了清代110多名状元、榜眼、探花的家族历史与本人事迹。全书主要目的是劝人要有“为善之心”，要“种德”，以求善报，擢巍科，登高第。

《国朝鼎甲征信录》有清末刻本，又收入台湾明文书局出版的《清代传记丛刊》。

4.《国朝历科题名碑录初集》，(清) 李周望撰。

李周望，字渭湄，直隶蔚州（今属河北）人，康熙三十六年（1697）进士。曾任詹事府詹事兼翰林院侍读学士，仍兼国子监祭酒。

进士题名碑源于唐代进士科的“雁塔题名”，元、明都有建碑于国子监的制度。清代自顺治三年（1646）首次开科，到光绪三十年（1904）甲辰科后废除科举，共举行了112科进士考试，其中顺治九年、十二年两科满、汉分榜，各自建碑，因此清代共修建了114块题名碑。从李氏的序文中可知，《初集》是根据国子监的进士题名碑刊印的，故名为《题名碑录》。前面为清朝进士题名碑录，附录为明朝进士题名碑录。刊于康熙五十九年（1720）。雍正八年（1730），国子监又加续刻。雍正十年，孙嘉淦作《续刻题名碑序》。到了乾隆十年（1745），宗室德沛以少宰兼国子监祭酒，编纂《国子监志》之余，又加续补。雍正以来，刻本众多，目前国内外保存的《初集》至少在两种以上。其中光绪三十年刻本内容包括了全部明清共201科的进士题名碑录，是一种完整版的《初集》。1941年哈佛燕京学社出版了房兆楹、杜联吉编纂的《引得》，主要根据同治七年和同治十年本《初集》编纂，其间并参校了国子监进士题名碑的拓片及部分登科录、地方志。同治十三年和光绪年间的内容则根据题名碑的拓片编纂。1969年，台湾华文书局从美国夏威夷大学东西文化中心图书馆借得光绪三十年本《初集》，据以影印出版了《碑录》。1979年，上海古籍出版社出版了由朱保炯、谢沛霖根据《初集》编纂的《索引》。

《国朝历科题名碑录初集》有《北京图书馆古籍珍本丛刊》本。

三、其他科举文献

古代科举文献各类繁多，数量庞大，以上所举，只是极少的一部分。此外还有大量的科举掌故文献、硃卷、试卷、档案等，不胜枚举。兹择要罗举数种。

1.《唐摭言》15卷，(唐) 王定保撰

王定保早年曾隐居庐山达十年之久，于唐昭宗光化年间进士及第，后历仕唐昭宗和五代南汉刘巽两朝，累官至宰相。

此书分103门，是现存唯一专记唐代科举制度的笔记文献，具有重要的史料价值。四库馆臣说："是书述有唐一代贡举之制特详，多史志所未及。其一切杂事，亦足以觇名场之风气、验士习之淳浇。法戒兼陈，可为永鉴。"①不仅具体记载了唐代科举制度的概况，保留了一些与科举考试相关的重要文献，如诏令、奏章、榜文、赋诗题、实录等，展示了唐代科场的人情世态，可以管窥唐代科举制度的大概。

该书较好的刻本是清卢见曾雅雨堂本，较新的整理本是姜汉椿《唐摭言校注》（上海社会科学院出版社，2003 年）。

2.《清秘述闻》16 卷，（清）法式善撰；《清秘述闻续》16 卷，（清）王家相等撰；《清秘述闻再续》3 卷，（民国）徐沅撰

法式善（1753—1813），字开文，号时帆，蒙古正黄旗人。乾隆进士，嘉庆中官至侍讲学士。熟谙当代制度掌故。

《清秘述闻》是一部记载清代科举考试的专著。其乡、会考官类和同考官类，记载了清顺治至嘉庆年间历科考官、试题及省、会、殿元的姓氏籍贯出身等；学政类记叙清代各省学政一职的演变及其姓名、字号、籍贯、出身、任职时间等。该书记载截至嘉庆四年（1799）。王家相《清秘述闻续》和徐沅《清秘述闻再续》两书体例一如法式善，所叙时间分别为嘉庆五年至光绪十三年（1800—1887）、光绪十四年至光绪三十年（1888—1904）。这三书记录了清代由顺治二年到光绪三十年（1645—1904）共 112 科会试、乡试全部主考，同考官的姓名，科第出身，籍贯，殿试三元的姓名，籍贯，各省乡试解元姓名，籍贯，各届会试，各省各届乡试的题目，以及各省学政姓名。虽非官书，但非常完备详实，是研究清代科举史的重要文献。

法式善还著有《槐厅载笔》，其中征引书籍 400 种，分规制、恩荣、盛事、知遇、掌故、纪实等 12 门类，共 20 卷，对清代科举情况做了较为翔实全面的记载。

《清秘述闻》与《槐厅载笔》有清嘉庆刻本，《清秘述闻续》有清光绪十四年（1888）刻本。1982 年，中华书局把《清秘述闻》及《续编》、《再续编》汇编在一起，由张伟校点出版，并在后面附了新编的《清秘述闻三种索引》，方便读者查找与使用。

3.《钦定科场条例》60 卷，首 1 卷，（清）杜受田等修，英汇等纂

杜受田（1788—1852），字芝农，山东滨州（今滨县）人。清道光三年会试第一，殿试二甲第一，选庶吉士，授编修，后为山西学政。道光十五年特

① 永瑢等：《四库全书总目》卷一四〇《唐摭言》提要。

召进京，直上书房，教授太子读书。十八年升左都御史、工部尚书，充上书房总师傅、实录馆总裁。咸丰时加太子太傅兼吏部尚书，调刑部尚书、礼部尚书、协办大学士。

《钦定科场条例》分为乡会试期、科举定额、生员科举、贡监科举、乡试考官、会试考官、三场试规、内簾阅卷、乡会试中额、回避、关防、禁令、揭晓、殿试、朝考、翻译乡会试等数十类，每类先载“现行事例”，然后按时间顺序载历年案例。全书分门别类地介绍清科举考试的各项规章制度及其发展，为研究清代科举制度不可缺少的史料书。

《钦定科场条例》有清咸丰二年（1852）和清光绪刻本。

4.《鹤征录》8卷，（清）李集撰，李富孙、李遇孙补辑；《鹤征后录》12卷，（清）李富孙撰；《已未词科录》，（清）秦瀛撰

李富孙（1764—1843），字既汸，一字芗汲，浙江嘉兴人。学有本源，与伯兄超孙、从弟遇孙有“后三李”之目。李集为富孙从祖父。

清代康熙十八年（1679）和乾隆初年先后举行博学鸿词科，被看成是盛事。特别是康熙朝，所谓得才之多，前所未有。李集晚年归田，撰辑《鹤征录》，但仅辑四十余人即去世。富孙与从弟遇孙共同补辑，于嘉庆二年（1797）成《鹤征录》8卷。这是康熙朝应博学鸿词科的征士186人的传记。当年考试分四等，取中的只有前两等，有一等彭孙遹、倪灿、张烈等，二等李来泰、潘耒、严绳孙等。而此书不论录取与否，都依据考试等第一一为之作传，即使是拒绝征召者，也给予记载。后来李富孙又于嘉庆十二年编成《鹤征后录》，专门为乾隆朝应博学鸿词科的267人作传。这两种书有漾葭老屋合刻本。

与《鹤征录》同类的还有秦瀛《已未词科录》。秦瀛（1743—1821），字凌沧，一字小岘，号遂庵，江苏无锡人。作者习闻掌故，又旁搜博览，编辑得法，故吴骞为其作序云：“其为是书，上自制诏，下及奏疏，旁采家传、碑志，集录记载，纲举目张，有体有要。”书成于嘉庆十二年（1807），刊刻问世。

三书都被收入《清代传记丛刊》。

5.《明清进士题名碑录索引》，朱保炯、谢沛霖编

朱保炯、谢沛霖二人皆现代学者。明、清两代先后举行过进士考试201科，取中的进士共51624人。除了少数人在纪传体“正史”中有传外，其他人物的史料，皆散见于地方志乘、明清人的文集、野史、杂记之中。这些记载数量庞大，如无一定的线索，难于查找。而“进士题名碑录”却是查检科举人物的第一手资料。但“碑录”是按科年、甲第排列的，欲藉此查找某一

人物，就得自首至尾翻检，颇为不便。为此，编者把清乾隆十一年（1746）所刊行的《国朝历科题名碑录初集》及其所附刊明代诸科，用《进士题名碑》的拓片、《登科录》及各省方志等校订增补，重行汇辑，并作有索引，供检索者利用。索引姓名按“四角号码检字”排列，籍贯、科年、甲第、名次都分注于姓名之下。另附“姓氏笔画检字”、“姓氏拼音检字”，以便检索。索引之后另附“历科进士题名录”，按科年、名次排列，对有关记载彼此有出入的，分别加注说明，以备参考。该书成书于 20 世纪 60 年代初，对于查考明清科举人物比较方便。

此书 1979 年由上海古籍出版社出版。

6.《明清进士录》，潘荣胜主编

潘荣胜，当代山东学者。该书包括正文、附录和索引三大部分，共搜集了明、清两朝 7700 余位进士的资料。正文以词条的形式，为每位进士作一小传，包括生卒年、及第科甲、籍贯、经历等内容。多参考《中国人名大辞典》。附录包括名词解释、明清进士一览表、主要参考文献。最后是索引。该书搜集资料比较丰富，检索也很方便，对查检明清时期进士、了解其生平简历有一定的价值。

此书 2006 年由中华书局出版。

7.《清代硃卷集成》420 册，顾廷龙主编

顾廷龙（1904—1998），字起潜，号陶誃，江苏苏州人。现代著名的古籍版本目录学家。

清代成例，新中式的举人、进士都将履历、科份、试卷刻印，称“朱卷”或“硃卷”。一般而言，硃卷由三部分组成：一是履历，登本人姓名、字号、排行、出生年月、籍贯、撰述、行谊，并载本族谱系。最简为祖妣三代，亦有上自始祖下至子女、同族尊长、兄弟侄辈以及母系、妻系无不载入。凡有科名、官阶、封典、著作亦注入名下。再录师承传授，如受业师、问业师、受知师之姓名、字号、科名、官阶，以示学问渊源有自。二是科份，载本科科份、中式名次、主考官姓名官阶与批语等。三是试卷与文章。硃卷刊刻始于明代，至清代则普遍盛行。清代按平均每科大约 1300 名计算，112 科共有举人 14 万名以上，有进士 26888 名。每名进士和举人一般都有一份硃卷，则清代硃卷超过 16 万份。但科举废除以后，这些硃卷逐渐散佚。上海图书馆长期以来注意搜集，终于达到 8000 余卷之巨，于 1992 年由台湾成文出版社出版《清代硃卷集成》420 册，这些资料对于研究清代科举、历史、文化具有很高的史料价值。

8.《清代科举人物家传资料汇编》101 册，来新夏主编

来新夏，浙江萧山人。当代文献目录学家。

硃卷履历中所记载的，不仅是清代应试举子本人的传记资料，更重要的是其家族的世系史料。其特点是对本家族凡有科举功名者全部列入，从而成为研究清代科举家族最完整的原始资料。硃卷履历具有准确性、丰富性和多样性特点。其内容的准确性，又超过普通家族的家谱或族谱。本书以清代刻印本硃卷为主要收录对象，是一部反映清代科举人物及其家族主要人员传记资料的大型工具书。它以清代参加乡试、会试的考生为纵线条目，以科举人物及其家族主要成员的资料为横向内容，裒集一帙，故名《清代科举人物家传资料汇编》。为了便于使用，本书编制了人名索引。以科举人物姓名的汉语拼音音序进行编排。还在人名索引之前，编制了人名字头的笔画和四角号码检字。

此书 2005 年由学苑出版社出版。

此外，冯梦祯《历代贡举志》1 卷，袁定远《历代铨选志》1 卷，毛奇龄《制科杂录》1 卷，饶玉成《国朝鼎甲考》1 卷、《状元事考》1 卷，李调元《制义科琐记》4 卷、《续记》1 卷、《淡墨录》16 卷，对于研究科举制度都有一定的参考价值。

总之，科举文献是中国历史文献中的一个大类。由于科举文献不仅独特而且量大，因此许多古籍书目将其单独列为一类。有学者提出建立“科举学”的倡议，指出像乡试题名录、会试同年齿录、进士登科录等科举文献完全是独立于地方志、家谱族谱等之外的一大文献类别，而研究方志有“方志学”，研究谱牒有“谱牒学”，研究科举自然可以形成“科举学”。因此，数量庞大的专门科举文献自成一类便是“科举学”得以成立的原因之一。①

四、近人的科举研究论著

科举制度废除已近一个世纪，而近人对它的研究也走过了近百年的历程。研究分为两个阶段，以 20 世纪 80 年代作为分水岭。第一个阶段研究者不多，著作也稀少。较早出现而影响最大的研究成果，是 1936 年出版的邓嗣禹《中国考试制度史》。在此前后的二三十年间，大约有五六十篇研究科举制度的论文发表。较重要的有邓嗣禹的《中国科举制度起源考》，潘光旦与费孝通合撰的《科举与社会流动》等。1958 年由三联书店出版的商衍鎏所著《清代科举

① 刘海峰：《科举文献与科举学》，载《台大历史学报》第 32 期，2003 年 12 月。

考试述录》，标志着科举制度研究进入新的时期。1982 年，香港中文大学出版社出版了王德昭著的《清代科举制度研究》。1988 年，中华书局出版了王道成所著的有较高水平的知识读物《科举史话》。这一时期尽管取得了一些成绩，但总体水平还有待提高。

20 世纪 80 年代，国家教委（现教育部）把“中国考试史”列入“七五”重点建设项目，组织编写了《中国考试制度史资料选编》和《中国考试制度史》等。1992 年，国家教委考试中心启动了一项“中国考试史研究”的科研计划，列为国家“八五”重点科研项目，已经出版的有《中国考试史文献集成》（共 9 卷，高等教育出版社，2003 年），《中国考试通史》（共 5 卷，首都师范大学出版社，2004 年），《中国考试史专题论文集》；还编纂了《中国考试大辞典》。自 90 年代以来，有关科举制度的论著层出不穷，如：金铮《科举制度与中国文化》（上海人民出版社，1990 年）、郭齐家《中国古代考试制度》（商务印书馆，1991 年）、唐群《中国科举制度史》（陕西人民出版社，1993 年）、张希清《中国科举考试制度》（新华出版社，1993 年）、谢青、汤德用《中国考试制度史》（黄山书社，1994 年）、刘海峰《科举考试的教育视角》（湖北教育出版社，1996 年）、李世愉《清代科举制度考辨》（中央广播电视大学出版社，1999 年）、刘海峰等《中国考试发展史》（华中师范大学出版社，2002 年）、刘海峰、李兵《学而优则仕：教育与科举》（长春出版社，2004 年）、《中国科举史》（中国出版集团东方出版中心，2004 年）、李世愉《中国历代科举生活掠影》（沈阳出版社，2005 年），等等。专论历代科举制度的论著更多，兹不一一列举。这一时期研究的深度和广度有很大的提高。

进入 21 世纪，科举研究仍然是学术界的一个热点。被称为“新世纪中国科举学六大工程”正在有条不紊地进行，包括龚延明主持的《中国历代登科录》、李世愉主持的《清史·科举志》、杨学为主持的《中国科举图录》、陈文新主持的《历代科举文献整理与研究丛刊》、刘海峰主编的《科举学丛书》（包含科举学译著）、天一阁整理的《天一阁藏明代科举录选刊》。其中武汉大学中国传统文化研究中心的陈文新教授正在组织一套 20 本左右的《历代科举文献整理与研究丛刊》，包括《历代律赋校注》、《梁章钜科举文献二种校注》、《唐代试策试律校注》、《八股文总论五种》、《钦定四书文校注》、《翰林掌故四种》、《游艺塾文规正续编校注》、《钦定学政全书点校》、《七代正史选举志校注》、《清实录科举史料汇编》、《四书大全校注》、《历代贡举志五种》、《游戏八股集成》、《中国科举史事编年》、《历代状元史料汇编》、《历代特科史料汇编》、《二十世纪科举研究论文选编》等。这些工作如果能够顺利地按计划完成，我国的科举研究水平将会迈上新的台阶。

第五章 正史儒传类

“正史”之名，最早见于《隋书·经籍志》，其序有云：“世有著述，皆拟班、马，以为正史，作者尤广。”其体例为纪传体，创自司马迁《史记》，有本纪、表、书、世家、列传。后世类目递有增减，如改“书”为“志”，“表”与“世家”或有或无，但大体上脱胎于《史记》。中国史籍，浩如烟海，而号称“正史”者，自古迄今，只有25种；若加上《清史稿》，则为26部。唐代以后有“三史”（《史记》、《汉书》、《后汉书》）、“四史”（加上《三国志》）之名。唐、宋科举，都以“三史”为科目。其后有增加，于是有“十史”（《三国志》、《晋书》、南朝之《宋书》、《南齐书》、《梁书》、《陈书》，北朝之《魏书》、《北齐书》、《北周书》以及《隋书》）、“十三史”（于“十史”之前加上“三史”）等统称。说见《宋史·艺文志》。宋代则有“十七史”之目。元代加上《宋史》，则称“十八史”。明代加上《元史》，称“十九史”。明世宗嘉靖初加辽、金二史，称“廿一史”。清乾隆时，《明史》修成，加上《旧唐书》及《旧五代史》，为“廿四史”，有武英殿本。民国初，又将《新元史》列入正史，遂成“二十五史”。后来又把《清史稿》计入，称“二十六史”。“正史”虽以纪传体为限，但何者可入正史，标准非常严格。“凡未经宸断者，则悉不滥登，盖正史体尊，义与经配，非悬诸令典，其敢私增！所由与稗官野记异也。”①

“正史”有通史、断代二体，除《史记》、《南史》、《北史》、《旧五代史》、《新五代史》外，都属于断代史。又有私撰、官修之别。陈寿《三国志》、范晔《后汉书》、沈约《宋书》、萧子显《南齐书》、魏收《魏书》、欧阳修《新五代史》，成于一人之手；有的正史则成于父子两代，如《史记》成于司马谈、迁父子，《汉书》成于班彪、固、昭父子（女），《梁书》、《陈书》二书成于

① 永瑢等：《四库全书总目》卷四五《史部总叙·正史类》。

姚察、思廉父子，《北齐书》成于李德林、百药父子，《南史》、《北史》成于李大师、延寿父子，是为一家之学。自唐太宗诏廷臣21人，以尚存的南齐臧荣绪等18家晋史，再加撰次，称制旨临之，成书后题曰“御撰”，从此国史遂成官书。元修宋、辽、金三史，明修《元史》，清修《明史》，民国修《清史稿》，都属官修。自唐代至民国初年，代设史馆，纂修前朝史，成为传统。官修正史，史料主要来自日历、起居注、时政记、实录、国史，以及诸家传记、文集等等，皆为史馆所网罗，史料较为详备。参与修史者多为前朝耆旧，对史料比较熟悉。

正史不仅是研究历代政治、经济、军事、文化的重要资料，也是研究儒学的史料渊海。正史中的艺文志或经籍志著录了大量的儒学文献。正史列传也记录了许多儒学家的生平事迹、学术活动、学术观点与政治实践。正史所记，从上古直至清末，没有间断，比较全面、系统地反映了儒学的发生、发展、演变的轨迹。司马迁《史记》列孔子于“世家”，与诸侯等，并为孔子弟子作列传，又专立“儒林列传”，上自战国、嬴秦之世，下至汉武帝之时，述儒学废兴、经典传授。班固《汉书》继之，亦立《儒林传》。此后《后汉书》、《晋书》、《梁书》、《陈书》、《魏书》、《北齐书》、《北周书》、《南史》、《北史》、《隋书》、《旧唐书》、《新唐书》、《宋史》、《元史》、《明史》、《清史稿》等都立“儒林传”、“儒林列传”或“儒学传”。《宋史》尊奉程朱一系道学（理学），在“儒林传”之前，又创“道学传”，专门为两宋濂洛关闽派道学家立传；至于其他学派及经学方面的人物，则归入儒林传。中国古代文人、官吏大多亦儒。正史《文学传》或《文苑传》、《循吏传》、《忠臣传》、《孝友传》中的许多人物，也是儒学名家。此外，一些在政治上颇有建树的儒学大家，多单独列传，而不入儒林或文苑。因此正史中的儒学家史传资料，除儒林传、儒学传或道学传外，范围还应当更广。许多大儒或见于“文学”、“文苑”、“忠臣”、“孝友”、“循吏”等传，或单独列为一传。如汉代的张苍、陆贾、贾谊、董仲舒、公孙弘、萧望之、翟方进、扬雄、眭弘、夏侯始昌、夏侯胜，唐代的孔颖达、韩愈、柳宗元，宋代的范仲淹、欧阳修、司马光、王安石、苏轼、苏辙、魏了翁、真德秀等等人物，都不入儒林传，而是单立一传。梁启超曾经说：“合传这种体裁，在传记中最为良好。因为他是把历史性质相同的人物或者互有关系的人物聚在一处，加以说明，比较单独叙述一人，更能表示历史真相。”① 的确，正史中的儒林、儒学、道学等传，将各朝各代儒学人物、

---

① 梁启超：《中国历史研究法补编》分论一，第四章，上海古籍出版社，1987年，第207页。

经学专家合在一起作传，有助于我们了解历代儒学、经学发展演变的基本面貌。不过，也应当看到，这些儒林、儒学或道学合传，并不能全面反映历代儒学、经学的整体情况，这是需要加以注意的。

第一节 前四史

1.《史记》儒传，（汉）司马迁撰

《史记》是我国第一部纪传体通史。作者司马迁（约前 135 或前 145—前?），字子长，左冯翊夏阳（今陕西韩城）人。生于史官世家。其父司马谈，曾“学天官于唐都，受《易》于杨何，习道论于黄子”①，汉武帝时任太史令达 30 年。司马迁 10 岁读“古文”。后随父去长安，从当时著名经学大师孔安国、董仲舒学习《古文尚书》和《春秋》。司马迁继父职为太史令，遍读经史百家之书及各种档案文献。后因李陵降匈奴事件受腐刑。征和元年（前 92）出狱，为中书令。他忍辱含诟，埋首著述，终于完成了“究天人之际，通古今之变，成一家之言”的巨著——《史记》。《史记》，原名《太史公书》，又称《太史公记》、《太史记》，至东汉末年才被称为《史记》。司马迁意在使其“藏之名山，副在京师，俟后世圣人君子”。汉宣帝时，司马迁外孙杨恽把它公之于世。其时已有少量缺篇，为后人褚少孙等补足。后世比较重要的注本有裴骃《史记集解》、司马贞《史记索隐》、张守节《史记正义》，合称为“三家注”，与司马迁原书并行于世。

班固批评司马迁“其是非颇缪于圣人，论大道则先黄老而后六经，序游侠则退处士而进奸雄，述货殖则崇势利而羞贱贫，此其所蔽也”②，这并不恰当。清人梁玉绳驳曰：“夫史公考信必于六艺，造次必衷仲尼，是以孔子侪之世家，老子置之列传。尊孔子曰至圣，评老子曰隐君子，《六家要旨》之论归重黄老，乃司马谈所作，非子长之言；不然，胡以次李耳在管、晏下，而穷其弊于申、韩乎？固非先黄老而后六经矣。”③ 司马迁尝从孔安国、董仲舒问学，思想主张根于儒家。《史记》对孔子及其弟子、儒学人物非常尊崇，列孔子于“世家”，与诸侯等，并为孔子弟子作列传，又专立《儒林列传》，上自

---

① 《汉书·司马迁传》。
② 《汉书·司马迁传》。
③ 《史记志疑》卷三六。

战国、嬴秦之世，下至汉武帝之时，述儒学废兴、经典传授源流。通过《史记》，我们知道孔子的生平事迹、思想主张，以及孔门弟子“受业身通者七十有七人”①，孔子主要弟子的生平事迹。自孔子卒后，“七十子之徒散游诸侯，大者为师傅卿相，小者友教士大夫，或隐而不见”。如田子方、段干木、吴起、禽滑釐之属，皆受业于子夏，为王者师。战国时独魏文侯好学。后陵迟以至于始皇，天下并争于战国，儒术虽被绌，“然齐鲁之间，学者独不废也”②。在齐威王、宣王之世，孟子、荀卿等人“咸遵夫子之业而润色之，以学显于当世”。至秦朝，“焚《诗》《书》，阬（坑）术士，《六艺》从此缺焉”。汉代建立之后，诸儒才得以修其经艺，讲习大射、乡饮之礼。叔孙通作汉礼仪，为太常，但因干戈未定，未暇论及庠序之事。孝惠帝、吕后之时，“公卿皆武力有功之臣”。孝文帝时，征用了不少文学之士。但孝文帝所偏好的是“刑名之言”。到孝景帝时，“不任儒者”，而窦太后又“好黄老之术”，因此“诸博士具官待问，未有进者”。汉武帝即位，赵绾、王臧等人通儒学，而武帝对儒术也有好感，于是招方正贤良文学之士。从此之后，“言《诗》于鲁则申培公，于齐则辕固生，于燕则韩太傅。言《尚书》自济南伏生。言《礼》自鲁高堂生。言《易》自菑川田生。言《春秋》于齐鲁自胡毋生，于赵自董仲舒”。窦太后去世后，武安侯田蚡为丞相，“绌黄老、刑名百家之言，延文学儒者数百人，而公孙弘以《春秋》白衣为天子三公，封以平津侯，天下之学士靡然乡风矣”。③ 通过司马迁的记录，后人对战国秦汉之际直至汉武帝时期儒学的兴废、经典的传承、儒学的变迁才有一个比较清楚的认识。总之，《史记》不仅是研究司马迁儒学思想的第一手资料，更是研究先秦、秦汉之际儒学发展演变、经典流传及儒学人物的重要资料。

2.《汉书》儒传，（汉）班固撰

《汉书》100篇，东汉班固撰，是我国第一部纪传体断代史，内容记载汉高祖刘邦元年（前206）至王莽地皇四年（23）共230年的历史。体例基本上继承《史记》而略有变更，如改“书”为“志”，创立了艺文、地理、刑法等志；取消世家，并入列传。汉武帝以前的史实多袭用《史记》原文，但有不少补充和改动。其思想性较《史记》稍有逊色，但由于作者对客观事实的尊重，使《汉书》在史学史上占据了一定地位。其文叙事周详，结构严密，语

① 《史记·仲尼弟子列传》。

② 《史记·儒林列传》。

③ 《史记·儒林列传》。

言典雅繁富，富于文采，有骈体化倾向，对后世散文发展影响很大。通行注本有唐颜师古注（中华书局本）、清王先谦《汉书补注》、今人杨树达的《汉书管窥》等。

《汉书》不仅是研究西汉政治、经济、军事最重要的资料，也是研究这个时期学术文化特别是儒学发展的主要文献。《汉书·艺文志》是班固所撰《汉书》十志之一，是班固根据刘歆《七略》删削、取舍编纂而成。《汉书·艺文志》由六艺、诸子、诗赋、兵书、数术、方技等六略构成，各略之中更分门类，各类列举属其门类之古今书名、篇卷数，注作者名字、籍贯、时代及其他情况，最后总计部数、篇数，叙其门类沿革，各略之末举总数。《六艺略》乃六经，除《易》、《书》、《诗》、《礼》、《乐》、《春秋》等六经之外，不仅附准经书之《论语》、《孝经》和童蒙初学书之“小学”，也著录了《国语》、《国策》、《世本》、《史记》等史书，置于《春秋》之末；《诸子略》由儒、道、阴阳、法、名、墨、纵横、杂、农、小说等诸家构成；《诗赋略》分屈赋、陆赋、荀赋三属及杂赋、歌诗；《兵书略》分兵权谋、兵形势、兵阴阳、兵技巧；《数术略》分天文、历谱、五行、蓍龟、杂占、形法；《方技略》则分医经、经方、房中、神仙。《汉书·艺文志》共著录596家，13269卷。对于了解先秦至西汉末学术文化源流及发展状况有非常重要的价值。

通过《汉书》我们知道，汉初黄老之学占据主导地位，儒家也在缓慢复兴。儒家的代表人物是叔孙通、陆贾、贾谊。他们宣扬儒家仁义道德，为儒学在汉代的复兴做好了思想上和学术上的准备。到汉武帝时，接受董仲舒“罢黜百家，表章六经”的建议，置五经博士，设弟子员，从此儒家学说定于一尊。西汉时期，今文经学占据统治地位，先后设有五经十四博士。哀、平之际，谶纬之学泛滥。而此时由于刘歆等人的大力表彰，古文经学也从民间、秘府步入庙堂，与今文经学争正统。西汉儒学也兼容了法家、道家、阴阳家等学说。儒学以经学形式存在，成为封建王朝官方御用之学。经学成为“利禄之学”，在儒学思想发展方面受到抑制。经学研究之中繁琐之弊也比较突出，对儒学发展产生不利影响。这些方面在班固《汉书》中都有反映。

《汉书》专设儒林传，有丁宽、施雠、孟喜、梁丘贺、京房、费直、高相、伏生、欧阳生、林尊、夏侯胜、周堪、张山拊、孔安国、申公、王式、辕固、后苍、韩婴、赵子、毛公、孟卿、胡母生、严彭祖、颜安乐、瑕丘江公、房凤等人物。此外张苍、陆贾、贾谊、董仲舒、公孙弘、萧望之、翟方进、扬雄、眭弘、夏侯始昌、夏侯胜、京房（另一人）、翼奉、李寻等儒学人物都立有专传。这些儒学人物传为我们研究西汉儒学提供了第一手资料。

3.《后汉书》儒传，（南朝宋）范晔撰

《后汉书》是一部纪传体断代史，记载了东汉一代的历史。今通行本共120卷。本纪、列传部分为范晔撰，志未作完，范即被杀。南朝梁刘昭取晋司马彪《续汉书》中的“八志”与之配合，北宋时将两书合刻为一书，成为今天所见的《后汉书》。

东汉儒学，承西汉发展之势，在经学方面有更突出的成绩。官学虽然仍以今文经学为主，但由于贾、马、许、郑诸大师的提倡，古文经学在民间得到蓬勃发展，事实上已经取代今文经学，成为东汉学术的主流。《后汉书·儒林列传》对东汉儒学有一个总体的描述：“昔王莽、更始之际，天下散乱，礼乐分崩，典文残落。及光武中兴，爱好经术，未及下车，而先访儒雅，采求阙文，补缀漏逸。先是四方学士多怀协图书，遁逃林薮。自是莫不抱负坟策，云会京师，范升、陈元、郑兴、杜林、卫宏、刘昆、桓荣之徒，继踵而集。于是立《五经》博士，各以家法教授，《易》有施、孟、梁丘、京氏，《尚书》欧阳、大小夏侯，《诗》齐、鲁、韩，《礼》大小戴，《春秋》严、颜，凡十四博士，太常差次总领焉。”东汉诸帝对儒学比较重视，建武五年，乃“修起太学”，中元元年，“初建三雍”。明帝即位，亲行其礼，“帝正坐自讲，诸儒执经问难于前，冠带缙绅之人，圜桥门而观听者盖亿万计。其后复为功臣子孙、四姓末属别立校舍，搜选高能以受其业，自期门羽林之士，悉令通《孝经》章句，匈奴亦遣子入学”。建初中，“大会诸儒于白虎观，考详同异，连月乃罢。肃宗亲临称制，如石渠故事，顾命史臣，著为通义。又诏高才生受《古文尚书》、《毛诗》、《穀梁》、《左氏春秋》，虽不立学官，然皆擢高第为讲郎，给事近署，所以网罗遗逸，博存众家。孝和亦数幸东观，览阅书林”。① 东汉儒学之盛，可见一斑。

由于“东京学者猥众，难以详载”，故《后汉书》设《儒林列传》，“但录其能通经名家者”。《儒林列传》所列人物有刘昆、洼丹、任安、杨政、张兴、戴凭、孙期、欧阳歙、牟长、宋登、张驯、尹敏、周防、孔僖、杨伦、高诩、包咸、魏应、伏恭、任末、景鸾、薛汉、杜抚、召驯、杨仁、赵晔、卫宏、董钧、丁恭、周泽、钟兴、甄宇、楼望、程曾、张玄、李育、何休、服虔、颍容、谢该、许慎、蔡玄等。另外《文苑列传》、《循吏列传》、《独行列传》也有许多通经习儒之士。其他名儒如桓谭、冯衍、鲍永、杨厚、郎顗、曹褒、郑玄、郑兴、郑众、范升、陈元、贾逵、张霸、桓荣、丁鸿、班彪、班固、

① 《后汉书·儒林列传》。

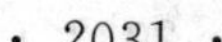

杨终、李法、翟酺、应奉、应劭、王充、王符、仲长统、崔骃、崔瑗、崔寔、杨震、杨秉、杨赐、杨彪、张衡、马融、蔡邕、荀淑、荀爽、荀悦、韩韶、钟皓、陈寔、陈纪、李固、杜乔、吴祐、延笃、史弼、卢植、赵岐、陈蕃等都立有专传。研究东汉儒学人物，固以此书为最重要的资料。

清人田普光撰有《后汉儒林传补逸》1卷，徐乃昌辑有《续增》1卷，对《后汉书·儒林列传》做了补充，可参看。

4.《三国志》儒传，(晋) 陈寿撰

《三国志》65卷，西晋陈寿撰。该书为纪传体断代史，记载了魏文帝黄初元年 (220) 到晋武帝太康元年 (280) 60年的历史。分为魏、蜀、吴三书。其中《魏书》30卷，《蜀书》15卷，《吴书》20卷。只有纪、传而无表、志。《魏书》前4卷称纪，《蜀书》、《吴书》有传无纪。《三国志》以曹魏为正统，《魏书》列于全书之首，对魏的君主称帝，而对吴、蜀则称主不称帝。三书原本独立，后世才合为一书。刘宋时裴松之对《三国志》做了详细的补缺、备异、矫正、论辩，使注文多出原书几倍，所引魏、晋人著作多至200余种，保存了大量史料，开创了为史书作注的先例。

东汉时期涌现了马融、许慎、服虔、郑玄等古文经学大师。东汉经学家往往今、古文兼治，已形成时代风气。但也应当注意，古文学家多从今文入手，如郑兴少学《公羊春秋》，贾逵以《大夏侯尚书》教授。而今文学家也往往兼治古文，如李育颇涉猎古学；张楷通《严氏春秋》、《古文尚书》；丁鸿既治《欧阳尚书》，又习《古文尚书》。到汉末郑玄，打破今、古文壁垒，融合今、古文经学，集两汉经学之大成。至此，两汉经学走过了其全盛时期。到三国时，经学已成强弩之末，儒学的发展出现了很大的转折。正如王国维《汉魏博士考》所说："学术变迁之在上者莫剧于三国之际。"① 东汉末年，中原大乱，荆州独全。刘表为牧，好名爱士，天下俊杰，群往皈依，"开立学官，博求儒士。使綦毋闿、宋忠等撰《五经章句》，谓之《后定》"②。荆州之学，转旧趋新，删繁就简，汉魏之际，学风丕变，兹为转关。及曹氏取荆，儒士文生，北入于许，西奔于蜀，东及于吴，遂开三国经学之局，余风及于两晋。

两汉经学，郑玄树一丰碑。至三国时遂生反动。吴人虞翻对郑玄所注五经提出了许多责难。继之，魏王粲、蒋济，蜀李譔，对郑注亦多异议。而反对郑学最力的是王肃。王肃遍注群经，极力攻郑。治郑学的孙炎、王基、马

① 王国维：《观堂集林》卷四。
② 《三国志·魏书六·刘表传》："羡病死……带甲十余万。"注引《英雄记》。

昭等亦出而驳王申郑。郑玄之学虽然未废，却受到挑战。三国时期，儒学与老、庄结合，形成玄学。正始年间，王弼注《周易》，排斥术数而谈哲理，何晏等人作《论语集解》，亦与已往经说大异其趣。魏晋人说经，崇尚玄言，训诂之精，虽逊于前，但文辞简约隽永，哲理深醇，独树一帜。

《三国志》虽未单独设《儒林传》，但陈寿原书与裴注也颇载儒学人物。钟繇、华歆、王朗、邴原、管宁等都有专传。王肃等大儒见于附传。何晏、钟会、王弼之徒，裴注对他们的生平事迹有详细补充。裴注引魏鱼豢《魏略》，以董遇、贾洪、邯郸淳、薛夏、隗禧、苏林、乐详7人为儒宗。除以上7人外，魏儒师还有周生烈，作《周易》、《春秋例》，《毛诗》、《礼记》、《春秋三传》、《国语》、《尔雅》诸注；杜宽，删集《礼记》及《春秋左氏传》解。糜信，撰《春秋穀梁传注》、《春秋说要》。杜预著《春秋左氏经传集解》等。益州在东汉末年的儒学大师有董扶、任安、杨厚、周舒等。陈寿《三国志》卷四二有杜微、周群、杜琼、许慈、孟光、来敏、尹默、李譔、谯周、郤正传，以上10人皆儒学之士。江东对经学钻研之最著者，当推虞翻之治《易》。孙吴大臣张昭、唐固、程秉、韦昭、陆绩等都通经史，为名家。总之，《三国志》及裴注为研究三国儒学提供了相当有价值的参考资料。

第二节　两晋南北朝十史

1.《晋书》儒传，（唐）房玄龄等撰

《晋书》130卷，唐房玄龄等撰。自西晋末经东晋、南朝，出现过多家晋史，达数十种。唐修《晋书》时，尚存18家旧《晋书》，如王隐、虞预、谢沈、臧荣绪、萧子云各有《晋书》，陆机、干宝、曹嘉之、邓粲、刘谦之、徐广各有《晋纪》，何法盛有《晋中兴书》，孙盛有《晋阳秋》，檀道鸾有《续晋阳秋》等等。其中或仅述西晋，或述东晋而未完，或只记数朝，没有前后连贯统一的版本。唯南齐臧荣绪《晋书》包括西晋、东晋，分为纪、录、志、传，共110卷，最为完备。宋谢灵运、梁沈约也都著有《晋书》。贞观二十年(646)，唐太宗李世民下诏撰修《晋书》，二十二年成书。今本《晋书》题作唐太宗文皇帝御撰，因书中宣帝（司马懿）、武帝（司马炎）、陆机、王羲之4篇论赞出于唐太宗之手。实际上主持编纂的，是司空房玄龄、中书令褚遂良、太子左庶子许敬宗。分头执笔的，有中书舍人李义府、起居郎上官仪等。最后由令狐德棻、敬播等审阅订正，全书体制多取决于德棻。两晋儒学，是三国之延续。玄、儒、文、史，齐驱并驾。《晋书·儒林列传》说："有晋始自中朝，迄于江左，莫不崇饰华竞，祖述虚玄，摈阙里之典经，习正始之余论，指礼法为流俗，目纵诞以清高。遂使宪章弛废，名教颓毁，五胡乘间而竞逐，二京继踵以沦胥，运极道消，可为长叹息者矣。"但两晋儒学并非一无可称。武帝之时，"修立学校，临幸辟雍。而荀顗以制度赞惟新，郑冲以儒宗登保傅，茂先（张华）以博物参朝政，子真（刘寔）以好礼居秩宗"。元帝之时，"贺（循）、荀（顗）、刁（雍）、杜（夷）诸贤并稽古博文，财成礼度"。可见儒学继续受到重视。《左传》杜预注、《穀梁》范宁集解、《尔雅》郭璞注、《尚书》孔安国传（伪托），皆出于两晋时期，影响深远。《晋书》专设《儒林列传》，传范平、文立、陈邵、虞喜、刘兆、氾毓、徐苗、崔游、范隆、杜夷、董景道、续咸、徐邈、孔衍、范宣、韦謏、范弘之、王欢诸人。其他如陈寿、王长文、虞溥、司马彪、王隐、虞预、孙盛、干宝、邓粲、谢沈、习凿齿、徐广、郑冲、杜预、裴秀、裴頠、荀顗、荀勖、傅玄、傅咸、皇甫谧、挚虞、束皙、王接、郭璞、范汪、范宁等皆深通经史，并有专传。

2.《宋书》儒传，（梁）沈约撰

《宋书》100卷，南朝齐、梁间沈约撰。《宋书》纪传叙事详密，列目入载230余人。纪传中收录的大量诏令、奏疏、书札及文章，虽冗长，但有多方面的史料价值。创立家传的形式，这是魏晋南北朝时期门阀制度在史学上的反映。创《索虏传》以记北魏史事，这是南北分裂的政治局面在史学上的反映。在类传中增立《孝义传》，标榜所谓"孝行"、"孝廉"。这是魏晋统治者鼓吹"以孝治天下"的遗风。各志工程巨大，内容详备，篇幅几占全书之半。志前有《志序》，详述前代修志情况，并上溯各志所记制度源流，可为考补前史缺志之助。

刘宋时期，统治者仍然重视儒学。元嘉年间立儒、玄、文、史四学，儒学为首，以雷次宗、朱膺之、庾蔚之等人主持讲授。元嘉十五年（438），雷次宗在建康北郊鸡笼山立儒学，聚徒教授讲学，置生百余人，时人呼为北学。次年，丹杨尹何尚之又于鸡笼山附近立玄学，专门讲授佛老之学；著作郎何承天立史学，专门研究历史；司徒参军谢玄立文学，专门研究词章。这种按专业招收门徒的办法，实开唐代设置律学、书学、算学和医学等专科学校的先例。当时学术的特点是儒玄并修，文史兼宗。刘宋立国虽短暂，但也出现过不少有影响的儒学人物。除前述诸人外，徐广、何偃、范泰、裴松之、范晔、颜延之等都淹通经史，为当时名家。《宋书》虽无专门的《儒林传》，但也收录了大量的儒学人物。

3.《南齐书》儒传，(梁) 萧子显撰

《南齐书》现存59卷，梁萧子显撰。《南齐书》记述南朝萧齐王朝自齐高帝建元元年 (479) 至齐和帝中兴二年 (502)，共23年史事，是现存关于南齐最早的纪传体断代史。原名《齐书》，至宋代为区别于李百药所著《北齐书》，改称为《南齐书》。凡59卷，分八纪，十一志，四十列传。《天文》但纪灾祥，《州郡》不著户口，《祥瑞》多载图谶，事多伪造，辞尚溢美，识者讥之。但《南齐书》文字比较简洁，文笔流畅，叙事完备。列传的撰写，继承了班固《汉书》的类叙法，又借鉴沈约《宋书》的代叙法，能于一传中列述较多人物，避免人各一传不胜其烦的弊病。又书中各志及类传，除少数外，大都写有序文，借以概括全篇内容，提示写作主旨。

南齐君主亦较重儒。萧道成尝从雷次宗问学，好《左氏春秋》。南齐宗室诸王多通经史，善文章，往往招致宾客，讲论经义。如文惠太子萧长懋善立名尚，礼接文士，永明三年，于崇正殿讲《孝经》，少傅王俭令太子仆周颙撰为义疏。五年冬，太子临国学，亲临策试诸生，于坐与少傅王俭讲论《曲礼》“无不敬”义，又讲论《周易》、《孝经》义。萧子良敦义爱古，礼才好士，倾意宾客，开西邸，天下才学皆游集焉。居鸡笼山邸，集学士抄《五经》、百家，依《皇览》例为《四部要略》1000卷。由于诸王的倡导，江左文学之盛，称永明焉。《南齐书》虽无《儒林传》，但当时大儒如刘瓛、王俭、陆澄、张融、周颙等都有专传或家传。《文学传》中收丘灵鞠、檀超、卞彬、丘巨源、王智深、陆厥、崔慰祖、王逡之、祖冲之、贾渊，《良政传》中收傅琰、虞愿、刘怀慰、裴昭明、沈宪、李珪之、孔琇之，《高逸传》中收褚伯玉、明僧绍、顾欢、臧荣绪、何求、刘虬、庾易、宗测、杜京产、沈麟士、吴苞、徐伯珍等。这些人物大多玄儒并重，文史兼宗，体现了南朝儒学的特点。

4.《梁书》儒传，(唐) 姚思廉撰

《梁书》56卷，唐姚思廉撰。姚思廉《梁书》除了继承他父亲的遗稿以外，还参考、吸取了梁、陈、隋历朝史家编撰梁史的成果。《梁书》包含帝纪6卷、列传50卷，无表、无志。主要记述了萧齐末年的政治和萧梁皇朝(502—557) 50余年的史事。

南朝经史玄儒之学，至萧梁而臻于极盛。据《梁书·武帝纪》载，梁武帝萧衍，“少而笃学，洞达儒玄。虽万机多务，犹卷不辍手，燃烛侧光，常至戊夜。造《制旨孝经义》，《周易讲疏》，及六十四卦、二《系》、《文言》、《序卦》等义，《乐社义》，《毛诗答问》，《春秋答问》，《尚书大义》，《中庸讲疏》，《孔子正言》，《老子讲疏》，凡二百余卷……修饰国学，增广生员，立五馆，

置五经博士。天监初，则何佟之、贺玚、严植之、明山宾等复述制旨，并撰吉凶军宾嘉五礼，凡一千余卷，高祖称制断疑。……大同中，于台西立士林馆，领军朱异、太府卿贺琛、舍人孔子袪等递相讲述。皇太子、宣城王亦于东宫宣猷堂及扬州廨开讲，于是四方郡国，趋学向风，云集于京师”。史称敦崇儒雅，自江左以来，年逾二百，文物之盛，独美于兹。然留心俎豆，忘情干戚，溺于释教，弛于刑典。既而帝纪不立，悖逆萌生，卒至乱亡。萧梁宗室，多有才学。萧秀精意学术，搜集经记，招学士平原刘孝标使撰《类苑》，书未及毕，而已行于世。当世高才如东海王僧孺、吴郡陆倕、彭城刘孝绰、河东裴子野，皆入其门。梁武诸子，多高才硕学。昭明太子萧统，生而聪颖，3 岁受《孝经》、《论语》，5 岁遍读《五经》，悉能讽诵。读书数行并下，过目皆忆。吟诗作赋，属思便成，无所点易。引纳才学之士，赏爱无倦。恒自讨论篇籍，或与学士商榷古今，闲则继以文章著述，率以为常。于时东宫有书几 3 万卷，名才并集，文学之盛，晋、宋以来所未有。梁简文帝萧纲，幼而敏慧，识悟过人。6 岁便属文，读书十行俱下，九流百氏，经目必记；篇章辞赋，操笔立成。博综儒书，善言玄理。引纳文学之士，赏接无倦，恒讨论篇籍，继以文章。武帝所制《五经讲疏》，尝于玄圃奉述，听者倾朝野。元帝萧绎天才英发，年 5 岁能诵《曲礼》。与裴子野、刘显、萧子云、张缵及当时才秀为布衣之交，著述辞章，多行于世。由于帝王的倡导，梁代多通经之士。

《梁书·儒林列传》有伏曼容、何佟之、范缜、严植之、贺玚、贺革、司马筠、卞华、崔灵恩、孔佥、卢广、沈峻、沈文阿、太史叔明、孔子袪、皇侃诸人。其他儒学人物散见于各专传、类传或家传之中。如《文学》、《孝行》、《处士》、《止足》、《良吏》各传之中都有不少通经业儒之士。他如范云、沈约、江淹、任昉、周舍、徐勉、陆倕、到洽、明山宾、裴子野、王僧孺、朱异、贺琛等皆有专传。总之，《梁书》为研究齐梁儒学提供了相当有价值的资料。

5.《陈书》儒传，（唐）姚思廉撰

《陈书》36 卷，唐姚思廉撰。《陈书》是在姚察旧稿基础上补充加工而成，还参考了陈朝史官陆琼、顾野王、傅縡等人有关陈史的撰述。《陈书》内容比不上《梁书》那样充实，本纪和列传都过于简略，但它在编次上却有特色，显得更加严谨、合理，这些都是值得肯定的。

陈朝儒学，接齐梁余波。由于立国短促，陈朝儒学人物大多由梁入陈。而陈朝帝王多好词华，于经术未能究心。《陈书·儒林列传序》述宋、齐、梁、陈儒学状况云：“宋、齐之间，国学时复开置。梁武帝开五馆，建国学，总以《五经》教授，经各置助教云。武帝或纡銮驾，临幸庠序，释奠先师，躬亲试胄，申之宴语，劳之束帛，济济焉斯盖一代之盛矣。高祖创业开基，承前代离乱，衣冠殄尽，寇贼未宁，既日不暇给，弗遑劝课。世祖以降，稍置学官，虽博延生徒，成业盖寡。今之采缀，盖亦梁之遗儒云。”陈朝儒学，不可与齐梁同日而语。《陈书》设有《儒林列传》，收沈文阿、沈洙、戚衮、郑灼、张崖、陆诩、沈德威、贺德基、全缓、张讥、顾越、沈不害、王元规等人。此外，《文学传》收杜之伟、颜晃、江德藻、庾持、许亨、褚玠、岑之敬、陆琰、陆瑜、何之元、徐伯阳、张正见、蔡凝、阮卓等人，亦有通经业儒者。另外一些儒者如萧济、陆琼、陆从典、顾野王、傅縡、沈炯、虞荔、马枢、周弘正、周弘直等亦皆有传。

6.《魏书》儒传，(北齐) 魏收撰

《魏书》130卷，本纪12卷，列传98卷，志20卷。北齐魏收撰。《魏书》始撰于北齐天保二年 (551)，完成于天保五年 (554)。由太保、录尚书事高隆之监修，撰修者有房延祐、辛元植、眭仲让等6人。但全书从体例的制定、史实的采择到史论的撰写，基本上出于魏收一人之手，因此一般都称它的作者是魏收。《魏书》撰成后，曾引起广泛争议。或指“遗其家世职位”；或指“其家不见记载”；或指记事“妄有非毁”。一时“群口沸腾”，称为“秽史”。在强大压力下，魏收不得不三次修订。今天来看，“秽史”之责诚为过甚，但《魏书》确实存在曲笔，这是毋庸讳言的。《魏书》的编纂体例也有所创新，这主要表现在对“志”的重视和创新上。

鲜卑拓跋氏建立的北魏，立国较久。加之统治者重视汉文化，特别是孝文帝迁都洛阳，实行改革，全面改变鲜卑旧俗，实行汉化，北魏学术文化得到比较大的发展。太祖道武帝初定中原，虽日不暇给，始建都邑，便以经术为先，立太学，置五经博士生员千有余人，后增国子太学生员至三千。太宗明元帝改国子为中书学，立教授博士。世祖太武帝别起太学于城东，后征卢玄、高允等，令州郡各举才学，“于是人多砥尚，儒林转兴”。孝文帝太和中，改中书学为国子学，建明堂辟雍，尊三老五更，又开皇子之学。及迁都洛邑，诏立国子太学、四门小学。孝文帝钦明稽古，笃好坟典，坐舆据鞍，不忘讲道，“刘芳、李彪诸人以经书进，崔光、邢峦之徒以文史达，其余涉猎典章，关历词翰，莫不縻以好爵，动贻赏眷。于是斯文郁然，比隆周汉”。世宗宣武帝时，复诏营国学，树小学于四门，大选儒生，以为小学博士，员40人，“虽黉宇未立，而经术弥显”，“时天下承平，学业大盛。故燕齐赵魏之间，横经著录，不可胜数。大者千余人，小者犹数百。州举茂异，郡贡孝廉，对扬王庭，每年逾众”。正光二年，释奠于国学，命祭酒崔光讲《孝经》。永熙中，复释奠于国学；又于显阳殿诏祭酒刘钦讲《孝经》，黄门李郁说《礼记》，中书舍人卢景宣讲《大戴礼·夏小正篇》；复置生72人。[①] 北朝儒学，盛于北魏。

北方世家大族，多以经学传家，遵汉学矩矱，继承古文经学传统。“汉世郑玄并为众经注解，服虔、何休各有所说。玄《易》、《书》、《诗》、《礼》、《论语》、《孝经》，虔《左氏春秋》，休《公羊传》，大行于河北。王肃《易》亦间行焉。晋世杜预注《左氏》，预玄孙坦、坦弟骥于刘义隆世并为青州刺史，传其家业，故齐地多习之”[②]。北魏有不少经学名家。《魏书》专设《儒林列传》，录梁越、卢醜、张伟、梁祚、平恒、陈奇、常爽、刘献之、张吾贵、刘兰、孙惠蔚、徐遵明、董徵、刁冲、卢景裕、李同轨、李业兴等经师。此外还有不少儒学人物见于《文苑》、《节义》、《良吏》、《艺术》、《逸士》诸传及其他各家传、列传之中。

7.《北齐书》儒传，(唐) 李百药撰

《北齐书》50卷，唐李百药撰。《北齐书》本名《齐书》，宋时才加一“北”字而成今名。《北齐书》含帝纪8卷、列传42卷。虽以记载北齐历史为主，但实际上记载了公元534年前后北魏分裂，东魏政权建立，中经550年齐代东魏，到577年齐亡为止的历史。集中反映了东魏、北齐王朝的盛衰兴亡。唐太宗贞观十年 (636)，李百药撰成《北齐书》50卷。同时成书的，还有《梁书》、《陈书》、《周书》、《隋书》。这五部书当时称为“五代史”。但《北齐书》散失严重。据清人考证，到北宋时，50卷的《北齐书》只剩下1卷帝纪、16卷列传是李百药的原文；其余各卷，都是后人根据别的史书和唐人史抄补成的。后人用以补成《北齐书》佚文的材料，主要来源于李延寿所撰《北史》中的北齐史部分。李延寿《北史》撰成于唐高宗显庆四年 (659)，上距《北齐书》成书仅23年，当时《北齐书》尚属完璧，故《北史》的北齐史部分多采自《北齐书》。由于《北史》在流传中没有遭到损失，故后人据《北史》以补《北齐书》，在文字上虽然不全属李百药原文，但在内容上大体保持了李百药书的原貌。

北齐时期，干戈扰攘，疆场多虞，戎车岁驾，篡乱相乘，而儒学承北魏余波，发展虽未停止，但已“不绝如线”。齐制：诸郡并立学，置博士助教授

---

① 《魏书·儒林列传》。

② 《魏书·儒林列传》。

经，学生俱差逼充员，士流及豪富之家皆不从调。而“备员既非所好，坟籍固不关怀，又多被州郡官人驱使。纵有游惰，亦不检治，皆由上非所好之所致也”。北齐也有一些奖励儒学的政策，如规定：“诸郡俱得察孝廉，其博士、助教及游学之徒通经者，推择充举。射策十条，通八以上，听九品出身，其尤异者亦蒙抽擢。”① 但总的来说，北齐儒学衰微。其时经师多由魏入齐。凡经学诸生，多出自魏末大儒徐遵明门下，所传多为东汉郑玄之学，刁杜、王之学者少。

《北齐书》有《儒林列传》，收录李铉、刁柔、冯伟、张买奴、刘轨思、鲍季详、邢峙、刘昼、马敬德、马元熙、张景仁、权会、张思伯、张雕、孙灵晖、石曜等人，多为徐遵明门人。此外《文苑》、《循吏》诸传所收人物亦多通悉经史者。

8.《北周书》儒传，（唐）令狐德棻撰

《北周书》50卷，唐初史学家令狐德棻等撰。唐贞观三年（629），太宗诏修梁、陈、齐、周、隋五代史。德棻与岑文本、崔仁师负责撰周史，成书于贞观十年（636），号曰《周书》，今名《北周书》。包括帝纪8卷、列传42卷，而全书史论多出于岑文本之手。《周书》问世以前，西魏史官柳虬曾撰“国史”，隋代牛弘也撰述过“周史”（仅有18卷），虽然都没有成书，却为《周书》的撰写提供了部分资料。《周书》虽以“周”题名，但实际上记述了从东魏孝静帝天平元年（534）东、西魏分裂到杨坚代周（581）为止48年的西魏、北周的史事，是今天研究和了解西魏、北周历史文化最基本、最原始的一部史书。

北周时期，儒学延续魏、齐的传统，经学宗郑玄，经师亦多为徐遵明门人或后学。北周诸帝较重儒术。周太祖宇文泰，雅好经术，尤好《周礼》，“黜魏、晋之制度，复姬旦之茂典”，仿《周官》建议制度。其时“卢景宣学通群艺，修五礼之缺；长孙绍远才称洽闻，正六乐之坏。由是朝章渐备，学者向风”。周世宗宇文毓也“敦尚学艺。内有崇文之观，外重成均之职”。高祖宇文邕尊儒重道，待经师以殊礼，于是“天下慕向，文教远覃。衣儒者之服，挟先王之道，开黉舍延学徒者比肩；励从师之志，守专门之业，辞亲戚甘勤苦者成市。虽遗风盛业，不逮魏、晋之辰，而风移俗变，抑亦近代之美也”。② 北周经学呈现复兴之势。《北周书》立《儒林列

① 《北齐书·儒林列传》。

② 《周书·儒林列传》。

传》，收录卢诞、卢光、沈重、樊深、熊安生、乐逊诸人。此外苏绰、卢辩诸硕儒皆有专传。

9.《南史》儒传，（唐）李延寿撰

《南史》80卷，是合南朝宋、齐、梁、陈四代史为一编的纪传体史著。纪事起自南朝宋武帝刘裕永初元年（420），止于陈后主陈叔宝祯明三年（589），记述南朝四代170年的历史。《南史》与《北史》为姊妹篇，是由李大师及其子李延寿两代人编撰完成的。《南史》以《宋书》、《南齐书》、《梁书》及《陈书》为本，删繁就简，重新编纂。成书于唐高宗显庆四年（659）。有本纪和列传，无表、志。本纪10卷，列传70卷，共80卷。其编撰方法是按朝代顺序、帝王在位先后，排列各朝帝王、宗室、诸王、大臣等纪传。本纪中有《宋本纪》3卷，《齐本纪》2卷，《梁本纪》3卷，《陈本纪》2卷。列传中除专传外，列“类传”9种。《南史》文字简明，事增文省，也有沈约《宋书》、萧子显《南齐书》等书中没有记载的史料，在史学史上占有重要地位。其不足处在于作者突出门阀士族地位，过多采用家传形式。例如将不同朝代的一族一姓人物不分年代，集中于一篇中叙述，实际成为大族族谱。《南史》、《北史》中，某些传文亦有重复现象。

南朝儒学，袭魏晋余波，以“清通简要”为特色。东晋褚裒与孙盛论南北学风不同时说：“北人学问，渊（深）综（繁）广博；南人学问，清通简要。”僧徒支遁亦云：“北人看书，如显处视月；南人学问，如牖中窥日。”南方学者以探求义理为学问，能提出自己的见解。《隋书·儒林列传叙》也说“南人约简，得其英华；北学深芜，穷其枝叶”。北方沿袭东汉（古文经学派）的传统，南方则发展魏晋的经学学风。从经注方面看，南方经师《周易》用王弼《注》，《尚书》用梅赜所献孔《传》，《左传》用杜预《注》；北方经师《周易》、《尚书》用郑玄《注》，《左传》用服虔《注》，至于《诗》南北同用毛《传》、郑《笺》，《三礼》同用郑玄《注》，南北差别并不很大。但从说经方面看，北方经师说经，墨守东汉经师的家法，讲明训诂章句，不敢在家法外别出新义。南方经师说经则兼采众说，阐发经义，贵有心得，不拘家法。大抵北方经学崇尚郑学，排斥王学，当然更排斥玄学；南方经学不仅郑、王兼用，并兼采玄学。南朝开始有讲疏、义疏，是魏晋经学的继续发展。释道安始创义疏之学，讲解佛经，儒家义疏，显然是受佛教的影响。南朝末年，王弼《易》学、费甝《古文尚书疏》传入北方，为北方学人所接受，南学开始流行于北方。唐孔颖达撰《五经正义》，重南轻北，以南儒义疏为主，兼采北学，魏晋经义在经学上实际上取得了统治地位。

《南史·儒林列传》非常简略，仅收伏曼容、何佟之、严植之、司马筠、卞华、崔灵恩、孔佥、卢广、沈峻、太史叔明、沈文阿、孔子祛、皇侃、沈洙、戚衮、郑灼、张崖、陆诩、沈德威、贺德基、全缓、张讥、顾越、龚孟舒、沈不害、王元规、陆庆等，这些都是梁朝学者。不过，见于其他列传的儒学人物尚多。如范泰、荀伯子、徐广、郑鲜之、裴松之、何承天、何尚之、王俭、陆澄、沈炯、虞荔、傅縡、顾野王、姚察、贺玚、司马褧、朱异、顾协、徐摛、鲍泉、范岫、傅昭、孔休源、江革、徐勉、许懋、王僧孺、沈约、刘瓛、明僧绍等都明通经史，蔚为大儒。《南史》列传集中记录了南朝时期儒学人物的生平事迹和著作，对南朝儒学的发展状况有比较全面的反映。

10.《北史》儒传，（唐）李延寿撰

《北史》100卷，唐李延寿撰。纪事起自北魏道武帝登国元年（386），止于隋恭帝义宁二年（618），记述北朝魏、北齐（包括东魏）、周（包括西魏）、隋共233年的历史。《北史》主要在魏、齐、周、隋四史基础上删订改编而成，但也参考了当时所见各种杂史，增补了不少材料。总的来看，《北史》虽有内容芜杂之弊，但体例完整、材料充实、文字简练，颇受后世重视。魏、齐、周三书唐以后皆残缺不完，后人又多取《北史》加以补足，可见其史料价值。作为研究北朝历史的第一手资料，《北史》与魏、齐、周、隋四书可以互相补充，不可偏废。

北朝虽多为少数民族政权，但君主还是较重儒学。魏道武初定中原，虽日不暇给，始建都邑，便以经术为先。立太学，置《五经》博士生员千有余人，后增国子太学生员至三千人。明元时，改国子为中书学，立教授博士。太和中，改中书学为国子学，建明堂、辟雍，尊三老五更，又开皇子之学。孝文钦明稽古，笃好坟籍，坐舆据鞍，不忘讲道。及迁都洛邑，诏立国子、太学、四门小学。刘芳、李彪诸人以经书进，崔光、邢峦之徒以文史达。其余涉猎典章，闲集词翰，莫不縻以好爵，动贻赏眷。其他北朝君主，多能用儒。北朝儒学继承汉学传统，渊综广博，重视章句训诂，在学术取向上与南朝有差别。故《北史·儒林传序》说："汉世，郑玄并为众经注解，服虔、何休，各有所说。玄《易》、《诗》、《书》、《礼》、《论语》、《孝经》，虔《左氏春秋》，休《公羊传》，大行于河北。王肃《易》，亦间行焉。晋世，杜预注《左氏》。预玄孙坦，坦弟骥，于宋朝并为青州刺史，传其家业，故齐地多习之。""大抵南北所为章句，好尚互有不同。江左，《周易》则王辅嗣，《尚书》则孔安国，《左传》则杜元凯。河洛，《左传》则服子慎，《尚书》、《周易》则郑康成。《诗》则并主于毛公，《礼》则同遵于郑氏。南人约简，得其英华；北学深芜，穷其枝叶。考其终始，要其会归，其立身成名，殊方同致矣。”唯南北学术之异，应是就大体而言。实际上南学中有北学，北学中亦有南学，南北学术不断交流，最终趋向融合。唐修《五经正义》，不能仅仅视为南学压倒北学，而应视为南北学术融合之必然结果，此不可不辨。

北朝经学，以徐遵明为儒宗。自魏末徐遵明讲郑玄所注《周易》，遵明以传卢景裕及清河崔瑾。景裕传权会、郭茂。权会早入邺都，郭茂常在门下教授，其后能言《易》者，多出郭茂之门。至于河南及青、齐之间，儒生多讲王弼所注，师训盖寡。齐时，儒士少有传《尚书》之业者，而徐遵明兼通之。遵明受业于屯留王聪，传授浮阳李周仁及渤海张文敬、李铉、河间权会，都用郑康成所注之本。武平末，刘炫、刘焯得到费甝《义疏》，孔安国《传》本《古文尚书》才为北人留意。《诗》、《礼》、《春秋》，尤为当时所尚，诸生多兼通之。传《三礼》者并出徐遵明之门。徐传业于李铉、祖俊、田元凤、冯伟、纪显敬、吕黄龙、夏怀敬。李铉又传授刁柔、张买奴、鲍季详、邢峙、刘昼、熊安生。安生又传孙灵晖、郭仲坚、丁恃德。其后生能通《礼经》者，多是安生门人。诸生尽通《小戴礼》，但于《周礼》、《仪礼》兼通者不多。通《毛诗》者，则多出于魏朝刘献之。献之传李周仁。周仁传董令度、程归则。归则传刘敬和、张思伯、刘轨思。其后能言《诗》者，多出二刘之门。河北诸儒所传《春秋》，都是服虔所注之本，也出自徐遵明之门。张买奴、马敬德、邢峙、张思伯、张奉礼、张彫、刘昼、鲍长宣、王元则并得服氏之精微。又有卫觊、陈达、潘叔虔，虽不传徐氏之门，亦为通解。又有姚文安、秦道静，初亦学服氏，后来又兼讲杜预所注。至于河外儒生，都伏膺杜注。《公羊》、《穀梁》二传，儒者多不厝怀。《论语》、《孝经》，诸学徒莫不通讲。诸儒如权会、李钦、刁柔、熊安生、刘轨思、马敬德之徒，多自出义疏。①

《北史》立《儒林列传》2卷，收录梁越、卢醜、张伟、梁祚、平恒、陈奇、刘献之、张吾贵、刘兰、孙惠蔚、孙灵晖、马子结、石曜、徐遵明、董徵、李业兴、李崇祖、李铉、冯伟、张买奴、刘轨思、鲍季详、邢峙、刘昼、马敬德、张景仁、权会、张思伯、张雕武、郭遵、沈重、樊深、熊安生、乐逊、黎景熙、冀俊、赵文深、辛彦之、何妥、萧该、包恺、房晖远、马光、刘焯、刘炫、褚晖、顾彪、鲁世达、张冲、王孝籍等经学人物。此外如高允、崔浩等大儒都有专传。《文苑》、《循吏》、《孝行》、《艺术》等类传中亦有一些

① 《北史·儒林列传》。

通经之儒。《北史》为研究北朝儒学提供了大量资料。

第三节　隋唐五代五史

1.《隋书》儒传，（唐）魏徵撰

《隋书》85卷，唐魏徵等撰。关于《隋书》的作者，有多种题名。《隋书》从草创到全部修完，共历时35年。唐高祖和唐太宗时，共修成8部正史，《隋书》是当时所谓“五代史”（北齐、北周、梁、陈、隋）的最后一部，不仅记录了有隋一代的史事，其中十志保存了南北朝以来大量的典章制度。《隋书》的史志部分，多达30卷，包括礼仪、音乐、律历、天文、五行、食货、刑法、百官、地理、经籍十志。这十志不仅叙述了隋朝的典章制度，而且概括了梁、陈、北齐、北周的政治、经济情况，有的甚至追溯到汉魏，为后人研究隋代以及前几朝的政治、经济、文化制度，提供了丰富的资料。《隋书·经籍志》是继《汉书·艺文志》后的一部十分重要的目录书，叙述了自汉至隋凡600年我国书籍之存亡、学术之演变，是对我国古代书籍和学术史的第二次总结，也是对我国学术文化史的一大贡献。《隋书·经籍志》确立的四部分类法，成为我国古代最权威的图书分类法，为后世所遵用达千余年。

隋代结束了两百多年的分裂局面，完成了国家的统一。与此同时，南北学术也逐渐趋于融合。隋代统治者也比较注意利用儒学。隋文帝杨坚曾多次下诏提倡儒家伦理道德，并采取一些政策笼络儒士，“顿天网以掩之，贲旌帛以礼之，设好爵以縻之，于是四海九州强学待问之士，靡不毕集焉”。他还亲自“整万乘，率百僚，遵问道之仪，观释奠之礼”。此时“博士罄悬河之辩，侍中竭重席之奥，考正亡逸，研核异同，积滞群疑，涣然冰释。于是超擢奇隽，厚赏诸儒，京邑达乎四方，皆启黉校”。因此隋初出现了儒学兴盛的局面：“齐、鲁、赵、魏，学者尤多，负笈追师，不远千里，讲诵之声，道路不绝。中州儒雅之盛，自汉、魏以来，一时而已。”但文帝暮年，精力稍竭，“不悦儒术，专尚刑名”，到仁寿年间，下令废天下之学，“唯存国子一所，弟子七十二人”。炀帝即位，改弦更张，复开庠序，史称“国子、郡县之学，盛于开皇之初”。他还征辟儒生，诱以利禄，故学者远近毕至，“使相与讲论得失于东都之下，纳言定其差次，一以闻奏焉”。当时旧儒多已凋亡，“二刘（刘焯、刘炫）拔萃出类，学通南北，博极今古，后生钻仰，莫之能测。所制诸经义疏，搢绅咸师宗之”。但炀帝晚年穷兵黩武，戎马不息，师徒怠散，盗贼群起，“礼义不足以防君子，刑罚不足以威小人，空有建学之名，而无弘道之实。其风渐坠，以至灭亡，方领矩步之徒，亦多转死沟壑。凡有经籍，自此皆湮没于煨尘矣”①。儒学的发展受到阻碍，隋朝也很快就灭亡了。

《隋书》立《儒林列传》，收录元善、辛彦之、何妥、萧该、包恺、房晖远、马光、刘焯、刘炫、褚辉、顾彪、鲁仲达、张冲、王孝籍等人。《文学》、《隐逸》、《艺术》、《孝义》、《循吏》诸传之中也有不少通经之士。李德林、牛弘、卢思道、明克让、许善心、王劭等人也都以经史文学见称于时。

2.《旧唐书》儒传，（五代）刘昫撰

《旧唐书》200卷，五代刘昫等撰。《旧唐书》由纪、传、志三部分组成，包括本纪20卷，志30卷，列传150卷。在修《旧唐书》时，唐代晚期的史料相当缺乏。加之成书仓促，对于唐代晚期史事的记述，显得不足，全书在材料的取舍、体例的制定以及文字的表述等方面，都存在不少缺点。因此宋代宋祁、欧阳修重修《唐书》，即《新唐书》。《新唐书》修成后，《旧唐书》就不再传世。直到明嘉靖年间，闻人诠多方搜求，重新刊刻，才又流行于世。到清乾隆年间修《四库全书》时，才正式把新、旧《唐书》并列于正史。由于《新唐书》的作者宋祁、欧阳修都是文章大家，他们对《旧唐书》多有批评。后人也都沿袭他们的看法，对《旧唐书》贬责颇多，如明末顾炎武评之为“颇涉繁芜”。但平心而论，《旧唐书》在保存史料方面也做了不少工作，这一点应当肯定。旧、新《唐书》互有详略异同，可以参校、互补。

唐代是中国历史上的一个鼎盛时期。政治、经济、军事、文化、学术等方面都创造了许多辉煌。唐朝在思想文化和学术方面实行兼容并包的政策，儒、释、道三教并立。在三教之中，儒学与封建政治的关系最为密切，具有独特的作用。唐太宗曾说：“朕所好者，唯尧、舜、周、孔之道，以为如鸟有翼，如鱼有水，失之则死，不可暂无耳。”② 他后来下诏将历史上著名的儒家学者21人配享孔子庙堂。唐朝继承和发展了隋朝创立的科举制度，用以选拔各级官吏。科举考试的科目有秀才、明经、进士等。为适应统一的封建王朝政治需要，唐朝亟须恢复和发展传统的经学。但自东汉末年以来，儒学衰微，经学受到冷落，而经学本身也因为政治上的分裂割据而分化为南学和北学。隋代统一，南北学风开始合流。到了唐代，为了统一思想，作为封建意识形态的经学也要求统一，为科举考试确定一个权威的版本和经义，便成了唐初

① 《隋书·儒林列传序》。

② 《资治通鉴》卷一九二，贞观二年，中华书局，1976年，第6054页。

统治者亟待解决的问题。据《旧唐书·儒学上》载："太宗又以经籍去圣久远，文字多讹谬，诏前中书侍郎颜师古考订《五经》，颁于天下，命学者习焉。又以儒学多门，章句繁杂，诏国子祭酒孔颖达与诸儒撰定《五经》义疏，凡一百七十卷，名曰《五经正义》，令天下传习。"① 可见唐朝统一经学的目的有两个，一要解决"文字多讹缪"，二是解决"儒学多门，章句繁杂"的问题。唐代实现了国家大一统以后，唐太宗时颁布了《五经定本》，并由孔颖达组织学者编纂《五经正义》，对汉魏以来的经学做了总结。从此经学结束了学派对立的局面，而走向了统一，但其消极后果也非常明显，《五经正义》成为钦定的教材和科举考试的标准，必然导致僵化。相反，佛教、道教经过数百年的改造、发展，已经建立起了一整套系统的心性理论，大有与儒学争夺思想阵地的架势。为了迎接佛、道二教的挑战，中唐以来，出现了一股儒学革新运动。这场儒学革新运动既是儒学对外来挑战的反应，也是儒学自身发展的必然结果。唐代中期的文化变动和由此带来的儒家经学研究上的巨大变化，对宋代文化产生了重要的影响，成为宋学的先声。

《旧唐书》对唐代儒学的发展演变有比较全面的反映。《旧唐书》立《儒学传》，收录徐文远、陆德明、曹宪、许淹、李善、公孙罗、欧阳询、朱子奢、张士衡、贾公彦、李玄植、张后胤、盖文达、谷那律、萧德言、许叔牙、敬播、刘伯庄、秦景通、罗道琮、邢文伟、高子贡、郎余令、路敬淳、王元感、王绍宗、韦叔夏、祝钦明、郭山恽、柳冲、卢粲、尹知章、孙季良、徐岱、苏弁、陆质、冯伉、韦表微、许康佐等人，多为通经之士。其他名儒如魏徵、孔颖达、于志宁、张九龄、徐兢、刘知幾、陆贽、杜佑、韩愈、柳宗元、李翱等都列有专传。《文苑》、《隐逸》等传中也有不少通经业儒之人。

3.《新唐书》儒传，（宋）欧阳修撰

《新唐书》225 卷，北宋欧阳修撰。宋仁宗以《旧唐书》浅陋，下诏重修。前后参与其事的有欧阳修、宋祁、范镇、吕夏卿、王畴、宋敏求、刘羲叟等人。其中列传主要由宋祁负责，本纪、志、表主要由欧阳修负责。《新唐书》包括本纪 10 卷，志 50 卷，表 15 卷，列传 150 卷。《新唐书》增加了以前各史所没有的《仪卫志》、《兵志》，其他几个志也各增补了新资料，比起《旧唐书》更为精练，质量多在《旧唐书》之上。

《新唐书》对唐代儒学发展演变情况有比较全面的反映。据《新唐书·儒学传序》云，高祖建国之初，"即诏有司立周公、孔子庙于国学，四时祠。求

① 《旧唐书·儒学》上、下。

其后，议加爵土。国学始置生七十二员，取三品以上子、弟若孙为之；太学百四十员，取五品以上；四门学百三十员，取七品以上。郡县三等，上郡学置生六十员，中、下以十为差；上县学置生四十员，中、下亦以十为差。又诏宗室、功臣子孙就秘书外省，别为小学”。太宗“锐情经术，即王府开文学馆，召名儒十八人为学士，与议天下事”。即位之后，于“殿左置弘文馆，悉引内学士番宿更休；听朝之间，则与讨古今，道前王所以成败，或日昃夜艾，未尝少怠。贞观六年，诏罢周公祠，更以孔子为先圣，颜氏为先师，尽召天下惇师老德以为学官”。多次“临幸观释菜，命祭酒、博士讲论经义，赐以束帛。生能通一经者，得署吏”。“于是新罗、高昌、百济、吐蕃、高丽等群酋长并遣子弟入学，凡八千余人”。“又雠正《五经》缪缺，颁天下示学者，与诸儒粹章句为义疏，俾久其传”。因诏前代通儒 21 人并配享孔子庙廷，“于是唐三百年之盛，称贞观”。此后“高宗尚吏事，武后矜权变，至诸王驸马，皆得领祭酒”。“玄宗诏群臣及府郡举通经士，而褚无量、马怀素等劝讲禁中，天子尊礼，不敢尽臣之。置集贤院部分典籍，乾元殿博汇群书至六万卷，经籍大备，又称开元焉”。惜遭安禄山之祸，“两京所藏，一为炎埃，官滕私褚，丧脱几尽，章甫之徒，劫为缦胡”。肃宗嗣位，救乱未暇，儒术未遑。“自杨绾、郑余庆、郑覃等以大儒辅政，议优学科，先经谊，黜进士，后文辞”，终亦莫振其颓。此后“文宗定《五经》，镵之石，张参等是正讹文，寥寥一二可纪”。① 国势既衰，儒学亦一蹶莫振。

《新唐书》有《儒学列传》，分上、中、下 3 卷，所收人物数量超过《旧唐书》。《文艺传》中也有不少儒学人物。其他各类传中也不乏通经之士。孔颖达、韩愈、柳宗元等大儒都有专传。

4.《旧五代史》儒传，(宋) 薛居正撰

《旧五代史》150 卷，宋薛居正撰。唐末爆发黄巢领导的农民大起义，最终虽然失败，但唐朝也灭亡了。从公元 907 年朱温代唐称帝到公元 960 年北宋王朝建立的 53 年间，中原地区相继出现后梁、后唐、后晋、后汉、后周等五代王朝，中原以外存在过吴、南唐、吴越、楚、闽、南汉、前蜀、后蜀、南平、北汉等十个小国，周边地区还有契丹、吐蕃、渤海、党项、南诏、于阗、东丹等少数民族建立的政权，习惯上称之为“五代十国”。《旧五代史》记载的就是这段历史。

《旧五代史》，原名《五代史》，也称《梁唐晋汉周书》，后人为区别于欧

---

① 《新唐书·儒学列传·序》。

阳修的《新五代史》，便习称《旧五代史》。《旧五代史》撰成于宋太祖开宝六年（973）四月至七年闰十月。实际作者有卢多逊、扈蒙、张澹、李昉等诸人。《旧五代史》材料较为丰富。《四库全书总目》评论说：“其时秉笔之臣，尚多逮事五代，见闻较近，纪、传皆首尾完具，可以征信。”因此，《旧五代史》的史料价值较高。司马光修《资治通鉴》，以及后来胡三省撰《通鉴注》，皆从中取材。北宋仁宗皇祐年间（1049—1054），出自文史大家欧阳修之手的《新五代史》撰成。此后，“欧史”受到重视，“薛史”被冷落，逐渐散失。到明朝初年，只有内府才有传本，到清初就完全散失了。直到乾隆年间，组织修《四库全书》，命修史官邵晋涵从《永乐大典》中辑出《旧五代史》，共辑出原书的十分之八九，又与《册府元龟》、《太平御览》、《五代会要》、《契丹国志》等书互相补充参证，基本上恢复了原书的面貌。需要注意的是，辑本《旧五代史》曾经清朝史官“纂改”。著名史学家陈垣曾著《旧五代史辑本发覆》3卷，用《册府元龟》对比了乾隆辑本凡194条，总结出清朝史官增删挖补的十种类型，都有政治用意。这是研究和引用《旧五代史》时，应当加以鉴别的。

《旧五代史》无专门的儒林传。但也记录了一些儒学人物，对于研究五代时期学术文化有参考价值。

5.《新五代史》儒传，（宋）欧阳修撰

《新五代史》74卷，北宋欧阳修撰。包括本纪12卷、列传45卷、考3卷、世家及年谱11卷、四夷附录3卷。欧阳修秉承孔子的《春秋》笔法、“褒贬”义例，对《旧五代史》改编重修。在编排体例上，推翻《旧五代史》一朝一史的基本格局，取法《南史》、《北史》，打破朝代界线，把五朝的人事综合统编在一起，按时间顺序排列。其中的列传最有特色，采用类传的形式，设立《家人传》、《臣传》、《死节传》、《死事传》、《一行传》、《唐六臣传》、《义儿传》、《伶官传》、《宦者传》、《杂传》等名目。每类传目，都有特定含义，用以贯彻作者的“褒贬”义例。一般史书的“志”，《新五代史》称作“考”，但只有《司天考》与《职方考》，相当于《天文志》与《郡县志》。从整体上说，《新五代史》比较简略，内容不及《旧五代史》丰富。但《新五代史》后出，采用了实录以外的笔记、小说等多种材料，在删削的同时也新增了一些史料，尤其对十国部分补充较多。两部《五代史》各有短长，可以互为补充，不应偏废。

五代十国时期，虽然篡乱相乘，干戈迭兴，但儒学并未中绝。后唐、后周君主皆知褒崇先圣。周太祖广顺中车驾亲征，兖州初平，遂幸曲阜县，谒孔子祠，既奠，将致敬，左右曰："仲尼臣也，无致敬之礼。"周主曰："文宣百代帝王师，得无拜之!"即拜奠祠前。后唐长兴三年（932）二月，中书门下奏请依石经文字刻九经印版，敕令国子监集博士儒徒，将西京石经本，各以所业本经，广为抄写，仔细看读，然后召能雕字匠人刻印版，广颁天下。周广顺三年（953）六月，尚书左丞兼判国子监事田敏进印版九经书、五经文字、九经字样各2部130册。这是中国雕版印刷之始，在中国文化史上有非常重大的意义。显德二年（955）二月，国子监祭酒尹拙以陆德明《经典释文》唐初撰集，绵历岁月，传写失真，上奏要求校勘。在世宗的支持下，儒官尹拙、张昭、田敏、聂崇义、郭忠恕等人开始了校勘工作①。另外，僻处西南的后蜀政权也刊刻石经。五代十国时期也有不少经学方面的著作，如王昭素的《易论》，冯继先的《尚书广疏》、《尚书小疏》、《春秋名号归一图》，郭忠恕的《古文尚书释文》，陈岳的《春秋折衷》等等，都有一定的影响。《新五代史》虽然没有儒林传，但也为不少儒学人物立有传，可以反映五代时期儒学的概略。

第四节　宋辽金元五史

1.《宋史》儒传，(元) 脱脱撰

《宋史》496卷，元脱脱等撰。早在元初，元世祖忽必烈就曾诏修宋史，因体例未定而未能成书。元朝末年，丞相脱脱主张分别撰修宋、辽、金三史，各自独立，这一意见得到元顺帝的同意，于至正三年（1343）三月开局，三史同时修撰。经过两年半时间，至正五年十月，《宋史》匆匆成书。其体例一准《史记》、《汉书》，纪、志、表、传并具，计本纪47卷、志162卷、表32卷、列传255卷，约500万字，是二十五史中篇幅最庞大的一部官修史书。《宋史》是在原宋《国史》的基础上删削而成的。两宋时期，史官组织完备，雕版印刷术广泛应用，书籍流传和保存都较为便利，积累了大量史料。这就为元修《宋史》提供了良好的基础。但是由于《宋史》修撰者匆匆急就，在全书的体例、史料的裁剪、史实的考订、文字的润色等方面存在不少缺点，在二十五史中有繁芜杂乱之称。但是它卷帙浩繁，叙事详尽，保存史料非常丰富。同时《宋史》的主要材料是宋代的国史、实录、日历等书，

---

① 《五代会要》卷八《经籍》。

这些史籍现在几乎全部佚失了。《宋史》尽管疏漏较多，但仍保存了不少已失散的原始资料，是了解和研究两宋历史的重要史书。明清以来，不少人对《宋史》加以纠正或补充。如王洙《宋史质》100 卷、柯维骐《宋史新编》200 卷、陆心源《宋史翼》40 卷，则虽未能餍学者之望，于有宋之史，仍不无小补。

宋代在政治、经济、文化、科技方面都有许多建树。从儒学方面说，经过庆历之际的儒学复兴运动，宋儒对佛、道文化既加以批判，又取其蕴玉，建立了不同于汉唐的新儒学。宋代儒学有很多学派，有的偏重于事功，如荆公学派、金华学派、永嘉学派、永康学派；有的偏重于义理，如伊洛学派、考亭学派、象山学派。但重事功者并不排斥义理，重义理者也不排斥事功。在儒学革新运动中，宋代学者建立了一套舍传求经、义理至上、六经注我、我注六经的经学解释方法，或者叫宋学方法。宋儒通过对汉唐经学的批判与超越，对儒家经典进行重新诠释，建立了一套以心性论为核心的“道德性命之学”，称之为“新儒学”，这是孔孟儒学在宋代的新的发展。对于汉唐注疏章句之学，宋儒也进行了反思，认为传注众多造成经学分裂，使圣人之道晦而不明，汉唐注疏也不能穷儒经之旨。因此，在经学观念、经学方法、经学内容等方面，宋儒都有许多创新。在经学方法上，宋儒另辟蹊径，力图超越汉唐，崇尚“简易”，扫除汉唐传注之学，弃传求经，通过研究、玩味经典“本文”，直接探求“圣人本意”、经典“本义”，发掘经典中所蕴涵的儒学价值，而不注重对个别文句进行训诂学解释。“六经注我，我注六经”体现了宋儒主体意识的强化。在经学内容上，宋儒喜谈义理，侈言心性，好为新说，对“五经”及传注大胆怀疑，从过去重视“五经”转而尊崇“四书”，将《孟子》一书由子升为经，又将《中庸》、《大学》从《礼记》中析出，与《论语》合为“四书”。他们从“四书”中发掘出儒家的道德形上学，建立起儒家的性理之学，以与佛、道二家的形上学相抗衡。

《宋史》尊奉程朱一系道学（理学）的思想倾向很明显。在《儒林列传》之前，首创《道学列传》，主要传两宋濂洛关闽派道学家，如周敦颐、程颢、程颐、张载、邵雍、朱熹及其门人、后学，突出了道学的地位。另外《忠义列传》、《孝义列传》、《列女传》三传也都是宣扬道学思想的。至于两宋其他学派及经学方面人物，则归入《儒林列传》。《道学列传》、《儒林列传》二传多达 12 卷，由此可见宋代儒学之盛。另外《文苑列传》7 卷，其中也多通经讲学之士。范仲淹、欧阳修、司马光、王安石、苏轼、苏辙、魏了翁、真德秀等大儒，另有专传。

2.《辽史》儒传,(元)脱脱撰

《辽史》116卷,元脱脱等撰。《辽史》是元代官修的一部纪传体正史,全书计本纪30卷、志32卷、表8卷、列传45卷,另附《国语解》1卷。比较全面地记载了辽代219年(907—1125)的历史事实。《辽史》所据资料既少,又成书匆忙,存在不少缺点。故数百年来,一直受到学者们的批评和指责。清代史学家顾炎武、钱大昕、赵翼等对它都有过评论。主要问题是失之简略。但由于前人修撰的"实录"和金代所修的《辽史》已亡佚,所以能比较系统而完整地记载辽朝历史的纪传体史书,只有这部元朝修的《辽史》,故对于研究辽代历史文化仍有重要价值。《辽史》编纂体例上也有可称之处,如重视表、志。后世学者对《辽史》多有补撰。如清乾隆时厉鹗编《辽史拾遗》,首补《辽史》本纪;继之杨复吉编《辽史拾遗补》,李慎儒补《辽史·地理志》,倪灿补《辽史·艺文志》,万斯同补《辽诸帝统系表》、《辽大臣年表》、《西辽纪年表》,吴廷燮补《辽方镇年表》,汪远孙补《辽史纪年表》,罗继祖补《辽史汉表》等。

辽自公元916年立国至公元1218年西辽灭亡,前后存在了300多年。辽统治者虽然信奉佛、道二教,但儒学仍然占据统治地位。辽朝统治实行双轨制,以汉法治南人,对汉族地区采取中原的制度进行治理。契丹贵族向往儒学,尊崇孔子,深受汉族思想文化熏陶。辽景宗时实行科举取士,采用中原典章制度。辽圣宗以后,儒学得到进一步的重视,许多儒家经典被译成契丹文字。道宗时下诏"设学养士,颁布《五经》传疏,置博士、助教各一员"(《辽史·道宗纪》)。于是各地纷纷建州学,立孔子庙。道宗还亲自听侍臣讲经义。辽朝不少士大夫也通悉儒家经典,这在《辽史》之中有所反映。《辽史》列传中也有一定数量的儒学人物,如韩知古、韩延徽、萧韩家奴、耶律俨、邢抱朴、马保宗等,他们的言行,是研究儒学在辽朝的传播和影响的重要资料。

3.《金史》儒传,(元)脱脱撰

《金史》135卷,包括本纪19卷、志39卷、表4卷、列传73卷。元脱脱等撰。《金史》是元修三史之一,纂修三史的都总裁官是右丞相脱脱,参加修《金史》编写的有铁木尔塔识、张起岩、欧阳玄、王沂、杨宗瑞等,其中欧阳玄的贡献最为突出,他为《金史》的撰修发凡举例,书中的论、赞、表、奏都由他执笔。历代对《金史》的评价很高,《四库全书总目》中赞扬《金史》说:"首尾完密,条例整齐,约而不疏,赡而不芜,在三史之中,独为最善。"认为它不仅超过了《宋史》、《辽史》,也比《元史》高出一筹。《金史》之所以"独为最善"，主要是因为编纂时金代的史料保存较多，且较完备，可供参考。另外体例上也不乏创新。当然，《金史》也遗漏了不少重要的人物与史事。《金史》列传中的人名杂乱，一人多名或译名不一的现象也很多。清施国祁曾撰《金史详校》10 卷，对《金史》详加考辨订正，可供读《金史》参考。

金朝在先后灭掉辽和北宋、迁都燕京后，迅速接受了汉文化，将儒学视为进行统治的有效工具。金熙宗、海陵王、金世宗、金章宗都深通经史，擅长诗文，汉文化修养非常高。金初行科举，即以"经义"取士。金熙宗在上京建孔庙，世宗、章宗力崇儒学。以女真字翻译儒家经书，学校以《论语》和《孝经》为必读课本。随着金朝社会经济的发展，宋代的理学开始在金朝的统治区域里流行，像周敦颐、程颐、程颢、邵雍、朱熹等人的学说，在北方金朝的统治区域都有传习之人。泽州李俊民得二程之传，又得邵氏"皇极"之学，教授乡曲。霸州杜时升在嵩、洛山中讲授程颢、程颐的理学。易州麻九畴传授邵雍之学，研治《易经》和《春秋》。麻九畴的弟子在金末元初多为名儒。真定王若虚讲授理学，对二程和朱熹之学，多有褒贬，有《滹南遗老集》传世。磁州人赵秉文，号为金末文宗，也研治理学，标榜继承程朱。王若虚、赵秉文皆金朝后期名儒。王若虚著《五经辨惑》等十余种，对前人解经中之谬误，及史书、古文的字句疵病，多有批评。赵秉文著《易丛说》10 卷，《中庸说》1 卷，《扬子发微》1 卷，《太玄笺赞》6 卷，《文中子类说》1 卷，《南华略释》1 卷，《列子补注》1 卷，删集《论语》、《孟子解》各 10 卷，《资暇录》15 卷，并有文集《滏水集》30 卷。

《金史》虽无《儒林传》，但《文艺列传》有韩昉、蔡松年、蔡珪、吴激、马定国、任询、赵可、郭长倩、萧永祺、胡砺、王竞、杨伯仁、郑子聃、党怀英、赵沨、周昂、王庭筠、刘昂、李经、刘从益、吕中孚、张建、李纯甫、王郁、宋九嘉、庞铸、李献能、王若虚、王元节、孙国纲、麻九畴、李汾、元德明、元好问等人，大多亦文亦儒。此外杨云翼、赵秉文、韩玉、冯璧、李献甫、雷渊、程震等儒学之士都有列传。这些史传是研究金代儒学的重要史料。

4.《元史》儒传，（明）宋濂撰

宋濂为明初名儒重臣，久操制作之柄，一代礼乐典章，裁定居多，为开国文臣之首。他博通经史百氏，文章雄丽温雅，享负盛名。明朝建立后，两次设史局修元史，共历时 331 天。全书本纪 47 卷、志 58 卷、表 8 卷、列传 97 卷，共 210 卷。《元史》问世后，很多学者对它表示了不满，钱大昕说：

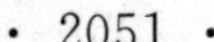

"古今史成之速，未有如元史者；而文之陋劣，亦无如元史者。"① 尽管存在不少的问题，《元史》仍是了解、研究元代历史的珍贵的文献。《元史》记载了从 1206 年铁木真称成吉思汗到元顺帝卒年（1370）共 165 年的历史。列传有类传 14 种，大多沿袭以往的史书。《元史》列传还有个特点是，所叙述的事，都有详细的年、月、日记载，这就更增加了参考价值。当然，《元史》也有不少缺漏、舛误。阅读《元史》还应参考《元朝秘史》、《新元史》等书籍。

元朝建立不久，统治者便笼络汉族以及汉化的契丹、女真士人，借鉴中国传统的统治方法和意识形态，以巩固自己的统治。像耶律楚材、元好问、郝经、姚枢、杨惟中等，都受到礼遇。蒙古贵族通过他们接触了儒学，从而有助于蒙古族的汉化。但直到忽必烈建立元朝时，儒家学说并没有受到特别的重视，尽管赵复、姚枢、刘因、许衡等人大力倡导程朱理学，忽必烈本人对儒学大师尊礼有加，但儒学并未立即被官方认可。直至元仁宗延祐年间设立科举法，开始以经义取士，程朱理学才终于上升到官方意识形态的地位。元政府在中央设立国子监，各路、府、州、县也普遍设立了学校。元朝的书院也很活跃。书院以讲授儒家思想为中心，或以讲学相标榜。当时一些著名的理学家如吴澄、金履祥、许衡等都曾在这类书院中讲过学。南方的理学家在宋亡之后不愿出仕元朝，也大都退居书院，以讲学为尚。随着儒学在蒙古贵族中的传播，儒家经典开始大量地被译成蒙古族的语言，此外像《贞观政要》、《资治通鉴》、《大学衍义》等，当时都有蒙古语译本。元蒙统治者对儒学的推崇，主要表现为对孔孟和程朱理学的崇奉。从当时科举考试的主要内容看，基本是从《大学》、《论语》、《孟子》、《中庸》四书中设问，而标准答案只能是朱熹的《四书章句集注》。《诗经》用朱熹的注释本，《周易》兼用程注及朱注。科举考试明文规定使用朱熹的注释，实自元朝始。程朱理学上升为官方学术，理学的独尊地位进一步确立。

《元史》立《儒学列传》2 卷，录理学家、经学家近 30 人，包括赵复、金履祥、许谦、陈栎、胡一桂、黄泽、同恕、胡长孺、熊朋来、戴表元、牟应龙、郑滁孙、陈孚、董朴、杨载、韩性、吴师道等人。其余各传中也有不少儒学人物。耶律楚材、杨惟中、郝经、姚枢、许衡等名儒都有单独的列传。

5.《新元史》儒传，（民国）柯劭忞撰

《新元史》257 卷，全书 257 卷，包括本纪 26 卷，表 7 卷，志 70 卷，列传 154 卷。民国柯劭忞撰。劭忞一生用了较多的时间研究元史，成就以此为

① 钱大昕：《十驾斋养新录》卷九《元史》，上海书店影印本，1983 年。

最大。柯劭忞既利用了明清时期有关元史的研究成果，又吸收了西方有关元史的资料（如多桑《蒙古史》等书），对元史进行系统的研究。在此基础上，前后历时30年，于1920年撰成《新元史》。第二年，北洋政府总统徐世昌下令把《新元史》列入正史，1922年刊行于世。这样，原来清政府钦定的“二十四史”就成了“二十五史”。除《新元史》外，柯劭忞还著有《新元史考证》等书。

明初宋濂主持编修的《元史》，当时就受到学者的批评。如徐一夔即指出，顺帝在位36年，既无“实录”可据，又无其他史料可凭，只据采访写成，史事未必可靠。故明成祖时命解缙改修《元史》，作《元史正误》一书。后来参加纂修《元史》的朱右又作《元史拾遗》，许浩作《元史阐微》等，对《元史》做了一些订正和补充。清代学者进一步对《元史》加以考证和改编，取得了不少成绩，如邵远平的《元史类稿》、魏源的《元史新编》、洪钧的《元史译文证补》、屠寄的《蒙兀儿史记》等；还有从《永乐大典》中辑出的《元朝秘史》。这些著作对《元史》做了不少增补考证，但仍有许多遗漏，难尽人意。

柯邵忞《新元史》以《元史》为底本，斟酌损益，重加编撰。体例基本沿袭旧史，但也做了不少创新或改变。在内容上，《新元史》远比《元史》充实，特别是补充了元世祖以前的蒙古史事。《新元史》还增补了许多列传。此外，《新元史》对成吉思汗至蒙哥时期蒙古经营西域的内容、四大汗国盛衰兴亡的情况等，由于有多桑《蒙古史》、《元史译文证补》等史籍作参考，记载得也比《元史》详细。《新元史》还纠正了《元史》的一些错误。总而言之，《新元史》集明、清学者研究元史之大成，又吸取了西方学者的研究成果，既继承，又有创新，详备博赡，度越前人，正如“集百川之归流以成大海，集众土之积累以成高峰”（李思纯《元史学》），以一人之力成此巨著，留下一部研究元史之重要参考书，功不可没。但其书亦有不足，如没有立《艺文志》，后人无法全面了解有元一代之著述情况。又引用新资料不注出处，读者要溯其来源、核其真伪，比较费力。

《新元史》设有《儒林传》，共3卷，收录赵复、金履祥、胡炳文、许谦、牟应龙、熊朋来、胡一桂、熊禾、马端临、俞琰、王申子、丁易东、黄泽、陈栎、程端礼、汪克宽等共约90余位理学、经学家的传。此外，《文苑》、《笃行》、《隐逸》等类传中也有不少儒学人物。郝经、许衡、刘因、吴澄、郭守敬、齐履谦等名儒则有单独的列传。

第五节 明清二史

1.《明史》儒传，(清) 张廷玉撰

《明史》332卷，清张廷玉等撰。《明史》包括本纪24卷，志75卷，列传220卷，表13卷。它是一部纪传体明代史，记载了自太祖朱元璋洪武元年(1368)至思宗朱由检崇祯十七年(1644)200多年的历史。清康熙年间修《明史》者，可谓人才济济，有当时的著名文学家朱彝尊、尤侗和毛奇龄等人，但出力最多的是清初著名史家万斯同。万斯同去世后，先后三次任明史总编的王鸿绪，把万氏的明史稿进行了改编，于康熙末年和雍正初年两次向皇帝进呈。这便是王氏《明史稿》本。从雍正元年(1723)至乾隆四年(1739)，清廷又第三次组织人手修改明史稿，这才形成定稿的《明史》，进呈刊刻。从第一次开馆至最后定稿刊刻，历90余年，是官修史书历时最长的一部。因为这次修书总裁为张廷玉，因此现在通行的《明史》题为张廷玉等撰。在"二十四史"中，《明史》以编纂得体、材料翔实、叙事稳妥、行文简洁为史家所称道。

明代儒学，承宋元之绪，以程朱理学为正统。朱元璋草创之际，即信用浙东儒生，参与谋议。称帝前一年，即于宫室两庑书宋儒真德秀的《大学衍义》，以备"朝夕观览"。他还去曲阜祭孔庙，赞扬"仲尼之道，广大悠久，与天地相并"①。洪武十七年(1384)规定，乡、会试《四书》义以朱熹集注，经义以程颐、朱熹等注解为准，程朱之学由是成为官方学术。明成祖也提倡程朱理学，命胡广等采摘宋儒120家著作，编成《性理大全》，阐发理学观点。又命纂辑《四书大全》、《五经大全》，作为士人应科举者必读之书。《明史·儒林列传序》说："明初诸儒，皆朱子门人之支流余裔，师承有自，矩矱秩然。"明初著名儒学家有宋濂、方孝孺、曹端、薛瑄、吴与弼、胡居仁等。大体上，明代儒学的发展经历了三个阶段：明初诸帝，继续提倡理学，作为官方学术和王朝的统治思想。至明弘治、正德年间，王阳明远承宋儒陆九渊的心学，倡导"心外无理"的心学，又称"王学"，一度广为流行，其中以浙中、江右王门的影响最大。到明万历以后，商品经济发展，社会开始转型，朱学和王学都不再能控制社会人心，反理学的各种学说陆续兴起。明朝

---

① 谷应泰：《明史纪事本末》卷一四，中华书局，1977年。

亡国，士人痛诋理学或心学的空疏误国，遂另辟治学的新径，重新检讨宋明学术，一时诸说并立，名家辈出，思想界再次形成“百家争鸣”。王学流于空疏，不仅引起思想家的非难，也在经学研究中引起反动。晚明经学研究出现一些新动向，逐渐抛弃空谈心性之学，转向考订注疏，朝弃宋复汉的方向发展，成为清代汉学的先声。明代经学研究中卓有成绩的是梅鷟著《尚书考异》。宋儒对《古文尚书》的真伪曾表示过怀疑。梅鷟历举证据，确证《古文尚书》是伪书，在当时学术界引起巨大的反响。在《诗经》的研究中，陈第的《毛诗古音考》独辟蹊径，创出新局。明代经学上音韵训诂和辨伪之学的兴起，为清代汉学的发展开拓了道路。

《明史》对明代儒学的发展演变也有比较全面的反映。《明史》立《儒林传》，共3卷，收范祖幹、谢应芳、汪克宽、梁寅、赵汸、陈谟、薛瑄、阎禹锡、周蕙、胡居仁、余祐、蔡清、陈琛、林希元、罗钦顺、曹端、吴与弼、胡九韶、陈真晟、吕柟、吕潜、邵宝、王问、杨廉、刘观、孙鼎、李中、马理、魏校、王应电、王敬臣、周瑛、潘府、崔铣、何瑭、唐伯元、黄淳耀、陈献章、李承箕、张诩、娄谅、夏尚朴、贺钦、陈茂烈、湛若水、蒋信、邹守益、钱德洪、徐爱、王畿、王艮、欧阳德、罗洪先、程文德、吴悌、何廷仁、刘邦采、魏良政、王时槐、许孚远、尤时熙、张后觉、邓以赞、张元忭、孟化鲤、孟秋、来知德、邓元锡、刘元卿、章潢、孔希学、孔彦绳、颜希惠、曾质粹、孔闻礼、孟希文、仲于陛、周冕、程接道、程克仁、张文运、邵继祖、朱梃、朱墅等80余人。《文苑传》中也多通经讲学之人，如张以宁、焦竑、曹学佺等。其他如朱升、钱唐、方孝孺、解缙、胡广、邹应龙、张居正、王守仁等重要儒学人物都列有专传。

2.《清史稿》儒传，（民国）赵尔巽、柯绍忞撰

《清史稿》529卷，赵尔巽、柯绍忞撰。参与者还有缪荃孙、王树枏、吴廷燮、夏孙桐、吴士鉴、张尔田、朱孔彰、朱师辙等100余人，1927年完稿，历时14年。

《清史稿》纪、传、志、表俱全，有本纪25卷、志135卷、表53卷、列传316卷，共529卷。体例颇多创新，反映了清末的时代特点。《列传》收有3000多人，也有类传，其中《畴人传》是创新例。此书所据的史料极为丰富，有清代国史馆的国史底本、各朝实录、圣训、方略、会典、则例、方志、文集、碑传和档案等等。《清实录》、蒋良骐《东华录》、王先谦《东华录》、朱寿朋《光绪东华录》，以及《宣统政纪》等书为本纪的依据。《大清会典》、《大清会典事例》、《清文献通考》，以及刘锦藻的《清续文献通考》等书为志

的根据。《清史列传》、《耆献类征》、《碑传集》、《续碑传集》，以及各家文集等书为列传所本。而这些著作大都完整保存，可与《清史稿》互相参照。尽管《清史稿》存在许多缺陷，但目前尚无他书可以取代，这部未定稿对于研究清史仍有很高的价值。《清史稿》有“关内本”及“关外本”之分。1976年中华书局校点出版的是以关外二次本为底本。

清代学术的发展，大体经历了三个阶段。从清初到康熙、雍正时期，平定了各地反叛武装，为了巩固中央集权统治，程朱理学再次作为官方学术而被提倡。但清代理学家多承宋明绪余，殊少新创。清初科举考试，仍沿明制，以“四书五经”为考试内容，以程朱等理学家之疏解为标准。康熙帝颁布“圣谕十六条”，贯穿着理学家的社会政治观点，明确规定“黜异端以崇正学(理学)”，并且包含着“敦孝弟以重人伦”，“笃宗族以昭雍睦”等伦常观。雍正帝又据此补充发挥，号为“圣谕广训”，“意取显明，语多质朴”（雍正帝序)。全国各地乡村，定期宣讲，力求普及于“群黎百姓”，家喻户晓，以维持封建的统治秩序。以“君臣、父子、夫妇”为核心的伦常观，成为全民的意识形态，影响深远。程朱理学在清代虽为官方哲学和全社会的统治思想，但在学术研究领域，与宋学对立的汉学，却得到前所未有的发展，蔚为显学。

清代汉学，主要是指以考订辨释经书本义为指归的古文经学。广义的汉学，则包括了经学、史学、音韵、文字、训诂、金石等诸多领域中的考据之学。汉学注重实证，因而又被称为朴学。清代汉学自清初顾炎武开其端，中经阎若璩、胡渭等人的推阐，至乾隆、嘉庆时期，惠栋、戴震、钱大昕发扬光大，迄段玉裁、王念孙、王引之达到极盛。乾嘉汉学主要分为吴、皖二派：吴派创自惠周惕，以惠栋为代表；皖派创自江永，以戴震为代表。乾嘉汉学家继承古代经学家考据训诂的方法，加以条理发展，治学以解经为主，以汉儒经注为宗，学风朴实严谨，不尚空谈。古音学是乾嘉汉学家研治的主要对象，通过古字古音以通古训，通古训然后明经义，是其共同的学术主张。清代中后期，沉没千余年的今文经学再次兴起。今文经学在汉代曾盛极一时，魏晋以后，即已衰绝。千余年间，今文经学湮没无闻，久成绝响。乾隆时又开始受到学者的注意，至嘉庆时竟然蔚为新兴的学派，对思想界产生了深远的影响。这是因为嘉庆以后，以治古文经为特征的汉学渐趋衰落，而议政革新之风日渐兴起，今文《公羊》学既可以在经学领域开辟学术研究的新境，又可以在政治生活中成为托古改制的工具。沉寂千年的今文经学于是又受到人们的重视而得以复苏。庄存与、刘逢禄、宋翔凤等开风气于前，中经龚自珍、魏源等人的发展，到晚清有康有为、梁启超诸人出，以《公羊》学为变法张本。随着变法的失败，传统儒学也逐渐退出了历史舞台。

《清史稿》立有《儒林传》，为近 400 儒学人物立传，如孙奇逢、耿介、黄宗羲、王夫之、李颙、王心敬、谢文洊、彭定求、张夏、陆世仪、陈瑚、张履祥、朱鹤龄、陈启源、韩梦周、阎循观、颜元、王源、程廷祚、刁包、冉觐祖、窦克勤、王懋竑、朱泽澐、顾栋高、汪绂、唐鉴、朱次琦、邵懿辰、顾炎武、张尔岐、马骕、万斯大、胡渭、毛奇龄、阎若璩、惠周惕、惠栋、余萧客、陈厚耀、臧琳、全祖望、江永、程瑶田、卢文弨、钱大昕、王鸣盛、戴震、金榜、段玉裁、孙志祖、朱彬、邵晋涵、王念孙、王引之、武亿、庄述祖、孙星衍、王聘珍、凌廷堪、洪榜、桂馥、江声、朱骏声、张惠言、郝懿行、陈寿祺、严可均、焦循、刘逢禄、宋翔凤、戴望、崔述、胡培翚、刘文淇、柳兴恩、许桂林、钟文烝、陈澧、桂文灿、郑珍、邹汉勋、刘宝楠、龙启瑞、陈立、陈奂、黄式三、俞樾、王闿运、王先谦、孙诒让等等，有的是理学家，有的是考据学家。此外，《文苑》等类传中也有大量儒学、经学人物，如朱彝尊、刘献廷、潘耒、万斯同、姜宸英、查慎行、程晋芳、章学诚、钱仪吉、何绍基、吴汝纶等等，都是通经业儒之人。其他各传也有许多通经业儒之士，这些人物列传对于研究清代儒学、经学史有很高的参考价值，基本上能够反映有清一代儒学和经学方面的成就。

第六章　儒林别传类

中国传统史学十分发达，体裁丰富，数量众多，其中人物传记类文献蔚为大观。传记体出现得很早，章学诚说："传记之书，其流已久，盖与六艺先后杂出。"可知春秋战国时期就有了传记文献。"其后支分派别，至于近代，始以录人物者，区为之传；叙事迹者，区为之记"①。司马迁作《史记》，设立"列传"，已是相当成熟的传记文体了。西汉以降，出现了许多独立的传记，"刘向典校经籍，始作《列仙》、《列士》、《列女》之传。后汉光武始诏南阳撰作《风俗》。故沛、三辅有《耆旧》、《节士》之序，鲁、庐江有《名德》、《先贤》之赞。郡国之书，由是而作"②。据姚振宗《补续汉书艺文志》，汉代人物传记有6门、58部，如刘向《列女传》、赵岐《三辅决录》等。其中别传类41部，各地耆旧传12部。魏晋以后，人物传记更大量涌现。据《隋书·经籍志》所载，魏晋南北朝时期的人物传记有210种，1103卷。章宗源据各书所记，补出别传194种，家传19种，其他人物传记29种，姚振宗又补出35种，总凡496种。数量之多，远迈两汉。《隋书·经籍志》里将传记类文

① 《文史通义·内篇·传记》。顾炎武《日知录》卷一九《古人不为人立传》曰："列传之名，始于太史公，盖史体也。不当作史之职，无为人立传者，故有碑，有志，有状，而无传"；"自宋以后，乃有为人立传者，侵史官之职矣"。认为宋以后才有为人立传者，其说未谛。刘知幾《史通》卷九《序传》篇以屈原《离骚》为作自序之发轫，而"降及司马相如，始以自序为传"。又于《烦省》篇云："降及东京，作者弥众。至如名邦大都，地富才良，高门甲族，代多髦俊，邑老乡贤，竞为别录，家世宗谱，各成私传。"赵翼《廿二史劄记》卷六列举《三国志》裴松之注所引书目，其中私传有《曹瞒传》、《郑玄别传》等等。可见早在汉魏时期，作私传的风气就已经非常盛行。

② 《隋书·经籍志》。

献归为一类，命名为“杂传”，“纪先圣人物”。《旧唐书·经籍志》因袭，亦曰“杂传”，《新唐书·艺文志》改称为“杂传记”。元人修《宋史·艺文志》，就去“杂”字，而径名“传记”了，《明史·艺文志》沿用此名。总起来说，叙述人物历史的传记，原是“传”与“记”分称，相当长的时期里被称作“杂传”或“杂传记”，后来演化为我们今日习用的“传记”称谓。

传记类的文献名目很多，体裁也有区别。《四库全书总目》区分为五类：一圣贤，二名人，三总录，四杂录，五别录。所谓“圣贤”，如孔孟年谱之类，内容是叙述儒家圣贤历史的，体裁则是年谱类的。“名人”，如《魏郑公谏录》之类，是名人自撰或他人替名人而编辑，体裁为奏议的汇辑。“总录”，如“列女传”之类，系许多人物的传记结集在一起，也就是人物合传，与前两类单独个人传记不同。“杂录”，如《骖鸾录》之类，杜大珪《碑传琬琰集》、苏天爵《名臣事略》诸书，“虽无传记之名，亦各核其实，依类编入”。这些书内容是叙述人物历史的，不过其体裁不像传记那样严谨，称为“杂录”。至于“别录”，如安禄山、黄巢、刘豫诸传，“既不能遽削其名，亦未可薰莸同器，则从‘叛臣’诸传附载史末之例，自为一类，谓之曰别录”①。当然，传记类文献除史部传记类之外，旧事类（故事类）、谱系类、地理类著作都有传记文，其他编年、杂史等类也有传记，别集、总集之中也包括大量的传记文。这些传记类文献之中，有相当大部分是儒学人物传。为了区别于“正史儒传”，我们称之为“儒林别传”。

清人王兆芳《文体通释》云：“别传者，别，分也。传文分别于正传之外，与之异处也。主于续事正传，搜遗重录。”“别传”的范围非常广泛，一般而言，除正式的传记外，学者所作的别人传记，或另外传述某人的某些事迹，一般称为别传。正史中的儒林传、名儒年谱我们有专章叙述，本章所涉，主要包括四个方面的内容：儒林合传，诸儒分传，名儒言行录，名儒碑传。

第一节　名儒合传

这里的“名儒合传”，主要指汇录众多儒学人物传记于一编，以反映历代、一代或某一地区儒学发展、演变情况的传记文献。这类“合传”，有的通

① 永瑢等：《四库全书总目》卷五七《史部·传记类序》。

录历代，属于通史性质。有的只录一代，属于断代史性质。还有的仅录某一地区的儒学人物，相当于区域儒学史。通录历代的儒学人物传记，流传下来的有一定的数量。我们在学统源流类中所举的“通代源流史”一类著作，都属于儒林合传，因其侧重于学术源流的清理，故单独叙述。此外还有一些这类文献，如：

1.《儒林全传》20卷，（明）魏显国撰

魏显国，字汝忠，江西南昌人。隆庆元年（1567）举人。除该书外，还著有《历代史书大全》、《历代守令传》、《历代相臣传》等。

该书合历代儒家学者事迹生平为一编，上起孔子，下至元代吴澄。书前有武林黄汝亨序，以为周海门（汝登）《圣学宗传》一书虽录先儒之言行，但详宋而略汉唐。事实上汉唐之儒有表彰注疏之功，“如董仲舒、孔安国、郑玄、杜预、王通、韩愈、孔颖达诸公，卓然灿然，发明而嗣续之，以逮于今，何可谓遂出程朱下？”虽然该书大多抄录史传，鲜有考证、议论，但能突破了汉学宋学之门户，融合先秦汉唐宋明诸儒传记，比较全面地展示了历代儒学的全貌，有一定的价值。

此书有明刻本，收入《四库全书存目丛书》。

2.《历代名儒传》8卷，（清）朱轼、蔡世远辑

朱轼（1665—1736），清代名臣，历康熙、雍正、乾隆三朝。官至太子太傅、文华殿大学士、兼吏部尚书。曾与蔡世远同辑《历代名臣传》、《历代循吏传》、《历代名儒传》，另有《周易传义合订》、《广惠编》、《朱文端公文集》等。

该书编成于康熙年间，按时代编排，共收入自汉至元包括田何、董仲舒、范宣、皇侃、王通、魏收、孔颖达、王昭素、朱熹、赵复、许谦等89位名儒，叙述其生平及学术思想成就，并附有赞语。初稿原成于李清植之手。据书后跋语记载，朱轼“论道之暇，与梁村蔡先生念欲辑《历代名儒传》一书”，将此事“属之清植”。李清植“禀承指授，用究厥业”。后来朱轼与蔡世远据李氏初稿加以增删订正而成。

此书有清雍正七年（1729）刻《朱文端公藏书》本、1989年山东友谊书社影印本（收入《孔子文化大全》）、中国书店1991年影印本。

3.《希贤录》5卷，（清）朱显祖撰

朱显祖，号雪鸿，江都（今江苏扬州）人。顺治三年（1646）副榜贡生。

该书取周敦颐“圣希天，贤希圣，士希贤”之说，以为今之为士者人人言圣，人人言天，而昧于希圣希贤之旨。“由周而来、孔孟以后，名贤硕士代

有其人，果能取其中之一二真信真好，必践必行，即不敢妄意圣天，亦自觉贤关不远余也”（《自序》）。该书叙述自周至明历代名儒言行，并各系以论断。分为“圣门诸贤”、“周末至唐诸贤”、“宋代诸贤”、“宋至元诸贤”、“明代诸贤”5个部分，各为1卷。

此书有清康熙三十二年（1693）天瑞堂刻本，收入《四库全书存目丛书》。

4.《余师录》前集14卷，后集10卷，续集8卷，（清）杨希闵撰

杨希闵（1808—1885），字铁佣，号卧云，新城（今江西黎川）人。道光十七年（1837）拔贡，候选内阁中书。后弃举业，专治群经。工诗文，善书画岐黄，著作甚多。

该书汇集宋元明名儒名臣言行事迹。有光绪四年（1878）福州刊本。

5.《历代儒学存真录》10卷，（清）田儆撰

田儆，河南开封人。该书约编成于清咸丰初，采辑史册及各省志乘中有关两汉至清代的儒学人物。分为10卷：前汉、后汉、季汉、晋、隋、唐、宋、元、明、清各1卷。作者认为：“儒无今古，以真儒为贵；学无今古，以真学为宗。”（《自序》）故不拘门户，“历代儒学，或以经史传，或以道德显，或以事功著，凡有裨于圣道，可法于后世者悉与采录”（《凡例》）。虽录自群书，但注明出处，便于查核，于例为善。

此书有清咸丰七年（1857）晚悔书屋刻本，收入《四库未收书辑刊》。

除上述通代儒学人物传记外，断代的儒学人物合传为数也不少。在《学统源流类》中，我们单独叙述了“断代源流史”，其中多数是以清理学术源流为重点的断代儒学人物合传。此外还有一些较重要的断代儒学人物合传，如：

6.《儒林传稿》4卷，（清）阮元撰

乾隆时阮元在翰林院任侍讲，负责撰写国史人物传记，先编写《儒林传》，拟订《凡例》，广泛搜集素材，撰写了一些传记传。但书未完成，就于嘉庆十七年（1812）离任。阮元该书撰录清代顺治至嘉庆之初儒林人物共44篇，附传50余人。以顾栋高冠于传首，其余以年份为序。其书作于清代朴学猖兴之时，尊汉学、抑宋学的倾向比较明显，认为“圣人之道譬若宫墙，文字训诂其门径也。门径苟误，跬步皆歧，安能升堂入室乎！学人求道太高，卑视章句，譬犹天际之翔，出于丰屋之上，高则高矣，户奥之间未实窥也”（《儒林传稿序》）。尤其对《宋史》区别《儒林》与《道学》的做法深表不满，《凡例》称：“《史记》始记《儒林》，《宋史》别出《道学》。其实讲经者岂可不立品行，讲学者岂可不治经史，强为分别，殊为褊狭。”不过阮氏也不赞同

"但求名物，不论圣道"的做法，认为"正衣尊视，恶难从易，但立宗旨，即居大名，此一蔽也；精校博考，经义确然，虽不逾闲，便于出入，此又一蔽也"(《儒林传稿序》)。该书各儒传语皆采自载籍，接续成文，并以双行夹注其来历。所收人物皆以"学行兼优"为标准。又仿《明史》之例，别为《孔氏传》以存《史记·孔子世家》之遗意。①

此书有《知足斋丛书》本、《榕园丛书》本、《丛书集成初编》本、川大《儒藏》本等。

7.《清代学者像传》2集，(清)叶衍兰、(近)叶恭绰编纂

叶衍兰，广东番禺人。咸丰六年(1856)进士，任京官，善书能文，著有《海岳楼诗集》、《秋梦龛词集》。

叶衍兰着力于搜集清代学者画像，进行研究，并请顺天大兴人黄小泉摹绘，叶氏为每一位像主纂写小传，积30年之功，得169人的画像。书成，未能梓刻。其孙叶恭绰继承乃祖之志，于1928年交付上海商务印书馆影印，始得问世，是为第一集。叶恭绰又搜集20年，并请江西画师杨鹏秋摹绘，卒成200幅，由上海合众图书馆安排，于1953年在安定珂罗版社影印面世，是为第二集。因系自费出版，仅印刷200部，所以流传不广。

1989年上海古籍出版社将一、二集合并影印。该书另有川大《儒藏》本。

另外，一些史传类文献，虽不是专门的儒林人物传，其中却包括大量的儒学人物，也是研究儒学史的重要资料。如：

8.《道命录》10卷，(宋)李心传辑

李心传(1166—1243)，字微之，隆州井研(今四川井研)人。庆元元年(1195)乡试下第，遂绝意应举，闭户著书。晚年被魏了翁等荐为史馆校勘，赐进士出身，修中兴四朝帝纪，又踵修十三朝会要。端平间，书成，擢工部侍郎，以言罢。有史才，著有《建炎以来系年要录》、《丙子学易编》、《春秋考》、《礼辨》、《读史考》、《旧闻证误》、《朝野杂记》、《道命录》等。

该书不是严格的人物传记，而是一部反映宋代道学与政争的史料汇编。作者收集道学兴废资料，主要涉及二程和朱熹，记载宋代理学家程颢、程颐、

---

① 阮元所写《国史儒林传》稿本留在史馆，经史馆修订，有的被采用，有的则被舍弃。后来阮元之子常生编辑《揅经室续集》，乃将史馆未用的传记编入，称为《集传录存》(1卷)，包括毛奇龄、沈国模、谈泰、孔广森等29人的传，而附传中的一些人未计算在内。民国初缪荃孙拟有一份《国史儒林传》(2卷)，但非完本，刻入《古学汇刊》。

朱熹进退始末，备录其褒赠、贬谪、荐举、弹劾之文。本书的卷数，《宋史·李心传》作5卷，《四库全书总目》提要考证10卷本乃元人程荣秀所增订，并疑书中所记朱熹诸条均为荣秀所加。卷首有元至顺癸酉新安程荣秀序，称宋秀岩先生李公《道命录》5卷，于江州刻梓，毁于兵。荣秀尝得而读之，疑其为初稿，尚欲删定而未成者。斋居之暇，僭因原本，略加厘定，汇次为10卷如左云云。可知此书为荣秀所编，已非心传之旧稿。四库馆臣又说，《永乐大典》载有心传原本，然所记唯程子事，与此本前6卷相同者过半。另外此本所有而《永乐大典》不载者凡28条；《永乐大典》所有而此本不载者凡8条。第7卷以下《永乐大典》全无。可见原书为程荣秀大加增删，并所记朱子诸条亦疑为荣秀所附益。因此所谓"略加厘正"，实为改窜。该书虽为资料汇编，但所收较为翔实丰富，历来为研究宋代理学史和政治史的学者所重。

此书有元刻本、明刻本及《知不足斋丛书》本、川大《儒藏》本等多种版本。

9.《庆元党禁》1卷，（旧题）沧州樵叟撰

"庆元党禁"是宋宁宗庆元年间（1195—1200）韩侂胄打击政敌、禁锢道学的一场政治事件。宋光宗绍熙末，赵扩由赵汝愚和韩侂胄拥立为帝，是为宋宁宗。赵汝愚出身皇族，韩侂胄是外戚，二人在权力分配上产生矛盾。赵汝愚为相，收揽道学名士，朱熹被召入经筵。韩侂胄得势，朱熹因罢去。庆元元年（1195）二月，赵汝愚罢相，次年死于衡州（今湖南衡阳）。韩侂胄当政，凡与他意见不合者都被称为"道学之人"，后又斥道学为"伪学"，禁毁理学家的《语录》一类书籍。科举考试中，稍涉义理之学者，一律不予录取。六经、《论语》、《孟子》、《中庸》、《大学》之书为世大禁。庆元三年（1197），知绵州王沇上书"乞置伪学之籍"。不久赵扩下诏，订立"伪学逆党籍"：宰执4人：赵汝愚、留正、王蔺、周必大；待制以上，朱熹、彭龟年、薛叔似等13人；余官刘光祖、叶適等31人；武臣和士人11人；共59人。名列党籍者都受到了不同程度的处罚，凡与他们有关系的人，也都不许担任官职或参加科举考试。从这年开始的所谓禁伪学前后历时6年之久，史称"庆元党禁"。直至1202年2月，始弛党禁。本书记载宋宁宗庆元年间党禁事件，从赵汝愚、韩侂胄策立宁宗时始，至韩侂胄死、党人解锢终。原书不著撰人名氏，《宋史·艺文志》亦不著录，唯《永乐大典》中题曰"沧洲樵叟"。前有自序，称淳祐五年（1245）。考党禁起于宁宗庆元二年（1196），弛于嘉泰二年（1202）二月，是书之作，距弛

禁时已有 44 年。书中所录伪党共 59 人，其中十之三四《宋史》无传，其他姓名、官籍史书失载者也多藉此以考见大略。此书出自宋人之手，无疑是研究理学史上这一重大事件的第一手资料。

此书有《四库全书》本、《知不足斋丛书》本（第十二集）等、川大《儒藏》本。

10.《元祐党籍碑考》1 卷，《伪学逆党籍》1 卷，（明）海瑞撰

海瑞（1514—1587），字汝贤，又字应麟，号刚峰，琼山（今属海南）人。明著名直臣。

《元祐党籍碑》，又称《元祐党人碑》、《元祐奸党碑》。宋徽宗即位后，听信蔡京之言，将哲宗元祐中任职、曾对王安石新法不满的大臣数百人列为“元祐奸党”，并将其名单刻石，颁布全国。共有三种：一是崇宁元年（1102）徽宗赵佶正书，刻于内府端礼门，未几即毁。二是崇宁二年蔡京书，勒令诸州据以刊石，次年亦奉诏毁。三是崇宁三年刻于朝堂。正书，无书人姓名，已毁。碑文列司马光、苏轼、苏辙、黄庭坚、秦观等 309 人为奸党，亦毁。今传世者唯广西桂林龙隐岩、融县真仙岩壁间二碑。李心传《道命录》、马纯《陶朱新录》载有党籍名单，但两者互有异同。海瑞以《道命录》所载为基础，补其所阙而他书所载者。书末附《庆元逆党籍》。

此书有《学海类编》本、《续修四库全书》本、川大《儒藏》本等。

11.《元祐党人传》10 卷，（清）陆心源撰

陆心源（1834—1894），字刚甫，一字潜，号存斋，晚号潜园老人，归安（今浙江湖州）人。清代著名藏书家、学者。

北宋元祐党籍碑共 309 人，虽良莠不齐，但当时许多理学、儒学人物也被列入其中。有名望者皆见于史传，而无考者只识姓名，无从得其行略。该书对《宋史》有专传者 78 人及附传 34 人，皆节录大略，其附见而事迹不详者，为之史传；虽详而颇有讹误者，皆参考群书，别为之传。

此书有《潜园总集》本、清光绪十年（1884）刻本、1987 年江苏广陵刻书局影印本、《续修四库全书》本、川大《儒藏》本等。

12.《东林列传》24 卷，（清）陈鼎撰

陈鼎字定九，江阴（今属江苏）人。明亡后，虑史之失传，乃橐笔奔走 20 余年，采访死难死事忠臣节义事迹，撰成《忠义传》60 余卷，共 4600 余条，惜被人窃去。后寓居梁溪惠山倪高士祠，整理旧稿，撰成此书。

《东林列传》是据《东林党人榜》等所载的顾宪成等 180 余人的姓名，仿照龚颐正《元祐党籍传》体例而为东林党人编纂的传记资料。本书作者因距

离东林诸人讲学之时未远，又长期留心于乡邦文献，故所记东林党人事迹颇为详实。每传先列其姓名、籍贯，再述事迹，而节义炳著者汇载于前。不过，东林党人中，“硕士端人固所不乏，而依草附木者实繁有徒”①。儒学人物不少，攀龙附凤者亦多，这是需要加以辨别的。

此书有清康熙刻本、《四库全书》本、川大《儒藏》本。

13.《文献征存录》10卷，（清）钱林撰

钱林（1762—1828），原名福林，字东生，一字志枚，号金粟，浙江仁和人。嘉庆十三年（1808）进士，官至翰林院侍读学士。学问淹博，工诗，尤精史学。所著今存《玉山草堂集》12卷、续集5卷及《文献征存录》10卷等。

《文献征存录》所收人物，始于清初孙奇逢，终于乾、嘉时的杨凤苞，基本上涵盖了清代中前期重要的儒林、文苑人物，是一部有价值的清代学者与文人传记。

此书有咸丰八年（1858）嘉树轩刻本，收入《续修四库全书》。

14.《清代七百名人传》，蔡冠洛编

蔡冠洛，字研因，号可园，浙江嘉兴人。早年留学日本，毕业于帝国大学。归国后历任浙江省立五中、春晖中学、省立六中、省立二中等校教师。后来进入上海世界书局任编辑。

1936年蔡冠洛编撰出版了170万字的《清代七百名人传》，该书分为六编，有政治、军事、实业、学术、艺术、革命（附外人）等，包括清代人物范围甚广。其中“学术”一编，包括三类人物：理学、朴学、艺事。前二者都属于清代重要的儒学人物，理学如吕留良、王夫之、朱用纯、陆陇其、张履祥等30人，朴学如毛奇龄、胡渭、徐乾学等66人，每人一传，述其生平，论其学术。

此书1937年世界书局铅印出版，1984年北京中国书店影印。

另外，如明过庭训《本朝分省人物考》、清李桓《国朝耆献类徵初编》、清国史馆《清史列传》这类著作，也是查考儒学人物的重要资料。另外还有一些地区性的人物合传，如：

江苏：明宋濂《浦阳人物》2卷，明刘凤《续吴先贤赞》15卷，明毛宪《毗陵正学编》1卷，明毛宪撰、明吴亮增补《毗陵人品记》10卷，明姚堂《润州先贤录》6卷，明张昶《吴中人物志》13卷，明文震孟《姑苏名贤小纪》2卷，明杨循吉、黄鲁曾《吴中往哲记》1卷续1卷补遗1卷，明周复俊

① 永瑢等：《四库全书总目》卷五八《东林列传》提要。

《东吴名贤记》2卷，明张大复《昆山人物传》10卷附1卷，明金江《义乌人物记》2卷，明欧阳东凤《晋陵先贤小传》2卷，清顾沅《吴郡名贤图传赞》20卷，清成蓉镜《宝应儒林事略》1卷，清潘柽章《松陵文献》15卷，等等。

浙江：宋袁韶《钱塘先贤传赞》1卷，明徐象梅《两浙名贤录》54卷《外录》8卷，明应廷育《金华先民传》10卷，清张恒《明儒林录》19卷（记明代两浙地区诸儒言行），清盛枫《嘉禾征献录》50卷《外纪》8卷，清王崇炳撰《金华征献略》20卷，等等。

安徽：明潘埙《淮郡文献志》26卷、补遗1卷，民国马其昶《桐城耆旧传》12卷，等等。

福建：明郑岳《莆阳文献》13卷《列传》75卷，明李默《建宁人物传》4卷，清陈寿祺《东越儒林后传》1卷，等等。

江西：清郭景昌、赖良鸣《吉州人文纪略》26卷，等等。

广东：明黄佐撰《广州人物传》24卷，清黄培芳《史传事略》1卷（又名《广东儒林文苑采进稿》），等等。

河南：明孙奇逢《中州人物考》8卷，清李敏修《中州先哲传》37卷，等等。

河北：清孙承泽《畿辅人物志》20卷，等等。

湖北：明周圣楷撰《楚宝》45卷、《总论》1卷，清甘鹏云《楚师儒传》8卷，等等。

四川：晋常璩《华阳国志》12卷，宋勾延庆《锦里耆旧传》4卷，清童栻《蜀哲萃编》30卷（稿本），等等。

贵州：民国凌惕安《清代贵州名贤像传》4卷。

此类著作虽不专录儒学人物，但也是我们研究各个地区儒学史所应当注意利用的文献。至于各地的方志，包括省志、州县志和其他各种形式的地方史志，必然要反映儒学在该地区的发展演变情况、重要儒学人物的生平事迹和著作，无疑也是研究儒学史的重要参考资料。

第二节　名儒分传

中国两千年的儒学史上，名儒辈出，如汉代的董仲舒、郑玄，唐代的魏徵、孔颖达、韩愈，宋代的邵雍、周敦颐、二程、张载、朱熹，明代的宋濂、方孝孺、薛瑄、陈献章、王守仁、刘宗周，清代的孙奇逢、王夫之、顾炎武、黄宗羲、阎若璩等，都是儒学史上具有重要影响的人物。而有关他们的生平事迹、学术思想以及学术渊源、弟子门人的传记资料也相当丰富。这里不可能一一介绍，兹略举十余种，以见梗概。

1.《郑玄别传》1卷，（清）洪颐煊辑

洪颐煊为孙星衍门人，精研经史，著有《读书丛录》、《礼记宫室答问》、《诸史考异》等书。

《郑玄别传》原书无撰人名，且散佚已久，但《世说新语注》、《北堂书钞》、《白孔六帖》、《艺文类聚》、《太平御览》诸书多有称引，有补于史传，并可订正史传之误。如《后汉书》本传载郑玄《诫子书》有“为父母群弟所不容”，后世学者多有怀疑，《别传》则为“为父母群弟所容”，一字之差，关系甚大，阮元称此条昭雪古贤。

洪颐煊从群书中辑录佚文，编成《郑玄别传》1卷，收入《问经堂丛书》、《经典集林》。

2.《郑学录》4卷，（清）郑珍撰

此书系汇辑诸书所载郑玄有关资料，加以考证而成。分为传注、年谱、书目、弟子四目。卷一为传注，取《后汉书》本传而采取他书以为之注，务详本事，不及训诂。卷二为年谱，分纪年、时事、出处、著述为四格。卷三为书目，条举康成所著书，而系以考证。卷四为弟子目。郑珍推尊郑玄，务守家法，于郑氏生平著述考证详明。有黄彭年序，复于“传注”补正17事，“书目”补正5事，“弟子目”补正2事。该书对研究郑学有一定参考价值，但亦有失误，李慈铭《越缦堂读书记》指出若干条，可参。

此书有同治五年（1866）成山唐氏刊《郑子珍遗书》本，1940年刊《巢经巢全集》本、川大《儒藏》本。

3.《北海三考》6卷，（清）胡元仪撰

胡元仪（1848—1907），字子威，湖南湘潭人。光绪十一年（1885）拔贡。其父锡燕为陈澧高足弟子。元仪传其家学，师事王闿运，尤精“三礼”、《毛诗》，著有《毛诗谱》、《郇卿子别传》等。其学宗郑玄，著《北海三考》6卷，以表彰郑学。

是书包括“事迹考”、“注述考”、“师承考”三部分，各分上下，较郑珍《郑学录》更加完密。书前有元仪自叙，作于光绪二年（1876），称少承庭训，8岁就塾，即诵《毛诗》，继以“三礼”。年逾弱冠，方志于学，从事郑学，习之有年，但存瞻仰，未克贯通。诵经之余，涉猎史传，见北宋以前诸书多记郑玄逸事，有足补范史之略者，“遂取范史本传立以为纲，网罗旧闻，并存

异说，条附于下，俾有所考”。“事迹考”2卷，仿裴松之注《三国志》之例，以范史为纲，补注事迹于下。因郑玄著述达数十种，范史所记才十之一，故元仪广征旧籍，仿朱彝尊《经义考》之例，成“注述考”2卷。又考郑氏师承源流，作“师承考”2卷。《北海三考》对郑珍《郑学录》多有采录，并补其略而匡其失。对郑玄生平事迹多所订正，考据精审，尤以“注述考”最为赅洽，是治郑学的重要参考书。

此书有1925年刊《湖南丛书》本、川大《儒藏》本。

4.《文中子考信录》，（近人）汪吟龙撰

汪吟龙，安徽桐城人。少从梁启超学，不喜桐城派。著作有《汉赋考》、《子云文集》、《文中子考行录》等。

隋代大儒王通，字仲淹，河东郡龙门人，卒后门人谥曰文中子。一生聚徒讲学，著书立说，以毕生精力续作《六经》。著述有《太平十二策》、《中说》、《续六经》等多种。今仅存《中说》与《元经》两种，其他皆佚。由于《隋书》与新、旧《唐书》都没有王通的传记，一些学者怀疑文中子其人其书的真实性。关于王通生平事迹的系统记载，主要见于《中说》中的《文中子世家》。唐代皮日休撰有《文中子碑》，宋代司马光撰有《文中子补传》。汪吟龙于文中子研究用功颇深，《文中子考信录》分“人考”和“书考”两部分，前者考证王通事迹，后者考证《文中子》一书的真伪。后面附录5篇：《与章太炎论文中子书》、《驳旧唐书王勃传记文中子书》、《读韩退之送王秀才序书后》、《文中子续经义例考序例》、《文中子述略》。

该书收集材料非常丰富。收入王云五主编的《国学小丛书》，1934年商务印书馆出版。

5.《文中子真伪汇考》，（近人）王立中撰

王立中，安徽黟县人。该书篇幅不大（仅34页），搜集有关王通与文中子的文献资料，考证辨析，承认有王通其人，但对《中说》一书持怀疑态度。蔡元培序云：“近有作《文中子考信录》者，虽出于善善从长之美意，而强辨曲傅，未为定谳。王君立中于是有《文中子真伪汇考》之作，集前人之说，而为系统的审核，于是知王通确有其人，而《中说》后附录之《文中子世家》，不无舛误。《中说》因通自著，而先有王绩辈之渲染，继以王勮、王勔等之造谎，遂成为真伪杂糅之书。至慎至平，可为《文中子》一书之定评矣。”①

---

① 蔡元培：《文中子真伪汇考序》，见《蔡元培书话》，浙江人民出版社，1998年。

该书收入王云五主编的《国学小丛书》。

6.《濂溪周先生志》9卷（存卷二至卷九），（明）李桢撰

李桢，字维卿，安化（今属湖南）人。隆庆五年（1571）进士，官至南京刑部尚书。事迹具《明史》本传。

该书专记北宋哲学家周敦颐的事迹。首载《太极图说》、《通书》，次墓志及诸儒议论、历代褒崇之典，次古今纪述，次古今题咏并祭告之文。此后明李嵊慈在李桢原书基础上稍作增补，成《濂溪志》13卷。清吴大镕、常在又编辑《道国元公濂溪周夫子志》1卷。

李桢书有明刻本，《续修四库全书》、《四库全书存目丛书》收入。

7.《邵康节先生外纪》4卷，（明）陈继儒辑

陈继儒（1558—1639），字仲醇，号眉公，华亭（今上海市）人。诸生，年二十九隐居小昆山，后居东畲山，杜门著述，工诗善文，书法苏轼、米芾，兼能绘事，屡奉诏征用，皆以疾辞。擅墨梅、山水，有《梅花册》、《云山卷》等传世。著有《妮古录》、《陈眉公全集》、《小窗幽记》。

该书前3卷主要节编邵伯温《邵氏闻见录》中所载邵雍的事迹，重新编次。又附载邵伯温《易学辨惑》与查颜散《先天方圆图说》、余孟宣《经世要旨》及家传《心易数序》3篇，最后是邵雍及伯温《本传》。

此书有《宝颜堂秘籍》本，收入《四库全书存目丛书》。

8.《张子渊源录》10卷，（清）张镠撰

张镠，号紫峰，山东乐陵人。雍正十年举人。

该书以仪封张伯行所刻《张子全书》不无讹误，遂仿《近思录》、《伊洛渊源录》遗意，摘录张载粹言，汇为一集。根据程、朱所辨，间有删节。其中《西铭》1卷，《正蒙》2卷，《经学理窟》2卷，《语录》、《文集》1卷，《遗文》1卷，《拾遗文》1卷，《遗事》1卷，《弟子》1卷。

此书《四库全书总目》列入存目。

9.《朱子实纪》12卷（明）戴铣编

戴铣，字宝之，婺源（今属江西）人。弘治九年（1496）进士。《明史》卷一八八有传。

该书详细记述了朱熹的生平与学术及历代褒崇之典。分为道统源流、世系源流、年谱、行状、本传、庙宅、门人、褒典、赞述、纪题等内容，引用资料非常丰富，其中不少今已不传，对于研究朱子学的兴废传衍有较高的价值。

此书有明正德八年（1513）鲍雄刻本。收入《续修四库全书》、《四库全书存目丛书》。

10.《考订朱子世家》1卷，(清) 江永撰

本书重点在于考订朱熹家世。取朱熹年谱旧本重新删订，各附考证，而以婺源子孙承袭博士支派结束。后附《天宁寺会讲辩》一篇，专门考证《学会录》所载庆元二年 (1196) 朱子至新安会讲天宁寺事为明末良知之徒凿空撰出，以厚诬朱子。

此书有清同治六年 (1867) 黄田朱氏重刊本、民国二十四年 (1935) 上海商务印书馆排印本《近思录集注》附录。收入《四库全书存目丛书》。

11.《朱子文公传道经世言行录》8卷，(清) 舒敬亭辑

舒敬亭，字孝征，铜山人。

该书收录朱熹言行，汇为一编。前有朱子小像及父、师题词。又有自题赞及诸人先后题赞。卷一、卷二为年谱、行状。卷三为道学渊源。其中《濂溪事实记》取之朱熹《文集》,《明道行实》则取之《二程文集》。卷四为伊川行状及道体。卷五为学存养克已。卷六教人儆戒。卷七观圣贤，辨异端。卷八治道。材料大都取自《文集》、《近思录》。

此书有清乾隆五年 (1740) 强恕斋刻本，收入《四库全书存目丛书》。

12.《程朱阙里志》8卷，(明) 赵滂辑

赵滂，安徽歙县人。该书成于万历年间，前有高攀龙序。清初重刻时补充资料，并补入卷首1卷、汇增1卷，“程朱阙里”即安徽省歙县篁墩村。该书大旨谓朱子系出新安，二程祖墓也在此，故合志之。分为7门：地灵志、崇祀志、世考志、实录志、道统志、锡典志、艺文志，各为一卷，最后一卷是识余。该书搜集程、朱二族相关史料颇为丰富，可供研究者参考。

此书有清雍正三年 (1725) 紫阳书院刻本。收入《四库全书存目丛书》。

13.《薛文清公行实录》5卷，(明) 王鸿辑

王鸿，河津（今属山西）人。该书第一卷为薛瑄像赞、行道碑及事迹。第二卷为请从祀疏7篇。第三卷为祠堂院记、书院记等6篇，祭文3篇。第四卷为读书录，文集诸序等4篇，诗5首。第五卷为杂录柱联之类。书后附有薛氏《历世科贡传芳图》。该书搜求博洽，资料翔实。

此书有明万历十六年 (1588) 吴达可刻、崇祯重修本，收入《四库全书存目丛书》和《续修四库全书》。

14.《王文成传本》2卷，(清) 毛奇龄撰

王守仁为浙江余姚人，毛奇龄为浙江萧山人，二人为同郡，有乡党谊，故奇龄特为守仁作传，上于史馆。后来文稿轶其半，奇龄子远宗又摭拾补足。卷一为史馆列传草稿本，卷二为续稿本。文中分正文与附录，其中凡附录杂

事都低一格，标有“附”字的为辩论考证之词。后面附门人名籍与袭爵始末。搜集文献资料较为丰富，且多有辨正，对王氏之学亦有维护。

此书刻入《西河合集》。

15.《船山师友记》17卷、首1卷，(清) 罗正钧撰

罗正钧，字顺循，号劬庵，晚号石潭山农，湘潭人。少贫劬苦，读王夫之书，慨然想慕其人，镌一印曰“船山私淑弟子”，而网罗旧闻，补辑仪征刘毓崧《船山年谱》2卷，又辑录王夫之交游，作《船山师友记》17卷。

该书根据各种史传、文集、方志，搜集与王氏往来的157人，一一作传，内容翔实，资料来源都予注明，并有按语加以考订、评论。该书是研究王夫之的重要资料。

此书有光绪三十三年 (1907) 刊本、《清代传记丛刊》本、《续修四库全书》本。

16.《颜氏学记》10卷，(清) 戴望撰

戴望，好颜元、李塨之学，该书专门记述清初思想家颜元及其传人李塨、王源和程廷祚等人的学术思想和授受源委。颜元重“实行”、贵“实用”，曾说：“德性以用而见其醇驳”，“学问以用而见其得失”，自号“习斋”。弟子李塨承习斋之教，以躬行为先，不尚空文著述，提倡经世实用，世以“颜、李”并称。传人王源、程廷祚恪守颜李之学。戴望为颜李学派修史，旨在借颜李学派的“实学”批判理学之空谈。该书成于同治八年 (1869)，是研究颜李学说的重要参考书。

此书主要版本有《国粹丛书一集》、《吴兴丛书》、《清代学术丛书第一集》、《清代传记丛刊》等本。

17.《颜李师承记》9卷，(民国) 徐世昌辑

徐世昌除编纂《清儒学案》、《大清畿辅先哲传》等外，又整理颜李学说(颜元、李塨)，重印《颜李丛书》，编有《四存编》、《颜李师承记》、《恕谷语录》等。其中《颜李师承记》主要根据颜李《年谱》及《文集》等材料，搜集与颜李学术相关人物，汇编而成，对于研究颜李学术源流有一定参考价值。

此书有民国初刊本、《颜李学》本、《清代传记丛刊》本。

18.《求阙斋弟子记》32卷，(清) 王定安撰

王定安 (1833—1898)，字鼎丞，湖北东湖（今宜昌市夷陵区）人。同治元年 (1862) 举人。尝为曾国藩校注《十八家诗抄》，被荐为江苏昆山县知县，任满后又为曾国藩延为幕僚达20年之久。工古文，著有《湘军记》，编纂《续古文辞类纂》传于世。

曾国藩号称儒将，“求阙斋”系其斋名。王定安这部书实际上是曾国藩的传记资料。全书分《恩遇》、《忠说》、《平寇》、《剿捻》、《抚降》（李世忠）、《驭练》（苗沛霖）、《绥柔》（包括天津教案）、《志操》、《文学》、《军谟》、《家训》、《吏治》、《哀荣》等节，比较全面地反映了曾国藩的一生。

此书有光绪二年（1876）刻本，李鸿章题署。

第三节 名儒言行录

中国的史官早就有左史、右史之分，其写史职责亦各有别。《礼记·玉藻》谓左史记动，右史记言。而《汉书·艺文志》又谓左史记言，右史记事，“事为《春秋》，言为《尚书》”[①]。后世史学实际上并没有将记言、记事区分得非常明白，绝大多数史书既记言又记事，只不过各有侧重而已。从总体上看，史书偏重于记事，而子书则偏重于记言。就先秦诸子而言，《老子》、《墨子》、《管子》、《庄子》、《荀子》、《韩非子》都属于记言之书，而《论语》、《孟子》则既记言又记行，可以看成是最早的名儒言行录。后世如《文中子》一书记隋儒王通言行，也是一部言行录。这类言行录一般来说都是由门人或后学记录整理而成。

从各种史传文献中辑录名臣、名儒的言行资料，加以剪裁、汇编，始自南宋理学大师朱熹。他编有两部言行录：《五朝名臣言行录》、《三朝名臣言行录》，合称为《八朝名臣言行录》，又称《朱子名臣言行录》。据清王懋竑撰《朱子年谱》，《名臣言行录》成于乾道八年（1172），时朱熹43岁。五朝为宋太祖、太宗、真宗、仁宗和英宗，三朝为神宗、哲宗和徽宗。此书虽不是朱熹的原创作品，但对所录材料有去取、删略和考辨，贯穿了朱熹本人对历史人物和宋代历史的看法，实际上也体现了朱熹的史学思想。据陈振孙《直斋书录解题》云，朱熹是“以近代文集及传记所载本朝名臣言行，掇取其要，辑为此录”。其取材范围相当广泛，以文集、家传、行状、碑铭、墓志、遗事、语录等第一手材料为主，参以别史、杂史、方志、笔记、小说等书。据叶建华初步统计，《言行录》所引资料竟多达200余种。它的每篇人物传记，

① 《汉书·艺文志》。

都是参考了几种甚至十几种材料写成的[①]。稍晚于朱熹的南宋著名学者黄震说：《名臣言行录》“虽杂取传记之言，然诸贤出处之本末备矣。岂独诸贤，凡国朝盛衰之故，亦莫不隐然备见其间矣。……然则此录岂特记诸贤之言行而已哉！愚尝谓史无定体，《书》随事为篇，《春秋》纪年以书，班、马以来分纪传，而此录亦朱文公阴寓本朝之史”[②]。该书不单单辑录北宋名臣言行，还是一部重要的北宋历史书。共录北宋八朝名臣104人，其中相当数量的既是名臣又是名儒，如范仲淹、孙奭、穆修、胡瑗、孙复、石介、欧阳修、苏轼、苏辙、王安石、胡宿、司马光、范纯仁、刘敞、吕希哲、邹浩、陈瓘、徐积、刘安世、邵雍、范祖禹、陈襄等等。因此该书也是研究北宋儒学人物的重要文献。

至于《八朝名臣言行录》的版本，台湾学者郑骞曾通过对此书的《四部丛刊》本与清同治洪莹刻本的比勘，认为前者为朱熹的“原本”，后者为宋末李衡的“删节本”，故几无可取之处。华东师范大学古籍研究所裴汝诚教授、顾宏义博士对这一说法提出了质疑，认为“李衡所删”的看法难以成立，并通过对《言行录》之“小传”、正文注文的删节与变化的考辨，认为所谓的“删节本”实际上是一个对朱熹的“原本”有删有节还有增加改动的“纂要”修订本，其中反映了朱熹对北宋世风教化的看法。因此，这两种版本互有长短，可以互补。

由于朱熹的影响，后世学者也十分重视“言行录”的编纂，作者继踵，比较重要的有：

《皇朝名臣言行续录》8卷，（宋）李幼武撰。

《四朝名臣言行录》26卷，（宋）李幼武撰。

《皇朝道学名臣言行外录》17卷，（宋）李幼武撰。

《名贤氏族言行类稿》60卷，（宋）章定撰。

《南宋名臣言行录》16卷，（明）尹直撰。

《皇明名臣言行录前集》12卷《后集》12卷《续集》8卷，（明）徐咸撰。

《皇明名臣记》30卷，（明）郑晓撰。

《名臣言行录新编》34卷，（明）沈庭奎撰。

《皇朝理学名臣言行录》3卷，（明）崔铣撰。

《皇明理学名臣言行录》2卷《续》1卷，（明）杨廉撰。

---

① 叶建华：《朱熹宋八朝名臣言行录初探》，载《史学月刊》1988年第6期。

② 黄震：《黄氏日钞》卷五〇。

《皇明名臣言行录》，（明）王宗沐撰。

《国朝名臣言行略》，（明）刘廷元撰。

《战国人才言行录》10卷，（明）秦论撰。

《汉名臣言行录》8卷，（明）姜絅撰。

《汉名臣言行录》12卷，（清）夏之芳撰。

《临江先哲言行录》2卷，（清）龚守愚撰。

《明名臣言行录》95卷，（清）徐开任撰。

《明儒言行录》10卷《续录》2卷，（清）沈佳撰。

《国朝臣工言行录》26卷，（清）梁章钜撰。

《国朝名臣言行录》30卷，（清）王炳燮撰。

《历代名臣言行录》24卷，（清）朱桓撰。

《二十二史言行录》42卷，（清）过元昳撰。

《粤东名儒言行录》24卷，（清）邓淳撰。

以上这些言行录，有的侧重于名臣，有的侧重于名儒。由于中国历史上儒术治国，政道合一，许多名臣即为名儒，亦官亦儒，故名臣言行录中有相当一部分就是名儒言行录。

至于个别名儒的言行录，编纂者也不少。如清人丁宝书《安定言行录》2卷，搜集北宋胡瑗的言行。舒敬亭《朱子文公传道经世言行录》8卷，辑录朱熹言行。陈廷钧《先儒赵子言行录》辑录元儒赵复的言行。钟錂《颜习斋先生言行录》2卷，辑录颜元的言行。这些都是研究这些人物生平事迹和学术思想的重要资料。

第四节　名儒碑传

碑传相对于史传而言，一般指行状（又称“行述”）、墓志铭（又称“墓志”或“墓铭”）、墓碑（“方者为碑”，又称“神道碑”）、墓表（又称“阡表”、“殡表”、“灵表”）、墓碣（“圆者为碣”）等。其述人物生平事迹，巨细备载者谓之“行状”。徐师曾《文体明辨》说：“按刘勰云：‘状者，貌也，体貌本原，取其事实。先贤表谥，并有行状，状之大者也。’其文多出于门生故吏亲旧之手，以谓非此辈不能知也。”旧时谥议、墓志、传文往往以行状为参考。亲故比较熟悉死者的情况，由他们执笔撰写，固然能使作品较为真实可靠。但是另一方面，因为门生亲故碍于私情旧念，所以在“行状”这类文章中也往往多浮夸溢美之词。至于事状、行述等，则为状之变体。其记死者世系、名字、爵里、行治、寿年、卒葬年月，与其子孙之大略，勒石加盖，埋于圹前，以防异时陵谷变迁者，有文有韵，是为“墓志铭”（其有志无铭者谓之“墓志”，有铭无志者谓之“墓铭”）。既为墓志以藏之幽壤，复为石碑以揭橥墓外，或称碑、碣，或曰表、文，与墓志幽显相映、详略互参。墓志铭大多由传主后裔请人撰写，并向撰稿人提供有关传主的文献或口头资料，作为写作的依据。也有少数是奉旨纂修，即官撰。在文体上包含两种，即志和铭，志用记叙文，铭用韵文。内容如清人卢见曾所说：“备载姓氏、爵里、世系，以及功烈、德望、子女、卒葬之类，近于史家。”① 说它近于史家，是因同列传相近，叙述个人的生平事迹。但因为属于私修，叙事上往往扬善隐恶，多有“谀墓之词”。

秦汉而下，流行石刻；东汉以还，渐行碑状。人之云亡，树碑立传。或故交叙旧，或门生述恩。儒者“疾没世而名不称”，故于此道尤重。这些传记资料，或葬之幽冥，或树之墓旁，或曾上之太史，为国史立传所本；或仍载在文集，为品题人物之资。亦有将其类编成集，如杜大珪之《琬琰集》、焦竑之《献征录》、钱仪吉等《碑传集》等。但是更多的是散见各处，有的甚至还藏在山崖水涘，无人知晓，读者欲一见而不能得，更遑论其研究利用。近人姜亮夫利用史传及碑传资料，编成《历代人物年里碑传综表》（中华书局，1959 年），嘉惠学林。四川大学编《儒藏·史部》列有《儒林碑传》一目（四川大学出版社，2005 年），共搜得碑传文 4000 余篇，涉及传主 3000 余人。兹分述历代碑传大略如下。

1. 汉唐碑传

碑志滥觞于先秦，形成于两汉。东汉崔瑗、蔡邕等都是碑志名家。至于与名儒相关者，据严可均《全上古三代秦汉三国六朝文》所录，崔瑗有《河间张平子碑》，蔡邕有《陈寔碑》、《何休碑》。三国两晋时禁止立碑，于是墓碑由大缩小，以便埋入墓圹。也有因担心墓碑日久损毁，而另于墓中置石记以志久远者。南北朝时墓志始从碑的一类独立出来，有了墓志之称。北朝墓志比较发达，其中北魏墓志堪称代表，数量众多，形制大多呈正方形。志文书体开隋唐楷书之先河，在中国书法史上被称为“魏碑体”。南朝墓志较北朝

① 卢见曾：《金石三例序》，载潘昂霄等《金石三例》，商务印书馆，1937 年。

少。南朝人甚至认为“石志不出礼典”（王俭语）。近人系统搜录汉魏六朝墓志的著作主要有赵万里《汉魏六朝冢墓遗文图录》（历史语言研究所，1936年）、《汉魏南北朝墓志集释》（科学出版社，1956年）、王壮弘《六朝墓志检要》（上海书画出版社，1985年）、赵超《汉魏南北朝墓志汇编》（天津古籍出版社，1992年）、罗新和叶炜《新出魏晋南北朝墓志疏证》（中华书局，2005年）等。总的来说，两汉魏晋南北朝留传下来的碑传不多，但其中也有一些儒学人物的碑传，吉光片羽，值得珍视。

唐代撰写碑传之风极为盛行，唐人文集之中有大量的这类文字。韩愈有碑传文70多篇，除个别有“谀墓”之嫌，大部分写实。其中包括《柳子厚墓志铭》、《施先生（士丐）墓铭》等名儒碑传。欧阳修撰《新唐书》，曾大量采用韩愈的碑志。集中收录唐代儒学人物碑传的文献，除唐人文集之外，还有清人董诰等编《全唐文》、陆心源《唐文拾遗》、《唐文续拾》（1983年中华书局影印嘉庆本，并附影印光绪时陆心源的《唐文拾遗》72卷和《唐文续拾》16卷，全部断句；1990年上海古籍出版社据原刊本剪贴缩印，后附陆心源《唐文拾遗》、《唐文续拾》，劳格《读全唐文札记》、岑仲勉《读全唐文札记》等）、周绍良等《全唐文新编》（吉林文史出版社，2003年）、陈尚君《全唐文补编》（中华书局，2005年）。此外，地下出土的唐人墓志也很丰富，周绍良、赵超等编有《唐代墓志汇编》（上海古籍出版社，1992年）。这些资料对研究唐代儒学人物很有参考价值。傅璇琮等编有《唐五代人物传记资料索引》（中华书局，1982年）是查阅唐人传记资料的重要工具书。

2. 宋儒碑传

宋代是华夏文明发展的一个高峰，文化普及，学者名儒辈出。宋代留传下来的著作众多，宋代碑传文数量也极为庞大。李焘作《续资治通鉴长编》，李心传作《建炎以来系年要录》，往往采用。据刘琳先生统计，宋代有诗文词别集留存至今的作家约700余人，其中别集含文者384人。① 如柳开、王禹偁、欧阳修、司马光、王安石、苏轼、苏辙、朱熹、周必大、杨万里、刘克庄等作者的文集中，含有大量的碑传文，其中不乏名儒碑传。四川大学古籍所编纂的《全宋文》将这些文字悉数纳入，极便学者检寻。②

① 刘琳：《从全宋文的“全”看其学术价值》，见四川大学《儒藏网》，2006年8月6日。

② 四川大学古籍所编：《全宋文》360册，上海辞书出版社、安徽教育出版社，2006年。

表 4－6－1　宋代名儒碑传举要

名儒姓名	碑传名	出　处	作　者
范仲淹 (989—1052)	范文正神道碑铭	《欧阳文忠公集》卷二〇	欧阳修
孙　复 (992—1057)	孙明复墓志铭	《欧阳文忠公集》卷二七	欧阳修
胡　瑗 (993—1059)	胡先生墓表	《欧阳文忠公集》卷二五	欧阳修
石　介 (1005—1045)	徂徕先生墓志铭	《欧阳文忠公集》卷三四	欧阳修
欧阳修 (1007—1072)	欧阳文忠公神道碑	《栾城后集》卷二三	苏　辙
李　觏 (1009—1059)	盱江先生墓志铭	《直讲集·外集》卷三	陈次公
邵　雍 (1011—1077)	邵尧夫先生墓志铭	《明道集》卷四	程　颢
周敦颐 (1017—1073)	濂溪先生事状	《濂溪集》附录	朱　熹
刘　敞 (1019—1068)	刘公墓志铭	《欧阳文忠公集》卷三五	欧阳修
司马光 (1019—1086)	司马温公行状	《东坡集》卷三六	苏　轼
张　载 (1020—1077)	横渠先生行状	《张子全书》卷一五	吕大临
王安石 (1021—1086)	王荆公安石传	《名臣碑传琬琰集》下卷一四	实　录
程　颢 (1032—1085)	明道先生行状	《伊川集》卷七	程　颐
程　颐 (1033—1107)	程侍讲颐传	《名臣碑传琬琰集》下卷二一	实　录
苏　轼 (1036—1101)	亡兄子瞻端明墓志铭	《栾城后集》卷二二	苏　辙
苏　辙 (1039—1112)	颍滨遗老传	《栾城后集》卷一二	苏　辙
游　酢 (1053—1123)	御史游公墓志铭	《龟山集》卷三三	杨　时
胡安国 (1074—1138)	先公行状	《斐然集》卷二五	胡　寅
朱　熹 (1130—1200)	文公朱先生行状	《勉斋集》卷三六	黄　榦
张　栻 (1133—1180)	张公神道碑	《朱文公文集》卷八九	朱　熹

续表

名儒姓名	碑传名	出处	作者
吕祖谦（1137—1181）	吕太史圹记	《吕太史文集》附录	吕祖俭
陆九渊（1139—1192）	象山先生行状	《慈湖遗书》卷五	杨简
杨简（1141—1226）	慈湖先生行状	《慈湖遗书》卷一八	钱时
陈亮（1143—1194）	陈同甫墓志铭	《水心文集》卷二四	叶适
黄榦（1152—1221）	勉斋黄先生行实	《勉斋集》附录	林羽
蔡沈（1167—1230）	九峰先生蔡君墓表	《真文忠公集》卷四二	真德秀
真德秀（1178—1235）	真公神道碑 真文忠公行状	《鹤山大全集》卷六九 《后村大全集》卷一六八	魏了翁 刘克庄

宋代碑传众多，于是有人将其汇编于一处，最著名的有杜大珪《名臣碑传琬琰集》107卷。大珪，眉州（今四川眉山）人，进士，约生活于光宗时。该书汇集宋代名臣碑传资料，共分为3集，上集凡27卷，中集凡55卷，下集凡25卷。起自北宋建隆、乾德，讫于南宋建炎、绍兴。大约随得随编，不甚拘时代体制。大体而言，上集神道碑为多，中集志铭、行状为多，下集别传为多。采录范围包括诸家别集，也间及于实录、国史。这些文集、实录、国史多已失传，碑传材料赖此书得以保存下来。且可与流传下来的别集进行校勘，实为治宋史、查检宋人传记的珍贵文献。

此外，哈佛燕京学社引得编纂处编有《四十七种宋代传记综合引得》（中华书局，1959年再版）、王德毅编《宋人传记资料索引》（台湾鼎文书局，1974年）、李国玲编《宋人传记资料索引补编》（四川大学出版社，1994年）是查找宋儒传记的重要工具书。

3. 元儒碑传

元朝如果从公元1206年孛儿只斤铁木真成为蒙古的大汗算起，至公元1368年灭亡，共历160多年。儒学在元朝有一定的发展，出现了一批有影响的儒学人物。元初儒者大多来自辽、金及南宋。如耶律楚材、元好问、赵复、马端临、许衡、刘因、吴澄。元末儒者又多入明，如朱升、宋濂、王祎等。许谦、胡一桂、保八、赵采、胡炳文、王申子、熊良辅、李简、董真卿、赵汸、黄镇成、王充耘、刘瑾、陈友仁、陈澔、俞皋、程端学、郑玉、齐履谦、虞集、袁桷、杨维桢等，都是元朝名儒。元人留下了不少文集，其中有大量儒学人物的碑传。

表 4-6-2　元代名儒碑传举要

名儒姓名	碑传名	出处	作者
姚枢 (1203—1280)	姚文献公神道碑	《牧庵集》卷一五	姚燧
赵复	序江汉先生事实	《牧庵集》卷四	姚燧
许衡 (1209—1281)	文正许先生神道碑	《圭斋文集》卷九	欧阳玄
郝经 (1223—1275)	郝公神道碑 郝公墓志铭	《天下同文集》卷四〇 《静轩集》卷五	周南瑞 阎复
胡一桂 (1247—?)	胡一桂传	《新安文献志》卷七〇	汪幼凤
吴澄 (1249—1333)	吴公行状 吴公神道碑	《道园学古录》卷四四 《吴文正集》附录	虞集 揭傒斯
刘因 (1249—1293)	静修先生刘公墓表	《滋溪文稿》卷八	苏天爵
胡炳文 (1250—1333)	云峰胡先生行状 胡云峰传	《云峰文集》卷九 《新安文献志》卷七一	汪幼凤
陈栎 (1252—1334)	定宇陈先生行状 定宇先生墓志铭	《定宇集》卷一七 《定宇集》卷一七	汪炎昶 揭傒斯
俞琰 (1253—1316)	石涧先生小传	《吴都文粹续集》卷四五	杨炳
马端临 (1254—?)	补元史马端临传	《柔桥文钞》卷一四	王棻
程复心 (1257—1340)	程教授复心传	《新安文献志》卷七一	汪幼凤
陈澔 (1261—1341)	元故都昌陈先生墓志铭	《危太仆文续集》卷五	危素
许谦 (1270—1337)	白云许先生墓志铭	《金华黄先生文集》卷三二	黄溍
吴莱 (1297—1340)	渊颖先生碑	《宋文宪公全集》卷四一	宋濂
郑玉 (1298—1358)	师山先生郑公行状	《环谷集》卷八	汪克宽
汪克宽 (1304—1372)	环谷汪先生克宽行状	《新安文献志》卷七二	吴国英

元人碑传汇编，则有元人苏天爵的《元朝名臣事略》15 卷，原名为《国朝名臣事略》，清乾隆年间武英殿刊行时改今名。书前有天历二年（1329）序，故成书不得晚于此时。全书录有元朝开国功臣、文臣、武将、学者 47 人的传记。前 4 卷收蒙古、色目 12 人，后 11 卷收汉人 35 人。儒学人物包括窦默、姚枢、许衡、王恂、郭守敬、郝经、刘因等。该书仿南宋杜大珪《名臣

碑传琬琰集》的体例，直接利用诸家文集中碑传等原始资料成篇，但又不像杜书那样全文照录，而是按年按事选辑有关人的行状、碑文、墓志、家传及其他记载。每个传记之前有一篇提要，概述传主氏族、籍贯、简历等情况。正文按顺序将有关人物的行状、碑传、墓志、家传等选段连缀成篇，并以小字分段注明出处。文中涉及的人物、事件有它书可以补充的，也以小字注出。全书引文130余篇，其中选自元初著名文人王鹗、王磐、徐世隆、李谦、阎复、元明善等人的作品占半数以上。这些人的文集已经不存，其中不少篇目赖此书流传下来。明初修元史时，许多材料取自此书。《四库全书》和据它翻刻的几个版本脱误甚多，加上专名经过改译，面貌全非。中华书局1962年影印的元统三年（1335）建安余氏勤有书堂刊本是该书最好的版本。姚景安以元刻本为底本，并参照其他版本及元人文集进行点校和对勘，于1996年由中华书局出版了点校本。苏天爵还编有元代文章总集《元文类》。此外，北京师范大学古籍研究所编纂、江苏古籍出版社出版的《全元文》广征文献，荟萃众编，收录了大量的元代碑传文。陆峻岭编有《元人文集篇目分类索引》（中华书局，1979年），可以查阅元代文集中的碑传文。王德毅等编的《元人传记资料索引》（台湾新文丰出版公司，1979—1982年；中华书局，1987年）也引用了许多碑传资料。

4. 明儒碑传

明代儒学，承宋元之绪，以程朱理学为正统。大体上，明代儒学的发展经历了三个阶段：明初诸帝，继续提倡理学，作为官方学术和王朝的统治思想。明初著名儒学家有宋濂、方孝孺、曹端、薛瑄、吴与弼、胡居仁等。至明弘治、正德年间，王阳明远承宋儒陆九渊的心学，倡导“心外无理”的心学，又称“王学”，一度广为流行。《明儒学案》按地域划分，将王门学者分为浙中、江右、南中、楚中、北方、粤闽等6个学案，列专案叙述者66人。其中以浙中、江右王门的影响最大。到明万历以后，商品经济发展，社会开始转型，朱学和王学都不再能控制社会人心。反理学的各种学说陆续兴起。明朝亡国，士人痛诋理学或心学的空疏误国，遂另辟治学的新径，重新检讨宋明学术，一时诸说并立，名家辈出，思想界再次形成“百家争鸣”。王学流于空疏，不仅引起思想家的非难，也在经学研究中引起反动。晚明经学研究出现一些新动向，逐渐抛弃空谈心性之学，转向考订注疏，朝“弃宋复汉”的方向发展，成为清代汉学的先声。

明代名儒辈出。如朱升、钱唐、方孝孺、解缙、胡广、薛瑄、胡居仁、余祐、蔡清、陈琛、林希元、罗钦顺、曹端、吴与弼、胡九韶、陈真晟、王守仁、吕柟、李中、马理、魏校、王应电、黄淳耀、陈献章、李承箕、张诩、娄谅、夏尚朴、贺钦、陈茂烈、湛若水、蒋信、邹守益、钱德洪、徐爱、王畿、王艮、欧阳德、罗洪先、邹应龙、张居正、程文德、吴悌、何廷仁、刘邦采、魏良政、王时槐、许孚远、尤时熙、张后觉、邓以赞、张元忭、孟化鲤、孟秋、来知德、张以宁、焦竑、杨慎、曹学佺、高攀龙、黄尊素等，或以讲学见长，或以通经为业，或以事功擅名，或以道德见称，对于明代儒学的发展做出过重要贡献。许多名儒的碑传于明人的文集之中，如王世贞《弇州山人续稿》，钱谦益《牧斋初学集》、《二学集》，黄宗羲《南雷文定》，以及清初邵念鲁《思复堂文集》、朱彝尊《曝书亭集》、毛奇龄《西河文集》、全祖望《鲒埼亭集》等等①。

表 4-6-3　明代名儒碑传举要

名儒姓名	碑传名	出　处	作　者
宋　濂（1310—1381）	宋公行状	《皇明名臣琬琰录》卷八	郑　楷
方孝孺（1357—1402）	方逊志先生祠堂碑	《方山薛先生全集》卷二七	薛应旂
曹　端（1376—1434）	曹月川先生传	《云石堂集》卷一七	成靖之
薛　瑄（1389—1464）	薛公神道碑铭	《国朝献征录》卷一三	李　贤
吴与弼（1391—1469）	与弼先生行状	《与弼先生文集》附录	晏　谅
陈献章（1428—1500）	陈先生行状	《白沙子全集》附录	张　诩
胡居仁（1434—1484）	胡敬斋先生传	《正谊堂文集》卷一一	张伯行
罗钦顺（1465—1547）	罗公神道碑	《钤山堂集》卷三五	严　嵩
湛若水（1466—1560）	湛文简公传	《明文海》卷三九七	郭　棐
王守仁（1472—1528）	王公墓志铭	《甘泉先生续编大全》卷一一	湛若水
王廷相（1474—1544）	王公墓志铭	《皇明名臣墓志坤集》卷七八	许　瓒

① 台湾学者周骏富将这几种文集中的碑传部分辑录出来，收入《明代传记丛刊》，台北明文书局，1990 年印行。

续表

名儒姓名	碑传名	出处	作者
吕柟 (1479—1542)	吕公行状	《国朝献征录》卷三七	马汝骥
王艮 (1483—1541)	王心斋墓志铭	《赵文肃公文集》卷一八	赵贞吉
钱德洪 (1496—1574)	绪山钱君行状	《龙溪先生全集》卷二〇	王畿
王畿 (1498—1583)	王先生墓志铭	《龙溪先生全集》附录	赵锦
罗汝芳 (1515—1588)	罗近溪先生墓志铭	《罗近溪全集》卷一〇	杨起元
张居正 (1525—1582)	张文忠公行实	《张太岳文集》卷四七	张敬修
李贽 (1527—1602)	李温陵传	《珂雪斋前集》卷一六	袁中道
吕坤 (1536—1618)	宁陵吕公德政碑	《来禽馆集》卷一一	邢侗
顾宪成 (1550—1612)	顾先生行状 顾公墓志铭	《高子遗书》卷一一中 《邹子愿学集》卷六	高攀龙 邹元标
郝敬 (1558—1639)	郝京山先生传	《存吾文稿》卷三	余廷灿
高攀龙 (1562—1626)	高公行状 高公神道碑	《高子遗书》附录 《牧斋初学集》卷六二	叶茂才 钱谦益
刘宗周 (1578—1645)	子刘子行状	《南雷文案》附印本	黄宗羲

对明人碑传的汇录，则有徐纮的《皇明名臣琬琰录》54卷、焦竑的《国朝献征录》120卷。徐纮字朝文，武进人，弘治三年（1490）进士，以刑部郎中出为广东按察司佥事，分巡岭东，终于云南按察司副使。该书仿宋杜大珪《名臣碑传琬琰集》而作，所辑自洪武迄弘治九朝诸臣事迹。《前录》所载117人，《续录》所载95人，凡碑铭、志传以及地方志、言行录之类皆有采集。有明刻本、《丛书集成续编》本。焦竑《国朝献征录》约成书于万历中叶，搜集从洪武至嘉靖的12朝人物传记，包括方志、野史、神道碑、墓志铭、行状、别传等原始史料，从宗室大臣到地方官吏，从孝子、儒林到文学、艺苑，莫不有传。多数传记都注明出处。该书搜罗非常广泛，内容远比徐纮编的《皇明名臣琬琰录》丰富。万斯同修《明史》时，曾利用它与官修实录对勘，认为“可备国史之采择者，唯此而已”。乾隆时编《明史考证》，也多据该书以校《明史》。该书明代仅刻印一次，清代乾隆时列为禁书，故传本甚

少。1965 年台湾学生书局出版的《中国史学丛书》中有影印本，1996 年齐鲁书社出版的《续修四库全书》也收入该书。

另外值得一提的是，明亡后，为了保存明代文献，黄宗羲从上千家文集中选辑成《明文案》217 卷，后又在此基础上扩编成《明文海》482 卷，其中也收入大量明代学人的碑传资料。《四库全书总目》说，该书“使一代典章、人物，俱藉以考见大凡……可谓一代文章之渊薮。考明人著作者，当必以是编为极备矣”。[①] 文渊阁《四库全书》中所收《明文海》多有抽毁。《全国古籍善本目录》著录海内存有 5 部：浙江宁波天一阁文物保管所藏稿本，仅存 16 卷。陕西高陵县图书馆抄本亦只存 14 卷。较为完整的有北京图书馆、上海图书馆以及浙江图书馆所藏的 3 部抄本。1987 年中华书局据涵芬楼抄本影印出版。

王德毅等编有《明人传记资料索引》（中国台湾“中央图书馆”，1965 年；台北：文史哲出版社，1978 年），引用大量明代碑传资料。哈佛燕京学社引得编纂处编有《八十九种明代传记综合引得》（中华书局，1987 年重印），也可以查找明代碑传文。

5. 清儒碑传

清朝是东北满族入关建立的一个幅员辽阔的统一王朝。清代儒学的发展，大体经历了三个阶段。从清初到康熙、雍正时期，平定了各地反叛武装，为了巩固中央集权统治，程朱理学再次作为官方学术而被提倡。但清代理学家多承宋明绪余，殊少新创。至乾隆、嘉庆时期，考据学勃兴，学者继承古代经学家考据训诂的方法，加以条理发展，治学以解经为主，以汉儒经注为宗，学风朴实严谨，不尚空谈。清代中后期，沉寂千余年的今文经学再次兴起，对思想界产生了深远的影响。大凡清代读书讲学之人，皆以著述为能，作者众多，因此清代儒学人物碑传数量庞大，收不胜收。

表 4-6-4　清代名儒碑传举要

名儒姓名	碑传名	出处	作者
孙奇逢 (1584—1675)	孙征君墓志铭 孙征君传	《汤潜庵集》下 《望溪先生文集》卷八	汤斌 方苞
陈确 (1604—1677)	陈乾初先生墓志铭	《南雷文案》卷八	黄宗羲
傅山 (1607—1684)	傅青主事略	《鲒埼亭集》卷二六	全祖望
黄宗羲 (1610—1695)	梨洲先生神道碑文	《鲒埼亭集》卷一一	全祖望

① 《四库全书总目》卷一九〇《明文海》提要。

续表

名儒姓名	碑传名	出处	作者
陆世仪 (1611—1701)	陆桴亭先生传	《鲒埼亭集》卷二八	全祖望
张履祥 (1611—1674)	张先生墓表	《东里生烬余集》卷三	汪家禧
张尔岐 (1612—1677)	处士张蒿庵墓表	《箨石斋文集》卷二四	钱　载
顾炎武 (1612—1680)	亭林先生神道碑	《鲒埼亭集》卷一二	全祖望
王夫之 (1619—1692)	王船山传	《存吾文稿》卷三	余廷灿
毛奇龄 (1623—1713)	毛奇龄自志 毛西河别传	《西河合集·墓志》卷一一 《鲒埼亭集外编》卷一二	毛奇龄 全祖望
李　颙 (1627—1705)	李二曲先生传 二曲先生窆石文	《畲香草存》卷一 《鲒埼亭集》卷一二	倪元坦 全祖望
陆陇其 (1630—1692)	陆先生行状 陆先生墓志铭	《西亭文钞》卷十 《午亭文编》卷四四	王原 陈廷敬
胡　渭 (1633—1714)	胡东樵先生墓志铭	《道古堂文集》卷四〇	杭世骏
阎若璩 (1636—1704)	阎先生墓志铭 阎先生传	《饴山文集》卷七 《潜研堂文集》卷三八	赵执信 钱大昕
万斯同 (1643—1702)	万季野墓表	《望溪文集》卷一二	方　苞
李光地 (1642—1718)	李文贞公事状 李光地传	《二林居集》卷一五 《穆堂别稿》卷二九	彭绍升 李　绂
张伯行 (1651—1725)	张公墓志铭 张公神道碑	《正谊堂文集》卷首 《正谊堂文集》卷首	张廷玉 朱　轼
李　塨 (1659—1733)	李刚主墓志铭	《望溪文集》卷一〇	方　苞
方　苞 (1668—1749)	方先生行状 桐城方公神道碑铭	《经笥堂文钞》卷下 《鲒埼亭集》卷一七	雷　鋐 全祖望
顾栋高 (1679—1759)	顾先生墓表	《类谷居近稿》	诸　洛
江　永 (1681—1762)	江慎修先生事略状 江慎修先生墓志铭	《戴东原集》卷一二 《春融堂集》卷五五	戴　震 王　昶
程廷祚 (1691—1767)	程先生墓志铭 程先生墓志铭	《勉行堂文集》卷六 《小仓山房文集》卷四	程晋生 袁　枚
惠　栋 (1697—1758)	惠定宇先生墓志铭 惠定宇先生传	《万卷楼文稿》卷七 《潜研堂文集》卷三九	顾栋高 钱大昕
秦蕙田 (1702—1764)	秦公墓志铭	《潜研堂文集》卷四二	钱大昕
全祖望 (1705—1755)	全谢山先生传	《铁桥漫稿》卷七	严可均

续表

名儒姓名	碑传名	出处	作者
卢文弨 (1717—1795)	卢公行状 卢公墓志铭	《拜经堂文集》卷五 《经韵楼集》卷八	臧　庸 段玉裁
庄存与 (1719—1788)	武进庄公神道碑铭	《定盦文集》卷上	龚自珍
江　声 (1721—1799)	江先生传	《平津馆文稿》卷下	孙星衍
戴　震 (1723—1777)	戴东原先生行状 戴东原先生墓志铭	《初堂遗稿》 《春融堂集》卷五五	洪　榜 王　昶
纪　昀 (1724—1805)	纪公墓志铭	《知足斋文集》卷五	朱　珪
钱大昕 (1728—1804)	钱君墓志铭 钱先生神道碑铭	《春融堂集》卷五五 《王文简遗集》卷四	王　昶 王引之
毕　沅 (1730—1787)	毕公墓志铭 毕公神道碑	《潜研堂文集》卷四二 《春融堂集》卷五二	钱大昕 王　昶
姚　鼐 (1731—1815)	姚先生行状	《太乙舟文集》卷三	陈用光
王鸣盛 (1732—1797)	西沚先生墓志铭	《潜研堂文集》卷四六	钱大昕
章学诚 (1738—1801)	章实斋家传	《章氏遗书》附录	谭　献
崔　述 (1740—1816)	崔东壁传	《左盦外集》卷一八	刘师培
邵晋涵 (1743—1796)	邵先生墓志铭	《潜研堂文集》卷四三	钱大昕
汪　中 (1744—1794)	汪先生行状 汪先生墓志铭	《王文简遗集》卷四 《左海文集》卷九	王引之 陈寿祺
王念孙 (1744—1832)	王石臞传	《二知轩文存》卷二九	方濬颐
洪亮吉 (1746—1809)	洪先生墓志铭	《亦有生斋文集》卷一八	赵怀玉
孙星衍 (1753—1818)	孙渊如传	《揅经室二集》卷三	阮　元
张惠言 (1761—1802)	张先生墓志铭	《大云山房文稿初集》卷四	恽　敬
焦　循 (1763—1820)	焦里堂传	《揅经室二集》卷四	阮　元
阮　元 (1764—1849)	阮云台传	《通义堂文集》卷六	刘毓崧
王引之 (1766—1834)	王先生墓志铭 王先生墓表	《寸心知堂文存》卷六 《定盦续集》卷四	汤金钊 龚自珍

续表

名儒姓名	碑传名	出处	作者
陈寿祺 (1771—1834)	自传 陈先生传	《左海文集》卷九 《小石渠阁文集》卷四	陈寿祺 林昌彝
方东树 (1772—1851)	方先生行状	《柏堂集前编》卷七	方宗诚
俞正燮 (1775—1840)	俞理初先生传	《有恒心斋文》卷八	程鸿诏
陈奂 (1786—1863)	陈先生行状	《谪麐堂遗集》卷一	戴望
刘逢禄 (1776—1829)	刘先生行述	《谪麐堂遗集》卷一	戴望
唐鉴 (1778—1861)	唐先生墓志铭	《曾文正公文集》卷三	曾国藩
胡培翚 (1782—1849)	胡先生行状 胡先生墓志铭	《研六室文钞》附 《汪梅邨先生集》卷一一	胡培系 汪士铎
刘文淇 (1789—1854)	刘先生行略	《通义堂文集》卷六	刘毓崧
刘宝楠 (1791—1855)	刘先生事状	《谪麐堂遗集》卷二	戴望
魏源 (1794—1856)	魏默深先生传	《盋山文录》卷五	顾云
陈乔枞 (1809—1869)	陈先生墓志铭	《赌棋山庄文集》卷七	谢章铤
陈立 (1809—1869)	陈先生墓志铭	《广经室文钞》	刘恭冕
邵懿辰 (1810—1861)	仁和邵君墓志铭	《曾文正公文集》卷三	曾国藩
曾国藩 (1811—1872)	曾公行状 曾公神道碑	《天岳山馆文钞》卷一四 《桐城吴先生文集》卷四	李元度 吴汝纶（代）
俞樾 (1821—1906)	俞先生行状	《艺风堂文续集》卷二	缪荃孙
孙诒让 (1848—1908)	孙诒让先生传	《太炎文录》卷二	章炳麟
廖平 (1851—1932)	廖先生墓志铭	《太炎文录续编》卷五下	章炳麟
康有为 (1858—1927)	南海康先生传	《饮冰室合集·文集之六》	梁启超

清代碑传汇编，有钱仪吉所辑《碑传集》160卷，另总目、作者纪略并引用书目2卷，卷末存文、集外又2卷。钱仪吉（1783—1850），初名逵古，字蔼人，号衎石，又号新梧，一作心壶，浙江嘉兴人。嘉庆十三年（1808）进士，选庶吉士，授户部主事，升刑科给事中。道光年间游广东，主讲学海

堂。晚年客居河南开封，主讲大梁学院。该书编成于道光初，辑录清初至嘉庆间名人碑传文字而成。分宗室、功臣、宰辅、部院大臣、内阁九卿、翰詹、科道、曹司、督抚、河臣、监司、守令、校官、佐贰杂职、武臣、忠节、逸民、理学、经学、文学、孝友、义行、方术、藩臣、列女等25类，收有清代人物1680余人，又妇女300余人，采辑文献凡500余家。道光以前清人的家传、行状和墓志铭的资料，该书搜集最为丰富。光绪十九年（1893）江苏书局刊行，1993年中华书局出版校点本。

此后不断有学者搜集清人碑传，对钱书做补续工作。光绪初，缪荃孙（1844—1919）编《续碑传集》86卷，分类较钱书稍有变动，收道、咸、同、光四朝人物1000余人。到宣统二年（1910）成书。民国初年，闵尔昌又编《碑传集补》60卷，卷末附集外文1卷。该书除补缪书所遗的清季碑版状纪外，兼及道咸以前人物，分26类，共收录700余人。1923年成书，1932年燕京大学研究所刊行。汪兆镛（1861—1939）又编《碑传集三编》50卷，收罗清代光绪、宣统以来高官显要、名流学者的生平事迹、碑传、墓铭，是继钱、缪、闵之后又一重要贡献，对清代人物多有订讹、补遗、参证、续纂之功。[①] 近人钱仲联编有《广清碑传集》（苏州大学出版社，1999年）。此外卞孝萱、唐文权编有《辛亥人物碑传集》（团结出版社，1991年）、《民国人物碑传集》（团结出版社，1995年），也涉及清人。这些《碑传集》多从各种文集中采录，基本上没有删改，保持了原貌。收录的清代数千人碑传，史料价值与《清史列传》相比，有过之而无不及，其中当然有大量儒学人物，是研究清代和近代儒学史的基本史料。

近人陈乃乾编有《清代碑传文通检》（中华书局，1959年；北京图书馆出版社，2003年），搜集清代碑传文有关文集1025种，分列传主姓名、字号、籍贯、生卒年和碑传文作者及所载书名、卷数，按姓氏笔画排列，使用方便。王重民编有《清代文集篇目分类索引》（中华书局，1965年；北京图书馆出版社，2003年），碑传文列入“传记文”之部，也是重要的工具书。此外还有哈佛燕京学社引得编纂处编纂的《三十三种清代传记综合引得》（中华书局，1959年），也可以查阅清代人物（包括儒学人物）的传记资料。

---

① 将四种清代碑传集汇编出版，有《清代碑传全集》（上海古籍出版社，1987年）、《清碑传合集》（上海书店，1988年）。

第七章　名儒年谱类

年谱是个人的编年史，其体例是依据某人一生的时间先后顺序来叙述、编排人物（谱主）的生平事迹。

至于年谱的起源，学术界存在不同的看法，主要有先秦、唐代、宋代三说。历史上有人将《论语》“十五而志于学”章看成是孔子一生的年谱。但这简单的几句话很难说是真正意义上的年谱。谢巍认为睡虎地出土的秦简《编年记》是最早的年谱，并将其改称为“喜之谱”①，但这一看法也没有得到多数学者的认同。清人袁翼在《钱辛楣先生年谱序》中说：“唐香山居士白文公自编《长庆》前后各集，弁以年谱。今集中所刻，出于陈伯玉、李德劭之手，则公自编之谱久已散佚。然公之年齿、官阶、时事、出处，一一见诸诗集，读其诗而年谱即在其中矣。”② 认为白居易曾自编年谱，但其说证据不足，难以采信。因此学术界大多认为年谱最早出现于宋代。钱大昕说：“年谱一家昉于宋，唐人集有年谱者，皆宋人为之。”③ 此说是可信的。

现存最早的年谱，一般认为是吕大防所撰《韩吏部文公集年谱》。此后各种年谱如雨后春笋，层出不穷。与此相应，宋代目录书中也开始著录年谱。如尤袤《遂初堂书目》著录有《孔子编年家谱》，赵希弁《郡斋读书附志》史部著录有佚名编《周元公年谱》、张同然《横渠先生张献公年谱》、何抡《三苏先生年谱》、黄萅《山谷先生年谱》、李方子《朱文公年谱》、吕大防《韩吏部文公集年谱》、洪兴祖《杜诗年谱》、朱熹《伊川先生年谱》等 8 种年谱。

---

① 谢巍：《论年谱的作用和价值》，见《中国历代人物年谱考录》，中华书局，1992 年。

② 钱庆曾：《钱辛楣先生年谱》卷首。

③ 钱大昕：《归震川先生年谱序》，见《潜研堂文集》卷二六。

陈振孙《直斋书录解题》也著录了胡仔《孔子编年》、张敦颐《韩文公历官记》、吕祖谦《欧公本末》、李方子《紫阳年谱》、詹仁泽《祠山家世编年》等年谱。在这些目录书中，年谱附属于史部谱牒类或传记类，还没有专门的类目。到明代祁承㸁编《澹生堂藏书目》，始在史部谱录类下设年谱专目，收录《韩文公年谱》至《伍宁方年谱》等多种年谱。清初钱曾《述古堂书目》也立有“年谱”专目，著录了《圣师年谱》、《朱文公年谱》等。

宋代以来，历代作者编撰的人物年谱不下6000种。杨殿珣编《中国历代年谱总录》（增订本）著录年谱4450种，谱主2396人。谢巍编《中国历史人物年谱考录》著录年谱6259种，谱主4010人。吴洪泽编《宋人年谱集目》著录宋人年谱560种。来新夏编《近三百年人物年谱知见录》著录清人年谱800多种。北京图书馆出版社从历代年谱中选出1200余种年谱，编成《北京图书馆藏珍本年谱丛刊》，为目前收录年谱最多的丛书。台北商务印书馆出版的《新编中国名人年谱集成》收录200余种。据来新夏、徐建华《中国的年谱与家谱》一书说，现存及见于著录的宋人所编年谱约165种，元人所编年谱约51种，明人所编年谱约489种。清人所编年谱更是取得惊人成就，总数超过前三代的总和，现存古人所编年谱，有一半以上是清人所编。可见清代编年谱风气之盛，是其他朝代没法比的。清人所编的年谱，谱主范围更加扩大。不仅为本朝人作谱，还对前人所作之年谱进行增补、考订、重撰。其中为郑玄作谱的就有10家之多，为许慎作谱的也有好几家，为朱熹作谱的达20家。由此可见年谱数量十分庞大，在中国历史文献宝库中占据十分重要的位置。

年谱的谱主，涉及社会的多个阶层，包括名宦、学者、文人、僧人、道士、妇女等。可以说，许多历代上重要的政治家、学者文人都有年谱。就历代名儒而言，年谱数量尤其众多。宋代以来，由于理学的兴起，道统思想的流衍，尊师重道、敬宗追远意识的强化，表彰先贤、褒扬儒宗成为风气，故许多人编纂名儒年谱。至于年谱的作者，梁启超曾将其分为“自撰年谱”、“友生及子弟门人为其父兄师友所撰年谱”、“后人补作及改作昔贤年谱”、“纯考证的远古哲人年表”四类①。陈乃乾《共读楼所藏年谱目》则分为“自撰”、“家属所撰”、“友生所撰”、“后人补撰”四类。梁、陈二氏的划分基本上能够涵盖历史上的各种年谱的编者状况，故为学者接受。如来新夏《清人

① 梁启超：《中国近三百年学术史》十五，北京市中国书店，1985年影印本。

年谱的初步研究》①、谢巍《年谱的纂例》也分为这样四类。谢氏又将“自撰”类细分为谱主“手订”、“口述”、“自订”三小类，并补充了“外国人编写类”和“跨类”两大类，同时指出，“我们将年谱的编者分别归类，可以由此明确谱主与编者的关系，从而有助于我们了解撰写年谱的目的与动机，对其所提供的史料的真实性作出一定的估量”②。

至于名儒年谱的体例，则可分为三类：(1) 通谱。这类年谱对谱主一生的各个方面进行综合叙述。历史上的年谱大多属于此类。(2) 专谱。只就谱主某一方面的成就或某一时期的活动加以叙述。如清人耿文光的《苏溪渔隐读书谱》、姚奠中《章太炎学术年谱》、卢连章《二程学谱》即属此类。(3) 合谱。这是将多人的生平事迹合编为一谱。如林春溥《孔门师弟年表》、钱穆《刘向歆父子年谱》、孔凡礼《三苏年谱》即属此类。

名儒年谱比较全面地叙述了这些人物的生平事迹、治学历程、师友渊源、门生交游、学术建树等情况，其详细程度是史传、碑状等无法相比的。年谱是深入研究儒学人物的学术思想、了解其学术成就的重要资料，因此深受研究者重视。四川大学编纂的《儒藏·史部》，专设“儒林年谱”一类（四川大学出版社，2007年），收录历代名儒年谱300余种，谱主200余人。今依之为据，以下我们分节概述“汉唐名儒年谱”、“宋元名儒年谱”、“明代名儒年谱”和“清代名儒年谱”。至于先秦孔孟及弟子年谱，我们在“孔孟史志”章中已有述及，这里就不重复了。

第一节　汉唐名儒年谱

先秦儒学还仅仅是诸子中的一家，发展得并不顺利。儒学在秦代还遭遇了著名的焚书坑儒事件，在“偶语《诗》《书》者弃市”的厉禁之下，儒家典籍沦散，儒学发展受到了极大的压制。汉朝建立以后，重视以秦亡为戒，逐渐认识到治国不能专靠严刑峻法，还应当争取民心，顺应天道，注重道德教化的力量。在这种历史背景下，儒学开始了艰难的复兴。汉武帝听从董仲舒“罢黜百家，表章六经”的建议，确立了儒学的思想统治地位，影响达二千年。从西汉宣帝、元帝以后，直到东汉末年，是经学极盛时代，大师辈出。

---

① 来新夏：《近三百年人物年谱知见录·序》。

② 谢巍：《年谱的纂例》，见《文献》1986年第2、3期。

西汉的董仲舒、司马迁、刘向、刘歆，东汉的贾逵、班固、许慎、王充、马融、卢植、郑玄、何休等，对儒学的发展和经典的诠释都做出过杰出贡献。汉代经学有今文古文之争，家法师法之别。东汉末，郑玄糅合今古，建立兼包并采的“郑学”体系。三国两晋，王肃创立“王学”，起而与郑学为敌。正始之际，玄学炽盛，何晏、王弼、钟会、夏侯玄等为其佼佼者。南北朝时期，随着政治的分离，而有南学与北学的纷争。至于儒学内部群经异说，诸师异论，更不下数十百千。唐太宗令颜师古、孔颖达等整理经籍，先后撰成《五经定本》和《五经正义》，排除经学内部的家法师说等门户之见，于众学中择其优而定一尊，从而结束了自西汉以来的各种纷争，完成了中国经学的统一，标志着以重视家法师法、名物训诂为特征的汉代经学的终结。中唐以后，为了与佛、道二教抗衡，韩愈、李翱、柳宗元等人倡导儒家道统，阐发心性理论，儒学开始向重视义理的宋学转变。

汉唐名儒年谱，全部出自后人补撰。虽然其间有详有略，优劣互见，但对于研究这些人物的生平行事、学术建树不无补益。兹举其要。

1. 伏生年谱

伏生即伏胜，济南（今山东邹平）人。汉初名儒，汉代今文《尚书》的始传者。秦时为博士。始皇禁诸家经书，伏生壁藏颇多，后因兵乱多散佚。汉初掘壁求书，尚存29篇《尚书》（一说28篇），教授于齐、鲁等地，《尚书》由此广泛传播。后人评论伏胜之功，以为汉无伏生，则《尚书》不传；传而无伏生，亦不明其义。相传他还作有《尚书大传》，疑为其弟子张生、欧阳生或后来的博士们杂录所闻而成。

关于伏胜的生卒年月，史传无征，《史记》、《汉书》则略述其生平，《汉书》载入《儒林传》。近人陈蜚声作《先儒年表》，从历史文献中勾稽伏生事迹，杂引文献，列表百年，自周赧王五十五年辛丑（前260）起，至汉文帝后元三年庚辰（前161）止，略为逐年附注一生行实。其间如考伏生受经石室之年、为秦博士之年、晁错受经之年，虽不必一一皆有确证，但亦可供研究者参考。原载民国十四年（1925）石印本《伏乘》卷一。

2. 贾谊年谱

贾谊（前290—前168），世称贾太傅、贾长沙、贾生，洛阳（今河南洛阳）人。贾谊尝从张苍学，传《左氏春秋》。《经典释文·序录》云：《左氏传》，阳武张苍授洛阳贾谊。贾生是汉初传《左氏传》之重要人物。

贾谊年谱有清汪中《贾太傅年表》（清光绪四年刻本）、清王耕心《贾子年谱》（清光绪二十九年即1903年刊《贾子次诂》附）及今人祁玉章《贾子年表》(《贾子新书校释》附)等。其中汪中所谱较早，亦较具影响。

3. 董仲舒年谱

董仲舒（前179－前104），广川（今河北景县）人。西汉时期著名的今文经学大师。

《董子年表》，清末苏舆编撰。苏舆著《春秋繁露义证》，兼取卢校、凌注，广采前人研究成果，是校订《春秋繁露》较完善的本子。是表原附于宣统二年刻本《春秋繁露义证》卷首。分纪年、时政、出处、著述四项，罗列董仲舒生活时代的主要事件、董仲舒本人的主要活动及著述情况。采集资料比较广博，考证也颇精核，足资研究董氏学者参考。然是表仍偶有瑕疵，近人施之勉撰有《董子年表订误》，发表于1945年出版之《东方杂志》第41卷第24期。

4. 刘向、刘歆年谱

刘向（前77—前6），初名更生，字子政。西汉宗室，经学家、文献学家。历仕宣、元、成三帝，累官中垒校尉。戆直敢言，仕途坎壈，尝两次下狱，免官数年。向深于经学，尝讲论五经于石渠阁，领校中秘书。其所著《别录》，为我国目录学之鼻祖。有《说苑》、《新序》、《列女传》、《刘中垒集》等行世。刘向子歆（约前50—23），字子骏，西汉著名经学家、目录学家、文学家，西汉古文经学的真正开创者。是中国儒学史上的一个重要人物，也是颇有争议的人物之一。曾与父刘向同校皇家藏书，继父业，集六艺群书，分类撰为《七略》，是中国第一部图书分类、目录，是具有学术史价值的著作。曾任河内、五原、涿郡太守。

《刘更生年表》1卷，清梅毓编撰。前有自序，后附考辨数条。序称因汉《穀梁》学以向为称首，慕其学、重其品、谅其志、悲其遇，故著年表，综述其生平之行迹。表分三栏：纪年、时政、出处。叙述殊为简略，所征引不出《汉书》，未能博采。即向生卒年，亦一依钱大昕《疑年录》，他无多发明也。有清光绪十七年南陵徐氏《积学斋丛书》本。今人钱穆撰有《刘向歆父子年谱》，初刊于《燕京学报》第7期（1930年出版），后复修订重梓，于向、歆父子生平事迹，考述尤详。该谱针对康氏之《新学伪经考》而发，以大量无可辩驳的史实批驳了上至康有为、廖平，下迄顾颉刚、钱玄同等人论述的牵强武断，以坚实的证据解决了经学史上的一个大问题——康有为所力主的刘歆伪造诸经之说不成立，对于认识两汉的今古文经之争具有重要的理论启迪意义。

5. 扬雄年谱

扬雄（前53—18），字子云，蜀郡成都（今属四川）人。西汉文学家、经学家。年四十余始出蜀游京师。成帝朝为郎，给事黄门。仕王莽为大夫，校书于天禄阁，由此颇遭非议。初醉心于辞赋，仿司马相如。后主张一切言论应以五经为准，转而研究经学，仿《易》作《太玄》，仿《论语》作《法言》。又注重语言研究，代表作为《方言》。其他作品，后人辑为《扬子云集》。

扬雄年谱，有清陈本礼编撰《汉给事黄门郎扬雄生卒年考》1卷（载《聚学轩丛书》本《太玄阐秘》卷首）、清奚绍声《扬子年表》（见谢巍《中国历代人物年谱考录》卷二，未见传本）、近人董作宾《方言学家扬雄年谱》（《中山大学语言历史学研究所周刊》第8集第85、86、87期合刊，1929年6月）及汤炳正《扬子云年谱》（载《论学》第4～7期，1937年4～6月出版）。汤炳正《扬子云年谱》前有《序论》，详考扬雄世系、生卒年及来京年、经学之派别、小学之传授、学术思想诸重要问题，探析深入，征引诸说，取舍公允。正文资料翔实，随文考辨，态度客观。手此一编，子云生平行迹大体备矣。然排校粗疏，讹误极多，不免为白璧之瑕。

6. 王充年谱

王充（约27—97），字仲任，会稽上虞（今属浙江）人。东汉著名思想家。王充为学，强调“元气”，认为“天地合气，万物自生”，而否定天人感应说，所谓“夫人不能以行感天，天亦不随行而应人”。他赞同管仲“仓廪实则知礼节，衣食足则知荣辱”之说，认为物质生活的提高可使人改恶向善。著有《讥俗》、《政务》、《论衡》、《养性》，今仅存《论衡》。

为王充作年谱者，有近人黄晖（《论衡校释》附编二）、谢朝清（《王充治学方法之研究》附，台北文津出版社，1980年）、钟肇鹏《王充年谱》（齐鲁书社，1983年）等数种。黄晖所谱成于民国年间，主要取材于王充《论衡·自纪篇》及《后汉书》等，罗列事实，加“按”考证，详于对创作《论衡》过程的记载，其他则嫌简略。钟谱侧重考述学术思想以及生平交游等，较为翔实，可参看。

7. 贾逵年谱

贾逵（30－101），字景伯，扶风平陵（今陕西咸阳西北）人。贾谊九世孙，东汉古文经学家。秉承家学，幼年即能通《左传》、五经，兼治《穀梁》之说。永平中献《左传解诂》、《国语解诂》，写藏秘馆，拜为郎，与班固共校秘书。章帝时，诏讲学于白虎观、云台，撰欧阳、大小夏侯尚书古文同异，三家《诗》与《毛诗》同异，驳李育公羊说，宣扬古文经学，对东汉古文经学的推广有很大贡献，后世称为通儒。

《贾景伯年谱》，近人陈邦福撰。其自序称“以范史列传为经，以司马

《通鉴》为纬，旁及袁宏、谢承之遗说，挚虞、刘峻之逸闻，唐宋类书之记载，乾嘉通儒之纂述，靡不采玉昆岗，探源宿海，了如指掌，朗若列眉焉”。此谱对谱主事迹粗加梳理，有筚路蓝缕之功，然失于疏略，于史事之系年亦不无可商榷之处。如奏《左氏》长于《公羊》，《后汉书·贾逵列传》明载于章帝建初元年，而此谱误置于明帝永平十六年；自选高才生20人教以《左氏》亦建初中事，而谱系于元和二年。是谱原载清宣统三年（1911）排印《国粹学报》第7卷第8号内。

8. 班固年谱

班固（32—92），字孟坚，东汉扶风安陵（今陕西咸阳东北）人。东汉史学家、经学家。所著《汉书》为中国第一部断代史。汉章帝召集诸儒于白虎观讨论五经异同，班固以史官兼任记录，纂成《白虎通义》，又称《白虎通德论》。

《班固年谱》，郑鹤声编撰。本谱以陈汉章所撰《马班作史年岁考》所载班固事迹较为简略，故博考载籍，重加厘定，以补史家之阙。首考班氏世系，以明“马、班史学俱出世家”。次即按年述其行履、著述，兼考其父兄事迹，排比史料，考证綦详。而对其交游事迹，则分《太学学友表》、《兰台史友表》、《白虎观讲友表》及《窦幕僚友表》概述之，允称简明。至其巨著《汉书》，不唯按年系事，而且分类列其篇名，并加评述，实为重点突出。有1931年上海商务印书馆排印《中国史学丛书》本。

9. 许慎年谱

许慎（58—147），字叔重，汝南召陵（今河南郾城东）人。东汉古文经学家，文字学家。师事贾逵，为马融所推重，时人称之曰“五经无双许叔重”。经学则有《五经异义》，专主古文；小学则有《说文解字》，千古不朽。

《许君年表》，清陶方琦编撰，清抄本。表前有考，论及许氏生平若干重要问题。表分纪年、系事、著书三栏，所举以《汉书》为主。虽甚简略，然亦尽力搜罗分疏，眉目粗备。表后有同里姚振宗抄附嘉庆八年洪颐煊论许慎事呈孙渊如书，又有振宗道光三年跋语，称方琦以乌程严氏《许氏事迹》为据，参考载籍诸家，旁推互证，成此一编，与洪氏书中所论多合。据姚跋，乃知此本乃道光三年（1823）姚氏录副，文中错讹，时有改正。

10. 马融年谱

马融（79－166），字季长，扶风茂陵（今陕西兴平东北）人。东汉经学家。高才博学，世称通儒。门徒逾千，卢植、郑玄皆出其门。尝遍注《孝经》、《论语》、《诗》、《易》、《三礼》、《尚书》、《列女传》、《老子》、《淮南子》、《离骚》等。

《马季长年谱》，陈邦福编撰。此谱系与《贾景伯年谱》合编，体例与贾谱不殊，多客观罗列，特稍详耳。原载清宣统三年（1911）排印《国粹学报》第7卷第8号内。

11. 郑玄年谱

郑玄（127—200），字康成，北海高密（今属山东）人。是东汉著名经学家，集汉代经学之大成。

清代以来，为郑玄作年谱者多家。《郑君纪年》，清陈鳣编撰，袁钧订正。清光绪十四年（1888）刻本，附于《郑氏佚书》之末。是编前载唐史承节《后汉大司农郑公之碑》，次为年谱，不枝不蔓，可称简要。卷首袁钧识语称其“以本传为主，参考他书，排次事实，系以岁月。钱詹事大昕称其粲然有条，咸可征信”。然校刻未精，错讹在在有之。《郑司农年谱》，清孙星衍编撰，阮元增补，清嘉庆十四年（1809）刻本。是编出二巨儒之手，广征博引，考误释疑，甚有发明。如据《太平广记》、《三国志注》引《郑玄别传》证玄生，更以四分术推衍证之，以金重刻史承节碑释积疑者三，等等，均发前人所未发。其详备较陈鳣旧谱过之。今人王利器作《郑康成年谱》（齐鲁书社，1983年），广征博引，资料丰富，考证精到，是一部集大成之作。

12. 蔡邕年谱

蔡邕（132—192），字伯喈，陈留圉（今河南杞县南）人。东汉经学家、书法家。少博学，师事太傅胡广，好天文数术、音律辞章。熹平四年，求正定六经文字，灵帝许之，乃写经于碑，立于太学门外，是为“熹平石经”。

《蔡中郎年表》1卷，清王昶编撰。原载清咸丰二年聊城杨氏海源阁刊本《蔡中郎集》卷末。此表凡分四栏，首纪年，次年岁，次时事，次事迹、著述。凡存世邕文，按年胪列，便于考索，是其特色。其资料来源主要“参采纪传及《律历》、《祭祀》、《天文》、《五行》诸志，系年多据《后汉纪》、《资治通鉴》二书。五经立石次于光和六年，则从《水经注》也”。又辨析邕当生于阳嘉癸酉，改本传之误而正之。虽甚简略，但仍不失为研究蔡邕之重要参考文献。

13. 卢植年谱

卢植（？—192），字子幹，司州涿郡涿县（今河北涿县）人。东汉经学家。少师马融，兼通古、今文经学，著有《尚书章句》、《三礼解诂》等。

《后汉侍中尚书涿郡卢君年表》，蒋元庆编撰，序言详列所据文献，“剌取范蔚宗《后汉书》本传及《灵帝纪》、《窦武何进传》、《马融传》、《郑玄传》、

《文苑传》、《董卓传》、《蔡邕传》诸文，又旁考裴松之《三国志注》、李贤《后汉书注》所引华峤、司马彪之书，更节采袁宏《后汉纪》、刘孝标《世说新语注》及《太平御览》所引《卢植别传》、《初学记》、《北堂书钞》、《太平御览》诸书，互引其书奏佚文等”，则群书所载卢氏资料，大端已具于此。有民国间苏州铅印本。

14. 虞翻年谱

虞翻（164—233），字仲翔，会稽余姚（今浙江余姚）人。三国吴经学家。虞氏自翻高祖光，五世传习孟氏《易》，至翻尤精深。著有《周易注》9卷及其他《易》学著作，又有《国语注》2卷、《论语注》10卷、《老子注》2卷，皆佚。其《易注》今有清人辑本。

《虞仲翔先生年谱》，裴占荣编撰，原载1933年出版的《国立北平图书馆馆刊》第七卷第一号。是谱分“谱前”、“年谱”、“谱后”三个部分。“谱前”含《虞学渊源图》、《虞氏世系表》；“谱后”述谱主子孙及有关古迹、碑刻。年谱起自汉灵帝熹平元年（172），终于吴大帝赤乌四年（241）。虞翻之生卒年，传统说法多主汉桓帝延熹七年（164）生，吴大帝嘉禾二年卒，裴氏以为非是，另据《三国志·吴书·孙登传》所载孙登遗疏，定为公元172至241年，可备一家之言。

15. 何晏、王弼年谱

何晏（？—249），字平叔，南阳宛县（今河南南阳）人。少有异才，善谈《易》、《老》。正始中位高名重，天下清谈之士多宗之，肇开玄风，即所谓“正始之音”，而晏为其领袖。著有《论语集解》、《老子道德论》、文集等数十卷，今唯《论语集解》存。王弼（226—249），字辅嗣，山阳高平（今山东邹城西南）人。王粲孙。幼而天才卓逸，年十余，好《老》、《易》，通辩能言。正始中，从何晏等游，尤与钟会善，每与玄谈，众莫能夺，晏叹称“后生可畏”，以弼补台郎。正始十年（249），曹爽败，弼得免。其年秋，遇疠疾亡，年仅二十四。著有《周易注》、《老子道德经注》、《论语释疑》等，《周易注》、《老子注》今存。

《何晏王弼事辑》，今人缪钺编撰。作者以何晏、王弼同为正始清谈的代表，而《三国志》不为立传，“史文零落，遗事罕征”，且“史多诬辞，世鲜公论”，乃“搜集诠次，略存梗概”（均见自序）。名曰“事辑”，实为合谱。其中多有精辟的分析与评论，如谓清谈之风实始太和，清谈之士分为三派等等，均发前人所未发。原载1942年刊行之《责善》半月刊第2卷第22期。

16. 颜之推年谱

颜之推（531—590），字介，琅邪临沂（今山东沂南）人。少承家学，习《周官》、《左传》，不好老庄虚无之说。博学多能，尤精于文字、声韵、训诂、校勘之学，为南北两朝最通博、最有思想的学者。一身坎坷，三遇亡国。著有《颜氏家训》20 篇（今存）及文集等。

《颜之推年谱》，今人缪钺编撰。此谱据史传及谱主自撰《颜氏家训》、《观我生赋》等编次之推一生经历，取材精审，考析确当，叙事简明，文字流畅。原载 1944 年刊《真理杂志》第一卷第四期，1962 年增补，收入 1963 年三联书店版《读史存稿》。

17. 颜师古年谱

颜师古（581—645），名籀，以字行，万年（在今陕西临潼县境）人。之推孙。师古既善治经，又长史学。唐太宗"以经籍去圣久远，文字多讹谬"，诏颜师古"考定《五经》"（《旧唐书·儒学传》序），撰成《五经定本》。稍后孔颖达等奉敕编撰《五经正义》，也是以《五经定本》作为底本。师古与孔颖达共撰《隋书》，史家推之。又奉太子承乾命注《汉书》，裒集隋前二十余家注释，纠谬补阙，去非存是。又著《匡谬正俗》，引证赅博、断制谨严。

《颜师古年谱》，近人罗香林编撰。本谱考镜颜氏源流、缕述颜氏学术之嬗递，堪称详明，而师古之仕历眉目清晰，评价其学术成就以及对后世的影响亦客观公正。有 1942 年长沙商务印书馆排印《中国史学丛书》本。

18. 孔颖达年谱

孔颖达（574－648），字仲达，冀州衡水（今河北衡水）人。初唐名儒，曾奉敕撰《五经正义》，实现经学的统一。

今人陈冠明撰有《孔颖达年谱略稿》（载《中华传统文化与新世纪国际学术研讨会论文集》，西安，2001 年），根据史志、碑传等资料，对孔颖达一生事迹行年做了梳理。

19. 刘知幾年谱

刘知幾（661—721），字子玄，以字行，彭城（今江苏徐州）人。唐代著名史学家。所著《史通》20 卷为古代史学名著。

知幾年谱，有近人刘汉撰《刘知幾年谱》（《努力学报》第 1 期，1929 年 9 月）、周品瑛《刘知幾年谱》（《东方杂志》第 31 卷第 19 号，1934 年 10 月）、朱希祖《刘子玄年谱稿》（《北京图书馆藏珍本年谱丛刊》影印稿本）及傅振伦所撰《刘知幾年谱》。傅谱分为七个部分：一、《引言》；二、《刘氏世系》；三、《家世》；四、五为《学行述略》，概述谱主学术活动及交游；六为年谱正文；七为《年谱后纪》，总述谱主一生读书、初仕、为政四个阶段及其著作。全书力图从各个方面展示谱主一生经历，而以论述其史学思想及学术成就作为主线。征引资料极为繁富，于记叙之中每多考证、评论，甚至夹入长篇论说。编者对刘知幾有深入研究，曾发表有关论文多篇，其意见自非泛泛，然亦时有重沓繁杂之病。收入1934年上海商务印书馆排印《中国史学丛书》，1956年商务印书馆修订再版。

20. 杜佑年谱

杜佑（735—812），字君卿，京兆万年（今陕西长安）人。唐代著名政治家、史学家。代表作为《通典》。共200卷，分为食货、选举、职官、礼、乐、兵刑、州郡、边防等八门，为中国第一部记述典章制度的通史，对后世产生了巨大的影响。

《杜佑年谱》，近人郑鹤声编撰。先考杜氏世系，并于卷首附杜氏世系表四，极为详尽。对杜佑家世包括父祖、子孙都详其事迹，著其源流。正谱部分，对与杜佑相关的史事、人物以及杜佑本人的生平事迹都详加爬梳，征引资料务求完备。对于载籍之误，也加以驳正，如上《通典》之年，不采《旧唐书》之说，而言之有据。谱后附录当时悼祭之文，并对《通典》之内容加以评述。总之，是谱资料详实，考证精密，实为年谱之佳作。收入1934年上海商务印书馆排印《中国史学丛书》中。然该谱也偶有失误，岑仲勉为撰《杜佑年谱补正》（《学原》第2卷第4期），可参考。

21. 韩愈年谱

韩愈（768—824），字退之，河阳（今河南孟县）人。学通六经百家，倡明儒学，诋斥异教，著《原道》、《原性》、《原毁》等篇，提出道统思想，开中唐儒学革新之先河。又笔力雄健，气势磅礴，为古文运动之倡导者。著有《论语笔解》、《韩昌黎集》等。

宋神宗元丰年间，汲郡吕大防撰《韩吏部文公集年谱》1卷，然其谱不过数百言，简略太甚，且多疏误。至宋徽宗崇宁初，信安程俱复作《韩文公历官记》1卷，自叙云："其所考订，微言小节，纤悉毕具，盖得于文公之文者为多。至其论辩是非与夫坎壈之致，则著之尤详。"唯其主旨在叙历官出处，故于诗文涉及较少。至宋徽宗宣和年间，复有丹阳洪兴祖别撰《韩子年谱》，以史乘杂记与本集诗文互证，既得行年之详，又考知诗文创作之岁月，条条辨析，多可据信。以上三种，南宋庆元年间，书贾魏仲举辑而刊之，名曰《韩文类谱》。有《粤雅堂丛书》本。1991年，中华书局出版了徐敏霞校点的《韩愈年谱》，共收韩愈年谱7种，除吕大防、程俱、洪兴祖所谱外，尚有宋人樊汝霖《韩文公年谱》、方崧卿《韩文年表》、清人方成珪《昌黎先生诗文年谱》、顾嗣立《昌黎先生年谱》。此外还辑录了有关韩愈的传记资料。

22. 柳宗元年谱

柳宗元（773—819），字子厚，河东解县（今山西运城）人。世称柳柳州，亦称柳河东。唐代文学家。工诗文，与韩愈同为儒学革新与古文运动之倡导者。曾师从经学家陆淳，治《春秋》之学。

《柳先生年谱》1卷，宋文安礼编。清光绪元年（1875）刻本。以宗元文集参考唐史，叙其出处，且以诗文目录系于各年之下，文字简明，眉目清晰。间有考订，足补前人之疏误。如："辨奭为柳子高伯祖，非曾伯祖，足订前贤之疏。又阳城自国子司业出刺道州，唐史无年月，《通鉴考异》据柳子所作《司业遗爱碣》，谓在贞元十四年（798），谱则以《遗爱碣》及《与太学诸生书》并系贞元十五年，与《通鉴》异。然谛观碣文，则谱为是也。"（卷末陈景云跋）又本谱初附集而行，柳集久逸，年谱独存其序。清乾隆间，祁门马曰璐（嶰谷）得宋本柳集残帙，其中年谱完好，乃诸本所无，因与《韩文类谱》同梓，而合称《韩柳年谱》。此外今人施子瑜著有《柳宗元年谱》（载《武汉大学学报》1957年第1期），山西师范学院中文系有《柳宗元年谱初稿》（载《山西师范学院学报》1974年第3期），可供参考。

第二节　宋元名儒年谱

汉唐注疏之学以训诂名物为主要特点。《五经正义》一方面总结了汉代以来的经学成果，另一方面作为标准教材，限制了儒学思想的发展。由于注疏之学的过于繁琐，经典中的微言大义、儒学的真精神反而被淹没在文字训诂的海洋之中，变得模糊不清、难以捉摸。到北宋庆历年间，由于范仲淹、欧阳修等人的大力倡导，出现了"学统四起"的新局面，儒学的发展进入后世称为"宋学"的"新儒学"时代。庆历科举改革后，"义理之学"成为儒生学士的响亮口号，所谓"自庆历后，诸儒发明经旨，非前人所及"（陆游语），理学的奠基人、被称为"北宋五子"的周敦颐、邵雍、张载、程颢、程颐等就是在庆历年间以及此后不久登上学术殿堂的。欧阳修、司马光、王安石、苏轼等人也纷纷著书立说，不约而同地在理气、性命、道德等问题上各抒己见，对儒家经典进行全新的阐释，各自创建具有不同哲学思想、理论色彩的宋学学派。南宋初承接北宋儒学的发展势头，以朱熹为代表的闽学、以吕祖谦为代表的浙学、以张栻为代表的湖湘学、以陆九渊为代表的江西学各放异彩。此外还有许多著名的学派、学者，如陈傅良、陈亮、叶適、唐仲友等等。但众流归一，到南宋后期，理学独盛。理学诸子得到朝廷的封赠，确立了思想统治地位。元代尊崇理学，朱熹的《四书章句集注》被确立为科举考试的标准。总的来说，宋元儒学在理论创新方面取得了很大的成绩，使儒学得以进一步发展。

年谱在宋代出现之后，不少人采用这一新的著述形式撰作名儒年谱，为后人研究宋代儒学提供了极大的方便。这些名儒年谱，有的出自宋人，有的为后世补作。由于年谱作者采录资料比较广泛，其史料价值，往往是碑传史志所无法比拟的。

1. 范仲淹年谱

范仲淹（989—1052），字希文，吴县（今江苏苏州）人。大中祥符八年进士。宋宝元初，为陕西经略安抚副使兼知延州，防御西夏，与韩琦齐名。庆历间，拜参知政事，推行新政，旋被排挤出外，终知颍州，卒谥文正。仲淹节概炳然，为世名臣。其文以经世致用为宗，自可名家。其学由六经始，又得孙复、张载为继，师表一世，俨然已开宋学之先声。著有《范文正公集》等。

《范文正公年谱》1卷，宋楼钥编撰；《补遗》1卷，宋范之柔编撰。述仲淹环庆军政与庆历新政为详，并于谱主学行、交游等，多所考述，足资参考。本谱多附于《范文正公集》后刊行，嘉定五年刊本已不可见，今存最早即元岁寒堂刻明修本。清张伯行有《范文正公年谱》1卷、清崔廷璋有《范文正公言行摘录》1卷，均据本谱删订而成。清杨希闵有《范文正公年谱》1卷，收入《五朝先贤十九家年谱》。今人申时方撰有《范仲淹先生年谱初稿》（台北唯勤出版社，1979年），可参看。

2. 胡瑗年谱

胡瑗（993—1059），字翼之，泰州海陵（今江苏泰州）人。与孙复、石介并称“宋初三先生”，为当时名儒。“七岁善属文，十三通五经，即以圣贤自期许”（《宋元学案》卷一《安定学案》）。屡次科举不中，绝意科场，以教授为生，是宋代著名的教育家。他在湖州学府创“经义”和“治事”二斋，因材施教，提出了“明体达用”的教育宗旨。其弟子遍布朝野，最出名的当推北宋理学大师程颐。胡瑗博通五经，尤长于《易》学。著有《周易口义》12卷、《洪范口义》2卷、《皇祐新乐图记》3卷等。

清袁应兆《祀事孔明·宋儒年表》中存有《胡安定年表》，但不系事迹。

《安定先生年谱》1 卷为近人胡鸣盛所编，取《墓志》、《长编》、《宋史》、《宋元学案》及同时人年谱等相关资料，详加考订而成。原载 1934 年出版之山东大学《文史丛刊》第 1 期。

3. 石介年谱

石介（1005—1045），字守道，一字公操，兖州奉符（今山东泰安东南）人。尝讲学于徂徕山下，学者称徂徕先生。从学孙复，博通经术，极力倡导古文，尊崇韩愈，在北宋庆历年间产生了巨大影响。著有《徂徕集》20 卷。

《石徂徕年谱》，今人许毓峰编撰。较为简明，然所据材料较丰，历述谱主行实、诗文著述以及同时人交游，时有考证。虽事出草创，不免疏略，然开创之功，实不可没。原载 1942 年出版之齐鲁大学国学研究所编《责善半月刊》第 2 卷第 20 期。

4. 欧阳修年谱

欧阳修（1007—1072），字永叔，号醉翁，晚号六一居士，吉州永丰（今属江西）人。北宋诗文革新运动领袖，唐宋八大家之一。其在经学、史学、金石学等方面亦成就显著，著述甚丰。

欧阳修年谱，在宋即有胡柯、薛齐谊、孙谦益、曾三异、李焘、周必大、吕祖谦等所编多种，清以后所编复有八九种之多（见《中国历代人物年谱考录》、《中国年谱辞典》）。《庐陵欧阳文忠公年谱》1 卷，旧题宋胡柯编撰，实当出自周必大之手，自宋代即已附集刊行，故谱中详述出处而略于事迹，又备载历官制诰，其谱例对后世颇具影响。有《四部丛刊》初编影印元刊本。另，清人华孳享《增订欧阳文忠公年谱》1 卷，刊入《昭代丛书》丙集卷三，为道光十三年（1833）刊本。是谱据宋《庐陵欧阳文忠公年谱》及旧谱增删、修订而成，记载谱主事迹更加详尽，并于每年之下著录谱主所撰诗文著述篇目。原谱于谱主升擢迁官，均载有各类制词，今谱概为删去，使文字更为精练。是谱又撰有考辨，以双行小字列于该条正文之后，对谱主事迹多有辨证，言之有理。然是谱所载材料均不标注出处，不便于读者，为其一弊。今人严杰编有《欧阳修年谱》（南京出版社，1993 年）。

5. 李觏年谱

李觏（1009—1059），字泰伯，南城（今属江西）人。自幼熟读经籍，俊辩能文。举茂才异等，科试不第。倡建盱江书院，教授生徒，从学者常数百人，学者称盱江先生。李觏精研儒学，排斥佛、道，潜心著书，为北宋著名思想家。现存《直讲李先生文集》37 卷、《外集》3 卷（《四部丛刊》初编影印明成化刻本）。《文集》后附《年谱》1 卷，不署撰者，或谓明左缵编，或谓陈次公编。据宋张渊微《直讲李先生集·跋》称“景定初元，太守雪轩魏侯峙祠墓略又取遗书读，叹其言足经世兴太平，独恨年谱有阙遗，字画有讹脱，更与盱之士参以它书雠正，二年锓之梓”，则文集所附年谱或经魏侯峙增订。

此谱详于诗文著述系年，有助于理解谱主学术思想的进益。清乾隆间，冯行以其记事有误，重编为一卷，附于乾隆三十三年（1768）赤溪书屋刊《宋儒李盱江先生全集》卷首。

6. 苏洵、苏轼、苏辙年谱

苏洵与其子苏轼、苏辙，世称“三苏”，宋代著名文学家，博学多闻，深于经学。

宋人所编三苏年谱，有罗良弼《欧阳三苏年谱》、何抡《眉阳三苏先生年谱》、孙汝听《三苏年表》、李焘《三苏年谱》、程洵《三苏纪年》等。罗、李、程所编久佚，孙谱仅《永乐大典》残存《苏颍滨年表》1卷，近人缪荃孙曾抄录，刻入《藕香零拾》。缪跋称“此书记载翔实，究胜于后代所编者”，盖以其古旧，弥足珍贵。然亦偶有失误。今人李俊清撰有《苏颍滨年表订误》（《河北师范学院学报》1989年第4期）。何谱则由王水照从日本搜集到残本，并加以整理（1989年上海古籍出版社《宋人所撰三苏年谱汇刊》），系据日本蓬左文库藏施宿《东坡先生年谱》附《眉阳三苏先生年谱》（简称“蓬左本”）为基础，用《四河入海》（日本僧人笑云清三所编，1970年东京勉诚堂影印古活字本）及南宋郎晔《经进东坡文集事略》中引录何谱文字加以订补，并用仿宋体小字注明材料出处。个别字句夺讹处，径于补足，亦用仿宋体小字以区别于正文。

三苏之中，苏轼为宋代文学巨匠，经史名家，著作繁富，备受后人推崇，为其编年谱多达50余种，仅宋人所编亦有10种，其中王宗稷、施宿、傅藻所编流传至今。而王文诰所撰《苏文忠公诗编注集成》46卷（清嘉庆至道光间武林韵山堂王氏刻本），后附《总案》，虽以诗文系年为主，然详考苏轼行实及当时朝政大事、一时交游等，实为苏轼年谱。而对于洛党、蜀党、朔党之间的纠葛，考证尤详，不乏创见。其考系诗文著述及生平事迹，亦远胜前谱。

此外，今人易苏民编有《三苏年谱汇证》（台北大学文选社，1969年），曾枣庄编有《苏辙年谱》（陕西人民出版社，1986年），孔凡礼所撰《苏辙年谱》（学苑出版社，2001年），《苏轼年谱》（中华书局，2005年），及《三苏年谱》（北京古籍出版社，2004年），较为翔实，可参看。

7. 周敦颐年谱

周敦颐（1017—1073），字茂叔，道州营道（今湖南道县）人。博学，精于《易》理，为宋代理学创始人，程颢、程颐皆从之学。著有《太极图》、《易说》、《易通》数十篇，《周濂溪集》等。

宋人度正、明人周与爵、周沈珂，清人吴大榕，今人许毓峰均编有周敦颐年谱。度正《濂溪先生周元公年表》1卷，为现存最早之周敦颐谱，明清人所为周谱，多就此谱而增删改易，其开创之功，实不可没。许毓峰编撰《周濂溪年谱》，除详考谱主仕历、政绩外，复对《太极图说》、《通书》等著述的成书年代、授受渊源详加辨析，对南北宋道学传授渊源，提供了一条比较清晰的线索。引据资料翔实，对朱熹撰《濂溪先生事状》、《宋史》本传记载之误，多所考辨。原谱载金陵、齐鲁、华西三大学《中国文化研究汇刊》第3卷（1943年9月），后收入台北商务印书馆出版的《新编中国名人年谱集成》。

8. 司马光年谱

司马光（1019—1086），字君实，号迂夫，陕州夏县（今属山西）涑水乡人。北宋著名政治家、史学家，经史著述颇丰，现有文集、《资治通鉴》、《涑水纪闻》等传世。

明马峦编有《司马温公年谱》6卷（万历四十六年司马露刻本），保存了一些珍贵材料，但疏误甚多。清陈宏谋对其删繁补阙，订正讹误，纂成1卷本，乾隆六年刻入《司马文正公传家集》，此后一再翻刻，流传较广。其后顾栋高又编《司马太师温国文正公年谱》8卷。此谱在马谱之上，订其"疏略且讹舛者不啻十之三四"，又参考史传、碑状、文集，排比资料，详加考证，条分缕析，脉络清楚，尤详于神宗、哲宗两朝政局及新旧党争的叙述，其知人论世之价值远胜前谱。此谱有乾隆刊本、民国六年（1917）刘氏《求恕斋丛书》本、1990年中华书局校点本等。

9. 王安石年谱

王安石（1021—1086），字半山，抚州临川（今属江西）人。北宋著名的政治改革家，其诗文创作与学术思想影响亦大。

宋詹太和、李焘，清顾栋高、蔡上翔、杨希闵，近人柯敦伯、柯昌颐、梁启超、姜豪、沈卓然，今人梁明雄、李燕新、周宪文、李德身、高文等均编有王安石年谱。李焘所编年谱，未见流传。詹太和《王荆文公年谱》虽存世，然较简略。顾栋高完成《司马温公年谱》后，复编《王荆国文公年谱》。顾氏认为在熙、丰、元祐政局中，"与温公为消长者，实惟半山"，因此所编司马光、王安石两谱，实可互参。但因褒司马光而贬王安石，不无爱憎于其间，难免有失偏颇。该谱3卷、卷后1卷、《遗事》1卷，有民国间刘氏刊《求恕斋丛书》。民国时沈卓然有鉴于顾谱之失，加以删节订正，重编为《王安石年谱》，收入《王安石全集》。而资料最为翔实的，当推清蔡上翔编撰的《王荆公年谱考略》。蔡氏遍阅正史及百家杂记数千卷，作成此谱，旨在列举王著，辨其实迹，进而驳论诸书之误，如考证欧阳修、王安石相识时，王祖母已去世四年，从而驳斥《宋史》本传称欧阳修荐为谏官以祖母年高而辞之误。考辨正史、杂书之讹误，也多有真见，如辨《邵氏闻见录》所载天津桥闻杜鹃及王雱囚首跣足等事为诬，实有见地。但作者将当时名流诋斥王安石之作概斥为伪书，如苏洵《辨奸论》、司马光《与王介甫第三书》等，则又矫枉过正。又此书重在辨诬，或略于行实。而于安石行事年月，排比推敲，也有未尽之处。但总的来说该书资料丰富，内容翔实，为研究王安石生平事迹的重要参考文献。该书共25卷，另有卷首3卷、杂录2卷、附录1卷，清嘉庆九年蔡氏存是楼木活字本。此后杨希闵病其"繁多"，作《王荆公年谱考略节要》4卷，并有所考订，复博采载籍，撰成《年谱推论》1卷，可资参考，有《十五家年谱丛书》本、1973年上海人民出版社标点本。1994年中华书局出版裴汝诚校点《王安石年谱三种》(詹谱、顾谱、蔡谱)。

10. 张载年谱

张载（1020—1077)，北宋著名思想家，"关学"领袖。

张载年谱，在宋有其孙张同然所编《横渠先生张献公年谱》1卷，见于《郡斋读书附志》著录，久已失传。现存最早为清武澄所编《张子年谱》1卷(《西京清麓丛书》本《张子全书》卷一五)，系据《资治通鉴纲目》、《宋史》及吕大临《横渠先生行状》掇拾而成，考载行历，逐年系事，大抵有据。又逐年附载其弟张戬年岁简历，亦为此谱之特色。然于同时人文集未及参考，不免疏漏。稍后又有清杨耀荣所撰《张子年谱》(载光绪间石印本《五子行状年谱》，见谢巍《中国历代人物年谱考录》卷六)，以及归曾祁撰《横渠先生年谱》(原载《孔教会杂志》第1卷第6号)，均较简略。今人陈正荣编有《张载谱略》，收入《张载传记资料》（台北：天一出版社，1981年)，可参看。

11. 徐积年谱

徐积（1028—1103)，字仲车，楚州山阳（今江苏淮安）人。早从胡瑗学。以孝行闻，赐谥"节孝处士"。著有《节孝先生文集》、《语录》等。

《宋徐节孝先生年谱》1卷，清段朝端编撰，附于《节孝先生集》。据段氏《徐集小笺序》，此谱曾经田毓璠续补。述及谱主世系、生平履历、仕宦、交游等，而尤重节孝事迹。凡钩考未定事，加“端案”予以标识，较为审慎。末有朱孝臧跋，称山阳诗人段蔗叟“于先生文集中钩稽剔抉，并旁采博征，以得其梗概，其用力可谓勤矣”。有《楚州丛书》本，民国十一年（1922）淮南志局重刊本，

12. 程颢年谱

程颢（1032—1085），字伯淳，世称明道先生，河南（今河南洛阳）人。尝从周敦颐学，后讲学洛阳，与弟颐同为北宋理学奠基人。著有《明道集》，南宋时将程颢、程颐二人文集合编为《河南程氏文集》12卷，今人王孝鱼有点校本《二程集》（中华书局，1981年）。

程颐年谱，有明代杨廉所编《明道先生年谱》1卷，未见传本；又有唐伯元《明道年谱》1卷（清黄中订补）、赵滂《明道先生年谱》1卷，据程颐《明道先生行状》改编而成，均较简略。清池生春、诸星杓编有《程子年谱》5卷，较翔实。杨希闵编《宋程纯公年谱》1卷（1934年燕京大学图书馆排印本），据《行状》、史传及宋人文集、《学案》等纂集而成，较为简明。近人单丕编有《程明道年谱》1卷（《不厂丛稿》本），管道中有《明道年谱》（《二程研究》附，中华书局，1937年），可参看。

13. 程颐年谱

程颐（1033—1107），字正叔，世称伊川先生，洛阳（今属河南）人。洛学学派的代表人物。

程颐年谱，以宋朱熹所编《伊川先生年谱》为最早（载明嘉靖十一年刻本《晦庵先生朱文公文集》卷九八）。本谱不按年岁系事，其体例虽为后人诟病，但对后世影响颇大。此外，明唐伯元辑《二程类语》（万历十三年刊），附有《二程年谱》，系据朱谱改编，无所增益；赵滂《程朱阙里志》卷四收有《伊川先生年谱》（清雍正三年重刊），仍依朱谱改编，有所订补，而略去出处。清池生春、诸星杓编《伊川先生年谱》7卷，则较翔实。近人单丕编有《程伊川年谱》，有《不厂丛稿》本；姚名达纂《程伊川年谱》，搜罗资料弘富，订正前谱之讹，价值较高，有1936年上海商务印书馆排印《中国史学丛书》本。今人卢连章编有《二程学谱》（中州古籍出版社，1984年），可参看。

14. 游酢年谱

游酢（1053—1123），字定夫，建州建阳（今属福建）人。早年师事程颢、程颐，与杨时友善，为“程门四先生”之一，学者称廌山先生，又称广平先生。

《游定夫先生年谱》1卷，清游智开编撰。据墓志、家谱掇拾而成，颇为

简略。初附于乾隆间刊本《游廌山先生集》，又附《四库全书》本《游廌山集》、同治间刊《游文肃公集》。

15. 杨时年谱

杨时（1053—1135），字中立，世称龟山先生。师从二程，载道而南，一传而为罗从彦，再传而李侗，三传而朱熹，实为闽中理学之祖。著有《三经义辨》、《论语解》、《经说》、《语录》、《二程粹言》等。

杨时年谱，以黄去疾谱最早，成于宋咸淳年间，较简略。其后清毛念恃、张夏、黄璋等转相订补，愈加详备。毛念恃编《四贤年谱》（即《延平四先生年谱》），谱主为杨时、罗从彦、李侗、朱熹。毛辑四家年谱，旨在明晰师承渊源，以作入道之基，正如其序所言"合延平四先生之集为道南录"。故此谱叙事与黄去疾谱重在诗文系年不同，侧重记载学术活动、仕历及后人崇祀等。在诸家所撰杨时年谱中，张夏所编《宋杨文靖公龟山先生年谱》2卷较为详备。此谱参考黄去疾、毛念恃二谱，参稽史册、语录、文集，采录资料颇为丰富，剪裁得当，所载杨时求学经历及立朝大节尤为详备，其系年亦较旧谱精确。但系事亦有失偏颇，如杨时受蔡京荐事，则略而不书，故四库馆臣讥其"以东林托始之故，曲为文饰，仍不免门户之见"（《四库全书总目》卷六〇）。

16. 尹焞年谱

尹焞（1071—1142），字彦明，一字德充，洛阳（今属河南）人。师事程颐，靖康初赐号和靖处士，学者称和靖先生。著有《论语解》、《门人问答》、《和靖文集》。

今存《和靖尹先生文集》8卷，卷一为《年谱》，不题撰人。考元陈基《夷白斋稿·补遗》载其至正二十一年辛丑（1361）所作《和靖先生年谱序》，称："先生之道见于门人祁君宽所记《语录》若干卷，前山长沈维时既已刻之书院矣。其出处始终，言行本末，著于黄君士毅所纂《年谱》，顾未之刻焉。今山长叶颙实始出俸廪为之倡，而儒士陆宁因率同志若干人裒钱以相之，用是谱与《语录》并传，而先生之道益著矣。……是谱也，盖攟摭诸书，参以已闻，而先后次第之。俾百世之下诵其诗而读其书者，观乎此，亦可以由阶及户而窥其奥矣。"则此谱或为黄士毅撰。黄氏《年谱》元至正二十一年（1361）始刊行于世，后收入明嘉靖刻本《和靖集》。此外又有李振纲所编《年谱》1卷，收入清道光二十年（1840）刊《尹和靖全集》。

17. 罗从彦年谱

罗从彦（1072—1135），字仲素，世称豫章先生。从学于杨时，又至洛阳问学于程颐。从彦为东南理学之先，尝居乡授徒，朱熹为其再传弟子，故后世多尊崇之。

《豫章罗先生文集》附有年谱一卷，不足2000字，旧题元曹道振编，而据曹道振跋，则称为吴绍宗所编。其后清毛念恃、沈涵、张伯行、钟体志皆在此谱之上有所增补，编为《豫章罗先生年谱》。沈谱见南剑州刊《三先生集》本《豫章集》卷首，张谱见《正谊堂全书》本《罗豫章先生文集》卷首，钟谱见光绪间刊《豫章先生集》卷首。毛谱乾隆十年（1745）刊入《延平四先生年谱》，首载《事实》，自序称与年谱“先增订而汇梓之”。其年谱则就文集所载曹谱，有所增订，多在原按之下又加按语，然所系行历事实仍嫌简略。据谢巍《中国历代人物年谱考录》载，今人罗培均编有《罗从彦年谱》，惜未见流传。

18. 李侗年谱

李侗（1093—1163），字愿中，学者称延平先生，南剑州剑浦（今福建南平）人。从乡人罗从彦学。绍兴间，朱熹尝受业于其门。有《延平问答》、《语录》行世。

清毛念恃、张伯行分别编有李侗年谱。又，清光绪五年延平府署刊《延平答问》附《延平先生年谱》1卷，题宋朱熹编，疑以朱熹撰《李公行状》而误以年谱相属（见谢巍《中国历代人物年谱考录》）。张伯行所编《李延平年谱》1卷，载于《正谊堂全书》本《李延平集》卷首，较简略。毛念恃所编谱前载《宋史·李侗传》，其序言：“摘取《宋史》本传论次之，依文公《行状》、《答问》之岁月，择其言尤精要者编为《年谱》，庶闽学之源流，开卷即悟也。”是此谱取材于史传及文集，并非逐年系事，重在考载学术源流，故多载李侗与朱熹往还论学之书信、答问语。毛谱有乾隆十年（1745）延平御书阁刊《延平四先生年谱》本。

19. 朱熹年谱

朱熹（1130－1200），字仲晦，一字元晦，号晦庵、晦翁，别号考亭，徽州婺源（今属江西）人。南宋理学大师，著述数十种。

自宋至今，后人所编朱熹年谱多达60余种（据谢巍《中国历代人物年谱考录》统计）。其中重要的有宋李方子编《紫阳年谱》3卷，然为明人窜乱，已失其真。明人所谱，如戴铣《朱子实纪》12卷、李默《重刊紫阳文公先生年谱》5卷等，虽有一定影响，然可议处甚多，清四库馆臣或讥其“铺张褒赠以夸讲学之荣”，或讥其“窜乱失真”。至清人所谱，以王懋竑《朱子年谱》4卷最为重要。《四库全书总目》云：“懋竑于朱子遗书研思最久，因取李本、

洪本互相参考，根据语录、文集订补舛漏，勒为四卷。又备列其去取之故，仿朱子校正《韩集》之例，为《考异》4卷，并采掇论学要语为附录2卷，缀之于末。其大旨在辨别为学次序，以攻姚江《晚年定论》之说，故于学问特详，于政事颇略。如淳熙元年劾奏知台州唐仲友事，后人颇有异论，乃置之不言。又如编类《小学》，既据文集定为刘子澄，而编类《纲目》乃不著出赵师渊。《楚辞集注》本为赵汝愚放逐而作，乃不著其名。至于生平著述，皆一一缕述年月，独于《阴符经考异》、《参同契考异》两书不载其名，亦似有意讳之。然于朱子平生求端致力之方，考异审同之辨，原原本本，条理分明，无程瞳、陈建之浮嚣，而金溪、紫阳之门径，开卷了然。是于年谱体例虽未尽合，以作朱子之学谱，则胜诸家所辑多矣。”此谱详考朱子生平学问进益之历程，不乏创获，价值极高。该谱4卷，附《考异》4卷、《附录》2卷，有清光绪九年（1883）武昌书局刊本。今人束景南撰有《朱熹年谱长编》（华东师范大学出版社，2001年），内容翔实，资料丰富，考辨精核，实为集大成之作，可参看。

20. 张栻年谱

张栻（1133—1180），字敬夫，号南轩，祖籍绵竹（今属四川），徙居长沙（今属湖南）。张栻为湖湘学创始人之一，南宋著名思想家，与朱熹、吕祖谦同号东南“三贤”。

张栻年谱，有清王开琸所编《南轩公年谱》（道光十九年刊本）。日本高畑常信编有《张南轩年谱》（载《中京大学文学部纪要》1974年12月号）。近人胡宗楙撰有《张宣公年谱》2卷、附录2卷，其序云：“读《南轩集》既竟，窃不自揣，编订成谱。首事实，次引证，件分条系，不相杂厕。学问政事，出处行谊，苟有据依，无不剬缉。至于言关忠告，虽遗议皆所当书；事类舞雩，即游观亦所不废。后为附录，则以它书有涉南轩事实者入之。”该谱系事有据，资料丰富，而于谱主遗事与言行录等，则辑为“附录”2卷，亦可资参考。有1933年胡氏梦选楼刻本。

21. 吕祖谦年谱

吕祖谦（1137—1181），字伯恭，南宋婺州（今浙江金华）人。与朱熹、张栻并称“东南三贤”，开浙东学派先声，学者称东莱先生。精研《诗》、《书》、《春秋》及十七史，著述多达十余种，其中《吕氏家塾读诗记》、《古文关键》及所编《皇朝文鉴》，均对后世有较大影响。

祖谦卒后，其弟祖俭因旧本《东莱先生集》真伪错杂，遂重新编定，由其子乔年刊正付梓，初刻于宋嘉泰四年，经元明递修，流传至今。该本附有

《年谱》，当为吕乔年所撰。明阮元声辑《吕成公外录》，即删润此谱，置于全书卷一。

22. 陈傅良年谱

陈傅良（1137—1203），字君举，号止斋，瑞安（今属浙江）人。傅良为永嘉学派巨擘，文名颇著，著述甚丰，今存有《读书谱》、《春秋后传》、《建隆编》、《历代兵制》、《止斋先生奥论》8卷、《止斋文集》52卷等。

陈傅良年谱，有清孙锵鸣编《陈文节公年谱》和近人单丕编《陈止斋年谱》（《不厂丛稿》本）两种。孙谱尝刊行于《国故》第1至第3期（1919年3月至5月），未完。又有抄本传世，黄群尝据以校印，后得孙氏家藏手稿，遂弃去原刊，以手稿刊入《敬乡楼丛书》第2辑，于1929年印行。台湾商务印书馆尝据此本影印为《宋陈文节公傅良年谱》，编入《新编中国名人年谱集成》第15辑。是谱以记傅良讲学及仕历为主，系据文集、行状、墓志与其本传掇拾而成，间有考证，以"按"出之，较为审慎。

23. 陆九渊年谱

陆九渊（1139—1193），字子静，号存斋，又号象山翁，学者称象山先生，金溪（今属江西）人。九渊以心学著名，与朱熹并称"朱陆"。著有《象山文集》28卷、《外集》4卷及《语录》4卷行世。

九渊年谱，初稿成于门人袁燮、傅子云，然未刊行，后由李子愿编定，于宝祐四年分别刊于临川、衡山，包恢为序，与文集并行，今传本均出衡山刘林所刻。然诸书著录，或作袁燮编，或作袁燮、傅子云编，或作陆持之编，或作包恢编，或作李子愿编，实则同为一谱，因刊削取舍，遂滋歧异。此谱传至明代，残损已多，赖张乔相校订重刊，获传于世。其后王宗沐将其刊入《象山先生全集》卷三六，删去已见于文集之诗文，定为1卷，遂成通行之本。清雍正年间，李绂汇刊二谱，并增订为3卷。其后清方宗诚撰《陆象山先生年谱节要》1卷，杨希闵撰《陆文安公年谱》2卷，均在旧谱之上删润而成，内容不及李绂本丰富。

24. 杨简年谱

杨简（1141－1226），字敬仲，慈溪（今属浙江）人。从陆九渊学，以心学知名。平生著述甚丰，有《杨氏易传》、《五诰解》、《慈湖诗传》、《慈湖春秋传》、《先圣大训》、《慈湖遗书》等。

《慈湖先生年谱》2卷，清冯可镛、叶意深编撰。冯、叶二人为谱主同乡后学，是谱实为景仰先贤之作，故考述杨简生平家世及其立德行事甚详，史料较为丰富。末附冯可镛辑《慈湖先生世系》1卷，亦颇详赡。有1930年重印清冯可镛毋自欺斋校刊《慈湖先生遗书·补编》本。

25. 黄榦年谱

黄榦（1152—1221），字直卿，号勉斋，闽县（今福建福州）人。早年受业于朱熹，熹妻以女，以道学、政事知名。著有《书说》、《六经讲义》，已佚。今存《勉斋先生黄文肃公集》。

宋潘植著有《勉斋年谱》，但未见传本。宋郑元肃录、陈义和编撰《勉斋先生黄文肃公年谱》1卷，见元刊本《勉斋先生黄文肃公文集》卷末附录。据本谱后陈义和跋语云，郑元肃原录有《年谱》1卷，陈氏乃“剪其繁芜，补其疏漏”，勒成此谱。因其编撰年代较早，故保存了较多的第一手资料。

26. 陈亮年谱

陈亮（1143—1194），字同甫，原名汝能，后改今名，人称龙川先生，婺州永康（今属浙江）人。陈亮以布衣而喜论天下事，反对偏安，又与吕祖谦、朱熹等交往，为学重事功，反对空谈性理。著有《龙川文集》。

陈亮年谱，有近人何格恩着《宋史陈亮传考证及陈亮年谱》(《民族杂志》第3卷第11期，1935年)、童振福《陈亮年谱》(上海商务印书馆，1936年)等。近人颜虚心编有《陈龙川先生年谱长编》3卷、卷首1卷，1940年长沙商务印书馆排印本。是书胪列陈亮家世及生平事迹，引述资料较为丰富，对其学术活动及著作考述尤详。另外，今人姜书阁有《陈同甫年谱》(《陈亮龙川词笺注》附)，后出转精，亦可参看。

27. 叶適年谱

叶適（1150—1223），字正则，号水心居士，温州永嘉（今浙江永嘉）人。叶適是南宋中后期著名思想家，永嘉学派巨子。著有《习学记言序目》、《水心先生文集》等。

叶適年谱，有清叶嘉棆所编《叶文定公年谱》1卷（述旧斋钞本），然极简略，且多舛错。孙衣言所编《叶文定公年谱》1卷，考证精当，叙事大体可信。其间多称“叶谱”云云，则尝参考叶嘉棆谱。孙氏此谱虽对叶谱有所是正，然仍属草创，疏漏之处实所难免。且未及刊刻，其所引诸书，往往不及检核。如隆兴元年（1163）一条，两引“余与儿嬉同县林元章家”，不唯文句重出，所据底本亦复可疑，刊字错讹较多。今人周学武撰《叶水心先生年谱》(台北大安出版社，1988年)，周梦江亦撰有《叶適年谱》（浙江古籍出版社，1996年），二谱都非常翔实，可资参考。

28. 真德秀年谱

真德秀（1178－1235），字景元，一字希元，号西山，浦城（今属福建）

人。其学力崇朱熹，号称一时大儒，与魏了翁并称“真魏”。

据刘克庄《西山真文忠公行状》称，其子志道曾编年谱，然久已失传。德秀十九代孙真采编《西山真文忠公年谱》1卷，附集刊行于乾隆二十九年(1764)，又有同治间祠堂本及光绪间刊本。谱前有林鸿、吴镛、李青震及真采序文4篇，而正谱则极简略，谱末则多载后代崇祀。

29. 魏了翁年谱

魏了翁（1178－1237)，字华父，号鹤山，邛州蒲江（今属四川）人。了翁在当时号称“真儒”，以学术、文章、政事得享盛名，与真德秀并称“真魏”。著述极多，合编为《鹤山先生大全集》110卷。

清末缪荃孙编有《魏文靖公年谱》1卷，民国间南陵徐氏刊入《烟画东堂四谱》，又有江阴缪氏刊《艺风堂丛刻》本。谱末有跋，称因校勘《鹤山先生大全集》，“翻阅既多，因编为年谱一卷”，然是谱实较简略，系事亦不尽准确。今人彭东焕撰有《魏了翁年谱》(四川人民出版社，2003年)，可参考。

30. 王应麟年谱

王应麟（1223－1296)，字伯厚，号厚斋，鄞县（今浙江宁波）人。南宋博学通儒。

《王深宁先生年谱》，有清钱大昕、陈仅（与张恕合编)、张大昌所编三种(《四明文献集》本《深宁先生文钞》及《四明丛书》第1集，均有三谱合刊本)。陈谱据《王氏家乘》及应麟子昌世所作《圹记》，参核钱谱及史传，对钱谱多有厘定。其后张大昌复据钱、陈二谱，参核文集、史传，重加编订，于前二谱补正尤多，且引据资料丰富，考订较精。

31. 文天祥年谱

文天祥（1236—1283)，原名云孙，字天祥，后以字为名，改字履善，又字宋瑞，号文山，吉州庐陵（今江西吉安）人。文天祥是宋末著名的民族英雄，有《文山先生全集》20卷。

文天祥在狱中，尝自著《纪年录》。此为现存最早之自撰年谱，虽较简略，但叙事精确。其时杜浒还编有《文丞相年谱》，惜未见流传。今传本有佚名编《宋丞相信国忠烈文公年谱节要》(北京大学图书馆藏拓本)，清许浩基编《文文山年谱》1卷（1927年杏荫堂刊本)，近人蒋守一、傅抱石、姚海坊、翁其荣亦撰有年谱，其中杨德恩所撰《文天祥年谱》(商务印书馆，1939年）较详细。今人李安有《宋文丞相天祥年谱》(《新编中国名人年谱集成》第10辑)、万绳楠有《文天祥事迹编年》(《文天祥传》附，河南人民出版社，

1985年），也翔实可据。

32. 赵秉文年谱

赵秉文（1159—1232），字周臣，号闲闲，金磁州滏阳（今河北磁县）人。工文辞书翰，在金代末年为文坛领袖，元好问称其“主盟吾道将四十年”。通经学，著有《易丛说》、《中庸说》、《扬子发微》、《太玄笺赞》、《文中子类说》，删集《论语解》、《孟子解》各10卷及文集30卷等。

《闲闲老人年谱》2卷，清王树枏编撰。上卷为年谱正文，分年编排谱主事迹，条分缕析，简洁翔实，每条之下均注明文献出处，以示信而有征。于不同文献所记载谱主行实之异同，亦能胪列众说，考辨是非，择是而从。下卷为附录，载录与谱主有关之评论、人物小传、时人唱酬诗文。所选材料宏富，然颇有收录过宽之嫌。有光绪十三年（1887）刊本。

33. 耶律楚材年谱

耶律楚材（1190—1244），字晋卿，号湛然居士，元燕京（今北京市）人。兼通儒佛之学，长于术数，著有《西游录》、《庚午元历》、《皇极经世义》、《五星秘语》、《先知大数》等书，有《湛然居士集》。

《耶律文正公年谱》1卷、《余记》1卷，近人王国维编撰。是谱分为正文、余记两部分，各有侧重，体例完备。正文按年记述谱主事迹，纪事周至，尤注重载录谱主著述，于每年下胪列可系年诗文，而于未能确考撰著年月或不能详知书赠何人之作亦详列于后，以备考索。其征引广博，除引述神道碑、《元史》等资料外，于其文集中可考知谱主行实者亦多予采录。而于每条之下注明出处。《余记》侧重考辨，对年谱中的一些问题，如谱主之籍贯，从辽朝故人习学契丹文字，学儒事佛，对全真教之态度，金亡时汴京人口总数，文集刊刻等，或史传记载各异，或虽有所录而不甚了了，择其要者予以辩驳申说，以求其是。是谱后收入《王忠悫公遗书》内编，其谱后跋语有云“介休齐希潞编校”，为民国时油印本。

34. 许衡年谱

许衡（1209－1281），字仲平，号鲁斋，覃怀河内（今河南泌阳）人。元朝北方大儒。

《许文正公考岁略》（清乾隆五十五年刊《许文正公遗书》卷首），为门人耶律有尚编撰。是谱为门生追忆之作，故感情真挚，而又记述平实，仅简述谱主历年行实，几乎不征引原有文献，亦较少旁及其余事迹，如时事、交游、著述等内容，文字简略而无冗长之弊。清郑士范又编有《许鲁斋先生年谱》，乃据耶律有尚所撰《考岁略》成编，并参证文集、《元史》纪传、神道碑等，有所补益，其所论说多采《读书录》，以辩驳后世诸人对许衡仕元之非议。据谱后跋语，谱成于咸丰八年戊午（1858）。后于光绪六年（1880）刊刻行世，又有光绪十六年（1890）周氏正谊堂重印本。

35. 郝经年谱

郝经（1223—1275），字伯常，元泽州陵川（今属山西）人。为人尚气节，为学务有用。著有《续后汉书》、《春秋外传》、《易外传》、《太极演》、《原古录》、《通鉴书法》、《玉衡真观》及《陵川集》凡数百卷，今唯《续后汉书》与文集存。

郝经年谱最早为清嘉庆十四年己巳（1809）秦万寿编，次年王汝楫亦作年谱，二谱间有异同。至道光八年戊子（1828），张翥以二谱合校，并取金、元、宋三史及《陵川集》参互考证，补辑改编为《郝文忠公年谱》1卷，附于同年刊行之《郝文忠公全集》卷首。道光十六年（1836）杨豫成等重加校刻，仍附于重印之《郝文忠公全集》前。此谱为表格式，分为纪年、时事、出处、著述四栏，简洁明晰。

36. 金履祥年谱

金履祥（1232—1303），字吉义，婺州兰溪（今浙江金华）人。宋恭宗德祐初，授史馆编修，力辞不就。尝从王柏、何基学，尽得朱熹之传。宋亡不仕，隐居金华山中聚徒授学，门生达数百人，学者称仁山先生。晚年讲学于丽泽书院。卒，赐谥文安。著有《尚书表注》、《通鉴前编》、《论语孟子集注考证》等，后人编有《仁山集》。

《宋仁山金先生年谱》1卷，明徐袍编撰。徐袍序谓金履祥为宋之遗民，自德祐之难，遂高举不屈，独以著述显，盛赞其不仕元之大节，于是“谱而表之，俾世之学儒学者监焉”。是谱所记侧重于谱主学术授受次第暨诗文序录，以彰显其学术、行谊之大节，而记载谱主其余行事则较简略。据谱前附载，是谱编成于嘉靖十九年庚子（1540），后曾多次刊刻，明代有谱主裔孙金应晋重刊，清光绪中其十代孙金律又重梓付印。今人何淑贞撰有《金仁山年谱》（载台湾大学中文研究所博士论文《金履祥的生平及学术》，1975年油印本）。

37. 吴澄年谱

吴澄（1249－1333），字幼清，晚字伯清，抚州崇仁（今属江西）人。元朝南方大儒。著名理学家、教育家，其学尊朱子，而亦有取于陆。吴澄卒后，其长孙吴当曾草编其生平事迹。30多年后，至惠宗至正二十五年（1365），危素乃取其稿加以刊定而成《临川吴文正公年谱》1卷。据其序云：“凡公自制之文见于集中者，可以互见，宜不必载。其与人论辩胜负，一时之言，亦复删去。”此谱较为简略，特别是对吴澄的学术思想及活动反映得不够充分。自明代以来均附于各本《吴文正公集》之后。今人路剑编有《吴澄年谱》（《抚州师专学报》1992年第2期），对危氏年谱的不足有所弥补。

38. 陈栎年谱

陈栎（1252—1334），字寿翁，号定宇，晚号东阜老人，徽州休宁（今属安徽）人。力崇朱熹之学，著有《四书发明》、《书集传纂疏》、《礼记集义》、《历朝通略》、《定宇集》等。清康熙三十五年（1696）陈氏德馨堂刻本《新安陈定宇先生文集》卷首有《定宇先生年表》1卷。表中记载陈栎历年事迹，虽极简略，然亦有不见于他书之资料，如某年馆于某所之类，盖出于族谱或乡里文献，是亦有助于了解陈栎生平。

39. 虞集年谱

虞集（1272—1348），字伯生，号道园，蜀之仁寿（今属四川）人。宋丞相虞允文五世孙。宋亡，居抚州崇仁（今属江西）。少从吴澄游，博学高才，为有元一代文学宗主。门人编为《道园学古录》。

《虞文靖公年谱》1卷，清翁方纲编撰。此谱据《道园学古录》及其他有关文献，钩稽排比，简明记述谱主一生治学、仕履、交游等主要事迹及部分诗文写作年代，间有考证。谱前列虞氏世系，谱后辑录有关佚闻、评论等。载清嘉庆十一年（1806）南城曾氏刻本《虞文靖公诗集》卷首。

第三节　明代名儒年谱

明代儒学的发展大体上经历了三个时期。明初程朱理学占统治地位。早在洪武三年（1370），朱元璋就下令科举考试以程朱对儒家经典的阐释为标准。永乐年间，令胡广、杨荣等人编修《五经大全》、《四书大全》、《性理大全》，并由明成祖亲自作序。这标志着程朱理学官学化的完成和确立。在此后相当长的时期，程朱理学成为八股取士的唯一依据。由于尊崇理学，明初也涌现出不少理学名儒，如宋濂、方孝孺、曹端、薛瑄、吴与弼、胡居仁等。宋濂是金华朱学的传人，是元明易代之际承前启后的大理学家。他对明初礼乐制度的制定也起过相当大的作用。方孝孺是宋濂的学生，他一方面遵从朱学博学致知的功夫，同时又主张践履笃实。曹端是明初北方大儒，为明初理学之冠。毕生专心性理，躬行实践，倡明儒学，排斥佛教与道教。继曹端而起的是薛瑄。薛瑄开北方“河东之学”，门徒遍布山西、河南、关陇一带，蔚为北方朱学之大宗。明初朱学大家还有江西的吴与弼。他提倡静中体验，兼采朱陆之长，故而其学传陈白沙（献章），反而背离朱学，而开启阳明心学之先河。

到明代中期，心学转盛，陈献章既是明代复兴陆九渊心学的第一人，也是明代心学尤其是王阳明心学的先驱者。其学以自然为宗，以虚为本，以静为门户，以自得为归旨。陈献章心学思想的直接传承者是其门弟子湛若水。湛若水与王阳明同时讲学，而又各立门户，在明代心学的发展史上都有相当大的影响。但就思想史上之地位而言，王阳明更为重要。阳明思想体系的核心是“致良知”，包括“心即理”、“知行合一”、“致良知”，以及“万物一体之仁”等几个方面。他继承和发展了陆九渊的心学思想，在宋明理学中形成了陆王学派，在明中、后期的思想界曾经风靡一时，一度取代了程朱理学的地位，左右中国思想界长达百年之久。而且传至日本，形成日本的阳明学，在日本的历史尤其是日本近代历史进程中发挥过相当重要的作用。至于阳明后学，据《明儒学案》所列，计有浙中、江右、南中、楚中、北方、粤闽、泰州等7个学案。其他受王学影响，并以其为宗者也不在少数。阳明后学最有影响的，是泰州学派。泰州学派的创始人是王阳明的高足王艮。王艮的学术特征是发挥百姓日用之学，讲说儒家经书时颇多自己的独到心得，不拘泥于传统的传注。泰州学派传人多具有叛逆性格，像李贽、颜钧、何心隐等人具有似儒、似道、似禅，亦儒、亦道、亦禅的复杂特征，从而形成明代后期的异端思潮。

不过，由于脱胎于王学的异端思想对儒学传统形成了挑战，故晚明一些学者起而对其加以矫正。当时政治黑暗，宦官专权，顾宪成、高攀龙等士大夫重建东林书院，讲学之余，讽议朝政，裁量人物，针对王学末流之弊，以程朱之学为宗，批评陆王心学谈空说玄、引儒入禅的学风，提倡经世致用之学。除东林党人外，还有许多学者，如刘宗周、黄道周等，他们敢于直言，指陈时政，弹劾奸党，其学问、气节向为后世学者所推重。

明代八股取士，内容空洞，形式僵化，学子束书不观，游谈无根，造成学风浮躁，学术空疏。从明代中期开始，有些学者提倡古学，形成一股崇尚“博雅考据”的学风，其代表人物有杨慎、王世贞、梅鷟、胡应麟、陈耀文、焦竑、陈第、方以智等人。他们在继承宋代考据传统的基础上，开启了清代考据学的先河。

明代儒学发展史上，名儒辈出，许多人都有年谱传世，兹举其要。

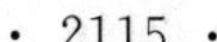

1. 宋濂年谱

宋濂（1310—1381），字景濂，号潜溪，浦江（今属浙江）人。明初名儒。著名文学家、学者，著述甚丰。

《宋文宪公年谱》2卷、附录1卷，朱兴悌、戴殿江编撰，孙锵增辑。据谱前序称，戴氏于嘉庆十三年戊辰（1808）春编成初稿，交朱氏“酌定体例，删订润色，并补缀其所未备”，于是年秋付梓，凡编为上、下2卷。其后孙锵复校勘补辑，增为3卷。上卷纪事自谱主生至元朝灭亡，下卷纪事自洪武元年明太祖建国至宋濂卒葬夔州止，是为年谱正文。卷三为附录，共分三类哀集赐谥、祠墓修建、文集刊刻等事件，取材一直延续至民国五年（1916）年谱刊成。3卷次第分明，纪事清晰，结构谨严。而谱中诸家撰述文字，亦区别分明，朱、戴原著以大字标出，孙氏补文则用小字圈出。孙氏之力用于补辑文献、考证诗文出处，是正原著疏失，既不没原著者之功，又于谱主行实多有考辨，故纪事信实可征。且尤重诗文系年，凡诗文创作岁月可考者，悉数罗列。末附谱主著作总录，便于读者观览。清末孙锵尝倡募捐资刻《宋濂全集》，至民国初元首刊50卷于成都，后分别于杭州、成都两处雕造。民国五年（1916）《全集》刻竣印行，名曰《宋文宪公全集》，凡80卷，并附录孙锵增辑之年谱于《全集》末。

2. 方孝孺年谱

方孝孺（1357—1402），字希直，一字希古，号逊志，台州宁海（今属浙江）人。明初名儒。洪武中从宋濂学，以荐除汉中教授。蜀献王闻其贤，聘为世子师，名其读书之庐曰“正学”，学者因称正学先生。惠帝即位，擢翰林侍讲学士，改文学博士。燕王朱棣起兵反，孝孺为帝划策。建文四年（1402）京城南京破，被执。成祖命孝孺草诏布告天下，不屈而惨死，诛及十族。孝孺工文章，醇深雄迈，天下传诵。著述甚丰，然遭永乐文禁多佚，后人拾其遗文编为《逊志斋集》。《方正学先生年谱》1卷、附《辨正》1卷，明崇祯中卢演编撰，载清同治十二年（1873）刻本《逊志斋集》卷首。记述谱主历年事迹、仕履及部分著作，于“靖难之役”中孝孺之谋划及被诛过程记载较详。行文用直叙，不加考辨，亦不注材料来源。然得此一谱，可见谱主一生行实梗概。

3. 曹端年谱

曹端（1376—1434），字正夫，学者称月川先生，明河南渑池（今属河南）人。明初名儒。笃学博览，而专意性理，其学务躬行实践，而以静存为要，力辟释、老及淫祠俗术。后人辑集遗文为《曹月川先生全集》。《曹月川先生年谱》1卷，明张信民编撰。本名《明理学曹月川先生年谱纂》，分上、下2卷，上卷为年谱，下卷为各种附录资料。编成于万历三十四年（1606），今尚有万历刊本。至清康熙间张伯行辑刊《曹月川先生全集》，取其书之上卷附于集后。此谱叙次谱主生平事迹，详于辟释氏等学术言行，其余事迹则甚略。其记叙体例与其他年谱稍异，仅开端记"洪武九年某月某日生"，以下则仅按岁数记事，如"三岁"云云、"十六岁"云云，而不标年号。虽较简略，亦可资参考。

4. 薛瑄年谱

薛瑄（1389—1464），字德温，号敬轩，谥文清，明平阳府河津（今属山西）人。明初名儒。沉潜性理之学，其学贵实行，不务论说，一言一动，求合礼义，刚正不阿，不畏权势，文章亦雅正可观，当世赞为醇儒。著有《读书录》、《续录》、《敬轩文集》等。《薛文清公年谱》1卷、《行实》1卷，明万历间张铨刻本《敬轩薛先生文集》附。是谱旧题杨鹤撰，然据杨鹤《后记》称，薛瑄年谱旧有一稿，瑄八世孙士宏出以示杨鹤等，草草不可读，鹤乃命其子嗣昌重加更定补充，成于万历三十五年（1607），则此谱实为杨嗣昌编撰。此谱简述薛瑄各年事迹，不注出处，中间多录集中诗文。无事可录之年则不再列出。谱末附录行实序、赞、传、行状、神道碑、祠堂记，以及礼部与臣僚请祀题奏、遗事等资料。此谱纪事简略，清杨希闵另编有《明薛文清公年谱》1卷（1934年铅印本），在叙述薛瑄出处进退、学术思想，文字简明，且每条均注明出处，颇便核查，可补此谱之不足。

5. 吴与弼年谱

吴与弼（1392—1469），字子傅，别号康斋，抚州崇仁（今属江西）人。与弼之学介乎朱、陆之间，主于涵养性情，以克己安贫为实地。门人多为当世名儒，尤以陈献章、胡居仁为著。

《吴聘君年谱》1卷，清杨希闵编撰。本谱根据《明史·吴与弼传》、《行状》及《康斋集》之文，考证排比，列述谱主一生经历。有1958年扬州古籍书店重印清光绪中扬州书林陈履恒刊《十五家年谱丛书》本。

6. 邱濬年谱

邱濬（1421—1495），字仲深，号深庵，学者称琼台先生，广东琼山（今属海南）人。平生著述甚富，《大学衍义补》最著名。

《邱文庄公年谱》1卷，清王国栋编撰，光绪二十四年（1898）琼山研经书院刊本。是谱据正史、神道碑、家谱、文集、诗话、方志等文献编成，纪事详尽，征引广博，如凡所涉人物均以小字略记字号、行实，诗文序跋亦一一载录。侧重于载录谱主著述，除于每年后标署其当年所撰诗文篇目外，于谱后又列有撰著目录，可供读者参阅，颇为便捷。然纪事疏于去取，诸多资料不加删节，收录过宽。编者好抒发己见，往往于考辨中对谱主多加回护，是其缺点。

7. 陈献章年谱

陈献章（1428—1500），字公甫，号石斋，新会（今属广东江门市）人，居白沙，后人因称白沙先生。其学以静为主，开创白沙学派，又称江门学派。著有《白沙集》、《白沙诗教解》。

献章年谱凡三种：明万历年间刊《白沙先生文编》附有《白沙先生年谱》、《遗事》1卷，为王弘撰编撰，概述生平，较简略。清陈遇夫撰《白沙陈子年谱》1卷，正谱记述简略，而附录资料颇多，见清康熙五十三年刊《白沙陈子语录》卷三。《陈白沙先生年谱》2卷，卷首1卷，附《白沙丛考》、《白沙门人考》各1卷，清阮榕龄编撰。其征引典籍达150种，用力之勤，远优于前谱。谱前首列序、例、征引书目、《明史·艺文志》、《四库全书提要》、《明史》本传、行状、写真像、白沙村图、世次，然后为正谱2卷。《白沙丛考》则分为生卒、德容、学行、本集考误等20余目。《白沙门人考》则考述门人170人，内容堪称丰富。编者善于剪裁，取材严谨，不枝不蔓，所引资料皆注明出处，颇便读者复检。辨析疑误，亦多精到。有清咸丰元年（1851）新会阮氏梦菊堂刊本。

8. 胡居仁年谱

胡居仁（1434—1484），字叔心，号敬斋，饶州余干（今属江西）人。尝从吴与弼游，为学主诚敬力行。筑室山中，来学者甚众。后主讲白鹿洞书院，布衣终其身。所著有《易象钞》、《居业录》、《胡敬斋集》等。《四库全书总目》卷五《易象钞》条有云："居仁之学虽出于吴与弼，而笃实则远过其师。故在明代，与曹端、薛瑄俱号醇儒。所著《居业录》，至今称道学正宗。其说《易》亦简明确切，不涉支离玄渺之谈。"

《胡文敬公年谱》1卷，清杨希闵编撰。本谱以胡居仁文集、《明史》、《理学宗传》、《明儒学案》、《江西通志》为依据，采摭有限，似嫌疏略。而谱中全载《续白鹿洞学规》六则，几及全书篇幅之半，亦似不合于年谱之体例。但本谱仍存居仁讲学次第及为学大要，可资参考。有清光绪四年（1878）刻《豫章先贤九家年谱》本。

9. 章懋年谱

章懋（1436—1521），字德懋，号闇然子，晚年别号瀫滨遗老，兰溪（今属浙江）人。读书讲学于枫木山，人称枫山先生。懋讲学恪守前贤，不逾尺寸，不屑为浮夸之谈，在明代诸儒中尤为淳实。生平不轻著述，今所存者《枫山语录》、《枫山集》数种而已。

章沛所撰《日纪》实为最早的章懋年谱，盖付梓未成，后阮鹗乃本之撰为《枫山章文懿公年谱》2卷（清光绪间永康胡氏退补斋刊《金华丛书》本《枫山章先生集》附）。本谱之资料绝大部分采自章沛《日纪》，其余则为行状、本集之属。谱中所述章懋为学次第、历官行事、交游往还甚详，记录诗文、奏疏、圣谕亦颇多，往往有本集及正史所无者，甚足珍贵。

10. 王守仁年谱

王守仁（1472—1528），字伯安，号阳明，余姚（今属浙江）人。明代大儒。著名的哲学家、教育家、政治家。守仁之学，主张以心为本体，提倡良知良能，格物致知，自求于心，于程朱理学之外另辟门径，世称姚江学派。其著述较富，后人合编为《王文成公全书》38卷。

阳明之学，于明代最有影响，历代为其编撰年谱者大有人在。据谢巍《历代人物年谱考录》统计，其年谱多达30余种。其中《阳明先生年谱》3卷，明钱德洪编撰，罗洪先考订，明嘉靖四十三年（1564）刻本。是谱虽仅3卷，然篇幅厚重，逾8万言，于守仁讲学次第、历官行事、交游往还，纤细必书，可谓详尽，有相当高的资料价值。但其文字稍嫌繁芜。万历中，李贽编《阳明先生年谱》2卷，万历三十七年（1609）刻本。其编是谱，盖亦寓景仰之意也。当其撰谱之时，钱、罗二氏之谱已出，而贽似乎未见，故其《年谱后语》仅言“手编阳明年谱自适”而已。然其大纲几与二氏谱相同。二氏之谱成于守仁追谥之前，故恤典未曾涉及。李谱则用较大之篇幅，述其赠谥本末、后人崇祀，兼录墓志、行状之属，可与二氏谱互相参补。另外邹守益编有《王阳明先生图谱》，亦有特色。

11. 王艮年谱

王艮（1483—1541），字汝止，号心斋，泰州（今江苏东台）人。不事科举，聚徒讲学，布衣终其身，门人私谥曰文贞先生。王艮学术以悟性为宗，以格物为要，尽得王阳明致良知之旨，在王守仁诸弟子中为佼佼者。著有《心斋语录》、《心斋文集》等。

王艮年谱现存者凡三种：一为明王宗顺、王元鼎、王翘林所编，一为明董燧等所编，一为明张峰所编。董燧《王心斋先生年谱》正文1卷，所辑资料详尽，叙事亦简要，然对其学术推崇太过，于其行事偏激处，亦多回护之辞。后有谱余、补遗为1卷，收录时人祭奠、墓铭、别传、祠记、楹联诸文。

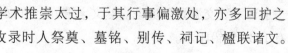

民国初年袁承业刊印《王心斋先生遗集》，即附录董燧等所编年谱，收入《遗集》卷三、四。

12. 杨慎年谱

杨慎（1488—1559），字用修，号升庵，四川新都人。自幼警敏，勤力古学，著有诗文集97卷（参《明史》卷九九），另有杂著100余种，《明史》称“记诵之博，著作之富，推慎为第一”。

明清两代以来，曾编有多种杨慎年谱，其重要者有明陈文烛、简绍芳，清李调元、郑宝琛等所编年谱。简绍芳《杨文宪公升庵先生年谱》1卷，在杨氏诸谱中编次年代较早，纪事也较详，并以小字载录谱主诗文及其他文献材料，颇得年谱纪事之体，然间有舛误，如记杨慎夫人王氏、黄氏嫁娶时日，罗汉寺《禹碑》刊刻年月，均有误，故后来清人程封、孙锡为之改辑、订补，纠正疏误，清道光间刊入《古棠书屋丛书》。

13. 唐枢年谱

唐枢（1497－1575），字惟中，又字子镇，学者称一庵先生，归安（今浙江湖州）人。少学于湛若水，其学以讨真心为宗旨，又留心经济世略，前后著书30余种，其门人汇刻为《木钟台集》。

《唐一庵先生年谱》1卷，明李乐编撰，清王表正重编，许正绶三编。纪事详尽，于反映谱主生平之重要文献多全文附载。王、许二人对原谱疏误亦有厘定，故多信实。卷首附录《明史》本传，谱末有墓志铭，往往可与正文相互参考印证。清咸丰六年（1856）唐氏书院刊本《木钟台全集》附。

14. 唐顺之年谱

唐顺之（1507—1560），字应德，一字义修，号荆川，常州武进（今属江苏）人。尝从王畿学，闻良知之说，学究源委，于经史技艺造诣精深，撰有《五经总论》、《左氏始末》、《荆川先生文集》，辑有《诸儒语要》、《史纂左编》、《右编》、《文编》、《武编》、《荆川稗编》等。

《明唐荆川先生年谱》8卷，附卷首1卷，民国唐鼎元编次，唐肯校刊。是谱卷首1卷，收录吴佩孚、唐文治、柳诒徵等序文及例言，并载引用书目、师友表、世系简表、年谱简表等。正文八卷，卷一至卷六为年谱；卷七为谱后，记载嘉靖三十九年（1560）后至弘光间唐氏子孙与友人事迹；卷八为附录，收入谕祭、赞语、祠记、祭奠、挽诗、杂著等，并附《究诬》、《解惑》2篇。此谱广征博采，记事详尽，考据亦确。年谱前后所附表、杂著，对了解谱主世系、交游足以资证。然文字繁冗，巨细毕录，枝蔓寡要，又为其弊端。有1939年铅印本。

15. 耿定向年谱

耿定向（1524—1596），字在伦，湖广黄安（今湖北红安）人。明代理学家。致仕后归居天台山，人称天台先生。其学本王守仁，属泰州学派。初与李贽友善，后因意见不合而交恶相攻。著有《耿子庸言》、《耿天台文集》等。

《观生纪》1卷，收入《耿天台先生全书》卷八，实为定向自编年谱，条分缕析，纤悉毕载，允称信史，而兄弟子息行事之大者亦牵连书之。其叙述学术演进之大概，往往自摅胸臆，反复论辩，文辞典雅，实为研究谱主生平思想之重要资料。有民国间武昌正信印务馆铅印本。另据谢巍《中国历代人物年谱考录》卷八载，清无名氏尝编《耿天台先生年谱》2卷，惜不见传本。

16. 来知德年谱

来知德（1525－1604），字矣鲜，号瞿塘，梁山（今四川梁平）人。明代理学家。深于《周易》诸经，著有《周易集注》、《理学辨疑》、《心学晦明》、《省觉录》、《省事录》等。

《太史来瞿唐先生年谱》1卷，为知德门人古之贤、李纶、李枚、戴诰、高玉、张纲同编。据卷首区拔熙序，来氏年谱最先载于县志，而知德裔孙家藏本差详，则“爰与友人曾越山、沈云谷参校异同，证以行状，间附集中诗文语录，梓而布之邑人”。主要记载知德隐居著述之经历，述行实较简明。诗文则附入颇多，稍觉繁冗。有清道光十一年（1831）刻本。

17. 孙应鳌年谱

孙应鳌（1527—1584），字山甫，号淮海，其先本南直隶如皋人，明初以流寓占籍贵州清平卫（今贵州凯里炉山镇），遂世为清平人。应鳌于理学师事徐樾、蒋信（二人为王守仁、湛若水高弟），友事胡直、罗洪先、邹善、邹元标、耿定向等。于诗文受任瀚、王世贞、吴国伦等影响较著。《孙文恭公遗书》及《黔南丛书》于孙氏现存著作大都收入。

《孙应鳌年谱》，近人李独清（1909—1985）撰，于孙氏生平事迹、为学次第叙述详细。是谱曾刊于1939年及1940年《贵州文献季刊》，然未完稿，至1961年始毕其功。1990年岳国钧、任鸿文曾加校订，由贵州师范大学学报编辑部重印。

18. 李贽年谱

李贽（1527—1602），初名载贽，号卓吾，又号笃吾、温陵居士、百泉居士、宏父、思斋、龙湖叟、秃翁，泉州晋江（今属福建）人。李贽受王守仁和禅学影响，自居“异端”，重视功利，认为“穿衣吃饭即是人伦物理”，并认为儒家经典祇是门人弟子随笔记录，并非“万世之至论”，因而反对“咸以

孔子之是非为是非”，在当时可谓惊世骇俗。著有《焚书》、《续焚书》、《藏书》、《李温陵集》及评点《水浒传》等。

李贽年谱凡五种（谢巍《中国历代人物年谱考录》卷八），日本铃木虎雄所编《李卓吾年谱》为最早（日文版载 1934 年 2 月刊《支那学》第 7 卷 2 至 3 号，朱维之译本载 1935 年 4 月刊《福建文化》第 3 卷第 18 期）。谱前有序论，从理学、文学等方面，论述李贽在明中叶以来之影响。其所据资料，取自李卓吾、耿定向文集、碑传、志传，外及后人论辩文章等，尚不充分完备，然亦得其梗概。此后又有容肇祖所撰年谱、《泉州文物》资料整理组所编《简明李贽年谱》、厦门大学历史系编《李贽年谱简编》以及 1971 年台湾中文出版社排印本《李氏焚书续焚书》附《李贽年谱》（并见《中国历代人物年谱考录》卷八）。容肇祖《李贽年谱》（1937 年商务印书馆排印《国学小丛书》本《李卓吾评传》附）考证谱主事迹，多以李贽著述为据，于一时权势与学术之纷争及李贽学术思想对后世之影响，多所阐发。

19. 焦竑年谱

焦竑（1540—1620），字弱侯，又字从吾、叔度，号漪园，又号澹园，南京（今属江苏）人。明代著名思想家、藏书家、古音学家、文献考据学家。其学由耿定向、史桂芳导引而入阳明心学一派，继以王畿、罗汝芳为师，又受泰州学派思想启发，提出“学道者当扫尽古人刍狗，从自己胸中辟出一片天地”，崇杨墨而不独尊孔孟。然其学笃实明辨，迥异于明代“游谈无根”之风，在当时即有“士林祭酒”、“一代儒宗”之誉。生平著述宏富，尤以《澹园集》、《续集》、《焦氏笔乘》、《续乘》、《焦弱侯问答》、《老子翼》、《庄子翼》、《易筌》等最能反映其学术思想。又以《国朝献征录》、《国史经籍志》、《皇明人物考》、《玉堂丛语》、《逊国忠节录》等通究明代史事，有“国朝典章”之褒。其所评点、编纂类著述更多达 60 余部，对后世影响极大。

《焦竑年谱》，容肇祖编撰。原载 1938 年 6 月《燕京学报》第 23 期《焦竑及其思想》。记其师承渊源、著述与交游甚详，有助于了解焦氏学术思想之形成过程及其生平事迹。

20. 陈第年谱

陈第（1541—1617），字季立，号一斋，连江（今属福建）人。明代经学家。万历诸生，俞大猷召至幕下，在镇十年，兵备修整。致仕归里，考证古今音之异，对后世古音学研究颇有影响。

陈第年谱，今所知者有 3 种，分别为清陈斗初及近人陈毓瑞、金云铭所编。陈毓瑞《陈一斋年谱》，有 1922 年排印本；金云铭《陈第年谱》较前谱为详，初刊于1946年排印本《文史丛刊》之四，后又收入台北文海出版社排印本《明清史料汇编》第7集。而陈斗初《七世祖一斋公年谱》1卷（载清道光二十九年刻本《一斋集》卷首）成书最早，虽篇幅不大，但行实著述，事无巨细，毕载不遗。乃至他人荐语、赠答诗句亦尽数罗列，可称详赡。其文中常加自注，亦是一体。

21. 顾宪成年谱

顾宪成（1550—1612），字叔时，号泾阳，学者称泾阳先生，江苏无锡人。明代理学家。万历中与弟允成及高攀龙等讲学东林书院，多讽议朝政，学者闻风响应，盛极一时，由是形成政治派别，号东林党。后遭宦官魏忠贤迫害。宪成为学以程朱为宗，力辟王守仁"无善无恶心之体"之说，以为"坏天下教法，自斯言始"。著有《小心斋札记》、《泾皋藏稿》、《顾端文公遗书》等。

《顾端文公年谱》4卷，明顾宪成自述、顾与沐记略、顾枢编辑，清顾贞观补订。是谱虽标4卷，实则卷一为制诏、传状、祭文及文集序等，实为附录资料；卷二、卷三方为正谱，记载仕履、著述较详，尤以记述谱主在东林书院讲学及交游为主；卷四记载身后崇祀及东林道学事颇悉，直至崇祯十四年（1641）请崇祀文庙止。于谱主行实、学术缕述甚详，即卒后亦有大篇叙述，尚称完整。末附张夏、顾贞观、秦松龄跋语，论道学家年谱体式及关乎道学中兴诸事，而尊顾氏为大儒，推东林为正宗，党同之意甚明。该谱清光绪三年（1877）刻本《顾端文公遗书》附。

22. 胡应麟年谱

胡应麟（1551—1602），字符瑞，更字明瑞，号石羊生，又号少室山人，兰溪（今属浙江）人。晚年益致力于学，筑室号"二酉山房"，聚书4万余卷，专事著述，征引广博。治学主张"著述贵博而尤贵精"，反对空疏。著述多达30余种、300多卷，以《少室山房类稿》、《诗薮》、《少室山房笔丛》等较具影响。

《胡应麟年谱》，今人吴晗编撰。此谱以考述学行为主，兼及交游与家事，突出了谱主在文学创作、古书辨伪、图书收藏等方面的贡献，对谱主的学识也有恰如其分的评价。所系事迹，一一标明出处，颇可信据。收入1934年上海商务印书馆排印《中国史学丛书》。

23. 陈继儒年谱

陈继儒（1558—1639），字仲醇，号空青公、眉公、麋公、一腐儒、扫花头陀、顽仙，松江华亭（今上海松江）人。明末文学家、书画家。初以文才

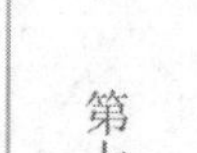

为三吴人士所重，屡试不中，遂绝意仕进，隐居昆山，移畲山，杜门著述，卖文为生。为人博学强识，于经史、诸子百家书无不通晓。屡召，皆以疾辞。著有《建文史待》、《晚香堂集》，辑有《宝颜堂秘籍》等。

《眉公府君年谱》1卷，明陈梦莲编撰。陈梦莲，继儒子。此谱以子记父，且又编成于其父卒后不久，自为了解与研究谱主的第一手资料。惜乎谱中记述一般事迹较多，尤津津乐道于几处庄园之建置，极尽铺陈，而于谱主之文艺、学术事业及交游等等重要数据，反而记载极少。有明崇祯间吴震元刻本《陈眉公先生全集》附。

24. 高攀龙年谱

高攀龙（1562—1626），字存之，又字云从、景逸，无锡（今属江苏）人。与顾宪成兴复东林书院，讲学其中，为“东林党”领袖之一。其学宗程、朱，不主王守仁之学，俨然以卫道者自任。著有《周易易简说》、《春秋孔义》、《就正录》、《高子遗书》等。

《高忠宪公年谱》2卷、卷首1卷，清高世宁编撰，高世泰增订。此谱编成于清顺治十六年，记载详悉。世宁跋称：“爰集先公手笔，若遗稿、日记诸帙，更参以耳目之所睹记，皆确乎可征信者，敬汇而书之。逾年，始克告竣”；“或事属纤琐，则不暇及。若夫精神心术之微，盖有语言文字之所不能及者，则又不胜谱，亦无容谱也。”严瑴序亦称：“事实皆取之《困学》、《三时日记》及疏揭等书，余非家庭亲见闻者弗录。盖先生之子之谱先生，皆先生之自谱者也。”可见其严谨有据。然于东林事记载极略，盖有所忌避。有清康熙间刻本。

25. 鹿善继年谱

鹿善继（1575—1636），字伯顺，号干岳，定兴（今属河北）人。万历四十一年（1613）进士，历户部、兵部主事，兵部员外郎，官至太常寺少卿。在官以志节事功著称。晚年辞官归里。崇祯九年，清兵攻定兴，率乡人拒守，城破死之，谥忠节。善继少承家学，其学“本于余姚（王守仁），出入朱陆”，力主躬行实践。居家时教授著述不辍，弟子以百数，成为晚明北方王学的宗师。著作百余卷，今存《四书说约》、《认真草》、《鹿忠节公集》等。

《鹿忠节公年谱》2卷，清陈鋐编撰。陈鋐，字国镇，涿州（今属河北）人。其父为善继弟子，善继晚年，鋐与其兄亦归门下受业。此谱编成于康熙六年，于善继一生行迹、学术渊源、学术主旨及讲学活动等记述甚详。引文虽多节引，然所据资料多有未见于他书者，故有较高的文献价值。有清道光间寻乐堂重刊本。

26. 刘宗周年谱

刘宗周（1578—1645），字起东，号念台，晚更号克念子，因家于蕺山，又称蕺山先生，山阴（今浙江绍兴）人。宗周为晚明学术领袖，其学“上承濂洛，下贯朱王”，主张以诚意为主，慎独为功。黄宗羲、陈确等均为其弟子。

《先君子蕺山先生年谱》2卷、录遗1卷，为宗周长子刘汋编成于清顺治九年，至乾隆四十二年始由汋之玄孙毓德整理刊行。是谱于谱主之立朝事迹及儒学思想、学术活动记载颇详。虽然后人多有为刘宗周作传者，近人姚名达亦编有《刘宗周年谱》1卷，然就其资料的原始性、内容的丰富性而论，当以刘汋所编之谱为最。

27. 黄道周年谱

黄道周（1585－1646），字幼元、幼平，又字螭若、螭平，细遵，号石斋，漳浦铜山（今福建东山）人。道周以文章风节高天下，严冷方刚，不谐流俗。著述甚富，奏疏经解诗文旁及天文历数，共40余种。

道周卒后，为其作传、年谱者不少。按黄道周年谱今可考者有四：《黄忠端公年谱》4卷，附补遗1卷，明庄起俦等编撰。庄起俦字子鹤，龙溪人，道周门人。明洪思《黄子年谱》1卷本、郑白麓本及陈寿祺《漳浦黄先生年谱》2卷本。然就其流传广远、内容详尽、影响深远而言，当属庄起俦所撰本。庄本有清道光九年（1829）深井黄氏刊本，洪本有道光二十四年（1844）黄曾省与林广迈据所得抄本梓行本。

28. 孙奇逢年谱

孙奇逢（1585—1675），字启泰，一字钟元，容城（今属河北）人。明末避乱入易州五公山，晚岁移居苏门之夏峰，学者称夏峰先生。自明及清，前后十一征不起。其学以慎独为宗，以体认天理为要，以日用伦常为实际，初主陆、王，晚更和通诸子之说，是明末清初颇具影响的学者，与黄宗羲、李颙并称三大儒。所著有《理学宗传》、《夏峰先生集》等。

《孙夏峰先生年谱》2卷，明孙奇逢自撰，门人赵御众、魏一鳌、汤斌、耿极编次，方苞订正。魏一鳌、汤斌等于原谱注云：“此庚戌冬月，先生八十七岁时自叙也。于逐年之下，仅记所寓之地，间及其事与人，其文甚略。今标以为纲，采辑事实附之为目。至庚戌后五年，于日谱中补入，亦准前例。”文中大字书者即奇逢原谱，甚略，并至康熙九年（1670）止。魏一鳌、汤斌等以此为谱之主干，于每年每日所书行实条下，增补了大量史料，而奇逢所作诗文、学术论著等系年可考者，增补尤多。原谱漏书之行实，亦据史料补

入。后方苞受奇逢曾孙孙用桢委托，复订正之，遂使此谱更趋完善。此谱史料丰富，叙事翔实，考证精详，是研究奇逢之重要史籍。清光绪五年（1879）刻《畿辅丛书》本《孙夏峰遗书》附。

29. 吕维祺年谱

吕维祺（1587—1641），字介孺，号豫石，新安（今属河南）人。维祺以讲学名世，从游者数千人。以继孔、曾之传为己任，手注《孝经》，以道归孝，以孝归敬，故其学独树一帜。

《吕明德先生年谱》4卷，明施化远等编，清康熙二年刻本《吕明德先生文集》附。据卷首姚赓唐、孟琯二序，知此谱撰成于维祺卒后之次年，即崇祯十五年（1642）。以施化远、周景濂手记维祺之行事为主，而新洛受业诸门人即姚赓唐、黄基昌、李毓楠、石岳、陈惛、孟琯、郭希铨编次其纪年。据卷首《吕明德先生年谱采辑家刻书目》，本谱所据资料有《慎独堂诗文集》、《芝泉讲会语录》、《伊洛讲会语录》等40余种。谱中详载维祺仕履、学行、交游及学术成就，每记一事，先以大字简述之，旋于其下以双行小字详载其事，凡重要之奏疏、语录、诗歌、学术论著等可以考其系年者，或全文或择要而载之。故观此谱，维祺之仕宦及学术轨迹即清晰可见，诚为研究维祺详尽之资料汇编。

30. 朱之瑜年谱

朱之瑜（1600—1682），字楚屿，后字鲁屿，号舜水，余姚（今属浙江）人。明亡后徙居日本长崎，又移住江户，教授学生。舜水为明末清初著名学者，提倡“实学”、“致用”，其思想一直影响到日本“明治维新”，在中日文化交流史上具有重大影响。所著有《舜水遗书》。中华书局1981年出版校点本《朱舜水集》。

《朱舜水先生年谱》，梁启超编撰，原载《饮冰室专集》卷九七。梁启超与朱舜水同样有流亡日本的经历，又对清代学术有深入研究，因而对谱主的认知，较之旁人更为深刻。是谱考述谱主生平事迹及相关人物，并以其著述及行状等第一手材料为主要线索，参考史传及同时人著述，且加按语予以详考辨证，对材料取舍之缘由及其重要价值，亦加按语说明，可谓严谨有法。

31. 陈确年谱

陈确（1604—1677），初名道永，字非玄，后改名确，字乾初，浙江海宁人。与黄宗羲等同受业于刘宗周。明亡，宗周绝食死，确继其志，隐居乡里，潜心著述。其学以“光复孔孟”为要，虽承王守仁之学，然于程朱理学及佛老异端均多有批判。著有《大学辨》、《禅障》、《性解》、《学谱》、《葬书》、

《瞽言》及诗文集等。1979年中华书局出版了校点本《陈确集》。

《陈乾初先生年谱》2卷，清吴骞编撰。据本谱卷首《自序》，骞撰此谱之宗旨，盖以确之学源于刘宗周，而刘氏之学原本考亭，以此可溯濂洛而上接于孟子；又因骞与确为同里，睹确之遗书颇多散佚，良用慨然，遂作此谱。本谱之作，不唯述确之行迹，更考其交际与学术，而确之著述多有系年。所引史料以确之著述为主，参以方志、别传、他人文集等。体例严谨，叙事详尽，实为谱中之佳者。有1915年上虞罗氏排印《雪堂丛刻》本。陈确玄孙陈敬璋所撰《乾初先生年表》1卷（见中华书局排印本《陈确集》卷首），系据吴骞谱精简而成。

第四节　清代名儒年谱

清代学术呈现出与宋明时期不同的面貌。清初诸大儒亲眼目睹明朝的灭亡，他们从学术层面总结明亡的教训，认为明末“神州荡覆，宗社丘墟”的结局，实由王学末流的空谈误国所造成。因此他们提倡经世实学，对理学、心学之弊进行反思。顾炎武指出：“古今安得别有所谓理学者？经学即理学也。自有舍经学以言理学者，而邪说以起。不知舍经学，则其所谓理学者，禅学也。”这样，理学的价值被大打折扣。和顾炎武同时的黄宗羲、王夫之虽然从宋明理学尤其是王学中来，但他们也明显地意识到宋明理学尤其是王学的危机，而主张以六经为根底，以经世致用为目的。陈确、孙奇逢、李颙、颜元、李塨等人，都提倡经世实学，对理学展开不同程度的批判。与此同时，明末清初的思想界也出现了一股“由王返朱”思潮。他们把矛头直接指向王学及其末流，尊程朱理学，排陆王心学。张履祥、吕留良等人肇其始，经过陆陇其、魏象枢等人努力，到熊赐履、李光地等人因传承朱学而官至卿相，从而完成了程朱理学的复兴。

到清代中叶，朴学盛而理学衰，形成所谓的“乾嘉学术”。它一方面是对宋明理学空谈性理的一种反动，另一方面也是对清代文化高压政策的一种逃避。虽然乾嘉学术内部并没有统一的派别和团体，但一般认为，如果从学术倾向与学术特征来分析，至少可分为两大派：一是以惠栋为中心，以信古为标志的吴派；一是以戴震为中心，以求实为特征的皖派。另外还有以焦循、汪中为代表的扬州学派，以及以全祖望、章学诚为代表的浙东学派。惠栋的弟子有沈彤、江声、余萧客、钱大昕、王鸣盛、江藩等。其中以王鸣盛、钱大昕及江藩学术贡献和影响最大。戴震后学，名家甚多，而以段玉裁及王念孙、王引之父子为其翘楚。扬州学派是由皖派和吴派发展而来。吴派的学术领袖惠栋、皖派的学术领袖戴震都曾久居扬州，他们的学术思想和学术活动不能不在当地发生影响。而扬州学派的中心人物王念孙、王引之、汪中、任大椿、阮元、焦循、刘台拱、凌廷堪等都曾出入于吴、皖学者之门，和皖派学者戴震或吴派学者王鸣盛、钱大昕等都有或多或少的学术渊源。张舜徽在《清代扬州学记》中说，吴派最专，皖派最精，扬州之学最通。扬州诸儒，承二派而起，由专精汇为通学。通过扬州学者的努力，才使乾嘉汉学达到学术上的高峰。

乾嘉考据学一方面取得了相当高的学术成就，但另一方面，它越来越脱离现实，远离国计民生，故也受到一些学者的批判。到嘉、道年间，常州今文经学异军突起，庄存与、刘逢禄以笃守董、何《公羊》学之正途，着意发挥《春秋》之微言大义，使《公羊》学与现实政治、社会变革相结合。道光年间，龚自珍往往引《公羊》“讥切时政，诋排专制”，主张变革，挽救危局，提倡经世致用。鸦片战争以后，国家多事，有识之士希望开启民智，变法图强，主张“师夷长技以制夷”，“中学为体，西学为用”，开展“洋务运动”。但甲午战争的失败，引起人们对洋务运动是否真的能解决中国问题，中体西用的思路是否能给中国带来繁荣与富强的怀疑。于是，出现了康有为借今文经学“托古改制”的戊戌变法。康有为通过对儒学传统的重新阐释，赋予儒家思想革旧图新的积极内容，但变法以失败告终。晚清最后几十年，中西体用之争一直未息。而乾嘉汉学虽经今文经学的打击已经式微，但在晚清仍有后劲。俞樾、孙诒让、王先谦、章太炎等，都是当时著名的经学大家，取得了很高的学术成就。

清代近三百年间，涌现出许多著名的学者、思想家，他们对于儒学思想的发展、儒家经典的诠释做出了杰出的贡献。有关他们的年谱也非常多，兹举要如下。

1. 黄宗羲年谱

黄宗羲（1610—1693），明末清初最有影响的三大儒之一。

《黄梨洲先生年谱》3卷，宗羲七世孙黄炳垕编。所据史料，主要以黄宗羲“《行略》、《神道碑》、《三大儒传》、《文案》、《文定》、《诗历》、《行朝录》、《思旧录》为蓝本，旁搜各家文集、明末野史、省府县志等书，信者采之，疑者阙之……事节其要，文取其简”。谱初成于道光二十五年乙巳（1845）夏，原为4卷，后删繁就简，合为3卷。同治五年丙寅（1866），重加厘定；十二年癸酉（1873）始刊行。本谱体例谨严，详略有法，于宗羲交游、著述及行迹皆叙述得当；须说明者，皆以小字注于其下，但叙事偶有失误。王政尧撰有《黄梨洲年谱考辨》（《北京大学学报》1985年第5期）。此外，近人黄嗣艾撰有《南雷公年表》，较简略；谢国桢撰有《黄梨洲学谱》，较翔实，可与年谱互参。

2. 陆世仪年谱

陆世仪（1611—1672），字道威，自号刚斋，又号桴亭，别署眉史氏，太仓（今属江苏）人。究心先儒语录及经济诸书，明亡后归隐乡里，与陈瑚等以道义相砥砺，建桴亭书院，专心读书，著述、讲学其中。殁后，门人私谥曰尊道先生，又曰文潜先生。其学归于程、朱，然亦不薄陆、王。所著《思辨录》于有清一代影响甚巨。

《尊道先生年谱》1卷，清凌锡祺编撰，王祖畬、唐受祺参阅。据谱末孙寿祺跋，本谱乃凌锡祺“取先生行状、行实及《思辨录》、《论学酬答》诸书，采其年月可考者，悉心编次”而成，遂使世仪“学术出处、文章经济气节之散见各书者”，“厘然契其要领而撮其大凡”。每记一事皆注明出处，间有按语阐发，使世仪之行事与学术思想厘然在目。清光绪二十六年（1900）刻本《桴亭先生遗书》附。

3. 张履祥年谱

张履祥（1611—1674），字念芝，又字考夫，学者称杨园先生。明亡不仕，隐居授徒，益肆力程、朱之书，为清初理学名儒。所著有《补农书》、《愿学记》、《读易笔记》、《初学备忘》等，后人辑为《杨园先生全集》54卷。

《张杨园先生年谱》4卷、附录1卷，清姚夏原编，陈梓补订，钱馥、方埛、顾广誉重订。姚夏原谱仅1卷，陈梓以为未尽善，遂取姚夏本、张履祥全集及履祥生平闻见之足证者，补其阙漏，扩为4卷，并辑附录1卷，刊版流传。至道光间，方埛重加订正，嘱顾广誉续成之，为补正若干条，凡原谱误处，并标注于本事之下。故此谱之成，经数人之手，考证精准，叙事详赡。《附录》所录之文，亦有助于了解履祥之交游与学行，诚为研究张履祥学行之丰富资料。有清道光十四年（1834）平湖沈氏补读书斋刊本。

4. 顾炎武年谱

顾炎武（1613－1682），初名绛，更名继绅，字忠清，后更名炎武，字宁人，号亭林，江苏昆山人。明末清初最负盛名的学者。学问广博，对经史子集、音韵训诂、典章制度、兵农经济、郡邑掌故皆有深入研究。著述宏富，思想深邃。

顾炎武年谱，有顾衍生、吴映奎、车守谦、胡虔、周中孚、徐松、张穆等多家。胡、周、徐所撰未刊，余有刻本，然各有详略优劣。张穆所作《顾亭林先生年谱》较晚出。据谱前张穆按语云：穆作此谱前，唯见徐及车谱，徐谱乃“钩稽各书，依年排纂，已写有定本”，车谱则本之“昆山吴广文映奎（号银帆），而吴氏又本之（顾亭林）先生抚子衍生”，故车本差详。张穆取前贤之精华，据车与徐谱“比而叙之，综两谱之异同，究大贤之本末”而成，详稽故实，于炎武行迹、交游、学术思想等叙述极详赡，远胜前谱。有道光二十四年（1844）刻本。后来钱邦彦又据吴映奎、车持谦（张穆编《顾亭林先生年谱》作车守谦）谱而作《校补顾亭林先生年谱》1卷、附录1卷。此谱之特点，在于征引资料翔实，而引用史料又皆注明出处，利于研究者稽考。于诸家年谱抵牾处，亦时有考辨。故此谱与张穆所作，互有详略，皆为研究顾炎武不可多得之史料。谱后附有“亭林先生著述目录”、“诸人诗文及记传”，亦可补谱中所不载者。此谱原为邦彦子钱景虞收藏，因商务印书馆影印亭林手辑《天下郡国利病书》，遂取此谱附印于后。今人周可真撰有《顾炎武年谱》（苏州大学出版社，1998年）。

5. 王夫之年谱

王夫之（1619－1692），字而农，号姜斋，湖南衡阳人。明末清初著名思想家、经学家。

王夫之年谱凡十数种，如刘毓崧、王之春、王永祥、张西堂等人所撰皆是，而以刘毓崧《王船山先生年谱》2卷为最早。此谱所编前无所承，全系毓崧“检核稿本、采录群书”而成，引用文献资料约60余种，包括船山本人的著作及其他经史文献。谱分上、下两卷，上卷从明万历四十七年（1619）至清顺治十年（1653），按年记述王夫之1岁到35岁经历，凡谱主少年从学、起义抗清、任职桂王府、潜隐研经、诗文著述、交往游历等事迹，颇为详备。下卷从清顺治十一年（1654）至康熙三十一年（1692），简述谱主36岁到74岁行事，主要叙述其诗文创作活动及与故旧弟子交往、传学事迹。有清光绪十二年江南书局刊本。后船山八世从孙王之春以刘毓崧编《王船山先生年谱》“罣漏讹错”，“未为完本”，遂以船山集中诗文之注有年份及事实可按，证以王敔《行述》、潘宗洛《船山传》以及王氏族谱和省志等文献，依次排列，辑为《先船山公年谱》，扼要叙述其家世、仕历、交游、时政、著述，授徒等事类。分前、后二编，不厌其烦，以谱主及他人著作所记反复互注，较刘毓崧所著《王船山先生年谱》内容更充实，并对其错谬有所纠正。该谱光绪十九年（1893）鄂藩使署初刻，1935年至1937年《船山学报》第4至第13期重刊。

6. 费密年谱

费密（1625—1701），字此度，号燕峰，四川新繁（今四川新都）人。后以战乱移家陕西、江苏等地，与海内名流钱谦益、屈大均、万斯同、朱彝尊、孔尚任等人交游，并于苏门山访孙奇逢，得其真传，又至浙江与吕留良切磋学问。密守志穷理，讲学著述，于文学、史学、经学、医学、教育和书法皆有造诣。著有《弘道书》、《荒书》、《文集》、《诗钞》、《外集》等40余种，后人编有《费氏遗书三种》。论者谓蜀中自杨升庵之后，唯密精于学术，富于著述，论说精到，影响深远。

《费燕峰先生年谱》4卷，密之孙费冕编。该谱起自崇祯十一年（1638）谱主14岁从云南还家目睹“祖屋毁于贼”，下迄于密之卒。所记谱主授徒、朋友往来、诗文著述、家事以及明末蜀乱之事，殊为详明。然该谱事属草创，未经整理，叙述尚欠翔实。该谱有1925年孙树馨抄本，1984年扬州古籍书店影印抄本。

7. 耿介年谱

耿介（1623—1693），字介石，号逸庵，学者称嵩阳先生，河南登封（今属河南）人。服膺程朱，从学于孙奇逢，与同门汤斌、张沐、李来章、窦克勤等反复讲论，卓然为中州理学名家。著有《理学要旨》、《孝经易知》、《中州道学编》、《河南通志》、《嵩阳书院志》及《敬恕堂文集》等。

《敬恕自叙》，或题《自叙》、《敬恕堂纪年述略》，实为耿介自述其生平的年谱。叙仕历、家事及交游等，而于从学、著述及倡明理学之事，尤致意焉，自述至康熙二十六年（1687）止。清光绪十年（1884）刊《窦氏丛书》本《敬恕堂文集》附。

8. 汤斌年谱

汤斌（1627—1687），字孔伯，号荆岘，晚号潜庵，河南睢县人。斌学源出孙奇逢，沈潜《易》理，讲明程朱之学，而不菲薄阳明，为清初理学名家。著有《洛学编》、《睢州志》、《汤子语录》及《汤子遗书》10卷等。

汤斌年谱，谢巍《中国历代人物年谱考录》卷九著录五种，包括王廷灿《潜庵先生年谱》1卷（康熙四十二年爱日堂刊本《汤子遗书》附），方苞《汤文正公年谱》1卷（乾隆刊本《汤文正公全集》附），汤斌子沆为订正王、方谱而作《汤文正公年谱》1卷（道光九年汤氏家刊本），杨椿《汤文正公年谱定本》2卷（乾隆八年刊本），近人陈乃乾《重编汤文正公年谱》（稿本）。各谱之中，以王廷灿所编较早，亦较简略，以表格形式，分纪年、时事、出

处、奏疏诗文四栏，分列谱主事迹，虽然眉目清楚，然内容较为简略。清人萧穆《记汤文正公全集》已批评："国朝名公年谱，唯汤公之谱最为疏略，不足征。"（《敬孚类稿》卷九）故武进杨椿秉承方苞之意，"采公旧谱并《行略》、《墓志》及他书之可据者，详为谱之"。杨谱分上、下两卷，卷上自汤氏先世及明熹宗天启七年（1627）汤斌出生，至康熙二十六年（1687）斌卒、二十七年斌葬，以及雍正朝、乾隆朝对汤斌之褒赠等事。卷下附载斌子溥、浚、沆、准《潜庵汤公行略原本》，汪琬《潜庵汤公墓志铭》、《崇祀乡贤录》，彭定求《汤公祠碑记》，顾嗣立《睢州汤大中丞建坊胥门作歌纪美》，尹会一《汤潜庵先生传》，方苞《汤潜庵先生逸事》等，内容极为丰富，俱可补王谱之不足。该谱有乾隆八年（1743）树德堂刊本、道光十九年（1839）、同治九年（1870）所刊《汤子遗书》附刊各本。

9. 李颙年谱

李颙（1627—1705），字中孚，号二曲，自号惭夫，陕西盩厔（今陕西周至）人。精研濂洛关闽之学，与孙奇逢、顾炎武、黄宗羲号称四大家。入清，不事科举，论道关中，与李柏、李因笃号称"关中三李"。著有《四书反身录》、《二曲集》等书。

《二曲先生年谱》，清吴怀清编撰。该谱为怀清所撰《关中三李年谱》之一，列位"三李"谱首。共4卷，卷一、卷二为正谱，卷三、卷四为附录。卷一始明天启七年（1627）二曲之生，至清康熙十年（1671）二曲45岁；卷二起康熙十一年（1672）二曲46岁，至康熙四十四年（1705）二曲79岁，后附道光九年将二曲"祀乡贤"以及宣统元年和三年两次议从祀未果之事。其体例乃有纲有目、有述有按，眉目清楚，资料翔正，考证精密，学术性强。其附录2卷，上卷收录《国史儒林传》，刘恭叔《墓表》，全祖望《窆石文》、《增订关学编》、《强恕斋文集》、《二林居集》、《九畹文集》、《文献征存录》、《二曲集录要》、《国朝学案》、《陕西通志》、《盩厔县志》、《国朝先正事略》等所载传记。下卷所载则为各类序跋、书札。末附《二曲集补》2篇。皆收录原始资料，原原本本，首尾俱全，足可与正谱相映证。有1928年山阳吴氏默存斋刻《关中三李年谱》本。

10. 朱用纯年谱

朱用纯（1627—1698），字致一，号柏庐，私谥孝定先生，江苏昆山人。修身励行，不求闻达，学问精粹，以程朱为宗，不杂陆王。著有《大学中庸讲义》、《愧讷集》等。其《治家格言》在清代影响甚大。

用纯曾自撰《毋欺录》，记其32岁（顺治十五年，1658）至71岁（康熙三十六年，1697）之行事。“按年纪录，纤屑不遗，则先生之言行班班可考”（金吴澜序）。以其所记皆自儆自省之正心、诚意之学，而“其论诚意之功必以毋自欺为本”，故题《毋欺录》。光绪六年，金吴澜得其本，以其31岁以前全付阙如，而71岁后两年事迹也不全面；又因《毋欺录》意在记录自己治学修身之历程，故于其他庶务及诗文创作每多忽略。于是广搜遍采，“爰仿编年之例，重加纂辑。其事实可稽及著述有考者，分年撰录”（金吴澜序），乃成首尾俱全之年谱，并对《毋欺录》阙佚之处时加订补，内容丰富，眉目清朗。正文3卷，另卷首1卷、补遗1卷，有清光绪六年（1880）刊本。

11. 吕留良年谱

吕留良（1629—1683），字庄生，号晚邨，别号耻翁、南阳布衣，崇德（今属浙江桐乡）人。留良极重气节，强调“夷夏之防”，以之为“辞受取予，立身之根本”。为学尊朱辟王，而求经世致用之道。其著述由门人辑为《四书语录》、《四书讲义》、《吕子评语》等。后人编有《吕晚邨先生文集》、《吕晚邨诗集》等。

《吕留良年谱》，近人包赉编撰。分家世、世系表、年谱、“文字狱”中的吕案始末四编，取材于《吕晚邨文集》、《续集》、《家训》及吕葆中《行略》，旁采时人文集为佐证，述吕氏生平事迹及身后遭际，较为详赡。有1937年上海商务印书馆排印《中国史学丛书》本。另外，今人卞僧慧集50年之力，撰成《吕留良年谱长编》（中华书局，2003年），分世谱、年谱、后谱三部分，述其身前身后事迹，较包谱更为全面，资料翔实，内容丰富。

12. 陆陇其年谱

陆陇其（1630—1693），字稼书，浙江平湖人。尊崇朱熹理学，力辟王守仁心学之非，以昌明学术、端正人心为己任，有“醇儒第一”、“传道重镇”之誉，为清初理学的重要代表。著作主要有《问学录》、《读朱随笔》、《松阳钞存》、《松阳讲义》、《三鱼堂文集》等。后人辑其著作为《陆子全书》。

陆氏年谱今传者不下7种：即陆宸征、陆礼征编、周梁参订《长泖陆子年谱》（乾隆抄本），陆宸征、李铉辑、吴光酉编次《陆稼书先生年谱》（康熙五十七年刊），吴光酉重订《陆稼书先生年谱定本》（雍正六年刊清风堂），张师载《陆子年谱》（乾隆十年刊），卢豪然重订《陆清献公年谱》（乾隆后听鹤山房刊），吴光酉编、杨开基重订《陆清献公年谱》（嘉庆二十五年，1820年刊），吴光酉等编、诸家伟等整理《陆陇其年谱》（中华书局本）等。然考其渊源，似皆以陆宸征等所编为最早。然过于简略，间有阙漏，故周梁、吴光酉皆为之增订。特别是吴光酉《陆稼书先生年谱定本》2卷、附录1卷，订李本之讹谬，补李本之阙失，又经曾安世纠驳数条，再经屈兆麟、屈兆凰、冯钦中反复讨论，然后刊行，是诸本中之佼佼者。然吴本仍有不足，谱中凡涉吕留良事，概从挖改。故又有张师载、杨开基等诸本出。张师载谱对于陇其生平事迹，多依诸家旧谱。对陇其著作，有关身心性命之旨、羽翼经传之文，以及维持世教、有关风教者，皆摘其大意，载于目中。此谱繁简得当，对于了解陆氏生平事迹、学术思想仍有参考价值。1993年中华书局整理出版了《陆陇其年谱》，包括《陆稼先生年谱》（吴光酉重辑，郭麟增补）、《长洲陆子年谱》（陆礼征、陆宸征初本，周梁订）和《附录》三部分。

13. 朱彝尊年谱

朱彝尊（1629—1709），字锡鬯，号竹坨，晚号长芦钓师，浙江秀水（今浙江嘉兴）人。金风亭长。肆力古学，文章淹雅，博识多闻，学有根底，著有《日下旧闻》、《经义考》等，至为详赡。文集汇为《曝书亭集》传世。

《朱竹坨先生年谱》1卷（清刻本《曝书亭集诗注》卷首），清杨谦编撰。按年系事，有纲有目，援据详明，叙事清晰；其有系年诗文，则述于事迹之后。唯是谱所据多出朱氏文集，或得于作者乡党耳闻，虽亲切可靠，然亦太过耳目之验，所得有限。今人林庆彰、蒋秋华主编《朱彝尊经义考研究论集》上下册（台湾"中央研究院"中国文哲研究所，2000年），上编为研究论文，下编则辑录各类有关资料而成《朱彝尊研究资料汇编》（王清信、叶纯芳编），内容至为丰富，可补本谱之所不逮。

14. 胡渭年谱

胡渭（1633—1714），初名渭生，字朏明，号东樵，浙江德清人。清代经学家、地理学家。著有《易图明辨》10卷、《洪范正论》5卷，以正宋儒太极图说之误。又著《大学翼真》7卷，驳汉儒、宋儒与王学之误。其《禹贡锥指》20卷，汲取前人成果，驳正旧说，《四库全书总目》称："宋以来傅寅、程大昌、毛晃而下，注《禹贡》者数十家，精核典赡，此为冠矣。"为清代考据学的先驱。

《德清胡朏明先生年谱》，近人夏定域编撰。是谱取材多源自谱主著述、地方志及同时人文集，所据资料均标明出处。除详记谱主生平大事外，重点记其著述成书、刊刻情况及与时人往复商榷、评论之资料，以突出谱主的学术成就。末附著作书目，兼采后人对谱主及其著述的评价。原载1936年3月《文澜学报》第2卷第2期，收入台北商务印书馆排印本《新编中国名人年谱集成》第5辑。

15. 熊赐履年谱

熊赐履（1635—1709），字敬修，一字青岳，号素九，别号愚斋，湖北孝感人。论学尊朱熹，辟王阳明。以默识为真修，以笃行为至教。康熙称其学崇正，有功圣道。为当时理学名臣。著有《学统》、《下学堂札记》、《经义斋集》、《澡修堂集》、《朴园迩语》、《些余集》等。《熊文端公年谱》1卷，清孔继涵编撰。继涵为赐履外孙，所撰是谱简明扼要，记述熊赐履的生平事迹，凡历官、从政、为学、著述之经过，大体已具。其记赐履罢归后购求图书事迹甚详，足资参考。原载清光绪十九年（1893）刻本《碑传集》卷一一。

16. 颜元年谱

颜元（1635—1704），字易直，又字浑然，号习斋，直隶博野（今属河北）人。清初思想家、教育家。创"颜李学派"，在学术上反对宋儒"读书静坐"和空谈"心性命理"之学，主张恢复孔子"礼、乐、射、御、书、数"六艺的实学。著作有《四书正误》、《四存篇》、《习斋记余》等。近人编有《颜李遗书》。

《颜习斋先生年谱》2卷，颜元门人李塨编撰，王源修订。是谱30岁前为李塨据颜元戊辰自谱及素所见闻者为之，以后则据颜元日记。颜元为学极重躬行，立日记记录功过，平生所记达70余帙。此谱据以载其嘉言懿行以及省躬、改过、迁善、为学、著述、交游等甚详。功过并录，不为粉饰。颜元交游论定者则各附小传。编成之后，王源又加修订。是谱对研究颜元学术思想及生平事迹价值极高。有清康熙四十六年（1707）刻本。

17. 阎若璩年谱

阎若璩（1636—1704），字百诗，号潜丘，山西太原人，后居江苏淮安府山阳县。为清代朴学大师。年二十读《尚书》古文25篇，即疑为伪书，潜心研究30年，作《尚书古文疏证》8卷，引经据典，列128条，抉其作伪之迹，《古文尚书》之伪遂成定谳。著作尚有《四书释地》、《潜丘札记》、《毛朱诗说》、《日知录补正》等。若璩开创了清代考据学之先河，《四库全书》编者称他"考证之学，则固未之或先"（《四库全书总目》卷一二《古文尚书疏证》提要），梁启超称他为"近三百年学术解放第一功臣"（《中国近三百年学术史》）。

《阎潜丘先生年谱》1卷，清张穆编撰。是谱取杭世骏、钱大昕所作之传以及《潜丘札记》、《尚书古文疏证》诸书，排次年月。丁晏所著《山阳诗征》、《柘塘脞录》亦多采获，并询之阎氏后人，反复质正，勤加修订，凡五易其稿而后定。征引文献甚为广博，举凡阎氏之学行、著述、交游、讲论、唱和，大体已具。有清道光二十七年（1847）刻本。

18. 万斯同年谱

万斯同（1638－1702），字季野，号石园，浙江鄞县（今浙江宁波）人。斯同兄弟以经学、史学卓绝一时，人称“万氏八龙”。治史讲究经世致用，侧重于探究典章制度。治经则以《礼》学和《春秋》学知名。著有《明史稿》、《历代史表》、《儒林宗派》、《群书疑辨》、《书学汇编》、《周正汇考》、《石园文集》等。

《万季野先生系年要录》，近人王焕镳编撰，发表于1937年7月浙江大学史地学系编《史地杂志》第1卷第3期。该谱略述其生平大事，以记从学、交游、修史为主，侧重于纂修《明史》的记载，对其父万泰及其兄斯年、斯大、斯备之行迹亦有所涉猎，然均较简略，为未竟之作。后托友人陈训慈续之，陈又与方壮猷合作，纂成《万斯同年谱》，于1991年由香港中文大学出版，较全面地反映了谱主生平事迹及其学术成就。

19. 李光地年谱

李光地（1642－1718），字晋卿，号厚庵，又号榕村，福建安溪人。光地潜心理学，旁阐六艺，是清初理学的代表人物。《四库全书总目》评曰：“光地之学，源于朱子，而能心知其意，得所变通，故不拘墟于门户之见。其诂经兼取汉唐之说，其讲学亦酌采陆王之义，而于其是非得失，毫厘千里之介，则辨之甚明，往往一语而决疑似。”（《榕村语录》提要）著作编为《榕村全集》。

《文贞公年谱》2卷（道光五年二酉堂写刻本），清李清植编撰，门下士魏廷珍等同参订。清植为光地从孙，尝辑《榕村语录》30卷，为光地学术思想之汇编。是谱因出自后裔、门人之手，对光地一生亦多曲护，但对光地一生出处行事、仕宦浮沉以及论学、著述叙述较详，可资参考。光地之孙李清馥在清植《文贞公年谱》的基础上，广征语录、墓志、文集等，进行了大量的补充，撰成《榕村谱录合考》2卷（清道光六年安溪李氏刻本），凡光地之出处、仕宦、交游、讲论、著作等，皆详加考订。其中与光地关系密切之陈梦雷、汤斌、熊赐履等，皆详录其遗事，考辨其纠葛。光地在朝中与康熙之问答，亦详加笔录，务求本末明晰。盖是谱意在辩诬，故于世议光地二事（一为陈梦雷绝交书云其卖友，一为彭鹏劾其贪位忘亲）辨析尤多。

20. 张伯行年谱

张伯行（1651—1725），字孝先，号恕斋，晚号敬庵，河南仪封（今河南兰考）人。其学宗程朱，及门受学者凡数千人。著作宏富，有《正谊堂集》

及《道南源委》、《道统录》、《伊洛渊源续录》、《续近思录》、《学规类编》、《性理正宗》、《广近思录》、《濂洛关闽书》、《困学录集粹》、《濂洛风雅》等，并传于世。

《张清恪公年谱》2卷，伯行长子张师栻、次子张师载同编。谱前有任兰枝、雷鋐所撰序文，谱后有师栻兄弟及程正家之识语。形式以纲目体，凡生平大事皆大字，相关细节则以双行小字附注于下，眉目清晰。年谱述及谱主家事、受业、科第、仕历、学行、政绩等，颇为详密。有清乾隆四年（1739）刻本。

21. 李塨年谱

李塨（1659—1738），字刚主，号恕谷，直隶蠡县（今河北高阳）人。从颜元游，尽传其学。一时名士如万斯同、阎若璩、胡渭、方苞辈皆有交往。颜李学派虽由习斋创始，实得恕谷然后形成。其学以躬行为先，不尚空文。所著有《小学稽业》、《大学辨业》、《圣经学规纂》、《平书订》、《恕谷文集》等。

恕谷门人冯辰、刘调赞等共纂《李恕谷先生年谱》5卷，前4卷记庚寅之前，由冯辰编撰，恽鹤生修订；第5卷记辛卯以后，由刘调赞续纂。后由李塨孙锴重订全谱，繁者删之，漏者补之，合为5卷。是谱自庚申七月之后皆采之恕谷日谱，以前则本之冯辰素闻于先生者。其中大德大节必书，至于悔过迁善之迹，亦详载不避重复，而于辨学论道者必录。至于讲论经史，俱载他种著作，是谱则只记其大旨。恕谷亲师取友、互相责善，为生平所资以进德修业者，故亦书之。至于恕谷交游，下世者亦各附以小传（见《凡例》）。叙述李塨生平事迹、为学大旨、改过迁善、讲学著书等极为详尽，是研究恕谷及颜李学派学术思想之重要参考资料。有清道光十六年（1836）李诰刻本。

22. 方苞年谱

方苞（1668—1749），字凤九，一字灵皋，晚年自号望溪，安庆府桐城（今属安徽）人。学宗程朱，经学深醇，又长于散文，提倡义法，为桐城派开山之祖。所著有《周官集注》、《礼记析疑》、《春秋通论》、《望溪集》等。

《方望溪先生年谱》1卷、附录1卷，清苏惇元撰，成于道光年间。“其为年谱也，积十数年乃成，博而不杂，赡而有体。举先生立身行己、出处本末、学问源流，一开卷昭然若揭”。“惟其初意在单行，故于先生经说诸序及奏议大者，间录全文。以诸家集后年谱例之，可从割削”（卷首戴钧衡序）。本谱采摭颇广，每条之下，必注出处，著述审慎。谱末附有《文目编年》及诸家评论，亦于研究方氏学行有所裨益。清咸丰元年（1851）桐城戴钧衡刊本《方望溪先生文集》附。

23. 江永年谱

江永（1681－1762），字慎修，号慎斋，婺源（今属江西）人。平生未曾入仕，以就馆授徒、讲学著述为事。精研音韵及《三礼》，兼通历算、地理。所著《古韵标准》、《音学辨微》、《四声切韵表》，阐明等韵学及分韵原理。又撰《周礼疑义举要》、《礼经纲目》、《礼记训义》，考释名物制度，颇多创见。

《江慎修先生年谱》2卷，江永孙江锦波、门人汪世重同编，成于乾隆四十年（1775）。嗣后裔孙江谦将年谱与《江善人传》合刊入《放生杀生现报录》（1923年铅印本）中。记事极为简略，正谱不足3000言，仅存行迹，且中间尚脱去乾隆二十五年（1760）至二十七年三年之事。

24. 汪绂年谱

汪绂（1692—1759），一名烜，字灿人，号双池，婺源（今属江西）人。平生未曾入仕，以讲学著述为事。为学一宗朱子，著述甚富，今存者即有《周易诠义》、《书经诠义》、《诗经诠义》、《礼记章句》、《参读礼志疑》、《乐经律吕通解》、《四书诠义》、《双池文集》等数十种，内容遍及四书五经，洵为一代大儒。

《双池先生年谱》4卷，清余龙光编撰。主旨在述其学术成就，凡著一书，必系其自序全文于下，以见著述之旨。交友及门生论学诸书，亦往往全文登载，以见学术之异同及传承。又附录《行状》、《双池先生遗书次第刊行录》，于其行实著述皆可资参考。然谱中所载无关文字较多，失之繁冗。有清同治五年（1866）婺源余氏刻本。

25. 全祖望年谱

全祖望（1705－1755），字绍衣，号谢山，又自署鲒埼亭长，浙江鄞县（今浙江宁波）人。清代著名经学家、史学家，浙东学派代表人物。《清史稿·全祖望传》称："其学渊博无涯涘，于书靡不贯串。"兼通经史词章，私淑黄宗羲，宗陆王而不悖于程朱，无门户之见。著述30余种，今存者主要有《经史问答》、《七校水经注》、《汉书地理志稽疑》，继黄宗羲完成《宋元学案》等。诗文集有《鲒埼亭集》、《鲒埼亭集外编》、《鲒埼亭诗集》等。

《全谢山先生年谱》1卷，为其门人董秉纯编。分为《年谱》与《全氏世谱》两部分。年谱简要记载谱主历年主要事迹及著作，世谱则记述鄞县全氏历代世系，对研究全祖望与浙东学派都有一定参考价值。至民国年间，学者蒋天枢认为"董氏旧谱，缺略特甚"，于是重编为《全谢山先生年谱》4卷，内容较为充实。董谱载清同治十一年（1872）刻本《鲒埼亭集》卷首，蒋谱收入1932年上海商务印书馆排印《中国史学丛书》。

26. 王鸣盛年谱

王鸣盛（1722—1797），字凤喈，一字礼堂，别号西庄，江苏嘉定（今属上海市）人。清代著名史学家、经学家。服膺郑玄之学。所撰《尚书后案》20卷，专主郑康成，郑注亡逸者，采马、王补之，间亦取孔传。以汉学考经之法治史，撰《十七史商榷》、《蛾术篇》。

《王西庄先生年谱》，近人黄文相编。谱前有黄文相1942年序，自云少时即治潜研堂书，好读西庄著述，遂择采逸闻，撰次《西庄年谱》，"考师友之渊源，叙学行之得失，俾晚学后进有所仰瞻"。前后历经三载，稿凡六易，就正师友，乃克成编。取材于谱主经史著作及诗文别集，推寻搜考，并注出处，于王氏生平事迹、学术活动、学术思想有比较真实的反映，于同时学人与师友亦多有记录，可供研究者参考。原载1949年12月《辅仁学志》第15卷第1、2期合刊。

27. 戴震年谱

戴震（1723—1777），字东原，安徽休宁人。乾嘉时代皖派考据大师、方志学家、思想家，乾嘉学派的代表人物。于声韵训诂、名物制度、经籍考证、天算地理研究等诸多方面成就卓著。反对理学家"去人欲、存天理"之说教，批判"后儒以理杀人"，与"酷吏以法杀人"无本质区别。治经主张以字考经，以经考义。段玉裁、王念孙等皆从其学。著有《孟子字义疏证》、《毛郑诗考正》、《声韵学》、《声类表》、《考工记图》、《戴氏水经注》、《勾股割圜记》等，后人辑有《戴氏遗书》、《戴东原先生全集》。

《戴东原先生年谱》1卷，清段玉裁编，清乾隆五十七年经韵楼刊《经韵楼丛书·戴东原集》附。记述谱主一生事迹，以学术活动、学术言论为主，其中有一些资料为他书所无，是研究戴震的重要文献，但学术以外的其他事迹则极为简略。民国间魏建功认为段氏作谱时年近八十，凭记忆未能全是，故新编《戴东原年谱》，但仅成其半（见1925年北京大学《国学季刊》第2卷第1号）。今人杨应芹有《东原年谱订补》（《戴震全书》第6册，黄山书社，1997年），可资参考。

28. 纪昀年谱

纪昀（1724—1805），字晓岚，一字春帆，号石云，别号观弈道人、孤石老人，卒谥文达，直隶献县（今属河北）人。博闻洽识，世谓通儒。总纂《四库全书》。《四库全书总目》及《四库全书简明目录》皆出纪氏亲订。还著有《阅微草堂笔记》、《纪文达公文录》、《评文心雕龙》、《史通削繁》、《镜烟

堂十种》等。

《纪晓岚先生年谱》1卷（载1933年北平《师大月刊》第1卷第6期），近人王兰荫编。于纪氏事迹多方补苴，原原本本，颇称丰备。同时别有王汉章《纪晓岚年谱》（藏天津图书馆），内容简略，似未完之稿。20世纪80年代，河北沧州作家贺治起、吴庆荣二人于撰写《一代文宗纪晓岚传奇》之后，再编《纪晓岚年谱》（书目文献出版社，1993年），较前二种内容丰实。又孙致中等新编《纪晓岚年谱》约20余万言（《纪晓岚文集》末，河北教育出版社，1995年），纪氏生平于是灿然大备。

29. 钱大昕年谱

钱大昕（1728—1804），字晓征，又字及之，号辛楣，又号竹汀居士、潜研老人，江苏嘉定（今上海嘉定区）人。清代朴学大师，乾嘉学派巨子。其学兼综众艺，博大精微。阮元说："国初以来，诸儒或言道德，或言经术，或言史学，或言天学，或言地理，或言文字音韵，或言金石诗文，专精者固多，兼擅者尚少，唯嘉定钱辛楣先生能兼其成"（阮元《十驾斋养心录序》）。著述宏富，主要有《廿二史考异》、《十驾斋养心录》、《潜研堂文集》、《潜研堂诗集》等。

《钱辛楣先生年谱》1卷、《续编》1卷，此谱前编为谱主自撰，题名为《竹汀居士年谱》，记述平生治学、著述、仕历、交游、家事等，止于乾隆五十七年（1792）。至道光十一年（1831），其曾孙钱庆曾为之添注，凡本谱涉及的人物均一一注明其名字、简历，本谱记载简略者则详加说明，本谱未载的重要事迹则为之补记；并续编乾隆五十八年至嘉庆九年（1793—1804）谱主去世12年间之事迹，题为《竹汀居士年谱续编》，刊刻时与前编总名为《钱辛楣先生年谱》。清咸丰十一年（1861）钱氏家刻本。

30. 朱筠年谱

朱筠（1729—1781），字竹君，又字美叔，号笥河，顺天府大兴（今北京市）人。提倡古学，认为欲通经必先通文字音韵训诂，所至以此诲士。爱才若渴，奖拔士类不遗余力，绩学之士莫不与之游。招致门下幕中者多当代知名学者，如邵晋涵、章学诚、黄景仁、王念孙、汪中等，不可胜数，时人称为"当世龙门"，实为乾嘉朴学之元勋与领袖。乾隆二十八年（1763）在安徽学政日，奏请搜求遗书金石，辑《永乐大典》中佚书，为乾隆帝采纳，寻开四库馆，实自朱筠启之。著作有《十三经同异》、《笥河文钞》等。

近人罗继祖编《朱笥河先生年谱》1卷（1931年铅印《朱程段三先生年

谱》本），叙次谱主主要经历，于学术、教育与交游活动记述较多，间及家人事迹，谱末撮录谱主佚事，但较简略。稍后尚有王兰荫编《朱笥河先生年谱》、姚名达编《朱筠年谱》。姚谱较详，可相互参证。

31. 段玉裁年谱

段玉裁（1735—1815），字乔林、淳甫，号懋堂、茂堂等，江苏金坛人。尝从学于戴震，为清代乾嘉学术之代表人物，于音韵训诂文字、文献校勘等方面成绩斐然。

《段玉裁先生年谱》，近人刘盼遂编撰。此谱于各条均注明出处，除引谱主文章以外，还载录时人所撰诗文、书启、序跋，作为谱主学术活动之佐证，侧重反映谱主之学术成就。有1936年北平来熏阁书店铅印《段王学五种》本。本谱亦有疏失，今人陈鸿森撰有《刘盼遂氏段玉裁年谱补正》（见《大陆杂志》第70卷第5期）。另外，自清代以来，为段玉裁编年谱者不乏其人，除本谱外，尚有罗继祖编《段懋堂先生年谱》，林庆勋编《段玉裁年表》，可参考。

32. 章学诚年谱

章学诚（1738—1801），字实斋，号少严，会稽（今浙江绍兴）人。精研文史、校勘之学，著述颇丰，后人编为《章氏全书》刊行于世，其中尤以《文史通义》、《校雠通义》二书最著，治文史者奉为圭臬。

自民国以降，曾有多人编章氏年谱，如胡适、姚名达、赵誉船、孙次舟及日本内藤虎次郎等。胡适所编《章实斋先生年谱》，成于1922年，当即印行。数年之后，姚名达又作订补。谱前有何炳松一篇长序，详细讨论了章学诚之学术思想，并对是谱的优缺点加以评论。胡适自序述说了作是谱的缘起，并总结是谱之创新点有三：第一，章氏的著作，凡能反映其思想主张的变迁沿革，都择要摘录，分年编入；第二，章氏批评同时的几位大师如戴震、汪中、袁枚等的言论，也予摘出，分别记在这些人的卒年之后；第三，行文中不仅指出章氏的长处，也同时指出其短处。这三条在年谱之中基本上得到了贯彻。该谱非常详尽，考订亦精审，取舍得当，尤其是对章学诚的学术思想阐发较多，为研究章学诚之必要参考书。订补本成于1928年末，随后由上海商务印书馆刊行。后又收入《新编中国名人年谱集成》、《民国丛书》。大约与姚名达同时，赵誉船也编《章实斋先生年谱》，见1929年石印《详注文史通义》附录。据其自述，此谱是依据胡适所作《年谱》改编，并参考了内藤虎次郎编《年谱》，于胡氏、内藤氏各谱之误均有是正，在诸谱中可谓简明扼要。诸家年谱可以互补。

33. 崔述年谱

崔述（1740—1816），字武承，号东壁，直隶大名（今属河北）人。清代辨伪名家。之学，考据详明而未尝墨守旧说，辨析精微而未尝空谈虚理。著有《考古提要》、《上古考信录》、《唐虞考信录》、《夏商考信录》、《丰镐考信录》、《别录》、《洙泗考信录》、《余录》、《孟子事实录》、《考古续说》，是为《崔氏考信录》。别有《王政三大典考》、《读风偶识》、《尚书辨伪》、《论语余说》、《读经余论》、《五服异同汇考》、《易卦图说》、《与翼录》，唯《春秋类编》4卷未成。著作由门人陈履和汇刻为《东壁遗书》。

胡适非常推崇崔述的古史研究，赞赏崔述“在一百多年前就曾宣告大抵战国、秦汉之书多难征信，而其所记上古之事尤多荒谬”的古史观，作《科学的古史学家崔述》，先叙崔述家世。又作《崔述年谱》，正文分上、下二卷。对崔述的生平事迹、著作以及他与当时学者的交往、其弟子陈履和刻遗书之情形，都有详细的考辨，尤其对崔述的学术思想阐发良多。原本由胡适始作于1923年，但只完成一部分，后来顾颉刚转托赵贞信续补，终成完璧。有1930年排印本，1983年上海古籍出版社《崔东壁遗书》附。

34. 邵晋涵年谱

邵晋涵（1743—1796），字与桐，一字二云，自号南江，余姚（今属浙江）人。精于史学、小学，辑薛居正《五代史》，并助毕沅订正《续资治通鉴》。所著《尔雅正义》20卷，积十年之功，数易其稿，终成一代名著。

《邵二云先生年谱》，近人黄云眉编。是谱前有1932年自序，称“乡前辈朱久香先生兰曾撰《邵二云先生年谱》四卷，今其稿已无存者”，盖未参旧谱，仍属自创，故“采诸家文集、笔记”而辑为是谱。又鉴于文献不足，故凡“所作所言及朋侪之书牍赠诗，不择长篇短语，但可资先生学术之阐发，存先生行谊之梗概者，往往连类而录，靳于割爱”，虽稍失繁冗，然编排有叙，考证精核，翔实可征。有1933年金陵大学中国文化研究所排印本。

35. 王念孙、王引之年谱

王念孙（1744—1832），字怀祖，号石渠，又号石臞，江苏高邮人。精通音韵训诂文字学，其著述以《读书杂志》、《广雅疏证》为最著。王引之（1766—1834），字伯申，号曼卿，念孙子。撰有《经义述闻》、《经传释词》，为治经者奉为圭臬。王氏父子同为乾嘉时代经学大家，影响深远。

现存王氏父子年谱凡二种：一为刘盼遂所编《王石渠先生年谱》、《王伯申先生年谱》，另一种即闵尔昌所编《王石臞先生年谱》、《王伯申先生年谱》。闵谱卷首序称，作者尝客居高邮二年，1927年前后寓居上海，钩稽文献典籍，整理爬梳，撰成此谱。此谱纪事较简明，以大字系事，以小字补注出处等，并时有考证，于研究王念孙父子生平、学术颇有裨益。王念孙与王引之年谱合刻为《高邮王氏父子年谱》，民国十六年江都闵氏刻本。刘谱原题《王石渠先生年谱附伯申先生年谱》，重刊时或题作《高邮王氏父子年谱》，为盼遂任北京女子师范大学历史语言研究所研究员时所编。此谱虽为父子合谱，但以父为主，子为从属，故念孙谱详载诗文著述及交游事迹等，较详备；而引之谱则仅及年岁经历等，较简略。至于王氏父子“论学行已之方”，则作《高邮王氏治学切要语》1卷附谱后。又以王氏父子著述甚多，如一一考载，难免“指大于股”，因此别作《高邮王氏父子著述考》，附于篇末，亦为得法。刘谱原刊于1930年《北平女师大学刊》第1卷第3期，后收入1936年排印本《段王学五种》，又有1971年香港崇文书局排印《高邮王氏父子年谱》本、台北商务印书馆排印《新编中国历代名人年谱集成》本等。

36. 汪中年谱

汪中（1745—1794），初字庸夫，改字容甫，别字颂父，江苏江都（今江苏扬州）人。学贯经史，精研礼典，擅长金石书法，撰著甚丰，主要有《述学》内编、外编、补遗、别录，《广陵通典》，《遗诗》，《经义知新记》，《大戴礼记正误》，《国语校文》等。

《汪容甫先生年谱》1卷、附《先君年表》，为汪中子汪喜孙所编。据喜孙序，《年谱》作于嘉庆二十五年，多载录谱主之诗文序跋及时人书简文章，以反映谱主之交游与经学成就为主。《年表》以表格形式按年分栏记载谱主生平事迹、学术著述，简捷明了，极易检阅。1925年海宁陈乃乾刊《江都汪氏丛书》，即据徐乃昌所藏刊刻本影印。

37. 洪亮吉年谱

洪亮吉（1746—1809），字君直，又字稚存，号北江，常州阳湖人。精通经学，工于文辞，除诗文集外，另有《春秋左传诂》、《公羊榖梁古义》、《六书转注录》、《传经表》、《通经表》等，共260余卷。

《洪北江先生年谱》为亮吉门人吕培等编次。据法式善所撰《行状》称，亮吉之子饴孙曾以《年谱》付法式善，乞其为行状。由此可以推断，《年谱》当成于亮吉辞世不久。清光绪五年洪用懃重刊《洪北江遗集》，将《年谱》附刊入集内。此谱纪事详尽，尤详于诗文著述，并于谱后附有行状、墓志、碑传，可与《年谱》相互稽考补足。

38. 刘台拱年谱

刘台拱（1751—1805），字端临，一字江岭，江苏宝应人。清代经学家、训诂学家。好聚书及金石文字，与王念孙、段玉裁、汪中、阮元等交厚。其学笃实有据，无臆测之病，自天文律吕至音韵文字之学，皆深造自得。于群经尤精研《三礼》，对汉宋诸儒之言，不主一家，无偏傍门户之见。著有《论语骈枝》、《经传小记》、《国语补校》、《荀子补注》、《淮南子补校》、《方言补校》、《汉学拾遗》、《端临文集》等，广雅书局刊为《刘氏遗书》。

刘文兴编《刘端临先生年谱》，成于1932年。据其自序，其伯祖恭冕辑有年谱旧稿，而未成书，惧其失传，"爰取旧谱，合以新材，取行状、墓表、家传、崇祀乡贤名宦事实册诸篇，以及同时各家文集，钩稽年月，悉心厘定，稿凡三易，粗得大概"，故今谱中凡标"原谱"者，当即恭冕所撰。谱前有弁言、世系，谱后有后裔、著作、附录诸项，载录刘氏世系、生平、学术活动及交友等，颇为详悉，谱例亦较完备。载1932年6月《国学季刊》第3卷第2期。

39. 孙星衍年谱

孙星衍（1753—1818），字伯渊，号渊如，江苏常州人。通经子，工校雠，著述甚丰，有《平津馆文稿》、《尚书今古文注疏》、《孔子集语》等多种。

《孙渊如先生年谱》2卷，清张绍南编撰，王福德续编。张绍南所撰自谱主出生至嘉庆十六年（1811）止。王德福所撰自嘉庆十七年（1812）至谱主之卒。记事详于谱主仕履、著述，能确切反映谱主生平，文字平易畅达，堪称上乘之作。有清海虞顾氏抄本传世。

40. 凌廷堪年谱

凌廷堪（1757—1809），字次仲，又字仲子，安徽歙县人。工诗文词戏曲，学博儒经，尤精研《三礼》，撰有《燕乐考原》、《校礼堂集》、《礼经释例》等。其中《礼经释例》凡五易其稿，历时20载始成，最为学人称许。

凌氏年谱有两种：一为清张其锦编《凌次仲先生年谱》4卷（清道光六年宣城刊本《校礼堂诗文集》附录），一为今人陈万鼐所编《凌廷堪年谱》（载于1973年《中山学术文化集刊》第12期）。张其锦尝从凌氏受业多年，凌氏殁，整理抄录其师遗文著述，付梓刊印，并编撰年谱，随集刊行。此谱正文记载凌廷堪生平颇周至，如详记同年进士姓名次第、友人名号事迹、弟子姓氏，又毕录其课试诸生卷语，虽然略嫌繁复，然于考究凌氏学术源流、师门授受，皆有裨益。年谱卷首附录朱锦琮《年谱序》、阮元撰《别传》、江藩撰《师承记》、戴大昌撰《事略状》，谱后有张其锦跋语，亦可与年谱正文互为校正。

41. 郝懿行年谱

郝懿行（1757—1825），字恂九，号兰皋，山东栖霞人。通诸经，皆有著述。尤精雅学，所著《尔雅义疏》19卷，稿凡数易，垂殁而后成。又作《山海经笺疏》18卷、《竹书纪年校正》14卷，其他著述尚多。其妻王照圆（1763—1851），字瑞玉，号婉佺，博涉经史，于懿行卒后，辑其遗书，并撰《诗问》7卷及《列女传补注》、《列仙传校正》。

许维遹所撰《郝兰皋夫妇年谱》（载1935年1月《清华学报》第10卷第1期），为郝氏夫妇合谱，系据家谱、墓志、方志、文集等缀拾而成，以郝懿行为主，王氏为辅，考述二人著述、家事、交游等事迹，而以学行为主，并于年末附载同时人生卒情况，大体信而有征，然亦偶有失误。今人张述铮撰有《郝兰皋夫妇年谱订讹》（《山东师范大学学报》1989年第1期），对郝氏所著《晋宋书故》、《宋琐语》、《补宋书刑法志》、《补宋书食货志》之系年有所考辨，可参看。

42. 江藩年谱

江藩（1761—1831），字子屏，号郑堂，又号节甫，江苏甘泉人。弱冠好学，受业于江声，得惠栋之再传，名望甚盛，与焦循并称为“江焦”。淹通经史，精研学术，其《国朝汉学师承记》、《国朝宋学渊源记》为综论有清一代学术史之经典著作。

《江子屏先生年谱》，近人闵尔昌编撰。该谱系据谱主著述及时人文集等纂成，述谱主生平，以学术活动为主，兼及同时学者。以大字纪事，以双行小字纪出处及补注，兼有考辨。所据数据详赡，纪事亦条畅不枝蔓，简明详实，颇便参考。有1927年江都闵氏刻本。

43. 焦循年谱

焦循（1763—1820），字理堂，又字里堂，江苏甘泉人。焦循号通儒，于《易》、《诗》、《孟子》尤精研入微，又博通曲律、天文、算学、地理、医术。其著述主要有《易学三书》、《六经补疏》、《群经宫室图》、《孟子正义》、《雕菰楼文集》等。

现存焦循年谱有数种，包括焦廷琥编《先府君事略》1卷、王永祥编《焦理堂先生年谱》1卷、范耕编《江都焦理堂先生年表》、戴培之编《江都焦先生年表》及闵尔昌编《焦理堂先生年谱》。据闵氏自序称，民国十六年（1927）编次王念孙、王引之年谱成，又据焦循之子焦廷琥所撰《先府君事略》，并佐以谱主文集编成此谱。此谱与其余各谱略有不同，于各条下大多注明出处，以示其翔实可征。年谱正文以大字标署，注释文字则以小字双行别出，显得主次分明。有1927年江都闵氏刻本。

44. 阮元年谱

阮元（1764—1849），字伯元，号云台，亦曰芸台，又号揅经老人、雷塘庵主，江苏仪征人。阮元早年入仕，任封疆大吏数十年，以经学名家，于杭州建诂经精舍，于广州建学海堂，倡导朴学。撰有《考工记车制图解》、《曾子注》、《四库未收百种书提要》、《揅经室集》，纂辑《经籍籑诂》、《儒林传》、《畴人传》、《十三经注疏校勘记》，刊刻《十三经注疏》、《皇清经解》、《两浙輶轩录》、《江苏诗征》等多种典籍。

《雷塘庵主弟子记》又名《阮云台相国年谱》，由阮元门生、后学及其诸子分纂编次。卷一、卷二为乌程人张鉴编，纪事起谱主生，至嘉庆十一年（1806）止，卷中附有阮祜补考。卷三、卷四为阮常生编，纪事起嘉庆十二年，至十八年（1813）止。卷五、卷六为阮福编，纪事起嘉庆十九年（1814），至道光九年（1829）止。卷七为阮孔厚、阮祜分别编次，其中纪事自道光十年（1830）至十二年，由阮孔厚编；纪事自道光十三年（1833）至十八年（1838）十月阮元致仕归家止，由阮祜编。此7卷先行编次，并刊刻于清道光二十一年（1841），卷七后附有阮元门人罗士琳跋语。卷八由前门人之弟子柳兴恩续编，纪事起道光十八年（1838）十月，终于三十年（1850）。是卷除记载阮元事迹外，还兼记阮元身后敕葬赐谥及诸子荫仕等事。年谱纪事侧重于治政，其中记载阮元在浙江剿灭海盗事、在两广与夷商交涉事、在云南平息夷民骚乱事均详尽，所涉之奏疏、章表、告谕、公札等多全文载录，不加剪裁，故文字稍嫌烦琐。有清咸丰年间阮氏琅嬛仙馆刊本。1995年中华书局出版了黄爱平点校本《阮元年谱》(《雷塘庵主弟子记》)。另外王章涛新撰《阮元年谱》，篇幅多达107万字，黄山书社2003年出版。

45. 方东树年谱

方东树（1772—1851），字植之，安徽桐城人。清经学家、文学家。中年以后宗程朱理学，反对乾嘉考据之学，尝著《汉学商兑》一书专攻汉学。

《方仪卫先生年谱》1卷，清郑福照编撰。据福照后识，东树生平行历原详载其自著《待定录》中，后该编毁于乱，其他著述亦多散失。此编所据，则为方氏家谱、东树诗文集、杂著，后人所作行状、行述及交游著述与传闻。谱纪东树学行为主，于其著述，多列梗概，所纪清代汉宋学之争端及评论，可资参考。全谱编次得法，简核有体。此谱后刻入光绪十五年（1889）本《方植之先生全集》，故或题为《方植之先生年谱》。又有光绪间刊《考盘全集》附录本，或题清方宗诚编，实则同为一谱（参《中国历代人物年谱考录》

卷九）。

46. 俞正燮年谱

俞正燮（1775—1840），字理初，安徽黟县人。清经学家。治经以汉儒为宗，于史学、诸子、天文、舆地、医术、星相及释道之说无不探究。常备巨册数十，以读书所得分题记载，断以己意，成《癸巳类稿》、《癸巳存稿》，论事有见识，不拘于世俗偏见。

《俞理初先生年谱》1卷、《谱余》1卷，近人王立中编撰，蔡元培补订。此谱编列甚备，前有总目、书影、蔡元培跋、王立中序、例言、叙录、谱主著书目录、稿本及批校本目录，后有谱余、谱余补、诗文补遗，一应俱全。据序跋，蔡氏初拟编年谱而未脱稿，王氏之谱乃先成。蔡氏以为王谱较其初稿为详赡，遂就王谱加以补订而成此编。事无巨细，尽力搜罗。序、跋、例言除交代编例外，并论及谱主思想学术之大端。有民国年间铅印《安徽丛书》本。

47. 刘文淇年谱

刘文淇（1789—1854），字孟瞻，江苏仪征人。清经学家。通贯群经，尤精《左传》，尊崇古说，力辟杜注之凿。撰《左传旧疏考证》8卷，有名于世。

《刘孟瞻先生年谱》2卷、附录1卷，日本小泽文四郎编撰。该谱极为详尽，如详引原文，详列时事，凡与谱主有过从者皆出小传，尽力搜罗，述事必详注出处等。其附录，凡谱主亲属子孙之传状墓铭皆列其中。傅增湘序称其“自属稿迄于成书，为期不越一载，而取材必赅，隶事咸允。颜黄门所谓檃括有条例，抉择穷本原者，殆足当之矣”。是谱有1939年北平文思楼铅印本，文字错讹较甚，原本附有《刘孟瞻先生年谱校勘记》。

48. 陈奂年谱

陈奂（1786—1863），字硕甫，号师竹，晚号南园老人，江苏长洲（今江苏苏州）人。清经学家。毕生专攻《毛诗》，笃守《毛传》，崇信西汉古说，阐释发挥，融会贯通，简明扼要，梁启超称其为“疏家模范”。

《征君陈先生年谱》1卷、附录1卷，陈奂高弟管庆祺编。述陈奂从学、交游、授学、著述为详，又“多据征君自撰《师友渊源记》，年经月纬，于出处学问摭采甚详”，末附行状、传记等，颇为简要得法。有1938年铅印《戊寅丛编》本。

49. 朱骏声年谱

朱骏声（1788—1858），字丰芑，号允倩，晚号石隐山人，江苏吴县人。

清经学家、文字训诂学家。

《石隐山人自订年谱》，朱骏声自撰，程朝仪续编，朱师辙补注。原谱骏声自订止于咸丰三年，后五年事则门人程朝仪所补。后裔朱师辙又略注数条，并附列原谱未见之谱主著述数十种。以记家事、仕宦及讲学经历为主，条理甚晰，而于著述则寡于系年，于时事如太平军攻掠之类则详述颠末，于出处则毛举细故，似有待于笔削。刊于1929年铅印《国立北平图书馆月刊》第3卷第5期。

50. 刘宝楠年谱

刘宝楠（1791—1855），字楚桢，号念楼，江苏宝应人。清经学家。其代表作《论语正义》，既补正前人之疏略，又多所发明，堪称清代研究《论语》的重要成果。

《宝应刘楚桢先生年谱》，附“著述考”，刘文兴编撰。作者为宝楠侄曾孙，是谱所据家谱、行状及文集等，多为第一手资料，述其学术交游及家事、著述等，排比论列，简而有法。至全篇登载有关谱主生平大节及学术渊源之重要文章，可称详赡。末附“著述考”，引述序论，考列版本，可见其学术大端，与正谱相辅相成，不可或缺。载1933年《辅仁学志》第4卷第1期。

51. 龚自珍年谱

龚自珍（1792—1841），一名巩祚，字璱人，号定盦，仁和（今浙江余杭）人。清经学家、文学家。博通经史，工诗文，与魏源齐名，时称“龚魏”。先后受乾嘉学派戴震、段玉裁、王念孙父子及《春秋公羊》学派庄存与、刘逢禄影响，为嘉道间提倡“通经致用”今文经学派之重要人物。著有《尚书马氏家法》、《春秋注事比》、《左氏春秋服杜补义》等。今人辑有《龚自珍全集》。

《定盦先生年谱》始创于绩溪程秉钊，继以钱塘陈昌绅，而成于吴昌绶。昌绶所纂，盖十之七。大字正文之下，小注考订颇详，博引文献，言之有据，时有辨正。于诗文之作年，用力尤勤。其不知者，付之阙如。虽间有过于琐细之病，但不失为知人论事之重要资料。收入光绪三十四年（1908）仁和吴氏双照楼刻《龚礼部集》附录。另外，黄守恒也编有《定盦年谱稿本》，载1923年铅印《碑传集补》卷四九。除上选二种外，还有数种年谱，如宣统元年（1909）作为上海时中书局版《（校订）定盦全集》（即邃汉斋校订本）附录面世的黄守恒所撰《定盦年谱稿本》，王寿南1959年在台湾《大陆杂志》第18卷第7至第9期上刊出的《龚自珍先生年谱》，郭延礼于1987年由齐鲁书社出版的《龚自珍年谱》，2004年5月，商务印书馆出版樊克政编著《龚自珍年谱考略》。其中郭延礼所撰《龚自珍年谱》较为详赡。而樊克政的《龚自珍年谱考略》一书，在前人的基础上更上一层楼，充分地利用了有关龚自珍家世的资料，广泛地采用了龚自珍同时代人的诗、词、文集等资料，对旧谱做了许多补充和订正，对龚自珍生平事迹做了详尽考证，价值在旧谱之上。

52. 丁晏年谱

丁晏（1794—1875），字俭卿，号柘唐，一作柘堂，晚号石亭居士，山阳（今江苏淮安）人。道光元年举人，官至侍读衔内阁中书，加三品衔。经学家，以教读、讲学及著述为事。治经汉宋并重，尤精于《易》，于《诗》则推崇《毛传》。著述甚富，有《周易述传》、《周易解故》、《尚书余论》、《毛郑诗释》、《周礼释注》、《礼记释注》等。著作多收入《颐志斋丛书》。

《柘唐府君年谱》1卷，丁晏子丁寿恒等同编。首载家谱世系，次考谱主从学、交游及著述等，所据多系庭闱见闻及谱主文集，往往连篇引载谱主所撰叙跋，以见其著作之由及思想渊源，故不避繁冗，远较前谱详悉。凡涉交游，皆出小传；子孙生卒嫁娶、入学出仕，一一备述。唯圈改修订处颇多，实为草稿。有清抄本传世。另外丁一鹏编有《历年纪略》1卷，卷端有一鹏识语，称“三子寿恒依年缀系为谱，行将刊付。（一鹏）侍先生最早且久，谨就素所稔闻者作《历年纪略》，为《年谱》先。罣漏之愆，知所不免。然征实以纪，不僭不诬，用自信焉”。是谱所记丁晏求学、科试、讲学、著述等，择其要者为纲，较简明。有清末朱丝栏抄本。又据谢巍《中国历代人物年谱考录》卷九载，清潘桐撰有《丁柘唐先生年谱》，今人丁步坤有《颐志老人年谱》，均系稿本，未见传录。丁志安撰有《丁晏著作年表》（淮阴师专《文史丛刊》第107号），可参看。

53. 郑珍年谱

郑珍（1806—1864），字子尹，别号五尺道人、且同亭长、巢经巢主、子午山孩、小礼堂主人等，晚号紫翁，贵州遵义人。清代贵州著名学者，著述甚丰。

《郑子尹先生年谱》，赵恺编撰。1929年铅印本《巢经巢遗诗》卷首。此编为表格形式，分纪年、时事、出处、诗文著述四栏，极简略，实同年表。除此之外，吴安道、钱大成、贺代后均撰有《郑子尹年谱》。吴谱有1928年排印本，钱谱发表于《无锡国专月刊》第2卷第1至第3期（1935年9至11月），贺谱见于武昌所刊《三楚周刊》第1卷第13至第16期（1935年）。凌惕安所撰《郑子尹先生年谱》8卷，采录资料最为丰富，初刊于《贵州文献季刊》创刊号、二号、三号及《贵州文献汇刊》(1938 年至 1940 年),后收入台北文海出版社出版的《近代中国史料丛刊》续辑第 83 辑。

54. 曾国藩年谱

曾国藩(1811—1872),字伯涵,号涤生,卒谥文正,湖南湘乡人。晚清政治家、学者。

《曾文正公年谱》12 卷,清黎庶昌编撰,李瀚章审订。黎庶昌为曾国藩幕僚,熟知其事,故《年谱》翔实可据。是谱记录了曾国藩从嘉庆十六年至同治十一年间(1811—1872)的主要事迹。对于曾氏组建"湘勇"、平定太平天国记述尤其详尽。晚清内忧外患频至,曾氏面对危局,往往力不从心,无可奈何,《年谱》之中有较真实的反映。此谱是研究曾氏一生以及太平天国运动、洋务运动、晚清政局的重要文献。收入光绪二年(1876)传忠书局刻《曾文正公全集》。

55. 俞樾年谱

俞樾(1821—1907),号曲园,浙江德清人。晚清极博学的学者。

俞樾自撰《自述诗》成于光绪十五年(1889)五月,凡 199 首。12 年后又作《补自述诗》。采用纲目体,以诗为纲,每首诗下附以详细小注,补充事实,纲目结合,较真实地反映了俞氏之生平事迹、学术历程。尤莹、周云青、徐澄、陈乃乾、干人俊、郑振模等都曾作俞樾年谱。其中周云青《俞曲园先生年谱》(原载 1929 年铅印本《民铎杂志》第 9 卷第 1 号)虽然简略,而不失条理,于谱主一生学术活动,如从学、讲学、著述及校刻前人著作等,原原本本,胪述清晰。郑振模所撰《清俞曲园先生樾年谱》(《新编中国名人年谱集成》第 18 辑)达 4 万余字,记修学进德之迹较详。徐澄编《俞曲园先生年谱》,前有序论一篇,总述俞樾生平事迹及学术成就,阐明俞氏学术渊源及影响,实为阅读全谱之总纲。正谱系事,亦较周云青谱详实,除述谱主年齿、履历、著述、交游及家事外,兼系同时学人生卒于每年后。记述尤以诗文创作、著述以及校刻古书为详,足以突出俞氏的主要成就。全谱系事,繁简得当,然系事而不注出处,是其缺陷。此谱有 1930 年张崟重录本,又刊载于《国艺》第 2 卷第 1 期、5 期、6 期(1940 年 7 月至 12 月),后收入《民国丛书》第 3 编。

56. 王闿运年谱

王闿运(1833—1916),初名开运,字纫秋,中年后改今名,字壬甫,又字壬秋,号湘绮,湖南湘潭人。晚清湖学代表人物,入蜀执教于尊经学院,为近代蜀学启蒙之师。其学贯通经史,兼包九流,而归于经学,宗《春秋》

公羊之说，为一代经师；诗文亦有盛名。其著作甚丰，有《春秋公羊何氏笺》、《古今文尚书笺》、《湘军志》、《湘绮楼日记》、《湘绮楼诗文集》等数十种。

《湘绮府君年谱》6卷，王氏长子王代功编。代功长侍于父侧，故于闿运旧闻及言行知之甚悉。本谱于闿运每月每日之行迹，如交游、讲学及撰述等学术活动，记载尤详。所据资料，除闿运撰述如《湘绮楼诗文集》、《日记》等及时人著述外，又有他人不能见者。有1923年湘潭王氏湘绮楼刻本。

57. 王先谦年谱

王先谦（1842—1918），字益吾，号葵园，湖南长沙人。其学兼湘学与浙学之长，义理、考据与经世并重。其一生所著、编、校、注、辑、刊之著作甚丰。所著为学者推崇，所编文献极其影响。

王先谦曾撰《自定年谱》3卷，分初编和续编。初编至光绪三十四年（1908），其后续编至丁巳年即民国六年（1917）止，因先谦卒于此年，仅列丁巳年之目而未载行事。记载极为详明，颇具章法，系事详尽，不仅于其仕宦、交游、讲学，尤其是学术活动，有详细叙述，且对当时政治、社会的各种事件、思潮也有反映，思想倾向性也很明显。其生平所撰之重要著作，均有系年。内容丰富，然亦不无过繁之失、自矜之嫌。有清末至民国年间长沙王氏刊本，书口原刻“王祭酒年谱”五字，或著录为“葵园自订年谱”。

58. 孙诒让年谱

孙诒让（1848—1908），字仲容，号籀庼，浙江瑞安人。晚清博学通儒。

自民国以来，学者屡为孙诒让编撰年谱，主要有朱芳圃《孙诒让年谱》，宋慈裒《孙籀庼先生年谱》，薛钟斗《孙仲容先生年谱》，洪焕椿《孙籀公年谱》，孙延钊《孙征君年谱》，王更生《孙诒让年谱》等。朱谱侧重反映孙氏学术渊源及经学成就，故于其学术交流、文献校勘、专著撰修之事详加考述，如全文载录所撰《瑞安县志》总例、文籍序跋，记载其兴办学校事目，以及附录《著述目录表》，均出于此种考虑。又，是谱于每年之下简要记载国家当年所发生之重大事变，如太平军起义、中日甲午战争、戊戌变法、义和团起事、八国联军入侵、唐才常武昌起义等，虽与谱主行实无关涉，然可观时代背景，有助于知人论世。收入1934年上海商务印书馆排印《中国史学丛书》中。

59. 皮锡瑞年谱

皮锡瑞（1850—1908），字鹿门，一字麓云，湖南善化（今属长沙）人。为晚清今文经学家、经学史家。

锡瑞孙皮名振于1930年撰成《皮鹿门年谱》，延请皮锡瑞门人李肖聃、夏敬观为序，刊行于世。是谱共分为两部分，首为传略，次为年谱。传略简述谱主一生大事，详列其著述总目及其存佚刊刻情况；年谱则分年纪述谱主生平，旨在反映其学术活动及学术思想，因此于其著述序跋及与友人酬答诗文多全文收录，并详细记录其兴办学校事实、办学规程。取材以谱主著述为依据，叙事言而有征，条理清晰，故罗峻谓其“文字详实，读之足明先生（皮锡瑞）学业之大及其经历之实”（李宗聃《序》引），洵非虚言。收入1939年长沙商务印书馆排印《中国史学丛书》。

60. 廖平年谱

廖平（1852—1932），初名登廷，字旭陔，号四益；继改平，字季平，改号四译，晚号六译，四川井研人。晚清、民国著名经学家。

廖平事迹，有廖宗泽撰《行状》、章太炎撰《墓志铭》及蒙文通等人所撰传论，而其丰富者则以廖宗泽编《六译先生年谱》（稿本）7卷为最。廖平晚年，其孙宗泽即访以旧事，欲编年谱。因当时廖平有中风后遗症，语涩言晦，口齿不清，故未能撰定。1932年廖平卒后，宗泽乃查文献，访名贤，编为《六译先生年谱》一稿。该稿编成之后，曾经数次修订，但皆未曾刊刻。纪事始于廖氏世系及廖平出生之咸丰二年（1852），终于廖平卒之民国二十一年（1932），举凡廖氏家庭、成长、生活、教育、著述之事，以及文章、著作之内容提要，事无巨细，皆一一编录；还对廖平与众学人之往来交游，乃至个人恩怨、人事纠纷，亦都原原本本，备载其间，是了解廖平生平最齐全、最丰富之史料。年谱原稿收藏于重庆市图书馆。《乐山文史选辑》第七辑摘登了廖宗译《六译先生年谱》及李伏伽《年谱补遗》，今有骆凤文整理本（题为《一抹斑斓的晚霞——六译先生年谱校说》，中央文献出版社，2007年）。廖氏年谱现通行者还有二种：一本题为《廖季平先生年谱》，简明扼要，抄传行世，经廖平之女廖幼平整理，与廖宗泽《行状》、章太炎《墓志铭》以及向楚、蒙文通等人所撰评传和论文，编为一书，1985年由巴蜀书社出版。其中年谱部分乃摘录廖宗泽所编而成。一本则摘录其要，题名《经学家井研廖季平年谱》，1980年载于《四川文史资料选辑》第20辑。

61. 康有为年谱

康有为（1858—1927），字广厦，号长素，后又名更生，广东南海人。精通经学，又是近代著名思想家、维新派领袖。

由于康有为在中国近代史上影响甚巨，故自清末以来即有多人为其编纂年谱，现存者有赵丰田《康长素先生年谱》、杨复礼《康公年谱》、张江裁

《康南海先生年谱》、吴天任《康有为先生年谱》、康文佩《康南海先生年谱续编》（是谱接续康有为《自编年谱》）、简夷之《康有为年谱简编》、杨克己《民国康长素先生有为梁任公先生启超师生合谱》、马洪林《康有为先生大事年表》等多种。《康南海自编年谱》，康有为自撰，纪事起于其初生，讫于光绪二十四年（1898）十二月，即戊戌变法失败后康氏逃亡日本东京时。康氏自称："此四十年乎，当地球文明之运，中外相通之时，诸教并出，新理大发之日，吾以一身备中原师友之传；当中国政变之事，为四千年未有之会，而穷理创义，立事变法，吾皆遭逢其会，而自为之。"故于谱中往往记载其政治活动，亦记述其研经治学之经历，流露出忧国忧民的愤激之情。是谱纪事止于光绪二十四年，故又有康文佩编撰《续谱》为其补全，始为完璧。赵丰田编《康长素先生年谱》，编者援引及参考了谱主及同时中外学人之著述数十种，故内容详实可信。其编纂之体例，则采用了近代数码标识之方式。一年中或有数十事，皆以数码别之，更觉眉目清晰，颇便观览。而同年中凡与谱主相关之时事、人物活动，则简述于年末，亦甚得体。各条资料之下，注明书名、卷次乃至页码，此则较前人更加精密。此谱之成距谱主之卒不过三年，既得谱主自编年谱作底本，复得与谱主亲戚故旧相交往，故得之耳闻目见者为多，因而具有相当高之史料价值。该谱原载1934年《史学年报》第2卷第1期。

第八章　礼乐制度类

中国历来被称为礼仪之邦，“礼”是中国传统文化的核心，礼乐在中国传统社会中占有极其重要的地位。孟德斯鸠说过：“中国人的生活完全以礼为指南。”① 在古代中国，礼深入到社会的每一个层面，因而礼的名目极为繁冗，《中庸》有“礼仪三百，威仪三千”之说。《尚书・尧典》说尧东巡狩，到达岱宗时，曾经“修五礼”，《尚书・皋陶谟》也有“天秩有礼，自我五礼有庸哉”的话，但都没有说是哪五礼。《周礼・春官・大宗伯》将“五礼”坐实为吉礼、凶礼、军礼、宾礼、嘉礼。由于《周礼》在汉代已经取得经典地位，所以其“五礼”之说为社会普遍接受。后世修订礼典，大体都依吉、凶、军、宾、嘉为纲，如北宋礼典就称《政和五礼新仪》。实际上《明会典》、《大清会典》也是如此，只是没有冠以“五礼”的名称。这类文献也是研究中国儒学文化的重要资料。本章主要概述历代正史中的礼乐志、历代典礼、人生杂礼及谥讳文献四个方面的内容。

第一节　儒家礼文化与历代礼典

从西周时代开始，礼乐文明就成为中华文明的主要特征。到春秋时代，礼乐文化传统经过孔子的“修起”、改造，进入儒家思想体系之中，成为中国儒学的重要内容。汉代以后，儒生通过为历代王朝“制礼作乐”，创建制度，订立威仪，从而使儒家思想广泛渗透到国家政治、经济、军事和社会生活之中，成为上自帝王将相、下到庶民百姓必须遵守的行为准则。

① 孟德斯鸠：《论法的精神》，上册，商务印书馆，1995年，第316页。

一、礼与儒学文化

早在孔子之前，礼乐文明就已经非常发达了。孔子说："殷因于夏礼，其损益可知也；周因于殷礼，其损益可知也；或有继周者，虽百世，亦可知也。"（《论语·为政》）在孔子看来，社会的进步无非是对前代"礼"的因革损益，"礼"的实质不会发生任何变化。孔子十分重视礼、推崇礼。他认为，礼对于治国化民有巨大作用。孔子说："不能以礼让为国，如礼何?"（《论语·里仁》）"上好礼，则民莫敢不敬"（《论语·子路》）；"礼乐不兴，则刑罚不中；刑罚不中，则民无所错手足"（《论语·子路》）。统治者以礼治国，百姓才能以礼敬上，社会才能安定。《左传·昭公五年》说："礼，所以守其国，行其政令，无失其民者也"；"礼之本，将于此乎在"。礼有"经国家、定社稷、序人民、利后嗣"的功能，所以"服于有礼，社稷之卫也"，"无礼必亡"。《礼记·礼运》说："坏国、丧家、亡人，必先去其礼。"《礼记·经解》也说："有治民之意而无其器则不成。礼之于正国也，犹衡之于轻重也，绳墨之于曲直也，规矩之于方圆也。"《礼记·仲尼燕居》说："治国而无礼，譬犹瞽之无相与！伥伥乎其何之？譬如终夜有求于幽室之中，非烛何见?""礼之所兴，众之所治也；礼之所废，众之所乱也。"荀子也说："国无礼则不正"（《荀子·王霸篇》），"国之命在礼"（《荀子·强国篇》）。这些论述充分说明，礼的兴废用舍，关系国家的盛衰、社会的长治久安。

礼的作用不仅反映在国家政治生活之中，对于每个个体来说，也十分重要。孔子说："兴于诗，立于礼，成于乐。"（《论语·泰伯》）孔子甚至把礼看作是一个人能否立足于社会的根本。他曾经教育自己的儿子孔鲤"不学礼，无以立"（《论语·季氏》）。还对自己最欣赏的弟子颜渊说："非礼勿视，非礼勿听，非礼勿言，非礼勿动。"（《论语·颜渊》）《礼记·冠义》说："凡人之所以为人者，礼义也。礼义之始，在于正容体，齐颜色，顺辞令。"荀子对礼的作用讲得更明白："礼者，人道之极也。然而不法礼，不足礼，谓之无方之民；法礼、足礼，谓之有方之士。"（《荀子·礼论》）儒家甚至把有礼、无礼看成是人与禽兽的根本区别。《礼记·曲礼上》说："鹦鹉能言，不离飞鸟；猩猩能言，不离禽兽。今人而无礼，虽能言，不亦禽兽之心乎？夫唯禽兽无礼，故父子聚麀。是故圣人作，为礼以教人，使人以有礼，知自别于禽兽。"文明与野蛮、落后与先进，都可以反映在是否知礼、行礼上面。

礼有义、有仪、有行。义为礼的根本原则，仪为礼的外在表现，而行则是礼义、礼仪在日常生活中的具体应用。儒家认为，一个人不仅要知礼，更要行礼。当然行礼不是矫情，是在对礼的本质深刻认识基础上的自然流露。孔子不仅是古代礼文化的传承者、修订者（他将“礼”注入了仁学的内容），他本人还是知礼、行礼的表率。他在与人交谈、坐卧、站立、行走、乘车、寝食、服饰、出使外国、接待贵宾、与友交往、馈赠礼品等方面都非常注意礼仪，从《论语·乡党》的记载中，我们可以感受到孔子确实是彬彬有礼、气质不凡、潇洒倜傥的仁人君子。

在儒家的礼乐文化体系中，礼与乐是相辅相成、不可分离的，礼别异，乐合同。《礼记·乐记》说：“乐由天作，礼以地制。”“乐者，天地之和也；礼者，天地之序也。和故百物皆化，序故群物皆别。”礼乐结合，体现出天地万物既有区别、又有联系的完美秩序。儒家非常重视“乐”的作用，认为“乐”与“政”相通，所谓“声音之道，与政通矣”①。儒家认为，一个国家的政治得失，一个地方的风俗美恶，一个人的人生取向，都能从乐声中流露出来，因而要观察一个国家、一个地方甚至一个人，最好的办法莫过于听其乐。因此儒家在重视“礼教”的同时，也十分强调“乐教”。当然，儒家的“乐”的观念，有特定的内涵和深刻的哲理，不能与现代的“音乐”等量齐观。《礼记·乐记》说：“乐者，非谓黄钟大吕、弦歌干扬也，乐之末节也。”儒家的乐教并不是一种单纯的艺术教育，而是一种人格教育和政治教育，儒家将乐教看作是促进人格和谐、社会和谐、人与自然和谐的重要途径。但是，并非所有的乐都具有积极的教育意义，只有内容和形式都符合“和”的精神的“德音”，才能对培养和谐人格、调节人与人之间的社会关系和实现天人和谐发挥积极的功能。

《汉书·礼乐志》云：“六经之道同归，而礼乐之用为急。”儒家在取得“独尊”地位之前，叔孙通及其弟子已经用“礼”征服了曾经“溺儒生之冠”的刘邦。汉武帝将儒学确定为国家的统治思想以后，礼在中国古代政治、经济、社会、文化生活中的影响可以说无处不在。从中国的历史来看，礼实际上是无所不包的社会生活的总规范。正如《礼记·曲礼》云：“道德仁义，非礼不成；教训正俗，非礼不备；分争辨讼，非礼不决；君臣、上下、父子、兄弟，非礼不定；宦学事师，非礼不亲；班朝治军，莅官行法，非礼威严不行；祷祠祭祀，供给鬼神，非礼不诚不庄。是以君子恭敬撙节退让以明礼。”礼的内容繁多，范围广泛，涉及人类各种行为和国家各种活动。著名礼学家钱玄说：“今试以《仪礼》、《周礼》及大小戴《礼记》所涉及之内容观之，则

① 《礼记·乐记》。

天子侯国建制、疆域划分、政法文教、礼乐兵刑、赋役财用、冠昏丧祭、服饰膳食、宫室车马、农商医卜、天文律历、工艺制作，可谓应有尽有，无所不包。其范围之广，与今日'文化'之概念相比，或有过之而无不及。是以三礼之学，实即研究上古文化史之学。"① 还有学者指出："礼在中国，乃是一个独特的概念，为其他任何民族所无。其他民族之礼一般不出礼俗、礼仪、礼貌的范围。而中国之礼，这与政治、法律、宗教、思想、哲学、习俗、文学、艺术，乃至于经济、军事，无不结为一个整体，为中国物质文化和精神文化之总名。"② 在他们看来，"礼"的内容包罗万象，近似于"文化"，的确如此。简单而言，"礼"包括理论层面（如儒家典籍、儒家先哲对礼的起源、作用、精神的论述）、制度层面（如国家典章制度、政法文教等）、社会层面（如人生礼仪、行为规范等）、物质层面（如礼器礼具、服饰膳食、宫室车马等）等几方面的内容。

儒家著作中有大量关于礼乐的起源、作用、实践等方面的理论阐述。其中尤以《周礼》、《仪礼》、《礼记》这"三礼"及其解说最为系统、深入，为后世"制礼"提供了理论和实践的基础。在汉代以后的两千多年中，"三礼"一直是各朝制定礼仪的主要依据。"三礼"所反映的古代礼乐制度，包括的范围非常广泛，诸如政治体制、朝廷法典、天地鬼神祭祀、水旱灾害祈禳、学校选举、军队征战、行政区域划分、房舍陵墓营造，乃至衣食住行、婚丧嫁娶、言谈举止，几乎无所不包。根据传统的概念，礼乐制度大致分为"吉、嘉、宾、军、凶"五类，史称"五礼"。吉礼是五礼之冠，主要是对天神、地祇、人鬼的祭祀典礼。嘉礼是和合人际关系，沟通、联络感情的礼仪。主要包括饮食礼、婚礼、冠礼、射礼、乡饮酒礼、养老和优老礼、帝王庆贺礼等。宾礼是接待宾客之礼。军礼，顾名思义是部队操练、征伐方面的礼仪。凶礼是哀悯吊唁忧患之礼，包括丧礼、荒礼、灾礼、吊礼、禬礼、恤礼等。这些礼仪制度从治国理家、养老礼贤到婚丧嫁娶、衣食住行、人际交往等诸多方面都做了具体而精细的规定，成为上自帝王贵胄、下到普通庶民共同遵循的行为规范，影响每个社会成员的生活。长期以来，礼学家们根据不同的学术派别和对古代文献的不同理解，加上历代统治集团在制订礼仪时，都是依据各自的政治需要、文化背景，致使古代礼仪制度极其烦琐，而又存在着许多互相矛盾的地方。但是，我们也不得不承认，中华民族温、良、恭、俭、让

① 钱玄：《三礼辞典·自序》，江苏古籍出版社，1998年。
② 邹昌林：《中国古礼研究》，台北：文津出版社，1992年，第12～13页。

的精神风貌，也是在这些礼仪制度的长期熏陶下形成的。

二、历代制礼与礼典

汉初儒生叔孙通说："五帝不同乐，三王不同礼。"历代礼乐制度，都存在着一个因革损益问题，但论其源头，无疑要追寻到周公制礼。许多先秦文献都记载，周王朝建立之后，周公在夏礼和商礼的基础上，以"亲亲"、"尊尊"和"重德"为基本指导思想，综合本族的风俗习惯，制定了一整套礼制，史称"周公制礼"。当然西周礼制建设不可能由周公一人一时完成，周公只是组织者与领导者。周公制礼涉及面非常广，包括祭祀制度、宗法制度、典章仪制、人生仪节等多方面的创制。而"儒"与"礼"有着非常紧密的关系。按照胡适在《说儒》一文中的说法，"儒"乃是"殷民族的教士，他们的衣服是殷服，他们的宗教是殷礼，他们的人生观是亡国遗民的柔逊的人生观"，他们的职业是治丧、相礼。葛兆光在他的《中国思想史》中则认为，"儒"乃"源于殷周时代参与礼仪操持的巫祝史宗一类文化人"。他们的观点虽然不一定被学界认同，但强调儒家与"礼"的关系，无疑是对的。后世儒家特别重视周礼，正因为他们本身与之有很深的渊源。然而到了孔子时代，"礼崩乐坏"，西周时通过"制礼作乐"所形成的政治、伦理秩序趋于瓦解。春秋战国时代的"道术为天下裂"的表现即为"百家争鸣"。而在这个背景中，孔子"礼失求诸野"，讲学授徒，"有教无类"，并整理古代文献，开创了儒家学派。但是，儒家的主张在当时还没有被统治者普遍接受，又在秦朝受到严厉的打击。汉朝建立以后，儒生叔孙通杂采古礼与秦仪，通过为刘邦制定朝仪，让他体验到了做天子的"尊贵"。汉武帝采纳董仲舒的建议"表章六经"，从而确立了儒学作为意识形态的支配地位。尽管后来的儒学与孔孟原始儒学存在着相当大的差别，"儒表法里"的制度设计甚至与孔孟的主张背道而驰，但必须承认这样一个事实：汉代以后二千年，儒学与中国政治、社会紧密结合，渗透到人们生活的各个方面。

叔孙通定朝仪之后，又受命制定"宗庙仪法"和其他制度。《史记·叔孙通列传》说："及稍定汉诸仪法，皆叔孙生为太常所论著也。"王充《论衡·谢短篇》说："高祖诏叔孙通制作《仪品》……而复定仪礼。"《后汉书·曹褒列传》说叔孙通有《汉仪》12篇。贾公彦《周礼疏》也说叔孙通撰有《汉礼器制度》一书。司马迁评价说："叔孙通希世度务，制礼进退，与时变化，卒为汉家儒宗。"沈约《宋书·礼志》说："叔孙创汉制，化流后昆。"由此可见叔孙通所创立的"汉家制度"对后世的影响。西汉末王莽以周公自居，托古改制，对礼制进行大刀阔斧的改革，但以失败告终。东汉建立后，改弦更张，注重礼制建设。汉明帝对冕服、宗庙做了改革。汉章帝命曹褒次序礼事，“依准旧典，杂以五经谶记之文，撰次天子至于庶人冠婚吉凶终始制度”，成150篇。和帝即位，命曹褒作章句，是为《新礼》。①

汉代制礼，对此后中国社会具有重大影响。经过两汉400余年（前206—220）的时间，多源的中国礼制被整合成一个相对完整的系统。正如研究者所论：“汉代完成了中国礼制的儒家化，从而为儒家在此后近2000年的历史长河中成为中国文化的主导力量奠定了一个重要基础。汉代礼制的发展既适应了当时政治制度的转化，也体现了宗法制度的绵延，从总体上看，它确立了中国封建社会礼制的基本构架，并在以后各代的礼典中得到传衍。通过礼制的下渗和普及，汉代还在礼俗的层面上实现了文化的‘大一统’。”②

魏晋南北朝时期是中国礼制史的重要发展阶段，最重要的表现是“五礼”体系被用于国家制礼实践。“吉、凶、宾、军、嘉”五礼，它只是儒家根据先秦礼制提出的一种理想设计，并没有成为国家制礼作乐的实践。以“五礼”形式撰制礼仪，始于西晋。晋初荀顗所撰“新礼”（又称《晋礼》）是按“五礼”编排的。③ 从此以后，编制“五礼”逐步形成一个传统，成为以后历朝历代必行之例。南北各朝都重视“五礼”的编定。南朝礼学特别发达，涌现出许多“通三礼”、“精三礼”的名家。《南史·何承天传》曰：“先是《礼论》有八百卷，承天删减并合，以类相从，凡为三百卷。”于此可见礼学之盛。当时重门第，因此最能体现宗法社会尊卑亲疏关系的丧服制度和《仪礼·丧服》最受时人关注。礼学研究与“五礼”的编制相辅而行，互相推进。齐武帝时诏王俭定吉、凶、宾、军、嘉“五礼”。梁武帝时进行了一次比较大规模的制礼活动。由明山宾拟吉礼，严植之拟凶礼，陆琏拟军礼，贺玚拟宾礼，司马褧拟嘉礼。著名学者沈约、周舍、徐勉、何佟之等都曾参与讨论。《隋书·经籍志》著录：“《梁吉礼仪注》十卷，明山宾撰；《梁宾礼仪注》九卷，贺玚撰。”又案曰：“梁明山宾撰《吉仪注》二百六卷，录六卷；严植之撰《凶仪注》四百七十九卷，录四十五卷；陆琏撰《军仪注》一百九十卷，录二卷；司马褧撰《嘉仪注》一百一十二卷，录三卷。并亡，存者唯《士》、《古》及

---

① 《后汉书·曹褒列传》。

② 杨志刚：《汉代礼制和文化略论》，载《复旦学报》（社会科学版）1992年第3期。

③ 《晋书·礼志上》。

《宾》，合十九卷。”这些仪制卷帙庞大，可能制定得非常细。陈朝礼制基本上沿袭梁制。

至于北方地区，“自永嘉扰攘，神州芜秽，礼坏乐崩，人神歼殄”①，由于比较动荡，直到北魏孝文帝时才真正将制礼提上日程。太和十七年（493）王肃自建业来奔。王肃出自琅邪王氏，明练故事，谙悉典礼，孝文帝对他深相倚重，“魏主或屏左右与肃语，至夜分不罢，自谓君臣相得之晚。……时魏主方议兴礼乐，变华风，凡威仪文物，多肃所定”②。可见王肃与北魏礼制关系甚大。北魏末常景撰《仪注》50卷。后来北魏分裂为东魏、西魏，东魏不久又为北齐代替。北齐时，魏收、薛道衡曾负责修订“五礼”。魏收为尚书右仆射时，总议监五礼事，“多引文士令执笔，儒者马敬德、熊安生、权会实主之”③。薛道衡于北齐武平（570—575）初年也奉诏与诸儒修订五礼。④ 而西魏、北周的典章制度渊源于关陇，西魏在宇文泰执政之下，实行《周礼》六官制度。北周武帝更把《周礼》六官作为立国的根本大法。受此影响，北朝的礼学特重《周礼》。

隋朝在南北朝礼制的基础上，制定出了新的适合大一统政治需要的隋礼。《隋书·礼仪志一》：“（隋）高祖命牛弘、辛彦之等采梁及北齐仪注，以为五礼云。”这次制礼编成《隋朝仪礼》100卷。平陈以后，隋文帝又命太常卿牛弘集南北仪注，定五礼130篇。后来隋炀帝游江南，在扬州聚学徒修《江都集礼》120卷。总的来说，魏晋南北朝时期，“五礼”不仅开始成为一种制度，也是一种实践，到隋朝统一以后，吸取南北朝的礼制成果，“五礼”体系基本成熟。⑤

唐朝制礼始于贞观年间。史称：“神尧（按：指高祖李渊）受禅，未遑制作，郊庙宴享，悉用隋代旧仪。太宗皇帝践祚之初，悉兴文教，乃诏中书令房玄龄、秘书监魏徵等礼官学士，修改旧礼，定著《吉礼》六十一篇，《宾礼》四篇，《军礼》二十篇，《嘉礼》四十二篇，《凶礼》六篇，《国恤礼》五篇，总一百三十八篇，分为一百卷。”唐高宗即位后，又下令重修。显庆三年（658）正月，“勒成一百三十卷”，颁行天下，此为《显庆礼》（又称《永徽

---

① 《魏书·礼志一》。

② 《资治通鉴》卷一三八《齐纪四》。

③ 《北齐书·魏收传》。

④ 《周书·薛道衡传》。

⑤ 梁满仓：《论魏晋南北朝的五礼制度化》，载《中国史研究》2001年第4期。

礼》或《永徽五礼》)。[①] 唐玄宗即位后，唐代达到极盛。开元中采纳张说的建议，取贞观、显庆礼书，折中异同，以为定制。由徐坚等创始，萧嵩等完成，开元二十年（732）颁行，名《大唐开元礼》。它的成书，标志着中国古代以"五礼"为核心的礼制体系进一步成熟和完善。《开元礼》在唐德宗时被立于官学，设科取士。因此之故，《开元礼》逐渐形成了一个专门的研究科目。《新唐书·艺文志》史部仪注类著录有《开元礼义镜》100卷、《开元礼京兆义罗》10卷、《开元礼类释》20卷、《开元礼百问》2卷。五代、宋初仍以《开元礼》开科取士。《宋史·艺文志三》著录韦彤《开元礼仪释》20卷、《开元礼仪镜略》10卷、《开元礼教林》1卷，等等。唐末杜佑撰《通典》200卷，其中《礼典》达100卷，详述唐和唐以前礼仪制度的沿革演变。《通典·礼典》内有《开元礼纂类》35卷。值得注意的是，《开元礼纂类》将"五礼"次序改为"吉、嘉、宾、军、凶"。后来明朝国家礼典《明集礼》、清人秦惠田所著《五礼通考》，就沿用此序列。开元之后，唐朝还编纂过几部礼书，如德宗贞元中王泾编《大唐郊祀录》10卷，宪宗元和中韦公肃编《礼阁新仪》60卷，王彦威编《曲台新礼》30卷、《续曲台礼》30卷。这些礼书、礼典大都失传了，只有《大唐开元礼》、《大唐郊祀录》保存了下来。

宋代是中国文化发展的一个高峰，编书、刻书活动非常繁荣，哲学、史学、文学、艺术、科学等领域都有许许多多的成就。宋代崇尚文治，制礼活动就是其中的一个重要方面。《宋史·艺文志三》著录有刘温叟《开宝通礼》200卷，卢多逊《开宝通礼义纂》100卷、《礼阁新编》63卷，贾昌朝《太常新礼》40卷、《庆历祀仪》63卷，文彦博、高若讷《大飨明堂记》20卷，欧阳修《太常因革礼》100卷、《朝会仪注》（元丰间）1卷、《大观新编礼书吉礼》232卷、《祭服制度》16卷、《政和五礼新仪》240卷，这些都是北宋所制的礼典。南渡以后，屡有兴作。孝宗淳熙年间，礼部太常寺编次南渡以来所行之礼，成《中兴礼书》，"其间如内禅庆寿之类，亘古所无，可谓盛矣"[②]。这些礼书多已不传，其中《太常因革礼》、《政和五礼新仪》流传至今。《中兴礼书》曾收入《永乐大典》，清人徐松辑《中兴礼书》300卷（存247卷)，《中兴礼书续编》80卷。

与赵宋王朝先后并存的辽、金政权，也重视礼制建设。尤其是女真人建立的金朝，尊孔崇儒，今存礼典有《大金集礼》，约编次于世宗大定末年，

---

① 《旧唐书·礼仪志一》。

② 马端临：《文献通考》卷一八八《经籍考一五》。

"自尊号、册谥以及祠祀、朝会、燕飨诸仪，灿然悉备。以《金史》诸志相校，其蓝本全出于此，而志文援引舛漏，失其本意者颇多"①。因此该书是了解金朝礼制的重要文献。

元朝礼仪主要袭用了过去中原王朝的礼制，但也杂糅了相当多的"国俗旧仪"。明朝建立后，"明太祖初定天下，他务未遑，首开礼、乐二局，广征耆儒，分曹究讨"。洪武元年（1368），朱元璋命中书省暨翰林院、太常司拟定祀典以及军礼、耕藉、朝贺、冠服、冠婚、丧服诸制。洪武二年八月，又命诸儒臣修礼书。次年告成，赐名《大明集礼》。这是明代最重要的一部礼典。朱元璋在位的30余年里，下令编集的礼书很多，"所著书可考见者，曰《孝慈录》，曰《洪武礼制》，曰《礼仪定式》，曰《诸司职掌》，曰《稽古定制》，曰《国朝制作》，曰《大礼要议》，曰《皇朝礼制》，曰《大明礼制》，曰《洪武礼法》，曰《礼制集要》，曰《礼制节文》，曰《太常集礼》，曰《礼书》"②。明朝的礼仪典制，绝大部分都是在朱元璋时代制定的。

清初一方面遵循满族旧制，另一方面也沿用《大明集礼》。顺治三年（1646），曾经诏礼臣"参酌往制，勒成礼书，为民轨则"③。康熙二十九年（1690），采择明制并略加增损，修成《大清会典》。这是清朝第一部《会典》，它的编成表明清代的典制建设已粗具规模。到乾隆朝，礼制建设方面建树尤多，大清朝的典章仪制基本上确定了下来。乾隆曾御定《三礼义疏》，被称为是"网罗议礼家言，折中至当，雅号巨制"。又敕修《大清通礼》、《满洲祭神祭天典礼》、《礼部则例》、《皇朝礼器图式》、《国朝宫史》。此外还撰有《南巡盛典》、《八旬万寿盛典》等礼书。其中以《大清通礼》最为重要。道光四年（1824），礼部尚书穆克登额等又辑成《续纂大清通礼》54卷。德宗季叶，设礼学馆，博选耆儒，准备主重修礼典，体例以《通礼》为主，又仿江永《礼书》例，增《曲礼》一目。又仿宋《太常因革礼》例，增《废礼》、《新礼》二目作为附录。但因时局变化，没有结果。④

历史发展到晚清，由于时代变迁和西学的冲击，以儒学思想为核心的传统礼制遭受到空前严峻的挑战，出现了"二千年未有之变局"。不少人从中西文化的差异中去寻找中国落后的原因，儒学自然首当其冲成为众矢之的。经

① 永瑢等：《四库全书总目》卷八二《大金集礼》提要。
② 《明史·礼志一》。
③ 《清史稿·礼志一》。
④ 《清史稿·礼志一》。

过辛亥革命、“五四”新文化运动的洗礼，传统礼制最终被废除了。

虽然中国传统礼制已经成为历史的陈迹，但由于它的制定，绝大多数是以儒家思想为指导原则，因此是研究儒家学说对中国传统政治、文化、社会生活的影响的绝好材料。

第二节　正史礼志

中国传统纪传体史书由司马迁开创。他在《史记》中，设立“八书”，“书”是司马迁独创的史体。司马贞《索隐》说：“书者，五经六籍总名也。”张守节《正义》说：“五经六籍，咸谓之书。”其实司马迁《史记》八书之“书”，并非“五经六籍”，而是记载历代朝章国典，以明古今制度的沿革变迁。班固《汉书》改称“志”，成为通例。正史“书”、“志”的修撰，为研究各种专门史提供了丰富的资料。

《史记》中记载礼仪制度的有《礼书》和《封禅书》两篇，另外还有《乐书》。关于《礼书》的来历，《索隐》、《正义》认为是“褚先生取荀卿《礼论》兼为之”；日本泷川资言认为自“礼由人起”以下为后人妄增，但未必便是褚少孙①；而清人郭嵩焘则说《礼书》出自太史公之手，但不是定本，前面部分为“太史公草创之文”，后面部分取荀子书以足之，“史公于此，有深意焉”②。今本《礼书》主要是节取《荀子》“礼论”、“议兵”二篇文字而成。《太史公自序》说：“维三代之礼，所损益各殊务，然要以近性情，通王道，故礼因人质为之节文，略协古今之变。作《礼书》第一。”《礼书》虽录自《荀子》，但通篇内容与司马迁的初衷并无冲突。《礼书》专门探讨有关礼的若干理论。司马迁将其列为八书之首，反映了他对礼的重视。该篇以“礼由人起”为界，分为两部分，前面是序论，简述礼的特征、功能和沿革；后面详说圣人“沿人情而制礼”、礼的沿革变迁，认为“礼有三本”：天地、先祖和君师。重申了礼的重要性，提出“礼为人道之极”、礼贵适中的观点。

《史记》“八书”中的《封禅书》记录历代封禅大典。封禅是指封泰山、禅梁父（或其他泰山下的小山）的祭祀天地活动。据张守节《史记正义》说：“泰山上筑土为坛以祭天，报天之功，故曰封；泰山下小山上除地，报地之

① 《史记会注考证》卷二三。

② 《史记札记》卷三。

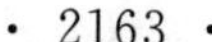

功，故曰禅。”司马迁在《太史公自序》中解释说：“受命而王，封禅之符罕用，用则万灵罔不禋祀，追本诸神名山大川礼，作《封禅书》第六。”禋祀就是祭祀。封禅时，万灵同时受祀，因论封禅而追论诸神及名山大川的祭祀，这是司马迁写《封禅书》的基本设想。《封禅书》开篇说道：“自古受命帝王，曷尝不封禅？盖有无其应而用事者矣，未有睹符瑞见而不臻乎泰山者也。”但由于仅在天下大治时才行封禅礼，而治世少，乱世多，所以，“远者千有余载，近者数百载”始一举行。而“三年不为礼，礼必废；三年不为乐，乐必坏”，封禅的礼仪制度自然也就“阙然湮灭”了。《封禅书》不仅记述了历代封禅祭祀等礼制，而且在行文之中对汉武帝的封禅活动做了讽刺。总之，《史记》中的《礼书》、《封禅书》都是研究汉武帝以前礼制的重要资料。

班固作《汉书》，将“书”改为“志”，并将“礼”、“乐”合在一篇论述各自的性质及历史。《汉书·礼乐志》与《史记》“礼”、“乐”二书有同有异，但内容更加丰富。首先论述了“礼乐之用”，说“象天地而制礼乐，所以通神明，立人伦，正情性，节万事”，强调礼乐的重要意义和作用。其中，礼的部分详述古来礼制变化，汉朝不用贾谊、董仲舒、王吉、刘向等有关制礼的建议，以及东汉“礼乐未具”。“乐”的部分则详述古来乐的变化，记录了汉初叔孙通“因秦乐人制宗庙乐”，汉的宗庙乐“大抵皆因秦旧事”；并详录《安世房中歌》17章、《郊祀歌》19章之词，指出“常御及郊庙皆非雅声”而受郑卫之声影响。班固对汉代礼乐制度建设并不满意，他感叹：“今大汉继周，久旷大仪，未有立礼成乐，此贾谊、仲舒、王吉、刘向之徒所为愤发而增叹也。”此外，《汉书》还有《郊祀志》一篇。古代于郊外祭祀天地，南郊祭天，北郊祭地。郊谓大祀，祀为群祀。该篇记录先秦至汉武时代的郊祀和封禅的内容，多取材于《史记·封禅书》，并有删补。主要删去了一些带讥刺的字句，补充了汉武帝以后到王莽时期有关郊祀的内容，并记了匡衡、张谭、刘向、谷永、杜邺、王莽等关于郊祀的议论。

司马迁、班固开创的书、志传统，为后世纪传体史书所继承。南朝刘宋时范晔本来打算写一部由纪、志、传三部分组成的百卷《后汉书》，以踵续班固的《汉书》。可惜志的部分还未来得及撰写，他就遭到了杀身之祸。南朝梁人刘昭为《后汉书》作注时，取晋司马彪《续汉书》中的八志，补入范书。因此，现在通行的《后汉书》是范晔所撰纪、传及司马彪所撰志的集合品。《续汉书》八志中的《礼仪志》、《祭祀志》记录东汉的礼乐制度，《舆服志》是新创志目，记载车仗、服饰制度，是典章制度中的一项重要内容。唐修《晋书》有《礼志》上、中、下3卷，按吉、凶、宾、军、嘉五礼之序，叙述魏晋时期议礼、行礼之事，比较注意汉晋之际礼制的变迁。《乐志》上、下 2 卷，记魏晋时期宗庙之乐、社稷之乐、辟雍之乐、黄门之乐、短箫之乐等内容。《舆服志》1 卷，主要讲车服制度。清人卢文弨撰有《晋书礼志校正》1 卷。

梁沈约修《宋书》，有《礼志》5 卷，《乐志》4 卷。沈约通典礼，于《宋书·礼志》特重汉魏以来礼制的变迁。指出："汉、魏以来，各撰古今之中，以通一代之仪。司马彪集后汉众注，以为《礼仪志》，校其行事，已与前汉颇不同矣。况三国鼎峙，历晋至宋，时代移改，各随事立。"① 自从东汉以来旧章乖弛，到三国时期，魏初则王粲、卫觊典定众仪，蜀朝则孟光、许慈创理制度，西晋始则荀觊、郑冲详定晋礼，东晋则荀崧、刁协整顿礼制。魏晋之时名儒通学对礼制也有许多讨论。沈约此志即编辑三国以后"经国诞章"而成，叙述内容的时间跨度较大，资料颇为丰富，对研究东汉到刘宋的礼制沿革极有价值。至于车服制度，司马彪曾创《舆服志》，沈约《礼志》将有关舆服的内容放在后面一并叙述。萧子显修《南齐书》，"若郊庙庠序之仪、冠婚丧纪之节，事有变革，宜录时事者，备今志。其舆辂旗常，与往代同异者，更立别篇"②。故立《礼志》2 篇，并单立《舆服志》、《乐志》各 1 篇，记录萧齐一代礼乐车服之制。

北齐魏收的《魏书》124 卷，其中本纪 12 卷，列传 92 卷，志 20 卷。因有些本纪、列传和志篇幅过长，又分为上、下或上、中、下，实共 130 卷。书成之后，众口喧嚷，指为"秽史"。魏收三易其稿，方成定本。《魏书》在流传过程中亡佚甚多，本纪缺 2 卷，列传缺 22 卷，此外又有 3 卷残缺不全，分别由后人取其他史书补足。《魏书》是北朝时期修成的一部重要史书，其中诸"志"价值尤高。《礼志》"初自皇始，迄于武定，朝廷典礼之迹，故总而录之"③，对北魏的礼制建设做了详尽的叙述。《乐志》对北魏诸儒论乐及宗庙社稷用乐情况有所反映。通过二志，可以研究鲜卑贵族接受汉族礼乐制度的曲折过程。

唐贞观年间，梁、陈、北齐、北周、隋五朝的史书修成后，均没有"志"。贞观十五年（641），诏令于志宁、李淳风等修撰"五代史志"，前后历时 15 年，到高宗显庆元年（656）完成。"五代史志"共包括：礼仪、音乐、

① 《宋书·礼志一》。

② 《南齐书·礼志上》。

③ 《魏书·礼志一》。

律历、天文、五行、食货、刑法、百官、地理、经籍等十志，原为单行本，后合入《隋书》。十志所述的典章制度，并不限于梁、陈、北齐、北周、隋，如魏涉及南朝宋、齐，因此可以弥补“五代史”无志之缺憾。《五代史志》中的《礼仪志》共达7卷，《音乐志》3卷，比较详细地记录了南朝梁、陈，北朝齐、周及隋代的礼乐制度的议论与实施情况，反映了这个时期礼乐制度的变迁。

《旧唐书》有《礼仪志》7卷、《音乐志》4卷、《舆服志》1卷。其中《礼仪志》按“郊天”、“明堂”、“封禅”、“社稷”、“宗庙”、“祫禘”、“五服”、“缞裳”等类别分项记录唐历朝皇帝礼乐之事。《新唐书》合《礼仪志》和《音乐志》为一，统称《礼乐志》，恢复《汉书》的做法，并新增《仪卫志》、《车服志》，作为《礼乐志》的补充。《新唐书·礼乐志》多达12卷，以五礼分述礼仪典章之制。其中前10卷为《礼志》，基本上是《大唐开元礼》的改编和缩写；后2卷《乐志》，叙述唐代雅乐、俗乐、燕乐等情况。

《宋史》编修之时，参考资料比较丰富，各朝礼书、仪注、会要等足资利用，故诸志特别详尽，其中《礼志》28卷，《乐志》达17卷，《仪卫志》、《舆服志》各6卷。《礼志》详细叙述了宋代制礼的过程，并按吉、嘉、宾、军、凶五礼的顺序，记录各朝的讨论与实行情况。《乐志》则“集累朝制作损益因革、议论是非，悉著于编，俾来者有考焉”①。诸志是研究宋代礼乐制度的重要文献。

《元史》有《礼乐志》、《祭祀志》、《舆服志》，记录有元一代的朝章国典、乐舞、祭祀、车服仪仗等制度。史臣认为，虽然“元之有国，肇兴朔漠，朝会燕飨之礼，多从本俗”，元之礼乐，揆之于古，固有可议，“然自朝仪既起，规模严广，而人知九重大君之尊，至其乐声雄伟而宏大，又足以见一代兴王之象，其在当时，亦云盛矣”②。故所作诸志对于考察元代制度不无价值。

《明史》有《礼志》14卷，主要根据《大明会典》。修《明史》之时，明代一些重要的礼书如《明伦大典》、《祀仪成典》、《郊祀考议》等都保存下来，而《大明会典》一书，“自孝宗朝集纂，其于礼制尤详。世宗、神宗时，数有增益，一代成宪略具是焉”。因此修史诸臣撰《礼志》，即“以五礼之序，条为品式，而随时损益者，则依类编入，以识沿革云”③。另《乐志》3卷，详

① 《宋史·乐志一》。
② 《元史·礼乐志一》。
③ 《明史·礼志一》。

记明代祭祀、朝会、燕享等仪式所用乐章。《仪卫志》、《舆服志》记载明代仪仗、车服制度。

《清史稿·礼志》共12卷，详细叙述了清代制礼的过程，礼典的编修以及吉、嘉、宾、军、凶五礼的情况，“考诸成宪，循五礼序，条附支引，凡因袭变创，所以因时而制宜者，悉胪其要于编”①。《乐志》8卷，记有清一代“国戚所书，声容器数之次第，管律弦度之讨论”，包括乐制、乐章、乐器等，“今掇其要，以备简籍”。② 此外还有《舆服志》4卷，记清代仪仗、车服之制。

正史中的礼乐志往往比较全面、系统地记载了各朝礼典的编修、礼乐的实行情况，是了解、研究中国礼制史的重要参考资料。

第三节　历代礼典

西周形成的礼乐制度，实际是一个囊括了国家政治、经济、军事、文化、社会生活一切典章制度以及个人的伦理道德修养、行为准则规范的庞大系统。周代礼乐制度奠定了中国古代礼乐制度的基础，此后各个朝代都把制订礼乐作为立国之本。汉代刘向总结道：“夫功成制礼，治定作乐，礼乐者，行化之大者也。孔子曰：移风易俗，莫善于乐；安上治民，莫善于礼。是故圣王修礼文，设庠序，陈钟鼓，天子辟雍，诸侯泮宫，所以行德化。《诗》云：‘自南自北，无思不服。’此之谓也。”③ 通过制礼作乐，一方面宣示朝廷的威仪，表示治定功成、天下太平；另一方面将全社会纳入礼治体系，通过规范各方的权利和义务，形成相互制约下的平衡和秩序，维系社会的安定。因此，历代都非常重视礼典的编修，形成数量众多的礼学文献。但由于历史的变迁，许多文献已经不传，流传下来的仅仅是其中的一小部分。以下对现存的一些重要礼典作一概述。

1.《汉制考》4卷，（宋）王应麟撰

王应麟博古通经，著述宏富。此书因前、后《汉书》诸志对当时制度的记载多详于大端，略于细目，故摭采汉儒经注及《说文》诸书所载，加以钩

① 《清史稿·礼志一》。

② 《清史稿·乐志一》。

③ 《说苑·修文》。

稽排纂，以补其遗。包括《周礼》2卷，《仪礼》、《礼记》1卷，《诗》、《书》、《论语》、《孟子》、《国语》、《公羊春秋》、《说文》1卷。作者序云："汉去古未远，诸儒占毕训故之学虽未尽识三代旧典，而以汉制证遗经，犹幸有传注在也。冕服车旗彝器之类，多以叔孙通礼器制度为据。其所臆度，无以名之，则谓若今某物。及唐儒为疏义，又谓去汉久远，虽汉法亦不可考。盖自西晋板荡之后，见闻放失，习俗流败，汉世之名物称谓，知者鲜焉，况帝王制作之法象意义乎！此汉制之仅存于传注者，不可忽不之考也。"《汉制考》一书所考虽为汉代礼乐，但王应麟更希望能够"自流溯源"，由汉制考三代之礼。清四馆臣称其书"大致精核，具有依据，较南宋末年侈空谈而鲜实征者其分量相去远矣"(《汉制考提要》)。

此书主要有《津逮秘书》本、《学津讨源》本、《玉海》附刻本和《四库全书》本。

2.《大唐开元礼》150卷，(唐) 萧嵩等撰

《大唐开元礼》成书于唐开元盛世，是"功成制礼、治定作乐"传统的产物。杜佑《通典》及新、旧《唐书》"礼志"称，唐初礼司无定制，遇有大事，往往临时制订礼仪。开元中，通事舍人王岩上疏，请删削《礼记》旧文，益以今事。集贤学士张说奏，《礼记》为不刊之书，难以改易，请取贞观、显庆礼书，折中异同，以为唐礼。于是诏右散骑常侍徐坚、左拾遗李锐、太常博士施敬本撰述，但多年未成。至萧嵩为学士，又奏起居舍人王仲邱等撰次成书，于是唐之五礼始备。该书依吉礼、宾礼、军礼、嘉礼、凶礼的次序，详尽而完备地记载了以皇帝为中心的国家典礼仪制，兼及地方政府的祭仪和官僚家庭的吉凶之仪，涉及唐代社会的各个方面，蕴涵的学术内容非常丰富。《开元礼》所记礼乐制度不仅反映了儒家文化对唐代政治、社会生活的深刻影响，而且还保存了大量的唐令、唐式，是唐代法制史不可多得的宝贵史料。其中有关经义、礼法的论争，则是研究思想史、经学史的重要素材。《开元礼》对后世礼制的影响，更为突出。宋代周必大说："惟开元皇帝，励精政治，有意太平，故能遴选儒臣，厘正巨典。惟（徐）坚等辩博通贯，体上之意，故能不泥不肆，克辑成书。自时厥后，朝廷有大疑，不必聚诸儒之讼，稽是书而可定。国家有盛举，不必蕝野外之仪，即是书而可行。世世守之，毋敢失坠，不其休哉！"① 其后虽有踵事增华之作，如北宋的《大常因革礼》、《政和五礼新仪》，以及后来的《大金集礼》、《大明集礼》、《大清集礼》，都承

① 周必大：《唐开元礼序》，见《文忠集》卷九二，文渊阁《四库全书》本。

袭《开元礼》而来，再增加一些当时的元素。但就规模和影响而言，则难与《开元礼》比肩。因此学者称之为中华礼学的旷世大典、不祧之宗。此书不仅是中国古代礼学的圭臬，更远播东亚、东南亚，对于整个儒学文化圈的礼乐律令制度都产生过重大影响。

此书主要有《四库全书》本、《洪氏唐石经馆丛书》本。

3.《大唐郊祀录》10卷、录1卷，（唐）王泾撰

王泾，唐德宗贞元九年（793）为河南密县尉、太常礼院修撰。宪宗元和元年（806）为太常博士。生平事迹散见于两《唐书》。《新唐书·礼仪志》称，贞元中，太常礼院修撰王泾考次历代郊庙沿革之制及其工歌祝号，而图其坛屋陟降之序，为《郊祀录》10卷。又《艺文志》载王泾《大唐郊祀录》10卷，贞元九年上。《旧唐书·礼仪志》载永贞元年（805）十一月，礼仪使杜黄裳与礼官王泾等请迁高宗神主议；又载元和元年七月，太常博士王泾上迁中宗神主议。《唐会要》卷十八载元和十四年二月，太常丞王泾上疏请去太庙朔望上食。可知曾为太常博士、太常丞，但不知其终于何官。

该书卷一至卷三为凡例，卷四至卷七为祀礼，卷八为祭礼，卷九、卷十为飨礼。“凡例”条举辨神位、卜吉、斋戒、视牲器、牲牢、玉帛、俎馔、罍洗、奏乐、奠献、燎瘗、祈祷等12目，又缀以杂例一目及祭服7目，皆先发大事之凡，而后低一格，杂引群经、诸史、汉魏诸儒传注、六朝及隋唐诸礼官议，并《唐六典》、《开元礼》等，详其因革，兼及名物训诂，实为详备。所引《三礼义宗》颇多诸经注文，间有与今本不同。“祀礼”材料可补两唐《志》及《唐会要》之阙。其书上于贞元时，卷九享太庙乐章中有德宗以下九帝庙之词，其迎神第二奏下云“元阙，臣陈致雍补”。敬宗庙奏下云“本词元阙，大闽国太常博士张连撰添二首”（一首文宗庙奏）。陈致雍《南唐书》载，其为南唐太常博士。吴任臣《十国春秋》有致雍传，言莆田人，仕闽为太常卿，入南唐以通礼及第，是乐章有闽王氏时所补者。①

其书历代著录，至明《文渊阁书目》始作“三册，阙”。《四库全书》不载，而江浙藏书家有传抄之本。道光末，金山钱氏刻入《指海》第18集，唯缺其图。民国中张钧衡又刻入《适园丛书》。

4.《太常因革礼》100卷（原缺卷五一至卷六七），（宋）欧阳修等撰

宋代自太祖时即重视修礼。开宝年间成《开宝通礼》200卷，本唐《开元礼》而损益之。后来又定《通礼义纂》100卷。自《通礼》之后，又形成

① 李慈铭：《越缦堂读书记》，上海书店出版社，2000年，第542页。

制度仪注数百篇。天禧中，陈宽编次礼院所承新旧诏敕，但没有完成。天圣初，王皞类编成书，止于乾兴，为《礼阁新编》，"大率吏文，无著述体，而本末完具，有司便之"①。景祐四年（1037），贾昌朝撰《太常新礼》及《祀仪》，止于庆历三年（1043）。皇祐中，文彦博又撰《大享明堂记》20卷。至嘉祐中，欧阳修纂集散失，命官设局，以《开宝通礼》为主，而记其变迁，及《新礼》以类相从，为100卷，赐名《太常因革礼》。欧阳修当时以参知政事领衔修礼，而实际编撰多出姚辟、苏洵之手。始于嘉祐六年（1061），至治平二年（1065）书成。其书以《开宝通礼》为本，而以仪注例册附见，并参考《实录》、《封禅记》、《卤簿记》、《大乐记》及其他诸书。书分总例28卷（内分子目28），吉礼33卷（内分子目37），嘉礼9卷（内分子目17），军礼3卷（内分子目6），凶礼3卷（内分子目25），废礼1卷（内分子目9），新礼21卷（内分子目37），庙议12卷（内分子目26），总计8类，185目。内缺第51～67卷，已无从补全。该书为北宋前期的一部重要的礼制大典，是考查北宋代礼仪制度的重要文献。

此书有清光绪刻本、《广雅书局》本（附廖廷相《校识》2卷）。

5.《政和五礼新仪》220卷，卷首《御制冠礼》10卷，（宋）郑居中等奉敕撰

《政和五礼新仪》，为议礼局官、知枢密院郑居中及白时中、慕容彦逢、强渊明等奉敕撰。前有宋徽宗御制序文和《御制冠礼》10卷。御制冠礼分"冠议"和"冠仪"两部分。宋徽宗认为礼仪应当追述三代之意，目前所沿用的唐代所修《开元礼》已不适合新的形势，不足为法。因此他亲自撰写成"冠礼沿革"，并命议礼局据此重修五礼。政和三年（1113）正月，新修五礼完成，包括目录6卷在内，共为226卷，徽宗亲自命名为《政和五礼新仪》。四月，颁布施行。正文包括"序例"24卷，作为礼之纲要。以下分别为吉礼111卷、宾礼21卷、军礼8卷、嘉礼42卷、凶礼14卷。今本《政和五礼新仪》已有残缺，其中第74卷、第88～90卷、第108～112卷、第128～130卷、第200卷都有目无书；第75卷、91卷、92卷约有一半的内容佚失。尽管如此，本书对于考察宋代礼仪制度仍有很大的参考价值。

此书今存明抄本、清抄本、《四库全书》本、《四库全书珍本初集》本。

6.《中兴礼书》300卷（存247卷），（宋）礼部太常寺纂修，（清）徐松辑。《中兴礼书续编》80卷（存66卷），（宋）叶宗鲁纂修，（清）徐松辑

① 《宋史·礼志一》。

据《玉海》卷六九记，绍兴元年（1131）七月七日，章效上欧阳修编纂《太常因革礼》100卷，诏付太常。当年十一月，太常少卿赵子昼言，政和、宣和续编《因革礼》渡江后皆散失，请将渡江以后典礼修纂成书，名为《绍兴续编太常因革礼》，诏可。其后太常编成"总例"及吉、凶、嘉、新四礼共86篇、27卷。到绍兴九年（1139），太常丞梁仲敏言，绍圣三年（1096）以后礼典修纂尚缺，请委官编类。诏本寺续修，但没有完成。淳熙十二年（1185）三月，史弥大权礼部侍郎，始进《中兴礼书》300卷。① 该书虽记南宋初期所行礼制，然卷帙繁重，资料丰富，其间所记内禅、庆寿之类典礼，为前代所无。宋宁宗嘉泰年间（1201—1204），修成孝宗一朝典礼，为《续纂中兴礼书》80卷。嘉定五年（1212）九月，有司上《续修中兴礼书》。明《文渊阁书目》著录《宋中兴礼书》1部61册，《中兴礼书续编》1部21册。书可能散佚于明清之际，但《永乐大典》已较完整地抄入。清嘉庆中叶修《全唐文》，徐松从《永乐大典》中辑出《宋中兴礼书》247卷、《中兴礼书续编》66卷（卷一至卷三、卷五至卷九、卷十一、卷十三至卷二二、卷三十、卷三五至卷八十），虽未为完璧，但大体已具，对研究南宋礼制有很高的价值。

7.《大金集礼》40卷，（金）张玮等奉敕撰

此书为金代重要的典章制度汇编，金章宗明昌六年（1195）礼部尚书张玮等所进，书中纪事断至世宗大定时。分类编撰，收录帝王后妃尊号、册谥、祠祀、朝会、燕飨、仪仗、舆服等门。该书出于金代，元修《金史》多抄录是书，故足与《金史》相对勘，而"以《金史》诸志相校，其蓝本全出于此，而志文援引舛漏，失其本意者颇多"。故有很高的文献价值，"数金源之掌故者，此为总汇矣"②。该书也有可疑之处，如陈戍国指出：《集礼》卷十记"皇帝夏至日祭方丘（后土）"仪注，说是中土文献记载的古礼，这是可以的，但如果说是大金国实行过的方丘礼仪的记录，则不可。卷十第一节"斋戒"出现"高祖"、"太宗文武圣皇帝"，第六节"进熟"出现"开元神武皇帝"，与金国诸帝庙号不合。第二节"陈设"出现"介公"、"酅公"，与金国了不相涉，殊为可疑。他将《集礼》卷十与杜佑《通典》卷一一二《礼七十二·开

---

① 王应麟：《玉海》卷六九《礼仪·礼制下》。

② 永瑢等：《四库全书总目》卷八二《大金集礼》提要。

元礼纂类七》比勘，知《大金集礼》卷十原来抄自《通典》，并非金代礼制。①

此书有《四库全书》本及光绪二十一年（1895）广雅书局本。

8.《大金德运图说》1卷

该书是金贞祐年间尚书省臣汇集当时议论德运的案赎文件。“五德终始”说（又称“五德转移”）是阴阳家代表人物邹衍运用阴阳五行理论来阐释宇宙演变和历史兴衰的一套理论，影响甚大。吕不韦的《吕氏春秋》、董仲舒的《春秋繁露》、刘向的《洪范五行传论》都对此有所阐发。“五德”指五行的属性，即土德、木德、金德、水德、火德。按阴阳家的说法，宇宙万物与五行对应，各具其德，而天道的运行，人世的变迁，王朝的更替等，则是“五德转移”的结果。据《金史》本纪载，金初色尚白，章宗泰和二年（1202）十一月，更定德运为土。至宣宗贞祐二年（1214）正月，宣宗命有司复议本朝德运，言应为土德者4人，言应为金德者14人。中如谏议大夫张行信，力主金德之议。书中只记录诸臣议状，而尚书省臣无所可否。史载兴定元年（1217）十二月庚辰，腊享太庙，是终金之世，仍从泰和所定土德，而未尝重改。可能是因元兵深入，宣宗南迁汴梁，此议遂罢，故尚书省亦未经奏复。《四库全书总目》云：“是编所议，识见皆为偏陋，本不足录。然此事史文简略，不能具其始末。存此一帙，尚可以补掌故之遗。并恭录圣制，弁诸简首。俾天下后世晓然知驺衍以下皆妄生臆解，用以祛曲说之惑焉。”② 但此书对于研究“德运”学说及金代礼制也有一定的参考价值。

此书有《四库全书》本（辑自《永乐大典》）。

9.《大明集礼》53卷，（明）徐一夔等奉敕撰

徐一夔（1319—1398），字惟精，又字大章，号始丰，浙江天台人。博学善属文，擅名于时。元至正八年（1348），为避兵乱，隐居嘉兴，与宋濂、王袆、刘基等结交，相与切磋诗文。洪武三年（1370），诏一夔等撰《大明集礼》。后王袆荐其续修《元史》，以足疾辞。荐授杭州府学教授，复受命参修《大明日历》。

该书为明徐一夔、梁寅、刘于、周于谅、胡行简、刘宗弼、董彝、蔡琛、滕公瑛、曾鲁同奉敕撰。据《明典汇》记载，洪武二年（1369）八月，诏儒

① 陈戍国：《中国礼制史·宋辽金夏卷》，湖南教育出版社，2000年，第402～403页。

② 永瑢等：《四库全书总目》卷八二《大金德运图说》提要。

臣修纂礼书。三年九月书成，名《大明集礼》。其书以吉、凶、军、宾、嘉、冠服、车辂、仪仗、卤簿、字学、乐为纲。所列子目，吉礼十四：祀天，祀地，宗庙，社稷，朝日，夕月，先农，太岁、风、云、雷、雨师，岳、镇、海、渎、天下山川、城隍，旂纛，马祖、先牧、社马步，祭厉，祀典神，三皇、孔子。嘉礼五：朝会，册封，冠礼，婚，乡饮酒。宾礼二：朝贡，遣使。军礼三：亲征，遣将，大射。凶礼二：吊赙，丧仪。又冠服、车辂、仪仗、卤簿、字学各一。乐三：钟律，雅乐，俗乐。《明史·艺文志》及《昭代典则》均作50卷，传本乃53卷，清四库馆臣以为50卷本或为洪武原本，所传53卷本为嘉靖中刊本，取诸臣传注及所诠补者纂入原书，故多3卷。序为明世宗御制，题为“嘉靖九年六月望日”。而《世宗实录》载九年六月庚午，刻《大明集礼》成，上亲制序文。是月己未朔，则庚午乃十二日，与《实录》小有异同。馆臣又疑十二日进书，望日制序，记载者并书于进书日。该书是研究明代礼仪制度的重要文献。

此书有《四库全书》本。

明代重要的礼典尚有郭正域《皇明典礼志》20卷（万历刻本），徐学聚《国朝典汇》200卷（明天启四年徐与参刻、崇祯七年徐介寿重修本），杨一清、熊浃等《明伦大典》24卷（嘉靖七年史局刻本）等。

10.《钦定大清通礼》50卷，（清）来保等奉敕撰

来保（1681—1764），喜塔腊氏，字学圃，满洲正白旗人。乾隆间官至武英殿大学士，军机大臣，进太子太傅。

该书于乾隆元年（1736）奉敕撰，越21年才告成。《大清通礼》基本上是继承了《大明集礼》的礼制体系，增加了一些满洲民族特有的礼，如关于坤宁宫、祭神礼等等。书前首先记载朝庙大典以及颁布诏书的仪式，然后按吉、嘉、军、宾、凶顺序阐述五礼。卷一至卷十六为吉礼，卷十七至卷三八为嘉礼，卷三九至卷四二为军礼，卷四三至卷四四为宾礼，卷四五至卷五十为凶礼。乾隆御制序曰：“是编也，约而赅，详而不缛，圭臬群经，羽翼《会典》，使家诵而户习之，于以达之人伦日用之间，兴孝悌而正风俗，则朕淑世牖民之意或在斯乎，或在斯乎！”① 该书的目的在于将人们的日常社会政治生活纳入礼制的轨道。

《钦定大清通礼》收入《四库全书》。道光四年（1824），礼部尚书穆克登额等又辑成《续纂大清通礼》54卷。

---

① 《钦定大清通礼》卷首，文渊阁《四库全书》本。

11.《钦定皇朝礼器图式》28卷，(清) 乾隆二十四年敕撰

该书乾隆二十四年（1759）奉勅撰，乾隆三十一年（1766）又命廷臣重加校补，勒为此编。共分六类：卷一、卷二为祭器，卷三为仪器，卷四至卷七为冠服，卷八、卷九为乐器，卷十至卷十二为卤簿，卷十三至卷二十八为武备。每器皆列图于右，系说于左，详其广狭、长短、围径之度，金玉、玑贝、锦段之质，刻镂、绘画、组绣之制，以及品数之多寡、章采之等差，无不缕析条分，一一胪载。该书图文并茂，每器皆列图于右，系说于左。每件器物的详细尺寸、质地、纹样以及与相应官职品级的对照，无不条理清晰，记载详备。四库馆臣评述该书："所述则皆昭代典章，事事得诸目验，故毫厘毕肖，分寸无讹，圣世鸿规，燦然明备。"① 虽有溢美，但不可否认，该书对了解和研究清朝的礼乐制度具有重要意义。

《钦定皇朝礼器图式》收入《四库全书》。

第四节　民间礼书

三礼之中，"《周礼》皆天子之礼，为国礼，《仪礼》皆公卿大夫士庶人之礼，为家礼"②。一般而言，历史上的礼仪可以分为政治礼仪和生活礼仪两个方面。如果说《周礼》及历代官修礼典侧重于国家政治礼仪的话，《仪礼》以及后世大量民间编修的礼书则与普通士人及百姓的日常生活起居、行为规范、婚丧嫁娶关系更加密切。礼书中有所谓"六礼"、"八礼"的说法。《礼记·王制》："六礼：冠、昏、丧、祭、乡、相见。"《礼运》篇引孔子之言曰："是故夫礼，必本于天，殽于地，列于鬼神，达于丧、祭、射、（御）〔乡〕、冠、昏、朝、聘。"《昏义》："夫礼始于冠，本于昏，重于丧、祭，尊于朝、聘，和于乡、射。此礼之大体也。""六礼"或"八礼"主要与人们的日常生活有关，为士礼。魏晋南北朝时期，门阀制度盛行，世家大族纷纷将其家族内长期遵循的礼仪规范整理修定，以文字的形式记录下来，传之于子孙后代，以维系世族门风，保持其家族地位不坠。如《隋书·经籍志》史部"仪注类"著录徐爰《家仪》1卷、谢元《内外书仪》4卷、蔡超《书仪》2卷、谢朏《书笔仪》21卷、王俭《吉书仪》2卷、周舍《书仪疏》1卷、鲍泉《新仪》

① 永瑢等：《四库全书总目》卷八二《钦定皇朝礼器图式》提要。

② 《明史·儒林二·娄谅列传》。

30卷、梁修端《文仪》2卷、李穆叔《赵李家仪》10卷、录1卷、唐瑾《书仪》10卷，等等。隋唐公卿士族以家礼、家训、家范、家诫、遗训、书仪等各种形式体现的家族礼仪规范，是对魏晋南北朝世家大族文化传统的继承与发展。如《新唐书·艺文志》著录孟诜《家祭礼》1卷、徐闰《家祭仪》1卷、范传式《寝堂时飨仪》1卷、郑正则《祠享仪》1卷、周元阳《祭录》1卷、贾顼《家荐仪》1卷、卢弘宣《家祭仪》、孙日用《孙氏仲享仪》1卷、刘孝孙《二仪实录》1卷、袁郊《二仪实录衣服名义图》1卷及《服饰变古元录》1卷、戴至德《丧服变服》1卷、张戬《丧仪纂要》9卷、孟诜《丧服正要》2卷、商价《丧礼极议》1卷、张荐《五服图》、仲子陵《五服图》10卷、郑余庆《郑氏书仪》2卷、裴茝《内外亲族五服仪》2卷、裴度《书仪》2卷、杜友晋《书仪》2卷，等等。

宋代礼学发展与过去相比，有一个重要特点就是"礼下庶人"，这不仅反映在官修礼典中有大量针对平民百姓礼仪的条文，而且数量众多的私人礼书，就是直接面向士庶日常生活而撰写的。宋代私人撰写的礼书非常多，如《宋史·艺文志》著录司马光《书仪》8卷及《涑水祭仪》1卷、《居家杂议》1卷、范祖禹《祭仪》1卷、吕大防和吕大临《家祭仪》1卷、张载《横渠张氏祭仪》1卷、吕大均《蓝田吕氏祭说》1卷、程颐《伊川程氏祭仪》1卷、郑樵《乡饮礼》3卷和《乡饮礼图》3卷、史定之《乡饮酒仪》1卷、叶克刊《南剑乡饮酒仪》1卷、汪楫《乡饮规约》1卷、赵希苍《赵氏祭录》2卷、朱熹《四家礼范》5卷和《家礼》1卷、李宗思《礼范》1卷、韩挺《服制》1卷、张叔椿《五礼新仪》15卷、高闶《送终礼》1卷、陈孔硕《释奠仪礼考正》1卷、周端朝《冠婚丧祭礼》2卷，等等。其中影响较大的是司马光、朱熹的著作。南宋就有杨复、刘垓、刘璋3人为《家礼》作注。明清时代，由于程朱理学的官学地位，朱子《家礼》备受尊崇。洪武元年（1368），政府颁令："民间婚娶，并依《朱子家礼》。"① 《家礼》上升为国家礼典，成为官学。洪武三年修成的《明集礼》，其中多处采纳了《家礼》的内容。永乐年间，又"颁《文公家礼》于天下"②。由于官方对家礼的尊崇，民间为之作注的人也很多。明代主要有汤铎《家礼会通》、黎贞《家礼举要》、方澥《家礼旁附》、王源《家礼易览》、丘濬《家礼仪节》、杨慎《别本家礼仪节》、朱廷立《家礼节要》、朱天球《家礼易简》、魏堂《家礼会成》，王叔杲《家礼要

① 《明会要》卷一四《礼九》。

② 《明史·礼志一》。

节》、令狐鏓《家礼集要》、冯善《家礼集说》、翁正春《补选文公家礼》、丰庆《家礼从宜》、李廷玑《家礼简要》、黄芹《家礼易行》、陆侨《家礼易简》、彭滨《补注文公家礼正衡》、邓元锡《家礼铨补》、冯复京《遵制家礼》、桑拱扬《家礼维风》，等等。清人注本较为重要的有：王复礼《家礼辨定》、郭嵩焘《校训朱子家礼》、汪佑编订《朱子家礼》、李元郎《家礼拾遗》等。①

这些由士大夫拟订的仪制和日常行为规范，或补充了国家礼制的不足，或将国家礼制的部分内容通俗化、普及化，使之更易于为民众接受，也更易于操作。其中的部分内容，后来又为国家礼制所吸纳。以下略述其中有代表性的著作。

1.《书仪》10 卷，（宋）司马光撰

“书仪”源于魏晋时代的“月仪”，最早可追溯到西晋索靖的《月仪帖》。到南北朝时期，出现了多种类型的“书仪”，其中既有月仪类的朋友书仪，也有作为士大夫行为规范和书信范本双重功能的吉凶书仪。从敦煌出土的百余件写本“书仪”看，吉凶书仪的种类和数量占绝大多数，其中具有代表性的有杜友晋《新定书仪镜》和张敖《新定吉凶书仪》等。因此，“书仪”又成为“古私家仪注之通名”②。司马光《书仪》约成书于宋神宗元丰四年（1081）。卷一是有关表奏、公文、书信的格式，卷二是“冠仪”；卷三、卷四是“婚仪”；卷五至卷十是“丧仪”。其中卷二有“深衣制度”，卷四有“居家杂仪”，卷六有“五服制度”、“五服年月略”，卷九有“居丧杂仪”，卷十包括“祭”和“影堂杂仪”。由于古礼繁复，难以适用，该书本着“从俗”、“从众”、“从简易”的原则，“大概本《仪礼》而参以今之所可行者”③，对传统“士礼”进行了一些省简，并结合社会的现实情况做了一些变通。由于比较适用，故写成之后，即受到当时和后世士大夫的推崇。

此书版本众多，主要有宋绍熙三年（1192）刊本、明刊本、日本芳春楼刊本、清雍正元年（1723）汪亮采影宋刊本、纳兰性德刻《通志堂经解》本、《学津讨源》本、同治七年（1868）江苏书局刊本。

2.《家礼》1 卷，（宋）朱熹撰

该书《直斋书录解题》和《宋史·艺文志》都著录作 1 卷，北京图书馆藏宋刻本 5 卷（卷一至卷三配清影宋抄本），《四库全书》本也为 5 卷、

① 杨志刚：《中国礼仪制度研究》第 3 章，华东师范大学出版社，2001 年。

② 永瑢等：《四库全书总目》卷二二《书仪》提要。

③ 《朱子五经语类》卷六三。

附录1卷，包括：通礼（含“祠堂”、“深衣制度”、“司马氏居家杂仪”三节，为全书总纲）、冠礼、婚礼、丧礼（其中述及五服制度和“居丧杂仪”）、祭礼。《家礼》博采众长，融会贯通，“冠礼则多取司马氏，婚礼则参诸司马氏、程氏，丧礼本之司马氏……及论祔迁，则取横渠……祭礼兼用司马氏、程氏。……节祠则以韩魏公所行者为法”①。而参考司马光的《书仪》尤多，其中约有一半以上的文句援引自《书仪》，特别是直接搬用了《司马氏居家杂仪》。朱熹特别强调礼的实用性，因而对古礼做了较大的删减和变通，如并婚姻“六礼”为“三礼”（纳采、纳币、亲迎），省去了大量繁文缛礼，为平民百姓的参考使用留有较大余地。《家礼》还对古制作大胆革新，如创设祠堂，适合于一般士庶之家，便于发挥礼对现实生活的指导作用，达到“崇化导民”的目的。该书自南宋以来影响颇大，但清人王懋竑《白田杂著·家礼考》认为《家礼》是宋人假托朱熹之名的伪作，《四库全书总目》亦赞同其说。而清人夏炘、今人钱穆、束景南、陈来等考证确属朱熹之作。

元明以来，此书版本甚多，流俗沿用，坊刻窜乱，殆不可读。名《家礼》5卷《附录》1卷者有宋刻本、明刻本、《四库全书》本、《西京清麓丛书》本、《洪氏公善堂丛书》本。名《文公家礼集注》10卷者有元刻本。名《纂图集注文公家礼》10卷者有明刻本。

3.《五服图解》1卷，（元）龚端礼撰

龚端礼，字仁夫，嘉兴（今属浙江）人。

五服，指古代的丧服制度，以亲疏为差等，即斩衰、齐衰、大功、小功、缌麻五种名称。龚氏家传《五服图》，搜求古今诸礼图书60余家，编成《五服文集》，后又作《五服图集》2册，其后又将二书合一，以五服列五门，分章作图，阐释其意，每门立男女已未成人之科，分正、加、降、义四等之服，划图分章，逐一辨证，展卷厘然，足资参考。

此书有元泰定元年杭州路儒学刻本、《宛委别藏》本。

4.《郑氏家仪》，（元）郑泳撰

郑泳，字仲潜，浦江（今属浙江）人。官温州路总管府经历。

该书据五礼分5篇，本于司马光《书仪》及朱熹《家礼》而损益之，并录其家日用常行之式，编次成书。后附泳所作《祭田祠堂记》2首，又附15世崇岳《祭田号亩记》。

---

① 杨复：《家礼序》，见马端临：《文献通考》卷一八八《经籍考十五》。

此书有明刻本、《续金华丛书》本、《四库全书存目丛书》本。

5.《南赣乡约》，(明) 王守仁撰

王守仁，明代“心学”大师。“乡约”是邻里乡人互相劝勉共同遵守，以相互协助救济为目的的一种制度。早在宋代，吕大钧、吕大临昆仲就有《蓝田吕氏乡约》。王守仁于正德十一年 (1516) 以左佥都御史巡抚南赣汀、漳等处，其后在江西为官 6 年。正德十三年 (1518)，王守仁开始推行南赣乡约制度。《乡约》开篇即说：“自今几尔同约之民，皆宜孝尔父母，敬尔兄弟，教训尔子孙，和顺尔乡里。死丧相助，患难相恤；善相劝勉，恶相告诫；息讼罢争，讲信修睦。务为良善之民，共成仁厚之俗。”用儒家纲常伦理整合民众，达到俗善民和。《南赣乡约》在明代影响很广。明嘉靖年间 (1522—1566)，部檄天下，举行乡约，推广王阳明之法。

6.《泰泉乡礼》7 卷，(明) 黄佐撰

黄佐，明代南国子监祭酒。该书成于嘉靖九年 (1530)，正文凡 6 卷，首举乡礼纲领，以立教、明伦、敬身为主；其次则冠、婚以下四礼，皆略为条教，以既不违古而又实用为原则；再次条举五事：乡约、乡校、社仓、乡社、保甲，最后附以士相见礼及投壶、乡射礼 1 卷。大抵简明扼要，便于施行。《泰泉乡礼》参照和吸收了王安石的保甲法、蓝田吕氏的乡约制度、明代里社祭祀制度以及朱熹《家礼》等的内容，构造了一个新的礼仪系统。此书后来成为岭南许多地方推行乡约里甲制度的重要范本。

此书有明刊本、《四库全书》本、《岭南丛书》本。

7.《四礼疑》5 卷、《四礼翼》4 卷，(明) 吕坤撰

吕坤，字叔简，宁陵（今属河南）人。“四礼”即冠、婚、丧、祭四种礼仪。《四礼疑》首载《通礼》1 卷，冠、婚、丧、祭各 1 卷，意在酌通古今，自成一家。其大旨本于《书仪》、《家礼》。《四礼翼·序》曰：“四礼者何，人道之始终也。翼四礼者何，计四礼之所未备也。”《四礼翼》包括《冠礼翼》二，曰蒙养、成人；《婚礼翼》二，曰好人、妇人；《丧礼翼》二，曰侍疾、修墓；《祭礼翼》二，曰事生、睦族。

《四礼疑》有《吕新吾全集》本、《四库全书存目丛书》本。《四礼翼》其分卷有三种本子：分 4 卷者有《津河广仁堂所刻书》本、《朱文端公藏书》本、《书三味楼丛书》本；分 8 卷者有《吕新吾全集》本；不分卷者有《郑氏丛刻》本、《青照堂丛书摘次编》本、《西京清麓丛书》本。

8.《辨订祭礼通俗谱》5 卷，(清) 毛奇龄撰

毛奇龄，清初著名学者。该书原名《二重礼谱》。毛奇龄本欲撰成丧、祭

二礼，但因丧礼别有“吾说篇”，故该书唯存“祭礼”。其说大抵依据古礼，而斟酌当时之制，故以“通俗”为名。分为七门：祭所、所祭者、主祭之人、祭之时、祭仪、祭器、祭物，最后附“外神”。其中多条辩驳朱子《家礼》。

此书有《西河合集》本、《四库全书》本。

9.《读礼偶见》2卷，（清）许三礼撰

许三礼，字典三，汤阴（今属河南）人。顺治十四年（1657）中举，十八年（1661）登进士。

康熙十二年（1673）赴京谒选，日以讲学为事，与当时名士魏象枢、叶方蔼等过从甚密。这年夏在京师撰成《读礼偶见》。许三礼受业于孙奇逢之门，故是书中多讲学语，而于五礼亦颇有考证。大致据《书仪》、《家礼》及《会典》诸书，折中一是，以便实行。四库馆臣称其书“解误者八，释疑者十。又若《增哭奠家礼仪注》及《增定招魂葬服说》诸篇，皆颇有考据”①。

此书有清康熙刻本、《四库全书存目丛书》本。

10.《古今五服考异》8卷，（清）汪琬撰

汪琬（1624—1690），字苕文，号钝翁。顺治十二年（1655）进士。康熙十八年（1679）应博学鸿词，与修《明史》。不喜仕进，唯嗜读书问学，发明经义，精研史学，昌言朴学。

作者认为，自晚近以来，以凶事为讳，往往弃礼不讲，于是士大夫持服之时，常常私行其胸臆，颇失王者制礼之意。因此作《古今五服考异》，“以《仪礼》为案，而以今之律文断之，中间发明辨正，杂采诸家之书，而稍述鄙见于其末”②。历时8月，九易其稿而后成。

此书有《钝翁全集》本。

11.《齐家宝要》2卷，（清）张文嘉撰

张文嘉，字仲嘉，钱塘（今浙江杭州）人。该书本于《书仪》、《家礼》诸书，斟酌损益为古今通礼，分家居礼、童子礼、义学约、师范、家诫、家规、宗讲约、乡约、射约、冠礼、婚礼、丧礼、家礼等门，每门前引经传及新定仪注，间有附论。

此书有清康熙刻本、《四库全书存目丛书》本。

12.《礼文手抄》5卷，（清）颜元撰

颜元为清初颜李学派的创始者。主张恢复孔子“礼、乐、射、御、书、

---

① 永瑢等：《四库全书总目》卷二五《读礼偶见》提要。

② 汪琬：《古今五服考异序一》，见《尧峰文钞》卷二五。

数”六艺的实学，强调“习行”、“习动”，对宋儒“读书静坐”和空谈“心性命理”之学予以猛烈抨击。尊朱子《家礼》，李塨述其以礼持身说：“定日功，若遇事宁缺读书，勿缺静坐与抄《家礼》。盖静坐为存养之要，《家礼》为躬行之急也。”① 该书依据朱子《家礼》，对通礼、冠礼、婚礼、丧礼、祭礼的考辨，阐发了其对礼的体认，意在强调“日用之常礼，不可一日而不修”②的重要性。

此书有《颜李丛书》本。

13.《朱子礼纂》5卷，(清) 李光地撰

李光地为清康熙时著名的理学名臣。该书分类辑录朱熹《仪礼经传通解》及《家礼》二书之外散见于《文集》、《语类》中的说礼之文，分“总论”、“冠昏”、“丧”、“祭”、“杂仪”五类。清四库馆臣称其书“缕析条分，具有统贯”，“朱子说礼之言，参差散见，猝不能得其端绪。光地类聚而区分之，使秩然有理，于学礼者亦为有功矣”。不过采集也有遗漏，如《文集》有《答潘恭叔书》论编《仪礼》、《礼记》章句，《答王子合书》论居丧家祭，又有《周礼三德说》、《乐记动静说》、《书程子禘说后》等篇，此书皆不见录。又《与吴晦叔书》论太庙当南向、太祖当东向，虽与此书所录《答王子合书》大义相似，然答晦叔书更为详尽，此书乃删详而存略。

此书有《李文贞公全集》本、《四库全书》本、《榕村全书》本等。

14.《家礼辨定》10卷，(清) 王复礼撰

王复礼，字需人，号草堂，钱塘（今浙江杭州）人。该书据朱熹《家礼》而有增损，仍分冠、婚、丧、祭四类。每类之中，首先是“事宜”，为复礼参照古礼所酌定。其次是“论辨”，阐述改定的理由。再次是“人鉴”，引古事以证得失。再次是“律例”，泛引律令，申明王法之所禁。再次是“择日”，用五行家言，代替卜筮。最后是“启式”，专为不娴文词者而设。其删去繁文，则用吕维祺之说。其删去图式，则用邱濬之说。有清康熙刻本、《四库全书存目丛书》本。

15.《四礼宁俭编》1卷，(清) 王心敬撰

王心敬（1656—1738），字尔缉，号丰川，陕西鄠县（今户县）人。诸生，乾隆初举孝廉方正。师从李颙（号二曲），讲“正心诚意”之学，为清初理学名儒。

---

① 李塨：《颜习斋先生年谱》卷上，甲辰三十岁条。

② 颜元：《礼文手抄》卷一。

该书又名《丰川家规》，认为冠、婚、丧、祭四礼不在于繁重，宜崇尚俭朴，才容易遵行。于是取前人所传《家礼》纂本，更为删易，务以简约，以教子弟。用意与吕维祺《四礼约言》、宋缥《四礼初稿》大略相近。

此书有《关中丛书》本、《四库全书存目丛书》本。

16.《六礼或问》12 卷，(清) 汪绂撰

汪绂，清代著名学者。博览群书，于天文、舆地、阵法、术数、乐律无所不晓，著有《汪双池先生遗书》。

《六礼或问》成书于雍正五年 (1727)。其书以朱子《家礼》为本，并取《仪礼》中能施用于当时的内容，斟酌损益而成。朱子《家礼》仅有冠、婚、丧、祭四礼，汪绂又选取聂双江、高一所编《礼教仪节》，综合《仪礼》中《乡射》、《士相见》二篇，合为六礼。每篇之后选录先儒论述，以设问形式，讲明礼意。篇末又附图解，便于普及。对朱子《家礼》中的某些内容也提出不同看法。卷一为冠礼，卷二为婚礼，卷三至卷六为丧礼，卷七至卷九为祭礼，卷十、卷十一为乡射礼，卷十二为士相见礼。烦琐超过朱子《家礼》。

此书有光绪二十一年 (1895) 刊本。

17.《冠昏丧祭仪考》12 卷，(清) 林伯桐撰

林伯桐 (1774—1844)，广东番禺人。生平好考据之学，治经学宗汉儒，践履则服膺朱熹，著述颇富。该书分三个部分：一为士人家仪考，二为人家冠婚丧祭考，三为品官家仪考。

此书有《修本堂丛书》本。

18.《昏礼通考》24 卷，(清) 曹庭栋撰

曹庭栋 (1699—1785)，字楷人，号六圃，嘉善（今属上海）人。贡生，举孝廉方正，坚辞不就，绝意仕途。博览群书，天性恬淡，闭门著述 40 余年，书成 10 余种。

该书首冠以《大清会典》、《大清律例》相关条目，不入卷数，以尊功令。其后博考故实，以类编次。于诸经有关婚礼者，采择其文，节引疏解，并搜集史传及群言杂说，荟为是编。

此书有清乾隆十九年 (1754) 刻本、《四库全书存目丛书》本。

19.《三礼从今》3 卷，(清) 黄本骥撰

黄本骥 (1781—1856)，字仲良，号虎痴，湖南宁乡人。道光元年 (1821) 举人，十七年 (1837) 授黔阳县教谕，建教泽堂，教授诸生。博览群书，对经史、地理、目录之学都有研究。

《三礼从今》有《自叙》略曰，礼制最切于人生日用者莫过于冠、婚、

丧、祭四礼，冠礼已久废弃未用，因此行于今者不过婚、丧、祭三礼。其书例言又曰：皇朝公用礼全载于《通礼》、《会典》之中，私家用礼则有司马光《书仪》和朱熹《家礼》。然而时有古今，礼制也有损益，因此取《通礼》中婚、丧、祭三礼，参照《会典》事例，并采旧说逐条注释、辨正。《三礼从今》立目详细，并注意品官、士大夫、庶人之别，旗人、汉人之别，援古证今，意在切于时用。

此书有清道光二十四年（1844）刻本、《洪氏唐石经馆丛书》本。

20.《四礼从宜》4卷，（清）苏惇元撰

苏惇元，安徽桐城人。“四礼”指冠、婚、丧、祭，“从宜”即顺从今俗、因时制宜。是书考冠、婚、丧、祭四礼。分4卷：卷一冠礼、卷二婚礼、卷三丧礼、卷四祭礼。每卷末都附有总论。自序说“不至废礼，不求变俗”，但往往以古礼为依据，辨正时俗之误。

此书有同治十年刊本。

21.《订正朱子家礼》5卷，（清）郭嵩焘撰

郭嵩焘（1818—1891），字伯琛，号筠仙，晚号玉池老人。湖南湘阴人。清末外交家，经世派学者。

朱熹《家礼》，宋以来奉为圭臬。但清人王懋竑《白田杂著》中有《家礼考》1篇，通过对朱熹年谱、行状、文集、语录的考证，认为《家礼》绝非朱子之作。郭嵩焘因黄勉斋、李公晦、陈北溪有“失而复出”的说法，所以断定《家礼》为朱熹作。该书考求礼经之意及礼制的古今沿革，对《家礼》进行考证与修订。

此书有光绪十一年（1885）刊本。

22.《怀堂家礼订疑》10卷，（清）周植撰

周植，字商侯，号湘园，遂溪（今属广东）人。该书取《仪礼》、《戴记》及朱子《家礼》可疑之处加以考辨，对于世俗违礼之事也做了订正。共分10卷，首先是《通礼》，作为总论放在前面，后面则分别叙述冠、婚、丧、祭四礼。对《丧礼》的考证为最详，占全书十分之六。每一礼又分若干子目，纲目清楚。先引诸书，加上本人的按语，内容丰富翔实。

此书有民国铅印本。

第五节　谥讳文献

谥法是古代礼制中的一项重要内容。《礼记·檀弓》说：“幼名、冠字、

五十以伯仲、死谥，周道也。”古时帝王、贵族、高官、显宦死后，朝廷按其生前事迹，加以褒贬，给予一个称号，叫做“谥”。至于谥法的起源，据《逸周书·谥法解》说：“维周公旦、太公望开嗣王业，建功于牧之野，终，将葬，乃制谥，遂叙谥法。”据此，似谥法为彰显周公、太公功德而作，而《周书序》称：“周公肇制文王之谥义以垂于后，作《谥法》。”以《谥法解》为周公所创。此说在历史上影响最大。

但到近代，学者又提出新说，主要有四说：（1）始于西周中后期。王国维据遹簋铭文称穆王，献侯鼎铭文称成王等，认为文、武、成、康、昭、穆都是生时的美名，周文王、武王、成王、康王等“皆号非谥”。他因此断定谥法之作，应在西周“共、懿诸王以后”。① 现代学者唐兰依据他对西周铜器铭文的研究，进一步提出，周王的生称，最后一个是懿王，因而推测谥法兴起，可能在孝王以后。（2）春秋中叶以后至战国时期。郭沫若在王国维研究的基础上，作《谥法之起源》一文，举趞曹鼎、匡卣，证明西周共王、懿王时尚无谥法。又举康壶、洹子孟姜壶，证明春秋中叶以后犹无所谓谥法，推断“谥法之兴，当在战国时代”。其主要理由是，那时学者“惯喜托古作伪”，《逸周书》就是战国时学者“伪托之结晶”，而《谥法解》乃“其结晶之一分子也”②。（3）商末周初。黄奇逸、盛冬铃等学者认为，春秋时期有关谥法的记载相当多，不但谥法施行普遍，而且十分认真。西周时谥法的施行情况亦不乏记载，在《国语·鲁语下》、《世本》等古文献中都有明载，金文中所谓“王号生称”实际上仍然是死后之谥，谥法之兴当在商末或周初。③（4）殷商时代。彭裕商认为谥法的形成可分三个阶段：第一阶段在商文丁以前，为谥法的先期阶段，商人以死后选定的祭日和人为的区别字来称呼故去的先王，已具备了谥法的一些特征。第二阶段从文丁到商末帝辛，为谥法的形成阶段，已用文、武、康等美称来称呼故去的先王，但仍保留祭日天支，其形式与后代谥法稍异。第三阶段为周文、武以后，周人因袭了晚商先王的美号，但不取其祭日干支，径称为某王某公，其形式已与后代谥法无别。周人谥名最初承袭商代，只有文、武，往后逐渐增多，进入了谥法的成熟阶段。④ 彭先生

---

① 王国维：《遹敦跋》，见《观堂集林》卷一八，中华书局，1984年。

② 郭沫若：《谥法之起源》，见《金文丛考》，人民出版社，1954年。

③ 黄奇逸：《甲金文中王号生称与谥法问题的研究》，见《中华文史论丛》1983年第1辑；盛冬铃：《西周铜器铭文中的人名及其对断代的意义》，见《文史》第17辑，中华书局，1983年。

④ 彭裕商：《谥法探源》，见《中国史研究》1999年第1期。

的结论是通过对甲骨、金文资料与传世文献的综合分析基础上得出的，非常有说服力。

周初所制的谥法制度，被秦始皇指为“子议父，臣议君”，遭到废止，到汉初才得以恢复。以后帝王谥号由礼官议上，贵族大臣死后定谥，由朝廷赐予。明清定谥属礼部。此外，还有私谥，始于东汉，大多是士大夫死后由亲族、门生、故吏为之立谥，故称私谥。谥号按性质可分三类：一类属于褒扬性的，如：“经天纬地曰文，布纲治纪曰平，布义行刚曰景，威强睿德曰武，柔质慈民曰惠，圣闻周达曰昭，圣善闻周曰宣，行义悦民曰元，安民立政曰成，照临四方曰明，辟土服远曰桓，聪明睿知曰献，温柔好乐曰康，布德执义曰穆。”另一类属于贬抑性的，如：“乱而不损曰灵，杀戮无辜曰厉，好内远礼曰炀。”还有一类属于哀悯性的，如：“恭仁短折曰哀，慈仁短折曰怀，在国遭忧曰愍。”正如刘乃和所说：“谥号是生者给予死者评价的特殊称号，既反映死者生前的所作所为及社会对他的看法，又反映生者的衡量善恶标准；既是死者的盖棺之论，又是政治舆论的时代导向，而有关历史人物的毁誉荣辱，有关社会的发展变化。”[①] 正因为谥法有非常重要的道德伦理导向作用，儒家对此非常重视。孔子强调“正名”，认为天子、诸侯、卿大夫都要严守名分，“惟器与名，不可以假人”[②]。谥法也是寓褒贬、正名分的重要手段之一，“先王谥以尊名”[③]，故“生无爵，死无谥”[④]。孟子强调谥法严褒贬、著善恶的作用，指出：“暴其民甚，则身弑国亡；不甚，则身危国削，名之曰‘幽’‘厉’，虽孝子慈孙，百世不能改也。”[⑤] 经过儒家改造，谥法被纳入儒家的礼制体系，成为彰善贬恶的重要工具。

现存最早的谥法著作是《逸周书·谥法解》。《逸周书》是一部先秦历史文献，但隋唐时人误以为它是汲冢所出，称之为“汲冢周书”。事实上西汉以来该书就一直流传。刘向说此书是“周时诰誓号令也，盖孔子所论百篇之余也”[⑥]，与《尚书》性质相同。宋明以来，不少学者做了考辨，认为它是先秦旧籍，弥足珍贵。清四库馆臣说：《逸周书》“春秋时已有之，特战国以后又

---

① 汪受宽：《谥法研究》卷首“刘乃和序”，上海古籍出版社，1995年。

② 《左传·成公二年》。

③ 《礼记·表记》。

④ 《礼记·郊特牲》。

⑤ 《孟子·离娄上》。

⑥ 《汉书·艺文志》：“周书·七十一篇。”颜师古注引。

官，至于圣贤、隐逸旁及异端、宦寺、篡逆之党，凡有谥者皆备书，以资考证”①。

清代学者编纂的谥法著作较明代更加繁富，其中有通录历代谥法的，有专录清代谥法的，也有专考前代谥法的。清人通纪历代谥法的著作，有沈炳震《廿一史四谱·谥法谱》16卷，乾隆间官修《续通志·谥略》3卷，陆费墀《帝王庙谥年讳谱》1卷，刘长华《历代名臣谥法考》15卷等。专录清代谥法的有王士祯《国朝谥法考》1卷，邵晋涵《皇朝大臣谥法录》4卷，石韫玉《谥法录》若干卷，潘世恩《易名录》若干卷，陈黄中《国朝谥法考》若干卷，赵钺《国朝谥法考》6卷，奕赓《谥法续考》1卷，鲍康《国朝谥法考》5卷，杨树《皇朝谥法表》10卷、《会典谥法》7卷等。其中以王士祯、奕赓、鲍康三书体例严谨，内容丰富。王士祯书收录康熙三十四年（1695）以前清代王公大臣谥号，按爵位官阶分为二十六类，附以前代君臣及外落两类。奕赓书为续王士祯《国朝谥法考》而作，所录自康熙三十四年至道光二十五年（1845）九月。体例仍王氏之旧，分为三十类，共394人。鲍康书成于同治八年（1869），根据职爵分类，各按《清会典·谥法》次序排列谥号，其下按得谥时间先后著录诸人的爵、职、姓名和得谥时间等，间或加以按语。卷一为亲郡子谥、卷二为贝勒、贝子、镇国公、镇国等将军谥，附外戚封爵谥，卷三为例得予谥之一二品文臣谥，卷四为京官之品卿下、外官布政使以下特谥，卷五为武臣例得予谥及死事者特谥，附外藩国王谥。书后有《续编》，为鲍康自撰。该书荟萃王士祯、石韫玉、赵钺之作，并作续补，共记1628人。同治之前清人谥法大体荟萃于此。后来又有人补充晚清的谥号。到民国初，渭南雷延寿搜集至清亡前184余人谥号，将鲍氏原书门类略加归并，合为《清谥法考》6卷。这样，清代谥法基本完备。②

除了谥法外，避讳也是中国古代特有的礼仪文化现象。所谓“讳”指的是帝王、圣人以及尊长的名字。人们在言谈或撰著时，凡遇到这些名字以及相同的字，必须设法避开或改写，这就叫避讳。避讳是古代宗法制度的产物，是家天下和尊祖、敬尊的表现。《礼记·曲礼》说：“入境而问禁，入国而问俗，入门而问讳。”在礼仪繁缛的封建社会，避讳是非常重要的一门学问。否则，一旦犯讳，轻则断送仕途，重则有杀身之祸。所以，在古代人们十分重视避讳，长期以来形成了比较固定的规定或办法。避讳范围主要有“避君

① 永瑢等：《四库全书总目》卷八三《谥法通考》提要。

② 参见汪受宽：《谥法研究》第十章。

讳”、“避圣讳”和“避家讳”三种。避讳方法主要有改字、省字、空字、缺字、改音五种。另外，不避讳的情况主要有三类：不避嫌名，二名不偏讳，已祧不讳。

避讳之制大约起源于西周时期。《左传·桓公六年》记载“周人以讳事神，名终将讳之”。其疏曰：“自殷以来未有讳法，讳始于周。周人尊神之故，为之讳名。又曰：讳名，临时言语耳。”到了春秋时，避讳有了发展。《礼记·曲礼》记载了一些有关避讳的规定，如“不讳嫌名”、“二名不偏讳”、“诗书不讳”、“临文不讳”、“庙中不讳”等等。不过先秦时期避讳并不严密。到秦朝时，随着专制中央集权的建立，避讳制才初步确立。秦始皇名政，于是下令全国改正月为端月；秦始皇的父亲名楚，楚就被改称为荆。汉代律法规定，臣民上书言事若触犯帝王名讳属犯罪。到了晋代，避讳制日臻严密，在许多方面都有严格规定，如“授官与本名同宜改”、“山川与庙讳同应改”等等。晋代人还特别重视家讳，很多人都很重视谱学研究，以免言语不慎触怒他人。在南北朝时，士大夫都以善避私讳为荣。南朝刘宋太保王弘，精通谱学，能“日对千客，不犯一人之讳”，当时被传为美谈。唐代避讳最突出的特点是把国讳和家讳正式写入《唐律》，使其法典化，从而确立了避讳的法律地位，不少人因不慎触讳丢官去职，断送仕途。著名诗人李贺的父亲名晋肃，由于“晋”与“进”同音，李贺被迫放弃参加进士科考试。宋代避讳制度非常严格，《庆元条法事类》、《礼部韵略》都做了具体规定。庙讳就达到 50 个字，到光宗时须避讳的文字近 300 个，文人士子遣词造句如履薄冰，举步维艰。科举考试中，举子“举场试卷，小涉疑似，士人辄不敢用，一或犯之，往往暗行黜落”①。至于因避讳不敢做某事、担任某官的更是常有。避讳制度发展到明代更为严密，甚至达到苛刻的程度，因此酿成了很多文字冤案。清朝顺治前尚不避讳，康熙后开始避讳，雍正、乾隆两朝，避讳之律最严，所以文字狱甚多。乾隆朝纂修的《四库全书》，许多文献因避讳而被“纂改”。

避讳不仅是中国古代一项重要的制度或习惯，后来还成为一门学问，很早就有人开始对避讳问题进行研究。如宋代洪迈《容斋随笔》、王楙《野客丛书》、王观国《学林》、周密《齐东野语》等书中有讲历朝避讳的内容。清代学者对避讳问题更加关注，如顾炎武《日知录》、钱大昕《十驾斋养新录》、赵翼《陔馀丛考》、王鸣盛《十七史商榷》等书，都有专门条目讲历代避讳。

---

① 洪迈：《容斋三笔》卷一一《帝王讳名》，上海古籍出版社，1978 年，第 540 页。

清嘉庆年间，周广业著《经史避名汇考》46卷，其中“原名”2卷，“序例”1卷，“帝王”20卷，“宫掖”以下至“杂避忌”23卷。另有“帝王庙系图”1卷。体例大体以经史为纲，诸子为目，旁征曲引，广征经史典籍中的名讳，内容非常丰富，集历代避讳史料之大成。该书原为抄本，近年有多种影印本面世，其中1999年北京图书馆出版社影印本较易得。此外，刘锡信著有《历代讳名考》1卷(《畿辅丛书》本)，黄本骥著有《避讳录》5卷(《三长物斋丛书》本)，周榘著有《廿二史讳略》1卷(《啸园丛书》本)。民国张惟骧著有《历代讳字谱》2卷、《家讳考》1卷(《小双寂庵丛书》本)。而陈垣先生所著《史讳举例》一书是这方面的代表性著作。《史讳举例》共8卷，以史为主，“意欲为避讳史作一总结束”。第1卷为“避讳所用之方法”，第2卷为“避讳之种类”，第3卷为“避讳改史实”，第4卷为“因避讳而生之讹异”，第5卷为“避讳学应注意之事项”，第6卷为“不讲避讳学之贻误”，第7卷为“避讳学之利用”，第8卷为“历朝讳例”。① 史料翔实，内容具体，为研究避讳学和中国古代史的重要参考书。另外，近年出版的王新华《避讳研究》一书，探讨了“避讳的起源与形成原因”、“避讳的对象与范围”、“避讳的发展变化”、“避讳的方式”、“避讳的规则”、“避讳的影响”、“避讳史”等7个方面的问题，是一部非常系统而全面的学术研究著作。②

---

① 陈垣：《史讳举例·序》，上海书店出版社，1997年。

② 王新华：《避讳史》，齐鲁书社，2007年。

结 语

中国儒学向来就是文献、思想与学人三位一体之学，中国文献也以儒学文献为其大宗和灵魂。孔子改造“旧法世传之史”以为“仁义”“教化”之经，是谓“六经”；又用“六经”施行教化，有弟子三千，达徒七十有二，形成了声名显赫的儒家学派。儒学于是乎兴，教化于是乎明，儒学文献也由此乎起。随着儒家“显学”、“独尊”地位的形成，儒学的理念便日益深入人心，儒家经典的教化功能也日益突出。汉唐以来的中国历史是儒学影响下的历史，中华文化也是接受儒家经典教化的文化。2500 年来，儒学的这种影响和作用，除了在极少数时间内有所减弱外，始终没有断绝过。儒学倡导和谐，强调秩序，宣扬仁义，提倡忠信，对于推动社会的稳定和良性运转无疑具有重大的作用。这些既往中国历史的成功经验，无疑是我们今天值得珍视的历史资源。

儒家经典和文献不仅影响中国的历史，也传承和塑造着中华民族的文明，我们在《中国孝经学史·叙论》中曾经说过：

> 没有圣贤的民族是落后的，没有经典的文化是难于持久的。放眼上古之世“四大文明古国”，或文化中绝，或历史失忆；然而唯有中国是个例外，五千年文明史，不仅没有消失，而且老干新枝，凤凰涅槃，大有国运隆昌，文化再盛之势，这或许就因了有经典为之记录、为之传承的缘故。再反思“轴心时代”三大文化圈内的思想，有的因图籍散佚而失传，有的因学无传人而暗淡；也唯有中国是个例外，中国轴心期的文化绵延 2500 余年，圣贤辈出、群星灿烂，生命之水长清、智慧之源长盛，始终不衰不竭、不绝不灭，时至今日，它仍然浩浩如江河、涣涣如大海，日渐而日盛，每变而弥新！为什么会有如此之大的反差呢？那就是：中国有丰富的文献典藏，有辈出的圣人贤者，为之先声，为之传扬故也。

今天，当我们在通盘研究了儒学文献之后，仍然觉得这个结论是准确的。文献是文化的组成部分，更是思想学术得以记录和传承的核心载体。儒家文献既是记录中国上古历史、远古传说的历史书籍，也是反映历代儒者思想言行的心路历程。它们已影响了历史，也会在未来中国以及中华文化发展中起到促进作用。中国的历史和文化载于儒经，也启于儒经，从这个意义上说，经亦是史，史亦是经，经史不能分离。

儒家经典和由之衍生的博大的儒学文献，不仅是中华文化，也是人类文化宝库中的重要组成部分。自孔子删定“六经”并用之教育士子、淑世济人以来，便开始了对儒家经典研究和阐释的“经学”，也开启了儒学文献的扩大与繁滋的历史。于是乎《易》有“十翼”，《诗》、《书》有“序”，《礼》、《乐》有“记”，《春秋》有“五传”，此即解说经典的“经学文献”。前代儒者，其或称引诗书，道说仁义，上阐天道，下明人事，别著一书，如仲尼弟子所“集纂”之《论语》（后世入经），孟子与万章之徒所成之《孟子》（后世入经），以及其他弟子各记所得的《曾子》、《子思子》、《漆雕子》、《公孙尼子》等等，于是而有儒家的子学著作（或“儒论文献”）。又或因记事记言、著籍绘图，以明儒学人物传道授业、事君事父之绩者，如《孔子三朝记》、《孔子徒人图法》、《弟子籍》之属，是即儒学史文献之滥觞，即“儒史文献”是也。经学文献、儒论文献、儒史文献三者，正好构成了中国儒学文献的主要形式和基本类型，这也是本书研究的重点和主题。有关这些儒学文献的兴起、形成之源，流衍、发展之迹，在本书的第一编《儒学文献的源与流》中，皆有原始要终、溯古通今式的叙述。自先秦以迄晚清举凡各类文献之产生，各期文献之盛衰，皆于此编有以交代。

“儒经”、“儒论”、“儒史”三类文献都粗具于先秦，然其发达繁衍则在两汉之后。汉代表彰“六经”，经学发达，故经学文献得到空前突破性的发展。《汉书·艺文志》诸“略”，《六艺》实居其首，一经而有数家之传，一家又有数师之说，于是“经”下有“传”，“传”下有“说”，传说之外，还有“章句”，犹干之生枝，枝复生叶，枝繁叶茂，郁郁盛美，家法师法，层出不穷。魏晋之后，又有“集解”、“义疏”等文献出现，传下之笺，注后之疏，层垒叠架，陈陈相因，一书说至百万言，一经解达千万家。据初步统计，历史上曾有《易》学文献不下5000余种（今存约2800余种）、《书》学文献2250多种（今存720余种）、《诗》学文献3000余种（今存1000余种），此外三礼（《周礼》曾有760余种、存360余种，《仪礼》630余种、存160余种，《礼记》860余种、存200余种）、四书（曾有约2280余种）、《孝经》（曾有约

500余种)、《尔雅》(曾有380余种)，更是繁乎著述，充栋汗牛。古史古制于兹得以反复解说，新智新思亦于焉获致启迪创新，斯固文化之渊薮，亦思想之汪洋也！经学著作历来独尊独盛，不仅《汉书·艺文志》以之居“六略”之首，《隋书·经籍志》以下诸志亦以处乎“四部”之端。这是儒家经学的盛大气象，也是中国文化所特有的奇妙现象，它们构成了儒学文献的主体内容，也支撑了四部之学的首善地位。这些经学文献，有全经的通释，也有单篇的注解；有文字音韵的训诂，也有义理文句的疏通；有制度之图录，也有专题之研究，形形色色，多种多样。在本书第二编《经学文献》部分，我们分经别传（如《易》、《书》、《诗》、《礼》、《春秋》、《孝经》、四书、《尔雅》等)，皆给予了尽可能详尽的介绍，凡各经文献发生及源流、数量及分布，皆于此中得到研究；而其中的名著要籍，大家名师，亦按文献类型、主题特征，予以撮要介绍。

自孔门记录夫子言行而成《论语》后，儒家子学文献便正式诞生了。尽管后来《论语》已入经部，可是相继而起的称引乎“六经”之文，论说其仁义之理的儒论文献一直没有中断，随着儒学原理的广泛应用，儒论文献在历史上也得到极大发展。这些文献首先在《汉书·艺文志·诸子略》的“儒家类”中得到著录；后之目录，无论是四分、五分，还是七分、八分，① 一例皆设有“儒家类”子目，用以突出儒学独尊、儒论发达之历史。至其主题，早期儒家旨在助人君顺阴阳、明教化，故所论皆“游文于六经之中，留意于仁义之际”，其所演说也都关乎世道，切于人心。至后世儒者，或兼习《老子》、《庄子》，称道玄言；或留心梵呗，渐染禅意，于是而有心性虚无、天道人欲之辩，先天后天、气质义理之说，于是在切于日用常行的儒家诸子之外，又生出了许多究心“性理”、倡言气质的作品。本书第三编《儒论文献》分别对“儒家”、“性理”、“政论”、“礼教”、“杂论”等类型文献，进行了系统评述。务使各类专题源流明晰、体例清楚，庶几可成为从事儒理专题研究者之参考，亦为初入此途者提供进学之初阶。

孔子曰：“人能弘道，非道弘人。”儒学之传衍、文献之繁盛，皆系历代学人孜孜努力之结果，读其书想见其为人，知人论世、明德纪功，故记载儒学历史的文献殊不可缺。先秦儒史资料，世传有《论语》、《家语》以及《弟

① 余嘉锡《目录学发微》卷四：“夫四部可变而为五（祖暅)、为六(《隋书·经籍志》)、为七（阮孝绪、许善心、郑寅)、为八（李淑)、为九（王俭)、为十（孙星衍)、为十二（郑樵）云云。”

子籍》(似如《家语·弟子解》),两汉之后乃有“正史”儒传。《史记》、《汉书》、《后汉书》都有“儒林列传”(或“儒林传”)和名儒专传,后世“正史”多同此制。及乎魏晋以下,又有儒林人物专书产生,或详一地之学,或究诸方之儒,或断代,或通纪,或综合,或专人,儒林人物的师传授受,遂获完整系统之记录。唐宋以后,碑传、年谱盛行,名儒大德,多预其中。又兼学校书院兴起,科举考试日盛,于是有登科记、书院志之作。这些都是研究儒学发生、发展及其传播史的重要资料,也是再现历史上的儒学原貌的难得秘笈。本书第四编《儒史文献》列举专题、分别部居,对“孔孟史志”、“学案渊源”、“正史儒传”、“儒林别传”、“名儒年谱”以及“礼仪制度”等类文献,皆一一详其原委,究其本末,从而为开展儒学史的研究提供了方便门径。

以上三类文献,主要分布于传统目录分类的“经部”、“子部”和“史部”,同时在集部之中也广有分布,不可忽略。如各家文集中关于儒家经典的论述和通说,即属于“经学文献”;关于儒学义理或以儒议事者,即属于“儒论文献”;其关于儒家人物、儒林掌故与乎书院讲论者,自当可以入于“儒史文献”之属。所以我们说,儒学文献是散在“四库”、遍于“六略”,不过若究其类型与主题,则不外乎“经”、“论”、“史”三者而已。

观乎儒学文献的发生、发展史,盖由“旧史”而有经典,又因经典而成儒学,因儒学而有形形色色之文献。儒学的发展史是经典一代又一代的传授史和一家又一家的诠释史,儒学的发展和壮大也是儒学文献不断发达和衍生的过程。经典启发了儒学,儒学又阐明了经典,从而凝结成丰富的儒学文献。顾炎武有言,舍经学无理学,同样,我们也可以说,舍文献又焉能有所谓儒学乎?沿儒学发展之史固然可以考知经学和文献的发展历程,而溯文献之流别又何尝不可以逆知儒学之演变史迹呢?吾人固曰:舍文献而言儒学,是为无源之水,无本之木,不由文献无由以知儒学。我们孜孜矻矻用力于儒学文献之调查研究,亦欲建立以儒学为主体之文献体系,为学人更加深入系统地研究儒学提供方便门径;并以此作为基础和台阶,在充分利用和吸收儒学文献精华的前提下,实现儒学理论的创新与超越,为现代儒学的真正发展和复兴,再作努力。其所不逮,幸有教焉。

后 记

《儒学文献通论》是教育部人文社会科学研究重点基地重大项目“儒家文献学研究”（05JJD72009）的最终成果，获得2010年“国家出版基金”的出版资助。

《儒学文献通论》一书，针对儒学文献至今没有专门著录和系统概述的状况，力图对2500余年儒家各类文献进行系统调查、统计、考察和研究，尝试构建儒家文献的著录体系，分门别类地介绍形形色色的儒家文献，在广泛吸收儒学文学已有研究成果的基础上，为历史上的儒学文献做一小结，也为将来的儒学研究提供文献学、目录学和史料学的支撑。同时，该研究项目也是配合四川大学《儒藏》编纂工程，对儒学文献进行系统的清理和研究。

《儒学文献通论》是四川大学国际儒学研究院和古籍整理研究所各位同仁通力合作的结果，自2005年10月正式立项，迄今算来已历五年有余。时间虽然过去不久，但是回忆起来也还颇多趣味。该项目立项时，四川大学刚刚编纂出版了《儒藏》首批50册，在研究过程中迫切感受到儒家没有“文献总目”和“文献概论”的缺陷，深感研究工作的不便。因此想借此机会来完成这项工作，以弥补学术的遗陷。本乎此种目标，我作为项目负责人对全书章节进行了设计，也对全书的撰述体例和旨趣进行了逐项说明。当时首先想全面调查统计儒学文献，弄清楚历史上到底有过多少儒学文献，今天又还保存下来多少？这些文献都有些什么类别，收藏在哪些地方？其中又有哪些重要文献？内容和价值如何？等等。为搞清这些问题，我们广泛普查，先行编制各经各类目录，除注明卷数和作者外，还要求标明存佚、版本和收藏情况。有了这个基础，然后再对儒学文献的历史和现状进行通盘考察，再精选其重要者进行分类研究和评述。我们认为，只有这样才能做到实事求是、真实客观。

但是这样设想首先遇到的困难就是工作量太大，因为当时需要普查的书目实在太多，除各类目录专书和正史艺文（经籍）志外，还要扩大到各单位收藏目录和各省及大州大府通志的目录，宋以前（含宋代）还要求普查到单篇文献。可是当时我们的《儒藏》编纂才刚刚起步，除了杨世文教授当时承担《儒藏》史部提要撰写，有条件承担“儒史文献”写作外，其他《儒藏》编纂的力量显然不敢再动，否则《儒藏》主体工程将受到影响。于是我们就以当时在读的博士、硕士研究生为基本队伍，结合他们正在进行的“专经”学习进行分工：《易》（金生杨）、《书》（王小红）、《诗》（李冬梅）、《仪礼》《礼记》并“三礼总论”（潘斌）、《周礼》（夏微）、《春秋》并“三传”（张尚英）、《论语》（詹勇）、《孟子》（刘平中）、《四书》总论（潘斌）、《尔雅》（霞绍晖）。我自己当时正在完成国家社科规划项目《中国孝经学史》，于是负责《孝经》文献；同时我很久以来就有意对儒学文献的源流史进行考察，于是又负责了第一编《儒学文献的源与流》和第二编中《“十三经”与“经部”文献》的撰稿任务。继而李梅博士从山东大学到四川大学作博士后研究，愿意以《儒论文献研究》作为博士后出站报告，于是将《儒论文献》委托她撰稿。

经过整整三年的紧张工作，终于在 2008 年底将研究成果《儒学文献通论》主体部分提交教育部重点基地管理部门，委托专家评审结项。其实当时的成果只能算是初稿，较原计划还缺《“经”“传”溯源》、《乐经文献》、《群经总义》、《谶纬文献》、《石经文献》和《出土文献》几个部分。承蒙审稿人员的宽大处理，这部实让我忐忑不安的初稿竟获得顺利通过。同时又承蒙福建人民出版社厚爱，签约将本稿作为重点图书予以立项；2010 年福建人民出版社又以重点项目申请“国家出版基金”，在各位评委的支持下，顺利获得立项资助。

这些好意和机会，无疑是对我们的巨大鼓舞，同时又是对我们的最大鞭策，促使我们更加小心、更加努力地去修改和加工书稿。为此我们采取了三项措施以保证质量：一是组织力量补写所缺各章：由舒大刚补写《“经”“传”释义》，舒大刚与李冬梅、李东峰合撰《群经总义》，彭华撰写《出土文献》，李东峰撰写《儒家石经文献》，请田君撰写《乐经文献》，汪舒旋撰写《谶纬文献》；二是聘请以认真负责著称的专家邱进之先生对全稿进行再次审读；三是最后由舒大刚、杨世文和李冬梅组织对全书体例和文字进行统稿和修润。总之，从规划到分工，从审稿到补撰，凡是能够想得到的地方，我们都尽量去努力地实践，力争尽可能地做得好一点，遗憾少一点。至于最后的效果如何，只有请读者来批评指正，其有未逮，我们一定在将来再版中修改提高，尽量减少错误。

最后，我们还必须对支持和鼓励这项研究的所有师友表示感谢：西北大学张岂之先生、清华大学陈来先生、廖名春先生，北京师范大学周桂钿先生，中国人民大学张立文先生，人民出版社张小平先生，山东大学刘大钧先生、林忠军先生，中国社会科学院单纯先生、郭沂先生，四川省委党校邱进之先生，四川大学李文泽先生、郭齐先生、吴洪泽先生、尹波先生，都对本项目的申请立项和质量提高，给予了极大支持；福建人民出版社刘亚忠先生、薛剑秋女士对本书的编辑和出版，付出了许多心血，均在此表示最衷心的谢意！

舒大刚

2011 年 9 月

于四川大学国际儒学研究院

图书在版编目（CIP）数据

儒学文献通论/舒大刚主编．—福州：福建人民出版社，2012.3

ISBN 978-7-211-06410-6

Ⅰ.①儒…　Ⅱ.①舒…　Ⅲ.①儒学—文献—研究
Ⅳ.①B222.05

中国版本图书馆 CIP 数据核字（2011）第 256815 号

儒学文献通论（全 3 册）
RUXUE WENXIAN TONGLU

主　　编：舒大刚
责任编辑：刘亚忠
出版发行：海峡出版发行集团
福建人民出版社
电　　话：0591-87533169(发行部)
网　　址：http://www.fjpph.com
电子邮箱：fjpph7211@126.com
微　　博：http://weibo.con/fjpph
地　　址：福州市东水路 76 号
邮政编码：350001
经　　销：福建新华发行（集团）有限责任公司
印　　刷：福州德安彩色印刷有限公司
地　　址：福州金山工业区浦上标准房 B 区 42 幢
邮政编码：350008
开　　本：787 毫米×1092 毫米　1/16
印　　张：139
插　　页：12
字　　数：2464 千字
印　　数：1—2000
版　　次：2012 年 3 月第 1 版　　2012 年 3 月第 1 次印刷
书　　号：ISBN 978-7-211-06410-6
定　　价：380.00 元